# 湘綺樓日記

（二）

# 湘綺樓日記

光緒十八年壬辰

壬辰歲正月朔旦辛酉雨風晨起辦色率諸生五人尹段陳富焦禮先聖先師湘水神俱斟酌古今禮設拜不上香先聖再拜稽首先師再拜禮四拜湘神今禮六拜即遣內拜禰廟畢五生設酒果小坐朝食後沈子粹蕭禮卿父子程商霖兄弟來黃船芝來向夕乃閒還內攤錢鐙上卽寢

二日陰不寒晨起宅門未開待久之乃入朝食於外齋船至楊家門口登岸舁過六家門從瀟湘門對岸過渡至衡州府清泉縣門通判劉門遂西至兩縣學門入大西門至都司協鎮門訪雋丞小酌少談循正街還到兵備府學門及程秦諸家而還唯北門賀家未去發家書由水師寄去從鹽丰渡湘還院賀郞彭佩芝楊斗垣來隆黃來未遇

三日晴楊伯琇蕭伯康秦子和陳子聲朱宗勝來始理字課聽認杜詩注



三女鬪牌紛爭嘑號初睡未能料理父子異宮不宜問也得譚敬甫復書

四日晴煊換小毛衣猶汗浹胸背雋丞張訓導丁篤生陳郞澍霄高都司鄭贊侯來鄭曾至蜀半年竟未相見又曾在吳竹莊處相知聞年五十五須白耳聾如六七十許人談詩莊以余爲櫟社之寄免不知者詬厲也又與袁爽秋王蒿菴相善亦喜繆小山而盛詆近日文衡諸公陳郞云壽衡病甚五更大風雷雨而不能寒

五日雨澍如春寄銀與雅南校譜藥登樓迎春看梅花課字食貍殘雞甚甘美夜聽蕉上雨聲居然似船背明燭賞之西禪二僧來請作佛會

六日雨寒丙寅申時立春依例迎福因令子女入學懿兒辭以日辰非吉荒唐不足誨也聽之而已寄家用與長婦餘附寄者遂至十金其奢如此五十年前借十金遂度歲兼充正月糧也

人日有雪楊慕李孫翼之來兒女讀書余昏昏睡去比醒已散去矣校之卄年前真成兩代也

八日陰雨竟日督課講書頗能提振說易大牲亦有搜剔姚銘閣來包稅更憶劉剛直投書時人定不可以禮化故撥亂先進野人知士大夫積習之深也夜雨濃酣有助幽夢復煊竟夕未醒

九日雨更冥濛搜蔬茗送西禪寺助道場供設淸坐無事竟無可作督課如額復始學書𢦏講詩

十日晴午泛湘入城補賀年至四家俱未入出城赴西禪寺行香執爐隨僧禮佛從來未行此禮劉通判沈子粹程商霖寄禪僧俱集以余齋設初開經也劉自命老吏而語多俗法又別自一種抑塞之才使其得意未知於王卞何如夕散補課

十一日陰遣懿兒往行香諸女惟理字課辦襯僧線布適値空乏僅能每僧供錢三百猶假之於傭婦布店更無紅布遠市求索爲難也



十二日陰遣復女送襯去於彼法亦可謂應酬周到者闌奢闌奢自不可少復曾竹林書

十三日雨未明有狂人登樓叫呼自起逐之倏然去矣還寢待旦起稍晏朝食後正講書西禪二僧來偶出臨水還見新柳蔥然已黃作詩一首霖雨新水漫汀洲歲華鮮桑柳怒蕙蘿初黃暖烟迷久燼方逕鬱含彩弥迤年霧霰儲再來芳若何遠妍人情貴初發輿物共欣然發風動地飆逢與杜流川閑居暢玩時良序登爭先春至有早暮佳期安可謏

十四日陰曾使求書去考生多來見者𢦏與小女戲偶諳之便拂衣睡去余諸女皆傲很谷之則不可責之則傷恩未知近代人皆然耶抑獨余家有此也前七人皆未至此誠十年內失教之過

十五日雨諸生入賀節者十一人文擅湖來夕食甚甘師子來角觝諸女出看余獨守屋上下然燭煮湯圓成糜令擇好者供薦禮

廟賀節已二更矣小坐烹茶月出朧朧已有春景童穉無足與嬉又多
爛漫睡去余亦還寢
十六日雨講易仞字畢撝盈孫至城入江南館官士十餘人爲補慶六十
歲秦子和以喪不與會而衣冠待行禮先辭謝之並答謝文撣湖主人
先至者二程蕭楊伯琇清泉令楊斗垣丁篤生孫翼之沈子粹續至余
未出迎者文衡州子章劉通判心葵鄭贊侯高都司葆吾後至者儁丞
隆兵備丁星五余與撣湖共三席亦有笙笛猶愈於省城大雨水尺餘
夜還如客行江湖野興寥曠子粹贈詩即和二首試鐙風過綺筵新高會湘東盛主賓鼓險詩驍論酒管弦偏兩鬢爲儷春昇平坐鎮清南服文雅同儕接搢紳更寄曲絲聞白雪朱輪畫舫共遨巡(缺)依稀錦宴月溶溶新穀桐樹將鳴鳳喜種松枝已化龍一臥東山運綠竹偶窺春蛾對芙蓉十年彈指吾衰矣輸與鄰湖酒味醲
十七日陰晏起講書仞字莪女𢖍會心尚不及滋略愈炊耳今乃知之丁
生來入學衣冠見之舟至大馬頭舁往道署諸客畢至設二席陳丁魏



蕭二程二楊朱共十客一主散稍遲至院皆睡去惟嫗婦相待外一僮
耳午月照窗明鐙獨坐
十八日朝雨晨陰食後出看馮絜卿問江南官事還講書已夕矣仞字一
百不辨筆畫然燭畢課入講詩草蟲我婦順亦非以順爲正以禮爲順
也孟子引昏禮而曰妾婦之道謬矣幼即疑之未暇指摘耳說易或承
之羞及論語不占而已皆有疑易無以羞爲辱者又何以云不占疑承
羞仍當用否爻義言或以𢀩爲羞也禮有常典𢀩者俎實實者豆實今
或以承爲羞是爲不占言助祭者既不待占也占𠁧古爲一字說文占
視兆問也𠁧卜以問疑也一字誤分明矣書占疑或作稽疑今文誤以
下有占字而殊之不言不卜者卜主於人占主於鬼神也人而無恆則
不待卜不卜則鬼亦不知也語言作巫醫者南人本言巫醫當以恆人
爲之後改爲卜筮故記曰古之遺言或曰占口在下𠁧口在旁用口在

外三者爲指事字用从卜中非也當作中即中字後分二耳然卜在口
內無義得沈萱甫書
十九日雨寒課讀一日頗似初在右門時絜卿來留坐看新樓並入室談
李桂林孫來見陳氏外孫也頗有外家風無李氏鬱氣當可成也召匠
檢漏因開左門占書壁宿值日開門大利當生英賢恰合書院之祥無
心巧合必有驗也
廿日寒雨督課竟日說旅傳終莫之聞扞格未通夜乃悟焉旅人喪牛無
人肯告故莫聞也
廿一日辛巳雨水雨寒
廿二日晴陰始有春意陳孫石次子來及李桂林孫俱入內齋受業蕭鶴
祥之父來傲然自得鄉中腳色也說壹發爲耦隨君大夫射賓侯前君
射三侯爲優尊者後士射三侯爲優賢者大有經義前思所未及也檢



禮經多被人借去不知誰某所謂借書一癡者鄭衡陽送詩來押韻穩
妥大似張粵卿
廿三日晴得常晴生書並送壽禮羅榮來求薦館近日諸生皆沿門託缽
者士風不振可爲一嘆和鄭老洸二詩所謂押韻而已檢日記誤少一
日廿一日猶未霽雨中無事忘記一日也小女字課不誤余固未信得
鄭洸侯書乃知之夜雨
廿四日晴煊復書晴生春氣驟發草木皆欣欣有花葉之意檢爾雅釋草
篇重校改之
廿五日昨夜雷雨驟寒竟日雨晦不復能行游講讀如額
廿六日雨寒有小雹久閉游情重鈔補詩箋一葉金蓮僧寄禪來捐船
爲移監院詳府取之
廿七日雨鈔書課讀猶有閒日得張文心書爲孺人作一小傳非常人情

也又寄悼亡詩來求作妻志殊無新穎可記者新田文若火米見道臺
請閱卷者懿講離騷畢
廿八日雨改由房舊說駁房中樂以爲非典正攷索間功兒來云滋女輿
兒均至矣院生方送禮爲余補祝兒女均至可喜也滋在黃家甚不安
留依爲宜尤免紛紜秦蓉臣來內外喧騰常壻來瑺侍姑疾不至
廿九日陰諸生入賀者十五人外客有彭黃皆謝未見設湯餅三筵內外
家人二席朝食後又喫麪三盤院生補到者三人又出見之竟日停課
二月庚寅朔雨講課畢出謝客已晡矣秦子和來催客自湘東還船赴之
朱從九容臣沈子粹程商霖俱先在戌初散還諸人俱倦寐欲坐無可
坐乃出鈔書一葉與功兒略話即寢半寐忽醒殘鐙猶明復起少坐瘳
曾滌丈云收恤左孟辛之子云已流落不堪談話分明增人感愴
二日陰子和來督課早畢鈔書二葉講北門有疑爲王事適我必非泛言

蓋亦衛朔之事出北門者廿五年會燕伐周入自外者入國王事蓋謂
四年立黔年立八年出十三年矣政事則未知何指儁丞召功兒食並
及輿兒冒雨而往
三日晴方入內講書偶出遇程楊俱過功兒者出談頃之去功兒校詩箋
本余亦欲通校改未暇也
四日晴鈔王風畢計每日可二葉未爲懶也陳復心偕其弟師彭政欽字
肅齋來兩湖院生不及陳也陳問學甚殷似有悟者
五日晴南風大煊豫飭礿事山茶一朶同心儁丞來衣冠答訪功兒老輩
過謙余不能也夜大風復寒
六日大風陰寒課讀半工功兒率兩弟至西禪寺楊家催客往則絜卿儁
丞先在程楊後至夜雨如酥步泥還船功兒尚未還將睡復歸小坐寢
七日丙申驚蟄雨家人庀具余齋內寢停課一日唯寫詩二葉夜分乃寢

八日丁酉礿祭
行禰以顯嬪祫案古禮婦人不合食於今情事未宜故設位而祝不稱
亡於禮之禮也午初始行事未初餕乃朝食未覺飢倦兒女俱與執事
又依今禮不與於獻晡後小女孫輩看壽佛道場云有煙火衡俗所重
也大晴甚寒燎火以溫夜月如雪
九日陰朝課未畢絜卿來談本約今日竟日談爲設麪飯要二楊三八踶齋
禮卿商霖同集陸續來已夕矣散猶未夜
十日陰夕雨雷復常課早畢欲作雜文未決也鈔詩二葉
十一日陰雨甚寒常壻要伯琇同來小坐去課讀如額鈔詩一葉
十二日晴仍寒鈔詩一葉作書與景韓遣輿兒往學習世事寫字三張
十三日陰常寄鴻段懷棠來課讀無暇僅而後畢莪生日未講書兩兒今
日當去以閉日改期二日寄字五六紙

十四日雨風甚寒仍字課未畢襆被放船答訪孫翼之沈子粹至儁[illegible]
會飲楊慕李蘅理卿劉小峰寄鴻同集待久矣席散與陳郎復心小[illegible]
儁丞同往程家餞慶春甫母八六生日還船宿夜雨
十五日雨寒午後小雪曾介石來談晨至程家祝壽賓客雜至云設五十
席余在內坐待儁丞至乃設湯餅王魯峰段懷棠袁海平同坐還舟將
至東洲兩兒船已發相遇便令即去金蓮僧來言訟事謝令亟去
十六日雨
先府君忌日素食獨居郭見郎沈萱甫從長沙來不能不見已而二程
來謝黃德來拜壽秦郎子和來看萱甫皆入談且留飯非特衛破忌日
乃更熱鬧於平時無可如何也申初設薦酉正子和去郭沈同宿對房
郭報翰仙陸恆齋之喪
十七日雨寒沈發隱辭去艾刻工送譜來校未畢文太尊送詩來與書謝

之並與衡令書薦沈生陳復新來留居客房不肯即襆被其甥榻諸生皆往應考也諸女暫入內齋並糊樓窗令滋女時坐其間不恆與婢嫗爲緣以洗浴陋王傭欲蠶織余嘉其意將求蠶子與之

十八日愈寒雨愈細如塵稍理女課文太尊贈壽詩沈萱甫催薦館恩恩復之鈔詩一葉改定青衿往來之義仍穿講書燎火始能列坐然不似冬寒尙能作字

十九日戊申社日雨陪客稍暇閒入督課精神不甚相屬聊應故事耳送米人索錢竟無以應借岏郎十千應付復爲富有

廿日寒雨稍聞瀟瀟猶非春澍作書應見郎之求以干鄂藩並致撫部恐無益也午後客去復心亦辭暫歸夜暇和文衡州二詩陳芳畹又專足來亦作書復之諒其苦衷存吾交誼前怒殊不必也南嶽雲開五馬春新分銅虎下丹宸文章舊掌芝泥檢敕化緣符萬瀆聯皐蓋臨流輝畫鷁朱輪飛蓋駕朝鷁璽歌不爲邀頭宴待向東膠問理人彈組餘歡得句先陽春曲和



武城弦慚將樗櫟偏丹陛致坐執盈首玉爐都講受經知雅化微斯樂職待他年春來莫惜花開早爲奏瑤瓊集衆仙

廿一日庚戌春分雨雪時見日晏起傭嫗猶眠午前復晴新燕參差登樓看水夕步洲旁訪桃花猶未及院中盛開枇亦未芽春已半矣鈔詩一卷成課讀如額

廿二日雨寒鈔詩齊風起本欲仍舊以抽補反廢前功不如作淸本得二分也程生招陪僑丞躲生雨未能去遣李孫往要之

廿三日雨濛濛鈔詩一葉將入城賀僑生日保之來及其第八子子新同至留談一日淸言娓娓亦復可聽但不容他人說一句又非小時爭閒事之比凡人老大學成即有此敝我自謂不好奉承又未知比馬士英何如晡後入城至倉頡祠僑丞避客於此馮絜卿程楊俱在又一躲生法也夠至辭還招保之父子同食夜談至更初辭去余未登舟舟小人衆徒爲擾耳夜作二詩老年渾不怯春寒情館孤眠煖炬乾恩遇許知歸隱樂番助閒當史書看五州珍謀供甘旨三

熱蟠桃飣醉盤爲報玉堂無詡好詩閒來鬮變當餐(戲贈僑丞)汀洲散煙雨客來滿川陸登樓無所思佳客來不速沉陸跳爽閑飄子舒好鶯新柳綠復妍輕波暗相欺既欣玄理共誰清言寂還舟夏峽酌棹踐遙郭烟咫尺復分襟千里如在目渺江之采芳蘅阿獨瘳宿湘濱春草同魏恩向曉旭

廿四日雨晨起看鄧船猶未開陳傭女附舟去將分付進止皆尙未起頃之去已發矣樊衡陽來久談登樓客去始理功課鈔詩二葉

廿五日陰急督學課防有客至未幾僑丞果來久坐乃去仍字畢已過晡矣鈔詩一葉夜再磕睡起視尙餘數行字未了又補成一葉迎醫治外孫耳疾兼治眞吻乃欲服湯藥笑而已之

廿六日陰晴桃李並開乃督課無暇出游午後乃攜四小女渡湘小步天濛濛欲雨鈔詩三葉懿講易畢

廿七日陰四僧一令來遂費半日新淸泉劉榆生字星白丙戌進士人似樸實鈔詩三葉懿始講書諸女仍字未畢已暮夜乃畢之雨瀟瀟至曉



廿八日雨竟日石鼓館師胡鎭北來字敬侯壬戌舉人官教諭十餘年矣道署送課卷來百七十四卷晨起爲繙閱一過午後始畢兒女並未暇課秦容臣來請客冒雨舟行僑丞丁秦朱程同坐云張聯桂得桂撫唐硯農黜臬矣政府拔俊秀於外臺殊不知其何取蓄以正途未便索錢耳夕還夜至衣履盡濡夜早眠三更後覺展轉不寐

廿九日雨竟日湘水驟漲夜寒欲雪作文心妻墓志成文格不高揮灑如意甚自得意再鈔視之平平耳與書文心詩之兒女課早畢登樓夜坐

二日未鈔經難於補足矣

三月己未朔晴朝食後仍字畢昇至東岸答訪黃總兵即至馮家絜卿方陳設花木看畫冊有王曉霞董友善山水花卉數十葉云甘肅名家又有趙千里阿房宮圖董思白字冊待至日昃僑丞程丁楊續至懿兒侍坐酉正散泝湘還水盛漲行半時許得一人助榜乃至夜雨

二日雨復寒課畢寫字二紙諸生未取錄者及後至者來見數人得瑠女書薦其甥黃榮辛云欲從學大概思得一課以給膏火耳非擔簦裹糧者也

三日雨滋起甚早云令節欲踏青庭中猶不可步杏花未坼小桃漸開較城中固勝課未畢陳復心來同朝食久坐問政學甚殷與論患所以立之道要在求人午後去方登樓寄禪來辭留夕食遂至暮夜乃畢課已倦矣十二日鈔廿八葉書疲極無以加比之世人猶爲勤也

四日雨寒課早畢刻字人從省城來家中寄雜物四日而至云曾沅浦修年譜震伯率衆搶其稿本荒唐至此又劫剛所不爲湘孫生日作殺餌夜睡稍遲

五日晴早起鈔書二葉猶未得食申飭之常寧課外生來見以先入院待取今不取恐占房見詰也鄧刻字借錢四百欲擾我是區區者耳督課



早畢謝庭蘭習爾雅來欲留住廖生云今年坐取者盡未取頗爲公道去年畏鼎甲妹夫今則無情面矣衡山一曹生道臺熟識亦未列正取俟覆試升之

六日晴稍煊遣湘孫往程陳楊三家拜年未初去仍督課如額懿莪始看左傳蓮耶作巡丁去

七日晴煊湘孫出城小船流去還亦吐歐王婦亦吐信婦女之不宜出游天定之也遣吳僮入城請客套禮也恐其來而先迎之並與書程生戒用燒豬

八日晴丙寅清明早課未畢程宅已來催客本欲答劉清泉因此未能往步從白鷺橋上至城隅丞馮絜卿先在段海侯黃將丁篤生繼至伯琇最後來席散已暝步至白鷺橋已不辨路高下適船至乃還夜月甚佳率諸女步月作杏酪

九日晴將出石鼓答訪胡鎭北孝廉適有衡陽童生來見云蕭姓取第三衆云監生不可取課有此例否余唯唯應之以非我本識也兒女讀畢並擔至楊園看花唯有木筆將與海侯談迫暮步月還二女一孫均奈不何矣夜月寢忽大風雨

十日晴煊文若火南皋來沈子粹曹郎應萱沈萱甫來云衡陽令子來受業名壽黎字叔獻老廩生矣年廿一頗似黃星漁又似易實甫均留飯道臺來送課卷欲假我名以行其私䀹勉應之此皆爲貧而仕之苦無人知我也

十一日魏亦農來無須而肥甚言樾璜之害鈔經督課如額晴煊

十二日晴晨起設薦

曾祖母生辰出答拜兩縣並過舊令詣隆兵備劉心葵高保吾高處牡丹一花頗爲娟麗出城詣石鼓答胡敬侯熱甚褫綿易衣猶有汗洽至樊



琅園處聽曲二廠一周馮程楊餘未及問居然圍鼓笙簫間作度曲將百調留食再唱散已二更步月渡湘與馮楊循磴至東岸馮宅門首馮歸楊同步至其家門月色正明東風吹衣至灘呼渡家人半睡矣夜起風

十三日陰雨風涼督課一日夜大雨沈酣湘流復黃新綠映水饒有春色湘蘭滿花馬纓紅綴雜樹皆碧鳩啼甚急正清明景物也

十四日雨連日夜驟冷復可皮衣鈔秦風早可畢忽懶遂置之說渭陽在華山下乃悟晉東於秦將千里地理荒疏如此

十五日大雨風寒午後復晴昨未加衣今復忍凍甚不適對飯不思食已而又飢頗難調理

十六日晴稍理逋課作西禪募疏明果來送黃精夜月劇佳小坐賞之喬子來

十七日晴午課未畢王魯峰來欲覓閱卷館恐其未勝任也辭以不薦與同船渡湘至鐵爐門登岸舁傾隆書村答訪胡蘊亭辭以有客入小西門至衡陽曹子已去二沈略談鄒少耶出未及談聞府考童生散去云拔毛連茹討以金谷及岣嶁禹碑皆別字故不服也府尊方厲糈考校而復得此報所謂求全之毀因過劉心葵小坐復至程家更服步訪儁丞遇子粹別去至江南館又遇之因與同訪容臣云在朱嘉瑞店入則朱方請我容臣亦同出過袁海平秦在王店相待遣邀看花出城正冥矣待渡又稍久還院月上賞玩久之

十八日晴劉心葵來答訪云心安可補糧道補課未畢已復日夕新生來見者數人皆無威儀作文戒飭之擬作具留隆道臺一飯以報加禮

十九日晴方欲理課適請客饌具皆須自料理賴晨書三紙耳日間懿兒寫學規遂未作課僅爲四女仞字而已日夕高都司段懷堂袁監院相繼來客去甚倦夜早眠



廿日晨雨旋見日朝食後遂雨道臺送學便留食答其公局及私燕二次之禮也請儁丞作陪因請通判以黃營官陪恐兩縣來設二席兼請教官及程楊丁段共十五人俱不至來者程生丁篤生耳四客中道臺本當早來因請反晏申初始起學客散已夕始聞子規

廿一日雨竟日午課畢泛湘至南門舁至朱嘉瑞陪儁丞絜卿沈子粹秦容臣程生均在燒蠻菜甚佳夕還雨濛草碧春思滿川

廿二日晴遣喬子視瑲攷三百赤市並無大夫赤市之說亦可謂奇聞也諸儒朦混誤我一生可笑亦可恨

廿三日辛巳穀雨晴煊可單衣將出游陰雨忽至鈔詩又畢一卷湘漲平岸月蘅甚開桑葉成陰蠶已頭眠矣子規夜啼雨聲愈壯

廿四日晨大雨朝食後晴遣覓傭嫗於秦容臣得二枚皆不可用以無人留之

廿五日晴南風甚煊課畢將午睡因循未得鄒刻字來取新鈔詩二卷與之寫刻

廿六日時南風吹樓芨芨有聲煊不可衣夜往楊家尋海侯談彼尙未知周公用王禮之事可怪也

廿七日晴彭僕去沈萱甫及卜厚生來小坐去夜轉風始涼

廿八日雨涼復緜鈔詩欲畢諸女仞字亦將畢六千文矣說三百赤市杌隉不安蓋曹無命卿而大夫驕貴自比大國故云三百於赤市也左傳亦知三百人不妥又僞造距躍三百曲踊三百一說以爲三百注腳千載而下如見其肺肝不然何三百如此之快迅耶以文爲戲未免太任意不似文人所爲爲李孫改韓詩

廿九日雨魚子水大至春思滿川所謂熙熙登春臺者鈔風詩畢紙亦罄



矣米販索錢借銀與之去年窮未是窮今年窮錐也無不知其所以然寫字數紙惡劣不可看取其塗滿而已以身爲人役亦須遇能役人之人若不知艱難但欲當差徒自斃耳

晦日雨晨起登樓有詠詩之意學徒紛至遂不成詠已而擬課題看謝詩勉擬一首魚子滿川唐以前無詠者欲作兩句而意必熙熙非雅言也僅以一句備故實而已諸女仞畢六千文實爲奇功

四月朔己丑雨晨出講堂訓諸生雖有四十餘人未知學者有幾已屢飭整齊猶未肅靜兒女看書亦行故事秀良者不易得也

二日雨竟日攷邶鄘地略分三輔皆在河北欲作一圖沛潰久淹竟無下筆也

三日雨晨起登樓看說文重複俗字太多可作一書檢之懿兒講楚詞畢無可講者令看類書師勞無功莫過於此寫詩第二本畢六日矣更無

功課

四日晴熗水漲平岸遣覓鈔書紙欲重鈔詩箋一通猶未果也所謂老嬾

五日復雨看課卷攷緣衣黃裏無說通之姑以爲皮弁出接賓客之服國君之制若以爲祭服實不通也

六日晴爲丁生改禮記攷一篇未甚精確王嘉禾兆涵代便令來訪洲中無設備肉湯索麪款之

七日晴程岏樵送莧䙴白鉏二沈生來送之渡湘已有夏氣卽還諸女校說文皆欲渴睡數休之日限一篇不令少耳莪女被訓飭遂稱病不起

八日晨晴午雨夜遂點滴似冬爲李孫改時務策一篇頗爲扼要始重鈔邶風

九日丁酉立夏雨晨起最早沈子粹來辭行作虀䊤餉之不飯而去補督功課已不及看類書矣

十日晴鈔書最勤兼三日之功欲檢水經注經地別鈔之鈔兩三條而止以無甚古說多影響之言於說經無甚益也算諸女仞字已過七千

十一日晴看說文鷊誤以爲鶍字重看乃知不同所謂眊及之者湘潭沈贊勛字約門自云廿年前曾往還今來求館兼挾子鎬書少坐去鄭贊侯來談鏡初臨終有無數呼冤者蓋其戒殺疑心故生命示報未了生死之魔也夜始出兩齋一行視

十二日晴早課畢命舟出送沈子粹至瀟湘門覓渡不得還泊柴步登岸尋二程均出天極悶蒸欲雨得功兒書當復因留書程家已亟還船頃之不雨復上岸看秦容臣命移舟太史馬頭雨復欲至地溼不可坐遂還楊家覓得一傭嫗來

十三日雨竟日蠶長不能得乾葉蠶娘當愁苦時而但責男工摘桑可笑也因此始知桑婦之苦無異農人憂旱凡事非親見不知午眠多寐起



乃奮然呼縫工作夏衣與書鄭衡陽辭戲酒

十四日霽陰紈女生日放學閒戲聞花香甚甜未辨何薰有類崇禎所聞者豈客氏復生耶人心甚不易持方悟六賊之說大有體會向來論無鼻有鼻無大關涉十年前鼻塞兩月不甚知苦今鼻通乃甚危也急收攝靜念以正之俄而啞然

十五日晴停課一日

先祖妣忌日午後設奠鈔邶風畢諸女校說文字畢但須補部首一分夜改廖生課卷

十六日晴一日未鈔書正欲閒談潘蕉坡秦容臣繼至客去又倦矣補部首篆百字點畫不成悤悤便罷

十七日陰夕雨鈔詩三葉真女獨仞字得三分之二耳

十八日晴秦容臣來攷旄麾翻同異未得確證出城始謁衡守鄭贊侯遇黃鎮言湖北事還至俊臣處小坐甚熱夕還夜雨作小詞

十九日雨遣借繅絲具未得蠶畢成繭亦自可觀

廿日晴課早畢算繫廐馬數誤以六爲三齟齬不合檢單衣竟失之

廿一日晴但課仞字巡四齋人半去矣夕食前入城兩縣招飲看戲復見朱月秋正十年矣與絜卿程楊同坐更有一任師耶陳委員二更散得文心書

廿二日晴鈔詩三葉至夜乃畢之許惺吾程楊來乞荷花夜往載還釣者得鱧魚與食之

廿三日晴有求常百盧斯文亦吾病不勝其好逸之思而至有求雖智鐙不能燒也西禪僧送枇杷來謝未見儁丞送肉薦圜橋來坐一日留飯去

廿四日晴晨畢鈔書及字課朝食後得石珊書言熊子事午至城看題名

錄湖南中者多熟人蜀生中三人亦名下翁師定能衡鑒會戲江南館聽曲至六時然吾未費日也夜還怯風步歸今日壬子小滿夜見陳芳畹書

廿五日無事

廿六日陰晴頗煊督課早畢復女復患喉痛夜無人管乃知孤女伶仃與羅生講書理

廿七日大雨晨移復女自領之並遣迎醫暫停書課唯令看仞字夜寢稍安

廿八日晴鈔衛風畢說萱草別無可證唯有丹棘一說未知金針爲萱出何典記唯改揭桀義比舊稍切午詣俊臣潘蕉坡與商霖同行至其家門各散余赴樊琅圃處聽曲喫飯二更散

廿九日雨新燕來翔不巢而去復女大愈滋女又腹痛蓋熱溼所致夜發



明課題遣熊使去

五月戊午朔晴宿齋內寢唯督字課小兒不可一日間斷

二日己未礿祭

祖考仍以嬪祔祝詞稱之不嫌也巳正利成餕畢瀏陽送文卷衡永送脩金丁段請飯似有受嘏之兆船至丁馬頭登岸至水師營看張銘批稟同至馮家段陳皆在遂同至丁家游楊園滿園溼暗不可行伯琇後至設食初飽後昵未夜還看李老友伯寅墓志雖不得體亦尙不俗

三日晨陰復芳畹書送八元與從姆書送廿金取百元還帳算火食今年四月用去百六十金而寄卌金回家矣每月猶卌金未爲節也然一節百金而百事可舉信錢之通神

四日雨溼不可奈坐樓上竟日攜女孫鬮牌連負甚慍雋馮送糉又謝喉科歐生辦節物西禪僧來

五日節晴晨醒已晏家奴未起也得郭生鄂書蒸煊未解賀節者皆謝不見午拜

影堂看競渡鬮牌半日晡食馮絜翁送雛楊伯琇送糉扇絺衣猶汗蟲聲如雷非佳境也夜早眠

六日陰蒸熱息風三日便如盛夏覺伏中猶較快也午浴絺衣未覺能涼

七日晴熱看瀏陽課卷講課如額遣募盆米於淸泉辭以僧道無緣驟聞正論不覺自沮

八日晴吳僮飽欲颺去頑不可使復遣之看課卷督字課餘無所事夜月

九日陰遣尋黃營借錢云往衡山矣百孔千創方知易笏山之窘況夜大雨賀年子遣相聞

十日雨竟日滋生日放學一日寫對聯畢樓上鬮牌仞字閱卷畢食湯餅看新婦



十一日雨理學徒常課得鄂書即復二函水漲平岸是日戊辰芒種

十二日晴教紉女少孫爲信傭嫗背所私盡捲衣物以逃其人追至洲上闌入廚房抱持而去可駭也亟遣之盈孫始學仞字日二文

十三日晴

先祖考忌日素食居內程生自瀘溪教官回來見大水特來使服兒之午設奠畢課字停餘課

十四日晴仞字畢入城看雋丞先過容臣求女工絲車與至朱德臣店中求之不得同至程家遇雋丞遂留夕食看彭祠得浙書夕仍與秦還步至衣莊看衣有一件甚似故物欲買之

十五日晴從黃總兵借錢得百千補發瀏陽獎銀復輿兒書

十六日晴荒嬉半月矣事不可長復鈔詩三葉懿病困臥女婦纅絲始知賁繭法得瑺書

十七日晴鄒生來云卽當上省託帶課卷去因補送慈母七十壽禮與書
朶翁兼敎少孫作家書紛紜至夜半乃畢
十八日晴熱無風甚悶遣畨子上工並送鄒去看詞譜改課文
十九日晴鈔詩三葉懿始來講西禪僧來復校譜稿楊誠齋說塞翁吟衰
颯帝臺春不順隔浦蓮奇煞鬭百花無味今譜此四調於下

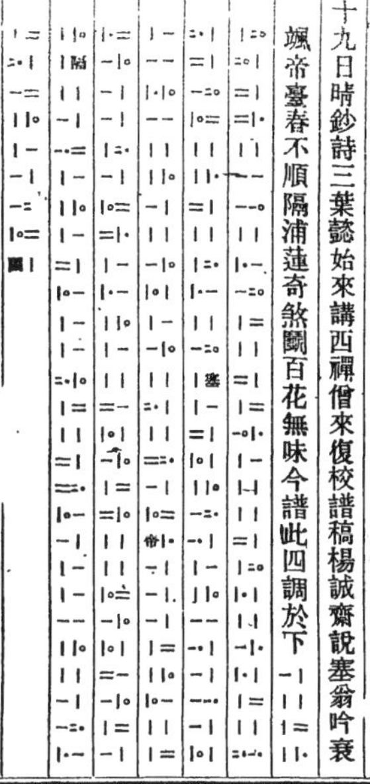

廿日晴南風午後北風夕涼大雨前二夜未美睡始得清枕簟也看課文



講讀鈔書如額夜雨傾盆
廿一日雨檢汗衫盡失之唯存八綺蓋傭婦所竊以遺其夫又當作之仞
字畢放學鈔書三葉
廿二日雨復女生日去年已作十歲今但放學耳小不適一日未食亦似
去年則可異也仞字不可曠日仍令如課
廿三日陰鈔書半葉看孫退谷筆記似欲修史而斷爛不完未知其用夜
早眠
廿四日晴移兩女下樓日光漸灼也重看吳梅村詩事以用故事爲長是
當時風氣
廿五日晴熱儁丞來尙衣袷賀郎來留飯去夜看陸燿文鈔正如說夢所
謂經濟之學如此賀文編似尙稍博也秦子和送洋紬紗來
廿六日陰仍熱南風吹衣風止卽蒸所謂慍也連日唯晨鈔一紙盡日跂
臥移榻樓上
廿七日甲申夏至雨甫移入而涼未便仍出看許玉叔試帖張茂先所謂
廿年內書也雲帳已破重爲裝之
廿八日雨竟日仍移外齋課字鈔書檢地圖尋汝墳所在今以葉裕之間
爲汝墳水經注以渦淮之間爲汝瀆彼以瀆爲穎也其說近是
廿九日雨連日夜昨誤展一日齋夫又誤以爲月大每日有日記而往往
差日賴有臨書記日可檢校耳
六月丁亥朔雨涼始出堂點名領膏火者畢至有陶鈞者誤後而索房洶
洶遂趙落李生門瑣余以瑣門本當槌落但不當徑入內齋申飭之因
自巡樓上下則人滿矣鈞又來謝罪則更醜拙喻止之此衡陽人不知
事如此以爲上舍生何其謬耶總爲要錢所害也
二日晨雨止水漲平岸乘潮入城便過楊伯琇聞庶常湖南選六人可謂



多矣孫萊山告病文卿當入樞府耶過儁丞遇海侯程孫段去程留坐
久之步出登舟至對岸雨至強進數丈斜風細雨避人檐下遣看絜卿
借轎來伯琇適在留飯還船已暮僅而後至皆從稻田行舟云水通鄙
湖損膏腴田數百頃雨仍不止小坐卽睡
三日雨竟日水退氣寒小不悆課講鈔書聊了日課黃船生送一傭婦云
年輕秀麗家人皆欲殺以前傭索高價姑留之
四日雨竟日水退五尺矣困臥不能理事強起畢課
五日陰稍愈蒸溼不快臥看小說明清科場文亦自有經營想境鞭辟入
裏之義但識見可笑耳觀此乃不能不咎定制之陋若移以說經必發
明積疑矣不肯放人心眼宜其鄙淺
六日陰仍未愈小女字課甚荒未能卒業而已之餘課亦不復理臥看平
話捻匪所作也

七日晴早鈔詩半葉說宋蘋盛湘乃知大夫妻不能視饎爨天子用大夫禮后亦不視爨也故周官無視爨文而詩美踖踖乂何說乎戶西牖東位不可易東南曰窔牖所在也以交木名之宧以庋閣名之但四隅各制名制必有異君子主奧恆當戶未可南面向門布席而寢其必更有屏蔽乎段海侯西禪僧來

八日晴稍愈晨鈔詩畫課均畢尙有暇程生復來就學移房居之諸女並入內夕有雨

九日晴風涼真女字稍生蓋日溫八百太多當酌減二百自明日始

十日晴復令程生講禮記仍有當改定者日課甚忙竟不暇息瑫書來報寄鴻都尉之喪

十一日晴復看禮箋殊多未瞭夕擕盈孫與程懿步至楊家尋海侯談箱序未盡其說余近欲改箱卽序端未知可通否



十二日陰諸女游西湖工人盡去絜卿來無人具茗小坐而去真女獨認字未幾游人還凡三遇雨幸未霑濡耳湖頭蔡生來外家族人也

十三日晨雨俄止陰涼夕熱更浴始理方名檢遺漏者滿屋散錢殊難校對

十四日庚子小暑涼看課卷復思秦伯不名嫡得之也乃謂嫡得中國之禮故以中國進之餘則從同故初不發問夜初更聞院中嘈嘈城中失火諸生家城中者並去

十五日晴搢子來得蕭順孫蜀書城中還者皆言僞丞家亦驚動夜往看之則安堵如故遇程郎同坐乘月舟還

十六日晴看課卷畢始得秦伯不名之例夷禮不名卽中國書名也不足以示進退故於其始卒反名之至後乃不名與諸國之先名而後不名一也說者殊未思乃爲廛生改一藝積疑頓豁亦一快也

十七日晴衡人今日嘗新家家設祭頗有年景程楊衣冠來初以爲楊來辭行及見拜餕則爲陳家送八字僞丞欲與我結昏其少子八齡矣唯幼女相當因卽回庚與之向例所無乃古禮所有也夕息風頗燠頃之乃涼

十八日晴有風重校饋食禮改定箱卽序端似無不合陳郎兆奎完夫新入學來見

十九日晴熱課畢已將夕作詩一首贈陳十一郎（玉堂金印有家風嘯佩肯矜舞勺童學叢已諸三體妙成詩還與八叉同南厓未肯誇年小東皆知曾發聖功要圖不須求轉極坐看饑飯佐熙隆）初寫時用傳韻誤重押重復改之可笑也定老矣下筆易譌黃生顧一傭嫗來蘇州秦氏頗有舊家格近來所罕但篤老小女輩不能優之何婦初求去亦不去矣黃傭不諳官禮立卽遣之桂陽劉生來見

廿日陰涼諸生畢來外舍已滿爲諸女仞字畢小臥日見蒸悶汎湘至容



臣處少坐答訪蔡翁徐孫因至安記絜卿方與陳渭春打䨱出談頃之昇至僞丞處答訪十一郎容臣先在懷堂魏伊農海侯朱德臣胡鎭南薑亭程楊繼至設二席芹酌也未夕散

廿一日晴搢子告去與黃傭同行僕從零落遂無人應門夏戶部兩子來誨以干祿之道及家庭爭財之事聞唐葆吾之喪藝渠家遂無人撐持可歎也此則多財之累若吾身後無所可撐持則無所陵夷午間率諸女淸方名檢遺漏滿屋散錢大風吹樓欲傾滿樓漂㪍繼以雷電實駭心目避之後廓然九千文不可復理矣風止仍淸得二百文失散者十之一當再檢之

廿二日晴熱檢字近二千亦有可樂劉生允嘉來始罷夕食汗浹衣急浴復汗夜移樓上

廿三日晴稍得涼風檢字數作數休講書稍晚廚人來治具秦容丞來留

夕食云已飯矣

廿四日庚戌初伏得鮮魚羊肉約伯琇來朝食兼約嶰侯演祭禮來遲日烈不可動作清談而已二客俱未早飯各食飽待儁丞未初始至飯罷已夕送客去遂暮矣

廿五日晴始得甘食傭婦忽病恐其中暑皇皇然㳄婦生日辦湯餅殊不能佳儁送林禽新藕傭人來上工檢字竟日復女病泄夜起看月

廿六日晴正熱甚爽懿復俱病功課俱懈而夕熱聽講不能休愚人多忙責之不可忍熱畢之夜檢方名岀鬱移出外齋閧閧門聲甚厲齋夫夜分不睡未知外間何所作欲出看又須驚動人將私綮之近於掩人私遂寐無爲

廿七日晴檢方名竟日多失散詰問湘孫則嚱匿樓上呼之不下及夜遂病矣

廿八日晴檢方名懿稍愈亦未問其功課

廿九日晴熱連日北風炎氣頗甚坐廊下漠子嚐嗌足脛無完膚湘孫病似瘧將問醫防護之

卅日晴日烈將攜湘孫往求醫憚暑遣懿兒代往則嚱不肯從不得已自攜僕嫗入城至江南館蚖郎不在請王輔世來診之石門舊鄰也暫至程家省程母借坐闌還已夕矣

閏月丁巳朔晴晨出點名諸生一夜不睡頗似試場朝食前畢散皆往道考矣檢方名聽講書程生亦草草不能大愈於懿也

二日晴傭工告去以我爲可困也卽遣之陳郎湄春來留食不就云其甥已辦矣西禪二僧來言寄禪復至

三日晴寄禪來看日記數日不書似於荒怠實則日理字書無暇他及也滿屋散錢以廿日一一清理之大似年大將軍一髮一蠅繫解俱關精



力只是初寫時一懶遂須一月勤始可補救令諸女日理六百更分六書次第別之夜熱傷暑起眠外齋

四日晴得風頓快中伏反涼然已廿日不雨矣檢字六百夕食炒羊甚美已而煩悶不可支佛氏冤親之說疑有之耶何一箸之能爲疾如此夜稍愈

五日晴涼檢字講書火夫去半月殊無人力程家又覓一傭工劉姓來姑留試用遣齋夫除草乃知芍藥久枯恐不活矣

六日晴稍熱然有薰風尙可伏案但入室則膚燥耳臨桂李小浦鼎星自京下第歸道過來見云得之秦子和在螺山守風十日談及因便訪也人樸質頗有本務言及蠶桑不行之故官局繭斤二百而繭紙一千鄉民失利者多亦可笑也戴生卒哭來回齋讀書揮汗接二客退亟當風而熱氣灼膚至夜入室則熱五更始解

七日晴檢字竟須半日日日以此爲事及罷已倦矣夕下湘看程郎因答彭鼐齋送陳郎卽過儁丞談來往熱風吹面不可呼吸

八日晴看小說檢字已過半夜不能涼尙可就枕耳日食則大減

九日晴偶作苦熱詩云露枕毛髮煩夜風絺紵溫似有圖雲漢之意因尋樂府詩苦熱苦寒皆述征役之勞知閒居不得言寒熱更無所謂苦也

詩不可作坑樵送瓜六枚夜食一枚俱未熱

十日晴向晨卽熱仞字一百不能復坐罷之游行少愈再坐仍熱蓋今年極暑日矣北風徐起震霆驟至雨隨飄入庭階庭下芭蕉頓折四五科而不甚涼將夕乃畢字課五更復雨

十一日晨雨連午遂有秋聲昨夜雲暗氣涼川空寂曠不勝泬寥之感蓋四時迭代皆有驚覺無如秋之最愁也然宋悲凜秋則仍未寫此意苦熱詩既不可作感秋其可廣乎蚖樵來言蕭生婦爲雷擊死觀者數千

人其婦有賢孝名而俗云雷不擊孕婦今兩失之遺懿唁焉仞字可畢以太久罷之

十二日晴復熱檢字始畢乃定六書之分凡有部類而象形者如眉肩仍象形也有部類而象事者如衣莅仍象事也會意則必兩體皆成文轉注則兩體皆不成文或形不成文也有聲者皆形聲也省聲亦聲不假借而實假借也如此則六書皆有字且截然可分一省牽纏復大次焉

十三日晴熱看水經注講禮記又畢一編夜與諸女談時事爲誦贈伯足詩忘一句檢稿本則黃生瑱篋中矣荒唐無知可歎也

十四日庚午末伏晴涼程生欲講公羊亦助我溫理姑坐聽之與懿唸書經無異也教初學不必求益有明知無益而於我有益者

十五日辛未巳時立秋立表候之無涼信唯稍陰耳晴更熱終日無所事唯仞字聽書而已



十六日晴家中未能辦中元前在石門皆用省城寓錢因附書求之並寄詩補箋樣本去

十七日烈風涼居然秋陽矣火夫懶甚遣之覓人未得陳僕晨炊王何嫗夕爨殊不成事夜月如鏡再起褒回

十八日晴復熱偶思桂陽山水看孟辛舊圖兼校全本水經底稿未畢初無同異也又浙中水注文不似道元亦從來所未覺

十九日晨起甚早初無風涼馬岱青子來兒女中已少知者唯次婦尙憶之耳彈指古今可爲一歎

廿日晴聞雋臣腹疾遣問之云尙可見客日烈不敢出將俟稍涼入城也今日極熱有雷日之炎以爲必雨乃竟爞爞至夜南風驟吹炎氣愈盛丁課草草了事已則一無所作也爲程生改詩一篇

廿一日晴日光稍淡然熱氣未減二日卽末伏矣不患難逃也仞字苦不能畢課因早在樓便檢之至三百已蒸炎如洪鑪避下小睡大風南來桑葉亂飛飄雨橫一丈猶爲青蘋末也然無大雷雨頃之而霽得稍涼快進粥一盂食餅四枚日內銳減飯數亦殊不飢臥看小說復溫大傳偶思方六七十如五六十蓋兼殷周三等伯子男國也殷伯七十子男同五十故有方七方五之異周則伯三百里食三之一是食百里子二百里食四之一是食五十里男百里食四之一則食廿五里三者合百七十五里三六百八故有六數本據殷制合爲一等故皆言六十非真有六十里國也

廿二日晴熱樓窗有風課字未畢衣燥膚烘下房暫睡看船山詩話甚詆子建可云有膽然知其詩境不能高也不離乎空靈妙寂而已又何以賞遠猶辰告之句夜得李雨蒼詩雨月通押駭人聞見戲作二首嘲之

男兒得意已非奇定遠封侯卻太遲會有蝸廬供笑傲更無牛相賞嶔崎胸中自鬱匡時略病後能吟出韻詩伏櫪壯心千古恨可憐張翰不曾知六白鶴樓振翮下看南極老人星九州落落存知己霧雨茫茫夢武丁自是仲卿持節早莫辭陶令閉門遲且攜綠竹東山去別墅棋聲正好聽



廿三日晴稍涼欲入城畏日遣信去問儁丞看甆錫器還報皆無程生來云城中多病暑盛使然

廿四日庚辰出伏矣熱乃未減晨坐樓上便如蒸熬功課竟未能畢夜看詩二葉蝨瀵紛集頷腫矣

廿五日晴熱光外灼蟲蝗來齩極苦境也然亦不覺昔人視足猶土小痛蛘何足問但齩我者亦殊不必豈亦有冤緣耶督課早畢

廿六日晴熱有雨意暑夜乃小涼何嫗告歸求千錢不得可笑也向程家借之功課僅畢早眠

廿七日晨陰朝食後入城省雋丞疾遇醫診脈至一時之久可厭甚矣雋殊不覺反以我方爲可怪如此處事安得不憒憒既非性命所關無庸

與爭卽性命關亦不能爭也見其九郎兆蘭字芝年還遇卜允齋與陳梅生正將出門要還小坐欲問京中事悤悤不遑也字課未畢已夕大風雨始涼

廿八日晨日鮮紅知爲陰雨之兆暑可逃矣檢水經未下筆海侯來談禮問倚廬地初言在殯宮誤也乃各在其宮庶子從長子耳湘鄉羅培鈞來羅山族人也東洋隨員正欲招客又得一煙客矣云曾家被劫殊駭人聽昨課未畢今更晏急督之未夕而竟程生欲講詩法偶解潘詩二首示之兼言文字之用所以養性情也

廿九日晴起晏日上窗矣夜涼好眠致不覺遲當入城看梅生烈日灼人遲久之乃行步自白鷺橋過子和僞公遇程郎王醫留點心乃出訪樊琅圃至清泉梅生已出因出城答訪羅知州看甆器入北門看兩賀鄰仙留食其弟亦出見款待殷殷甚有年家雅故亦不特殺尤爲率真也



爲飯兩盌還過二程呼舟泝湘已昏黑猶有熱風秦容臣來

七月丙戌朔晨起盥畢已日出出點名發題入城還夜有雨

二日丁亥處暑晴遣人入城治辦嘗祭盌楪張郎卜臣來鶴帆第三子也名家枚附學生李黼堂所云克家者云求書干黔臬正欲通信卽書與之沈生來謀卄務僞丞送佛手紛紜客使無應門人甚爲倉卒留午飯無人炊爨遣呼次婦自出辦之幸而得食日課亦未廢差爲有條理

三日陰晴早課畢治具招客羅晉錫最先至陳郎程峴樵子和繼至待梅生至暮肉乾人飢頻欲設矣家人故遲之將夕乃來卜允齋同至飯畢猶未昏可知其早辦也

四日晴有雨雷疾風作書與聶仲芳論衡山捐款諸女仞字又校一過借王蕓友釋例看其分六書自轉注外差爲有倫而說假借處尚非欲更爲說正之

五日晴得功兒書寄孺人墓志搨本亦有可觀偶錢未至秋薦將臨遣入城先備之丁生母將往長沙因遣次婦同去以省護送夜雨傭工去

六日晴看王字說如數家珍亦尚可喜又得蠶胎生之說蠶書所無也閱課卷有周秉章者甚有心孔遣召之入談云已卌餘矣向未從師可惜也祁陽彭瑞齡亦有經解可取婦女作包

七日晴朝食後樊衡陽來談頗久客去暫歇仞字畢已晏講書後未暇他事夕食雨驟至雷風飄雨半屋不可立足非可久居者歲作金銀錠用紙萬張所未聞也蓋孺人興之宜長婦之避事固非一手可辦喬生來正無人炊令暫主之傭嫗去亦三日矣內外俱定方遣人去更請黃船芝覔之凡人家不可無雜客此等事正須人了夜看集帖

八日晴將出城日灼不敢去家信來往返將一月遲滯可笑黃船芝來

九日晴更熱將出報謁學台僕云國忌乃止遣信回並復陳芳畹夕張子



虞預編修來議論亦伉爽非陰鄙者久坐乃去無一人應門沽矣

十日晴晨起送張登舟日出矣聞礮聲知舟發復問梅生亦去矣過僞丞而還烈日灼人幾不任暴僅而後返樓中已不可坐朝食減少

十一日晴暑氣愈炎日夜無纖風次婦將歸約丁生母同行船已定勸止之湘孫牀已卷夜從真眠余乃登樓熱未退小坐看月無可共語者

十二日晴朝氣不涼熱將極矣小時笑高旭堂囈語不忘張石卿今乃頻夢孝達其交情未能至此蓋亦督楚之力耶凡人平等觀極難余用功卌年未能去其種子挑水夫與總督大有分別何怪俗人之顚倒然外面排場已做成矣近世殆無能及程生告去令周生移內以彼詞章尚有思路也

十三日戊戌嘗祭新稻未送從市覔之已而送米人來治具未晡而辦然熱甚非婦職可任廚人爲之失家法矣申正行禮熱亦稍減鄭贊侯來

識易笏山父子程生辭去回任送考
十四日晴看課卷畢作書寄文心送墓志得陳芳畹書與書朶園云其女
宜留侍養作字三紙
十五日晴北風大作夫婦兩孫均待去船過午乃至行李槃槃亦可爲累
矣秀枝夕來飲酒一杯
十六日晴移牀內室掃除布置又一境界也北風猶壯秋日盛陽課讀稍
減講仲山甫家世未知其祖尋世本不得胡墻有攷尙詳云仲山甫異
姓之臣漢人說也
十七日晴壬寅白露稍涼猶風寄禪來談官事云李友蘭甚悔召之何傭
復來午後欲雨旋止
十八日晴方樂閒靜雅南忽來如牛玉浦遇油襟人通身不自在徐而詢
之云欲干劉鶴齡且令少安看近人古文



十九日晴攜復女下湘看塞溫神至絜卿家小坐叫囂不寧還止大樹下
施榻小坐渡湘看儁丞遇程郎言英夷必欲入湖南儁頗知其無害近
識時務者還樹下看天符出巡還舟始夕食懿兒喬子均去矣
廿日晴晨理字課畢始朝食黃總兵來云新撫將至作書與劉松生送雅
二千又度一戹講顧命東堂西堂不瞭說黼裳纁裳皆雜裳庶乎無牽
扯之敝
廿一日晴說袪褏分爲二服皆纖袂者似爲穩妥而深衣三袪無文言之
暇尋桐城前後諸家亦有以自樂正所謂俳優之文也初時心粗但覺
其可笑耳臥閣房午睡乃不覺受熱醒遂不適至夜大劇
廿二日晴劉心葵來談亦云吳大徵欲立洋馬頭余獨以爲不然節前將
至矣以余度之必先殺人而後要錢乃爲文武之材也外齋日灼移內
未事

廿三日晴頓涼可袷衣臥病一日諸女云頓瘦矣看小說遣日飲酒化痰
覺比他藥爲效
廿四日晴小愈蒸肉不可食亦不思食也秦子和送梨食二枚稍飲杏漿
索麪多臥少坐
廿五日晴周生來問古文告以近日所得周云吾論甚奇蓋彼日聞奇論
而不悟乃以平者爲奇耳夫學之逐末者其始在厭常舍近故益奇也
言治不已而言交鄰言戰言陣言器械至於言礮火奇已極矣乃以言
自治者爲大奇也言學不已而言道言讀書言文言佳惡言駢儷言單
思湊徹至於八家門徑桐城派奇不可究矣乃以言時習者爲大奇也
言仕不已而言科舉言書院正附課言膏火多少言學規言賞罰言規
避至於冒名領卷請人住齋奇不可方物矣乃以言閉戶用功者爲目
所未見耳所未聞也豈非惑之甚哉由此推之則父子路人而以孝慈



爲奇朋友市道而以然諾爲奇舉古昔之所謂布帛尗粟皆以爲景星
慶雲此又宋儒傳中庸後之別境要皆自以至奇爲至庸者心目中無
庸之非奇也蔡舅徐孫來
廿六日晴將入城賀年子兄弟來並攜一子留飯去已夕僅於中入講詩
二章諸課並停
廿七日晴未日出起命舟下湘自白鷺橋步上至儁處聞州縣小有不靖
張李頗欲求退奇聞也要地難閒何能有此想過程生處早飯至衡陽
令衡通判處久談還至岏樵處遇子年允齋云有曲會欲往樊琅圃處
余憚行更邀之來遣約馮絜卿不至飯後步出南門過鹽局正欲飯下
船已昏路沙不可行得唐葆吾赴書門祚賴丕承不愧州閭篤學行京華昔從宦至今鄉閭尚德稱
廿八日涼雨頓服二袷寫挽對並作常寄鴻一聯世爵不干榮老作諸生克家何必嘗勳爵
西園訪舊秋聽鄰笛歎逝增傷說竹林待乾寄唐聯去加一幃報百元也唐氏交情恐自

此止矣爲之愴然昇舟下湘入柴步門至樊宅聽曲二鼓始散
廿九日雨竟日真始誦經授以特牲自鈔三葉始知特牲爲宗禮今日仲
章死日也未爲設奠以其在三年之中妻子始有忌耳城中移桂來
晦日雨寒鈔禮二葉耒陽送卷來無甚可取者以其初學亦隨事誨之諸
生來點卯者三四人
八月丙辰朔晨起出點名發題還內看課卷卅一本畢雨竟日校譜傳鈔
禮二葉
二日晴陰丁巳秋分賀郎送蔬脯云當北行求信薦館
祖考生日設薦馮絜卿送羊秦蓉城送餅莫覲庭來云分江南令丁憂還
來看陳中丞夕去食羊過飽夜悶眠不安鈔禮一葉
三日晴始涼水漲遣陳升還鄉收租並辦半山祠祭傭僕盡去方欲閉門
習靜樊衡陽之弟及卜允哉來任師莊生張某來皆府幕也陳綬卿來



云丁壻來就昏已至長沙頌之文衡州來人客紛紜家無僮僕甚爲忙
窘六客坐半日去陳留飯致丁慎五書去已夕矣晴生來正値客擁擠
少坐卽去
四日晴出答晴生莫覲庭並與峴樵同行看儁丞殊未愈過商霖發家信
還作二絶句爲江西樊少尉題幀字菊圃頌圃第計方名字七千三百九十八
不到廬山三十年五松雙澗想依然無情只有長江水閒打空灘四板船塔去林存又一時比來番客厭牆基塹置亭畔磨時御祈蛮燒窗
更作絶夜雨
五日晴賀子求書爲作二函于李勉林陳伯屏鈔禮一葉
六日晴仞字畢已過午自出呼舟渡湘循岸尋秦容臣與同過二程便買
水注不得秦力已疲與同還過子和少坐下船還已上鐙諸女皆候外
齋飯一盤少坐卽寢城桂已香
七日晴艾刻字送譜稿來疉不可理約自往告之鈔經一葉夜雨

八日雨竟日雖清不爽頗有孤寂之傷鈔經督課間以鬭牌壯心盡消矣
九日雨半日晡後見日夜月甚明家中遣人來送男女傭各一見三兒書
云將還矣功兒又往江夏
十日晴鈔書一葉日課畢後看課卷兼攷堂室之制仍未分明因思宮室
遺規何至蕩盡蓋亦秦壞阡陌並毀之也
十一日晴秦子和送桂來香在夢空憮然不樂兩日頭瘍大發遂廢眠食
誰云疥癬可不治也海侯來談
十二日陰絜卿約聽曲閱卷畢而往已後客矣樊卜諸人畢在唱闋口者
爲佳元曲亦自頓挫無詞章習氣宜其獨步夜還微雨榜行頗久
十三日昨夜雨不絶及晨愈壯正在岑寂鄭湛侯來談文友甚洽因留早
飯客去過午余猶以爲甚早從容課業旋閒食具尙嗔其早鐘表已停
唯視天色似欲夕乃命食又遣兒往程宅問煤炭還已二更雨未停滴



湘水復漲得易碩甫書
十四日雨連昨夜無息時冒雨下船看儁丞與其從子芙初談儁所最稱
許人也穉當無名士公子習然聞其欲加捐則乂甚謬尙未能知其深
大要世俗人算帳草草不能結略爲部署而還醴陵已報捷矣云避兵
者頗動兩縣江西尤擾湖南尙安靜新撫已視事首送軍功與之愈於
璁桂進官耶夜雨勢稍衰然賞月會已不必論看易氏父子詩
十五日陰沈頗悶中秋無月幸有桂耳拒霜爭花秋溼悶人攜諸女鬭牌
亦各有意見旋復罷之張嫗喜作縱婢則乂陳僕之流人好尙信不同
刀砧何足樂也而甘之終日子和來談云阿克達春不職乃革道府候
補員數人而本官但察議是候補之賤於實缺有奴主之分也求仕者
可以鑒
十六日陰癸酉寒露鈔經督課程郎來云阿撫查辦諸人並有後議近事

之稍有公道者蕭郎伯康入學來見
十七日陰莪始講禮記說五人異席及冠衣純素皆有大疑方知治經無
窮
十八日陰有日晨霧
先祖妣生辰設湯餅餕畢出答蕭郎因過海侯勸特牲疑義還將渡湘日
出飭回見一小舟泊門前云瑢女回攜兩外孫女一乳嫗盧南窑居之
夜始見月
十九日晴胡敬侯來言吏務鈔經督課如額頭創夜發不眠
廿日晴晨起沐髮王輔世來鈔經督女課懿兒愚癡遂廢學矣字尤俗拙
可恨夕至子和處不遇
廿一日晴鈔經得解頗釋諸窒夜與周生論學老生固蔽不可誨也
廿二日晴卜允齋與衡陽尉及蔡生來劉清泉繼至遂忙半日



廿三日晴稍理逋課晴生寄其宗子所著書二種亦鄉間肯用功人請爲
序刊藏之
廿四日晴朝食後至城外尋容臣與同看僞丞遂入府署答訪任師耶甫
臣莊叔成楊子亭至清泉尉蔣子湘衡陽尉江少甫兼尋卜允齋過當
鋪看蔡鑑民甚飢還至秦家喫菌麪復與其僕入城過二程買柑筍花
生紅藷而還夜食甚甘得功兒鄂信陳蓀石書夜倦早眠鈔書半葉諸
課並停
廿五日晴鈔特牲畢細勘似較前爲簡到然無卓絕處唯攷出玄冠三裳
又得一典制耳
廿六日晴陳升回一事無成復遣下湘涂一滑很不可用並遣之張嫗遂
求去去其所私故也笑而遣之近日人情詭譎迥非卅年前風氣亂不
久矣湖南爲天下樸俗敗壞至此武功太盛故也

廿七日晴蕃生熊子並去徒爲船戶笑耳北風大作蔡德民送書鈔少牢
始識牲體有二肩而從來無說朱菌盈擔一家厭飫亦口腹之一樂
廿八日陰散學一日攜兩小女秋游便至海侯館中耕夫人必欲舁送且
令兩子留飯僱而從之又生一事矣夕還卽睡
廿九日陰得張孝達書筆迹不似早年蓋幕客所爲不然則紅項必學顏
書也亦不似楊鋭之作
晦日雨昨日秦容臣來言衡陽館事必欲予至彼探之老滿非了事人余
辭以未聞也還過僞丞小愈可無憂也至程家遇篤生乃知明日船山
生日有祭同至安記聽曲喫魚翅夜散還舟頗有老大江湖之感
九月丙戌朔雨因祀船山不點名擬祭禮既非釋奠又非饋食當用鄉飲
饗禮未遑改定姑依俗三獻行之諸生無衣冠者大半手足無措再演
略勝跪拜耳已至夕矣要海侯來看之設四席食半秦子和及周琴師



李道士蔡畫工來皆絕妙詩料也夜倦早眠
二日陰雨鈔經二葉於載俎稍有據徵讀書不熟非再鈔不覺也經中罅
漏不少烏能盡通大要儀禮太僻用功者少以至如此攷得無甚用不
知則大可恥有類刻楮耶
三日戊子霜降陰晴鈔少牢畢竟日不得肉食明日當素今日已疏矣廖
生來求薦書院又一多欲者劉剛直堅苦卓絕之行士林所少奈何奈
何
四日晴
先曾祖忌日蕭丁招飲辭焉在外齋聞人語開戶視之二客闖然入一王
魯峰一蘇彬把弟來游學者所謂狗衝破忌日者不得已亦延坐與泛
談久之客去設薦畢已暮矣
五日晴馮絜卿來邀云其家已設當往候客至則曾未告廚人及諸客可

謂荒唐絕天下之倫者人船已還芒芒渡湘至安記客來廝沈矣頃之曲師繼至待樊琅圃未來往看僞丞門遇接三子及程郎商霖送熊掌仍至安記諸客次第來席設三處外坐傅姚唐馬廝沈周馮皆曲會友也內廳樊蔣江卜張蔡李五官二畫師內房蔡任莊楊周程五幕二主棋曲間作至二更乃散

六日陰午後雨鈔經已卌日得八十葉日課之效如此夜思吳大澂告示殊不知保富貴之道欲書諭之旣念無益且不聞往教當作一論耳自余生時逢偪儴天下迄無一明理之人今我不述後生何聞哉

七日雨寂靜無營鈔禮經四葉頗有發明金蓮兩僧來言官事與書文衡州說之衡山董洲金蓮寺僧前到書院捐渡船一隻並云可捐錢百千問其何故遂捐訴云爲地方所苦因其船先有租船僧派遂欲其捐田爲渡費本寺先有田租二三千石今衰落不支因船受累不捐公所役患方長云云常告以書院現有二船方苦多費又無因受僧家捐經之理既還口舌爲請府轉行文衡山查明將坐船解來可由僧即書契交監院備文稟飭行衡山令查明有無別情申覆在案迄今半年官更三任並不申覆似有礙難之處或疑書院利此一船耶原契只求將船充公如衡山縣有需此船或徑將船斷與地方原無不可本府公文置之不覆則無此體今寺僧又來面訴云船售格屬驚槐禁蓬一切早發地方撿去欲備報撿案則可據訟據訟則可令僧來破財既見寺僧不爭復又在縣縣令及代理與縣令具控二至不知何闕但見新批候催帶究通未知道與地方道與書院者道與書院書院無須此船府轉文亦無究道字樣若道與地方其船現在本處宜道具控之人不宜道守僧也總之守官有名多財爲害僧竊生事縣令恐不及知若不嚴防訟棍良僧受寄土縣府札下衡縣聽使書院息訟之心轉爲滋訟之本含無請飭代理吳令於回衡時便道勸明此渡船有何可爭有何爲累使地方僧家兩得相安並移新令申覆府文以存政體



八日晴縢緹生辰也設奠小兒能哀尚有可取諸女皆垂涕余亦素食思哀竟日無營

九日晴朝食後出送畫師二元至程家寫信與陳伯殿便看僞丞過子和已去至容臣處買蔬果而還午後前堂無人兩學齋並無讀書聲數責之兼聞齋夫館童鬭戲盜竊召監院申飭焉老矣無聊不能與失教者挽回萬一也夜氣頗寒

十日晴鈔有司篇將畢說六俎終未妥重改之顧鏡潭子接三陳芙初來遣懿入城兼送禮記與海侯

十一日晴稍理學課莪女眼痛未講書黃氏外孫將周歲例有給賜無人料理將往城會夜雨

十二日陰雨有司篇鈔畢重改補艾刻工李游客來卜云齋江少甫紫谷道人來

十三日雨黃氏外孫周晬家中旣無內主又居荒洲一無所賜遣至城託屼樵代覔冠履衣綺手釧帽字及燭爆麪肉等至午而集設湯餅已夕未晡食也

十四日雨紫谷又來求信云差坐觀中聲言欲坼屋爲書告老湛請於陳明府以免之黃船芝來求書與陳右銘二客去已日晡矣字課未畢看課卷王者香能鈔書一部升課獎之



十五日雨始鈔虞篇小女仞字甚竭蹶費半日功也王大耶油餅使人不聊生乃知盜臣亦足患孟獻子蓋知之而故抑揚其詞余唯減膳閉關耳

十六日雨日課粗畢寄禪來神色消沮云上封寺無賴羣起爲難已被熱打余告以迦葉阿難均被打當委心聽之萬不可求勝紫谷昨云方外有名者祖師必陰困之蓋出家尤忌名此言有旨勸師兄且往西禪聽講使心目暫清俗塵自遠也寄公唯唯否否殆不可救余遂命舟下湘至楊園訪菊半途斗垣來催客設食不甘甫夜而還率三女鬬牌未三更忽頭眩目花殆不自持心疑脫中謂此耶還齋小坐乃寢卌夜雨潺潺病隨愁去矣

十七日雨意濃至呼婢起已晏移坐樓上容臣送餅黃生父送餅果脩脯亦足擾人仞字畢已夕

十八日雨張郎卜臣來致藝農書不能攜帶又一奴才也湘鄉羅姓來言試館械鬬劉爵帥曾翰林俱奔往大有湘鄉國之意王輔世求薦協標兵糧尤爲奇想字課未畢而暮大睡一時許

十九日陰昨夜夢與僞丞論兵僞云登邛山城望渝州江邊一沙線八百里鉤勒向裏又九江亦有一沙鉤界蘇杭此天所以隔華夷余因言黃河北徙爲復南北國之勢及枝江向湖南而湘州興欲尋筆記此二段以諗後來未及下筆而寤壯心未已有童之見殊可笑也又論輕兵疾進之能僞固非其人醒又提衡人材感喟久之文武並用行軍爲下然自有快人意處吾未見其人也今日癸卯立冬

廿日欲晴甚煥衣冠待薦

曾祖及

先妣生辰將午始得行事插燭忽落地有似妻喪之歲不知何祥也午間



陳升還丁百川書言八郎暫未能來蓋湊資未集當再召之陳復心寄貂韡來夜坐無事攜兩小女鬬牌頗違追慕之禮頃之遂罷

廿一日昨夜風雨大作今日竟澍霖不止雨聲外無所聞坐樓上鈔書無光移至外齋鈔虞禮無尸一條悟陰厭陽厭非鄭所說之事改定記箋大有發明易笏山所謂吾心自光明也對燭頗奪目光未能鈔改

廿二日孺人忌日大雨竟日熊攜子來真所謂狗衝忌日者且令居洲上申時設奠亦三獻未祥祭也兒女哭甚哀猶有禮焉

廿三日又雨半日今日懿生日因昨忌未設果餅夕召熊來具言三屠橫貪之狀未知信否且令諸女看其子仍遣之蓋均孩氣非知事體者

廿四日雨陰湘漲一丈與書二陳編修並寄問宋生誨嫁女以世故禮體吾女似不蠢矣而未知經史非不教也天分低也

廿五日陰雨遣頌尹兒來姑試養之鈔虞篇成前似較密無須另寫且校勘之

廿六日陰少霽見日夜而大雨斷屠三日矣菜食苦費甚不便也校改士喪篇齊鶴秋訓導及其女夫來

廿七日雨校改士喪下篇畢欲校喪服尋學徒則逃去矣且重校虞篇與書丁百川催八郎早來

廿八日陰檢舊說誤婦服爲大功可謂紕繆十年不悟未重校之故也七事俱無遺僕營之瑲攜長女楊家去王迪安來西禪僧正欲干之因便與談及亦因緣也

廿九日陰始校冠禮丁生寄省書衆女壻送經課題來又欲作序胡家好事不惜工本宜其窘也馮絜卿程屼樵紫谷均來

十月乙卯朔晨起堂課發題稍清館用冒雨入城答清泉賓主正值民壯團操劉星伯設麪與卜允哉同坐待散過衡陽談易實甫蹤迹還至程



家小坐便看僞丞已重繭衣裘居內室矣雨勢不已日色將夕還泊楊家門前遣問瑲還否旋移船至院食畢遂夜大雨竆日夜

二日雨日課未畢而暮馮絜卿遣蔣榮炳來求薦天壞茫茫不知當何向雨中久談思得上海一隅猶是招納之所蓋人愈擁擠則事愈多也瑲夕還滋早睡去小坐還寢乃覺夜長未陽請題久遂忘之

三日雨止日短課多但有竭蹶夜課不可停也而小兒向夕便欲睡故知十年就傅爲俟長大

四日陰校改禮箋復書帥錫林徐若蒙陳芳畹皆所識窮乏而不得我者聞僞丞疾亟憂之皇皇他友皆不能如此住近情親也今日戊午小雪

五日陰校改禮箋尋喻生仍不至午至蕭家蕭郎設燒豬請培元小兒作陪甚有鬬黨童子之意然倜儻非常兒蓋勝其兄夜散還

六日陰看課卷督課如額諸生大半去矣有新來淶陰劉生發英詞章可

觀

七日陰督課如額校禮經草草便過覆尋仍多舛漏逐條勘之乃又嫌破碎方知無字處爲難頓寒圍鑪

八日陰文衡州生日前有壽詩不可無報因成一律（衡麓庭南寄股肱一年輿論有循稱龍鍾暫爲秋霖減虎竹新聞郎甲增機英放晴霜管臆鑑香獻壽從雲孫王襃解聽中和樂更爲羣黎頌日升）自往慶之便過僞丞亦無增減還已將夕攜懿同行

九日陰理昨日逋課仍字甚蝸蹶減一百猶須一時許比講畢已將暮夜月甚佳

十日陰稍煊講書課字校禮箋夜鬬牌至三更解衣已聞雞鳴人云夜長夜又短也

十一日陰晴點書畢催課字一百步循湘岸至馮家云蔣縣丞設請我爲求薦信也沅浦部下非苞苴酒食不行再傳猶有其風夜還不寒

十二日晴有日校禮箋粗畢夕至秦宅將答訪朱梅臣少尉適在其寓因與久談待船未至復至程家喫麪而還

十三日陰李孫來云僞公已愈七郎將還蜀矣求信與瞿九並謝龢郎後事人言無處著牢騷未若死之爲愈

十四日陰蔣大使來談段道臺緝私事江南無天日罔應有此廣東猶少愈也鹽務以淮爲敝孳利三百年矣若非焚璧捐金不可爲治陳吟鉢孝廉來

十五日陰吟鉢老湛女夫也多聞世事將約之來談貧不能設亦無人手之故何嫗竊金遺之

十六日陰雨講課不能畢改於燈下完之看易中碩詩如與對面易與曾震伯皆仙童也余生平所僅見而不能安頓有傀儡之勢託契於余無以規之頗稱負負大鑼大鼓之後出一對和合俄成蚌蛤精戲亦散矣



奈何奈何瑙往彭家

十七日陰先府君生辰設薦湯餅日課未畢而夜夜燒鑪煑生菜諸女飽食而眠

十八日壬申大雪陰寒丁紹鴻舉人字次山來敍黃氏姻親也斗垣來談蘇元春何嫗去

十九日陰雨竟巳燕居初更霰雪交作外報輿兒來云自浙還在家大祥祭後故來也常壻先來留未去俱居外齋夜雪未成蕭寒頗甚

廿日雨將入城楊慕李請上學因先往其六歲兒猶須乳母拜則啼呼似未周歲孩也文南皋作陪設麪饌過湘答訪陳吟鉢鄭湛侯父子俱出又要入買池軒將長談余欲往西禪寺怱怱出至則聞明果欲退院矣苦貧無可戀而能遺名亦難也還船已暮復至楊家丁篤生及何人先在文黃斗垣後至散已二更

廿一日欲霜未霜不雨仍雨西禪二僧及黃營官來遂廢半日課講未畢而暮晡始見日夜見星不見月也常氏第二孫女周歲無人力未辦也

廿二日晴禮箋改畢意倦姑輟之看小說引名山藏言明初事頗異正史二書皆勅撰其互異乃不校也

廿三日雨瑙女作包子慶次慶食三枚猶未飽以其當留奉姑不可盡之西禪新請住持曰碧厓與明果俱來大風夕霽新墨成鄭郎來談文留飯去

廿四日晨寒有霜夜冰午日甚朗作字數紙看兩女作篆蔣大使來謝未見送乘禽三雙字課未畢也孫同知送蟹菘

廿五日晴看家人治具手腳粗疏殊無章法鄧第武來石阡人字子俠席部也眉目頗似香孫方知黔派待鄭湛父子久不至日夕乃來陳吟鉢先與登樓談將飲丁郎來長成莊雅不佻佳子弟也文誠固應有子郎

留與常墻同陪客食甚不旨亦不飽夜散復與丁郎談頃之瑲明當去
早睡
廿六日晴陰丁攜四僕以兩房與之兩兒移內齋紛紜半日稍督字課復
書丁肇秦致劉侯聶仲方書爲蔣大使求館復郭見安謝蟹魷之饋
瑲攜二女歸去
廿七日陰入城答鄧未遇過僞丞談渡湘答黃比還已夕信爲短晷復丁
百川書仞字二百未畢莪講檀弓畢
廿八日晴日課早畢更鈔特牲一葉程郎送兔雉分半送僞丞自又得二
雉腊之供祭首事送聘書來具文不可廢答一元旌使丁紀還沛南亦
與一元則嫌太少多又無名也
廿九日晴蔣大使來辭行辦嫁衣開單蘇杭覓之遠物四達爾來新開風
氣



晦日晴霜爲丁郎選程文乃知金黃作無甚可取者快一時耳於書理無
干也與近日野戰者無甚異桂陽人酗酒共攻閱卷家叔父文生告去
十一月乙酉朔晴晨起晏出點名猶有卅餘人兩年之效使取課者知有
書院而已亦可笑也丁郎與兩兒出游鴈峰寺余獨坐秦容臣來無八
廳門命復對客梳髮後出談設常寧饍
二日晴大霧明日烝祭齋居視饌具洗濯致絜兒女俱停課一日
三日丁亥冬至烝祭用丁而適得吉亥南至祥日也昨已蘸飪今晨新之
巳初行事午初餕要李孫陪丁郎爲客晡游東岸甚熱夜鈔經一葉
四日晴鈔經一葉每日爲丁郎選試程文字一篇並令習書大字二張夜
夢筠仙鷄鳴不寐起作一詩夕入城換錢買鹽作脯百斤
五日晴講課鈔經改文紫谷道人來作包子啖之陳僕新學也
六日晴一詩三日始成頗能跌宕復沈子趣書夜月劇佳甚煊

七日陰
先孺人忌日素食深居一無所作而未能哀敬雖時自反習氣好戲竟不
齋也病此卌年矣少時猶有至情何學成而更退莊子齊物之過耶
八日晴煊遣覓舁夫給云得之及呼令舁則跛者也仍坐船下湘至丁巷
口往賀篤生嫁女門庭寂靜無一人所僅見也渡柴步至陳家亦靜無
人唯有馬矢則女已嫁矣入見僞丞白布包頭云又跌破眼角小坐出
至程家丁女尚未至官場滿坐待至申刻乃送去揖儀還院已暮遣使
至常家去
九日晴真九齡生日放學丁篤生來謝朝食未畢叶晡待之陳升眼疽劇
欲作饌無人僅作包子令諸女作餅不成夜炒麪復不成口食亦不易
也明日丁郎生日內外無人手廚子又忙遂不爲設
十日晴滋女辦具早麪丁郎來行禮設食未畢程郎來謝遂避入內僞丞



招飲欲不去又非禮欲去則無聊下湘尋容臣主僕要主同訪朱縣丞
遣僕買魚肉又過程家聞絲竹之聲遇江卜兩尉蕭少耶坐久之陳家
猶無客至往入談頃之食未畢已暮步出南門黑矣秦僕來迎復入少
坐攜魚還船月明湘澄初無寒色
十一日晴煊楊家一硯有百廿眼看之廡犯來求題爲作一詩鴝鵒眼多爲石病石
兒多病更成妍旁人錯認阿房瓦渠粒釘頭倘翻然寫屏對數幅筆不成筆字不成字可惱者書設
爲誰衡協語諸女爲其生母忌日設薦猶能啼涕故勝生男陳孝廉借宣德
爐譜向所未見檢圖書集成乃無之又讀破一萬卷也夜月如春
十二日晴復沈子粹書入城看秦容臣即過程家聞陳編修還往看之有
戚容知禮人也略坐而還
十三日晴日課連日積欠正欲了之陳吟鉢來方飯因留食去
十四日晴遣輿兒作嫁衣懿亦同去初不關白本自無教不齒以兒子也

有此癡人未知何業子賢愚了不相關以云不帥則不可看課卷頗有佳者

十五日晴欲開剪尙無定裁嫁裝煩瑣殊令人厭且宜委之兒女樊故令來仞字未畢而暮

十六日陰往答樊陳無從者獨步渡湘樊落落陳則未見蓋方設食卽出過安記飭裁縫還周竹軒李紫谷來論書

十七日陰日課僅畢復常晴生書彼欲從宦告以有貲則可

十八日壬寅陰晴甚煊不可裘今日小寒節而氣候如此可怪也說屋漏之設爲待鬼使亦令其餕餘耳未有以尸食人餕之餘而更令厭飫者此理易明千年無人知可歎也陰陽二厭爲二壓則或知之矣日知所無差爲好學之勸

十九日陰有雨如春尤煊可夾衣紫谷來字課未畢而暮



廿日陰入城尋容丙送畫與至當鋪二程處皆設點心秦又送點心家中復作餛飩恩恩還講書未仞字

廿一日陰方補昨課陳子聲復心來遂留半日夕去講養壯俟前漏未理會月令有三養皆非官養春養幼少夏養壯俟秋養衰老皆謂防時疾也夜風

廿二日陰課始如額有雨

廿三日雨寒點書甫畢入少坐看小女圍棋俄聞湘潭人來蕭順思之子來又一鵠突人也甚惱而無如何入內避之

廿四日陰寒少減晨爲蕭兒講立人達人章勸其入鄉自立朝食後蕭兒去

廿五日陰課畢尙早薄暮功兒來遂夜談及睡頗寒五更起幾似燕齊間氣候小坐仍寢

廿六日晨起見盤盂盡冰朝食後颯颯雪聲登樓小坐出看已皓然矣冬雪可喜游子新歸作詩一首因念雋丞兩子甫歸復遣之去非宜與書勸之功兒奉百金以四十璧還鍾親家亦與一書今日僅寫字半葉雪深一寸

廿七日陰滴水便冰殊爲凜冽晨後大雪陳吟鉢鄭叔獻自方廣游還來談恩恩便暮昇夫頻促未飯而去

廿八日雪家人治具饋祝程郎遣報道臺欲來甚窘與書程生阻止之乘止城中客向不喜躲生今乃知生之不如死也死而客來吾但偃臥待之何所畏哉院生賀禮亦不可止冰雪嚴寒倉皇吝嗇甚可笑矣夜燭爆熱鬧諸生來者廿一人

廿九日大晴欲早起念寒擾人待日高始起諸生踵至未暇掃汎設麪待之方欲食馮程陳彭來遽出延坐張江兩尉至猶能設一麪俄而黃滋



圃孫翌之石平甫程月樵卜允哉王迪安繼至則無如何矣諸生和詩者五人胡譚陳周留程陳同舟攜兩女赴公戲舟遇道士主客卅一人有七八人未一面者戌散大風舟不能上泊荒洲覓二雛寒風暗雲天下之至苦而本以爲樂信苦樂之非境也

晦日晴凍出謝客從東岸出西門繞城行幾徧昇夫凡四跌至樊瑯圃處換轎看俊臣唐詩樓飯於程家還至太史馬頭冰合不能步捫搎而下大似泰山磴道奇景也到院初更

十二月乙卯朔晴仍凍稍理逋課筆凍墨滓不可書未紗經四日矣作詩四首以贖之鄭太耶詩韻當和甚窘於押亂湊成之成則不亂矣儻吏風流似子居當料行縣只監輿休吟野蘭歎霧覆來看官梅贈春舒嘯酒米發迹微歲[illegible]金錢富有儲書壻鄉近已攝仙籍寄歲門關定不如霽覩路能圓五看燕心愁拆竹愁檀寒詩硯北尖又險郡酒湘東獻酔交轆馳酹紅賦自笑攜雖偷白有人嘯買樵醉貧饑塔飜客易東風上柳檐老湛來談兼約會飲功入城去

二日晴凍始消紫谷來課字未畢功還日欲暮攜被幞入城還樊轎便至
衡陽夜宴姚西甫年姪二劉黃鄭陳余及鄭子八人縱談無忌諱鄭言
武昌陳中孚尙書作漕督過長沙長沙令爲除館誤題糟臺陳寄詩云
平生不解醉鄉侯況拜君恩逾厚鄧豈有尚書眞嫌部漫勞邑宰盈糟郎讀書也合稽魚豕過客原知風馬牛聞道使君已遷轉武岡州是五紅蘭
前輩風流可爲佳話二更散宿程家俊臣復危疾所謂幾死者數洲
人嫁生妻媒者勞成而死
三日晴待食甚晏程生大具款我邀姚西甫陳復心來陪遇羅藐厓左生
張子年子谷午出看雋丞憊矣出城答朱秦再詣孫聾金不遇還至安
記主人畢集以我爲客則孫翼之蔡心泉樊琅圃陳華甫石平甫任輔
臣程屼樵也設食甚豐兼定十日復集是日丁巳大寒
四日晴再宴於鄧薈芷俟請陳郎及往則陳待疾不至馮楊黃劉久待夜
還頗勞甚無謂也五日不事矣



五日陰稍理學課出題試丁郎兼課諸生作者惟二陳耳文俱偏鋒時派
也丁尙無理路夜鈔記箋三本
六日陰三兒均歸晨鈔記箋一本尙無行意食後促之陳華甫來復女咽
痛往城視之至夕未還攜真往迎相遇而船不至岸還復已到久矣又
一日未事夜鬭牌看鄭湛侯詩又屬爲其女夫陳孝廉薦達移宿內室
七日晨雨陰理逋課還陳帳潤森去遺之與以三千了今年工價矣復書
鄭老湛甫去陳吟鉢來欲干香濤也坐久之不得食比去已夕仞字未
畢夜乃講書
八日陰晨亦有微雨甚煊朝食後正欲有鈔撰忽門開一人闖入初甚訝
之聞其聲乃朱通公也致沈萱甫書云朱小舟之弟欲求一書干王芍
棠不知其何以設想又請作橋上火祠碑文又索扁字門對窺其意恨
役我之猶輕也笑而應焉留飯贈錢二百而去又破一日功舊例熬臘
粥今亦罷之八女作㯳應景而已課畢鬭牌感寒不快夜聞雨
九日陰鈔特牲畢五易稿矣今年功止於此僧秀枝道士李纛來謝布施
兩學官來答拜三教同流費我一日忙夜雪雷教官來
十日大雪晏起知會闖門入云當請客姑諾之未問何人也改課文論回
非助我宋人以爲喜之甚矣其小矣弟子說師言有何可喜孔子豈僞
求助耶陳實棻作王維梅詩用插萸事甚新每日改鈔箋稿三葉
十一日雪自昨夜至曉令僕人移房竟日在內僅一出巡齋餘四人耳尙
有一人不識夜鬭牌甚歡將雞鳴乃散
十二日齋
十三日陰程郎遣告雋丞病棘請客改期禮也講曾子問除喪君服章前
箋殊鹵莽此除喪謂吉祭而誤以喪服說之方新有斬衰何除之云改
正之



十四日雪猶未釋鄰人入城便令辦祭牲紙講類書畢一本以其竭蹶且
已之夜爲鼠擾竟夕不安
十五日晴夏生從京假還二馬生來
先曾祖妣忌日素食設奠適晒熊掌因以薦焉四豆二俎二籩似太少明
年宜加一俎從月半禮可也
十六日晴陰入城看雋丞兩過皆未起復心云夜輕晝重陽虛證也至程
家欲看迎春云已過矣劉清泉撤任進士官近難做然亦駭人聽聞夕
還
十七日辛未立春晴改課文六篇仞字三百腰駝背漲矣渡湘小步泥沙
未燥不便翔行乃還聞爆竹聲甚訝之徐乃知迎春也家舊有此典余
以非禮而罷之迎春祭月皆近僭妄不宜從俗也回思十六七歲時迎
春作詞已成隔世矣作詩詞不妨親行禮則不可丁郎學作詞聊作一

首示之

十八日陰仍字課勞以將過年罷之紙講類書亦畢一本唯令莪日講記三十葉耳余仍鈔箋三葉此外無課胡秀才來常寧諸生儁丞孫師也云儁病又聞夜雨

十九日雨胡秀才與王生俱去問儁丞病猶云平穩夜尋周生閒談辛眉孝達皆尋人譁話余方笑之親宦官宮妾之日多又不如尋人閒談之爲樂也

廿日雨外門有行者聞儁喪遣問之乃云昨日巳時卒矣何久不報病經年而終亡亦擾我經年誰云死忘也呼船往臨之則已斂矣又迅疾可駭留坐陪臨賓有綦鎮隆道兩縣劉清泉被撤任疑紳士爲之說之鑿鑿余呼舁告去至院已暮

廿一日雨得晴生書云昨日曾來初未之知來亦無端以皮而忙耳（皮者廢弛之名又北人以頑鈍爲皮不知當何字）鈔改特牲畢陳生問從祖父服意以爲降一等當大功今乃小功則從父服當作一表又增一經義每問必有啓發學之不講久矣

廿二日雨遣僮入城辦年事因居內未出家中不知作饈遂罷之漸不成家有官派矣王迪安來談半日

廿三日陰朝食畢臨陳喪客亦無一至衡俗成服以夕爲寫銘旌而還舁至白鷺橋呼渡不得幾困於夜江西客夜葬炬火甚盛而未能照我也乞於路旁一村民乃僅得還

廿四日晴真讀特牲記畢莪講記畢四本暫停今年工課作喪服從降表未成以婦臣亦當並列頭緒甚繁也

廿五日晴以爲今冬雨雪多必可過熱鬧年甚喜散步賞之大風不可遠行李生來請改陳中丞功狀云桂陽人將上聞也以爲太遽姑依狀增



補儁丞以力辭統帶爲最難當筱泉撫湘時黃少鶡席研香一席可立致不營權利故可嘉也蓋棺論定乃爲真好人其鈍暗由天資雖亦自知而不自悟亦其鈍也養育人材必能去短用長要在必采之列與易鄧異矣

廿六日陰雨有雪復鈔少牢箋紙讀詩風畢二程郎送年禮欲作糕餅報之經營數日均云無暇可笑也過年不辦飲食尋買賣未知此間工商復何所作此荒僻鄉村之風不意今猶得之

廿七日雨爲徐生和寫春聯二秦程生來云儁丞行狀當於十日內成之以便送院其事迹無可考又不比雪琴諸子未能撰述雖太史公芒無頭緒也惜其家貧不然乃奇貨可居蓋有所欲則人得要挾之故闡揚先德亦非易事然以我爲職分則又慢矣律不誅心無以尼之

廿八日雨寒西禪二僧來云黃船芝得差矣文人一書如湯沃雪右銘亦太不爲人省事要自是內行湘人無此快手看陳奏摺在山東屢致人言乃皆東人未知何以得此豈張朗帥反勝耶

廿九日雨寄禪來改詩云衡州無人商量此僧定詩魔矣述陳吟鉢言箴以枯冷改課文五篇夜大雪

除日雪消如雨天陰似霧晨起僕嫗未興更衣澣沐祠善化城隍畢易衣出外齋看禮箋鈔三葉出課題陳生送年禮從祖祖方成服而干吉事非禮也辭論之又遣送來大雪僕痛可念姑賞錢收禮遣之待城人久不回幾至夜方得食招諸生團飯三爵後入內未飯已飽夜祠竈禮廟祀門已雞鳴見電光閃爍詢傭工言語不通竟不能喻

# 湘綺樓日記 光緒十九年癸巳

癸巳歲正月乙酉朔旦外間晏起出行香已向晨矣還待夤餻祀

廟受賀出挂紅正見初日已而雨雪雜作二蕭紹山娣丁生程梳樵秦子和

陳從孫愼喻譚生楊八驊周文獻來八生送酒肴仍以餔之未夕諸女

竝睡去余亦早眠聞雷

二日丙戌雨水程丁楊伯琇楊斗垣秦容丞來雨雪未已校改禮籤始畢

夜起兒星

三日晨晴彭孫來忌辰補服告使易之丁慧與來賁茶有銀魚羹味可謂

奇也餛飩注硯亦何足異

四日晴出答拜來賀歲者東岸五家城廂四家餘皆不往以省酬報至陳

家復心未出詢之云與家人口角已歸桂陽矣甚爲詫異



五日陰李孫來云八舅未去八舅母去耳亦勸還矣蔣尉鄒兒來馮絜卿

來呼舟以去

六日陰西禪二僧來若蒙來作西禪募疏蕭郎來悤悤去

七日陰絜卿次子來明果復來言法門叢林十方叢林之異十方叢林湘

中無之始自衡僧法空高僧也

八日陰有雪看耒陽課卷稍已成章文詩亦有佳者

九日雪看課卷畢取七名獎之有劉奎能讀吾籤而詩賦不成句似非一

手

十日陰雪消如雨竟日淅瀝始登樓講書仍字改課文

十一日陰晨未起樊琨圃來辭行忌辰賀歲亦開缺之一端也吳僮復來

亦尚有衣被

十二日晴今年始得佳日將出城秦容臣來甫去文太尊來久坐比去將

暮急行入柴步門答訪兩縣送樊行還乘月榜舟星明水漫初春景也

十三日陰文若火拔貢來誦吳撫詩子溢三兒來留食餅去夜雨寐不知

也起乃見滿院流潦知得大雨

十四日雨作雋丞行狀竟日握管從心所欲殊非敍事之體大似太史公

文以其頻相促偪以付之

十五日雨旋晴見月夜大霧作湯丸至二更後乃猒

廟拜節擲骰門牌意錢以畢年景張子年來云道臺待幕友甚厚有賓主

之情滿洲俗厚近數百年不澆所謂堯之遺風也雞鳴始寢

十六日晴陰始煊講書仍字兼理己課重取周官勘之夜見月

十七日辛丑驚蟄陰高都司來頗喜作詩字面典故甚多因留其六集看

之作楊八驊壽序勘封神演義諸神名大有脫落此書亦宜有校本非

考据不知也內用狼筅字知在明世宗已後故魏上公未之重也夜月



甚佳

十八日晴甚煊始解裘而袍改課文二篇講書仍字不能無慍非君子也

夜犬吠甚急攪人美睡

十九日陰夜大風得詩二句云寂寂高樓墜曲瓊夜風時有研門聲意不

屬而止

廿日雨年初寂靜刔有情味詩家所未言封神演義者本擬水滸傳西遊記而作亦頗點三國志弍文有須莵在明嘉靖以後而俗同大信用之蛋以改撰神魷玉今書四天王呼哈財神瘟疫皆太之已爲市井不列之與矣余董時喜其言太極圖有獎身之踊薑惑在陳明太宗殺方正學諸君及其書瑞狗佐白變總或以微李兹嘘踏將以爲各有所指然其文折成敷十鳳書必有所命意乃能數演而閒仲者又以擬强江陵不學而敗屢也其貪婪價又明斥梃聖亦明人喜爲傳奇演義之言而此獨慨雖不平多所指斥大致以財色爲故獨重公明兄妹財爲兄而色爲妹未有無財而能戮色者也色爲之戒十絕之中獨者殺明生多蝸中年尤在財色也十絕破而殺仙万仙陣而沐鐵冠矣此由庶人以至天子不可以太極圖乃慣睇俗者之魂也故必以太極圖冕草皆人術可以太子入太極圖白鶴於琉所爲大娶書賢智皆助逆證邪皆爲神唯禽獸乃可通天之玄爲道學之疑李卓吾之所爲也皆疑其有金丹醫方之說皆欲遷之今乃知其

可言理

廿一日雨講生無脅死無證兩易其說皆未甚安又講夫死不嫁亦不合禮制蓋儒者一偏之詞或未照顧禮律也因此亦可疑儀禮爲亂世之書則其害大矣怕戴綠帽人三代前亦有要皆迂儒不足知禮意姑用兩可說斡旋之

廿二日雨竟無醒時人亦絕未振作殊非新年景象講禮仍字爲課閒改不通時文一二篇豈得云學幸猶未離書耳醱酒況清鈔無新籤未知何故

廿三日雨朝夕沈冥未能出城亦廢事之一端偶得續經世文看之則申報邸鈔並列幸無我名上海葛姓之所爲蓋書賈也而有王夔帥字中載公法言出使事頗詳斯其可以經世



廿四日雨鄭衡陽送詩來和函樓元日看說文有感笏山父子依韻和之

廿五日陰雨作書寄鄂二司一說劉濟泉一說陳吟鉢並復見郎一函

廿六日陰無雨城中公宴以余爲客午往戌歸甚煊且飢作蔡師耶挽聯漢酒正新歡誰知飲羅席蘇三日春風綸閣冷申椒推薔學應有惠留箏桂仁人憶澤利民步

廿七日陰朝食後有曹姓來自云曾相見游客也似纏皮非纏皮無以測之留之坐終日王迪安來云從此至邵陽縣有曾尹械鬥大案燒死一舉人又言潘令陷劉已亦死去似冥報也曹又言柳正笏富貴橫死以爲冥報余思潘報太過然尙可報柳則必死而富貴已足無所謂報天富淫人不能殃之蓋淫人不畏死而畏貧卽善人亦不願賞生而願賞富也唯以富貴壽爲濁以貧賤死爲淸則得之而要非世法看地圖欲增新州縣名茫然不知方向

廿八日陰甫朝食楊八鄰催客遲久方去則主人蕭禮卿猶未至坐及兩時許乃得食食過飽還舟風寒縣衣太薄覺煩悶欲歐于晦若歐以熱渴余歐以涼冷卽悶船亦有不同也至岸加衣乃愈

廿九日雨鄒生來衣蠱溼留與同舟下湘入鐵爐門門樓已煥然一新至蔡師耶處作弔客遇陳華甫任輔丞等又有一周松橋甚光昌云水師幕友也蓋一有來頭人還尙早課字見兩女蓋甚頗怒

二月甲寅朔雨稍寒隆兵備來言通判釋奠陪祀不得分獻屬告文廟首事云云此事本無道理由屛斥通判爲佐雜故令兩縣干與府祀及問丁篤生程商霖皆推不知余本不與聞因受道臺託爲考通典定之通判當分獻兩縣不當分獻其論又怪衆所河漢也姑予書言之已而衆議言殿上不可分分之兩廡可也

二日晴熱常霖生淩知縣來督課甚荒久停夜講而不廢夜戲老境也寫條幅四紙



三日丙辰春分晴齋宿不理功課廚中無人辦祭竭蹶但自盡其敬耳

四日丁巳礿祭待飪至過午乃得行事新考定陽厭非祭祔禰略變其禮以加豆在亞獻時亦略合從獻之義以我攝亞滋攝三復爲祝取足給事不外求也招霖生飯因請鄧營官秦容臣程楊同集晨夕俱雨幸晝陰耳小桃初開

五日雨寒復裘午初入城答霖生淩令楊都司詣椿協過程生遇絜卿同至道署春宴看戲至戌乃散

六巳雨寒甚午睡甚久看課文兩學送胙將敗矣燔肉虛禮宜子貢之欲去

七日陰雨水復漲院中小兒書聲甚朗桃花始開於節候爲最遲明堂月令以爲在雨水時漢人以爲在驚蟄時以今證之不能也春煖則早豈漢時驚蟄已煖耶去年春分燕已至今將清明猶似冬時則草木禽蟲

各有其候所謂占驗者但候氣寒温故農家下種必候桐花太平時氣
如節也
八日晨陰午後大晴課畢攜小女看佛會殊無所見傾家盡往但留三長
女還乃知其絕飲食一時龘疏未思也人不可以乘興見厲峯舊游爲
之悵然同游人死盡矣余爾時亦不自意披昌至此向平知貧不知生
余則知生不如死久矣韓退之能言百年未滿不得死而皇皇於名祿
則又何哉故知文人巧言亦時合道而茫乎自不知也
九日陰有霧稍理兒課看本朝文皆小說家數夕晴仍字未畢而暮劉清
泉鄭少耶來
十日晴出游從白鷺橋步上過容臣未起訪周竹軒問永州錫器始詣兩
府學各言其志至陳家六漁觀祭已歸談行狀宜增改至岏樵處取錢
遇伯壽云哉還已暮潤子告去而不忍去怪哉無聊多端而自云有恥



不可教也其敝在不聽譬言孔子云說從不繹改猶是上等並不說不
從吾非聖人更莫如何買二對聯歸其價甚貴以程母待我厚無可報
聊盡我心耳
十一日晨晴改課文仍字畢下舂疾風甚雨外齋有雹子內院無也樓上
下皆濕溼已而見日至夜忽風吹屋欲傾已而大雨雹雷震駭不安危
坐待霽外齋前半皆漏僕從移內房女傭閉房不敢出夜風震鏇久之
乃寢
十二日陰雨復寒得鍾遜穊書老矣亦云欲去不知去何之也夜雷長鳴
十三日大雨寒真讀禮經誤加長爵於少牢乃悟牢無長爵牲無正爵檢
六籤並未照重補其漏所謂因誤得悟也又補手澤口澤存焉爾乃是
欲其存非愴其存亦較深遠
十四日大雨午後尤澍夕霽桂陽二羅來見夜獨與真坐待二更乃寢

十五日晴晨攜復女往賀程毋生日至城已朝食矣客猶未大集鄉午先
還將夕復攜真迎復檥白鷺橋過一僧堅邀入寺辭還舟待月轎至乃
還
十六日晴熱午設薦
先考忌日僅可單衣增一鋼虆薇苣（先告盛功名休云詩未酬鶯香滿門 瞽筠薾細當世公爾無此糾特明）
（歸薄厚自許鑒無盡照想問擘蠟炭 月且不言桃李自成蹊餞丞挽弱）夜風
十七日陰改文督課攜復真渡湘踏青桑黃已綠夜爲鼠擾竟毀其一曹
姓來求信與田明山副將所謂非想
十八日辛未清明陰有風未宜游賞陳孫石來奔期喪今之古人也略談
京中事夕與周生談文彼乃以我爲輕薄文人非不知我乃不知文也
中人以下不可語上悔不屑教之得功兒書言譜刻未成
十九日陰講大夫不主士之喪於大夫士喪祭服之分絡無確据去古已



遠此等小節疑不能明可歎也家費無節稍裁制之柳家婢必鬧倒矣
寒加重緜
廿日陰舊燕羣來知玄鳥不必應節大抵應月耳去年始社亦早至也問
學徒志學志道之異依德依仁之辨莫能理會
廿一日陰欲渡無舟臨川而返牡丹消息尚早看秦生文頗爲充暢始聞
杜鵑
廿二日晨晴出答劉師耶金聘之過孫石云將行矣天沈沈欲雨亟還未
至澍雨濕衣院中人盡出周生言有賊來洲人遂大驚動云欲劫我初
不爲意繼思之洲人俱至愚或則丁壻有裝而生心不備必殆飛書
篙生請水師船來護之此吾笑朶翁求救之報也半夜戒備及兩哨來
已雞鳴矣諸葛孔明有計可以盡禽劫賊而部下無人不能附耳低言
如此如此可爲一笑大雨竟夜

廿三日晨雨午止雨亦厭矣而辛眉不至爲丞已死昨歲之游杳不可追
黃滋圃來云吳撫移督陝甘求賢館有姚文卿手書所招致又有涂舜
臣胡子威云云王鏡芙來留飯作半日談夕去
廿四日晴春游未見一花往伯琇家尋之云盡爲雹損矣外間譌言俄人
將生事與書翁叔平聞之交蘇石去約危急時乃通否則燒之乘危出
奇子貢之義然今日必不用也聊盡我心以答穉璜耳
廿五日晴熱耒陽炭船來晨夢恍惚知之余於近事往往前知一刻已三
驗矣未知靈通所由亦殊無益但可怪耳朝食後赴西禪寺齋單衫猶
熱至則寄禪談詩入魔客來不止殊不肯休與石孫登山北風忽起頃
之鄭老湛來雨亦至矣俗家唯我四人僧則近百將夕乃散見道旁拔
去豫章余前所嚮者根入土甚淺宜其不壽然亦過百年蓋飛子也過
湘見一船似是鏡湖遣問之登舟小坐其妻子並出見又遇礮船來赴
闈者辭之使去
廿六日陰晴煊晨王嘉禾移船來泊樓下遣諸女往迎其妻留食疾發辭
去鏡芙與其客陳鶴仙易炎熙鳳岑楊徽五來久坐同渡湘畏日而返
午散夕仍延來便飯又爲其妻延醫竟日泛談夜乃得食得盧生書
廿七日大晴重露晨起鏡妻復延醫未發登舟看易楊俱在小船殆不堪
熱二船小坐仍約陳王登岸易辭未起二馬徐文夏生俱來文言少湖
妻居龍藻琦屋後夏擕擕欲去非復令我熱時至夕船開紈講周官
廿八日晴熱晨下湘至楊家伯琇母生去年府道皆至唯我未往故補禮
之因答黃滋圃及三哨官渡西岸入南門賀朱德臣母八十生辰翰林
新詩甚多云王蘇堂所致也道府文武畢集亦留麪出熱甚還向午矣
鄒生來舟遇海侯俱還欲與談經而彼皇皇求館無心學業唯問布縷
升斂因與畫策令干吳撫不得則薦之張督較勝求人也今日人材殊



有登進之路比余壯少時風氣蒸蒸而人亦益浮滑無節信知難進之
養士氣也遣復往楊家
廿九日晴熱方理字課外傳片見王君豫來（江寧訓導）急出迎之因留談問胡
子威入招賢館狀及縣中雜事並知劉蘭翁入思賢禁郎中將主講皆
張雨珊力也又聞孫壻兄弟皆傾軋豈福建派耶夜送客覓船不得舟
子甚困卜允哉來求差
三月癸未朔晨起甚早爲君豫書扇因作二詩初未醒時忽得四句亦殊
不佳發我詩思耳（伊客無情酒過舟失道鏗煙中路來歇物外戀俱讙萱蘿融花燈輕斷撒石增明朝棹下別然羽情良朋見說酒醉好丹匡到每題詩君擇道旁吏隱樽儒官數狂龍吹管升堂定采闌香賢訪冷桂更當舒山香）午前船至送客
去女客來諸女不知送答小女以恥之遂罷講課劉濟泉送盤桌竹簾
正欲織簾得之適用舊物也勝於送套禮者
二日晴午後大風吹樓窗紙盡裂震霆一聲遂復涼冷北風頓起雨瀟瀟
至夜郭見郎送添箱與書謝之
三日佳節悶雨殆將斷蔬從來無此苦也瑺女遣人來問喜期並送粃甚
不佳繙道署甄別卷聞布穀
四日雨竟日冒雨入城赴文衡州招飲胡山長兩學官兩幕客特設也挂
麪點心猶有滿風食甚飽還
五日雨午霽夜見星丁郎請期云擬十八將入城趁辦以省繁文因諭以
不必鄉試宜還入都今日丁亥穀雨
六日晴朝食後出從白橋步上至麻家作蒼蠅門庭岑靜僅有至者竹師
酒人罔宜寂寞身後回思麻協提拔雪琴時誠不料其有此還舟遇一
北使云自石潭來疑是柢尃人詢之則伯宜人其子來書求干香帥誠
不可辭留爲謀之明果求書爲書一幅
七日晴煊諸生覆試去余亦將往城閒思得一策正欲遣人往鄂即以羅

生充使騎尉職也晨得京鈔僞丞依巡撫例郵往其家促令治喪葬因
過卜允哉還雨入戲場乃至江南館小憩主人待久與秦程俱上設四
席客士雜糅非倫以予爲客與鄭秦程楊同坐散已夜分
八日晴謝客復羅書並退還山舟一聯九二之年何能執筆羅氏父子見
輒謀致不宜送人也馬先棨來謝未見出則已去唯許賀二子在書房
甚爲詫異
九日晴晨起甚早至飯後昏睡三女均不點書看漢碑亦自可樂講樂記
行成而先事成而後行與德不甚可分正分體用耳此儒生言非聖語
故不圓也
十日晨陰食時雨復睡甚久字課未畢已暮得唐執公孫書名詩觀字莘
農云欲捐官非善策也余爲唐作墓銘久不省乞重書之不能佳蓋所
謂諛墓者大人先生不能與女子爭僞永遺峭之文雖有交情無如何



志銘本不宜大手筆也遺命勿作固自有見
十一日雨竟日看蓺渠集亦有逸度非俗吏惜不能爲大官使在牧守職
循吏也初與往還但覺其德優於才猶未足以盡之用人之難也郎平
生交友殊未能位置無惑乎諸公之不知我我亦豈自信耶復唐孫書
萬委員來謁平度州人也名堦
十二日晴晨薦
曾祖妣待菜午乃行事某妃配某氏屢說不安如此而治禮經豈不多愧
課案發復大顚倒昏人之難喻也必欲歸美於我而自發其私以爲有
權豈不哀哉
十三日晴晨看論語思周有八士四乳之說甚謬制字在廿時八子已皆
童冠矣然記之何益又禮無兩伯今不著其氏但云周有豈宗室耶此
蓋王朝士仕魯者舊族也故記之故舊不棄之下伯氏也如伯糾宰士

之類必非同姓仲叔季則魯有之矣伯禽以王官封故得從王士當日
或選此四族以備大宗之支輔魯爲宗邦以四房統諸宗意其是與予
路爲仲姓得程生報言僞妾服毒遺問斂禮與書丁鞏秦
十四日晴熱遣紈帥真往臨陳李之喪至午後復自往問焉其家皆言其
德性堅定從容殉死且先封臂而人不知有識度女子也年廿七大雨
俄至渡湘赴永營飲本欲辭之因事起悤悤黃處已辦又當重費故勉
一往程生則辭之矣丁楊楊俱先在夜冒雨還
十五日雨道臺送學兩縣兩府學均至餘官不到篤生先來坐兩時許乃
散又待久之見新生二班至城答訪萬委員臨陳李喪主人成服夏進
士補服迎我非禮也以爲敬我猶愈於以純吉臨凶事者少坐而退
十六日陰桂陽劉生問月令注乃知前注錯謬亟改正之今古文說五藏
配五行今文於冬無說自圓當從古文春脾土夏肺金中心火秋肝木



乃爲今醫家定法吁可悲矣
十七日雨陰有風日出答胡江亭不遇過道署預祝辭退亟還大改朝服
玄端同冠之說於是大通以委武玄縞證之知異在武也玄端之冠謂
之居冠單言冠者委貌也院生請刻詩文集力辭之告以不可刻集之
意刻則損名矣詩箋可啓後學無妨刻也周王生因此相爭尤爲可笑
徐老師做生而糊壁單非盡老師之過也
十八日晴得郭郎書言易氏父子事以余前詩不可示人其言是也因復
一書並及看文章之法文人不輙薄輙薄必無文也
十九日陰食時雨筠子來云鎮江事脫將他謀也留宿外齋始重鈔王風
補成一本
廿日陰雨馮絜卿來送柚云常生兒攜歸其子所寄也甘過於橙
廿一日晴晨得家信云胡郎帶至遺召入談訓導寧遠過此也留住一日

不可飯後遂去齋長來言道幕不通將不應課諭止之

廿二日晴寫刻詩經自校之兼鈔王風袁監院來云課卷盡塗壞宜作何辦理余云急脈緩受且姑休矣袁去召諸生問爲大要能者多不服次等又不服不服者斷斷分黨袁指胡李曾爲首皆秀才也執筆畫字者則王陳丁亦佳士也且令應課乃徐圖之

廿三日晴熱極紱子入城求計於程生又可笑也陳請改公呈慫齋尚書所謂隨地拾者盡去其枝葉而清翻焉馬先生子又送土儀亦難辭受以厚往薄來答之其子先榮字賀菴頻見未問也故苞苴信使有用

廿四日晴偕紱入城便答絜卿道遇一轎呼之乃岏樵也要登舟同下即至其寓往尋卜允齋游行館不遇渡湘至馮家亦不遇過伯琇得饅而還

廿五日晴馮丁程來云特留行本不言去門人張大之耳李孫又訴原委正欲傾聽而客闖入一笑而罷

廿六日晴院生探聽巡撫將來可謂好管閒事者已而清泉來辦差余以爲有點心方欲擾之已而一無所辦等候半日幸未廢課耳昨夜作祭僞丞文獨坐至三更今晨未能倍書也將夕燮帥來云廿年知名又何太晚談圭璧大有發明說剡圭與余說暗合剡即火餤非削之也又說璧羨亦余所未照采之入箋其人書癡非吾意中人前妄下雌黃何其鹵莽

廿七日晨送巡撫不見至陳宅回信云當來弔王盡宦庶常夏彝恂戶部均在余亦作陪久之撫至談一時許沒緊要然其人非僉壬則可窺也人不易知且復志之說時事亦中肯云澤臣藩閩矣程生亦來客去同過晴生兄弟熱甚飢疲亟返登舟作寄景韓詩即景生情有風人之旨但詞條寥寂豈才盡耶



廿八日陰雨稍理逋課作詩題扇寄景韓交王從九帶去監院來催卷令人復憶程方

廿九日晴有雨極熱夏衣猶汗朝食後出城與雋丞待我如大賓亦請王夏作陪與畢急解帶熱不可耐步出又遇雨還程家遇酒包少坐避睡客房絜卿篤生袁海平晴生兄弟伯琇繼至夕散步還已昏城門遇秦容丞不暇談也夜熱五更轉風

晦日晴稍涼補鈔詩經王虎伺來晴生在坐久談又廢半日夜遣借缺船流人倈幾不得至

四月癸丑朔始開課出堂會食諸生七十人亦尚整齊初令封門自坐外廳監之鈔詩三葉還稍偈岏樵來虎伺又來云不求信矣皇皇可憐新燕營巢登樓看之作書與袁爽秋駕經四去是日晴涼

二日晴晨出廳見一客入乃武陵陳伯弢見之甚喜以爲來弔陳氏兄弟談次云署桂陽學官頗及西路新聞留飯不食而去送之登舟還食西禪四僧來鈔詩未及頷倦還偈樓鄭少耶來云寄禪約之坐良久乃去夕欲睡矣寄禪來今日應接不暇得席郎書求文復謝之

三日晴朝食畢坐外廳鈔書寄禪又來談久之鄧副將及劉信卿來云往迎撫臺路過此耳夜得楊姪書爲人求文復謝之

四日晴熱朝食後改課文少偈胡敬侯山長及其子來頃之孫石二同知杜萬張金四委員均以迎撫便過甫去容臣來云頗可秋同來則俊臣處幫閒者言鹽店事將入城未果因留不去本欲小靜而忙愈甚生員事多不虛也

五日晴看課卷鄧營衡營俱迎巡撫卜允哉來云文拔貢登門呼之已遂不答皆非禮也遣借籐簟鈔詩將畢欲急成之遂巡復罷

六日戊午小滿晴熱晨看擺隊至午日烈旗燥人皆四散遣召廚人縫人

一時總至六尺簾短小殊不可用聊障眼耳晨始閱畢課卷凡五十三
本有四生未預共五十七人也三陳來謝孝將暮撫船過欲泊出迎之
水淺不能攏命艇將往趁之不及愈行愈遠比至馬頭初更矣談文詩
官吏俱無可紀將訪陸廉夫云尙在後二更還衆雖爛熳喚起不殮遂
亦少食而眠
七日晴熱西禪僧求書與蘇元春鈔詩未畢改寫大字諸生假歸缺風日
溫蒸遂夏漠子將出今年缺壯歲時日日新老年朝氣歲不過百日此
非體驗不知王吉士良弼來
八日稍涼鈔詩箋畢一卷亦所謂强弩之末格子忽失去殆懲余惰閒西
陵宮演封神攜復往看借凳朱嘉瑞主人延登樓要容丞同坐俄頃五
設絜卿催客戲無可看遂往令復自還渡湘大風客尙未至見阿房圖
題趙伯駒字句上有一橫撇筆及口字亦有塗改形又王鞏臺連題



二詩皆眞本也或云贋作則不應破綻如此丁程三楊同集酒精肴多
乘月與伯琇步還
九日陰風涼陳培之來富不可求無復執鞭之態便欲與中丞平交矣隆
道臺來方去大風飄雨蕭然遂寒詩復鈔畢改課文夜月
十日晴涼廖生鈔道臺牌文語甚倨妄欲與理論片致監院請牌讀之馬
先生子來云欲求館茫茫江南何以置之杜詩云飄飄風塵際何地置老夫妙語也改課文
畢考木鐸治教刑官乃有之禮兵官無也視澹溪兒甚有思致時文信
有種余諸子不通宜哉
十一日晴晨作文致監院則責在袁海平一人彼豈能當此咎因循罷焉
佛氏慈悲庶其弘忍孔子論公伯寮意在斯乎余之去來非偶然也以
此益知前定能巧作機緣以合於道庸人尙不須前定臨時可以弄之
十二日晴入城答培之道臺胡敬侯父子贊侯父子過二程步邀容丞買

紗衣至夕乃還
十三日晴諸生有與丁郎出者在丁爲敗壞學規在學者爲引誘良家皆
不如自出之爲愈小申飭之因言張廖當引去之義而俱不能悟反疑
我之逐之也人之度量相越豈不遠哉二馬來彭陳來看留早飯去明
果辭缺好詩題嬾尋典故不能作也
十四日晴缺作包子允哉容丞來看去年今日人面桃花缺
十五日陰涼
祖妣忌日素食內坐陳澍甘來辭往四川亦是一世界如是流轉終無已
時究有何益徒令人茫茫耳
十六日雨夜更涼冷諸生唯左增公然請客看馬鐙彼煙館兒也不可以
詰日課早畢未夜卽睡
十七日陰晴常寧送課卷來已忘之矣一望黃茅白葦始歎宋儒之汨沒



臨武鄺生送家信來意在求助許月廩之欲寄衣鍾氏外孫澍甘已去
十八日晴鈔書課字稍有條理左生齋孝廉來又費應酬
十九日晴看課卷日十本猶爲竭蹶十个錢不易得也題爲知者樂水一
章本不易說而欲鄉曲儒生文之宜其難矣
廿日晴復以漆彫開仕發題看方苞作宛然八家文也聲入心通此老年
之所得
廿一日晴涼水長一尺競渡乾龍船已鼕鼕矣鈔冠篇將畢看課卷甚困
未能加工也今日癸酉芒種
廿二日晴鄺生送課文因爲講方苞作之不合題漆彫非高於孔子而其
作似孔子使仕反淺視之此所謂好說大話者因連日改文十餘篇所
謂好行小慧然未嘗無小發明也
廿三日晴連日甚忙而鈔書課廢始補三葉容丞允齋來入城訂書至容

丞處則已出至程家遇之程生女疾亟還至安記少坐又遇多客芒芒
然歸一無成也
廿四日求雨小降已復開屠課文始畢拔一卷佳者欲調來與共學卷面
無名遂無可問何地無才此孫胡之流也
廿五日晴說緇韠(缺)朝服緇衣古制茫昧莫如何也小坐內室漢子紛(缺)
蓋其鱗中所集急出避之
廿六日晴復禁屠求雨漆匠來允哉及其子來海侯來正思招與問禮相
見甚喜固要移來同住方信夏生言將干吳撫未肯諾也强而後可
廿七日晴夜雨城中甚大此處瀟瀟數點耳無日不改文頗廢正事使在
封疆又一常文節矣明當打掃淨盡鈔書課字雖未減甚悤悤也鈔冠
篇始成一懈六日
廿八日陰朝食時海侯來留住對房移牀入內仍悤忙未暇講論木匠來



作書箱亦我功課所謂叢脞也然事煩食不少司馬懿無如我何
廿九日雨頗霑足書箱亦改成課文盡畢課卷全發但餘三扇耳連日逋
課則不能補課讀頗費日力
五月壬午朔涼雨晨出發題楊生辭正課余云許由讓天下恐巢父洗耳
耳然讓美德也宜使監院知之乃聞監院告退矣余甚愧焉己不能去
而令人不安耶便當學劉玄德披髮入山不失信於天下也說側聳大
有所悟乃知朱老晦又錯了康成經神而如此耶刻工送詩經來夜校
半本
二日陰鈔經未滿頟張老師來到任云袁海平辭監院矣空坐去
三日晴與海侯入城看程生遇四川委員何世叔送夏大人還湘爲前站
因過兩府學繞西出城閉南門求雨也文太尊日三次步禱禁屠甚嚴
差役大索城中舉罰無算亦生財之一道也還遇鄭生同舟至院坐

四日晴程鄭送節禮和尙送節禮耒陽送脩金課卷諸生放假秦子損及
容丞程生來
五日節禁屠無肉程生陳郎送節禮午祀
廟受賀丁郎已(缺)矣飮蒲酒招周生陪客將夕食外有喧聲(缺)同坐訴誣
盜事刻工失物責(缺)打幫者予好言勸令去過節彼等復因斫竹大鬧
所謂日將値勾陳耶將出浴大雨忽至遂罷卜世兄來未見
六日晨雨午晴遣僕入城而僮從去一日無使令鈔禮至北堂忽悟房制
乃不與房間壁於是大通羣經房蓋兩頭有門也僕還云未開屠當礿
祭買豬殺之求雨無禁殺之禮詩云靡愛斯牲則當多殺也
七日有雨涼煥不常齋居內寢丁家專信來鄭太耶三馬郎來每謝客必
有不能不見之客此非偶還之也人事不如意必當如此鈔昏篇成
八日己丑夏至礿祭



祖廟巳正行事約陳華甫楊斗垣秦子損餕饌程峴樵後至已未正矣酉
正乃散竟日未食亦不能飯也夜早眠
九日晴晨至丁家看篤生有子婦喪乃云未起問斗垣亦未起過絜卿小
坐還將至鹽丰飢疲還食已而遇雨遂未去補課如額王輔世來求薦
其子
十日晴有雨滋生日放學一日午過子損還悶熱謝生來問禮記似有鄉
學之意
十一日晴看課卷盛德一本甚佳不知其人取其遺卷看之非假手也鈔
相見篇成
十二日晴看課卷鈔鄉飮夜與海侯坐月頗惜清光各有功課不能久賞
十三日晴
祖考忌日設奠劉清泉馬世兄來皆不能不見者衝破忌日廢事且久一

日無所作
十四日晴缺畢兩日未鈔經畏湛子也然久坐缺爲難非復十年前搖筆
卽成矣改定陳缺
十五日晴因熱缺喜賀仲缺看未卷廿餘本講奔喪補小斂後缺者之儀
十六日晴看未卷鈔書三葉偶從丁郎處見山東兵略似愈於各省云趙
菁衫所爲也
十七日晴晨出鈔書午後將認字陳華甫來催客往則尙早滿街米筐乞
人疑以爲鄉人求糶者詢之程生則賣穀耳過允齋姻愚弟黃生在焉
又一謝姓不知何人也入道署坐刑齋少頃陳慰農庶弟來字望農頗
似世幕卜張石程繼至食甚久夕出過容丞將乘月還而雲陰欲雨
十八日晴欲出憚日多臥少事本將盡補逋課手不應心寫字不能多亦
無筆也

十九日晴復斷屠求雨晨出將寫書見課案復撕去甚訝之嚴飭諸生查
究認字甚熱夜有雨
廿日晴改於飯後認字樓上晨涼復覺腰痛不能多作字竟少一日課諸
生復游散中飭之鈔鄉飲篇成寫條幅
廿一日晴風煊何人復於講堂糊撕案人姓名此則所謂糊黃帖白誣告
人罪當反坐者而諸生乃以爲無害風波易動且宜靜之乃移席入內
廿二日晴晨未食絜卿來兩賀子來未見霖生來致瑲書復女生日散學
夕風雨甚暴
廿三日晴諸生來言左增安言當驅逐昨四生見有劉瑩甚愚謬而似悻
悻諸生皆以我爲無學規逐一人蕭然矣然此等不可教之人背地語
言何足深究當度外置之改課文出城答劉常缺行往缺新道臺缺餘
皆去矣欲出放學一日始鈔缺

廿四日缺欲衣食於八行缺盜入內院掠曬晾衣巾而去嫗聞開門問之
已無蹤矣
廿五日晴有微風飄雨俄頃而止召捕快來迹盜二役年少壯健非能捕
也功兒寄食物來並呈課文與兒刊絕句詩誤字無數
廿六日晴有風雨張年姪來亦求信往鄂且令移來住一二日得功兒四
月書
廿七日晴鄧營官自省還送茶腿陳六漁送潤筆甚腆受筆墨表裏餘悉
謝之夜有小雨陳子聲來謝
廿八日晴寫條幅對子字益惡穉無可取晨改功兒文亦無可取悶熱無
風遂停字課
廿九日庚戌初伏午後有小雨似漏非漏也風日頗正成夏令矣
六月辛亥朔晴與書功兒論嘗祭事便寄銀八兩與之撕案主名未獲停

課不理事不便者皆自便矣書一聯贈鄭老湛勸其去官省日日言去
也此人染笏山習氣殊爲可笑官知陶令多鄙酒年近何公減宦情
二日晨張年姪去贈以二千竟日晴光多避未事
三日晴鈔經始如額夕大風無雨稍得理課盜久不獲夜勞守戒亦非策
也
四日晴課半畢乃出答陳年弟賀老湛生日遇石太尊還至安記算帳寄
銀回家辦牀道遇雨
五日晴理課改文鈔鄉射十餘日矣尙未畢工蓮來且令燒豚今日開屠
夕得透雨天不欲成災也有游僧誓天自焚衆信向之吳僮告去
六日陰涼天賜節日得彭畯五書問公羊疑字並送飛麪悉改課文
七日晴檢公羊表缺譌殊甚初不意其至此乃誤後學甚鹵莽也
八日晴復畯五書匿名四生來訴冤誣與之談聖道頗平其氣異類有可

化之理定不虛也稍熱停字課莪講禮記畢

九日晴鈔鄉射經畢有可勘飲酒篇者悉著之寫字七八張夕將出遇雲陰無月少時雨至遂止夜未午聞乳嫗喚賊起則門反關矣聞盜行樓下牆徑去諸女悉起遂不睡也夜遣呼捕快不至

十日庚申中伏雨陰風涼午初捕役來縛之於庭捕廳來索去檢舉爵三作鄭注恐誤獻爵不得謂之舉也晨晏起遂忘出題夜至楊家送彭信聞湖南考官信黃秦皆初得差人黃即仲弢弟也

十一日辛酉大暑小不適楊叔文劉試館來劉清泉午來遂不去停務對之甚倦困夜澍雨鈔鄉射欠半葉不能成

十二日晨起洞泄擬以八十次未能滿數也三十餘次耳然已氣微目凹夜復大雨起行院中丁僕乃伏暗處伺盜亦可笑也

十三日暑雨疾愈改課文莪始講書程孫來送瓜鷄食瓜汁兩盌諸女靳之而止



十四日暑雨涼溼甚不適寫扇八柄猶未稍食夜仍伺盜捕快云治盜人猶未生其言徵中

十五日陰張老師來請開課自以爲禮賢下士之至也唯唯應之甫去大雨大似隆觀察及秦始皇封泰山時無謂天道之無應也疾未大愈家中送瓜來頓食兩枚

十六日陰揹膀人不可得去四生以應之功兒乞貓於朱嘉瑞乞夾帶於夏進士爲我勞神海侯亦疾發竟日營營未遑鈔經

十七日始晴發家信方一去補課發題揹子來居之樓上留房待程孫也至夕果至仍居前年舊齋

十八日晴雅南來深山遠親甚爲熱鬧海侯尚未還鈔經頗懈未全荒耳

十九日晴二王出游理稍逋課以熱罷字課一日今又復之看伯琇選昏日乃正忌辰選擇家不知牝牡驪黃幾誤我爲長子明也

廿日庚午三伏頗涼食瓜㐀快鈔燕禮大有所悟當令海侯先勘乃後說之今又增一鄭康成仍錮蔽聰明也以主人立觶南誤爲士立觶南何其鹵莽夜又警盜起視月明如水且笑且悲

廿一日晴雅南告去索得龍蔚生一詩不負此行夜與兩女坐樓上不覺睡去比醒遂不寐至曉

廿二日晴風涼檢燕禮又誤因罷未鈔海侯補注亦以塞責蓋爲貧累也亦不知謀食者矣廿年前安於力作何以今遂不支殊不可解

廿三日晴晨起送海侯尚未辨色又可笑也復坐鈔經文柄來笏子致袁蕪湖書又有一封稱王金玉似是伎女名乃不知爲何房族孫但自稱蘇家坤知爲近支耳夜雨

廿四日雨涼鄧副將請客佳日也午課畢而往秋意滿襟楊斗垣丁程莊



弟同坐亥始還院

廿五日雨又竟日燕篇成悉閱諸課文揹子疾未食居然老矣

廿六日丙子立秋今年暑過矣樓上涼風至午始下夕雨至夜復瀟瀟

廿七日晴子瑞來尚未知兄喪告令急還湘水正漲二日可至也然還歸亦復何益徒增擾耳董子宜來云從邵陽特相投長婦舅子也少甚穎敏余未嘗相與談未知果如何始鈔大射篇夕伯琇來告丁壻昏期並爲余推星盤

廿八日晴正秋陽也午前樓上可坐課畢入城丁程招飲席於安記客皆不至唯一殷師似舊識朱德臣約看屋湫隘不可入過商霖小坐還待伯琇至暮不來始食蒲桃夜舁還約子宜未見至院則已先至且安牀矣

廿九日晴始令莪看地圖勘水經講禹貢以暑熱暫停字課

晦日晴鈔射篇欲去鄭注重複者則失其本真欲存之則似未照當時蓋
單篇各行故緐複如此初亦不知也
七月辛巳朔晴熱晨出點名刻匠盤礴不成局面送還板凳今年散學矣
頗書屏幅字勢似進
二日晴無風極熱然几席涼冷但不快耳非真熱也諸女作包並未仞字
每日跂足閒眠甚不振作
三日晴仍熱午後有北風不入屋亦不能事夕乃得涼改課文甚有思筆
謝生論宋處臼內娶欲以華孫仍證無大夫不知當日何以云處臼不
內娶
四日晴熱起不能早僅鈔經二葉日已㷔灼矣真未讀書而不自覺其貪
戲至此亦罕見也大要性愚則昏余兒女皆至愚豈所謂淸中濁耶何
前後之縣殊



五日晴陰出訪世事至容丞處乃知秦子損已去周竹軒見撑過朱嘉瑞
不遇至儁丞家問葬期過黃玆圃問進學報急還猶遇飄雨俄而復熱
鈔經二葉未理餘事
六日晴熱朝食後撍子忽告去因問陳乳嫗從否云不去要主人送斥以
無理滋女遂求去蓋聞女壻入京欲還分貲財取嫁裝也紛紜一日至
夜分乃登舟一夜未安眠
七日晴熱北風甚壯而汗如漿夕浴從來所未有也夜半忽聞雷風雨大
至經聲琅琅云做盂蘭會者起聽久之與書瑞女俟中秋後迎之
八日陰北風熱氣未散程孫告去陳伯弢來談余詩所賞俱幽怨者背時
人也程楊來留行前日諸生已留矣
九日陰絜卿來云岏樵生癰往看之余欲同去彼轎我笠不可偕夜雨
十日陰出城至程家看岏樵彼兄弟分居始一私謁耳還舟過絜卿伯琇
而還莪作包畢賞以二千以十元送陳芳畹奬其不專足也說論語多
聞擇善多見而識聖人不能過此知之上也何以云次
十一日晴始復點讀已六日未鈔書多寫屏幅殊無筆墨之樂海岸來欲
覓祠祿意在卄萬衡州無此價也
十二日晴鄭老湛來云中丞以逸犯勒限撤參不講例牌必虧空萬金矣
余謂此殺人之報也執三人其一逸去遂殺不逸者此而非冤何以服
人容丞來夜滌濯陳設至雞鳴乃寢
十三日癸巳處暑晴薦新增
高祖位以源遠一祠將廢未嘗在家執事也申初行事熱甚亦常年所無
約丁佩蒼來餕兼招廖周周不至鈔唐排律四葉始斵成本十餘年未
竟功也



十四日晴始復常課猶未鈔經夕李馥先生來欲約看月會倦睡而罷校
詩經竟日刻手極劣
十五日晴烈日北風甚熱灼不快夏竹軒自桂陽來李子正來早談留飯
亦不至祁陽派也夜月至佳我懶欲眠至五更乃起
十六日晴彭家請作雪琴像贊留四五日矣無以下筆晨忽得之起寫兩
三張俱不佳復寫對楄亦不稱意心爲怫然雖求諸己不能不慍也李
結甫學師來菽公老友也年七十九小舟烈日道貌粹然如見山陰老
民送劉龍時科場則有人瑞使人穆然知黃農虞夏之未沒矜乎而躁
釋也送所作小學書及詩文各一種亦自有得之言常國翰吹䎘來霖
生屢爲先容云曾於石門見余二紀矣
十七日晴亢陽鑠人無精采聊完日課但覺晝長寫對改文不足遣日欲
出復畏烈光坐無涼風又防漠子頻移坐處幸夜涼美睡耳今年消夏
但懶非閒適也停鈔經已積欠卅餘葉非旬日不能補足遂不補矣夜

思禹名九州必有取義而徐豫獨得美名荆梁乃只漫與且必因古舊豈無說與冀（从北異北亦異也分北取正之地）沇（九州調土濬澤漸洳）青（海隅苛生草木叢密）徐（舍也洪水時人得所舍）豫（舒也與徐同義乃中土所會止）揚荆（皆取於木協肥制嚴耳東南材木之地）雍（擁隔）梁（多山水非梁不渡亦取山以爲名）其先蓋皆以牧伯之都名之爾雅無青梁殷制也又何以云皆禹所名

十八日晴稍自振刷王華庭及其子來華不如結多通故也又甚詆者香亦不相宜夜雨

十九日陰侵晨入城看屺樵問其疾甚往則已定其兄云不寢八夜矣畏日亟還

廿日晴鈔經補課又失去大雅一篇須一月乃能補可謂荒唐也

廿一日晴大射篇成始鈔聘禮得大夫朝服非皮弁之證改少牢說夜雨風聲蕭蕭純乎秋聲



廿二日陰鈔經畢始出乘草船至鹽丰步訪容丞要同看屋復至程家小坐出城看王幼元故宅亦隘不可居高房大廈之不可安也便無住處矣訪陳慰農小弟望濱及湛侯方欲縱談馬協適至遂出渡湘訪斗垣求館得貓留食昇還

廿三日晴老湛送北菜遺遺屺樵反報火骰所謂厚往薄來者酷熱然几席自涼人不快耳

廿四日晴熱未減看張生等刋詩經籤題先生著可謂陋也蜀中必無此事張孝達先導之力湖南蠻子風氣淳古未足通於上國

廿五日晴女課頗勤紙書尙熟悉人記性佳也周月樵年姪來周先生之弟也甚熱未能接對之

廿六日晴晨周傭還云次婦來泊城下遣迎暫來城中屋不可得三兒亦至午始到院周竹軒來移房出宿盈孫哮發竟夜不寐相見篇成

廿七日晴稍有涼風復理書課說見賢思齊人人有之見不賢自省百中無一故不作平列齋中悶甚獨往石磴坐吹風甚涼乃還已中寒氣夜頓加夾衣乃愈雨今日丁未白露

廿八日雨鈔經甚勇未午畢功看宋生頌文極意揄揚然未暢達彼文派如此也視孝達壽少泉則兩無愧矣縣之中堂亦可觀也招丁郎講詩

廿九日陰有雨晨改二文鈔經又誤遂以昨贏補今絀如額而罷說關鳴荇菜正舉加豆實者饋食祭祀已所自盡故但以事尸賓爲職前箋未中其說反似舉輕遺重也夜瘳與恭王談時事九卿皆集唯余及恭王先至坐裏屋泛論往事恭云翁承矩一案部中操切先革左侍郎及東閣郎二人又欲治居停出結伍編修伍遂假歸其言未畢裴樾岑至戒余云若言宜小檢點觀衆意余云但言辦法不言今誤則此集又無益矣恭以爲然又云載鶴翁太肥是以遲來余故識載計其年八九十矣



恭乃云止六十六載者恭所舉以代前八仙者也恭貌皷腴而無須頗似岐子惠非恭舊容也又言少荃自以爲不見用而天下方目爲權臣又云兼約三兒來余言彼亦頗知輪船機器但論夷務猶沿家說耳主戰乃能和必須亟罷海軍通商二署裴因起語余宜詢申王何時來又有二三滿大臣不相識者恭起俱出外間喧傳射石龜則一人挾弓當門石龜趺上有碑孔在磴道半有乳羊攜子數十頭將至射所射者驅之未射而寤以詭異故記之

八月庚戌朔晴初忘月大小聞爆竹乃知是初一大風連五六日不息渡湘如江海浪潑入船侍嫗色變也檥從尼菴上至秦程陳程生已去赴科矣城中無所止至故衣店看衣還從太史馬頭義渡陸道至院補鈔經課字夜瘳少荃除夕必瘳芳晚矣

二日陰常霖生來言故宅可居卅年已不記其形制

祖考生辰設薦將午乃具饌求羊肉猶未得飯後已睡又久之鈔經點書
仍未夕日長由地僻也夜補寫經一葉唯未課字雨風颯颯雞鳴更起
三日風雨如晦王君豫來場外舉人也貌甚悴留飯而去少惕閏外書聲
乃知尚有三人未去二羅一王俱以此爲館舍王猶有名羅乃無因而
至困不能歸也
四日陰晨出看霖生因看其館尙勝王彭二處便定寓焉取甲日移居卽
還朝食散學治裝
五日晴熱船移具凡三返正運被箱時大雨盡溼新來僕婦衣裤盡溼攜問之如香蕤對寔玉也
信有洗車之祥夜乃率婦女僕嫗往雖有一敞廳住房殆不可安以急
無停處强令擠住非復廿年前喬遷之喜矣視夏兒鏡硯處仿佛當年
屋在人亡曷勝感悼臥窗下蟲擾風吹一夜
六日晨還院朝食後料理半山祠祭遣僕代祀以昨怒北風恐不時至也



夕復入城怱怱遣使遂除下廂而宿周嫗居屏後大廳亦有行鋪明鐙
竟夕
七日陰可行至安記將雨復還城宅已而細雨如霧遂留不還桂樹初花
香滿衢巷
八日雨竟日淅瀝端居無事與女孫門牌有扣門送知單一人云浚署令
毋生日要屏分也余請從馮楊之後
九日陰晨起甚晏周兆矩還便令喚船頃之子宜恆兒來送桂花留恆兒
約子宜俱還又不能待先至太史馬頭遇陳姓前年渡夫也請余先發
至院夕食船還
十日晴稍理已課鈔聘畢仍欠十日程此月則有餘也夕月甚佳
十一日晴復熱午出下湘至鹽丰上步訪容丞至城宅視諸女湫隘不可
安仍還東洲女薦生毋送昨夜食而寢思繡幃待曉之情如隔世矣

十二日晴炎日仍禪衣鈔公食檢奠酒豆東不得乃知讀經不可少輿入
城去今日辛酉秋分
十三日晴輿還日課畢入城看女因留居下室將十日而仍無辦令檢點
帷幙奩綏之事至程宅尋人問題不得遇陳六少耶云初還將至廣東
也
十四日晴出步城中覓一人傳信不得徑入清泉刑幙問焉則監院泉學
府幙皆在熱甚汗如雨喫包子聞老洪暴病甚危可駭也與章老師同
至寓夕約船迎不至呼划子夜還
十五日晴熱如伏日從來所無也寫公食畢更鈔覲禮月上甚早率壻子
乘月泛舟則雲蒙不及昨宵與至城宅得家書又生一孫問題仍未得
請董子宜送還書院余留城寓始得字服
十六日晴任輔臣來云衡陽昨始得題兩章題也夕有小雨賀年姪來燕



所遇而歸又費去我二書及李勉林廿元無聊也送禮謝之見叔鴻字
亦聞潤有材
十七日晴輿兒芒芒來云英子已死八年不得一第竟以蕩子終可悲也
留之雖無益家國死後求此比亦難余自伏不能裁成之罪則無位祿
使然桓公所云人不可無勢夜待船至二更不來率輿遂將至遇雨呼
渡乃不應頗怒責之已知其醉用趙主故事釋之不待女涓也周生亦
還見鐙猶以爲其姪已而扣門請見乃知之衣韤並濡不能久坐也
十八日晨醒聞大雨傾盆蕉葉厲響猶未甚辨色起喚人入城領祭品午
初薦
祖妣生辰憶童時壽筵及今六十餘年可謂德厚流廣者與寒疾不與行
禮獨餕莪道嫗來省送薑棗甚有官派鈔改喪服篇夜月
十九日微雨竟日鈔經三葉改文二篇睡一時許甚涼頓著重綿

廿日陰雨鈔經講詩餘無可作夜不寐思英子欲作一聯悼之荷盡燒畫獨傷心狂
問未能載空留家駒日千里筆陣橫飛曾得濃紹殊挽無分不如枯蠹對寒鐙
廿一日陰雨鈔經八葉豫爲明日計也四葉多夜懶坐不能補故先儲之
廿二日晴晨放舟下湘徑至清泉客尙未至亦有未起者孫翼之留陪客
並留聽戲遂坐一日甚熱二更還內外無一鐙
廿三日陰看岏樵已能送客矣可喜也天陰欲雨小步夕還夜雨寫黃拔
貢綿圭母挽聯
廿四日晨雨甚壯遂連日夜鈔經四葉得夏子振書前發軔於常館今復
思根本殆將死矣
廿五日雨陳升還云功兒不至看程生父子文子勝於父或可入彀出答
文太尊因看老湛云病憊幾死人如巴蕉信乎屈伸臂頃巡城西行至
道署孫局水滿街巷上復淅瀝比至清泉衣袖盡濡與二楊任陳同席



看戲出報彌之之喪檢申報未得其日聊復作不然之想前在彌家宴
聞儀安喪而能今不能也老而無情其皆然耶抑余獨耶
廿六日雨晨起見報紙取視之則言彌之於七月廿日酉時病故卌七年
姻好初損其一然詩卷長留不足悲也去死路近自此聞人死皆以爲
當然不知者以我爲薄恩甚矣出弔黃萸青馮丁胡程俱在鄭太耶示
其兒文亦尙可中
廿七日陰晴待船至午程生來久談真盈俱欲還洲便攜同行輿兒忽入
城因留照料盈孫至夕念母將嚥幸撲得一螢照之令睡余入內寢領
之
廿八日陰午初遣僕入城便送女及孫還寓夕雨鈔經六葉夜還外寢
廿九日雨船山祠祭草率將整頓之考釋奠禮及祭鄉賢禮無所據略依
鄉飲陳設賓尸三獻湊成丁僕燒煙驅之令出

卅日雨鈔經四葉積欠已補足矣院生至夜習儀丁郎甚認真故爲老成
九月庚辰朔晨聞殺豬聲乃起廚人早來而無所事坐久之丁篤生馮絜
卿胡薑亭均來乃衣冠又久之演禮稍成款式張監院來程楊繼至午
正行禮未畢忽寒汗欲昏倒老矣幸未隕越又待久之乃入坐至申始
食已不能飽客去亟睡倒二馬生來求薦蒙被應之昏而不寐過半夜
乃少安今日寒雨飄風換帶煖帽然猶不能緜衣也
二日陰雨睡至午始起喫麪夕食稍愈鈔經三葉紙盡矣喪服篇成當鈔
士喪以不吉暫停
三日陰仍未愈輿引刻工來始知譜版已至稿則未來恖恖不能督工亦
罷之
四日陰晴周竹軒父子程孫來設薦
曾祖因留客飯飯後同出城至寓已夜



五日晴鄭老湛及其從子芝岑來遂至移日傍晚訪周竹軒將請張子年
聞其母病甚劇又同訪謝少琴不遇得易實甫赴母喪書
六日晴看朝珠秦容丞云不可用與竹軒看彭祠側屋改文二篇
七日晴段懷堂來華二來尋飯喫姑留待事任輔臣楊斗垣來寫易妻挽
聯早歲名聞孝綽詩況隸同譜所幸來妻嘗姿蛙揩請參金蘭鉄三多同歡風雛能振羽百年歎共劉綱和正樂歸田登期弄玉飛瓊仙
迎仙駕斂衣空一品更無官俸與營齋
八日晴孺人生日以新逝命增四豆薦之朝仍設麪及將夕薦廚人覆槃
碎盌傾看次婦甚瘏余云蓋汝姑不敢過
先例也仍依常薦兒女行禮鄭從子來
九日晴岏樵竹軒來不意岏即能行留談同出余出南門遇容丞看藍頂
旋登鴈峯至摩雲舍指月寮舊迹空存故人已沒唯王耕娛尙健耳懷
堂招客登高而有蹇人亦韻事也篤生先在絜卿斗垣繼至程孫輿兒

並與談科場見主考詩片居然遴賤名於衆聽不知關防避忌可駭也夜踏月還

十日陰待夕時衡陽始朝食往答訪其從子未去間省報至程孫中式余可答其曾大母饔飧之惠矣事有貪天故自可喜武陵陳銳亦舉而爲孫蔚林年姪又可樂也往程宅看名錄還飯後又少坐乃至衡陽雜談無章見胡二耶校本通鑑與三省注不分殊不成書亦余通鑑學荒故益迷悶夜訓程孫處世之方深以雷飛鵬爲戒功兒艱於一舉不似少耶而似老儒何哉

十一日晴明日將移寓當請交親開容娘子先拜彭老太耶不遇還院子壻並將入城無可留連少坐仍還步內湘岸訪馮楊均不遇渡湘入寓宅

十二日晴程郎來及鄒松谷請贊婚者同出至彭祠少坐仍還攜真女良孫同看新宅復還寓攜復女湘孫來船李亦至程郎又拉余賀彭勉爲一往待轎夫久之步還乃舁渡湘看新婦而還夜安牀乘月還鼠雞作鬧數起不安枕

十三日晴晨至新宅殊無端緒居人亦多在廫中獨往鐵鑪門徘徊周竺軒門前聞有人聲乃入談仍還常館朝食午後至新宅居前客房纔容半榻周鄒來酌借辦鋪張諸事待謝少琴不至真盈來留飯去夜還常館月已圓矣步月復還

十四日癸巳霜降晴往來二宅以消永日爲程孫改易經文說豫象先王上帝以一陽在地上爲嗣君上有二陰爲先王上帝也引乾上大有五證之乃亦附合信乎易之無方少琴夜來云衡陽解任

十五日晴容丞來本廫衡陽今又罷矣入廫不入廫無殊情也昨和老湛詩大有發明



十六日晴往來二宅絜卿來木匠始出門老湛夜來云衆勸倒票已獨不肯請紳士助稅契虧空七千金容丞云妄也已作令不知有虧空缺不負人無虧空之理岏樵夜來

十七日晴稍有頭緒始請媒余但坐一無所營諸事皆鄒松谷爲之久未答槐堂晨往則去久矣改孟子文一篇作罪我者唯春秋實疏罪字頗有奇語自批自贊送老湛看之老湛殊不喜也余能賞其行彼不能賞余文不知我必不罪我矣

十八日晴昨夜眠不安晨還看女思六元不知所往詢真乃悟老來健忘又多思思多故易忘也招諸女來新宅始理客單莚弟攜子來見得愼五秦州八月書夜間功兒攜婦子女來男女家大哥均依期有信亦巧事也朶翁考終年八十七復真湘盈均在新宅留真女不去功居對房純孫從之夜半不眠余先睡已覺矣

十九日晴功純起甚早真亦夙興遣報次婦父喪令依禮成服次於異宮因思女在塗而有兄弟之喪則不返入門改服壻弔之舅姑弔之既卒哭而後往見舅姑禮之可推者至常館婦女尙未起仍還鮎心復往弔次婦還新宅絜卿竹軒文擅湖來容丞晚來鋪設略備細孫來半日思歸遂去

廿日晴晨歸寓館廫

曾祖及

先孺人生辰還設酒起媒兼請贊者謝少琴周竹軒鄒松谷媒人黃辤馮至岏樵陪客戌散竟日未食周嫗來伴親先移後房

廿一日晴借辦略備伯琇商粲來寫門對及喜聯晨弔卜允哉妻喪爲送四千答其前鹹莪立愈喉疾也過擅湖不遇

廿二日晴孺人忌日午還致奠未去江少甫來久坐與少琴同出並攜真

行拜訖卽還寓
廿三日晴送開容盤卽帶被箱以來男家無首飾女家無花草有似避兵時匆匆以云草率極草率以云經營又極經營所謂金玉其外者秦容丞來不辭而去
廿四日晴晨聞鼓吹有似賽神起視惟見二四轎北去蓋魏家迎女也還常館女客已至陪客尙未來自往催之還過安記文擅湖尙未起至午客陸續來者十許人合巹𢆶猶未辦蓋頭未成方知事非智慮可及太監所以懷炭也申正發轎入門未幾昏矣男女客三十餘文擅湖最先去鬧房不成
廿五日晴熱晨過常館令檢點移寓還有客三四輩來未見鄭老滋送鄂墨有似高老有一卷云舜有天下考據足貴絕世奇文也秦容丞來未及談文太尊來諸客續至坐兩時許乃入坐酒罷楊斗垣與未闌設牌局久之乃成文擅湖欲招狗祓人及至大勝文又甚慍楊文相罵而



散余則馬扁兒而已
廿六日晴招兩尉府學石鼓師杜巡檢周謝諸公宴集先出謝客竟日游談
廿七日晴國忌無宴游始清理歸裝送還借器亦云簡捷矣
廿八日晴余思贊者丁壻復饗我客皆不至請馮孫丁劉相陪至戌散
廿九日戊申立冬晴南風甚煊渡湘謝客兒女壻孫俱渡頻頻相逢余步從浮橋舊步上至伯琇家乃舁過彭封翁便還書院比至夕食已昏踰窗入寢寂無一人回思文妓夭斜又一笑矣
十月己酉朔晨出點名招諸生十二人告之曰書院之敝在於師欲束脩弟貪膏火未知誰始圖利而上下競於錐刀市道不如徒壞心術余欲挽之而三年無效今將辭去衆乃相留既不諒余心亦祇隨俗浮沈明年不復專館矣晨餐其遲飢來驅我還寓朝食守門半日鄭老湛來告以所見鄭亦不能欣解而自明三冤余隨機鍵椎聊發吾蘊夕出答胡薑亭還亦迫暮
二日晴送謝媒針線一無所有市之不得方知女工之貴鄧嫗思歸遣舁送還
三日晴程母𬟌諸婦女孫莪忽疾發促之强往儀安女壻黃生求書干夏道疑我靳之勉爲一函寫對三幅
四日晴看船促行攜真往覆與來船大小略等可用也還寓理裝
五日晴周生來呈月帳以餘錢卅七千付程生代發發行李
六日晴晨弔張子年文程陳郎來遣家婦弔陳喪朝食後攜盈孫三孫步出鐵鑪門上船還書院看課卷畢復還船婦女已登舟矣鄭姪相逐至船求寫扇面道府公宴丁郎並招我爲客都司兩縣程楊陳孫委員丁馮十六人看戲魏亦農謝少琴與而不至魏蔭庭死矣衡陽亦交卸上



鐙始入坐戌散還船船已移至東岸
七日朝食後開行晴光甚皎功兒買煤去頻頻待之未至也夜泊季公塘從來不知此地或云雞公塘近之也夜月僕人無被
八日晴晨過萱洲復泊久之船人事辦乃不肯待斥告之始泊雷石二更後董子宜功兒均步至云船觸石幾破泊灘上不來
九日晨霧發甚遲夜月泛行聊補日功莪欲見七女有感余心當料理之夜泊朱亭下
十日晴真女仞字稍讀生書下空泠行甚遲暮至株洲登岸訪聶姓有瑞和祥米店問七女從母家云在殘梅梔桿坳全壽堂不能往返還小船見鐙行知坐船已到初從沱心避淺故余乘小舫先發至是仍登舟還故處

十一日晴功兒留待聶姓坐船先發至晡阻風泊向家塘余心念屮山欲見女壻故是稽遲遣問夫力定於明日往山塘而莪必欲當日往還未知何意也

十二日陰將雨三更起食復睡待明八夫四舁壻女攜伴婆以行余自送之誤由縣城外過繞道十里過姜畬日晊矣與輔迪略話卽發至山塘午食白菜甚佳丁郎不食先去余留問租穀仍至姜畬宿焉張正暘許虹橋來談夜月見迪子師湯生

十三日晴晨待許乾元飯及戴彎人將午始往食張迪同坐海參竟熟亦異事也飯後卽行夕至賓興堂無一人出弔三婦云英殯未啓蓋無盤費許爲致之還換轎夫因弔子鈞遇諸塗同訪沈布衣不遇至許慶豐訪其二子留談設酒沈又尋來初以爲四盌四楪許父乃設全席咄嗟立辦亦尙可喫近年闊派也沈許送余還寓楊俊卿來相訪



十四日晴初起許生已至爲辦舁夫卽行子粹復來步出北門始別過炭塘不見店婦蓋已移去（汪橋樟樹炭塘船大屯遙遙黑石盤釣嶺南看湘水閣新開北樓社壇寬）投夕至城子女已前至矣

十五日昨夜風雨曉猶淅瀝至夕得小雪初不覺寒彭孫芝棣來言朶翁病狀自知死日由診脈定之何其神也蓋不諱乃有準時醫不敢直詞耳今日癸亥小雪

十六日晴午濘可步至浩園訪笠雲見彌之新刻詩亦有可取得陳伯嚴書甚怪辛眉知陳不如許也笠云淦元流落不得歸余不引以爲咎而反有幸心恩怨分明如此何其似李篁仙夜月如冰惜無燕賞復日鈔書聊以記日

十七日晴

先府君生辰設薦諸女謁其母墓並出城三子亦省祖塋出城設餠待之笠僧來恆文竟不出與循來少坐去夜答訪之乘月還

十八日晴子女忙亢未知其何事諸務不理且出行游訪罙九王益吾王處遇唐子玥言江南事頗久還已夕矣王唐約明日會飲碧湖促女壻拜客子瑞來

十九日晴晨鈔書二葉欲爲諸女理方名恖恖過午陳海鵬催客急往赴之王蔡先在唐王未至小有修建已成小亭矣王中江人未知其何官云呂生尙在與諸人皆初交亦不多言夕散

廿日晴王庶常來拜乃知其名乃徵字聘三謝未延見周嫗弟夫來（余正寫字揮筆對之彼乃揮涕如雨自此定復召矣）勸令還家勸之善去其弟無狀蓋欲學武二者爲楊駢干吳撫求壽對外孫女胡姒來

廿一日晴答訪王庶常云其姊夫周姓亦殷實商家篁仙繼妻其從姊也



午攜諸女諸孫出戲場避客又遇曹四叔還鈔書半葉王聘三周竹軒夜來

廿二日晨見紅日已而大霧益驗日赤爲雨徵曹氏公孫晨至遂不暇食客之爲弊如此華二來

廿三日晴晨露沾衣出城展墓因弔胡子正還周嫗突來懼其求乞出避至樊琅圃處樊猶未起少坐還周氏已去過以小人防人弄之敝也與循丁壻來今日功請新壻母舅妹夫作陪丁百川適來因便留之余未送酒因飢出喫包子遂散王沐來未暇見亦未鈔書

廿四日晴催兒女束裝皆遲遲不去皮麓雲來久談留餂心張子持從田間來未及縱談罙九催客我倦欲眠矣昏昏而去與循先在云洪章京當來待之少頃洪至面無煙色不甚相識頃之一梧來入坐將暮乃散

還家莪女已去
廿五日晨晴至莪舟送行過百川父子立談便別功將夕乃行吾欲東游
而功請北上嘉其遠志姑任之也校補譜稿看世說新本與循順循來
順留談頗久
廿六日晴晨聞船人來知莪船猶未發朝食時乃去華子從功兒送之惟
攜一婢賸以半山遺金卅兩殊草草也雅南來未飯去揩子復來朱雨
田每歲必燕我乘其未備直造訪之乃閉匿無人應客未入門而返稍
理館課作常文節祀議常氏在衛所始於明代指揮使以軍功屯田立爵不襲以賜代乃險於百餘歲而文節以公父子以科第體世襲一品著忠烈致國典事例四品世爵例替如是常氏復有爵當祖文節別建一廟立宗既遷於城父老猶曰禮卑不復祖尊尊得阻卑父子君臣之義也常氏世爵兩代相嬗爲族光榮以文節爲別子不足以彰尊祖光顯之美蓋有祖有宗祀之大經士大夫雖無宗而有干祫高祖之文明其可配祖也文節宜別享始遷祖以明不祧以閣匪習祫來問宜否蓋案後世宗法廢而族姓愈繁宗祠之立所以統族也令甲有族長非宗何統故今康一廟曾祖曰宗嗣異於祭五祭三之制而有爵無爵無異蓋一族之中有一廟立爵者則並其異祖尊之安始遷者既無爵而子孫數十百世皆奉爲宗不可以僭遠殿也周官曰宗以族得民宗子無爵而世則其祖無爵而亦世古今時勢然也禮時爲大宗族祠祠不可非常氏之祠獨應周禮要亦僞相合非從古異於今也獨文節子孫不可別立宗而宗之人以其功宗之祈則今世所難遵可以數學勸睦敬宗收族既不與立爵爲祖之義且以勸後之子孫知所以敬揚先祖故發其義而以文體成之云
廿七日晴看王刻世說及梁淸遠小說近人試帖略理學課鈔詩經
廿八日晴雨恬來顏色皸腴云與子析產矣胡氏外孫回去瑺出弔陳氏
張年姪來
廿九日晴吳尙書來訪方欲詣之而吳先至辭不得命就庭見之桒九來
談延入內齋
晦日戊寅大雪節晴將出詣客昇夫出城去待一日不至遂止夕過桒九
不値偶行旁徑遇成靜帥入談乃知陳氏妹子到省已久甚可詫也未
欲窮之不問而還
十一月己卯朔晴出送桒九已行便詣陶少雲左子翼吳巡撫徐年丈但



糧道劉定甫道臺黃子襄椿副將鄧副將日夕人飢還餔食莊心盦約
相見黃昏始去點鐙而還王祭酒夜來
二日晴王祭酒早來同過撫署方見司道因至徐芸丈處久坐兼約杜仲
丹同往撫署會飲問杜行當中門耶答云直人余不敢也三轎從中余
獨旁行斜上以爲禮於邦君王用治年帖亦不合款京官還籍不得抗
禮宜今人之不喜紳士看古玉及仇石洲畫柳絕妙談玩永日出已夕
矣僅過笠西而還陳甥來留宿辭去夜將雨而霽
三日晴府縣將祈雪天愈暖矣晨起見有沐者則震孫從漢口還頃之月
□亦至鄧副將來但糧儲來易淸漣同年將往廣東來談蹤迹丁百川
來張正暘來得乾元書云蔣太耶要錢適專信往便復諭之夕過乾升
棧重登心遠樓二紀不到矣一梧與循幼梅陳李二總兵唐子明同集
雖各年過五十曾非當日上客亦詩料也一梧誦彌之詩强作吉語者
四日晴待昇夫一日不至略理功課張年姪來送楊八琲撫書壽對眞可
生蓬蓽之輝壯朱門之色也
五日晴愈煊晨與正暘考家墫無釋奠禮但賓主設拜而已送兩孫入塾
便當饗賓而至午始具莊米湯來午弔曹潤之遇郭副將楊乾子攜黃
氏外甥以行便過陳芳畹閏譚敬甫往蜀竹𡏤故事耶少荃故事耶安
徽人大聲調停
六日晴昨未仞字朝食後補課之鈔詩一葉出訪二黃輪仙從子羅順循俱不
遇過與循與同過笠僧有一少年不相識問之江帯生子也頃之意城
孫恪士亦來蕭希魯先在皆不多談齋食甚飽與道香同出至局祠獨
歸已夕復鈔詩一葉
七日晴
先孺人忌日素食獨居夜霜頗冷常霖生闖入不去

八日晴烝祭齋居劉太耶來求官直入不去強出對之蕭傳臚來鄧壻遣赴云彌之柩至未能卽往遣輿兒臨之夜滌溜甚寒先寢

九日丁亥烝祭

胥廟已正行事鶴饌失節禮文生疏蕭行之卄年而猶未嫻甚可愧也已事因徹饌往奠彌之子廉送柩洽郎亦尙知哀不告友朋竟日唯一弔客看仙屛書札殊有交情非時輩所及人定不可測今日真女十齡夜設湯餅三更後雨聲瀟瀟欣然不寐

十日霽鈔詩蕩成袁守愚來文擅湖朱秬泉繼至皆功兒往還者夕出答二蕭過莊心安交鶴條叔衡學廉夜來送文爲婺陳若愚兒來辭行

十一日晴始鈔士喪考純衣未得確解以爲緇則不待言以爲絲則不應有布弁服以爲緣則不待言裯正暘云純帛無過五兩則純爲帛名猶玉錦也其說可通余因定以爲緞子以純邊相宜故名純耳屯者難出



之義絲密不易抽因以名之午過浩園會齋希魯爲主人袁羅及笠道二僧與余同集順循谿稱筠仙庶長子之美因往看之先看沅浦祠正似彭祠制度蓋下江派也彭輪夫字抑齋監工希魯留談順守笠道復至余家小坐啜茗談月

十二日晴約子宜出幾十日矣皆未暇往因與同行看木器便借文擅湖銀零用因答訪黃虬虞久談至劉星白宅未得入徑往局關祠郭郎炎生先在周唐艾皆先不相識周生次婦姪壻也頗多聞見能誦吳獅文云獅罷官矣郭無一語希魯後至道鄉設齋夕散

十三日晴文擅湖來問蜀稅便留鈔日記半日乃去鑄郎來遣輿往迎其妹覔船不得從雨有風

十四日壬辰冬至陰風欲變鑄郎來早飯真女喉痛不食命作餌哺之乘看瑞作篆佳節思閑戲竟無暇也四者難幷信有之乎鄰婦嫌貧而罵其姑其夫畏之如母婦不能韃姑毒打己女忍人也將料理之而無奈何

十五日復霽冬晴明快得功兒丁壻書云九日乃登江輪計今正在淮浦矣陳海鵬來云公請作文壽巡撫又言饒文卿厭進衆譏不謂然此故劉仲良用杜俞意耳饒不能勝鄧而不能敷衍所謂世局使然

十六日晴晨方書屛笠僧來送詩未暇見也及出已去往弔左子栗値巡撫在乘間先還胡子夷來

十七日晴風頗寒出看左引不及還未朝食陳伯弢來胡壻來留同飯乘邀正暘訪伯弢過府前忽憶袁守愚因往看之語及孔搢階又過孔遂俱行至坡子街伯弢寓店値潘碧泉談話已夜各散與正暘還正見月上霜寒道上說少牢朝服非常祭與士端同是降一等可通弁而祭己之說



十八日晴壽春生日胡氏女擕初生外孫念華來出寘余步至東城看楊兒答訪子夷不遇過劉清泉寓見吳翙岡訃牓吳年六十八死矣城中復少一米販吳死而饒與又所謂何代無才也夕還寘女亦還其家

十九日晴黃氏婦父病亟遣還省之夜有雨大風校搢子所校譜稿

廿日晴昇看黃親家已不能語矣筠仙庶子來名焯瑩字炎生蕭八字缺火者與論大臣子弟當儕儒素及先輩典型城中非復前時風氣看筠遺屬夜風有雪作和笠雲感舊詩

廿一日雪未白地頗有瀌瀌意耳看劉陽課卷畢送去輿盜其銀而詭云未送傭工不服其事彰徹因語證羊父爲子隱則事當隱而治家復不可隱宜外隱而內證耳且含容之搢子去擕譜稿增公田遺周傭同行

廿二日陰有日乾元送米銀來度歲有資且住爲佳耳孫發充盈遂無囗處然在城中猶爲容蓋藏者長婦父病猶戀兒女不往爲諸女睨郭亘

蘊兒事乃知往年曾亘未爲通論從世屬俗不嫌矯過也今日正用得
著
廿三日陰黃家報喪昇往看之檜猶未辦因還告諸女現身說法胡宅司
書左壽檀來知會初不知爲何案詢知是曹妻也
廿四日陰朝食後往胡宅看成服周舜生陪客不相識矣居頃之唐魏胡
孔來唯孔相識餘以意辨之待至午不行事乃出過黃親家家視斂尚
早乃還頃之三往猶未能含蕭叔衡來夜談復與同往堂上寂然竟不
及事而還
廿五日陰夜有雨鈔禮日一葉猶不足程暇爲補之皮小船昇壽恆字荷
生來年四十許矣云其兄曾令見求事羅順孫來談著書不可早張生
語余余告以講書不可遲也此二事絕不同一爲己一爲人孔子嘗語
子夏矣



廿六日陰說諸侯朝服忘周官司服無之蓋與皮屨同非王朝之服疑皮
屨朝服屨也與正鵠論說文正鵠欲以正疋俱爲射物則此字亦自中
古又欲以婢來僕制吾門穿竪第一人也說未可通
廿七日雨欲雪不成夜寒劉清泉來昨夜寓街失火方遣問之也瑎看八
嬸去旋送鏡還之
廿八日雨有雪頗寒諸女停課看小說竟日張彥賓有詠筆詩云包羞曾
借虎皮蒙筆陣仍推兎作鋒是紫毫當時已有也此又誤也婉容已見晉時筆陣圖
丁百川來預祝
廿九日雨生日設湯餅有三客來並謝不見胡郎入少坐去孔摺階來留
夕食得郭見安書
晦日陰晴當出城因看孺人墓還過百川程初坐行轎市人譁笑之西南
風大作亦異事也

十二月己酉朔晴黃親家成服因往柑子園謝壽出稍晏不及他往便至
黃家亦有鋪排但無禮節因盈孫出後議服當降否余以爲旁遠服無
降當仍本服後又以從服無從當不服二義均通胡子夷來試問之則
云周禮儀禮均不可行純乎宋學也笠道兩僧來
二日大霜凍大晴胡迪卿元吉專足來言同弟女昏事左年姪輔來見求
書與張楚寶云張頗振孤寒佳士也蘇彬已官矣
三日晴寀女歸去其築里凡五六人今遂當家殊非望也孔子言不患無
位婦女亦有超用者不以才任非閱歷其孰知之
四日晴吳撫作生日衆推我文旣不可辭而文武猥雜與曹王亦梧論之
亦梧顧頎余逡行其意不顧世俗驚也楊兒來
五日晴竟日無事而殊不暇未課字也偶閒行忽遇來宗館童白須爲之
憮然



六日晴晨見紅日知當風雪已而有小寒氣出弔胡杏江將謁巡撫國忌
遂止連二日前値
穆宗故恍惚也夜風四更西方火詢云犁家巷無此名
七日晴煊元甫入祠徧請城中旣來及我不敢不往至則熟生相半留陪
撫臺方欲正席而雖於序班桑乃相揮云官四紳亞自爲次列余亟賛其得法候補道中竟有五熟人何道
之多夜作吳壽文成甚有格律
八日陰作粥齋僧何棠孫來與袁守愚蕭希魯叔衡孔摺階看壽文竟日
笠道兩道人來設食已晚從人皆不得食無中饋故也寀女來借瑎錢
九日晴煊得壻女清江來書卽作復寄沛南爲丁百川見都午至府城隍
祠素蕉設齋希魯同集又有龍祠僧法裕夜教女孫寫家信
十日陰欲雪瑎女請還衡無以爲資以詩稿質錢二萬供之過蕭叔衡因
自買信紙還發家信

十一日雨稍寒長婦還家殷奠余爲心盦改壽序竟日晚乃得弔左通副之喪客盡散矣有一寧鄉藍頂人未遑問姓名遇唐懋階亦訴病苦過弔黃親家

十二日雨陰欲霽瑞船已去諸女再留之一日郭恪士來送詩請看湘潭外孫也出答曾岳松國忌不可往乃至糧道署會飲遇蔣龍安張放帳劉選青道臺及岳松寄衡州二程書

十三日陰瑞女上船譚彭送之周兆矩護行蔣少穆來送申夫文集午出答岳松少穆過劉道臺劉清泉因至楊兒處爲其子發蒙三五出陪王蓮生張雨珊並集余作吳壽文不充公禮充公索潤筆千金衆咸怪之獨但少村請買始信文章有價也酒間發明必須重價之意雨珊唯唯近日文賤極矣而又好文故爲一明之張正暘猶不知此意以爲戲言則重我過也夜改莊文畢

十四日壬戌大寒晨送莊文去頃之但又送文來可謂莊但殷勤覓也欲作一佳對則竟不能夕食時心盦自來日已迫矣皆無章程余代耽心日夜不閒可笑也夜改但文至三更睡未頃之爲貓所擾竟至曙不寐

十五日雨如絲陳道臺養元來銜破忌日勉强出對之少六亦來論田事夜雨如塵少六送束脩求與皮麓雲論之設奠

十六日陰鈔士喪上篇畢六雲來論田事初無腹心之談殊乖所望少村曾祖妣夕乃行事嫌遲怠也宗兄復來留之校譜

十七日陰紹六復來再與片皮家說之少村來眼腫甚悶夕至心盦處談送文來又不買矣

十八日雨送壽序交覲虞紹六三來云紹曾已出料理矣攜稿去詩

十九日雨張正暘散學去余爲擬苦樂二境皆可詩者問其何途之從攜榻外齋適有一女工來留之過年欣然願住明日翩然而去初未辭也夜雨

廿日雨陳佩秋來專相投告余疾未朝食空坐而去稍理孫課夜雪始兒白夜半一梧打門請删序文

廿一日雪消間作陳佩秋來坐一日去疾仍未食夜欲作詩未暇也程子大來言易中碩單舸逃來又不見人近清狂也易後刻有行記乃陸行非水道

廿二日雪晨四老少來催我起乃去清卿送雪詩來依韻和之每防霜早接客霖雙化調元蘊隨深下尺土膏融地脈十分寒骨襟冰心玉龍曉吹㓮橫笛梅鶴空山待訪林莫道高歌曲難和早聞街巷有騷吟江介流郎美政和故鄉瑞發譜新歌溫知茂悅同松柏預喜豐稔兆滲禾睞深一飛庭蓮句好從滌萬丈覆波多田家餻粥滑年事且得新吟門沈何花滿城昇訪笠僧索和雪詩又至陳海胡壻家小坐陳處遇鄭子惠居然老矣訪鄭太耶於陋巷旋至李幼梅家消寒小集稱得一消也坐客爲何棠孫周霖孫王一梧陳海鵬黃覲虞主人自謂設饌精美而實未飽所謂口不同嗜者耶



廿三日陰有聟送竈無人以九女攝之作饈閣稍理功課笠僧送詩來何字韻居然有巡撫口氣闓派也與書楊肇借錢辭以下鄉紹六來乃知之

廿四日陰陳佩秋來吳儻辭以外出遂闖而入此客此儻均出意外陳程初鄭三少來與書逸梧借錢云錢樹子倒矣歲暮借錢自是一樂無飢寒之苦觀貪吝之情所謂我靜如鏡民動如烟佩秋不知也

廿五日晴佩秋來不坐去借錢未得無以遺之也心盦來蕭傳臚來執贄未解其理巡撫饋歲長沙套禮一日頓費數千犒賞正在奇窘又可笑也與書程初借錢亦不回信蕭叔衡來爲柴煙所薰涕泗滂沱

廿六日霜寒大晴陳海鵬送五十金揮之更與但少村借之亦不報佩秋復來巡撫送米票一石屬與貧者余不能知此等貧家宜亦有得之有叒者黃敬輿來

廿七日晴晨有送信者則王嘉手送洋錢四十圓正濟所需雖不受可權以濟也復書留用遂以送二陳鄒刻字沛然矣雅南亦分四元九弟妻二元謨婦一元與陳升四元遣之去自往陳佩秋處答拜送行彼待不至又作詩矣夕笠僧及鄭七老耶來佩秋復來

廿八日陰有風攜女孫看迎春坐浩園一日竟未見土牛芒神一大奇也步還已夕夜待迎春頗倦先寢

廿九日丁丑立春四十元揮霍復盡陳處尚欠五千遣吳僮於汪妾處假二萬付之遂餘萬錢稱富翁也瞿海漁來鈔禮經垂畢以事因循尚餘十餘葉待明年矣檢點筆墨逋債爲蘅看文未畢寄禪來夜添吳文二百字



除日晴煊步至南城磨盤彎看敬輿寫屏因爲畫格正無事度歲得此可消閒也自至紙店取格式以還過鄭太耶看百韻詩聞二新事皆死人復活者今年初忙死巡撫年終忙活巡撫亦死而復活也來一女工奇憖殆不辨黑白從來所未見也自願事二少娘因與次婦互易之

# 湘綺樓日記

光緒二十年甲午

甲午正月己卯朔旦晴昨夜通宵未睡早起家人已畢集矣謁三廟

三祀朝食後攜復真兩女純盈懿壽四孫黃氏外孫王嫗步至浩園未扣門紈女湘孫昇來同入僧寮寄禪道香澄念及不知名三僧先在諸女旋還余留午齋還

二日風雨意象蕭索因不出門復謝客居樓中鈔書擲骰胡壻來時天稍開彛略談而去輿兒畫屏款格竟日送紙店不收又可怪也近日四民皆無情理

三日陰雨鄭七笠僧闖入設素飣款之薄暮寄禪偕七僧來復爲設供今日齋僧一日夜復得齋頗爲恬愉作得壽對一聯眉壽銘功有吉金瑞 玉衡山刻石紀海



婁河清

四日雨笠僧復來索改新詩岱女來胡大爺及海漁來久坐夕岱去

五日陰料理賀年茫無頭緒呼戴明來排路將出沈子趣來云湘潭令將訛詐之求解臬司皆可詫也出從東北繞南西半城而還入者筠仙小兒家程子大家黃三親家藩署糧署胡壻家覓一轎夫飯處不得道遇岳州水師總兵同行數處還猶未暮跪誦蓮經身心泊然

六日陰見日沈子粹暮來云事未發任師耶荒唐也是兒今將敗耶家中年事無辦未能款之約其明日午飯黃兆槐新放古江兵備來拜羅順循亦入陰觀察必欲踵入余甚窘也程子大又來

人日陰看田契尋糧票家中遂無存者可免追呼之慮矣沈子粹來黃兆槐羅順循皆於忌辰拜客羅本不可拜客黃則恐相見嫌簡耳

八日陰清卿作生日晨往寢門不闢衣冠滿庭不復通昇余步入重門遇

孫寶之云當分班而入因直入達送客遂獨坐面談久之看玉琴款題王芳省字復一其銘以洞淡爲韻顧亭林以後人也諸客竟無入者排門而出答隆道沈粹沈已先往拜門還矣急還早飯沈又來談諸婦女並出游左祠一日費轎錢千亦奢教也

九日陰有雨出城省墓因答黃孫張學臺張處與陳道臺妻駐門一時許余不耐欲還二僕不出久之乃入問去年寄書云遂不達奇人也拳拳恐我失館無以爲生瞿子久之流學臺才也申至蘇州館看戲撫臺大會紳幕將弁從末流官分二廳設席余坐一席居然與徐年伯比肩亦自忘其僭資望使之然然非禮也何以率諸後輩張子容同席迂直可厭客憚主勞相約夙退未終席也可惜無數燒豬兔死不見人夜雨擲骰

十日陰晨餐未畢王恂同知來訪必欲入坐輟食見之蕭文昭踵來笠道



兩僧俱來淩厚堉大令強入欲見云縣考求總校諸之莊觀察又來云李小泉作生日得七珠蟒並有送翠釧者巡撫此生不及百分之一余因得一聯云八日謝客愧孝達之專精七蟒排珠欣小泉之富麗金聖歎所謂此一聯堪絕倒者

十一日大晴今年始見好日必得熱鬧上元也鄧第武來鄭老湛來屑屑虧空事楊兒來云皮鹿門已去

十二日晴老湛復來作王逸侯通鑑引義序成即送去王年八十猶坐補遺缺太倉人湯臨川師門也將出湘霞拜客遂留不去

十三日丙午雨水晴煊始著羔裘出答劉彥臣直牧談王鏡芙事甚詳還攜孫男看戲欲令知市井事乃一無所開發揮汗而還寄僧來左年姪來求書干張胖子左志和妻來

十四日晴陰步至浩園陪吳主考鏡初子羅順循寄禪素蕉筏喻同集用

廿八千刻磁盤云筏所置也頗諳官事言陳李二弁干預放縱之狀及兩縣昏憒頗類王張太保之爲城中用宵小主文壇鎬仙所云斷喪元氣者未散劉桂陽催客步往王陳俱集宋九亦至云到我處未知也夜還甚飽擲骰至三更

十五日雨聞雨晏起作張楚寶寓館記並爲左子與書託之夜鐙如月得句云鐙如月影留晴色雨入元宵有喜聲滋妾生女來報命遣老嫗視之擲骰未終局客來遂散淩清泉送聘八金正窘亦得小濟可笑也有時揮千金無時寶一錢然千金仍不顧也此謂固窮亦可驗人無餓死時余熟知此理故能全其節淵明冥報相貽則別有寓言非感恩之說

十六日晴晨未起法喻來請陪吳主考羅曹續至申散步還李嫗生子去魯乃脩師耶來見

十七日大雨竟日王恂逸侯專請早飯余誤以爲夕食久不去再催乃悟



陳德生先在又一人冒冒失失自謂故人殊不知其姓但聞澄翁正翁久乃知爲曹廣澤副將以其自稱鏡初也又一人云諸桓之子曾任永綏廳又一曾生常熟人識楊吉南今在撫幙

十八日晴始理家事王迪安來云清泉須索重聘乃可往未知其意似是劉星白遣之也

十九日陰杜榮來欲干臨湘令爲强一見之呂生求書久未作因閒試寫一段鄭襄老湛魏仲青來訪又消半日夜雨遣工迎館師

廿日雨盈孫千文錯亂生落召三女一孫大爲清理遂盡一日亦可樂也序鏡初陰符疏

廿一日雨勢益濃北顧驟寒欲雪移榻樓上將出城矣魯師耶招飲辭之招諸女鬬牌百負不得一勝乃知敗子破家非關殃咎半山云敗亦可喜喜則不情然甘敗而極其敗敗不能奈我何亦執拗人所由喜也

廿二日雨寒惻惻正有春景魯師耶魏仲青鄭太耶均來魏云午莊從子
初不相聞未知何以至此
廿三日雨張先生來上學遣迎未遇受苦五夜好一首孟郊詩料也柳一
亦夕至魏仲青送竹笠
廿四日雨積負應酬當出一了之命舁往城北東謁梁九遂東行答魏魯
徐方懋幼穆劉皆不遇至糧署前與學臺爭道欽差官無威勢令人憶孫公
符丟荷包時還家已夕夜與諸女鬭牌滋不依法怒責之飲人狂藥責
人正禮遂罷戲莊米湯來王迪安言于寶雪舫斫破鳳鞋包頭以盡自
給爲徐耕娛弟子近青泥蓮花也四老少來
廿五日風雨逾寒鄭三少耶來云其父約飲請改明早言次復欲摸腳又
請定工課余擬以不摸爲一條續以當告其父遂未及也本非師生何
勞教訓次婦往魏家迎父殯余亦專人迎之禮也莊米湯來談



廿六日雨舁出不備笠轎工衣袴皆溼出大西門臨彭親翁之喪小舟大
風雨二子號哭有禮令人感異旋入西門送王恂逸侯至東城赴徐方
黍幼穆之招鄭太耶猶未至安徽二令劉王續來吳楚卿立達來云曾
至四川主如冠九恂謹雅儒大器也赴瀋使招先去余借夫乘夕先還
風雨益急英子兩兒霞齋來旋去
廿七日晨未起房嫗甘言大雪披衣起視午間霞齋來令之亟歸司道府
縣公宴鄉士報其先宴也余先不與而應官招亦成其相禮之意待至
酉初不催客由往則咸集矣臬使初未相見府縣亦面生可疑有但少
村糧儲主席同坐者亦面生心知爲張金剛門下生下彩四掛補前日
之闕每事立異亦令人厭俗不可諧唯有閉門可以免咎得辛眉書荒
唐膽大吾道益孤矣看蓬道人眼福書竟日夜竟不寐雨雪竟夜
廿八日雨作書薦李恩生於黃右江薦陳芳畹於河南三官薦陳傳於但

糧儲薦胡杏江於李朝斌閒暇無事補鈔隋書贊今日丙午驚蟄冷過
大寒徐幼穆來
廿九日陰雨看蓬道人戲本寄禪僧來問僧敲月下門勝推字易知何必
推敲余云實是推門以聲調不美改用敲耳敲則內有人又寺門高大
不可敲月下而敲門是入民家矣敲字必不可用韓未思也因請張正
暘改一字張改關字余改留字
二月戊申朔晨醒甚早待房嫗久不至遂至日晏家人盡起朝食矣欲有
所作而難於起手以未久當去也唯看小說殊非自强之義夕食待夜
爲張年姪與書劉道臺並與書任師耶薦秦容丞午見日旋陰
二日仍雨所不料也午復見日看八代文每日點廿葉夜雨閗漏滴桌上
呼復起與亦起明燈復睡
三日晨雨午後晴萬祖恕來頗色敫腴似知縣矣談辛眉行事亦有徵詞



夜看八代文揞子去慧孫生日
四日晴食索麪周兆矩來得盧元張書云將主講萬縣寄禪來頃之笠雲
約游浩園卽留午齋道素兩僧皆在將散遇張雨珊要至其寓自彼管
園尚未一至略談而散湖北寄銀來正在窘迫又得濟也
五日晴作游詩笠素來要游左祠不去午課畢至荷池逸吾招陪陸廉夫
曹副勝楊兒李幼梅小坪黃觀虞劉梁九雜談縱論至戌乃散
六日晴陰看張縣丞紹齡詩亦學盧孟子擇兒也而不知余爲父執藎自
恃其年老孟子所謂挾長者得山東兒女書命諸女作復步答張丞遇
之於塗心愈招飲先往清談頃之逸吾雨珊觀虞幼梅繼至陪客陳道
臺允頤黃原最後至看電報夜雨
七日雨真女字生反復示之始知强教無益郭見安來送鄂局銀九十兩
將覓寄京寓也決意捐官真有痰氣遺與兒答之李朝斌擅因貢生衆

人右李勢利中於人心無所利而爲此出於至誠亦可閔也

八日陰晴晨起催飯買豬羊泥不能去以錢代之過丁百川小坐循鋪路行卅里至大竍臨彭朶翁之喪四子均哀諸孫亦知戚敬不易得也客有沈心海父子李芝岑兄弟余與沈李非知交然其子則當視爲父友談論之間難於接對夕開壙見水土中雨浸也二李一左均言不可葬主人亦皇皇然待至雞鳴乃寢假大竍逆旅爲館鋪張亦備且設中牢二席

九日晴待舁夫飯畢而行道遇何棠孫問鄭事甚關切餉以回餅一枚午正到家庀具略備矣更考饋食禮將刊譜中以垂後世請正暘更定之

十日丁巳晴午陰夕雨祠祭

禰廟仲章祔食巳正行事既設西北隅忽悟此爲祔食之薦厞用筵席者



筵席於厞也始虞初葬而有祔食者祭厲之意以安死者凡祭有配則不可祔食（亦非也前設鬼設爲安）故少牢無此設午要見安正暘飲周郢生楊兒作陪子孫侍食實餕也見安送銀將還報之故不辭

十一日晴清泉書來告試期而未遣迎報遡而已午出北門至碧湖與祭酒先後行呼之不應既入則黃覲虞唐子明先在陳總兵爲主人李幼眉後至論戲酒事祭酒成祭戲矣夕散作書與治秋寄功旅費

十二日雨約送京信至張雨珊處不遇見其子仲鹵略談訪笠僧不遇答訪縣令彭飛熊馳還午後笠寄來纖遊集齋設丁百川來

十三日雨送蓬海書畫跋以巡撫其子欲達姓名故也用階次子小階來見云困於旅次爲致書右江道譔之曾梅舫來部屬也余與之言庶吉事云其兄子欲來執贄撫臺書來報武岡之捷鄧氏復安矣賢人果益人國且益人家也然被竊牲口所損亦多

十四日庚申春分雨曹典初來受業奐才也雨珊來言匯鈔仍由票號

十五日雨竟日約陸廉夫曾士虎爲碧湖之遊兼齋五僧筏喻不至曾亦旋去李小坪云當發撂且言武岡寇乃懾於魏午莊非賢人力也魏新募六百蓋將繼俊臣之後湖南强幹猶存可謂有本廉夫於紫微堂樓作畫李小坪將作字寄禪作詩道香借紙素蕉和畾笠雲看畫至夕乃散住持性華同集前未識之

十六日陰

先府君忌辰素食郭見安來看無名人經解卷得功我丁增書元夕前發未正設薦夜看湘孫家信聞吹號云起火或又云月食也胡杏江來索錢

十七日晴煊素蕉來送畫工筆佳品也曹梅舫來寄禪來送詩改功文二篇點文粹畢六本徐幼穆來約遊麓山

十八日晴遣看船買海棠笠雲率魏生來朱穉泉張年姪來彭雲樓珌來



李朝斌所捕貢生也李買田而彭墓山地在其中先無契存李作生壙彭恐侵之遣唐姓往說李爲平毀待之有禮矣彭乃夜葬其穴於是李怒躬往討捉諸生大譁諸富人助李以彭爲可罪余得其情勸彭遷葬而彭不許也搆訟分朋不知何時當了因爲諸客言昔封穢事諸女作寄遠書道香又來求字閒復鬭牌至夜乃憶日課耋翁兩生來學禮燭下點書卅餘葉（章茇晉陳潤清）

十九日雨早起飯後睡起偶出遇見安來送行劉梅生陳梅根許豬販來（乘鈞）笠雲改詩甚佳

廿日雨用階繼妻送土儀云借錢未得始命看船以避需索收文二篇鄒桂生三篇鄒來取去校荀子一過取前本勘之所見無異而眇不復憶矣

廿一日晴始約徐幼穆游麓山擬於今日下船明日遂移泊對岸後日長

行諸女喜於從游踊躍下瘵清卿來辭以登舟黃福生來云翰仙還裝
六千金今烏有矣鬬牌方紛紜念陳家必須照料步往心畬處商之遇
全興已知州矣心畬云須尋陳養源屬百川通因至撫署訪陸廉夫李
小坪曾虎士遺告主人出久談論彖黍及銖兩黍數甚有新解廉夫畫
碧湖圖清卿題之云軍書旁午不暇詩也具官武岡漵浦瀏陽三處盜
起遂至夜分乃出青衣小帽夜入衙署不相宜也以當去姑一爲之買
桃一株
廿二日晴昨桃禁戊未栽晨起看栽因搖去蟺殼朽株補於其處昨未得
發行李今晨客已至舟飯後亟往四孫二女俱從丁百川在舟徐幼穆
鄭老湛父子亦先至余約正暘在舟照料與寄禪同渡三昇二步過書
院未入至萬壽寺以爲小廟試入乃知卽虎岑堂也岑法師開山禪門
呼爲岑大蟲故云虎岑住持不相識留飯未待先游雲麓宮傍有嶽雲
石道士居也啜茶看湘州二津形勢甚壯蓋所謂吳芮陵也喫葷雞乾
肉包子草藥肉甚飽萬壽僧來請齋不能食矣烹六安茶飲白鶴泉而
還徧遊嶽麓齋寺館宇甚壯大似焦山遂乃遇正暘攜兩孫懿復真湘
懿孫俱來余送真至渡口復至書院諸生並出觀遂攜諸女遊屈祠再
登赫曦臺川原壯秀佳處也夜來登舟夕食畢暮矣卽泊牌坊下問正
暘牌坊古何名正暘以爲片諸女畢留舟宿
廿三日晴晨起移泊水麓洲送諸孫復女入城男女僕從者四人從百搭
橋待義渡入大西門喚兩轎送三女二傭攜兩孫先歸余後到遇陳躍
龍門云方相訪復隨入談客去登樓稍檢書札作書與陳養源道臺爲
陳家借盤費攜甘嫗泛小艇上船午飯正暘復入城去頃之兩孫來翔
嬉洲上昏暮始還舟正暘亦至南風未息仍泊故處
廿四日晴晨開纜行至探塘得西北風帆行過昭山西風愈急舟漏不可



駛帆楫傾危僅而得進泊小東門下夜雨
廿五日晴半帆半纜行六十餘里泊朱洲對岸補三日課點八代文得六
七十葉昨夜酣睡今午復大睡雜夢頗多略不能記
廿六日晴南風纜行甚遲午始至淥口舟中無錢欲斷菜矣夜泊山門僅
行四十里
廿七日晴南風纜不能進泊淦田久之夜宿花石成點文粹三本畢花石
成今名下梅冲行卅五里
廿八日晴稍陰仍煊南風更壯纜行卌餘里泊油黃麻田舟人云油麻田在黃田上此關
誤答誤書也晚殊具對碧鐵鐵網語還歆隔幽聞貪宜讀曾繭懸鎖汁街桂纏不遠詔冰脂定自肌無汗睡留多應夢作霞直欲如作太嬌小芝
日才盤枉殷勤
廿九日南風愈煊行十五里泊麻田以爲不能進矣忽轉北風帆行卅五
里至衡山西風橫吹幾不得渡本欲泊雷石竟不能矣所謂凡事難逆
料也
卅日丁丑清明曉雨旋止順風揚帆行百廿五里泊章木市令節不放學
三僮皆有答責非禮也點文粹僅如額亦月來所未有天氣頓寒可重
緜夜風復開行十五里
三月戊寅朔陰北風晨息纜行久之朝食時始至耒口得風徑泊東洲門
役已故諸生唯桂陽人在餘皆新來者正暘從後門入久乃得茶遣告
清泉湲幼甫遣來迎云已考二場矣衔襆被入城至程生家其祖卅健
安方請客吳桂樵先在更有兩官頃之任輔臣陳華甫均至朱嘉瑞德
臣後至余遂至清泉署館於陳望濱處望濱導訪同舍諸君及帳房李
杬圃胡綬之二湲少瀚海航胡厚之朱月秋毛清瀚陳時瀚周鶴貞袁筱華程鍋瀚劉
信甫後歸莊叔䧱不在署輔臣夕來談二更始去飯後看卷百餘本無佳者三更寢
二日雨竟日午飯後要信卿過府署楊子亭莊叔䧱均在輔臣齋因留飯

牌喫餅夕散孫翼之同知先來先去還署時尚在縣齋牌興未闌仍要
起局望濱葆年大勝三更後散
三日雨翼之早起朝食後復鬭牌七八人紛紜一局爲葉子戲別開一派
夜當入場幼甫云不必去而自發氣痛幾亦不能入余未待點名先睡
四日晴夜雨晨出詣道府衡令孫同知朱張謝數處邀翼之早飯程家便
過彭祠荅昏卿留看戲馮楊俱在暫還清泉步至府署邀陳時卿莊叔
滕任虎丞同去看戲與丁楊相見兼尋鄒松谷禮賓十四人則無熟識
者二更還
五日雨看卷六十餘本翻閱百餘本無甚佳者夜鬭牌二陳一莊余與劉信卿
同火大勝孫彭送菜餌
六日雨晨起翻卷二百餘本衡陽送信與任輔臣云西鄉寇欲入境幼甫
又云已劫八家輔臣來旋去發兵委千總典史去知縣仍入場覆童試



可謂不知緩急者胡厚之來看發案因留較牌袁陳同局莊叔滕先去
余因代之未二更散朱純卿來翼之後來約明日之局兼欲看花楊園
七日陰欲晴終日較牌任輔臣約喫燒豬一日得三警報竟不暇戲晚乃
會飲兼邀蔣典史同往九人俱飽乃散翼之亦宿清泉看習報陳錫鬯
革職劉牧議處
八日晴寅初雪琴入主夙興往會道府文武已集賀明畢事設麪各散昇
還東洲欲攜兩孫入城其師不可而止舟還鐵鑪門取單衣仍至彭祠
看戲官士共五席二更散仍還清泉今日程家遇竹軒長子名壽田
九日晴熱晨看試卷朝食後倦悶跗履聲錯然劉信卿言湊令丁憂矣已
而論取錄宜悉徇私營利主者既不能言余唯有急去之步至程家遇
丁生德敬復至江南館尋既樵值其請錢買退入於房絜卿來便同渡
湘訪丁楊不遇遇伯琇於馬上言將糶穀備兵費並勸其弟姪無避去

數日以來聞此差爲有識同飯馮家昇送還書院清泉再來迎固辭不
往夜電照窗掩門而寢
十日晨雨午晴朝食後泛湘仍至清泉喧湊知縣案已發矣欲辭還陳望
濱再三留並爲作餅與鈞卿同過任輔臣小坐仍還鬭牌未終局餅至
飽喫辭陳孫而出夕還院看月瑞遣人來云定不遷移
十一日晴煊新生來見者九人中有袁生投刺稱治晚辭之復用單名忘
其爲葆年也復辭之其僕入言乃悟爲作書與文衡州薦閱卷而又誤
葆年爲葆卿恍忽此周竹軒偕陳寶卿來則真卿也即接腳姑媽之
子云銀已借得初三始成行猶未欲去留滯如此僕從已無人色矣命
譚媼作餅待之夜要正暘率子孫同出步月兼命真女攜傭婦至楊家
水陸並發伯琇三兄弟均出見云清泉前列值八十銀錢真高價也以
余觀之無真才之可拔郭先弨況貰來令正暘與談言語不通寫扇二柄



十二日晴陰二程絜卿諸生胡歐亭蓮弟來竟日對客僅能點文粹半本
聊充日課城中斬劫者二人傳云朱八武舉最狡
十三日陰晴篤生來諸生紛紛入見桂陽四生告去彭報信來見作一新
桂未知是借是騙諸生目笑之
十四日晴熱點書畢攜女孫入城正暘亦欲從往懿兒陪之至絜卿處取
轎余臥舟中見一上水船似是陳姥而未相呼遂各背去彭家請陪太
尊太尊不來馮協白須楊都司肥美兩縣後至餘皆前人也正飲聞報
已禽朱八衆皆欣然夜攜諸雛分道出城城已閉矣
十五日晴愈熱點文未畢篤生來久之監院至諸生爭舍命就丁張謀之
周竹軒送單衫來留坐內齋午正隆兵備至頃之朱衡陽至行香送學
著紵衣猶汗重襟亟催隆去解帶散坐喫香饒正甜孫代清泉至紛紜
久之不勝其倦客去夕食畢遂眠至夜起啜粥復閉門而睡衡山文生

來見令其少待竟睡去不省伊川磕睡不慮也今日壬辰穀雨

十六日陰頓涼驛吏始送丁寧秦來書召見文生爲府試來也黃德總兵來補點文粹程師耶來

十七日晴涼朝食後畢課汎湘從太史馬頭上昇至道署答隆兵備言前引大臣派福壽綿長以人爲戲今未之有也可謂俳優畜之矣遶城詣兩縣還渡鄒家馬頭訪彭松臣封翁還院入門逢見安云來久矣談頃之夕食松翁來答張學使過境遺帖迎之夜雨

十八日晨雨旋止復作午後陰看玫瑰茶䕷新荷嫩筍點文一本與見郎論文字

十九日陰始鈔士冠七鈔矣猶未能無惑陳望濱來片爲程師耶索信其事甚怪袁葆年求信文知府回絕斬截名條擲還而程師耶復欲求之且云任師耶意也任恨袁欲極之故弄手段以我作囮若曰非求我不



得而文太尊甘爲撥弄余亦何辭撥弄哉復因而與之夜看課卷

廿日晴晨看彭生卷一本便銷一早朝食後看畢以衛青爲第一設洗仍行日課夕渡東岸迫暮乃還夜夢與家人召僧作佛事於牲骨得一佛像而無由開置盤中其骨自行上佛坐余約衆合掌誦呪開之先召主僧弗能開次召知客僧誦呪畢爆響如璧現觀音像衆皆禮拜稱菩薩已而遊京師寄書某人似是常晴生題詩云元夜懷濟局詩人有晉風琴歌深自惜禪坐偶相同取紙書之紙上畫一老翁似是彌勒自云此詩斟酌盡善書未成而醒正暘取課卷見彭生瑞齡悉扯去批語乃知去年揩案人此公也事無不破

廿一日陰晴楊伯琇紫谷道人郭䕫之峇原子曾介石父子魏康侯胡蘁亭兄弟吳桂樵湛大娘來紛紜滿堂室久之吳去湛留余與諸人同坐敞船至鼇手午飯介石子泳周甚能議論文則未達欲與余談復邀之還因樸被來宿乃與正暘談經濟甚歡二更睡去余獨鈔書一葉入內室寢

廿二日晴曾父子起甚晏居家無本矣早飯後客去點書廿餘葉鈔書二葉真女告病放學一日

廿三日晴熱點文鈔書未畢見客催入城至容丞門分路余入與秦略談至安記小坐入清泉署見孫代令一劉姓同坐望濱亦還尚未朝食留飲半杯出訪周竹軒遇左生寫凌母祭幛託周代買送去渡湘至黃藕家均不遇步還待渡久之無人乃呼船渡者應聲而集院中方食小坐大風起以爲見安不能還頃之亦歸

廿四日陰復涼點書鈔改冠義於玄冠冠端仍說不安凡三易其說姑分玄冠與冠爲二仍居冠委武之說而小變之見安送其六書目錄來求序



廿五日雨竟日然未酣足檢漢書欲作度量考未詳千二百黍之重且求黍衡之正暘疾未愈見安早睡祁陽三生二李一許來見賞雨無朋徘徊獨坐易傳曰上古結繩而治後世聖人易之以書契然則六書本於一畫一繩而具衆形自六代彌文二篆更孳點畫曳引務維平正六書之分僞存其說劉班述之於前許鄭出之於後而總錄萬字獨存許書唐宋迭傳義例可覩理清文治許學大興家有其書人通其解或奉之爲科律或小補其弟溺余自弱冠始比學僮諷籀九千察其指誼乃知承學之士未達六書以本意爲字形說轉假爲處用且斜雖博訪本求理蓋至其擇帝從剃長鬼如虎願遺經訓哈等佛階馬頭四羊獨愈於此同縣郭生少承家學妙悟冥叩不肯對同證以金石之遺知其僞寫之謂且尊鯛義倘有篆文草思十年始通本始立部首三十有八皆一豈所化成自此擧全爲五百六十八部制字之原底平昭矣又就其形事推其意用知一畫之作已備六書散爲萬殊彌於六合文字之陂通廣傳故兩采之愿不虛蓋近世通儒發斷尚彿專研之故乃在斯人攜雖奇字晉何足數汲郡古文信非難識寶以傳諸好事附彼雅經雖曰遺采晉從其朔命曰六書討以云爾

廿六日雨竟日冒雨弔清泉令賓客寥寥過程生待會試考官名題還未哺夕睡甚久比覺客將睡矣房媼齗齗方欲尋讎叱止之乃攪吾睡獨坐寫家書兩封

廿七日陰晴夕雨瑫遣人來聞其妾不安作書喻之作吳清卿權度攷槧
黍九粒長衡尺八分恐與書不合又黍有大小亦殊不齊尙非確詁鈔
經點文並如額今日伏案用功頗勤
廿八日陰晨鈔經點文作書畢小愒湘漲攜女泛舟還量黍九粒得今尺
八分仍有縱橫縱長一分也六百粒重四錢廿四粒重一銖皆非密數
廿九日竟日雨鄒松谷楊斗垣來冒雨出門講究應酬者夕畏寒早眠
四月丁未朔立夏出堂點書發卷諸生卅三人雨殊未止見安告去贈以
卅元退其饋銀也疾甚不能食夕欲睡不能寐久之乃得小愒櫬一遺
去院中寂靜
二日晨雷雨盤桓方困不甚省頃之起已得盈尺雨水湘流反減尺許補
昨點文逋課鈔經至冠義文甚鹵莽不足加箋盡去舊說乃知禮記頗
不精覈取舊箋勘之未分醴醮爲互文故疑記二文對舉之謬因盡易



焉說作諡發前所未發朝食半盌點文畢疾發遂困臥唯飽啖枇杷夜
猶未愈謝生來房中見之三更後始汗
三日晴晨起鈔經猶不欲食點文半本臥久之至晡稍愈食一盌條欲行
遊呼舟至徽州館看紫谷道人大興工作已小有章程云胡品高死矣
龍芝生必有佳文諛墓也夜食炸鴨頗云甘脃
四日雨晴無準朝食一盂未午疾發睡一日夜甚困僅點文廿餘葉餘課
並停
五日大雨點文半本鈔經二葉喻生來請鈔書箋令入院寫之
六日大雨竟日桃梅皆爲雨壓倒向所未見也疾遂過七亦一奇矣今日
小愈仍未能食
七日雨朝食後疾已發困臥昏沈所謂瞑眩不復知日早晏但覺其長
八日陰朝食仍不多點文鈔經聊按日程午後便下湘至程生家飲黃丁

二楊馮孫翁一人相熟而忘其姓字未夕散泝流甚遲至院已暮
九日晴朝食課未畢疾仍發真瘧矣昏沈轉甚但寒熱稍減臥幾至十時
乃蘇
十日晨雨晏起看課卷卌本鈔書半葉未點文也正暘問周官無將弁前
箋未照紫谷道士來求書堂扁（爲題洗鍊時宅）
十一日晨晴倦無課午前寒似稍減而困憊已甚唯臥自消息晡稍愈通
體痳痹尤劇頃之乃愈起食淪雞子兩甌洲上殊不養疾思食不得食
夜起爲道士作字
十二日晴大愈寅做旬有二日乃間一句惜無養者耳正暘問大旱金石
流土山焦而不熱答云你去熱又問鄭康成弟子不能問答云能問則
非弟子孔子作春秋游夏不贊一詞初不肯問
十三陰寒段懷堂秦容丞來病猶未愈仍臥半日時起時眠



十四日晨課半畢朝食後補足水師舢板來迎至黃德總兵處待馮魏楊
十同飲肴無可飽亦雜餔而還
十五日陰
祖母忌日素食鄭太耶來久談設炒米蠶豆莧菜待之云六國案首以衡
陽第一又言凌幼甫匿喪蓋恐余拔真才因發哀也此理之可信者
十六日雨竟日壬戌小滿紱子來云裝米無頓放處遣懿兒問楊伯琇借
倉竟不能得云恐霉變不能還原也大水漫江雨傾如注奔走一日殊
爲可笑背時人做背時事故應如此工課自了不及女孫丁生來云請
題大考已有全單
十七日陰晴晨畢日課朝食後疾未發小疲倦耳得輿兒丁伯川瀏陽首
事書胡子靖送文請閱夜爲定之
十八日晴寫對四副遣人入城索大考單第一名卽閻闓也實爲可笑此

人必革第一例不終也景吉人來衡山實缺新得保舉者亦儒雅無俗
吏狀蓋巧於俗者北人不宜巧且徐察之真始鈔經
十九日陰夕有雨朝課畢湘漲將平岸乘舟下汎値逆風不甚駛劉教諭
筠來未得回看至絜卿家待段程二楊來會飲黃總兵亦至夕散
廿日陰朝課畢並督真課畢擔至城看戲大雨殊不快行至府署清泉段
宅皆不遇入彭祠諸人半至矣景吉人二更始來殊有首縣關派真留
程家余從陸還幾閉外城中初所不料也院中半睡去進士報到
廿一日晨雨午晴遣迎真至夜乃至黃船芝來退其被扇堅不肯收再三
喻之竟不聽信甚可怪也
廿二日晨雨午晴復書瀏陽並寄題去始欲篆詩補舊鈔之闕自恨筆不
副意不及童稚未達此關也
廿三日陰鄰童媳失去云赴水矣鈔經三葉漸復壯課昏禮箋殊老成有



作者之模四老少告去正雨不能送
廿四日陰雨周竹軒同一玉器客看首飾無可用者留飯去說酌玄酒棄
餘水乃知當年若瘳使年不滿六十遂糊塗死耶老將知而耄及之古
人所以致歎
廿五日陰雨天竟病矣鈔經三葉暇豫殊甚復點書篆經皆加一倍猶不
得暮喬子來
廿六日陰有雨陳芳畹專足來鈔經點文皆加常課張正暘遊吾門而病
恍惚勸以有恆無常之學以爲之已當有恆入世則無常也
廿七日大雨竟日昨課早畢今乃僅完未知何以遲速夜暫惕聞行聲起
看則輿兒已入出房康侯設拜初未知何人起乃識之正雨不休乃從
衡山舁來人夫總至設牀安枕均須自督乃辦真所謂倉卒主人也衣
被燕濡虛榻宿之移入內寢得清卿書郭信尚未投

廿八日有雨朝食後陰晴昏禮鈔畢巧如玉合子且補二葉暫停乃理饋
食此四篇畢書即成也府縣求晴
廿九日晴鈔饋食二葉點文一本篆詩記各一葉湘漲半隄徼行阻水
晦日晴點文粹一本八十卷畢約四千八百葉以六旬了之雖草率尚迅
速也特牲前六葉改畢將改少牢篆詩記二葉夜復大雨殊出意外
五月一日至八日闕
九日闕一段弟婦强索一元同訪沈子粹不遇耍蕭文星上總覓船遇子
粹同去覓不得喬生乃得之已而復變計乃坐一船亦略如沈覓之價
不知胡盧買何藥也來往城總甚困喫麪一盌乘舁至船船甚寬敞湘
潭附常德船定價每人二百六十文顧一船三四千文
十日晴南風甚涼疾甚晏起子粹偕陳佩秋來陳尚未朝食子粹送餽饅
坐至午後去甚困稍愒補昨日課乃多半日寫四葉而足額遂臥看沈



詩夜有雨
十一日陰北風船人不行余亦媮得一容身處便送日月不必急也將登
岸而雨至遂止
十二日雨泊一日寫字三張甚病不能久坐
十三日雨病少愈仍泊一日
先祖考忌日素食一溢米不盡未鈔書
十四日雨東風計日可行而仍不發因爲丁郎陳苦樂二義丁則極樂我
則奇苦也十日灘頭坐生平未曾有此逆境老病空隨一葉舟故鄉猶旅不勝愁只晉女配成疑
風剛被人嗔作馬牛短夜暐明皆似歲長川風雨冷如秋此行直恐鹽均笑夏日陶陶愛遠游
十五日雨午霽船人戀戀復停一日雨亦仍至作上林寺藏經閣記點筆
成文無愧齊梁小兒晡後開行水急風順未夕而至入城夜飯聞李胡
斌死矣左小姐亦終彭稷初母喪與諸女較牌至三更李嫗復來與登

樓賞以一元自此別矣亦巧値也約會猶不能如此

十六日晨雨安牀移炕寄禪來頃之笠雲來蘬傳臚來云朝考報未到滇黔考官報亦未到怪事也𥫗女回大雨三作三止見青天乃登舟鄧堉來留飯不能待也夜泊喬口

十七日陰檢逋課正少五日少牢早當畢以病懶未補帆行百五十里泊羊角腦聞更鼓分明思訪廖大妹甚困不能起

十八日晴甲午夏至行九十里將晡天變泊舟待之頃之大北風望兒龍陽而不能至少牢鈔畢題詩寄易碩甫窈窕紅樓隔玉眞風波一舸病中身百年離別尋常事咫尺相思最損人又一首寄湘衡諸女凍雨飾珠淚噴銀出時行止不由身暫游莫比長征客愁水愁風大有人一夜狂風至曉乃止

十九日雨寒竟可綿衣纔行十五里至倉港舟人云昔川米萃於此改丁郎課文一篇彌之挽聯未送遂忘之矣補作之非前意也絕筆猶承䟦士書愷當年風雲鎩羽敗猿蓬頭眞術玉淸材自可憐垣老悔無媒嬋媛婦讀書林獸足留櫺門然非真知不能言病小愈再改文一篇與書莪女夜忽得東南風帆行甚快以爲當至待至亥正月出乃聞城中礮聲風息仍止泊蘇家渡距城可七八里並作保之生挽聯童稚論交五十年晚事尙書始知吾輩非眞友靈山札記千百卷官皆儒者畢竟先公有鑒裁

廿日晴疾又發殊不適早起一縣猶寒臥蓋薄被不覺朝食欲不起無人辦飯强飯半匙復臥舟行篙纜並窮唯恃觵力行至辰正始檥常德府城對岸壯郡也午正乃移泊下南門胡耶先覓船去喬耶同去先還云彼不欲人偕遣張順送丁郎至鄧第武牙門彼協鎭而誤以爲都司頃之遣人來胡子先還云船已得水腳八千余乃入城從南門入行僻巷漢口派也先過提督牙門百餘步乃至中軍鄧將出迎陪客有杜陪之丁逸臣藥店主田郎興姐子杜婿及二館客見考官報第一乃罰俸官與大考不相照應如此剃頭畢請丁診脈大加恭維有似閻王升玉皇之說頗



不逆耳喫爛米肉設席田郎不能坐立野孩子耳坐客譽爲功臣之後亦甚可聽其實兔兒陪兔翁月宮中一段佳話酉初昇還令鄧發船價余送火食一萬船須廿二日開不能再待矣附船不得自買小舟亥正開行花船也

廿一日晴卯正至龍陽步入北門欲至南門尋仙童阻惡水而還買醋十斤辰正開行大睡起視橫陳方知佛經之味行六十餘里申初避東風檥流星潭村婦猶定子頭亦有美者知妍媸不關妝飾夜行廿里泊羊角腦已亥正矣

廿二日晴寅初開行入南湖曉日滿船湖水襄陵沅爲逆流南風烈日檥三時許榜至沅江縣不到十年矣云六十里不足五十里也

廿三日晴晨發篙行十里守風一日逮暮强進泊官窰亦得十里疾愈知香味矣尙不能食耳

廿四日晴晨過琴棋望舟人云沅水不出西湖泆而東遏資水使倒流非湖過流也凡水逆行則爲降水西湖當爲桑田則湖必至長沙加以枝江水勢日南正水經時川道乎午始聞蟬臥船頭看烈日碧蕪牽夫喝行別有可樂帆纜槳篙竟日勞擾卅里檥百歲坊十年不到無恍惚矣又廿里泊益陽八字埽十八垸西流垸對面也舊遊迅疾了不記地望夜熱

廿五日晴未明呼舟人起篙纜辛勤行六十里泊喬口初行牌口甚遲及出喬口水逆流甚迅而行更快舟婦暴疾明鐙煎藥至子正乃寐

廿六日夜得順風行至旦已至靖港舟女遇夫落帆相見看千帆並上勢若風馬頃之亦行乃不能駛巳初至未初乃泊朝宗門入城逢塞城隍家人並出觀尹芸皆在未暇與言則登樓少愒夕食後出訪笠雲與循要笠同訪劉希陶甚言辛眉之繆又多詆其兄仍故吾耳飲百花酒而

還諸女已睡矣過一梧門亦云睡去

廿七日晴北風附舟還衡過心畬爲董子宜求館云張孝達猶重梁星海梁名了不能憶大盜之貌而有穿窬之行登舟催行李來乃不持一錢行亦不甚駛竭蹶至湘潭已亥初矣午正開正行五時許一時得十餘里耳夏水流迅故然有飄江來附舟者傖夫也乃問吾名老僕呼君實宋人氣度亦殊不易及若船山定當力拒之余處馬王之間

廿八日晴船人買豆停一日欲遵陸行當分兩道盆甕甚多又畏齧蟲不如且止也稍覺炙熱猶未成暑移泊鸎頭嘴

廿九日晴正可帆南風忽轉東風風之巧也纔行甚早朝食時始至洛口風忽西忽東纔能動草午瘳欲謀詠元又半山語余云彼一夜三徙已警備矣恐有刺客不可不備已而黃叔度來半山復云此世外人自以人不防之安知不爲間諜因厲聲呵止之其人乃返立門中余云叔度汪汪若千頃波若不怒當至西廳坐若怒而去吾有以測之矣其人立久之余立其後乃化爲女人衣靑衣印花裙自言曰怒不怒皆可坐否余應聲贊之卽攜手同行乃一小兒赤身無衣袴傷暑而噓余云當加衣攜之至西堂兩階中施版橋當橋而進家人爭問余云此大人物也欲至正室取衣而忘左右自念與家人太疏何以至此旁皇而醒此有似十八扯巽而記之夜泊象石潭醴陵地行七十餘里

六月丙午朔晴南風纔行有感而作 風上阮舲杜入湘炎炎夏日旅情長綠波枉渚迷津闊晴漲空冷亂石荒 還客偶來留嘯詠野鷗何事亦憐遑南風烈日乘船去猶有長年爲我忙 午泊山門戲作消暑詩 鬱蒸日炙自感風解 坐曾無暑氣攻除熱不過帶扇寧誰知肝寧熱烘烘 夜泊淦田行七十里

二日晴熱文儐畢還可以至矣計日內必有順風也自淥口至朱亭恆西行夜觀北斗乃知之舟人望東風甚急不記前日之怨東風矣已而果轉東風過黃石望復轉北風㑹知風巧稍償三日勞也此行雖遲一日



猶兼春來二日之程行七十五里泊黃田下 一月衝風水逆行天教涼吹散欄憔帆隨舵轉槍烏 喜雨過驅閑夕虹明碧葉露光疏返照玄蟬鳴(受)日起秋聲人生得意偏多感暗數流年百恨并 無地名欲雨不雨夜半南風吹山船如震蕩

三日晴風稍息晨涼從石灣至衡山縣有感前遊 當年飛棹指城樓十里揚帆躍紫騮一賦寄雲 竟何登覽來芳草幾經秋散霜繳紅蕉欵懸瀉日晨光復漾舟垂老無因親津逕怕聞估客訴誅求 近縣頗有佳泉宜多科第遺取一瓶試之苦有泥沙詢新書院正在郭外余行對岸不能往也泊烏石磯六十里不足舟人談烏石爲五鴉正作加字韻詩卽用爲典 碧天無暑漲搖花檣蕎風輕艤力加山影欵人半川黑月靨窺我一響斜陽洲遥鷗鷺雙鷺石瀨飛龍下五鴉野宿夢回聞戍鼓涿聞津 吏正晨攜曲港無人夜獨經繁星明處樹青青江雙波急知船過岸大鳴稀見螢停露坐看小艇聞鳥冷暗眠鄰火照仍匯紙窗此際成惆悵 壓野涼光點畫屏

四日晴晨過雷石戲作舟暑詠 南風正午倡川原但怪琉璃摩席溫日似火光常閃熠暑蒸雲朵無根扇舟淺水 眞遊釜大冶洪爐一覆盆卻發程生鑪雄爐豎巾播風共塔論 實無暑也南風甚涼猶不可紵衣舟人泊舟避風申正風大作乃吹篷去半時霽小北風曾不能動塵看去年今日避雨陳祠亦晡時也西風後復繼以東風夜泊螺螄灘行四十五里

五日庚戌小暑晨陰至萱洲見日西風纔行小雨午涼夾衣猶薄逆風吹船倒行及入望順風則微細若屬纊將絕之氣然船亦不退至夜兀兀泊章寺對岸亦行六十餘里渡夫云此間日日大雨

六日晴涼晨過大石渡始朝食時未食也巳初乃至耒口呼划船索價不二乃入耒口欲從陸道徑至東洲忽得一船百錢願送仍出口泝流極艱午正乃至張先生果生事矣余逆知必不能安前與䅮書已告之云不知張先生與甘嫂生何是非何其必中適人情耳撓堂大散並我器用而撓之則懿兒不通又非張之咎此來大有二郎神還灌口之狀臥榻有一面生人斥之不動因假罵陳十一郎而去之陳亦孩氣又不能

主事然不得不罵也永桂盤踞皆我私黨此蔣道臺所不料畱程母喪猶未朝食食畢亟往弔之因告以服制無明文宜請部示蓋兩祧則孫父仍子父爲子則子爲孫不可依出後降也又禮亦無孫降祖父之說聖人之所難言禮疑從厚凡從服皆不降以此推之良孫於本生外王父亦不降卽爲緦麻令上禮部程生頗知禮能呼曾孫奔喪近世所罕與絜卿及兩面熟人同飯畢還書院已掃除矣事在人爲仍設內外寢而宿於外

七日晴晨鈔記一葉朝食後鈔詩一葉又補鈔二葉南風甚壯几席涼甚然無所作看李昌谷詩銷日彭蕭齋言夢至一處垂黃簾門者止不令入窺之內皆坐老翁有其族父八十六矣亦在坐徘徊前堂朶園自內出衣道衣云吾將歸矣蕭齋爲設藕粉飲畢而去其年族父卒又十年朶翁卒年亦八十六未卒時蕭齋送藕粉蓮子竟食藕粉乃卒甚詭異



也夕稍溫夜起納涼五更後冷

八日晴晨無風鈔經二葉未畢朝食一盌見新生二人嘉禾者殊嘉秀枝僧來復欲有求與八指同爲討厭悔初與作緣也人言保之死余交遊多有始無終豈余之過與亦非不愼其初而不能保其往著聖人言交已兼二義鈔經二葉又補二葉胡歐亭來與蕭齋泛月送至鼇丰

九日晴鈔經二葉補二葉閱卷三本餘時仍跂坐閒臥非但避暑兼畏漢子也聽蕭齋談張天師亦兼有雜藝相術

十日晴晨起鈔經三葉乃朝食始知夏起宜早又補二葉睡半時許閱卷十餘本已畢課矣寫對無筆殊不成字遣送程母挽聯名門五代昌天將福壽與清節 登堂一人在我拜牀屢感逝川 實存二人而云一人先忘其人也周生引說文京房說貞爲鼎省聲余忘之而批云京房不講小學此殆貞觀是漢朝年號之類又云漢有兩京房余亦忘之夜熱忽雨雷電並至遂成秋景

十一日晨雨猶未歇風涼可坐盡補逋課

十二日晴鈔經二葉補二葉晡時忽大風蕉葉皆破窗簾盡斷避至前齋稍定胡歐亭來

十三日晴鈔經三葉補二葉周竹軒及道士來留談半日夕送客汎舟

十四日晴鈔經紙盡僅寫二葉令齋長查肄業生已半去矣

十五日庚申初伏無衣冠不能出堂發題補課朝食後送胡歐亭登舟因與蕭齋訪紫谷不遇入城各散余至程家寫銘旌周竹軒先在遇馬叔雲周壽山聞經聲甚倦略睡起寫字畢邀竹軒買紙筆墨研茶葉簾鉤還安記陳子聲與蕭齋先在留坐取麪喫畢各散蕭齋仍從至竹軒家小坐復同出至太史馬頭上船還

十六日晨覺停食起泄復眠未朝食得瑺書卽復與之鈔經三葉寫扇三柄看水經注每日一本



十七日晨起鈔書一葉偶出遇一人在客坐出馬質菴手肅書畢開數十人求信一封視之皆無可託者內有一王定安荒唐人也與書荒唐試之瞬息卽去並無一人知迅疾駭人也還內鈔書一葉朝食飯量減半食後復鈔二葉

十八日晴有暑氣得風卽解鈔書二葉補二葉看諸生試文無能成章者楊伯琇來昨與片言羅氏昏議據云張先生催促甚急已告女家不便辭退怪哉張先生也乃至此乎吾生逢此一羣胡塗人雖智無所用之楊慕李送潤筆十色受其酒茶麪筋

十九日晴風鈔書二葉看水經注欲尋狼薹事忽悟且從狼故實尋之乃得於圖書集成魏書高車傳也十數年遺忘得以補天問注夜涼彭先生與權局鬭氣幾興口舌且勸緩之

廿日晴陰風涼始浴鈔經補鈔如額看水經一本未畢馮絜卿早來張老

師午來有耽閣也
廿一日陰晴丙寅大暑戴明來爲馮公作書與鄂臬此月生意與隆夕與
彭肅齋泛舟答絜卿因過黃楊二兄弟出留食藕花還看信有王鵬運
者初不知爲何人云不見二十四年徐乃知爲霞軒之子亦自命不凡
人也
廿二日晴無風猶未甚熱鈔詩畢一本汎看類書亦自有益惜懶未能伏
案校記耳晨爲彭肅齋作字遂忘看水經晚乃悟焉已不能暗中作字
矣張江二尉夜來食瓜甚生
廿三日晴鈔經二葉補二葉計當補足矣中留數葉在家未能數之水經
餘三本未看且看小說朝鮮事甚新可采補史志未見原本夕熱坐至
乙夜始涼丙夜起月光已移南角乃知月躔之疾爲陳復新作字勸以
有恆云淡泊堅定靜敬皆有恆之別名也

廿四日晴鈔經如額仍補二葉看課卷十本小說十餘本
廿五日庚午中伏萩渠兩孫來其一新入學面甚老蒼乃云甫弱冠作家
書託其帶祭銀寄家因發京書陳子聲來午飯去鈔補書如額看課卷
十本夕雨中伏得漏吾知免矣樹子來
廿六日晴風涼黃昏雨鈔經補畢看課卷十餘本亦畢閱矣馮絜卿早來
不及鄂書想老健忘也黃生錦章言余風裁太峻人皆卻步其然豈其
然乎譚嫗生子滿月來見云其翁姑欲嫁之彼見再嫁無好者不如傭
工云云賞以斗酒之錢遣令去嫁其言不誠不足信也酉正大風吹屋
幸無大雨避於外齋纔動簾鉤耳
廿七日晴晨鈔經朝食後補鈔畢待雨竟不至明長子來遣令送租米供
嘗祭並令樹生同去
廿八日晴頗熱猶未妨事朝食後寫字補記遂欠一葉周兆矩索飯錢無
以與之雨仍未至夜不甚涼
廿九日陰熱一二日必陰張弛之道也晨鈔書二葉飯尚未熟頃之外持
帖送銀魚春茶云陳伯弢來驚喜迎之依然無恙談一時才彥略得蹤
迹皆如面對也留飯爲之加餐其妾女在船則不能延之夕送登舟留
扇索詩乃文小坡所畫湘綺樓可詩也
七月乙亥朔晴晨涼甚出堂點名作文戒飭諸生要錢鈔經二葉乃朝食
午後熱遂不能事夜復熱二更乃涼可睡
二日晏起鈔經三葉飯後仍睡起寫字郴陳璞臣及楊叔文來送輿書云
招股刻湘綺九經注荒唐也陳則京甫之子文廷式妻弟猶有宦家風
伯商之流客去乃畢課酉正得雨始夜作
三日晴午雨鈔詩鄭風畢檀弓尚餘三葉二本略相等也廖生來論文大
有悟入

四日晴辰雨每雨更早中伏將過可喜北風甚壯不甚入屋曾廣惠來夕
答訪陳璞臣遇石應元夜還遇雨程生自京奔曾祖母喪昨還當往弔
之令李生金鍨議定儀節五更後大雨
五日雨時大時小天氣頓涼亦可爽亦可單鈔檀弓畢補課足矣自此不
言補而定爲常課看李生禮節單弔者宜俟有事而往不特弔也三日
五哭而畢事今夕往會之則已過夕奠更爲鋪張二更乃還大雨
六日雨鈔經四葉閱課卷三本朱純卿來言朝政京事庚辰三伏又漏
七日雨水頓漲平隄作一句云西風一夜水平隄鈔經四葉閱課卷三本
夜涼可坐始入內齋作王霞軒詩序廿四家文也是日辛巳立秋漏伏
又穿秋暑可逃矣
八日陰何衡峯侵早來倦未能起久之出覓客不得乃在外坐延入送文
槀求正以鹽爲摯其人好用錢貧不肯節於我已三饋矣留早飯而去

肅齋兄弟來則不肯來食鈔經未能如額

九日涼雨時有暑氣則蒸悶反不快鈔書看課卷畢補解論語數條

十日陰涼鈔書畢看文一篇重檢論語又無甚可補瑫書來亦有歸志夜雨瀟瀟早眠早醒

十一日晴涼竟秋矣彭先生率李彭俱去諸生亦多赴試者看課文三篇往城中問戠傳京中事至衡陽看庶常單竟失周范名夜月獨坐內庭更無人至今日廖生烱𡨴父伯鐔字劍潭來六十五矣比閭族黨州鄰里酇鄙縣

十二日晴昨夜雨此二日漏伏俱在子丑時晨鈔補禮記一葉朝食後鈔詩記四葉看文三篇閒暇殊甚又鈔特牲一葉記一葉看去年日記伏中甚懶今又太勤矣荒唐人之力也作書約陸廉夫遊九疑

十三日晴涼昨五更亦有雨朝食甚晏已鈔書三葉飯後復鈔三葉夜月偶起誤謂天明取表視之才丑正復還外寢



十四日晴晨不思食遂餓一日而愈鈔書六葉夜招兩周入談大風雷電衣單覺寒及入外齋則仍悶熱復至階上納涼

十五日晴末伏日矣稍熱鈔書五葉夕出訪道士不遇盂蘭會亦寂寥

十六日庚寅晴昨夜未雨當可正暘晨看文數篇復不欲食勉飯半盌鈔書五葉而錯二葉實七葉也夕仍訪道士與過二尉步月還至湘岸月波如素穀大有詩興今日晴生長子來字伯書貉似其父勝其弟叔祥聞葉提死於高𡍩二劉皆稱病篤

十七日晴風涼晨不欲食强飯半盌鈔書五葉周竹軒來正欲尋之代𡶴樵必不可少之員也夜𨘥行藩後街於張氏故宅有一家結彩鼓吹門前肥馬十餘匹復有聯騎過者皆騦壯鮮明停輿投刺一人𩥇裘出答帖似是其子弟入則高堂華鐙有一人似是余嫂姊輩云此新昏汝何不賀余問何人云瑞芝行三遂加端罩於夾衫冠而待見頃之新婦出其夫頎長恍惚周蝶園偕行未至拜墊伏叩如禮余在左亦三拜敬答案上燭未剪將入新房而醒情事歷歷竟不知何祥也夜水平如席秋烟螢似羅御風

十八日晴晨作字飯後鈔書六葉作餅餌寄瑫備工失期至夕方至欲求北廚未得任輔丞乃送二盤句子麪未發諸生夜來告去聞徐幼穉令宜章蘢山詩債當還也月下得四句停羽客摘月碎金波識笛聲相從閬洲露冷多高樓對飛閣眞是隔銀河補昨夜詩

十九日晴晨起不遑盥櫛補成昨詩佳作也使徐竟不來遂不得此藩委一令而增余一詩銅鐘相應誰知此機鈔書六葉無風甚熱然几席涼冷不妨眠坐

廿日晴晨熱鈔書二葉尙不得食云無菜肉催飯喫了未午遂大睡起已日斜矣向來無此午臥也鈔書三葉已形竭蹶晡後雲陰雷電作雨不成但成秋耳點滴寂寥又睡一時許



廿一日晴亦熱有小雨鈔書五葉尙早看小說尋負盤日夕不快移牀樓上又熱多蟲譚嫗來正無人留之

廿二日晴有風鈔禮記至士飲酒不樂說爲鄉飲但工歌不笙入也笙有華黍時和歲豐及諸詩多言太平凶年不可歌若徹琴瑟則喪禮矣久不入城不知世事因過周竹軒看新爵便要同訪陳鶴春于鮓亦在又過商霖兄弟看申報無所聞但聞劉死葉未死乘月還復移牀向壁早睡始安至曉始覺

廿三日晴南風不涼丁酉處暑起甚早不復呼人鈔經二葉補足昨夜半葉猶未得食飯後小愒復鈔三葉逃正暑不能逃殘暑實做處字也

廿四日晴晨無風朝食後始涼申時極熱今年第一頃之得風乃解鈔經五葉夜熱寢不涼

廿五日晴熱不減晦中譚嫗去通詠云加言弘願鈔詩經畢一卷鈔記二葉印本

誤重遂不暇檢亦重鈔一句可笑也禮經晨已鈔畢午睡久之但覺葛
衣溫焦未至浹汗所謂羲皇上人其樂如此知當驟涼矣已而層陰鬱
隆萬木無風夜坐階檐殊不快意晝可度昏難逃也三更乃寢
廿六日晴朝食甚晏向巳正矣鈔書畢以洲上無可食就食城中至道士
館誅之爲設雞鼈白肉招奏蓉丞不至周竹軒來道士又招萬福海夜
還猶熱
廿七日晴晨起極熱辰乃得風鈔書三葉未朝食已乃飯二盌甚甘未午
課畢仍至道士處混飯避熱遣激絜卿唱曲唐闊口先至而云咳嗽不
能唱江張二尉來共道士各唱三四曲久不得食夕乃辦具喫佛爬牆
攤黃菜蜜火腿飲酒一杯飯盌半還得風涼果銷去二日明日無暑矣
去年熱四日今年倍之
廿八日晴有雨不成點猶熱於六月但稍減前三日耳鈔書如額白虎通



以祿甫武庚釋二名亦公羊師說或以爲左氏說左氏無二名之文也
治左氏者附公羊以爲義耳
廿九日晴仍熱鈔書看小說以消永日移榻入內齋與樓上無異終不及
外齋涼也避蜚不敢去
晦日晴有熱風鈔書四葉改錯一葉國風畢國字蓋毛傳所加豳王不得
爲國也特牲篇已改畢因說賓不執俎須改鄭義又重寫之尙午熱不
得低頭程孫來示禮部服議留飯而去竟未畢課
八月乙巳朔北風甚壯南屋猶熱鈔書四葉登樓坐東齋鈔一葉涼甚乃
出至內齋仍熱外間洶洶調兵出探消息至府署問任輔丞乃知巡撫
走去投袂赴急又一派也莊叔塍云李鴻章奪太傅馬桂花翎亦赫然
駭人還洲已夕
二日陰涼晨鈔書三葉猶未得食催飯罷周圓成先生（竹澥）來祁陽詩人也

留宿周房招食不至忽然辭去常霖生周竹軒陳芳畹專足相繼來一
日甚熱鬧新造祭爵十一亦成譚嫗復來（十日秋炎苦浹鬱蟲夕潮澂增蠅納勢每夢聲脉冰涼動川光豁陰遠野氣澄雙蛾背相喚兩意鶼晨與）
三日晴陰北風未涼課畢始午初下湘答常周不遇過程家點心至吉祥
祠甚早復至周竹軒寓聞礮聲劉翀子至矣出洋大將不欲冒險擬修
礮臺爲自固之計所謂有名將風者出城看之待久不見過財神祠看
戲亦久之無著落還至安記與竹軒同出再至吉祥喫局有二楊（榮子）江
汪莊張寺僧先在任孫陳華甫繼至設食甚清腴有鰒魚肺火爪豆筋
佳製也夜大風驟涼任邀打較與莊楊楊同步至府署較牌至四更贏
四千宿胡厚芝之牀與楊連榻
四日陰涼漸雨早聞楊起旋睡已而余起楊亦同起告去出至湘岸船未
至從太史渡趁船還朝食鈔書三葉睡樓上夾被猶冷頓起著二夾當



一縣矣
五日有雨陰涼鈔書二葉看小說乃得朝食午初又鈔三葉欲出戴明給
云有雨遂止譚嫗瘧發告去
六日晨涼旋雨鈔改特牲畢說牲體右胖不升欲破□左臂之說以非經
大義未暇也鈔鹿鳴畢思南陔白華獨闕教孝二詩且孝子相戒何以
爲雅豈卿大夫皆孝而又勞戒乎或者女曰雞鳴之類耶亦無人言及
此午尋道士未遇還見雙燕頓憶少時與龍鄧衡山之游光景如昨而
彌之燕詩殊不合時秋飛者多雛燕不得開口便賦辛苦也因作一首
正之（新燕辭舟身輕容及秋羽波澄倒影朱欄點涼鉤春思從人說泥痕認母留翅嬌方得意詩客莫傷悲）如我所作便
來不得杜詩乃知考据有妨詞章故是此等處夜戲作竹澥詩有窠
七日晴北風甚壯涼可夾衣烈日中猶揮汗耳秋光朗然一年佳景寫書
六葉猶未及哺看周圓成詩云歐陽利見有大魚尾骨云係光緒七年

辛巳五月淮安大水後有死魚上有唐罪魚三字亦不言朱書墨書其時余在蜀初無所聞蓋未奏報夜眠月下遂睡去四更乃起竟不知蟲齧乃知帷帳爲不賺人設也又增一見解

八日晴復熱課未畢道士來經廳繼至與客賞秋亦自爽適但太嬾耳此月有詩六首亦不爲負說免絰恍惚免絰不並謂無服者耳喪主明有免絰之文余乃以無服者例之甚謬夜月劇佳

九日癸丑白露熱晨寫書三葉乃飯飯後寫三葉張江二尉來談杏酪陳尉所遺也今日頗勤陪客半日猶寫書二葉一弛一張庶乎得日記之力譚嫗復來

十日陰課畢正午出城至安記招周竹軒來同至當鋪看衣被俱無可用者至張子年寓因過江宅遇莊叔滕江設酒饌未具便要莊同至安記道逢監院張虞階同返小坐仍至江處鬬牌未終局諸客紛至前八仙俱集行令猜拳至二更乃散借宿江南館看李治雜說

十一日晴安記留早飯並請竹軒來陪飯後同出看荒貨步至北門買磁器亦無可買買一坼盤而還至府經歷汪答拜遇王輔廷言海軍事甚晰云云還至府署尋任楊莊終昨日之局未畢朱純卿催客三請矣特請見其弟陶鏡甫兄號益卿名福增委員清泉景吉人張教官先在食未三骰外間哄然疑爲失火詢之乃衆人看女犯也頃之果報北門火起二令倉皇去草草終席至府署終局凡三日贏六千可以止矣步月還街人靜矣

十二日陰黎明問船未至安記留飯仍邀竹軒來陪反爲煩費飯後已午乘船過道士還大睡寫字三葉已暮夜成二葉

十三日晴復熱課畢未午徐幼穆來云卽從此長行談讌方洽黃德來徐欲辭之不知洲上不可辭客也因請入同坐久談送登舟還小愒入城算帳見學差報似是而非似非而是湖南唯洪聯五一人而督學爲山東馬步元願其非真不然十八人無一知名者送芳畹萬錢遣信去渡湘看斗垣還院已夜初更大雨

十四日陰有雨日課早畢程生送魚唇向來未買此物正約客卽送張子年治之

十五日陰微雨如塵諸生盡散寫經畢尋道士閒話遇一後生不識也執禮甚恭久之乃知爲竹軒從子云與道士約至書院頃之道士還鬱露神無一至者坐看隨園詩話半日乃竟一本其云尤長五古竟不知何者爲長但欲刻萬首七律則大有可采也待飯未來道士留飧又殺雞煮肉甚費經營爲之一飽戴明云飯錫未覺也初更無月還小坐無聊看紅樓夢正見凹晶聯句因思妖精打架不知哀樂之何從生少年之何以一往傷心也陳家三生還大月三更後復暗得碧綾帳古物也蓋



道光初送嫁之物張之而寢始還正牀

十六日晴陰寫經畢已未初矣譚云今日起甚晏也連夢孺人故爲惘惘未初至新安館赴公局兼作曲會凡廿人至者已十六人矣馮任周後至聞鄉試題真學差報云芝生江南湖南江標也初月正赤旋爲雲蔽二更始開三更雲散乘月還鈔王制畢

十七日陰復熱絺衣鈔小雅又畢一什遣人入城取學差單胡歐亭來初言移入書院甚急至是又不欲來云已辭館矣夕涼

十八日陰涼鈔書未畢聞履聲橐橐道士領木匠來看涼棚茅亭地甫送去黃船芝來云楊八耶父子同至出則無人遣覓之楊棣字幼青子青嗣子也云來二次矣悤悤去方入檢書暫出又一人見呼年伯冒冒失失云特來相尋桃源教諭謝同年之子也字印秋自稱文生而不入場僞也求書薦局務與書心盦求義塾亦其前所亟謀者余初以爲姓魏

至今猶未知其父名
十九日陰涼中稍熱鈔書睡覺皆畢時猶甚早李生告歸
廿日陰雨不涼賀年姪領同局三人來太倉李浙江魏湘鄉譚游眺內外
而去謝年姪來取信送兩合鈔書亦未畢日漸短幾不能了晏起故也
早晚實靜於日中竟不能異於衆賀年姪云謝有一恩燦有一恩樹此
乃恩燦兒入泮云楊斗垣做生無可鋪敘余作一聯賀之洛社書英堂留敎野天家
此聯亦值百金壽酒壜寄黃封
廿一日午前晴熱至東齋吹風午後北風微雨旋止課畢乘舟欲下頂風
飄雨回船避之至磴已霑衣矣夜雨甚壯水暴漲三尺大水也而陸游
云才添三尺未知體物
廿二日陰晴鈔書未畢道士來欲作一亭須百金謝生价人自秋闈還午
正乃寫畢詩記夜夢李玉階來代丁文誠釋奠問余禮余云再拜李甚

有難色余知其欲九叩乃引闕里儀有再拜證之已而李欲登湘綺樓
梯而上甚危險余自後掖之且令兒先上鋪版成路未至之間皇遽而
醒李自云舊樓屢登余不知也又云與功兒至嵇豈功兒當出其兒門
下耶午後下湘遇李生桂陽船至黃德營見探報吳撫幾爲倭人搜捉
自云遁走何其失辭南北洋大臣令日本至威海斷道並可斬也吳公
可謂豪傑矣朱純卿云中國氣爲一振夕還李陳彭何並至留何衡峰
居內齋將爲驅狐夜起覘之無妖氣祁陽二周東安唐生耒陽劉生均
至
廿三日陰晴鈔書六葉看畫苑諸家爲何衡峯點定敘事文三篇看人文
亦定爲日課可笑也
廿四日戊辰秋分社日晨陰鈔書二葉朝食後雨意甚濃已而開霽鈔士
虞畢殆無遺恨復鈔詩記又作小詩寄清卿今日甚勤夜要何周登樓
雜談竟懶看文日課以詩抵且系鈔書至七葉無須再補也
廿五日晴課未畢蕢子宜送懿真行李來過午尚未朝食促令辦飯得功
莪書聞耆孫殤家中不報可怪也陳伯屏書來言其弟在陝奏列循吏
欲余作文余不知其治狀亦不聞其人名迹樹生來作竈養
廿六日晴熱課畢入城問北闈考官均庸暗無名字房考亦如之題則大
有寓意昔琦善償事而歎小人閒居今鴻章覆餗而責小人文過皆於
吾身親見之亦可慨矣程家小坐任楊師耶來同至彭祠會飲聽曲小
雨孫翼之邀同陳華甫同步出城張子年從鬭牌至雞鳴留宿客房夜
大雨寄莪書
廿七日陰雨陳華甫早去余被留打牌更要秦容丞莊叔隧來至夜風雨
蕭淒余不欲夜榜因遣船還仍宿牘局復見星矣
廿八日晴晨起船轎已來翼之復留點心午乃得歸亟補日課午睡起見

廖烱富文必中之作也
廿九日雨陰書院秋祭庀具習禮諸生來者廿人課畢下湘至清泉與景
吉人談淮軍事幼樵復爲端良所劾奉 旨驅逐眞瞎矣吳湘尉江少
尉朱雲卿齊孝廉愼庵之子同集楊芝軒亦出同坐二更乃散還云已肄儀
將睡偶檢纂書禮經璠女竟曳白遺一葉炳燭補成乃寢
九月甲戌朔陰晨睡甚美幾忘有事驚起出則禮事猶未辦丁篤生早來
監院後至衡學唐清學梅同至午正行事禮節生疏亦尙不懈耳食麪
畢客去已暮大睡至夕乃起鈔書三葉
二日陰雨眞復入學鈔書五葉小睡夕得朱永順詩和寄巡撫起四句甚
佳夜始移外寢
三日陰不涼鈔書五葉說有司六俎十一俎未了姑依吾前義分析若不
合又當重鈔矣午後至清泉幕楊芝軒處會飲九人外又增齊稺菴中

食煩熱歸遂不適
四日陰腹泄一次而愈微痛減中食鈔書看劉陽課卷有人以閾爲砌引
不踰閾爲不踰階甚佳也
五日陰鈔經閱卷課讀竟日矻矻頗似老儒始悟冠弁之說
六日陰雨和尚來鈔經六葉說十一俎竟通矣依鄭亦可通但不應從二
鼎耳禮熟則義見苦其難熟後世學人不及當時有司成楚材孫來見
名　字莘夫生員矣
七日陰雨看課卷畢一日得廿卷猶未盡過筆也鈔經七葉將於登高前
訖成禮記全册成卅年之功彈指隔世猶恨怠荒天下學人更當愧死
無惑乎白首茫茫吠聲相繼也夜大雨傾盆惟聞蕉葉拗折聲課卷閱
畢無事不能夜坐也自重來卽未嘗點鐙
八日雨止大風鈔月令畢詩亦畢一卷有司改未畢亦先訖之



九日陰晴雨無定日課畢與客登高將出雨至真欲從不果比至鴈峯何
蕫懿兒已在峯頂余步至釐局莊楊先在江楊陳汪繼至翼之好客設
大盤大盌飽食終日鬬牌至二更散
十日陰癸未寒露彭肅齋來送文且告去留學堂空居兩月未知何意陳
郎率甥俱去如脫金鉤也鈔詩四葉以爲日課
十一日晴云今日揭曉天氣甚佳湯愼樓訓導來談經云與胡子威暢談
兩日所學甚多扣之未宣一二恖恖而去熊嫗子來尋娘所謂天要落
雨也鈔詩又畢一卷胡營官來見云都老耶之弟也
十二日晴彭生秉圭來問冠陳鼎檢注無之自謂周密矣一問卽失枝脫
節經學之難密如此鈔詩四葉
十三日晴齋夫來報三書院唯中一人妄言也不在書院吾書院中一人
彼又不知往城中尋名錄兼遣蕫子宜還家何衡峯亦同入城懿兒從
行至安記借百元以八十元與長婦家用以四元遣熊子二元贈子宜
餘十四元欲賭錢尋江尉同尋張蔣二尉皆不過至府署尋莊師亦不
遇至釐局追尋之不遇乃至容丞家煮菌喫麪同江尉訪道士小坐雙
桂樓前泊妓船亦無人同往可歎也乘月夜還楊兒姚子俱中式
十四日晴昨鈔詩三葉譚嫗不肯收補足交之又鈔六葉畢一卷十月可
鈔成也何孝廉尙不還院生稍集矣
十五日晴晨出點名正課廿三名有七人未到遣樹生買魚辰去午猶未
還蔣養吾子國璋從京來云鍾西芸求書甚急亦一奇矣客去黃船芝
來正在紛紜莊楊師耶來僕從無一人譚嫗往來奔命且開點心日夕
始散孫翼之又來遂不皇食可笑甚矣夜月極佳憶去年彭園牆角光
陰如在鈔書五葉移硯南房
十六日晴遣船迎道士來理荒園鈔書五葉悉去榛蕪蔣尉來



十七日晴道士仍來鈔書五葉看道藏目錄殊無倫次然竟是能手所爲
陳華甫來報恭王復用李相出師朝發餉三百萬濟軍需新政殊慰人
意
十八日晴道士言不來方欲食而忽至云當作一短籬自指揮也鈔書三
葉出與道士同汎湘東登岸答蔣兒入城賀朱永順兒昏不得入但聞
城中皆言嫁裝有卅二被出城至兩路口答胡營官字簡齋名則未見
也云是乙卯年姪小坐還至安記頗驚牌友旋至舟到院飢矣索食不
得
十九日陰工匠紛紜又一大場面也鈔詩五葉旋看課卷於蕭邕和鳴又
得一義蓋備九獻之儀也后亞獻故詠肅邕客三獻故詠我客其四獻
以次賓蓋三公分之六獻以下六卿主之亦宜有太子舉爵五齊咸備
猶可推行（帝初獻后亞獻二王後三獻三公四五六獻五卿七八九十十一獻大夫十二獻其有助祭諸侯隨時命之）

廿日陰先孺人生辰憶丁年稱觴此日大寒今猶仿佛也晨不鈔書爲鐘西耘作字六幅又寫斗對一幅午後出賀楊慕李雙生過道人不遇而還鈔詩五葉

廿一日陰午後微雨如塵詩又畢一卷成生來求書抵鄂監試送闈墨平庸之至鈔詩五葉與書迎瑨爲孫翼慶祝作一聯慈闈卌年中外懸綸臣門五葉耿頌承平

廿二日陰鈔詩五葉瑨書來云小月不能即來虛費往返無電報之故今日孺人忌日懿猶能痛哭差不負幼子矣名位步彭陳唯公冠冕賢科歷知精略漢儒術崇祠儀淮漢夏此馨香里社允迪前光佑後人

廿三日陰有雨鈔詩畢乃出賀楊斗垣大設壽堂賓客畢集熟人甚多未遑細談但聞張孝達入都張湘雨病故家賡虞內召又一番鼓盪也懿生日放學

廿四日陰雨爲唐孫寫藝渠祠聯盡了筆債鈔詩三葉泛湘過道士至城採北信無所聞過容丞喫菌麪還邀道士看花苑程孫久待屬爲其曾祖母作行略留飯而去成孫復來言李中堂結連外夷已入刑部云云甚可駭餘人皆無所聞蓋謠言也然萬壽日近國是未定亦可傷矣夜鈔詩二葉補足日課

廿五日陰鈔詩五葉遣懿往楊家弔問楊棣幼青來甫四十日尚未及答拜而遽死又瑨姑子也故往視之真不好讀少縱之夜雨作萬壽盤局二聯王德榜弟五子來

廿六日晴陰鈔詩畢出城閒游從百搭橋上繞鴈峯至盤局少坐牌友繼至遂留共戲因出未卜夜至夜遂留宿局中看北膀錄功兒仍未得舉蹭蹬四十矣

廿七日陰晴再留戲一日招道士來蘸石昌蒲云不可理也忘其未食待局竟乃飯餓半日矣還與道士同船



廿八日陰鈔補昨日課詩又畢一卷指顧成功矣寫對悉還未十日又積盈几逋債將稍停鈔經念三日功有十五紙不可懈也午後復鈔五葉聞崧錫侯李小泉之喪王少耶來問之云皆譌傳王少耶德膀子

廿九日晴鈔詩點書畢翩然欲遊循東岸渡湘無所可往因至金聘之經歷處看電線圖還坐船至院正夕食已上鐙矣作程母祭文

卅日晴道士送柑金聘之來答拜送茶腿鈔書五葉寫對兩副經營程母奠饌覓綠螺不得可笑也烹羊豕至半夜

十月甲辰朔晴晨出點名朝食後鈔書五葉出城詣程宅設奠讀文頗朽張子年陪客云邵小村放湘撫善避事哉安知非禍至清泉尋吉人化緣未遇復黃道臺書應莊叔塍還過程宅要子年同至盤局小坐還甚熱不適食柑稍定乃飯與書陳大名

二日晴糊窗日灼面不能久立鈔詩六葉作朱衡陽令母壽頌序走筆而成曾不費杯酒溫涼之候以示周生則云氣散未必然也復增一段回旋其氣

三日晴鈔書六葉廿卷畢功計四月廿日起扣建正百六十日纂經不缺矣凡卅年屢分屢散而仍成但不精耳憶見徐姓所刻纂經卅八年非女欲寫本進呈竟亦未得若稍加整理可爲底本從此珍之以待後人

四日晴日課暫停凌三告去與書心盦並爲成楚材子槐關節人云槐廉吏未知信否請道士來剪花乃云花匠事也其用在栽籬插棘而已因與同出至盤局看皇會而還傳云鳳皇城失守盛京岌岌因憶文山當宋末有衡州元夕之紀正相類也還遇景吉人

五日晴夜臥念竟停日課乃闕三本書非計仍當勉之但志未定莫知所從事真點書畢出城復至盤局聞程母曾孫婦喪往弔皖樵盛誇其賢智早世出看江張不遇至道署華甫爲會招孫汪任楊莊楊江張唯張

未回增一金聘之夕散要陳同宿盦局鬬牌未終局而罷
六日晴華甫早去余留待看戲盦局陳設花鐙客來往紛紜內有一唐小宋貢生知名初見此外則蕭伯康最悉省委李同知來查鹽卡過午始食夕赴衡陽小集十二人看文□汪四扮演寒熱不適未多食菜仍宿盦局早睡
七日晴盦局辦事能員怒去與劉子惠同往拉之來便要保甲江委員同看天后宮江仍呼爲建福寺真鄉音也未食周蔣二尉來主人避入客久不去夕乃朝食分卡委員毛與張子年有嫌自來辭差余又爲解之白沙卡員賀年姪又來已而任楊莊陳楊汪金江皆至公設一局迎金送莊並要華甫打牌未畢另起一局復未畢飲酒未半吳桂樵來醉熏熏不可理食亦未畢而散余恐吳醉誤答辱市人步隨之行送上轎而還因看鐙東至鐵鑪門北至柴步西至天后宮仍還盦局翼之要毛譚



張陪打牌重起一局亦未畢而罷
八日晴張子年欲同至書院紮煙火架余晨起張尙軒雷步從太史渡還始得飽食午後大睡秦容丞來設湯餅常寧詹生來見謝生夜來講春秋真入城看鐙書院結綵張燈恭祝 慈壽聞程生有一聯六十六字九重重九後頗有匠心未記其全容丞得之贊禮生云夜月甚明不似上弦月子
九日晴無所事稍督真課作點心待客將三更乃至放煙火合子不似荆蜀多爲葡萄架火亦不盛客來亦少唯孫毛陳張道士六人至耳喫餛飩湯而去
十日晴始鈔爾疋得一葉點書復出城仍至盦局食客會飲曲客唱戲牌客打牌黨吉人來裼師屢騙博進今又欲入局拖我下水方得脫問余連勝盡復所負反贏千錢而楊遯去矣家部王所云敗亦可喜書此類也留宿盦局又鬬骨牌至雞鳴乃罷遂不能眠今日癸丑立冬
十一日晴晨步至德豐答常霖生已去矣復至西湖答魏翁至蓮湖答盤亭見其少子看文本頗有排場同至盦局行十里矣猶空腹未沾水米已而連食致飽丁篤生來余再遯乃得免步至太史馬頭坐船還正夕食旣昏便息至曉乃醒
十二日晴督真課畢鈔爾疋一條真入城看鐙獨留岑寂聽時出時入無可與語者僧照空來未見
十三日晴點書畢鈔爾雅一條仍入城至盦局鬬牌遂無對手可歎也人材難得文友旣鮮賭友亦稀酒肉友亦唯一孫翼之好客不倦欲傾家釀耳
十四日晴晨出畏日仍還酒客復集當有面情昪至文衡州處詢近事因賀任輔臣母生日留麪議唱戲還局朝食日斜矣金聘之來移尊看菊



無新客唯增一蕭伯康耳暮集初更散復昪至府爭班勸其早散至則已去矣小坐還盦局
十五日晴今日會散當各還家復聞宮中有喪未知其審至程家問之乃知失火幾出屋壁已焦矣還局朝食正午渡湘與張唐同過絜翁聽曲字字審諦靜氣領之洞簫與人語不殊勝橫吹也畢四曲喫魚粉而還家中已夕食夜課畢乃飯飯罷而寢
十六日晴楊斗垣戲酒欲省加官百錢遂辭不往程峴樵長婦成主來請亦未去鈔爾雅半葉督課略畢聞張湘雨定不死
十七日晴鈔爾雅一葉朝食甫畢任師耶來謝壽留麪而去羅漢寺都監闆入道士引莊馬謝張同來卽邀至新安館看月本欲聽笛乃復鬬牌二更後散還道士又費一雞三犧皆用矣
十八日晴鈔爾雅半葉真課竭蹶頗令人悶得鄭老湛書又欲署事可謂

乾沒不已者

十九日晴鈔爾雅半葉欲待點書畢乃入城百孔千創正似易笏山作蜀藩時道士與徐若蒙張童子來大風不果下湘少坐改周廖二生壽文正如寫家信如此作文日萬官不難然或旬月不得一文不論難易在應付耳張老師來真課因得少適夜補注爾疋半葉

廿日晴鈔爾疋數行待真點書已至晡矣方移船遇孫家張宜人攜妾來看真遣僕還從百搭橋渡至鹽局遂被留黎招二客來陪晚飯留鬬牌固辭約以明日乃得還

廿一日晴看卷廿一本未鈔書點書後下湘至道士房張謝先在兼邀馬彤廷來唱曲孫來鬬牌喫蓺藝月出乃散瑎遣人來告病心甚憂之

廿二日晴晨悶不事與書問瑎懿告假入城周竹軒往江西來辭送茶葉竟日唯看類書爾蒼刻有草書未知所自字學典引墨池瑑錄金張天錫集古名家草書曰草書韻會其卽此本與王云湏諸有又書史會要魏夫人有子璞爲光祿勳夫曰劉幼彥

廿三日晴遣懿視瑎

廿四日晴熱鈔爾疋半葉秦容丞來云秦子和專信求余爲關節江督奇聞也以南洋塡北洋此舉得矣以孝達代峴莊恐不能安靜夜雨始寒淒然憾老看小說半夜

廿五日丁卯小雪陰雨鄧翼之來落水袴溼留之烘洗云當往江甯求書與劉吳夜當至張虞階處會食不能留飯親送之去比至張處會暮食不能飽夜還喫紅藷鈔爾疋一條乃寢

廿六日陰寒晨作二書與劉峴莊吳淸卿卽自往翼之舟中答訪送行未能款留亦我法也至府署與陳任兩卽步至衡陽爲鄭浩侯催結純卿欲留打較因約其同集任處便留宿焉四較甫完三更盡矣翼之亦留同宿

廿七日陰煊晨至程家均未起至江家少坐答訪徐若蒙因愚翼之迷於召客既食其食當苦口勸之爲力陳困於酒食之道遂辭而出還院得瑎信云疾愈得翼之文亦頗滔滔午欲少息竟不能寐日又平西復踐孫約陪任三食蟹打較累騙各不踴躍乃知賭亦有道也夜留鹽局看申報拚命嚴議當又革職矣

廿八日晴晨起劉子重堅留點心食畢步至太史馬頭待戴鄒曙無一至者棲皇渡頭見者憐之不勝其聒乃渡湘步還真尙未起稍理日課

廿九日晴鈔爾疋半葉馮絜卿來同舟下湘至鹽局會食張子牟不至云又發怪孫翼設二席補請石平甫金汪二人餘皆辦事者夜乃得食蔬饌俱闌二更各散還院少坐卽寢今日時雨時晴大有夏景



十一月癸酉朔陰理蕉刪葉點名發題今年畢事矣新舉人何鎭豐其申甫來喻生校鈔禮二篇頗細其父來求館無以應之懿兒還云瑎家分爨不勝妾家之擾將遣譚嫗往伴之始令看船鈔爾疋一葉

二日晴陰夕風始寒鈔爾疋寫大字懿復告假入城院中寂靜督課竟日夜雨始然薪煨芋塞向墐戶有歲暮風景矣

三日晨雨旋晴常氏僕嫗去與書瑎告以分家無益遣廚嫗伴之鈔爾疋一葉得功兒書云當卽來已歸廿日矣正在治行亟命懿與書止之

四日陰大有雪風江少甫李紫谷來送書障督課畢下湘已暮步入柴步門至府署會飲九子會於今日完滿亦共費錢四十餘萬者稅間架抵中人十家產因倡議節之夕散暗還反煖於來時

五日晴陰看船還湘自至鐵鑪門定一永船遣僕取錢余欲還念當別糧生復從缸古馬頭步入城程家賓客似有所譏小坐卽出至鹽局留待劉子惠適其在局孫翼之留余待信因至衡陽打較三更留宿呼城出

宿釐局閩閩督移蜀邊都督閫

六日晴陰劉子惠來告前船不成別有一船覕之又不可坐仍呼前船令泊丰旁余留陪桂東令施又瀞字龍厓其尉陸姓亦至皆未相識者純卿來任楊繼至已夜設食甚遲二更散失去二貓呼尋久之雞鳴乃寢

七日陰以忌日不待點心晨步至船便過道士約子惠議行定十日開遂坐此船還東洲步沙上還常霖生來又有一人似是次卿云欲渡臺問余有熟人否曰無矣客方去又三人來則東丰胡劉新安道士也頃之又一客來云長須老人則秦容丞送行檢點未畢又二人來請客熊嫗爭喫夜始登舟李生同行

八日晴晨至鐵鑪門看卷數本諸生未送者廖鄒來送行岏樵江少甫送程儀齋夫送修金應接不暇乃渡湘至丁馮處辭行還欲睡程生來丁篤生繼至客去少愒步至衡陽手談孫任楊均來朱翁陳華甫會飲二



更散還船便睡

九日陰煊換縣衣未飯彭黼齋陳郎完夫來看課卷畢定等第衣冠辭行唯至道署釐局釐局遇委員李樂才亦開展話多且識于晦若陳伯嚴狂令也小坐步出至新安館張子年設酒金聘之正徘徊館前與同入江少甫已先至招劉子惠推牌九頃之蕭伯康來未夕入坐二更乃散與金蕭江張步還同至珠琳巷分道各去余還船早眠夜半起開門驚篷濡溼乃知有雨

十日子夜大雨迫曉始寐質明後起移船下岸文太尊送饅頭殊不能佳意在索詩取馮道臺名片題之未成釐局遣轎來迎往與李洛才暢談景吉人陳華甫繼至釐局三員陪飲甖之微醉饅罵撫藩而散南關城已下鑰退出從城外還舟衆鷄斕漫睡房嫗鬢蓬鬆（此何人也金熂也）又一佳景也花鼓哇聲頗亦可聽

十一日癸未大雪節尋爾疋勘之眞女不知中秋節在何日而知其母忌日習教使然也竟日陰雨行九十里泊萱洲

十二日陰雨頗寒晏起朝食後橇雷石久之乃行半日尙未至石灣風不甚逆水漫使然鈔爾疋一葉

十三日雨晨發石灣與巡丁鬭氣久之余起乃令開行十五里泊黃田竟日使巡丁羈之必憤鬱不堪而今恬然所謂衆狙喜怒閱世久乃能齊之也鈔爾疋一葉岸上設醮銃礮不絕余頗厭之是又未能齊物者尙不及木雞也晚來天欲雪已而見星

十四日晴早行僅百里泊昭靈灘昏暮未能下鈔爾疋一葉經典仇匹余說之皆有怨敵之義欲求一合匹之專義未之有也夜月極佳

十五日晴晨霧過灘方烹茗兆云有客來以爲必無其事頃之見一船在前云李委員智儔官舫相呼過談卽洛才也可行十餘里別去送肉絲



冬筍夕又過談將至湘口乃別余令曙生附船覓撥卽泊舟待之舟人云防盜又聞鼠囓甚厲終夜不寐聞行舟聲急意是撥船來而寂無聲夜月如晝霜寒怯起

十六日晴晨起見小船旁纜舟人俱酣睡急呼之起令李生戴明先至省余率懿入鄉眞不慣舟更從陸行喬生送之將午乃發得南風至姜畬正午飯過乾元取錢復行日夕從炭塘起行李人力少至二更後乃息滋紈居此已月半石珊弟亦留此月餘矣家中什物盡散失蓋王三耶賭錢散去

十七日早晴午陰忽風許虹橋紱子攜其從孫楊德周生及田澤林先後來日夕方散夜鬭牌風厲不可久子夜前散臥聽葉瓦琤瑽頗有寒意

十八日風雨譚園總來云育嬰穀未付紱子去

十九日風寒迪庭來留夕食遂不能去佃夫迎之欲退耕也自蠍縣被覆

之夜鬭牌雞鳴乃罷
廿日風雪迪子去曙森育從子來謁祖廟鄉俗重禮神也夜更寒不可坐
月明霜凜獨寐寤宿
廿一日晴晨霜晏起石珊去令喚轎工欲取一日至城夜假寐待發寒甚
廿二日晴轎工來從人尚寐起自呼之乃云一日不能至則不必犯寒也
從容朝食又鬭牌一局而行至姜畬紱子已去當自帶衣箱定由舟行
飯於迪子家與湯先生略談同出看船適來相遇石珊尚未飯行至袁
河昏暮矣到城下已二更聞九礮再鳴未知何船也石珊登岸余宿舟
中不解帶三夜矣
廿三日陰晴晨遣諳子覓船云不可得令原船颿江附載得一蘆蓹船未
持一饌泊船易灣買肉賫蘆蓹始得午餐迫夜猶未至宿枯[illegible]復買乾
魚夕食



廿四日晴煊晨至西湖橋附舟信腳登岸去余至朝宗門乃上到家聞書
聲琅琅婦女皆未起頃之始集功兒往衡未歸召李生紱子來促令附
船自至曾祠覓笠雲言還錢事遇黃子霖張楚寶寄余二百金正濟用
也以五十金退佃六十金與長婦自攜兩錠以行並胡杏江亦得所欲
焉召窊女來一談留食麪餛雞片而去
廿五日晴晨晏起無人覺唯張先生雷嫗方四起耳餘俱酣眠[illegible]立門外
久之出游遇屠豕阻道而還催飯食畢促發行李而留鬭牌頃之起稷
初來絮談戴明報船欲發余直起去乘舁出大西門李紱先在輿兒送
至舟邊郎去船行水遲昏暮始泊荊子灣
廿六日戊戌冬至多臥少事看瀏陽課卷廿本夜泊扁擔夾行八十里云
灣河不能行行壕河也
廿七日陰五十里泊白魚岐舟人過載余登岸訪舊游則神祠無遺址一

塔孤存耳四十一年不至猶可彷彿登二級而止徘徊久之舟迎乃還
飄雨忽至看課卷卅本夜聞土星港更鼓
廿八日晨霧至午乃行猶不能進復檥舟久之閱卷卅本行百里泊火鋪
灘鹿角對岸地
廿九日晴南風煖日江行甚快午初檥岳陽樓下舟人促發又未攏岸不
能與洞賓共湯餅閱卷十本畢覽矣無甚佳者紱子爲余具雞麪夜泊
鴨闌磯
晦日曉日正紅知當有風午後至寶塔洲不復能行課卷閱畢一無所事
十二月癸卯朔守風一日小冷鹽榷移局至洲云九年矣洲爲嘉魚地上
頗緐盛有歌管之聲怯風未能上岸唯竟日擁被夜霜頗寒
二日大晴凍似去年定課卷等第李生問有從無服而有服外兄弟依注
則妻本無服而特制耶答曰不然檢喪服夫妻同服者初無兄弟唯有



壻及外孫殆謂此也若夫之諸祖父母從兄弟以下之子孫公子容自
小功以下不服要不得爲外鄭以外祖父母當夫之諸祖父母而臆增
夫之舅與從母爲外兄弟非經据也凡言從無服必有服不服乃爲無
服若本無服不得言無服斜風頻戧行至牌洲已碁未能百里也
三日陰風定波平行百十里泊沌口夜溜難攏久之乃定
四日晴晨發食時至漢口復不能攏久之飯罷與砥紱渡江尋陳右銘則
已去矣王虔帥亦馳去倀倀尋陳伯嚴號房云在山前至山前無所之
復問保甲局云在保安門紱誤聽爲廣武門詢之無此門復中途有來
拉者則蕭孝廉羅次結衡州院生也羅在兩湖書院三年頗識路導余
至制府又至行臺陳始移居云不能出門當就臬署見之復還過書院
大似長沙曾祠香濤向能造宅何乃若此保之尚在至其院唯見花生
殼遺尋之又不能待遇諸途至其寓兩子在焉子斯子橡乃請見親家母少

坐出至臬署尋伯嚴久之乃出稍聞世事尋與丹初坐處已隔世矣留住無榻交課卷託其寄湘決計渡江坐攏江還登漢口蕭羅從焉紱子皇皇欲還舟乃與先還砥子尋母舅去飯罷陳渭春大令來云山東鹽差已撤將改鄂令余力阻之二更乃去舟復移泊上下擇穩處三遷猶未盡穩也

五日晨戒砥紱治行因率登岸自至馬頭尋蕭羅不遇下至悅來店尋陳郎遇歐陽生其幕客也索麪喫畢云輪船已定當急往因分道渭春送余先至船尚早徙倚久之復還羅生來云蕭欲同行已還取行李又一客同來似相識移坐接談則夏子青余舊負其六萬久覓不得適相值又無錢可還老矣幸再見此段公案尚在日記存本之先若不補敘後莫能明也子青夏生時濟兒以其弟入學謝業師曾送不受後適乏用又假焉十萬還其四餘未盡送而石門宅圮自此廿年不相逢負余錢者皆不還余故亦未料理頻見夏生以其好負人不可信必欲面交再三附信彼乃留鄂不肯還家已析產僅收租歲不及百石貧矣余負債最多此爲次急故與羅次結來結者急也渭郎招其甥來同早飯日過午矣喫蟳甚多頃之腹痛又一人來尋姚瑞麟也已官矣又得優差同出游後湖急欲便覓廁不得幾大困如冠九渡大成殿有由也繞湖北行竟不見湖唯見防營擬題曰仿淮從西還已至大街姚生邀點心誤入齋樓炸年餻一盤食未盡仍還悅來店竟飽矣日已近暮待李生飯罷仍與渭羅姚登舟坐一時頃乃送客去又頃之乃發船曰德興新製者有官艙無大艙甚穢雜有華風蕭生晚來云峴莊代恭王總統舟行搖搖通夕不寐

六日大晴晨過蘄州朝食時已過九江與書勸慰少荃此書不難於激而難於隨殆合作也夜至蕪湖甚早但聞船中鐵木開合聲甚厲未遑問



其所作無義〻擾趣有一有

七日晴煊未明已看關行甚迅速逢陳右銘舟先余三日發後余三時至江寧下關上划子至岸復盤隄泝城濠至水西門余與李生先步入城行不知東西唯問制臺牙門可四五里遇一人飛奔翼之僕也又巧遇亦奇事久之乃至三元客棧云在花牌樓詢知尚是葛玉家呼其母出不類談次乃知其妻母見其妻兒兒年十歲貌甚韶秀相持歎然遺知會孝達號房不肯傳帖蕭李復往覓巡捕乃得一受業名片鄒殿和昔爲余重慶辦差今爲余上元傳帖何其好事總督大有帥傳孝達請余休一夜非禮也禮主人曰既拚以俟矣賓曰俟閒夜月聞隔牆斂劍聲翼之夜來

八日大晴今日本欲往朝天宮食粥初到未暇也孝達遣迎步至督署紱裔從持帖主人風帽出房須大半白身材似稍高豈與官俱長耶縱談時事心意開朗似甚大進頃之彭楚漢來新署水師提督陸用朱洪章亦愜人心爲之歡喜余欲並招彭來談孝達不肯余出早飯告以今日不能來亦不必回拜曾文正不回拜則不赴食君不回拜招食必來乎輩不嫌簡前輩不可傲也至店飯畢步出直至城南湘館尋蘩子和云衙參未歸一後生詢云王壬秋耶我可出陪則唐大人令弟字子靖李蘅同行留待秦還又招梁璧垣孝廉來待其午飯余取衣亦至鼻出詣桂香亭張楚寶均不遇至江寧府亦有督署關派金頂不可拜會何世風之遂至此李小軒同年出談並見其子庶常改兵部矣將暮乃還則楚寶已先來楊銳亦至矣未食田明山直入不去云明日即赴太湖且言魏盤仲家收孺人贈贈甚多均未到也食畢作書寄蘐楚寶莫仲武子偲兄張通典秦子和來至三更乃散

九日晴謝客寫信寄艿並鈔李書門偶不關楚寶仲武子和伯純來談悵

璵幹堂子衡兒也頗好論史亦有文筆喜故人之有子蔡子庚亦來相見至夜王步軒來十年不聞消息今已捐貲得理問稽查神策門云張謇季直知余又言再娶成家必欲報余得一見爲幸雖甚諛譽亦可喜也夜寒甚冰凍今日辛亥小寒

十日晴鄧炬曾岳松徐定生袁荑生桂香亭唐生容川郜生祥麟早來朝食後要王理問出游毘盧寺住持寄禪云江南詩僧笠雲弟子也少坐出游至華林園見連山斬斷往看之遠不能至登太平城樓入城內丰房啜茶看玄武湖知六朝宮殿在北也循城而西過雞鳴寺云是同泰寺有誌公臺燕脂井井是妄說也過十廟龍蟠里登清涼山乃誤過而西還看皇姑李秀成妹也再送茶談事頗諳官禮訪隨園織婦滿階外有長壕北行久之至督署東門閉不得入繞前而西逢傳事云已改期矣鄒丞出云督帥已睡余言可待其醒遂入坐兼訪葉臨公楊生銳顧生印愚在焉顧已選洪雅教諭與楊皆四十矣頃之陳養源來久談乃去與兩生夜游煦園登三臺乃還久之已二更孝達乃延客則衣冠送酒養源爲賓余小帽長褂固辭不獲云不能多談多飲食已而絮絮源源殊無止期上菜極遲出已四更三點戟門洞開鐙月霜暉甚可樂也當寒反煖

十一日晴晨未起李刑部希聖亦元來彭子茂兒袁荑生陳養源葉臨公楊顧兩生吳書辦祖蔭陳明山鄧孝廉炳麟吳楚公所曾見宦之矣張幹堂楊嘉璿道臺守初鄧翼之王步軒趙晴帆唐容川彭連須來客勢不斷急呼飯獨食與步軒俱出蕭李俱從留紱喬發行李至曾沅祠岳松留喫酒糟卵子和亦來少坐旋出旱西門登襄艑子和岳松旋來送行差官云楚寶爲余具舟復當自來待暮不至子耕晴帆來送余促發與書香濤陳養源桂香庭各薦數人而以紱子委蜀三生喬子委楚寶少玉委養源而去夜初開行假寐石城下三更傳呼舟至淮江下斷舫不可出步行數步換小划二隻與李生喬子胡守備張差官移行李寫船票後諸人皆去獨李生從余耳熱甚解衣納涼又覺寒乃寢

十二日晴陰朝食時至蕪湖乃起食畢乃行看唐禮部醫書煊甚復著單絲衣點定張璵文詩聞越女談不復憶越語矣獨坐至三更乃寢見一人中國衣冠望而知爲夷人聽其言亦越語也此船十萬元云有半倍息

十三日晴陰煊昨夜因水淺停船質明始發起正見小姑將午乃至九江夕至蘄州常德守姊子張姓頻來接談前與李生爭席者也夜雨越女贈蔗甚甘

十四日陰風稍寒辰泊漢口喚划子至南岸覓衡船李生渡江尋陳郎始憶遺梅盆食箸未檢頃之陳遣人至云已遣尋梅去且與其甥俱來



相看爲辦路菜甚周至此來得張陳無行李之勞

十五日忌辰以遠不躬奠不素食陳郎復來同早飯促令渡江余堯衢來尋就官舫略談亦謝令去旋送筍脯大風艤舟舟人留一日陳遣人送余還湘曰李松柏剃工也夜雪

十六日雪晨發艤沌口驗票新移在此舊不爾也未午至東瓜腦纜行出望船漏溼帽合復移後艙夜泊牌洲

十七日陰晨舟買枯飯後纜行數里得西北風帆行泊塔洲今日頻有日光夜後見星

十八日晨待看船朝食後乃行得順風夕至岳州云檥船不可泊帆過艑山昏黑不復能進檥高山望月出復行五更過磊石矣晝寒夜寒凍

十九日陰朝食時過湘陰湘累秋清更憫彈只曾聽虎蹲驤響東華舊吏蹤香箏南嶽冥妃在陣瓊叔夜儒惱金換骨陳平何用玉爲冠淮王自是能驕貴御榜人呼作從官只學吹簫便得仙覺蓋綸節似諸天定知矣賈誼成夢不爽洪厓共拍肩風闕未辭先

受讖新仙歌蓋添綵船鳴趣夜半空回首驚怪人間愛早朝東抽承風詔出金闕帶香河西隱馬耶幸不信吳綺玉斧可憐銀宋出東絲勞採
仙帝招鄰使只借天鶴謝聯翩曾受峯家兄弟缺休將十壺損華昭鎖金鸞內下瓊樓玉女舞瑤但掩屏塵嗜業會常自體月明烏鵲定例
待月出遂起南風依姑錄未必飛閒宮錦楷開勤儀眞從業娥偏耐冷霜痛鄉透五銖衣風息船遲初更僅至金子灣泊
廿日陰晴晨行愈遲將午乃達朝宗步李生留船上衡余先還家行李繼至詢知兒女猶未盡歸遣輿就船上湘迎之遣陳僕去賞以千錢窊女適還留飯去夜較牌
廿一日陰凍張先生來講書余告以吾門有二登廖登廷張登壽皆宋學他日必爲余累然二登亦終無成也胡子夷來東華夙路有新封柴殿親臨御疊瀘廚爐不插強飲筆耘黃禍
待錄陽鐘仙家往事如棋局夜宴來時帶酒容宵雀定知王母意翻時瑤島駕鸞龍
廿二日陰雪消張雨珊來胡壻來見王逸吾莊心盦繼至聞王翁新政糊塗大類游黃在蜀時乃知實缺官不可少



廿三日晴尚不可出唯日較牌夜送竈甚早余方在樓已畢事矣
廿四日晴始步出至浩園尋僧兼遇黃蘅同至張雨珊處啜茗但覺水劣頻年未入城濁故也還僧寮朝食而歸縫人作冠一絨一貂勝於帽店賞以千錢
廿五日晴丁卯大寒鄉中兒女均至人役喧騰笠雲僧與黃子霖來輿兒粗蠻欲與兄較曲直功兒亦負委屈思展千里之足異事也吾不教兒乃至有此等奇想殊非子弟之過歎詫而已亦從容諷諫之使我爲子弟彼爲父兄庶有悟乎
廿六日陰風笠雲使素蕉送潤筆多金無受禮有捐施之道今僧不如唐僧富也僕嬾不肯出余亦遂其嬾揹子來竟無被蓋適有寄襆假以用之所謂天無絕人路飲啄皆前定也看蜀士來書
廿七日陰晴始出看客從城隄繞南城根東北還見兩牛桌價貴未可得詣李洛才莊心安胡壻家王祭酒捐金上林寺而還
廿八日晴鄭太耶來校補論語訓得丁百川空函心安送瑞香
廿九日晴日課年事一無所辦唯與諸女女孫閒坐鬬牌近老派也陳新河送鴨窊女還
除夕陰煊家中未冬祭因父子俱外出今還度歲不可無薦改爲歲薦女婦辦具余竟日嬾下樓亦彭剛直詩料也芳晚遣信來竟不得達尤爲咄咄戌始行禮熟不可褻僅無隕越飯後大睡至雞鳴乃興命功祭三祀余復謁　廟受賀還室祭詩分兩筵一以奠妻妾又新例也家人皆侍祠又惻惻感人得沈子趣陳佩秋詩王夢虎來訪夜雨

# 湘綺樓日記



乙未正月癸酉元旦陰煊家人晏起余與搢生放爆竹開門以待來客將午乃謁

廟受賀瞿郎海漁獨入見餘客蒞謝之夜與子女十五人六簿熱甚汗浹

夜分乃罷已見星矣

二日晴李洛才來欲入無坐處皆未灑掃也余家弛惰如此午後胡壻來余適欲出悤悤數語而行從西繞南至東唯見學使江標延霞淸於馮煦腴於吳撫似是有用材至曾祠飯笠僧棠道素俱在又一僧局關當家者飯罷同過道鄉而別

三日大晴晨起太晏樓門闢矣朝食後道僧先來云不能待笠素已而鄭少耶至幸未撲腳明心復來與笠素同齋不及去年歡飽彭桐孫復闖入巳去余乃避樓上夜擲骰鷄鳴時大風吹寢門開未能關棖



四日風仍晴爲張雨珊寫詩窊女還留戲一日從子女三人小者余尙未見

五日晴始理叢殘書籍日理一篋以爲日課沅陵令送乾餚來與董子宜夜煊成雨莊但來但未見

六日微晴鄭太耶李洛才招游定王臺不作此會正十年矣欣然命舁善化王令亦爲主與程子大吳楚𡡹同集夜散見月得句云漢時月色

七日晴煊作成昨詞因國忌未出鄭七笠僧來湘臬新遷城中爭鬪彭稷初來談

八日晴家人幷出獨留守舍胡壻來夜轉風復吹門開頓寒楊兒來夜時月色肉古城一角晨寒調客試傷玉佛鐵鐵春東關情息飛風歸時夜冷料擬損胡沙天北又十載塡服爪結具幕錯哭裝剩圖道半寂比霜莍覓關未到幾論故垣約時時有幽金飼曾石休道品沙地小具樂外歡姒堪信逝冷流操迹慮撒入覚得

九日陰雨風不可出葉麻子來躁妄殊甚湘潭派無此村野蠢生派也因當會於學院故先來見去後余卽先過心安少村答其加禮均不得入至學署尙早頃之葉至云黃子壽孫欲見余請江學使要之復辭不至心安繼至看字畫有王原祁三種均不佳又有樂廷玉點將錄亦未知何人字句頗有小致還已街鼓甚寒

十日壬午立春寒雪始從心安處得曆本鄭少耶郭見安來見安叔毋卒哭服內遽著補服甚可皇駭昨正談其六書討源故與言之夜移樓中寢

十一日大雪冰凍終日在樓絨子兒來犯寒陸行甚悤悤且留之小住城中少夫力並留其二傭工助裝任也近日閑民甚驕惰不便於東江使送圖來請題報以二書

十二日雪消題江藩募梓圖並塡小詞頌華蘭貞江學使母也頻改未穩乃知



遺詞不易王逸梧招陪伍教官趨往則伍不至唯甲子劉君閬秬香楊兒略可識又一蕭生及王蓮生葉麻子游談而散夜漏溼女牀家人不寤自起料理遂曉矣

十三日晨題華劇歐氏灰寒孟家機嫂只是辛勤慈母業諳回鑾金盤拾鏗春啤待報睢補寫不盡春盤味當年折蘽虛歲華驀聞說來雪叨冰拆幾曾見單柏粉葯寒逅篔作傲霜香想人生題分鴛遇玉樹庭階喜承歡更有謝家只拔圖啼恨我亦曹經茶書（法曲獻仙音）真讀服篇遂不能成誦其愚不可及竟日闘牌乾元二子來

十四日陰請搢子看船乾元二子去鄭太耶李洛才黃望之相繼來遂至日夕莊心安招飮王張但周同集王張無禮道臺有禮

十五日陰有雨晨興無事郭見安來云王㕓虞佐北洋　朝廷以權臣待李鴻章李未嘗以權臣自居又古來所未有夜雨妨鐙寒風悽惻

十六日晴待船未至且停一日出答郭鄭李黃遂赴闈拜已遲矣公請唐瞿子玖不來藝農則坐胞叔之上所謂仁內義外打諢寫意至戌而散

十七日晴將出城而雨行李零星紛紜一日召周嫗侍行別經年矣不可復待乃詭云夫死可來是以起用

十八日陰行李唯二力轉運家人坐視切責功兒乃又急送諸妹出城其不通如此張正暘來亦不遽見惡其多詐也過晡乃得出城上冢急還登舟尙未暮滋帆復真懿兒已先在摺子盈孫亦從去女僕金周男工吳戩幷杉塘二工凡十五人侍從極盛也遂宿朝宗門下

十九日陰西北風移泊小西門船人朝食畢乃行得順風夜二更泊觀湘門懿欲登岸遣視石珊弟頃之同來亦欲同行約明晨至遂去買食物無錢而止夜雨防漏不寐

廿日陰雨纔行四十里至姜畬已暮摺子去乾元二子來輔庭亦至岸邊以無跳版辭之許紅橋來均約次日往食

廿一日晨雨不可登岸船人亦遽發遂至湖江口中遇大風疑此行不順



衣被書箱皆當露溼正旁皇間杉塘二夫以舁來迎盈生余留盈徑往山塘而附其便舁至姜畬踐約至已午矣頗欲大雨而霽夜飯許鴈峰家遣娶陳枚根不至還宿乾元

廿二日晴煊朝食後呼舁還山至則行李猶未上因以己舁迎周嫗來塵糞不可理姜畬三力助之拚除乾元二子來讀書令四孫居兩房石珊居前房未夕而定但覺餓甚飽食而寢黃昏復起小坐覓食未得又復睡去夜分聞門砰聲起喚諸傭則卅姪看花鼓還來打花鼓也牽率老夫乾笑而已

廿三日晴定諸生日課馮卜甲周翼雲張子持來俱空坐而去煊不可裘

至夜大風雷電

廿四日風拍門動屋竟日無雨七簸來訴傳團總報賭據其言亦有聲勢留飯無飯鄉中粗見異事也夕去燎火禦寒

廿五日丁酉雨水晴改課文以名培爲第一知引經也田猛子來王明山長孫來年十二矣長腳似秦相貴骨也留點心待之

廿六日晴陰石珊去乾元二子歸上學華二來彭稷初專足來求書干江督奇想也不可以卻從而與之學[illegible]年先生尙書節下二紀暌違兩寄陝撫還舟迅邁八日抵家道想勳勤但有永歎然江南部署已冠李劉[illegible][illegible]徽益未能[illegible]死從容遺[illegible][illegible]有其時新歲延譽綏局爲須前話乾館之斂尙赤盡闕然中人心尤甚水火士農[illegible][illegible]唯車讀書計散州[illegible][illegible]二局[illegible]際五萬金[illegible]年來撥二百萬矣而湘人不富游惰日滋純實之風蕩然已盡且事就[illegible]敗害之商運厥不須督館督館光無須分局其始由於曾侯欲調[illegible]一二[illegible]芝逐數全歸[illegible]家漸及京官觀族丞於督撫儀姊姨姐又其小小者也[illegible]商浮督五六十萬金許弊阿精欲趨之[illegible][illegible]陳姓納賄三千許道反毅撤盡非沅甫因不能有此奇政實亦根株盤互不可得還今[illegible]生皆絲牽可更始公遂能廓清之耶湘人之職也若獨欲獨常更督則必如志道其人者精去艇井頗振孤寒[illegible]人不失殷勵之本意董此趨初以位置湘人漸以位置湘官漸爲江南道員一差漸爲湘人官江南者二等美差本原既差何能綜賦處發金敷不感厯恩甚無請也此難又有帶辦一人例以準人充之李相曾欲以見委關運對日公不笑訝則[illegible][illegible]矣今有姻家彭主事江督外孫名父之子父子五舉不免飢稱其性直類嫌怨者衆王[illegible]酒等力能絕其生跡無所皆訴致千明公試一鹽詢必紛然短斥致其劣迹乃一無徵如魏武用人必歎曾鹽今非致謂其能破除



積習仰助湘綱特以私恩同之請託閩運賈積境地本厲乾館之慘偶一干求知當笑許其戒大風吹墮一洗凡空恐難謂並爲風俗人心之計則淸滌正本又何求爲因論一事故不多及夜起寫書家人熟睡唯兩女未寢至廚房廚人夜闌猶未吹鐙反爲詫事也

廿七日陰風滿紳姜廠來余志在看學差未追與語從曲尺塘至大路扛擔紛紛不絕還後山乃更近於道旁頃之聞呵殿聲似欲停轎家丁皆往橋市迎客倉卒無一人自出接帖周嫗送茶江編修已入室矣縱談三時許兩點一粥上鐙乃去

廿八日晴大霧晨起送江學使至火祠客辭當去乃出還朝食遣戴明華二去娶馮甲同過王嫗家答其遣曾孫來禮留飯未欲食既食甚飢竟飯二盂飲啄猶不得自主如此更過譚洪才還已昏矣石珊來又去

廿九日晴摺子攜瑞孫來七簸弟復來留瑞管家卽令去取被裝摺遂不去攜諸女游後林張子持來

晦節晴看逐年日記鈔七律詩周翊雲來夜講沈宋應制詩起覓沈詩未得

二月癸卯朔晴滋女欲過田家未去彼已備辦又當詣王家王嫗先來余避林下已而聞伐木聲自呵止之乃不可隱入與相見滋便與同去三女并去轎力未備至昏乃使傭婦行曠野無防已甚余甚慮之幸轎往還疾速未至籠鐙耳凡詣兩家便飡兩餐

二日晴陰瑞孫及岫孫來岫爲吾家通童頗有老師宿儒之貌人客擁擠一席不能容余遂別餽石珊又來

三日陰昨夜微雨搢岫俱去石珊夜亦去余不起火則兒女爲我累起火又無定處殊難擺佈看前廿年日記大要爲妻妾所擾枉用道術全無效驗不如與之鬼混近年則爲賓客所擾又不可鬼混者然則道不勝命理不勝數仍以鬼混爲長一言以蔽之曰傷哉貧也貧而充富所謂



羊質虎皮夜煊瑞留管帳不去

四日陰雨復寒午後大風看日記張金剛無題詩未錄半遺忘矣

五日雨連日補作驛程詩記看保定道中水道全無影響畿輔水利殊難言之卽壽衡所謂子牙河亦未見也

六日晴佃戶送租亦從來所無之事國安去

七日晴諸生并去乾元爲國安長子周晬請酒也滋女亦攜子去家中唯三女一傭嫗余移內室照料田小雷來

八日晴王家請陪子師王姓字印潭俊民族兄弟子年垂老矣讓坐甚堅主婦出安席余固辭見其二弟子一李一湯湯年卅餘矣復來讀書亦一奇想夜雨三子已歸

九日雨谷子與園總來賣珠珠已對穿不可用矣張木匠來索椅子又議暨門因雨不至周翼雲來櫻桃一花

十日壬子晴南風扇春寅初驚蟄獺兒汀架其壁甚厲余起至書室正見一人臥榻上驚責諸生鄉人不知規矩可咤也大風驟雨復去徘徊阡陌間石珊告去

十一日晴煊遣迎滋女頻出候之不至王塾師及其弟子李生來乃舁從紛然亦至未幾遂暮說三賜不及車馬較前稍安夜風微雨旋至還寢早眠

十二日雨風許兩生來佳客忽臨甚爲欣遇留坐不可堅辭而去大風泥滑其行匆匆亦未堅留之問覃谿攷定論余未之見午後小舜鄉有盜至

十三日雨未酣透風亦間作督工移雙桂內庭種櫻桃地下繙水經注校語總錄之得六十八條亦可成一卷石珊又來

十四日陰晴石珊弟去彼管公糊塗無帳可算公私交困吾許爲填補瑞



生代之也瑞生人地生疏遣還募人

十五日陰朝食後出門閒望見二客來則周生偕王鳳喈來訪邀至雲峰菴看叢館師陳岱生譚心蘭甥也留飯遇雨舁還已暮

十六日陰周張陳復來云欲訪韓石泉問地球圖因雨泥未同去瑞生募一傭來沈子粹送詩來

十七日陰韓石泉及朱通公來石泉開廓無鄉派少坐去云圖小不能載州縣當更拓之蕭順思妻來

十八日陰寒大風張正暘來吾固知其必歸此人自入學以來恍惚無定蓋所謂希當大任者留宿一夜自赴團總之招接席一王老秀才自云與我同入學蓋人字題人物也問同案唯知周樾黃茂皆死矣大風吹轎頂去步還耳冷欲墮餓而便煖春寒不似冬也

十九日大風昨夜小雪今復間作冰凍似凝寒時蕭妻告去乃借得千錢

欲小揮霍頓去六百矣張生亦去風雷達且傭工戀土逃去

廿日風雪閉門自謂蕭然七箧闖入大敗人意竟二晝夜皆燎火自煖烝薪告絕夜寒不成寐看課文以懿第一能引明堂位證木鐸唯天子有之

廿一日晴雪消猶寒看松雪欲賦未能寫字手冷且散學忽聞有客來見一人不識也視其片鄧炳麟心知爲舉人檢日記不記其字七年三見猶不省憶有愧於褚淵多矣特爲陳福山郵書尤爲可駭陳不余識而來求信余報書云非我湘潭無此冒失人也鄧不肯飯悤悤便去其廣德當宣之類耶夜作書復陳番兼與夢虎消受得漱口盂酒茶杯也三更乃寢復蓋冬被

廿二日陰陳弁晏起亦爲異事以此攻敵何敵不摧湘軍暮氣如此說古者言之不出爲言不出位今者言道國爲政則躬不逮矣此砭人膏談



經濟者亦以自解無其位而言其事也

廿三日晴晨雪尚飛知昨夜復得一二寸樹枝積素猶未落也春雪兆水今年特甚遂連六七日從來所未見而鄉人云乙酉年有之余在蜀未歸耳搢子復來

廿四日陰晴雪尚未消天氣猶寒張生來言訟盜事余云盜無重罪訟須萬錢不如徑釋之至暮盜來謝且求助焉此鵲盜無能耐事擾知舊非可化誘者未之見也鄉人又來言積穀事

廿五日丁卯春分晴李有飛花桃新半放閒游本山見林樹均盜斫盡矣然新松數千已有成林之勢不出十年復蔚密矣敗子其柰我何乾元子師湯幹廷譚復卿來開枝長女許來譚團總陳岱生來二師留宿余暫居內寢得城書金嫗云牛在田邊余不解其語周嫗云村話也已五夜矣銀爲張楚寶所送

廿六日社散學要陳湯譚同朝食甲總來請入倉許之飯後攜國孫同行至田家周生先在云其業師以老科被訟欲求解之云未能也爲作一呈詞言譜年不足據學册可憑純乎官話也卽邀田周趙同至六都團總王鳳階家待飯甚久乃出從南柏塘還周趙留湯譚早分道去矣余與陳田國行過沙子壩甚似沭水石湍從湖口渡木橋訪古城土人欲以之當漢湘南韓生云周二里半無此小城必砦基也韓生字石泉以輿地名卽在城間上因至其家看日本圖請其鈎影輪廓向夕促歸過張生門其翁扶杖迎候要入具食感其殷殷竟食半盌還至炭塘田陳分道去余與國孫歸國襖失道引入荆棘中從對門塘頭乃得路入門則雲卿次女楚已先到相待與談族人如夢如古事余倦欲眠乃還寢

廿七日晴煊熊瑛石華來攜子同行之沔陽徵收歲千金渠加以月課卷甚得意而無一餘仍當往也午飯畢沈子粹陳佩秋來沈亦攜子翼生楚



女甫去曙婦又來人客總集內外怱忙幸瑞生去得一空牀余避入內室夜分始寢

廿八日晴煊辰正飯後客去田生具舟南柏塘余步送看桃花烘日成紫荆色亦奇觀也過張武元店小坐看舟發乃還至門許生父相待矣張犯官又寄二百金瑞生昨去屯米與同來也與書程十郎問鹽局事兼爲熊謀鄉人又來迎議積穀往則團總未至無定議而還

廿九日晴晨起聞廚人言昨夜盜取脯腊數十斤而去蓋以此謝恩也欲遣人蹤迹之而皆正人不可遣趙否來言挨打事甚有德色姜店來追債告以無可問矣今日所理皆極鄙事惜無鄙人共之人材難得袠正一也後山看桃花差爲解穢

三月壬申朔晴煊夾衣猶熱講書未畢唐五先生來亦王氏門壻也子明族父與弟蕘甫不睦來訴委曲觀其弟所爲令人髮指宜子明之特委

之又宜峴莊之用子明恭王之重峴莊也未飯茂修來余責數其盜物抗顏盛氣欲坐我誣良遂與吳僮鬮喧吳僮正宜人打余但坐觀欣慰所謂夷狄相攻中國之利也鬮畢俱睡每日必來無聊人四五不勝其擾始有行意夜大風

二日陰大風勸諭唐醫翁令友愛學舜唐云吾以公爲名士今乃知理學也使早知理學則不來矣余云名士愛錢子何不以錢來且唐族合而比於弟則衆叛親離難逃四字賚我三升米而去

三日晴猶寒以佳節放學出游前後山殊無天朗氣清之景率諸女鬬牌團總復來族婦女及開枝後妻時來相鬧亦不能閒適唯設湯餅

四日晴稍煊呼船出漣口久待未至輔廷率其少子來辰發行李至午待作杏酪幾二時許食畢而行留盈件懿遺乾元二子從輔廷還余獨登舟則張生方在湖口與甲總相持云有盜訟團總縣差來提人也過姜



畬未上亦未夕食初更泊沙彎則船幫皆知我來田生及王哲臣秀士檥棹相待真無處避人也田生堅欲具饌諭之不聽凡費五百錢而不能飽食畢卽眠今日專論馬快誣良事情僞百出如剝蕉抽繭甚爲可樂

五日晨臥未與甲總又來允爲一料理遂移舟過行李登岸訪許翁見其二子看課作甚佳已有成矣詣石珊看新婦便留早飯朱通公及譚生先在具訴黃六胖女嫁周甲爲婦姪從姑也其先以婢金鳳伴嫁甲納爲妾黃氏弗善及將死乃均分房產子婦亦無子各買一子與之以爲二家婦薄翁妾又欲兼其產遂入城居而勸金嫁金又貪產不去而私顧工有子自送挂門前樹間又自收之已四齡矣婦還鄉居日相勃谿[illegible]戶妻交構其間俱得其歡去年遂盜婦奩訴官遣緝婦疑顧工繫以捕役因私佃妻爲之隱藏且教令金避入城而盜其物又教令佯敗露使金搜得而指爲栽贓因遂入城鈎通諸役乘尉詳縣乃反誣金移家時遺衣物皆婦所失也令果拘金團甲不能左右求余告令余義不入縣門往託沈師耶遂與同告朱巡檢朱名玉成字偉齋伯嚴弟妻兄也遍識諸名士因允告令且約飲焉方有所求不可辭之遂至賓興堂倬夫亦在遇李蘭亥福生子也倩瑞前在曾軍數相見留飯與盛剛總萬秀才同席夜取被來宿堂中團總來云門房不許金投到已送之去被押其一嚇以鬧堂余不能救與沈俱過許慶豐夜飯一席數至變怪百出云令已訊明交差押候費萬錢矣今日方知州縣之擾民也眉間心上無計相迴避二許送余還堂金鳳候門求救期以明日

六日晨雨子趣約早飯與倬夫偕往金鳳攀轅叩頭此婢殊有膽非真冤也又隨至沈家遂不復理之頃之朱偉齋陳佩秋雲孫俱至看沈石田文衡山畫竹枝山字食新椿芥荃飯後客散路滑與沈步東城根看黃



學錄李少尉墓亦古迹也芙蓉園已歇棠微雨復至避至賓興堂絳桃半開停步賞之倬夫至作霖處會飲因告余至遣舁來迎至則賓客大會所識者余伯鈞徐老太歐陽价人王鶉甫聞恪帥撤還淸流自此當祀秦太師矣朱尉催客入與舅母借轎送去鍾丞父子尉弟沈師先在午後連食不休殊不得飽借曾惠敏集還佩秋久待矣看至二更倬夫還頗飢不得食遂坐至雞再鳴乃寢夜雨

七日雨始不霽然不能滂沛昨約晏起聞外履聲則六弟沈師久待楚玉王金亦來三楊繼至余譽楊孫問其小字云廷忠字訓民年十餘矣金鳳又來勢不可留催飯遽出借轎上船如脫金鈎假寐片時經子來從行雲卿兄之子也年卅矣

八日雨仍霢霂時作濃雲俄然滴瀝而已沈子粹來自言其樂知不堪其憂也移泊楊梅洲乃登岸去小睡寫三扇遣送城中臥聞霹靂夜見月

三更後雨
九日晨雨午晴六日連雨未爲霖也晏起看雲水昏濛知爲晴徵篙行甚遲聊作行意耳四十里泊下灣見月湘漲三尺
十日晴午初雨勢甚濃才飄數點春陰藹藹舟行安穩亦時挂搶風行七十里泊昭靈灘下看懷寧馬生江圖
十一日壬午清明陰早行因早起南風甚壯船人殊不顧也得詩一首運樓南風拂曙李五更來殘上空冷懷行不解愁風水潤濛灘曾只臥聽和議將成念清卿爲之失笑又得一首不用金牌促撞旗符懸心學古來稱申王貴後無臨將強把吳鈎當岳飛長日如年一無所事欲作清明詩無可著想午雨旋止旋作湘水又長天氣頓煊才可一薄緜夕過黃石望泊黃田期年三宿猶髣髴也行九十里
十二日陰晨霧旋散大晴徵也竟不見日晉湘新開漲鴨黃憶兇闌干看峰嶺瞳白滿川魚散子落紅圍地爐春晉碧桃晴合文窗綠玉鏡明開翠屏頭往日俠俠今日夢五年清遺好時光魚子不宜莊語故以綺語詠之光無故實非寓言也



此詩雖妖冶而音韻沈雄殊非溫李正如關西大漢唱紅窗迥底行百廿五里皆帆風猶嫌空船不勝帆力宿杜公浦餘勢未寧終夜擺簸時有雨聲
十三日陰復寒晨過大步入望拉縴亦前此所未記蓋大順風乃有此甲午小暑所謂屬纊風地也爾時頗愁風水今乃渾忘則舟人使然亦未始非畏熱所致心不可有累如此行乃適也斛風颯雨過芳辰惟有孤舟蕩漾春晉深千林猶未綴草晴三日已如閏嬉春處處增閒酒畫白年年客衷鳥百五懷情似寒食行廚靈冷飯無靡過樟木寺復纜久之將至忽得順風行至耒口風息强進欲投鐵鑪竟不得上泊瀟湘門遣吳僮尋船余將取錢安記見周家巷誤謂已過復還從雋丞門至程家留飯昇出柴步門程生遣送余還船小艇游行呼之不應復至安記吳僮始至云船得矣湘灘難上遣要陳子聲復新來談李生亦至三更散竟夜未寐宿程榻

十四日晴晨雨遇一地師尊余老伯不知何許人也復新李生來同飯午還書院諸生陸續來見李鍾儒光地弟子年四十四歲有子五人癸卯中二壬子中二庚戌進士二計抑亭生已巳當癸卯廿五則癸卯二子最大者廿歲止矣當時科舉專取世家如此
十五日晴朝食後先遣取轎旋坐船下湘繡太史馬頭正見告祭使臣渡湘云從南嶽往炎陵文知府爲副使已皆渡矣後猶有吏典金頂二人欲搆我船泊中流觀之直至道臺送還轎猶未至云不知下落也重告曉渡夫往取之已過午矣詣客十餘家朱張道陳程顧朱皆見縷觀又待麪於府署任齋已將夕乃渡湘幸唯見丁馮若再一家必至夜行以今日所詣率門外候一刻談半刻便去三詣又行廿里去一時竟日奔忙可笑也還夕食
十六日晴內外蕭然篤生來云李少荃被狙擊傷頰清卿回任矣諸生來



見者不記人數大約可三十許人看鶡冠欲鈔無紙
十七日陰雨顧生鐘昨來登樓談蜀士浮詐甚詆廖平蓋非張曾之徒亦未知其孰勝伯琇來張老師來衣冠見之看律例廿餘卷無徵不至正其不知治法處也焉用是嘵嘵者爲夜恐傷目看至刑律而止
十八日晴出門而雨看秦容丞云臥病三月矣冒雨昇至安記待買布紙因留剃頭金聘之卜允哉繼至斗垣復來遂成較局至二更畢籠鐙上太史渡船橫風吹還洲嘴明鐙照之乃上煊甚雨入屋階前不可行也解衣閉戶久乃得食
十九日雨晨起衣冠見諸生朝食後篤生何教授春潤張老師來坐久之道臺來恩恩拜謁待麪未來而去景吉人旋至已將散矣云漢報刊游仙詩并注此近豬嘴關也諸生爭席首事周張竟無以處之將夕乃去
廿日雨寒復裘始鈔鶡冠看韓非聊以消日猶覺瞢長陳十一郎送詩賦

來大有天分萬丞有佳兒也頻臥頻起至夜益無事遂睡
廿一日晨雨午晴鈔書分三時以遣長日金張二尉來楊叔文亦衣冠至
較昨稍不寂寞黃船芝來則瞎鬧矣比日閱諸課文皆不入工課
廿二日內齋開火食住內者六人同席余仍獨飯鈔書三葉黃德來言恪
帥又回矣作家書二函交寄楊八踋來有病容言見王藩之難不減於
張督常寧李生來送新茶與書八女問山東避兵事附諸乾與兩孫
廿三日晴煊易單衫行日中猶汗鈔書二葉睡足半時乃起汎湘至鼇局
孫翼之未醒也大似今內外大臣矣泥未乾繞從鴈峰嶽屏入西門尋
大公館未得益西行至堰塘訪金聘之欲取瀟湘門復誤從布政角至
卜允哉寓小坐過天苻廟看戲戲場才十許人短衣者亦不過數十人
自來未見如此寂寥戲場也戲亦無聊出南門至容丞處正見洋報云
清卿實敗退奇聞也道遇胡敬侯云其從子來謁因還行上水久之已



夕食矣呼飯喫畢遂暮
廿四日晴煊蔣尉來鈔書三葉聞礮知孫翼之嘗來久之乃至與馬丁同
來丁字子俊云在南海至狎曾同治游不憶之矣蓋知則有之同實未
也莽莽撞撞猶似陳涉故人久不見此矣陳子聲與羅立菴先在因要
同游白沙飯於鼇局毛少雲主之賀年姪問語亦鶻突燭至乃飲喫麪
甚飽復同坐局船行數十步余獨坐小船還熱不可衣李生講禮記十
葉
廿五日晴陰愈煊未朝食劉子惠毛少雲來又一胡叟初未知其名字鈔
書三葉胡桂樵來悤悤去渡夫報有貴客攜芍藥來以爲江張當至傳
帖則朱益藩又誤以爲益濬延入將至乃悟爲主考官自云乙酉年誼
稱世愚姪與功兒等熟稔江西平正通達人也單衫與坐汗浹裏衣常
伯壽來晴生長子也欲攷府考余云可不必縣考猶有譜府考醻矣夜

講記未半震霆起於窗下電光明麗惜未先登樓觀雷起處已而翻風
灑雨終夜雷霆
廿六日丁酉穀雨陰雨稍涼大風吹水濤如江河曉聞布穀午睡夢崧錫
侯以舁迎我至蜀䜩署不入正門更從旁行甚遠念係右園曾飲焉而
今鹽事頓至此當時要人所不料方爲感愴舁至一室外欲入失謁者
自尋路往猶見三犬迎我一人不相識在我後聞語聲似是客坐矣又
久不至小坐遂眠僕從紛紜眼不能開又似聞黃七哥語數客猶有三
人未至終不入而醒念唐鄂生真一大夢也穉公無故與此徒供指摘
始終爲文云衢利害而已鈔書四葉猶不得晡睡兩覺乃夕食
廿七日陰寄還沈帶再與瑺書鈔書三葉欲再足二葉合卅葉徐生和來
催客蓋生意興隆矣排槍聲厲御香使還坐船往看已過至徐店甚早
江尉先來朱徐後至熱檏點心尙精然坐太久不勝其倦步從南岡至



鼇丰答訪胡四耶岸斗不能下待船來乃登鐔魚子已到云飯盌口未
知其義大約言子多口不必大也水漲流平到院甫夜講記畢而寢隆
孫均當行役未能送也
廿八日大晴晏起鈔書羅立菴來程生請其送程舟行沭求文云鍾西芸
可據之作傳也看黎純齋續文篇既無佳文復無新事然足銷一日功
江張二尉來客去遂暮
廿九日晴煊賀年姪來云爲毛尉所陵藉蓋齷齪有以取之索作孫同知
壽對竟欲立等笑辭令去朝食後舁至安記始知未換涼帽余畏領熱
仍夏服而往弔石平甫之喪劉判朱令三學皆在吳任支賓莊叔後來
少坐余出答訪朱主考弔立菴談俊臣事皆所未聞過常丁不遇小愒
鼇局解帶升冠從百搭橋登舟還今日未鈔書怱嬾故停蓋鷗冠亦僞
書無可愛也

晦日晴鈔書四葉寫字作程母行狀走筆爲文若有神助夜不伏案餘尾未成也

四月壬寅朔早起聞人擾擾頗似場屋亦佳景也出堂點名入解衣補成昨文因補昨字仍未鈔書莫生送文賦來看未可加削暫置之與同下湘郴陳亦從至太史馬頭余上岸步至釐局乃知有戲局中公慶翼之五十生辰因留客五桌內有任並陳子聲馬縣丞較牌余入局共戲至夕看戲至三更倦矣主人不睡又待久之乃宿客房有蠶蟲擾眠吳僮逃去周子來

二日晨起始尋得盥巾沫畢要子年至安記買零碎局丁來催仍還朝食昨未午餐飽食兩盌午復較牌則朱九張尉馬丞朱不諳戲更招劉子惠劉言善城隍爲盜妝毀並及諸像次日藥局發火未知何祥也翼之謝客還朱六復來署永守三否之弟也似甚相習云久慕無緣曾託秦



容叔介紹髯鬚有之并約余往零陵本欲游九疑隨而諾之永州新書院講席分四等庶常以上八百金進士六百舉人四百貢生以下二百人皆笑之余獨以爲合法蓋資格以待中材不可破例也然但可以意消息訂爲條規則笑殺人余前議非館選不掌教猶勝於此夜還補講書

三日晴風看芍藥奇可笑四百錢一花可補五年求乞之貧鈔書足額本荒四日而但補一葉已足積累之效益知曠廢之敝桂陽送卷來殊不易看三百元非便宜可得

四日晴大風不能開門戶熱如五月後看卷鈔書竭蹶矣幸卷少又苦無佳者益知八比今成絕學夜得曹以忠賦一篇稍爲生色

五日晴仍風但有止息時陳伯弢來不復修年再姪之敬蓋不會試故不循世俗禮也或者兩年桂陽腰纏足乎看文卷畢復看經卷題太不佳故無佳作詩竟有可摘句者楊慕李請客甫朝食而來催遲延久之仍不得夕冒烈日而往客畢集矣子聲子年篤生伯壽陳生及其女壻衡山李生也饌比去年爲絜初夜散懼雨急還涷雨打篷風勢甚促俄而遽止到院初月朗如夜半復雨

六日雨陰稍涼晨未鈔書看畢廿卷再出題並發獎錢十一枚附去游行坐臥蕭然自得奉齋長巡齋正課盡瑣門去矣出榜示之未知愧否余則自愧也有五人不游所當急獎孫翼之來云和議已成割地納幣全權大臣還朝矣所謂三四一旗難蔽日者也又云惷帥還轅明日接印

七日晴看課卷五十餘本初以爲難乃甚易也鈔鶡冠亦將成又得一書夕陰無事獨寐久之起出看月還覺熱又睡遂至二更挑鐙再起久不成寐已而聞雷風隆隆沈沈遂睡

八日雨鈔書四葉補昨一葉復寒寂靜午睡久之看漢書二本



九日陰鈔鶡冠畢寫扇六柄夕與陳生同至楊家會食蔣兒先來陳九郎亦在頃之斗騈馮絜卿來詢昨楊壻即朱純卿親家兒因大三其類冰玉口角決裂矣夜還遣借俞蔭甫書校鶡冠

十日晴湘復漲發案畢無事與李何陳生下湘從外城門步上看容丞言淮督俱隤譚鹿新命欲更作一詩則頭緒繁多恐非卄八字所能盡至程家江尉鄒店要江共訪朱主考過文師耶房至鄧雲徒房久坐與艾卿至買池軒鬭牌純卿夜至夕食甚早余未食步月至安記則內外二局陳楊逃去余無所宿與斗讌王老德共局至明得兒女書

十一日陰晨步從太史馬頭呼船還院朝食後小睡起無一事桂陽諸生告去齋長又空矣府學何春鑑及其弟子三人來游

十二日晴熱作王德勝墓志初無意漫與耳已乃心花怒發汨汨其來人文信有緣將成報瓃女還諸生移房避之譚嫗亦來余移外寢今日癸

丑立夏

十三日晴熱作王志成自書之夜悶甚早睡旋起與瑞看月㬠麪午後寄禪引岐山僧來

十四日晴熱臥看玉谿詩始知吳梅村古體所自然李無醜態又非吳比夕至城發山東信以爲必雨亟還竟至衣汗浹矣陳鴻孫及卜云哉來留食辭去

十五日雨素食祖妣忌日程送瓜魚家人爲設瓜亦非禮也忌日不宜食新果菜皆煩熱今始少解

十六日晴訂鵾冠寄東脩與功兒並及次婦三兒交楊伯壽帶去夜宿矮屋譚明鐙相守

十七日晴看張小華所刻查聲山筆記始知李筱泉有叢書周生還院夜



談

十八日晴看湖海文傳長日屢睡呼廚人爲瑞作湯餅至夕乃來遂未晡食二更後始得餅疲矣月出乃寢

十九日晴晨起叩內寢門問廚嫗饌具遂不睡濯足瑞三十生日出拜㬠點心看文傳畢沈德潛云婁東三王煙客元照石谷也二王耕煙(即石谷)麓臺也又云五畫師惲壽平吳漁山王麓臺王石谷黃尊古王黃皆常熟人

廿日晴無風悶熱看史通恩史記甘羅傳云燕秦和以羅計歸燕質他處皆言子丹自亡歸怨秦政蓋秦以質亡伐燕羅幸值其時耳又魯仲連與燕將書衆家以栗腹明其非實栗腹不止一敗未足定之得山中兒女書及陳老張京書去年作也

廿一日陰有風單嫗告去寫字數紙曾省吾劉子重韋瀹泉來將出遇雨立門外吹風久之客去復熱

廿二日雨復涼看論衡書愁語也然時足發笑

廿三日陰校論語訓鈔序其端出城買布憶與篁仙嵩嵩幾五十年矣無故張陳良可笑歎泥濘早還見營屯接香差初無偵探露立岸旁復悤悤而散余亦榜船還

廿四日雨昨聽與元明開國君論建都醒而自嗤何異乘車入鼠穴思想遂陽失聲而起鈔程毋行述改定數十字

廿五日陰雨看石印古書廿二種皆校本也江南人於刻書甚爲內行多余前與曾侯論當刻者張霸百兩書論衡引兩句此外似未見他證伊君死大霧三日蓋其文多詭異

廿六日陰晴有雨看學使題言洋務者之無恥極矣瀏陽諸生實有先見譚嫗來



廿七日大雨晨起已晏甫朝食家人遣人來得滋懿紈書並山蔬京杏經歷余來

廿八日雨余經歷又來迎學臺余方朝食看來船已至樓前大雨益密未能相聞也料理行廚議散內齋生已陸續去才餘一人矣

廿九日晴出看監院因過安記料理下湘始得進士報無心及此矣改廡拐文

五月辛未朔晨起點名朝食後安記人來云船怯水欲自往盤丰謀之因作書復子和爲通桂宮錦遣送鹽局忽悟可乘渡船回往因不問丰便至鹽局看翼之聞孝達劾罷李兒差强人意還命治裝過午乃下船又久之將夕始行至安記取錢算帳遇王魯翁同看商霖因遇絜卿及二王翁還船買煤不成煮飯不熟遂泊季公塘行七十六里瑞攜二女及譚嫗分倉而居

二日晴熱過二丰均未檥艤櫂愈於關征此亦其效午始至朱亭欲泊朱洲余促夜泛水手昏然不辨上下明日又當纜行因令暫停漁人云六磯盜船來此近在三里內不如早去余與相問答以爲可恃已而二盜蛇行來張六厲聲呵之彼乃反脣語浸強余善詞之而去漁人不復出一語岸上明鐙來者十數大似宋江遇白跳恐擒女被劫爲天下笑亟令移船舟人仍未醒又泊荒山下通夕不眠

三日晴陰甚熱天曉看方向乃知已至易俗場大水瀰漫入漣口如潭可以櫓進復兼用纜至湖口雨徹灑登岸褱回瑞生來迎同行至山莊諸女出迎不暇巡視風雨大至喫飯畢較牌復回龍天九懿負十千屢角屢勝負終不能至五千乃令復接手將鷄鳴乃散竟負四千六百喫麫極佳

四日陰晨便鬭牌至二更始罷悉復所負反贏五千八百午間石珊來潤



秋兒頁生無飯喫與冬篯偕來遂留此瑞生辦篷帆節物至暮始還得八女二月書

五日陰家人俱早起未午令六女祀神餘皆爲客受賀畢戲未半石珊來邀冬篯頁孫會食杉塘遣人來便告盈孫令來散節賞答王嫗送禮夜早眠

六日晴譚團總來訴倉穀及賭錢事周翼雲來講春秋自隱至哀疑義百餘條多典故無大關繫末問哀致太平何以但書戰事又問晉京師楚何爲而書余頓悟哀篇專紀伯國事自治以正天下在用二伯也隱名城罷田賦征伐自天子出秦亦暗合於道但不能任二伯耳然則郡縣之制殆亦孔子本意張子持來余講倦入睡起使夕矣未食客去至夜鳸鴨啜湆飽餐而寢盈生岫生來石珊未飯去

七日晴晨裝待飯周嫗請從瑠女下省兼令吳僮侍行余率懿盈登舟至姜畬換撓張帆買米菜許張迪庭登舟岫子瑞生登岸去料理粗了客去即行湘落流迅僅泊易俗場對岸向家塘行六十里

八日大晴東風後轉南風纜行湘水復漲因問水手魚子所產地云江浙在大通樅陽取之江西取之湖北武漢唯北河子最佳皆鰣魚也陸地河沛之間則不能知夜泊泥彎行五十餘里

九日晴熱無風劉傭欲泊淥口斥之令泊山門釘船桅梁板已斷不受釘用木支之纜行七十二里夜乘月行至二更泊淦田下

十日晨見紅日知當有風舟人則以魚食爲驗午轉東風已而南風飛雨遂大西北風雨寒頓冷擁被久睡帆至朱亭不能進泊久之強纜行十里宿黃石望中行四十五里

十一日晴涼辰正始出望帆行九十里泊老牛倉鄉人牛以倉量前云漕倉舊步非也雷市丰不復相呼蓋憚於生事



十二日晴涼纜行至豈洲已過午矣得順風帆行至樟寺始夕風息未能更進講疾醫疕瘍祝藥均無昀詁疕爲新創祝爲注他無見也疕從匕比蓋小瘍相鱗次者祝不妨爲祝由下劀字專屬刮殺亦可今日行八十里

十三日家忌素食不能食瓜俟至何家套乃得豆乾飯已過午矣大晴仍涼晡至院諸生陸續歸有二人甚眼咤竟不知其姓字喻魏二生迎於石磴云已和矣今日行四十五里計共四百五十里水程有短有長不遇順風猶不能至遇勤壯水手則可至耳大要日行六十里合吉行之數也得鄭少耶書

十四日甲申芒種晴陰定兩子工課令內齋會食看卷卅六本衡山劉嶽屏清泉許本世衡陽夏欽皆美才次第取之今年文若火大有長進許夏詞章必可繼起但不知繼誰耳終日以講書看文爲工課亦不惜分陰

矣寰宇記引水經注大陵川出巡河考巡河所在未得偶閒看胡棣萼等課栽作巡和當更取北魏隋志攷之陳鴻甥來告葬母

十五日晴陰看近思錄當日所不肯挂眼者今取觀之大要皆發明心性而以爲實無心性云纔發動便非矣二程張私相談禪後數百年有一姓朱人大說之與呂姓同編此書專裂其說經諸條殊爲詫事寄書招于晦若

十六日晴周廖劉生皆去未朝食鄒松谷來送鞾鞠而上有忌辰日殊不敬也桂陽送課卷並得陳復心書寫扇二柄

十七日晴熱待飯向午出城至監院家陪弔客來十餘人而皆知賓者弔客不過六七人余陪道臺因待轎遂飯後乃去看蘇州人批紅樓夢與買政意思一般



十八日晴看桂陽卷十本殊少佳者紅樓夢雖爛熟而意不欲輟頻頻看之亦曠日功

十九日晴許兒來請文嫻不欲見信局送信一送江建綬一號橫街頭不知何人以號賞不多破例收之桂陽卷殊多一日十本不能了乃加工看之文卷卅本畢閱喬子來

廿日陰涼宜游課卷未畢坐內齋半日了之得廿五本無佳者稍睡甚昏投枕起至城訪孫翼之不遇過安記借轎弔任師耶莊師陪客悤悤還

廿一日雨發桂陽信並復江學使書寄五元去巡齋無瑣門人矣夕食不甘無所事

廿二日晨雨食時霽午晴洞泄覺傷食不飯以治之朱純卿來亦用世姪帖誤也兄不從弟吾方以爲主考問辯行耶則更誤矣雖不飯猶食四兩麪臥看氏族志尋但姓不得不知爲平聲檢覺無之可怪也

廿三日晴昨始聞蟬芒種後二五之節去年在夏至後五日月令以蟬始鳴在夏至之後明不同五日之候不可以驗節氣故不係是月大約隨月氣不隨節氣者而時訓以爲候非也夜熱未被水漲平堤看靈素寶無可取

廿四日晴復泄未多食馮立臣來石鼓師也名燗孝乙酉年姪明日當同席故先來見黃水軍來言朱主考今日生辰有戲酒昨其兄面約初未言生今聞此不可不去遂至釐局則正遣迎矣小坐旋喚轎至安記取錢借僕而往盡江西人也唯我及孫二客初甚涼快已乃鐙火甚熱戲又無聊遂還釐局困頓早眠

廿五日晴未甚愈仍未食留釐局喫饅頭更邀丁子俊喫功夫茶建旗劣味不可飲未午更過秦容丞至安記聞羅立菴急死程生更言其詳數百言水師催客借秦僕而往二楊一馮先至絜卿家小坐亦未能食未昏辭還



廿六日晴可食未食啜麪一甌小睡始浴坐船至釐局要翼之同往衡陽甚熱與文蘭皋鄧雲生同至買池軒艾卿兄弟出較牌終局余得一勝復同文天九至暮楊芸階女疾辭去夕上菜未能食略嘗而已二更還釐局宿

廿七日晴待飯至午翼之劉麪魚余初未識乃麪老鼠也丁子俊復來余辭出泝湘還已日斜矣猶未食夕早眠

廿八日晴南風五日几席皆溫舜歌乃云可解非古詞也或者可當作何午浴

廿九日晴西禪兩僧來實一僧也有侍者以同坐故不分別云秀枝又往隆州矣荒絕之地今皆戶庭遺索梅漿於釐局自言能作故特試之桂陽何生來云已考畢

晦日庚子夏至南風晴看坊刻律賦跋臥西戶薰風烘衣出外齋又無風

皆不甚適翼之送梅漿猶吾梅漿也午食拌麪頗佳看管子一過

閏月辛丑朔晴南風仍熏偶思閏字從王居門是先有禮而後有閏堯始置閏則堯始居門也大傳帝王不分蓋堯仍是王舜乃帝耳或者王郎皇本字後乃加自以別三王此說前所未到夕並無風暑氣已至蟬鳴未聒節候猶遲夜熱忽涼

二日陰晴稍涼以昨夜北風也風蓋十日必轉唯小暑過旬爲巽北風則內齋悶熱因至樓東尋坐處與謝童同席寫字一張而還看次青選賦追悼清才自甘濁宦令人感惜夜涼早睡醒聞跫然聲云瑞生來滋女來書言守屋不往長沙是也

三日晴涼早飯甚闇與諸生分席不以閒人溷讀書人也待餟甚久衆俱散矣以卅元借瑞販油飯後卽行尚似辦事人

四日晴陰涼看北齊書甚有新事欲往石鼓不果喬生夜歸余論勸之彼不喻而反發惡拘而訓焉稍喫板栗午後孫翼之來云劃地事定議小集作閏端午客去夕食率周渙舟濬孫至石鼓見主考船猶在水步馮山長不住院門堂叢雜殆不可入比之張成時又有今昔之殊取小巷至合江亭諸生浴堂也還穿城至外城東門下船周生指列宿言北辰不動處以小星爲候又言河鼓非牽牛皆宋學家言看初月已奪衆星光未能了了

五日晴稍熱待午浴畢下湘至鹽局作閏端午因與莊毛馬丁較牌翼之設食饅頭過飽遂不能食初夜散乘月還雲陰無星

六日晴北風甚熱夕食避出外齋重看同時人奏議無可取者大要皆自欺欺人始知才難昔與周旋亦服其英雋考其所見乃無異庸人然後知叔季無足觀也況不如彼者乎使我當事未知何若要之議論必可觀



七日晴溫風復至往來內外閒臥而已周生求去蓋爲喬子儒家不能容人乃使我有不容賢之咎任之而已彼初來有久計尚欲興利除敝翻然見幾不俟終日真宋學也縱容不肖子姪我之謬矣儀安外孫黃生來鄒彭兩生自鄂來兒許盲者亦欲入院何也

八日晴衆云稍涼余獨覺熱絕無一事唯臥而已夜渡湘立沙上反涼於樹間文若火及楊叔文來秦子省來皆云此處涼快月明無風三更猶汗今年防水乃有旱象蓋倚伏之先幾也

九日晴晨起卽熱坐臥內齋胡生傳樽及其弟來云尚有弟俱在鹽局有菴甚狹二胡居之樽欲入院讀書無室以容之廖生將處之陳李之房余以爲不可

十日晴午後陰程生崇信來自浙還鄂泝江湘阻風凡再登陸始至云在長沙見兩兒有信在船也留坐一日去有人揹後門云鹽局來者未知何以不由正門王秋江亦不見於法當革二巡丁唯可不問耳夜云有雨余未之聞巡丁從白沙來因抄便路也

十一日陰涼猶未事馮絜翁顏仲秦來消半日矣寫日記誤以二日事歸一日已乃覺之不事事之過也夜雨得兒女書

十二日雨陰甚涼朝食後汎湘至瀟湘門步至府署弔任輔臣城中官士多在見電報臺灣襲得倭船俘斬萬計從此又生事矣午後過安記見陳十郎帳房歐生欲出南門求雨門塞繞出東門直至鹽局桅旗風繞久之竟不辨字徐齋是鹽丰因入答子省設冰燕反侈於任派船送歸看課卷十餘本一睡失晚誤以爲夜深矣

十三日陰看課卷畢游息一日天陰不雨未測水旱復書但糧儲程生送魚片題曰馬交初不聞此魚詢浙人無知者炸食之乃知爲白鮔馬（後廿日閱朱竹垞詩乃知爲當湖馬皁魚馬皁城以水經注所云谷水經之者魚以端午前後來家家煠以爲膳）蓋鰻音之轉交郎

蛟也廖生辨之余以意定之巨如兒臂無刺

十四日涼周監院疾甚豈鬱結所致耶則又不如張監院矣外人謚院生名請課利其三百青銅有十倍獲也派楊李查辦巡四齋胡傳𢵧已入居矣

十五日乙卯小暑陰涼午出見日旋暗有飛霖與楊李同至城余獨至涵今閣買小說始得燕子箋並辦裱糊紙軸還出東門循湘上至道士館馬少雲設饌劉子蕙亦在餘皆前館夏人未初入局戌初入坐譃笑飲啖甚歡孫翼之辦公未畢余先還鄒生從省來

十六日陰晴仍涼看小說客魏事不似幼時所憶者蓋隔世矣看燕子箋則純學玉茗宜其名重然以妓先配固知其無名節言爲心聲況情發於聲音乎至其關目全仿牡丹亭則冏曲子當家勝李蔣多多亦雅於孔文固不以意勝且孔仍重妓妓而貞尤强顏也

十七日陰涼復但少村書問其姓望萬姓譜無但姓則明末猶未著也看梁巡撫小說梁因歸閩把持總督勒捐逃出又爲兒求缺督劉韻珂欲劾之懼而自歸劉乃不問其蹤迹詭祕疑劉受賂也溫州兒無故爲左季高所劾猶因父累李黼堂慕之信道光派矣看瀏陽課卷

十八日陰晴左生來求事未去石珊又來其以我爲木居士乎看瀏陽課卷

十九日陰斷屠已久頗有菜色木工來搭涼棚石珊云王屠被縣令差拘求余解之

廿日庚申初伏石珊去送之入城至程生處探消息無所聞喫麪過陳郎家小坐而還瀏卷本可畢閱因外齋無風遂輟

廿一日雨始霢霂看課卷畢百廿本七日了之猶爲迅速初閱時百六十本半日了彈指廿年矣遣看石珊午熱浴將半月塵一洗甚快



廿二日陰對卷出題公事又畢桂陽劉生來云陳伯弢將至前欠筆債悉爲了之石珊引王屠來諭之使早去並寄課卷魚翅分城山兩宅李生早來云鏡賦亦洋話

廿三日大晴夏生壽璋來王生來言吳撫將游黑沙潭王船山所謂目光如炬時也余亦欲去而無游資少遲緩之

廿四日晴晨甚涼起看玉溪生詩隱王煙客像似元照畫也或是麓臺久乃忘之凡伏日雨須熱乃爲漏今年極涼故雖漏不應也功兒遣方四來進瓜正涼不須此詢城中求雨狀閔雨未爲志民院生紛紛告去云火牌到矣臥看陳伯弢詩

廿五日晴涼朝食後三生講書畢點定陳詩內外齋几席並清可以伏案似四月時也久待城中人不至日斜時始來邀往東洲云太晚矣手談未終局涼甚加衣遂飯始得蒲桃夜從洲後還幾膠不達比到磴前城中人亦到岸聞礮聲矣

廿六日晴涼作書復瑺並寄茶米與方四去諸生競入城紛紛舟送木匠復來要船送餘竹木因自載以往未行陳華甫與金潤生一陳姓來開賭局自酉至卯七時十二較毛大負余與孫小負斗遂任意指揮居然官誰當代之孫翼之云不識也毛馬亦來遂巡成牌局斗垣又來則成廿送銅人也自云花二百外人云送二千矣客去遂至鼇局探吳撫去無敵方知人不對不賭之說二家技劣遂從風而靡也

廿七日晴辰正始還未朝食講書畢又見一衡山生及衡山劉生煌然曾价石女壻也昨始知之匠人安棚席紛紜樓上殊不得寐夕起又見廖張兩生督肄業今來問訊者夕食後又睡乃得安眠夜涼

廿八日晴程郎送羊肩云又斷屠矣常寧三生來晡後大風吹捲篷上屋屎瓦皆飛外齋曾不動簾疑亦得地也小雨旋止喫餅

廿九日晴早起喚兩生醒杜子美所云無食起我早者黃生錦章來亦舊徒也晡後雨可得一寸澤

六月庚午朔中伏諸生盡去停課無事出游西禪寺周李二生瀛喬懿兒俱從碧崖堅留食辤出訪兩學聞學使到倉黃辤出訪蓮湖胡江亭不遇而還分道入城余與周過秦容丞門環上一卯未知何意告容丞出視誤破之疑爲厭勝術其門虛掩欲內出破之也還船待四人不至遂先發而皆次第來始鈔爾疋

二日辛未大暑晴熊庶常希齡來和尚巡丁繼至鈔爾疋一葉木匠修棚復費兩工夕雨懿與李生入城欲迎之因未至甚涼可不勞人而瀛孫謬言船去復還閉門先睡二更後懿竟歸余起開門人言之不足信豈但日食

三日陰晴鈔爾疋一葉較前似有頭緒蓋停留長智鳳去錦謚不虛也食瓜甚佳憶辛未事廿五年矣同食者唯二張在各居危邦亦可憐也

四日晴南鄉民入城鬧官爲之閉南門大禁五葷喬子求作巡丁叩頭稱謝皆可怪也看經義攷乃知有所謂格致通百卷湛若水作仿大學衍義也廣東人好著此等書胡瑗之枝流鈔爾疋如例後不更記

五日晴晨涼入城答拜熊庶常至顏生處聞德壽來撫我不事旗撫六十年矣天道周星故宜有此過程生小坐而還全鼇局遣要斗牌還賭帳不至約莊馬共戲孫總罵人客甚不安二更步還熱浴又多惡夢

六日晴喬子去鈔爾疋一葉未畢李生亦未講書閒看朱詩遂銷一日朱但摘一二稀見字遂成一詩不顧文理與王愛好皆極惷人也

七日晴始有暑意晨得王嘉禾書午間顏通判來未知考事補成昨鈔書葉夕風有雨

八日晴昨夜蓮弟來送豆粟乾菜早去余猶未起晡後大風一雷震而聲甚雌未知其理雨才溼地



九日晨陰似秋毛胡來談衡山向劉告去向夕頻有微雨跂足閒吟蕭然多感輒作小詩（亭淨驚秋早蒼喧覺雨來瓜樓涼可坐鳳事老難灰江海鯨鯢闊初晉燕雀回得閒唯私睡愁緒夢中開）羅宅赴喪而先發白蓋衡州大禮

十日晴涼竟秋矣天時反常頗爲憂思攷我予吾朕之分始知詞氣有別說台朕爲賜予之予亦能助爾疋不使同兔園册也

十一日庚辰三伏甚涼昨夕李恪檝孝廉來結甫從子也云結甫重游泮水因知衡州不入學謁聖入城問純卿可舉行否因過吉人子章新用一隨丁與府茶房相罵子章必有巡撫之望也步過李結甫因買後紅樓而還亦少年未讀書當時怕醜今不怕醜也見美斯見惡前不美則後不醜矣然亦須五十年閱歷

十二日晴求雨不應遂罷禱矣渡夫告假金子暴疾幾無人爨郴陳生來湘復小漲

十三日晴風稍熱王曾程三生來云彭生恐革廩求爲關說

十四日晴呼小童汲水灌花自學漂布未能白也竟日閒臥王叟擔子夜來云乘月即去又忘其字

十五日晴金子告病廚中無人幸周生傭工復來雖人已去可安頓矣

十六日晴莫生來亦爲革廩求關說余方避暑未之聞也

十七日晴比日南風如焚衣簟皆焦然未甚熱程生夜來

十八日晴晨即無風頗有熱意馮絜翁來爲其孫師革廩請爲關說其孫亦爲所累不得入學乃不怨之盛德人也必爲請之午下湘臨羅立菴之喪正將請客悤悤而出程生遣舁迎我至其家換衣遇江尉借花月痕小說送李生補講禮記今日丁亥立秋

十九日晴熱臥閱劭剛詩偶感花梨之作輒爲易之花梨書架紫檀牀此

物今歸易佛桑憶接芳鄰移柾死網師閩音易讀如柾死余猶惡之又師真一爇沈香
仙童也復迷花酒天女無由問草堂世事白雲蒼狗變只餘春在在金
閶前尋但姓不得書問少村鈔譜來乃恍然但是平聲令諸生檢得之
殊以自愧老年愈無記性宜文闓面之白眼也
廿日晴夕涼秦容丞來衰病仍得出游是可喜也周生病甚議論頗多余
以義當留之
廿一日庚寅末伏猶熱檢點鈔書竟少一葉甚暑無時可補李生講禮記
甚絢亦費半時功然竟得合三禮無歧義則大有益吉人來久談夜雨
明星朗然
廿二日晴熱朝食甚晏午初入城弔羅宅遇胡馮步從南門出買墨至秦
容臣處請龔管家買米檢藥自至釐局坐待之聞孫翼之言馬尉辭差
人事多變亦可歎也久坐人不來自至船上則俱辦矣畏熱亟還鴻甥



及梅生子𪇆來字仲明一等生也夏生二子均來見新入學言掌故者
客去方欲稍息喻生父來求館已忘之矣
廿三日晴陰仍熱與書八女李生講書問明堂朝會之服向未致思者
廿四日晴夕大風有雨登樓聞雷聲被風吹不復能震得句足成一詩新
喜夜涼早睡又不能鐙未及錄也
廿五日晴周生病歸郴何生送簞鄒左二生從上庠歸試來談陳完夫及
李生弟安澤來謝年姪夜來未見
廿六日晴朝課畢入城問李結甫病否未行陳捕廳培之名家珍從永州
來相識幾四十年矣處處過從然非交游其人自大而望我者厚拉至
其舟遠不能及因呼渡船送之同至岏樵處索麪復與同出至長街招
謝生問來意因至卜允齋寓看二陳遣問李翁至衡陽議請學臺便留
打牌仍至李寓問之則云學臺已牌示於發落日設宴招之不必入學
宮矣至程家復招培之來午飯朱遣人來二次矣往與孫鄧入局茗熱
俄雨不能終局而出宿安記
廿七日晴招培之來早飯張江二尉來厤七子亦至謝生復來辭與千錢
遣令暫還孫翼之來同至衡陽了昨局開新局負四千昇還安記
廿八日陰近程家改早飯爲午食甚不合宜蓋辦菜費事固非居家之道
過釐局招蕭伯康問榆關事仍無所聞純卿來共食鴨羹甚佳飯後拜
學臺還船歸院譚嫗來得滋書
廿九日晴朝課未畢已及午正今日與府官同請學臺兼要李翁公宴聽
戲至顏通判處坐待見其季弟將一時許純卿乃至吉人亦在兵勇三
將熊王黃繼至文隆並來李翁後至猶未日斜頃之學臺來甚熱不能
解帶因令先送酒後薦羞乃單衫入坐建緞正坐李左余右建緞因遜
余乃反陪中坐與隆書村對席李左坐鎮府作陪王右坐黃朱景作陪



唱戲認真看戲寫意當與學臺言八事一開復劉維珂莫之先二蔡州
判爲鄒家澤糾衆歐傷其嫂宜訪黃劉二老耶枷號示懲三程母行狀
送使館四孫翼之顏通判求差缺五請畫扇六問郵政七言鄒桂生許
本愷夏欽宜一等八問春季加課皆盡其詞建緞約明日至書院余云
純卿頗有收藏可往一看後日至書院可也因約九點鐘集於衡陽署
初更散昇出南門從百搭橋登渡船還大睡失曉
七月己亥朔陰久未查課出堂點名朝食甚早下湘步至衡陽吉人先在
縣學僕從鬬口生事余令少遲緩之請學臺來則無事矣過午建緞乃
來看字畫百餘種無可欲者有北宋及趙子昂摹臨摩詰畫巨擘也申
散還夕食夜啜杏酪甘之以餘與金子諸生盡睡去不得嘗也余亦久
不知此味矣
二日晴逋課六日晨補日記亦費一時功可笑也莊叔壂來要往釐局因

過東丰馬丞少雲點心同至仙姬巷局翼之外出余欲去而莊欲煙旋遇曾省吾來告假翼之亦歸較牌至二更還夕食甚旨

三日晴朝課甫畢馬丞來又要至白沙丰與毛龔較牌至二更還雅南來熱浴即睡未及談

四日壬寅處暑晴譚嫗去一日無客稍看書目陸存齋家藏也純卿送詩來頗有寄託但公宴作歌行有違當食不歎之義

五日晴炎補字課寫對聯劉維珂來暮欲訪衡陽餘暑尙熾臨流而返

六日陰午燠夕涼淒然秋至文衡州來寫扇五柄

七日晴寫扇盡了筆債頗通判來夕至湘東岸李生來言油船事董貽枇繆人之不知心信難與共事也過楊家聞弦聲稍有節意江蕭麻均在食梨二片而還

八日晴不復蒸熱但未涼適耳補鈔書一葉欲作事無興致燕雀處堂白鷗愁水漆室嘯不虛也郭筠仙悲憫豈徒然哉陳子聲來作逸吾夏生二書爲人關說

九日晴涼雅南欲去牽動瀛孫思歸之情亦告假嘗祭余許之而責其不曉事方在芘蔭無所謂春露秋霜之感也又一人去船水可危義不可許余素疏脫無不可者然理不可不明也當送雅南故待夕下湘王石丞弟四子來云已移居織機巷久不相聞矣飯後雅南又不去余已辦送反促之舟面吹風甚冷登岸借錢二千遣之步月至鼇局又要同過容丞船從石鼓還乃借衣而回已過二更

十日晴陳子聲請客何程俱去喫飯頓少三人幸留瀛孫否益寥落矣王石丞子云管事虧空欲尋其來往店鋪代賠亦奇想也

十一日晴早課甫畢任鱅臣來謝弔因飯其從人並爲設麪船送渡楊家而去



十二日晴書鈔少五葉稍補終未能足積壓事多始看課文

十三日晴日課甚勤猶未能奮迅夕蕭楊來看月客去始夜作看卷二本耳可笑也復熱

十四日晴熱閱卷十餘本鈔補爾疋二葉夕下湘大風不能進上岸從南門步至布政街問王兒云逼死一人被圍求援景清泉犯門逃去今在縣署矣可怪也過蔣尉借鐙徑至鹽丰上船還夜雨

十五日晴閱桂文畢少停鈔補爾雅一葉已補足矣烈日明月杲杲當心殊無閒寫但有照灼反不如風雨之幽寂也

十六日晴晨閱經傳畢定等第亦勞半日莊師耶昨送鼓子未知何意饅頭亦不佳而蠢僕但知磨磨朝食四枚待飯將夕鈔書始畢不欠矣

十七日晴李生如槐來言修船事因知廖生耽耽於公錢欲瓜分之人之不相知如此殆又勝於蜀生可傷也待李生講書久不至遂與諸生放舟至鼇局較牌蓋五局猶未夜可謂曠日也乘月還今日補前集外招朱任並至

十八日晴北風秋炎看課卷畢百十本佳者勝桂陽也鄒桂生來

十九日晴釋詁鈔畢得七十二葉未遑檢校與程李下湘逆風難行下水推船僅至渡口登東岸訪絜翁問劉貢生已歸去殀孫失館兒又將殤流年極不佳猶孳孳於復廩可歎也午供未畢不能久坐至楊家叔文芹酌請客俱不至唯二陳陳李生在坐伯琇子疾方經營醫方更邀馮來肴饌甚費故不能飽二礟後乃還夜涼不可紵

廿日戊午白露八月節陰朝課畢待李生講書又不至衡清兩學官來欲留點心無可使者午正下湘至新安館馬尉請客毛龔來終局莊江孫任續至秦子省亦不期而集笑談甚歡別起一局一更後散

廿一日晴李生問諸侯三祭未之思也檢舊注皆仍師說非情理更與余

新說分祭不合因說烝彝復得干祫之義書熟自有悟乃改定三祭爲除喪後事初非定制太祖禘嘗以二祧附亦可通矣得功莪書

廿二日晴將出無船停一日遣約蕭郎西餐因與陳子聲餞行

廿三日晴熱誤縣布衣出揮汗如雨至府署留鬬牌一後生不知姓名而久在莪幕送余夜出至程家得鐙乃還船路過鹽局一茶喻生先待船中二更始至

廿四日晴熱入秋外齋曉日照几不可伏案心情頓嬾游臥而已楊氏兄弟夜來留宿

廿五日晴以有客先飯客乃遽去寫字數紙孫秦兩總辦及馬少雲來船不得至沙行乃達再遣船送之楊家送點心陳復心亦寄鹼糉得以款客

廿六日晴熱灼汗如雨朝食後至鹽丰要客馬劉同至渡湘至蕭家府署友人欲喫洋菜請伯康具饌莊叔塍出三千歸結夏局餘費金與蕭共之蕭云須十金不値也或酒貴使然抑以客計數耶招客孫丁二任毛馬劉黃陳楊秦張共十五人鬬碌雀熱不可坐頻起頻散夕忽大南風又云北風實西風也烝鄗無正南北故所在風不同午初集戌正散憊矣

廿七日陰昨夜有雨稍涼閒極無聊呼匠作盆寫對如掃葉旋至雖欲應之勢無已時頤芝雯知縣來接三子也歐陽翰林雋丞姨子則所未聞然未來見子聲來辭行云已得千八百金神矣而猶自謂窘留飯而去程生妻暴卒遣慦銀往唁之

廿八日陰朝課畢至鹽丰覓船因至鹽卡要秦馬至總局尋牌孫翼之外出往容丞處點心還較牌至丙夜因留宿久留船夫甚不合理夜熱

廿九日晴熱晨起待點心後往程生家弔喪因唁其父叔還局午飯馬少



雲來同步至新安館劉子惠先在剃頭與秦馬較牌毛尉旋來任孫繼至派劉作東夜飯後散

卅日晴大風夕至絜卿處陪陳道臺餞席余仍首坐顏㳄之伯琇兄弟並在從洲西沙行還內得王華庭書贈睡椅

八月己巳朔出堂發題巾飭後至三生未午下湘送子聲行一時許乃至凡再至程家換衣出城烈日中行二里許至鹽局蕭伯康送鹿肉並攜麻雀來鬬牌無心相局將闌矣陳華甫孫翼之來江捕廳馬少雲同集又有一新化甘肅舉人未問其姓未昏已散步至白鷺橋待船船反在丰待我一更後乃還夜雨

二日陰頓寒一絲一夾毛賀來送行云局中已覓得一船將去而止常霖生來留飯久談客去已倦

三日陰復暄劉子惠晨來告舟具即令文銀先去舟運往反倏過午時曾昭吉來督委開卄留之午飯顏通判引峨眉劉師來芮少海之徒也今年夢芮之祥乃兆於此主人欲飯而行無柰亦留之飯使爲總督必不至此飯罷夕矣亟登舟至安記交帳還船作書告丁公李生來送因與言不動聲色措天下太山之安昔疑此語今此近之矣首事議凶荒栽課額其醜有四余一去而泯然甚自喜也求書者紛然一一應之又不動聲色之小小者耳秦子省夜來尋船遣金生取米一夜不至通宵明鐙候之

四日陰晴晨初金猶未至買菜亦不至朝食時發行甚遲水退矣恐前必阻淺劉子惠來看已在中流遙揖而別七里灘膠舟久之乃活宿大步行六十里

五日癸酉秋分晴舟人嬾行汎四十五里泊萱洲下遂不發鄰舟喧雜

六日晴熱北風愈壯行三十里檥雷卡久之篙行十五里泊衡山復鈔爾

疋夜宿石彎

七日晴晨興看丰丁巡鹽遂不復睡朝食頗早行卅許里忽檥黃田云不可行欲覓撥船無之還睡甚熱大風吹沙毛髮爲焦泊晚洲亦行六十里蓋永船行不過一站欲作十日程符古地里耳晉書記湘東至州六百里

八日晴稍涼風止早行過黃石望復因風大愳石不能進久之移朱亭下遂不前矣補鈔爾疋已足額明當撥船遂亦任之夜反解纜至二更泊昭靈灘上亦六十里鄰舟婦呼盜起明鐙云攫去男被通夕警備不眠

九日陰下灘山門喚船未成倏至淥口計明日可至矣順風增水正在快意忽觸石船破水入前倉急呼船救本地撥船皆笑視不前過船不敢來拯云畏衆怒初不知惡俗如此近在本縣可恥可恨余裹回艙中幸先已檢點將待船沈而下水耳（久不得爾亟此般灊灊生奉若喜說船主者亦天下怪事）鄰舟徐巡



檢來救已而又來一撥船舟人撥米三里石二百余斤其非後船慚愧九十里僅索千二百喜而應之至夜乃移舟卽行泊石家步距鑿石五里

十日晨雨仍洗纜船米定敗矣疑亦有神鬼弄之余得脫免鼓棹順風未午至漣口因雨留船入漣又翹足高吟以爲卽至未一里膠沙不能進乃至一時許昏黑矣遂知前定小數必不可違安眠默然宿袁家河下

十一日晴寸步泥沙船待下水悉過乃能進一步檥袁步買米泊渡口守洪一時許復午飯矣幸水道不長晡至姜畬懿兒先偕盈孫從陸至此竟不來迎呼鑼夫亦無應者乃遣金生往乾元頃之鎭南來懿亦至問考試事知輿兒與名燾俱入學遂至乾元見輔迪夫妻許虹橋湯榦廷剃髮出恭撥船紫轎幸俱集事借二力夕發至七里鋪便夜乘月駛行比馬快又快意也初更已至山塘瑲女已來病臥未醒諸女迎入蔬木頗整齊但不甚茂桂花香過矣道上芳非盈路女祭已畢留俎待余俟懿兒來同餕坐談至四更乃寢通夜未熟睡

十二日大霧晴功兒求金以百金助之遣瑞孫送去訓飭輿兒命紈諭之與瑲女等鬭牌至晡散復較牌至二更酣眠至三更醒復眠至曙此後每夜必醒乃得安眠看初日也

十三日晴譚前總來鈔書點讀復常課暇則鬭牌亦定爲課

十四日晴甲總田闓總來三十子請飯以其父死後能爲賓主諸之烝雞黃肉爲之一飽仍送余還夜早眠聞雨

十五日陰秋節無辦譚總送魚芋池魚反美於川魚張子持來留飯辭去夜待蔆藕至月中乃看諸女拜節余雖迎高主而不奉祠從客禮率舊章所以爲敬也女自從事生禮設拜可耳瑞生夜分始至雨



十六日涼雨瀟瀟東風甚壯閉窗獨居課畢較牌夕早眠

十七日陰復欲晴田生復來瑞孫冒雨往姜畬還已二更夜三起

十八日晴遣取半桌來乃有□舍放甎已過時且令浚塘今年家計又畢矣日不暇給若將終身無可如何也杉塘三孫來

十九日晴師子來不易得也云又將入城許氏從女來覓工無以位之族人失業可愳

廿日戊子寒露晴彭畯五來云醫商請開衡岸求人列名欲往衡也鄉中得客甚喜茂修來又甚惱頃之韓石泉陳岱生張子持宋通公均來作包子餡之

廿一日晴將出游畏日又不識路而止董子宜來荒唐奇想無以喻之留宿對房

廿二日晴陰晏起午睡起已將夕唯與客談夜起見月甚思清話家人皆

眠遂巡亦睡
廿三日晴晨起云船已備二客將去餽以豚蹏作書與陳杏生屬蓮生與
蕭伯康論鹽事擕外孫送客至山塘捉蠏而還始食新柑夜早眠見月
欲起鐙皆燼矣
廿四日大晴劉立棠來送花甂云得自雨花臺彼土人甚重之甂值數千
以求譜序留麫而去
廿五日陰暮雨爲劉書譜序題畫册并送一元以答老意
廿六日陰晴譚武童來云學臺不許入試石子坤族孫鎭湘來
廿七日晴正暘及乾元二子來譚前總招食遺孫來舁二王先在一恩舉
王生與我同案曾晤之不知其名詢舁者云畔三阿公還問正暘云字
慕唐蓋一人大費考據如此猶未知其名也遣送兩孫還文柄來
廿八日陰晨課未畢倦臥正暘將去出送之因留且住午課畢同出欲渡



湖口雨至仍還竟不雨至夕乃有霢霂鈔書畢補改火祠碑
廿九日陰晴張陳引一生客來云周蘭生羅家舊姻也眉宇來留須後始
相見不識之矣唐人多有百字文試學之終不及其寬紓筆重故也正
暘言湘人欲擊臺撫快哉何減留都之逐大鉞城中故有人夕雨旋止
夜乃瀟瀟滋女書碑甚佳
九月戊戌朔雨留文柄作工令設書房留正暘啓誘懿兒二人同案
二日陰晴晨作書復許生寄爾疋令删補之金子送去午作餅未食張六
兒及周生來留午飯乃至昏黑張去周留夜誦詩至三更
三日雨課間時至書室講詩周翼雲問大似王光棣亦隨而喻之夜大雨
四日雨間作師子生女來報夕往視之籠鐙而還夜聞小兒嘑呼人不應
自起視之隔房人始覺
五日陰夕雨遂連宵塘堤水滿放散土工真女復一字不識信知教之無

益
六日雨秋霖始作講蓺得朋閒中一樂也可以作詩張生家忽遣人來迎
云當請六甲符芒芒夕歸因語周生云欲學岑嘉州可作山塘秋雨歌
送張秀才歸姜畬余亦作之殊不似高岑但是一首唐詩耳
七日甲辰晴霜降作詩傳示未畢楊穀生長子承瓚來未幾見兮已舉順
天鄉試矣天真未漓留談半日留宿云不可昏暮徑去城中人回云輿
兒當來余不知也初更輿及雲孫來人夫喧鬧幸余早爲孺人生日具
饌得資以供芹酌詰問輿兒恭兒之道兼欲訓雲忽忽未暇
八日晴陰令兩子拜客四家還朝食再出詣四家還設湯餅令與周許同
出步尋韓張母一來頗習故事言之娓娓夕兩子還待經管不來今午
本具饌爲孺人生辰因倉卒無辦留作奠菜
九日陰雨設薦



高祖廟亦依饋食禮非薦常事因改爲嘉事入學比冠昏禮類也午祭便
召賓會者十六人分內外二席遠者兩乾元利成輿兒復薦半山余云
未敢當爲孺人設位半山祔焉禮足觀矣恐客觸夜催飯甚急自至廚
人督之僅而得具侏儒觀一節又不知云何也向昏皆去母一亦往莊
上去矣
十日陰晴晨爲兩子部署行住期日兼訓飭切實要語即遣之往謁
祠
墓方謂小定忽有客來羅伯宜之子也送賀禮呈雜文留麪而去師子家
迎諸女三朝飯瑺一人往六耶又來人客紛紛令人不安
十一日雨瑞生下縣去計一月僅一日無事如之何而不老寫對子二幅
横條一張
十二日雨許生送文並賀儀辭十萬而受萬看所擬文未甚精采金子歸

十三日晴羅柢夷來送酒肉菌茶賀儀留居一日黃氏外孫生朝作餅及湯餅乾元子師湯譚來並款之夜遂俱留六耶去

十四日晴三客飯後去葛璲苹來不飯去稍理遞課初夜功兒來方問訊未畢又來兩人闖入則搢子月孫也急令出坐言少湖事云在外無一文而不肯歸荒平其唐得樾岑書並李生送課卷夜熱感往傷今爲之再起

十五日大風不能開戶頓冷矣急著緜袴皮桂以禦之一無所事檢前寄樾岑書未得

十六日晨雪大風午後晴復樾岑書胡氏女復得一男與書復賀並得郭見郎藏外書

十七日晨晴大霜甚寒曾甥來亦言剮廿事云陳右銘將履新矣送洋鐙

十八日霧風大晴飯後曾甥去程郎專足來迎初歸時殊未言及何其愼密瑞孫送魚橘人未還衆皆云逃去矣其父先已來投首則可疑以理度之不至此



十九日晴飯後功兒去未得現銀頗爲怏怏錢何難得獨咎瑞孫枉矣今日幸無人來且閒一日擬題主儀節用錢禮

廿日晴霜晨興束裝辰正飯後卽行一女廌其壻從出曰許美成行三十里至平山領已不能擔覓一夫送至涓岸渡涓宿花石僅而後至

廿一日晴霜飯後行至龍口復顧一夫稍進愒瓦鋪增二夫欲宿□淸飯於牛䴢潭遇三村學作雷祠碑請余改正爲略點定三夫復艱於行未至界牌已昏暮投宿淸水塘

廿二日晴稍煊行十里飯蚌塘進至江口堰春甫葬處也換三夫始知爲墓田佃夫已過矣未能往訪又聞俊臣葬處亦可望見又知黑沙潭相去不遠地圖未熟負此勝游舁夫飯於乾塘坳至城已夕呼船未至宿江南館碧湄贈印泥合子爲蠢僕所破陳母水挑亦無意折損故物無存殆不祥也是日己未立冬

廿三日晴王魯峰來陪話將喫燕窩一人赚使去還書院早飯院生十二人來見鄒松谷來問禮丁星五衣冠來道喜程家遣廚辦午餐看桂卷廿餘本早眠謝年姪來

廿四日晴質明泛湘至鐵鑪門舁入江南館沐浴更衣乘綠轎至程家絜翁陪客李如槐籥伯康俱在小毛衣熱甚汗洽不能行禮易氈冠稍涼巳正爲程母書主用虞薦祔禮以意成之夏五彝甚以爲典朱衡陽來觀任師亦在同留早飯道府來乃散出陪客朱任約共手談易衣步出還館少睡至衡陽孫翼之先在言與朱嘉瑞爭石寶純乎孩氣也莊叔陞亦來鄧定師同局四較一勝食蓮花鄉酒甚佳鴨亦肥美二更散還江南館



廿五日晴晨晏起程家具湯餅食畢而行期僕夫於鹽丰步訪馬秦劉及道士皆去矣丁子俊蔣捕廳則死一月之間便如隔世戲挽丁一聯（撫官幸歸休盡證越發隨從老直陽空有約尋常酒債不須償）假䘲久之賓司事來言船不至自至太史馬頭坐洲划子將上書院船反從城中尋我適相值過船還洲逆水久行到巳日晡許六亦去無所得水火看卷數本袁豬還譚嫗亦來攔腰一扁擔遂暮矣少䘲

廿六日晴劉子惠來閱卷畢稍息因送客至渡口適遇程家人來云請陪景吉人正欲問其消息未遑入內卽同劉往至則云馮大人來爲陪款我非要我陪客也誑入喫飯無可奈何與馮對坐一日將夕猶無客來李生來亦逡巡欲退呼之入尋客皆不至夏五彝丁星五來湊成一席設食甚精皆非禮也姑飽而還幸非喪側耳至院卽寢

廿七日晴看桂經課及本書院課卷並畢陳完夫李選青夏五夷並來

廿八日晴晨定三課等第朝食後至鼇局約朱任來較牌均遲遲始至鄧
莊先來未終局純卿來喫蟹筍甚快夜至程家看祖奠讀祭文累數千
言腳爲之痺無賻但拜送還宿安記馮絜翁送關書
廿九日晴晨起至程家陪客熊副將吳知縣李孝廉蕭司子並在祖遣甚
晏還安記與馮熊吳李久坐喫點心凡三往乃遇柩人擁擠不可分立
南門內送出便還寓惕步至府署猶無所得食任師亦出看至晡始還
看藍山生萬言告遇李詻臂兒云來署清泉捕主人還邀鄧徒較牌孫
翼之亦來食甚快散已三鼓寓門閉呼城至鼇局借宿
晦日晴熱晏起要任莊劉楊來較牌三戰三北興亦闌矣毛太耶本輸家
今乃大勝食全蟹熌蟒蟒羹夜看課卷
十月戊辰朔晴晨看課卷畢點心出至安記索飯不得强乞一盂水澆而
飧步至府署尋鄧雲生來較牌又負同至捕署江尉設飲更招朱芸卿

鄧雲生孫翼之看希奇古怪二本還鼇局宿
二日晴連日食不節加以寒溫未調忽然而病晨不思食與毛劉較牌又
負夕同至新安館岸丰上附船還洲淺不可攏旁皇無計舟人負登岸
從紅藷土中牽挽而上呼門入譚嫗獨在從人盡去冥坐頃之乃寢
三日陰寒諸生質問經字相踵顧涌判弟來朝食後命舟襆被下湘先弔
馮絜翁適遇迎柩馮云全家落水被難甚苦聞之悚然雖未可全信然
盜劫風波客中所有攜家遠游非計也弔客十許人無甚熟者移船城
岸檥瀟湘門舁至清泉會飲因彼發帖余未及見本日不能辭故勉赴
之蕭子會昭吉朱純卿熊協臺續至初更下船即發三十里至樟木寺
正三更矣程家有客館在此深夜未上送茶亦未飲便睡夜雨
四日陰程店遣舁來迎上山循大路左轉從大禾坤上山羊腸內轉虎丘
高涌中有陰宅地師大費搜尋也程舟柩已下窆捧土設拜即下至莊

屋早飯喻封翁祝价人相陪食畢還舟未夕已至城檥浮橋步弔丁篤
生云過湘矣遂至鼇局投宿
五日晴招劉子惠來相陪毛少雲午後亦來較牌未一局協臺催客與毛
步往雲卿設飲招翼之曾昭吉景吉人同集設席上房蕭伯康先在七
人同坐多談卝務洋槍夜舁還局
六日晴篤生來莊師來較牌熊協來言永州無位置署守必欲請我別開
一館可往否余云必往朱叔彝其懿好事人也輕諾寡信約一年矣猶
欲我辭之則曲在我以此知公山佛肸孔子非真欲往亦窮其情也蕭
伯康復來鬭雀一較未終而散是日癸酉小雪謝生來求書
七日晴晨往鼇局取行李寃魂散矣而失我夾衣取錢二千欲還火食劉
子重買南鹽一包恰以給之莊蕭來較雀更請張子年來府學教授蕭
子端來賀年姪來求館書報丁氏女近日行止較牌復負凡三十較三

十負不一振十倍夷吾也夜與翼之談壽州斗用甘肅土孫黃致富巨
萬金及彼在湘宦況上司愛憎同官傾軋之狀遂至鷄鳴
八日晴鼇局較牌與子惠至演武坪看萬人緣還至安記尋紙得之張訓
導陳華甫來夜過秦容丞看安邦志彈詞不成話
九日晴寫二條程生來遂留午食至夜去樵樵夜來言彭鹽事陳華甫送
菌麪
十日晴熱張子年設食飯後往楊子亭在與莊劉任較牌食燒羊甚飽中
席暫散復飯鼇局勇被船戶毆傷與子惠同至蕭教授子端處小坐自
至衡州四十較今日始兩勝若賭博傾家矣無錢仍有輸贏如中日和
戰亦關興亡也
十一日晴熱夾衣晨與子惠同邀張老師至子年處點心書院三生來送
行小坐去同至府署便設朝飧任午飯鄧師來較牌兩勝劉去孫來夜

散二程送程儀

十二日陰晴漸欲轉風晨為沈孫寫條幅感蘇班盛衰輒作一詩小年好箏春笛

諸金庭別館琴鼓當時寓客盡豪家諸賢相逐作吳郡西山栗沈多姻連染衣鮮食吟詩鶯逢湘繁盛百物好闢征不權船車耕官吏曾磨

蘊災鹽荊江水患連兵劫農工老幾盡苓興蘇劉閬田招鄰婁我初逝飲縣湖春沈家酒面千缸陳二老曆然鬼朱圖劉生拍板闢歌響三十

年問一彈指東風酒醆鵲生耳風蛟龐我出山去嗟嗟怪鳥東門鐵故人門笑空蓬萬黃爐無復相招邀四華萬被有家法孤孫做骨棲檢處

時欣偃蹇傾自得衆中見我恕怜側他人富貴等浮雲但遊散奇人不惜我今為孝不聞心感時為留一沈吟人生由命亦由已莫向風塵求

貧者真情不用真學訴誰吟七夕茶瓜句歎天寂寂星漢明夕照前時醉眠處湘邊老樹曾婆娑有酒不飲將如何誰能不辨醉詩成為誰歌

未成程孫來送謝禮金幣辭之收土物七八種飢甚走至程家喫油條

城外求此亦不能得李孝廉來談王侍郎妻葬期正在花衣日內模友

之過也還安記小睡步至衡陽鄧師房招賭友未來遇馮絜卿即拉入

局頃之主人出孫翼之來共戲六較一勝二更散二劉在局云行李盡

發矣夏生來言段海侯死蜀學有書相遺不知何言也陳芳畹專足來



無可安頓令還長沙

十三日陰微雨曾昭吉程韓傳李道士早來坐半日始得食過午矣舁登

舟解餉船也哨官發三銃程二劉步來黃船芝後至已將解纜未及一

語余但告以不可再說陳又翁陳又老船遲於划半日甫至大石渡為

任師聘妻毋孫許五十節旌作詩一篇早吽高風西椿梧桐稅猶新鐵影孤自有貞心堅匪石果傳遣

惑得雙珠虎賁泪鯉庭閣意辛苦風鶴畫狀圓紫詒定閒褒聽行共留佳臥和吳祖此等真打油腔四十年來始

辦此本領回思少時矜慎又一笑也行四十五里泊七里站今年尚存

錢十萬桂陽冬奉十萬幷交鹽局攤十五萬而歸於騎鶴之纏千之一

也

十四日陰北風大睡一日醒已將夕過雷石矣許云飯熟可飯否飯已冷

而云始熟鄉人詞令之妙如此暮泊衡山行百五里

十五日陰晴晨過石彎私鹽百斤偷漏且免稅乙未十月曾國歐蘇浙江西兩湖分孤危郭專又

滇黎徵人去鹽鄂人死北直旗湘十五臣檥黃田買肉暮泊昭靈灘上行百廿里前來六日

今三日微雨

十六日晨雨俄晴檥懷杜崖買米云下水鋪匄女紛然頗似沅江嫂子向

所未見也岸多肉廠望淥口高山在眼至則非淥口山蕭紫荊山也昔

入淥時滿懷幽怨今思之猶惻惻然仍當重作韓游以償夙恨飢來驅

我飽則思游今昔之情未為頓異長路倦於眺望睡久之始至沱心寺

去來船擁塞從隙中過水流甚急復有小雨計五十餘里已費半日力

舟人云此路最長也雨意如春重緜嫌熱半月來體中未快亦未多食

看楊表姪新文勞勞摒行三更泊漉口欲登岸阻雨而止

十七日雨北風欲寒天竟變矣五更遣許壻尋船朝食後不至用無用人

殊未得無用之用乃自附鐵船以行行十餘里許喚船至亦得小用過

船行未十里在姜畬下遇一舟識是瑞輪船中亦云老耶來矣未辨何



聲兩兒在船頭相呼余遙問皆來邛云六十一妹未來過船付花邊百

花二粟一餅一小外孫女大愈矣急於還山不及款語仍分途各行亦

詩料也夕至南柏塘瀟瀟雨至衡泥到莊真女出迎云常四哥來又一

奇也瑞孫幸未逃去起行李至三更飯一盌覺倦乃眠通宵僅朦朧半

刻

十八日雨意甚濃晨發起石珊來甲總來言訟事盛團總倪生來皆言訟

事又差拘王三屠三屠不出一錢差遂勒餘人摘名鄉間久無此擾此

殆團總之力也夜學粟岡飄

十九日陰常壻告去專演粟岡飄皆習矣稽家用公帳大概如戶部唯有

空簿

廿日雨竟日滋女急欲入城未知何意云由我定日遂如其意喚船下行

李因雨至夕稍止登舟已夜扶瑞孫以行三更泊漉口

廿一日戊子大雪風陰晨至沙彎遣覓船移撥正晡食矣竟日不食以待諸女初更乃至又無鐙獨尋官船不得願一湘鄉倒爬有二高牀亦新派也張六從行三更乃飯

廿二日雨風仍泊蔣家馬頭諸女皆往龔子家去夜冷大雪但覺篷重

廿三日雪風仍未息泊故處吟詩一首出山逢雪舟中作閒雲雖無心已出不遑息徒御方春懽淹留恕三夕南中孟冬雪先集何厲漸登龍瘴霧果將爲播歷跡因風每斜飛回均僞旋被門余無足行坐次情纏鬱蔵暮期自險還山路仍識松桂檄眼前源晴砂雲石待冷菜未至燒羊而食金嫗燒火骰不減勞六少耶周嫗與同牀而來去自如又一奇也

廿四日晴霜晨覓工人已去又不得食移泊通濟門二許生已出游矣永雲兩孫來諸女皆還船知龔喪已滿又一世界也北風甚厲午初行夕始至昭山終夜擾擾僅宿包殿

廿五日晨興不食待至朝宗門已午乘舁入城黃孫及復真從入門見一人似甚熟習詢乃知爲蘇三老瘦不復翩翩見景韓書及莪女書功兒生硬殊不馴擾羅順循來滋到家窯亦還輿生日作湯餅常壻仍來二彭同至不問餘事但戲而已

廿六日晴輿兒言學使維舟待我遣視信否云尚在船中往問所以殊無著落又一朱其懿也爲言校經堂必不可主以陳又老言我不可無館也彼自不可無官而云我必不可無館忠恕而已矣葉麻來探消息功兒云彼欲得之此言近是復起麻拐棠坐樓上督之夜訪心安不遇周生昌牧來未見

廿七日陰作曾子壽墓表未成曹應萱兄弟來云皆僞也且甚詆廣權又言鄭太耶未顧今仍官胡壻曾甥來

廿八日陰程岏樵彭畯五來論鹽莊顧來論撫臬作點心極不佳幸程先去耳胡子靖來夕食去



廿九日晴文柄去六日始還亦怪事也當答岏樵因便過朱但莊王莊處遇李督銷久談還猶未暮夜庀祭事定禮儀

十一月丁酉朔晴曹郎來未見朝課畢過金聘之還髮未畢金來麻郎來汪經歷紹基來蘇三獻生雉乏覓供祭甚喜當齋罷戲夜濟坐至三更常壻自來取其女去祭酒來校經三生來言杜貴墀發惡之狀本以高節得此席今無恥橫蠻可惜也苟患失之無所不至蓋自古以來考春秋時祭孟仲月無定依周官則仲月欲爲文家質家之說未有確據看桂卷

二日晴齋居終日在樓小欬功進薑飲不辨寒熱可笑也夜視滌濯早寢何人竊鷄湆告以書無災之說

三日晴質明衣冠待事諸子猶未嚴整定行禮稍有節度視常年爲整飭以位定故也祭午而畢胡壻曾甥來餕兼招岏樵畯五及黃氏婦弟常壻黃常猝不至金品之來陪岏樵酒半張子年來酉集亥散中席余入稍愒令功陪客酒罷復與程彭胡同步至老照璧答訪毛太耶遇桂古香二徽還

四日陰二彭程來言鹽事欲余與書鹽院書云湘岸積敝久矣左季公當蹶於前湘人之有名字者多殉焉余向不言鹽彭孝廉公羊名家而言海豐新票之利試一召見其利敝影射與否則非我所知以與巡捕呈之香帥三君卽刻東下又一波也可惜黃子壽死不能這个這个耳看桂卷畢寄五元請毛少雲寄去夜間祭酒來報香帥月資五十金以供我李蓺元問當何所致之余云弟向來瞞人喫肉蔡與循之所習知也豈老而當人喫肉乎喫肉典出日記非熟於王學者不知恐非劉子雄李砥卿所解

五日陰朝課畢出答李鹽局因過曾岳松劉定甫出城上

冡又詣樊琅圃三太保皆不遇至胡増家大耶頽然老矣劉定甫取十弟
一不意其止此又代致湘潭乾館還見八指頭陀亦云陳又老不復認
前妻余云此郭筠老顯靈也曾甥來荒荒唐唐豪無著落大要想錢風
了夜至金太耶家送張子年葬費今晨爲鷄叫攪夢夜倦早眠
六日晴太保來未見鄒生任三老耶及一賀姓來皮六雲來與賀相識而
甚輕簡言詞亦佻薄無書氣甚可厭也任云有田姓寄詩衡州故知我
來心安來云到唐坡三日始還又云俞廙仙欲來訪余問何人云新臬
使也與李小香至交其人蓋能吏廙行屋也卽離宮從來不見用此字
夜煊不可裘
七日癸卯冬至陰
先孺人忌日素食齋居夜風寒
八日晴笠僧程鎮來笠云陳今驟黑視之果有黑氣又老來謝未敢見瑠



移西宅貴人到宮吉祥也遣房嫗件之鄭家來告期
九日晴煊真女生日乾兒義子來任師來言任師已脫館但糧儲云南州
事發矣李鹽亦不免余云打死老虎坐中大笑但設飲招王祭酒陳老
師林世兄同集林浚未分平江人也㝃女還余酒罷已歸去矣夜毛雨
十日晴朝課畢攜兒僮出看木器衣裘貴不可言然尋得兩裘可用究勝
衡城遺功兒往取之便過葉廠憧憧不可安坐亦不知其何意王敬生
逃來未暇見之
十一日陰晨得裴樾岑書由新岳常桂中行履香真轉致者並寄尹杏農
文詩索序桂岳常尋來謝未見出謁院司道均見談俞廙仙幕友起家
久在山西詢故人均寥落無後起者欲詢尹杏農查辦事謝以不知蓋
爲李小香諱自言與丁愼五屢交代而不爲閻丹初所知李仲仙亦言
已出處學業志趣還家尙早久之祭酒催客往則大集文人皆我所不

悅者殊爲費而不惠可對羅順循欲彰彌蓋也金山僧請書楞伽送紙
本來
十二日晴但糧儲來諸女照相出訪心安於街口遇俞臬使避井上遣人
謝之俞贈楊秋湄篤所作山西志兩門尹榜眼來拜未見便答之還登
樓小愒遂睡去顏伯琴夜來云周紹煊死矣未至藩司相法未驗而小
京官之相不爽蓋幾微之間非瞟學可審夜月
十三日朝陰午後晴朝食時廝年姪來夏生自關外還來見便令約曾昭
吉顏生兄弟晚飯一談余仍赴李督餉招陪朵九秬香蕭刑部張同知
多談易笏山父子答訪畢純齋
十四日陰晴晨與書劉希陶唁其妻喪笏山來例謝而去追之不及矣夜
過其寓密談并見仙童同步月至李真祠襄回別去
十五日陰風忽寒功夫婦下鄉料理輿婚不得意人卽遇不如意天雨雪



雜至想甚困也曾岳松請客客多不至唯一曾春陔自命老江湖不安
分人也又一葉縣丞尤夢懂李督餉稱人物矣二更未散家中遣報笏
山來還則已去
十六日晴課畢出看怪鳥樂道人壺天司皆久談壺天約至呂閣看月余
不欲去遣告八指令邀至浩園同訪笠僧二寄禪相會仙童亦從行更
有周簡齋佐卿家舊識也云再晤於曾氏則忘之矣壺天說心經分四
層以觀菩薩舍利子等爲標準甚得理解三更還更有黃子霖邂逅同
集
十七日晴曾李二道來李送百金孝達月犒也過心盦還曾昭吉來談廿
政並見巡撫可歎可笑笏山乃痛恨釐金作爲詩歌何其見小蔡子耕
內姪來何棠生來
十八日晴輿當親迎釋幣於

禰釋幣禮在聘篇醮子禮在昏篇唯長子耳庶子不宜言宗事故未醮也
亦以勖帥敕之使受命而往朝食後行劉道臺來壺天父子三送詩余
亦一酬之
十九日陰晨答訪朱卓夫丁果臣家子來倦未能見也故舊不遺故是一
德曾朱俱送賀禮家初無辦敬謝不敢當夜有微雨沈子趣來云將鄂
游
廿日晴素蕉來代借鋪墊道香來請齋辭以太早午後寄禪及其師南瓜
來要同往關祠黃子林陳彤叔先在遣要哭菴僧來同陪葉吏部酉初
散吏與八指哭師同還登樓小坐
廿一日晴煊作長歌答笏山亦勸世文也此爲詩經不是詩史陳梅根楊
秀才來字叔雲仲三世姪也
廿二日晴煊戊午小寒課畢訪實甫笏山亦出多談卟仙門可羅雀還程
子大鄧子竹來瞿海漁繼至朱倬夫夜來與書莪
廿三日晴朝課粗畢將訪媒人因過觀廙遇犬而退至小古道巷瞿家海
漁自出開門留食麪還仍從鷄公坡至黃家見其從孫有老成之風還
得易詩果因述蜀事惹出牢騷以仙童在此未便與辨巡撫來未見
廿四日晴愈煊笠僧來看陳伯弢詩學我已似矣但詞未妍麗耳專人下
鄉換緜衣
廿五日晴中碩送詩來押韻工穩令人意消彭稷初陳伯弢來遂盡半日
夜風胡氏外孫女來
廿六日風雨不寒遣迎宵芳未至和尙催客舁往則程陳黃易並集生客
有陳靜淵懷庭弟也余先誤以爲叔懷弟作官向不知也笏山好談禪
禪客厭之食未畢轎夫來不辭而出至觀廙處盡生客也有新探花鄭
沅叔靜李解元黃楚樵舉人王祭酒李幼梅後至二更還久無南門夜



游之事矣窊還
廿七日陰閉撫藩步禱李祠攜盈孫往看兩次皆不遇過鏡初兩子還鄉
人還瑞師耶已去
廿八日雨送生日禮者紛紛然僧家爲多笏山又送詩來已有位置在省
過年且過節矣大要明正必又去也進退無據人往往爲人所料以其
前據之堅也招僧齋集至夕不至笏山父子先來五衆續集本約不燭
乃至夜分諸女待賀要僧入書室乃得行禮夕晴
廿九日陰晨起受賀外孫男女七人甚熱鬧孫男女亦有五人勝衣矣胡
婿瞿年子張太耶廠年姪黃仲子來辭皆不得蕫子宜則請來旋去常
婿亦頻來頻去今午留客儺兩婿一瞿耳至夜三十和來同一馮姓送
禮未能見之內外較局亦未暇終也三更矣遂寢
晦日陰催滋女往黃子襄家送葬余亦至趙坪則已發矣遂徧謝客而還
唯入陳靜淵彭稷初寓少談便過孔擶階窊女本攜兒女來欲久住忽
被催促去云胡婿妒常婿也李十郎復見於今耶可爲匿笑夜校改記
箋寄衡
十二月丁卯朔陰瑙亦被催去與窊大異而小同也兩女皆不得意余但
乾笑而已處世俗人若無道術則寸寸荆棘余那有閒功訓誨之聽其
自苦樂耳夜復問功兒失衆心之故功尤愚愎亦自聽之遣金嫗入鄉
取茶葉卽隨瑙同去夜聞笠西家火往看不得入
二日陰宗兄送米來與庚年又不同庚年其米今年吾米也陳治有族人
被永禁託莊心安告臬使出之爲删呈稾便送去至莊處一談鷯主事
屬送條子與片李督銷
三日晴夜雨三兒告將歸覲已又因其婦母病不果來周笠西朱宇恬均
來謝步海琴僧來焦山琴僧也與張子年同寓余云未合勸其移寺觀

何棠孫來看船山畫册宗兄來
四日雨寒爲蕭主事改經文看程子大詩笏山送詩義折衷來亦以一本
補箋答之午過浩園陪易父子葉陳程黃六僧一祭酒何棠孫齋會聽
琴夜散與兒還
五日大霜晴旋陰寫字數張甚劣夕始寫經陳靜淵來
六日陰晨寫經旋出赴齋陳閏叔程子大黃子霖爲主人請二易二僧將
晡乃朝食粥罷至浩園看梅復至張篠看詩卷黃牓眼詩獨悽惻可憐
殆不祥也還得樾岑赴爲之驚愕正盼其來竟不得見前書計亦不達
傷哉爲之罷戲王祭酒來張冬生母來久不聞此家消息矣今日壬申
大寒
七日陰陳靜淵來云臬批不通關節幸不得謝不然退包矣告知心安揶
揄之



八日雪雨陳芳畹來久談心安來始去客去而出至督銷局見胡公孫問
知已裁館不能更領因約其至上林同齋余先去則笏梧已至更有黃
子林登樓少坐寄禪有詩東林亦有詩功兒於前怒兒女無禮已極猶
不自知也與兒亦敢呼兄小名失教至於如此略數責之笏山方顛狂
自恣亦徵箴之亂淺已成隻手障河終無益也默然遂散憶柏丞罵易
時居然兩世還補寫經遂連誤
九日陰雨稍寒晨起寫經午後賓客雜至唯朱恥江久絕不通强一見之
作樾岑挽聯（匪耗五年驚喜聞單闕三山夏飛賑慘書如共丁令歸鶴語寄盡秋雲冷正值霓裳八表偶拂衣大去怕聽彭島）
（水龍吟）得陳老張書
十日陰寒作尹杏農奏議序八指暮來棒喝犍椎悲淚而去夜大雨
十一日晴熉四老少來張伯已送菜喻辫之寫挽聯嗐裴郎寫經閩紱子
攜妾還責數之以其貧而樂老還少
十二日陰課畢攜盈孫出從撫至藩署還未見一人蕭主事來
十三日陰頗寒晨有竊入堂中取燭臺去幷及紱子雨糉方譁笑問紱子
取與兒糉以去荒唐乎荒唐乎與笠雲同訪陳德生
十四日陰巡撫書來言已禱雪術窮望藐姑射仙人以道氣煦之其詞絕
妙亦有至理余乃齋心禱焉然彼以我笏山並論則曾西艴然耳至夜
果風而寒
十五日寒
曾祖妣忌日舉家素食陳德生來以其老步强延之朱恥江復闖入比設
奠秦子損復來遂衝破忌日矣夜小雪
十六日雨寒三女移下室功兒强設坐外房蓋不復能恂恂矣周笠西來
言租穀阻不得出
十七日陰寒張語山來朱雨恬送菜夜雪瀸雨不甚寒擠子皋瑞孫來



十八日雪仍瀸雨僅白瓦縫程彭自江南還謀財不成彭甚悔之顏色背
晦寫經一葉遽倦假寐遂夢與孝達劇談無所不言且及唐王昏事見
下有治喪者而醒
十九日晴看桂陽課卷寫楞伽成一卷付茂修黏之乃不及我手段鄉中
裱匠其技可笑夜過岔吾談
廿日陰諸女看迎春申時見日作餅招胡壻來其生辰也至夕乃去張東
生娘來
廿一日雨爲張陳乞貸雨恬計今年餘錢不專資助微生高不易爲也宊
女還云其姑令說陳總兵買屋今年必得四百金乃可昨作包子忘與
將歸夜作漿自食丁亥立春
廿二日雨看桂卷未十本已倦無期程事不易成且姑置之
廿三日雨雨恬送廿元來遺懿兒送六元與張家餘待除夕乃能與陳張

知儉故令得送縊也思蒙正可憐殊不得其風味人各有性情余實不能憂貧非道力也晡過張子年見麻郎尙在旅寓此又一風味至李幼梅家會飲乃有戲局周鼇金先在王益吾朱雨恬繼至心安最後云上院散晚城中復有崑腔有三五人能之猶未純熟慶齡居然老生爲留連至亥正乃歸客猶未散貂狐蒸燠幾不能堪故獨先出

廿四日陰雨稍寒一日無客爲易中碩評閱詩稾頗多箴糾易或未足語此要之正論宜令時賢知之

廿五日颸陰有雨何棠孫王愓菴來遂去半日午後新婦入門鋪排待之滋女亦還至二更乃靜謠言今年有滿日取官歷互校實無此亦歧異甚可詫也夜移正寢

廿六日晴新婦來拜水上繡佩李督銷來言淩善人告休唐蓺農病故惲心耘還鄉董子宜胡子瑞來賀喜易實甫來索詞子瑞云夜子刻合朔



屬前日京外各省有後四刻者則屬次日故湖南有晦日曆無晦日以此通書不符時憲此亦民主之兆諸女自行散學大有唐藩鎮之意

廿七日陰陳總兵來言無錢買屋允爲胡家代借數百金賫言也然先借四百非謀買而何功兒負債旁皇今悉出所藏爲之料理大要無米帳則易爲搪塞笠僧來約春齋例在朔日改於二日王愓菴來董子宜乾脩來

廿八日陰易郎來索詩片因令告巡撫爲胡生支火食百金滋女還辭歲陳海鵬餽鴨錢六少來以其被劾亟見之

廿九日陰晴債家已了貸家無以應與素僧假之未得更向督銷假之亦與胡家支火食同也五萬錢遂已充然張子年劉定夫均饋歲更作蜜橘與易沈魯荒唐饋人參鹿筋人參有一枝佳者不知何人嘗消受余尙非其人也子年送麻雀牌來朱致廿元尙餘其六當分與極貧者而無其人念胡杏江卽其人也雖自取究可憐與以二千夜至鷄鳴乃寢

# 湘綺樓日記

光緒廿二年丙申

丙申正月丙申朔祭拜均以功兒攝主唯主家庭謁拜待至朝食後婦女乃出客亦寥寥唯萓生胡壻午後入見夜將擲骰昏倦遂寢

二日陰晴路濕可行本宜出拜客念空馳無益遣僕代之功兒亦同出楊兒來問昨日何不至云破日故王惕菴來亦常年所無客也笠僧約春集往則仲碩先在更有二龔未卒哭而接宴會與哭盦正相對餘皆廟祝也涵樓後至狂論稍減浩園新柳臬絲已復生意夕還夜鬬牌

三日晴振作精神集家人爲擲骰之戲未一二巡笠僧來道僧同行魯和尙闖入留食年餻遂久坐不去甫入海琴僧又來同食餅遂一日未飯雖有疾亦嬾忙使然夜復假寐起鬬牌每夜負一千



四日晴晨夢遂寐皮韡騎馬逐驢行腳夫整馱出化龍巷門余回馬西馳甚駛乃復是東巷口見馬汗甚下騎令牽回書院僕人云錦水無草余云牧近處耳僕云求賢近余言不可道上有折桃一枝紅蕚已綻其蔭一畝尋胡家門乃又已過復回行道阻且長俄焉而覺

五日晴避客樓居袁守愚自攜方物步行來尋富貴不衣錦極難得也外論殊不然云其矯飾余云矯飾尤難能約往訪之

六日晴煊往祭酒家看戲笏山不至改請官場及武營兼有諸爵主及諸名士門多雜賓信乎其雜也惜其位望不足副之裕三兒不復父譬尤爲無禮此則太雜之弊夜還已亥正

七日壬寅雨水晴令諸兒上冢余亦步往先過袁戶部遂出南門省甚入城至笏山父子處久談仲瑕舊居規模宛然謂家大屋則成洋樓矣鈔僩伽二卷成書與孝達謝其月饋交李督餉帶去

八日晴久謝洛豨當一見今日闢門趨敬五先來首縣頭班不負盛典後見二柱則敗人意鄒婦母病革歸去劉道臺夕來

九日晴姜崑山來卅年前舊博徒也魯柱相躕不已招之來食以拒之朱恥江來送詩夜雨

十日陰朱純卿來云孫翼之同寓約夜往訪之待至三更乃往見孫弟初未問訊亦疏率之至少坐卽還黃蓉瑞來魯索書與總督

十一日陰晴諸女婦孫上食畢作餅饍之孫老總來袁守愚來今日未寫經

十二日晴六都周生來留之子舍李佛慈來談文紈告錢乏與莊米湯謀之鄭婦母喪又當營奠應酬煩累未能捷應夜月

十三日陰沈用周鴻賓來言鑄錢許生送股票六十分來便復書去正欲絕糧不免扯寸筋謊無聊中有天安排也張子年來海和尙來約喫餅夜雨



十四日雨過張子年摸麻雀與夏小梧同局云陳鴻甥師也人安貧無求午喫餅晚又喫飯飽矣

十五日苦雨淒風好節景也夏張海夜來冒雨去兒女拜節喫湯圓

十六日陰晴有雨諸女往易家春宴至夜始歸寂女還送行

十七日雨孫老總張太耶來楊伯琇自南洲來易碩甫來話別云笏公一驚蓋驚其不求平原君也顧生兄弟來今日閱卷大爲諸客所擾然燭畢之凡評閱百五十卷亦費三日力矣三百元消得然無益也夜摸牌

十八日陰楊伯琇來卽託其帶卷去獎銀已入箱不復取也亦寸筋謊之一料理上湘至夕未得船自至川岸求之兩子一孫從行兼要揩子散遺卯金刀王文柄之流二人俱相隨不舍乃遂俱上今日無行舟遇一熟船夫覓得一船云無風不能遠且泊朝宗門下

十九日雨晨復還家諸人亦俱還純孫感寒不能食遂定不去筆研皆在

船紾日抹牌夜還宿樓遣文柄往鄭家迯奠
廿日陰北風晨起登舟搢子功懿從攜戩名德以行午睡未酣已過昭山
矣未初至縣城登岸謁彭明府朱驛丞借轎許家轎未至許兩生先來
立談頃之約至其家便過賓興堂蕭某朱倬夫均在未遑款話卽遣戩
名看船余坐許家待飯復遣尋戩名二更來云船不可臥已襆被來遂
留許齋竟夜雨
廿一日雨又待朝食遂至日中登舟卽行逆風甚遲至姜畬已晡命兩兒
至乾元乾元二孫來迎不去至夕又以舁來因往俱宿店中
廿二日丁巳驚蟄風寒雨雪始雷午初至山莊小睡起食五日未寫偈伽
夕書一葉未畢而昏無油瞑坐然香半炷便寢夜風吼窗
廿三日仍風愈寒朝食後補昨經成二葉經營但碑復寫偈伽二葉補二
葉然有三譌字仍若未補也時聞密雪間有人來皆餽肉者張頸圈來
爲進士父求禳病鄉中別有此等應酬文不可拒也以言適用猶愈於
作碑
廿四日晨起看柏樹雪盡堆滿地下半尺矣猶霧雰未已還睡待人起幾
二時猶無足音惜不能滅亡使衆無覓我處孤冷至此善哉善哉未朝
食作但碑成不古不今非佳文也譚闓總來餽肉者復三至移書三老
耶除祟六十年來閭閻久矣唯師當武廣代祖湘民懊禱祠如蠻斯歷茲有六郡武生張某去歲歛莊留飲被酒夜歸念其祠獨行恐多慍怖果乘虛怯中於風邪歿其入脊痙成重腿武不自振幽不自驚投命於神踪繫救佑但杯弓弗驛歸有亟疑因迷痾厥夙懋拯力雲峯之四則香境內越嶽東南或有不露兩闌游先能爲崇驗今歸驗應候靈響發榮陰滲則清陽和將起神其賜瞻或謝或禱牲酒之酬張氏是供代告惟鑒斯昭晉至如律令已亦三老耶也不然何求牘之多檢日記竟爲搢
生借去可謂能守舍者
廿五日陰寒寫偈伽三卷成馮甲周佃許虹橋俱來見夜寒
廿六日陰有雨笏子婦來賢人也夫取妾不妒乃肯爲之求事楊錫子兄



弟來其弟張生弟子呈其禮記傳爲批正十數處其最得意者不服闇
爲梁闇不治事則不登高卽不卽位不登危又改爲不成詭王氏之學
流獘如此周翼雲來今日又去斗米
廿七日陰晴馮甲來言有船下湘寫經後束裝待之周生先去船至夕乃
來攜金子同行至姜畬已昏飯後不辨上下水反棹舟還令問岸人不
肯久之遇一船告之南北乃至袁河不復敢進遂令兩從者登岸宿已
則倦臥
廿八日晨雨湘漲平岸乘流至沙彎不敢飄江遣送信彭明府久之還附
舟順行以爲卽至忽遇北風重載不敢搖檥鴿厓
廿九日北風愈壯强行十里泊暮雲司登岸攜經子從留僕守舟泥行甚
濘廿里至大汜得兜子輕行到城未夕食余則未朝食也與以四百錢
舁者欣然寫字手顫摸牌至三更
晦節晴待船將午始至已寫經三葉矣昨日劉生來見今日又遇王生避
客出游要海琴張子年看木器估衣因至浩園看櫻桃與笠僧游陳祠
小有結構向所不知也唐小說妻有此等境地今恍遇焉與笠還家小
坐而散發帖請客夜雨
二月丙寅朔清舊畫已不存矣忽又存萬輞岡畫亟命裝潢之但糧儲來
云張孝達已回任葉麻來張子年來易碩甫送詩來何棠孫來
二日雨碩甫來談詩余晚年詩渾漫與尙不及少作試擬昔作雜詩詩思
甚窘笠道兩僧來議請撫臺
三日陰碩甫妻沈來與滋結姊妹余齋戒未見視滌濯後逸梧來視饌而
去
四日晴晨當夙興因待家人反晏起行事似遲於平時將午乃祠
禰二婦禮節生疏易沈匿笑湘孫稍嫺習耳以冢婦亞獻長孫三獻孫亦

粗疏惜不令張先生見之夕約客餞李臨不來但糧來最早莊米湯反遲易郎則疲於津梁矣未上棻王逸梧已來催客余亟促之去主客三人對談至戌散

五日晴大熱朝課未畢命昇出城久未至碧湖也因約陳右公父子小集便約笏山父子至則碩甫先到僧俗十五人有三山長二太保晡後忽轉風寒煊頓異席散已暮步至校經堂碩甫步行來近因待昇同入城得右銘書云當遣其子先來若依儒林外史之例親密甚矣今日花樣不同專務外場則不足也既約不可虛因並約地主詩僧以成禊局夜大風雷

六日竟日大風復著重裘程子大來可謂風雨無阻寫經少一葉不能補也實則多二葉

七日雪未起覺寒房嫗來報雪二寸矣沈子趣來求飯並告辭去又費我



半日

八日冰柱長尺去冬所無約客碧湖陳總三遣使請改地以既告撫臺不可朝食後往松道二僧引一僧請為武陵吳生關說何僧家之好管俗事云可捐千金陳鎮索萬金故求於我笑而謝之笏山父子早來天官亦來總戎反後云病不能出勉陪客耳笠雲又早於易二陳來已將夕促食而散實甫更言程子大見要實無其事姑從而往則劉王汪俞葉天官先在皆前輩也唯通典一外官謔笑尚不傷雅二更乃還有微雨

九日陰寒一日無客為易郎題二妓團扇作小詞一首開口便令人失笑以太諧不錄

十日雨課讀認真又將移席所謂一暴十寒者夕出訪逸吾心盦因赴糧儲餞席與易郎同入宇恬綬愚先在查鸞階知縣後至（河南人何襘甥）初無新論唯為臬使索題畫册

十一日雨寫偈伽成遣招笠雲同校不至遣青蓮來送藏本又誤取入偈伽經仍令檢之便銷半日徐幼穆又來殷殷拳拳亦甚相得坐半日而去發行李遣婦女山居

十二日雨請孫翼翁代覓一船移至朝宗門家人先上紛紜半日筐筥纍纍皆可不用者亦姑聽其搬去但餞喫虧耳獨宿東頭欲校偈伽燭昏而罷六耶來旋去李鹽道送信來

十三日雨質明周嫗還催飯罷校補偈伽自巳至申乃畢何棠孫來永雲兩孫來棠孫卽坐案旁永雲則僅一見也終日伏案未遑一起憊矣將上鐙走別李仲仙云張楚寶事已了革職而已翼云來催往則已夜舟不能發沈珂告去諸女並留其舟談一夜不還余與翼之兄弟坐至四更亦通夕未寐為俞廙仙題臥遊圖令人畫册而到處徵題殊難著筆（記曾探山陰春曉思發花前興先鑑湖王謝風流溫情郎說宦游好玉聽珠舫聯一洗鼓寒稿況鶴畔琴邊自指點年時游約吟嘯正拇陰



聽雁又早洞庭飛檣漁蓑鸂鶒總不領江山文藻迥對嵐勝侶高朋間添入奚囊詩料但風卷看屆空想圖中三妙具事總慢用主人原韻）（調廙仙之號取王廙之移蘭亭水中以自表其為山陰人也）

十四日晴晨發纜行五十五里泊鵠厓夜大雨驚寐及醒雨止

十五日晴南風頗壯纜行至午始至十四總遣覓撥船檥半日上鐙始開至對岸

十六日陰晨發行李午食畢換船余以忌日素食不飽家人亦未午餐以為早到及至山塘夕矣小雨間作乃命婦女登岸唯紈以足腫待昇僅而得至舟邊大雨行李霑溼莊上初無大點滴也至午夜大雷電

十七日雨復寒檢點行李紛紜總雜突有人入內室殊似舊識又似顛狂引之出坐乃游學者言談未畢許篤齋來引入內齋使懿引游學者至外舍題詩有句云詩寫奇窮句不新佳句也餘則別字不通正值奇窮

與以升米與許生談少頃大睡一時許乃起夕又早眠

十八日大風細雨更寒欲雪許生告去夕田雷子來正飧不茶去夜風吹窗通夜不息

十九日風雨半日迪子來拜半山墓令真女冒雨傍立禮之馮甲來管事論種菜宜築園牆別開門欲伐去當門冬青起屋人習氣也冒雨辭去得程孫書請改墓志文

廿日雨一日課讀一日夕姜畬專足來言㟲先生告狀與書切責令覓竊名人

廿一日陰當入祠功兒避不去乃欲令其弟去無以喻之乃自去以恥之將午而行著重裘舁行泥中亦甚迅疾未夕食而至三童少先到矣保官亦來石珊暮至嬰孩喧不可禁坐室中不敢更出



廿二日丁亥清明陰歲例祭祠廟亦略依饋食禮但不設佐食爲異余爲主人代誥亞獻名耀三獻唯其才也飯畢而行稍遲於來時

廿三日雨揩子來衣霑溼矣張佃周佃來田宇春此鄉公舉爲團總周生言其才短因令其諸事問之鳲鳩之義也午晴夜仍雨

廿四日晨雨旋陰改禮注說君之南面及正方似稍有著落看早年日記盡徵逐游宴事也雖有日課荒曠時多

廿五日晴譚前總來張生偕韓石泉來留午飯未去都總郭潤堂來言盛團總不可革及義穀事倉長亦來久不去幸日長未廢課耳

廿六日大晴始煊石珊來揩子去盛舉兄來言當雪冤欲與譚質久之乃去馮屠堅欲請余過之辭以且緩丙申二月督撫歌湘直隸旗少清符郭洪寶浙徵三蘇英四滇塘池鹽勝中徽無此次歌訣舉重如輕而諸公亦輕極矣

廿七日大晴煊可單衣張周二生來留一日去田子復來論訟事並索得二朱公函菊泉先生譚學爲片告都總郭料理之

廿八日晴愈熱約作禹貢圖久未得紙遣足至省城取之蠡唯一錢當先聘張生因舁而往見其表兄云劉力堂其叔祖去歲死矣又一王姓言訟事小坐而還長廝子鎮湘來言有兩生求附課許之遂去始得芥孫方四午行開枝後妻來言諸子不肖吾未如之何開枝必有隱慝不然何報之速石珊復來

廿九日晴煊南風甚壯許甥來言姜畬訟已成不能和息且將乘縣試生事悤悤而去

卅日陰南風蕭羅兩生來初未相見聞吾能速化願受業者空空如也頃之客去轉風北雲欲雨幾散幾聚乃遂寒栗雷雨總至大風振壁余向夕酣眠起已夜分求火唯一鐙燼持出戶而滅遂無如何攷廿八宿得其大略



三月丙申朔陰雨頗寒復衣一皮桂盈孫始讀喪服說童子不杖以長子殤說之乃安

二日雨石珊時來時去似有所求蓋近日景況甚窘與余略同未能若余守靜耳爾疋家以莤爲猶余亦因之竟忘其爲縮可笑也

三日雨彌沈陰春游不得張生朱通公劉生冒雨來胡氏外甥來云卅八矣上下求索往來衡長亦甚能幹龍八之弟指路乃得來頃之龍傭亦至云方四亦還矣今日令節不得閒戲夕强率諸女摸牌未二更寢

四日雨寒上巳也仍不得游方四還得張犯官書廝張書胡亞書言七女婚事

五日雨雷姜畬二乾元來送筍說爾雅旐旂並攷周官司常司馬旗物並得大通以旂爲今織向所不聞凡冄皆四垂以旗從於耳不似旗也

六日雨晨鈔爾疋未半葉復思湘淮勝敗之故借張提督墓志而一發之
韓退之所謂諛墓文也然韓言私吾言公則爲勝之張云捻寇前作其
妻墓志已疑之今更大疑當問之合肥人檢前數年日記求其妻志稾
不得遂自書之
七日壬戌穀雨陰雨補鈔爾疋一葉改十藪無職方貕養而增海隅疑海
隅卽貕養也職方無焦穫以在圻內不數故爾疋十而職方九此疑易
釋鄭注言爾疋八藪亦以爾疋不數貕養耳貕養在長廣以爲海隅自
可通如此則九八十之異亦可通矣始聞布穀
八日雨廚人又告斷炊居鄉不樵薪而必買煤民不聊生於此可見鄉俗
蓋以無煤爲恥故馮甲堅主之亦如今之主自强也石珊夜又來
九日雨鈔爾疋五方異氣今並未聞記之亦無用似後儒附益也醫無閭
珣玗琪分爲大小二種至璆琳琅玕皆大玉古人不言白玉而言青玉



從多者言之不以難得爲貴也
十日陰有雨久閉不出肩舁行近處因答訪韓石泉聞六都都總家有花
鼓往觀焉故謠言也初疑延師不可花鼓故欲徵其去就謠言不知所
由使非目驗遂成市虎矣周生以桓文正譎發題未得的解因代改文
一篇大意以春秋不諱桓而諱晉恐人不以桓爲正故特著之其不譎
則尚未得確據凡飯二家還已昏暮
十一日陰督課補昨曠功竟日竭蹶與書張犯官勸以不更言洋務以養
其恥
十二日陰晴鈔爾雅不得地圖未能立說平陽蒲阪安邑亦竟未知其形
勢有愧亭林也杉塘三生來一李一崔初不相識從盈少耶來游耳云
縣令卽將交替代者爲陳寶恕奇文也與同出至石泥故宅逢譚周小
坐還補夕課猶未晚曹生來相尋未見留書而去書詞似其家澤公

十三日雨復女讀內則更說慈以旨甘爲父母慈子似勝舊義其用多理
勝也命士有典膳者諸子亦少耶好喫宜節其嗜欲故賜乃得食慈之
卽所以教之盈孫發哮放學
十四日陰雨功兒回省久不得行促之去薄暮王鳳喈周生率生徒二人
來留飯去因客散摸牌至二更雷殷殷雨瀟瀟
十五日雨午霽馮甲假歸比日唯今無客春盡無花寒尚似初春然雨景
絜濛殊不寂寞
十六日陰晴田生請飯云生子三朝有十餘席待課畢而往真盈殊不得
畢並撻之仍未畢已夕矣往則滿屋士老識者張進士劉甲總與王鳳
喈賓主同食川筍席飯罷召花鼓留看殊不知其可樂籠鐙還已二更
十七日寒風細雨石珊來昨與周生論晉文譎周生云自明其書法譎詐
自狩獨優於桓文與實不與是爲譎也義得大通亟采入集解周生初



憶其滑略可哂因又檢周禮四時皆夏正亦向所未詳如此而稱經師
廖平廖平
十八日雨竟日說周官始知經有穎字爾疋釋穎乃有依據眼前字不省
空空耳不意聰明如此又突過王光棣
十九日雨稍止欲送石珊於家彎意不欲行亦奇也爾疋未注者已畢草
草未遑收拾且重注草木黃孫已能讀書壽孫亦信口咿唔又一樂也
廿日晨見日早起已而便雨午又晴已而又雨一日六變始得食菌豬價
斗長鄉人云豬貴溲賤豬賤溲貴亦與穀賤傷農意同夜夢與彌之論
吾五律僅一平穩耳彌云正自如此吾責以初不聞直言者何卒後始
一見夢念多負之時正雞鳴矣雨又瀟瀟遂不能寐
廿一日雨盈孫嗽輟讀殊覺清暇令紈復增讀莊子律詩以發聰明真女
愈拙有似郝聯薇之父人定有愈學愈愚者夜思職方四三五種要必

有說蓄疑久矣聊爲補之二男二女則鄭生之目睫亦其愚也
廿二日雨晨茗復得清水令人心目俱明晡後周生引一客來面目甚熟初不知其某甲云有詩求教出其詩卷曰劉玉岑尤令人茫然久游江南黃少崑弟子也周生偕石珊去某甲留飯去已昏暮云宿石泥塘
廿三日戊寅辰正立夏兒女秤輕重湘土俗也譚圜總來劉玉岑來看其詩二卷加評點還之亦有功候勝譚荔仙許生專足來送省信得宋生京書云將改外官午後頻雨夜復寒
廿四日晴雖有小霢霂不成雨也石坤族孫來引二生來執贄成炳圭字倬雲年卅八許維梧字鶴齡年二十二許似較勝而成生髦而好學不可及也磨坊劉姓亦來見夜見殘月
廿五日晴始得正朗遣人上縣覓食物本求蠶豆昨已得之又多此一遣鄉居自謂至節省仍未除習氣也譚佃送新茶來



廿六日晴日熱氣涼已是初夏朝課未畢周生送石珊來遂約同步古城會食韓家朱通公先在蒸鷄甚佳爲飯二盌遂不更飧矣還啜粥食二鷄子遂寢
廿七日晴晨鈔爾疋攷蒐茈茢菝二種因看小說見楊媛徵驗記羅漢字維上無四乃知紀昀羅上加罒之說李若農詢余出處經廿年未能答鄰婦青脣博徵不易然亦可見有則識之也夕衡院專足來迎
廿八日陰晨復丁六劉生書寄禮經去大風驟寒已而雨至仍重縣著帽至夜早眠
廿九日晴晨起偶不冠便覺寒侵天時人事均大變矣夕城中人還功無消息云大水
晦日陰有雨朝食後立門外遇二鄉人求助訟者喜其得相值叩兩端竭焉皆爭閒氣成深讐不可理也揮而去之招壜大老耶來問訟狀亦有可喜鄉人婦求劾鬼云遇溺死者每自欲入水告諸女三月正當三十日宜餞春送神乃俱把卷伊吾夜雨方四還
四月丙寅朔雨始有游興張生冒雨來云欲一飯以其未卒哭屢飲酒食肉雖合於黎簡堂蔡與循之意而余心終不安未欲誨之以所傷大也託詞拒之彼遂不悟且言及未葬猶不悟也以禮不下庶人姑以民禮待之功兒冒雨還云廿八日大風破舟幾不得免夜雨始暢
二日雨仍未已張生遣人來舁我渡雲湖往會食朱通公韓周先在田雷子後至見其弟子設饌甚精殊非鄉風寫字六張遣人至縣磨紙云攀則胹食罷還已暮周生送蠶豆
三日大晴改內則見子禮君大夫異有明文鄭注貴人大夫以上下當云此記大夫以下通禮貴人即大夫耳君賜不閒具於下文濫字當作爁置冰鑑上涼之六飲五涼一爁爁者亦可涼之飲湢湢浴室火盆屋也慈以旨甘父母賜子旨甘也子有官不敢自養故父母賜之亦杜其賜侈熯湯凡言湯者有香草七十而



有閑然則天子諸侯卽位而有閑士無閑也下日士於姑此與上記云云刪明夫人不以己所生子爲貴
四日晴張正暘來問禮記數中有闕文專靜之效也留宿內齋功遂臥病
五日晴朝課未畢許生來朱張韓繼至楊皙子來問公羊郊卜未明其例論王制犆禘一爲除喪後祭祖不祫犆一祫爲下天子故特一當祫者似較直截甚有心思晡會食待周田來久不至及散倘早田許早去韓張朱次之楊周張留宿夜談禘祭辨昭穆每君不同故須諦也石珊來訴三十和無賴之狀殆甚其兄開枝子俱不肖可怪
六日晴檢郊卜四五均在四月未識其節卜在一日則不得踰旬卜必踰月則四五不同限十二月下辛卜正月上辛不從以正月卜二月不從以二月卜三月不從以三月卜四月此之謂三卜不從又卜則同日又三卜故四五三皆在四月前也五月用郊因正月牛死故九月用郊則以公出故皆違過時不祭之義然則三卜而從四月可郊殷四月夏三月午初張周告去皙子後去

七日晴遣覚夫上衡功兒等從船上湘仍課如額夜摸牌

八日晴晨興待發加挑子云已往呼之遂飯而行甚熱宿花石是日癸酉小滿云宜雨

九日晨雨飯龍王橋過牛餅雨大至又多岐路得一童子爲導至一橋問云馬迹橋也後山出湘潭之口頻過不知其名欲停已過遂宿界牌行六十里費一日之力

十日雨行未半里仍止界牌口聞知黑沙潭必由馬迹道入行李留亭中獨攜四夫仍還馬迹曲折登山可十里至黑沙龍祠大雨衣履盡溼步至潭口乃非瀑泉虚有其名耳無甚可觀遂還冒雨宿國清行十里

十一日霽七里過黑坳又五里飯蚌塘賫斧告竭質衣而行夫力乃無逗留之心矣午飯集兵灘雨又至泥行至七里井汲泉瀹茗遂舁入衡州北門雨大至程家夕矣方作道場鐃鈸競作不聞語聲與二程兄弟



少談出宿江南館戟生來朱德臣來少坐去見曹東瀛言時事書兩宮大和矣李相力也然竟斬一常侍似乎太辣夜雨尤酣膠中頗醒

十二日陰有雨江南韓公生日設麪請客朝餓正思食邀張子年同往喫兩盌江尉來未坐去還房月樵來復朝餐二甌自來無如此多食者借舁僕出拜客從府縣協道出城至鳌局見者文子章盛綍卿陳壽橋梓敬隆書村朱純卿張老師蕭子端還院甚早傭工外出呼齋夫除草諸生衣冠入者皆辭不坐入談者皆舊學也桂陽人尤親密則雋丞因緣

十三日晴晨待飯而出渡湘詣楊蕭馮丁馮丁不遇從浮橋故步渡西岸入瀟湘門訪府幙不遇街溼繞西行復東至鄒松谷陳十一郎家入江南館小愒張子年來同午飯遇王魯峰求閱卷館至鳌局訪孫麗生秦容丞還宿江南館

十四日晴劉子惠來因程家有事不欲擾之邀與俱出至子年家劉勸我留飯張亦難辦仍邀子年至程店孫翼之來其弟及容丞續至反同飯而散余欲少愒馮絜翁來久談已晡遂與麗生步至鳌局朱純卿已先至莊叔塍馬少雲來共戲至戌散大雷驚坐雨如澍乘輿還安記

十五日晴熱忌日避客坐安記晚間任莊楊黃來黃字伯周江西思賢生也今幕清泉蕭伯康送饅適素食以付廚人夜熱不可眠

十六日陰待飯過午乃得食至院已夕復不得食上鐙乃食聞陳若愚作臬司一月而死

十七日晴陰稍理日課午至新安館請劉子惠治具延客爲馬少雲餞行毛少雲先到朱莊旋至共戲任孫張後來張又先去未夕食畢余疾不多食猶食五餅夜還移外齋毛云熊秉三庶常見我日記

十八日大晴夏五彝來談說文因熱未鈔書李生復講禮記



十九日晴熱甚顏生鈞來通判兒也云十三日曾到此留早飯無菜僅得黃瓜一條煮之共食講書畢與同至鳌局不得入復至鐵鑪門步上入安記料理米鹽旋至府署顏還判署余入至任齋小坐招黃伯周來較牌頃之伯純來入局熱甚二孫兄弟及胡子歇續至胡小梧從子亦刑幕也主人大設俎豆皆三鑲余唯多食甜羹至夕稍涼有雨登舟久撐乃至過二鼓矣寂無人聲皆已睡去

廿日晴陰涼蕭教授來丁章清泉繼至余倦少愒云道臺來久矣出釋奠送學草草行事汗洽重衣諸生入見者十餘人客散不得休

廿一日陰有雨頗涼午睡初醒聞人行聲懿兒陪楊皙子來云功兒不至俱願居外齋因移入讓之

廿二日陰雨復寒外府人無威儀屨飾不變復勸導之禮失難興亦窮於誨孔子欲先進野人今乃宜先進君子君子尤野於野人而悍於野人

故難進也龍八自長沙來聞楊梅舅被劾罷
廿三日陰馮絜翁來王生送潤筆本未用筆辭之欲寄家用從釐局假四
十元寄去因還開福齋錢
廿四日己丑芒種陰江尉來夏生飲段海侯二子來皆篤樸無野氣程生
來並未飯去龍八去欲遣方四固不肯行徐火來求說鹽稅事
廿五日陰稍煊晨出點名開課有五十餘人甚盛集也楊慕李顏通判來
日長無事但有閒行
廿六日陰熱講書未畢碧崖僧來遂與同舟至城買米煤至釐局問知孫
總辦關節不到遂不往說步至安記少惕看子年已往會矣兩處皆留
點心欲出遇雨還張客坐看姚改之草法十二册江尉遣舁來往則大
雨舁夫衣盡溼客唯兩人未至入局共戲久之不決乃飯未甚欲食不
能終席紛紛各散陳楊先去張任繼之余與黃莊張待終局舁至船上



乃僅一人榜行久之始至又遇雨待鐙亦至半時許從者無一能人故
至此也得常氏女書因作復寄之
廿七日陰涼矣僅不復能混更以廖升代之攸文植枬送花蔬更有一信
與胡壻鶻突突亦不知其人安在楊生說辭無所貶爲有貶是也而
忘小國不卒葬例不熟之故
廿八日晴懿疾不講書李楊遂亦不至飯後出城詣通判署看顏生過程
生家公事旁午不能少坐遂出顏生二子長者拔兒次者甚肥二門徒
一錢一李均出見其三弟亦出遂留鬗頭至頭門遣約莊師同至朱宅
純卿治癖而腫其面任師旋來同較牌黃生亦與朱弟芸卿後出孫老
總兄弟來言楊師生辰宜公祝因留不歸二更後散宿安記
廿九日大晴復熱安記勞於供養不可坐食步至府署任齋久坐乃得朝
飡向午招莊黃來楊子亨病不能與生辰成賭局矣純卿遣弟來郝尉

江尉均拜生而去留郝陪客並留張老師吳養煦二孫兄弟顏通判同
飲室中甚熱席於階下凡六較四勝孫老總逃去二更還
五月乙未朔晴昨得黃佩石書召見其使略問家事大約欲得局館喫空
飯近年以來國家養民幾半國力竭矣民力未舒言仁政者又何說焉
夕雨
二日晴首士送脩金來遣黃使去期以二月爲之覓館卜太耶來謀衡陽
徵比清泉請飯辭之又送帖來
三日晴陰入城先至釐局留點心遂歷二時託劉子重換銀便至安記聞
徐生吐血疑其因鹽案也財與命連爲之泫然答訪攸文生過清泉方
捕得强盜拷訊入至胡齋純卿先在又有一少年疑是魏姓旋知梅子
也主人退堂已夕散時初更矣夜雨楊叔文來還史贊
四日雨衡州無水利唯望雨始免擊道門鼓耳羅伯宜兒專人來送衣料



求調優差與書責之竟日閱卷廠郎來送香稻顏生丁生來攙
五日節草草辦具亦費六千可怪也待客無至者過午顏通判胡師耶來
留點心毛尉龔生先去二孫賓劉繼至程生父子先後來江尉兒孫來
遂至昏暮用人生疏不能待客方四告去並遣羅使即還送羅繼祖母
奠三元定課等
六日晴涼移內坐方四眷眷有離別之色不知何以又去揮使速行顏生
長子拔兒來名桓字雙表范溶兄子壻也書秀潤經解亦有心思年始
弱耳令看課卷夕食後去劉子惠來鈔釋木畢
七日晴正夏景不熱不寒風日甚美曾醒愚來久坐去梅少耶來不能見
也
八日晴諸生入講者四五人猶勝不講午渡湘過石鼓赴羅漢寺齋任師
母作道場因送明器至則純卿先在莊師設席較牌胡杏生作陪甚非

宜也張生所云王父無禮道臺有禮者以道臺欲引疾告退故有禮也
胡生云親見任母回靈又云孫老總見鬼令人悚然頃之二孫來盛清
泉繼至亦入局共戲至夕散乃食舁還甫渡大雨船轎人夫並濕衣如
落水
九日晴喻生引黃生來見程女外孫也親見其母嫁今入學矣午間並引
程女二子來長者已頭童齒豁令人思天台還家時孜六服色章之夾
殊未妥帖當分處周異尙乃可譚嫗來郎去
十日陰涼任師來謝奠與吳養煦同來衡刑友也程月樵來言當請孫老
總說鹽事並請任莊頃之莊偕黃伯周來均留早飯唯吳已食巳正乃
散與莊黃同至白沙毛尉已設午點矣留納涼與熊翁較牌至夕頗熱
飯一盂乞荷而還講書畢已暮
十一日乙巳卯初夏至長日已過矣工課甚簡頗負贏夏蔣輝熊多別字



定期面試並戒諭求課者無幷心於道臺夜雨
十二日雨至朝食時止講書未畢廖升營營焉既至城則馮程均發積穀
獨看徐光啓歷書惜其不遇時在今日大用矣又往看戲見岳鄂王又
惜其不在今日悵然而還張子年孫老七任莊孫總江尉均來將說官
事余乃求葉子設局於房草草而散絜翁先去余留待孫轎乃還
十三日晴蔣輝熊辭試告去笑而聽焉
祖考忌日素食來二客見一楊以乾希陶妻姪也又一鄭少耶則辭未見
去年今日亦得鄭少耶書甚矣鄭少耶之爲患類於周處也手老湛詩
竟日而不能接其子信父子之不相及與李生論草蛇灰線天生張中
堂以草書取士而得陳兆葵因以其力爲庶弟求財以成買妓之過又
不知李鹽道當權所爲者何吾已言之矣不負傷丞也廖升大壞人也
姑與之爲無町畦聽其來去夜雨

十四日晴涼水赤映窗乃知新漲鈔爾疋十五篇畢夏至後猶未聞蟬益
知蟬鳴在五月望後不係節早晚夜得省寓書及丁氏女易仙童曹中
書書湘孫來書言新婦嚗書一雅事也
十五日陰風懿講孜工與人畢毅講赴試去遣胡甥送之與以十元爲仙
童評閱南嶽詩便復書勸其莫哭又與書六耶並送一元遺投曾昭吉
並催飯遺懿行陳順來求調缺告以無及程孫來入孝廉堂問當何學
無對也夜大雨今日改正大祭三貳及補釋奠緦在堂舊注費大力矣
十六日大雨至巳猶未已鈔書畢顏生來待講書已過午下湘答楊秉吾
欲更詣客因雨不果至程家遇祝　臥藤牀看申報榮仲華拜衮矣
又何晚也朱德臣丁篤生吳桂樵繼至朱純卿後到入席已夕散猶未
夜
十七日陰課畢游白沙毛尉留飲較牌任莊二孫劉張並集至夕散始食



新蓮子
十八日晴講書未畢毛賀來同下湘看金同知罰戲朱莊任張並集皖樵
亦在殊熱不可坐設麪又成糍餬草草而散船不得上水軍舵工助之
僅而得至已二更矣
十九日晴顏生父子來講書劉生始到院馮家來催客兩次知其尙早不
能不往便看魏二黃營官彭四少乃至馮家始過午篤生亦先至朱程
黃繼至夕散步還諸生並出寂無一人眠至四更起關門貓破厨盆內
外縱橫始聞新蟬
廿日晴楊生未歸飯後講書畢下湘訪曾廉伯隅近來志節士也楊生亦
在其寓云邵陽有賀秀才金聲亦節士近爲毛令所禮用坐頃之估客來
遂出至衡陽署答訪吳師云正坐堂辭焉還至彭祠已迷路矣乃繞出
祠東至則任江先來蕭然無辦云以無資故罷使人挪揄乃令傳班張

鐙莊陳繼至因約純卿先來熱無處坐坐巷中僅容一椅屼樵後至强移後齋待至日夕翼之不來入坐食半乃來云今夜卽行夜乃演唱主人陸續逃去唯我與江陪客至二更散宿安記

廿一日陰晏起待轎不至步出南門坐船還猶未朝食可謂極晏講書後大睡至夕曾伯隅來談宿楊生齋

廿二日晴晨寫書畢客猶未起徐姓來言孫昏安恐鹽事反復與書任師謀之並作書寄李督銷飯後講書畢少睡伯隅復入談頃之與同舟至鹽局王尌搨生設酒更有尹生及顏生未昏便散詠日暮碧雲合之句疑暮無碧雲蓋寫春景耳見碧則不暮矣還院頗熱得何衡峰書蕭菊咳來

廿三日晴風涼寫扇三柄校論語夜開門睡久之乃寤月午矣鹽局王槐軒紀元來莫生來



廿四日陰涼可布衣校論語以意屬讀看少作文敍戰事殊有才情夕復早眠起亦二更輿兒書來言功定來詭計多變吾烏乎測之何僮送越稷貌似而已

廿五日晴風涼校禮記二本前刻甚劣喻生召其戚劉姓來領工言詞閃爍士有賈行者也張子年送蓮蓬報以火骰

廿六日晴大風煊與書我女搨生家專丁來云山莊人已在途矣校禮記二本

廿七日辛酉小暑晴大風煊校禮記二本夕得北風登樓乘涼夏生告去

廿八日陰涼早起寄劉書去旋睡將食乃起毛尉來言鹽道能撤安徽人孫老總倉皇去也午後馮甲來言鄉間雨足並寄衣冠來前所云云皆誑也

廿九日陰風益涼作書復滋令待秋來講伐檀因校改三大夫祿之說並校王制誤字夕爲程生改夏龔墓表兩三句間精神頓異夕雨獨坐久之杳無人迹遂寢

晦日陰有雨煊寫扇二柄馮甲去爾雅釋鳥成檢二足爲禽之說經記無證夕冷如秋

六月乙丑朔陰涼晨出點名朝食後出城爲安記關說鹽事便至程家小坐朱純卿云省城方疑程家把持且須待之還安記佁早至府署看文太尊因留任齋賓客甚衆較牌大負一戰而勝遂出還船夜雨欲酣俄而復霽麻子來送石

二日晴常氏女小姑病沒淹纏二月餘信瘵疾之難死棚人送蘧篨云尚不食新將須十五衡俗嘗以卯日寅支卯糧之義午睡未著陳華甫張監院來彭公孫景雲來云常壻已到城尙須緩數日乃能來陳張留飯彭去坐談三時之久張已再渴睡矣公所作牀凳來



三日晴陰涼講書未畢王嘉禾來丁憂將歸留妻子居衡州並攜其三子來云顏生父子亦將至顏生講禮甚細益友也入內齋待之遂坐一日留晚飯去備矣早睡二更後起徘徊欲坐雨聲颯然遂睡

四日陰雨蒸溫校論語無底本錯落甚多未能訂正俞廉使送茶脯並書謝題蓋拋甎之義夕得大雨

五日陰常壻來蕭生來送堆翅均不飯去楊生來問寄武岡書牽作二紙付去

六日庚午初伏晴程屼樵送羊出弔楊六嫂便訪容丞與同至朱嘉瑞買綺帶聞館有戲約同往余先入道署訪華甫不遇王朱小坐出則無戲便過子年不遇過府學試問張老師云在署入談輿局乘陰涼還講書王嫗來以紹脯與瑞文柄告勞令撤廚房夜頗悶熱廖攤錢大勝而醒

七日晴內外僕不肯撤廚房仍就內食鈔爾雅十八篇畢講書後下湘岀熱步至衡陽陳華甫亦至坐吳養煦齋久談陳衡陽頻來催云蕭少已至往則莊師程岏樵繼至任師後來紛紜二時乃入席夕散與岏樵步出復過其家少坐程生遣鐙送登舟乘月還浴

八日晴暑在內齋講論周生李復先生來言卄務云黃修元先生將按臨矣胡甥又來致功兒書猶是前古之事

九日晴暑晨不思食但未拔劍擊柱耳餓一日亦甚適常壻夕來云明日還家齋夫外甥蕭衡卿來求救

十日陰未講書曾醒吾來送醬油同下釐丰小坐入城步至衡署吳齋云四人公請鬮牌初無至者鄭二少耶張帳房來陪皆不內行已而莊胡任並至會食甚飽散後復小坐吳遣送出半道遇廖升來迎至安記小坐欲睡岏樵來程生及李子正來二更始散夜寒



十一日晴看西湖志過程家朝食蕭衡卿復來求救程生所用蕭銑卿陷之也而程生不服云銑卿正人衡卿哥匪余既不與世事任其顛倒而已見冒籍李副車已改正得館選矣父必昌王慶虞舊交也南人北相在袁曹之間同飯罷還安記看西湖志十本寫字十餘紙莊顏來乃同步至道署客無至者唯吳仰煦先在陳華甫處華甫生日未往而坐食燒豬並與通判鬮牌夕還渡夫小兒榜船亦俄頃而至

十二日丙子大暑甚涼朝食後劉張毛三釐員來常霖生來談盜技有聲有色云近日盜俱能者張家年姪來求信與書李督銷試之俱未飯去講書未畢已夕食矣夜月早眠

十三日晴頻日欲雨不雨氣涼雲陰從來伏日所無也鈔爾疋草草畢非佳作也正了一年工同於運甓

十四日晴看課卷定等第下湘尋劉子惠買煤便邀同至安記尋錢開菜單至張子年家託其代辦還渡頭呼船還講書畢小愒齋夫二女來謁召入問談聞足音跫然功攜兩孫三孫女來云三女皆至自往船迎之遂不夕食夜飯半盂復不能寐凡再起至曉（聞毛杏生將皆辭往留之因過孫圖生）

十五日陰晴出食外齋講書問難者相繼午晦衡陽送瓜來方食瓜又挑一擔來不知何從知必輿所貢也初十出場十一專人尙爲開展莊觀察借五十金送家用亦並寄來以贖前挈白蕤縚之咎劉子惠毛杏生來顧生父子來欲雷不雷亦竟不雨然夕陰如秋乘涼俱睡

十六日陰晴庚辰中伏早起未甚思食午初下湘□瓜至子年宅託代辦請客客久不來過午莊師始至任吳繼來較牌常霖生來陳華甫王輔庭同來更招劉子惠談釐務戌初設坐庭廊飛雨飄背移內齋熱甚草草而散王吳待轎不能去仍補一較冒雨俱舁還龍八來云功在程家且攜兩孫不能來榜至東洲已見月矣



十七日晴涼李生獨講書畢兩女點書寫意而已紙經已畢讀且授詩子遺復出看陳十一妾因過孫程江亦欲看江養孤女夕雨霑衣云皆未見功亦冒雨還

十八日晴仍涼仍令盈孫從我點讀並爲三女點讀長日有事亦不覺長矣

十九日晴遣問木料價值因知工部定價民間上下之故蓋銀兩有定而一兩易錢多少則無定今銀一兩值錢六千四百謂之八貫可至三五貫必不能兩貫九貫也始浴陳十一郎來誨以求友納諫之道

廿日晴毛尉來云卽當購木遲無及矣余行事必待時往往迫促木筏以六月半罷市

廿一日晴武岡張朝貴來見武功忠勇皆今所不取者而鄧翼之倘之堅坐待見亦一厄也

廿二日晴比日俱涼毗樵晨來留飯同下湘詣馮楊不遇渡鐵罏步至安記理帳過純卿云王濂中傷員司代之兪廙仙擢晉藩桂臬移湘陳又老險哉朱弟轉輸講司經局明印無淸文亦一異聞

廿三日晴涼絜翁早來云老來不宜午出宜自珍重吐哺待之午後稍熱再浴今年伏前宜浴未敢太早至此已過浴時矣

廿四日晴涼與書莪女寄布去去年亦此日發信匆匆一歲矣夜爲寱語驚醒遂不寐

廿五日晴朝食後出藏鏹往木丰市木局員紳俱不在交稽查而還講司尊彝甚樛葛頗通判來乃罷食瓜夜早眠

廿六日庚寅三伏晴大風捲我屋上三重蘆講齊酒半日稍有頭目齊酒截然二種而醴有淸糟又謂之淸與淸酒之名相亂故互混耳天子祭禮亦似可推黃船芝來夜食瓜稍多不適



廿七日陰早涼冷蒙被久睡向食時乃起講齊酒仍樛葛以司尊四酌無汎緹沈鄭以意上下從之無實據也衡陽片來招飲正欲往說蕭侯鵠昇至程家云去矣待頃之往見斗睤丁篤生程生論蕭事斷斷似欲假此除之程衡陽方信用之非疏遠所能間也云吾兩兒考試均在優等瑺遣人來

廿八日壬辰立秋朝食後覓洋表乃無自隨者向向生假之又久未開西學不行大異四十年前借日圭定時正巳正立秋矣吳仰鵬來上虞生員也任小棠高足弟子言王介艇以官殉友北人乃有此高義家耶可無恨矣長沙遺缺府必欲到任本缺遂不能不到任又裕守不虞之晦氣今日稍熱於中伏

廿九日晴朝食甚晏方催促甚切外庭爆竹振響知報懿入學者仲子長兒亦有名吾家正盛時也留瑺家人待信竟得之亦可喜矣卽作書遣之去諸生入賀者三班遂不能飯散學一日盛暑楊慕李招飲小睡而往張子年蕭伯康先在陳丹池分府篤生張監院繼至斗睤後來步還甚熱溫風吹水倦睡片刻始到

七月甲午朔晨出點名畢作兩書寄兩宅以卌元遺家傭去晴熱罷講陳衡陽來頗生父子來亦未能講問鼈局送瓜夜剖一枚浴畢而寢

二日晴有風商霖來留飯去草具甚惡無復家法甚熱

三日晴風吹如燒始知秋暑馮絜翁次子來

四日晴更熱然尙可坐臥似減於去秋復講至晡看劉基所臨書譜似是眞迹

五日晴晨索飯不得下湘謝絜翁乃反得越物以歸渡東門入府署人夫俱飯於任師旋至通判署早麪至衡署答吳過陳程兩郎小坐已午至鼈局孫老總形色倉皇不能爲賓主還食瓜房嫗口角稍申飭之長婦



云震驚家人因未深究蓋讒人在側能生事唯智者能照之則亦無所能爲不若佞人移人不覺雖聖王宜先遠之

六日晴晨約諸幕友便飯遣船對岸迎之廡七子先來因留陪客盛淸泉楊斗垣來久談文太尊又至任吳胡江尉莊師均在內移諸女樓上乃得三客坐張保吾捕廳來催飯令去比食日午矣任師急欲去怱怱俱行

七日晴庚子末伏愈熱夕大風雨顏生父子及顧子來楊慕李來賀文太尊送京韡正言無人送韡喜而受之夜雨未已乘涼早睡令諸兒設瓜果聊應節候三更復起食不托朱純卿來辭行

八日晴當出且挨一日魏二大人張老師來客去乃悟明日忌辰不可出劉毛二鼈員來毛言買木甚貴當俟明年

九日晴馮蕭來不避國忌非宜家所宜蕭生父子勇於搆訟當戒飭之夜

雨
十日陰涼始有秋色改定酒正箋說三貳且含胡了之取無違反而已
十一日晴復熱朝食時黃佩石兒來沈子趣壻也未遑與談且出謝客至府縣署因留夕食遂渡湘答三家仍還衡陽乃初無設見陳華甫之兄倬堂未夜還
十二日晴晨與黃郎略言其家事留之嘗新乃去
十三日晴長婦生日自至吾家未嘗特設命諸女爲作湯餅又不能自辦街上覓人至午不來程屼樵不能待而去陳華甫來喫麪去夕招顏生父子來及廖李楊黃竝食余三盌後退飯於內飯不可喫作書與莊朱湯送黃郎去
十四日晴程生請飯而以各幕友作陪未便占坐辭之再遣來邀適値大風雨遂不能去朱純卿來辭行



十五日晴夾水送賀禮者廿餘家雖不盡受頗爲繇費張子年朱得臣唐澄卿來夕有雨今日戊申處暑中
十六日晴入城答謝陳唐朱三家華甫兄弟約便飯遂至朱家解帶脫鞾至安記小愒云朱純卿已至道署步往略談任吳莊來較牌夕還秦容丞來
十七日晴彭公孫來由刑郎戳取知府請假初還不甚知京事乃不知有陳伯商樸篤如此云過鄂見孝達此外皆未謁王潘之教也得莪女書
十八日晴下湘欲過東岸日色杲杲僅至秦家少坐步至衡陽兩縣刑幕公讌而胡子陽以交代不至莊師謝壽來遂與孫老少學由湖之戲算牌繇難非閒適之具也將夕胡任陳同來程衡陽以諸幕局騙欺之怒其幕友吳亦大罵言去殊不顧客余方念酒食徵逐亦須口福恐無以堪之蹵局方散四幕難繼果有風波可爲笑歎

十九日晴講內史屬禮官而職任樞密爲禮部增價後世無其意也作書薦余華於右銘何鏡海舊僮也何張生存交游甚密死後頗羞稱之知擇交不愼徒取才氣致然雖詩本無名豈能自掩復紫谷道人書
廿日晴晨閱課卷新說頗多俱駁斥之午日甚灼步至彭丁家少坐正見純卿開船渡湘至衡捕署江尉辦具與余同約吳胡便飯因及張陳任莊較牌甚熱夜還船
廿一日晴陰得陳芳畹書看道光上諭措置夷務庸臣欺飾與今如一方知湘軍成功非關運氣在無官氣耳晡時大風雨甚涼已而復熱蕭規秀才來正七十一矣
廿二日晴熱齋長始回胡甥爲周媼所罵涕泣而去不欲守本業因假此以發怒耳
廿三日晴熱甚看唐詩聊以逃暑講周官司馬分眚剷壇杜未甚的當侵



伐則有久暫之分侵謂屯兵漸逼之傳云粗精猶淺深也前講詩分天帝大明天帝相混殊未可分一簡之中自相違反可怪
廿四日晴夏生兒來留早飯遂入內食改功兒當直之解亦無以異於蕭蕭兒答訪蕭規已去至府署較牌熱不能食夕散畀至蹵局一了酒債報飯恩自此絕矣還進果飲猶熱乃寢
廿五日晴早起不涼午後愈熱竟日未事臥看朝報
廿六日晴發山東信亦請王觀察代寄廠年姪來未見夕始涼夜雨
廿七日陰晴說詩清酒記醆酒總不能合用唯有鬯今商粱燒蓋古名醆酒於朝事時酌奠況以明水故曰醆酒況於清清爲水號非清酒也況水之鬯詩名曰清酒又曰汁獻況於醆酒謂以鬱和鬯也詩名曰黃流王賜鬯以祭君祭時況鬯以奉朝事故先曰黃流後曰清酒小雅曰祭以清酒則謂賜鬯以後事也顯父餞韓侯清酒百壺亦謂上公三祼閭

則改以明水涚醆醆涚昔酒故記以今事喻古曰猶明清也明與醆酒
卽醆酒涚清清與舊醳卽汁獻涚醆酒清則醆名非酒水名矣
廿八日陰入城尋張子年講書畢始往已晏矣取十元而還夜雨
廿九日晨雨旋晴待講書又無人來午前與楊生同下湘至清泉胡幕其
子又病熱客主不安勉與雜客共戲而還得輿兒滋女書輿與兒書文
詞甚美夜起作書請張子年呼匠算屋材遂不睡
八月癸亥朔白露晴待曉朦朧忽不欲輿因外已三點始出盥衣冠畢日
在人甲矣初以爲正課生半去乃猶餘十五人多半昨夜來者李楊均
不入講自改司尊彝錢顔生父子來聞其兄弟參差欲問之未便窮詰
遂不提及
二日晴楊生假歸寄甌錢與馮甲又與書永桂二守鷹顔生閱卷張子年
來商量請客竟日教讀甚倦未夕即睡



三日晴鷄初鳴卽起凡再睡皆夢未甚著也起時日上窗矣去古既遠不
獨制度難明即酒亦彼此差互且先取禮記列之常霖生來又問作酒
法乃分三酒爲黃白三種周生煥舟夕來半日對客未暇尋檢
四日晴晏起檢禮記諸言酒齊者以醆酒爲最舛互分殷周說之苦無證
也胡童賓生來正作湯餅留之點心得鍾軍犯甲午冬書並寄八分一
聯復得李督鎗書言子弟盡在江門劉張必欲壽我喜而折屐
五日晴晨起衣冠下湘至鼇局壽孫母遂留麪飯一日較牌一日酒闌人
散不勝寶玉之感又聞朝出兩使查辦十款又聞翁守擢撫衡人望幸
之情皆可笑可樂夕還（永新賀孝廉來見皮六雲弟子也）
六日晴朝課畢攜盈孫下湘至四同館請張子年餞具約牌客東道兼招
監院陳華甫較牌大勝莊師齒痛不能坐先去
七日朝陰將答常霖生遂巡日出遂止發帖酬賓至夕乃下大風舟不復

流泊柴步至德豐客滿坐皆等孫及族子也未甚酬問恩恩反船有
一船來就云清泉客則賀爾翊也云相尋再過矣三顧草廬由是感激
要還留宿談公羊時事云張謇狀元勸君讀朱子全書駱成驤狀元主
辱臣死皆不遵格式以得高第文闓面已至長沙葉麻子入都矣
八日晴晨起客辭去遣船送之曾主事熙子緝來求書並賀各書一聯贈
之因作字半日譚嫗來磨墨拂紙已生疏矣
九日晴盈孫讀書遲鈍似不必教因無事聊與爲無町畦而愈教愈頑有
似郝聯薇怒而責之殊無益也且又置之而去入城至衡署章月波作
東牌局闌珊未終而散與任張同過江尉莊師亦來夜宿安記
十日晴熱屼樵來陪早飯遣迎女婦諸孫看戲至午皆至步入彭祠見蔡
子固心泉少子也年幼刀牌亦自開展可造之材也魏賡臣兒來亦不
儇佻勝源老板則無可說凡官幕紳士廿三人公餞男女四孫設六席
亦甚費夜月清涼惜無歌管率房嫗船還嘔吐如在海船夜寐不安三



女俱留程家未歸
十一日晨雨頓涼始成秋景今年暑炎至百廿日備哉程生爲廖生和訟
廖不干己程反干己爲發明春秋之義云可取和則胥命之說與可爲
一歎
十二日晴復熱請張子年辦具設席彭祠大饗諸送禮家凡廿九人外除
三人不至共坐五席唱戲甚熱鬧諸女悉來本可早散客不欲去遂至
密雨前去者乾手乾腳後者困躓先本在城不回既雨女婦堅欲還寓
泥行出城幸遇程生舁來中道乘之僅而到船與三孫二女同還睡頃
之十女等始至先熱後涼一覺至曉
十三日陰雨晨起方知傭僕昨夜均還唯功兒在城俄而甚涼方憶無衣
則率周嫗還矣功幸未病周乃暴疾

十四日陰顏生來豫賀秋節蜀傅生來求見以無因辭之夜見月
十五日陰雨避客居內亦無節景放散生徒索麪極醋陸續小食殊未能
飽飲酒一杯而罷二更後有月仍有詩興結習未忘也
十六日戊寅秋分陰晴陳又老所避日也得張生書晚間議事足至省城
詢兩兒蹤迹懿兒還襴衫謁親家人歡笑陳十一郎來未暇出見也
十七日晴令功兒清客單院生猶有卌人當治具燕之因作衫袍十餘年
未有此盛舉
十八日晴熱復紵衣功兒往程家代媒晡時疾風暴雨似夏日氣候秋分
後未嘗見此已復暑熱找人夜還乃云無雨
十九日晴蒸汗如雨而不可解衣氣仍冷也步從西岸至白沙丰無一人
唯一巡丁磕睡亦一佳景還船苦暑夜臥汗透枕席盡寫送紙還書債
亦頗有佳者遣龍八還



廿日晴烈日燥熱可紵衣欲整理詩書重寫一過嫌老而不休近蠢鐸也
又無佳紙筆且徐徐云夜月涼朗賞秋佳處正在內堂惜無同話者茂
修來又竊一盜焉
廿一日晴改定禮記明清醆酒之說及醴醆在戶終不妥密鄧在和來云
其外祖墓被發程生來問之乃新改葬謀地也鄉人亦狡詐置不爲理
遣房嫗爲諸女製衫帬自送至城因過衡陽幙尉看病尉不能興幙留
鬭牌甚熱然飯兩盌夕還月出
廿二日晴遂成秋炎不復有涼風晨氣亦不潤矣李生講周官畢懿說戈
胡未審其制戈爲句兵字從弋有枝在下而用在入決今無其器
廿三日陰程母升主恐馮繫翁往而我不往則與登堂一人之句有愧因
往視之至則已畢事客無遠至者乃還過子年容丞容丞云孫總逃去
迂道往驗之兄弟具在云張總來矣留食韭合而還待船轎於太史馬
頭兒孫往石鼓亦來令同還未幾巳夕龍十買刀而還久不見此凶器
矣
廿四日晨起微雨有桂花之想昨覓皆無花欒云無雨故乾朝食後大晴
日烈可畏二程來謝皆未見水師來請客再辭矣下船逢張子年未能
還陪舁上馬頭客皆非昨單上人乃四學官有聶約翁云易實甫寄問
似是武陵人而音殊不類又云陳我山同縣則武陵明矣不甚說話唯
與黃將論戰事頗稱李希菴與余所聞不同亦以看地勢爲主湘軍派
也言陽邏之戰及唐菰渠如見當時軍容
廿五日陰朝食後晴比日皆如此毛尉衡清二學官來聶鎮衡字嶽峰非
約也云與秦子質同年易油壺之師正宴院生便留一飯梅意欣然聶
似不肯小坐而去設五席講堂集者卌七人各送一觶序齒費推排耳
未夕散遠者有顏生之子舊者有喻鄒達者有程藹而藹未入席



廿六日陰日不烈矣令懿出拜客得易仙童曹主事書常增遣人來清坐
無事復有鈔撰之興
廿七日陰懿早出謁謝余亦於朝食後下湘步往府署問木器乃無所有
勉留較牌作餅未能待日已曬矣舁至彭祠陪兩縣八主人內有一人
母於本日死與成靜帥彷彿演戲至二鼓乃散
廿八日陰晨起作書約文心來游家人皆早起齋長來訴齋夫余云此監
院事官話也又安能逐齋夫不過陪禮愈增其醜便令絕不與齋夫交
際近日書院往往有此由立法者更不及前人夏五彝來談小學懿往
姊家
廿九日陰有風頗涼丁黃來答懿因留小坐寫對屏十餘紙與書文衡州
求館
晦日晨陰朝食時雨王枝大來石門舊鄰也詢其桃花死矣桂樹猶存花

香已殘城中遂無桂花憶丙戌秋初訪東洲時亦遲城人諱言旱故未
盡然也夜雨腹痛
九月癸巳朔陰遂深秋晨起暴下似不能出觀禮聞殺牲甚早以為當行
事出視院中均未起唯齋房有明燈厨中人諠耳將午始祭船山以鄉
賢之禮與此六年今稍習矣張監院後到泥談而去余亦散學竟日摸
牌
二日甲午寒露雨竟日將遣女婦入城已妝不得往乃命功冒雨至程家
賀程嫂生日六十七年為婦今乃申尊故當一往
三日雨湘漲丈餘程岏郎來謝壽劉生嶽屏病發告歸廖胖入城發襪精
華去矣今日愉悅逾常未知何祥
四日雨始檢詩經斟酌箋注入厨見僕嫗狎坐惜張生不在未能整頓寫
字數張桂陽劉生亦去文衡州書報許諾



五日雨晨起責數女傭涕泣不服恐其張也自為掩之方知男女之事無
日不有佛言善哉誠為善教吳童復訴青蠅可謂不自量要之此奴庶
乎不浸不熱者死生利害不得至其前其至愚若聖者與夜再起風雨
鷄鳴頗為不寐
六日晴遂有霜意欲寫字無話可寫方知宋理宗書楹為累後人七言對
猶易開錯八言四句不能猝辦秦容丞廝七郎來容丞老而檢束猶有
古風兼能切磋
七日晴入城唁朱德臣兄弟便答訪聶約峰云病未食見梅澹翁而還過
衡陽略問試事兼知釐局事可了孫老總頗矣請岏樵辦具為重九之
會買米油絲線還渡夫云四少已歸三女不至得黃佩石書謝餉飯處
八日晴孺人生辰命作湯餅兒婦問當供否以既祔無豐於昵不別供也
常氏一行而費四萬錢信俗之奢使文節聞之當駭絕矣

九日晨雨旋陰合家出游二子兩孫先去余率婦女泛新舫至新安館真
女慧孫從余上暹桂初開不負此集馮絜翁早來岏樵文衡州繼至彭
郎中後來夜風甚壯攜女孫同還微月
十日晴待信未來諸事且停蔡師耶來亦心泉子也開展無俗氣言省事
不盡知知不敢效小棠矣不甚以桂臬為然
十一日雨早課畢下湘將答蔡郎知沈有昏事未去至張虞階處日晡矣
約客無一客至唯道遇吳師頃之亦來云孫翼之上船矣為之悽然酒
肉朋友亦有恩紀華甫輔丞來遂同較牌通判至代華胡子陽楊子亨
後來皆衣冠半局而散食復不飽酒後復紾一局畀夫有怨言矣秋夕
言寒貧人可憐夜雨起聽鷄鳴
十二日雨晨夢見會試闈墨云懿作解元其文皆五六句一條記雜史事
又五策在前上刻原問文理粲然唯不見懿文耳



十三日陰晴朝食後至大馬頭登孫老總船送行遂至府署吳陳任胡請
分府委員看京報設書局派孫老總五兄為老總頃之顧通判入內庭
校牌竭蹶半日客有石平甫之弟李委員蔡師子江捕廳餘皆狎客設
食甚飽二更還
十四日陰晴陳郎楊蕭孫老總兄弟及哨官王姓來云莫揩卿舊部也紛
紜一日無所課作夜月甚明斫桂一擔並作包子
十五日晴寫字無墨遂罷欲送孫翼之無船亦還齋夫女壻來見李恪楸
來送方物云自郴來夜月女婦泛湘采緜而歸
十六日晴看中日戰紀全無心肝人所作也李生言雜人溷迹齋房余亦
如曾文正大魚不逬時矣從人遂有三煙徒倘何暇外治
十七日晴陰寫字二張今日己酉霜降午殊熱不可綿湘復小漲卜允哉
來訴女無所寄允為照料

十八日晴毛杏生晨來謝文朝課畢日斜矣從新城步繞嶽屏至西門詣衡捕廳教授借地請客皆師耶也燒方作餅不似豆腐官夜還欲雨幸未露衣

十九日雨紈女更講史記日受一卷殊不能解賢於摸牌耳自十七日起今已三卷

廿日晴寒鄭少耶來老湛三子殊嫌其多

先孺人生辰未敢設麪講周本紀後采國策數事雖欲著其微弱乃取市井反覆之言登之高文典册以續六經乖史法矣

廿一日晴顏拔十子來言其仲父欲令往耒陽代父閱卷余云無此理得錢無救飢寒而失禮信不可往也存此說亦使後生知處世之道張少衡來蓋不知有師白山房者云曾於高廟營盤街皆相見動十年也余初見之似尚樸訥今又稍發舒矣書一聯贈之念我能書數字至今君不入七貴門七貴



實一貴也而又不貴貴之所以賤之

廿二日晴孺人忌日懿猶能哀可喜也朝課未畢龍馬賀孝廉來龍則起濤從子馬常德人從永州來皆館清泉龍名國榛字蘭友馬字士元龍賀同縣頗問文詩門徑因與同往講論語至瀟湘門中途謁胡司事看眼余步至衡署答下闕

廿三日至廿四日闕

廿五日闕一段女因至城入府署游螺園滿地燕支大有柳夢梅之感還招吳師較牌黃生自來顏生頻來請往則華甫先在胡子陽亦至較未三局突來一人余起避之遂至船遺尋兩孫未得獨還已夕懿率兩孫先還家中猶未食屹樵送菌煮食二盌功亦亟還云明當早去也

廿六日晴晨促功去獨在外齋校詩補箋又不知殺核之義有送字人自稱蜀生辭之未見功初夜已還壽孫同還云二日未食

廿七日陰有雨長婦招兩女同看王嘉禾妻李生告歸內外清寂將遣人還辦烝祭欲待省信來而自往至是日近又久停課不可往乃與書李藐淵並寄莪書遣龍傭行夜雨

廿八日霽龍傭去婦女始還卯金之子亦去王生妻送湯丸飽啖而寢夜雨

廿九日陰夜雨卜允哉來催信云將爲掣錢憑據換羊書不虛也家中靈出龍八來乃未還城城中兒女等乃云我還山矣寄果菌來周生書來亦言書院事二百册石穀須輿援數人其可歎哉然吾於此不愧陳右銘廨郎送佛手柑

十月壬戌朔校改詩箋畢又增自羊徂牛一義殊爲罕得院生有綵年未到者爲講道食不並謀之義並稽名册將小罰之時陰時雨伍生來言書院文體王劉異趣



二日陰講史記律於兵尤重方士之說假託周官吹律聽聲凶則不出師耶殊非兵法程生來瑺送菌芝風栗顏兒片來尋懿遂不聞知亦可異也

三日陰爲伍生寫字紙滑墨不乾遂罷程生母來初到時請不至以爲不好游今復自來蓋其姑以寡婦不可出不論年也其謹如此顏兒來略問其家事頗分別會意諧聲字

四日陰蕭侯鵠復求入肄業笑而許之程生母面邀諸女往看新婦遺紈真往因論無衣以無母今孫女有母而無衣又一奇也丁寧顧婢子語刺刺不能休老而有女態亦勢使然復女獨留欲略教以算法嬾未能也

五日晴戲令諸女立字課夕自率三孫下湘迎兩女久之不至小雨無篷欲上岸又無人守船亦小窘也幸雨不成周嫗來云舁轎越領矣乃還

湘漲行遲明鐙乃至程生爲張兒求書已書失之因再作二語與之君知雨館常愛客頗蕭高文一答予

六日雨乞菊於斗頭得十二株便有秋色程孫來言撫臺將至城中正辦差未能往看也菊花想長假矣講天官書復得啓明長庚之說

七日雨欲至城居稍營衣食遣至鹽局尋船因閱課卷諸女早課未畢已夕矣乃云夕食太晚飯復不飽非親見幾信以爲實事

八日雨陰鹽丰附一船但至湘潭辭之朝食後講史記畢寫字四張率吳僮以行至城兌銀錢因至衡署問辦差事諸師均至道署去矣欲出北門恐船未開還至舊步視之正逢船工便至未口附煤船夕發宿杜公浦逆風吹雨終夜酣眠不知行旅悲也

九日雨風橫有聲船行不止朝食後檥雷石船人但云彭宮保死後橫加至兩倍果有之耶夕檥石轡看鹽亦觀瑣不似常時夜宿四竹站過百



里矣雨氣愈濃欲作詩不得

十日濛雨竟日舟外冷蕭蕭食極似夜橈雨籠千里色風急五更潮征路從濟楫秋情愛寂寥碧花何處好行處酒旗招近岸鳴秋叢染流歷孤花依然露背雨來蘿幾飛鴻過縣行如客聽風臥到家居人問安否一笑對浮楂檥株洲賣私鹽至夕乃行冒雨逆風泊向家塘門外瀟湘一帶寬霜染霜溪鴉鳴灘朝昏紫蔓松雲白曉惜朱洲柏葉丹風力豈知雖近隨雨擊蓬似雷聲雨無崤估客情行路不違吹舟犯夜灘至夜雨亦密

十一日晨猶淅淅起乃少霽至縣命停橈上岸尋朱倬夫至學坪誤從左乃至瞻嶽門還舊路從亭子塘至賓興堂乃無一人復循城至育嬰堂又不得門出巷左轉便得許慶豊遣招許生父子俱出留點心遣其子送至船邊還臥頃之六耶月生尋至留坐久之去而復來送黃甘八枚而去開船夜月過昭山檥〇口

十二日晴晨未起已至西湖橋船不再下從陸行七八里到家外孫歡迎輿亦在外正逢宗兄送米未及交語湘孫出見三婦滋女次婦均出余仍樓居欲出未知城中何衣自往撫轅伺之久不得轎頃之狗門內來二轎從後覘之則直入宅門必私人也念李石梧被鞭不敢更入往來裴回竟無人來直從府街至貢院街入曾祠僧門不啓伺候張雨珊之門乃見一客又未見其衣而何人呼問思賢老師何姓擢門啓乃出至前門又遇張僕問知陶大人穿緜衣乃還出拜李督銷王祭酒並云中丞請去矣亦欲詣中丞而嫌未請乃歸遇督銷駐楊家門前楊家久無車馬豈道臺歸來耶還與宗兄夕食致正暘書

十三日晴舒孫從余眠五更醒喃喃至日出語不休起未暇食衡使來後二日發後一日至得張生做媒書便復書令斟酌婚期乃議下聘出尋瞿七哥打金首飾

十四日晴晨出看木器無可用者還朝食令搢子與輿看衣樓窗日照不可坐爲舒孫點詩經畢便下游行瞿海漁夕來至二更乃去



十五日晴與書李萩園取股票錢午乃更送六蟹陳佩秋來送昭潭首士書及倬夫書措詞甚得體胡大耶來笠雲送詩欲約一齋未暇也陳梅根來云欲館欲官悤悤便去

十六日晴晨未起張正暘來余已戒行矣佩秋又來云欲入卄局留坐一日不去買衣物畢已夕矣待飯不得乃留張生外齋食畢已夜不能出城五更府街火人聲喧呶驚醒不見火光乃睡

十七日晴

先考生辰未能待奠設湯餅拜奠遂與張生同行道遇曾昭吉欲要余還言卄事余云余見言卄者則惛之無他事不必還也至船已有維人無可奈何而安之行半日未能十里夕乃稍駛泊東嶽潤張生唯問莊子至人神人聖人之分余云此橫擔題也堯爲神人許由四子皆次之一讓一喪出世事也未若入世法入世則神矣夜帆風行

十八日晴曉過昭山已到縣遣問楊生未來移泊十五總步上從通濟門入至賓興堂楊生已至韓石泉亦在云可上衡卽同至許生家坐未定子雲來請石泉看船便換張生同飯許家留坐久之雲孫亦來看便同至芙蓉園看菊殘英三四枝餘買盡矣唯野菊數叢取四盆至船出過善堂遇楊胖云書院首士已知不受聘之說因留張生明日往喻意要石泉同夜上船仍前船去雜人未能申要命也三更復從觀湘門上泊九總今日己卯小雪

十九日陰晴南風行一日僅至馬家河夜泊下攤偶論鄉團遂及攘夷事精神爲之一振遂起覓火喫煙已三更矣舟人寱語與相和睡醒聞雨淅淅

廿日陰晨飯後偶與石泉論六壬請以昨夜事占之云得伏吟無成也南風大作僅至懷杜厓



廿一日雨韓楊登厓還乃朝食午後北風大作帆行過朱亭泊塘廠湘潭地對岸衡山地去晚洲七里

廿二日雨南風北風無定然皆無力午初檥雷石欲買菜促行不果至萱洲已暮遂宿夜風動舟鄰船皆發舟人未敢從也

廿三日晴北風帆行至午風止僅至大步猶有一日程乃泊樟寺對岸今日風日俱美舟行甚適

廿四日陰晴欲至書院乃食遂止不飯船行極遲到過午矣邀客登岸云胡子靖來此已數日將與相見忽暈眩不可起食柑兩片乃能行所謂仲子三咽者耶向來不如此蓋檳榔使然飯後復睡起摸牌夜早眠聞雨

廿五日雨晏起四川涪人胡云泰來受業卽前月所謂送字人也正一月矣乃得一見卜云哉女來寄居以其母亡嫂不容也嘗治我疾斂非女有恩紀故留之正理女書課孫讀不暇給又費一時位置校史記一本未畢也二席不敷坐始復獨飯

廿六日雨陰晨欲看書因移去竹榻訶問未得主名言人人殊疑莫能明也迻紛紜久之已朝食矣侏儒觀一節定不能察獄聽訟程岏樵偕其妻兄趙嶼秋來江蘇令也伯璋從弟言曾解書至京勅印圖書集成費數十萬金又不如和日本敗子盜臣今定勝古

廿七日雨寒始裘除樓房設榻胡子靖去看中俄和約俄者俄頃豈云義帝義亦假也未可號國

廿八日雨樓居課讀竟日竭蹶師勞功半誰之過與

廿九日霽陰將訂懿昏往城請代媒因答訪張次侯趙嶼秋便唁陳華甫兄陳兄未還湘水復漲冬波浩蕩又異於秋水亦詠物家所未道者

晦日晴楊鹽局來致希陶書



十一月壬辰朔晨出點名唯十九人耳爲懿訂昏寫庚帖請韓石泉程戟傳爲媒請張子年作陪三師不期而會午正交禮申正會飯余咳嗽未陪客功爲主人一席坐八人夕散今日晴明可喜

二日癸巳大霧晴陰感寒未愈昨約公送任妻生辰禮强一往北風頗寒半渡遇程衡陽復還舟同至齋中作酪待之程去日斜矣復命舟泊瀟湘門步至府齋吳胡方待我而設湯餅席散較牌一局已夕步至清泉答龍馬任吳張從胡疾發不能興矣何其速也

三日晴昨遣龍八往瑞家晨而金嫗涕泣求歸令待三小姐必不可衆欲不給盤費以留之余乃許自送以留之逡遁遂不去矣此又處事之一道袁子才所謂大才小用也楊生復講詩並課諸兒工業早畢

四日大晴遣功兒看木器因邀石潛略游余則督課未陪也唐澤陸澄齋來秇渠孫也頗言京城事博於彭孫然非所宜言

五日晴講清廟初不知清字之義檢大傳亦近望文以別無證姑依爲訓以意度之清廟閟宮一義也皆無事常嚴之地宮爲郊宮廟爲祖廟又不相類

六日陰繙類書求萼綠華許侍中事不得眼前典故亦費搜攷如此條脫大於指環則非臂約豈今搬指耶

七日雨

先孺人忌日素食深居

八日陰雨荅訪楊鹽總云通判緝私斤兩不符將通稟矣此又異於劉倅往衡陽問程明府大以爲然及詢諸幕友皆以爲然顧劉異行而愛憎異論可詫也胡子暘生日設麪吳任送禮因入一分便晚飯而還

九日陰真十三歲生辰放學一日博戲無肯用心者余乃召三女摸牌自申至戌罷秦容丞來



十日陰晴龍蘭友國榛來頗談雜學江西通人也講詩因論世室但有二以統諸宗如二王後之例似爲簡當純卿送水仙黃芽螃蠏茶葉皆清供也

十一日陰王生自常寧來云學使今日當至至午果至建緥步上久談見示新刻叢書復登樓啜茗而去日遂夕矣餔後衣冠往答拜並請題沈石田畫幅還已二更

十二日陰張文心孫來見並致文心書及嬰山集嬰山文心曾祖名誠狂生也亦有奇氣夜月

十三日陰丁生德威來談託買橙云無之講書畢遂暮瑺遺書來云不能還先使傭媼來

十四日雨與書常霖生問瑺家事卜二子芒芒來兄弟竝捆送清泉矣與書麔縡卿令釋之看課卷十餘本

十五日雨頗寒然尙小毛楊生講詩畢幹石潛贈詩有云糟粕餘靈液知言也真認字始畢一過往年一月功今須二年也

十六日雨始裘講史記覺所采未經整理不爲完善如李斯傳可刪也

十七日戊申冬至微雪石潛球圖告成方議校改禹貢程生招陪朱純卿黃馮丁皆在還船滿鋪雪矣

十八日陰三孫女生日令作餑餑飴之講夾右碣石不得其解始鈔禹貢

十九日晴入城看船將欲避客未發有一船來云府縣案首以爲衡清人未詳問也詣純卿未遇至容丞處談還至安記看陸存齋叢書買被褥施與內外傭人

廿日陰顏生長子偕陽曲金副牓來字立侯求書而去王灼棠送餚金四百元

廿一日陰復煊晨作晉鄂二布政書顏通判來留早飯飯後余亦入城荅



訪唐莪公曾孫房杜府案首也並見其弟入倅署荅金立侯門者並云不在自入乃皆見之少談至府幕較牌坐客十人前送任妻生辰綳者也設食甚晚席談已二更再較一局還遂三更矣程衡陽專來留我過之太史渡辭謝令還與任吳議不可不留始定請客單

廿二日陰唐潡齋及其弟雲鵠子杜房來少坐即去其弟送大卷來看亦端潔無鄉氣莍渠有孫可喜也楊斗垣病故

廿三日晴毛少雲賓訂事來寫字一日說禹貢夾右碣石及略嵎夷爲東南海防桓是織皮爲西北陸防始知古聖瞻矚之遠

廿四日陰常霖生來言瑺姑嫆分家龍十來言滋夫婦重合皆異聞也吾女皆薄命然非才貌累之昔人所云殊矯激苦相篇則合事情夷狄貴女則無此患

廿五日陰大風遺懿往送楊葬因與常壻同來唐潡齋送席便招來飲並

招張備順來飯送菜不可喫稍整理之程孝廉作陪客本期早集乃至
見燭
廿六日陰入城問醵飲局成否至安記聞吳仰煦已在彭祠相度往則江
尉亦在云四署合演戲事在必成已發帖矣因邀余入縣署摸牌程令
妻弟華帳房張同局莊師來任師夜來約明日集府齋鷄鳴散吳備具
甚悉
廿七日雨舁至府署大設招朱純卿來同較牌二更乃散余冒夜還院
廿八日雨晨起諸生豫賀余生日設六席待之爆竹甚盛不減成都午後
令兩兒侍至彭祠已起戲陳衡陽已先至諸客亦陸續至應接不暇遂
成忙人內外男女十一席從人不與焉頗似程壽星做生時稠湯而已
應有盡有鷄鳴客散留宿彭祠與韓石潛楊生及兒孫分四牀女婦孫
女往宿王嘉禾妻寓



廿九日雨頗寒晨未起岏樵已至商霖父子復爲我設壽堂遂有五處供
帳亦少僭矣拜生者紛至避之通判署顏生方科頭指揮諸客亦稍稍
至避西軒較牌不能安也因令真入府署招文二女皆不至外設五席
內二席眉眼一堆實做一鬧字純卿有詩贈雙寶開口一渾字頗難和
韻三更客未散余不能先去分遣子孫婦女先去攜純孫至府齋與任
莊吳較牌終局始鷄鳴吳仰煦猶欲談余倦遂睡

# 湘綺樓日記

光緒二十四年戊戌

戊戌三月甲戌朔雨寒甚檢日記書呂册賀門生來居前堂東房城中去
力還云諸女昨晨上船北風壯怒未知成行否送黃參贊日本志來搜
輯雖勤竟無所用不知彼國亦喜之否若作小說反有可觀顧忌既多
詞又雅正便成無用也馬卜兒百姓眠竟酣然矣
二日寒陰頗見日色理日記寫呂册看黃志馮甲亦成黃鶴矣竟日倚閭
欲步濡泥還臥占書忽聞轎至則滋真攜黃孫已入門乃反從姜畬步
上云船卽至矣遣轎往迎三反乃俱到卜女湘孫復真也張嫗步從周
嫗獨後來見余正値鋪牀雞鳴乃寢通夕煊和行李闇至
三日大晴佳節良辰猶有餘寒移席外房開窗復掩不勝東風拂面也午
攜諸女踏青家紫桐兒來與周浩翁師子兒周生同至食餅旋稍飽客



來已暮猶未欲飯王兒之樹芙塘昨夜被劫盡縛人被蒙之席卷衣物
以去愚哉劫也諸女各占窗几明淨可喜余但書呂册一條夜問諸女
劫至當如何俱云避之因告以德恭人前事我所以不如之故以婦女
不可臨時爲避匿計（錄事在丙戊日記）迎船夜來喫薺卵莧饊乃寢
四日晴始煊易緜衣起行李湘孫今日生日正廿歲以未卒哭無湯餅也
招團總來議設樹藝局縣令送卷包來早寢
五日陰風懿兒假歸迎兄嫂輔廷來掃墓因弔彭婦殯不飯去召縫工木
匠補衣安牀夜欲雨復止桃李花
六日陰許外孫來云周鐵已被陳撫捉去云毀天主當治罪也盈老少來
皆未飯去看課卷周倘德論富弱甚有詞藻及再閱他卷乃鈔襲來者
殊可怪歎此題亦有可鈔襲則無所不有未二更卽寢始聞蛙
七日陰揩子早來（云周鐵事見）旋去張星二來言縣傳都總令妻病故云云議

種藝局事閱童卷畢百本亥寢

八日晴有雨看童卷彭鶚來問富弼使虜余云遣往議和猶使長工議水分必無死法地在千里之內亦非遠適而自誓以死不發家書則恇怯甚矣宋主動容猶談虎色變爲忠臣所恐嚇也宋人習氣如此不足論夜酣睡至曉解衣乃寢

九日陰煊童卷三百本閱畢卯金刀來桃李盛開夜亦早睡

十日晴晨課畢飭船下漣口至縣到沙灣月正中矣闇行入賓興堂唐春湖之子屛丞在寓待朱倬夫來已二更略談卽眠

十一日晨起至石珊處問公屋便至許慶豐借米篩還堂朝食二萬郎來飯後與蕭某至書院取公穀正遇蔡大民同出買麻石板綾還昇出弔陳明府小坐仍還寫陳妻挽聯早傳閨閣清才似絡佐讀青鏗又見郎君新封依舊事畫人間富貴今日滿城紅雨正逢寒食夜啼鵑陳妻葉故爵閣督之小女所謂卅六貓主人筠仙所羡者蔡翁攜蓮兒來龔吉生來致陳公意必留主講余云以不考不上學爲妙顏太守方斷斷不可之宜先避也又云何藩十七去李臬明日署藩諸事粗了上船還宿沙灣

十二日晨陰見東方曉霞有雨徵令移船入漣甫至楊梅洲大風已發雨從而至遂成狂風甚寒小淵猶不能進三十子衣盡溼浪潑入船方儻助之船內外皆溼僅檥袁河方儻上岸買米夜遂不來

十三日雨小風止三十子不能榜一日竭蹶僅至壩下顧車運石遂助榜船到家夕食華一華三來借宿未遑與談二更便寢

十四日雨寒偶繙廿年日記有感碑志之作取嚴輯校張集蔡文將勒一書用便尋檢遂坐半日周生來云周鐵下獄矣亦一奇也未夕假寐二更解衣四更復醒將曙酣寢

十五日戊子淸明陰仍寒晨起甚早校蔡文約鄉農設樹藝局卅二家來



者三分有二一蕭生不約而來盛張黨也然頗有條呈非附和者竟日乃散憊矣石珊又夜來旋去早睡

十六日陰早起將督土工工殊不易朝食復報輿攜婦來大運家具遂盡一日召匠漆卓几張子持來前甲總來請發傳單亦紛紜移晷留張飯去已夕矣夜月徘徊三更未夢鷄鳴乃寢昨始聞鵑今乃無聞

十七日晴陰晏起改路就樹立門外督工懿兒來移室居之新齋未興工暫居半山室中作書告縣令以種植之事改周生所作朱氏譜序周約能得我文其兄便可得瞰飯處此文有用卽援筆作之名爲改耳仍令交倬夫原手一就兩用也初昏便息二更乃起解衣夜雨聞鵑

十八日午前仍雨復陰校蔡文畢碑銘而止以將大錄漢刻石也全文無石鼓文急就章亦未爲全睡未著

十九日晨雨午風而霽遣迎四婦母子來鄉居工人起甚晏乃反得晴漈懶之利也申正楊氏婦來生孫將兩月始奉以見 攔乳嫗旣皆見乃令弔湘孫遂飯始見我女書及黃年子書陳撫監禁周孔徒牒易甥孫壻時務議新學鬼話一絡流可與康祖詒抗行早睡早醒

廿日陰始督工開土而四人共鉏一畝地知其混飯遣去尋周生更招工周生亦不知何處去矣夕剛總來鈔漢刻石文

廿一日晴猶寒鈔漢碑講范史論馬武請伐匈奴文情甚美爲班書所不逮徐甥來送點心並其父書求歐文彭鶚再來

廿二日晴朝課畢出無車令匠作一轎窗三時不成問銀田寺去此幾里云一舍程當往返已晡矣乃飛足而行至新橋張六不能進躊躕緩步日斜竟至團總議遏糶云從衆意也雖遏猶積但名不美耳余云若攔路奪米吾必治以劫賊之法衆人皆飯余與韓某等同席便辭出見一肥人云唐鴻圖弟也弟十近在二甲門有美塘往來皆過焉剛局喚一

夫送我復飛足而還至唐門正黑乞火便行到家初更耳兩時馳六十
里快於馬少坐便睡夜半酣寢不復知人
廿三日晴猶未煊鈔漢碑張公仙人九歌已錄而不憶記性不如人如此
楊家請周歲飯四婦不能往遣真女往代賀午去周嫗從行待至二更
不還余睡意甚濃遂睡賀生從學而不知門遺諭令去石珊來
廿四日晴始不可緜露重不可行昨夕與撍子登前山望所居岡巒甚有
氣勢試往尋之適遇石珊三人同往歷驖皆溼乃還鄭商來言開山事
便去地師來定中封蓮弟來真還未知也賀生告去夜早睡半夜醒鷄
三鳴乃寢
廿五日晴煊可單衣築牆人揮汗蔭暍如五六月也朱通公來潤子來乞
食三日矣乂病瘧與約三日不語便收之先移之客房石珊蓮弟並去
九妹之女蔡攜小女來居之對房晨起復寢東方昌矣
廿六日晴熱鈔漢碑遣女蔡去約到城爲謀生計內外僮奴曝衣初夜小
睡起食粥夜半寢正酣忽鬨喚聲以爲紈女在後房起看乃知謬誤殘
月正明與兒聞開門聲起看也因出詢之還寢天曙矣
廿七日晴熱將雨矣風暖似暑石珊又來團總來請開山費諭以錢出於
土不患無用也周生挾文干茶商八日不還殊可歎怪晚問石珊行醫
何爲故逃避石珊遂去
廿八日陰晨有雨已而復晴但稍涼耳成六來送詩正郭孫之匹也於其
鄉人頎少所可賚醢已罄冲棻正當時將入城求滋味因遣人至省宅
一看附去與乾元論租穀事鈔漢碑甚勇
廿九日晴朝食後往後山念當有人來及出則船夫來云水涸不能上問
卷封云先十日來矣又一卯金也卯金亦來鈔漢碑黃孫往橋市看戲
放學一日講馬援傳甚有生趣午睡甚久夜寢未適



晦日晴周傭來上工馮甲運煤木匠架椽紛紜一日滋再看戲有疾不依
禮兩功喪不廢樂也舊周傭與卯金俱下縣與書蕭某借錢周生來盛
生員來告會試題並送土儀四老少來言封窿事今日癸卯穀雨燕子
頻來呢喃軟語蓋去年生雛故今年房房有定巢者
閏三月甲辰一日晴熱未午起雲梅林黃姓引心蘭少子來字素六年廿
四云比遭喪負債未專學也留居外齋將課以雜文遣其工力先去黃
請作路碑正錄漢刻石諾之黃遂辭去四老少亦去頃之雨作對子未
燥不能去矣滋出看戲遂不能歸大風衝門戶竟夜不寧
二日雨晨炊失飪數誨傭工所謂周四者遂逃去羅研翁所愁者余不畏也鈔
漢碑傍晚滋還周嫗後至風猶未息待粥乃睡
三日陰譚鄖婦家遣人來迎午去贈以論語似不甚解也四老少亦去欲
仿漢修道記作碑竟未能模古姑塞其請耳
四日晴欲寒盛張復來與同尋周生因與周生至石泥塘更要周厚滋同
至顏閣塘從石道分道遇石珊同還入講書畢遂暮周傭還致銀物衡
卷夜雨卜女聞大父喪令發哀
五日雨田始優渥一犂水活鄉城斂人冀旱樂災者無所藉口矣看衡卷
周生來云湘潭不及也賦亦有成章者寢聞雷醒將曙復寐
六日雨晨閱衡卷畢作書薦盛秀才於衡府送卷陳兵備復程岏樵書託
帶呢線片告齋長問櫻桃出題甚窘覓費半日工始鬨布穀
七日雨晨遣衡信去檢得隸釋校對刻文甚可遺日不知日之夕也
八日晴校寫漢碑竟日盛張復來言王賡虞逝矣謠言也入相矣追想生平不勝
悽感晡後雨淅淅遂至終夜四更醒旋寐
九日陰雨倉唯兩石穀遣覓穀米馮甲云無乃知義倉之益鄉間窮乏之至
此獨立難矣午炊竟斷出衡米令僮嫗爨之廚下已奪食矣

十日晨雨至朝食後未已船來載瓦甲匠均不知何往余乃下縣昇往湖源船又不見遣問云獨去矣還講書遂留一日郭伋乃郭解玄孫亦貳臣也

十一日晴滋疾小愈馮甲面謾斥之愚人多詐極爲可恥羊續淸貧閉郭拒妻不輸左騶反得郡賻殊足助談柄連得倬夫兩書皆言潤筆周生坐索有夏南琴之風亦所謂活報應

十二日晴校漢碑頗有所樂將下縣而船已往石潭方治土階因停一日衡信還夜早寢

十三日晨雨旋晴遣覓船人往來雲湖遂至日昃飯於姜畬至城猶未昏倬夫已出留宿賓興堂

十四日陰有雨時作時止請蕭生徐甥購辦家用零星五十元撒手空矣午間登舟小睡倬夫以昇來迎招喫燒豚並迎朱黃茅楊梅生余先過



楊宅看舜生文已通矣想又是許生所改也其樂毅論云毅當聲田氏篡姜之罪頗有所見還許兄旋來夜待廚人甚久食畢已將鷄鳴會試信至而不見全錄

十五日陰晴今日戊午立夏昨約與二朱冶游送春期以巳初向午黃茅未來因登舟解維而歸行東岸幾一時許飯於袁河至南柏塘已夕乘月還家諸女留夏藥待我半夜乃寢

十六日大晴甚熱始簟欲看桂卷以將上湘留爲舟課仍鈔校漢碑夜月

十七日陰涼午前有雨遣方桂入城取赴文因與書仙童冒雨便發得楊生書送文藁云朝官諱言利釐鹽歸赫德以償債息耳非整頓也外夷不取我土地而能榷關市殆先王譏征所不料此所謂築台於秦者四婦姊妹均作望海詩亦不謀同詞有類元白慈恩之作

十八日晴文柄自衡來一無所知似桃源仙人出洞馮甲至石潭亦一日不來方四復病

十九日晨雨復寒楊篤吾兄弟冒雨來朱巡檢陳縣令遣人來弔俱有賻贈隨復書謝之朱送我雙井茶則受以自啜篤吾不飯而去出留之則已去矣留仲子居外齋諸女以嫂葬停課一日方貴還見千佛名經殘成城且書矣

廿日癸亥營葬次婦雨不能行禮欲往壙看視亦不能行冒雨往履韈俱溼正旁皇間周生引一人來脫雨鞾階前乃著以往開方中太淺令加深二尺日垂暮矣雨稍止涂已畢啓草繩繫柩未引而斷急以布代之女婦皆望哭以過喪仲子步送余欲待下窆鞾主久待乃還具食酉正始下大雨旋至遂掩而還從已鷄鳴

廿一日大雨朝起庀具爲次婦具卒哭之薦乃知祔禮用尹祭及取左胳折俎之說改定禮注一條今既不祔略依三虞告奠而已湘孫制杖爲



主日中行事尙不乖節朝祥暮歌夜遂無哀非所謂不敢不勉者然已勉三月矣文柄周嫗諠爭俱斥令睡余睡稍晚於昨而鷄未鳴

廿二日大雨復常課講漢書張佚爭援殿本作戚援二字甚生校漢碑則多識破體甚以爲能袁向學官龔吉生均專使來弔

廿三日陰晴楊生弟去余欲上衡而隸釋續未畢校盡日勘點兼鈔所遺至夜竟畢書馮姓扇一柄唯成姓詩未看百日不摸牌矣夜呼諸女作四圍

廿四日大晴攜黃孫上衡自授之讀便攜周嫗護視早集夫力將午乃行夕至漣口附行舟便發夜泊向塘竟夜酣睡

廿五日晴熇南風似夏烈日灼人看桂卷纔行六十里泊泥塘

廿六日晴大熱單衣猶汗守風淥口至夕乃泊山門夜不能寢開窗納涼須臾風起水湧北風大涼閱卷畢

廿七日涼雨帆風未幾又拉望矣冒雨纔行水流甚迅過晚洲乃上望十五里復帆夕泊雷石遲一刻未得過丰夜得甘寢黃孫始讀桂卷未開

廿八日陰待看船至辰乃發巡丁猶怒目疾視以未得開箱篋也雨止風息纔行甚遲夜泊七里站頗爲蟲擾

廿八日陰待看船至辰乃發暮乃至將近耒口忽云有風停久之微雨飄灑頃之見日已不能復上遂檥石鼓步入北門過賀家並傻角而無之矣道溼不可行循城根上遇劉信卿云將訪章月坡立談不欲別乃與同至陝館旋同至安記索麫因要岏樵摸牌四圈云楊伯琇因牌得疾甚殆夜不眠致陰虛也方僮來云船已來迎時至二更遂與劉章同出分道各還唱橈過戌到書院人靜鐙昏齋長俱出書辦亦游不歸幸王文柄作主人耳今日壬寅小滿閏無中氣此誤記也

四月癸未朔大晴失曉起已日滿窗岏樵送果菜齋夫供草具早飯甚儉



午飯甚奢也出堂點名有二十二人王克家來見作揖不如法思俞岱青之面斥熹無威重不能頓儼然也作論誡之乃不及私室訓過之善學使舟過與周嫗憑闌看之黃聯鑣又來半揖因幷飭之衡人亦有長沙派漸不可長也晡後涼雨得鄒氏姨書李結甫來

二日甲戌小滿陰晴可夾衣晨起最早黃孫亦早讀午下湘課半畢矣從珠琳巷上答訪結甫詣三否不遇至道署覓號房不得乃徑入尋劉省卿尚臥未起主人已延賓至客座見所書大字甚佳略談零陵風土遂還船遣方僮分赴余獨還晡食稍早二更假寐遂至半夜乃起解衣

三日陰未辨色黃孫已起因皆早起則王文柄已持帶在階前蓋欲聽伺而不料如此早覺也醜人多作怪亦自可笑陳六笙兵備送永物蕭譚兩學官來點心已過以百合粉待之王國俊來一言不發而退夜命僮嫗作餅未鐙先睡三更始起小坐旋寢似聞遠鷄鳴然未分明

四日晴熱南風似伏日朝食後陳兵備來談至午去約晚飯譚楊搢兄弟來秀枝僧來言宮事留點心同下湘看楊伯琇病過對岸步上至安記小睡道署催客至譚蕭學舍唯見秀階至劉省卿齋蕭朱均在更有曾生邵陽人藏船山惜髮賦者也午前六笙送墨迹來代請題跋云欲相見余許幷邀同集故過於此又有廣東顏生陳女夫也殽食甚早初更小雨昇出已晴

五日陰涼郴何生自長沙來云葉煥彬聲名甚盛以能折梁啓超也梁之來此乃爲葉增價耳人事倚伏可玩邵曾敍侯來促題王册孫闓青兒來送畫贈以四元自云衣被被茅栗失之則似荒唐

六日晨雨閱看賦課卷竟無佳者欲改爲一篇事雜未暇張子年來李次山繼至云三否將來彭新亦至矣凡訟事構架全不可信非老人欺誣老而愚爲人欺也夜寐不安爲黃孫所擲三否亦竟不來



七日晴熱朝課畢下湘將至鹽局未檥船見一官舫令看知是永康牧澄問黃郎正在船上便往問訊要泊書院下望之父子來避暑不肯留飯余入外齋霖生偕楊郎先在共談半日俱去望之夕食後又來至二更去更請其兩妾入內納涼先不肯至將夕乃來鎖斷宅門延之正紛紜問不知何人闌入外齋竊墨合去

八日晴日烈如火牆壁皆燒登樓看黃舟上永旋見一下水船攏馬頭以爲常寧生也乃是曾重伯從大榕江來訪鄭淸泉亦來共談久之鄭去曾留說四始五際兼及新學取論語以去黃孫急欲至西禪寺周嫗亦欲禮佛同下湘問訊霖生畏日不上入城小憩安記買瓷器步出西門至天馬叢林客皆不至唯岏樵在午齋早散轎夫不來大爲所窘坐小艇待兩時許乃得同還復訪霖生不遇步從東澗別渡小艇亦到汗浹衣袴未能快浴稍進漿麫而寢竟夜未衣得許仙屏書

九日晴熱遣陳八還山程岏樵來云蕭耶欲招陪曾襲長而以坐次爲難余正欲看仙童因許同往程又不去遂留夕食日落泛舟二楊先在仙童服洋藥矣又不若喫鹽者之得正味黃孫亦能飲酒二更乃還已熱睡余亦就寢

十日晴熱毛杏生張子年任九劉鏡泉章月坡盛衡陽胡子清相繼來盛中久坐遂不得朝食聊作餠款客客去正午人倦遂酣睡一時許岏樵送枇杷家信八女又不能回黃孫讀曲禮畢得呂生書詞甚諂阿有似梁啓超又聞歐陽伯伯復有去志此如丁汝昌旣獻地而仰藥以爲賢於李鴻章皮錫瑞可也夜雨

十一日稍涼課畢卜二子來同下湘訪張子年於徽館楊五依然諸人盡換妥張同至安記余攜黃孫昇入城更衣答訪兩縣官嫫還少睡岏樵催客常丁楊蕭朱德幷先集矣聽說沙市之鬮有湘潭大架之風至云夷人乘毯夜遯殊可樂也魚翅極佳未夜已散步還安記阻戲不得入從小巷乃遇江尉復小談而別買物多遺忘留方僮城宿獨攜孫還方四來

十二日晴復熱方欲入鄉畏日頗沮寫字數十紙卜郎復來與書吳陳託薦之州縣驌馬來訪約飯常家覓船甚貴自覓之亦不廉甚裴回也姑待船夫回謀之霖生已發溜單自往止之夕行甚困而又不遇乃至馮絜翁處小坐而還本攜黃孫不令入文柄欲喫茶違教放入又喫果餠而還月行愈熱還困酣眠

十三日早涼得寢起猶未宴絜翁約來謝委云其子得始興令又得隋牧書薦一人不能位置可知其狡鄭太耶言殿試不以閏月得春秋之意與康進士欲改正朔從耶穌者同爲歷家言黃鹽道欲巡撫用禮拜日休息則不知何意始浴黃孫未朝食停溫書晡後涼雨未成



十四日晴熱向午不得朝食余先飯一盂而罷僮嫗餐時已過午矣麻七郎請飯去年豬頭願也幾不能償幸而爲費同坐劉生蓋左僕小使云於黃此山處同席竟忘之矣李子仁馬叔雲均與客無一至者子仁又爲府試校閱先去酒罷已夜坐學舺納涼還正二鼓熱不可睡午夜大雷電光吸室中驚起聽雨傾盆又連發霹靂乃寢至曉

十五日晨陰祖妣忌日素食謝客幹薛阿夜來未之聞也夜月

十六日曉晨起命舟泝烝僕嫗並從方欲自鬻外報客來薛阿及昇夫昨已借宿外房矣云爲熊一和衆信與沈子粹正言喻之以爲戲論但欲得八行耳迷於執利至如此乃欲種樹練團何哉因與書吳師耶遣之去已亦下船攜黃孫至釐局爲劉弟送名條便至章師處籌牌局道逢任弟又一求八行者與同訪江尉遇楊廖少談還要陳倬翁與章同至安記黃孫並從至暮飢甚命方四作麪極佳頃之岏樵還章棻亦至劉信卿後至摸雀四圈胡師亦來蓋任弟所央及來也夜月回船城門已閉

十七日晴熱晨陳倬翁邀談以當去辭之朝食後遣方僮回書院餘皆攜行入承口溯流甚遲覓水手未得乃命往松亭橋三泊三纜至夜猶不能到余倦眠枕樓未之問也

十八日庚申芒種晴船不能上機松亭換轎往石門將午乃行度不能至但期大勝昇夫欣然索錢六百留周嫗護黃孫攜二力同行晡渡台源新橋近五六年所建也工力甚鉅未二里雨至避於餘樂亭雨止轎後又步進一里大雨沾衣還復至亭待昇而進至大勝日猶未下春舍轎步投廟山文柄方四亦至至七里坤暝矣雷電雨風交至舜行欲迷三人皆無蓋雨淋汗蒸氣出如炊奇景也聞機器人言頭足溼則致電氣

霹靂雖遠電光閃爍自念或同李元霸耶既已在路勉步四里宿櫨林
塘期月出卽行雨久不休人倦就枕正月出矣十二年夜行不休今乃
阻此亦往復之理然 薄暮雷催鬧風泉助哀冷淋淋兩青鞋行行三短亭雨汗蒸蓬鬢鬟電爍夜冥荒塗失松駁危石跋
昔青好游誠逸性老步亦發形死勞逸亦何常欣感倚多端夜投破林宿感念夕馬烟歔欷親紛有窮柳槐桂殘誰言絲竹響但見憔悴投逕音
跡步步存時節舟冉冉彈卽此自曉明溪流瀠瀠淺湲浸別方踐驪驚道平陸午雲陰亭皐南風振綃穀誰希叔且莘孫興服險阨復興
舟車皆往復滿徑行不休林皆道因熱且乘願竭車無踐桑下宿忘情隨地游佚老與天翔汎汎輕舟遊陶陶萬物昌行者已後時問夏
烈新曝美蕣隱早花稻葉說初芒含舟松亭橋的酒金烏坊川原飫周悉履步恣徜徉舊壟深山深盤紆
十九日晴曉涼山行衣夾五里尋石門舊居桐樹迎歸者已樵盡〻平橋
亦不似昔經兩頭屋不復相屬道旁復有新築室餘皆依然在和出迎
客大秀兒已能陪飯陳七兒李祁綸弟皆來問訊欲迎船來云須三日
念黃孫不可須臾離遂輟游計亦不欲擋攜童稚行游也遣文柄往問
訊率方四以還李陳送我道增一人向午還轅投暮猶未得金烏并昇



人不能闖進自步十里至松亭飯罷月出矣唯問得錘滿八十無依賜
以八百
廿日晨雨昇夫飽飯而去余乃還舟吟国廬舊業之詩疑鵶翻夕陽是刺
君相至黃沙灣南風大作不能泝流泊東岸久之見一海關道船不知
何人也方四從東洲復下余乃命移船宿蕭楊閒
廿一日晴熱朝食後方寫紀行詩胡子清來云新藩廿五日接印任師求
書甚迫又不敢言已有淵源而欲吾爲陽鱎催館敗興不易敗乃緣
黃公度前信爲說庶幾宰端之詞命乎雖然成事在天巧言何益亟與
之書使去風雨旋至喫餅寫詩沐浴
廿二日晴本約小集以劉疾改期在船未上常霖生楊叔文蕭仲常左全
孝來久談留食餃胡子清來催客攜黃孫同往章家陳師兄胡馬均在
更有陳鶴仙摸雀四圈熱甚各散得湘潭令君書陳芳畹書

廿三日晴熱以爲岸上當愈攜黃孫至安記讀書至午愈熱回船納涼顧
尉署清泉捕來見三次矣踵門復至不可不見延入少談寫字數紙清
泉令來催客當送道臺女添箱久待方僮至夕乃步往蕭教授章陳兩
師同集狂談時務夜步還船小雨熊兒來迎毋
廿四日雨稍涼遣周嫗視程嫂疾在船課讀晡命作麪程屺樵張子年來
伯琇約食豬頭攜黃孫同往蕭郎路旁相待入角門少坐飲餘滋山房
丁篤生先在酒未罷屺樵以母疾先去余步下船熊嫗來告辭求盤費
予以四十元周嫗先言也
廿五日雨遣方四往桂陽送卷因輟游意朝食後冒雨入城賀六笙兵備
七女加笄陳十女六子尚有三未嫁與余正同因看劉信卿劉四支風
痹亦異疾也道署猶未朝食出至文昌宮看招募丁蕭常夏張太耶皆
在聞程嫂未愈借張雨鞋步往問訊其子孫均出陪話復至文昌宮誤



至西門還行久之乃至渴睡欲少休昇還安記小愒道署催客兩媒二
協叟通兩縣陳及女壻顏生張翹楚分二席初更散還船江尉送鼓子
點心早睡
廿六日陰晴晨有微雨還船歸館到卽自炊晡食已夕矣爲黃孫別設榻
半寢墮地仍從余眠
廿七日雨竟日午往絜翁家會食魏二楊八程楊丁均先在夕還到已夜
廿八日晴朝課畢攜黃孫同下湘至新安館張子年代辦肴饌請陳師章
月坡江尉胡師陳兄倬甫同集客俱晏至云誤往白沙卻還也夜散亥
寢
廿九日又雨譚姑少來午下湘至浮橋馬頭水漲丈餘丁篤生設酒馮楊
程二蕭俱集伯琇云南學被打應逐鹿之讖也蕭盛言火柴發財未夕
還幸未犯夜

晦日晨晴午後大雨不止設餞續副將已往零陵便招陳兵備熊營官馮丁同集屹樵代辦客至廚空幸而集事自午坐至夕憊矣客從𦈢衣亦云勢止屹樵復去卽睡郭妹往桂林停舟告貸遣周縣贈以廿元報南昌之急也已去五十金猶未能已然施者已賑報者孝愴正逢招客不能自往耳故爲於賜保之屬三官猶未死亦一奇事

五月癸丑朔陰出堂點名以屈平受祿爲題戲剪嵇語諸生皆疑不知用事不拘也看閏月課卷無甚佳者半日而畢黃孫讀性忽鈍欲滅之父無所用心甚難爲誘文倦假寐遂寢不覺

二日晴朝課畢下湘料理節事因訪容丞云病甚氣從耳出余云龜息壽徵何以反苦談頃之耳復出氣遂不能言遽別而出至江南館少睡看宋人本學兩本薾教授來催客往則陳章任九陳兄皆在胡師後來譚訓導陪客先約手談已晏不及事一較而散食畢夜矣程壻夏生得一甲第二來報餘未聞也步至白鷺橋上船猶行二三刻乃止



三日陰乙卯長至寫字數紙開菜單唯用十二豆省事息人應景而已然已侈矣屹樵送時魚

四日雨道臺二程俱送節物道別送節金及波離窗價辭謝不受以其多禮也方四從桂陽還

五日節晴楊伯琇送節物加以魚媚兩廝耶來諸生入者皆謝未見暮放遣從人觀競渡黃孫亦出坐船四譚來已夕矣

六日大雨竟日看桂卷賦廿四篇無合作姑就分次第而已似有蟬鳴而未成聲

七日晴譚香蓀訓導請客兼及黃孫課未畢而往以爲當昇乃略可步至則主人方從考棚還云三否期黎明乃至日昃諸客尚未集看湘報一月有一分府官正黃公度同里人云保衛不成梟請開缺撫臺慰留撫亦被劾朝廷慰留愛惜人材如此陳雋丞最諱言丁公密保恐撫梟亦諱言慰留也本欲宿城中天氣尚早譚遣昇送還船初月忽昏泝流闇還

八日陰晴看桂卷朝課未畢黃孫全不用心本不欲督責愈不可治痛笪之步往道署看劉信卿已大愈矣陳六翁出談衡陽催客步過曹潤六教諭云解元親房潤之疏族也至衡陽鐵匠羣毆鐵行來騐人胡子清齋中兩府學先在劉章繼至將夕乃得食二更還乘月頗涼伯琇送鰻以餉信卿

九日陰晴晨未飯梅澹如訓導來約飯客去問黃孫點心否乃知昨夜頓盡豆餻一合駭歎悔怖切責周嫗爲之輟食愛子託人幾陷之死信乳保之不易也看桂卷畢定等第程生寄京物並言卽墨毀像曲阜衰敗之狀張尉唐瀲卿來左教諭濤來談錫九舊事向生自南海還致許撫劉谷懷及其父書並送粵物夕大風雨門窗簾帳並飛



十日晴左奉生送鼓子夏生兄子青來云湖北無館將歸謀食初以爲夏生兒也幾令久待款談耳聾不能達意矣夜月久不寢翫賞至夜分

十一日晴晨得時魚以酬左教官因其自言婦子不衣帛必未見時魚故獎之也江夏吳訓導光燿送蜀紬求文其文似廿四家沾沾自喜亦楚材也起早飯早半日課畢猶未午下湘至安記問梅約客方自招客詢知太早臥一時許甚熱乃昇出答兩協雷風忽起急出城至清泉學舍雨至才得霑灑有二客不相識知其一是許本愷一則未敢問姓陳鵠仙來同訪左教諭頃之胡子清來云翁師被逐榮出督畿裕王入相時事殊可駭又云徐學使父專舉黃鹽道巡撫復奏留又傳有蕃門之功

十二日晴朝課未畢緣與胡約早到便攜黃孫同往江南館議餞續協課讀至久書不上口知其全不用心乃命輟讀日夕胡師張尉同來道署已催客矣摸牌一圈與胡陳同步至道署託黃孫於張子年譚進士先

在六公出談更約劉信卿顧姑耶同喫燒豬綱肝尙佳熱不可久坐二更步至鼇丰張送黃孫登舟遂發

十三日晴

先祖考忌日謝客歐陽璧陳十一耶皆來衝破忌日餘皆謝未見寫對一聯

十四日晴連日入城犯夜衝丰因移牀船上攜黃孫同往正欲登舟鄭清泉鳴鑼來久之始入買三禮一部而去余遂泊城下待至申初步至程家則客已到門同入迎談乃張慶雲子峯頃之續協宜之亦至談京中事譚進士後來余約屺樵爲主人燕菜燒豬大請其客弄巧反拙亦不得已夜散還船

十五日晴晨餉飯具一無所備遣人買菜又不能待率黃孫復還書院籐欄涼敞朝食正午矣周嫗云七字俱無亦將到船因又下湘遣人力俱上獨攜黃孫讀至夕不得食飢疲俱甚日落船來劉信卿約飲已再催矣步往道署顧增朱嘉瑞胡師屺樵先在沈敬軒王松濤初不相見較前兩集爲涼步月還船風息甚熱解衣洗足二更乃睡四更起看月食未缺再起已食甚而隱亦未見也

十六日陰涼午後船壓梢當載煤攜黃孫入城無所往復出南門往乘雲寺納涼因至魯般廟看戲見一桂裝老媼攜三轎停槐陰不知何家流寓也樊梨花無可觀因先還船黃孫亦旋至江尉晨來胡師午至張慶雲亦早來言月食將既未復圓已入地矣陳八兄船下水燒水師帳篷來求邀恩

十七日晴將看課卷李子仁馬壽雲張尉來燒篷事未了高榮貴妻又被歇戶扣留齋夫復來訴飯店被誣扳皆淸泉事也鄭令難與言託人告之張尉復與龐十郎來云篷可不賠矣看賦甚有佳篇有效可喜入城



至安記屺樵云比兩日甚熱歐書十部來便以二部贈其兄弟步訪陳倬卿新事都無所聞日斜至譚委員處會飲陳朱張毛俱在李子仁後至甚詆署臬褒足之猥瑣

十八日晴晨移舟過載送蓬還水軍蕭生自南海還云全文十七元黃船芝來求乞與以一元至樟寺寄之惡其不知時也午飯後先發餉船旋至夜泊寒林站

十九日辛未小暑守風黃石望午過石灣至富鋪取銀楊彤送原封來六耶來訴減薪水云仙童已爲兩督所保當以才子入 帝廷矣戴把總來謝恩又有會辦求見促發避之夜泊淦田船漏幾至漂倉版方貴艙之

廿日晴守風上灣湘令遂課卷來半日下水守望蓋夏景也夜泊漣口

廿一日晨起過載卯金還縣去午至湖口遣送黃孫先還余步至炭塘念周嫗一人挾重貲催有劫盜復還看之岸上小兒女嬉游殊有桃源之景可無慮也復從田塍避狗上至小徑遇方貴旋遇兩兒來迎至家則宗兄族婦盈庭諸女皆言新室甚涼卽入偃息寸步不出待飯至夕乃飡不飽夜摸牌困眠

廿二日晴復女生日羣女僕來賀大作湯餅餔之盛團總來談南北講義竟日譚前總翁增來摸牌較牌回龍作杏酪魚麪豆粥至初更甚倦睡不欲醒家人相待喫麪强起啜湯甚佳

廿三日晴攜復女入城看會三婦湘孫請從檢衣裝遂命同往反復舁擔過午乃得發夕至城入賓興堂唯倬夫在遣與陳公相聞頃之步往遇於板石巷仍還堂談保甲團練三更乃去鐘報丑初卽睡

廿四日晴晨還船卽發未午已到朝宗門女婦將入城塞會塞涂余乃攜周嫗兒步上書舍縱橫皆是真讀書人功兒呈洋報八比改策論定矣

無宿處居夾婦舊房心戚戚爲夜半不眠與張先生談
廿五日晴晨命市瓜自訪任師不遇還朝食八指來多識時務市儈也笠僧旋至留設杏酪不能待皆去頃之塞神者至一人困於人馬間入門求容云曾相識視其名刺劉毓蘭也云字少秋甲子舉人同看會談會所始余唯記蔣侯出遊其原始於索室大儺耳夜仍不安眠食瓜極佳
廿六日晴已當還山留看善化塞會船人告無米城中半斗四百故當亟去陳伯弢來周嫗假還復來夕命女婦登舟攜盈孫以行期至南門相待邀張生率功兒訪仙童磕睡未醒略談時局梁啓超黨人也熊吉士方攻王祭酒陳撫父子助熊三山長被逐兩仙童和之有瑕戮人可爲不自重者之戒復過葉麻不遇至伯弢寓同至南門洞迎者未來辭陳令還余獨去至地黑乃還張生功兒猶相待乃俱還家移居余故室整理書樓然後去之書與茙女



廿七日晴昇上湘潭誕登渡猶似霸王竟無過問者可歎也晡後至賓興堂晏倬夫晚飯楊家遇章湘亭煮鼈糟鯉爲飯兩盌熱不可坐乃還堂內亦熱乃眠
廿八日庚辰初伏晴晨呼趙十八看公屋二萬子來石珊朱通公亦至議坼屋暫作兩間以四萬錢包工涂遇楊福生氣急敗壞請余上學向老師陳父臺繼至云云等因余云當作牌示曉諭無師之意楊孫來求書扇徐甥□□羊肉衡船午至借穀撥船紛紜至夕曾甥永雲二孫均來陳明府送束脩倬夫送潤筆俱五十元買紡綢作袴送蔡氏從女四元自交鹿棨婦與之遂登舟閘行婦女舟先發余船夫老鈍又重載泊於漣口
廿九日曉過袁河日出風涼至姜畬正午猶未盥漱望南柏塘如百里程行一時許方入湖口迎者散去獨步烈日中唯周嫗來迎始知接父不及接差名不敵利也周亦屬員類故關心耳昨午未飯至今正十二時矣連剖三瓜未得佳者乃飯無菜飯較牌負四十文夜早睡旋起就寢枕簟甚涼
晦日晴積卷如山期三日了之不問他事卯金方四熊大方貴皆來馮甲告去團總來南風止息十四朝耳
六月癸未朔晴始定日課內齋熱不可坐間出間入又時有鄉人來擾點卯而已方貴請假去熊兒亦去夜睡苦不足不暇食也
二日晴團總來請領積穀云市無米糶人心惶惶又勞於車水禾尾有紅者立待書告縣令留飯而去
三日晴風熱日色稍薄閱卷畢遣方四送去並至省城市瓜與書笠僧薦王文柄揩子不告而去外齋虛爲令卯金鎮之
四日晴休息一日亦熱不可事兼晝有蠅擾摸牌猶不安寧所謂清簟疏



簾看弈棋者消夏佳境也夜臥聞方四被捶挂紅升昇去矣磕睡太多稍自警醒乃得甘寢夜聞松風謖謖十八日南風今日已滿
五日丁亥大暑陰始有雨意晡後雷雨北風雨不破塊外涼室暑唯臥乃適五更起寢遂不寐殊有秋感
六日陰熱看衡卷未十本蠅擾而罷摸牌較牌團甲來言積穀不發欲余羅濟此當行之事而無人承領且徐議之夜睡不覺
七日陰閱卷畢鑑石李姓來訴訪聞事云團總假事陷之頃之團總來亦伏假事而請懲其辱罵正談間石井鋪有游勇殺人衆人愕視比之秦武陽余亦悸而寢
八日庚寅中伏晴日光未烈暑退五日矣午有小雨團總來言游勇未去但橫刀不可近遣卯金送卷衡州便與書陳兵備程峴樵因過雲湖就執之已揚長去矣前日縣中亦大掠龔家團練不可不急也而無一人

可用團總來請開山津貼蓋鄉人唯知騙錢
九日晴晏起淋血又發意甚惡之遣甲總報縣防劫盛團總來言李文山
鄭福隆來言逆子云有師耶勸子訟父蚌塘兩佃請借公費自設局以
來始有相聞者各如其數以予之計七都二甲非萬金不給十甲則十
萬金一縣當百萬金盡地之利溥矣此豈可仰公費耶五十里成國一
同而興非虛詞也薄暮甚熱頃之大風遂涼如秋中夜再起再睡
十日陰涼北風動地殊不似中伏胡三省以劍名歐刀取歐冶子殊爲曲
說歐刀亭刃受刃之詞耳方四送瓜來得功莪書言遷除事熊兒又來
十一日陰仍涼有雨看縣課卷易命申送羊魚責以口惠實不至又甚於
陳芳畹人窮氣怫鹿死不擇音理宜有之置之不答本朝派也
十二日晴稍熱午後有雨閱卷懈怠田雷子來言大掠龔氏並扭罪人送
縣奇聞可駭



十三日晴晡大雨自此霑足矣遣輿送存銀下縣採買蔬菰因代課讀
十四日晴雨依時甲總來云縣中無辦法不意懈怠至此夜月寢涼
十五日晴雨如例閱卷數十本買瓜船過午始至方儻亦擔瓜來觸目皆
潰又非頭瓜不能佳也
十六日晴不復雨漏伏最準理不可解今日雖無雨近處自有也盛團總
來云爲李文山所侮必求解鈴者仍繫之爲書與八甲團總評其曲直
閱卷四百本畢亦有二本可取考此固清泉所無所謂大縣多人材也
十七日晴熱風著衣如烟閱卷畢不能檢校也呼諸女摸牌消夏作杏漿
喚廚人不至大加申飭並園丁遣之文柄自城還芳畹來書告貸夜月
睡醒忽聞開門聲出視乃宗兄睡門外可以守盜亦可以招盜也正欲
還寢復爲所擾久之乃睡
十八日庚子三伏晨起徑出校定等第封卷遣送縣晡後有雨夜復小雨

有書生翼然來云是門生初不知姓名
十九日晴縣送告示來盜劫公行欲以一紙了之鄉人猶云有益可歎也
午雨團總來言押租事夜晏寢
廿日壬寅立秋諸女講書言詞章家用伊傅伊周伊呂伊管伊霍崔瑗又
用伊箕他文罕見早散摸牌二更後方傭始擔瓜還正值立秋時剖三
瓜皆甘冷召家人食之又獻蒲桃韭花（池中亦摘一蓮藕）皆時物也再起納涼
半寢聞雞遂睡失曉
廿一日晴陰北風過旬松濤送響城中無此清涼界也考練字即疎字之
或體束晢本疏姓知此字起自漢看禮經猶多不瞭改春秋二條
廿二日晴稍熱盛團總來請告狀誤用一人生事擾民保甲局之罪也然
鄉愚亦實自取寫字三紙瑞瀛兩孫來荒唐無知各訓飭之逡巡自去
至夕功兒書與滋女促其省姑疾夜食瓜



廿三日晴熱滋自求去呼船竟日未得云皆運糧去矣醴陵新米已出運
至此獲利甚厚
廿四日陰晴滋攜子還長沙張嫗從去在內小坐忽聞傳呼聲訝鄉間何
得有此出看則巡檢外委來迎教士者朱偉齋熟人也相見甚歡談至
晡去夕答訪之得涼風作乾元小門榜
廿五日晴熱夾婦生日命其子女奠墓自往看之墳成尚未一臨也亦太
簡矣午增具肉菜邀偉齋便飯夕集亥散
廿六日晴南風如爇几簟皆熱竟日無所作唯看爾疋增釋啓明一條去
歲所知今又忘矣遣邀朱劉來避暑期以明午
廿七日晴愈熱委員回縣云教士從船下矣避暑無風殊不安適夜坐學
坪納涼竟無涼意但見星斗昭回儼然雲漢圖
廿八日晴庚戌末伏講范書臧洪傳殊不知其可取當時有直名蓋但取

其能拒袁趙木匠來
廿九日晴熱園總來初不知其何事詢之乃求書扇走筆應之夜寢不涼
鄉居所罕
七月壬子朔晴晨待匠移神坐朝食後乃至工殊不簡懼一日未能畢衣
冠奉
高祖主乃見中題六世祖非詞也餘無後祔食主不可勝詰當俟龕成一
一以昭穆次之而婦主無宜雜糅姑以昭穆分左右又有男女共主者
可謂不經之甚夕行禮安主
二日晴熱方四還云滋姑已逝欲守至卒哭食新蔆已陳腐矣夜熱不可
睡得雷教官書
三日晴熱兩兒應考欲分道行問其故云三嫂言叔索剃頭錢使族無賴
羣索之兄弟不交談數日矣問輿乃云無有知三婦不能主家奪門復
辟以息諍訟本不欲兩兒應試因此反勒令同往熱得大風夜逢冷醒
聞雨
四日陰有雨移族中無主後羣主於兩龕別擇殤主題弟妹者藏之盈孫
造言幸不生事不足詰也高榮貴來見云細慈欽差矣與書送之兩兒
夕去遣文柄熊二送護因頓遣男女兩僕房嫗云月內去十一人矣諸
女作包四婦手腫未知何疾夜涼
五日晴移孫入讀看課卷湘潭愈多妄人膽大心粗真不可教敷教在寬
師嚴道尊二者有先後倒置則大壞也此不能不歸咎於陳知縣夜祿
孫乳嫗驚呼有盜吹鐙言之鑿然爲終夜警備以明日懿婦將歸母家
不過勞一夜也
六日晴夕陰而雨午懿婦攜孫俱還外家重定盈孫工課數易師授朝令
夕更故無恆心余之過也卯金不還衡信復當行夜出課題瀟瀟秋雨



甚涼
七日戊午處暑晨見日朝食後雨家中閒人盡去遣衡信去寓書陳兵備
移守廚房因東頭無成人須自鎮之
八日晴涼看課卷有一卷有家法疑亦許生作也銀錢告匱復將具饌薦
新時蹐所辦之處城中遂無可倚亦太少人力由姻族盡不能自存唯
倚我一人也
九日晴兩婦無女僕四處訪求乃得橋上飯店女明知不可用無奈留之
近日男女傭工俱難得宜國家之不振看課卷逾百本亦有佳者
十日晴晨起分派種菜煮飯諸事王文柄還云滋女單身來自出迎之還
問來意云欲斥賣衣飾求田問舍且云三所房屋去其二矣高榮貴來
餉差云欽差請假三月又新聞也卯金還送桂陽脩金來
十一日晴滋女云明日將去余云不若今日因命喚船船已爲何人盜賣
遣甲總追還又云已上坡油艙別呼一船至晡乃至已八較矣大雨霽
至投暮滋去家人俱爲廢事一日夜早寢丹桂已花
十二日晴晨夢與　交甕不記何人髣髴雋丞之子余書羊陳云似虎遂
題其上云湘綺書羊陳云似虎羣羣犬奔石頭無語初題作衆的云云
自以恐成讖而改之夢殊分明未知所由閱經課卷畢定等第第一詭
名曰王守義又一詭名曰愣勞不知何取鄉人求釀祈文者甚多悟其
省巫祝錢稍也乃定價千錢一篇以蹶童僕冀以拒之書院人來附經
課卷去
十三日晴新安
高祖神坐借薦新設薦諸女亦爲其生母設薦兼及二嫂以其子女皆在
此也尋廚人不得僮嫗共饌熊兒文柄皆後至坐食而已申正行事酉
初燒包余一日未食

十四日晴正欲種菜無人工文柄稱疾傭工亦實病無可如何也唯有一王三又不欲苦役之看卷五十本

十五日晴獨坐看卷聞叩門聲幹生來致吳仰煦書熊姓墳山大有轉機送梨子而去珍重不可分甘客去卽悉分之鄭太耶子死得缺余之謀也死晚矣檢日記尋其幕友不得七年往事遂無影響乃蔡師代辦故不可記鄭巧宦無所不損減猶云無一錢何哉

十六日晴看課卷遣兌卄和船賫令受主賠還乘暘舲油云四日可畢工將乘以上衡

十七日晴幹生還留宿談樹蓺局吳僮方傭並來門庭復喧矣屹樵送西山茶

十八日晴幹勤令作字爲作四紙乃去課卷閱畢滿紳病終實七八未八十也余供之年半去穀一石



十九日晴仍熱遣方四送傭價與四婦其母家代顧乳嫗故償其直六兄及其弟十三來六年則八十矣夜得快雨

廿日陰晨起喚人僮傭幷能早起寢門不闢待久之乃得盥洗廚中無人料理亦不舉火純乎官派矣宜用廚子包火食設帳房管廚人秋雨欲涼課傭種菜

廿一日陰六耶告去名世棣字莫如大房曾孫也窮老見窘於從子福一來投石珊石珊以投余許爲廩之補滿紳遺缺亦月給穀一斛且將以公穀作善事乃相率俱去夜月

廿二日晴復熱遣文柄往祠田問租穀尋人不得專人往追之陸續潛回大訓吳僮不覺淘神乃還內講書輿夜還得俞潞寄信物桂圓盡腐矣與陳兵備茶可相配惜不以餽惲次山耳見汰官詔書許仙屏譚敬甫王魯薌並失業矣盈孫復來從余眠

廿三日晴晨起覓點心周媼云未辦當俟朝食後復令免之洋餅麵不可食似又改製矣大要卽雞卵和麪爲之遠不及中土之製鎭湘來訴石珊並借其弟則不識之點心而去今日甲戌白露

廿四日晴熱移坐外齋見一人似鄧六翁俄入則四老少云輿兒處處馳書初不知其何事文柄投幕乃還促之下省云不能去敗子無可如何雖有富貴不能受也鎭湘又來言石珊自認訛索騙食絕業喻令徑去假報人來報一等

廿五日晴熱四老少聞報卽去望其子入學甚切所謂不知苗碩者暮召石珊來問絕業事則云絕房墳皆彼司挂掃培補故應享其餘利夜大風雨雷電不似秋分時景

廿六日復晴流潦縱橫外齋几案皆泥沙亦奇景也朝食後催石珊去云欲借錢屯穀問其所需在百石以上余云弟昔作零工得一百錢便富矣若有人送穀一石其感謝何如今乃頓闊耶謝以不能



廿七日陰源遠佃戶送租廿一石五斗零數乃絕產入公者石珊以爲己有姑別貯之桂陽文卷蕪梗一二疏通費五日之力乃畢卅二卷經義則易易矣夜不能寢

廿八日陰晨起案上得一文書發之乃縣令送朝報有寄論巡撫察看品學是否可起用蓋家庭處以我爲廢員也未用而已被劾尙不能行乎季孫矣尋思世事無處下手又將爲左季高耶唯有藏拙而已看桂卷寫字工課早畢

廿九日陰周張兩生祠中値年來盛賡唐來言保衛局萬穀甫求易仙童久已忘之盈孫逃眠余遂獨寢

卅日陰看桂卷畢馮甲來盛秀才來押租以長婦百金騎田遣兩方入城買油陳傭方僮並惑張女八舅母認紅生事故俱遣之閒人頓去七八

猶有二也

戊戌十月辛巳朔晴出堂點名正課去者小半唯遠縣皆在耳仍令課賦作字六紙爲西禪寺改叢林題一聯以贊碧崖僧之勇猛彈指見華嚴著天開雲閑一角小山藏世界觀心亭尊宿聽水魚龍叩十方古德應齋期張伯純來客去已夕兩孫課未全畢昨夜爲狂人所擾未夜便臥二更後乃起小坐卽寢

二日晴寫字十餘紙沈靜軒孫芸生來將鈔孝經筆禿紙澀甚不悅目師稱弟子爲子別無例證曾子少孔子四十八作孝經時方廿餘未爲魯也疑史記年不可信蓋据其譜譜容有誤字耳

三日陰朝課未畢入城賀隆妻生辰坐任齋傳帖闕辤出與子清鼬丞同至正街各散鼬闕俱西至瀟湘門余答訪余張見張闕同入沈齋江尉闕與任胡陳三師江顧二尉同坐珠玉堂沈師陪客朱七亦出作東自云戒烟能酒且屢至衛青齋中二皷入坐散已三更同子清出宿衡陽



署中

四日晨陰午晴子清爲我通夕預備使人不安喫蓮子畢步出南門喚船徑歸飯尚未熟早課畢仍至城送關聘孫生徐幼穆來安記相訪馮絜翁亦在與屺樵同至彭祠道臺分三日宴客紳士第一日看戲至二皷散復還船回院雅耶來並有僕從居然入我室酣眠

五日晴晨問雅耶差使撤否答云尚未唯與會辦不合切戒以勿言辦公本以情面得飯喫有何勞績雅耶　綵其身居然老耶矣聞言悵然而去桂陽送束脩來並請免課來人七十餘矣留居一日爲點評課卷十餘本

六日晴熱看課卷譚嫗薦主來求買橘園告以不必公湊錢供烟資而已贈以二元約明日清帳夕餘十餘卷未看大睡一時許起乃畢之人靜更深方僮入城方傭夜去獨掩門自睡

七日風鄭伯文來辤行且索字債隆道臺謝壽謝未見本率兩孫下湘因客遂止入城至安記遇黃生告以不必營營自可云云與屺樵同至陳倬卿消寒第二集江張二尉旋至請牌未一校胡小梧譚厚之朱德臣均至從容較畢一莊乃入坐胡大贊菜衆亦附和退有後言與張朱程同步至南門大風欲雪歸坐良久乃睡少年經涉風霜今得安眠良爲慶幸

八日陰風始寒頓加三縣蕭將來送手帕爲鄭伯文寫字五紙夕覺腳冷乃覆被自煖夜遂未鋪頗不甜適

九日己丑小雪晴風朝食後課字畢攜兩孫下湘至新安館請張子年辦具餞鄭清泉並爲書屏聯約印委三令作陪乘約沈師幼穆早至紓卿亦來待靜軒夕矣正喫蟹時洋鐙然纏斷墜打震青頭合坐惶駭幸未傷損初更散乘月還



十日晴始裘求小毛桂未得方欲借之譚子來偶問其父攜小毛衣行否答云初無此服憮然忽悟卽衣夾衣出送鄭答蕭乃聞陳師亦去至清泉問之約十三日來飯過譚震青父子遇胡小梧熊雲卿小坐至安記候衣鞋來步上船還已夕喫飯甚飽

十一日晴程生引其從弟景來問學字仲旭廿二矣段海侯第四子來云尚有四兄弟求作譜傳令程生作之

十二日晴譚震青毛杏生張尉來瑺專人報夫兄喪常氏三命一月皆罷當官時不爲盛失之則爲衰也本約歸家今留待殯廚中治具半夜未畢余先假寐待閉門乃寢

十三日晴晨無風雨向午乃大風陳鴿仙來辤行便設酒餞之請丁篤生作陪各飲廿餘杯周嫗託故與方四齟齬不司爨事亦能敷衍終席未正客去將夕陳完夫及廖李拔貢來得兒壻書並各送京物留宿前房

夜月甚明久未快談縱論時事至二更乃散少坐即寢丁送蟹菘寄瑲
八甃齋長謝生亦還
十四日晴陳廖朝食後去李生留更送江西甆器正無盌用適須之也然
公車攜方物則太侈矣詩興久發每坐輒值倍書大似馬二先生游西
湖時峴樵來謁師隆道臺送聘程景移入內齋夜作詩二首十日餞鄉清泉作示
新令徐幼穆衡陽木葉落湘滄晴發掬南滄風日佳臨流展嘉錢放人新尹喜相招情酒黃花逃與透曾同陶令聞三徑得與元生共一瓢
渡沅近蓮江波沸赤若朱陵迦紫蓋陵士吳吟桂樹同森人紙在桃渡外漁火暈匪歸舫涼鳴饒上路月如霜高軒客散酒未盡不醉方知清
夜風再錢陳處士客飲廖李貫士自京還與陳公子同過夜談有作二峯飲竟日主人慚獨隱空庭靜鳥啼獨夜看雙星行子京塵滿囚
發瀨氣臨深山共明月水落倍清泠
十五日晴看課卷畢湘潭送卷復來寫字數紙夜月甚濃
十六日晴朝課畢將下湘朱七老耶來傳其兄命請夜飯留食餅而往同
至鐵爐門余至江南館小坐程峴樵云丁篤生待同往因至其家昇至



清泉徐幼穆設酒更招黃委員粟詩人朱德臣同飲席將散府署催客
秉燭而往彭小香張伯純三貓清捕任師江尉先在席設濯清堂朱德
臣送菜沈師少坐即去酒甚草草二更後散步出從瀟湘門至大街江
南館已閉門主人亦去矣彷徨無所往還至程家宿舊榻已一年未至
程孫作主人換三世矣
十七日晏起晴飴心後步至道署任媼已上與隆道臺略談而去喚船還
喬耶已歸滋書來言詩文稿被騙去奇聞也景韓移浙撫夜看課卷
十八日晨微雨遣方四看窯女去看課卷了無佳者夜朱弟章甫來片云
何以失約本未堅約又已經二日許以明日往舒讓檀弓畢
十九日復晴胡小樁招入消寒會約以明日因朱約喫蟹朝食後往過張
尉方剃髮過任師云出署矣復還至吉祥寺遇張同行過胡子清小坐
乃入府至沈齋朱七九並在待任來共摸牌胡亦晚至沈設湯餅僎畢

四圈已夜朱署府請坐客唯老熊又一彭小香餘皆前人食四盤月出
乃歸
廿日晴晨起一人突入設拜稱老伯湘鄉音也自云蒲圻但湘良之表弟
心知騙詩者喜於珠還問其來意云求盤費人遣喬耶質之不敢斥言
乃召齋長出家書示之麾令速去課卷閱畢入城赴朱七之約至安記
攜兩孫同往張尉唐卿方修曲會聽唱三枝朱任繼至摸牌四圈二客
各設飴心余反無設胡家催客與程張步往小梧噴有煩言矣諸客皆
先集亦無怪其怪也酉集戌散還至安記尋兩孫又失之訝陳八何以
大膽遣覓船乃云在程家遣送還船任師送菘蟹果脯
廿一日晴卯金去寄書首事辭經課閱卷事寄家書告得詩事蕭生來辭
行贐十元報古文之餽也左奉三梅澹如兩教官來與書劉谷懷送墓
志稿陳完夫攜其姪壻顏生來讀書住內齋與程生同食於我盈孫生



日設湯餅至夜乃辦
廿二日晴看本院課卷廿餘本終旦而畢待盈孫書畢往弔賀年姪賻以
二元余別訪兩府教均欲留飯辭以攜孫先還船盈孫來船已夕矣亟
還索飯飯畢遂夜
廿三日晴稍早寒一日無事始畢常課寫字數幅欲集孝經緯求無盧本
罷業以嬉午後陰微煖似欲雪鼠出窺人主人將去
廿四日甲辰大雪復晴煊不可裘王魯峰來言培義冢余告以黃子襄亘
萬之工而反發骸碎骨其後家破人病不可為善王意怫然云萬無可
慮但求作募疏耳徒步而來要之坐船不肯猶有崎雲崛強之態峴樵
約飯並要兩孫以夜行未便小兒因獨往倘早要任師張尉摸牌戌初
諸客皆至亥散步從白鷺橋上船檥西岸從小門還
廿五日晴竟日無事督課一日彈匠木匠均來鬧半日

廿六日晴朝食時任輔丞來云已食且云胡子清卽當至余未待之已而胡至云未飯爲設素食水滄周松喬亦來設餂心出門蕭譚兩學師來徐幼穆從子粟谷卿王書啓向鹽商均至遂消一日

廿七日陰朝課未畢日已過午步至粟家馬頭渡湘至學舍立門外待任師遇譚三哥要入西齋香階出陪同至蕭齋仍無賭友四人强較二局不成場面自此戒賭矣喫饅頭辭出至張尉寓廂房設席亦不成場面消寒四集八人俱至酒罷聽譚翁兩曲前集聽琴此聽笛差爲解愁

廿八日晴方四還得胡壻書孫芸生廝十哥來廝送水仙龍井並致陳笠唐書云仙童將復還矣諸生當領銀者亦皆至與芸生同過蕭教授晚飯任胡譚陶同坐朱大老醉不能來戌散還船不能上灘步沙而還和八耶來收捐四元

廿九日晨雨已而復晴岏樵送雙雉留一送江尉令佐消寒之品孫聞青



兒來居外齋孑然一身坐陳公子之上亦殊遇也曾生父來見卽寓子舍老實人也

十一月庚戌朔晴晨起未見霜城中人云有霜點名發題復經解舊例朝食後攜兩孫游西湖余過左齋梅翁亦在喫桂圓橘餅而出入城至胡子清齋任陶馬均在云待久矣仍成較局又不完卷江尉來催子清設餅余遣送兩孫先還與陳倬卿同步至撫廳胡朱張程均先在譚翁後至談笛弦酉坐戌散昇還正二更程生來已睡矣

二日朝寒已而晴煊睡起甚不適昨夜食果飯未一盂已傷食矣朝食減半盂遂愈老境也仍以果飯蒸藷塡塞之程生居內齋兩孫移入內室寫字

三日晴煊盡寫送紙衡山向姓送墨便求十幅聯王保澄來見意在求局差

四日晴移杏樹恰可缸運至鄉以冬至未可遠致且種闌邊夕食失箸責方僮求之遂與傭工大鬧相毆誤傷周嫗見血而罷寬縱無法下人橫恣至此不可令黃子春常儀安聞也然是風氣使然

五日陰雨不能溼衣從西岸渡湘徑詣清泉云方遣迎至粟谷青齋問何事云摸牌耳幼穆出其從子道周亦在粟齋更同訪王師耶見李師子尹端亦出吳仰煦不許同席坐者也幼穆遣招沈師熊革士來同戲四圈畢見雨昇出乃無點雨濘泥至鼇局譚翁設飲胡朱張陳先至岏樵後來饌頗清軟多談道光督撫事戌散步出乃知雨濕街至程家少坐昇至白鷺橋登舟還猶未飽喫雞肉米花橙子又出外齋尋人談話乃寢

六日晴煊昨有寧知州兒鵬南來謁未見後見於幼穆處云與康有爲同



年同部來此發卷補昨夜詩二首與粟孝廉張子年送皮桂來與廝十馬壽雲同坐設鴨麪未食而去夜半醒遂不能寐續前作一首我有一片月留之紫蓋峯今來五十載長照萬株松之子觀雲海清吟塵曉鐘元君不可見玉檢白雲封

七日晴

先孺人忌日素食作字數紙

八日晴始檢唐詩何生自長沙來索得者又爲改蔣壽文未畢夏榜眼來留晚飯去京浙事均無異聞夜風鈔唐詩一葉

九日風寒始欲釀雪看課卷畢謝生言劉生可妻遣問訊焉故促發卷鈔唐詩二葉

十日庚申冬至程生請致餕往朝食畢至江南館待客胡小梧云不知知方僮毛包失於再請然擊腔作勢亦自可厭頗有愠意譚厚之解之更邀乃來未肯多食岏樵具肴子年作餅餌鹿筋脂餻甚佳飽食而散更吹笛唱曲船還尚早徐幼穆約明日早飯往來不憚煩也夜雨

十一日陰陳程顏生均還同朝食朝課未畢便往清泉答寧翼雲工部留
谷卿齋摸牌幼穆更邀沈師朱七來三圈畢熊革士來又兩圈初更矣
晚飯兩小孟步從大馬頭還船兩縣明日求雪
十二日陰晴鈔詩四葉盡補逋課又爲陳郎論歌行源流作草四幅又跋
淳化帖聖教序字甚不佳看晉人書勢多自造無法然不易學也要須
精熟孫譜言不虛孫芸生來言朱九甚佳惜其芝草醴泉未能采之
十三日陰晨雨作字數幅徵雪鈔唐詩三葉始議散學諸生皆去陳常來
請託
十四日大霜晏起陳郎程顏俱待辭遣謝不去乃起送之點書畢率兩孫
俱往西禪寺看佛會周嫗奉齋二元客皆未至久之夏程來任師繼至
日已過午遣嫗率兩孫還己亦步入西門逢馬程馬未見程下舁欲還
留之不得乃同步還寺熱甚稍愒胡師兩縣繼至幼穆來已夕矣楊家



催客乘舁與岏樵渡湘至楊慕李家魏陳楊蔣諸士老喫魚翅席二更
散步月還無一行人唯遇一女轎入方伯第門隨閉矣至船始知霜溼
衣少坐卽寢夜踏霜露亦復金牀玉肌歌咸陽王一闋
十五日大霧晏起未飯攜兩孫同入城點書未倍也陳郎請飯辭不得至
彭祠與二程夏顏同飯未散赴江南館張任已先至胡陳旋來同摸牌
兩罷令均至朱嘉瑞亦來局未終而罷席散客去張程少坐亦去留宿
客房月食不見
十六日陰早起步欲下船街溼仍還向生來張尉夏賸眼同飯喫野鴨班
鳩與岏樵至道署隆兵備出談面辭告去任師約飯約從書院還仍來
乘船還館檢筆墨寫信與俞撫臺爲孫生求館與片幼穆索乾脩瑣門
乃行至船已裝載畢矣赴任約仍入城遇夏程踏泥來送勸令還城迎
兩孫上船與夏程同至安記小坐遣辭任麪不得乃往周松喬亦在更

邀程岏樵同較牌喫晚飯從容四較二更程張同送上船送程儀者兩
家未去各與片遣之與程張立船頭略談別去卽開船至石鼓泊夜煖
寢酣不覺至曙
十七日雨有成雪者北風頗寒午過樟木寺買油久之乃行十五里泊站
門前夜雪寢煖
十八日大雪成冰泊一日夜愈煖
十九日細雨飛冰過七里站甚遲恐膠下灘得暢行已暮矣泊萱洲自炊
而食甚飽兩孫復常課
廿日雪雨間作午至雷石雨止待巡丁看船久之不至寫票復查已夕矣
買炭無有云須盧期夜泊衡山
廿一日晴煊晨發甚晏午過石彎六耶云欲一面未能待之過卡乃復上
買竹火籠久之乃發至晚洲已夜



廿二日晴霜待朝食過乃起已至四竹站矣云江西大路也昭靈灘石湍
畢露水皆激上三門則不見石但見水倒流耳船人戒備過於昭靈夜
泊白石港
廿三日晴食米已盡遂未朝食至易俗場北風忽起搖櫓甚遲試檥漣口
覓家門船恰得三隻行李一舟可載張大其勢悉用三船過午便行至
姜畬已夜夕食黃孫睡熟矣二更到南柏塘攜盈孫步上雪涂猶可容
履方僮然鐙取山徑到家兒女俱未眠云連夜雞鳴甚早少坐已三鳴
猶未四更也輿兒自至船攜螃俱還余先睡
廿四日癸酉小寒晴夜欲雨起行李遂至半日猶傾一石油憶衡僧語知
有前定惜未布施耳幹薛阿來言樹藝局須用錢當爲謀之又言局丁
傾油宜何處治余言彼自以爲官人實私僱也斥逐之使知下上之分
盛張闓總來

廿五日晴田團總來楊晳子來言王總兵身後事京官多事大要利其財耳夜看所作詩賦及其伯子幼學注經大有著作之意得瑞生書並送錫器蓮弟來兩孫復常課

廿六日陰晴楊生告去幹將軍須錢甚急無以應之昏夜叩門恩恩復去

廿七日陰欲雨賀生來言訟事周浩人先生及其兩徒王譚來武生紅衣有新貴之容夜雨

廿八日晴午後風夜雨鄉人頗知吾生日幹薩阿乃云將大受禮物人多醵錢爲饋蓋欲以我爲舉司馬也以此一介不取猶時有母雞豚肩之獲譚佃妻來爲其壻求請云原告賄三百千笞一百矣沈太耶定勝陳太耶楊張周生同來桂七石珊毒一芸孫鄭福隆兒均來鄭初不相識遂留不去余云有朋自遠樂則未也不亦乎則有之矣夜待功兒父子至三更三遣人迎不相遇諸女婦子行禮畢乃來睡已夜深而雞未鳴



廿九日陰半寤偶覺已質明矣因待諸女婦裝乃更晏起將午家人畢賀外客皆謝不見唯楊韓周生得入午麪夕飯殺羊以饗甚盛舉也夜雨

晦日雨杉塘子孫告去雲孫同去皆舁而行周生亦去桂七大人及其子不辭先去爲楊生看詩張生引蕭童子來呈詩壽山甥子也

十二月庚辰朔晴張生不辭而去客唯楊生耳督課未遑出滋女辭事以紈代之增改歐陽烟行墓文添三句成文甚得意也

二日陰喚船下湘與楊生同至姜畬楊上張下未夕到城張還館余至賓興堂劉心閣相見甚歡朱倬夫晚歸談至雞鳴雲孫來

三日陰至楊前官處問蕭潤筆因訪朱巡檢云送鬼去矣還盛田幹皆在心閣逃去看經課卷百四十八本復與朱談賀童掘冢事其人狡猾宜責其出錢了案譚前總亦來關說紫谷道士來賣琴琴新漆不可用而道士稱之疑爲朱層增價也又云王穀山家有佳琴留飯而去張生弟子易雲龍來呈詩龔德培來問訊

四日陰欲雪借錢與幹先生易生來守候改詩許生師弟譚姑耶楊舅昨日均來唯徐甥不至遣招之陳佩秋攜其子來易老翁亦攜子來皆與萬穆甫同求盤差余云夏道未卸臬篆不可干也徐甥盛舉人來云盛京卿同姓左子異甚重之鄉有達人可喜譚文大送銀票來待朱翰林關說朱出甚久欲睡不可解衣臥談遂寐無覺

五日陰寒晨令方僮喚轎待久不至張生來同步出遇幹將軍轎夫不欲行易三處皆驕不可使幹借油鞋如劉先主遇法孝直但恨重褻行熱也從南門出後湖至正街循湘岸到船方僮方買水瓨舟人皆云鄉中價廉貨好笑城人不知土宜也船人早飯甚久至沿湘市又午飯遂泊一日託云風雨不可行遂泊此岸方僮後來先去無人具食幸有路菜攔腰一扁擔和衣而睡夜雪



六日陰晨發極晏飯後行乃猛迅云無雨可篙也迎風指痛不遑息未夕至湖口迎候者伺兩日矣致陳兵備書致陳督銷書與丁康侯書致夏觀察書方夕食歸遂不食滋疾未起憂之煎心兒女情多境使之然幹生夜來索錢

七日陰復常課幹生早來云當下省譚姓來言賀月秋滋疾未愈與莪書殊無歡緒

八日陰滋愈諸女作粥供佛稍有年景功兒將還省寓姊妹較牌余間入局復講漢書西羌傳殊難省記偶聞談始知郭郎水死諸兒不報吁可怪也

九日陰晴戊子大寒功兒純孫告去城鄉年終命之料理遣方僮從往夜寒

十日陰功兒專丁來言押租事毊以爲欲攬利權不之應也而皆不稟我

又各欲專事宜其事也但不宜使傍人聞之所謂愚而財則益其過不必多財也

十一日晴南風頗有年光說詩稷重穋禾前未分析始考補之熊姓送稌鹽謝訟將軍力也

十二日陰晴有風楊孫來送表裏繡佩並致蕭怡豐銀十二斤半皆潤筆也留宿外齋三四老少亦來遂至滿坐

十三日陰楊孫早戒行晨起送之乃皆未起頃之食具挂麪飴心向所不下箸亦爲盡一器客去幹將軍來邀同答周叟不遇遇王嫗焉又同過譚前總夕還夜雨

十四日晴爲懿婦弟看詩學孟東野一首極佳方知家數之小七都農人沈鑅送詩來並與幹書及和陶詩胸次吐屬不凡隱士也譚佃夜來甲總更夜似催租驚犬吠鄉人乃好夜行非良民也



十五日陰譚佃遣孫來取書干朱太史因附銀二百還賓興堂兩孫散學不讀生書夜雨

十六日時有雨幹石潛下縣取錢冒雨衝泥殊可不必蓋其性急不欲任人故如此家中作竈柴炭並竭乃試燒穰前日未鈔詩今乃補之夜月

十七日晴煊午出小步見牧牛羊豕者俱有贊意說五亦有中三亦有中爲順讀文乃不費力與古田東田同爲平正通達斯爲說經正軌夜月極佳

十八日大晴幹將軍還來報園菜被盜致劉中丞書步訪沈逸人鑅從雲湖循左岸行過一岡望見兩處屋若在湖中猶爲對宇也渡澗西上便至沈居貌似曾介石蹤迹志趣亦略相類惜聾不便談待幹飯畢而還過澗別從山道還已夕矣往返約廿里亦可云卅里方僮還云易仙童欲入都想又有鑽營也

十九日晴陰欲雨程郎專使來索書欲爲其妻兄謀浙撫巡捕關節靈巧趙氏派也廖僕實來寢室開戶通內院塵坋不可坐廚中復作竈遂自蒸鷄器物皆不備絜方知無媵御之不足自養彭雪琴能役丁壯余不能也亦是習氣之一病

廿日晴譚前總來言朱太史不能了事須請片至門房何門房之能管事如此惜有體制不能如其請以試之天晴氣和可以出游將至縣算帳因約石潛同往還聞張正暘來留飯夜談皆儒生之言

廿一日晴韓來張未起入室泛言朝食後雲門兒率幼子來所云被誣爲盜者也卯金從子一門多才亦有家學午與張韓同步三塘看種茶地夕食後張去

廿二日晴譚姓具船並遣甲總具食與石潛下湘巳發酉至攜兩孫同投賓興堂聞劉星閣被盜現官退城不免盜劫與毀龔家同爲異事余亦



自危譚總復來率賀生問訟事教以早歸兩孫早眠余亦遂睡解元兩兒來

廿三日晴朝露頗寒萬生來攜劉石菴一幅欲索百金亦異聞也與石潛同至縣署看春仗過楊宅公孫俱出相呼立談數語還堂倬夫方盥穎言陳賀訟事可和而無居間者請待來年兩族孫來同出看迎春因過許生店未入與石潛同往攜兩孫至九總買煤炭因待縣官吏騎步鹵簿俱不合式唯前有二牌書三都三總餘皆不及未知其緣起春牛作兕形尤爲任意然水田之宜不必合五行也看畢下船船未至請石潛領兩孫余還堂料理倬夫方與吳少芝對槍因約同訪道士堂書請飯飯罷俱舁往舁夫皆不識雷壇覘余步從吳轎往來隘巷巷人云雷壇觀卽天符廟余又未省也見門榻乃入詢道士果鄰天符日已酉斜計還船必昏黑攜舁平傳一本而出至九總船去矣至杉彎云又上迎余

得陳姓舟而隱焉有似清河藏舟但無飛霞耳遣招船來久不至韓兒
方僮往來奔忙余但守株刻舟差爲閒靜二更後船來兩孫已睡三更
石潛來四更熊兒來送肉酬以二元遣之五更方僮還未明余起留船
下錢自攜兩孫先還
廿四日癸卯立春節晴乘月發舟至漣口質明矣飯於袁岸舟人竟不午
食可謂勤儉幹將軍所不能也夕泊湖口兩孫並踊躍先行家中未午
食喜可知矣較牌未終局稍倦遂寢
廿五日晴方僮買年貨還亦費四十千大要成年例矣又言陳姓强葬與
朱言大謬居間不易也
廿六日晴石潛還云鄭賈欲以兒託余請捐二百金助樹藝局用此亦匪
夷任自爲之陳芳晚專人來取錢
廿七日晴賀姓來送錢膺去之王嫗來告住屋已賣吾家住百四十年渠



家卅餘年今易夏姓作家祠遂恐難復坐見先業易姓頗爲悵惘
廿八日晴前約沈山人來談遣轎迎之午至樹藝局問訊乃逢鄭轎及喬
耶方食遂與沈俱還要至內齋看書一日約至雞鳴乃睡今夜雞晏鳴
乃送沈出先寢鄭生來見卅許矣一無所解
廿九日歲除晏起沈已先興矣朝食甚晏午送沈歸料理饌具巡檢專丁
來饋歲即復書謝之夕食尤晚將戌矣石潛昨半夜去今夜仍來要與
圍年又待送竈乃祭詩已再鳴雞僕嫗或睡或守歲余獨先睡聞諸女
笑語終夜未闔扉也

# 湘綺樓日記

光緒二十五年己亥

己亥正月己酉朔晴竟得佳日日朗氣和可喜也待諸婦女妝竟乃起詣
高祖坐前行禮家人以次拜畢入詣半山室行禮受賀幹亦來飯未食朱
張已來出行將午矣云方食不飯遂留午點夕食而去王孫來言買田
賣田事
二日雨風楊生來賀年因留談菘鄉人來者皆謝不見夜風寒客房冷寂
便留楊同榻
三日雨陰張生來客不孤矣連日渴睡閉門早眠幹先生勸令作字曆疊一日令早爲寫四五紙
四日雨楊家遣轎迎客張生云已豫辦本約不雨行既有儲供勉往領意
與楊張同發過姜畬至乾元看迪子顴發赤非佳證也又過許乾元出
街泥行三里許至楊家二子出迎入見親家母坐客房張先生相陪頃



之楊篤吾還過東頭小坐還喫魚翅席早眠
五日雨竟日篤子請早飯飯畢論書院事云可整理遂冒雨過一大岡便
是蔡嶺十年不到婦家入門升堂則無人焉謦磬拜像悉召其家人半
不識矣與循叔止依然唯棣生妻不肯來見園門已斷宿於學堂客坐
亦空矣夕飯棣生家夜酒則值年備辦與循來談二更去叔止待余睡
乃去
六日陰本約飯劉心閣家叔止堅留喫海參席一鴨頗佳早飯罷即訪心
閣談未一刻有客來余遂辭出約至城整頓書院從蔡嶺右行過楊家
二子倚門停舁談入城事云已見葛鶴農矣便往姜畬飯許乾元遇鶴
農招張生同飯余不食張亦已食忽忽別去到家甚早將至始見懿婦
轎來竟不相聞四老少來拜年未暇款接便令攤錢共戲至夜覺倦遂
寢

人日大雨竟日命作餅應節六女饌具進食食春餅飽遂不夕食夜乃食
餅家人半睡矣雨聲繁喧僕嫗蒍錢早睡一覺醒聞雞鳴房嫗尚未閉
戶再三促之明鐙送茶煙乃各還寢
八日質明遣呼懿令起往婦家賀年祝壽（許虹橋來 迪子兒來）雨止風起出看種竹
易詩人鄭門生俱來賀年至夜玉岑女又攜子來云劉桂陽族孫欲分
父遺產請爲問之自表貞節未深知也同曾祖兄弟分居遂不相知唐
堯收族盛時之事與姑令從其母宿易亦留宿二客惱人雞鳴乃睡易
報劉坤一之喪云元旦辰時出缺何范祈之竟驗
九日陰有晴意盛田彭來拜年韓移老梅來花已過矣易劉俱去懿婦亦
同還爲迪子作醮文
十日戊午雨水中有雨遣人看迪子寶官來晨與石潛論花樹云白桃最
少石云最多蓋慣駁人口快不思事理或云裝憨未必如此詐也凡說

話不可順口故云安定詞欲作雜詩思多不可理遂巡而罷彭鶡盛潤
唐來寶官夜賭亦託之寶官耳寶官實不賭也宗兄爲之老近無賴故
孔子欲其死
十一日陰銀田甲總來言事因石潛以通余責方僮周嫗護之反謂石潛
多事論之不止令不能行於僕嫗履霜堅冰之漸也自省而已小人信
不可假詞色蓋非人情所能料孔子所以歎難養也宜峻其防種竹移
梅
十二日晴石潛晨遂不至益令人惶恐寶官去作詩八首學陶尚不夾雜
然非佳篇夜月
十三日晴龍獅來不絕雖無可觀亦動土氣輿婦又易一女工蓋不得用
人之方凡無用者一北三貉雖百變無益也以非己事不宜干之
十四日晴沈山人來寫詩贈之看老子未得頭緒文大耶來以賂朱太史
百元還言官事未了亦非余所宜了（楊家來請客）夜倦早睡雞鳴暫醒復寐
十五日晴熱晨看沈山人與韓皆方起盥頮沈嫌我飯晏故宿樹廠亦不
能早也待其飯熟還家飯亦熟矣午後復陰龍獅來酒飯夜雨乃去周
翼雲來宿外齋
十六日晴熱晨待船出縣至巳未至乃飯而行攜良孫從至午復陰到城
正夕食矣（永譽兩孫來）入賓興堂無一人遣招朱巡檢來談夜大雨
十七日雨葛鶴農來蔡天民來一日不去晨至楊總兵家賀生辰兒徐峙
雲郭花汀楊子杏與循子杏云彭畯五不到桂陽已欲代之絮語問方
瀍余云劉直牧方被議開館期近恐未及來問也匡策吾來云朱太史
嫌錢少故賀事不諧當加價求和又云劉制軍尚存前傳譌也遣迎良
孫來同寓堂中易叟父子來峙雲來始雷
十八日雨有龔姓專足至衡相尋蹤迹至鄉城函中語似是一進士了不

省識傳問來人云思賢門生也以與方伯莫逆故來求信忩來足奔波
可閔依而與之與片切戒午出詣文武印官沈太耶請留一日設戲酒
相待旋至楊家看戲（大雨復雷正演不孝呼對事對簿陳陳坐者色動此是歸獄事）盡見縣中出頭紳
商郭寶生留一日歐陽蓉復請留一夜人情難拒皆許諾而散
十九日陰雨戴老士遣子爲門人說三年矣復不敢來數質介者今始來
見具贄廿金又改廿元余例不受贄還之則中計受之則破例乃收其
半以半交峙雲峙雲又中我計也機械相乘雅道掃地然非我之過正
需零用卽以八元交楊家送家中戴兒名輔銘字日新教其作律賦問
識沈萱甫否云識之頃之沈生來云得之郭寶生寶生已出矣沈窮不
死郭俠能交俱可喜也遣送良孫看饑婦因遣覓船佸子遺費四幀永
孫求題縣壁看之似學周少白未知其家法也楊師耶來胡蔭枏兒及
楊孫張守備均來相看李翰屏自藍山來晳子來言書院事殊無可問

者因作告白送縣令看之但云好好而已設席四桌以余為首並坐者卽馬錢販衆皆目笑之未知何以為令貴客也至夕散卯金刀來遣迎良孫還宿堂中

廿日陰晴永孫來令其暫取畫去俟後題之本約巳集郭祠至午未來請葛楊先往余後踵之則主人猶未至看經世新編梁啓超之作也以余為不快洋務蓋拾筠仙唾餘而榆變者康梁師弟私淑郭王不激及鳥而流散至此看齊木匠刻印字畫又一寄禪張先生也頌之匡省吾晏翰生龔文生傅鼎仲蘇先後至峙雲葛楊歐陽為客又一錢估何錢之多午集戌散昇至十二總歐陽花園楊總兵張守備先在余與峙雲朱巡檢皆從郭席散而至此召妓七人有兩人過卅矣餘皆無童音各唱一兩曲賀卅元致尊禮之意魚翅甚佳為之一飽丑初散月中天矣水柵已閉遶道上船卽睡良孫從

廿一日晴辰初開行期夕泊淥口問所泊地名云大樹垸未到淥口也初



未聞此地名方僮云故知之一夜未解衣

廿二日陰晴晨買油淥口將午乃到三門良孫讀書頗有苦色山蒜含香配紫蘭育錢二七對嬋娟盤窗玉期春相映銀管脂融夜不寒罷酒還船街鼓絕送人正有清霄月鴛瓦紅樓雨未乾畫橋綠柳綠堪結歡情不待管弦綠乘興探芸過五舉朱陵白鹿久相待須及鄱湖冬酒濃上元二日春晝明連朝靜雨皆春聲四桑公子五都俠錦障油碧迎傾城此時良會閒文宴綺席瓊筵街燕過卜夜先論一日歡清歌共待三更轉玉梅如雪六重花四面香風總帶遮說雙燒柱簫聲散漫舞留人漏箭餘少府行春不辭醉雨湖夜半櫻鷄起芳園度歲續椒盤列坐飛花繞曲几夜泊花石上梅沖皆從來未泊之處

廿三日雨閉坐竟日未夕食纜行七十五里泊淦田正去年出門日變故萬端仍故我耳雨竟夜

廿四日陰晨起甚早過石彎向午矣過衡山城遂夕雷石買菜夜泊老牛倉雨竟夜常寧黃生來見云陳兵備約其至岳已乃至澧取五千而還送鮑魚卻之

廿五日癸酉驚蟄雨至午止

廿六日陰晴晨發七里站無風纜行望珠輝塔久不得至船人憚進換小划至城將夕矣投江南館屹樵方請府客更增夜戲馮絜翁兩程生來遣告任輔丞頃之任來因遂留看戲云經廳約飲夜乃與徐幼穆俱來朱三否率其弟子僚友十五人先後來看饌皆旨看戲至三更沈熊朱七摸牌一圈朱兒甚小發留俱有小九余以自代上牀聞鷄聲以為初鳴及再鳴竟曙矣

廿七日晴朝食後出拜客入道署見隆任作書為吳仰煦覓衡館看陳郎程孫江尉梅左教官衡陽盛胡府阿舅沈師陳倬卿訪幼穆送詩渡湘見熊將丁篤生蔣幼吾魏二大人入書院看梅花櫻桃皆落盡矣李生已入內齋陳伯雅又將移入不可在外因定到館期夜還旋雨

廿八日雨張子年來譚香階蕭子端再過幼穆亦再至完夫甥舅均來談常霖生亦至論經濟不外修己修己安人使人自修也堯舜不能安百



姓若共鯀暨象是也故無務外之學

廿九日雨彭公孫丁篤翁孫尝生陳倬卿皆入談餘多謝不見劉生自桂陽來看報

晦節陰始食芥茎隆兵備熊營官盛衡陽並招飲悉辭不赴發行李入書院任輔丞來幼穆設三桌演戲來甚早諸客亦多早來中間入愒與沈任胡摸牌六次沈竟未下莊而散朱守不去看戲至丑正幼穆復坐片刻乃去永端昨來見今同席

二月己卯朔午前有雨始食柚芽船來迎我冒雨踏泥出城半渡遂彝陳程俱先到余居外齋入看杏花始發一萼柽木亦含花矣少坐下湘赴絜翁招客尙未集唯二劉翁其妹壻也答訪霖生遇其將赴馮招與程生同步還熊丁繼至魏二後到又雨昇上船到院二更為孫已睡喚起卽眠

二日晴理蕉上𡵓峖樵來𥶈生來見者數班鄒生來言省城事陳復心片問官事之文體式何宗其子送律賦來選告假去
三日晴看龍贊善所輯館課賦六十年前諸老雖陋風氣馴謹今並無此矣寄詩湘潭兼覓茶盌晚至陳倬卿春酌去甚早待峖樵李從九舜卿同較牌未畢胡小梧朱德臣江尉來二更散還留僮伴孫一人獨來往幸盤丰不盤詰耳至柴步遇常生柩船將至迎者三轎聞蛙
四日雨復寒桃杏均花李花已落看賦見夏姑夫胡詠公所作如逢故人獨無曾侯蓋不以爲能翰林賞鑒不同如此
五日晨雨午霽午課畢攜良孫下湘至安記點心程生叔從同集道署隆書村發疾不能爲主人設二席更有二武員四幕同集必邀良孫辭以喪服引旗禮不顧也以其難悟姑命之來二更散還宿江南館尋蝨甚不安



六日晴晨大霧早起求僕從不得乃皆未起或匿旁舍凡三出尋始得之更勞於尋蝨盥畢主人點心已至半麪而行到館半飯春風尚寒晴日甚佳作常生挽聯石門尋酒情論文如今番夢全非孤鳥未游何所憾歸鄉十年勞作吏楚李家學不忝歸裝無實莫譏貧夕飯熊宅與程生步還
七日晨雨偶與程李生論大考賦左傳六府未知火府何掌府者庫藏若藏火化火成之物則不勝藏藏火又無可藏當以禮記六府爲定水府藏凡水中物寶土府可兼穀因出兩賦題課徒良孫欲看煙火屬喻程攜往本約夜集楊家催客過早云馮大人至矣急忙先往則馮楊陳郎方推牌九見余欲散强推三莊未逢勝彩熊雲卿來遂罷頃之罧生來同喫燒豬叔文爲主人而誤持蕭廖聯名帖亦可笑也小豬喫幾盡乃更上席肴饌尠酌豚肩頗佳客先散余待良孫船與陳郎獨留船人來云良孫先還矣余乃辭還無月闇行到院卽寢夜半覺
八日陰卜二毛來字厚之示其父書方在湖北待盤纏奔喪正是云哉舉動令其往寧鄉尋湛侯許助以五百錢而去作書寄程生莪女日長無事登樓看桃花院中花殊不盛唯山茶爛漫耳
九日雨爲程生改賦一篇看律賦遣日閒甚無事衡陽黃生錦章之子名草服來求講儀禮其名不似問之乃師所名其師可想令易之問禮不中肯而求住院令僦齋夫雜屋以居
十日戊子春分衡陽學送胙特分牛羊肴已又從例送豬肉頓備一牢諸生皆出外復心次子從桂陽來從兄讀無舍可處姑令同居一房常增來盛衡陽招飲往則空室蟲出乃攜良孫送江南館獨赴衡陽陪馮翊廷山長絜翁次子丁次山郭少耶知縣子盛門生江尉飲響片甚佳二更還
十一日雨竟日晨起忽思四老少可投陳復心起作書寄陳並作家書遣陳八去猶待湘船更留一日午後蕭教授遣人來催請再跌於泥裏外



衣俱汚令隨船下寒風吹赤腳冷不可當更令上岸留僮伴孫獨往東齋峖樵胡任沈師繼至爲意錢之戲朱德臣不知而屢勝錢尋財主不虛也永端後至半席余先辭還
十二日大晴遣孫視笛漁殯卽遣陳八行獨居院中俗客踵至所謂雷森者云當往湘潭附書雷教官論書院事又有王見田求干清泉王保臣求暾飯處迫人於危甚可懼也急命瑣門假寐陳完夫來談詩陳二自城來言劉尙在家月底可到迎使已發矣夜月甚佳裴回柳岸
十三日陰黃妻晴官李弟京官來均斥不見六耶來告窮亦斥其使蟻慕羊肉非羊之利也生平多此煩惱然已心許之矣木居士見鷄豚雖不能食必降之福夜雨
十四日晨雨朝食後霽本約與任輔丞較牌陳郎復請飯欲去則雨欲不去又無雨躊躇久之乃攜良孫以往至安記則任待久矣招賭不來卽

捉一錢店客共局未終沈朱來摸雀四圈蓋今年始成一局其難如此
任沈飲譚教官處余飲於陳各散而往期夜再集夜月甚明胡子清來
云任不至所說事多皆不可行者
十五日晴晨起至清泉弔幼穆至考棚去矣當答永王遺問皆已起乃入
談遣問沈師未起翁陳兄亦約賭不至者程母生日其孫曾設奠獨飯
招子年來議與岏樵作五十生日遂坐久之尋錢估不得陳任胡來較
牌未終局譚香階催客往則甚早丁顧江先在余與子年同往待蕭久
不至頃之來又去言毛杏生發財有田二千畝矣未夕上菜一更猶不
得散還船將二更程陳孫均在岸相待棹月還
十六日晴
先府君忌日素食諸生亦素食過也內室深居㝱生三代常墻常生子嵩門闓入
頃之幼穆又來以方弔彼來謝宜相見遂留共食談至初更乘月去今



日本絕人事乃至酬對一日何其巧值陳生又告假去
十七日晴早起忽有微雨與書但少村爲任三求差無厭之請也張毛唐
及張壻來廨十兄弟廖生來入館竟日陰煊看律賦傌峯西禪三僧來
言佛事
十八日陰晴風煖不可重縣諸生過六人不容異席率良孫飯於內院將
出隆書村來請入考棚蔣幼梧賀親家來日日拒客日日來客可恨可
笑夜大風震驚搖撼几再起
十九日雨午後轉寒可重裘陳鑑唐孫光炘來見劉齋長來如此寒風奔
走不廢送請不得已而見之看登科記唐試賦別有體裁不知其何以
去取性有相遠賦起尤不可解蓋取其押君字新樣也夜月火銀惜寒
甚不能駐賞
廿日晴朝食後攜程生良孫同下湘從太史馬頭步上傌峯繞山避泥誤

由車江道居人呼余還復誤從花藥山乃至西禪寺官紳募商大集請
僧百人爲徐幼穆兄方殴誦經拜懺因設齋食至夕散還城與任師同
至道署盈孫留程家陳八還云迎船未得行將至矣
廿一日晴晨興與任師入考棚隆公甄別府學監場牆頭設梯外聞爆竹
聲不絕以非關防又不干己事匿笑而已唯與監場官較牌牧豬奴亦
設二局財不能自正耳勉坐至夜步還安記招良孫來子年先在坐久
之去
廿二日陰晨約子年買甃帖久待不至出門逢岏樵與俱至集錦齋看帖
取八種以還午食罷陳倬卿來遣招任輔丞同摸牌頃之沈胡至幼穆
亦來旋去四圈畢尚早復作較局盛綍卿江尉均來同戲朱德臣丁馮
朱太尊楊少臣魏二大人子年與余同設戲酒爲岏樵五十生日作宴
岏樵固不肯當自設一席請客點鐙入坐子正散未夕時方四來報船



至衡泥往看船人不肯上乃令泊門外馬頭乘舁攜黃孫同看戲卽留
同宿安記一夜不寐
廿三日雨晨踏泥上船朝食時開行纜上東洲檢行李失去手巾包銀又
還一欠移入內寢得撫藩書
廿四日雨兩孫入學三女一女孫均復常課余唯閱課卷頗覺少暇夜寒
早寢
廿五日癸卯麻十早來云巳撤簽清明作粉蓊蒸粉肉四老少來云十八日沈舟甚
夥空泠灘水爲罷十九日湘潭大雪此間乃無覩也黃稺圭來訴仙童
無狀閱卷畢逍遙以嬉夜聞風水聲以爲爆竹
廿六日雨未午入城送卷道臺復衣小毛在任齋小坐借轎出城至清泉
學署梅澹余招飲一分府黃生先在朱嘉瑞盛衡陽顧尉程生俱集初
更還至已二更後矣行城外甚困與書易仙童切責其好動筆墨耶

來得陳兵備書
廿七日雨朝食後攜真女入城遣賀程嫂余至任齋約胡沈摸牌胡已大負梁協將催客三次急於要散胡一戰而勝盡復所負大笑而罷樂哉樂哉　朝旨特賣皮舉人與論學術而我荒宴彌甚殊非敬謹之道昇至協署諸客畢集以我爲客旣所不安又連宵犯夜亦當少戢遂與絜翁俱辭而退夜雷
廿八日雨竟日麻年姪來昨謬與鹿滋軒論吏治余云徐小坡著名昏庸鹿滋軒自命淸幹同爲首府無分優劣當此之世有何人材滋軒貌尚是三四十歲人科頭談笑不似爲督撫後大架子因謬語有理故記之
楊叔文來
廿九日晴李道士來送果粉坐半日去鈔改書箋並補春秋箋義於京師楚義尚未允慽夕假寐二更起少坐及寢未久已天明矣



三月戊申朔陰程屼樵來請其召匠估工增起學舍並開房門四老少去諸女寄書八女兼飭家事再與書復心厲方四去夜出題閱卷
二日晴陰晨未起外報任輔丞來今日覆試道臺來點名兩府學官先至八鐘均集喫點心三道令諸生各飯乃召十八人入試餘皆散坐道臺去教官監場余入內摸牌竟日五鐘散客去人倦乃寢夜微雨
三日陰晴亦時欲雨閱卷廿餘本出城還轎任師因同步過福建館看牡丹至江尉署禊飲消寒人皆集更有道士未夜散
四日晴閱卷畢湘孫生日初未知之因責良孫始悟宜薄其責幸未大怒耳
五日晴送卷道署因招輔丞云已往福建館朱德臣孫芸生來安記晤談看緞子作壽對同芸生步至閩館陳倬卿先在胡子淸與輔丞爲主人沈靜軒後至共摸牌四圈程生叔從及兩縣均集散亦未夜

六日大晴道士及張尉來馮絜翁來言明日送學頃之首士送席嫛來周嫗入城看裁料
七日大風晴煊朝食後丁篤生來兩府學繼至云縣道已來矣久之乃至夾衣行禮流汗浹襟客散臥斜稍惕遂暮
八日雨衡士公請隆公爲作六十生日推余爲主屼樵承辦朝食後冒雨入城謝客六處入府署見沈師淸泉訪幼穆道韓謝隆公餘皆未入至江南館主人唯彭公孫未至頃之亦來衡淸二貓梁協盤譚皆至隆公踵至菜出甚遲精而且腆二更散三更乘月還
九日晴緞對帖金無筆法令諸女用金綫雙鉤前日興工今日程家招看戲湘孫不能往留紈件之令復真入城與同船至馬頭徑昇至彭祠余至安記稍睡未正起至盤局看毛杏生遂往看戲兩縣仍昨客爲隆公祝生辰稍早二更已還無月



十日陰夕雨改定礿則不禘之說曾蟄思來言陳復心兒結交不擇人宜居鄉間易於查察其長者已告去矣次其女婿令從其說於是兩陳皆去外齋人少更起火食令諸生食於我陳芳畹專人來索錢王伯戎之弟來見
十一日戊午穀雨晨雨朝食時見日省城譌言京師吏變自至城中探之方至教官處遇桂陽羅訓導遣招張子年來又遇岳州譚訓導同出尋香階見一轎過俄而復轉下昇則朱七大人云方至吉祥寺尋我訝其消息真確乃約會於安記遂別三教與子年尋輔丞不遇已在安記矣因留摸牌四圈而散幼穆來尋步往訪粟谷青遇楊詩白小坐而還上船已夕
十二日陰看石皷甄別卷百餘本粟楊來遇雨旋去
十三日雨閱卷竟日繙三百餘本亦有用心者似勝湘潭

十四日雨復寒風景淒淒忽有黃玻來見草服之伯父也因綠攀纏殊爲
可笑閱卷四百本千卷畢覽矣程屼樵又送一子來長過諸兒初不知
其來意已乃知其來讀書且令居前房亦鈔經有常課得文心書並屬
向齋衡索書
十五日朝雨午晴幼穆約游花藥寺與程生同往周敬湖先稷丁次山屼
樵粟楊同集乃改設厲峯云無鞋不能步期以他日多談康有爲蹤迹
十六日晴大校千卷定去取廖生前所次者竟不可取又悉改之一日未
能了遣送隆對因復芳晚書與以十元
十七日晴送卷朱貓譚饗青來令廖生考家父孔父義例未定說餕饔卽
饌饔又識一字年垂七十經字猶未盡識可歎也
十八日晴晨往道署賀生辰例本不見今乃設麪六十盤生諸客皆會余
至尙早與任胡朱同坐西廳譚與支賓延坐小廳東廳延官西延紳商



一有戲一無戲外來者唯衡山令耳又有一昇張蓋從城外來未知何
人設麪甚糟應景而出還始早飯譚尙貫來未見
十九日陰晴曾廣敏請書間執其壻依而與之熊兒被裁撤與書石鑾趙
質夫謀之馬齋雲來與書壽衡爲柯孝廉索父書並復文心丁筆帖式
來送越茶留飯而去同至城昇入道署土老畢集矣戲亦應景乘月還
廿日晴始巡四齋諸生尙整齊唯清泉正課例出監院送卷來朱七哥來
耒陽舉人謝鏞來見乙酉人物也黑矣不可當云與道臺相好已保知
縣可選缺矣
廿一日晴看官課卷卌本已覺竭蹶兩孫課讀甚勞非娛老事也
廿二日晴程九郎入學尙未歸家令從往城並攜兩孫一游房嫗亦侍從
犬馬頭步上入城逢鹽局催客訝其太早云請摸牌至任師處乃云亦
來約便與同往招屼樵來陳倬卿來江尉亦在譚翁出至彭祠正廳胡

小梧旋至胡子清朱德臣後至已四圈矣復殺一園而罷設食頗潔戌
散步至白鷺橋下船復繞道閱館看烟火江譚任程同往人多失散惟
與屼樵立門外火光中無所見至船已二更兩孫先還睡矣
廿三日晴陳復心次子復逃來數責之此非失教乃下愚也姑託之失教
以觀改悔唐蓺公曾孫杜房來受業處之內樓寫禹貢說雍梁黑水不
足畫界華陽亦遠隔荆山未得其審欲遣人取禹貢圖來先令買茉莉
蓮弟無事且令販花
廿四日晴晨未起忽左足如刃刺以爲轉筋乃久不愈遂經兩時許不能
步諸生駭然爲求木瓜酒酒來已愈矣日課如額
廿五日晴陰幼穆來看入門正捫我病處訝其神也登樓談久之乃去夜
酣寢
廿六日陰丁生來朱稚泉自城來得易仙童書純乎寶玉議論王生女壻



彭姓來云當還蜀功兒來書殊無新事看京報三月十五猶從容議治
河外間紛紛傳說皆謠言也
廿七日甲戌立夏程家送菜羹余亦作杏漿並得露足作字數紙看沈佺
期詩了不似其手筆檢唐詩未得遂未點詩雨寒復緜
廿八日晴作字數紙有四幅甚佳朱署府請閱課卷先送脩金辭之
廿九日晴朝課畢下湘將訪幼穆朱嘉瑞請咨往則已有程江先在乃入
看秬泉重緜避風諸客踵至仍去年消寒會人也早散早還幸不侵夜
晦日晴出餞春便過石鼓答訪胡敬侯與程生攜兩孫以往程告退余獨
還船與兩孫看新塔甫上二層恐小兒跌落乃下復入北門余過幼穆
遇子清尹端談言官彈事入府看沈師唁其殤子尋孫芸生均不見還
至安記迎兩孫遇芸生同行至太史馬頭云瑞船在石鼓喚船往迎並
攸花亦至別呼船還則攸花滿岸已先到矣瑞二更始至猶未飯二女

同來幼者睡去移外齋寢
四月戊寅朔晴始開課點名申嚴出游之禁諸女因姊還散學一日
二日晴沈師熊散士來孫芸生課宜章講席其權在熊然不可言與書朱
德臣干隆道蹇平江鄧生來獻詩求館
三日晴熱遣人往永興看宬女便送之渡湘因至道署問二館有人踵至
來請則幼穆約至花藥尋其蹤迹的實云在朱嘉瑞偵知之便邀輔丞
同步往幼穆與碧崖僧先在樹下頃之二丁一熊程粟郭王二朱繼至
游花藥程生亦來復同步至西禪寺五人不能從矣散還與任師步至
西街各還
四日晴孫芸生來跌泥中汚衣留滃溜一日乃去云朱不肯薦當作罷論
五日晴兩縣求雨廖笙階來調淸泉訓導自云辭而不允瑫出遣周童去
六日大雨竟日看課卷一日僅得七本訓課殊無暇晷令瑫代聽倍書

七日晴楊伯琇來鈔禹貢略有頭緒以州後所記爲弼服之數似甚妥確
夜微雨
八日晴徐幼穆約游東塔晨往周嫗請從送之鐵鑪門卽召程生同往大
石至瀟湘門見大船纜待詢之徐尙未至便登舟偃臥頃之幼穆來粟
朱胡郭秀碧兩僧俱至譚繫青後到待王兒未至已向午矣從至耒口
正見任從陸渡湘譚不能步任不能船好游客也至塔徐强余上上百
八級猶少於尋常階級催飯急歸中流風起舟子喜甚任遂陰喝矣到
岸雨至移泊鐵鑪步乃更無雨岏樵稍消寒集胡譚陳任朱江皆在朱
七大人先待余於館亦留同坐夜散强余出題課石鼓書院余避出朱
乃立待至朱嘉瑞借鐙便寫二題塞責到太史步朱已待久矣告之乃
去乘月還得景韓浙書蘇三獻茗脯
九日大雨頓寒桐城楊伯衡進士及王香余來楊老儒也然頗汲汲於求
館而棄官早休看課卷畢良孫淘氣禁之臥房暫不令讀書亦以休之
此兒未測其成敗姑盡吾技耳已三日矣殊無倦懼
十日雨遣復女看徐女自送之疋迎北風衣薄甚冷先送往淸泉余至江
尉處待從人往送梅報廖謝楊飲於徐陪媒二席任師亦與夜散就沈
師宿府園先摸牌後與朱談寅初乃寢
十一日雨霽晨起看書四本門猶未闢方僮亦不知何往九點鐘始盥頮
沈師來要早飯同訪何商子安亦已早飯陳倬卿來要沈妾辦具又發
麪留點心飯罷已過午點心罷過申矣胡小梧招消寒人集又皆先往
余以幼穆來要待轎一時許至則已酉初感寒挑菜悤悤而散還院正
二更得胡壻書宬女下省去
十二日陰晴看課卷畢定等第出課題下湘至徐家贊禮未集媒猶未至
酉初迎壻禮節不紊暇家丁僕婦無嫻習者設三席余陪小梧丁程譚

盛在內齋宴散月明入新房看枕便行到院已三更矣今日己丑小滿
十三日大雨諸程皆假去鈔禹貢畢得陳用階次子書來告貸名鱷湘初
不省記後乃悟耳用階長子得缺甚肥而云虧空蓋接腳姑媽之力抑
窮自有種亦如世卿耶
十四日晴紈女生日爲作湯餅常笛漁兒周竹軒徐幼穆來游談竟日
十五日晴
祖母忌日晨出尋人買菜四健兒皆外宿質明不至乃踝蹤內外俄寢俄
興健兒既非長工工役亦無夜禁聽之而已看楊伯衡詩文雜著閻顧
儔也而無其博雅吳摯甫浮譽之殊無規益
十六日晴答訪楊伯琇周竹軒因與周同至程家聞丁董言取課違制事
自往道署問之則未取蒙奬不合定例吾之過也隆兵備堅留看戲正
欲還顧因要任輔丞至鹽局適遇谷靑至九福堂摸牌四圈還至道署

子淸旋至看戲至月正中舁上白鷺橋登舟而還
十七日晴看桂卷燔熊掌因悟燔燔之義起於燒獸蹏也與伯琇約請客
送肴肉去遣買煤運鄉因寄雜物陳二蓮耶並求信去卜二毛來
十八日雨寒楊進士來幼穆送界田茶葉盛稱其佳非知茶者也茶以輕
淸爲佳而界田重濁龍井又太輕故君山爲貴蒙頂亦輕而無味餘皆
重矣
十九日晴瑞生日爲設湯餠笛漁兒來求書至城賀岏樵取三婦待見急
還遇幼穆亦求書要與上船同話至太史步各還燒熊掌不能透烈火
半夜乃寢平姑子來看其嫂便留內宿
廿日晴平姑飯後去徐女又來房嫗勞連日廚門並無人亦竟可省看桂
卷畢卅本岏樵送轎來
廿一日晴幼穆來談諒山戰事是曾見兵陣者夏子靑來索舊債窮思爛



帳不虛也必當還之以勸借者
廿二日雨程岏樵來謝之不肯徑入旋去多此過節使吾早飯未飽雨少
止遣瑞乘輿先出余在後小部署甫欲上船幼穆來請改俞書再易乃
可猶惴惴也非知命者又作譚督鄧道二書皆應人求與幼穆至楊園
熱甚納涼船房摸牌待客朱稚泉張子年程岏樵朱德臣周竹軒譚厚
之胡小梧來譚猶畏風更移輿處熊掌皆焦其掌唯食指耳魚翅甚佳
本因譚不食雞而特蒸豚譚又不食甚以爲歉未夜散周嫗請放盈孫
自任稽察之
廿三日雨丁生來告別云奉母入都又請與譚書亦依與之大雨竟日麻
五哥來致十書子年及竹軒江西老表卜允哉弟枚齋陳梅生兄子伯
新來復還內寢
廿四日雨復竟日晨閧兩學來頌之伯琇來言送黎生上學耳黎銜山令

子奉節人亦胖子也伯琇冒雨去黎生無可居處之程新郎之舊齋夜
雨隔絕內外
廿五日雨作字數紙爲黎孫定功課盈孫甫釋卽匿周嫗門包一元前四
元必所竊也愨而慧其性然矣何可教養
廿六日晴大水平磴乘舟往迎瑞云尙在楊家樅樹陰久之移泊新城又
久之待買油菜乃還將夕食矣周病不能興求苦瓜竟未得
廿七日晴陰水仍未退巡二齋各有問難適有客來未及上樓晡後往値
齋中午飯乃還
廿八日晴水退一丈補巡兩齋上西多瑣門去僅存一二人耳爾雅加偏
旁字有省形存音者如權輿趹踢之類去其　所加虫旁則不可識又
虫必當爲蟲不可爲虺言說文者多不知
廿九日雨廬陵館新成求楹帖代江西五府首士作一聯自書之頗跛滇



勝於詞也胡文游迹至今傳爲閣重新宓令先正流芳澂湘岳清暉扶植起一枝廣陵共寄江州盛會多昨日芒種余
尙以爲方小滿可謂迅速
五月丁未朔晴晨出堂發題諸生皆在朝食未具三否來送石鼓卷云難
逢難値宜躍高馥其詞甚當不可駁也因不復辭漫任置之坐至午乃
去飢而入食復有待見者楊伯衡徐幼穆廖蓀荄俱送書物黎生告去
瑞還其次女未還
二日晴辦節物收束脩亦須自處分鈔爾雅下卷畢初以爲皆畢檢之乃
無中卷不能復鈔且姑停工煤船還
三日晴陳完夫來言江南事芍藥過時兩月矣乃以火骰代之亦所謂芍
藥之和具也寫字數紙無佳者
四日晴熊兒求巡丁幼穆以親兵待之辭不願往適亦乏人留之煮飯房
嫗勞困鼾於臥側余避入內坐未定外報幹將軍來披衣出迎方與嫗

話若早一刻直入臥內有可觀也柳下欳入懷之女毛傳以爲避嫌之不審余則審矣得家中信物並告樹藕不成

五日晴與馀談待朝食避客登樓朱稚泉來云尚未食令辦飯廚娘怒有違言執爨無人限於時地亦實無可用者頃之方四來以爲遇法孝直矣幼穆送泛館來乃知熊兒未辭差切責遣去客無至者三否竟不送禮亦出意外清淨竟日得少佳趣至夕食後放假家人俱出

六日晴與馀商量禹貢圖欲召鄧生寫地名鄧乃假歸正需人時聞人盡散張文祥所云用在一朝者不可恃也馀亦欲出游並一朝而不得然禹貢非用人可了州後記地尙未得其理解圖未可遽成也周竹軒來辭行取所寫字去夜見課卷積壓心頗著忙

七日晴晨起悉繙童卷四百本至朝食後又消搖矣定等第加批點復楊生書與湯幼安鷹楊進士書復幼穆書諭兩兒書一時俱辦乃促馀去



至城贈以百元又索煤油鹽皆與之又索零用錢亦與之至安記送竹軒行岏樵留飯幼穆來談欲還不得大雨俄至更招譚朱任來摸牌四圈未畢夜二更矣乃飯而散方四不肯煮飯數而遣之

八日晴廚中無人乃報省船到資滋同來外孫僕婦七八人一時俱須容鄰地盧兩室待之岏樵送時魚買辦得茄瓜並以款客頃之理安復來云將驗看留談一日將去大雨更猛於昨午稍止已初更遣船送之宊夫兄子念遠宿我榻遣盈孫伴之余登樓自宿房嫗嘈雜閒言責之乃怒擲鐙於溝憤然而去幸方嫗不怒煮魚烹茗酣然而寢得陳復心書並贈遺物

九日晴晨起視廚中則無人焉問僮奴則皆入城怒嫗氣沖沖入廚而炊不待呼喚得人死力之效乃驗於此然不能使不怒也說以使民盡倘有道幼穆求書干湯藩依而與之楊伯衡來辭行午後雨

十日晴滋生日初欲張宴傳班無有乃設兩席宴女至午尙未得食楊程家女客來將夕得早麪可笑也幼穆夜來云當勘水災坐雨中看月二更乃寢得莪女書

十一日晴晨起陳完夫來程九爭房瑣鬥而去盧內齋居之入城踐任約往則發疾云逃恩子請客食扇莧破腹幾不能興矣朱稚泉候久遣呼之余遇子年於巷亦要同至頃之岏樵來較牌譚震青沈靜軒胡子陽均欲摸雀廖孫夢催客各半局而往初云爲二王特設往則三學一老表例菜不旨半飲仍還道署程去朱來飯畢終牌局宿任紗櫥

十二日晨起辭任出訪理安留點心久談欲留飯乃出理安問欲送余直送至南門馬頭乃別各歸呼譚舟還遇迎船云永興船今日定發還正早飯可謂晏矣南風甚壯夕促宊去遣諸女送之耒口以兩舫從夜月正明好詩料也欲作未成而送船還



十三日晴忌日謝客張子年厤年姪必欲一見又桂陽王生求見適出相値厤送桃源涷布自言其母七十方受其禮不可不答因作一聯與之

十四日晴晨寫壽對悉閱諸生詩文講課如頟復振作矣傭工來一日即去

十五日辛酉夏至晨起甚早廚中無執爨者待方傭洮米後乃入城賀厤母生無人相識乃辭還正値朝食飯已冷矣竟日樓居夜不掩身乃犯月禁及覺天明矣

十六日晨陰俄鳩啼甚急密雨隨至遣方僮便至家送茶葉因送譚兒月食不見

十七日晴熱蒸如伏暑樓居不下偶出値講問者數輩亦巧値也樓上寫字殊不合光夜半大風雷雨牀寢不安起行後樓房嫗來看阻雨不得上雨止乃來點鐙已鷄鳴矣諸女俱起案上文書吹去數紙

十八日晴方僮復還云譚兒約今日乃去乃作二紙書與之廖俊三來初以爲門生欲召之入遣視乃知之出談數語還少休息功課粗畢朝食後較牌不能終局酣臥不醒四更乃起開門覓火復睡寤張雨珊來爲孺人覓葬地余欲在後山張云四角孤虛不可頃來時過一茅菴聞鐘聲其旁可葬請與偕往命三兒取雨鞋余赤足從之出門張飛行從乾隴直上一高牆峻不可攀余追至掖張下竟未至其地也似云在石泥塘後勞悴而醒天明矣午聞新蟬

十九日晴風涼甚快卜二毛來云鄭太耶一毛不拔九頭鳥名不虛傳出乎人情之外許以乾館謝遡作半揖而去又宜不爲鄭所理三幕復作一集見要送猴頭菌往佐饌

廿日晴風朝食後有呼冤者云從我處逃逋當守吾門邏之呼問外守者則已闖入廚房求救乃游勇奸拐民婦翁索錢不遂私具船來約同逃



也程七喻遣各去余亦下湘至安記訂春秋紈紗本旋往鹽局京人無至者云戲局不成浙海有警湘撫斷電報以靖人心亦異政也岏樵來更招稚泉雨至風涼頓加一衣已而復燠胡任沈踵至朱德臣來摸牌五圈同至彭祠待盛衡陽賀賞翎任師必欲戲局夜半不能得箱招朱府徐縣皆不至人倦遂散宿安記食新蓮

廿一日晨涼有雨吹至如噴唾還館朝食桂陽送卷來

廿二日晴復生日喫麪未飽午飯頗有好菜

廿三日晴看官課卷喫粉蒸魚翅卅年未嘗此味矣

廿四日晴熱不可事卜二毛來官譚進士署祁陽謀一小館許爲關說

廿五日晴常齋門來云從西鄉還欲覲璫令待朝食又云步行來甚遠令同船入城並攜周嫗同往至鐵鑪門各散余往鹽局因毛杏生得見祁令云尙未朝食留晚飯戲局諸以在安記相待往過岏樵要同至朱德臣處訪稚泉門口頗有涼風因令辦飯待譚任過晡不至三人共摸牌夕食任來譚仍未至遣招同飯朱設海菜咄嗟而辦較勝平時例菜熱不可耐强飯復食湯餅呼船上泊自至太史馬頭久待不來遇完夫同還

廿六日晴朱送嶺南食物夏布病暑甚困樓臥謝客王鏡芙女壻來云還蜀不成隨人溺死令還藍山蕭少玉來於樓上遙與語

廿七日晴熱疾愈看桂卷熱不可坐少理課事多臥不飯遣方四往永興

廿八日晴熱有風猶不可坐夕得北風陣雨俄霽復睡

廿九日陰雨竟日行游不出十步之內卜二毛猶著春衣亦不見熱

卅日晴晨涼譚震青胡分府王經歷來留麪去遂不朝食李生自桂陽來廖生告歸嘗新今日丙子小暑如大暑

六月丁丑朔晴晨點名才四十許人看桂卷畢講諸葛亮（聘疵傳）殄百姓教



未得解

二日晴熱老不恬瀞尤弊煩暑數日來坐臥不適加以蝨蚋殆生平之最苦矣憶西樓甚涼試往如烘乃知無風使然南風解溫北風蘊暑無風坐困也

三日晨稍涼張子年勘災回云水從穴涌出山上大石如葉飄落川渚自茶攸安仁衡山衡溢百餘里劉牧村不牧但村耳至渡口吹風程生來乃同入午後復熱夜睡檐口蝨嘬而醒喚房嫗起汗如浥餾奇熱也

四日北風陰雲暑氣始退得報幼銘淵復敍（也僞）其用舍之由支離誕飾然非例語猶雍乾故事也大要當爲浙撫取其知兵耳夜涼早睡至旦乃覺方四還得胡壻書

五日晴北窗早涼看莊子雜篇得山中書報輿婦生男得陳芳畹書方僮信尙未至眞無飯喫矣

六日陰煥二麻來欲求信于夔帥以一兵丁而見宰相奇想也又不知夔帥何以待之往鹽局會飲彭祠不肯開門程孫遂不能指揮令人有故李將軍之歎就移程家任師謝壽序更邀吳桂樵寫屏人也朱稚泉作陪胡子清經手人餘皆捉刀人頗熱未多食未晚遣船還待於白鷺橋夜步上船

七日晴移牀廊下以避晚熱余孫娶倡女來求護持云狗獎舊人也

八日晴朱太尊遣毋弟送卷來與莪女書送廖刻詩與胡子清並薦長隨與祁陽譚鹽局替人已到矣夜大雷雨高蕉中折

九日晴王進士道凝來字聚庭鉅野人新卽用言毓錫頗有抑揚皆其本府想是公論夜復雨雷不及昨猛耳

十日晴陰看課卷畢無甚佳者程孫兒復來云疾已愈神色未旺且令少讀



十一日晴楊家請飯嘗答王鹽員因攜僕嫗早去過楊家云客已有到者往則唯朱稚泉一人求摸牌無對手者入城王出不値小偈安記甚熱往看任師食三白小瓜復還安記待船未至步出南門渡湘正値幼穆方到頃之陳程甥舅來爲主人沈師譚令繼來大風小雨登樓看荷無花坐藤廳仍不甚涼程兒復疾來告丁狄山來診之皆云不可入院唯可就塾譚求渡船不到余便送朱渡因以及譚程孫攜兒後去陳郎同還至磴而雨連夜可睡便不畏暑矣

十二日晴午後有雨意而未成雲亦不甚涼夜冷忽醒齋夫女哭孩擾人又一人夜至不知何處足信也因起少坐還寢遂覺永生黃金鑑失妾求訟諭令早去

十三日晴麻穎來取信便作三紙與之干夔石因留之飯續宜之來言京中事云夷服爲榮祿所阻故激成事變也唯有早涼又爲二客所擾遂不能事夜得宋生書云被命入京蓋假此撤之欲捐官出仕未知能免否求進好事飾以經義狼狽可愍也

十四日陰晴北風振波熱仍未減今日庚寅初伏屼樵作會午浴而往在金銀巷故宅余舊攜姬寄焉彈指卌年矣亦不甚涼衆皆以爲陰蔭朱任胡張繼至更招徐幼穆譚震青亦來沈師朱否旋至摸牌三圈屢作壓轎上鐙乃入坐肴不多而甚滿十人猶不能盡一器步出南門從新城登舟

十五日晴看石鼓卷甚勞於誨亦畏熱不能伏案也游戲消日待至午後答訪王聚亭續宜之續云永守已至方將見過余辭出至四同館陳毛程張公餞譚祁陽往則客皆未至久之譚來問未見本府復促之去任胡朱同作客夜散舁還船

十六日晴壬辰大暑閱卷日不能十本傷暑多汗晨爲復心書扇因書三



扇飯後不能事較牌而已博弈猶賢正用心之效

十七日晴滋女血疽昨聞王經歷有良藥往府幕求之送藥水來非良藥也卽熊庶常發惡者入夜將四更見一人直至牀後訶問之云方傭送沈書費出未還恐急疾故夜至耳求火與書謝之未久天明矣

十八日晴昨夜忽欬汗起食瓜不佳今晨尙不適朝食畢下湘至瀟湘門步上入府署云客皆未至西禪兩僧來久之乃去余與沈師至螺園云珠玉堂甚涼朱太尊與祁陽李姓方坐蔭室余不肯入室邀坐堂中兩僧又來又久之乃去食白桃不佳談沅州女鬼頃之摸牌任程同局譚祁陽來乃飯更有三貓初更散坐程孫轎出城

十九日晴午後入城遣問府客未至至清泉尋幼穆談程孫亦來留食酥餅已夕矣入府園則諸客先在二更入坐席散留宿瀏清堂留伯琇摸牌二圈二朱代之終局已鷄鳴矣復得豆粥甚宜少談而睡

廿日晴晨起方傭未醒看課卷十本呼傭同至安記岏樵來邀至舊典早
飯招任師來消永晝因與胡分府俱至三較未畢幼穆來請步至福建
館幼穆朱生先在程孫繼至王譚二委員陳郎丁舉人朱三代兄爲主
人楊伯琇均在未夜散還
廿一日晴楊都司孫武字來求飯喫均留喫我飯而意怏怏孫云在蜀識
余周雲崑顧工也程九吐血假歸桂陽以女訟官民成讎昏庸人猶可
爲虐故官長不可不愼也
廿二日晴遣送卜二毛乾餚與張子年又與書廖蓀陔薦周傭回信云夾
袋中多材詢之乃有四人候薦唯收此耳以扇來索書題詩報之
廿三日晴喫飯人盡去唯留陳升耳喫本地瓜亦尙有汁勝前七年者啜
兩甌內熱頓消
廿四日庚子中伏晴有風朱稚泉來告辭云又得永州差爲黎兒求題桂



陽又送卷來求題石鼓卷尙未完頗爲蝎蹶璫往陳郞家賀平姑生云
楊六嫂亦衣珠來賀何其太謙夜涼早寢
廿五日晨大雨數點已而旋止頗涼看西泠五布衣詩吳穎芳魏之琇初
不聞知丁敬（龍泓）金農（冬心）奚岡（鐵生）則先知之皆斗方名士亦有可
覽又附邵蕙西詩則不倫矣更有魏成憲何琪皆所未聞
廿六日晴頗涼子年晨來言朱稚泉辦牙帖有張雨珊之風王進士頗不
謂然或云譚進士爲之今日可坐盡閱石鼓卷計二百卄本費十九日
力每日得十本多猶爲速也夜遣人至楊家乞外科藥
廿七日晴遣送卷去桂陽及本書院送卷又來殊無暇日
廿八日陰涼午將雨而散因入城則街衢流水云方大雨也入安記臥招
輔丞來方貴瓜船到遣人往覓客來無茶同至金銀巷尋岏樵瑣門不
得入乃至府署與靜軒談一酒樓可坐靜云須請陳文案同往復至柴

埠門松鶴泉內果敞亮可坐喫四楪一點費錢千三百文不相應也陳
還衙門余三人步至衡陽二程後至徐幼穆先在胡子清所同坐喫燒
豬甚涼還船加衣到院看兒女家書
廿九日晴涼蓮弟來云王先謙罵曾昭吉一萬金送去矣陶秀才譚老師
來正作餅留之少坐出游萬壽寺被船戶催去岏樵來亦不肯留午食
餅甚不佳平姑子來旋去云其夫恐其說短長也此蓋婦女心眼未必
實然移牀上樓馬先生兒來
七月丙午朔涼風似深秋點名猶有卅餘人李生爲嫌貧案欲本道提訊
不知此道之不能提也云有雷氏女能歌善飲且知文字劉牧不肯斷
歸本夫乃出差勇勒令交還以至大鬨婦女出署官竟著落族人交出
其夫來此上控亦有人主使云正綱紀余云正綱紀者官之事也娶婦
嫌貧宜聽其去他人更不得干豫之李生甘心求勝未爲知經術房嫗



暴疾歐聲動壁諸女皆往看之余亦秉燭招彭翁爲診仍用麻細似不
對證夜雨
二日北風更涼有雨紈講國志畢將看晉書云看朝報多不解古今文字
隔壁亦猶蒼下之不相知張子年來云劉子惠復將撤差程生所切齒
者也
三日晴璫家來迎搜索物事遣之看課卷今日戊申立秋食瓜甚甘
四日晴復熱璫將午乃發初欲舟送小船回往索十二千聞所未聞乃聽
自還余送至鐵爐門因入道署答陶贊之同過任齋要與閒游至府學
西齋譚香陔適出遣尋之坐客坐吹風香陔還留便飯任局脊不安旋
去更邀蕭子端來共戲酉散還
五日晴程孫來言幼女姻事余云王父無權應由其父自主因遣方四還
山送旨並送壽序節略仙童入見節吾弟子來主鹺綱世異時移後浪

推前浪矣

六日頻雨至夜乃成長脚秋霖頓寒始覆被送卷譚香陔看李生公羊例表

七日雨至午乃止講書畢攜兩孫至龍祠幼穉設酒客皆云我後至恩恩入坐及散已夜還看諸女乞巧老嫗吟詩正値露盤花水之句亦爲巧也水暴漲復落

八日晴涼寫字數幅久廢弛不事但督課未懈耳殊非惜分陰之義

九日晴遂涼無暑看課卷廿本夕看篤生疾便弔絜翁子婦喪還船到洲澍雨不能登岸將四刻雨少稀乃登夜飯摸牌

十日陰雨看課卷七本畢一課更看文卷頗爲改定午食蒸鷄遂飽不飯夜啜粥較牌

十一日晴改文竟日畢十餘本更看周荇農詩殊無胸次譽兒則第一也



夜復雨午師來報府縣更替

十二日雨遣僮送信廖孫陔書亦報府縣程生又專報府縣飯後入城看之遣約輔丞云今日飯於道署不得他適幼穉亦將來程生來往作陪乃留江南館待之頃之馬師耶至較牌待客幼穉子清岏樵均到更約盛紓卿則先往矣四點鐘散還云有客相尋名陳光烈似是四川一門生矣之乃云有書則杏生書爲其子求書干丁愼五者送端硯橘皮

十三日嘗日放學晴門牌設食招諸生齋長半去矣陳茂伯來因留共飯更招鄧生子沅繪圖人也申散將雨客去遂倦

十四日陰與書張冶秋論薦康事令諸女鈔稿待至過午乃畢將行幼穉來登樓少談同船下湘已至太史馬頭乃云欲過楊丁復還東岸船夫家薦方僮弄船竟亦得濟見伯琇容色沮愴有喪氣問之乃其父妾病終因守節遂以爲庶母但不爲立後又非禮意不後則不毋矣更招叔文問校經新事云近復言伊藤欲令佩中國相印伊藤不屑欲以領事自代可謂大辱國也青衣行酒臣妾僉名不是過矣要是康翁徒黨之言恐非事實幼穉催余先出過湘入城至馬趾口陳生外出必往煙館也交信而還入府署已晚少坐卽出幼穉亦還余出城登舟還始上鐙

十五日陰涼三伏竟過得兩伏涼始願殊不料看桂卷

十六日晴卜二毛來言清泉十九交卸紅示已帖與書三否託薦小席夜兩脛强直不良於行夜頗熱旋涼

十七日晴涼昨夜兩女守侍五更房嫗復來竟似病人本不思食遂不出食劉子惠來正倦於接對又云廡姪來知是老兵也强出見之午食得糟魚勉爲加餐計兩月來減飯百盌矣齋長送三禮來子惠言譚翁已去未得送之

十八日癸亥處暑陰與涼不常時有冷汗子年來云岏樵爲其內姪所讒



余亦欲讒之嫌扯是非遂罷增廣經曰逢人且說三分話未可全拋一片心心亦宜拋但不可全拋耳欲畢課卷天晚雨至泛湘至鐵鑪門雨大至待久之舁入城舁夫憚遠不要錢乃至安記岏樵又在必曰人言不可信也云廿日戲宜仍在江南館以當鋪無戲房遂步往同看甚熱坐久之轎來同出城陪餞幼穉廖孫陔爲主人更有周山長盛衡陽程孝廉將食雨雲如煙窗軒欲濴以爲當翻盆大澍已而風起飛珠不甚滂沛談王雪軒送鴂何督及趙竹生學苗先生李中堂請變法讀洋書及脈案復出學堂鬧錢皆可聽亦可喜夜舁還船過毛橋月出還更啜叔較牌

十九日陰雨旋晴晨畢課卷交劉生帶去便請九月題遂以亦太早計爲賦韻而船又遽去其無信如此

廿日陰晨起忽覺右腰不適酸痛隱隱旋及前腹不知起病處遂不能坐

臥時起行愈不適每覺酸漲則汗出沾洽四支厥冷如是十數發大不支作歐乾逆不進水飲方請錢朱徐竟不能往眠起躁擾不自由也但求頃刻安竟不可得於是頻數翻覆亦竟無差殆誤飲牽機藥耶至夕涼雨家人環伺尤不靜盡麾去又不欲顚連竟日夜不安將鷄鳴風雨涼冷潛臥外樓始得一覺乃知中暑也憶癸未在瀘舟亦如此一日

廿一日晨猶不適質明大愈正對時也遂仍出食食半甌頃之又臥食蒸梨子年來頃之幼穉粟谷青來留登樓摸牌設湯餅饜漿頃之又飯夜復覺餓未敢多食眞老矣何其自珍衞

廿二日陰蓮耶劉丁并去王進士來云欲相要問可到否答以唯唯寫字數幅若暴疾遂篤未完事也

廿三日陰晴喫包子甚飽因餡鹹不能分人也內外傭欲房嫗作生日飲食託疾臥半日余呼之亦不應也鷄竟不可得喫反費余一豚肩耳



廿四日晴晨有船來云可附載六女思歸便率張嫗周媳同行陳僕送之與萅陳六笙方欲治裝三否來問題孫稷生來送佛手羊肚菌人客紛紜急催內裝竟不遑食客去即送滋行率外孫送母至柴步入城取錢便報謁孫楚生委員並要任師同至程家斷屠無點心唯調百合粉半甌譚香芰亦來摸牌（外孫在彭嗣谷看戲）釐局催客便散任譚自歸程孫均同席更有丁篤生完夫毛杏生閒談之間忽成戲局看祁陽新班余以攜童孫未便深夜三爵後辭出天沈沈欲雨幸未成滴還已二更矣移牀內寢

廿五日晴唐絕句久未鈔復寫二紙內以花紫一詩入王仲初必爲考据家所笑唐樹林夜來送梨改陳孫母狀

廿六日雨看課卷賦無佳者沈琇瑩來肄業石鼓高等生也亦欲藉其才華以張吾軍盈孫讀詩畢令鈔易僧秀枝來取粟孝廉詩卷去

廿七日昨夜雨瀟瀟大有秋感今晨早起還寢復睡竟日陰閱課卷畢卅本

廿八日陰晴發莪女信定等第李榮卿簾鉤賦中段云是以重帷深院思君不見拔之第一頗可入唐人小說惜通體不稱耳不然豈非才子才子復鈔爾雅二紙復讀禮經畢更授以易

廿九日陰午有雨鈔爾雅三紙講晉書始知桂陽曾屬江西前作志時漏未及此

晦日陰雨鈔爾雅五紙遣看府縣交替否云清泉令來矣彭畯五兄弟書來請干丁藩臺

八月丙子朔陰雨出堂點名諸生半去正課皆在頃之朱老七來送石鼓卷云八日交印須七日發

二日陰三學送胙與書丁愼五彭稷初遣其使去喬耶來



三日陰淸泉令陳彥鵬字嘯雲來疑是頌南兄未便問也既去旋送家集來果頌南兄純乎嶺外人

四日己卯白露雨聞府當交印連日校閱繼以夜課三日畢二百八十本嘻甚矣憊常霖生曾昭吉來喫包子去周六來懿婦送程壽序文未樸茂疑其兄所作也乘夜爲删改

五日晴發序稿淸騰太少文氣又未足當更加足且姑置之昇出答訪陳新令過廖笙陔要同至西禪齋會至則客無來者僧假名要客走价奔忙至夕羅致任朱來已餓困矣先來者岏樵叔從蕭生衡令幼穉紛紜一日余乘暝色先還改定程序頗爲完美（交卷三否）

六日晴岏樵遣人來問壽序遣呼孝廉來欲得事略改頌久待不至以意成之發使去已過午矣並爲第四孫制名曰嘻小名宜稱

七日晴復有熱意遣船迎客三客一來本爲霖生特設亦無菜也粉蒸魚

翅不能佳海參鴨則可喫無廚人唯方僮掌鍋催夜乃辦

八日晴任請陪餞孫委員云牌局往則無人良久胡子清徐幼穆來胡分府又去余待霖生催客久不至過晡乃來至安記客楊已徹矣昇往彭祠楊八彭寄生羅六哥楊和尙程孫先到岏樵叔父爲媒乃坐次席旣坐楊二太耶來笛漁孫來未上粥楊八耶亦去余乃從出步至任齋則周松喬劉子重亦到余不能食坐待席散席久不散乃步出南門初月將落陳郞先在船過卡已二鼓云周六附行船去矣

九日晴子年率女壻內姪來云永州請捐課額請爲委員午後雨至夜遂瀟瀟可聽與書陳右老朱偉齋右老有三年不可說今復舊矣

十日雨看課卷廿二本卽定等第連日夜雨不絕內齋人俱去

十一日雨待麪至午乃得食諸女爲其母生日未得與薦因設兩席示不忘也放學一日則回龍至夕罷有月



十二日陰得六耶書欲充會辦與唐樹林意思一般霖生來

十三日晴攜黃孫入城問節帳至金銀巷看當鋪開門隨入城阻泥送黃孫至安記小坐余先至船命往負之見兩轎渡湘知是會中客而竝上行以爲客未至又待久之恐遲乃移船渡東岸機宮保門外遣問公壽霖生主人齊否云客早至矣主人半未到衣冠徑入久不至此園矣彭公孫三人俱在楊氏亦來四五人霖生不待請而先集禮也須臾程丁邸皆至設三席看祁陽班荆軻刺秦王大爲武陽生色入園中新增十二曲闌主人手書對楄俱零落周生在焉引過書房仍還戲坐日色尙早已欲倦矣夜始入席客殊不言去丁病先遯余亦繼去到船乃是初更始悟太早乘月還漸陰欲雨電報王爵棠得晉撫

十四日陰雨程家送節禮黎衡山亦送節禮則客套矣爲書扇一柄與片告以不必

十五日陰有雨避客過節蕭生父子闖入樓上小坐去石生來則出見之以子年女壻故也卜甥來辭謝不見三者親疏厚薄不相稱所謂曲而致者正餔食時幹生來每節必至蓋脅弃者夜雲中有月諸生並去館幹瑣房

十六日陰稍理逋課入城至府署論退修金事居船山而受石鼓卷費是賤丈夫欲過淸泉遇雨卽還及到船船夫不見獨立岸上頗畏日灼乃登舟移纜客船俄去解纜呼我持篙謝不能也稍移傍岸久之周嫗方僮來乃得歸已暮

十七日陰晴爲幹生作字三紙語之云他日淫坊屠肆皆款大兄則提挈之力耳遣余傭還山莊接程壽屏

十八日晴陰送幹生去因入瀟湘門尋沈師請代退銀欲過小梧誤入鹽臣門本當謝步因小坐而出過小梧門不敢復入矣至衡陽看胡子淸



留麪乃出欲至程家誤出小東華門乃至當鋪晤岏樵云徐幼穆方相尋乃留待之因並招任師來談岏樵摘童蒿留飯頃之幼穆至任胡踵來一喻姓同坐云三否薦畫者復較牌半局而飯飯後各散

十九日甲午秋分晴鈔唐絕句成張嫗還滋寫屏已寄來可謂迅速寫作均佳名不虛得周嫗尋醫方僮朝嶽正在寂寂復喧鬧矣夜久不眠未得其理

廿日大晴方僮亦還改作壽序得俞中丞書孝達以中丞爲不典昨看晉書(職官志云中丞外督部刺史正今行書臺衛)乃知甚典孝達不學故也幼穆來便留談半日至夜乃去

廿一日張子年及陳仲閣來晉卿子也云在裕太尊幙司書記故先來因以壽序委之入城打格子江少甫昨來已回任

廿二日晴看春秋箋將重刻更改叔服箋得孫芸生及二彭書云壽孫定

姻楊氏周嫗復就醫城中
廿三日晴陰張仲暘及輿兒來專信亦還午至楊家陪幼穆更有錢店一
火夜步還
廿四日晴劉子惠來言已調東洲卜二毛及石生來言沈卜姻事余云有
室則可寄居人家有妻子則不容矣程孫送楊家草庚來功小女定楊
伯琇小兒今始成說也回女庚待三日亦俗例也
廿五日晴張正暘當作媒人以無衣冠改請李生砥卿送女庚往楊氏蒸
腊廿三日始爛以餽徐妻答兩沙也因與張生及輿兒兩孫同舟下湘
余送徐朱遇攜兩孫上岸張輿已先上不可復遇矣至程家乃知當鋪
未鋪排約兩孫待於江南館余訪江尉喫黃山茶甚清比至江南館未
見兩孫云程家要入遣喚之又云留飯余乃先還至夜大風兩孫從張
輿還已二更矣
廿六日晴屼樵來答訪張張便告去留待夕食後自送之大風吹船三人
力不能勝檥白蠟橋與張步上至瀟湘門余下船送幼穆張自去附船
幼穆不在船云往衡陽署余亦入城從瀟湘門直西行右轉又至原處
乃從府街折至衡署聞輔丞聲正會食郭大令自京還盛言朝政因留
共飲飲散幼穆子清均欲往書院因同步出任亦無舁余呼舁後隨四
人同訪朱德臣不遇任遂還館余三人舁出南門至白蠟橋上船傍還
已二更矣幼穆宿前齋子清宿對房夜未劇談悤悤各睡
廿七日晴早起偵客未起仍還內坐頃之二客俱輿不早飯同到楊家小
坐復同檥大馬頭二客舁去余從船至鐵鑪步入城小憇江南館程生
來請云幼穆卽當來早飯余臥看何孟春錄一本云徐已至便往會食
已向午矣及散門遇任胡朱皆云送徐余仍從船三人遵陸會於徐船
更招錢估來議買穀移船更上余辭還



廿八日晴馬士元偕其鄉人陳劉來劉則朵九子也陳爲王軍大所薦以
屬錫藩乃棄之外縣殊爲元載所笑
廿九日晴早起從周嫗請下湘料理至大馬頭步入道署問壽屏尙未送
至安記方僮方閒談勒令取壽燭去頃之陳八來云周已往醫所矣余
無所得食復至四同館尋張子年紫谷在焉喫油條畢同出仍至任齋
早飯屏仍未來又至安記從人俱去臥待任來同往府署沈師留麪三
否亦來談船夫又來云檥船相待麪不可卽得輔丞往尋永端來又久
之乃同出過錦元茹古程家皆悤悤而出急步上船復過鹽丰看陳氏
二子寫壽屏甚佳還已哺矣尙未早飯攔腰一扁擔甚倦酣寢起較牌
一局復睡再醒時天明矣
晦日晴飯後聞徵裕慶知府來字蓉屏初涖衡州未通謁夜肆秋祭船山
儀
九月丙午朔大晴晨起庀具巳初釋奠實用時制秋祭禮而小變之未爲
合禮當直行鄉飲而先釋奠則庶幾成理斟酌古今良不易也鄖師耶
來參案有名人云與陳甥家婚姻紫谷來所求無厭亦秀枝之流
二日晴晨起未辨色下湘至城春甫妻七十稱壽爲之知賓陪道協後便
出小睡江南館答裕衡州未請巫小亭延入談還待未時欲看接印起
已過中府中虛焉至沈師處小坐遇朱六少談借僕至清泉答訪陳師
耶聞湘臬改放人未知來歷步還館僕力盡散獨至太史馬頭遇劉缺
載還甚餓索食未飽待九女還已將二更遂寢
三日晴防營營官王鼎榮來其名刺書字頗有法言藍山盜劫有頭目爲
道士題槅筆小不成字
四日己酉寒露晴陳芳畹劉鎭藩均有書來干求卜二毛來未見
五日晴看漢文一本陳郎請選尤雅者以資倣效亦不可多得衡陽請飯

初無所因近於食而弗愛者以專爲我設亦姑一往先至兩路口回看
王游擊入城小惕江南館步往衡陽尋胡師已出至馬士元處小坐盛
太耶來任胡蕭左廖旋至待陶師至夕半飲月已落矣復過子年仍未
遇廖傭無力昇甚不適乃步至船瑠遣人來
六日晴程嫂邀諸女看戲遣紈復往瑠使待信鄧生辭行總集一時便如
山陰道上須臾俱了看漢文一本校改仲遂一條仲字也誤改爲氏据
孫以王父字爲氏仍改從何擬季友例評季見母弟耳
七日晴六耶來云已更換欲求蟬聯又言八妹欲余一臨其喪以爲寵光
旋卽辭去
八日晴諸女爲其母設湯餅而晏起不具改於午後放學一日方食女客
來余頗懣不甘食夕遂大睡
九日陰午欲雨朱太倅請登高王生龍藍山來弟子女壻同至坐久之程



生送京杏仁四老少送宜昌栗子遂以款客同下湘並攜子孫俱至鴈
峰則文武大會云備十筵來者六席將散涑雨旋止雨點徑寸但未成
霑耳夜復密雨
十日陰作二律送朱永州朱留別有廿首可謂勝臣十倍
十一日晴曾廣墉來七十餘矣云和官事因常家稱雄卅年驟被人欺故
一牆亦成大訟耳
十二日晴陰前約公宴兩守未午而往則無其事云改期矣攜黃孫去便
留之城中看戲悤悤遂還未至見一轎需沙云梅訓導在廖胖處卽令
要之點心言宜章山水
十三日陰晴黃孫生日作餅啖之午後入城至程家壽酒早辭還微雨
十四日陰張子年晨來言請客事留飯先去余攜僮嫗下湘步至程宅已
有到者張尙未至退入程內廳少惕午後乃出賓吏至者十餘輩公請

新舊二守余陪朱看戲至二更後乃還
十五日陰講晉書看漢文選課萩校春秋箋皆非正課而日不暇給
十六日陰始寒楊大使來言于撫亦未清正欲干余守而無其階悤悤旋
去此等可憐人真無可如何也
十七日陰晴曾昭吉來愬二騙事不實不盡又半日乃去
十八日陰雨入城看任輔丞過三否駭然尙未去耶便留半日胡太耶陶
師耶來清泉催客待轎不至久之已夕矣詢客尙早答訪裕慶知府適
值方回無可退乃至鄔小亭齋小坐旋出客坐頭眩幾欲傾倒强至清
泉不支矣欲辭去不可待客集如坐針氈程岏魏棨朱嘉胡兒一一來
席散已夜暗上湘川風濤激響儼然千里遷客也得文心書
十九日陰陳十二郎將來受業以其久失教請廖生專督之朱太倅夕來
自恨遇事無把握以其無望但答以多閱歷卽學問也閱歷亦須歷天



下事但治官事不爲閱也
廿日陰聞陳郎不欲從師遣李生往看之及來欣然臨拜乃不肯蓄爲其
從子所惑然聽妄言行妄事卽其罪也告其兄及兩甥卽逐之云令服
禮然已壞不可依常教矣以其童騃姑默不言王聚庭來便留陪先生
既夕乃散
廿一日陰家僮嫗並告假看江西估客塞神遂臥竟日
廿二日陰風涼始縣杉塘三子來作書復文心因寄程生並復莪女下湘
賀衡陽娶兒婦至濂溪祠阻塞神者不得過胡蘊臣知縣在門前相呼
遂入坐喫點心已至衡陽則開筵相待入看新婦出陪大老便留飲而
還雨
廿三日雨昨約水師船便迎女婦因遣喬耶先往知會並寄祭費十元與
懿令辦

廿四日晴杉塘三子各言其志寶官志在渡嶺與書匡四令位置之瑞師則當問程朱四老少仍從我游一時俱去郞師來又言閱石鼓卷事唯唯否否待其去追書謝之

廿五日陰鄖書來詞章無益必欲行官意頃之裕衡州自來泛談而去看課卷卌六本無佳者

廿六日陰劉牧村署安仁來見道府因來謁師云其子姪均得舉貢矣以將同集守庭故先相看坐頃之去課畢下湘聞胡子清妻喪往唁之人命迅速真如屈申臂頃任師亦在朱德臣旋至聞府已催客往則上鐙矣大雨不止衣襟盡溼二更還船到院雨聲未絕遂聽達旦

廿七日陰看課卷卄本無佳者李馥先生紫谷道人來陳倬卿來云攜子婦居省城寄鷄鴨而去曾杇人常孫來言訟事蕭伯康來

廿八日晴夜雨龍八來得劉景韓書墨著紙如刻印大有工力



廿九日雨午課畢出弔胡子清陪道臺與任鄖沅頤盛梅雜談渡湘赴楊慕李招云已遣船迎我去矣馮彭蕭程繼至戌散程從舟還

十月乙亥朔陰出堂點名可廿餘人看桂陽課卷有一卷頗有文人吐屬作胡妻挽聯東鄰譜鼓正喧闐撒手捐塵從此不爲兒女累中壺吟欄憑法則同心逃美豈徒悲詠嚼璫詩八妹挽聯辛苦慣孤寒勞役歡然早知後福當榮許艱危得帶隱繁華倖耳獨恨佳兒坐阨窮藍綾色深以蘇黃書之竟作淡碧色殊不顯亮乃改用墨

二日晴作家書並改劉書遺龍八去又爲蕭兒與劉書又與書余堯衢託楊兒稍清案牘送桂卷

三日陰早課畢入城至安記招輔丞問新事便邀岏樵交朱銀作課耗刻貲適訒絜翁較牌一局午飯畢上船卽睡本言卽開乃不克行廣西糖船也

四日晴晨至耒口復檥良久看兪樾筆記三本夜至老牛倉

五日己卯立冬陰午晴晨檥洣口久之巡丁不來看遂至近午船家復負錢買布遂日晡矣晚又北風計不能上岸遂泊晚洲

六日陰開行甚早至花石問藥店陳姓留余早飯堅辭乃代備轎擔行可六七里至曾家不至卄八年矣流光迅速才如昨日入臨八妹柩見其三孫新婦乃知已娶孫婦矣良可悲喜琴丹六子孟侯仲甫叔雲季初菊生渝生夜雨

七日陰夜月午間爲祝甥寫主日夜唯看仙童鬼話藉以避客醒愚來曾族見者有敬安嶽賓彭新婦弟金生齊氏族妹子德受來見六十六父外孫也

八日陰晨作祭文乃成誄詞以當奠無可讀姑以代之齊心甫子荻洲哲生聘南子善卿北舉棣生女壻王純甫周遜齋煤局委員戚介坪文獻江西萍鄉人黃三元子兆蓮曾春三翁子能子萇浦廣詩賡池廣訓舜俞廣謨均來見又有再妹夫年六十餘忘其名字是夜陪李潤民題主設奠至夜分猶未祖餞鄉人以達旦爲敬夜雨



九日雨晨起以不送葬先飯而行至岸卽得一船久待挑夫不至知必傾跌遣迎之則盡汚溼又如去歲覆舟事並曲園書而盡濡之何文字之無靈祓禳亦溼不可睡飯後和衣而眠夜聞風吼泊黃石望

十日晴帆行一日至七里灘風小遂泊

十一日晴無風纜行至瀟湘門已晡舟子尙欲相送止之便登岸送書還岏樵至道署送月課未見任而出至太史馬頭待轝子來久之乃到書院夕矣女婦尙未到少談卽寢

十二日晴諸生問事者數輩看桂卷陳郎病瘧去蕭郎送鵝羊牛肉向生送柑栗寧鄉周家送潤筆甚夥但無乾禮耳免爲俞蔭甫所疑

十三日晴看桂卷漢文講晉書點謚竟日未息蕭復送鷓鴣

十四日晴課如額桂卷畢閱瑙女寄菌油甚多不及往年甘鮮想過霜降

味減也常墳來書言訟事

十五日晴昨夜鄰婦癲發殺豬聲喧鬧半夜初以爲有慶事後乃知之

夜月

十六日晴朝食後入城取銀發獎先至道署云孫兒未薦裕府無用無情

如此遇一盛馬元同任出訪揚子亭譚香陔處留點心復至安記尋周

嫗過當鋪尋岏樵不遇得莪女書還船未至望見一船檥馬頭意三婦

至矣入乃四婦及六女卜女鄧嫗譚婦人物喧闐曾昭吉又來候見齊

心甫次子來見留居內齋

十七日晴張子年晨來正看早課輟業陪之歐醫闖入不憶之矣劉應愷

舉人來見云十二齡受業今廿四矣毛太耶來左奉三廖孫荄載鷄豚

來談一日楊棠來辭行竟日未事輿兒告歸

十八日晴休暇一日齊璜拜門以文詩爲贄文尙成章詩則似薛蟠體



十九日晴齊生告去送之至大馬頭登岸至灰土巷答訪毛太耶遂訪秦

容丞尙健在不甚委頓亦頗聞世事非臥病人也待船不來步還東洲

廿日甲午大雪晴向生來報衡山有劫盜黨衆號萬匏期舉事王進士來

便過釐局答王進士

談看漢碑講晉書如額得徐幼穆書

廿一日晴盈孫生日放學不背書耳根清靜鈔改多士一篇成夜作書與

冶秋爲馮唐屬託

廿二日晴謝生告去請書扇一柄朝食後入城至子年公館待客任師邀

馬師至非其好也毛少雲岏樵沈靜軒鄔小亭續至本不繼燭散乃昏

夜暗行還船少雲遣丁送至馬頭

廿三日晴送三禮點心與劉孝廉熊營官送稌崧薦李哨官答之馮絜翁

來向生造其父書來催請云有九十老父刻不可待其詞未圓妥及看

晉書王導議贈周札其詞又太圓妥始悟易笏山修詞立誠之說而易

笏山之不誠又過於王導同於向熙之誠則誠不誠亦不易言也熙但

傷於太誠耳若修之又同王導矣吾不知所去取

廿四日晴向生來報衡山已定亂營官來信云有苦衷怱怱卽去

廿五日晴看課卷頃刻畢有人言昨夜戌初地震

廿六日晴看石鼓課卷百本課讀如額夜寒燒葉以暖因燒肉煨栗頗有

冬景

廿七日晴譚訓導兒娶婦寫小對贈之因寫字數幅看卷百本

廿八日晴將出見二客直入乃張生（其子壻兒）楊皙子也小坐與語喻生引邵

陽鄭生來願留受業辭之下湘賀岏樵分居譚香陔取婦往則衆客立

待正迎喜神妻兒待米且歸去到院未夕張生已去矣夜與楊生談詩

云阮詩徑窄不能平言頗有理向所未知也



廿九日晴朝課畢看石鼓課卷七十本常壽門沈阿鴻來盛衡陽熊營官

並言向道隆已正法衡山無事矣

晦日晴看課卷百本岏樵來早飯張太耶來言道差釐卄委必欲得一允

爲至省謀之道臺送新曆

十一月乙巳朔晨出點名尙有卅餘人出四本論以此論不傳僅見世說

中阮生猶未見故欲補之但論材性同異離合云以傳嘏爲長亦未知

四者各有本抑四本唯主一也看課卷百本下湘會飲絜翁家公子公

孫皆不至唯故公孫梅老師岏樵先在亦設燒豬夜還已倦旋寢

二日晴看課卷畢出弔胡子清裕衡州遣人要請卽日晚飯鄔小亭面證

之不許辭衆客紛至重裘作熱亟出詣道臺告行還船不見船夫坐待

頃之得還（讀子言三少耶劉矣）清卷未及分束已暮矣到城遂夜暗行入府署無

從者當關秉燭相迎入則坐客已滿識者孫楚生委員任鄔沈不識者

蕭戴兩尉散未二更還院張生與輿兒並在高談
三日晴正欲看漢碑了字儻裕磬坪來王魯峯來必欲得一館卜二毛來
告已得館比客來已向午矣一事不辦與正暘晳子陳李程父子蕭廖同
入城至安記清課卷唯楊陳李在耳清卷後楊亦去余至屹樵家見徐
幼穆生客有鄔小亭戌散與陳楊李廖同還見一雲湖船以爲必將軍
來尋事入則云呂生翼文父子從雲湖來驚喜相見可謂大會略問奉
天事以女婦久待遂還內
四日晴朝食後與呂楊登舟諸生送至渡頭呂楊陳廖輿兒同下湘至大
馬頭余往幼穆寓踐昨約幼穆已出張生出見與屹樵小坐出過安記
往道署未入竟無所往遂出瀟湘門看船梅家猶未發行李臥頃之登
岸廖升云任師來踐牌約余以程家上有母下有子不可牌賭更招任
師來衡陽余先往胡齋見余經歷兒任馬俱來仍無四友出尋沈師不



遇尋鄔師遇孫同知從廾廠來旋去鄔師要入內見其子婦二妹夫兒
女也小時見之尙能仿佛吏抆沈師來復至衡陽牌於買池軒終一較
盛綍丱送點心遂罷出會飲幼穆亦來與鄔論八指爭田事賭酒賭氣
酒罷任胡各去餘俱送余出城登舟鄔行絕疾徐沈在後復坐久之陳
毓華來說是非余責數之因並及其導齊七以無禮云兒戲可成大禍
也三客先去陳留欲有言而無所言亦促之去余行李僕從俱來樸被
遂睡夜暄
五日己酉大雪節陰晴聿紙俱未將來閒無所爲馬任來送喻鄧兩生來
恐相尋無已避入城任要尋沈遂留餂心復成牌局程孫遣舁僕相尋
待魶至已晡矣舁往遂將夕道有迎者云客多未早飯往則幼穆呂廖
張李楊陳程俱在云恨以四點鐘來復四點鐘矣余問昨是非陳李均
不言似所謂豈弟君子者屹樵旋至饌不能佳余亦飽不能多食未夜

得散頗欲轉風陳兒要呂生謁齋七諸生散去徐屹復來小坐去梅家
亦上船擠不容針遣三兒還書院黃孫戀戀諭令從舅乃與廖生俱去
夜無容膝地而余仍得一艙與楊生對眠夜雨
六日陰上岸遇李生挈裝同行余往程家訪幼穆皇皇於委署乃辭出還
船三兒亦至與廖生旋入城去余飯畢將閱船閱朔課卷無一成篇者
草草畢之至午將發坐船未至留呂船待之余遂先行王進士胡子清
均來送堯孫亦來客去促發頃之呂船來楊李均附舟盈孫亦欲往乃
令隨呂舟過七里站有呼於窗外者將軍來矣風帽重裘行色悤悤挾
吳仰煦書以來乘我扁舟正便於事至夜遂泊
七日晴忌辰素食廚乃具肉菜悤悤未暇問也呂李先去盈孫從之幹將
亦與俱可謂勇猛也過雷石不檥亦無問者遂泊衡山行百五里
八日晴行七十五里至朱亭已暮檥片刻乘月復行四十五里泊空泠峽



勞攘竟夜可笑也
九日晴待廚船不來竟日借炊無菜看三國文每日三本均畢爲湘孫刪
校書籤亦竟乃吟詩一首連日多事遂忘忌日可謂荒唐船行不休從
者欲病會門風乃泊下彎甫泊而廚傳亦至大風甚猛幸不長耳
十日晴晨起理裝送四婦兒妹還山朝食時乃望見易俗場已將午矣促
移船急去午正到縣泊久之云須夜乃行上岸尋朱倬夫於十二總步
上初以爲近乃亦過二更倬夫以保甲積穀訟事逃去堂差云孫蔚林
欲相見往報一信余往譙子婦家唁失孫見從曾女甚可愛永孫欲從
出遊許爲先謀一席又遇十三弟云欲弄活亦謾應之楊振湑欲老委
則未暇言矣還堂遣要吳仰煦朱倬齋來談待船至二更乃別各還竟
夜搖搖僅泊昭山
十一日晴晨霧食粥至日晡乃到城泊王去思坊下步入城至家六耶呂

生已先到矣登樓乃知王生婦女來賀生日留飯未去喫羊肉麪已飽夕食唯得一盌朱生稚泉來言袁世凱署東撫因邀喫燒鴨步至青石街回子店乘月還夜睡頗早李生還談數句已睡著矣

十二日晴熱曾醒愚來朝食後紱子月生瑞孫來樹生狗孫亦來當出送名條悤悤出城登舟則方僮攘錢別母無人跑帖令呼朱生僕來竟不知鹽道在何街亦可笑也陳六翁約飯辭之不可乃出詣但夏出南門上冢入東門訪夏子新但已老矣夏竟未見相需殷而相遇疏留書干之雲孫求薦館亦爲作書干但並言桂陽牧心疾宜銷其案朱生送點心李生覓船換載令四老少伴之守船夜待便衣久之未至夾衫步出猶熱至驗署見常漢筠居然老吏虧空千金許爲了結步月還遇八指斗然一驚

十三日晴稍涼晨詣朱生王生弟鏡荃來見朝食後寫字二紙船人來催



呂生先去寄笠二僧來月瑞相纏與朱生同至萬福林作片葉麻立馬頭久之功兒不至乃別朱寄登舟呂生父子四老少周嫗戴方廖傭俱先在功兒送路菜點心藩臺亦送路菜點心俱犒其使兩孫來送慈以旨甘待李生來促兒孫去已夜矣鄭兒來送董子宜來尋事俱善遣之移船傅家洲宿

十四日晴涼北風行十里激浪拍舷强進一舍檥荆子灣遂泊夜風簸船

十五日陰欲雨守風一日四老少上岸看龍潭寺石鳥籠算盤余未能去

十六日風雨更守一日舟中無書看呂生教其子看評話親爲校定是金人瑞家法非正軌也

十七日陰有雨風稍息行五十餘里泊清水圩湘陰地

十八日風雨稍寒守風不行至申初乃帆東風過黃陵廟宿青洲

十九日陰行六十餘里泊白魚岐舟人過載遂檥不行

廿日晴晨復過載朝食後得南風帆行甚快以爲岳州城夕食尚早也復膠於沙又起撥百十石已夜矣尙不得動束手坐視舟人投煤江中未減五百斤船忽得行泊艑山已過初更大風忽起簸舟終夜若仍膠必大困也

廿一日乙丑冬至大風終日蔬炭已絕再遣使從陸向城狂浪不敢渡消寒第一集無酒無詩煮芹菘爲羹以慶佳節

廿二日陰有雨守風艑山欲覓陸道至岳州云不可通

廿三日雨欲雪仍守艑山

廿四日陰晨挂帆取岳陽樓久之乃至登樓訪舊迹已殊往製上層改爲回廊無可坐處唯見松坪一扁亦古迹矣呂生父子稽延四老少尋酒去獨與李生還船久之人齊乃行過城陵磯未見新關規模亦無輪船中流呼划子送呂生入荆臘候船未久已夕泊象骨港行四十里夜大風凍



廿五日守風港中欲雪不雪時有飛雨閉窗坐臥而已

廿六日西風挂帆僅而得進行卅里泊魚磯臨湘縣浦口也微雨

廿七日陰西風挂帆行頗平穩看國策半本行百里檥觀音洲看艙遂宿

廿八日陰雨行十五里泊龍口嘉魚地夜雪

廿九日雪深五寸泊舟守風僕從爲設湯餅作生日亦似家廚晚享太牢

十二月甲戌朔晴仍守風龍口寒凍午睡不溫

二日陰復有小雪强行廿餘里泊小冷峽上燕子窩

三日晴未煊李生始學春秋未攜籤本以意答問不知是否晨得順風瞬息至東瓜腦阻風遂泊

四日雪守風東瓜腦

五日雪陰仍不欲行强至金口六十里經三日過湘撫還舟

六日己卯小寒晴午至漢口泊大馬頭遣取銀錢云本日未能得明日無
輪船又不行矣
七日晴舟中不可久宿朝食後上岸欲待夜登舟從打扣巷步上往來正
街將窮九層腳指爲鞋尖所逼不良於行還至潮嘉館看戲無可看至
洋街尋馬利司等船未得聞今日船不開乃至安記號客何子典寓中
何與許姓同寓喫飯已過買羊麪一盌借宿估客房
八日晴客中不能作粥晏起何客留飯魚羊腰花亦復不惡飯罷復至戲
場仍無好戲從人時來時去久待不至無可留賞乃至洋場閒巡捕得
華利船尋房未得呼方貴則紱庭出應云李生渡江矣頃之七人俱集
至戌初開船東下聞譚劉俱罷李出魏升又一局也夜至武穴始明
九日晴至九江欲買甆器不得紱子買四盌八盤均無相應輪行甚遲五
夜始泊蕪湖



十日晴關吏不來客貨已起蕪湖豆乾亦不如往年船主識禁茶房伺候
皆不復勤謹辰初復行午過小孤山色依然可翫投暮至鎮江檥風神
廟下紱子往尋道士遂不復來獨立江邊霜淒月微周嫗李生後來皆
令還等船避寒李生再上云往尋紱蹤迹旋來報云已安坐廟中矣乃
發行李同至廟門登樓遇趙晴帆勸令入客寓勉從所請移祥發棧獨
與道士登樓已三到此前後卅年仲復劫剛金銷獎骨已皆朽壁畫桌
椅猶故物也與趙叟紱子同至棧樓分兩房妾宿房嫗大不悅未測其
意
十一日晴道士看門頭皆言覓船甚難遣戴僮覓之甚易自往江岸看之
趙叟送仙餃自備炒蟹炊飯具餐食畢登舟午後行李始齊移泊三益
店口夜月
十二日晴晨發頗早唯以無水爲苦飯尚可食過二擁卡從月河口入水

流甚急纜行七十五里泊張公渡舟婆二女一子不假多備亦可樂也
十三日晴至午忽陰欲雪已而又霽丹陽買米臨口買薪順風帆行夜至
常州府城買篦以太費僅購十具
十四日大晴晨發久之猶未過府城朝食無菜七子堰買肉豆油斤值百
五十未知民何以供將游慧山舟人先難而欲後獲惡其刁惡遂不復
往乘月纜行泊無錫城南無錫大城幾比安慶前兩過均未覺也
十五日大晴順風帆行午正已至閶門未泊前馬頭移下數十步船多礙
望遣人問程生李生亦當往探親紱子同往從者俱上令房嫗與船女
同入城則至橋而返獨坐待已夕方食程生來云文卿已歸矣粵事頗
有主見故爲李奪蘇提催免瓊道仍囚又言劉華軒之能景韓被劾云
云促令早去啖橙蔗看月作書寄莪
十六日晴晨遣人從紱子買路菜乃不相遇朝食後遣問訊吳清卿朱竹



石費念慈文小坡紱還舟唯待李生李亦被遣弔江建霞久不至乃同
上岸欲入城殊非丑年泊處倀倀而返程生送食物過晡自來頃之劉
姓送李生來劉亦衙人程生門客也看申報毓譚劉皆以忤狄罷甚非
佳事移船盤門已爲日本馬頭改山河矣欲上橋怯霜促程生去夜月
坐稍久還寢頗煖
十七日雞鳴已發江湖浩渺水亦清曠非復舊游之景過五十三弓寶塔
橋未久便過吳江望平望鄰舟向湖州去纜至王江涇已夜矣行百卅
五里入浙境
十八日未明微雨晏起朝食已過嘉興城有新館題杉青第一園蓋酒樓
也過午雨止欲宿石門望過橋撞來船落軍持回船尋之來船棄纜而
逃乃泊雙橋行九十九里夜月
十九日陰朝食過石門縣城亦大城也沿隄林樹接連勝於蘇常夜泊塘

棲買蔗店房甚盛市鐙如星
廿日陰距杭城已近以爲彈指卽到晨爲船人作字朝食後循苕溪趣拱
宸橋上壩已過午未步從電綫路入城過三閘猶未見郭門懼雨仍還
李生先往探不半里坐船已到從王家壩下船將夕索飯先遣人與景
韓相聞竟無人來從艮山水門入城泊萬安橋南旺馬頭也二礟船無
更鼓市聲亦靜夜雨
廿一日陰溝水不可潄飲堅臥不起遣砥紱尋蕭統領早飯將午蕭劉俱
遣轎來迎蘇三來發行李余乘舁徑詣撫署行久之乃至不甚省記矣
景韓似有憂者言語悤悤少坐卽出至城頭巷尋蕭公館忽然過去乃
見李生迎轎來復退行數十步乃入見瞿公館詢知海漁寓遣招來談
遂同食畢瞿蕭砥紱步行余乘蕭轎用瞿夫出湧金門至湖邊待渡方
僮已到寓又入城矣蘇傭喚船檥待瞿砥紱來云蕭更邀李少笙來頃

之亦至從阮墩至三潭印月入退省菴樓坐談久之同游東西曲闌橋
看景致以對武陵山處爲最佳惜無亭軒前游無此結構故云蘇隄段
橋爲勝今則品此地爲第一矣湖山亦頗蔥翠勝前時
廿二日晴煊李瞿蕭俱送食用物蘇傭送菜脯午正景韓攜兒孫來小步
濠梁日色甚麗頃之告去李幼梅來純似其父無此酷肖者瞿十九從
其七哥來同坐久之約明日入城小游未食去已夕矣飯罷甚倦遂寢
廿三日風陰有雨送竈日也欲作餻無器具又物價翔貴不欲多費財力
務在省息朝食後看僧寺紅梅似勝寓樓復往小步逢僧硃藏來談俗
務楊叔文及栗諴少子（廣塤季銘）來風雨愈甚將夕去遂大風竟夜猶時聞
爆竹聲
廿四日風雨海漁及吳季策來金時安子國棟李新燕子鳴九鵠皋道臺
齊心甫同知來彭荔樵送酒肉瞿李蘇三俱送炭菜餅麪袁子才所謂
幾般禮物者應接不暇以風寒罷遊且俟新年夜寒
廿五日曉光見雪遣人覓錢應付送禮者因令李生往看叔文午閒無事
忽報齊同知來遂已上樓談語憒率且不相諒乃欲以利餌我非直人
也將夕去又雪薄暮紱子還云衣盡凍
廿六日大雪稍煖李生偕瞿海漁來就我居云朝見羣臣將有大議
廿七日雪少雨多竟日未止午閒幼梅偕荔樵石玖攜酒來游兼招砥紱
海漁同探梅孤山梅未及三潭也但有古樹小山裏湖蘇隄較有丘壑
惜山斜向不成局面小青墓在其下欲往阻雪仍由西泠橋出還三潭
飲饌亦罷遂散各還趙槃溪來未晤景韓饋歲
廿八日晨雪午晴二瞿彭荔樵吳季策載酒相過兼招砥紱同游從文瀾
閣循湖路而上至岳墳唯聖因行宮未復餘皆新修更增蔣左劉祠蔣
祠後石磴大觀也閣前假山亦可觀欲訪高江村故宅云船大不能入

裏湖乃還猶未夕李鳴九齊心甫饋歲游處掃雪人給數十文便欣然
相導勝於蘇州城
廿九日早晴旋雪丁綢莊鮑書估來鮑約清齋定明年三日趙璜縣丞字
礌西齊少耶荻洲來坐齊舫與三子遊高莊旋還得京報用吳可讀舊
議別封皇嗣私忖久之未知禮意想孝達亦當悔其前奏夜看沈德潛
西湖志纂當時無高莊乃近年富家高氏別業結構雖小頗攬湖中之
勝晡晴復雨至夜分
除日雪雨聞陳臬暴疾遂死亦可駭也楊叔文晨來看京報朝食後去
瞿郎亦歸度歲鄰俗饋歲樓中寂靜僮僕入城房嫗入廚皆勞悴於風
雨三更後祭詩酌酒掃地閉門安寢

# 湘綺樓日記

光緒二十六年庚子

庚子歲春正月甲辰朔風雨晏起至辰正乃出客廳受賀喫年糕吳翔岡
長子來云到省廿六年矣少坐而去船轎已費二千文宜其告貉洛祫
少唾至夜寒寢早眠無膠
二日晨雨少止早飯待船渡湖入涌金門一馬三夫馳步城中唯臬署未
往餘皆到門又遍詣同鄉七品以上官唯蕭李齊三宅得人時猶未晚
轎夫告勞乃出城待李生來仍渡湖還風雨總至楊叔文旋至衣襪盡
溼留宿夜談至三更
三日風雨喻遣叔文早歸辭以遠志以天下爲己任乃成哥會白教亦可
異也鮑通判家鼎字叔衡招同砥紱滿舟僧游淨慈大雨步至寺門全
非昔觀僧霽舟知客慧心出迎入內寮少坐軒堂皆新修頗有花石感



舊欲題旋出齋供飯罷同還雨勢仍濃
四日陰風晏起遇鮑通判出示藩札院兩淛陳苦況云當向偏心解釋之
令縣丞來始知歲貲均聚於浙詭祕昌狂蕩無法紀時文習氣掃地盡
矣夜寒早眠
五日戊申立春晴湖水盡冰午後大風彭荔樵趙盤西王壽臣知府沈子
谷通判秦心泉令齊心甫丞章六衡令徐樹淵(令)敏生竹李鏞蕭伯康李鳴
九二瞿李四子先後來齊瞿李均喫餅而去齊更喫飯幾竟日也同看
和尚並言揭帖由郵政代送律不能禁之敝使筠仙在不知又作何議
論大要西法與宋學有妨王子明不能報國也
六日晴冰吳錢塘殿英佑孫毛漸鴻輔軒監院子未入傳澤鴻知府少蘇景韓蔣知
縣本鑑鼎丞陳仁和吉士希賢來遂竟一日幼梅送丁氏藏書來看十
餘本坐至三更

人日晴午後陰早起待彭荔樵船約游雲棲辰正彭來同飯烹鴨被狗盜
乃無鮭菜白飯而已自雷峰上李生同行馬不能追中道而返葉同知
元芳馥香齊心甫俱同游續至從叢冢中出江邊踏沙行共十餘里小
憩梵村折西行數里入山山不甚奇唯修篁夾徑可數萬竿雖不及韜
寺幽深亦湖上所罕兒但頗煩·御蹕則僧緣耳看董玄宰手書金經
字體不能一律題款庶吉士是少作耳題者皆云墨寶亦殊不然齋罷
遂行葉丞自六和塔東分道去四人同至淨慈傍停舁余下船獨還道
中見二古樹得詩一首風竹連三里覽與認十巡劫灰餘古寺人日探新春遊客僧非俗留齋主創數歸途指江樹曾
拂風車塵
八日晨起始知夜霽草樹盡花俄而消盡吳季澤知縣來趙盤西來云丁
機師將請一飯謝以無暇娶趙同游蘇堤趙以余未朝食榜船酒樓旁
乃先檥湖心亭鄂僧迎客訴滿舟奪己香火憐其孤貧贈以二角自行



宮步至俞樓復還至聖因循隄西上至段橋上船趙與紱砥至張曜祠
余坐待同還分船各歸夜看武林叢書自昨日起已畢四十八本
九日陰笠樵書來言事有雨看陳雲伯闢詠詩五百首
十日晨雨未飯掉小船渡湖李生從至城門遇瞿轎來迎補訪同鄉僅見
秦趙行過旗城貢院頗爲曠寂至蕭宅早飯曾七郎與伯康同設酒坐
客李生瞿李趙晡至箭道巷葉祠香宅午飯坐客郭文翹海寧夏經生
三葉一李及荔樵皆候補丞令未昏散仍掉小船還未待李生
十一日晴寒晏起聞李生還且有客乃起譚乙舟從孫字建侯鹽經歷來云
在此廿年從宦因官此初不知乙舟從子發財因此憶前奏案朦朧可
樂齊心甫約游武林山遣兒來迎乃與俱去檥舟茅家步與紱砥俱笠
樵亦至入山可三四里便至靈隱小坐啜茗出登弢光舁夫不肯上令
客皆步可二百級趙盤西亦至從右上至菴小坐看金蓮池再上鍊丹臺蓋白香

山遺迹後奉呂道士云可見江余仍僅見湖耳下看羅漢堂出惕冷泉
亭壑雷亭泉流不甚響云雷細矣齧雷耳邀入喫飯步出看呼猿洞一
線天僧送至大道乘舁至下天竺前記云在靈隱隔山誤也乃旁徑耳
一澗東流澗北三寺相去可里許至上寺則山徑窮乃當路建一寺也
皆毀於兵火新修無財力僅支門面疾馳而還不從先路於普福寺分
歧向南徑可三里許到茅步諸君入城余與紱砥坐原船還三潭
十二日大晴胡卤生來秦進士家穆來三次始一見幼梅盤西來梁新學
來言公法蓋欲探我宗旨答以不忘名利者必非豪傑尚不屑教以思
不出位也蓋能忘名利又當思不出位而初學必自孟子所謂大丈夫
者始要槃西同游蘇隄紱砥並從甥子勛向曉渠唐壽臣使衣來自壓
隄橋步上過高莊訪花港因至于墳還寓喫茶槃西徑去寺門雲石秀愛椒梨竹寒
松隆湯橋幽澗泉分千字水上方晴見午時潮發光去後成僧市御墅來紙記塔標閣道伏龍春來起北峯時諷湖天迹



十三日晴朝食後渡湖過傅少卿僕人來催郎令先去聞會館不遠步入
城可一里許方至就對門照壁後易衣冠而入鄉人半集矣北省有胡
蔭森李繩祺兩太尊湘人有管定武李鳳來兩武官值年有傅少卿王
蓋臣顏義軒覲察有二李一郭集芬輔鄉進士加捐餘不悉記熟者二瞿李蕭
曾金廟拜後設十席闈鼓以余爲客與張鄒胡同席鄒云四十前於受
菴京寓相見申正散待轎而出小坐帳房張潤階從九送茶與二瞿李
生步出辭李令去同瞿看故衣挑得九件後市街成裕典頗倦乃還芷完還家
海漁同渡湖
十四日陰秦進士來謁師遂同朝食張礬官寶源來見言劉撫軍政飯後
坐秦船至淨慈瞿李紱子皆從覓趙槃西不得乃問路先行未數武趙
齊轎馬皆在後相呼舁從赤山步上石屋嶺看三洞復從山道行旁皆
石山石樹幽曲可五六里至理安寺寺在山中叢碧四圍亦勝雲棲登

叢青閣廢趾云　憲皇讀書處槃西設齋蒸羊杯盤甚盛飽喫饅頭從
人未食與海砥步出從右徑入山留紱待齊趙告以往龍井樵人云山
路難識至石橋再問樵人指令入山循毛路渡十八澗便至龍井山游
皆登陟此則下坡尤爲不勞甫渡十五澗舁從追來遂至龍井寺寺僧
亦無甘氣瀹茗汲泉摘芹而返從大道至湖濱待齊紱不至頃之齊來
云紱先歸矣其可惡如此舍舁登舟至月老祠復啜茗而出要齊趙同
至三潭較牌海漁湊局夜分喫粥兼作湯餅丑初各睡
十五日陰龍名晃妹夫來云自江寧峴莊已去遣呼渡舟來與客及寓人
同入城唯戴僮不去譚於潛從歸安來拜年因招游浙江設席江山船
上渡湖至岸紛然各去余被舁從城旁循城南行過清波鳳山候潮三
門至江干市集頗盛上船則瞿芷完彭荔樵龔子勛先在譚聘臣爲主
人船主陳和尚有女四人小者十歲長廿許殊無可取但浪費耳移船



海潮寺不得上復移船步更招二妓轟飲至夕散還船已昏暮紱子久
待砥卿不來周嫗先歸矣雨淒淒至無月無鐙亦無節禮米二更遂睡
得功兒前月書並爽良一書未知何人
十六日雨李襲男初無赴書忽然猝至蔡子庚來拜會以其與曾紀春驥元
來未能罵之秦門生來請飯謝以未暇世振之都轉來鄒嚴州元吉賀
年孫來鄒郎會館敘舊者也談貴州事甚推李蟠戰功及高潔過曾琴
云九龍大王妻復雠蟠一戰擒之遂降百砦蕭濟千里歸隱屠肆授總
兵不拜奇人也欲作李挽聯未得詞意僕從俱入城無人具食徘徊久
之忽成一聯曾滌公不能過也時事積艱危申甫再生猶有憾越防堅壁壘丁沽回首更傷心鳳山望
江陽岸有山平頂如覆銀錠云是龜山外爲雞子門嶷然有異諸峰夜
雪
十七日雪雨並作作字數幅遣方僮廖傭俱入城至午始朝食又無鮭菜

房嫗亦病不能下樓竟日淸靜夜作大聖壽詩
十八日陰齊甥早來蔣知府德璜（字玉塀）來面請兼要同渡令李生買紙送
人齊甥舍舁舁我入城詣世振之暢談旋上吳山李鳴九王藎臣徐蘭
生章六衡及蔣設一席曾季容陪張範臣游擊（寶源）設一席招李幼梅
瞿彭等陪大會趙公祠至戌散到寓初更矣
十九日晴閻肖巖龍翰卿來已朝食矣閒話不休因與同船入城笠樵少
笙均遣轎來迎坐彭轎至彭宅小坐同上吳山再尋舊游從感花巖上
先看紫陽洞望江因至城隍祠看城中無復黑氣喜休息也李宅再遣
舁迎與溧樵同往二瞿曾季融先在砥紱均至心甫後來談撤差事景
韓送信來遣送船錢飯後與海漁同步看舊書無可買者日欲晚出城
船在柳洲卻南行二里許鼓棹而還發船錢一枚
廿日癸亥雨水陰晨作字十餘紙彭笠樵金詠莪趙檠西吳季澤吳翔岡
子鮑廷爵秦門生來唯趙同朝食蘇三來發行李坐擀子先渡湖趙砥
同步入城看估衣此間曰滿衣挑得廿餘件唯帬最貴竟至廿餘千可
怪也日已西斜同至瞿海漁處衣韡已至云行李已畢上船乃至撫署
辭景韓略言公事會館小園拜待久矣傳沈蔣曾彭爲主人余與二李
鄒巖州李進士季融同坐戌散還船吳季澤蔡子庚及紱子同來心甫
後至坐過二更乃去余作三書與撫臬幼梅皆爲關說
廿一日晨起最早待趙檠西不至遺買綾聯挽陳養源（樓洽把相逢賦涙十年咫尺無緣蓮）
（把臂柏盦疑有夙白衣三會孤覺失怙最傷者）龍名晃齊世兄來送禮檠西來看寫字吳季
濬蔡子賡來余未朝食要檠西同上避客步至衣莊旋上吳山小坐石
闌金僕來覘知檠西遂去余入趙祠龔子勛胡卤笙唐壽臣金詠莪賀
悲孫爲主人齊心甫後亦同餞先寫字九紙砥紱來同就席酉初散步
出城隍牌樓誤從采霞階旋繞一里許問知從過軍橋出城頭巷過彭



瞿趙曾李蕭砥紱瞿九亦至俱欲送至船力辭不聽唯彭肯同紱亦留
城中餘皆踵至蔡吳復來李大人又至知縣少散李坐甚久乃去瞿李
等復集已而告去趙吳留坐譚建侯求題李西涯詩册無可著筆乃以
致仕不歸爲由牽扯近時兩一品以爲談柄發船錢四枚
廿二日晴寫字數幅齊兒及其婦翁龍翰臣來吳瞿趙蕭鮑龔子勛李少
笙來送行撫臺來皆散景韓似有明白氣惜余將行矣王明望來求差
瞿子完來送衣箱及譚進士二百元猶以爲未足移船太平街邀檠西
至丁日新機房取錢並謝步拜年上船復移過垻不由來時故道別出
登雲橋遂泊拱宸蔡子庚來初以爲彭齊必在及至無人唯吳瞿相送
邀檠西同行四老少戴僮均留此覓食餘仍來人夕食後步上夷場夜
往聽戲齊心甫來芒芒未食云出城三次矣命子庚陪至飯館（玉和）余
同檠西瞿吳砥入陽春園池心坐頃之齊蔡亦來十二鐘散有旦演悲
哭狀頗真同還船宿心甫自借宿黎寓趙李先睡余陪吳瞿較牌子庚
入局雞三號乃罷寅正矣發船錢五枚犒賞四角
廿三日晴昨夜眠遲醒已辰正客猶鼾也檠西已登岸余亦上岸尋之還
頽舉三客乃起待飯未來又半較乃朝食吳瞿蔡呼船去余舟卽發午
初矣夕泊唐棲發飯錢一枚
廿四日晴煊行舟滿川余船始發朝食後酣眠醒已未初便至石門補作
初到雪詩夜泊雙橋
廿五日晴作字一紙過嘉興未幾欲更進船人怯盜劫乃宿甪里街發飯
錢一枚
廿六日晴飯後至平湖泊西門外入城尋文心家云在江月衖及至乃醬
園弄也聲轉字雅渡橋便至張家正門不開房舍頗整文心出見兩子
一孫均出衣冠拜海門師神牌又拜文心夫人禮畢坐談文心苦聾未

能暢達遣其孫上船要槃西砥卿同來各輿緞麪同至張家舊屋看嬰
山還已將夕明鐙晚飯文心設三榻待客入客房看其公羊記疑及臆
說皆非鹵莽語子初請息又獨看包世臣一雙三四書丑初眠發船錢
二枚
廿七日晴晨要槃西砥生還船文心踵送旋去卽解纜文心說此大鹵也
據言敗狄是在狄地狄在大鹵無大原名時中國通謂狄爲鹵夜至嘉
興城外未能登岸俄而微雨發船飯錢二枚
廿八日陰大風復寒朝食後船傾側不進登岸小步六七里至王江涇乃
上船復纜行卅里泊平望夜復微雨書扇三柄
廿九日雨東風宜帆破帆無風亦能強進榜人欲檥吳江促之使發作字
二副申過五十三空橋槃西云八月十五鐙船羣戲於此夜泊盤門槃
西入城砥率僮丁看戲微雨



二月己卯癸酉朔陰風寒晨呼傭起船人笑云城中俱未開門早起無益
遂不復呼已而趙嶼秋知州藍琪來槃西兄也一船俱睡駐客久之乃
延入云當泊胥門以衙參促之去乃移船沿城根行泊行臺前十二年
前舊泊處也風景依然飯罷槃西及其弟季瑩護琇來云城中尙早無
物可買待午初遣周嫗至會館李生至程公館借其管事劉姓來余試
入城尋舊游因訪朱竹石朱移鹽局初未識路直東北行可四五里至
鹽局門者辭以有客遂還過橋百許步復來請仍還晤竹石快談三刻
許藩臺來辭出從故道詣答嶼秋至會館門者故識我迎謁甚親敬槃
西出云其兄未還留麪而歸誤從東行至吉利橋乃悟仍西行出城劉
生尙在未飯而去殷孫來正欲尋之索名條令去已而送程儀果鴨責
以不應令持去乃強委而去槃西復來周嫗亦上船云玉器無佳者期
以明日槃西旋去夜稍燠三更睡

二日陰朝食後周嫗步上砥往百花巷尋蔣生云欲師我者頃之還言往
上海矣嶼秋具船要游鄧尉並要李生同游襆被往帆行頗駛至木瀆
欲要王小吾同知秉忠導游王辭以疾以羅藻香代行亦以被來雨意
甚濃知不可前乃勸主人還舟夜抵胥門雨泥霑濘矣還船少坐嶼秋
入城槃西復來宿看玉釧繡帬
三日雨朱竹石書來送程儀百元報書受之兼爲趙嶼秋殷敏關說來往
竟未至程生宅令李生以其舁來迎兼看費屺懷至桃花隖費已赴宴
何其暇豫俞蔭甫所謂蕭蕭壻水者不足憂耶復過竹石云吳糧道望
見我以爲仙風道骨余聞甚喜大王卽升玉皇不算恭維者也出訪文
小坡行莶遠而云外出乃過程生公館看其幼孩甚可喜還船作書與
景韓文以書來迎不能去矣夜雨甚寒發船錢二枚電擧沈鐙修夜至愍作一廿遊風
微雨溼閒亭岸柳新荑彌參青名郡望良金資盡亦松客去臙春停春凰惻惻盤將燭夜舫揺揺酒半酣閒道未央暫且壇幾從塞肺祇熱寞



四日晴船不欲行余亦逗留槃西昨來宿今遂不至李生上岸朝食前後
甚岑寂竹石來送行就行臺延之小坡復來迎亦未能報午後開行岸
上過三鄉人皆丑年往還者特來相訪上船敘談竟不知其姓字久之
一人自言鳴九之弟一人言湘陰事知是湘陰人一人則不能知之客
去槃西暮來問知湘陰人爲鍾瑤階一人仍不知嶼秋被檄往無錫移
船來約同行問知爲謝鈞縣丞字岳秋考據之難如此在蘇買玉繡百
餘元槃西告去寄衡書一紙與嶼船同泊
五日大晴晨發巳至滸關買席嶼秋見過旋去吳門至無錫不能九十里
而居人行者皆言百四十里蓋前有關時例停一日故加一站耳夕循
縣城濠行上鐙乃泊西門接官馬頭因嶼秋先在招呼同宿也嶼因提
碓坊米帳流水簿來至則已爲局提到鹽局作弊如此附書文小坡
六日戊寅驚蟄晴晨過慧山未入港復令還行五六里從小金山入小溪

檥祝祠前未過橋令僮汲泉烹茗久之乃至余未入寺但游行兩岸皆縣人公私祠有書院蓋於山凹多作屋坊題嚴壑鮮清未然也午初行出港甚近橫風搖船令無張帆六十里泊七子堰陽湖地夜看國策二卷

七日晴朝食時始至常州城僮嫗買篦久之乃發卅里過犇牛日曛矣來時一日今須兩日夜纔行至初更乃宿呂城七十二里

八日晴有霜昨夜寐不安今日飽睡僮臥看丁丙詩一本夜泊新豐多火轂處也

九日晴至丹徒口僅十二里竭蹶至午始到又怯風不行依前船而泊作丁松生詩序

十日陰風愈寒不移寸步遣李生由陸先去廖丁件之一小車載行李如飛而去爲李紹生書冊葉方僮遺渡鄰船爲船人所執放爆仗而解大



辱國方知小兒不可獨任也

十一日晴北風愈狂破船帆行亘浪中僅而後濟依鎮江城繞洲行至輪船馬頭未遑朝食遣方僮尋廖丁云出買箱□未還乃令具食飯後廖偕趙道士來道士又遣九子來作經紀余因上岸寄書莪女至風神廟尋道士遇陳仲昫不識之坐談乃悟亦欲附輪舟往上海俱未午飧同至酒樓小坐報云下水船到悤悤散仲昫復送余上躉船爲余覓坐處乃去道士陪坐久之報云行李畢至俱坐船邊待船過三更乃上安慶輪船太古行船也價反昂於野鶏以道士薦賞以一元四更開行船房甚小外人甚雜不甚安五更得睡

十二日晴至江寧城外客去大半夜至蕪湖

十三日晴熉南風甚壯樓上客坐盡空可以游眺二更後至九江小停卽發初以爲是湖口見躉船乃知是九江城也馬當石山甚雄秀小孤峭

背依然山背白石如瀑布前所未賞也

北風揚子渡急浪欲雙槳斜日羅危檣低檣搖五兩北固山前

楊柳花風神祠下嗜歸鷗故人爲酌中冷水道上新旗陽羨茶酒樓促坐鐙光白鐙蝶來翻遲帶席玉乳鮮浮土步鏡金盤香嵐車對炙擔船

吹角散愁愁燕去勢飛路不同東向吳淞鼉皮鼓西留江渚待晨總一留一去情無限三更四更星自轉風濤浩浩忽生雲汀樹青青常在眼

瓜步潮來月漸微春霜欲下清禽飛獵倘京口酒初冷正見漁山僧夜歸

京口待渡贈趙道士陳同知詩

十四日陰西北風晨至黃石港朝食後至黃州大風忽起船行甚遲夕至漢口竟不能艤向所未聞見也折旋久之始近躉船步上跳板搖動不能行立仍還船借宿未開晚飯買餅食二枚

十五日陰風未全息但可步矣換划子撥行李甚清靜無來擾者房嫗怯水令坐轎至打扣巷余步從江邊行稍後相失已至船邊尚未覺也渡子呼余云行李未到立頃之划子來不肯到岸小划子索錢甚多余令房嫗上岸以避一班盤剝者余亦別去少頃至小江口則畢上矣立待來迎大雪驟至避上岸則街石滑溼恐不能下又還岸邊泥沙亦滑乃



立腳划久之幾兩時許廖丁持傘來始上船盥頮此又無人經由之過也已而雪積二寸一步不可行飽飯酣眠遣人至青龍街吉陞棧看李生云輪船未到

十六日寒雨如冬方僮上岸廖丁具食

先府君忌日未辦蔬菜晨遂喫肉蒸豆豉並不背人矣午乃素食飯後行卅里泊沌口船關來稽貨稅從來所未聞也今日社日占云宜雨戊子雨又云春事佳也出船遇一游學生片與岳生令照料

十七日陰午有雪雨船行簰洲望纔廿里乃得帆風泊簰洲九十里未夕也

夜發太早故宿亦早

十八日陰順風行亦有望晡後乃至龍口受寒甚不適多臥少起夕至寶塔洲看船卽行一日未飯夜風頗壯宿峽口行百廿里

十九日晴帆行百廿里至城陵磯又看船夕泊岳州南塔下頗熉夜暗

廿日陰雨風息幸無滿水篙纜可行湖中游衍兩時只在君山對岸耳夕泊火龍灘在鹿角上里許

廿一日癸巳春分晴南風纜行卅里過磊石遂泊陳岐望云六十里者張大其詞

廿二日陰晨雨南風纜行可七十里泊蘆林潭距湘陰猶卅里

廿三日晨雨晝陰小得北風帆篙行夜投靖港宿靖港冬涸不可藏船丁果臣云唯港可泊者亦據夏水言之且云志以李靖名港亦非名港之原始

廿四日晴得北風帆行近城見水軍三版還營或云瀏陽有土寇昨得捕禽三人盡解嚴也舟人不肯檥北頭周嫗必欲入朝宗門相持久之余步上岸泥甚幾透韈家婦王孫女出見云功兒移館　潭教復心三子及已兩兒頃之良孫還登樓少坐純孫功兒前後還云窊女病朱稺泉



來談時事云陳郎鼎發回長沙永禁久不見黨錮事不意諸人以病狂得之此又一奇也從姆迎周嫗來云蜀青自求服役令召之同去余懼暗先上船周亦踵至遣方僮省母廖丁先從陳渡還家矣遂宿舟中

廿五日雨家中無人至陳孫華衡來見久之方廖均來遣周嫗還家養息兩孫及兩孫女均來覲鷹女令去亦負孫歸功兒來送晨羞亦令郎還乘風開船夕泊鵜崖

廿六日晨雨淒苦孳下忽冰驚起水入被矣不知其何從來遂不復寐起祝正在縣城頃之泊九總久之乃行傾倒破盌盞至夕風止宿株洲看世說

廿七日晴纜行舖時過三門全非舊覩紅廟乃側向水旁無連屋何漲落殊形如此昨見鼓磉洲亦正如馬頰臨湘疑馬家河本馬頰也冬涸時亦屢過皆無此異狀九十里泊淦田

廿八日晴有霧正好春也兩岸唯有李花黯淡不明久未作督撫歌訣聊復次之乃不記陝護撫及滇撫甚矣吾衰夜泊黃田行九十里

廿九日雨舟眠頭桅以水窄不須小帆也竟日避雨然猶溼衣至晡未能至衡山南風稍長亦所不料二四鼓開船日光爛熳足亦相當正愜歡起傳漏張帷憶湘衣比郡口夜泊雷石亦得卅五里

晦日陰晨待閘鬬又過一難自此無競矣舟人燒香改於枕後蓋分內外江過衡山遂不鳴鉦亦內外之義既至草魚石又不然此無義例此等皆有禮意萬里朝一

游風帽同不論鼓冰武林湖類譬清漢津客行信永久存氣絲未濕江潺助長森昨夜巨舟掀晨拏臨颶暫急涸共弄翻岸柳低已皓臨沙蟄

自眥截船鷗鷁洲潔纜鳥白棲鳧鳥得偶息鬟晉亦忘皆服宥來防戲無勞君墻門二月十五日漢口舟中大雪

作示張孝達孝達本絕不通矣既在相望未忘舊好不能公而忘私也以醫弔猾消彼俗午至寒林站雷雨小泊得李小泉赴作一聯弔之嘆聞

簃相隨一記從龍樹分襟辱酒寶鑑應憶我封穉才弟一正値鯨波沸海角巾私第不冒兵亦卅年不通問矣竟日



纜行夜得小風泊草魚石

三月癸卯朔雨雷停半日乃行午過樟寺得風至大石渡風息換渡船纜行向城幾兩時許乃至東洲夕照已沈兒女猶未飯一日不飲噉催飯與廖生同席云輿往常家去未歸陳郎昨已移住新齋諸生亦有七八人在甄別係張先生主政案已發矣見莪女十二月朔書夜宿外齋大風旋止

二日晴陳郎及其季兄來料理杭物答餞贈諸公程孫率弟子五人來蕭孝廉同至留晚飯買得大魚僅烹一頭分兩桌殊失所望輿兒擱其次甥女來

三日晴煊隆觀察來樾喬纔至張子年任三老耶劉子惠沈伯鴻先來未得一言驚散便去樾喬留飯去江太耶來午入城拜客至道府江程處皆久坐衡陽胡師留百合粉程家喫包子餘皆未入不及渡湘便還甚

倦早眠瘳與官秀峰密談同食牛腎云施牛囊也以爲未見之品客吏有譚敬甫余與言戲官云不宜余初以爲無妨官云更有屬吏在坐嫌於侮之余因歎中堂福祿富貴不虛得也又引林黛玉謝薛寶釵仍是諷詠故態醒更自笑官與余未嘗見何爲見瘳其荊州之因想乎

四日晴夾衣猶熱耒陽謝生從麓山來因定居新齋之限劉子重分府來見輿往永興省岱疾看晉文一本渡湘步至毛橋遇王聚庭船上相呼要同坐汎湘至熊營官論礮船護卡事遂至相爭兩人皆指畫攘臂而王之理短余笑解之引與俱去分水陸各還余步訪丁馮魏彭皆見蕭楊未晤期於毛橋待船船竟未至一划子自請渡余遂渡西岸訪劉任任亦失約唯子惠在久坐待船乃見送女轎已而還檥東岸更遣人呼之來還院已夕飯罷遂睡初更後起喫水荳粑仍倦復寢督撫歌有誤更爲正之粵節三持盛擬燕郭歌夜似譏吳淑湘人兩督輸滇擒二四旗開斷比厥



五日晴午陰有雨旋止仍晴兩教官鄔胡二師毛張子年常丁彭佩芝裕太尊和尙均來鄔裕坐最久至夕乃散入內小坐夜倦早眠張生婦昨來未及取妾事

六日戊申清明陰將攜黃孫出游人客踵至蕭譚兩教官楊慕李馮絜翁楊伯琇丁篤生來客去已夕寫女扇數行煊可單衣始篳

七日晴煊寫女扇令諸女各得小楷以爲後玩　典史來楊伯琇母來云其季子已歸程岏樵妻來値陰雲未得去已而大雨雷至夕乃霽客去稍涼

八日陰寫女扇畢三箑午攜黃孫往新安館任績臣招客鄔師旋至岏年均來較牌任兄病目未與馬師後來夕散復移四校始散竟日涼冷

九日陰復煊寫女扇胡子靖來云來閱府縣卷作餅甚佳滋暴疾呻吟不能飽食江西王客招飲設於新館凡七八席二程楊伯琇均在餘客將五六十人亦有識者未甚接談看戲草草未二更散乘微月榜舟還舂景甚佳

十日陰午後涼女扇畢寫將攜黃孫入城訪張子年未發譚郎仲霖來魏二大人來言渡夫失禮要我派船送之乃與魏譚俱下至鼇丰魏去譚同至灰土巷口亦去余攜黃孫至容丞家喜其尙在小坐而出令方僮領黃往安記問馬祩余至張館未入還至府學西齋答譚香陔遇蕭生同至蕭子端處見設塗車詢知其次婦病危急出至安記令蕭往財神巷尋岏樵余獨入則岏正在店復呼蕭來張先生左山長程孝廉均至左云被蓮湖諸生辱罵盛衡陽令暫避數日余云當辭館左云已辭矣但恐行囊被劫或云諸生必喜其去不至扣留衣被也此事罕聞皆程生好用新進之過小坐而散任績臣設麪相待還入新安館子惠亦來酌酒喫麪而散滋女小愈夜較牌四勝



十一日陰三學首事來言蓮湖鬧學左山長亦來言原委午下湘赴鰲局飯因過程孫往陪任師鄔毛更有王姓云太尊舊友甚質訥剛毅類也夜更過程言童生鬧堂求任保釋

十二日晴道臺送學蕭教官來甚早譚訓繼至要共早飯客坐桌椅零落余云監院不職蕭尙不悟其官守也丁篤生來道臺踵至早於常年一時許首事無辦齋夫亦倉皇清泉令後至麪餻不設將晡各散彭蕭陳程俱來未飯大風遂去

十三日昨夜小雨竟日陰午前大風晡息下湘答禮道臺及劉子重顧典史承歡皆辭謝乃至府署兩縣方白公事至鄔齋坐任三老耶先在郭大老耶繼至已而請客云熊大人來王總辦後至鄔云此轅門射戟宴也未初更散各還李生還旋告歸

十四日陰寒本與三師約不詣人當作竟日戲熊雲卿再請不得辭乃先

遣船來令待城岸余自乘船檥大馬頭至任齋胡子清先在小亭繼至較牌未一局熊更來請遣招樾喬來代步至鐵鑪門坐四版至熊寓太尊已渡矣頃之來讓坐甚謙程彭孫繼至譚老師辤帖入席甚早出菜頗遲上鐙散熊復具船轎送我還任齋郭大老耶又先在程孫繼至席散已過二更凡食品味幾五六十種

十五日陰楊叔文來談任學郎問其先集留早飯去便爲略繙十本存其二三早課畢喫點心便出赴道臺戲集步至閩館看牡丹則三師先在云待久矣問之已申正可謂迅速看新戲喫陳酒同集者更有郭公張生程朱任弟亥散

十六日陰有雨序楊奏稾搭天橋罵人亦宋派也午倦入內少愒楊程僱客下湘至餘滋山房客皆未至頃之蔣馮來裕太尊繼至步園中看牡丹新笴明鐙設食裕氣痛先去席亦旋散初更還輿從永興歸云宂似內傷

十七日晨風雷雨俄霽復陰長沙會館首事四人來請勸捐

十八日陰雨看晉文二本遣女婦至楊家會親僮僕送去遂俱不還獨居無朋亦不覺寂寞胡子靖來又二廖生來皆裹校也廖欲得道館送醬油皮卵而去道臺生日常年必親往今遂不差帖

十九日陰雨朝食後下湘欲詣兩學以昨與任約早集衡陽至胡齋遇任同至馬齋遇長沙盛晸莽撞詩人也出游集見質披讀未一紙鄔來共較牌手揮目送未能徧讀盛衡陽出談陳清泉旋至共飲而散仍至馬齋馬已赴價廉色美之約矣六耶率文柄來食於我

廿日陰雨登樓看學臺熊水師來訴進士調遣水師之事張太耶送餅餌繡被朱德臣招飲熊蕭譚楊二程同集

廿一日癸亥穀雨裕衡州送課卷來看百本往絜翁家會食朱熊丁楊均



先至夜還小雨至院乃云大雨舟中有雷院中無雷則可異也熊裕德來求事

廿二日晨復雷雨朝食時霽看課卷未百本廖孫荄來留同下湘云須詣魏家乃去余攜黃孫至新安館子年子惠設酒鄔胡二任此外無客共戲未畢饌具而罷席散未夜竟得早歸

廿三日陰欲晴不晴看課卷未百本孫名嚼乳嫗被真嫌出欲更覓一室居之竟不可得姑令三婦居樓又不肯去此婦無禮尙不及彭婦未能教之晡赴長沙館四學畢集外有易應庚純齋周松喬劉子惠作募疏畢會食清泉催客乃往郎前集衡陽諸客一人不多少酉散熊兒不能舁擠令擡轎甚危欲跌方僮必不更換人自請代之亦不合腳踦𨇤而還

廿四日雨水漲平岸郭嫂青知州力臣孫鄔兒梅生女壻字恂如譚二少耶同來譚送一品鍋饅頭遇雨留之飯不辤而去陳完夫來共飯李生始告歸桂陽來辤看生卷畢定等第甚倦夕睡夜起爲丁篤生作書與野秋屬託其親家劉鎭寰劉補樂昌有六大三陽之望來書諄諄可怪也既不能彈劾更依而干之江太耶送禮亦甚可怪

廿五日大雨水漲可不急發片謝郭太耶不能同去看課卷亦未畢宜從容也下湘逆風船不能駛從太史馬頭上直西至鴈峰轉北行至清泉學會飲衡山張耒陽鄒常寧羅安仁鄭南洲楊皆廣文也亦多談教官事夜還舁行甚危僅而後至

廿六日仍雨看課卷竟日女婦至程嫂家春宴三女皆不去外孫女亦不去憚雨行也時入內視真卜得譚祁陽書請買阿膠

廿七日陰晴看課卷輿及彭廖所評皆未的當更塗改之竟日未遑他事至暮而畢遣送府署更看院生課卷有五本佳者十年之效也磨甎作

鏡無此雖矣違約已二日游飲之過
廿八日晴晨閱課卷畢朝食後書三扇題胡妻遺畫摸牌四圈乃發行李熊兒柄孫從至安記張生俄至沈孫來見令往江淮羅店主請看戲岏樵同往皆城中閒人也戲至無聊坐擱黃孫欲看殺和尚爲留久之復與岏樵叔從同還安記已更設榻平地版矣程生得淮北督銷陳郎入籌防局鹿有代劉之意矣鷄鳴乃寐
廿九日晴晨欲閱謝文張生來因先改定其詩沈孫弟來欲識荆州曾生以訟事來意甚倉皇云已訐於學使將褫革矣唐孫及其從子來送禮令送院中岏樵來早飯任胡送程儀頃之馬泗源譚仲明及其父均來送江太耶來送任來郞繼要譚鬬牌餘人皆去楊郞張尉胡子淸均來人浮於牌欲更摸雀而索書者甚急寫對一幅扇二柄陳郞復送紅本文集來請校讎應接不暇輿兒復從廖謝來送遂夕矣天復欲雨送船



久待酒罷復終校局客主均送登舟黃孫從舅先去余要胡郞同船至瀟湘門別去黴雨登舟已近二更宿石鼓山下
四月壬申朔晴晨起舟已至七里站校文集二本倦惕遂寐醒聞舟子云至樟木寺方訝其遲俄頃見巡丁登舟乃知雷石矣迅速可喜更校二本文乃夕食行二百卄里泊朱亭上山下旁無鄰舟
二日陰有日有雨午泊下灣銷私鹽看梁文三本陸罩年十八爲太子庶子與於法寶之作字洞元哺時小雨遂至暮夜泊縣九總
三日雨晨起甚遲蓋連日太早一睡皆失曉也飯後乃行至文昌閣北風起雨益大遂泊令方僮到城顧夫假寐方醒轎來迎遂上見店家方食以爲早飯也行廿里大風吹轎頓加小毛褻寒至瓦亭午食云將夕矣乃知先是午飯幸晝長行疾到家尚未夕食懿夫婦出覲開我西閣門祿孫能言不畏生人亦頗了了夜看才女詩星滿天

四日晴遣人報楊家令楊生會於姜畬朝食後始出山楊使未遇遂行復飯瓦亭到縣始申初止賓興堂蕭伍俱病獨坐久之楊生來云賓興七首士矣頃之李雨人首士來朱倬夫亦還乃共夜飯周生胡孝廉來先去永雲兩孫來旋去歐陽煙客請聽戲楊子南來談蕭客散已三更與倬皙談至丑初復閉門與皙子談詩論學曹陸當用實字成句不可露意皙子以章法意匠求陸故不似也
五日晴朱能早起信賢者不可測辰初朝食子雲來已將行矣留談一刻繞正街出拱極門至誕登尋店婦有崔護重來之感未七年迷處所矣行一坐九將日落乃到家家中哺食早過待夜乃飯蜀婢出見自請從行令到衡州待我夜看梁文三本僮嫗俱不在側無可爲計獨宿書樓朱稚泉來
六日晴熱徐幼穆來約夜來長談餘客皆謝不見獨見黎胖問李銅椎云



其父不以公事告應對尚得體看陳文五本會暮下樓朱黎送菜遣方僮省母至夜乃歸譚文卿入都不能送矣夕食後再看魏文則貓爪敗碎不可復理鐙盞柄脫亦不便照書二更後幼穆來宿談至四更
七日晨陰晏起幼穆亦起告去余步至荷池訪譚文卿已去矣王三長未起欲詣湯團練迷道至左家門前欲雨乃還已而成雨朱生來談周嫗來旋去稷初兄弟來皆老師矣遣覓船未得沈子趣夜來云爲院幕所擠王三長旋來
八日風雨已卯立夏二彭再來談朱稚泉登樓周媽來苦客不能相見晡時客去始令治裝遣方廖並出看船云無沙市船乃定由輪船去價倍民船長沙事可笑如此樹生來求食無以應之爲鄖師干錫藩與書王三辭以不能
九日晴熱朝寒猶可重綌夜遂單衣午正出城稚泉仍送功良步從三孫

女坐轎先來久待挑擔無人稚泉要坐鹽船又値其留飯乃坐上輪船
船名永吉大倉不容人房倉例不須顧幸遇歐陽金剛邀坐船頂久之
帳房來云不知駕到即移一房夕照如火苦不能坐仍還船頂待夜乃
下與周俱困臥不省人五更始醒猶熱如蒸門環露如雨外內有炎涼
之異矣鄰房夏翁接談董子宜來尋即請從游
十日晨雨大北風浪溼船倉船頂人盡散去過湘陰風少可帆又拖茶船
一隻午後望磊石平碧知過湖矣未夕至岳州云當到城陵磯因留待
之來客紛紛帳房欲空一房留我以當移被因令方僮尋仰煦頃之顏
署道遣人船來迎到署方張鐙僕從別館余入吳齋顏來擺飯飯罷已
倦遂辭出逆旅婦讓牀居我又欲以其女伴周許而不至酣眠竟夜
十一日晴煊客房無坐處游街避日遂至府署卌六年不到矣還早飯入
提督署即道署也吳黃言畢方起黃作周言蔭松畢瑀亭皆有世誼言



則訪臣從子畢乃純齋孫耳顏長子均伯索書前已介沈子趣得三紙
今乃至七八紙餘亦各有揮染遂費半日力法字營官來謁顏顏出未
還遂入吳齋余正欲爲周妹老夫道地適逢其便此來爲此耳而余費
十金矣吳留午飯顏子亦出飯後出游小喬墓夜補較雀各四局留宿
吳齋顏送程儀
十二日晴煊晏起待飯飯罷同吳黃畢出言亦踵至同游岳陽樓仙人舊
館遇一傳生南州人也少坐旋出坐小划至城陵磯行李僕從昨夜先
至矣入工程局訪賀華生孝廉云曾佐子玖校閱今來爲令又一羅敬
則亦大挑新來廣東人居余道臺籤押房賀子師周磊才來談局中人
索書塗十餘紙將夕盤局收支胡翔清來亦大挑班與賀胡同至盤局
訪郭志城故壘遇日本商學生喜其中國衣冠略與接談步月還仰煦
送日記來夜宿客牀

十三日晴陰陣雨忽寒忽煥作字數紙華生特設酒餞我因招日本生同
席云年十八不知國中政事但能華言耳然聞余言似欣解疑陽愚者
胡亦同坐夕散待船看隨園詩話葉鳳孫妻李氏有長沙節署詩云其
父鶴峰曾撫湘 卄年咏絮鳴環地今日隨君幕府開畫閣乍迎新使節 春風猶憶舊妝臺殊恩乘服慚離翔推愛棠陰待補栽
聞道江城與頃矣 如冰樂令又畫來 夜大雨
十四日晴羅敬則胡翔清飯後均來又作字一紙輪船乃到午後登舟得
一房倉不通天氣姑容身耳夜行皆不知所過
十五日晴忌日素食朝食時始過郝穴減於前過時店舍一半申正到沙
頭過沈仲蘷從九言程朱鹽店可住遂發行李步往相失問云在金臺
會館既至則涇太也管事蕭王相迎又一本地火計居我廂處沈董於
外鋪夕食設饌甚多忘辭以素食遂略食魚鰕倦眠醒已二更悤悤復
睡



十六日晴沙頭晏市晨無飯喫喫麪一盌董沈流連余遂獨行出門即與
僮相失步至隄上乃見已具船矣更有二客循城濠行可十餘里至東
門初開船行尙須陸進乃殊不然舟直傍城根由東至南可五里乃忘
擔船錢遂遣告荊宜道臺以舁來迎入城可二里許至道署爽良邵南
迎我入談遂居其東亭邵南年五十矣其父恩元善伯尙健在壬子挑
班知縣以子官遂告歸尙未朝食飯後告當往沙市謁領事幕客劉海
門張西溟出相酬對余亦告出至門遇歐陽友焱伯庭復還坐云城隍
廟可居江陵已備辦矣乃命發行李劉海門言易淸漣在此掌教因往
荊南書院看之童孺狼藉人尙精明談久之復過江陵令張集慶雲生
略談而還過城祠行李未至邵南亦未還頃之俱至夕食後遂還寓江
陵辦差猶未去從人方食也沈從九在此未便令移客寓二更後關門
十七日晴晨起甚早待淸漣不至乃飯飯後入道署臥久之歐陽來云當

往沙頭迎復心余看荆州志二本見將擺飯乃出還寓頃之邵南來約還署見其三子未二礟卽還江陵令率二客來一洪子東一劉楚青詩人也

十八日晴南風氣燥僮嫗俱睡不起客來尙未闢門也淸漣攜其少子從孫來留點心須臾食至復同飯乃去錢渠知縣江陵尉來均謝不見夕仍至道署食早還

十九日雨召南請作字凡書十餘紙正揮豪歐陽友㷡伯琴來迎陳道臺兆葵吳知縣用威同來恖恖未知是復心坐乃見之尙未朝食已過午矣云宜從水仍取淸江道昨車夫似不欲長行又聞當至南陽依違未決頃之召南來云定從水送船價及其祖遺詩兼約夜宴甚倦稍愒鄧沆來夏紹範馬師耶質菴均來客去少寐起赴道署復心吳董卿劉張同集燒豬不能佳席散少坐還與復心同寓

廿日晴晨起答訪錢洪江陵尉均不入至淸漣處小坐還朝食書與召南受船價退程儀賞辦差送禮人十元揮手便行從城根至南門疑昨入無此緐盛復還正街看之遇馬師耶仍還出南門坐小划待行李久不至頃之見復心四轎親兵過去行李從之沈太耶董相公亦至復心還從船船至壩口換船至不知地名處而止有大冢題孫叔敖未駁也待轎待船已兩時許不能更待便邀復心步至行臺未一里仍喚轎行比至行臺周嫗乃先到矣沙關委員李江寧人云係由幕而官方謀移局未定而客至器具略備以正房居嫗我居樓上晚食早眠四更起復睡同裕來候幷送禮請飯均辭未見

廿一日晴朝食湯餅午初輪船到復心李委員夏沈馬鄧董均坐礮船送我還倉乃著吾爐火上初不覺也客去飽睡船主具食唯出一餐至夜始知臥火上倉皇起踞上牀已出荆臨未久已天明對倉彭澤尉周問湘潭



先生云宋芸子弟子也

廿二日晴晨過新隄未初到漢口卽移怡和行船船名吉和明日始開云禮拜不發貨也負茶箱幾萬口至五更乃息夕有小雨

廿三日甲午小滿陰泊漢口畏熱不能上遣僮辦食嫗買布均無所得而還二更後開行涼風振席四更更熱起看已過蘄州

廿四日晴陰朝食後至九江云當停半日過晡已發夜熱臥上牀復臥下牀出看門外被襆狼藉燒煙者徹夜不倦極可惱喚房嫗起瞢騰未醒又可笑也鄰倉梁山陳姓引大興莊生來見云遽菴女壻也言鍾郎母死滿服矣問訊甚殷

廿五日晴陰熱晨檥蕪湖晡至鎭江上岸至風神祠道士爲覓淸江船卽居其上登岸少坐還船喫飯遂夕夜熱未被

廿六日晴熱晨起步柳陰下納涼登風神樓道士未起丹徒午前無飯買喫麪一盌道士來迎與步入西門熱甚從丹陽澗邊還船待發矣遂登舟酣睡至揚州甚遲與民船無異入夜乃駛鄰倉煙薰氣惡又明鐙竟夕通夜不安

廿七日陰晨涼可緜過寶應乃煊仍單衣晡至淮關關吏看船甚恭順洋旗之威也到淸江輪船淺不能上榜至步頭遣問淮北新鹽局云在西壩日夕將雨乃命住店自至橋北看一店云無上房小車至又有上房欲尋分局委員云在南安寺徧詢無之一老翁云是覺津寺飛步還東行至無人處再問云已過矣又還從道北尋得則係新勇屯營仍還入店俄而雨至店主云且待明早遂買飯晚飡僮嫗同房蘧然睡去感寒咳嗽竟夜

廿八日昨夜大雨晨仍未歇待舜呼僮送信西壩臥久之程生遣舁來迎云車當從西壩過並移行李余先行可十餘里至票商公祠祀關侯觀

音曾沈馬三督新設官運局借以開張程觀察居沈祠左斌提調居曾祠猶未朝食久之乃具祠局不可居女人因令房嫗借榻親兵家夜食後乃去程生請湯守備爲余顧車云須待一日陰雨頓寒

廿九日雨細風涼遂加兩緜朝不得食過午乃早飯遂以爲例談鹿劉事天下事可知不足論也悶坐待車看朝報三本程生請朱委員治具宴我覺而無味

五月辛丑朔鹽局挂牌因悉見其委員幕友有李生務園姚治堂劉　林新來歐陽先生委員左朱外又有一人未問訊昨喫時魚左知縣訝云此已過時且不合江南製今復喫時魚不登頭尾則江南製也江南經尹袁講究乃用刀截時魚可爲一歎天陰可行車仍不來自出寫憂從海州運判行署穿茅屋行游此處占地甚大但無市店耳復從僻處得大道西行乃至所寓牆後雨意甚濃卽還房嫗來尋廚令避出局中設



宴開張饌反精於昨設夜得清河陳令送車來云須人同往發價便令方僮往已二更矣待至三更未歸乃寢

二日晴晨起待水朝食時車來千三百一站包飯人三百半官半民不昂不賤價也裝畢爲朱委員題其父小泉清水潭工圖喫麪一盤便行三十里尖魚溝尙早夜宿衆興大鎭也桃源地湘勇二人來見陳國瑞從子所統

三日晴晨緜午單尖仰化宿順河甚早大睡六刻得涼風乃起行游宿遷距此四里

四日大晴喚起甚早待明乃行六十里峒峿至已忘其地名記有山環今乃未見四十里過牛馬莊廿里宿紅花埠小鎭也入山東郯城地有巡兵查護行旅

五日節道上乃無節景異於南七省六十里尖郯城十里鋪前遇劫武定太守妻今猶有戒六十里宿李家莊有兵護行朝食湯餅夕食豆粥

六日晴尖沂州銀餅不能通行遣至蘭山令換錢辭以無錢遂延兩時折閱算與車夫乃得成行出門渡沂乂無渡錢路程不熟故至支絀如此夕宿件城蘭山地明日入山

七日晴車夫請破一站過靑駝尖垛莊宿孔家城垛莊唯一店爲馬軍所占孔城店小至則大雨五牀三漏乃移外牀雨至夜半沂水地

八日晨起甚晏以當渡水昨雨暴漲尙不濡軌尖猶陽宿羊流夕涼一緜猶冷

九日晴早發行九十里尖泰安錢盡無計自往尋泰安令毛澂曙雲假得萬錢悤悤話數語云其弟官蒙自去年死矣還店卽發宿佃臺酣眠不覺曉

十日庚戌芒種節天明乃行路長人渴初不知經過幾鎭市到店問云黃



山店離歷城一舍耳猶是長淸地不喫頓飯索麪甚佳行已日斜未至城車夫請換車入城避差久待未至叱馭而行入城問丁宮保家已鮮知者三問乃得之方僮已先至矣丁壻亦從越還及其從子道本溯根出迎初至風塵未具客禮莪女於閨門相見丁家猶未夕食初更乃飯聞壽衡喪飯後莪來覲見館余客房

十一日晴濯足梳頭衣冠入見親家母便服如嫗儉樸可想少坐卽出午後乃飯裕太尊兄子文乾健臣來陳十郎繼至問以水陸所宜尙無定計譏東拳徒生事毀電線鐵路且戕執吏將　朝廷不敢公捕討示弱如此夜大雨雷電四更止

十二日陰晨攜僮嫗看趵突泉坐小車以往出濼源門至井巷步入方池水半黃碧涌流殊不能高記四十年前水高數丈如瀑今全不似矣未知前誤看耶抑今昔頓殊至此耶廢然而返濼水已漲午食後陰特食臨仲

（雨來溯根婁兒也）出答訪文健臣見其諸弟並欲求裕太尊提乾股給三僕且助引見費千金言其家事甚詳久之乃出過陳渭春遇其有客又將雨小坐還看小說至三更

十三日晴忌日不能謝客張蘭九知縣來仲雨父也未去黃扶山同知及渭春來言濼口無船當由陸還因要溯根同游大明湖湖盡葦蕩荷花才百許本檥歷亭設茗東軒西軒方奏女樂二三傖父殊非雅集待文健臣來復上船至匯泉寺北極閣張祠還歷亭丁壻已至共飲至二更步月還寓

十四日晴晨出答訪張氏父子均未起旋至陳十郎處亦未起還丁家午飯渭春來送盤纏張蘭九請游歷山少待丁郎先去矣與溯根同舁往則不肯登山乃步上石磴蘭九亦甫至坐北窗看城中不似昔年林樹陰濃初不露屋丁壻言不及開元寺因約明日同往坐兩時許乃下山入南門至㕑律巷張家設酒更邀萊蕪丁令作陪饌儉而精爲之致飽還尚未夜

十五日晴晨出訪諶吉皆未闢門從隙中投刺而還訪黃瑚山已出衙參矣還喫早飯甚倦假寐黃德齋陳小江（斌松）來約同鄉小集辭以不暇乃約同游開元寺丁壻躄身熱不出午飯陳渭春文健臣來送陳待余出而後去乘山轎又出南門取東徑向角山訪開元寺僮嫗不相及愒柏林待之見二人坐小車來一爲馮樾青一則陳弟小嵐車不上山皆步而去余坐轎繼之亦頗竭蹶頃之僮嫗皆至寺在山缺處有靈泉三洞幽不通塵都人多讀書於此黃陳更招吳坦生來湘陰吳孝廉之子曾令歷城者年過五十頗能東語設饌亦佳但燒鴨未熟月上乃散留城得入則諶吉皆張蘭久相待又一生客云趙次山爾巽自新藩丁母憂還寓山東自言死喪之威兄弟雖盛無益但求一文余初識趙氏今

又驚愕許爲其父母作志銘一肚詩思遇客頓盡張又言壻疾宜待其愈余云女不必歸且再商量真悔留一日也

十六日晴晏起車來復約明日誠爲反覆莪來見云壻已愈可行矣入看康侯兼入謝其母陳郎引姚孝廉來見鎮洋人名鵬圖字古鳳大挑來此與黃瑚山並有文名於東黃德齋馮樾青陳嶽生來陳云其兄已爲備一舁余力辭之必不得已令折夫價丁少蓉（云星少耶諧吉皆女夫）來看溯根溯根倉皇去矣云得京電兵事急人心慌故急往侍母賢人也陳張黃馮二陳俱送土儀陳小江送京錢百千莪攜五十金因以還陳渭春夜作二詩



十七日陰晴未明周嫗即來理裝車轎尋至炒飯朝食乃行一轎與莪母女用夫八名錢百千二車載僕嫗皆莪隨從一車自載一馬隨轎至黃山店馬已瘏矣云歷城差馬亟遣之還張順護送照料尖宿油餅將軍大勝方僮夜宿章夏遠望一山上如椎髻疑所謂上正章者故云章下對歷下爲名至店密雨三更止

十八日早起見月已而陰雲未至佃臺密雨仍至涂潦積淫人馬俱滓到泰安大晴夕食後步訪毛泰安小坐乘夕光還店還所借萬錢曙雲已供張鋪墊送席皆辭之又送還萬錢加以程儀一个寶錢送兩回程儀亦送兩回乃不還錢亦不懷寶二更後曙雲自來買碑七種去錢二千請游泰山則以小外孫女畏風不能往

十九日陰涼晏發尖茬莊車夫云史家莊行五十里渡汶水凡涉水三四渡未辨何方向也六十里宿羊流店

廿日晴仍涼可繇看鄭子尹所著書三種似未及子偲也廿五里尖翟家莊四十里宿敫陽到尚未晡以莪舁夫當休息張順買驢余亦得少愒

廿一日晴涼五十里尖天齊廟非站口也惟一店美夷三人逃來云避拳

民相逐而行六十里宿垜莊莊前數里有大堡門題仁和稍東更有一堡

廿二日陰晴五十里尖青駝寺夷人亦相隨五十里宿伴城

廿三日晴渡沂至沂州治尖南關云五十里復渡則不可砅分三船過宿李莊

廿四日晨雨出店愁露溼已而復霽尖郯城十里鋪午熱與夷鱸爭店疾驅先至亦防雨也宿紅花埠

廿五日陰雨意頗濃竟日清涼六十里尖峝峿困於虩虒六十里宿順河求肉不得緣路並無凳擔惟牛馬莊見屠一豕未開解不能待也店家肉皆鹽之故全無味夜微雨

廿六日丙寅夏至晴涼始聞蟬聲莪云前日已有新蟬矣五十里尖仰化道上仍有塵土五十里宿衆興店有小院甚潔靜山東俗冬至包子夏



至麪今晨爲設湯餅應節景也卯發申至行程不勞又全無熱蒸功程圓滿可喜

廿七日晴稍熱行八十里未秣頗困於飢午渡鹽河已不煩舟矣上岸便至西壩入鹽局莪率女至程生公館兩嫗俱從道路傳言甚兇云大沽礮臺炸裂京城焚教堂袁撫北援新軍急調又云運渠水淺逌無輪舟姑宿一夜取錢開下腳百金餘半尚須還莪垂橐入國幸不帶欠夜宿程楊傳云莪小疾

廿八日陰涼昨夜遣張順先至揚州今當自往看水乾待點心至巳乃出正逢過軍人馬塞途皆湘軍也乃還寓方僮代往袁浦晡時還云有船復往定倉坐看鄭板橋集及舊徵錄秋雨菴詞學書至暮僮還云已定二倉

廿九日晴涼晨起甚早經三時許乃得食飯罷便行車擔大轎甚爲糜費然頗得程力無羇旅之容也午正上新鴻拖船船名同濟房倉寬於來船坐頃之俱睡至淮關乃起關吏注意後拖船不復查驗拖船便留同濟真濟矣余前無八騶甚厭盤詰得此如唐三藏過通天河也夜至界首水淺船膠遂停不進然非所懼也

晦日晴涼過卯尚不能行乃舍輪而纜廿里逢來輪將轉便得拖帶新鴻改錦船矣日落至揚州油餠將軍已具船待撥雖費萬錢幸不倉卒莪攜女往陳家余與僮嫗居船宿鈔關

六月辛未朔陰涼當往陳家因過看柯遜菴運司亦有老派議論不離官話云六百里加緊調李鑑堂爲大將可歎也小坐而出至陳六舟閣學家作弔還船柯陳俱來陳郎漁文（與其二子延暐延豐）亦有官話觀此知夷患可無慮以天下官猶多也訛言詾詾云京中已無一鬼矣陳重慶署鹽來依例辭之其弟送菜唯喫荷葉肉六七片餘皆散給僮工臥竟日未夕



嫗還二更復睡

二日晴涼仍泊東門臥半日陳漁文復來送云明日不能來家有喪奠以莪客彼不便遣嫗招還且無盤費亦不可買雜物也晡後隨嫗至陳家見陳遜齋及其二子延（曾譜）韡能文好學年廿二已成章矣少坐而出夕食後莪攜女上船陳道旋來丁姊來送并請見我皤然欲老客去遂移泊鈔關

三日晴涼甚夾衣至午乘南風挂帆渡揚子至鎭江陳家遣人來顧船本船人不肯送張順請移站房託云陳僕意也竝斥之遂至風祠看道士還船午食仍登岸看招商等船則已移舟發行李矣自酉至戌江永船來乃得行播越兩時若依我調度南旺泊港中待上便於事多矣然船人狡滑亦須三令五申非雛客所能辦也三更行曉至江寧

四日晴船大處我火倉自移出外猶費四十五圓上海還者紛紛云北信

甚佳夷人失勢諸帥亦失勢恐來索戰也過江寧及九江江水皆回流頻移避日夜至大通

五日晴船行甚涼客有周浩李玉芳周挈婗引見自稱廚傳李來尋我問我名自喜物色風塵如得孟嘉乃與接談夜見一人來送衣箱問知是盜悉取包去無甚可惜亦姑置之頃之憶裕寄紅頂乃告帳房查辦盜送衣還而留紅頂則余之負託彰矣懊惱不眠

六日晴涼已到漢口李麟生別去頹人官江蘇與伯足同寅故知我其子以道員需次湖北有一例差午移小輪名問津上下倉皆滿乃定官倉二人十八圓餘三人八圓四角客有同縣譚嫗母子求房不得乃與我同居其子居房余仍大倉盤費告罄又節省得六圓借廿金換去不愁匱乏矣明日乃發即宿煙棚頗起巡更

七日晴欲雨不成稍熱悶始易紵衣附船者蟻聚而不能蜂屯皆植立以



待命命買二竹牀應用聞陳六公仲子在商局遣與相聞乃云同舟還湘省親甚喜相見頃之易姓來云得喫飯處甚感今當報岳大人命來又云鄒巡捕亦回矣午後仲麓來言北事未悉岳生來問訊甚周至將開船乃去亦云北信未確但聞北洋死南洋嚇欲死孝達亦不能不皇然也酉初開行移臥房倉外詢之譚嫗即碧理妾也其子似解元人甚老實但不世路

八日陰涼曉過簰洲午至新堤頗熱見來船云是南洋妾本船又有長江提督妾皆避地送輜重還者夜渡江口初月平波仲麓有詩

九日晴涼晨至岳州待換船未到岳營站隊接差云安徽巡撫夫人也三姬亦舍去耶未遑問之巳初楚寶來船甚窄移官倉不得乃止一房與人共門帳房識仲麓處之外房仲麓乃與譚兒共推我同房稍可安身申正開船廖下送菜求改薦釐局與書仰煦兼送東物並與賀莘生相聞還其船錢遇學幕四生唯知一范姓杭人也云科場奏停蓋疆臣欲以恐嚇樞廷堅和議又南宋所無之事或云出自榮相意也月過洞庭波平如鏡

十日晴頗熱晨至靖港黃妾去劉妾船淺王妾拖船在後東倉迎日移坐西舷巳正至大西門紛紛俱上遣轎迎莪女余步上岸待仲麓轎至乃行將至復遇莪輿同到家熱甚始浴浴畢仲麓偕劉省欽來兼致六翁約夜飲看電報真決戰矣不顧劉張嚇死乃徵于鍚入衞亦奇計也夜至鹽署與六翁父子談便留夜飯遣信報諸女文柄不肯去

十一日辛巳小暑將往衡州水運陸困未果行也二陳孫來寄禪來荒唐似有狂疾

十二日晴陰可行以省欽約飲未能去以爲有戲局朝食後往訪湯團練聞團練已派胡孫矣過弔伯屏未入因訪朱叔彝便至鹽署客俱未至



坐久之黎善化陳少修仲麓顏生先後來待葉麻至夕乃至熱甚酒罷還浴看小說居樓上有雨

十三日陰晴胡子彝來留飯辭去待飯未欲喫步至善化署諸客皆集矣未面者王心田曾識者曾師耶昨客葉麻及省欽新招歐接吾飯後摸牌本欲與歐陽對手乃更辭去劉又酣睡余與王葉曾皆非練軍草草四圈喫豆花不佳步出與劉葉狹游至二處少坐恐雨各還至吉祥巷村婦迷道令從余行領至左局指示令去周嫗假還已去

十四日晴聞與循在城欲往未果久要舊姻晚至於此可慨也申後雨節吾來亦草草應酬交游汎愛猶不易得況親仁友賢乎

十五日晴葉麻來久談欲出未得已至午矣乃遂與女孫摸牌移席門堂客來殊不欲顧二彭坐久之乃延同話屈小樵亦來梁璧元後至客散遂夕周嫗還定行期與書但少村薦戴名

十六日晴晨出待轎至兩刻詣鹽署賀生鹽總家弔死鹽號王家辭博進
鹽釐周同知家看笠翁皆未入飛轎而還始朝食寫字一張六笙約飲
未欲去送寄　諭來復決戰矣衡陽應命毀教堂七處督撫懼怒而無
如何無綱紀至如此夜月澄明
十七日晴頗熱方僮不便使令遣投米湯仍令看船下行李子夷來早飯
陳孫光唐動至興訟以非吾所統姑置不問午仍摸牌喫點心申正至
王莘田處會飲熊庶常存案于證也葉朱先在朱即歷良爲賤者王兄
長沙令亦來相會黃修梁璧二元孔欽師屈藍諭同集將上鐙余出城
上船夜唯一嫗睡不閉倉水風甚涼
十八日陰南風打船噴浪如雨遣取遺件福同從鄉來省遂同上湘鄒刻
字來求見安撫何藐視疆臣如此豈亦西人耶家中遣送菜餌純孫來
送樹生來搭船七都蕭穀夫來問科場夜移百搭橋



十九日陰涼晨行大風時牽時息夕驟涼仍大東南風泊包廟久之復纜
行至朝霞司宿焉
廿日庚寅初伏稍有暑氣南風吹浪順水生波可觀也纜停復進竭蹶到
縣與書寶少陳鵬皆薦親兵賜才女一瓜遣李傭還樹生先去
廿一日晴晨無風船停不發待大南風起乃移對岸泊焉朝不欲食午飯
一盂纜至馬頰復停夜得順風泊上彎
廿二日晴午至株洲南風烏雲已而復晴停久之夜行泊上銀塘淥口上
地
廿三日晴南風動地纜至三門頗有熱氣忽得小北風帆行夜宿晚洲
廿四日晴正欲南風乃無纖颸纜出黃石望至黃田風怒號矣泊兩時許
船版蒸熱臥醒苦悶開窗納炎風亦足釋煩夜宿石彎
廿五日晴十五里至衡山縣乃費半日工遂泊待夕俄至雷石已夜矣南
風夜吼
廿六日晴朝食時過老牛倉見大石陵可橫一二里雷石正脈也午泊萱
洲久之夜宿杜浦
廿七日丁酉大暑晴熱午至樟寺纜行甚勇小惕即行投暮到大石有邏
巡船云查姦細泊石鼓已不辨色矣擕水手登岸欲入北門門已早閉
亦云防姦宄也瀟湘門已閉不可啓柴步則可呼因伺開而入至屺樵
家尋張先生其弟子皆出見乾傳亦與彭瑞清同來云門禁甚嚴南門
不能啓仍從柴步出要張生同行至太史馬頭行李船猶未至比上船見火
起城中張生甚驚忙恐其家中無主然不能還榜人甚遲水手下水助
牽猶三更乃至未夕食促辦飯小坐已至鷄鳴申飭齋長責以不信條
教蓋取信之難如此師弟十年猶以我爲戲何足以立法制
廿八日晴諸生分班入見亦詰責不信我者任績臣劉子惠來朝食後與



張生同下湘至道署任師已出見書村兵備甚喜我來云方謀團練守
備之事北行誤出考棚街乃至衡陽署見胡子清熱甚赤膊坐見盛綍
卿任輔丞亦來喫百合粉至府署見鄖師裕太尊熱不可柰步還珠琳
巷下船徑還
廿九日晴移席樓上可得半日涼隆兵備來鄖小亭來正浴裸袒對客會
日將暮匆匆而去陳生甥舅五人來昨俱留宿問前寄書遂茫不省記
入問始知由蜀青來遂以付之程孫今早來云設飲餘滋朝食後並與
兒俱去蕭孝廉來論縱橫事彭瑞清來應課
七月庚子朔中伏日始開課點名殊有城闕之感論讀書致用不讀書如
張之洞陷莫殺而不自知猶自以爲讀書多如王偉也待飯未來出訪
任劉遇張子年陳郎伯新厤十少耶三人俱留任處早飯余還待客催
豆粥不得甚怒而無如何卜二毛喻老太俱在尤不暇接待退坐樓上

乃延問之早講晉書午較牌消夏譚香階來裕太尊來夕去甚倦愒外寢得美睡二更醒已朦朧諸女亦爛漫頃之俱坐樓上外孫復睡去乃散

二日晴早課畢便睡日夕涼風復移外寢因訓蜀青兼告輿婦婦道

三日晨陰涼張尉廝十來周傭還得功莪書言時事云夷將奉我遷都此又外寇之瓶局疑有此也省委道臺來辦教案可謂恂謹得事大之禮

四日晴蕭監院來盛衡陽來言督棻夷尸甚急此又不智之甚所謂苟患失之無所不至功名士末路至此余甚悔不知人也昨夜雨甚久而小

五日晴晨出訪熊馮旋還朝食云任師頃來亦異事也程屼樵楊伯琇來所言又異云康黨言已大亂程送羊肘午熱瑺遣使來問訊廖左二教官來



六日晴爲黃孫講有馬十乘得畜馬乘之解十乘言貴非言富也看晉文三本夜涼

七日晴今日餞毛孝子毛與張子年晨來遂留朝食同至新安館待客攔黃孫同往更請子惠爲客坐任績臣房頗熱移牀外坐輔丞來共摸雀未二圈鄖小亭來改爲較牌亦未終局廖𣓁陔來小坐入席中飲甚熱俄而大風客懼雨遂散乘涼還

八日晴熱看晉文王生叵吾來訴王衛青橫擅令訴同學齋長議召衛青問之此亦學校美事馮絜翁來言丁京官已出京但聞要錢無復餘事北洋替代未知作準否

九日晴送論語與毛廖監院來請題知其早豫先緘以待卽以付之夕得怪風小雨俄而蒸熱睡甚不適

十日晴蜀婢思家遣狗孫送之卽去附書告莪夜臥不安五更暴泄

十一日晴庚戌三伏未飯向午泄止仍不食熱臥甚困

十二日晴望雨不至殊無逃暑地譚香荄請客以其儉省不能不往扶疾上船至大馬頭步上客尙未至頃之鄖小亭來遣招廖蕭兩學及任師來余已兩日不食矣尙知棻味但未能啗夕散城門未閉

十三日晴嘗日也衡無新米故無以辦張生來談竟日鄧生還永興附書問窊疾小愈三日不食矣

十四日癸丑立秋晴熱晨仍未食陳淸泉來客坐甚熱悤悤送之去常寧兩王生搆訟與書其學官鄧羅和解之兩人亦各有所主可笑也

十五日晴熱程孫來言李鴻章將由袁浦北上飭備火車以張聲勢云云未知天竟何如令作餅煮魚招楊任學來談新說至夕乃至未盡所懷

十六日晴陳郎李生來亦留談一日去毒熱唯能臥談又無茶瓜內院炎光甚爍不及往年閒適也

十七日晴熱甚將夕驟風陣雨殊不能涼夜月極明



十八日晴仍熱臥看陳文得文心四月書請述祖德程孫送瓜

十九日晴柱壁如烘熱無可避唯昏睡地席枕簟皆灼人

廿日晴官始求雨熱甚無可往以爲夜船必涼試往楊家兼答廝六哥乃正相遇留坐待鮃至月出無設輿辭榜還

廿一日庚申末伏晴愈熱講晉書王沈傳有眂𥈞二字𥈞蓋眂字之誤又說君褶衣爲兩重帛前說爲襌誤也

廿二日晴熱但臥不事夜又不能臥牀席皆如焚唯地席不熱

廿三日晴狗孫還無京信但云李鴻章至上海矣移榻簷下熊游璧送瓜

廿四日晴閉南門從東門入城甚熱亟還晚得涼風陳李來言團練且云衡守更替適府送課卷來詢云不聞

廿五日涼晨得陰俄雨出訪廖左兼過裕裕處見書報爽秋正法與許景澄同歸未知其由爲之駭然陳左言周同年女送姪就昏病於舟中左迎上岸今垂絕矣余許爲覓

棺至陳屼郎家已來催問此出事爲此事益信前定之說還船已暮得
楊生書
廿六日晴遂涼不暑朝夜可睡午夕猶揮汗（張子年來欲干裕差委許爲擘厲）看課卷畢
二課張生兄來宿一夜去昨往尋之云已歸矣
廿七日晴始看石鼓卷甚煩晨爲陳程看詩文午稍惕與書裕太尊
廿八日晴裕復書許張所言任鄖約飲兼報清泉因教案撤任二毛來言
陳嘯雲欲余明之於兪撫不知余方讎張兪必不干之也遣狗往瑠家
約其來衡
廿九日戊辰處暑陰已而濃雨看課卷畢二百本童題守望相助竟無佳
者滋暴疾心痛念其孤弱無以慰之
晦日晴當遣諸女迎莪爲之屏當行計入城至安記取錢邀任師因至程
家遇孫提督子不識之誤呼其父名在晉宋時一大笑柄也鑄生來與



張生送客同訪衆生常孫爲主人各設瓜子月餅殊不得飽聞任學還
因與任別攜張程渡湘至楊家伯琇云弟已渡湘頃之叔文來云　兩
宮無恙袁欲南下杜探花妻被傷曾侯家被焚然不能言餘官消息仍
無聞也麻六來同留夜飯初夜各散五更不寐起行階上思爲道府作
奏遣人入都奔問以石鼓館師自願充使故也似是正折但嬾作奏耳
八月庚午朔晴昨夜五更起遂不寐待日出出堂點名昨一日餓今晨火
滅不得飯米湯泡飯先食一盂遂不朝食矣四女將行留小者不去六
九十攜兩族姪以往水淺從沙上余攜黃孫周嫗坐小船先至城取錢
復楊生書欲尋程孫論軍門大事云又出游矣取百元寄鄉餘用買炭
今年煤價同漢口所未聞也出城看女船頃之亦至登船小食欲爛麪
不能久待攜黃孫還已夕久之乃食甚熱欲看課卷汗淚乃止早眠中
夜起兩嫗俱直宿內堂反不閉門呵之反脣所謂近之不孫者耶默然

還寢
二日晴風涼日熱內齋猶不可坐正看課卷云常德趙客來屼樵同至殆
其妻弟也令真女呼房嫗入移輿婦出真亦不肯又呵之程云朝出兩
使王（鶴榮）趙（紓經）意在張劉古錢名士門房人遂查辦主人翁友可謂
暴貴也陳清泉來訴冤余告以教案將反保護又有罪矣漢口教堂亦
毀張真張也客去食未飽蓮弟來看課卷畢定等第送去
三日晴熱未減北風聚燠清坐猶汗看隋文二本
四日晴任鄖約飲待黃孫課畢同往買油鹽房嫗爲三婦請錢補發月費
遣陳八送黃孫看戲獨至道署胡子清亦在主到招屼樵來摸雀頃之
鄖來近日城官以爭教案各有意見幕客各爲其主亦相得罪鄖氣尢
盛雖見不和也王聚庭廖蓀荄任弟程孫續至又改較牌俱不專心應
景而已夜初散南門未閉與任弟同船還至丰（張生伴黃在船子年遣人假燈俱出之去）任



送茶二甌黃孫不飮余啜一甌餘以賞渡夫
五日晴熱仍似伏但几席水石皆涼冷未測其理昨去太晚今當詣兩縣
和解因至程屼家小坐云張先生游西禪寺去矣頃西禪秀枝來送蓮
蓬余與同出見一人稱余一叔愕不識也舍之而出自程家步至衡陽
屼送出門余便邀同行盛太耶以兵差爲憂胡師尙未早飯芮師已出
便占其書室拉程盛與任較牌亦不用心半較使散子清設水餑餑任
設癱滾並留任陳晚飯辭出與余同至清泉陳嘯雲亦不牢騷小坐出
分道余獨至府署周山長先在蔣兒程孫亦至更有馬委員朱孝廉鄖
師同坐程送余出柴步門門已閉矣還與卜真兩女鬬牌未終局倦眠
來人卽少瑚族子言天津事始得真消息
六日晴李傅相之餘恩猶在天津比槍賊故勝孝達晚出乃遺笑柄讀書
人反不及八股人此則安分不安分之別槍亦安分侫胄則不安分榮

禍所以異也近日大搜康黨云宦裔士林竟至放飄同會匪之爲殊可
怪歎遣問楊任學命竟何如仍下湘至安記遣邀任師來張生攜其三
弟子來問訊因談向道隆譚嗣同死輕鴻毛仍蒙褒䘏之名亦不讀書
之過吭邀至當鋪與趙摸雀任師大負似有裏手外行之別四圈兩點
畢散與任同至府學鄔廖譚先在又一老翁宗（左學高所訓後生）問姓云廖子
師也席散未夜步出南門乘月還比日皆先看魏隋文一本乃朝食
七日晨陰昨入內太早反至晏起今不復入補寫日記楊慕李請看戲傍
晚乃去猶熱不停扇丁篤生亦鬮分唱戲殊有童心蔣彭伯琇同坐攜
常孫女往便令隅坐未二更散川風猶溫水則涼矣
八日晴兩學涘胙屠人送羊頓備太牢惜天熱不能飯負好殺耳夜雷雨
大風吹帳時已半夜喚曙子閉門乃定
九日晴復熱江少甫來云今日祭社稷壇留早飯固辭而去飯後張麻來



喫牢丸以攜嬰詒楊受其二元於情理不合乃補送戲分二元託張交
楊欲必收受也移入內室就便照料
十日晴看北朝文畢甄鸞卅六笑猶未能過筆澀鈔大要專恃弘明集不
若置弘明集及文苑精華則大雅矣匠作牀架復移真對房書院及諸
公所收捐大敝事也鄉人輒以訟不得直者悉輸入公首士代之受過
余遇此等悉拒不納西鄉有公田六姓所置三姓不能問廿餘年無粒
穀入公因捐入船山公租彼三姓以私捐訟縣縣中不直捐者又不知
不捐者爲尤私也蔣生來告余以屬程丁因自入城兼訪京中事但諱
西奔未得其審過道署遇胡師因與任胡同出至鐵鑪門下船而還黃
孫昨欲從余看戲告以成童不可跟腳並攜入城會少湖飲至火祠看
戲少湖又急遽回船乃俱還王庶常來
十一日晴首事送修金真素餐也亦藉以過節

十二日晴遣少湖去還以卅元廿金十二年僅取息二兩猶爲大幸使無
此則困矣余嬾不事與兒不老成大小事倚房嫗爲之並令入城終日
淸孤大有老境
十三日晴議告道府遣人入京問訊附奏外事朔課發題試諸生交卷久
矣未遑披閱稍涼改定數篇常霖生父子及其從孫父子與程孫同來
遂留一日新田教官周年姪及任買來俱未問其名字夜月樹陰移鐙
牀上從來未有此
十四日晴晨出納涼改課卷未二三本突有張國維求見挾輔廷書問其
來意云王斐章將領三營來求差使告以方過節未暇也裕衡州送卷
餚糖乳糖頗似柿霜尙勝北流
十五日甲申白露節猶似三伏約武陵趙叔佩摸牌子年爲具安記未明
具食即攜兩外孫與兒同往乃無所辦唯程家傭僕掃灑以待遣輿往



偵之乃偕張生程孫俱來久之任師趙四均至子年後至（夏招常纍生來）吭樵
繼至云程家爲主前飢後飽月出還舟甚倦且熱兒女拜節小坐即睡
二更後醒還寢
十六日晴稍理功課昨喬子婦來見遣船送之去石潭女子也來即爲副
耶娘子反貴於曙生嫂張國維再來見云王斐章字紫田求信與之余
有願來者不拒許爲作書夜倦先寢
十七日未明然燭作書與王姓初不記曾見否林文忠日記本不隨身殊
不得日記之用飯後蕭生偕張通晉來張國維亦相識未及談程孫偕
其妹夫夏五彝及弟子來久不見五彝與論國事乃云西行的實拳勇
護駕故可出也頗言張孝達顧全大局余言非疆臣之義且亦不中情
事假令不保護亦無事也留飯去張生兄弟異來同去
十八日陰少涼出看熊游擊聞其初撤而代者倏至迅疾駭人又聞大誅

會匪楊叔文亦在刊章中亦宜往看先至陳家荅訪夏榜眼遇蕭生同渡湘熊出楊逃馮蔣均出僅見伯琇而還送蕭渡船余獨還初更夏程又來談時局夜雨

十九日陰雨不甚涼晨出小坐黃元吉來送文相質問西幸事余云凡夷狄侵我猶鄉中抄搶雖宜報官非家所由興衰不足問也又與夏言君父危急義當往赴不必問有益否又言聖道將明蓋以利輔禮之窮中國人心不測唯禮可齊而實僞耳僞不能久故孔子又云小人喻利君子喻以義分而二之意亦救敝之一道文質之別派乎朝食後程夏去小睡便夕食以爲太早家人皆云不早已食晡時乃夕正早十刻耳夜復索湯餅猶未得飽熊贇官將去請程岏樵代其餞席夜雨

廿日陰雨未明起送帖請道臺陪客已復小睡卜女疾未朝食余出外齋欲爲劉希陶作序曾醒愚來久談遂罷傍晚任劉從卡局來云清泉得



留熊亦以保護被撤省城方閉城索反者挨戶派費練丁人心大定可怪也蓋官場之言以擾人爲安人

廿一日朝雨甚濃已而陰霽攜黃孫入城至程家待客昇而往任已在坐云約九點鐘今已十一點矣余但與任弟約其早至實未約時刻也要逭程同摸牌四圈局散催客胡子清先至道臺旋到待熊雲卿甚久云爲績協所留道臺已倦矣熊方豪談余未敢酬答二更散黃孫在程宅待去負之出城川光甚暗還船悽黯

廿二日晴朝食後復下湘至安記坐待李復先生久之與何鏡湖同來張程生亦來談時事李欲用孫堅法斬阻格義兵者余云方今亂殺人可從譚唐流血也又言大學堂狀元被殺皆不當結連日本當自樹一幟但無錢耳余云未聞劉項待錢而興又言上等如漢唐次爲曹操余云曹起最正後乃謬耳漢唐亂民不足稱上又言浮橋捐則非豪傑所宜言坐散至當鋪陪餞趙之局本約摸牌而客不來勉要任江一戲鄔師先至易摸而較亦止一戲遂入坐丁次山朱德臣張程生同集殺牓昨設未夜散次山同步出南門張程送至門余偕朱鐙次山與僕同送至太史馬頭乃上岸去還有星光湘水暴漲

廿三日晴秋風振林竹陰篩日好光景也桂陽尹生來上學看課卷會館首事來

廿四日晴晨起入城欲爲婦女設席聽戲聞在天后祠故不可往往來道署安記始作罷論道臺及任師皆往府署祝壽去矣至程家遣呼程生來道遇朱德臣甚訝余早岏樵猶未起復與張程生至安記又還金銀巷乃朝食猶早於常日飯後獨至安記清坐常壽民來相看久之去岏遣昇來迎令待午後又臥久之衣冠昇至閩館陪熊雲卿任鄔朱程江顧馬陳爲主人陳即館人也壁挂汀連人四大字殊不能佳將夕熊至



未二鼓散出鐵鑪門還船

廿五日晴晨出點定課卷甫畢還內稍愒外報曾姓人從廣西來疑爲游學者又疑是震伯遣偵之果曾太守也喜問何來云廣西撫遣問安喜植庭之知禮同來二人一陳姓一云體用學生皆不發一言談正酣熊雲卿來送船價百五十元岏嫗皆以爲不可買余違諫而買之船行以有先約抗不許熊乃至請知府出差可笑也既送來不問來歷而收受焉即登舟看視熊固請先去余要曾陳三人同舟其一復辭上小船震伯欲得公羊箋遣輿兒往城中覓之遂同下湘余從大馬步上至朱家已夕矣任江趙二程久待恩恩上食席散迎者未至要任趙俱至安記摸牌江以轎後張生來云陳八在舟相待余以爲必不然已而陳來乃知書生論不實仍與任步從鐵鑪門出還始二更

廿六日晴朝食前始起鄧生來言劉永福即康有爲且盛言哥弟會之可

用李生正復來言時皆豎子大有無所不可之意與書王巡撫薦之胡
咏丈以一軍窮雨蒼是一塊考金石也說大話者但不送頭皆宜一用
廿七日晴無事清坐姑作江陵祠記未數行輟之看股票乃知余有大戴
評注遺輿取看云尚未至
廿八日晴作祠記欲成復輟之蔣滿大人來云京官補缺可不夾箸且約
明日登朱樓賞秋何其暇豫又云京官皆出京矣唯夏彭未出大可補
缺
廿九日晴朝課未畢朱蔣來催客答以甚早已復念俱在城外恐當早散
未初便往楊幕李方短衣磅礴小坐登樓炎光猶爍復下點心任師鄖
胡羅三辟來談取糧價爲團費皆云可行夏五夷來相聞遺約之來則
張程俱至又一生客云歐陽叔德牧雲孫也云曾在江南曾祠相見重
伯叔文之流也夏言李生辦團有效羣疑衆謗成功將退矣未及行炙



已及初更率四客俱還更同晚飯倦早寢
晦日己亥秋分晴歐陽生談西人毒礮火龍似讀封神傳然余未見仍不
信也火攻固宜極凶欲盡一城之人民則無此理姜子牙已不能行又
何患耶吾自有龍吉公主灑水救之朝食後促張生去四客皆去常孫
女夜嘑令從吾眠攪半夜不得寢
閏月庚子朔晴出堂點名改派齋長便下湘答戴參將送熊游蟳擶黃孫
從渡湘看夏牓眼正在寫字字殊不成章楊八辟枉送一扇爲吾作楷
隸尚有筆法一軍官二僧來攪人避出答訪王進士似尚未起局中正
飯未知早飯午飯還程家朝食與張生同至岸邊上船還已日斜矣陳
郎自桂還來未遇
二日晴蕭生來言訟事王生亦來言訟何閑散之多也陳郎復與其弟來
李生亦還俱晚飯而去書與奭兵備寄祠記去

三日晴夏瑰青來朝食後程夏李來夏欲薦李於父余以爲未宜幕客必
平行爲主人嚴事若子友則體紀難也李生未去而夏兄已忌之兩人
猶未知程似知之程天分鈍於李夏而先知情僞所謂旁觀明也正縱
論間周嫗抱一嬰兒來云是丁孫乃知女船已至往看戎與瑺先到矣
各擕一女云顧一破船傾側漏水出客坐畢談夏營務先辭去餘亦繼
去云竹軒擢蜀臬滋軒改粵督和議不堪想蜀桂方議勤王勤王亦不
堪想也湘孫亦來箱篋盡溼纂洗煩勞幸不覆舟耳夜移外寢內室頓
增至十五人外住六人並傭工流寓廿四也尙無跟班廚子其鰥如此
四日晴遣狗孫從軍從桂陽勇去戎遣嫗下湘送土儀廖孫荄送池魚
五日晴晨始可縣正午猶熱寫字四幅夏張來云程亦當至已而得廖拔
貢訃悤悤俱去余同下湘至鹽丰答訪張通晉云已歸矣任三赴席子
惠頭痛裴回待船子惠扶疾來陪入丰坐看桂花未發至簰上坐久之



船來乃還齋長請革渡夫以劉門子代之陳八仍戀充斥令交替
六日晴作書復吳用威董卿又爲熊翁求解棊厤吟詩一首送夏牓眼覓
兒子不得兼責婦女滋方病旋自解釋多此一怒也門內直無用威時
七日晴遣送信尋夏云昨已去寫字四幅將下湘蕭監院來請題以前月
題與之
八日晴晨起喫麪下湘送大馬頭上欲詣西門誤循南巷行遂入南門至
道署問道府被議事不請朝旨而徑檄代督撫專擅如此出西門看廖
笙階已顧船矣殊太悤悤入城至胡齋程家告張生以作文法程郎云
相待爲文前分派三生今一去矣當於我取之且云太尊郎來取乃還
院令輿兒擬之至夜改成告祭湘川一篇亦殊周匝洲東水闊改道西
岸
九日晨未起衡令遣人守取文便以付之又作慶橋文則無藍本告陳郎

以上梁考室爲比懶於繙檢直作四言兩句一換韻亦新體也陳李夜來談時事李生得意團練未知告事之難當令與朱品隆張運蘭等一遇方知人情耳

十日晴看詩補箋十葉廖蓀茇來李生云今無曾胡其人余云廖卽曾夏卽胡也以告廖廖云曾愚不可及今殊無好事之意馬先兒來送蟹栗未及見陳八郎書董相公書

十一日晴陳郎作橋記亦不似再改之略似爲改定之令輿作三日不交卷此又太速也復講晉書賈嫗病瘧

十二日晴程生自淸浦寄聲索希陶文序云時敏欲藉以報未詳何人也瑲與三婦出訪親族我移房與真同室

十三日晴晨起明鐙補序劉事遂成一晉文卽寄淮上送去裕求橋文而不自索程郎使來已夕矣前早後遲俱出意表夜早眠中宵起聞雨出



看復見月諸女皆夜起待旦

十四日陰始欲寒矣晨未辨色卽起具捧子三舫攜滋紈復真卜女湘孫黃常外孫奶媽傭歸輿兒夫婦宜孫俱下湘看浮橋兩迎瑲女不來設蟹麪爲早餐自至瀟湘門官廳兩孫三學協將府員紳皆在道府至遂祭橋步橋推余及彭翁爲前行並稱劉永福之忠勇云和議成師將還粵

十五日甲寅寒露陰涼夜雨始閱石鼓卷五十本召傭婦照料賈嫗

十六日陰廖蓀茇送炭閱課卷張子年周松喬來得丁郎山東書

十七日陰閱課卷夕瑲還張生生女廖傭來云瘧未愈且寄食而已

十八日陰雨閱課卷六耶來張仲暘來值雨船去六耶亦去云欲仍求鹽丰應急北務不可爲也夜作牢丸

十九日陰寫對子閱課卷蓀茇來辭行云省信來巡撫不能爲謀葢亦無如婢娟何又欲送煤兼督寫詩卷半日了之遣信送去二陳郎李生夜來

廿日陰我出詣姻友家房嫗從行船夫亦去遂無便辟使令廖送煤來自出料理毛孝子送銀魚陸生送梨皆適於用看課卷至夜聞大還除未記姓名但訝李鴻章無故開缺

廿一日晴看課卷女客來半日未入內客去已夕矣鄔子許往來許屺臺孫也

廿二日晴看課卷毛孝子張尉來夜定等第檢雷同卷俄失之矣腦氣筋不靈荒忽如此記傳言古者多云殷制公羊傳云古者鄭國處於留古非殷自明黃孫夜疾王岣雲兒來六十矣已卅年不相聞此來爲訟事

廿三日晴課卷閱畢遣送府署久未入城往道署適督撫撤任檄至張督荒唐不足論兪撫附和可恥曾不知也任師倀倀因出尋屺樵求壽對



唁張生殤女四日之殤未名不哭並不能以日易月者張云程生自省還遣喚至余已出門因邀同船還云楊生甚謹言亦奇聞也聰明人年年有進境令作餅具飯至夕乃散

廿四日晴看月課卷隆道臺將去矣爲了未完事半日畢古今稱李白豪於詩自許能倚馬萬言杜甫亦云斗酒百篇今觀其集唯古風有數十首殊非一日之作自外無連數十篇者至明人乃有一夜成百首以誇同人率一生偶一爲之若其興酣疾書下筆不能自休余所聞見唯湯海秋亦祇自言十年三千首以太白較之費三石酒耳何其僅也余友鄧辛眉五十年詩始萬首比之劍南及樂善堂皆以久積爲富善化盛壽巖算於詩自言年甫壯已有詩二十一卷余得見其衡永游詩四卷無論大小匪古近體每輒二三十首自言不多則體體不快曾滌丈所云數十萬言才未盡者乃眞復見之信天才之各殊乎詩氣豪而語絕闢無限深險怪之字於吾鄉陶園爲近其先世固居吾鄉爲巨富至嘉慶孤貧力學宜以其文富故義寧陳侍郎撫湘禮致之甚歡及設湘學上客後皆挂文綢繆繾綣然不與又非太白好俠之比也今郴山江淮益壯其詩情將十年萬首如載百斛酒拍浮長江又何較乎廣本韓頗錄乎余居飯顆山復且老猶將與細論文也

廿五日晴熱復單衣將下湘房嫗作餅留啗四枚出至道署唁隆兵備失

位坐任齋値胡委員方將斬囚爲張督討也余言官已不保何爲殺人媢人宜縱舍之皆愕不應遂至安記買米云米已貴矣宜儲過冬乃至峴家謀之而已約任待於街側久之云任與蕭譚將步往余亦遇峴於巷云已儲米十石遂赴衡陽方聚訟至胡齋鄔先在任蕭譚繼至盛綍卿延賓入坐至戌乃散欲出瀟湘門不得出柴步門未閉復下從浮橋渡至毛橋遇舁來迎令待於津踏水過已二更夜雨

廿六日陰有雨仍未涼女婦均赴程家黃孫生蜘蛛丹亦令往覔醫唯留兩宜孫從奶子在家至夕盛詩人來聲如洪鐘屋瓦皆飛劉知幾所未見也云欲游江南强我爲序劫於威而從之夜六九女三婦及卜女還餘均留城爲卜女書扇

廿七日陰晴晨校春秋黃孫心忡暫停讀程嫂仍來迎諸女去惟三婦不往夜聞水陸各還人亦勞止人手猶少之過王魯峰來夜風始寒



廿八日陰晴校春秋得少胡書熊雲卿書來謝教子年來

廿九日晴小疾甚困劉生來問禮未能答也夜肄儀亦未能出陳張李生來留宿書齋

九月己巳朔晨辨色起待事監院遲到已初獻譚香荄來便請攝事蕭教授來事畢矣首事遂不至設麪爲船山作生日午散甚倦夜早眠

二日晴庚午霜降三女告歸云其叔舅五十生辰求對一聯晨起作之午後與婦同往楊程家遣問任師行止云已賃宅矣

三日晴與請往常家云我命也未記曾說否姑令一往亦晨去寫字三紙早眠

四日晴看前月課卷廿餘本寫對一聯桂陽劉生來與言世事乃一不解猶自以團練有功與長沙秀才大異此正可用之驗而自驅入穽者亦可憐也乃知曾侯請練兵亦愚而非忠又湘鄉同外府之驗知民情定難晉文未必盡之

五日晴熱晨詣馬嘶巷看隆兵備賃宅便至道署已無任師矣遣問魯峰云不知下落至當鋪遇朱德臣與峴樵同至家少坐喫撩粥油檜張生亦與過濂溪巷任九出陪云其兄外出約再來便至府署鄔齋遇張耒陽名致安辛卯黔解也亦進士官云掌富有貴爲之獄頃之磬屏來請客鄔辭不去余正未食便邀同往陪姚通判云曾見於黃海翁處海翁乃有此客耶飯罷出至署經廳處未遇復還任寓又見一俗吏小坐而出還船甚熱到院晡矣復具湯餅未幾又夕食

六日晴二毛來云署道已至遣送大魚與磬屏作韭餅鰕餃女客來檢趙次山節略失之徧檢敗興遂無所作

七日晴昨夜遣船下城乃與王妾傭鬭爭而還一無所得殷潛學善之來送卜云哉信物並寄銀與其子女女約盛昏云又無成遣召二毛來令



往就昏朱宗勝來居間云我捉王傭來請釋放乃初不知有此詢之云實來被曾二耶幹去矣離奇可喜召渡夫詰責之

八日陰朝食後晴入城送隆兵備猶未移寓乃至安記張生師徒來峴樵留點心今日孺人生辰早麪已飽未能再喫因與張生及譚姓程二子同至道署看送故入官廳始知府雜同流甚無體制還寓小坐再往則已出署穿段家巷出鐵鑪門復下至八元坊南遇之旋至西陵宮易衣乘舁而往見隆方入宅談數語熱甚出遇朱德臣一揖而別還院已夕夜大雨

九日陰雨欲登高不果遣黃孫從諸生上鴈峰聊應節景作酪無餻以餌代之若遇劉郎又不敢題矣

十日晴任師早來告去留飯乃行午間夏署道子新來舊相識也來未往看之拘於俗派言文卿已生還　兩宮至獲鹿乃得飯未必如此之憊

隆書村亦來新官對舊官張孝達之謬也

十一日晴晨起送任尙未上船至其宅則方梳髮不欲久坐同出訪江署聽嶲周嫗兄公往耒陽此嫗平生得意事也還船看起炭團將午乃還與書嶲陳升隨夏

十二日晴院生有擕洋槍凶徒令齋長飭禁之程七少耶浮來暫去曾薛蟠之不如亦訓飭之程生送蟹

十三日晴黃孫十歲散學設湯餅小疾不欲食黃孫請齋長喻秀才余招張生陳郎兄弟來持螯張失約不來乃留麪待之麪又不足至午張陳來令輿設酒余未出也夕食亦未飯陳郎送賦來看居然成章疑有假手

十四日陰將下湘房嫗疾請留一日夜雨功遣龍八來送醃菜

十五日陰晴毛杏生來値余已出沙中立語而別云當送其子入學從謝



生讀完夫照料之余遂入城答訪夏署道說大學堂論張光宇還船上湘見一腳擗詢知梅老師相待久矣問其行蹤汲汲以到湘潭上任爲急梅本求回任而爲廖所持雷生乃乘間而代之以湘潭訓導缺較瘠也梅始而怫然繼而欣然今而皇然少坐而去

十六日晴爲陳郎評三史序述贊兼示韻學門徑頗有新得午後毛杏生擕子來見忘爲陳設客來掃地令入新齋從師余不預焉專師之尊也爲作餃子毛又載酒延師令輿往作主張子年遣船送菊四十株

十七日晴風乙酉立冬遣周六往永興看女諸女往楊家看菊紈女未去看范書傳論

十八日晴張生昨遣妻來辭行辭未見張又自來錄余史評余欲換金買炭仍至程家過鼇丰詢知任師未去又一奇也張之洞以衡士敢輕洋人檄捕鄒松谷於獄乘程舉人不在城也夜大雨

十九日雨輿從張俱去云有看菊之會看揚雄箴李斯銘均不爲極思鄒不能捕以其子代

廿日風寒

先孺人生辰例有湯餅仍令作餅應節俾客中不忘祭薦耳因思先母安養僅得十年不及亡妻塵福風樹之悲知有子之不足恃也但曰貽令不如卽時一杯酒黃孫從輿入城云衡守亦撤

廿一日晴舊鈔漢碑記隸釋次第爲作目錄乃闕四十八及十當時殊不子細陳升方去陳順復來無業者多生路絕少入城送張生一日尙不成行竟未相見尋任師云在衡陽追至衡署直入胡齋坐久之無人竊馬褂而出亦無人問出城正見殺人觀者如堵至淸泉學舍問廖梅左消息從故道還至程家亦直入無人復出無人問至安記尋黃孫不得出入亦無人問還船俱集從李渡上陸行還院



廿二日晴看漢碑欲作趙氏碣文思不屬亡妻忌日子女皆素食罷戲廢業余擕黃孫周嫗入城未詣人而還夜籠鷄爲野貍所齧晾衣被盜捲去

廿三日晴遣人入城項背相望移三女入內衣箱下樓皆爲竊戒也鼠偷亦能擾人由無高垣重門之故故設險說不可廢而余好坦易所居無垣牆亦未大失也夜熱永興信還

廿四日晴有風看漢碑了不異人而苦不能似由想境思路字面今古不同雖好手不能勝拙工非才不逮也始見學差單皆尹銘壽之流浙人殊多所謂盡殺江浙人者殊不足信

廿五日晴唐蓬洲來署衡守未受印先拜客不見十八九年矣云少我五歲尙不能休以無家可歸又言隆兵備必罷官衆皆知之智者無所用其謀唯通神者可免江人鏡是也孝達遂至於此宜世人之不用名士

廿六日晴召花農來删枝條下湘答唐拜兼陪隆道臺隆將下省勸之不
止本不必勸所謂詩之失愚也至府正値初拜印並唁裕公而還程家
吳桂樵左儀坡作陪客書村來便入席岏樵叔姪作主人報隆京席也
二更還毛杏生午間來送羊肉饅頭飽食而寢夜半不覺左肓程儀洛
字羽亭山陰進士諸貴人所爭舉當今人材也又云皖撫擢川督剛毅
病故今年樹介未知將亦應天象否
廿七日晴隆兵備來辭行去時拜辭蓋不復來點禮記安其居節舊讀皆
云節醜今案醜卽惡也與下卑宮室爲類上云會節此云居節禮以節
爲用也節卽則也禮至於序宗族則必求安其居節故力有不給而必
自醜其衣服卑其宮室乃能贍也文本易明鄭注亦未以節屬下乃自
來誤讀今始正之
廿八日晴衡人公餞道府初不知會昨始知之以例附入未正攜輿下湘



王魯峰來送士儀世俗最可厭事將求於人必以豚蹄辭未見令房嫗
入城因與同舟下步至釐局答訪毛杏生乃知有戲衡紳魏二蕭一楊
三程一皆雙分馮二丁一舊族廖一雋新麥並水一戴路一王彭二公
孫李哨官凡十八人設四席隆裕獨坐衡清旁陪菜出甚遲初更乃散
已閉柵瑣門路無行人矣馳舁呼渡家人來迎遂岸而還有候見二人
其一寶官一似許虹橋問之乃瑞孫也得瑠信懿書荆宜道書
廿九日晴煊督傭掃葉拾枝以備冬用黃孫頑劣撻之甚怒遂動氣心衡
未能夕食殊乖調養之道
晦日陰欲雨而日隆兵備送韡將不復得京製矣見其招帖猶爲惋歎
十月己亥朔點名始復常課朝食後有雨已而復霽寄浙信復趙九先生
其甥不知其第九亦猶黃子壽不知其師第十三也懿來請錢今年虧
空恐無以了之

二日庚子小雪雨淅瀝不休纔能溼衣耳出送隆兵備日旰而往正値登
舟卽往話別悤悤而退坐舟中待換鍋幾一時許乃云求甓莊不得可
笑也還到岸昏不辨路易鞋呼火始得上
三日陰雨檢知縣贈京銜未得卽更作文魯齋墓銘及文皆寸寸煨蛇而
成亦自可觀封寄山東了此一債
四日陰雨尋陽穀水道不得漯水逕莘聊城必逕陽穀然則所謂東武陽
卽今東昌而陽平是陽穀也水經注之陽穀乃今東阿耳陽逕渠也
五日陰晴霽生子從姊夫來入學齋七亦來陳鴻子來求館
六日陰寒雨鄧生來送橙柑裕衡州來告行端王圖禁和議可成以數十
賈人居然抗行中國帝后自義黃已來未有之辱也又不如劉石烏珠
爲其俘囚
七日寒風仍雨輿婦入城山東專人來迎莪復書陳甥與書趙景午託之



八日陰看陳郎所釋天問較叔師爲有眉目讀巡撫批祭酒呈詞世俗無
恥至以具呈爲山長之職此爲子游公事云云所誤也
九日晴作字送鄧生以報橘子之惠發湘潭信寄銀百四十兩作花邊二
百元送裕詩册去管家婆辭工比羅研丈長工辭工爲尤可慮抑志弭
節以留之
十日晴教湘孫作書復莪姑說離騷該秉季德該卽少昊之四叔該爲蓐
收季卽孟仲季月之季時也今猶謂四時爲四季厥父羲少康之臣也
臧匿也羿澆亂夏該父藏匿之故失其官而爲有扈牧豎遇少康求澆
因爲內應而告以澆處因得弊牀殺之耳恆則未聞亦秉季德則亦四
叔之一自得朴牛以班祿是未失官亦未必與該同時作書報揚州陳
虞文沛南丁溯根
十一日陰晴雨不定朝食後下湘泊浮橋上送裕衡州其媳屬先上道府

羣僚俱待津館城中皆焚香供水以錢自北門出南門還至瀟湘門已將夕矣程氏叔從亦來送要之過船少坐待客散而後往小坐而別程從陸余過船裕送上橋還尚未夜湘水小漲船從故處上已兩月斷流矣

十二日晴彭公孫及常通判國齡來稀客也頃之石師耶汀西譚香陔夏道臺踵至家無應門乾坐而已夏復以看課卷相嬲云恐有意見之說亦官話也直道不行左丘明恥耶否耶孔子亦必獵較

十三日晴夏道臺送聘書來諸女議燕𦡆入城辦具

十四日晴文心求作其大父母傳表本無文情取卷紙每暇書一兩行自來作文無此法孫過庭所謂五乖也

十五日晴煊校新刻唐歌行五卷卜女生日爲設湯餅夜半大風有雨

十六日甲寅大雪節陰風有雪諸女入城三婦稱疾不往蓋外來女不閒



禮教驟教亦不能變古人所以立去婦之法在今則不可教而不能怒矣自爲經營送迎至三更乃還夜月

十七日晴仍寒作張氏二傳成亦可交卷鄔小亭贈詩午又來談云端毓俱自盡矣程孫送電報來則云未和俱食以湯圓而去

十八日晴出城答譚石過夏程看胡子清詣鄔唐俱來長談日已斜矣本擕兩外孫恐其難久待因令船還余過浮橋訪常通判云已還鄉遂獨步從沙岸還到院正夕食房嫗未還將遣迎兩孩餓而皆至夜自處分廚人乃遭彼婦申申詈之不服乃竟掩扉睡去情理俱窮亦遂置之此則近於孟子之所三自反矣然自反而禮則猶未也湘浦復涸仍由西渡

十九日晴遣人買煤價已十倍五年前矣此乃反本之兆煤本非家常所用仍當樵芻也

廿日晴丁氏外孫女生日其母云姑喪不可設湯餅賞以千錢又以一元爲設餂心夜待月乃寢

廿一日晴煊看課卷期一日畢至夜遂罷夕睡遂不寤月出乃解衣已鷄鳴矣

廿二日晴課卷閱畢午看官課卷至夕亦畢遣送監院西禪僧領祁陽僧來送錫茶具夜早眠

廿三日晴晨閱唐詩作半丸欲詣白沙仍不果往因循兩月餘蕭舉人來請薦函

廿四日晴晨看陳郎賦甚佳作昔與道臺衡陽令皆薦卷館羅漢寺僧來送豆乾約齋集默然許往道署送卷敬以還逋欠

廿五日晴與兒生日諸生爲設酒四程皆來談宴竟日李生云和議支吾又將幸蜀



廿六日晴胡子清來云道革府降洋兵將來限六禮拜獻湘鄂撫委蔡道迎款矣看唐歌行

廿七日晴兩路防營新舊營官來新弁汪炳禮字蘭生稱世愚姪云頌年編修族兄也老矣出示撫奏乃知教案原委又云魏移雲貴崧得甘陝譚真向隅矣有雨旋止

廿八日晴劉子惠送炭戴明來羣僕以我爲逋藪來者不拒因與之爲無町畦細思之真不聊生也辦肉菜亦兼昔日一月之糧如何下臺此又經典所未言人生所難値夜煊𤸇行空宅房室陳設甚麗

廿九日陰門前烏臼樹爲僧盜斫僧之無聊如此院生或禁或通意亦不同又奪其薪亦爲非罰既不相干一皆聽之外間傳言洋兵已到江漢國如無人可歎也敝至如此五胡之極報與

晦日陰欲雨不雨殊無所事亦當復日課以消永日尋思無事可作擬爲

韻書取龍翰臣通說勸之殊惝怳無定

十一月己巳朔晨起點名朝食後欲出過雨而止毛杏生來安硯具摯辭謝與其子同舍爲出一餐

二日陰晴朝食甚晏任輔丞自省來云夷船已還鄂夷使來謝張督者十餘兵船大宴黃鶴樓書生之榮極矣客去乃飯舁至兩路口擋黃孫從令看郊壘汪營官正入城相値於道王都司已去矣卽從太史渡渡衙沙舁還尙未午也任續丞劉子惠來

三日陰大霧輿赴消寒集二陳俱去彈指一年事變不變此寒真宜消耳

四日晴煊朝食後答訪任劉俱不遇便出西城過輔丞約其齋集云三貓妻生當往賀也余先乎出城停轎學前問廖笙階云已到矣方入城衙參遂至西禪則請經僧傳戒請客客無至者幸得任師邀胡通判任委員來四僧四俗飽餐而散取大路還渡衙岸回院尙未夕食



五日晴滋女昨疾憂之今得小愈柔脃之姿與命相持殊令人縣縣六耶來索書爲千朱八歐陽伯伯亦知無益而無柰何因歐及功大發議論云士大夫做生意不如賭博賭與其贏不如其輸此湘報所未及真新學也李生復來言錢云錢店負振款余言經手分賠無則聽之此事理之自然而人以爲河漢亦新學也世人不好新染於舊習耳故康誥欲新民而先日新也

六日晴愈煊得陳六翁赴書報其子喪作一聯挽之（猿公橋叟共娛嬉恨蹉跎一第艾服從官）（名字甫聞天有路請纓難救命鶴子梅妻氣解脫記 風月重湖茶煙未歇歡游俄隔世登堂撫杖獨傷神）晴日南風頗似初夏廖孫芰來談云朱雨恬譚敬甫均化去矣（衡衣徒步肥相從喜冊 年平揖公瘦豪情吐盡）（青生氣花徑玉缸須把酒看請 子滿咻響筠里社仍祠稽番錦）夜轉北風

七日忌辰素食深居稍合禮法薄暮以事小怒滋真欲訓責之亦以忌日而止

八日陰寒朝食後入城當說錢店帳日事尋屺樵未得坐安記久之程孫來同過署守舁後失道步往孫芰云久待矣鄔小亭面有愳似有心事未便問之蓬洲亦聾未能暢談夜還未二更

九日陰真生日放學作餅諸生來見者相接張子年登壽皆來遂盡一日名爲放學轉忙於不放也至夕乃靜

十日陰復陳六翁書寫挽聯得皖撫復書陳鶴春妻魏來見能人也言朱嘉瑞更能朱本庸愚言之似有智計與程屺樵可抗行但朱不知大局耳財神亦不易福人計利者甚未可輕史公能狀之余猶未照也以此推之則剛子良王夔石亦必有道矣子夏所以歎可觀而人心愈益卑鄙矣總當如天之蒼蒼視下亦若是付之兩不知方爲高雅

十一日陰諸女母忌日余食於外齋麻十子來送木瓜午下湘尋子年屺樵俱不遇與張生談時事乃甚隔膜過任師云其嫁女生日三耶亦出



相見云廖老師催客矣同出西門蕭鄔先在程孫踵至蕭去廖出云寧鄉舉人也問其字未諦聽設饌甚豐戌散

十二日陰煊不可裘尋禮經當直之異未得欵緊毛杏生送白菜百餘斤近日秀才均揮霍昔所未聞也

十三日陰煊甚登樓納涼望雲氣沈黑如春夏雨候頃之大風雷電晦冥令家人端坐聽變小孫不知懼乃欲弄雨余攜之出遂不得入疾霆破山飛雨滿屋幾兩時許乃稍止至夜復雷雨真春景矣消寒詩人皆不得還又一奇也

十四日雨意猶濃得趙長沙書云鴻子已薦洗令看㳅山存文誤字頗多無本可校

十五日雨竟日孫芰代逆石岸一船洲上無人力擔半日乃盡得七十四擔未問價也子年送帶鉤甚珍好不欲受復不敢退欲勸賣之所謂沽

之哉沽之哉

十六日甲申小寒陰有雨廖蓀陔晨來云已食矣對客早飯復談頃之乃去點書畢亦下湘昇至府學蕭子端設酒招胡藎臣通判江尉任鄖同集本期早散乃至上鐙悤悤出南門惟恐掩門廖傭父死遣之奔去與書唐蓬洲託廝仲良

十七日雨聞廖振才孝廉當來作餅待之乃竟不至王聚庭來看四分律殊不難曉不知嵩公何以云云

十八日雨旋陰卜二毛倉皇來云迎妹俱去意在廿金也亦不欲久留卜女遂令同去半日摒擋遣男女傭送之正住五年尚無疑猜獎以繡衣孫女有離別之意一好詩題也

十九日陰晨欲閱卷廝子來云已見唐矣任胡踵至俱留早飯去遂無所作摸牌而已



廿日雨頗寒看課卷畢聞奭邵南罷官陳復心代之半年間客主頓異霧露神又有聚散矣

廿一日濃雨竟日夜始欲雪一事不宜作而懿兒專足三日走至云欲由陸來衡可謂荒唐還書諭之

廿二日陰欲晴蕭監院來云署道臺以洋人將至約束諸生余云吾門無無禮之人不待戒飭初以爲真洋人也旣乃知卽逃去教士可爲笑歎

廿三日晴顧尉承歡來請飯字孝先成都人清泉實缺也云新得佳廚人其從父首縣祗應者看漢樂府詩未知字句何以頓異文賦豈當時已尙新蹊耶

廿四日陰王進士請客忽來退信云已有公局爲胡通判作生日本欲入城因此亦罷

廿五日陰王封翁來前送黃甲廬文集求序者常寧大有名人也云避滅門令尹來僦居府城將徙僧舍並攜兩孫已而會於鹽局彭封翁不來賢乎我哉同集三鹽司事並杏生早去晚散歸仍晚飯

廿六日陰聞奉丞爲俄兵所迎已軟禁矣其子詩張得意曾及吾門而不知恥甚哉人心之難悟也非教不及亦實失教教者豈能盡知人心要必有心而後可教也任鄖胡江蕭譚公請岏樵辦具壽我岏云不取分貲珠大奶奶之義也午往戌散

廿七日寒陰約任師同赴顧掀牌朝食後往僕轎均不及從坐爐轎入瀟湘門至濂溪祠穿菜園猶泥濘從任借轎往則無局乃大宴紳幕昨集者無譚添丁主人甚誇肥皮魚殊無佳處餘亦平平唯魚翅尙佳戌還甚寒功兒已來廖傭亦至

廿八日陰寒家人辦具門生祝壽親友送禮竟日夜忙遽不折折而悤悤非禮容也夜或云懿至後知渡客乃設兩席自餞



廿九日陰晨呼兒僮起諸生皆起乃命報竹吳仰煦信來送越臘兼爲委員胡翔青[illegible]託保護瑞遣人來送束脩諸生入賀生日者卅二人客來早者劉子惠周松喬殑岏樵最晚者江東二楊監院與譚香陔久坐不去馮絜翁至余出款之乃餂心而去

十二月戊戌朔大雨晨出謝客先徧本院朝食後乃昇上船至東洲從楊家渡上度浮橋入瀟湘門出小西門復入過柴步門而西至府學出南門坐小艇還下昇自入見者馮絜翁廖蓀畡胡子清譚香陔未見者隆書村程岏樵曾泗沅王賓予非謝而見者任虎臣張正暘未夕還食欲詣白沙將夜而止

二日己亥大寒陰功當入城與同舟至對岸上山陸至白沙訪謝周松喬因見蓮耶周住山家甚幽雅門前鷄籠如孔雀籠坐談久之借船渡洲頭循岸還夜貍齧鷄

三日雨陰遣瑺信去散遣諸生各歸度歲功與入城涓寒清結年帳頓虧一歲俸十年來所未有也看六朝歌行

四日大雨水長三尺楊都司吪詐被打來請兵懼以道臺乃去與書唁邵南失位兼干盛衡陽謀王魯峰澧館

五日陰午後雨紈女論事不合似不可教家庭齗齗非家之肥欲大訓則傷恩小說則不悟姑置之假寐永歎鶩斯之義也但教男而不教女女德所以不修余專於教女而諸女多丹朱嚚訟之材豈所謂無才便是德女又不可以讀書識字與本凡材而以國士待之適益其驕故孔子歎難養也中人以下不可以語上亦教之過夜與功兒臥論時局直無從下手

六日雨竟日悶不事事反得專課黃孫說同好惡爲同休戚與親親稍合

七日雨與書陳漁文言莪不能卽行補寄小泉挽聯已大祥矣新寧專足來



八日陰晨作粥供衆循舊例也出賀任女加笄乃無一客卽還毛杏生父子告去功與宴楊園還言麻幼愚將葬乃悟失去赴文卽麻家也夜作聯挽之湘宦得歸田何惜腰纏化蝕爽粉漁錢供几不堪夢醒對梅花劉能繼又香父麗香能緝元伯希陶從子也爲其季父刻集先呈稾來余不加點定而爲序之其內姪楊秉吾以乾來索原稾奔馳衡湘復當往雲湖計其到家必除夕矣

九日陰雨未明求衣遣弔麻大待昇夫返而後具食自來無此晏也午後張僮言姑少耶欲見大少耶語此支離令來見我則鄧壻衣冠來令人失笑問其所往云將游江西余因舉其父憐彭生詩序留之意恉皇似避亂者未與多言姑留宿新齋

十日陰略誨鄧壻以涉世之道心粗語多未能領會宜非女之儷之也自云游可無困出紙求書爲撰一聯久客人情皆自惜倦游詞賦始名家無宜振濟反失又鷄米而去朝食後瑣門闖入一僧一少皆門者作弊世事難整飭類此衡陽來約飲直辭以既去暮雨如冰屑

十一日陰晨開門進水因出眺望初無寒意朝食後遣功還城姊妹辭年大有離別之色余亦眷然蓋老境也黃孫云爾雅刻本落去一條檢原本先落去矣校者不審至此鈔本尤須精校

十二日晨雨復瀟瀟矣新刻爾雅成略繙一過譌字無數竟日看已注猶未及校舊注

十三日雨看爾雅夜有微雪丁壻復遣人來迎婦

十四日陰雪未成頗釀寒耳看爾雅一過得陳六翁書云景韓尚有餘累未知其所以得過

十五日陰寒欲晴張生招客看迎春黃孫從往竟日摸牌

十六日癸丑立春諸女作餅張程李生俱來談話竟日李生云託王無漸



箋句宜改又云仲子赴以世子毋而天王徵之由內有君非攝也與不卽位相起今日大晴積悶一快

十七日晴冰陳常俱去生徒皆放學矣今年虧空甚多由家食者卅許人又游貲屯穀挪用正項年下需錢程孫送來二百元非所宜用也與書胡子清謀之

十八日晴張生來辭因言家計欲辦一歲糧余云無館時又如何辦此有恆產者之法非秀才法也如出兄意當以實告兄云不可行輸將軍騙錢張知非之而不自知處事故不易又藉口友悌益謬

十九日晴爲陳郎書冊葉頗出岸邊游眺樺子上作小倉蔽風以便拜年

廿日陰遣傭入城算帳子清信來言朱嘉瑞辭以無錢如年大將軍見把總不下馬知晦氣矣年不得過便空過也夜雨

廿一日陰晴與書廖笙階還煤錢校爾雅一本摸牌六圈丁家專人來迎

莪
廿二日晴陰校爾雅一本頗寒燎火自煖因坐半日
廿三日晴校爾雅一本未畢夏道𧷤送年禮程岏樵亦送年禮爲王魯峰
覓漕館得祁陽衡陽衡山三縣近五十元五十年前余求此不得今乃
干人亦近微高也夜月復煊
廿四日陰傭工過小年因宴丁使校爾雅一本亦未畢
廿五日晴攜兩外孫入城欲辦年事途遇二陳郎李生來言和議云有欲
斬丁程之說又言岏婦今日生辰自未便往便同下湘入柴步門至任
寓正見丁篤生問知外議否乃云無此頃之隆道臺來訴淸泉騙漕規
鄔慕主持云云久坐不去余先出詣衡陽見胡師賓主留飯辭出詣廖
笙陔留鮎心還至安記寂無人矣下船遽還一無所辦
廿六日陰校爾雅畢今年復虛度矣時事可知學行無進晨睡欲覓四兒



專人來請安上食物多種居然似已析居者張順復來功兒書報胡壻
毋喪正早飯時紛紜滿前鄉傭促還書與遺之乃得食丁壻送畫屛壽
幛値年下俱張挂補壁頓華飾矣廖笙陔錄其族弟詩來
廿七日晴丁筆政程郎中來俱有長安之志出紙索書余前爲丁書已充
西夷纍料矣程孫言店銀已撥當取用起息
廿八日晴廖佐才副貢來言卝狀及官商之異以官辦爲善又異乎純皇
之論未敢決其長短與同下湘本欲置辦年事對客無暇至安記小坐
因論淸泉漕規云當告太尊往見蓬洲談老境甚得世情談夷務又太
落世說一得一失取此棄彼可也鄔師甚恩恩小坐而出至任宅無人
乃遇於巷同譚香陔從北來俱至經廳署會食蕭胡廖三學胡師張尉
均先在程二後至張已先去江留小藥已半年矣尙未壞爛餘皆例菜
云聶得鄂撫（直李江劉甘崧蜀奎粵陶湖張閩許漕魏東袁西錫豫于鄂聶皖王贛李湘俞黔鄧桂黃滇丁粵德蘇松浙惲陝岑新饒）夜似欲雨風聲甚壯
廿九日晴遣船下湘陳郎李孫來談久之作字數紙得霖生致李迪菴諸
孫書求爲父碑文詞甚美行狀亦頗雅潔不知何人筆也爲沈吟久之
隆兵備遣人來問漕規授以奇計如此如此
除夕晴作字四幅欲行湘岸而無從者遂淸坐半日夜待送竈已近三更
及祭詩過夜半矣甚倦不能飲屠蘇及瞌復良久乃曙

# 湘綺樓日記 光緒二十七年辛丑

辛丑正月戊辰朔雨水陰煊晨起待婦女裝飾張廖生來賀年小坐留飲旋入內受賀蓮耶父子來朝食後程孫來已易衣出見從人來者皆謝不見至夕岏樵來復便衣出見家人擲骰余竟日未得大彩移文監院開復龔生喻謙

二日陰風小雨如霧晏起張尉翁壻來坐外廳待見家人皆未起久之乃出小坐去遣輿出謝客因至楊家伯琇云有坐船可借

三日晴遣人借船來遂發行李諸女並歸將辭館不來矣監院來傳道台語請發題清泉顧尉亦來忌辰拜年非所望於官場也與書宧女問其行止

四日晴發行李未畢客來躝不已遂自登舟入城問盤川更借程岏樵浮



橋上船自乘至夜宿浮橋旁程生來同過任師索麪以余未午食也至初更女船始到遂不飯

五日晴煊晨入城取錢還船蕭郎自浙來仍往長沙查鈔譚中書過船相看送南骰蘇饈隆觀察來未能見上岸答謝遇胡子清丁篤生續宜之避客先出登舟二陳郎李孫程氏諸子姓皆來送常生孫同來程孫稱其善問因獎勞之與兒來送云院門已鎖遣陳八還兩船載煤鹽至夜未行移過浮橋

六日陰晴將午始開行北風頗壯卅里泊樟寺

人日晴欲作餅舟中殊擁擠未暇也黃孫始讀表記行九十里泊雷石灘上

八日晴煊衡關徑行無呵問者舟中唯門牌擲骰行百五里泊晚洲夜月

九日晴水手販私鹽留四竹塹甚久促行已夕泊昭靈灘灘聲如瀑夜月

十日晴舟人不欲行詭云灘口有簰橫洪過午乃行甚戒懼也行卅里泊大石園向來未問此地夜月甚明先遣樹生過灘從山門附舟至家喚船

十一日陰舟行甚遲託風不進俄而雨至心甚煩悶又小疾未朝食已而强進大風飄船又不欲行矣夜泊馬家河

十二日陰風止雨霽午前至漣口待撥久之莪入鄉紈真悶船因止其行坐船怨紅船解維紅船又怨坐船碰傷船舷因移行李盡歸紅船方過舟艙已被隨丁占去難於更移因呼撥船先發欲獨入山莊再出縣府不過爲投宿計耳兩外孫並欲從行莪又强遣房嫗隨侍乃似移家更可笑也甫飯罷欲行撥船又至已命開槳因不更待行二里遣高奶負攜孫還黃孫與房嫗侍行誤坐漏舟褥邊盡浸幸雨止月明一更泊姜畬



十三日陰榜人昨夜夢行三四里復睡至曉呼之起辰初乃至湖口被浸溼矣亟登岸率黃孫步至山莊懿夫婦出見已辰正矣待嫗而食久不至乃飯午後行李始來家庭未洒掃非治家者也稍爲清理宗兒聞寶俱來見宗則猶是也而寶髮長矣頻遣人候船久之不至俄而莪真畀來云自縣又知紈復湘孫船來更候之（唯滋守船耳）至二更乃來自姜畬行色壯哉待行李至雞鳴乃寢

十四日陰促莪拜〻母墓乃朝食復促早去乃至午初方行擕攜孫同畀懿婦已娠不能送頃之晳子來云其母甚念已遣嫗來遂豫備分娩戌正生一女胞久未下或云更有一兒久之云已安穩矣家人俱未睡余先眠遣報婦家平安

十五日陰辰正懿婦又下一胞房嫗或云有之或云未見或云聞有者亦未能明也婦弟及其師來鄉客踵至最習者將軍及其債主多談詩時

哲子論詩入微及作未能達副論時局則未確蓋爲俗染頗以東西夷
爲能爲害夜待橘龍來來者數十百人久之乃去兒女賀節已三更後
喫湯丸甚佳又小飮乃先客寢黃孫後睡俱酣及醒已天明
十六日癸未驚蟄午後小雨振孫來佃民船戶俱來更有雜客應接不暇
張楊午後去許甥孫先去云吳師來鄉報和議改政之旨哲子又以爲
可信余不問也殆孟子所云不動心者耶夜雨
十七日陰晴始復課讀鄉人來言望雨甚切夜令諸女早睡早起無事夜
談
十八日陰晨起甚早而不欲食斲工報周生當來昨已至姜畬矣一村婦
從族婦來拜年亦奇聞也看宋生采風記
十九日晴南風動地大煊可夾衣靜坐盛庚唐來還轂息且託薦湖北笠
轂蓋頂爲弓所環如轂受輻故亦曰轂作廖碑垂成以無佳思置之夜

北風衝階闥震撼不眠
廿日晴頓寒偶出垣外見一株似桃而小花垂滿樹就看乃海棠也不知
何以在此本植兩株庭下十年不花又致兩盆未植而枯方欲更覓無
意得此乃知賢才遇合未可人力爲也以余孳孳求者而遺於目睫邊
問牘牘者乎彭生鷴衣冠來正作餅因以款之房嫗出遊甚寒未能同
往夜月
廿一日晴頻出看草樹初春榮秀之意因遊石井循田而還夜雷隱隱小
雨時作
廿二日朝時飛雨午後復晴作廖碑竟祿孫生日正四生日矣余始在家
作包子飴之周生暉堃來初夜廖傭來功書報新政鈔來一詔墨卷光
昌王鹿所不能作亟寄楊生讀之
廿三日晴午陰看耕正見族子元妻劉及其娣羅來劉能傭工養夫及子

且還積欠賢能婦也留飯款之俄而雨雷至夜遂雨
廿四日雨旋霽次婦亡日湘孫設奠招兩婦來朝食午前辭去元兒明頗
有心眼似勝黃孫而野氣難去不可畜也若有家塾正可教之爲莪女
書扇新孫女發疾夜半求醫不得
廿五日陰講左傳荆尸追尊皆無他證士會諫楚卽今諫西學所本宜張
之洞之喜左傳惜不能設伏敎前耳依李慈銘例宜改號曰馬占鳳衛
孽孫來上天入地皆來尋我與書劉定甫謀之此孫雖至荒唐而家人
並知其姓名不可絕也留宿前客房
廿六日晴朝食前黃孫被撻逃至土廠尋追久之乃還章孫去雅耶專足
來皆至衡不遇而追遣至此一一遣之譚文子來送豚蹄線雞言譚文
帥不出園費無可奈何唯能魚肉良懦余亦未出費答以當稟官告譚
王而求官計不然當各還田主

廿七日晴看漢碑將作李男銘因循未果以其來買文嫌汲汲也課如例
廿八日晴晨令送米入城宅兼送房嫗母子還家余亦自到縣辦錢米已
發攜黃孫行申至入城至賓興堂途遇張守備便同至堂倬夫正在看
花園往則無花同入帳房小坐葛稜農來云朔日丁祭方演樂也
廿九日晴晨訪梅詶導送廖信云廖已調省矣小坐還正遇蔡怡臣便往
城內外通報人客並集雲孫十三弟馮甲盛孝廉並來云劉星閣唐春
湖沈子趣並死唐蓬洲已還償教卅七萬金道府驅逐朱菊泉來請觀
禮往看未爲整飭龔文生爲主人云初七日被火燒去白酒二千斤火
燄數百條還遣與李縣令子仁相聞頃之李來正値倬夫煮煙膏大鍋
兩鑪於公所煎熬甚不雅馴幸李未問朱未出而葛龔出談考試事云
辦卷不及試日須少緩久之李去羣客亦散
二月丁酉朔正五更時大雨竟日濛濛且寒昨約倬夫往市閒游今須舁

往遂過公屋尋六瑚云往衡矣至雷壇觀道士供造已畢亦小有結構復爲佼寮約余小飲辭以無暇更訪裕蓉屏云將移入城嫁女後出湖南將之淮上于撫滇鄂聶留蘇曾鉌撫豫錫革岑皜晉此疆臣遷除也盛綸長沙譚承元衡陽全興祁陽林姪少湘陰黎回衡山此衡州大遷除也過仁裕合云復心兒來主其家將贅於曾又約佼飲亦辭無暇夕還未食教官送胙備一牢甚隆禮也食少而飽便早睡外報朱巡檢來坐待復識袴起著衣出見之乃送夾衫朝鞋云相念甚殷頃之倬夫還復入煙房久坐乃去與朱略談已丑初矣前夜寅初不可再談便睡聞雷省船回云莪女三日行

二日戊戌春分社日大雨竟日占云不宜李道士來云請明日會酌告以將上船可令日耳昨道遇楊革鎭今日當往陳孫來云婚期尚未余云可至我家住待此處煙賭無可學也陳去便出過楊朱出城襆被以行



借蕭錢五萬豫備春祠攜黃孫同至道觀月生來告苦楊三來求洋差與片功兒告陳荆宜兼令莪女待小輪吳劭之倬夫來會飲並招楊陳倉卒主人亦復多品二更散便宿丹房

三日晨起待發轎夫未起起又不肯短卸久之乃至至黃龍碼頭廖傭負黃孫來乃招陳孫陳不能早起飯後來從楊三乞海棠媵以豚蹄午後始行幾一時許乃入漣口水漲流急雖順風不進也投暮到炭塘遣舁陳黃先去余坐待一時許天昏地溼風雨橫斜寒氣侵衣然不覺其苦故境無哀樂也二更到家三更飯後卽睡

四日晴朝食甚晏飯後已午初矣看李花嗅沅橘午夕皆小睡甚沈酣

五日雨陳孫起甚晏亦嫌其詞多未與談論略誨以規矩而已

六日雨懿女殤生氣不足猶病廿三日乃絕信死之難也夜治棺瘞之園中未名不哭而其母猶傷焉

七日大雨曾氏迎郎者皆露衣少瑚自衡奔還亦露溼徒步而來致夏署道書卽復辭館子新先生大公祖節下去臘承賜年貲禮當謝擬因戒行在郎恐勞騶留祇領不辭祇深愧荷新春事定百度成宜重山長舉藉稔多福閎運滋殷桑比候迴十載正當歸老適過貢臨方令資主之尠重續棟樂之好棧三女皆已長大方當謝晉久客衡四便成七開缺年已七十精力不支乞假還山事非得已讓席已薦代者皆壬想亡昏陶月課類別例係專主課卷莊少一目了然如其擬題概門徒限額修脯完夫均可代擬謹先繳閒帖以免懸待餘俟續上先此奉復敬頌台安不宣又與丁篤生書唐盛府道書卜云哉書薦二瑚去尋芍帥

八日晴陳孫去朝食後檢點衡信午後少瑚亦去庚大耶不來出看李花惟見新綠以爲葉密花未發耳就看則碎玉盈堆方知早落近在門庭未能一賞殊爲負負桃花猶盛繡毬如雪亦點綴春光耳

九日晨大霧午後始見日影檢日記眞成斷爛報矣舊園總盛張田來張子持來均言收團穀譚御臺不出餘皆不服余云應退或勒譚佃代出可請縣示盛張留飯去楊家遣人來看女便送點心夜大風



十日黃霧大風復寒校論語訓補說危言危行行宜中庸不可高也言尤不可危引記駁正舊說

十一日晴看明鑑煌煌先訓肯逆知後世之事殊可傷閔譔子詩有蒐著字乃楚詞字面殊非泛覽之書似是說文言博籤事檢之不得泛覽無記性亦可歎也欲題數語未得文情而止

十二日晴開枝女爲壻求一船作生計依而與之作李碑興亦不屬

十三日霧黃孫請假看戲六耶來待之久矣夜大風治窗幸完不爲所撼

十四日稍寒晴晨作李碑敘倭遼軍頗費筆墨不能詳晰宜待論史者考訂檢日記集卅年來挽聯得百許首

十五日晴煊懿婦滿月出見瘦損矣懿往祠辦祭鄉人云做酒做酒是也不成祭故余不往此皆收族之敝今不必行者

十六日晴楊生率其從弟來見亦有規模陳郎伯仲才也姻友中陳楊當可與胡家比他姓不及留宿外房

十七日癸丑清明黃孫折山礬兩枝花較疏散鄉人云米蠟未知是兩種一種煊甚欲雨與二楊散步旁原春氣蒙蒙夜雨

十八日大風楊轎來迎不能去懿乃得還石山昨來朝食後去

十九日陰有雨與楊生論人材頗惜將軍遣招之云入城去矣午後二楊去

廿日晴作李碑成看楊季子詩族孫漆匠來送菌筍新得芥頭美味備矣顧工告去采茶片詢裕衡州以近日西事

廿一日陰晴陳升來致夏署道書將軍來云衡民復掠教堂木料問陳升乃無其事唯云停考是實學使回省矣張生書報夏榜眼褫職以妄言事似梁鼎芬也懿婦獻山蘭一枝壽山家族子來

廿二日陰看甄別衡永生卷五十八本雖時作輟頗倦於評點蓋真老矣戍生衣冠來亦爲席子留麪飯去夜窗坐春已覺藹然楊生來報時事送國策請選

廿三日晴定去取寫回信遣陳升去又與書黎竹雲鷹六耶滕以四元四百居十日矣入鄉來未閒一日今始督理功課夜雨旋止

廿四日陰晴雨相間晡後始定陰風楊生來詢夏編修詞意肫誠至性人也余輩少時皆有此漸漓天性耳張生則不能又是薄倖使然看國策一本譚團總來閒子規

廿五日陰晴約將軍往姜畬對帳待過午不來恐失約遣人往告人未行而將軍來遂同步往黃孫從行取田間徑甚遠過兩可飯之家俱未入到市晡矣路甚穢溼鄭福隆父子來迎入許大八家翁嫗均八十餘奇健留飯裹海參而還舁來迎歸黃孫仍步將軍報夏入獄急往楊生家



余還舍舁還主步至家猶未夕食頃之大雨雷雹

廿六日雨午後晴思夏逢怒故不得恐傳譌也遂無從探聽看國策畢

廿七日晴午後將軍及謝生來倉沖人名天錫字似是晴初鄉間博通者留飯將軍去謝宿客牀

廿八日晨霧懿婦生日設湯餅謝生去鄭兒來欲覓將軍久坐不去怪人生怪事殊出情理外不可更罵之聽其癡坐而去雨乃隨之天之抗彼也夜看中唐五律別有門徑真苦吟人語如八家文也

廿九日雨看晚唐詩卽不成話擲去不復看庸松昨來言有人欲刻我書札弋利渠有底本耶答以無有小坐便去召食牢丸則去矣五相公久不歸以爲必挈騙拐逃至夜乃至云赤腳被刺無用人往往如此

卅日晨大雷風雨竟日遣迎房嫗因發李信由常霖生寄去廖丁實行兼覓紅白文無自檢日記信稿命湘孫寫出

三月丁卯朔雨竟日行人來言大水穿田矣寫仲三遺詩跋尾略敍其蹤迹夜雷

二日戊辰穀雨陰雨盛衡陽舟過縣送鹽信得張生片

上巳雨午臨田邊看春草樹蒙蘢蕪然一碧頗有詩思未遑命筆夜作餅

四日雨湘孫生日余起最早放學游戲午設湯餅遣人入城尋粳米夜歸已將寢矣

五日陰雨昨暮來游勾求宿門階今早仍不去觀其攜婦女長子孫亦自可樂信行樂之多方也晚立石橋看楊花樹下堆緜又自一種與垂柳綠楊均異蓋白楊以花白一樹得名庸松又來取信本去

六日陰晨出前山畦隴盡改幾不辨路矣兒天水狂猷仇家弟子夾帶書云仿玉海亦復搜集略備爲流覽經集一過夕雨雷連夜

七日雨陰仍風唯看小說樹子來謀遠出以無益止之人不聊生貧惰已

極無從拯之也
八日晴日色甚烈朝食後丁嫗紅藥並至登時皆富矣㠯往迎護唯鹽茶未至仍當遣迎純孫竟能作書文理初通亦爲可喜夜有朧月再起暗坐已而甘寢竟忘曉矣
九日雨旋晴未明聞布穀月令以鳴鳩在戴勝前今子規先布穀半月則戴勝非子規也或令文隨舉以食椹爲準乎遣廖丁復至縣城
十日晴煊鄭福隆欲訟將軍先請辭證令懿往聽分付俄云張生來船山書院送卷人同至將軍亦至正坐談有客闖人設拜張生問姓悟爲劉詩人玉岑云在袁家教書送新詩請看留麪去張生與懿同赴鄭請將軍飯於書室待張還乃去張家兒子來迎居然紳富派矣夜二更廖丁回以鹽茶油同至夜早眠遲醒
十一日晴煊晨起看卷房嫗猶未起廖又往劉坤運穀晨得菜蒸卵膏今



年山味悉備頗有田家之樂講宋書魏奐稱元帝初未省也檢紀元表不得兎園冊殊不可少晡後朱通上張子持及十七都甲總馮姓與將軍俱來問鄭銀著落此間鄉人均恨將軍欲假此敗之以余作囮不知銀失不可復得也泛談而散夜復欲雨鷄鳴起
十二日晴晨陰灑雨起稍晏房嫗更晏魚翅唐書謂之鱘鮓出潤州今云鎭江魚翅是也運穀者畏雨空回輪車之利益著午後雲陰講書畢大雨平地水一尺夕食便暮濯足後倦眠遂睡五時乃醒已聞雞鳴旋又長雷不寐待曉
十三日雨寫字數幅均不佳看夾帶策本
十四日陰馮甲來送煙告以無須包苴許女來送麪亦如之入門必有所獻自是古禮而今成惡習矣張南軒墓田興訟與胡祠同爲無窮之爭
十五日晴欲取夏衣因令輿婦還山命湘孫作書喚之舉棋不定唯意所適殆非治家之道夜月開窗致有春景
十六日晴大煊可不衣求簟因尋祖母故簟灰積塵滿兒女輩均不知敬其愚如此當作裹護乃可獨也妾簟反珍藏取而鋪之盛大老耶自衡來送藕粉正求藕粉不得令作擣珍朱張同來曹厚之來（挾子鶴書）初不記憶乃沈子趣門徒也云欲干王逸老楊張同至鄭兒亦來頃之珊婦亦來言公屋事門庭輻輳應接不暇夜與楊張談至雞鳴
十七日晴煊早起作書與皖撫因及其巡捕以樹生委之云哉楊生講國策文法王鳳喈與張子持同步訪王猶衣領重夾城鄉之異如此曹師少去約以待時設立夏羹馮甲又來取字去其人字畐九欲問其姓名悤悤忘之急急催飯恐客昏暮王云有人來迎便催張去送張至門王昇亦來矣楊張則待月上月殊不上過初更乃微明牽馬步去遣丁送



之懿亦送出黃孫從之頃之廖丁還云懿往姜畬矣短單裏衣並無長袿黃孫還時余已睡矣
十八日甲申立夏晴煊沈夢溪山人來留談半日頗及時事余以時皆庸昏爲慨沈云頗有許多庸人若生有用人爭戰不息生民塗炭矣其言閒冷別有理解足令言經濟者冰冷借日記數本而去
十九日陰仍煊午後雷隱隱涼風稍解溫懿還云姜畬大雨相去數里乃無一滴也盛團總來請書扇二柄
廿日陰未明聞前村犬吠極喧起看乃知雞鳴人起也因而堅臥待飯乃起彭童許弁來亦求書糊口妄想顚到無奈之何
廿一日陰冷可二綿孟郊詩前選太少更鈔十許首備一體看來尙不及張正暘蓋小派愈開愈新也張團總來請書清南軒祠田正似寄禪與書廖星陔對付之

廿二日晴仍冷鈔孟詩六葉又看中唐後諸家詩同李賀者不少蓋風氣
自開此一派劉佃插秧送肉報以越鹽
廿三日晴宋書符瑞志有金雌詩卽燒餅歌黃蘗詩之流亦奇驗孟詩鈔
畢更補李賀詩半葉唐五言稱無遺珠矣廿年始畢功識者寶之夜不
能寐
廿四日大晴許女送肉盛張又來方講宋書未暇對之舜長六尺是矮子
也未聞相者言之至暮臥帷中聞外叩門衆譁以爲盈孫余獨知其不
然開門則劉氏女攜子來看伯外公未知其爲妻爲妾總是外室宜生
達人惜未能收教之令依瑚婦例宿後房此牀宿三婦皆不離瑚亦巧
値也三日晴眀見底矣
廿五日晴晨得道士書約會於城不飯而去鄉間難得如此人寫扇三柄
關門復寢飯殊不可得朝食後攜稚看詩忽有客來似是詩人久乃知



爲熊兒云又有求告以陳又老死矣乃欲以王逸吾張雨珊爲又老云
但公不肯書耳依而與之留宿不去
廿六日陰晨次唐詩目錄送張書與熊令去月生來還花錢送臬餌詰責
之以錢充路費出行
廿七日晴涼籃舁山行先從舟往姜畲呼舁鄒店經楊門入看楊生未起
見其兩弟頃之皙出小坐卽出約會城中從北行過蔡領至妻家庭戶
狼藉見六弟二嫂循妾及諸姪六弟留飯値年兒辦食亦旨挈召長兒
二子侍坐飯罷已晡取徑至桐坤視仲章葬處幾二十年迷其方向導
者妄指一山視之非是日色將沈怱怱赴縣到已暮矣道士先待太史
依然夕食後遂宿賓興堂
廿八日晴晨出訪楊梅裕府許翁還食於堂午前訪蕭怡皋言劉氏女子
及周嫗所屬行戶熱甚至雷壇會飲何八麒文生曹僧朱倬夫共醵六

百金助修造尙少一人欲邀歐陽客假余勢招之三辭三讓而終不至
衆客皆散余乃獨後午雷夜雨竟舁而還楊生已至太史亦還夜談新
局雲孫來示二瑚書云卜云哉已外放矣
廿九日小盡陰晨發飄江乃得郴船行十里風起船重恐沈遂檥竹步港
小睡過午漸陰寒風成雨因宿船倉倩榜人被以覆同船郭姓楊生戚
也頗相扳談
四月丙申朔陰晨仍有風檥鴿厓得雖蒐將充晨飧惡其相忌又無油酒
乃令淪蒐早食午後檥城與楊生同入南門繞東詣郭寶生寓訪午夷
消息不遇遇熊子言已謁張大人約明日見且期明日見我余云我已
見矣再見何爲郭亦外出遂至家功兒滋女均迎候婦孫男女俱出觀
熱甚易葛衣與客俱樓居滋病頗重始欲減耳竅女近在對巷夜來問
訊寶生旋來夜暗去



二日陰晨詣任師不遇欲雨乃還遣功尋黃郎望之與謀黃孫事滋意似
喜余亦欲分出之朝食後朱彝泉槧少耶來尋陳笠唐云患手瘵稍愈尙未至
蜀詢易仙童不甚知也又尋陳伯屛兩遇馬余於道誤云臬臺其家人云藩臺
其實一道耳云已下鄉遣召重伯任師來約一飯陳六翁遷晉臬正欲
詣之又患其留飯乃約飯於長沙招劉晉卿致意焉寶生來言李雨農
借錢於頭陀無俚已甚當謀拯之擬委於黎薇生以爲萬全朱穉泉送
果貍煎餅寶生留飯宿月辰來迎其嫂夜半往乃生學女一夜未安寢
三日晴晨不記何人來在內坐使鄉人還頃之頭陀郭李來在外坐內去外留
朝食後李曾來曾泗源也任來催乃令李曾上樓待郭楊余自出至長沙署云
張月波來此久寓信欽亦來俱邀相見摸牌一局信欽致六翁意必欲
一飯因許同往衡魏來陪我催菜甚惡草草杯盤待主人一談遣廖丁
送嫗乳錢余獨與劉同步熱不可衣至則六翁方磅礴作書蔡棠適至

看撫畫臬詩蔡索余書陳筆不可用勉寫二行葉先告去旋亦席散家
僮來迎還聞黃曾並來楊夜未歸恨不早還
四日陰涼楊生爲李干黎黎辭以毋復謀於熊請待一日因遣尋重伯黃
望之葉麻陳伯屏張雨珊來自朝至暮陳約晚飯張葉先去黃陳共請
未刻久之亦去入內摸牌夕看斧女與胡郎略談因過與循聞其出戲
也虞姪出騎閭語爲待廖丁故不可入已乃同廖訪曾久談甚密令措
百金濟李留飯不旨亦喜其不留意外養有祖父風至伯屏家有一鄂
吏粗樸自喜而簡於言云其表兄忘問姓名黃郎踵至同飯而散雨猶
未至翔步而還楊生云不去因定獨歸
五日陰庚子小滿常霖生來云其外姑卒伊甫學士妾也近八十矣頃之
李健齋次子前晉吉塢來曾假其銀以應我求因緣欲見遂留長談不
朝食而去霖生留飯入內摸牌與循來入局未半起出欲附輪舟已發
矣水急風小從人未食仍入城牌局已散急遣招集令朱生湊成四人
王一梧湯又安來同約一飲答未可定朱家來催客去點鐙入局與循
蓮太余朱二更後畢待包子加二圈遂至雞鳴黎生送口子
六日陰晨起仍不甚晏朝食後出訪周笠翁九十譚文兒八十湯又安六十五譚
午歇未見還家陳伯商妾龍珠來批答三條譬之方欲摸牌重伯來久
談遣呼皙子因留重伯夕食以黎肉款之如李臨淮入人軍壁壘一新
皙子還猶未食又別治草具爲設豉蠶曾待二更乃去湯處見滇蜀二
吏不記姓名
七日陰劉曉滄庶子世琳來見鄂小吏也云相尋廿餘年同在一城而不
能知人不荒唐但無能耳久坐去王鏡湖來云即入場閱童卷文卿來
皤然老矣忽忽十餘年猶以爲昨日事久談故舊事又似上古文一一迅
一永令人恍惚家人促飯余喫已飽留客久談去已向午陳海鵬來則



轉甓鑠費生道純來云已加捐道員龍珠復來云但欲速釋恐未能也
費頗知蜀士蹤迹云喬枬尙在得莪女清江書夕飯湯家翕莊王葉兩
麻餘無別客主人稍聾不甚相聞云中丞求題畫梅又見曲園筆迹去
年臘八後也道山之說誣乎席散而雨舁還
八日晏起雨自夜至辰未止葛叟字心水來見粟誠算弟子云博通夷言尤
長醫理將令滋女診疾俱言不必藥功意亦不謂然將食而去要寶生
同回湘過午不至乃與楊生同出城上小輪船辭以不開更送上清湘
船已至小西門矣上漂下涇官倉如甑更覓涼爽地裁可側立而泥腿
擁擠非官舫也幸其迅至亦將廿刻乃泊黃龍馬頭舁投賓興堂首士
劉吉生在焉道士來索會銀倬夫云散販也既已許之屬蕭某以存錢
付數夜早眠
九日雨不成點霏微而已晨起欲從陸還鄉船已至飯後定發雲孫來堂
紳設五俎宴余殊爲過禮借油鞋出城又待篋籃已過午矣泝湘甚難
入漣向夕至姜畬楊生上岸便已不辨字畫迫夜到湖口家人遣舁迎
候籠燈到家兩孫皆睡去周嫗哭女令人疑詫蓮耶衡足久相待見程
孫信報耒陽清泉教案未靜殊令人不樂得夏牓眼書詩
十日雨竟日補寫日記遂費一日力校書札講宋書寫對子遣告衡事於
楊生夜月早眠
十一日晨晴午雨校書札一日如溫舊書亦頗勞神未夜大睡二更後醒
遂久不寐然未聞雞鳴始知睡早
十二日陰雜事略清始閱課卷振湘孫陳仲恂來陳新昏歸覲因來告去
留宿外齋因思渭春旅居與復心書令問消息振孫夕去
十三日大霧晏起陳孫去文柄又來應接不暇致可樂也看課卷未畢又
校漢書或作或輟不成工課將軍來

十四日紈生日設湯餅散學門牌竟日閱卷畢夜出課題搆思頗久卽此蔵値千金不可忽也爲俞廙仙題彭雪琴畫梅調歸國謠云姑射肌殘日酒遙嘗東風吹醒人年少花開花落情多少明媚照人間只有西湖好筆有仙氣祝三詩人傖父矣亦値千金

召女婦孫女詩示之

十五日晴煊

先祖母忌日素食晨冒禁作俞撫書說王繼鹽夏道書送卷說廖拔貢丁潘書說陳對桁陳臬書送字譚胡兩令書旗廖周兵丁程孫書假卅元還常氏女彭鰲員書送陳信真紫袍春送周兒往師裁縫頓遣四冗食者去書扇二柄爲楊氏姊妹改詩賦日尙未晚又略檢點房篋始覺日長亦因忌日罷戲專作正事故也向晦少息廖孫昹送潤筆來篋篋盈擔冰錫至數百兩家中正壓梅子喜其適用

十六日晴單衣猶汗晨作復廖書遣其信力去講宋書五行志頗久張園



總來言被訟得免津津有味鄉人習氣如此夜月乘涼臥階前庸松來四老少九月寄銀今始撥去鄉中何銀可撥財主不知民疾苦也幸有三女買絲花錢應之庸松言神童見鬼疑唐才常等爲祟

十七日晴始稍有南風悶熱少解補鈔唐五言詩成三葉訂完本付湘孫其父未畢之工也此小小業亦經三世當作序記之小年讀漢以來五七言詩輯病選本之陋留時求書路至販不偏不見本且不知名年廿餘乃得古詩紀全唐詩旅京師合同人鈔選八代詩還長沙錄選唐詩皆刻於成都官書局八代詩選先成唐詩選未上版而余遂委衰歸留二百金令弟子私刻之主者以意去取鐫訣甚夥及刻成印來蓋不可用八代詩則官錢所刻版因不宜數也保山劉菽韓昔臨秋試在京師見余八代選頗欲任制贈及蜀刻成而劉楹蘇潘又令官局更彭版同縣胡子爽又別有校刻本唯唐詩選但蜀刻經本遂巡促五十年矣唐詩首卷余仲子所手鈔述歲有張生事學孟郊詩余閱選本孟詩僅兩首珠不駭僞因恐專家病其隘更加選閱自錄孟詩補入卅首唐諸家五晉亦惟孟逶自別異餘不足出八代之外所增無誤也仲子孤女少春年又過算奐顏工寫術因倬筆之區區鈔撰假鄙三世信日月之長也凡學明盛則就哀歇詠歇而計工拙學之尤小小者然在當日如誓之無相夜之求燭今乃得快其拔吟幸甚至哉自今以後有求選本如余者平但恐學樂殘時地異不得閒寫其情性則漢唐作者又笑余多事也辛丑四月壬子記向夕道士來云會事不成但余獨借百餘千耳既有前欠不可逃也留宿而去講宋書僑郡頗無頭緒

十八日晴熱開枝弟五孫來出窩三婦一女並至留飯去族婦求命名以其生日芍藥適花命之曰茂小名爲榮

十九日陰稍涼懿婦歸省母甫出門而小雨頃之楊家送菜云前過未飯也余未諳禮乃補果餌以謝衡州專龍八來送夏衣夜雨

廿日乙卯芒種晴雨涼蓮耶還云巡丁不可卽得龍八又言衡局巡丁訛索至數百千信弊之過於關吏緣關書係無賴游滑巡丁皆大家姻戚膽大根互故也初夏已暑露汗感涼小疾眠食不適未審何病頓減飯之半夜有雨彭傭來云滋女將還

廿一日陰涼晨尙不能飯午後大愈楊都司來借得應景無一日不囉唆也蓮耶去



廿二日晴晨見都司問其意云求與書督撫余云督撫不若鬼子我又未開此店楊謝而去云終望提拔而已此等人眞世之蠹積弱半由此講宋官志初未及二臺奏劾之制而詳於三署五校等無關之制又其訓詁極陋可笑

廿三日晴晨濯足小童來報六姐回遣迎之遂至午始至慧孫同來云從未相從今來侍教除舍讓屋待之放學一日周生從鄂來云督吏誣良緑騎四出魏閹派也其學徒幸辨釋矣又盛稱馮潤堂張引蕭煙客來欲借防衞洋主以興團練引王鶴甫爲例日夜多門牌爲戲未理餘事正晚飯游學先生來辤以無宿處便去近乎知恥所罕見者移宿下室杉塘五嫂遣老傭送鴨直入內室亦罕見也既老且聾唯宜矜禮乃知毫不加刑之義非謂太公武后也

廿四日陰聞瑞女全家中毒聶傭正告歸便遣看之邵衡出喜以藥雜食

中毒人猶有蠻風亦時有死者然未聞殺有名字人正拳勇類也周生
復來未見而去漢六條不載正史故知條教律令史家所不載其曰旁
詔守利蔡質無注釋語殊費解夜雨復涼然猶不被

廿五日雨涼夾衣周生來云鄉人言有此大援何不捐官發財其說極謬
妄可笑而迂生以爲實事反疑我不肯援之張僮告歸以雨留一日作
帳成

廿六日晴張僮先去余約周生同行周初讀兵書與高采烈因留宿

廿七日晴熱周生晏起詰之云昨失眠也鄉人器小青一衿便居然富貴
夏彝恂中進士乃有官氣又云遠大矣吾於周張又增識力張新二蕭
煙客來論南軒祠事

廿八日晴晨起見月鉤赤黃實爲麗景惜日已將出不能久賞將入城礿
祭命舟下湘待至午未來仍完日課日烈時晏乃留待夕上船已昏黑
二更至湘城詢扁食舫云已三更龍八話箱開遂達鷄鳴

廿九日晴熱晨步上岸云曹家馬頭非城門也步街中尙無一人稍前乃
遇行者至賓興堂叩門始開蕭某外歸以爲朱太史必未睡往看煙燈
已息人立窗間大詫之云已眠覺初起遂與出談看其盥沐同過李縣
令云已勘案三都至育嬰堂詢裕蓉屏云南嶽進香桂三留飯辭還堂
食龐龍八乃來猶不相見出呼上船問知遣買節物全未計辦屬船工
代買乃附行舟本求小撥不得得倒爬順流戧風晡時到家宿故寢

五月乙丑朔晴熱待方僮同出未至朱稺泉來遣覓蜀黎生取銀錢五十
枚代楊生還功因留廿枚自用黎生來送錢方僮夕來出詣鹽道未遇
至劉省欽處要同過陳署臬遇李石貞常漢筠因留夜飯得俞撫壽云王婿蘊卿有
變爲張生文名餘求盤委午間王生三子來言但營務識禁甚嚴無文書人不得入
撫署尤甚臬鹽殊不然官事之不一律如此看邸鈔停考行科恩威幷



用瞿九郞遂軍大矣孫萊三衣鉢有託或云中人力也夜熱亟出同省
欽步至府南分道余訪任師約飲不遇便還熱不可耐夜浴羸坐久之
乃出程孫送其祖母東游來未見

二日陰燠齋戒謝客程嫂來不可無主誼因遣使往程孫夕又來云其子
亦同游且有西□之志竟日庀具饌滌夜令兩孫肄儀便補定禮節單
午後大雨夜猶淅淅

三日丁卯陰雨仍燠晨起最早待家人與已晨初矣巳初行禮礿祭
祖廟先孃以年七十但奉室中之事令長子長婦次孫分獻亦尙整絜省
簡午正畢事出答訪金聘之經歷還程孫兒來見辭客約觀禮過午不
至復偸閒訪王祭酒門者問余何爲答以訪王山長瞠不知也使者出
云看戲去矣還從潮音菴求剏徑不得繞西北行到家朱稺泉任輔丞
劉省欽程孫已來龔生季蕃王生鏡芙繼至云韓子霖卽龔所訊斬也
又言寧鄉禽一文生云是匪魁今在龔家授讀談坐甚歡未夜而散隆
書翁來求救余云內而軍大外而督撫遠而全權苟可致力無不如命
蓋衡閧歸獄巡道不知其由或以委員來道有直詞撫爲之耶俞撫首
施兩端何於此而有作爲爲之一歎方僮復來服役

四日大雨當還山而阻不得去以約船迎恐失信冒雨飛轎出城督功兒
出城看程嫂余至馬頭待輪船久坐待發未正乃行與吳生談身世勸
以不必讀書聽者甚衆未能韜晦亦近詞多也酉正至黃龍廟迎船未
見所謂寧人負我者吳呼划子至沙彎已昏黑呼問船至已久船夫收
帳未歸虛糜錢糧成此參差鄰船瀹茗具醴過初更胡傭乃還卽發渡
湘新漲流猛三更後始入漣口已聞鷄鳴時雨時星過袁河五里小泊
天明矣

五日節陰燠汗蒸如雨蟲聚不散櫳姜畬買菜早飯余已一日未食然飴

心未絕殊不欲飯午初到家兒女尚未朝食也時已正午促辦節物待燭久之乃來行禮畢分朋博戲大雨晝晦平地水一尺至暮不止晚飯未欲食令設一席略坐而起初夜卽睡

六日雨悶不欲食小疾一日至夕困臥衡使復送卷來並有程卜信令懿誦之陳完郎送楚詞刻尚精雅譌誤數百處夜較牌兼校書覺倦乃寢

七日辛未夏至衡使欲去言詞閃爍晨起閱卷朝食時畢因作書復夏程出課題發浙信收條紱子廿元已爲輿兒挈去矣然收條不可誣也夏子新送節禮遣方僮入城買時魚冒雨船去衡使陸去湉滓無事閒散自適夜大雨

八日雨陰將入城買白菜念勞人而止漣湘均漲湖水已滿楊家送銀使來並補節禮附使報之看夏牓眼陳秀才詩

九日大雨方僮回云時魚不可得暴下三次倦臥一日



十日雨寒仍夾衣滋生日博戲一日後房水浸成泉於牆腳鑿孔通流涓涓初不知水源所來佃人云往往有之樹根所引也夜圳溢水到門外塍埒盡沒

十一日晴平田行船呼許船網魚女婦並乘船游戲唯紈真畏罔未往兩孫亦從至暮乃還云山人多於樓窗出乘舫避水水比乙酉年唯減數尺稻苗恐傷也張園總來云只減三寸

十二日晴水退一丈唯池荷最損禾菜俱無害校周官故書今本字義異同條爲之說姜佃孫婦來許女夫妹也房嫗言事失旨叱之遂啼哭不食夜不閉戶四更始起收鐙聞雨

十三日大雨忌日素食偶檢周官煙尞三等舊未理會新爲之說

十四日雨說故書字畢令懿錄說文眉視之水復漲至門

十五日雨寫字數幅看新刻楚詞新學使柯劭忞說文所無字忞慎勉強就文莫加心耳夜月

十六日雨水退平塍涇暗殊甚多戲少事寫字數紙通債全了看羅郎史論夜月

十七日晨雨午彝唐詩五言尚落一首且有誤字重校補之隆書村專使來卽去

十八日大晴後漢書有二本未校補畢之看陸存齋題跋其被劾甫卅五可謂早窮與書俞巡撫爲書村求免戍復隆書又深言不可盍俞方欲避庇隆之名必急遣之以明己之不忤旨也今往求之正中其忌隆不知而亂投醫也夜月

十九日晴楊生專使來爲盛德水撞騙事事由陳同知與書問之陳名夔麟小石兄也不知其爲人大約張之洞之流連日爲人關說亦殊可笑

廿日晴楊生請評莊子文其文皆了然無待評贊者亦聊爲批明其蹤迹



仍似注釋耳遣方僮入縣換錢土工求工錢無以應故

廿一日雨批莊子懿來請業將軍來借穀懿對以無亦宜有以應之留飯不肯冒雨而去

廿二日雨復女廿歲當笄年也爲具湯餅夕復餞飲雖未執禮亦以成之因博戲竟日夜懿又賀復更設湯餅

廿三日丁亥小暑方僮夕還云水未退得張子年書

廿四日晴講宋書點謝賦二篇謝非賦手唯山居尚有典型而嫌汎懈撰征則無可采看山居賦注始知林蘭是梔子初未留意復遣方僮下省

廿五日陰陳芳晼專足來告存久未通使矣振湘來探提愛遣送千錢與張子持陳信云仍賓城隍但寥落耳

廿六日復雨陳足求信與空函遣之楊親家生辰本約女揣外孫歸鷰旋以癩症不往懿往行香

廿七日陰有雨檢空匧得輿藏吾雜稿亦有可觀尋翫終朝似看古字畫
楊生來論曾廉等宜直往夷使處詰責索罪之謬但恐廉等私書爲夷
所輕賤不復以人禮待之耳昔者英與李太伯語太伯出其奏稿質之
者遂遯還賜死所謂行蠻貊者必忠信篤敬楚詞之執虛僞之可長也
然則今之爲奴虜實諸臣之自取矣夕楊生去
廿八日晴鄧生沅捐官來送禮遣宜昌二兵來官兵如此用倘何言戰守
事本欲摽使念來人不差之誼姑與一片訓飭之禮物半還詢其蹤迹
云陳大少耶接家婘又爲八郎三歎爲僞丞危也何物生寧馨豈盡教
之不豫殆有業因
廿九日晴圈點楚詞看魏默深七言詩嚴保庸注求保庸出處未得瑞生
來
晦日晴評楚詞督黃孫讀書小兒僻綏一刻不得瑞孫無所歸與書蕭怡



豐謀之周嫗云丈人一紙如湯沃雪
六月乙未朔晴始聞蟬聲山中遲於水旁將半月比日始得小南風小暑
氣亦遲也顏延之以清約稱而不還田價蓋實貧耳然不宜淸田
二日晴沐浴梳髮方僮還云大水成災外間尚無新事
三日晴涼陰雲飛雨得功莪書王撫殷孫遠信言張治秋還京陳伯商出
嶽東意頗悔失康假罷亦令人思也既無西游消息且當南上
四日晨涼令呼船具裝船未至而日可畏又復罷行游戲一日至二更乃
發到松轡鶏鳴矣停橈待曉水浸枕蓐船漏不可復坐
五日晴未明卽行辰正始出漣口大風橫浪幾不能渡湘遇衡船急移行
李帆至上轡纜至株洲方過午停楫至夕乃泊上鹽塘
六日庚子初伏晴南風行十餘里泊懷杜厓洲尾油船竟日夕移昭二灘
下

七日晴熱過灘泊淦田幾半日乃行至花石稍涼乘月宿
八日壬寅大暑晨過朱亭欲從陸行舟人以順風勸止比至晚洲風息日
烈暮宿油麻田夜月
九日晴熱舟子一逃一病僅餘二人行甚竭蹶泊石轡遂不欲進遣顧轎
夫索錢三百以二百餌二榜人暮泊衡山從北門外步入縣門黎令出
見初不驚喜其幕客黎姓瀏陽經課生也歐陽生坦齋曾孫也黎子後
出館我別院十九年前舊寓熱不減船中以陳郎伯商方釋出獄交地
方管束適亦到縣宜與相見遣招不至飯後自往北直巷尋之乃與吾
縣一劉生同來小坐還縣熱不可睡復食素麪移坐庭中黎生相伴雜
談三更辭退余獨坐久之乃寢
十日晨聞庭中人語訝其極早久之乃起則黎子早在頃至設食草具恩
息爲余發夫五名每名百七錢顧役工價例也出西門北行十餘里師



姑橋又十餘里嶽市過祝聖寺未入舁夫欲投永壽司余令就街店午
飡攜方僮步還入祝聖寺御香行臺也新修整麗在嶽寺左北正街卽
嶽廟前題檻星門以不典未入至店令舁夫後來余步取西徑至黑狗
坳更西南上嶺盖張栻所云西嶺張元忭所云須孫寺譚元春所云西
明寺也自此更上山游記所云天柱峯嶒蹬數里上峯路窮更下卽入
方廣路矣二山之間流泉亂石未能成瀑泉澗或亦可田則成梯田下
里許爲洗經潭考圖記無此潭在獅子峯下有潭菴今名紫盖菴舁人
云菴僧唯接貴客舁來者余乃具衫服入門僧傲不禮但云今被劫不
接客住持病篤不能見客乃出覓宿處並云無住處舁夫餓怨强投方
廣破落不堪買米自炊讓牀宿我茗菜俱無亦飯一盌小步溪橋看月
十一日晴日初出步溪橋益西尋山徑向黑沙潭未半里恐有豺虎仍返
攜童東出山大要高深幽奇俱過靈隱而實山峽非靈境也亦不足置

精舍圖書堂游者强稱之耳五十年未識真面今乃可品題之屈曲五峯間盤
一楹一徑通出入迷往來譽蹬躋茸峰巒萬古綠安知夏與冬峽淵唯海一灘渦百不鄉蹊花澗鮮芳仙蝶秀青紅槿室不解采覆膈三潭龍
叢深十里寒叢蹤千年嵘咨官青雲客鄉懷餞興閣天柱道中林田萬綠依暑日自然陰古道沿孤曲繞匯見壓深南齋迷石記四
觀瀾對音勝暮空潭黑晉勞雷閣暮彭簪明末來游猶見唐宋人題名今皆蒙翳矣或彭
亦例語不然何不聞王夫之記錄也西通三沙潭前曾一往遂不再仍
還黑子坳取觀音堂店門前過九渡劉明遇所謂四顧無行逕處也然
比之入山路平夷甚矣暝投章木市尋安康喚船散遣舁夫迫暮甚熱
不可行至五通廟後小坐湯火計相陪呼住持僧瀹茗盡五大盌水師
哨弁唐姓來見表功云衡府端午日甚危險亂民入者數百人以大雨
火彈不得然遂獲其魁斬二人而定坐久茶多又至湘岸唐弁設坐進
藕粉清茶待船至而行露臥舵尾泊大石渡月落矣程宅來人云聶備
端孫周嫗均至



十二日晴晨發不甚早過浮橋日尚未照從柴步與湯俱上至岏樵家云
安記牆欲倒不可住又言門雀客甚多且留過日因招其妻弟趙季植
及鼇局胡翊卿張子年共戲夕散還書院與兒攜疇孫來觀疇嘑送還
輿仍來侍俱還從後門入暫宿前齋
十三日晴日未出呼船出城過兩學譚香陔設芩麥鷄子余自備豆漿油
條飽食至道署見夏子新告以今年不再來之說出至安記張生率弟
子及楊任學同來云完夫暴疾厥死身被針傷至今未起又言笛漁子
死以娶婦過饋甫還感疫也同飯於安記俱過常家霖生正在壽門已
入棺矣人命迅速正一年耳出至鼇局舁往府署訪唐弔郎出至衡陽
訪譚震青出城訪廖笙陔交還墓表便遣方僮持四元辦午食岏辭倉
卒胡云已備至彭祠石洞摸牌趙程並至熱不可坐更招譚廖郎來談
夕出洞飯於客廳亦熱夜至楊家看完夫還又見張廷燎往來屑屑彼
此當相笑也
十四日晴風涼諸生來者竟舜不見居內齋廖孫陔來送禮郎師闖入自
辰至未乃去爲設水角客去快風陣雨有雷隱隱頃之而霽夜移內室
十五日晨起出城已日在甲上矣徑至程家待客頃之傳呵以爲夏道延
入乃唐府也快談堅約一飯不得已諾之唐去譚汪來皆謝未見夏道
約辰至到將巳初餧甚不得食方食馮絜翁來聞其病甚驚喜迎之談
及胡子清亦欲往看老健未衰也隨馮舁行與岏郎俱入子清亦愈更
過江經歷則未歸署遂還岏東廳解衣臥惕久之趙季植張子年來剃
髮摸牌更招胡翊清未三圈郎廖繼至譚厚之父子亦來已夕乃入坐
聽唱二曲七人共坐戌散出南門已閉還從鐵鑪門出乘月還
十六日晴庚戌中伏休息一日寄景韓莪女二書看賈誼書請削諸侯申
韓之學非知治者在董迂晁躁之間其策匈奴則陰謀耳蕭舉人來求



見乃以我爲戲蕭甚昏不可醒亦劉廖之流而才學不如晡後有一點
雨初夜有兩口風
十七日晴蕭監院來失職甚惱以衡考分裂爲憂余告以次青故事蕭之
與李又不知相去幾許今乃知李亦人物也午後出弔彭公孫謝絜翁
便至程家呼舁詣衡陽程胡趙同局戲熱甚郎師來攪局移至草坪地
熱蒸人頃之風起譚翁出話病孫陔亦來戌初入坐戌正散乘舁還出
南門衡嵲賀子獻出見竹銓孫也
十八日晴賀孫來見相違幾卅年不通消息託孤負之功兒之愧余亦有
慙德也本欲與同下因將惕便先送之去待船還乃下過程生門入看
其癡兒亦殊不癡與談百十語皆了了其師彭生出陪鼇局來催郎陳
先在頃之程至移坐門中摸牌胡兒十二亦能陪客與言戲賭之分及
一馬從二馬之禮甚驚笑而不信其父亦以爲河漢逕庭不近人情也

世俗衰昏不復可喻趙季植後到清泉令沈子珍保宜武進人懷庭姻家子也與譚均公宴羅屠席散乃來九人坐鐙下熱甚亟散留喫咖啡不復能入步出鐵鑪門門役方以歐瑞孫故被責迎送甚恭夜半出城余不能約束之過副將方欲窮治是重余過請衡陽亟解之

十九日大風不甚涼胡趙約來訪令作越飴待之程郎亦同來作餃餅均陋不似余家設朝食復不具客去遂悶睡半日午飯頗早飯後陳嘯雲來求書得但少村書北風怒號作雨不成夜仍熱不被

廿日晴稍涼張生肇齡名起英來見張一哥胞姪也今在徐生和管櫃送度西集云去冬卽來事忙未見耳不獨不恨其衰微而反喜其有職業大族世家至如此誰之責也略看紫峴年譜五十年未見矣午陰大風常霖生來留飴心作餅甚佳旋同下湘常舟吹旋不得下移船邀之榜至楊家門前常上余渡檥大馬頭攜蘇菌訪秦蓉臣云不能出防矣又言老不識字十字才得二三乃知識字別有神明與人事異心眼也小坐出至衡署子獻設酒更招鄔師張尉邱幕作陪譚震青來增招胡翔清共戲因明日當入城遂不夜還與書唁少村步投程家宿其書房屼已睡更起三子侍坐二更睡涼始被

廿一日晴更涼易絲布衣出答陳嘯雲還程家早飯寫字八幅出至安記正值坼牆遂步出城至清泉學看荷花裱畡訝其太早坐臥閒談幾兩時許陳嘯雲鄔胡程譚繼至鄔胡譚程共摸牌趙季植沈子振後來與余鬬一入局三飴後方入座全無暑氣客散余後歸廖以舁鐙送還始覺道遠久之方下船臥還衡灘得句云（鳴灘夜瀑如雷響臥入溪院六月寒）彭公孫補勤挽聯云（荆折第三枝黯勝王孫悲宴玦佛光初十夜定依蓮品證金身）初更到院家人半睡鐙下看張詩一本

廿二日晴仍涼晏起出見子年在客坐甚訝倉卒沐漱延坐留早飯未撤程七來便令獨飯飯後西禪二僧來自辰至午始得入揭陳升復來干求隨緣應付仍看張集

廿三日晴涼湘漲反復看張集數過賦勝於詩作字數紙暇時但睡夜起驅貍



廿四日戊午立秋晴涼午前無事但睡睡非逃暑計暑中不能睡以償熱不得睡之勞耳睡中聞雷聲隆隆起看天色無雨意已命駕矣復令少駐待久之雨至甚涼加三衣汎舟下湘未半日出復熱至柴步已復暑矣雨時正立秋秋過仍伏日節候不爽也舁至府署廖胡先在鄔齋程屼後至至珠玉堂摸牌蓬洲老而欲學廖則終不解也未終局而夕入席卽小喫戌初出城還舟甚熱未具夜飴恩恩便睡一夜再起

廿五日晴楊江沐來云生員許其匿喪欲以喪日爲始不計聞赴日廖老師主之豈有是哉趙季植楊叔文二程孫來沈清泉便衣來恩恩去飯後小坐穿堂見謝曾生偶問楊事乃知彼欲以截缺索錢致有煩言也人情難測如此

廿六日晴晏起未頪譚衡陽來作餅待之遂不朝食廖厓船來求作首事屼樵云利公穀也與同下湘女客從日炙甚熱登岸至程家屼不欲同去與長者約臨時反覆非也余遂先舁入府鄔師云程欲不赴陳招耳余乃與約不縣而府頃之與胡皆來招巴陵方生共戲唐覶局學摸大有會心四圈畢尙早喫拌麪小坐鄔具舁送我閩館廖羅胡蓋臣先在陳嘯雲爲主人鄔胡繼至陳亦學戲草草未終局設食亦草草初夜散從屼樵乞一瓜還夜困臥

廿七日陰命與取節敬隨封俱送程處瑨遣人來代覶清晨催促回信倒屣起作書一紙並以醬菜寄之終日臥竹牀消夏夜食瓜爛敗不可齧更剖一枚稍可取汁陶園集三四閱遍全賴以送日也作常壽民挽聯

度頌還炎齋新婦入門悲改服持門誓寒蒙世家無緣共語辭

廿八日晴陳嘯雲約同行遣告舟具以三婦閉坐不便定自顧船午下湘將往看畏日不往僅至楊家會飲廖笙陔常霖生丁篤生趙季植張四哥正暘兄同集先在陳完夫臥室看病久談後出坐設饌頗經營有豆沙鴿卵純白去黃惜未見黃用耳當別爚之以作桂花魚肥當佳

廿九日晴定坐桂陽船令具二舟卽發行李以免諸生更送清泉令沈子振催客久不能去晡後行風雨驟至須臾已過諸生送者欲濕衣也到城路濘可行步至釐局諸客久待胡妻傷寒眼花見廿許女人召僧禁劾一坐皇皇嘯雲先去余與孫陔譚霞青均辭出鄖師岏樵留陪和尚余至程家待久岏還九十一郎陪話頗有條理張生誘導功也夜宿張榻

七月甲子朔晴岏樵作盂蘭齋招張子年來陪早飯飯後江尉來遂留同談趙季植來摸牌岏還言新除兵備已將走馬到任矣戲竟日乃散

二日晴方僮來報船到麻十郎來送行廖崖船追送力辭乃退與程九出城尋船不得仍還遇童云賓至復出乃遇三婦辭行輿兒往常家書主尋余坐船已過浮橋令呼之來周云不若俱去留小划待三少奶以免紛紜也遂坐後舫過橋江廖送禮彭生芳送行輿亦旋至草草遣之三婦至卽發樹生與妻就食斋耶太不成事令樹隨我俱歸晡發夜泊站門雨風無定待霽仍行

三日晴晨起過萱洲午至雷石看船衡山買筍石彎漏稅招雅耶來保護小坐促行夕至油麻田夜稍休仍發

四日晴船睡不甚熱囊亦可坐交秋果涼也晨過三門檥懷杜厓嚐孫塞覩音婦嫗無從往者夕入漣口船人告疲乃泊袁河

五日雞鳴卽發曉至姜畬換錢招張生一語而別到家未午遣女往城助作包慧生欲歸船小不可多人乃僅令三婦便往四婦上船看宜孫母子祿孫從慧登舟將檥一日恐熱促發日烈風涼不甚知暑

六日晴三伏已過熱猶未退移行李二日乃定張正暘來云楊生已下縣京信又有遷改論身世事云當求官余問此意自幼少已有耶爲新有所見也張云初無此念余曰此兩年中爲程戴傳所轉移也從我十年不及從程二載何余之不能化人如此因及諸生併張導率無效且及功兒欲入貲從官乃爲陳三立所移父師不如交友之易染也張留宿前房

七日陰甚熱朝食後張子持來遺陳八去寓書丁程與二張閒談閒睡納涼至申酉乃得風快若新浴客恐雨遽去果有小雨夜雲甚濃諸女設瓜果鄉中無所有亦湊成七品並作酪餻余睡醒復起聽彈琵琶



八日晴卯熱辰涼巳起復睡午初復熱始鈔易說曰三葉作但妻吳墓志

九日晨涼改兒婦文各一篇鄉人甚重中元男女顧工皆請假暫歸幾無人炊汲

十日晴鈔易看漢文邯鄲淳文入三國曹娥碑仍宜入東漢三國無此好碑也

十一日甲戌處暑極熱幾不能伏案方僮還得功兒但道書云任師未妥衡道已馳赴任矣小疾不欲稻食日啜麪茶

十二日昨夜大風熱仍未減今日又竟日風至夕乃止稍涼矣晨麪午餅夕飯疾已大愈送但妻祭軸自題四字曰對薇增悼園丁摘芙渠五花插瓶三次花也半日而萎樹生借錢辦供但求四百以爲至少余猶患其大眼銃也不知艱難一敗不振豈必旗下老耶

十三日晨起自謂甚早日滿窗矣懿往祠設薦燒紙諸女亦薦其母經營竟日余但臥聽至夕懿還同食新

十四日晴晨鈔經朝食後楊生來將軍旋至朱通公引其宗弟來見小舟胞弟也因云與其父兄相識欲求一館告以尋李菽淵觇心而去楊幹待張生不至幹去楊留四婦就其舁力擕孫回母家少瑚持卜書來求敎

十五日晴楊生論賈屈優劣余初以賈爲王佐今知定不如屈屈爲智士忠臣賈則策士文人耳楊生夜步去二胡子去允爲卜作書與王撫

十六日晴晨鈔易畢作二書一與王撫一與功兒遣方僮送縣並撦張生買油已否兼探西信午浴周翼雲來欲謀閱卷

十七日陰方僮還張團總來言盛事兼云趙廖之謬余云天下謬者多不必問也又示李太耶批團費事李真光棍不黏灰者此等人做官乃官妖也

十八日晴盛庚唐目皖還疑有避也云卜兒罪當死二胡適以今日去不及救矣沈子趣次子與門生同來不欲見之久之乃出則悤悤告去又悔久駐之呼匠油屋乃久不至召小工自督爲之夜月早眠

十九日晴張生來告行寄滋篆及易說與帶衡云欲作湘綺樓壽我擬集費四百金談何容易令人有廣廈萬間意口破不便食亦甚惱人

廿日晴看課卷兼鈔易說說需血爲歃盟命渝爲監渝頗無牽强夕思麥食假房嫗生日令作湯餅來訴誤記不顧也大檢日記果先二日

廿一日晴晨具鹿筋麪午具滷麪飽食而嬉謝生來云欲得館勸令就村學

廿二日陰遣迎婦孫小有飛雨與謝生閒談無所發明閱卷畢謝生去

廿三日晴閩張生墜馬傷肱遣視之並送詩選還程將軍皆墜馬殊非興祥也

廿四日晴油屋將畢又當築牆殊爲擾累午後聞有人自縣城來入視乃



九弟婦胡迎來同居乃四十年前事堅不肯來今又自來求公租穀不知余前惠也可謂懵懂然與玉岑堂客大異仍告令來住本欲令領功兒今功又當抱孫矣山中七日世上千年正自如此鄉中正無錢又來告貸借房嫗工錢與之去

廿五日晴燥有風如伏日矣炎熏草木立槀楊振清來請安夜風

廿六日己丑白露漸涼午雨至暮時止時作始著單衣說師輿尸爲貪功要賞義勝懼敗喜勝者後世功利之見汨沒人心自太史公以司馬法爲少褎宜言戰者之日淺也

廿七日晴鈔易誤落三四條更補二葉日課仍如額遣催子租欲迎入城又近年積穀當有四五千石而無一粒亦不善蓄積之過頗思革弊

廿八日晴振湘來言閏寶掣騙出示書片乃揩子筆迹也揩子吾稱其傖然名利而招搖妄作如此庸人學壞實爲可笑講宋書氏胡傳元嘉封楊文德詔云朝無蹔土樹難自肅不知何字譌誤

廿九日晴佃戶二家送租清理積穀凡二千餘石初無顆粒管家荒謬甚矣貪於入而忽於出無能致富之理今年始自理之當買穀自食真云無錢往城中謀之陳芳畹

晦日晴專足夜至滋授子書傳而不習令執經來略講大義先告以書經用處頗熱鈔書時作時輟夕乃畢工

八月甲午朔晨起至湖口登舟舟乃未至坐待日出鈔易一葉呼張子持同舟至省擕內外僕以行陳足附去至姜畬張未擕被借之田雷子雷子送餅登舟相看晡至縣城船夫不欲行乃至賓興堂馮甲將軍均來迎候與蕭朱將見卽逢蔡四報姪壻之喪姻逾十年曾未數見欲往慰弔惡夫無情遂罷不往許生來相看蔡叟不去余乃步出還舟暮雨泊城下宿夜起太早復眠

二日陰晴待張生不來（潙幹復來留幹翻食）遣尋不得日已將午房嫗促行乃發至昭山大風打船令檥包店風迄不止船搖不能寫字乃眠陳足告去無可冀故也半夜風止起坐仍眠

三日晴晨問所屆已在枯石比起近城矣日甫在甲至朝宗門遂過高春入城到家尙未早香功兒徐起招朱生劉省欽來談劉曉滄兒適至云已飯飯後朱去劉留云當還鄂欲求書干撫藩均未識也蜀陳生寶王生父子來壽孫言有被髮人與方僮語則子持至矣（羅順稠來告將往日本大以爲不然）乃與彭鸝偕來坐至夕不留飯彭去（步詠江來云聞之滋之薑豐舊也）張宿余室余仍上樓補鈔易三葉本日尙欠

四日丁祭無胙令人有復職去官之感晨出訪子新送交課卷曾文正所謂永訖永畢者尋隆道臺不得馳還朝食朱生生日送麪餂肉鷄笠靜兩僧彭陳二五葉麻寄禪隆觀察岱女均來鈔書未得閒僅能兩葉



五日晴熱晨出更早至東長街口尋隆寓遂拜藩臺湯前藩譚前督還已近午仲章生日設奠方畢蕭傳臚在坐云卽當歸送變蛋火骰而去二彭任師程子大相繼來任報李雨農父喪約再會於鹽署彭稷初以我爲盛綸而嘵嘵不休甚哉其難悟也客過晡不去亟出訪王莘田朱叔怡劉定夫朱劉公出遂至省欽處會食任師先在遣招王莘田待葉麻龍艮三沈胖劉兒至而入坐喫燒豬魚翅夜還彭五又與楊子杏坐待談稷五訪聞事彭氏愛管事殊不妥確城中拒絕又太過非公道也作蜀書二函

六日晴遣迎岱女早飯胡堉先來小坐去鈔書未半葉彭稷初來告以朝廷播遷名宦子孫不宜爭田地且俟小定朝食未飯劉子送蒸盆不可喫喫饅頭三枚岱女還失去虎魄佩責盈孫不服痛責之周生堃來未見龔生來見之藩鹽龍令來均不見與龔坐稍久王莘田來以送銀票成患難交亦見之袁守愚來長談畯五引譚孝廉（蘇雲崟階）來見周生引其姻家鞋掌櫃來見黃卝總來見李家報喪遣功往唁之陳生寶夜來未遑見也裕太尊來告行珀佩退出以盈孫懼我還之鄉間故潛還水缸邊也房嫗還房病臥甚困

七日晴晨起待買雜物遂定晚發至李祠看求雨隸園於柳缸濯手其他類此何能感格待撫藩未至暫還攜小孫女及房嫗往看則已行香將去矣朝食未具樓窗照灼張起英來未見方食復來見之云求書干匡四亟令還縣相待二彭復來寄禪來未同坐縱談四輪王至午客散登樓寫經陳生來請照相辭之至再以其拳拳姑出應酬片致鹽總爲張生問信楊子杏又來待晡食日斜照相乃紛紛各去余亦出城僮嫗均至純孫來送令還遂發宿枯石望

八日晴無風夕至縣城入賓興堂換銀取錢遇李雨人劉吉生留飯夜登



舟移泊十二總

九日晴熱晨欲買魚待至午前不得乃行際夕方至姜畬到湖口已初更矣乘月上猶未晡食夜分移行李方畢倦臥已久房嫗告勞昏昏復睡

十日晴諸女辦祭余亟補鈔易經七葉猶欠四葉夜亦先寢

十一日晴晏起半山生日祭猶未具將午乃行事未朝食喫湯餅兩頓外報小姐回乃玉岑小女也亦令喫麪留住女牀補鈔經六葉夜雷小雨已而大月

十二日晴大風甚熱房嫗就醫大睡兩時許聞周張兩生來乃起入內今日乙巳秋分氣候將轉秋陽尤烈風來如焚鈔經足額又成一卷

十三日陰頓衣二夾且具帽領矣與書譚震青論閱卷事吾本意欲輿兒校府卷門生閱縣卷今聞輿亦與縣試非本旨也又不可飭令還又成錯矣羅匠來議起樓正畫樣時楊生來遂同酌議周生參議估工至申

乃去張星二來夜微雨
十四日陰有微雨楊生早起佃戶送牛肉朝食後遣丁買蓤藕便送陽去
鈔易足額逋課悉完片告蕭文星令代還二稅
十五日陰甚涼鈔易一葉入內摸牌外報將軍來出陪餂心便鈔經二葉
幹去胡來已將夕食鄭兒送牛肉哺食畗鴨甚佳亦得鰕仁紹酒供養
殊不薄夜定無月令婦女連句作中秋詩中秋興自晚唐非古節也爲
作二句云秦俗不解賞軒唐庶可尋蓋秋分夕月禮之遺耳待月甚久兼待包子過
子始寢
十六日陰小雨張起英來求書告以不可而彼急欲出游與書雷瓊古謫
臣所不去之地令乃求往欣然而去
十七日晴遣許六送德女還城晨起作書與陽三薦秋生正相當也本約
早辦及去乃無船將午始發又一折也



十八日晴
祖妣生辰設湯餅與小孫共食告以故事已及玄孫矣亦庶乎流光者得
陳湋進士浙書云誠湍皆吾交友可謂進士官也盛團總來云安徽不
可去將官湖北矣夜月極明使移前三夜大有秋興
十九日晴丹桂始芳較常年遲半月夜作包子亦早寢
廿日晴說朶頤無意得楊義漢人經不熟也家中久無錢賣糠自給清理
雜物
廿一日晴說禹貢九州後地水誤也乃舊界爲禹所弼迎刃而解省多少葛藤當
更鈔禹貢并廿七篇皆當增成大義又苦日短爲學真無已時
廿二日晴大風鈔經自十二日後日增一葉乃更早畢寫對聯數幅仍不
妨戲
廿三日晴張四哥早來云飯於姜畬不家食也言其弟已辭館不日當歸
兼言作棧工料遣召木匠云已定議矣未飯去鈔易上經畢劉少田來
看沈子趣詩
廿四日晴裕衡州專人來請作序送行卽復書諾諾說咸其輔頰舌舌不
可鞾豈金人有此三鞾耶改爲針舌用陳完夫新事也
廿五日晴鈔經早畢暮夜易詩人來云欲捐官先問能斷節否搻搻撞
未能答之姑令宿食而已
廿六日晴熱易胖去鈔經畢作裕序記衡州教案頗能簡絜
廿七日晴庚申寒露爲滋女講書乃悟當時大義太少不能貫串卽所謂
望文生訓也又當補之
廿八日晴熱午雨旋止省船還得莪書並俞撫臺金骰令諸女作書復莪
亦放學一日
廿九日陰至暮大風午單衣夜遂綿襖彭生鶚來言烈女不嫁天主教家



宜爲詩旌之大風攪寐不得眠
九月癸亥朔陰早課未畢已朝食食後楊生來遂談一日團總請修銀田
寺楊生言孝達欲送我行在甚非美事余云何以待之豈先逃匿耶又
言起樓不得地余云此避出賞者之巧說耳旣挀其議當遂成之呼匠
來令於孺人生辰起工薄暮楊生歸夜挑鐙作字一葉半夜雨
二日雨風昨遣僮下縣令房嫗假歸便寄書往尌至暮不成行雨頻至動
溜積潦但不久耳盛從九冒雨來曩吾敬子今不敬矣未出聽其一飯
而去
三日陰懿請假省墓與房嫗婦子同去一女與僕嫗結昏恐有拈頸之日
云我爲媒我又一易笏山也瞿春階必以爲有死罪矣至午畢發方僮
夜還云相遇姜畬
四日陰大風鈔易一卷成一日得四葉講書至金縢無鈔本更令糿女鈔

大字爲補注之城中買菊十本花初蓓蕾
五日陰晨作字數幅鈔易注書如顏真吏授五言詩大風夜起
六日陰鄉中無麪遣傭入城覓之講康誥頗似宋儒章句蓋發明大義訓
不能古也書裕蓉屏送別圖序增文一段乃有情韻
七日晴鄉中晚稻畏雨今始慰矣平江生來游學方僮誤引之入人頗安
詳云入山見讀書人方知斯世有不逐風塵者其言感人送錢二百而
去馮甲又來皆鈔書對之日課本贏一日反似欠一葉夜爲補之說除
戎器是秦始銷鋒意也爲前人所未發夜月
八日陰晴召土工築堂牆匠人作樓指畫形勢孺人生日設湯餅女孫放
學一日夜食餅楊振清來送柑畬耶被撤來訴
九日雨本約登高不宜翔步彭生來趙增來言葬父事勸以不必生口舌
切戒涉訟



十日雨畬耶去欲附衡信不及曹家專人來求書楹字吳山長爲介紹通
書卽作兩紙應之楊振清單開三貴人求賞一書皆振清一流人也笑
而諾之叱之則跪拜無奈何也復書吳山長
十一日雨勢乃濃晨起箋書改詩得一佳作鈔易早畢外報陳秋生來玉
岑女壻也出見之三十餘矣而配少女殊不相稱出示仁裕合書云可
得船局帳房留宿客房遣楊振清陪之
十二日晨陰作書與裕衡州便說陳秋生尋土物送裕不得姑遣空信留
楊待周嫗已而傳云許女歿祇還餘人未歸也今日寫字頗竭蹶未知
其故六朝亦有八十許人每讀其傳心羨其壽因思康乾人良有福也
講書自介用逸逸無用理宜爲反語說鼎用如燉盃方合木上有火之
象又駁左傳鼎銘饘粥之謬說鼎爲大夫世家之制亦新悟也夜雨瀟
瀟頗有淋鈴之感又思聞鈴之樂

十三日雨黃孫生日設麪餌與書任師耶探鄂信今日乙亥霜降
十四日晨雨午陰王珣兒云身家諱與蘇子高同蓋讀珣爲峻使易諱也
夜聞開門又赤腳聲登登不絕起詢之云四兒步還草鞋踏泥欲以習
勞亦殊不必
十五日晨雨夜月始聞汴信求冬筍不得校程鈔楚詞自歎其佳盛從九
來告去
十六日晴秋少耶專人來送裕信楊生送張信並致樓貲遣僮至姜畬尋
張四哥兼運蜃炭船人云福建純用蜃南方用石各從其地產也說習
臧瘝在五句不知何讀文理姑令闕之僮姪夜歸
十七日晴張四來言造正屋多所條程難與共事議論一日而罷近宋學
也留宿外齋靜菴兒婚昨來迎當勉一往
十八日晴晨起襆被欲檢筆硯船上不能隱几遂曠課三日至姜畬前日



約楊生一晤已來相待遂要同入縣昏暮始泊入賓興堂夜飯欲步月
已下鑰遂睡
十九日大晴晨起秋少耶來見馮甲來送油旋出訪裕蓉屏云柯遜菴擢
湘藩已當旋竹西還堂鬚髮廿日不櫛沐矣飯後復出城至靜菴宅舁
人相問訊如走卒知司馬也蓮花街殊隘逼不容旋馬而靜菴所居堂
宇甚峻房室逼窄云新婦巳時入門今已將廟見本家至者五人習其
四新婦鄒氏云岳屏曾孫女遂至貧薄耶爲之悵疑指揮拜客畢遂入
席亦頗不盩口余與裁縫陪小上親未入新房亟亟辭出從黃龍祠誤
轉西心悟而返乃遇一人爲指點迷路到船北風甚厲僮工俱不見遂
入賓興堂楊生游懺心寺歸頃之倬夫亦歸初夜有月旋復大風遂各
睡去
廿日晨起微雨芒芒上船促令移沙彎甫至而楊生亦至船夫云不可出

入宜泊一日寒甚擁被睡久之喫落花生凡再飯楊生從陸還遺許美
成送之余遂蒙頭一日夜不飲不食不溺夜雨
廿一日雨風更寒强移對岸兩時許始入漣雨泊久之日斜乃更進至松
彎夕矣命停舟不肯夜宿姜畬始有生氣起喫兩頓飯
廿二日晨霧醒已出日喚起催歸榜人施施至巳乃上埽到家鈔書半葉
乃飯云孺人忌日也鈔易四葉隨衆素食已而獵人奉雉拌瓜爲饌俊
人戲猴便卻去之斟酌禮達之間
廿三日晴懿生日移硯內齋避寒風也佃人請挑塘築屋遣人往估工
廿四日晴方僮偕樹生同往祠佃所看沈山人詩昨來訪未遇淸坐頗寒
方樹夜歸
廿五日晨未起有入室者云房嫗還矣遣人往迎自起鈔書未畢一葉步
往湖口候之乃聞人呼以爲已從他道還矣比至家門乃見庋嶺迎呼



同還竝女送蟹許孫回門一無所辦搜餅餌與之如得寶也
廿六日晴鈔書認眞外報有客竹詮兄孫也其孫彎來云甚恂謹遣懿接
之令辦飯云已食乃出問來意許爲關節頃之又報鄭福隆來余問子
耶父耶云是父出乃其子甚慍方設水角命撤之待去乃以飴賀韓昭
侯之義也懿遣四人將羊入市行色甚壯賀宿前房余半夜未寐
廿七日晴晨起不食夜食餻子過多飽悶吞酸勉起書兩紙賀去夜得美
睡
廿八日庚寅立冬晨聞人還云羊無人買昨一日未食早起書易經卦畢
遣方僮下縣辦冬祭品物三裁縫子來算祠穀幔闌入內室亟引令出
歸女賞菊持螯
廿九日晴鈔易且停料檢文債方欲揮灑劉生嶽屏兄來云其弟婦亦死
唯有孤子及二女譚荔生弟得陪王相國燒煙荔生亦無子其姊夫劉

靜生亦死矣又言衡山士大夫優劣亦爲允當留宿前齋
晦日晴作胡徐碑成未欲銘之仍鈔易二葉已而隨筆成銘遂不勞思夜
睡甚沈夢亦甚雜
十月癸巳朔劉兄云今日日食未問時刻深淺昨月食亦未候視也飯後
劉去附錢二千聘嶽屏得戴表姪書云世餉已停問督奏也
二日晴鈔易系詞講書君奭考焚券故事有崔慰祖又章表先稱子章未
知誰也方僮還
三日陰大風築垣停工以淸腳築土勞逸不齊土工不肯專包淸腳諭令
暫止昏暮報石珊來已而見數人盲行呼問之乃云晉蕃父子亦來矣
張鐙設食便成倉卒主人
四日陰風稍息廚人庀具家人汎掃昏暮華二華四來永孫招子來卅和
來六鐵來放銃劉佃來開鋪許壻來殺羊二弟出游夜始還



五日丁酉冬祭備三獻石珊求子租戴彎先吝今許未詳其由設三席坐
十八人杉塘甘棠坤族有二餘皆石泥宗人也昨未來者又有三屠父子
及名孫與樹生爲六長房三四房三五房六三房一六房二外客黃孫
餕畢已晚紛紛去唯留石珊屺子屺卽得一兄兒也交情甚深而流落
不可收徒呼負負夜未閉戶薄被稍寒
六日晨霧霜大晴遣僮傭往劉衡築塘換牆門牆暫停工朱小舟弟來送
瓜祿孫歸
七日陰雨幸不妨工石珊請穀去前築上棟挪用其百石無帳可算而實
有其事故聽其作抵寫字十餘幅
八日晴作書與胡辰谿薦月珊七子暫停鈔書
九日晴遣樹子上縣屺兒同去講齊書倖倖傳論言欺隱云軍有千齡之
壽謂冒死者名頗餉也室無百年之鬼則未知何意夜頗寒早眠周生

送蘆橘云與兒又還衡

十日晴晏起諸女講齊書畢陳芳畹專足來告飢寒吾有廣廈一間而彼不來但欲捲我三重茅可笑也將軍來亦不飯而去夜月

十一日晴始講梁書姚思廉文筆冗沓不成紀體鈔易繫詞欲畢頗以說卦不在十翼內似宋學也留仙云吾終歸宋學斯言亦有由

十二日晴陰僮傭還云塘工已畢費錢千餘穀二石抵五十工也

十三日乙巳小雪陳復心專人送玄纁表裏並魚翅飛麪從孫家來未知其由卽書復之云當告歸大晴夜月

十四日晴張生自衡還云李潤筆已到還舊債外尙存二百千且喜不背攻陳完郎專使請期許以臘月呈壽文爾疋健舉佳作也卽令書昇張傭與豎子爭席余自取帔與之沈山人夜來談至二更去云月行仆佳致獨行尤佳別有興趣真狷士也設湯麪餂心



十五日大晴張生晨去戴表姪來求干蔡泮道許之將往城治嫁裝遣陳使先去遺二衣兩餅銀日課俱停

十六日陰本擬早行防雨改明日遺視船竟未到要滋女同往辦裝永孫夕來云有人求文實則求館也言復心已撤改委沈閎南張生復來戴午去檢劉狀將作傳乃羌無一事唯嶽屛有話說耳置之看朱孝子稾結檢新志初無其名夜雨

十七日雨陰復鈔易二葉紈女鈔左傳畢未暇檢點

十八日陰雨遣送菊與沙山人幷媵以詩至夕使還乃有報書和詩兼饋果餌夜月

十九日晴留久本欲冒雨行乃竟得佳日命滋攜茲孫同下船半日行李乃畢至姜畬夕矣往張生處取銀二楊兄弟同來得朱程書話數語別去出漣口已夜到縣初更矣滋往三婦家永孫來言請留一夜余約待

月卽發久之遣促至卽行一夜未停遲明到猴石

廿日大霧晴南風甚煊辰正到朝宗門到家已朝食乃有九弟女攜子女均先在云近薦出無數人宜爲其女壻出力笑而諾之欲往小吳門過岱女家入視便出從五堆還城門云搜檢甚嚴乃未相詰未知何故遣功易銀步往小東街還王借項遇粟谷青汪督銷將夕乃還蔡女兒女均去岱來竟日未夜去早眠聞失火未起起已大雨

廿一日晨大風有雨驟寒王連生朱生梁璧垣周蔭坤來云羅順循已還中國盈孫生日自亦忘之至夜乃覺賞以二蝌夜晴

廿二日晴遣傭還鄉（王華田僧胡濟生來九弟婦家人也）附竹孫與岏樵託買錫器陳芳畹來蘇三以爲白日撞訶問之余云君衣冠太敝不似盜也

廿三日晴蘇升來求薦人不知足亦不知所由富宜張孝達之甘心夷奴也與同至空門懺之兼看講舍閱無人門焉者過道鄉同至笠雲處小



坐卽同看席祠謁劉坤二遇八指在舒家道場始知叔雋死矣凶禍相連黃氏所不料也還過孔搢階不遇到家與寄禪同餂心女婦過岱家夜還校經彭李劉三生來

廿四日晴霜黃孫來檢點嫁衣汪壽民寄禪來偕龍山李生欲爲吳永以貌陋未選陳芳畹來告饑寒恤以二元蔡氏從女復欲搖錢則不能應矣午過任師朱守均不遇還五僧來茶話閒易青漣喪正八十矣天下可憐人也張生四兄來往淸江

廿五日晴任師早來留飯去岱女復來看尺頭動則百金始知物貴

廿六日晴龔生令桂陽來辭云少荃沒而猶視蓋電氣使然非欲事吳如主也而周馥適爲士匈矣永孫來令覓曉滄兒同去往城隍祠看戲黃孫所好也劉果夜來云尙無行日與書但少村薦賀孫

廿七日晴鈔易一葉猶誤以序卦不必深求姑補成之孔搢階來自謂正

學云當送裕蓉屏未久去曹鏡初兒來送出門正逢裕過入談即辭云
爵帥開缺陳生待漕督十五年遂欲代丁信升沈之無定然亦掟矣張
翊六來執贄
廿八日庚申大雪節晴煊任積臣胡子揚來云黃伯周即在本街同往看
之因送子暘至草潮門獨從又一村還永孫復來告歸黃雷陳生來相
看
廿九日晴黃生來程環光來見未知何人延入問之云虎溪子也字海年
今居黃子襄故居將同會於王家故先來看已而至王莘田處聚棐先
在又有陳六生女壻魏生及廣東羅令多言洋務電報程子後至八指
亦在喫飯九盌而去二更散屺兒來
晦日晴與陳芳畹同出答訪任三不遇馮士元與黃生來歐陽大人來油
滑無取劉陽無此人亦閒氣也與棐廠又異獨往戲場但少村來未見



鈔易說成凡百十日
十一月癸亥朔晴黃孫課畢想看戲攜至火祠局散同至鹽署劉帥處有
廣西新舉人陳生季修孫也小坐出還過笠寄二僧約作生日衆僧誦
經非所宜當也
二日晴楊伯壽丁生同來彭畯五來求書云有秀水王家藏書甲天下又
有潯州守張丹銘求書楹聯並言其從子之能得莪書云往南海去矣
金嫗來
三日晴道鄉僧早來云坤二將遣人往吳可帶嫁裝便託購銅甆器皿午
攜孫女看窊旋至城隍祠遇畯五還談久之左致和妻來告幫許爲加
一千錢夕出無僮僕舁至趙坪程海年請飯有洪子翁皮西學陳十大
人及其姻蘇李兩令王莘田贊廣翅說官話夜散與莘田步尋蔡洋道
寓郭宅十年不到矣

四日晴齋戒樓居與循陳郎伯商來出見遂久坐陳郎被酒憒憒恃有奧
援復欲入獄矣略隨語鞬椎未甚領解李伯强(前營)來劍齋兒也便約明
日一飯報其半千金夜風有霜
五日晴丁卯烝祭早起待事仍命功獻午初已事窊女來湯闓練來楊兒
來留飯禮辭遂聽其去朱生亦禮辭遣純孫請與循便隨之來楊伯琇
李伯强亦早至莘田俄到楊云新學黨魁也何以相識易實甫替人千
真萬真其然豈其然乎李欲出城遂早入坐張雨珊旋來初更散四客
步去王留後一日頗倦早寢
六日大霧晴煊待黃孫課畢出答訪夏湯便過與循均不遇至笠雲處小
坐盤老已衰不可談矣坐看黃張郭李之衰又看湯王張瞿之盛亦算
歷一劫也費王生來見鄉中人來
七日晴忌日素食客來均未見蕭生夜來云當往淮上送火殼而去



八日晴晨課畢步訪夏子新問相尋何事乃云張生名條失去矣餘無所
聞至關祠坐久之待舁不至復出立街上又將一時許舁來至藩署客
皆未至入與但紫莢談蜀事頃之邀出三客皆不相識一貴州人云曾
於陳伯雙屏後窺我一李姓(字新和)云於靖港見我一瞿姓云初稟到張
雨珊後來席散將夕步出又待舁還得王生昌麟書薦廖令來見
九日晴部署無章姑令餬窗待移寓彭畯五攜其兒子來云將往廣西廖
知縣來見成都舉人開字帖店攜媪來候補教習班也與方廉史爲師
弟
十日晴晨未起蓮耶來云三女已到攜四女一妾遠迎之暫令滋移內樓
藍山趙生來見黃提調在坐先去趙衣冠華綺云往尋復心蓋費郎之
流非吾徒也王祭酒來夕過蔡巽糧諸客已至劉王程李餘無別客亦
無多談但喫而已坐散答訪羅師任師來辭行往安徽到省夜風有雨

得李生書
十一日晴遣方僮迎家二傭接轎一日無客料檢移寓夜攜諸孫看本街
三祠冬祭看與恂壽文爲兩孫書扇
十二日甲戌冬至卯正紅光滿窗起送任師其大門不啓待一時許寂然
今日不行定矣此等行無所用送幡然而返天似欲雨頃之仍晴家中
嘈嘈急欲移寓遣人再往均不得要領乃自往便定遣招三女來滋願
留家惟瑠四女一二妾先來坐未定程孫兒來致其大父所送生辰綱永
孫又來兒孫俱集余又還家看何詩孫所寫張文星壽文歸本朱子正
合孤意還講舍兩孫已去尹和伯又來請畫像並畫立軸爲壽期以異
日和尚來窊來喫蟹羊雉稌夜初俱散不聞更鼓亥正寢寤作賦成起
段係東字韻不起草就卷書之第四聯云桓元子五丈旗邊雄心蓋世
未及對而醒又夢飲酪甜如蜜心昏然不能須臾知被壓急自轉側乃



安鼠墮足邊疑魅物也濛雨夜明遂覺至曙詠洛神賦
十三日陰晨待飯未起有人入房云劉大人請客臥而答之人去卽起飯
始熟矣勉食一甌小雨作寒短日無事看西書席研香兒來未見鄧直
牧送柚真巴東產也萬方玉帛未過如此陳伯弢賀生日並送新詞
十四日陰看未見書皆近人所作有陳昭謀時秖何仙槎年伯也文頗有
書卷三心祖父也午出謁巡撫談新政云還京已至真定道上不廢游
覽日色將晚至鹽署會飲坐客湯王席李新到縣令劉省欽以余爲客
李卽勉林孫亦道員矣最後至云罍軍大寄家鄂潘新婦隨去夜歸大
風有寒意
十五日晨起雪雺雺旋落旋消積半寸而雨俱化去矣功兒來瑠小女豆
疹平安又過一㞐夜早眠得莪南海報知已到粵
十六日陰午後仍雨俞撫部來談紳士坐久之客去余出答席督銷過雨

恬黃提調梁文案旋至洋局會飲廳前轎滿入則有楊犖王莘田又一
白胖人不知姓名有少年陳姓或云伯屏家兒聽口氣非也問蔡伯浩
乃知可亭兒錢店老板也又一張大人云沅江舊籍誤以爲張伯琴亦
問蔡乃知雲南學政黑胡無翰林習氣縱談督撫楊王先去陳居洋局
余與張留談久之與席俱出雨復濛濛見有雲母車詢知三婦先歸宜
孫待晴催飯開鋪頃之皆辦李孫來謁未遇名鴻幹
十七日陰待來不來獨坐無事看近人文集陳梅根謝鐘梗來談時事功
來言莪信已發張季端修撰來
十八日陰寒又雨尹和伯來示畫梅卽以爲壽陳郎來云亦道員捐四川
將辦越鹽梁璧垣來談詩夜聞喧聲宜孫歸其舅送之而寓客舍遣迎
往家居宿看包愼伯一雙三四集及劉起潛通議和尚送添妝
十九日陰大風功早來看銅甆器竟日向火二鄉來研生叔嵩聞三兒未知何處至夜人聲



鼎喧諸女婿孫皆從船來先舁入者五轎幸有牀板暫得容身
廿日晴寒發行李卅挑出門迎轎先過雨珊出遇轎誤從中右行乃導之
左寓中待米以炊過午始食夕食遂初更矣家中兒女亦來純孫先至
出買牀板遂至夜還食畢已太晚三更始關門議做生日事
廿一日晴籍重路猶溼輿呈新刻詩集譌字極多出答諸客弔胡子威須
全白矣過汪壽民黃望之而還陳瑜來誤以爲璠弟也入則陳芸敏之
姪前在藩署同坐者談數語去
廿二日晴未起彭唆五來辭去道鄉來言甆器彈匠來但道盪送壽禮黃
修原來廖蓀畡送潤筆生辰綱黎生父送百元湯又菴來雨珊夜來爲
我籌畫客坐更開三間屋以館來客吳嫗來屬其子
廿三日晴任師早來笠寄踵至掃除外房但直牧來送潤筆窊還遣迎滋
來喫蟹久之不至功父子均早來魏樾鐵三來嶔崎人也益吾來薦廚

戲月生自衡來鄭弟來汪壽民來瑲疾甚困
廿四日晴瑲猶未愈憂之陳郎來云其婣從船亦將至矣早飯後送往種
福源功婦來看妹因還校詩頌之齊七二廖倬夫澤生來黃望之來云
席督銷納徵趙坪尙有屋可喜也言李雨農事甚詳夏子新尹和伯來
遂暮矣瑲師胡師來與書謝廖蓀咳得李生書請游桂陽
廿五日晴今日必當答陳瑜催飯未得且校詩一卷飯後至皇倉尋陳寓
乃在巷內孫老總昔寓間蝶瑜已出矣過福興訪二鄭亦出還至家見
王生壽言內載挽聯不勝駭異亟改正至寓遣送魏寓令就格更換胡
外孫女來鬭牌索餅未得忽憶當答尹和伯未及去羅洋員來言日本
看操相隔百里但聞礮聲實無所見也告辭省母忽忽去余亦出至府
署後和伯外出又還鬭牌彭稷初來送壽屏自作甥書一論耳非序體
也然論文武極有理入見湘孫孫不能作一語亦奇女也胡孫夜去



廿六日晴任師來求但一差書爲干之完夫來云程峴樵已到午後陳九
郎峴樵庥十楊叔文同來廖生亦同完夫並至邀坐摸牌局未終余出
賀楊八嫂生日當留聽戲局客俱散送至雨珊處余到楊家見楊鞏益
吾龍艮三李七耶及佛翼王莘田餘多不識湯藩臺後來先去余亦同
出念陳郎疾及三孫女未愈因還寓早息諸女堅云太早旋聞雞鳴乃
散及寢果覺夜未央也
廿七日晴晨出詣峴樵遇其從人引至水閣庥丁均在錢郎亦起矣言錫
兵備有時而明必欲見我送壽禮擲書余唯唯否否因看陳郎三兄弟
二廖生小坐還舍朝食送禮者紛紛初不暇記湘衡人亦紛紛來會無
館待之今日己丑小寒
廿八日晴晨起待兒孫同笠雲至上林寺拜普佛十僧主事坤二放參設
如意齋余具銀錢十枚助齋襯庥十來欲干但藩出遇二程二楊余不

暇顧徑至寺已有人候門外頃之完夫來言楊晳子張正暘均到卽遣
迎之待二程楊伯琇同早麪登藏經閣止拈得大般若經久之王莘田
來程楊先去楊張補闕至未散出詣繼蓮溪頗似竇召南非發品也將
詣善化時已不早乃至家解衣見鄉族十許人聞三婦來舍諸女欲來
步還止之仍步還家諸族姻門生畢集磕頭不計數汗溼裘矣待轎無
有又步至講舍閽行衣韡抹冠幸不遇小利至門待慈孫及儒工久之
慈孫乃過門呼之不應以爲非也內遣來告乃入受賀爆竹甚盛家男
舍女女華於男多矣滋尙留待以太晏催令辦麪散已近三更矣催衆
早睡
廿九日晴晨起入浩園門門已鎖閉久之乃開猶是坼閫不勝今昔之感
入晴瀾舫至東廳已有諸客待事因無自壽理不請知賓陳鵬孫早來
旋去餘隨到隨拜不能記誰某若齊次風史士良豈能辨此少村來云



撫臺必入屬令先待已正廙仙來不喫麪清談甚久藩臺饑矣而不便
獨設陪坐至午正客來三四班李撫孫亦待久請來同坐廙去謂但可
一過我少村又忽忽去竟不得食可謂倉猝客也余陪夏子新一麪束
西廳客紛紜竟無暇飽過未正來者猶相繼嫌其太遲乃還舍解衣貂
冠汗透矣女婦始相見女客亦有二三人晚與功兒議發帖請客楊兒
必欲唱戲遂留蓮太耶梁璧垣朱穉泉摸雀八圈戲子乃來草率醜陋
不成局面三更後散
晦日晴仍熱晨起諸生來者十許人笠雲同道鄉來看喫飯楊生蔡婿常
壻雲孫同飯於戲臺遂不顧客出謝北西南三城客留東城未去在善
化縣門待昇夫飯至一時許入求實書院與王生一談云羅順循又中
毒矣諸女演劇至夜分乃散滋女亦去
十二月癸巳朔晴飯後出補謝孫次韓卽過葵園待客正見陳十郎與一

梧言葉麻子兄弟鬩很事修書求情不惜卑詞殆類哀鳴矣趙觀察早來張學臺次藩糧鹽臬夏陳兩縣繼至方欲進饌傳云洋醫殺人市人將鬨羣官倉皇去四坐但餘夏陳李次琴張雨珊二程二王並我爲二散時猶未三更

二日晴熱諸女召劇夜演功兒在家宴客衡桂潭生絡繹來去午後到家陪坐送酒皆親交也設二席坐十一人蔡姪常倩不至余未食而還戲箱已來岱女攜女來兩孫女及王女並來設二席宴蔡姪常壻朱穉泉不肯坐招麻十吹笛葉麻不來戲無精神聽曲一枝而罷

三日晴衡客告去三婦攜子孫德牙均去族鄰亦去散遣傔從檢點鋪設功仍宴客午後欲往待事門遇趙季質談常德書院事馬先子徐蚴賀孫均來言事客去到家皮胡小梧楊兒均到彭孫壻先在餘皆不至蜀兩生來送壽屏功陪坐余先還舍兩生襆被從至館外客已散即居外舍詢知爲張式卿戴子和所引進也一爲王劍門則無人不知以其手寫湘軍志也楊生小疾張生共談

四日晴熱王張補拜生余補謝客朝食後功來取屏對去張之聽坐與兩生論時事張云英人云中國君主乃壓力機器歐洲則用機器之人也余云有壓必有抵抵當待壓而後見必不糜碎而已匈奴輕漢正其來朝之機也午還家待客費王已至遣招張王上樓假寐云鄭華容已至當陪點心强起出坐蓮太耶亦來待朱偉齋孫楚生上鐙乃來設兩席送酒後退還倦初更即睡

五日陰晴朝食後霖生翁壻來言過禮鋪房張生遇於蜀客之房云六槃友也盛德金託其汲引楊兒來問戲功兒請病假自往視之則已出游矣小坐還舍鬭牌喫麪夕食遂夜二陳來云楊生不能飯賁粥餔之與蜀生同談至三更張生告去



六日陰卯起待張裝去贈以兩蔬一肉使歸遺母王生廿年院生以事孔者事宋困而出游宋乃薦與胡延余初不知欲令游鄂詢知故留暫館我此即宋王之優劣也王之世故諳矣常楊來云婚事功兒不知當取進止還家與議正遇雨出又一客到門下舁則毛杏生云已捐知縣將往萬縣爲程生坐號家人治裝劉伯卿來遂坐半日雨溼街石先攜兩外孫來不能還乃獨步至舍驟疾發熱微汗大欬夜不帖席二瑚來送鴨麪

七日陰晏起稍得一寐任師來家中納陳氏徵諸女婦嫗蠶往余當往楊兒家待客遣兩僮荷酒先往功來看懿疾旋去徘徊久之恐後客期遣呼舁來至藩後尙早任師先來陳十繼至餘皆待昏夜乃來省城新派也楊翬葉麻以管班故早李雲子郭筠子粟幼友王新學次之祭酒最後劉師不來奇矣黃郎云昨客有張雨珊湯又安席沅生李撫孫並無別意莘田云黃提調出豆張埜秋管學戲甚認真散將三更猶怏怏也

八日陰欲雨晨催僮僕還家竟無人去委過小張而革之實因方僮誤之而法不能加張也用法往往如此故曰齊之以禮刑禮之異則在心術由外言之無異也媒人當來不來不來又來則由禮俗不同彼己各異非吾所能逆睹往來碑石塘又攜三外孫看送裝還舍夕食送禮單往陳家

九日陰煊晨待取銀朝食時往家送女開容娘已去岱女未還遣女來送嫁諸女婦並集楊生來爲壻儐陳壻來女猶未裝小裳猶熱再三催裝未初乃迎壻奠鴈登輿紛紛遂去急解衣步還講舍正於樂道巷口遇新轎未派扶侍路人詫焉頃之諸女皆還待三女至夜未至長婦六女送親宴畢未復命亟催令還三女來時已三更矣聞鬧房甚勇遣告伴姆不可忤客余倦遂寢

十日雨煤米已盡散遣傭僕撤去帳房交還借屋檢點長物移房讓王生遂居內寢遣湘孫到家當出謝客出時已將夕僅至游擊藩臺二處從東茅巷至小瀛洲席祠劇飲諸貴公子皆捐道員貂裘滿堂席沅生設四席皆辭首坐竟空其一席余與蔡洋道余太華兒鋆四郎王莘田楊三品同坐客遂巡並去二更蔡道興辭余亦同出過青石橋居然有鐙市之景楊兒來託其交戲價席費卅元

十一日雨周嫗早還言須錢放賞又去其十六元三女繫頓廚房送歸洋鴨遺彭傭曹嫗俱去與蓮耶一書干唐太尊寄禪來云笠雲生日邀往午齋共三十二人亦設四席余坐久思歸遂冒雨還黃小魯兒慶曾來忌辰拜客辭未便見雲孫來云待考未去顧太尊將回任云與俞撫不協俞勤頗惰也曹王並爲家中所留文柄飈之不去與約三章留之挑水煮飯



十二日陰功擇今日回門不知忌辰不可衣冠也改期十五又忘家忌尤爲荒忽孫君詒兒舉墳黃小魯兒慶曾皮小舲孫晉藩均來見和尚來求保奸僧與書王新學轉致善化令寫字二幅看陳伯弢詞卷撲牌較牌常羸生廖春如二陳郎楊生來談及輪錢余亟止之而楊生力辨曉曉余不覺斥數甚厲雖無擇言亦非君子之容猶覺風波易動耳少年乃可盛氣老而好鬬又不好得猶爲本色得任師耶書

十三日晴湘四(江西四安)蒙雄配(甘川陝鄂蘇粵豫)七旗丁(桂)張(湘直(北)漢亦同錢只錢浙粵鋳雙節豫桂蘇徵一足匱(粵)陶湘俞閩許黔鄂直袁晉岑浙任汽李)晨出謝客晤任師盛令還至家已朝食矣女壻來見設饌待之至未乃來請朱稞泉陪客余上樓與伴姆計議伴送事女在房與姊姪閒話壻在客坐余再上樓比下已設食矣遂步還舍兩遣人覓傭嫗魚翅

十四日陰濛雨如霧晨往衡清試館看陳寓已治裝下船鋪陳盡撤九郎早起餘尚未下牀還舍待轉腳過午不來自出探之遇嫗搴簾乃知過矣出門遇喻生碑石巷遇陳楊魏八人分二隊行夏壽瑋自蜀還來見彭鷚自下門入恖恖去還舍遇呼傳帖人視之湯姓世愚弟蓋謁黃皖捐者而誤詣我入內真已在室留坐終日定更去任師來言暫撥事頃之遺人送來三百元以淸樓欵

十五日雨忌日素食瑞出看二姐攜小女去楊陳廖生夜來告行還楊四百元

十六日雨真來云牀坐皆移下船特來暫坐周嫗定不去遺昇迎之陳壻亦來辭行遣兒往船看之余過胡小梧處陪兩縣長沙不來客又有蔣幼懷胡子淸至初更散周已還而無睡處處之客坐大牀與書督銷局閒支取銀數夜月

十七日大雨蔣幼懷來得督銷道席沅生書言去年乾館世兄吉翁親手



領去殊出意外余屢詢回信且告以恐人中飽所謂人者卽吾親子也彼昏不悟淸毀攫金其膽大眼小甚於攘羊且以來書示之

十八日陰晨有雪趙景午來言張司空有書來言船山書院屬撫臺保護余云吹皺一池春水非管學及巡撫所宜留心也顧太尊來未見功兒來面讓云未聞庭訓旣無心肝不復與言

十九日兩督銷收支黃龔送來脩金五百蓋依例扣兩月易仲碩之謬也與書席沅生正之敝處與胡文忠家議由貴局支送六百金乃張督部僱賢報功念舊右文之雅非乾館也彼以爲賢而餽之我利其惡而私之則不賢矣是仕督部造惡滋惡而受者無名故必辭也潤公雖亡人知其心必不欲其家受此惡其子孫不能辭故代之辭潤公憲也如是乾館則必求而得戒薦而得萬無備辭之理而易世兒不知大義妄列於救以戲弱公之美而彰胡王之陋蓋其魂東魂四魂不附體之所爲不足責也又隨大例減去兩月則更壓矣試去兩川同不敢此二分且不必哉而倜已一辯再辯又何勞易公之遮者既遞甲代者不知其由但依易例弟又追在山谷從不入城故奮然至今也幸達閣下明遂舐私故敢布其誠心去歲小兒所領恐令撤上今年年轄報冊求向名下注一辯謝未受明年不再列衣以見剛中堂之流也帳追撤諸多不便

廿日雨出答顧長沙因至任輔丞處還前借三百元以票期未至往來兩次遂置之欲令功兒換票辭以休息詞色傲很不自覺也遂索票自還令方貴往亦不成市儈刁難如此久不知此味矣

廿一日雨遣輿往礦局換票送還鹽局四百金始了前事當請十僧一齋飭家詧辦家中小婢病劇去來了然可駭

廿二日雨至夜遂雪方僮兒病劇猶在廚供役冒雨出入家事叢脞殊無整飭之道文柄得莘田薦充局丁卽日去

廿三日大雪五寸庭階皓潔借僧客堂設齋請十僧及坤二報壽醮也攜端孫往至夕還方僮假去

廿四日雪霽竈養亦請假助葬方兒房嫗兼廚不更僱工豪傑也彭傭夕至亦不乏人使使令軍大中有此一人天下事未至如此但廢傭工一頓飯耳賞錢折席作年餻



廿五日陰功晨來送莪女廣州書言及時事切戒以徇俗務外謀食好利之儆因數其交游無譽諤人遊詞相觝絡不入也亦聊盡義方而已使王船山知之必又痛恨夕間任家送銀錢來始得開銷

廿六日大晴趙升令黃少耶文相並來談趙言學術黃言但陰險如見肺肝致可樂也我不能絕之以識其微時亦藉其光寵一義一利交情乃締

窊女來夜令女婦報莪書昨欲看迎春已而摸牌忘之遣彭十還山

廿七日己未立春雲卿兒來借宿盜地照去初取其一又從門房取所藏者而去可謂巧偷也令作新者償原主去錢二千三百其所盜不過易三四百錢耳送年禮者四五家皆無以答之唯分諸女銀錢及雜用亦頓散數十萬磨墨一盌寫字廿餘幅

廿八日晴晨起陳梅根來論文兼爲雷生借錢並言尹和伯甚窘余念當送潤筆而財力不足取閩石浙筆徽茶江鴨勝以十元馬先生例也省節他費猶幾乎不足功云十千何所濟信大言矣但不知功曾散幾十千

廿九日晴除日小盡年光頗麗陳芳畹來取四元尹和伯來因與俱訪梅根借以八元左錫九兒婦二千熊吳各兩元來宗來送巴布野雞家人押歲共卅一元盛矣哉寒士所不料也兒女見慣乃以爲慳嗇錙銖矣雖房嫗亦以爲不應計算及此纖小王生宜得十金乃減至四元猶患不足錢錢何難得世衰使之然攜孫女男還家拜牌二更行禮仍步還路暗獨行豈能以財濟人者耶每患車不彫圻之言善言用財者三更祭詩四更先睡不復問家人洒掃事亦無人洒掃也純乎官體矣

# 湘綺樓日記

光緒二十八年壬寅

壬寅正月壬戌朔晴未起王女已來拜年余至家女又在寮朱椒泉亦先
到隨至均可謂踴躍從事者拜
廟受賀畢還舍受賀爆竹烟咫尺不見物從來無此喧閬亦劉仲良所謂
爲寒士吐氣者兒女守歲並困倦過午乃有客至凡見楊兒任師丁孫
梁璧園旋過僧舍齋集有蕭希魯李少允父子及陳再伯(松生子也)劉坤二
諸寺僧衆五六人夕散懿猶未醒
二日晴城中來賀年者竟日不絕皆避未出曾生周年孫便衣來謁余云
踰垣閉門正避拜年客也昔解孟子書驅飛廉於海隅是講洋務者今
又得此解與番禺令說約與國戰必先聞爲善談孟子孟子正未可廢
詼諧先輩也



三日晴國忌無賀年人亦新講究早年不聞服色此皆官氣也寄禪來言
羅順循
四日晴遣僮補飛名片午過蔡洋道過席督節復過趙從炳而還雲孫來
功上食
五日晴撫轅飛片在其來拜後似乎太簡特往答之並訊欬血愈否爲余
言葉張諸紳登報昨發電問外部余以爲不必而俞紳必欲詢之豈畏
親家翁反臉耶夷威及於巖穴則所謂莫不尊親者確有其驗出過家
舍昇而徙功婦進膳
六日晴城隍祠住持和菴設齋寄禪云初正那可入鬼地已辭之矣笠道
來邀同往又隨而諾之過家遇一貂珠人乃文檀湖南自蜀歸邀入略
談云何棠孫亦歸矣紛紛還家可喜也二僧避客登堂已乃同往客皆
不至唯一陳姓闖席及稍葊僧妹夫同坐去早散遲甚破工也宓女來
送膳姊妹畢集
人日晴朝食後(夏三嫂夫子來見字子揮老實人保家兒也)聞爆竹聲訝何人乃擅湖南來
送壽禮拜而受之遣招笠僧則已遁去初不疑其逃席因過上林寺乃
知之步往廿局無人焉者遠路邊井尋留田館乃得之於黎家坡賓興
司事皆在唯見葛蕭又過楊仲子(在洪井蕭廨)還至上林聞大聲出屋未審
爲誰入見孔葉孔云子婦初昏而喪裝三日作冶游以爲得意亦太無
恥矣粟王繼至笠僧不來寄禪甚不自得未夕而散房嫗告歸送玧門
去丁氏三子來遜卿果臣孫也
八日晴寫扇一柄鄭婦弟來送以與之又寫對聯四副午至小瀛洲坤二
設齋又煮魚翅相款客有李時敏李少允父子笠道寄蓮三僧未夕散
昇從織機巷報謁蔣又懷陳程初赴草潮門陳家陳仁(子近)翼棟([illegible])爲主
人諸紳半集二道爲客各與接談恐夜散太遲半席興辭六女上食猶



未至遣兩兒攜婦先歸山莊行李已整頓矣
九日晴晨發行李留夫擔送青蓮設齋云過午不食欲早赴集笠云必待
午後不從其禁約也訪鄖師兒湯又安湯處過汪舘小坐而出見朱宣
楨譚生沈粹兒曹厚之黃修源談洋馬頭李宗蓮願辦又云回京似未
太平張劉俱當入衞瞿張朝望甚佳久之乃去胡壻又來僧已再催矣
步往三官殿迷其門徑旁皇久之復過陳姓指引在周家對門入則笠
寄道三僧俱在又講和矣張坤二趙少耶張怡仲夏兒俱在青蓮設齋
宿雲爲主未正散過家小坐還看兩婦猶未欲去促之出城行李已不
及出矣胡氏外孫女來長婦亦來至夜攜五孫踏月復至家小坐獨步
還舍遣昇送婦因迎兩孫
十日陰有霧雨旋霽黃文桐同知來歷訴坎坷笠僧來約往龍祠常靜來
訴其徒小雨欲出仍返賀子明來見出門又遇尹和伯周生同行至府

後周自南去過尹寓小坐循撫垣至壽星街尋龍宮道不得法喻避去其師弟設齋請章童子張怡仲劉坤二張傳臚雨涔涔下菜遲遲來遂盡一日昇還少惕陳雨初來三年契闊余兒受其乾館亦當辭之又不知作何詞也諸女並赴王生婦家春酒大雨往還至初更未休更迎黃孫來並滋及兩孫女均宿舍中以息疲人

十一日陰復有晴意長沙令國忌宴客既約申刻復改早飯應酬無聊至此余亦從而無聊街溼昇往閩撫轅過柵丁攩夫口角手搏俱不知禮余默而已約束家丁最難步步宜謹不可令張正暘見也往則客猶未至頃之任黃二師與子清同來劉師羅洋繼至散已將夕復過陳崧生家齋集從浩園還

十二日癸酉雨水晴三官僧宿雲早齋晨往欲往趙道臺來復聞房中有客道香僧先至昇往則笠僧先到矣怡仲寄禪夏子同集坤二不來云



往陶真祠行香陶郎士行子孫也修道未聞豈亦五斗米道耶午還未能款談且出謝陳黎因訪吳仰煦便過張狀元遇李少耶訓蓄不知何許人也小談而別還夕食陳宇初黎竹雲皆施主宜有一飯之報令諸女開單營辦鄔師夜來狗兒來得呂夏書

十三日晴尹和伯來照像設坐僧堂功兒兩孫均到午後杇畢留至講舍飴心王鏡芙來午集劉師家摸雀曾翰臣其姑耶也與劉父子同局未半黎竹雲來汪知縣來懷庭女壻也無齎卷氣云摸雀第一黎代劉汪代曾局散無勝負夏武夷寄壽文水禮

十四日晴明日請客諸女兩傭皆至家助辦余亦還部署欲昇還蘭孫亦當昇乃步從不及比到已決瀲門門登陴矣叫呼乃關門少惕步至瀏陽門李氏懷廬赴羅麟閣招設越食熟客有任師王莘田魏鐵三論碑帖之殊茶煤之稅夜昇還微雨夜半遂雨

十五日雨陳湜兒索作祠聯丁王生並送湯四廖世英梓材來陳亦漁子婦來看瑺女其叔姑兄妻也此人不見經傳六十年矣廖誤以在講舍請客到遂遣昇夫去余告以尚早辭去無轎乃遂踏泥後又甚雨遣覓不得頃之取空轎去余亦還家王生已久待夕始催客客不待催已陸續來黎竹雲劉省欽梁璧園與王廖同集更招朱稺泉黎令慈也散正初更渝酒甚佳留送黎船待黃餛供神二更後始行禮受賀諸女皆至還舍已鷄鳴更黃餛摸牌乃寢

十六日大雨遣看船還山丁秩臣孫謙字荇泉來言祖父無傳允為撰述果臣孫遂來求事亦爲干但皆應辦事也作陳祠聯孤蟲拚肺京畿沆論心分歸生民功夜晴有月

不朽新祠鄰故宅曾協把臂世家齊木澤偶長

十七日晴晨寫字數幅盡還墨債看船始定期後日發妻兒請客席於王家余初不知以爲公局惡其有婁名辭之尹和白來云照相不現當重



照

十八日大晴甚煊陳梅根引顏可鑄郭又衡及其姪增族孫來云欲一見同里而會於異縣可笑也和伯早來照像更就大殿東堂設坐花照畢更邀照像易生來啜茗而散飯畢就轎至任師處摸牌久無人至出街游行道滑不能遠還則二湯潘石均至湯前來誤認黃王告以年誼以爲不能相會未半月而相逢信乎路窄也彼此相謝各懷不睦與同摸牌頃刻負進數十金湯兒知不償進堅辭另局與潘季裕曾翰臣查文案出現銀博廂房余與任石移局局散趨階六鼈員始至酒殺均不旨昇夫未至任僕送還

十九日晴昨發行李今猶未半欲面干潘臬買小毛衣未得乃作書與但託丁劉丁勇繼託鄔兒夏託任兒陳芳畹陳海鵬爲左託孤兒李祥森託王門斗寡婦糧黃文桐來謝委命撫信人也常時五官並用付不厭倦

今乃疲於接對手揮心應猶似昔耳功來竟日余凡三出三返皆以客故初遇劉采九云長余七歲次遇陳芳畹三遇朱偉齋復與書劉定夫託薦胡升乂還賴福於任師與唐二以乾館諸事就緒掉手遂行城門泥滑復遇空轎登舟見客則彭五峯雉壽貴祥也雉傷翅而不死耿介入羅之說未確乃命畜之俄頃便夕催功早去開鋪挂帳初更俱睡

廿日陰晴大風逆南不發胡氏外孫男女長婦及兩孫女均來喧笑竟日至夜轉風

廿一日陰北風甚壯帆至昭山戧風船鏇俱立舷邊避傾仄行十餘里乃平昭山險聞六十年矣乃今知之夕過縣城不泊入漣行遲夜投沿湘河宿志所謂袁家河因山松而名者也樹生自雷卡來求書與書衡岑

廿二日陰纜篙並用晡乃至姜畬帆過南柏塘竟入湖口行李不移輜重全至初所不料甚快慶也待舁必夜率諸女皆步上北風吹面女皆寒



涕余慣不覺也又知御風而行亦非易事到家已夕船物亦皆運至以已室居瑠自移書房移王生於客房夜爲祿孫設湯餅

廿三日陰甫欲料檢書籍並筆墨全非故處紙格遂不知所往書亦失散又一番流離也衡道專人來請題余生遂專爲擬題之用良可笑歎庸松來冒冒失失但欲覓薦書隨語誨之彼皆不悟張生兄及許都司來亦苦求薦書左仲茗所謂可殺可剮者卽依所請與書程生令量材用舍夜作書復錫程彙請程辦屋料遣方僮下縣取字畫

廿四日陰大風將運穀不果遣衡足去常信復來常婿遣迎婦女鄉人來拜年送鷄豚者相繼始令黃孫溫書寫字猶未荒

廿五日陰晴楊生來韓布衣沈山人先在正談王伯略問我自負伯才今當何如余云無王有伯伯王一道也伯之所及者狹耳其設施皆王道非後世所謂偏霸因語楊生當愼所從如爲俞羅驅使則身價先減事又無成不可妄動也楊又言銀錢漏洋余云此魏氏謬計土地不能漏何患之有金銀無用物古人方欲捐山沈淵今以博易有用之貨不尤善耶楊意似不以爲然重駁難耳待食至昏暮乃得去夜微雨似霰簌簌打棚

廿六日晨雨俄晴鄉人塞神壽龍見過來祝贊四老少來示陳經畬詩值得一差當與浙撫謀之金校水經注河水篇石臨大陸從來取火設也火不煅煅亦不破大陸則太大不合用耳約王生過其家飯相去四千里居在鄉僻也年中各得登第亦可詩也遣至劉坤運穀馮甲來方僮還

廿七日晴遣運穀竟各不去云一不勝一腳痛矣許孫贊老來張武童來見正暘從弟也田雷子來今日戊子戌初驚蟄四戊矣寫字廿餘紙三婦上食補在城日供也自四日至十四子女婦孫輪供夕膳尚餘兩子婦未供故更補之遂可曲宴終月亦慶事也



廿八日陰微雨如霧竟日陰振南鎭湘兩族孫六饑族子來二楊子來催飯舁夫使得早去當家無人殊不成章也

廿九日晴寫屏殊不成款式幅長勢散不相貫注故也七十年倒綳孩兒蓋知凡事無怯

晦節晴正半年乃得終月游賞實爲罕事彭鶴王鳳兒鄭福隆來周生輝堃來同周生游前山攜黃孫同行欲登雲峰怯行不似壯年矣又雨因還彭傭斥去

二月壬辰朔晴懿婦設湯餅始畢年事已得芥兜蕨拳登盤椿芽早老矣桃謝李榮便春深也女婦輯字作壽聯赤文綠字省我省力亦新樣也午後飽睡至初更乃起飯

二日晴唐黃不願鄉工亦遣之去四工去三復少人力矣移牀撤帳爲過春計未知能安靜否與片但兒送壽對少村力伯八十生辰正月十五日撰書月華五五夕楚

南人頌八千客楚南字從來少用此亦搭天橋扯來者

三日晴看水經寫字如額田雷子請春酒午前遣迎未初往有王鳳喈王瀛臺周生及七都趙生王孫師也有𦍑肉小椀非鄉裏菜酉初散家昇來迎還

四日晴看水經寫字過元功塘看紫荆院內海棠滿花說杍材庶邦亯作亯即百解亯作即作新邑下文庶邦丕享即與上相應而后式典集四字晦拙仍當以集庶邦爲句丕亯蓋天是王之亯非邦之亯也後世用其法以集庶邦則可大亯皇天雖附中國民矣如此文句較順

五日晴張聲仁來求書極異事也一兒糾纏歸之宿業依所請而與之盛兒又來求書張誠妻兄來求字皆與周生同至佳賓滿坐思之啞然夜雨

六日雨時作時止未尉農望喜無人來耳看水經北方水道今皆無迹欲一一圖之



七日晴蘇三晨來得功及陳增書並送臘肉樹生婦來辭去訴其泥行云已濺矣今日戊戌社日張星二王包塘來王亦族子也而不知其名字與云代順云與包塘同產未分而賣地得銀已充公用今始欲分耳余不理族事令訴主者

八日大晴晨聞犬吠自起看乃無人還待雞鳴乃起辰雞也正農家食時寫字誤斜一行意甚懊惱遣蘇三去小婢無人照料亦遣之懿與王生俱附船向姜畬四老少來夕有周饋單來挾采九嫂求見意不欲見期以明日二胡又來所謂坐上常滿

九日晴熱正單衣猶汗狗孫來云爲花鼓管班因閒來游食也族中皆此類人唯恨堯之睦法蘇之圮耳然古者姓始有族此又流失之過儒者之迂使然團長來訴譚兒談許人猶未離其獄召見周總兵營混也間其所欲亦自知其無益令姑歸待事四六夕去

十日晴更熱朝食後大南風偶看客房二少已去兩老又來譬撝亦撝一僕幸其開缺否則擁擠矣至夜復失去王生以爲尋死甚疑慮也熱氣不滅竟單衣坐談可怪也

十一日晴牡丹蘭草杜鵑並花海棠未落差足流賞王生昆還悟其那話兒去矣所謂百慮愁眠也兩弟並去家中無油遣僮入市便令送之席督銷專人來言乾餱復書留之狗孫游惰亦斥令去戴表姪又撝傭同來二胡亦還通山游人四人運租傭工七人總集夕食頓飯五斗米盛集也一日不暇他事夜大風

十二日癸卯春分陰晏起出看新筍未出土戴胡均去閉窗避風看國語言越王起亦書生談兵可笑也便似演劇夜風甚寒

十三日陰小雨如塵便已釀雪看夏膀眼律詩勉以更歷艱難莫以楊升



菴自比自來才子詩人誤人不少使升菴遇我必有所成孔子所謂斐然不裁誠悲憫之聖心也瞿軍大亦非棄材被放恣倜坊養成亡國之臣矣雖生質各殊不教之害爲大若凡材則不足歎也

十四日大風寒手冷不親几案亦無人來爲楊兒改文唐姓來言賣輿田事

十五日雨時作時止雷殷殷風少止猶寒看管子一卷午有排門求見者云劉春臺乘輿風帽朱十二步從蓋土老也言李巡捕買田批契朱家索加價中人爲難將有大禍笑喻使去但令多資飯待坐拚而已

十六日陰寒忌日蔬食有排門來者風帽拖鞋鄧增也酒氣燕燕言詞鶻突旋又呈詩草不成字自云從江西還已到省冀到又舍去將應鄉試今年兩科並行大有進取之路余唯唯而已須臾辭去彌之兒遂至如此亦可歎也

十七日大風晴方僮還無所聞唯聞懿將入貲作官義方之訓非今所施
聽其自便可也衡道專陳八來送卷
十九日晴甚煊而仍可重裘未解其故看卷竟日畢七十三本夜遣人入
市
廿日陰晨煊午寒遂大風雨竟日無事作管子書目錄並題記校錄本末
一書經廿五年乃始有眉目則陳雋丞治浙一年而有眉目非謬語也
夜風撼窗
廿一日陰芥菜遇雨不能暴乾亦鄉居之一憂傭入市還寄真餅餌及乾
肉遣陳八去宜孫乳嫗求歸大扯是非遂欲亂國余恭默而已不曉事
人不可理喻喻之更亂也瑞孫來得真書而使已發何其遲速不相謀
如此鄉人議事余待再請至暮不來蓋無成議矣鄉人亦不可理喻名
法家所以發憤言治術但不知何以使婢僕



廿二日陰雨晨未起房嫗忿怒請死莊子所不能治乃以孔子門內治法
治之房嫗非可云恩正所謂遠怨近不孫之女小耳棠已養之因而恩
之又家長之一法黃孫讀多士因攷多方所云爾辟卽明辟之辟凡辟
皆二伯內相之稱祿父監殷周公居攝居雒皆稱爲辟凡言辟公辟王
皆同唯百辟卿士則爲王官有地之通稱耳夜大雷雨
廿三日陰雨仍未暢春寒半月矣戕縫散工劉女弟來云但大人條舊營
主大怒遂革役巽事也與書劉定夫問之懿還云衡州專足來送信留
住縣市客寓不敢來云程家媒事尤可異也亦當問之
廿四日陰晴見日懿自楊家還云無新聞夜雨雷
廿五日雨劉丁去便問衡信一月未返想誤傳耳輿將出游初不知其何
往匡五厭父喪來赴意在挽聯與以一幛王生亦將去湘留待我同行
倉長來訴欠穀王三屠亦老耶矣許啓詰盜爲盜族所逐請衆公議遣

輿代往云團總不至
廿六日雨陰午前淅瀝不絕牽羊往祠正觸泥行楊生來言災異又言無
三統之說春王皆宜斷句自爲一條又言卜筮皆爲授時卜以候氣非
爲前知也大要皆新說可駭而以春王截斷似可通又言譚佃生事云
云當傳詢之飯後去
廿七日陰晴懿始往祠將午乃行匡禮無人送瑤家復專人來迎桂陽專
人亦至
廿八日晴煊復可單衣懿婦生日爲設湯餅城宅人來送莪信及越產數
種懿夕還石珊弟來老病龍鍾留宿客房
廿九日陰九機兄子來見六十矣言墓禁事余言庶人以下不宜有塋此
皆彌文之敝遺從石珊以往又責石弟不可留狗孫欲附匡聯復防中
飽其無用如此何族誼之可論夜雨甚寒與書陳郎告以不閒



三月辛酉朔陰復寒爲張生作母壽文夜風雷
二日晨陰雅南專足來城傭還省夜雨紱子來
三日晨大雨朝食後彝諸女踏青海會僧來求募疏張星二來夜湘孫設
湯餅紈女暴疾
四日陰湘孫生日作牢丸招振湘來治疸云魚尾疔也爲處方留藥而去
族人士智來訴黃步娃婚反復之狀明清單詞片言可決隨而聽之與
振湘俱去放學閒戲張奶媽求禱文
五日陰晴甚寒遣方僮覓船送瑤女至暮還云無埠頭唯有行船宜就近
覓爲便山榴盛開桎木亦花夜聞子規滋云清明日已鳴矣
六日晴仍寒常家傭人呼得一船索價六千奇聞也雲湖船亦索五千則
無幫之故此處上永豐不過數百文耳當再訪問由陸行亦不過數千
熟路成生彈指五十年矣夫力皆加倍徙幽奢之故論治者乃曰民貧

惰非貧而有貧之道以爲貧則大誤貧可憫惰可惡也陳芳畹專足來
余待之外厚而內薄以迎與同居而彼不肯故參差也力量亦非不及
但不欲施之此人若好行其德者當必不然黃步族子來訴分屋斷令
充公各與一千了事
七日陰魁孫弟名振來功兒薦充山塘長工王生告行贐以四元蓋有三
月飯債十千現錢未償故來坐索耳萬穀甫來送壽禮正在窮迫又索
去三百青銅錢使人不敢守株
八日晨起待送衡客乃皆酣臥不起將往舟傍看周嫗再行阻滯而還朝
食後瑺衆畢發孫奶子亦去是非既成則自息矣輿滋送之石潭微雨
霑衣余因罷行也夜雨遂成送者還途衣韈盡溼張正暘來留宿西軒
夜晏眠
九日陰作朱孝子傳尋壬午日記永豐水程余行亦在二月此日彷彿注



楚詞時張生夕去夜大雷雨
十日雨午後鐙尋漢碑作楊石泉碑文周生來宿客房懿婦治熊掌作湯
餅
十一日晴櫻桃初熟復女手擷以獻與蜀產大同杜子美當復吟也自耳
周鎭遣持劉帖來取書因以付之彭生來將軍見過旋去周彭亦行桀
水蒸蛋美品也欲爲製名則殊扭捏去年今日亦始嘗新幾成故事矣
看禹貢圖周生去
十二日大晴作楊碑銘亦自動宕往復王鳳喈來未飯去晳子來言定出
洋余以當恤名止之意殊不止其妹亦諫不回蓋意有所中也讀書信
不能變化氣質以此知李生之賢沈山人來送芘饌夕皆告去山中時
有佳客又時有窮客凡納諫者大智慧人也余庶幾於此
十三日晴唐排律未鈔正字命復女湘孫成之更爲檢校彭鶚來送詩文

十四日甲戌穀雨木匠虧空帳主均集營營於我家樓工亦未完曠日之
過也
十五日晴煊大風龔文生來將詣總督恐其不見以貴人諱言高科必不
認鼎甲年姪也同年之敝至此極矣爲書告岳生令設法兼謝壽禮張
起英書來言秦子質治粵有績忘前書作何語矣
十六日晴衡州送卷來張生來看云佳者皆程常之作自槍自薦不知可
恥此亦科舉之敝一日畢閱張生夕去
十七日陰待僮嫗久不來諸事料理將出縣一看與書衡永道辭館遣陳
八去張武童來取書令往省宅候信爲二陳張看詩卽令持去周生來
約同行
十八日陰晨起寫對子條幅逋課粗畢周生來云船已辦摸牌一圈而行
天色甚暗至姜畬留宿輿亦同出與周俱訪張店張田并來頃之張兄



來迎云已殺鷄矣往夕食暮還船獨寐半夜大雨篷漏舟子明鐙照漏
遂至曉未眠劉弟來看姐居七日矣竟不得見令同還省又遣還取扇
約待於姜畬
十九日雨時作時止許大八請早飯四女出見田張周輿并會食畢告行
劉弟亦來周與上船映蘭放賴欲從行斥之不止聽之自去又可怪也
午至沙彎周生上去放舟至城舁入賓興堂羅學堂正在會議歐陽福
李雨人均在待葛伯喬而議定云出洋無人似罷論矣尋朱太史問之
亦云前車已覆不可爲也羅陽葛續去龔文生朱菊泉雲孫來同夕食
二更始設食畢遂睡
廿日雨竟日甚寒朝食後少瑚來攤被對之偶見倬夫案頭有中州名賢
集內有竇先生先生未聞因借閱之其識者孫奇逢湯斌張伯行李棠
階倭仁其不識者耿介(逸菴)張沐(起菴)李來章(禮山)竇克勤(靜菴)冉覲祖(蟫菴)皆湯

張前後時人中推孫鍾元過於李二曲自孫外皆進士也書爲黃曙軒所刻

廿一日晨雨差小朝食後答訪龔文生還雲孫引朱孝子孫張貢五來問生少瑚來問與兒緘書事則束載矣余既無所待則亦從之飄江上船大風宿鴿厓看粉妝樓五十餘年不見全不省憶矣

廿二日朝陰午晴至平塘乃起比到城初哺耳昇至家頃之從人皆至云永豐須半月往返出人意計外茶亦不佳埽除內樓略可施坐遣輿看敓還云方病起少進食余亦殊不欲食朱四來談未二更卽睡

廿三日陰有雨午後晴李石貞來談詩旋送詩稾來云新與與循開親四門親家也二丁來未見言閩有鼠瘟身肉內出鼠無皮毛中者立死傳染甚衆夜雨雷電

廿四日雨雷甚壯耍與循來摸牌竟日王朱並集梁璧園來請題先豐王



鏡芙來夕食後俱去更與孫女收局頗倦遂睡四老少來旋去陳伯嚴兒遂爲繼母所虐吁矣

廿五日晴霧晨起甚早作書與陳小石遣四老少去欲雨怯出清坐一日時有雨

廿六日晴熱朝食後出訪和尙先過雨珊云已病七日矣坐上一客未問姓旋至與循處看頤姪熱甚步還訪尹和伯諸女欲迎其女至山莊學畫先爲道意也

廿七日晴午雨和伯來不能去陳伯屛來談京中事夷人開一門金鎖徹明而我夾其間啓閉甚嚴掩目捕雀未至如此此自欺之至詣也楊生來欣欣治裝予亦自欺云各從其志而已王船山醜詆犬羊而其子求試焉三徐不似與有何可歎晚遣人下鄉尋乾館及鮭菜

廿八日晴晨出欲訪伯屛先已約魏鐵山來談因從任師門過入看三八遂訪張狀元陳道臺俱未起魏亦未起人喚之起略談還朝食晚至長沙尋胡師借盤費同詣龍友小坐歸夜看洋書云熊希齡復起矣

廿九日朝晴暮雨今日己丑立夏朱生設酒余家作湯丸鄉中信還湘孫報四嫱得一女廿四亥時云又添一春矣嘗名之曰添春小名畣孫添非古字作沾又不可未能定也龍馬二師來

晦日晴熱從長沙令假得五十元作路用便將附舟西行胡子清來偶及擇壻云有兩家嫌貧者余往劉師耶處訪之因同出過鹽署不遇便過朱王門一問訊梁楊暮來頤姪來云龔文生已到頃之果來館與循處魏鐵三來改字叔弢

四月辛卯朔附小輪未定暫留一日作字看佩文譜夜遣兩兒答文生夜寒雨

二日冷風苦雨萬無行色昨夜感惡瘮意亦不欲行再留一日省欽來言



陳氏媒兩家均不就其人無母有父孤貧甚可妻也宜少待約之程孫早來云當往清淮朝食後去夜宿外樓

三日雨賀姪孫來言欲覓館余云今儒冠多餓死當恤此輩人不暇及師耶矣劉督當入京西行計不成朱孝子家送潤筆便還盛款尙餘其半買夏布已去卅元矣俞撫臺送貢茶三種手書謝字語多恭惟因便論學堂以報厚意云陳右銘在此自愧不如林放湘州狂瀾不可扇也悶雨竟日子清來談

四日晴過辰正廚人猶未起曾家八本已無其一矣亦恥喚醒之作書復夏午詒寫應酬字看演封神往來人叢殊非老人所宜晡後不復再往孔奏派來

五日晴遣房嫗視敓女題曹馹册序文小坡詞皆無聊應酬而爲之有味搭天橋駡人故可樂也冀從城裏覓林逋一角孤山與不孤卅載鏤香宮錦舊開篇又爨硯脉朱蜀茶供饕新雛煦湘

猶寄猶定憶鱸借問居家春睡國可能蓴羹似君無楊兒來相看黃礦師來談筆償漸還劉師書來請再待幾日王廖兩令來夜雨

六日曉寒早起陳伯屏求題楓林圖五六年矣暇題一曲湘流碧玉正浦雲平處翠松圖層世外仙源歸去來兮三徑荒閑夏棘仮爽長愛閒居好潭不憶禁宮邊角夜窗聽得書聲似伴紡燈宵讀萬事如今莫問且料理鱸外做林楓竹清絕湖南楓樹背青分付楚鄉騷曲牧童釣客如相訪又雖管滄浪水濁盡留連一片汀洲鶴放采菱舟宿遺問曾杰是陳芳畹何親又是何人還云長沙人與其女同坐繡花蓋因送貨來往而成婚者閃灼其詞殊可不必午至黃提調處伯屏歐鵠先在煙氣熏人同至小房摸牌與循璧園後來六圈擺飯楊生亦至十七老耶同坐與循病困先去余待終局取四元以歸以與孫女夜雨

七日陰晴午後將行笠道兩僧來要至龍祠看會同至北街念當復還當省往返遂歸小坐待發行李然後舁出湘泰船壞不復能駛與循來頤姪同坐煙篷房嫗擂兩劉俱從夕初到城換船始飯五人去二夜泊沙



彎

八日時雨時晴一日八變晨坐船頭看漣口一時許方至未正到家看新生孫女生氣方盛云其母自乳緊可放心鄧子竹先來未見

九日晴鈔唐詩三葉宜孫纏繞不去殊妨於事佃戶兩家分秧送肉夜月

十日晴鈔唐詩四葉遣船上衡云須明日至夕懿復告行云往三姐家借錢捐官殊可怪也此兒本無教訓未能約束但借款無著必爲姊累又不如楊姊借銀爲弟買妓矣

十一日陰晨起甚早待兒嫗去懿於食時行嫗丁去時將晡矣雨紛紛未能送已而大下頃之乃霽鈔詩四葉

十二日陰鈔唐詩五葉開枝三兒被訪聞來求救答言無救法唯有賄差耳營營再來默默而去開枝兒遂至此可歎也

十三日晴樹生婦來買書告以無有云五相公補籤子手矣庸松來訪父蹤迹未莽而去午設餅甚佳鈔唐詩五葉

十四日晴紈女生日設湯餅本境清醮無肉從六都得之鈔唐詩四葉則回龍較牌至三更乃散搜匡牀得五鼠子俱未開眼夜間喧動則移去矣

十五日乙巳小滿晴熱忌日素食鈔唐詩五葉所選始定卅年功成非易亦歎日月之不居耳夜月早眠

十六日晴李義山詩尙有可補辭能鄭畋二律並删再鈔湊之末一葉一少年來入拜似是游學者又似長隨徐問之乃易清漣長子也前年今日人面桃花爲之感愴留問所欲不離局館者近是廿兩之惠如何可忘遂與點心熱甚始浴澆背又涼唯中下裕而罷莽擂兩孫出戲又遇一人云自壩子塘來訾根舅之孫也不可怠慢處之內室詢其來意不外提愛耳夜月未午二客俱睡余亦就寢



十七日晴熱始紵衣鈔李詩畢楊生弟送爾總信來言王三屠倚勢倡狂信可樂也復書詳告之與書采九言易郎館事又書與龍郎令留館焉清漣恃才傲人致無立談者然與余厚故爲致力易李朝食後均去

十八日陰煊遣滋往舅家賀婚午前去甲總來言蕭姓干預恐有譁鬨風雨驟至悤悤各去夜涼始得美寢有雨

十九日陰頓涼復重綿圈唐詩畢唯無七言排律本朝最重大詩體也自鴻博大考始用之非小翰林所敢作唯湯海翁有七排百韻亦弟一詩人矣

廿日晴熱入內看女孫臨帖出見客坐房中訝初不聞知則將軍也云有訟事求申冤意在游禍留飯而去滋亦被留不回

廿一日陰煥方朝食輿還云瑞師同至又言李仲仙革職皮鹿雲掌教康梁還國譚楊賜卹矣逆案能翻阮大鋮所不料也看唐書初無眉目乃

知食敘事固不如斷爛朝報之可喜也宋歐一實一空竝成笑柄此又前所不覺黃昏時汗如漿裸臥久之大風白閃驟雨翻盆起著袷衣明鐙而寢風撼竟夜

廿二日風未已陰稍煊看畫錄得汪之瑞本末李雲舅所摹八幅皆中鋒乾筆也於法最難而無畫趣但畫者有趣正肖其性情也唐人譏盧弈遇賊不當死知當時清議不貴忠烈與今不旌烈婦女同張巡子恨許遠諸[illegible]皆不直之余獨有疑焉雖事遠其子當不虛語也然巡之守功甚慘讀之至今不樂又非其分土而守焉宜謂之俠得莪書

廿三日陰風猶寒時有飛雨懿歸昨夜殊未醒今乃詢之則欲就丞尉不覺啞然此必周煇塈誤之也不友達人至淪胥溺略喻以方法彼殊未悟聞歌竹眞病又爲閔然登不調養而又佛罷乃至此也雖窶材亦因無照料至此且宜從我激胸或無悔乎陳使臣老伯之女備錢與弟貿小已荒唐矣女乃借錢與弟捐官曾不問我萱批者乃如此耶殊爲可怪兩百元又何勞借昨令退還亦未窮究此項卽由我還以後少生



是非八妹又生一女不育我女眞多女也

廿四日晴四婦滿月出見設五俎接子兒女放假一日

廿五日晴晨起甚早待夫力久不至乃飯並召女孫等較牌俄云夫集遂行至石潭訪將軍要至飯店剃頭後乃行取回水彎倉坤道至花石過一大鎭正欲問名見題大字知爲鄭家坳不過市從左入山未至花石五里小愒須臾雨雲甚濃至店街石已溼

廿六日晴昇夫定從山前不由白杲初未經過姑一往看出門便有小坳十五里飯石壖水中橫石天成云紫荊水也廿里毛棚十里飯福田廿里嶽市遇曠鳳岡甥文姓擅湖從子云曠居此今往石彎求田去矣日已將夕皆云不可進强行廿里宿店門前方僮云必殿門誤也昨日宿轎中蝨嘬數十口今乃施幬設牀夫疲步行廿餘里

廿七日大晴五從者皆腳痛不能復進强行五里飯於黑沙又行至八里坪皆去年熟路已忘之矣廿餘里欲飯九渡鋪昇夫不前乃遂徑過小愒餘慶垻道旁碑亭甚壯雪琴神道也三里至樟寺從安康覓夫飛行到城至安記後門已如張昭門塞土矣强喚開門入見岏樵邀至其家張生五弟子及廖生師弟皆來見周嫗出見云真女來觀無可言者一見令去一日未食晚飯二盂悤悤暫宿岏樵客房

廿八日晴昇夫留一日岏樵招張子年來陪因同朝食唐蓬州來謝未見約自往一談程家不便居住請掃除安記以居午往二陳來見夕仍飯於程家今日步至府署衙令署清學署還稍愒譚香階來適有事亟欲出對接甚簡

廿九日晴張生晨來叩門云賓主有閒言卽日辭去余爲畫策不從留行不肯因令往余家代照料令其坐竟日以終三年之局午至道署答訪香階子平皆不遇熱甚卽還張生夜來索字言明日去



五月庚申朔晴晨起將渡湘廖蓀晐來久談言周達五報銷摺奏其詞頗委曲周至對客朝食日炎風微遂不復出趙觀察送蒸豚點心二陳喻來見朱得臣弟廖生來夜談熱不可睡

二日辛酉芒種晴晨令具湯餅朱得臣來談稍久遂成餬矣屏去不食卽渡湘忘攜轎錢待於渡頭有傖父延余坐且欲備轎未識其人卽泥飲叟之流也至絜翁家尙能出坐借轎弔彭傳臚知其送葬於義當一往耳餘俱未入道逢丁轎余先至其家小坐從浮橋過還午食梳髮納涼唐守催客步往云何遲也邀共摸牌頃之岏樵至代余巴陵方生及譚震青同局俱勝獨唐負未竟已夕設食雜談二鼓還嫗已去矣更熱不能寐聞外有轉側聲呼之不應起脫衣露臥乃得睡

三日晴常生孫來丁篤生來譚震青便衣來三日唯看林西仲所選文詩兼令程九郎看之晨語常孫亦欲其博覽不專治經史也趙署道遣來

約一見以店不容轎許待於程家湯顯翁來談云久不入城矣步履尙艱期午而會至未不來乃歸店遣問之則云未約也將夕乃來久談賀子獻來不得一路而去此劉丁之誤唯喫炒麪薄餅與張子年一談而還天似欲雨小睡片刻

四日陰晨雨涼劉子重從九來眞女送菜餌廖送茶麪首士送節禮辭之清泉令沈子振來晡後晴柳子厚稱箕子爲先生此號甚新韓退之三上宰相書何以靦顏存稿實齊人之不若文集中一奇也馮世兄來

五日節晴程父子陳昆弟三廖生均來賀節程送㲘卵午又招食有羅劍芝自蜀歸稍問蜀事云陳老張署高令矣二廖同食散未及申余未食索飴心無有衡城節日罷市省城不及也蓮耶及七相公均來見二廖又來相看陳八來令具船來迎

六日晴復熱臥看唐宋雜文午坐無事闖入一人以爲謝少琴子故行李同來徐問所由則竹伍孫也自蘇州來相尋徑至書院又至東華門而



蹤迹至此如方相索室甚可怪也大致不離乎提要近是嬾復與言遂出步至衡陽答賀子獻旋入震青籤押房摸牌趙階六程賀同局譚翁出談廖笙階辯師耶踵至舍局清談久之賀已輸進余接手遂不復振輸八元矣夜散昇還熱

七日晴熱晨呼船發行李至書院余獨待夜臥看雜文殷周並來凝坐觀其意未知當如何而可飯後趙階六辯仲賢並來先施問辯來歷乃因心安倀倀乎不合於錫趙亦莊之過屹樵來告會彭莘譚慢青言有章京來查衡桂甚訝無因午初廖笙晐催客往則無客頃之譚蕭二學官來趙階六繼至借牌消日熱不可坐震青來云尹中書往廣西非查辦也夕終四圈入坐飲啖散未至夜從太史馬頭上湘月出矣到院無所見未二更卽寢

八日晴風涼諸生分班來見二程來請課程石珊專人來尋書告以誤見

新生五人李雨農從廣西來云船已過浮橋復又上耳送全州腐乳甚多喻生引劉生來見新學徒也盛稱樊錐云有定見黃公度惡平等之說以臬生不可平頗知時務夜雨

九日雨晨起見水滿珫乃知雨足府縣禁屠已不待禱矣牌示略定日課以副改學堂之說康譚之徒爭鶩收召浮薄故并心於講報天主教之宗旨也然借以整齊學規未始無益今書院實不如禪堂禪堂又不如教堂也說禹貢浮達尙未妥又改計說之州來記水道以達大川爲主所謂四瀆會同也浮者下水達者上水踰者隔水入者自此水入他水至者自此水陸行至他水亂者渡水沇帶泲河在河之委泲漯之上游浮泲達河則通冀兗青徐殷必曾涇者涇爲州經流也曾州與沇徐界泲水道唯自汶出汶爲湘經流也徐州與揚分淮達荊通泲泗爲州經流揚州江爲經流沿泝以通閩越上流則淮泗爲徐揚界也荊州亦以江爲經流而州南水俱會池浮州北水俱會淮其道豫沇冀雍必踰雒乃至河也豫以雒爲經流與沇說雍於界河梁以潛沔渭爲經流沔曾踰以明二水俱通江而不相近如雒之與渭也渭言入以通河也必言亂河渭非水也俱洮爲雍經流自洮至龍門南北相對無水道龍門亦雍經流自龍門乃入西河至渭出雍境



十日陰正課十人始入呈課賀生差有心得但粗淺典故尙不知讀書太少耳看尙書一本遣僮入城辦菜乃一無所得首士又送節禮火食程儀束脩仍辭節禮留束脩作秋請遣船夫買船未得連日早睡不知夜也

十一日陰燠廖崖樵來髮白矣喻謙假去九人呈課呼匠治屜白蟺滿彭舍悉令揭去五相公來云張先生所遣送鷄餅卻且戒之鄉人好以一豚蹄求奢欲又重報謝極可惱孫生來言馮絜卿觀察化去前一日尙留客飯亦善死也

十二日陰晨往哀絜翁弔其次子子師出陪治喪頗整齊還尙未朝食館飯之晏如此爲殷孫與書竹石寫對六聯看書三篇賀唐生講書頗有起發說赤歸于曹以起羈爲大夫自然證據也又說女子無仲積於叔

十三日陰晴忌日素食廡郎送牛肉以款二陳七相公來請印文集云賴

子購之卽告完夫令刷五十部陳生來言耒陽麇生與郴州牧兒爭鬮州牧各箠之千數血肉狠藉學使陽好言慰之乘傳竟去亦異事也

十四日陰雨午霽見日旋陰常寧寧遠兩生來銷假鄒廖兩生來唐錫珪說郭公與虞公相起皆去國君經書赤歸于曹郭公使若赤來依郭公者然與紀叔姬歸于酅同文曹已無國徒歸于郭公爾傳曰曹無赤者以上見曹覊已爲特例此不得再有大夫也若以爲君君旣死矣以爲世子上又特設君死文不得見世子立也故知赤郭公爲一人若曰赤歸于曹卽郭公歸于曹也郭公爲經自注文與寔來宋災故同例所以不稱郭公而稱赤者存曹也使若未失地而有可歸之曹其實此赤已成郭公無曹名矣作馮輓聯云（轉帕不辭勞招降曾作名臣記當年深入碉巢晚論海防驚鼠膽錦韜晉召對胡奏功夕報罷笑幕府在工刀筆歸從野老免臨疑）夜起猶熱頃之作雨頻灑頻止已而澍注



十五日晨雨連三時不止內外晏然余徘徊不能出朝食時始有人入荒乎其唐哉卽飯於外午後雨止作字數幅復改郭公箋以郭公卽赤赤卽曹矣世子後殺大夫者又以郭公爲經自注字若宋災故例也春秋誠奇異可駭之書微言旣絕孰使正之蕭教授來告當送考

十六日晨雨程崇輔說鼓（日食）用牲傳聞世隱桓僖不書唯莊篇再見以莊正故有君道可求陰也（莊三日食冬不見鼓則冬春不鼓也夏秋陰始生故鼓以求陰）聞世一見文正卽位從正例以後從不復見例日食爲重（皆鼓可知也）餘災爲輕故唯水一見鼓莊前（七年）大水不見鼓者未書日食也後從可知（亦鼓無疑也）如此說可通朝食後往馮家支賓探知無一客未入移船向城遣人上岸亦未入城還櫶梳妝臺買樅板比五十年前貴十倍不知當時何以貧窘如彼梳妝者龐女也家居臨湘化去時遺鬢花案上今生石榴歲有花以脂痕爲驗置花紙帛上有染印也昔修志書遺此岏樵送盆蘭監院送課卷東安兩生來不通名坐課也夜雨

十七日雨陰看課卷畢管子論四民不可雜處農固無雜者矣不雜者專別士也游惰皆託於士看書箋

十八日丁丑夏至雨看書箋畢遣人下省取衣因視山莊喻生來言劉煥辰可妻也已與其父兄言送八字來補書告兒女平章之安徽客帶來聶蓉峰妻石刻云吾女索看無此事想卜女寄來耳名孫女曰裕春裕亦添也小名穀孫

十九日晴始聞新蟬程崇夏赴考託帶家書煤炭花邊自來請示又加二片言劉姻事水泄四五次腹甚不適重看禹貢究不知荆記雒河之意

卄日陰雨水漲平中磴尙餘三尺上磴五尺則入門矣趙署道約來不至尊官可無信初過班學派頭也凡再失約矣

卄一日晴看易說二陳郎來肄業衡清考生告去十人肄業僅存二人

卄二日晴二陳講書日課十五葉程孫日講記三葉皆定爲程真來看留



午飯去陳郎更請批南齊書彼已點過亦尙子細腹疾小愈飯後又不適真夕還遣船送之

卄三日晴涼講書後入城答訪沈清泉趙鼇員辟師耶辟不在館與趙署道一談云福建考官已有報今年鄉試不停矣奎張其奈何四學皆去乃從南門還船道遇塞神轎馬還尙未午食

卄四日晴向黃兩生晨來見講書如額腹疾復作人甚不適

卄五日晴正講書趙辟張尉來久談乃去常曾孫候見初不知其移來後始知之令居內齋唐樹林從宜昌還楊世兄送潤筆水禮甚豐又賸四百金則爲鄧沅騙去委員李再林云云余言例不受銀不必問也得陳楊劉生（映藜）功兒書云兩兒往鄂鄧墳之流耶經方之類耶吾不能知但知樹林又來喫胡孫矣

卄六日晨陰雪琴玉茗已萎命工移盆中照料紾朝亦一課也昨說甘誓

有邴氏必非啓兄兄不能剿絕其命蓋怙强犯上故記啓能轉弱爲强
耳唐牧六來告喪兼請墓志送鹿茸卻之受熊蹯一對岏樵送時魚已
過時矣余適不食因召內齋四生嘗新夜雨
廿七日雨十生入受業者遂去其八學制如此恐非羅振鈞所能鈞振本
亦無此禮也常孫看漢書請批示陳郞亦請看晉書爲增一課但恐不
長耳若此不懈洵爲相長看周荇農所藏詩卷印章總是春惡劣不堪
明人惡札也而以爲宋高宗書寒士可笑宜卷贈朱純卿岏樵來說媒
未有以應
廿八日雨涼唐孫告去與陳程送時魚歲一嘗足矣不必頻饌令蒸送真
女與書夏子新爲晉庵兒關說看史記定功臣位次誤以韓彭與蕭曹
伍淮陰乂當抱屈也諸侯王在不臣當時首齊王無疑上尊號則首韓
王矣功臣次乃縛信後定並不得與噲伍也



廿九日雨陰看史記改召誥以綶在爲紂在似較順適喬生來報石珊弟
喪晚年貪昏無復立志亦我百穀害之也本非庸人而無成就利之誤
人如此史記一家言作傳甚草草蓋才大之過疾過旬不愈遂病矣致
課發案明日不考文梁乳嫗來薦木匠
六月己丑朔晴內齋生盡假歸狗孫來云自宜昌還奪官也荒唐人無所
不荒唐不必問之
二日陰雨亦晛日看史記平準書言天下貧富與吾身所歷大同知無政
者聽民自息秏無古今一也往時但以爲故事且咎漢武稱文景謬矣
三日陰雨腹疾猶未愈浸尋半月矣當消息之乃斷稻食作書復楊陳兩
道令程錄稾看史記
四日晴午復陰夕雷驟大雨頃之止至夜遂雨淅淅作書獎李經羲因吳師致之昨
夢蹭丁郞律詩丁自言作越藩無展布開府當勝余箴其易言醒遂書
告莪並報近事送炭船還得滋書夜起尚黑俄已曉矣明暗際只轉瞬
耳今日壬辰小暑入六月矣
五日晨雨甚暢出看川漲寂無一人獨立翛然不知六月有此涼晨也改
孫墓志援筆成文自哦自賞趙燮堂云中國數千年只料理得數千字
顚來倒去極其精能此言實得文明之盛而有文無質之敝亦見矣南
風夕陰夜雨劉丁不還遣書問之因送竹生與子年發長沙岳州書報
考官信到遲二日始放又議停科也李士鉁不知名余不識鉁字內齋
生乃無說文可笑也集韻鉁同珍鑫鑫亦同珍鄙俗已甚夜雨昏黑劉
丁率周兒來送紗衣禹貢圖得陳小石書居然督撫派功兒書湘孫書
亦司道派也皆未若滋書有家風夜設湯餅
六日雨不住點至晡乃晴看史記晉書陳郞講書畢更講周官彭老者亦
來講書則志在升課也廠哈州沅水之原殊非外地出一狀元宜矣



七日晴欲出不果七相公喬木匠來均留飯去今日斷屠余又不飯看史
記晉書講書無所事
八日晴朝食甚少講書後出城尋辯師已移寓矣不得蟬聯云新道臺已
至衡山與同至岏樵處尋摸雀之局遣請趙階六四閣畢設食飯畢看
塞神遂散尙未至酉逆水久行到已昏矣孔融蔡邕並羊祜外公祜父
名道
九日晴昨夜欲雨俄止今始開晹看史講經一日未食至夜陳郞發沙頤
爲皇擾夜爲一起
十日晴腹疾後復發寒疾大爲不適昨臥一夜今復困一日
十一日晴二陳講書畢令還家養疾遣人下城買熨斗張鴻基玉堂來戊
戊變政庶常也云杵學以私鹽槪職故桂撫亦替又言譚震青奉急檄
往安仁或云東安未知其由趙釐將接印矣新道未到談久之去馬小

先來云鄉中無可籌意未嘗須臾忘宋子告以不能公卿會集嚴介溪不至客問東樓相國何遲謝曰昨傷風不能來也王元美舉琵琶記曲文云爹居相位怎說出這傷風的言語以此陷其父死罪忍俊不禁唯口興戎不虛也陳幼銘革職或爲聯云不自隕滅禍延顯考一若明以來四百年俗套訃文專爲此用亦絕世佳文也然比之弇州風趣減矣江南湖南口角如此分

十二日晴庚子初伏喬婦攜族孫來請名命曰名衡留一日去移席內齋

十三日晴稍熱可浴未辦大杅垢如泥漿草草而罷譚震青移東安蓋有人謀其缺假以用才遷之耳因感肥瘠輒贈一首赤日炎風洮水西習遡盤錯試割犀須令鼠盜還耕犢莫枉牛刀但割雞官不患貧民自樂國無嫌小禮當齊丹崖碧澗曾相識那煩餘閒爲訪賢

十四日晴看史記畢得張生書云新屋好興工付二書去蓮耶來送飯豆夜得涼風頃之復熱



十五日風涼譚兵備來丁酉桂考官曾來未見序初小兒也明通博聞大異隆夏

十六日晴涼講書後下湘至程家借轎回拜張庶常譚兵備因過府署留麪與鄔師略談出城赴江西館公餞譚震青見馬牖雲甚誇午雲諸人多面善不能悉記坐一時許客來六席看戲以我陪客不欲久坐未喫燒豬先告還程九郎已上船待乘月夜還

十七日風涼欬猶未愈不飯不事講書後唯臥困耳送米人復來送冬黏

十八日晴風譚震青來余尚未起在外坐延入內略談而去本欲入城因循未行已夕矣房嫗病發悲泣半夜乃定余亦爲不睡

十九日闇時點雨似露俄遂成雨平明已溼地辰初瀟瀟矣大雨不止平地水尺欲送故道聞磤聲砰砰心知下船竟不得往申初小止去則行矣榜船還夜復雨涼甚避風

廿日戊申大暑雨講書畢冒雨借屐入城傘重不勝甚爲竭蹶至辪師家小坐同至張庶士處辭以將出因至衡陽送震青行色悤悤無心對客頃之庶士亦至旋去喫包子二枚辭出辪欲過賀新令在焉遂同談話殊不休又不肯去乃辭出與辪同至其館門別而登舟到院正夕

廿一日晴欬殊未愈講書後張恕堂來馬先生兒來辭行留張喫燭麪客去頗倦遂困臥至夕方起晡食未夜遂睡

廿二日庚戌中伏陰晨寫對二聯午後常家人來餫女因附書於壻告兩女昏對事

廿三日晴人熱我涼仍欬多痰二陳常曾均去張鳳蓋來夕登西樓納涼

廿四日晴北風甚壯然不甚熱借沈近思章學誠遺書讀之章書余所熟諳大要一秋風客耳沈則自命剛廉所學極陋不知石揆何故賞之皆不及惲格也劉衡陽來



廿五日涼有雨病似欲愈功兒進瓜使至頓食半枚又取汁一枚食兩甌乃始知瓜氣小便頓清飯量未復鄧沅匯銀票來並送飛麪

廿六日晴遣盛傭至真家送瓜並分程張城中唯此知食瓜耳作城鄉家書晡時驟雨風涼割人避至後房頃之復常任三兒及譚紳來已夕欲去任忽發沙求藥少臥息乃去送至湘岸余亦蹁蹁倒矣水甆一雞

廿七日晴南風甚涼水復暴漲飯後遣盛傭還張正暘又專人來條陳郎復令去

廿八日晴看漢晉書漸覺班書鈔史無類晉書則尤叢脞大悟修史之法譚翁和詩來

廿九日晴馬話山借月生來值晨無菜不能具一餐聽其從表姪常孫食已而聞在陳處亦姑聽之馬本不必留飯從七相公則不可不飯也張子年送山藥湯圓

晦日風雨淒然似秋考課發案東安唐生兼支兩名不得則請於首士勢
同索償遂屏除之唐亦秀良而不知世事遂鬼怪也
七月己未朔晴猶涼鄉人譚盛來為庚大老耶求皖信云仲英在彼為與
一書並復書嚴飭鄉例必飯畠毳對之癡坐久之乃去諸生講問者至
晡未散令日食少進夜雨
二日晴入城答衡陽新令劉桐封字葉唐因過譚兵備送譚翁疊韻詩异
至峴樵家殊不欲食梨汁一甌日正午矣出至釐局尋趙階六閩朱艾
卿主浙考張方伯有去志並言鹽務乖謬解餉荒唐進士頗有抱負臥
安記待看塞會久之無人聲呼僮具食去會散矣亦一奇也步至太史
馬頭榜舟徐還到已夕時遂一日不飯剖瓜代茗嫗云瓜汁神漿也潔
清第一晨梨夕瓜余亦欲仙虞戚占書院中人幾八五八（明以一條坦路就中坎窞須防小心幸免失足卒履不越周行）



三日晴涼病似差可困臥半日為賀生書扇賀令年為郴牧撈千二百牧
亦斥去賀則如瘳必前生債也夕雨譚翁和韻來
四日晴涼晨和譚詩陳生講周官畢講皆粗略不及條問用心也張賁夕
來言栢丞家事云有孤孫令攜來一見
五日癸亥立秋涼陰廖生問從祀先公定公時不得有僖閔廟疑定昭亦
兄弟禰昭故從祀耳與僖閔兄弟躋祀相對定初即位不禰昭六年大
祫始正之不言有事大事者始立廟也作彌之墓志成正立秋大雨涼
風蒙被遂臥雨勢不止因令閉門看漢書二本峴樵送瓜
六日晨雨朝食後晴廖生解公孫獵跋乎賤勝余箋說改而從之即日升
補正課夜月
七日晴遣嫗送瓜真女助七夕夜設燭臥堂中寂無人至午後始有入講
者嫗船已還夜月晏眠為常曾孫看漢書一本鄧在和來見

八日晴晨起未食已有入講者朝食後看桂船下湘李生正立船頭頃之
入見晝日三役留宿內齋蕭鯤祥來
九日晴稍熱晨起作字數十紙殊不得食陳壻已入講矣講畢告歸約李
生喫包子諾諾而去賀孫來告行往東安云徐巡捕署常寧薄暮大風
雨
十日晴四老少來正欲出城與二陳行李程生同下湘至柴步入城過辟
師過天主教奴小坐出訪賀孫同至衡陽詣譚翁談久之同出過江尉
分背各行余過子年遇胡丞留飯未待雷殷殷雨將至急行至府學雨
大至入蕭齋待久之借轎上船乃云霆霆相去三里殊不聞聲響不及
礮信也忘具肉菜煎卵作殽亦致一飽
十一日晴涼寫字數幅終日閒談至夕大風小雨夜月致佳獨臥賞秋
十二日晴今日庚午出伏留瓜待客殊無客至竟三伏涼不可浴尤為異



也瓜已欲敗月生來送梨二陳李俱來辭赴試喫包子去
廿三日晴家嘗日也亦令具五俎嘗新稻方僮久不歸房嫗下廚甚熱不
能多食夕坐偶成一詩涼多訝秋早幽林不能暑月華貞桂靜風葉新蕊墀散奘傾臥荷鳴琴思無緒佳人久見遮淹佇怨獨處短夜恒若歲悠來復風雨忘情當訴誰併予信非侶但恐流螢照空帷歸將謝盛時已遲珍歲晏豈云補
十四日陰熱四老少早去余亦早起頗有暑氣時聞雷聲竟日閒臥陳八
請客僮工俱去自出守門夕乃皆還
十五日晴晨起甚早以紱子躲生來此六十整生當為設麪命僮經營之
彭老者來求考費劉丁思家暫歸廖丁亦假寧家桂陽二謝耒陽曾生
來云行李在船催令急去校易二卷
十六日晴熱張子年來言程生得儀棧差欲往干之求信先報即留陪紱
子朝宴喫洋酒少許昏昏竟醉請客外坐獨睡片時甚舒服乃起送客
午浴狗孫來言緝私已頗被毆破腦者相望因辭出矣

十七日晴南風几席竝溫紱子告去取易彙付去並令湘孫取手札同付
岳鳳梧刻之午睡甚久聞二陳尚未行檢遺落一本交李孫帶去因無
人入城遂罷
十八日晴極熱狗孫欲就食子年斥其不可方欲遣辭岏樵告運木料往
鄉郎令狗往房嫗欲爲其弟取婦求程婢有成說來召面議正發疾強
扶以往唐子勛來言祁陽本無盜因鄰縣起遂不可制一二年事耳道
州全興小小書吏零陵姜亦老書辦全畏盜報讎姜縱盜不問遂令反
者蠭起然後改易令長百姓遭殃亦時局使然程孫求看唐詩日爲批
點十餘葉廖胖私人革去復用我私人代之夜北風
十九日晴涼將刻書經召匠未至看唐詩十餘葉夜聞房嫗呻吟亦爲不
安
廿日晴涼方僮求書與祁令賀莘生薦胡燊依而與之程講樂記畢看唐



詩半卷夜瑲專信來送蜜棗
廿一日己卯處暑晴晨未起程生來云劉映黎來見入則只弟二人弟坐
兒上未暇多談遽告去云待開浮橋也遣人入城爲瑲家辦節貨唯須
千錢可云倫也更贈以麥屑白餹並復瑲書夜雨旋住
廿二日晴日烈風涼魏監生入學來見看唐詩半卷夜寄軍機書
廿三日晴熱南風房嫗疾不減欲迎醫診之賁勞大神且遲一日
廿四日晴房嫗疾大愈常生孫畢點班書爲日閱一本殊費日力
廿五日晴熱齊毛妹之子來見云求一喫飯處衡州無閒飯與書功兒令
覓人薦周兒方僮並有箱篋恐狗乾沒與書令齊甥往鄉贈以四百文
卽時遣去夜有熱氣
廿六日晴熱鄉中遣傭來送瓜並上安稟文體甚雅未知誰作也黃孫亦
鈔書補箋來有著作之意云張生已去輿已歸矣留傭小住且待秋涼

夜北風
廿七日涼陰遂已秋景程孫講書畢同入城看岏樵辭師鄔師過馬方云
唐太尊上道贛稟商白沙鹽丰事又云辰州殺二鬼二郵三教士王道
凝護府矣引見官停一月待避暑還恐雨遂還晡食甚飽夜飴又過多
廿八日陰涼昨夜譚翁送別詩令晟和之西風搖五雨涼動瀟湘清吹笛上高樓憶舒如雁踏角巾玉杖地行仙縣吏新迎上湘船宜陽竹馬兒童長鐵武林烏孝愛傳湘牧移才展鄰境獨有唐侯惜別令我來流遠伴閒吟偶和新詩接高嘯從來老去別情多更題長句作騷欸不諳治行傳家譜卻引秋心寄調阿洮陽山水零陵最我昔探奇涉松柱題石千年繇俗麋鹿門只與青山對青精飯熟松酒香孫解讀書兒擇藝自有官田供賦稅何須五斗覓柴桑午後真來留飯去遣兩力送之夜
雨
廿九日晴陰校書經至禹貢仍覺茫然所謂以其昏昏使人昭昭不可得
之數也看史范各十葉論范光武紀言盜起盜息事未爲智談蓋盜未
有以追捕而遂息者



八月戊子朔晴禹貢記水道不可深求只是記舟行通川耳貢道說雖不
可通亦不甚謬宋人新說與今人新說心思不相遠但未密耳房嫗復
疾清坐無營欲寫書無格式閒臥而已
二日晴欲遣人而不得錢心生一計借楊四百金用之所謂扯寸金謊亦
可樂於是衆債畢了樹帳亦還但有租無入收耳拔用方僮令爲管家
明日定行程崇夏問昏禮主人廟位先殊未照取饋食士堂下大夫階
上說之國君位則燕射有文又其昏迎皆異不必攷也房嫗疾甚爲與
書釐局薦其弟
三日晴涼作家書處置家事井井有條頃刻而了與書並寄食物與女婦
劉方均飴心而去校書經看范書民爵止公乘無級可加矣得趙階六
書約飲退圃
四日晴熱無人使喚乃呼陳兒來掃除朝食後劉丁還云到城鄉省視兼

知木料消息功兒書來云婦病運月省城疫氣病者必齧銅錢乃能治
名碧羅沙不知誰所名也真送梨餅午後甚燥復夏衣看史記裴馬二
家注頗有新解如不享作不亭玄女爲旱魃湘山爲艑山又以爲黃帝
作說難皆前所不留意
五日晴熱校書至召誥晡後暴雨頃之霽作書問長婦疾狀並寄莪一函
程孫送鴨得祁陽令賀華生書
六日晴熱張子年送甜糟鈔改君奭廖蓀畡送茶葉月餅民間謠言有剖
腹取胎者昨夜城廂大擾問廖傭云無其事言人人殊未有若此甚者
七日晴甲午白露節熱不減伏日七子來言剖胎如目覩又言鹽事亦不
實不盡
八日晴熱始令程崇夏作格紙鈔改書箋日復三葉課朝食後入城至安
記算帳買羽綾欲訪蓀畡試過樾樵問之云卽當入城坐上更有羅劍



芝及一衡士至熟忘其姓談久之還安記少睡云鬮局客已集往則
方有公事任三羅掌延坐小房主人延客乃至彭祠本約聽琴琴客出
差去賭友亦不至坐久之入局摸牌畢四圈張尉來補四圈未半廖蓀
畡張師耶來戌入坐亥散乘月還
九日晴熱兩程俱去內院無一人房嫗亦出刨薑獨坐鈔書三葉欲睡苦
蠅復補改多方箋鈔一葉狗來得湘孫書
十日晴廖蓀畡送胙並報蜀亂遣探無確信程旭從京引見來見留飯去
其兩弟夜來
十一日晴半山生日設湯餅作揚州肉圓渾不似馬先生兒來求書所謂
足下不死孤不得安程鵬講禮記畢
十二日晴熱鈔改多方畢似稍條理以後隨條補之多所將就起用廢員
修改精舍夜月尤佳獨坐頗有吟興

十三日晴坼牆塵土三寸外院不可坐新浴復垢作書與奭邵南馬壁孎
陳芳畹並寄圓圓算帳還錢稍應秋節書箋改畢一本當從頭修補
十四日晴昨夜影戲聲擾僮工夜出晨起喚之乃見廖丁云初六自省城
來亦聞蜀亂始補箋堯典夜入城看真女遂訪廖蓀畡夜談步月送我
繞城西南還
十五日晴節物無辦張子年屹樵均來常生孫來至夕周裕衿來未見夜
月極佳獨坐久之熱不可睡致沈山人書
十六日晴廖蓀畡久談客去頗倦又有和八耶周顛子苦不得休書與葛
稜農得糕兩封陳蓀石孫來見程孫甥也因留食宿夜熱
十七日晴愈熱得六耶書乃知席初未委與信催之三屠夕來値余往城
答謝屹樵不遇還因未見夜有北風
十八日晴晨甚不適



先祖毋生辰未能湯餅午乃設焉召見三屠誨其歸農移坐外齋補箋禹
貢稍明晰夜月
十九日晴仍熱鄖兒來見較弟爲勝和八耶復來催案與書衡陽令催之
提鎭跪道之威乃皇皇於一訟令人思周太尉
廿日陰有微雨遣劉丁送木器銀與芩女因附一書三屠狗兒均去余亦
欲入城至岸船已下步從沙觜往乃過張尉遂還久坐客去鈔書
廿一日晴知不足齋復豎柱周松喬來喫伊麪蓀畡送豚蹄芵莧方對客
未暇復書禹貢補鈔畢殆半通矣今日戊申秋社日
廿二日晴風涼有秋意劉丁還說湯誓二割未安皆當爲害以免望文爲
訓彭老者鄉試還謝价人來齋長亦還唐侯亦到張奎生來見前監院也
廿三日庚戌秋分晴計二陳當來作鼬待之乃款廖俊三言京中事江南
事皆有官氣送查鱔火骰夕陳謝乃來夜去

廿四日晴未朝食會館來催客譜書畢又與房嫗敍牌乃往盤丰猶未午張奎生避入房委員稽查三人出隋未問姓字已而張出同坐船至浮橋下泊泥灣從會館後門至前門陶焱爲主人廖孫晐周松喬先在坐久之待尙戴不至周令設牌局入後廳共戲俯東乃出俄而戴至又待張師蕭監院久之竟消一日矣陶云和豐公司可捐錢屬書與楊三大人省城新紅人也笑而諾焉欲詣鄔兒已晚乃還水涸行運到院已倦遂寢

廿五日晴涼晨起作詩（十四夜行月　團情泉畢會訪廖孫晐同游西郭因作贈廖一首　畔臨飛置地崇書草玄宅嘉會偶相邀喧寂俱有適涼晨始夜游郭外單人從他事情竹樹秋燭明嫁席高論謝世情餘興臨水石晉余旅四寺十人風雲精舍今來澄空水碧晉寄紙述別月照人影遂歸無主客掩扉鎖愉悅還舟未盛寂且欲期來宵中扁樵舉自）喩陸兩生來致胡壻書及送蟹廿螯程生兒來留宿均談試事

廿六日晴陰泝湘至白沙洲答訪周松喬不遇下湘遇蕭教授以致張楊



勸捐信與之託其轉交福記旋分道余步蕭舁各入城至詹有乾買筆墨硯至兩學入西齋見譚父子留喫藕粉點心出遇阮樵還坐遂至陳家看二陳及女壻試論爾雅古深但不合程耳還卅未晡甚饑不得飯

廿七日陰有雨鈔康誥頗有條理譚香晐約來以爲阻雨頃之竟篩譚與李畢同見訪李華卿同縣人陳伯屏姻友也畢則純齋孫云數年不見矣留伊麪去外班追去也鹽局夏委員來亦同坐分道下船看梁啓超熱血書

廿八日晴房嫗入城鄔師來無人倒茶喫石榴而去鈔酒誥已有梁啓超習氣矣小發議論新學之移人如此無忌憚故也程生辦祭事踴躍是有志向上人

廿九日晴桂香葵花秋景劇佳鈔書鈔亦踴躍計日可畢矣書院發帖請客客無至者

晦日晴劉袞引甥方來見云受業人云說官事也譚兒來求書干程觀察皆晦氣也二陳率其從子來演禮因留宿

九月戊午朔天熱如仲夏道臺更戴領帽熱殺小生也例祭船山未辨色即起待事陳馴已起執禮者猶睡未醒以須略待監院故遲至食時排班三獻亦復秩秩陳生云不必牲牢亦正論也然諸儒甘心冷豬肉則未可廢先已朝食事畢更設湯餅客俱未至且或已去監院乃來面無怍容人所難而彼所優也羅二木來獻圖云四老少主蕭張生書來索三四百金又一奇矣

二日晴出城答訪夏委員鄔張畢李四師過程家看拜生與唐太守長談喫窩果索麪而還又喫牢丸復書張生張紳八來走信又索四百金荒乎其唐不可救也與書戒之（作來以圖知我二人不共處也三四百金之設仍是圖者生常之求敢阻會前愿歡百後必中舉中舉必拜客辭行何能爲設料理放改退方檢來換手升管莊客老弟可放心不明顯矣究夫來云見大作既知其必不中又辦）



（撤去方桂仍如前議撤之當在九月半後此時不必責也屢事已告羅木匠不贊）

三日晴羅匠告去與書戒飭方桂（前設番你不願僱傭面上以爲必有出息何乃帶領到來僱僱劉奶娘家住難初八日中無人請大妾爲不可用爽僕奶媽乃查升下飯菜缸花仔當須自愛何可如此此哉之不知人也你當自悔成人者苦想成人切須禮當文昌帝君最恨邪淫做人須先戒此）以廿八元了王稅私欠譚兒來求書干程生依而與之並令飭懿回家

四日晴外齋開門向內以便婦女來往書院規制所未有也書箋改畢值移牀未暇檢點夜宿正房

五日晴作重修精舍記兼題周荇農宋字手卷王壙峰率程旭來八十老翁舉石折腰不兩月仍健步地行仙也不勝健羨塵胖率其兒來並居新齋已昏黑矣未能部署羅木匠五弟來告以點工芒芒復去且留之一宿

六日晴作陳六郎挽聯（公子早知名不妨大匯色微歎則有心情倚閭史少年能作宦所恨大才小用萬轉形役閒書王）欲

書無𥽷乃自研之數十年不親研𥽷矣

七日晴晨與廖胖登樓見十官云婦女船已至矣迎候數日竟不先知偵探之難也頃之湘孫等並舁來六女最後居然當家人竟日未作一事但檢點行李以暇較牌夜至二更乃寢靜梆亦爲晚發則可怪也得功書送曾淇縣銀信

八日晴爲孺人設湯餅過午真歸持餈喫麪至夕乃去工人皆出游余遣僮嫗入廚遂無人使喚閒入看諸女回龍夜代較牌未二更而寢㝱與曾滌公談時事甚久言及唐鄂生後必流落餓而寤醒則見齋房鐙燭甚盛往看之有三人爲牧豬奴戲一似魏樊乃還寢齋長不在禁賭吾事尋賭非吾事也頃之一人持鐙來竊意甚鹵莽乃程家竹林與喻生其一不知何許人微雨清秋正佳時良宵不宜以此殺風景遂吹鐙睡

今日乙丑寒露以涼雨應景猶煊於立秋時



九日復晴午後陰學徒出登高置先生不問余乃招廖生父子入食斷屠無肉倉卒主人也黃孫亦欲登高夕食後乃去作餅餡俱不佳

十日晴熱將入城臨陳喪覓舁夫不得沙行上船至陳門口遇其弟便衣步出門無弔客唯有傅臚知賓久坐熱甚乃辭而出至屺樵家解衣易鞋復步下船還至沙嘴步上隔水赤腳履沙石頗受梗乃知鞋底之力得莪廣州書

十一日陰夜有雨廖生解赤郭公用吾舊說吾忘所以易之心粗氣浮未暇校也程生孫看國志亦爲覆勘復莪書

十二日復晴秋旱殆不可救聞報子南去衡府殆無人登榜意功兒必中報人遲耳夜起看月秋光往來掃除正樓

十三日晴晨得張生報而無榜錄知親友無分耳改章兩榜遂潦草如此一喜一懼不知梁啟超復作何語前切屬送書版亦倉卒不顧張生性情如此與書戒之又來索錢以前存百金與之并書與功遣劈藤神俱去停六日矣有似三秋黃孫生日設湯餅廖生入賀多禮也燕雛答之又不熟不能具饌黃宜兩孫均入城至夕還夜月入房徘徊不寐

十四日晴晨見一蜚伏帳角已而疾上呼嫗捕之已迷所往大索不得疑出牀架也以項版甚笨不欲再移僮換衾褥而已蕭生兒來云欲住齋先未關白徑移被篋亦所謂挾故而問者

十五日馬兒送蟹十臍鰷其六矣真武穴來者晨出謁棠但見廖父子徘徊往來今年廢學太不成局非吾力所能振也攷序無房室之說未見所出疑是鄭注迷其方向序昕有房其說鹵莽竄取爾雅注看之

十六日陰周嫗欲教其子而力不制乃借助於回紇遂成大亂先請余勿問既亂亦不能問矣好用計者自斃所傷甚多余閔默久之無良策也李少荃所云婦女不可共事者已終日不怡麻世兄來求捲幃道臺復來送聘復書告以錯誤



十七日晴與片唐太尊說麻事陳八送去亦一奇也門人以昨嘲故人人不安夕告程鵬乃有遁詞因切責之

十八日晴

先祖母生日設湯餅七十年矣慈慶如新家人則無逮者故不遍及馬話山來告以世情馬氏三世不知世情矣告之亦不知也廖唆三來求干丁藩告以不可

十九日晴道臺來仍拜請閱卷並云師課可停說不明白亦時派也冷穩老人告修熱款者代之勸審小人遂作督矣真還留住三日陳肆來謝孝

廿日晴先孺人生日設湯餅不能辦以無人力改於午設與李勉林書寄莪詩集衣料蕭孝廉鯉祥來談詩鄒生日煊來見曾常生孫

廿一日晴吳祥發來見稱客也云欲依曾重伯墾田南洲重伯正無人遣而有願從之者罕事也正欲與書因而許之七相公來六耶官封移文來告接印二陳郎夕來大風因留宿

廿二日陰孺人忌日二陳晨去得芳畹席沅生書看陳范書陳殊多不檢爲指摘數處

廿三日晴鄒彥建甫來長沙舉人安仁教官也曾在廖孫畡處同席夏紹笛來時濟從子子青弟之子云吾昔到其家時尚未生其父乃早化去矣有弟願入院借屋陳十一所指引也岐山曾田靜來云曾見曹菩薩

廿四日晴朝食後出城至程家少坐出尋子泌家已迷蹊徑誤從西入鄉問明乃還見報條入問入學世昌乃其長子其家甚深前堂男婦雜坐似又是一家呼其家人有出拜者卅許人詢是弟五子堅留坐固辭而出至清泉學廖孫畡亦出以爲請同城官也還安記少憩屼樵來徐徐



云病創未大愈坐久之待至日落乃昇往道署張慶雲先在唐太尊周行之廖畯三廖孫畡踵至設饌三堂殺豆頗精鯽魚大有蘇派酒亦可飲爲盡三杯主人自云賓客皆上選也又言樊增祥在行在私事滋軒同人呼爲孟浩然取夜歸鹿門謔之易實甫乃又欲依樊未之卜也二鼓後散入內較牌寢已鷄鳴早雞荒鷄也

廿五日晴令蒸羊廚婢云無火自督蒸之房嫗大怒余僞爲不知若少年必亦怒矣心頭火滅乃能如此焉能振家規乎

廿六日晴發單約客聞常九弟來未能約也以唐廖未酬壽酒故特約之

廿七日陰霖生來留談一日初未具饌乃覺疲乏客去卽睡中夜聞雨心神恬適招蓮弟來掌鍋待至夕乃至振湘亦來云張正暘已去

廿八日陰內外煎和未午已辦笙畡先來云蓬翁已至頃之趙皆六亦來惟待屼樵乃反最後云彭畯五之兄來心知稷初也設坐新樓廳未夕散

廿九日晴偶行後院見曬衣欲移樓上問知房嫗乃自移之俄聞急呼僮婦慮其遷怒因自呵之發狂奔出勢甚恟恟信知有潑婦也一不敢攖怒猶未已兩小孫皆喜叫無情與有情甚可觀也余亦與之化矣豈但壽威而已午後彭稷初來言俞撫三聘賀金聲而後殺之與殺譚楊同意留飯乃去坐船送之攜兩孫俱游投夜還

十月丁亥朔晴晨出堂訓諸生以自强之說退而省私校審經一本婦女入城看親

二日晴入城答訪常霖生云在陳家待頃之至以攜端孫未便久坐便昇至清泉學孫畡遣力助昇本約早散待周行之遂夜將趙朱同集端孫亦有坐鄔師亦至先共摸牌云袁督請假吳糧道遂護督矣

三日陰胡卣笙索書近作吳山餞集詩下筆成章可云才子陳郎求書千



張大學因及瞿軍大責以不宜仕而又爲陳求進其說極難乃用截搭題渡下法作之兩岸猿未啼輕舟已過矣亦行文之樂事也並謝曹東瀛二百金之壽寫對數幅夜雨振湘爲周兒治創遂不入寢

四日雨瀟瀟而不能寒待鈔兩信又較一牌下湘送振湘去昇至清泉學鄔唐朱皆先在行之後至便共摸雀一圈入坐未飽而散還未上鐙譚兵備來請題

五日陰鄰僧來求楹聯並贈詩因題一聯竹樹縱橫隱林烏似識前朝事鹹魚寄話聽孝火還客客相分並書一詩東林近在隔溪南虎跑中流波影倒幽出樹斷密竹塵盤雲頂見高杉覽疊帝釋知同罷獨勸緣康共一龕禪悬忘情隔壁值木魚聲裏喚堂參

六日晴將入城渡夫築室因輟行也廖畯三又來辭半夜腹痛不能寐且又燥熱而汗展轉至曉

七日晴校詩二卷攜黃孫入城送廖不遇至常九弟處過其納采媒人將

來無心對客因辭而出過岏樵論新料定初十日託其代辦至安記見
從人已將還船黃孫方看戲自往呼之便看打彩爆竹煙滿登上船久
待渡夫乃至還已夕矣料理請客便復陳六笙去年書鐙下俱畢乃打
骨牌迭負而罷
八日晴校詩三卷張子年妻送饈並送驢正欲飴心適應所需睘生送酒
辭之
九日晴晨起校詩一卷朝食後劉蘭孫來送錫祉送炭並還前銀云太多
減廿仍附去出入無帳純以意往來而已毛孝子來
十日晴校詩二卷請岏樵治具招譚兵備本約睘生已去唯彭傳臚是行
在舊友正堪作陪午後客至酉初散喫一肚子水燒豚復過火已費經
營矣
十一日晴熱朱嘉瑞請客以爲唐廖之局往則寡蕪我毛廖作陪賀孫亦



在並邀陳郎草草杯盤乃爲盛饌廖啖三不至更以胡委員補之余云
自有燕窩從不請徒步客今日可云出格也還尚未夜夜微雨
十二日晴與書鄒師問零陵考期爲陳芳晼干王石卿劉蘭生辭去校詩
二卷
十三日晴校詩二卷始盡補遺義可寄呂生呂生又不能看矣得功兒書
云已保特科並附懿書
十四日晴熱校詩已畢說文王帝命又補二條閱課卷申飭程孫與書黎
兒鷹劉蘭亭明知無益其姊索鷹甚迫乃以去就要君無奈何也更與
書張慶雲所謂無我負人此心不可欺也夜雨召劉丁與以四元堅辭
不受
十五日陰庭菊盆開插瓶供甑人窩所四幅步至湘岸待船至白沙洲答
訪黃鶴軒南城人見所居齋爽似王文成龍場光景不覺有遷謫之感

吟詩一首丙戌生涯色蘭陳似鐵官客嗟鷺在楓人歎虎而賦勝宦謀生總虛堂望眼寬花花今古事晉亦智幾前從洲前
入裏岸還胡元佐來見以爲昨同席客乃一傖父語言可憎以其補服
來未便呵之聽其聒噪而去幾簫餘冬曉臨階闌摇貫待蕭無退色炊日有餘晉堂惜佚叔几筵持伴邨林零常
纔下看不及過時芳譚香陔偕朱繼元父子來洪井舊客也廿五年矣
十六日陰有雨始有寒意將入城臨渡而返袁生問兩睢骨立未聞也語
在鄭業傳
十七日陰有雨楊郎伯琇來自京師送方物言城中焚毀三之二天津則
皆毀矣細雨如塵大有冬景
十八日陰朝課未畢廖蓀畡偕洪聯五來云十五年未見矣廖邀廖生來
談陳郎同至留客設餅送客下湘訪彭楊不遇至楊園看竹喫京果乃
分途還悤悤便夕請廖運石炭一船
十九日晴批答陳郎問禮十數條又出湘岸游行待番子至夕乃來



廿日晴程景赴補來辭與書陳六笙屬託之自此陸行二萬錢一名夫豪
舉也我未之前聞喬云似孫老總不虛也夕出城答訪洪聯五遇蓀畡
正出云洪已往水口矣同步至衡陽劉同知待客殷勤而饌以草具便
過朱季元云於王石卿處見文心妻墓志三學通判清泉經廳同集摸
牌二圈散已初更夜大雨頃之止
廿一日晴寫條幅一紙始覺腰痛老境也每日閒戲亦覺無聊當覓一事
遣日昔訪鹿源谷君家正逢兵青山知好在白雲見餘生苦暇絡何叅勞形貝拘名得閒駒語晉投老來錫餅夜雨
廿二日晴作韻書屢不成惡其煩碎難於條理輒取前人說看之又不當
意大要須不言轉聲乃有著一而轉聲自然不可廢故多歧也沈吟久
之而罷
廿三日晴連日作餅亦將廢事人都不可有嗜好信勞生之無味也又過
二日矣

廿四日庚戌小雪晴稍有寒意午尚暄也所謂小雪猶衣夾劉傭求書與李仲雲兒言求地架屋卽書與佛翼郵去𠷏耶大掃落葉頃之又盈園矣岳坤謝生來

廿五日晴謝生徒步來欲求一館其學於鄉塾爲博於世間未能數九牛毛也無可位置姑食宿之僮僕俱無甚難於酬接

廿六日晴謝生無可談仍自督課如無客時欲取呂覽韓非諸子孤僻小典如爰旌目之類別錄成集以備遺說呂氏春秋大庖不豆今廚人掌鍋者不擺閫撲也

廿七日晴入城尋腰帶便問油鹽答訪胡知縣未去二陳郎來舍客徑行至又急還殊爲可笑許六花來索販錢詭云家中無錢語殊可惡恃有親家毋不能詰責也瑺遣人送菌油雲門小兒偕一趙姓來寫安仁烏鴉衝荒田云其父令來看均留一宿



廿八日晴雜人均去始看晏子一日而畢無可取者送煤錢十七枚還廖孫眩

廿九日晴看墨子程孫鈔有注本嫌其未晰欲更理之爲陳郎批答禮問補改二處

晦日晴鈔墨子二葉李生金戣自鄂來云無甚新事唯聞有科

十一月丁巳朔晴晨出堂所謂告朔愛禮告諸生當自好學習之斯好之矣廖拔貢告去鈔墨子二葉發課案用積分法分三等廖云石鼓已封門矣

二日晴煊鈔墨子二葉房嫗出游竟日無送茶者亦可笑也外報有僧來未欲出俄見名片則明果十年舊契也亟出見之因訂一齋

三日晴煊鈔墨子二葉寫聯幅送蔬筍至羅漢寺請初七日齋請明果是日忌辰用追薦福廖孫眩送豬廖德生送橙並書報之

四日晴王鍌來廣東師耶自稱受業忘之矣致劉樂昌書猶殷殷以六大三陽爲念此人不勀罷不止所謂扭也鈔墨子二葉夜雨

五日陰鈔墨子看呂氏春秋純乎游談較淮南多故事耳尙鴻賓來見

六日雨風寒甚盛巡檢來求書不避寒暑亦可取也並攜村僕來則有官體留宿西房夜大風

七日先孺人忌日設齋羅漢寺幸風息而止犯寒而往卽送盛去黃孫從行祿孫嘅從至又惱嘅不可喻也齋請明果好心作陪監院同坐中散僧送上船到猶初夜

八日陰二陳來告楊八駢六十雙壽欲索一聯本當報禮而卽日當送往還廿里買對紙又當送真女飴心竟日營營日不暇給吾家舊習手忙腳亂而皆掰可笑亦可喜也劉一刖足蹇矣丁謙自桂陽還來見云可餘廿萬



九日陰晨往楊家拜生遇任丁江吳尙弁顧尉喫麪卽還已日中矣四婦往真家就便過門至夕還竟日領孫未一事夜雨

十日雨鈔墨子寫字一幅峴樵送雉鳩張石四李煦師耶來王鍌引劉樂昌兒偶禮來見爲六大也夜大風寒

十一日陰三女爲其母忌辰設奠余往拈香鈔墨子二葉

十二日陰鈔墨子二葉看呂氏春秋劉令兒復來送端硯

十三日晴鈔墨子三葉耒陽二生口角皆兒女子語而自謂文人相輕不值一笑羅船戶來約來迎還湘

十四日晴明果來與演化僧偕約往西禪問其何不教授則彼寺僧有爭爲教授者正與耒陽生印合皆末法也且鈔墨子尙同兼愛諸說以救之夜作包子極佳

十五日晴屈小樵彥鈞來云到已十日調署衡陰真女還送省信布匹功

得兩尙書保應特科湘撫亦薦之可謂三舉成名矣瞿海漁亦特保送則未之聞又所謂國有顏子矣鈔墨子二葉

十六日晴院生課未畢放學赴齋晨有村婦入內齋跪求申冤又一金鳳大娘也門役病手故疏於照看非買放也房嫗勸令往府即步入五馬門正見兩令一學云木行牙帖已注銷無枉太尊手痛未出攜三孫步至西禪寺約孫咳同集明杲盛官請經因緣屬爲作碑待屼樵至暮先遣孫還余攜外孫步至舟又待房嫗已夜乃還

十七日晴鈔墨子二葉頗不踊躍忽思作西禪碑試作數行遂成一半

十八日陰前喻生父言劉生可妻取其過廿未婚已發女庚將兩月昨始來請納采事從省減請陳郎爲女媒便於其家寫紅帖喻生代父作男媒其父亦至劉生父來會並與其弟同來樸拙人也送茶不知辭讓陳郎仍致敬不笑不侮頗有老成之風小雨濛濛禮成舁至清泉再往說



項乃知所委還舟待渡夫久之乃至到院亦夜夜雨至曉王傭來報築室工程

十九日雨晨成西禪碑遣帆清稾諸女工忙暫停牌課鈔墨子一葉

廿日陰院生去者大半復有來者未督其課鈔墨子一葉下湘欲詣飛翰營明果來辭方丈勒令寫片與演化依而與之乃得出門嗜孫請從登舟泊鐵爐門至安記取錢舁出北門過羅漢寺寺僧物色王老師者絡繹尙弁復不在營乃從西門入行壕畔頗有清景至兩學皆不在署一講聖諭一摸麻雀各從所業也還舟嗜已先在道遇屼樵云文擅湖南至矣問今何在亦往楊八胼家打牌還院喫餅

廿一日雨竟日將入城復還鈔墨子及西禪碑沈保宜子振來言說項已妥

廿二日陰朝食後入城至程家尋文擅湖未得無所往乃至安記取花邊將遣傭還見楊船已到到船一看親家母閉門數語楊郎出立談數語即還遣懿婦往省親兩孫同去夕還

廿三日陰鈔墨子二葉兩楊郎來小坐去

廿四日庚辰冬至陰晨與房嫗同船至鐵爐步傭嫗入城余掉舟至柴步尋文船不得檥船更衣云文船在對岸乃渡湘至八胼家牌局狼藉文云昨夜未睡兆達寧身靜事之義小坐步還挂牌躲生閉門六日衡城不祠冬至並無節物

廿五日朝食後復下湘至楊寓見兩楊郎寫對子一副遣舁迎真余待湘岸久之船至與謝嫗同舟還嫗云有身告假訴其兄公不恤還鈔墨子得王必名書云陳芳畹已得釐委

廿六日陰昨夜三更後有叩門呼周嫗者問之不答心甚疑訝嫗醒問之乃云四老少還開門數語令入內今晨遣視尙瘵俄來問訊云與楊生



俱來廖譚來探蹤迹均匿未出游暮二陳楊郎俱來問東洋所學乃欲抹撥君父以求自立新學有此一派孟氏呪墨之報也然必期於流血則又西洋好殺之習蓋孔釋俱有婆羅門計百年後大有翻覆此時尙未初更三子俱去懿婦攜女還母寓助治迎婦鈔墨子二葉夜月得莪女書

廿七日晴本欲入城待船太久已懶又值功兒來省舅工請髮遂留不去鈔墨子一葉

廿八日晴閉門躲生仍有來擾一切謝不問院生歛醵爲壽徒費無益又成陋例故欲避之楊生來言宗旨仍是空談喻生程九送禮遣人退去屼樵傳臚擅湖南夕來出見廖孫咳自卄山還初未知之乃謝未見寶老耶來則可怪矣蓮耶亦來送禮又有王嘉祜不知何許人也夜內外餞慶爆竹甚盛近感成都時二陳郎樸被來與楊生俱留宿喬婦亦來

生日陰晨出堂待客外來者有局司夏張周局員黃縣丞縣人來者有張子持王三層寶老耶餘皆院生正殽湯餅常槑生率其從曾孫來外設一席內二席午初舁出渡湘循岸東下過浮橋從北門出西門而南謝客廿六家飛轎至彭祠賀客廿三人官自道府至兩尉紳自給事至監生幕客張廣柏衡山文擅湖演戲賀生六女四婦湘孫先在樓房未暮而去小雨時作余待席散還船船已去矣呼小舫送歸聞鳥聲似布穀大雨竟夜酣眠至曙許女至牀未覺也

晦日雨仍未歇休息一日申明學規定月課等第發監院詳道通飭各學

十二月丁亥朔功入城謝客懿至楊家助婚房嫗廚傭均至楊家送禮真女還城兩小孫從伯父出游院生俱散出堂不見一人已而來五人言齋長程生喫油餅事令稟監院西禪僧送普佛齋饌鈔墨子一葉

二日大霧晴送張生回局因至楊家少坐卽還鈔墨子



三日晴晨出下湘謝夏張卽至大馬頭尋轎久之乃得至灰土巷謝馬過秦蓉丞門門帖儼然車過腹不痛也循隘巷至程家綵舁已至浮橋周某陪媒亦大簡矣媒人江朱坐待久之二久十八日遂斜矣猶未朝食乃至女家虛無一客云完郎往楊家猶訝其早陳壻出言楊生必得禍余云今無降禍者但恐自入網耳天下有道乃有文字語言之禍今不暇也借舁至楊寓新婦已入門門客寥寥新除一客坐坐焉徑待至夜初更新月娟娟在檐角光景清佳還船待女婦云均不來乃獨掉小舟還功兒亦去唯存三人獨寐至曉

四日陰朝食唯四人至午與婦湘孫乃還嘻孫從母亦還致書道臺論書院不宜發考費及設官坐監之禮夜功徒步還頃之瀟瀟雨作

五日晨雨成雪遂見六花坐內堂竟日四僧來言羅漢住持

六日晴懿還言出洋告以母教以吾與彼無恩故莫往莫來也前日楊生言父賣子爲奴公法有禁今若禁其出洋則甘心爲滿奴犯公法矣余又不敢若聽其去余又不能也世事遂至如此可爲痛恨無他一利字害之

七日陰朝食後出答黃周乃知謬誤又誤由石道南上誤之誤也黃鵠軒留喫蓮餳差爲不負此行

八日晴作粥應節二楊郎來迎姊並攜甥去云懿婦母明正五十兒出洋故思女也若以義止之則又傷恩促令卽去楊氏新婦來阮樵亦來謝

九日乙未小寒晴楊婦攜兒女去過午功亦攜弟去傭工並歸始料理過年矣過年太平盛事今世人皆不顧年節是爲亂離也

十日晴大風與婦賀楊贅壻船不能下從陸行復鈔墨子紙短不合前式午入城陪文彭飲於程家實爲文設以余爲客文爲介彭爲苟敬魚翅似堆翅程所罕也



十一日晴唐王兩生來王改名嘉祜卽送筍者舊名者香木卡員紳黃周同來言木牙帖夜月鈔墨子半葉

十二日晴文擅湖來辭行首事來言更換齋夫以丁姓代之程九郎云丁吹山之謀也張鳳蕭嗾之離奇不可思識似蜀事矣豈余教不安靖故蠢蠢耶且付雞蟲廖抹畡役送羊

十三日陰奉命詣府久談無著但看僉剡牘而還出北門乃反繞道半里至會館四學兩營二師俱會張師獨後遂伺候半日至夜乃設食求募六百元頃而集亦豪舉也蕭教授甚有推卸之能而亦不免借劫於衆耳譚及老實首事具轎送余還微雨間作從浮橋渡循湘而上到已二更矣雨遂瀟瀟

十四日陰鈔墨子半葉蓮耶送雉湯食甚美齋夫求留與書請之

十五日陰方命爇雉湘孫依常具素饌云

曾祖忌日也先九月

曾祖母忌日未素食以在外不親奠故無忌日今若云依常節非教敬之道余亦依而素食爲鈔墨子半葉喻生來言督期

十六日晴令滋女辦裝云陳六嫂自請辦云一日可具因命往商之余亦便入城時孫欲從遂令同往至安記値其盤帳往程家少坐復至陳增家探疾趙永順處賀喜仍還安記久之日昃赴道署至門遇孫咳云大人未起俱至李華卿齋少坐因並邀李入坐程岏樵亦至同看李伯時畫馬趙董書宋徽宗訓儲圖自題有丸熊等語恐明人爲之道宗當不至此又黃鼎著色山水甚妙傳膳來已夜矣入席暢談飽啖二更散乘舁步月自百搭橋下船還復食臘喇得玫書及僧書

十七日晴鈔墨子一葉復玫書並寄四婦諭戲表姪來借錢如取諸室中一瞬便去所謂妙手空空兒也十二元小哉亦復快意得劉詩人火鍛



正少此物

十八日晴鈔墨子一葉岏樵送貂裘蓋以當束脩受之有愧爲陳郎批答禮問數條說方明玉象瑞玉是也顧命越玉五重亦其意豈亦有藉象方明而形制異耶無圭故五桂陽教習來

十九日晴封印長沙僧來索書留之磨墨云觀察大人急欲得書也午下湘至會館送錢五十元先至安記又至程家借轎去四學一巡皆散矣

廿日晴年事未辦復至安記料理將往城外微雨欲來乃還船買稉米北喫包子而還

流錫坐待久之云貨客擁擠故遲也與李生書戒以開卝還鈔墨子一葉

廿一日晴桌安令送閏彈乾麪卽復一書程鵬復來送貂褂貂冠蟲蠹割袖補之鈔墨子一葉

廿二日晴陳增生日遣湘孫一往傭工俱出斗自牧羊鈔墨子一葉

廿三日陰煊午雨祁陽僧送壽石桌倚面及黃芽白云皆祁產也程太尊來言京浙江南事云將往陝西興經學項婦來求書與廖老師俱久坐乃去程送麪茶作餻送竈已酉大寒中夜聞雷

廿四日晴傭工重小除例有酒食依常辦給程岏樵妻五十滿生作聯賀之（聲居百歲爲祭酒　四德三從宰相門）遣人往送至夜乃還吾家事皆取辦臨時亦舊習也

廿五日晴周松喬任輯丞來女婦入城黃鄒孫從母俱去庭梅盛開冬煖甚甚夜聞絡緯黃孫還言程生已被代矣

廿六日晴煊遂夾衣廖孫咳來談隆无咎並送遺集余前見之於幼銘所未知其有父冤也十日已來南風作梅溼異候也

廿七日晴煊入城阻泥而還午始轉風乞歷日乃得市本荒州末運殊無



皇靈可歎也得但少村書揭其妻志銘見寄

廿八日陰鈔墨子半葉看韓非書北風始厲作會館戲臺聯（舞袖南山龍紫蓋　共聽仙樂奏雲門）（東館接朱陵　好與長沙回）

廿九日陰劉丁自省還致盛郴州書陳郎蚓舅來程致其父書並送炭敬程岏樵言兪撫移晉趙次山來代之留麪去有雨意寫對屏數十紙

除日陰晨起無事將遣傭婦視女恐勞打發改令滋女一往並看子年家備年事否送以十金晡時還上灘已有稷雪夜遂大雪待夕飲屠蘇喫年飯恰滿一桌外設兩席夜辦祭詩果脯飲酒一杯雪甚雞啼三更後寢

# 湘綺樓日記

光緒二十九年癸卯

癸卯正月元日丁巳朔大雪積半尺午光甚麗辰正受賀朝食後出汎湘至東卡過對岸遇兩陳郎停舁相待共入楊家暫坐伯奢兒出延客耕雲夫人自出相見將設午禮辭出循湘岸下至浮橋渡湘繞北門入城出西門至孫畡處一談入城南上渡湘待船來還院猶未午食也雪花點衣殊不成朵皆純似玉珠從來所少見夜擲骰未三更先睡房嫗酣已欲覺矣

二日大雪屼樵孫畡黃狆縣丞任續臣譚兵備程生來並入談喻生來坐坐無所設

三日雪止冰凝天反稍煖知未遽晴也黃生早來以忌辰謝之俄而周松齋顧尉唐太尊俱來楊郎程鼓亦至聲日三接作書謝俞撫但道並致楊親家劉丁陸行去



四日雪雨縣賀子獻長沙鄉親三家蕭譚兩學師俱來竟日接對至暮頗倦小偈夜起擲骰

五日霽張尉女壻石生來避老總恩愈去趙階六來談程生集新安館相待午後乘舟往孫畡丁次山陳郎江尉俱先至到已遲矣食畢遂暮偕舁下船還乃酣睡至晚水仙始花

六日大霧晴城中迎春兩孫往看僮嫗俱從閉門謝客晡時人還云已過矣

七日晴國忌以為無客蔣少耶掛珠來登樓看梅繁花半發鈔墨子一葉

八日陰昨夕得蔡洋局書云蜀臬欲要往教習洋生道理既多一切不說但復電云老不宜來而已并勸蔡去未必知我意也兩程孫來梅已聞香登樓獨看六女作餅馬道臺來言江南事

九日晴將入城廖氏三郎來長者神似其父少者蓋似其母與談久之同下船至屼樵處送行陳郎家探病真女出拜年小坐還船至院未夕女客來楊六嫂請見并見程趙母女夜擲骰

十日晴有風三婦出拜年頃之人還云真已娠矣夜久不歸振湘來因令入城探賴事便問消息初更還云懿婦留待不還余以真一拜而娠與窅莊同慮其難產心縣不寐又聞仙童得實缺乃膠與笏山父子論受妊事見笏山甚矮而無見所謂匷瘳也

十一日陰風晨起將令滋往賀鄭頊之報喜人來云丑初得外孫矣疑慮頓釋如新得一女也午後西禪四僧來屼樵來楊踈丁篤生來丁入看樓半日應酬甚倦遣嫗看真問作三朝鄉俗鈔墨子一葉

十二日雨竟日鈔墨子二葉日夜擲骰奪狀元科舉停後一升平典故抵一篇選舉志也周楊兩生及耒陽劉生來



十三日晴鈔墨子一葉張子持送黛灰筍衣與書誨之女婦攜嫗至陳家洗兒清坐晝長看女孫博戲猶不能消日喬子婦攜兒來拜年催飯去看龍鐙初夜月明女婦均還未暇夕食湘孫設春餞胡麻酪遂飲一杯微醉早睡雲起將雨矣中夜遂大雨

十四日晨起風寒雨淒鈔墨子一葉考定所引召公之令為君奭文譌脫皆可讀亦一快也

十五日陰入城答客四家賀廖常譚唯賀寓未入廖氏六子皆成人以基為氏木旁為名植璧松棫次峯懿學濂樾霖堃杰叔怡棣劬隣本答其拜乃皆不遇云日本人看廿長者往廠去矣道署留談聞爆竹聲憬然有節物之感似廿年前光景馳還擲骰來宗金嫗來云從王同知往道州金留宿同牀

十六日陰欲晴未晴午初瓊門內外俱上學遣送打箱錢交王同知妻付來宗定皮箱投暮往還余假寐以待初更已還復起鬭牌常霖生張子

年呼門入談
十七日陰晨出弔喻生喪內外無人唯一孝子立話數語江尉來劉子重
曹從九來畢八先生亥孫來送楚詞求作家傳客擁擠一時殊勞祇應
正欲夕食懿婦還方僮護送張四哥同行端孫留外家唯孫女同來水
仙香發似晚香玉非貴品也正以其不種而華新異之耳亦宋派鈔墨
子一葉
十八日陰梅樹萬花登樓巡賞將出頌孄鈔墨子上篇成畢送行狀
十九日雨張振告去晨談張家事甚久作書遣陳順去辭以待船乃辭張
振獨下至常家送嫁程孫先在略談遂出答訪張劉曹三尉曹字先仁
卽攄教民者也劉門條甚新似甚得意皆云至江尉處相待矣旋會於
江署客尙有朱二賀孫程孫亦來摸牌至夜還未至船大雨昇夫衣盡
溼至船尘頃之汗雨因風而冷屢命船中蓄火以待出則無備幸入春



不至大凍耳此皆出行要事往往忽略則昇夫苦矣
廿日晴朝食後約張振同下湘余亦襆被以往疇孫從至安記先遣僮嫗
送至彭祠余臥待催客乃往道府模紳商公請春酒以程太守爲賓設
二席至戌散疇已歸矣余宿江南館
廿一日晴朝食後步從大西門出循城而西從隄埒間至蓮湖書院孫畯
爲主人看新修兩樓及齋房待譚兵備至午正乃至陳程甥舅又後已
向晡矣談燕竟日燒小豬甚佳教官之侈也夕還欲雨廖遣轎送至船
到院二更矣
廿二日雨欲作蓮湖宴集詩先作元旦拜年詩又登樓看梅花如霧從來
詠梅者未及此彭傳臚催客步往彭㬎雲來又不識之程陳繼至大[illegible]
作昇來迎上船還正初更
廿三日陰雨召匠作書箱剃髮

廿四日陰晏起黃孫云巡撫專差來甚訝之開函乃告別求詩並請題趙
卷趙書止齋記未知止齋何人也作文者段從周亦不知名贋筆也甫
松來未及談下湘赴陳郎春酒先至安記尋元史繙段從周彭傳臚粿
生來楊四郎回門來見同飯酉散宿江南館夜寒
廿五日陰有雨欲出答客忘取氈冠更遣還東洲取之程孫廖生常陳甥
甥來唐太尊來言耒陽令許周室舉人廖生極不然之余謂官話多不
可信欲告巡撫因詣道府道模張廣柏已往郡館相待唯見畢孫唐太
尊甫還正會客入與戴滕子談云郡人公請待久矣往泥瀎則設五席
演調叔甚有情態賞李三一元廖賞武松一元禮也棠會不可專賞且
未盡歡已二更乃還江南館
廿六日陰晴紈女納徵乃無華飾衡俗過淸庚則不更送釵釧唯鳳蟒開
容脂粉折席喜封媒人亦至蕭然無辦坐久之乃設湯餅賞錢不過三



千儉之至也幾復余昏時故事矣久留撫弁又得排單來書言已請退
更求余文乃還作之步至馬頭過一破舫男女雜坐而還舟中一弁自
云耕雲舊勇曾事彭常且從修志繪圖彈指卅年矣夜作送俞廙軒還
山陰序未成鷄鳴乃寢
廿七日陰晨作俞序成便題趙卷書復仲隅又書復莪女遣冉弁去戴將
來入談耒陽賫生送柏丞孫來留居我處餘客皆謝不見鈔墨子一葉
夜薰沐賫孫蝨以百數房嫗辭目眊遣僮丁料理惜孺人沒無古道矣
大雨睡熟不知
廿八日晴大熱牆壁木漆器皆流水異候也襆被入城待滋女辦裝余止
安記女婦借程生家暫住至夕乃來已昏暮不能事余仍還院
廿九日晴煊復女請早行黎明卽起過辰正未妝余不能待攜嫗先發至
安記過東華門看滋安排送裝嫗先取器皿陳之午後兩婦二女一孫

女攜四嫗皆至滋先迎程二嫂助鋪設仍似舖房但略備耳將夕乃送
去房嫗攝行件婆事先往料理至夕俱還黃𤠔縣丞周松喬秀才來賀
至書院未遇又便衣至安記晤談夜雨
二月丙戌朔紈女嫁日當早往城料理嫗請朝食乃去去則尚未開容補
定醮女迎婦禮陳郎程孫作媒其弟爲贊皆會於寓室女客則楊程江
常陳氏加笄後便親迎女壻劉煥宸其父名昌灃字皆未之問也申初
發親余至劉寓一會親家卽還院中更無人移居內室大風雨從者晚
不能渡夜黑如磐凡三出呼應並遣賚孫出視一時許乃從對岸借船
渡此岸竟不能渡也灌壇風雨不是過矣
二日晴晨作小詞題兪仲隅畫冊詞能驅駕又一派也數遣人往來城中
竟無人送衣履來終日韡行從洲東泝流過白沙洲黃周俱出爲黃書
一聯便送與之夕程夏來告回門發帖事雙雙而至春秋所譏不知啓



將何詞余云翌午三朝恭候而可矣請陪客古云壻見迎贊也遂書三
帖與之程送書箱爲紈裝書畢適劉送酒饌便令船去附箱至城廖學
師送胙
三日晴李生晨至言開廾無違祖訓與余所聞大異不違祖似違父師耳
功兒私財火燒不盡而欲盡於廾亦可閔也紈女回門往城(先至馮家弔李馬審)
(雲作陪始行朝冀)待壻見請陳郎程夏作陪陳伯嚴不可復得矣陳李程亦俱
來遂留便飯余未出陪夕散還船水暴漲攜嫗婆息同行上水甚難
四日晨晴午陰夕遂大雨湘漲未落往城請媒兼令覓船步訪常霖生云
夏得鄂撫張專練兵矣　朝廷以百熙文於之洞故熙學而洞軍與潘
世恩文優阮元前後合符道遇玉洲僧愬田訟與書盛太耶薦尙奶子
還寓待客久不至遣招陳郎李程踵至請霖生便集知余欲回船未畢
而散將入夾紅光罩人乃是電影久之乃聞雷雷殊不近光在咫尺亦

異景也爲兪撫寫送行序
五日陰雨附船下湘云得一巴干及發行李又云桐殼已遣迎湘孫矣不
得便已欲別附一舟同行乃送女姥先往劉壻來送行爲李生致書張
管學爲道地李稱有守者而亦干進非上品也船山生又少一人矣至
船邊見劣可容入城至寓處午飯告諸女待晴乃上賚孫逃去託留後
於廖生促程夏入學遣招崇輔同行至夜畢至雨濛濛未止泊毛橋
六日陰夜半發午過雷石鄧進士師禹來見送鴨脯五相公送魚肉夜泊
晚洲行二百廿五里
七日風雨不宜行强行六十里泊昭靈灘筆墨被瑣竟日但睡無事
八日雨寒仍風行百里泊下灄司又睡一日
九日甲午啓蟄昨夜初更時已隱隱有雷晨乃雷雨辰泊湘潭䀹山莊被
竊被褥十餘鋪恐無此多被也然當懲之劉丁上岸逢賀生來見問其



何往云至麓山問何以失約不還錢乃送八元來可謂狹路相逢也(晝寢)
(湖山好又換回腔句年華儘換少日襟情老來游迹客園鄭見莫道風波惡泛一葉釣舟還傾愁恪陽晴滿胡沙運了菰蘆張翰非晚新恩)
(重脊有琴鶴歸裝盡荔芳院待欲抽簪怕難之笑我戾公壓流陶令客蘸散記逕號樓事方面只闕亭不似新亭許多春怨 曲游客再題仲)
(隔臥游圖)船人逗留未移寸步將上岸以湘孫在船故止夜被房嫗驚醒急
問其故乃云廖厭耳
十日陰半明始發行遲日長午後已過南門舟不肯泊城岸女不可坐露
舟乃獨身先歸喚舁夫方知盛傭從懿去矣家人無能者久之始得舁
往羅楊比而辱我使劣子自投牢溷亦業冤也(後至五夏與人論比之客元小姐爲姦臣昭客)
(直一笑耳不必恨也)吾誤收楊兒致此奇報愼無爲善豈謂此耶將夕湘孫乃來
朱𥞊泉來坐談夜寒徐女來
十一日陰雨有雷胡蜴來坐甚久但糧道來未見送書撫臺言鄉中盜賊
敢於嘗試請飭懲治兼爲常霖生請託約明日往見兪公遣人來約枉

駕辭之雲孫來言高等學堂熊嫗來得龍郎書銀卽復兩紙滋女來

十二日雨陰家中轎無雨衣貫昇出謁撫臺言耒陽舉人周室訪聞事廣、公云唐守已言之矣又言張孝達保護事洋人必爲出力論晉事無可爲浙東多盜云云答但訪徐幼穆張王皆不遇見笠僧而還迎滋女來笠公來垂簾無從似女客余避入復出稷初夕來言家務事並示受禪碑集文程生來問行期期以明日啓徙同來

十三日晴幼穆來暢談留早飯去陳郎自衡來云諸女仍還書院矣陳海鵬來醉熏熏大論撫臺不知兵及爲洋人所擠去殊出意外武人文論死其將至之徵余於賀虎臣驗之矣張雨珊來云張之洞論管學謬也乃袁世凱耳楊兒來云已引見將到省滋率兒女來摸牌至夕甚倦乃假寐遂酣起已三更有月光無月影

十四日雨雷李生來李佛翼捐道員分湖北借差來湘病起來見云尚未



愈王逸吾聽講感寒亦力疾來見坐談甚久徐幼穆送鼓子克食楊度來未見寫對子四幅復龍郎書

十五日雨巡撫送酒脯朱生來談時派陳中書來請看戲云少保入祠酬客已十餘日演唱矣未晡卽往霧露神多不識者唯知陶勞兩督裔棻麻楊翬雨珊莘田初夜卽還滋女送餅尚未去留摸牌一圈二更後乃散程生早來訂行期王耀竝來謝恩均於樓上見之

十六日忌日鄧沅來以不衣冠無妨見之忌日不見客之例又改矣頃之僧明果來云忌日不妨見僧亦見之以後遂清靜午後設薦坐樓上待夜而睡

十七日雨更寒李通判翊煩來談廿務與李生同見去後送其家集乃知爲小湖學士之從子因看小湖集滋女回

十八日雨寒劉丁來促發便襆被檢篋令先上船胡蛚來言講書事問諸子門徑黃修源來言女學堂必不可開詞嚴義正楊羅不能施技矣看李集作茹孝子闕贊書交何棠孫轉致文擅劬由李佛翼遞去夕食功婦云甚早乃不能早芒芒上船已欲昏暮坐小艇殊不穩便功送上船靜菴弟專信來索館陳芳畹書來告窮文柄來告革退俱不能救之唯交一條與黃夏耳朱生送茶點畬有乾撥銀錢卌枚交房嫗專人與方僮預備清明祠會兒子不管事致無人照料非佳事也登舟怡和洋行船名昌和乃不容鄰與程生臥傭保間程已半日不食余未安排寒雨故也夜未解衣

十九日晨雨附舟者蝟集又呼余起卷被開倉熱不可再住程生覓得一房已有兩人占住余亦占住頃之小兒女領婢嫗來問知爲黃七老耶又來一老翁似曾相識問余姓知余字則孫海槎也黃七老耶乃黃鹿泉其子亦捐江南通判矣喜非雜人七人同倉不可容鄰已遠勝於昨



夜午後開行乃得飯喫夜黑不可進泊白魚岐

廿日晨雨午後陰行至岳州停久之有持署督名帖來迎者請過船謝不敢當約到鄂必往見又停城陵磯關丁看稅取夏布數捆去亦余之恥晡後乃行龔文生來見至嘉魚又停待月光復行水手索錢甚洶涌急出避之

廿一日陰晴晨至漢口接船未至待久之楚航乃來陳三少耶賦恒叔愼及輿兒同來端署督又來迎復謝不往往復心寓中暫住悉邀孫黃龔同過江行李孩稚僕嫗甚盛至漢陽門過藩署東行循巡道嶺至陳寓復心出見完夫亦在云楊程均未去遣告程太守頃之來見恐端復來先往上謁以見總督禮見之縱談時變端方字午橋勸善人也神采不精爽無火色鳶肩之相與張幼樵皆所謂聖人無相者談久之辭還朝食實已午矣趙馬俱來見二陳具食於前志局卽掃三間館余張先生亦在

李程同飯宋生育仁來見留談久之端督來答訪便約夜飯宋程均出談久之俱去小坐未幾常晴生來余不出見之陳郎强令入談女壻之輿援如此將夜催客便衣往李文石葆恂子初兒也梁鼎芬鄧少宣吉士宋陳均先至甫坐卽入席泛談故事初更散舁還

廿二日晴入二月始見日劉世兄送菜余堯衢早來便留同飯端署督約來談少待之恆鎭如第四子寶巽來已道員矣云有兄弟官越蜀江鄂同祖共九人諸子十五人坐頗久兩湖生黃左來許爲盲者已不省記矣飯後端午橋來談不能休爲樾岑孫說項日斜乃出城張陳趙生俱相送輿兒從行求書者紛至皆不能應爲復心書端伯毋一聯而行壽國緯衣縈入命庭攝子數三公附出城上船宋生先在送者皆在後待久之乃來不欲復待行李戧風過江檥龍王廟遣散送者與宋陳同訪奭邵南道滑泥黏到門不遇舁夫怯故道改從後街亦殊不澀還飯酒樓至一品香乃無坐處更至得月樓菜不可喫唯燒鴨夾餅鴨肉又帶血擇皮包啗六七餅行李不來諸人亦無處覓復心借茶號暫坐店主曰魏紫峯牌名西泰昌正無如何魏言陳公子吳孝廉自蜀來果見吳簡齋將從之去陳宋俱在劉幼吾處試入一看劉便讓牀居我唐樹林亦來告行李已到客店謝陳宋令過江取被來占劉牀亥正先睡看戲人回未與問訊欬嗽竟夜

廿三日晴巳五點鐘卽起店主已備飯廣東上等飯也菜則草草飯後便行尚未辨色踏月影舁行甚遲至東站始明耳端督遣材官護行營官亦來見寧鄉人謝澍泉易由甫邂逅來談始知其復應試過一時許行李猶未來出門閒望又遇程敬傳寫票登車漢同知馮少卓煥光子也來索還車票預備官坐亦差愈於二等倉耳彈壓委員何司獄守賢數那來談經濟鄰坐煙薰甚悶人過武勝關從石山穿洞行一里許始見天日酉初到信陽西鐵路營官楊姓遣馬來迎幷自來見州牧孫金鑑字光甫遣舁來迎南汝光道朱壽鏞曼伯亦遣舁來令程九從楊騎入城程生第八弟及常生孫亦至車旁程生從之去余獨先至道署遣舁迎易郎同謁曼伯在道署大堂降舁又見一人來迎甚似王葦塘又疑陳經畬未便問姓名知爲蜀門人耳孫知州亦在道門內相問訊曼伯久乃衣冠延入又請至花園久談往事易程不至待至二更乃來更延陳杏生來談蜀生亦同坐談知爲羅姓又久之知其字莘漁仍忘其名猶茫然也程生云曼伯夫人今夜餞祝爆竹甚盛將三更乃散席酒肴甚盛贈止齋集朱澤澐著曼伯遠族祖乾隆初諸生純乎家法儒林有傳又言其伯父名士彥謚文定爲曾侯師改子城爲國藩出過州署謁光甫談數語與辭還寓云新修大公館以待三屬牧守諸令正棟已爲歐陽生所住館余秋水館易郎亦居外軒程生仍出城去程九居余對房孫牧供張若待



貴官夜半方寐歐陽小大人名述來談

廿四日陰孫朱踵至程生早來易郎晏起俱在余處與地主相見言前途泥深不可車騎二吳藩子電憲贊臣均不得行當俟火車火車已不肯前矣午食前杏生來談甚久便留同飯杏生云此名八加二五餐須萬錢飯似黃粱夕食乃有白粲飯後杏生猶不欲去余當往營答訪楊弁乃起更衣送杏生去步出東城可二里許楊分一哨居神祠中自云常文節縊於其家其父卽楊光先也今五十八曾見少耶來迎喪計壬子至今五十二年時年五歲耳猶了了能記營中無長夫顧夫仍須從州牧索之少坐步至南門外尋舊游迹不復憶矣還館乃知羅生名意辰教習知縣分河南者頃之微雨至夕乃已溼街州遣一舁來迎三客往返甚窘余先往主人方往車棧未還至羅令寓室小坐仍至客坐待主客易程繼至杏生亦來仲懌兒後至云電報已改派總辦矣席間唯言火車

不肯送客當往求洋人云云余決南還二更後散大風
廿五日己酉春分陰寒晨起二程亦起易六猶睡余呼之起催夫力出城
賞辦差六元到青雲棧泥滑路難蝎蹶至矣照料委員車雲奇峯迎候
甚恭漢車已發洋條忽至云再送公車一日卽刻開行悤悤復發行李
程易未來上敞車行李擁擠方防風雨車下來一人與洋人言又數人
環伺車縣丞下車來人呼余姓字招下攀談乃知端公復委大員來護
公車試用道黃祖徽稚農此其自道至者皆呼小農賓來幼農弟也挾洋員書請開車
移余官倉廣東五人湖南王孝廉槐山從孫江西歐陽師耶同坐遺潘戈什
招易程吳不至并潘亦遣之巳初開行申初到新安店北道濘不能步
車丞步送爲覓一轎初以爲鄉間魂舁後乃知爲喜轎飛行到鎭確山
王肖谷鼎徵山陰人明港驛丞陳濬笠琴天津人委員姚鑅紫珊江寧人迎款新化唐
忠弼輔廷彭煊塲塲又爲增復來接談居余於東室王明府具食公車之闕無



比矣諸君皆云宜舁行爲覓十五名夫每名四百錢夜過公寓與王陳
姚周旋唐丞來談鄉舊
廿六日晨陰黎明起夫力已集麫龍卽行仍至昨停車處順鐵路北行渡
一水見小車數輛皆傍山行路無客店小歇避雨至十里河又大雨停
轎道上令舁夫避民村舍及行乃又大雨轎衣盡溼思駕瓦油衣之句
啞然自笑戲作一詩一月春霖行客稀汝南煙樹白雲微如今已是無氊瓦只把油衣當錦衣行至確山近
城路愈泥濘城門水如流泉縣中遣人來迎入署云並無家眷唯一身
作吏耳確山在東南六里水經注之浮石嶺溱水所出田豫常爲朗陵
令何曾封公國在此范滂征羌人云亦縣地又云安昌安陽亦縣地名
族有周氏雙鏡嫁訪撫波子嘉頗當誤撫子孫三世爲將勝地有北泉南泉中泉以上皆借
得縣志所說志版漫漶尙是乾隆時修又題贈王肖谷一首朗山二月柳條初寂
寂高齋稱旅居共說縣庭淸似水今來眞見釜生魚

廿七日雨風寒縣中爲顧兩車官價一騎日錢四百因車貴又加二百轎
車廿千蓬車卅二千午初始發北風吹雨衣袴盡溼蝎蹶至駐馬店民
房客棧俱滿鬧官店居之門扉作牀僅有一桌門外一步不可行夜大
雷電
廿八日陰微雨竟日材官昨夜不能脫韡騎從太苦改計南轅避斷橋更
西行得小路甚瀧平可行又山水暴漲復繞從北投東至確山東關乃
晩於昨日縣丁來迎潘戈什亦到復投縣齋爲久住計徧謁縣友唯見
帳房李餘阻泥不能親到投刺而已夜飯後李友湯書記同來談湯亦
蜀人談尊經院生甚悉遣散車夫共費錢十一千從者受二日苦潘材
官云易郎已來程太守還漢口矣湯生送陳彥升盤庚新繁擧人來
廿九日風雨晨未起王佩初來訴困苦託覓車車久不來江西歐陽桂林
巳覓得蓋差店通同作喬智也汝南風景在春初芳草寒林似畫圖六里確山煙晴淡三條直路水沮洳茅檐



賞雨詩家酒席帽衝泥計吏車苦樂隨心無定境鷓鴣行喚意何如鮎心而去縣友李儀臣湯劍珊王葵
卿丁壽峯李植卿均來見索書胡鞣潤農則未來見爲書半日夜得易
郎片問行止卽復示以詩
晦日晨陰辰後雨更大於昨日寫對幅斗方看日記將爲隆无咎作小傳
湯丁同來言此處有銅川書院以瓶始人地籍名之銅川未知何縣也
新增脩脯欲整頓文教請作一聯文武繼諸周好爲汝南增月旦弦歌開廣夏定因菅叔得詩豳傍晚
主人還未相見二更乃來
三月丙辰朔仍雨閩鄭孝檉稚辛來示戊戌題圓明園詞詩云蘇龕弟也
余己未因猢之識其父兄時尙未生今已卅矣言及康梁有奮發之詞
蓋南海閩海同氣也作詩箴之汝南三月春寒重憑壓前翔雨如膠駐馬回鞍深下帷翅遲逢君者駾共當年
京洛訪賢兄擧稚織羣羨才名歲月滄桑一彈指功名事業百無成舊食蹇時傷激烈猶人空粹甚弘血宮疑造亂匪自天羣小因依作妖孽
卽今文致太平時求賢詔使補創爽嘉君未老壯心在欲回元氣還重熙四海窮弨非政本三害焦勞當自晒君家兄弟有時名莫笑晉衰但

充隱憶昔漢陰龐德公彈琴於叔嘯春風清吟未歇風塵滿已見南陽起臥龍

二日陰晴寫洋紙無數幅殊無佳字聞有山路可至白水下水入漢因陸路遠於信陽未便往也王刺史復來留一日

三日晴陰有風留一日無所事改注盤庚三篇又序隆无咎事電報繪圖友高講子約來談船政學生長樂人在樾岑之後又橫州施進士子來求書夜皆書與之

四日陰晨發礶山用夫十一名每名官價四百一名須兩名價擔夫不加計錢當八千八百唯發七千二百不可解也共賞丁廚四元鮎心而行午尖師子橋夜宿明港無店至小店支凳架秫稭爲牀行九十里晚步十餘里

五日晨有雨點辰後晴未早尖急欲到舁夫已罷矣步行使得稍休舁夫皆以爲必至乃反遲延又行山徑避涂泥程轎甫上鐵路云洋人揎轎繞至下路洋人云可行余又不肯復上矣蹭蹬久之仍由鐵路將夕乃投青雲棧程生擔不至飯後陳杏生言朱事留城久談二更睡三更擔到賞酒錢一千八百護送親兵各一元店中火食三元北行事了矣



六日晴未明即起至火車旁待寫票久之巳初乃發坐二等倉及隨丁三等倉共銀錢十九枚六角彈壓委員何司獄來談甚久且請鮎心設角黍爲啖三枚至七家彎乃別而去既至江岸停久之乃到大智門彈壓營官遣哨官來迎又相遇於路舁行循城根投江岸可五里至龍王廟覓渡徑上一船有肩舁徘徊不敢上亦命招涉則繆太太之兄石農觀察也並坐攀談久乃到岸舁至陳館程生在漢口訪其父蹤迹未得同來復心出餞朱署道劉師耶出陪復心兩子亦還相問訊劉君曼來劉師耶退與劉耶坐至丑正主人不歸乃宿劉齋

七日晴復心晨來候問文擅湖屹樵父子亦過江相見趙巡檢來馬先生又來宋芸子來劉君曼亦來同朝食正午矣亟步過撫署謝端照料並約移入看碑甎又遇梁鼎芬看啖早飯更有李文石遣邀黃仲弢不識之矣同照一像看銅尊彝將夕乃辭還陳館摸雀已過八圈仙人之棋不及王柯經久也至夜文程過江劉亦辭去李生偕譚劉來李留城宿

八日晴趙巡檢又來與同步至督署李陳並從孝達未起坐步韓還譚芝耘之兄伯臣來郭儕生道臺來枉拜余當兒之託梁致聲也文程本約早飯餓至未初乃來會食飯後告去王復東道臺來云撫臺即至頃之署督來久談又待爽召南將夕乃來談一時許竟夕矣撫弁來催急往主人候門館我樓上兒程制臺從孫樂安志和梅撫臺小兒子雖李文石金匋臣寶琛世兄同坐九鐘乃飯三更始眠

九日甲子晴陰早起端公來談盡出所有碑帖如入羣玉之府皆有題跋一種數本爲清理彙集李如楓來見半日已閱三四百本矣午飯後復心來



朱道臺匯之來訪楊篤晉來未見與金匋臣同坐後亭看湖端公亦邀程梅俱來談將夕乃下因留同晚飯飯畢余留朱程摸牌借牌於金同摸四圈復心告假歸睡三更後散

十日晨雨旋晴題秦權寫紈扇李程陳馬四老少得與制臺平起平坐李生告行小坐均去將朝食已過午趙次山撫臺來拜出見讓余上坐要至東廳會食程梅李亦出相見飯後散楊篤吾來請飯嚴斥之許爲關說將夕主人來請會王大人見則不知誰何既出其聲乃知火車中闊人也十四年一彈指可勝慨歎看安山所藏手卷殊不及宋元卷程樂菴言京中有人藏扇面至一萬豈其類耶次山來問飯談吏治隔壁帳也三更散寫扇三柄

十一日陰晨看漢碑欲題數十本甫得一本主人來生日不受賀招岳生來見余慈郭請在今日將借此拜客至陳館早飯乃知陳劉宋王岳及

劉保林（仲立）公請在沙局先至陳守初兒處補弔（元就元祥）云一往柯遜菴
處一已道員矣捐項未繳已求端帥告趙帥（陳慶滋麟訪鶴霽）遂欲硬騙一官
奇矣胡棣華處未見見朱惠之遇王火車長談又留獨談密謀鎔礮亦
由端帥告趙帥出訪黃講學不遇昇夫云餘不便路可至沙局遂往日
始斜耳主人皆至待陪客黃梁至月上來又去初更後散今日行半城
中從文昌門出入漢陽門宿陳家
十二日晴題戴醇士畫四老少馬先生程九俱來同午飯買鞾拜藩糧武
昌府譚伯臣瞿賡甫均見談府署未入已將夕矣往郭鹽道公館會飲
郭印生從湘來談尚事滿坐傾聽同席有吳義生汪贊周陳程黃小農
李文石及印生楊楷出見戌散還陳家主人牌局劉君曼來陪催令去
半夜張年弟來請明日一談漫應之
十三日晴藩臺來不敢見臬臺李少東來不敢不見



十四日晴晨餂後（俱拜臬臺）入撫署看帖數十本正待食督府遣轎來迎從角
門入至大堂將下轎四人出曳入徑至客坐門主人立待不見又十年
矣須冉頗飛問其保舉惲藩（巽甫）力辨其非己意且數其短數千百言問
其何以連生子女云今已不能矣請梁知府黃學士來陪梁云程工部
亦將來見余便請待程來乃食程又久不至朝食實夕食也電報榮甍
於位辰死午聞可云迅速酉初散又入撫署（今日請學生）黃梁踵至文石亦
來唯談榮死程樂安大不謂然余亦勸黃早睡三更散
十五日昨夜雨今日大雨有雷端公來問畏雷否余甚訝之後乃知黃學
士畏雷也顧華元鄒元辨設席岳鳳吾宅遣昇來迎自撫署至保安門
可四五里王宋程作陪岳生次子及兩從子俱出行酒雨甚遂留宿諸
客並冒雨去看新出西書說理可厭
十六日晴頗冷晨昇還撫署題看碑帖半日梁請早飯八旗館又改府署

朝食後與程梅同往請看學堂二教習一委員出見梁亦見其二子及
子師講地輿學者求余禮記箋及詩文集李程宋黃繼至朱惠之後來
張督已再召梁矣出欲還寓或云黃寶已催客文石先去余往則但見
郭鹽道客俱未至摸牌兩圈入坐散已二更岳轎太遠因還陳館劉君
曼來陳增永孫俱來
十七日雨晨入撫署看碑爲程梅題畫寫扇（卜云歲至陳宅相訪未遇）本約游洪山因
雨未去梅子告辭還南昌復心來相看王復東繼至主人出談遂留王
陳同夕食宋生送菜夜早眠
十八日陰有雨孝達約來談期辰至午猶未來云見洋領事王鼎丞兒年
十五叅毋命來見馬紱領之來亦見撫臺爲李文石題花酒圖（十頃澄盤水有
客亭買日看人來去春愁難勝不如秋好碧雲吟暮多少銷金地待付與柳絲蘆架間荷花照過傾城還似舊時香否延佇前游三過記玉
堂牆外眉月彎處更有琳宮臨紅見歌罷較量詞譜只恨詩人老況近日黃流沙污怕圖中畫出相思又添離緒）寫扇對數紙



黃仲弢來送行岳生來請題其母方氏孝經本孝達來久談便留朝食
又將夕矣送客後告辭題董書崔詩置黃鶴樓又題安山所集宋元墨
迹明珠管家也精妙可玩夕還陳館端送三百金受二百留一與功兒
君曼來晚飯後訪裕瞀屏三更寢
十九日雨寫扇對屏幅招經四程九來治行端署督來送行爲題姜遐斷
碑遐美姿容侍武后二張類也題岳生母所書孝經工課俱畢但餘屏
對債耳龔文生來程子大請飯寶子申來送行未去余赴程飲鄧知府
先在談保護教民之功復心汪高文石繼至汪巡捕之類高馬孖之類
唯談笑話夜散還卽睡北風動窗
廿日晴晏起邱師耶來瀏陽邱同年從子其弟先來以不堪造就欲見其
兄故約一談潘虎臣徒也劉郎來馬趙經永來旋去寫屏對未畢裕瞀
屏來留同朝食張制臺傳見劉陳飯罷俱散程子大來欲見其子遺招

未至孝達來請期午初余允未初待程兒來略談又再催矣並以昇迎
從之往入一處似是公館不見主人則兩黃紀梁補服相候余布衣上
坐頃之孝達來云已約雒蕃留別餞行一局也此爲學務處姚氏花園
看牡丹喫時魚評論光豐以來人物問余能辦事否余云當中而立無
所不可張梁固問不相許也然孝達泥談眷眷不忍別以其爽書院之
約乃遯而歸出文昌門上善後局兵船程叔撰行李盛劉俱先到岳顧
鄒劉皆蜀人上船相送且約夜飯辭之陳堉叔從李丞趙司來送俱促之
去三更督府遣人來告派小輪送長沙辭之不得遂諾蓋梁謀也
廿一日陰晨看程子大兒文詩劉香樹來要至紗局早餞上樓看江岳宋
劉王黃小農寶子申均來會復心顧華原亦來方設食報馬來言兼督
已來待之閒食午後早飯端去寫屏對扇子小條竟日仍入劉寓摸牌
至夜岳生三子皆住鄒生兒平宋生長子極老實俱來相見岳復設酒相餞



二更散顧生先去餘皆步送上船鐙火甚盛
廿二日陰晨起束裝陸鴻宣來曾託何人而忘之又誤以爲在廿局問乃
悟焉已言其荒唐矣蓋亦不老實也辰正過楚威船移至南岸觜待拖
曾光祿陳仲馴來午初曾來遂發未初雨張督部郎中餞席再喜東南宅重叨錢飲歎新亭十年
恨白髮兩人看漲燈催王鮒春燒放牡丹深栖情話久未覺夕陽殘五十年來事閒談卽史書誇人詠不暇觀我遊何如坐閒推遷慣仍慚
歲月虛費驅路千里春好猶歸歎西初泊丁家口皮條斷遂不進
廿三日晴作荆牧行以贈署督兼箴本督也午過寶塔洲飛雨數點權吏
來看拖船暮泊新隄作織局樓歌寄謝餞沓夜雨
廿四日己卯穀雨陰雨晏起午至岳州府治未停傍湘山行入湖缺折六署(直湖
閩滇粵蜀)四巡撫(洪黔晉浙)操(直)桂(岑)承恩鄂亦殊三直八旗非重五湖能歸兩做無癸卯三月督撫歎遇廣公船風利
不得過送酉初泊鹿角上火龍灘飛蟻成堆至夜大雨
廿五日雨過鹿角便入青草湖中有一帶草隄綠芳無際書謝端公自別植樓
如有所失非偏感公歆至亦以攝拵壓切開拓心胸俗吏偶生不能拘限具此識力乃後可言毀謗間氣所鍾一見爲快想公亦照之也雖然
今日歷臣供人指使而王龕又無所指使規模難闊實際雖賞況復五日京兆二品教官比之世胡猶多不遠慵觀澄心養滋察吏求賢俟遇
遠謀以勢心力學生狂躐度外匯之無所用鋒成歸披此皆張公所自招耳范仲淹傳彼未嘗讀也在窈魚奉上一詩計已達鑒官舫遇留五
日始至長沙無名之費斯亦一事鄧中似此者賑散泥沙餔銖自古然乎兩窗率剛敬頌台福無任企仰之至夕泊銅官渚大
風夜雨昨忘吉留杭阿謐據陳康祺錄云謐勇烈
廿六日雨風拖船不敢開至巳初乃行小船帆風者且疾於輪行加火不
能駛也未初到城不肯艤下游必欲至大西門坐小艇上甚雨風浪忙
忙上岸遇昇來迎到家功尚未出門遇朱稺泉夕食已遂未下樓與三
孫女摸牌
廿七日晴周郢生來朱報之也云求作父碑督撫大有更動勉林竟代許
矣卌金門包花得著也路濘可行閨窋女移居對門待周嫗來攜小孫
女往看尙虛無人來還遇胡堉夕食時子東亦來略談夜早寢通夜未



寐
廿八日晴遣送酒交來船帶鄂並復裴孫一書王蓮生來胡堉來喫餅將
夕窅芳還觀二更乃去余已先睡矣
廿九日午後雨黎長沙兒來見窅女又還汪壽民兩子來房嫗假歸治裝
四月乙酉朔雨風覓船皆云大水無牽路議由陸行已言當率兩孫人多
爲累再遲一日嫗還云定從去又添二人更當舟行矣胡家外孫女來
觀
二日晴窅女送湯圓頗得浙法勝余家製留住一日遣詹有乾覓船夕攜
孫女看花
三日朝晴午雨終日覓船詹船人雜別顧回空船索價三千貴兩倍矣
孫又來鄭太耶病故來赴未能往也作一聯報其贈墨及酒之惠鄧香知告
離饒將佳句詩變法湘春游恨晚待訪循聲向皖黔

四日雨更寒晨作湯柚菴挽聯少壯歷艱危晚得消搖庭階雙桂傳芳永經綸裕文武材仍蘊蓄鄉國維桑被福多

午初出大西門上船程已先到嫗婦從至待一時許便發夜泊㮾塘

五日晴得微風行至竹步澗風息行遲一時許乃至湘潭泊倉門船人上貨風亦不利水上岸亦不能陸行遂不復進

六日雨停一日載貨申正行十五里泊向家塘

七日陰雨未後晴行六十里泊沱心上港

八日晨霧大晴帆纜兼行六十里泊淦田始見流螢見一螢隨舟直上里許升而爲星疑是星隨舟而實見其飛

九日晴過朱亭有附舟者欲過對岸舟人不肯渡漫呼一艇竟得熟人看其打槳而去亦金聖歎之一快也夜泊油廠田

十日晴南風大熇停一日夕行過石彎泊對岸港中夜雨三陣稍涼

十一日乙未立夏陰轉北風帆行泊雷石上岸答訪鄧進士云病尚未愈



小坐卽行戧風過望夜泊七里灘行百廿里

十二日晴纜至樟寺買油已將午矣小得順風晡至東洲登岸到內齋廖彭程相迎候入見諸女未遑他事飯後小坐早寢

十三日晴諸女婦入城會親余留守屋屺樵蕭監院來言狂人冤鬼事兩人異議各有所主信採訪之難也待至子初城人始還便睡

十四日晴院生請見分三班見十二人紈女生日待真還須船往迎余便同下至道署一談還船真已上矣渡湘令昇送之余攜嫗舟還午設湯餅門牌二局倦眠聞大雨

十五日晴家忌素食稍理詩稿已多散失

十六日大雨重鈔墨子經說

十七日晴作餌待道臺不至子年來始知江尉遷官去矣笙陔來談煎銀鄉中傭工來

十八日晴羅漢僧來約一齋看接臬寮待一日不至站隊齒不整齊陳芳畹專信來

十九日晴熇入城答訪笙陔先過蕭教授要子年來談與劉子重孫少耶同來蕭接臬始回未飯至笙陔處已睡矣欲留談哨官來回事因辭出詣府久談遇譚東安移寧鄉令來稟見余亦先出至屺樵處小坐已消半日然還猶未晚夜熱不眠

廿日晴熱監院早來云道臺來補送學廠十子及西禪僧來旋去午後譚芝耘兵備來設拜告以諸生半去又散學矣

廿一日大雨頓寒遣傭工去又費去五十元鄉宅仍未造成當更須百千也夜雨淒風行見雷光心訝寒冬那有此天時人心俱變誠爲異矣

廿二日晴鴈峯僧來募化陳人告去張子持送茉莉珠蘭來真女還家余自船送至楊家登岸余便到城與屺樵碁牌消日至鼇局云在譚訓導



有局往府學西齋諸人聚戲二桌四圈道臺催客往看倪董四王惲仇諸家畫蕭廖彭同集散已二更在外城門半掩矣劉增自鄂來

廿三日晴道幕張李畢分府孫劉張府學譚同來張李並攜二子游談半日飴心而去

廿四日晴鈔墨子經說上成差可讀廖索青梅園中僅四寶可笑也夜雨

廿五日大雨竟日得廖廷銓告苦書

廿六日庚戌小滿晨雨作畢大鐵傳走筆而成約譚廖同游冒雨入城看花盆上船渡浮橋至羅漢寺廖已先至兩縣趙程俱集待道臺散已昏碁

廿七日晴婦女請客移花作鄭妻墓銘鴈峯女也不意得吾文亦雅飭可誦真女還旋去

廿八日晴三婦生日陳劉兩增均來晨設湯餅午期冷熱不來

廿九日晴擕丁嫗疇孫入城余至道署答訪張李畢至四同館答訪三尉
不遇張李均設飦心午還從者已在船遂回書院莪寄滋卅元
晦日晴鈔墨子省城送課卷來得趙撫臺書
五月乙卯朔晴熱鈔墨子二葉看課卷三百餘本
二日晴晨看課卷三百餘本兩包已全閱無一佳者不料湘省文學退步
如此之速午後乃取筆批抹數十本紈家來迎劉壻未還乘舁故敝重
換轎衣遣三婦至陳家謝大風吹去轎頂船去陸還夜與劉壻略談家
事莫還送姊首士送束脩火食
三日大風晴熱紈待迎未至朝食後自送入城分兩船余送壻真送姊未
發夏特科來船上見之𠫤去便發至柴步擔夫忽與船夫爭執不可理
喻以將過節移船避之仍至鐵鑪門劉轎已至羅嫗送之與紈俱去乃
令真上岸兩孫從去余待劉壻行卽至程家劉仍先在促其卽發周傭



送之余留待飦心而還擕兩孫提銀打傘汗如雨下至太史馬頭待船
夫久之乃至還將晡矣閱卷數十本
四日晴道臺送節禮卷脩岏樵送茶杏京轆轤子陳壻送飦心火骰和尚
來未見喬耶來編方唐太尊來
五日節二廖生來入談餘皆未見岏樵父子來蓮耶子姪來喬耶來陳壻
及常次穀來諸女婦出游夜還
六日晴唐衡州送茶脯和尚來請客云募修鴈峯寺告以當請天主教從
時尙也夏生來請寫對子並看詩畫以其特科特應之卷子看完尙留
數十本作明日課夜熱轉風
七日晴晨畢卷課與書趙撫臺辭館自送衡陽乘答朱師不遇兩孫從行
已夜因率往淸泉學舍看月喫茶果談鑪冶而還亦不甚涼
八日晴不甚熱看本院課卷卅一本校閱事畢已八日不事矣

九日晴鈔墨子朝食後入城看道臺問京信因至府署撲牌招賀方同局
留食麪魚夕還答岏樵未遇得滋紈書劉壻書
十日晴滋生日設湯餅午齋邀陳六嫂爲客真女亦還淸談篋內余獨臥
外齋鈔墨子二葉看文選
十一日晴蔣龍安督廿事來訪設鑪處並示條程朱師季元陶黃鄒生來
待飦心遂坐半日七相公喬木匠來鈔墨子一葉兩女房嫗並出獨臥
看論語夕涼嫗還未飯早眠兩縣夜來請宴
十二日晴鈔墨子經說畢經說遂有可讀時但未知何時解耳廖生父子
移入丁夫均疾獨牽羊下湘擄得一人持帖答訪蔣郎中云兩縣公請
在彭祠往則主人方至羣客畢集盡富貴也喜見徐幼穆乘月還衡陽夜宴
喜逢徐幼穆賦贈山溪寄時遊處只恐滄桑換明月又窺人喜分明尊前眼見塵襟初滌郵亭緒不勝情三更燭話堂簾總恨深杯淺玉聽 偏去計日征蓬轉公事且息息好安排詩簡君殊陰椒子五月定應黃將擂酒共談心莫論人長短 今日丙寅芒種節



十三日忌日齋居二客闖入畢念予與張尉也留早飯不肯亦聽其去鈔
墨子一葉看詞選一卷
十四日晴熱鈔墨子一葉將軍來留宿同房令黃孫入內室作書復趙晴
帆夜涼沈山人送壽序文長意美
十五日晴涼得孫暎片約游鴈峯寺朱得臣來送劉令苞甚依揭帖例停
留一宿卽當奪官與書辭之交岏樵代退午後擕疇孫下湘循山道上
鴈峯令擔銅盆帖包以洋傘爲扁挑殊有隱居之景至則客無一至坐
西寮樹陰涼日馬魏馮程廖王繼至王卽祆教徒也待道臺至夕亦擕
小兒來官紳多不至者初更雨至席散風雨磴道甚有（下闕一段）
十六日至十七日闕
十八日（上闕）檥鐵鑪門從童嫗至江南館呼門不啓繞前街至安記遣丁
尋張嫗看女頃之皆至子年亦來正辦飯程家送菜至便以肉畀庖並

令嫗飯而去步至蔣龍安處薦將軍唯唯諾諾得兩孫書字頗整潔勝
我少時兩女看譚恭人及其二妾云已下船余亟還船則皆未至遣呼
嫗來復女舁先到云滋被陳留不來還院已夕食初不覺稽遲又消一
日矣將軍去云夕涼好行贈以四角夜較牌雨
十九日晨大雨鈔墨子一葉攜嶠孫入城至張尉處待客子暘畢孫早來
云可添請孫咳臨時約之頃之舁來云已朝食矣至午乃得食賀孫猶
未來從容畢饌已申初矣客去賀來云安仁復鬧事留三客聽之俄而
俱散就張榻酣眠張亦入內睡去將夕念籠鐙不便乃步往程家廖彭
馬先在皆來陪道台酉初譚兵備至云湘臬擢江藩龔道補湘臬矣看
畫數幅甆瓶四件內一有銅綠譚云脫釉後又云均窰拌銅金屑年久
發鏽也均窰未記年代始末又有白定粗甆從來少見程云輕止四兩
豈唐大邑甆耶燒豬甚佳夜還再較牌周兒來云十四日湘潭大風飛

瓦覆舟還寢不安又有噩夢遇一人姓方似亦文人余被鬼使剖皮換
骨又以沸湯灌兩足方則至母女酒店飲毒酒云無能五杯者方盡五
杯笑而去已而飲水毒發
廿日陰晴鈔墨子一葉皆論語無意義特少其程乃不生厭夕至朱嘉瑞
家陪道臺馬程魏同坐二更散
廿一日晴作書寄城中兩孫遣劉丁歸省母周嫗多心疑我厭之反以言
挾我余但笑而已臧武仲要君卒以自奔智計不可過用此嫗亦殊不
自量鄭詹類也後之人將求多於汝則奈之何然近今大臣殊無此廉
恥余但取其力疾從公而已安能鬬智然自喜善用人能得其死力李
石貞偕孫咳來
廿二日晴復女生日晨設湯餅廖約荷葉肉未能喫也鈔墨子一葉步至
廖齋遇李華卿亦訪石貞同喫荷花餅舁至府學蕭子端招飲有湘鄉
陳孝廉李廖屈常未夕散至洲見女客方去入內室晚飯湘漲平磴
廿三日晴得藩臺書送課卷在撫函未到之先姑且置之莪書來告未入
京余已與書陳郎令報功兒矣復莪一紙鈔墨子
廿四日晴鈔墨子遣約石貞喫餅廖書來言已去余華來求薦令其且回
廿五日晴監院來借齋房鈔墨子看課卷曾榮楚來見
廿六日晴鈔墨子看課卷嶠孫生日爲作餅譚兵備來留談喫餅送風鵝
楂饈王清泉夜來並言徐幼穆已去矣兼約番菜之會
廿七日夏至晴夜雨看課卷
廿八日雨涼看課卷買油紙蒙轎城中無油紙餘紙皆倍價云洋人收紙
去且凡棄物皆收去知貨不棄地能用物也張師弟廣枬來云功兒至
熟忘問其字
廿九日小盡雨看課卷粗了入城赴清泉番菜之約往則猶未催客與桐

軒久坐廖譚張蕭繼至詢知張字倚梅元玉族弟也待屈廝雀至夕乃
來凡上十二盤喫三種酒散猶未夜
閏月一日甲申晴晨出點名還坐看課卷畢程岏樵送時魚沈伯鴻來致
姑夫之命正作書復藩司未能談也少焉已去頃之臬臺復送卷來辭
館愈宂有是事耶姑置之
二日晴朝食周生送時魚鱖魚分送道女張正暘來吾令程孫招之將以
自代也留處新齋鈔墨子二葉料理請客夜談至子
三日晴周兒送包菰鈔墨子鴈峯僧來請印緣簿一百廿分一分得十金
則千金矣未必有如此廣募之力爲送道署終日酣睡廢弛已極
四日陰鈔墨子二葉校爾雅府縣書記方耀珊陳南楨來陳縣生員識張
正暘廖送石炭周生再送時魚岏樵亦送一尾漁人又獻一尾一家足
魚矣

五日雨午前陰晴客來俱未露溼廖李石貞先來久談蕭張石士李肇癯
繼至飯後大雨客去遂倦眠張生夜談
六日雨岏樵來廖書來約賞荷代請道臺並借鈔江督移文捕學生黨來
看道臺因送卷金岏樵送一甲名單
七日晴看臬課卷諸生呈課文者皆不暇看兀兀竟日寫詹條四幅
八日晴水漲又將平岸至夕乃退張生欲入城求船不得看課卷竟日
九日晴看課卷將畢來封似是二百本三日不止日數十本方以爲訝屈
小樵來言特科定於十六日廷試又詳言陳伯屏家事遂消半日喫操
守而去校爾雅一本
十日晴有雨看課卷畢較前兩課稍有眉目校爾雅尙書二卷
十一日晴夕雨定等第實三百十六卷取三人焉仍與書黃寧藩建筦辭
館夕與張生談時事仍申前說　朝廷但責條程和戰諸臣至天津大
議以重法督之盡殺諸議者必有奇士出矣往與孝達言周公殺飛廉
何以必驅之海隅以其談洋務也今唯有海隅殺人一法耳爲日本計
則當折入中國請臣爲藩爲俄羅計急還奉天斂兵觀變則皆可鞭笞
英德坐收美法矣奇計唯七十老翁能出信陵不作項羽不能用也真
女還冒雨去
十二日陰無事早起家人皆未興補寫日記似誤記十日事爲九日不復
改也數日內精神頓振矣朝食後入城攜嶠孫冒雨繞南壕飲笙畡所
客尙未至便答屈小樵隔壁亦須舁行雨大至唐太尊來岏樵朱德臣
繼至待道臺來入坐喫燒豬談零陵與唐齟齬聾老又不干己余不復
言嶠孫先歸未遣人送亦爲縣縣臬卷交程便寄竝復花農書又與黃
提調書退卷金還院正夜飯一盌便睡得湘健兩孫書趙撫臺復書其
文甚美道府傳觀之



十三日陰有雨又見日校爾雅畢校尙書二卷夜早眠復起還寢今日汪
副將來前兩路營官也
十四日丁酉小暑節陰改廖生文四篇校尙書二卷劉少田來周親畢集
矣
十五日陰與書蔣龍安薦劉丁未報小輪上洲夾復從大道還檥東磴王
心田及兩朱郎來煎沙總辦也將夕去蘇三又來竝送食物復鈔墨子
十六日陰鈔墨子一葉攜孫入城周親從者四人至協牙門答汪蘭生轎
夫走去步至程家誤行九角巷迷不得路還尋正街乃到轎夫猶未至
步出瀟湘門遇轎舁至泥彎王朱均出乃還船臥待孫嫗將一時許乃
得還改張文不能完卷
十七日陰晨起料理請客鈔墨子校易經蔣少穆來長郡館首事來羅嫗
還得紙書
十八日陰遣劉家夫力還與書女壻言新學復反鈔墨子臥看樊詞何人
冒稱族孫而派係族子且留之
十九日陰晨起看辦具作餌成麋其味尤佳令以豆粉糝之待客不來鈔
墨子看課卷方欲較牌心田及朱郎荷菊生來喫操守待岏樵頗晚飯後
猶未夕廚人不諳食性未可用也何人爲姪孫所詰窘而逃去
廿日晴始聞蟬聲復女云蟬鳴半月矣一宮之間氣候不齊如此得功兒
京書寄特科舉單湖南遂有五十六人可雪兩次鴻儒之恨作書與豫
撫雷委遣蘇三兩劉均去暫報鼒清得官報王春罷夏時升又當作詩
一首詩曰八旂(甘松川錫湖端雲丁岫恩徽誠湘趙陝升)四督(甘川湖雲)兩非(端丁)豫(直袁)桂(越岑)隆陸歷郡(桂柯晉)閩(黔林晉)兩直
(廣張晉張)二徽(東周黔李)翰貴撫(豫陳)五湘(江皖閩李新潘浙聶洪夏)新報夏催春(桂王岑)
廿一日晴鈔墨子看課卷畢此月疲於校閱茅塞心矣畢孫送潤筆和尙
送維摩經全是小說六朝派也始納涼吹南風

廿二日晴鈔墨子改課文看翰林報喜鄭氏復有一選顏太守來送禮
廿三日晴鈔墨子看張生詩例說頗多新義穿鑿附會是其所長
廿四日晴王朱約飲會於淸泉學齋午往蔣龍安亦在嫗同至城夕散遣迎同船還渡夫妻死竟未面訣余從楊步步還鈔墨子
廿五日晴鈔墨子校易經再校詞選
廿六日晴鈔墨子看嶽僧月瓌詩午倦睡去
廿七日晴庚戌初伏朝食後廖蓀畡來言舜差事欲爲通於趙撫留食羊餅便留小睡醒喫葛粉湯待楊家催客同往會食程蔣二魏二楊同坐主人無多語聽客泛談戌散還船頗有熱氣寫扇兩柄
廿八日晴南風稍息尚未大溫鈔墨子後大睡至午後乃起耒陽周孝廉來言已定不革謝未敢見校易二葉
廿九日晴熱鈔墨子得莪書岏樵送羊肉改閱諸生文



六月癸丑朔大暑陰雲稍涼伏假免點名朝食後攜曙孫邀正暘出探特科報先至程家留曙孫待於程獨至淸泉答訪縣陳生南楨遣與桐軒相聞出令具鮎魵茶頗佳未及談彭二大人來廿局亦來請余遂出城訪蔣王二朱催令渡湘復過程門領曙孫步至道署訪李華卿亦與主人相聞芝耘延坐告郴變及特科第一全單未見訪之陳堉家亦未得也遂還復戴表姪書與莪書均郵去夜涼
二日陰涼鈔墨子飯後小睡起已過午摸牌二圈遣傭入鄉廚人臥疾欲舁無人坐船從外城門上龍祠二王二朱蔣廖先到鮎心後雷電疾雲似有大雨頓涼遣回取衣步上鴈峯已復熱矣住持請客入方丈設茶彭給事來乃出至摩雲舍點鐙入坐散已初更二王步送至山下各還
三日陰涼鈔墨子臥竹牀遂睡兩覺消一日矣寫字四幅
四日晴稍熱鈔墨子待朝食攜兩孫至長郡館看戲兩董事四值年訴尙弁荒唐告其文案調處周松喬云甚易廖蓀畡云甚難未知何從也癸心家被劫焚燒死一嫁女其孫婦等皆逃去巨室喬木爲害於鄉非孟子所知也午後郡人踵集小兒亦有四五人設五席以王心田程岏樵爲客公請廿局四總辦梁李都司營官作陪餘皆序坐聽曲至二更乃散中復摸牌納涼作竟日戲大風竟無覺者唯步至街上乃知雨溼岏樵讓轎坐百步仍下同扣城還其家宿湘房
五日晴晨起呼僮不見聞渡夫聲知船已至卽步出城到院尙未朝食鈔墨子改文一篇遂睡夕涼有雨又早睡凡睡五時許而醒可以償伏日之勞煩矣
六日晴劉乙堂將代爲朱季元作字數幅朝涼亦汗遂罷鈔墨子
七日晴熱朝食後兩朱郎及王心田來留食瓜云特科名單已到王代功名在疑似之間楊度第二日本力也桂陽取三生宋芸子亦高列曾重



伯無名久之去兩長隨來求薦鬼不薦枕紀昀必不諾也鈔墨子二葉
陳堉來呈文課夜熱
八日庚申中伏晨起出城門逢李使送扇卽往廿局王朱初起見覆試單第一二皆被黜落桂陽三生宋生亦俱落矣可駭也留飯至午乃還甚汗大雨至汗不解喫瓜喫餅夜早眠
九日晴稍涼改張文二篇喻生來與書廿局薦其弟瓊遣送瓜譚兵備家中遣二傭來懿婦送瓜信也
十日晴鈔墨子書喻懿婦以不可憂時傳令諸生觀之周松喬來言是非事已了矣傳言不可信如此王三屠來與論祠穀事夜早眠中起內外俱未睡聊復循行劉衰來求改譜序
十一日晴鈔墨子復謝沈籙山人書王傭請假一日夕隨船至城下迎六女曙孫同行還初夜

十二日晴鈔墨子飯後大睡起食瓜不佳王傭三屠俱去劉庚魯而向學
同學輕之補附課以誘勸之
十三日晴正熱鈔墨子摸牌入城至會館周松喬請客廖蓀晐先在黃丞
亦至與廖至卅局少穆交捐銀四百邀喫飯不來仍與廖還有局友先
在旋去張師來向夕設坐前庭月上未涼都司敲門來陶斌亦至還船
初更到二鼓矣
十四日晴喻蔣何三生來訴狗樊家事令往廖處訴之屈教諭正病不理
事也鈔墨子校爾雅
十五日晴鈔墨子校爾雅陳增常孫陳孫來第三呈課藝亦清順遇雨小涼
留食杏酪僅得一甌未能供衆任房嫗之私所親也夜大雨竟夜周煇
來責其殺子無親未之見也一宿徑去
十六日雨不住點水平地尺許湘亦小漲鈔墨子改課文與張生釋天



十七日己巳立秋初不知時刻起欲迎秋桐葉已於丑初落矣大風三婦
入城謝陳常兩女於魏氏寫對子逃暑得三日涼與書復心索說文得
笠尖求救道鄉書與書黎竹雲嘏說鈔墨子校爾雅夜食瓜
十八日陰微風庚午三伏鈔墨子二葉道臺送南腿包子並言邊事
十九日涼得家書鈔墨子夜雨遂至曉周傭自省擔瓜來又得家書
廿日雨前日湘漲平隄昨已頓落今又將漲矣心恐禾稼不登諸女方欲
還家娛游真太平人也余又爲杞人耶鈔墨子梁小舫孫習孫來不知
吾兩家淵源矣
廿一日陰有雨鈔墨子得陳子聲書陳六嫂來竟日未入內夜雨甚涼
廿二日陰竟寒矣立秋六日如八月異事也墨子鈔成小改舊序得紈女
及劉增書鄒竹垣從桂陽解館來張子年來與蓮弟同去
廿三日晴李貢奇來云隆覲祭舊友前送畫扇者字畫甚俗容觀不委瑣
岐山僧來求書與顏太守募化均諾之遣去得純孫書陳若璞來字曙
人雋丞孫也文通人妥諸孫中佳者夕雨
廿四日陰晴黃狆縣丞來適滋女入城因延內坐寫小屏一幅
廿五日晴稍熱朝食後將入城劉牧村來權衡陽令昨日接印已聞教民
爭寶木板將生事矣因言不顧罷官余云既作官無願罷理不顧罷即
不必作故子文孔言未智但不可舍己徇官耳朱繼元偕謝張來張即
石士兒也年過四十矣二廝來欲干易郎告以不可蓀晐少穆來言卅
政均留鮎心去
廿六日晴入城答訪謝張均謝不見至石士齋少坐入與譚兵備少談昇
出城至廖蓀晐處不遇見其弟五子叔怡出見便訪梁孫彤軒出設酒
粉久談復至王醴泉記室小坐過屼樵不遇便至安記取錢上船船乃
在下步渡船人堅云已上步至太史馬頭小坡不得下簰客請余小坐



待船至攜孫伴嫗同還
廿七日晴廖生入城余代館寫字後攜兩孫入城嫗又伴往至石陽館公
餞劉葉唐設五席兩牌局賭友均集戲既不佳天復甚暑二更散攜燒
豚一頭還到已三更
廿八日晴常陳來喫早飯云將下省午日甚烈唯睡不事夜雨
廿九日晴晨起甚早廝竹師兩兒來言仙童櫳桂臯程孫言王撫已回遣
問謳也何人來求薦衡陽云係江西人劉南亭已革閱其流落姑令來
食名曰王升但少村信來送卷
晦日晴昨看曆日誤揭一葉乃以爲朔僮言非也已起仍睡朝食後看課
卷譚屠來致兩周姓書訴方桂强霸與書告以不管夜熱
七月癸未朔晴晨起點名猶有廿六人廖胖亦來看課卷真女早還平姑
子亦來未晡食去真夕去遣船送之王六鐵來致王鳳喈書

二日甲申處暑晴熱夕大雨譚兵備來言邊事去未至而雨廖孫畡送炭
來譚送卷金恰以供煤價卽復書還錢劉丁來告去看課卷
三日晴看課卷無一可取令人悶悶終日不擡頭爲此無益可笑也六鐵
早去親送之夜大雨
四日晨猶小雨朝食後晴看課卷畢與書但少村銷差
五日晴煤船當發劉傭告去余卽坐煤船入城送卷交真帶省補致胡揚
祁書交還墓表託劉葉唐帶去至程家有紳士拜會云是陳潤甫談修
中學起齋舍百間費萬金大舉也朱師張尉均來葉唐旋至設湯餅熱
未能飽二更還
六日晴看本書院課卷劣者猶勝省優等自喜十年有效半日而畢
七日晴熱放學休息竟日摸牌送煤人吝且不前改派陳周兩兒兼令喬
子婦附舟去今日早發夜作酪餌設內外二席食瓜置酒廖張俱局蹐



就坐殊非宴集所宜又熱不能坐悤悤而散
八日晴書經刷成午間烈日如燒雷聲隆隆礮聲訇訇桂撫罷官還里正
欃馬頭遣帖迎之俄而俱散雨竟未至
九日晴熱過午又雷陰似有涼風乘船下湘觀桂撫門雀來船盡卸遂至
蕭家問蔣龍安云前五日去矣仍回夕食
十日晨未起聞王灼棠來初未相見衣冠出迎談良久大要言岑督謬妄
又云鄭孝胥已在幕府矣李貢奇來送煙字青徐北人派也得陳十一
郎書云楊度被劾已往東海書癡自謂不癡故至於此夜涼始有秋意
十一日晴朝食後廖胖告去云與程十一同行院生紛紛赴集廖生毋送
浮梨出答王撫頗熱旋還
十二日晴涼衡山毛生濬被押府城來書求援與書兵備爲緩頰欲鈔謚
法解因並鈔逸周書日課大字三葉

十三日涼王撫送桂土宜受蛤蚧八尾荔枝二筒自作墨二笏茶七餅𪎭
七子來駱主考來送魚麪宣威骰今日喫新魚翅未可食上下內外俱
設五盤之饌鈔書四葉
十四日陰涼鈔書四葉王撫來送加脩遣朱三來致受之以其罷官不可
辭也正欲還山因以爲資
十五日陰復熱滋女往陳家看船因與同至城還錢安記過道署問毛濬
訪挐事云土匪頭目紳士開單請挐者唐知府云放必造反彭給事曾
緩頰矣過學署將至譚香陔處摸牌客無至者乃還安記頃之來催則
牌友已集局將闌矣仙人弈棋又短於世間甲子看局待饌趙階六陳
潤甫羅心泉子年同坐更招黃孫來令同還船
十六日雨竟日晨遣約王撫一飯僕衣髒溼紈冒雨還來一家歡喜鈔書
三葉張生疾甚唯事服藥殊非湘綺學派



十七日晴鈔書三葉黃孫自十五日仍還受書前二日未能問課程今日
讀六葉書不熟遂延一日遣約蔣少耶來陪撫臺云送兒赴試去矣改
請屼樵劉壻來便令致之李如槐上書謝又送禮遣兒英仕致之未見
十八日庚子白露晴鈔書二葉寫對子十餘聯並爲下款劉壻又引鍾司
獄來見云河南吏子也名廣照字蔚五
十九日晴鈔書四葉僞書也語意支窘故作不可解語雜引各傳記語於
間一望而知唯克殷篇謚法解或爲漢人作耳其引熙地之載小人難
保等語皆與本經不合鈔七日乃敢斷之
廿日晴道臺送稻菜卽芥荃也云係黔名蓋倒裝菜取雅字耳廖二子梅
生來誤以爲濬如子詢乃知霖生孫也小坐去午後朱家瑞來屼樵旋
至俱陪王撫劉壻後來本約午集廚子手遲乃至戌集菜不能佳主人
不飽

廿一日晴復熱晨待飯甚晏鈔書紙盡竟無所事夕報船來婦女還山約陳六嫂同伴要廖生母同去即夜發行李夜鼓起而罷劉壻昨來未去宿東牀

廿二日晴早飯甚晏清書少二種遣往程孫處取之祟輔自來並告當去劉壻亦不告而去催婦女上船余乘小舫送懿婦至楊家告去見船來追不及遂送至萬壽馬頭船小人擠不可復上至衡陽會飲十七年舊負始一表明兩學兩商同席戌散仍還舊泊處陳六嫂已先在遂遙語而別還院寂靜

廿三日晴遣嫗取錢送船與兩生喫殘菜過生日午間屈小樵來診開方甚妥久坐而去午始撤廚爨以省柄孫章法陳壻常孫來鈔書三葉

廿四日晴熱鈔書三葉西禪僧來請齋云欲作水陸道場湘中所無也余云有爲之法不必告我晡過彭給事家陪撫臺楊八馬有丁篤魏三同



集熱不停扇夜還汗露並濡如在嶺外召匠治地版賀孫來約一飯

廿五日晴鈔書三葉復浴甚快羸坐久之張生入論疾周生入論毛獄夕小雨頓涼

廿六日晨涼張生往會館候醫午還云已得船要廖生同去鈔書畢自送至城各贈四元文柄送之至程家小坐欲聞近事客來不得閒語遂還始見桂花

廿七日陰涼寫字鈔書散早工和尚時來相擾周梅生亦請提愛本許面託乃欲求書姑妄聽之李貢奇來

廿八日大晴時聞桂香鈔書三葉又似非僞疑莫能明也陳壻常孫來陳數毛序周所使也世情如此乃以測我亦突亦爲改正令送店老仵呈常文頗能著題面獎以勝五哥作書寄棣芳夕送炭船還

廿九日晴陰鈔書三葉見雙蝶交飛賞蚙久之作一小詞二月相逢後正見深秋離且玉階前幾日長苔蘚鬭影交飛略比春前更無酒無花候莫更兜人只防離恨遙遲閒慢消長藍沒道詩情依舊瀟灑歌風冷舞雷鼓桂小管寒也似牡丹雙宿晴日金飲溜聲報四風儘他羅袖消受待房嫗久不回小雨生涼衣冠將出逢船還云王家客初去至則譚彭程朱皆集矣唱戲無聊未二鼓散得程孫書

八月壬子朔晴復熱鈔書三葉下湘至船倉內如烘改用轎從鐵罏門上至西門正遇屈小樵云孫畯已回至則未見至小學堂正值堂講教習不迎客入看恐驚坐乃出從小徑至一處從來未到詢知楊林廟普明常說者有樟樹蔭一院小立久之徑至西禪寺諸僧午齋未散登閣看經見轎夫疑是孫畯入客坐乃劉牧村訝其來早久之清泉令亦至俱待道臺孫畯傳臚繼至峴樵亦來借酒清泉譚兵備來久之乃入坐內四外三暢談至夜真閒半日也初更還房嫗迎門告親家翁來余云不見其意甚慍遂怨不解余吹鐙竟睡往來三四必得溫旨而已可謂奧



援也

二日晴熱召見許美成親家母意也鈔書三葉夜小不適早眠

三日晴鈔書三葉午間常霖生來陳壻常兒同來留同看煎沙廠欲訪親遂去更招房嫗侍往至鑪下未上便過榷局黃鵠舉請客尙弁先至周松喬亦在坐甚困欲臥張師來遂起食不知味亦未廢食也初更散還船迎風亦未加衣

四日乙卯秋分陰疾發作欬逆未朝食鈔書三葉竟日閉戲

五日陰晴得鑄奶書云毓中丞弟求書其詩似珠泉其人流落奉母至孝字贊臣而不名方還罷債因爲作一聯字殊不能佳鈔書三葉廖丁來言李同知罵賴知府有意尋事非其過也房嫗欲說官事余不可往則設席招以來亦姑聽之出城答訪霖生小坐而還

六日晴復熱寫字數幅筆墨皆不合手不能成字丁祭送胙者五處廖程

合致一半大烹饗焉鈔書三葉廖丁去許壻還空往返也將夕桐軒邀蓀畡來云看煎沙還索餂心從人十一皆得飽食夜去

七日晴晨待陳副榜(阮)昨來未見以當衣冠也朝食後來似特投我便留居西房遣人入城請客張尉及其妻姪孫來云道臺疑我避學堂故去淺之乎量我也王桐軒梁習生俱送殺核梁乾嫣曾孫也並求書

八日晴黎長沙擢桂牧送黃提調書來並送茶脯鈔書三葉寫字數紙俱劣

九日晴黎桂陽來留飯不可問桂陽民情卄事而去其子旋至便留一飯王桐軒約早來後又告不來均不信常霖生來黃鵠舉周松喬來桐軒旋至牧村繼之本請一客乃集至七人(非邀陳阜生)團坐快談酒肴均不旨未夕均散余倦亦眠

十日晴熱鈔書二葉出答訪黎父子均不遇至安記算帳至程家亦不遇



至子年處寫字趙皆六胡均齋均索書維心田亦趁火打劫遂寫半日阮樵來乃摸雀三圈朱嘉瑞來而散夕至安記取銀復還張處客亦半散步月還

十一日晴料理上船詢乃無船附卄沙船以行先送行李去乃與書告蓀畡請先大㝡即發蓀畡方患寒衣裘力疾作書並送程儀余仍還院朝食日初高春耳告陳阜蓀同發又泛船下湘定率僕嫗皆行一行十衆行李一船余至錢鑪門換錢阮樵送書來並送行小坐去還桂陽馬頭見已船可坐貪就安便遂不上沙船矣夜泊石鼓

十二日晴沙船不欲行令小船先發淺於七里灘四人竭力不能出泥呼沙船人來俄頃而濟後船亦皆至夜泊站門祁陽周生來談云欲買新書

十三日晴朝食後繞雷市張子持樹生均來云凌委員已至局事將變委員雖小事如凌者無處而可也過石彎未檥已日斜矣云有雜花灘不可下月明波平與周陳夜談泊三家河

十四日晴連日東北風甚壯夜泊空泠峽上三日亦行三百里

十五日晴北風愈壯晨行下峽至株洲已過午矣船人趲行至月出不休以佳節令泊馬頰沽酒切餅大犒舟人廿名余亦與周陳暢談二更寢三更發月已昏矣

十六日晨至漉口與三舟別犒以二金意猶嫌少呼撥船未得遇一倒爬以一元與之移行李便發日已將午夕至湖口不得入乃從南岸渡杓約越蓮花山還家許女從行道逢樹婦攜兒來因同入門人不覺唯有狗知耳呼門入女婦孫出見云才女始去今夜無月北風振窗

十七日陰風房嫗告去三屠張星來看六十裁縫來求田夜早眠

十八日陰掃屋糊窗作內外齋懿婦攜賚孫來留孫遣婦還云其兄避禍



往日本去矣彭鶚來送禮求提鎮官將軍亦來皆須臾去夜爲祖母生辰作湯餅鈔書三葉

十九日庚午寒露陰大風鈔書三葉陳阮副膀來云事尙未了方絮談聞外有人聲輿兒攜一成童來云叔平孫也賚孫方思戀季師得之甚快廖生同來陳生告去

廾日陰清刷書鈔書三葉張星二率蕭團總來方管家還(有訴私寧者不得當而去)劉南亭來劉詩人來不飯去譚前總王都總來王留夜談初更乃去

廾一日晨似微雨初不聞聲朝食後出游徑路泥溼同廖生賚黃孫宜孫至石泥舊屋一看後棟已圻乃無多屋新屋竟勝舊也予懷稍慰未至家有三鄉人相待乃十七都王姓自稱本家來言訟事久之乃去謝生來留住客房鈔書二葉

廾二日晴田雨春來四老少來少坐便去鈔書二葉沈山人來談時事

廿三日晴鈔書三葉戴表姪書來言訟事囘片謝之許虹橋外孫來(闕)
廿四日晴朝食後陳謝俱去許外孫來言國安逃去鐵夾不復能夾矣金聖歎雖稱快余不可快也命鎭南往鎭之鎭瀛兩孫來言祠田事輿廖攜三孫俱送陳去方管家辦飯飴之飯後去攜四女看滌荷池遙見一人來似田似張自往迎之則張生扶病來甚訝其力疾能遠行云十餘里行一日矣猶爲健也夜令早眠游子夜歸又至半夜
廿五日陰鈔書二葉庭桂三開幽香悅人作周笠翁碑成不甚得意塞責而已宗兄宗子來夕小雨田雷子來
廿六日雨輔廷族子來大約怕窮先告窮知其夾力未改留飯去廖生毋子告去衡泥送之夜星
廿七日陰晨霧張生告去南河同知王安東來言訟事作雙丁傳
廿八日晴王安東又來張四哥寶老耶來看脈許生篤齋來德女來俱留



一宿得巡撫撤書院書
廿九日晴許生去來客不斷急出避之未出門復爲周顗所見相隨至湖口待船半日比至日斜矣至姜畬而夕正見兩轎過潭流嶺轎衣故敝疑非委道姑遣問之乃正是夏使要之還轅時已上鐙客已下店就見之云江湘嵐名峯青丙戌進士過班道員也致夏書肫肫請至南昌詞頗雅飭疑榜眼筆也客主互讓乃送余登舟初更後矣行至街正二更便宿杉彎
九月辛巳朔晴日出命開船到城檥觀湘門先至賓堂待客帳房猶未頮呼朱三不應出訪楊梅叟猶未起其孫來云有疾頃之祖孫父子均來倬夫亦起江湘嵐來留住客房周生永雲孫翼雲兄弟馮甲均來午飯唯江朱蕭得與飯後朱出赴席將夕僕告有撥船如我船約江郎夜去周世麟從登舟則烏杠也客人所不坐已上沒奈何搖風夜行飴心後睡比曉已至衡山馬頭
二日日出檥大西馬頭未盥頮便坐轎到家家人未起待久之登樓安牀兩孫出見功兒亦起神氣似張正暘云將發背昨得內消不敢攻伐自宜勿藥顏楷來見送汴緺疑是顏桓出見果然所謂拔兒也談豫蜀事邀登樓爲設麪云九皋齋朱生(俱曾)來食之及午食朱去顏留余亦清齋飯畢與同至東牌樓訪江道臺不遇迅還藩府來謝未敢見作奏咨兩文初時文思甚蹈於道上成起句遂滔滔也宗女來摸牌二更後去
三日晴湘嵐來示以二文周郢生來謝教胡增來言教習事均示以新作午後出詣撫署暢談意雖不合情則甚摯留茶兩次日云暮矣出詣顏筱夏黃修元朱署臬張藩小船夏子新朱純卿均入談席沅生朱雨恬但少村均未入還正上鐙宗女又歸同夕食稍倦遣送之去
四日晴復夏竹軒書



曾祖忌日素食不謝客江湘嵐王一梧夏子新來譚道臺自衡來張伯基黃修元黃仲容汪壽民翁經生曹典初淑甫(東瀛子)笠明道三僧吳嫗劉丁均來久坐客散已夜中間試奠未見客曹凡再至也中又出門至李道士祠一看爲告朱生明日請客事夜有月
五日乙酉霜降晴熱彭稷初行裝來云將入京胡子夷九增周林生早來房嫗來相看撫學並來學臺柯劭忞字奉生摯甫女夫也自言宗旨不同皆久坐柯仍後去問文詩穀梁新善化令胡翔清來不得談而去湘嵐來欲去無轎芝畇先去又來仍坐待純卿將夕乃至更邀稱泉入坐設食費而不旨以了江使耳詹有乾招陪湘嵐至乃以我爲客困矣初未下箸二更還
六日晴熱可紗衣晨出訪劉定夫王心田王處遇胡大庚冒冒失失乃問我姓字良幹吏也答曹吉士昨致其父書京物(百金贐之)出小西門待送江

使犒材官十金至午正湘嵐乃來一揖便別至學署已封門會覆優貢過胡子威兄弟遣問汪壽民壽民卽來共談看師範學堂値禮拜已空矣因過與循文卿文卿衣冠出陪公孫子陽類也日已西斜皆未朝食恖恖馳還至鄧家門又久佳待鄧萬林顏色肥澤老將中佼佼者夜共房嫗議出處爲半月之約大有丁寧刺刺之意

七日陰龍名晃戴光笏曾邦彥曾榮楚均來待見送房嫗還家因令件壽孫游開福寺余步往日本僧梅曉與笠道常靜明果均出迎喫咖啡洋餅坐樓上久談俞道不來朱葉郎舅來陳海鵬所修房屋遂易主矣洋和尙文理粗通年卄七梁啓超之亞也看孔雀唯留一雌者大風徹雨步還城已夕

八日陰風有雨孺人生日窋女還余待設湯餅至巳初未辦趙階六來小坐閒余欲出遂去出答訪柯學使又遇撫臺未肯深談浮慕而已衆口



鑠金余不能無疑也至席祠藩臬鹽爲主人黃忠浩蔣德鈞涂朗軒兒陪客先到待衡永道未至來卽入坐主人初無一言唯四客喧聒而已未正卽散過撍階聞其罪狀趙撫直斥爲康黨似不近情以其盛稱熊希齡則又可疑天下多美婦人何必是到家已催客往則尙早見葉景葵卅許人能幹之至譚兵備瞿子純朱叔彝踵至入坐猶未夕散正初更

九日晴見客一日夜竟無登高之想節物甚美寒氣頗重二更發牓唯中一禍息耳

十日晴出看牓因至息機園訪黃澤生並見朱叔彝皆訝余能步又訪張少堂不遇過譚寓而還朝食櫛髮復出答劉葉唐鍾毓靈趙雪堂唯劉未見本約送稷初竟忘之矣周郢生送潤筆二百金辭之鄔幕夜來陳郞專人送卷及書卽去

十一日晴有霜晨起芒芒攜盈孫送稷初並見鼎珊及其子姓還朝食朱繼元來志在閱卷恖恖未能謀之趙道臺來午過撫署答訪撫幕葉揆初陳㕑卿鄔小亭遇朱府趙撫皆未朝食乃出訪任勣臣趙季質從貢院還尋尹和伯未得劉徐內外甥俱來淌僧來

十二日晴馬太耶來明果請齋洋僧告病遇黃小雲劉教五後人來畫屋樣與明果至浩園看芙蓉還招二周王心田來酉初散郢生送潤筆二百金辭之其弟猶未知也豈私送耶夜雨

十三日晴午過王逸梧與同至譚家文卿衣冠待客長子侍坐黃觀虞譚芝畇彭紹湘先後來奶湯翅甚佳餘則具文而已申正散主人不復出

自此缺突 陳阮來

十四日晴馬太蔡八八黎地仙來朝食後但糧儲催客便道答訪陳嘯雲蔣幼懷小坐便出至宜園席鹽局曹麻城先在蔣黃卄局黃統領均來



申散朱叔彝羅麟閣徐壽鶴果臣兩孫來

十五日晴龔季蕃來瞿春陔孫宣績亶星來請受業徐壽鶴孔撍皆俱在坐坐半日未能請一業趙季質自常德來言朱知府之謬趙撫臺之信哄及學堂荒謬事又云朱舉程生總辦南路學堂防軍兼鹽務已電商江督矣曾岳生函請爲李孫作志

十六日晴曾介石遣相問卽往會談本約楊生來見竟忘之矣至夕乃遣召之楊樹穀因與循請受業卄許人云有志讀書以詩授之李前曾伯强來談四老少來

十七日陰王心田母生日作一聯頌之曾介石請飯乃無一客唯湘鄉朱氏二少年謝王兩叟黃觀虞同坐申散宇淸早來未見夜來一見卽去

窋女回

十八日晴晨過心田家拜生省城賓客之盛近在此門不設麪唯送餂心

小坐還朝食介石王佩初來江西進士陳漁孫(兆坤)便衣來陳可亭席沅生瞿孫朱荷生兄弟均來龔王送席朱廖皆送菜過郭家見次青次子積璇

十九日大晴熱楊少曾來李三少耶來云數見巡撫尙無著落午至馬太耶家摸牌一彭一董一任甃朮入局夜散籠鐙還看劉定夫詩文竝爲作序夜月極佳遣孫往弔斐泉

廿日庚子立冬晴熱陳孫毓華來沈冠羣明府來

曾祖及　先妣生日設薦行禮畢至朱長沙署陪兩主考學臺看顧虎頭荀勗亙然賈生字畫及趙楊書米字孔揩階亦在坐未正散房嫗已來矣

廿一日晴劉定夫復送文章來請分存删輿兒攜疇孫來云張先生亦來矣未暇與語呼轎下鄉人索二百房嫗云太多令張俌劉丁舁出北門



可五里至劉東漢店余步二里喬孫兄弟追至同步入沙垣豈圃看菊宇恬出談清健如常自言衰未衰也與文卿天淵矣豈翰林當早衰耶自巳至未正待裕馨屏凡再飴心始設酒馨屏爲李仲仙請餉大似請熊師至江西請餉亦宜開復原資也酉初散到城已夜陳副貢健訟被斥來求救無可爲矣尹和伯來言李幼安武岡人也今年南元亦武岡李豈其家兒耶夜寢甚早未半而覺

廿二日晴晨起欲爲瞿孫批抹文稿廖孫畡來張周生繼至遂握髮對客客去步至撫署看馨屏郞師留飯顏小夏送菜魚翅反勝朱家不倉卒也請裕交次青兒名條與趙中丞出訪尹和伯王石卿廖孫畡張筱傳方伯汪壽民黃澤生王鏡芙龔季蕃午子送去(戴王藍)兩條並遣人遞呈柯鳳孫學使請咨奏步還瞿孫守候見告以期喪亦有忌日今日孺人忌日也未飯郞師夕來

廿三日晴晨起出須張生已來輿兒已告劉壻上船卽時當發陳副貢劉南生守候不去余乃攜疇孫步出疇云不能遠行乃至李祠暫游還則四老少張先生與輿竝去遣盈孫護張僮負疇登舟王僕已往寧鄉上任去矣闔門謝客趙撫來送未見皮經師來斥之胡壻來久談閫外有客聲避登樓始得淸坐一日夜過窊家

廿四日晴湘孫壻家請期期曰冬月十二日窊女生日一家俱至胡家早麪晚飯伯固子姓兩人來見久約不至今已謝客遂從例避留書與莪

廿五日晴遣看船改瞿孫文看劉定夫文爲顏生寫屏聯作書復秦子質王子常永孫來徑入爲房嫗做呈紙告債事家人無人寫呈請朱三少耶書之城債俱了用去百金可以行矣

廿六日晴發行李挑菊花余乃無一擔行李坐千石大船可笑也家中船亦來迎夕登舟南風不發



廿七日晴仍無北風岸上演戲迎諸孫女看戲留早飯不及夕食乃去

廿八日晴似有風色移船對岸仍南風乃纜行校書札四本晚得順風到縣

廿九日晴晨從倉門前步人城交銀百五十兩與蕭文心還秦子綱見倬夫云子賓已到家矣飯於賓興堂辭出登舟卽發阻淺梅花渡遂宿船中

晦還陰舟至午未能前步上岸至姜畬尋張四先生不遇見其兄弟借轎飛行申初到家猶未夕食告諸女檢行李夜鬬牌大風有雨

十月辛亥朔陰晴晨起命舁書箱下船催真女先發留紈夫婦待己船來乃行朝食後步待船來又待真已晡至姜畬借錢田生開轎夫作盤費比至漣口杳無人船雨至風寒坐困倉中借鄰船安僮客一夜倚被包不解襆陳孫䖍安靜不夜嗁聽雨至曉

二日雨不歇遣劉家僮覓船冒雨去船仍艤待至午紈船來請劉張過船直率王嫗坐己船遣劉傭喚船來傍晚始至男女分兩船寸步未移
三日陰晨發淥口夕泊株州女船在對岸不肯來遣劉丁往守更
四日晴晨發得小順風行卌五里早泊山門有月
五日陰是日乙卯小雪帆纜兼行九十里泊晚洲午後於空泠灘中因篙工取魚觸來船小損致扳船口角得毛篷船主解紛
六日陰帆行七十五里過衡山劉壻訪其兄來否船泊縣城余過女船乞至雷石待船來已夕遂宿丰上暮夜有人來尋船自名張應元未能接見送黃柑一籃而去夜有雨
七日陰順風帆行過望甚敧側行百十餘里至樟寺未夕風息雨來遂宿川中不知地名約至樟寺二三里耳皆出意外也比日張生講大雅十篇夜雨



八日雨晨行甚遲到大石已將午矣至城遣告真家二陳郎來頃之程孫亦至真率兒嫗上岸去要客過船令紈率嫗先發待兩時許渡夫不來風寒甚雨皆有飢寒之色將夕換兩艇要張劉同至書院院生四人入已不辨色然燭夜飯未二更卽寢凡三醒乃曙頗聞雨聲有小詞
九日晴寒換小毛入城至岏樵家聞孫畯到廠去僅至道署而還程家借牌延醫留余小戲與趙彭陳同局更招子年來託買私鹽屈小樵羅佸後至同飯借轎上船張劉同來先到船相待乘月夜還聞駱狀元來候見夜作門簾二更後乃寢
十日晨未飯駱主考來三十許容色未老談桂事亦不甚瞭贈以新校二經蕭孝廉徑入共坐待其去又獨留飯乃去院生入者不悉記將夕張尉來得王石卿書鍾廣照書
十一日陰晴晨出送桂考駱狀元已去矣過王前撫而還朝食蕭教授來譚道臺來蕭亦後去譚震青來言但少村主和撫紳各加脩金已翕服矣但因此可不勒休譚未能收漕規也二陳郎來不得開口廖孫畯來言局事籠鐙去得俞廙仙書李石貞詩
十二日陰晴會館請陪孫畯道府縣亦請陪孫畯朝食後出道逢一舸二客皆夏氏（一釗韓一鈫）又逢岏樵乘舁來停舟延客岏去夏留同至柴步登岸答訪震青過周松喬丁篤生至府署不遇便至長沙館衆皆便服我獨衣冠頃之孫畯來云須往道署待上鐙乃去看戲半日未盡輿至道署席劉譚俱先到久之入坐散出南門已下鑰到家壻女俱云夜深矣
十三日晴較冷譚厚之遣送蟹卽復書並送廣物三種講洞酌一章再四推敲乃解得洞酌二字行潦非難得何必洞更何必酌今以行潦爲玄酒之用則可酌矣（鄧縣丞思羌來見蜀人也州牧之子與王昌鵾同在衡學今爲鑪頭）因循已晏亟出城至浮橋上岸廖船正泊呼余登舟屈教官亦在少談避客先上設四席



主人陸續至（鄧思羌叔明亦來少坐便去）有三童子共廿二人均餞廖余以昨晚太夜未待酒半先遯出正二更到院殊未飽擬題送道署
十四日晴晨作送廖詩連日搆思苦無下手處姑寫一兩行汩汩其來頃刻成一篇白香山歌行所謂一筆滔滔文有神助者也講卷阿喫伊麪王太耶請陪孫畯將出而雨船至鐵鑪門舁至府署正見程僕跑帖余亦入府孫畯踵至已昏暮然燭看申報贊夏學務譚兵備極言徧送僚友賞之同至清泉（請鄧少府不來）喫洋酒俱覺頭暈擂橙餳而還雨霽月昏大好光景夜聞雨
十五日大晴曉未看外但聞風蕭蕭猶以爲雨房嫗搴帷來請乃見日色照樓不覺失笑白日昏昏乃至此乎講民勞卽無棄之勞勞非惡語數千年鐵案恐須翻也
十六日晴晨講板蕩上帝皆爲五帝受命之符更上帝之例以合全詩飯

後昇答鄧縣丞卽看銀鑪彭傳臚亦在更有蜀黃生王清泉久坐待唐
太尊飴心後散傳臚同至書院飴心喻生王鶴仙來言命案亦辭以嬾
夕至道署芝公專燕我銀鑪二生岏樵小樵桐軒均先到二更散
十七日晴講文王五篇說淸酒仍未了午後戴營官來自言霆營舊卒在
江西往貴州攻天柱救陳寶箴以此兒知向夕劉壻兄申字晴嵐來見
似曾相識留便飯而去夜與壻女摸牌四圈王撫送程儀
十八日晴韓嫗未明請起早飯後遣絒女夫婦歸家家船亦去與書廖大
璧耘貿煤講淸酒爲周祭明堂之禮稍爲熨貼周尙酒謂此也二程生
來居內齋夜月甚佳
十九日晴晨與撫事復俞撫書講陟降厥士又復不了文王一陟降成王
三陟降而有家士之分家謂羣叔士復謂誰又須日鑒在玆此何士哉
士殷士也陟爲大寮降爲頑民宜鑒於殷之亡王生來看相戴營官來



廿日庚午大雪節晴講生民以弗無子疑求子非雅談又何以祓無子此
宜以前古禮例斷之不可徇俗見也求子起於有族古人不求子明矣
岏樵二陳郎梁陳兩幕客來遂混一日
廿一日晴早起大雅講畢一什頗思重錄淸本已鈔七通似朱夫子四書
未敢再鈔也寫條幅一紙廖振才教習來坐敞船將換船送之値譚訓
導船來留廖復坐譚與朱季元同來坐頗久又消半日矣西禪二僧來
夜半起看月
廿二日陰晴甚煖楊八嬭來請飯朝食後講板上帝定詩書上帝之分以
虞並郊禋爲七天周並郊禘二丘爲八天增出皇天爲總天升地球亦
爲天算法乃密也古祇祭土於社周乃分地土爲二今宜從之寫對子
五副龍僧送柑
廿三日晴煖張監院兒奎生來請飯教以無多費道臺書報兵議並送課

卷八嬭請喫燒豬趙彭屈陳舁會陳郎丁孝廉羅估同坐戌散還拖竹
竿行甚遲到院月猶未上
廿四日陰晴看課卷講抑與賓筵皆衞武入相辭官之事同時執政有好
酒肆謔之人已不能正故其詞甚婉但不知好酒者何人耳廖丁還云
書版可得煤船尙未發
廿五日晴煖寫字半日講桑柔不能終篇和尙來未見撲撲梭梭遂已夕
矣呼程九同至城取公羊牋版舁至淸泉云請客畢至至陳南楨齋立
談數語便至客坐坐上有蕭委員岷生余營官鼎臣更邀劉牧村又喫
燒豬余弁短衣與衣冠之會亦新政一奇也戌還
廿六日晴煖余洪杜送椰子茶胡盧未通謁而有苞苴不應酬之別派也
講桑柔仍未恰到王巨吾來訴苦陳阜生來告敗喻未皆來示意廖拔
貢來議書院午後入城答訪兩府學詣道臺告行著夾衣至程家問刷



春秋便至布政街將訪朱季元張師催客往則並集趙屈黃周賀梁上
鐙入席二更散夜雨瀟瀟稍有寒意北風甚緊
廿七日陰梅生兒雲明來今年優貢也亦不穩耳留飯去甫寫字張生來
講詩諸生紛集說涼日不可覆背善罯往復不安
廿八日陰寫字三幅廖拔貢又來廖秀才告辭往淮北昨日尙倀倀今乃
翩翩矣並留飯去說善罯與善背相對罯卽諫也書怨汝詈女詞申申
詈予詈不可爲罵義乃得安夕睡
廿九日晴煖檢書辦裝陳副貢爲先驅余與張生繼之來月朔去巡湘岸
辭二彭楊丁戴至衡陽答劉朱均公出矣賀孫設餞仍六日諸人但少
周耳戌散還正二礮
晦日陰諸生來送行朝食後登岸先到城取銀詣程告辭陳郎來送常霖
生書因李伯強送二劉生書求爲伯固兄弟作志傳先送千金行色悤

悤未能作復卽至陳家真女未出見少坐仍還江岸設胡牀張繖而坐
戴營官來送道臺送禮皆就沙灘與相接閒步至書院對岸看行李船
與同下至毛橋周松喬遣迎昇往黃屈彭先集摸雀二圈入坐飲苦糯
還船宿夜有雨
十一月辛巳朔移舟鐵爐門晴晨起入城候道臺來送周梅生依依不舍
相從至程家余託故還欲離散之及往周先在程家遂同朝食張生亦
來二程孫廖拔貢均同食還船片薦胡燊面託周瑞二陳郞廖程俱登
舟相送阮樵亦來待刷書未至遂泊一日
二日霜晴取書唯見公羊竟無書經可怪也未遑詰程九卽令開船大北
風僅得至樟寺買油夜宿七里站
三日大霜晴草魚石守淺半日夕泊萱洲
四日晴午過雷石不看船夕泊石轡方睡未起及醒遣告六耶向燊從來



並其從弟亦來相看送筍橘交名條
五日乙酉冬至大霜船夫欲不行嚴斥之至黃石望吟詩一首蓋感辛亥
於淸江道中聞簫鼓祠祭不勝節物之感聲猶在耳彈指半百年矣同
時人無存者夜泊朱亭喫羊麪則不似袁州之美
六日晴早發夕至漉口遣問江西車待至二更乃寢
七日大霜晴本以
先孺人忌日不登程適逢周兒來船云至湘東便令移行李朝食後便發
泝漉卅里泊石亭鋪云有石亭山山神甚靈說雲漢未得其旨似左傳
議論
八日晴竟日過壩上灘看亂山糾紛殊不似兩川間情色非佳賞也六十
里泊醴陵橋東船人云師徒各造橋徒先成湘東大石橋師恥後之至
今大石橋石俱反面

九日晴霜晨至何家渡張生欲附火車因至三石車站火車未發待行李
久不至比來已開輪矣云次車巳正當到待至未正猶未來劉丁先去
馮客云誤卷其被亦來附車五人飢疲幸賣橘人攜有天寶圖坐看半
本車到卽發一時許到萍鄉城西急投宿店遣顧車轎初更始飯
十日晴陰無霜頗寒晨待車未至因與張生閒行城中自西門直行乃至
小西門過南門欲至東門乃反至北門復還西遇車轎復過縣署少折
卽出東門行廿餘里步過毛葉坡又廿餘里便至蘆谿山原秀遠甚有
逸致谿市繇爪反盛萍鄉待車久不來至小學堂監督吳歲貢出迎入
略談學務云聞聘王闓運經學有名亦貴縣人寧識之耶余云渠在鄂
撫署未來丙亦識之學堂當俟新學政主持未知何章程也吳徐從許
仙屛於廣東言越學延倭教習必令學徒改衣服江西尚無此留學生
則有之其子今年中式劉受亭孫亦中式久坐茶冷車猶不至更坐橋



闌待日落蘆谿跨水兩大橋僅渡其一夕行十里宿新路鋪問店婦膏
捐殊未行
十一日晴晨踏霜甚煖至仙峰訪余烈女乃見謝貞女碑沿途留心物色
竟迷其處行萬茶間不及昨秀野也十里竹園店婦認鄉親不茶而行
十五里分界鋪卅里至袁州西門府城乃在高平岡上不憶之矣常時
騎舁直行故迷蹤迹欲尋試院亦迫暮腳痛不得去臥轎中久之正暘
來云得一船卽乘月至北門馬頭對船裝載書於卽安船價十三元楊
葉秋也遣散轎車七輩至二更後皆安睡忽有人大吵大鬧欲起叱之
弟子門人皆寂不語臥聽乃知是附船客至故鬧不得上方知彼主我
賓我占非彼侵也幸不急性不然謬矣三更後乃安寢
十二日大霜晴舟子繆葛岵多煤火極遲午乃得朝食正對時始見飯三
日不兩餐矣午正開行過蘆手未問卅餘里泊楊港雲漢未通且講崧

高

十三日陰煊行七十里至昌山張生至山祠看碑云本傷山也以水陸多傷舟徒故名改爲昌耳有浮橋夜月極明又行二里許宿金龍鋪講王詩至夜分

十四日大晴晨行十餘里至分宜登岸看縣治帶城（城外一洲趙洲乃吾）殘毀未復甚寥落也過仙人亭云有碑字難識遣張生看之云是篆書行卅里泊水口

十五日陰午後晴大風行五十里泊新喻亦過浮橋夜陰三更雨

十六日陰風息水寬行卅里泊星塘剃髮夜大風水入倉兩箱並透水

十七日陰見日守風一日夜强行廿里泊羅坊大市也過浮橋無官役自開纜而過講職兒自替爲悔仕之詞分疏稗爲仕隱之食似可備典故

夜半小雪



十八日陰寒大風行一日得十二里夕泊駱屋（靖江地）待月又行里許兩閣淺而止

十九日陰晴講昊天有成命爲二丘之禮以嚳不可祖又不可不祖故推爲感生帝特捌圜丘以祀非天非地之天配以非人非天之祖故曰單厥心言事祖禰之心盡也又曰其命宥密誠宥密也（樟樹有盤局未看）行卅里泊臨江府城外已夕夜半復行

廿日庚子小寒節晨至樟樹神福飯後始開余朝飡過午矣講執競玄解通神於無意中得大典禮夕泊黃石壩豐城上十里

廿一日三更乘月行卅里始曙陰霜至午過市漨大晴生米蓋沙面聲譌上十里河步所蓋前置河泊所官於此此皆以意說地名但不以雅改俗耳霜行苦舟人臥頗自哂河步淺船百餘艘又一沱心也生米有鰲丰獨呼停船想係佐雜領之䦨一人說京話亦竟未來初更後至城泊

滕王閣遣丁告撫臺張生同往呼城門入頃之張生與李生砥卿均到言叔軒自來固辭不敢當再不得命乃自上至舁前相見小坐官廳中軍兩武官均來見談久之借轎乃至入城徑至撫署主人亦歸便坐密談文案陸知府出見待張生來復設酒未飯起看寓齋主人送入又小坐乃去謁同舍黎戴梁（詠諧安化人）餘俱睡李張談至三更余睡後又起再睡仍未著已天明矣

廿二日晨爲兩生所攪不能再睡起待拜客又嫌太早頃之鍾雨濤王梅村陳仰階（笑初子）陳六笙（桂陽人）顏佩琳（近謨子）彭杜臣（桂陽）均來相看出謁學藩臬鹽江湘嵐首府均有耽閣唯學臺未見已日斜矣還院朝食見叔軒三子（子鼎子復己實）署臬汪絜荀及湘嵐來龍副貢蔡毓衡鍾生俱來避客游東湖黎禹門戴遂菴陳亦笙砥正均往遶湖南還還則楊叔文已相待遂留坐半日主人又盛饌相款自來言便飯不陪余招其子出坐



與張李楊同食三更睡

廿三日晴學堂二王來莊兆銘（敬菴）楊金康（小篆丙臨）寶王（印住少芝孫）均來謝步沈子培欲久談不得而去出謝諸客唯見糧道日色尙早仍還寓復有客來或謝或見不能記憶司道府縣候補道七人公宴百花洲府學均集再游蘇圃中坐戌散甚熱

廿四日晴欲出看翁樹棠周黃變（幼麟）來主人來談甚久同早飯乃去（沙年）（延來）不能出矣待至午初舁往豫章書院仍大會集延見教習七人學生六十二人略問課程泛酬百餘閒語學生廿人復入便坐留我答以當再來管學傳茗生設宴三席共十二人未夕散還寓任雨田來訴冤午前曾傳泗亦來訴冤久之乃去陸黎戴均來夜談楊叔文來亦久坐客去已將四更

廿五日晴煊換小毛衣范叔蘭德孚來訪中軍左營將弁均請飯余不及

表大奶奶多矣皆辭之孫伯璵來留飯去奪其宜黃頗怏怏也背爲坐
上客今爲轅下駒乂可傷矣戴張俱去羅文昭子晉永叔彭繼武涵川見監局尹
湘琳致稷初書來見楊焜伯俣令致伍崧生贊來未見避客出游要叔玫
砥卿夏公子同出德勝門訪北蘭寺至則改爲北壇俟也寺在下二里未知是
否臨江褻回便訪婁妃墓讀鄧碑入看吳大安寺香爐至澹臺門看南
唐將軍石像尋與希唐別處門已瑣矣小車甚多過新學地基日烈照
灼遶東湖還過傳茗生門小坐還寓大睡龍副勝久候强起夕飯後赴
汪頡荀處會飲沈魯卿幼丹兒王孟湘仲允兒沈子培傳茗生江湘嵐均先
在楊印生後至陳酒飲三杯微醉楊沈先去餘皆二更散塡詞一闋一枝
春書迷迹荒陵殘壘指點承平遊處北蘭寺殿畫棟片雲成霧網船唱晚料無復歲闌鋪句空自訪賢守碑碣夏傍城斜路江州謝宗
治諸到如今想像南朝風度南唐又過鉄蓋階盡徐孺榻東風痛似戀得往年笳鼓應爲我緘歡恍光不飄弔古黎禹民送電
報



廿六日晴四川兩令劉芳香圃楊焜少話趙能壽攜叔兒王膠湘來見又一
人稱外孫壻順孫夫也知是觀臣孫黃鍾字聽生居然知縣章孫伯范王明望
皆來見左季高所謂寃魂不散者亦皆見之王趙並送書叔文又借得
元記二種一日未出周敬夫來言三版船喫水深不可往袁黃翰臣子
震隆崑生來年五十內外矣
廿七日晴送書學堂江道臺以了聘局叔軒第四子別索一分依而與之
四川二令解鳴珂錫珊李德利來見子培文芝五來談吳國良復來謝
過初未知何謝也復書伍崧生鄧經歷湘皋晉孫陳仲昫平江人同來黃達生
來言黃家事皆如讀舊書沈子培來約游娛園東湖欲揭塵娛園自含藉良會嫌華京復此泛
清夜談晚情新歡喜實虫協庶抓落世上事舊游斯可忘官梅紅憶人久久更芬芳不見斃時雪猶留萬壑杭三窗已無戀六游眞自強且暫
爲我主近看府鎮鄉茗生約三點鐘集五點不來催因自往看之則莊儆菴周味
西學銘俱爲主人王膠湘翁樹棠汪頡荀趙劍秋沈子培先在江湘嵐

陸孟孚後至酉集戌散錫糧道請飯辭謝
廿八日晴陳副貢自袁州來周敬夫來言六日必不能到袁其詞甚厲不
知干何怒也卽辭其送而又不許天下寧有是事耶叔文來送生辰綱
餘皆不記得奭弟弼良澤清書未正步至南昌府署訪娛園門牓俱不
存園亦似縮小王孟湘陸孟孚俱爲主人前詩但言子培漏矣曾傳泗
南舟陳迪鵾翰仙梅子肇台源來談今日沈請子肇饌具肴俎頗腆汪
傳趙江孫均先在梅後至看李伯時羅漢徐元文賦稿蘧蘧然雜畫字
不配畫撫臺來請云已結綵棚爲我餪祝二更還府中僚友公子皆來
慶賀惶悚不當楊李爲儐先辭撫臺餘不獲命登堂再拜其上題明月
亭傍有裹外間內坐外飲復喫千麪還寢
生日晨有小雨爲夏郎看詩楊李來同至花園主人衣冠設拜府中俱同
拜兒其四孫早麪午飯未飯時江湘嵐已催客再催三催司道皆愠江



之過也寫扇兩柄而往四大金剛周學銘傅茗生楊小篆均先到兩時
許出菜又遲散已二更
十二月庚戌朔陰雨風雪亦有日光晨出謝客因至傳家拜生其母五五留麪
見三道二府仿京式用淨麪條頗佳爲盡一盌陸孟孚借客坐遂成主
人從陸門出過曾傳泗寓小坐訪伯璵未遇直至江南館在琉璃門右
有方池二閣登眺褱回主人趕至小巖第二子慶源子異延坐外廳頃
之唐巡鹽來惟森字厚庭子培周楊汪任陳慶滋陳鶴雲先後集照像三次
陳不照相猶老輩餘風也趙劍秋傳茗生後來亦得一照設席水閣二
圓案肴不能佳云兩縣送生日菜也用菊花熬春茶頗有淸香夜歸風
雪
二日晏起出戶雪已盈寸至午又加二寸城人云近年雪少官民皆喜尹
伯純趙劍秋來主人來久談張子年女壻翁樹棠來張壻卽劍秋家兒

呼余世伯可怪也趙進士雲松來孫出册請題翁師傳得以歸趙者覃
谿少作詩工字懶已自言師法監矣改夏子鼎詩一首猶作小兒狡猾
息吹更治朱淚染湘妃竹新庭更點朱融胭惜香冷臨鏡暈紅酥定有還丹鶴頂如麗日麗綢緞莫儲柏更待壁羅襦夜擬通飭
札稾
三日陰料理歸計謝客伏案書條册千餘字客來者揮毫對之孫伯璵坐
最久刺刺語鹽事送陳副貢四千蔡姪孫已爲出矣王孟湘傳茗生來
茗言束脩事蹉磨久之遣王衍曾送四百金來撫臺再送二百金來受
一百更受四十金衣價餘皆不受今年大發財又辭千金矣爲梅五題
端權欲作喜雪詩怱怱無暇洗腳喫粥三更乃眠夜見星主人凡三顧
四日晴見日爲子復改詩爲顧陳鍾作字署梟來取一聯去茗生鶴翁俱
來送主人設餞陸鍾黎李同會飯畢更寫數幅字聞礮聲云傾城出送
惶悚不敢當子復賠貂冠冠之以出至官廳兩縣四府撫司四道并集



先揖讓致詞乃拜辭上船縣具二舟李生及三公子俱待余至周統領
吳舉人均登舟相送舍大船就小艇鄧經歷羅軍功爲文武巡捕未知
其禮云係府委蓋中丞意也船開四公子乃去又待換船行已過晡夜
泊生米周傭到任劉三哥尚候補也快綠軍公喜新晴旅客歡東門柴共餞南浦綠仍寒待澤客先到還
山路不難遠來知近悅識晚吏民安歎韶光八蟲青雀送歸舟觀遺民知盜非賢德益擱圃橘應作頌枎社壽東游敬辨從隗始時危寵更
要
五日甲寅大寒中晴王明望來送飭令囘去以二詩交遞日三竿始行作
喜雪詩官閣陰陰欲綜樓臨風光寒轉花臨知柏府同霜不是餘公帶鉏來光映玉珂迎夜寒燈前雪後春蘇饑年瑞應非無
只為貴民潤澤不貲文字多歡酒量寬論分餘令防賓安祇疑此綺意反獻卻恐傷軍耐寒北極開河遇勝陳四山松竹隔雲香煙君居
梧棲公子莫遣當筵綺蠟殘行五十里泊金家望
六日晴霜不寒得北風行百里泊樟樹得沙年姪無聊書水師汪守備來
見湖北進士

七日陰無霜甚煊礮船行至夾塢水淺舟膠仍令囘營鄧經歷內閣伯廉移行
李附船至臨江乃發差船余船先發伯騰出示松堂家書湘翁所珍藏
者引司馬語以自助又與藏拙意殊皆仁孝也至淸江始見小山埧鹽
詞六十五里泊水府廟上兒童拋瓦石令移舟遠岸避之未知欺鷗鷺
船耶抑偶然也
八日陰煊行卌里過羅坊浮橋來去皆四日順風順水一也作小詞甚佳
以太褻不能存稿可謂枉拋心力亦背人喫肉之類矣借以銷日又非
全無用又行廿里泊坎上夜不寐
九日晴北風行四十里宿水口而非前宿之地夜大風推篷看月殊有幽
僻之景不似腹裏
十日晨晴俄陰帆風牽灘卌里至分宜問船人後日始能到袁因鄧伯騰
言分宜近便遣人先上借夫轎至則施大令遣人來迎辭不往又自來



拜辭不見當往答禮而誤至縣署舊令龔霖宇出見云辛未在會場曾
接談未知日記有否又言及何貞翁取弟子文則在日記之前聞此事
也留飴久坐便與施捷三相聞頃之施來云已發夫凡坐將兩時日已
夕乃得轎怱怱別去乃知大具廚傳遺送出境卽辭不得遂宿昌山過
浮橋正廿八日喫八八席飲水酒香車久當懸物役餘未休春泥汝南道驅榜寒川流寒風威嚴霜晨夜犯
征裘登頓暑無衣念彼棹者鷗小人因多勢一君子謂何求孔壘逝已久詛能爲世墨燕雀安其巢龍蛇方道游栖栖一載紳乃欲歷九州且宜
守見女酌酒彈箜篌來帆遡夕森歸舫向南炷猜川隱鋼碧貞木勸晴煙冬游賦可娛但復逼歲闌歲闇亦何感懷阻嚴對騷主路想以塞
民貲征賦釋我有幽居室繁花樹栖萱童子誦新詩常嘆來日雖嘉時可歸休宜山草巳玄況無迷途患行處距他熱
十一日未明有小雨才溼路及早尖又雨亦僅溼路飯於賓港甚久行則
甚急四十里至宜春蔣營官映南遣迎云列隊相待遣周傭止之仍不
可止先派一頂馬兩對子來直至所居關廟隊迎於半道幸不連珠放
槍耳宜春令李蘭仙來就見問學堂事云無經費因告以不可勸捐請

其先回署理事人夫亦集日晡矣急行卅里宿沙井鋪欲尋當鑪胡不
可得也
十二日晴晨行飛露撲面初未之知以爲風寒及見草閒乃知露也十里
飯湖江口沿路尋店婦見兵來皆避匿矣卅里過蘆谿又卅里宿茶亭
輜重不能從初更後乃到花香近酒家孀女喚茶茶夜渡鄧公子朝隨尋綠華其實年最幾風倘日來斜從來稱趙
道不恨別離險保之有夜度茶山歌卽此路也
十三日晨小雨急行卅里到萍鄉直至縣門彭世兄尙未起久之出見積
然老翁云鴻川長子字星伯繼長房作令幾五十年留飯發夫借錢四
千又賞從人四元過午乃行雨又至亦未暫停到湘東尙早接者未至
附一南田船移行李雨大至紛紜久之行十二里過浮橋又十里泊仙
橋卽止石橋也夜雨淒淒幸十日晴光送我歸程得澈手澈腳
十四日晨起雨意甚濃朝食後欲晴雨雲日影離分下水殊不駛恐當逾



限以無迎船非我失約也夕至醴陵又阻淺不得前
十五日陰雨換船先發移行李時大雨俄而霢霂作小詞蕭山亭絹雨催春闌槳順流
迴遮殘年風雪十五盡眠早約還期四廖時於四月黨瓦油衣從前意如今鄧歇只粥嫩餳甜酒溫香熟多少離舍鮑歡算年去年來大家
休說誰是倦游那有閒情朝朝替人傷別若問歸舟亂山裏片帆明滅山缺那見我樹窗梯微季冬望日俗云盡頭十
五雨行七十五里夜泊唐山口有作余從南昌歸後行水陸經旬晴燥
過醴陵登舟乃雨也時甲辰立春前五日矣
十六日陰晨發甚早至淥口已近午小泊卽行過馬煞正昏黑到易俗場
聞一更泊漣口見雲湖船呼得周仁房一船卽起換船劉丁助榜到姜
畬四更至湖口登岸泥行車轍中甚困比至家天明矣家中皆起遂不
睡
十七日陰見莪書云尙在上海湘孫改於廿日嫁去姊女初四日始回房
嫗前日始至輿兒竟未出亦異事也初夜卽睡三更仍未寐料理年事

作衡書辭館
十八日晴感寒欲嗽鈔新詩摸牌小愈劉丁議昏姊妹俱去與婦往揚家
看才女病賚孫亦往遣丁負噃孫送之家中遂無內外傭正欲稍愒張
四鐵闖入鄧經歷亦來楊家傭來送餅楊梅生送頂油求書紛紜俱至
疲於接對自出掃塵延客至夜留鄧宿樓下題松堂遺墨三更寢
十九日大晴張鐵來求金未見捐金與之鄧遣人取行李劉丁送省信王
傭辦竈餻與書朱倬夫訴道士騙帳與郭葆生鷹張先去後小愒王鳳
喈來久坐忘出晚飯始見之飯後去遂大睡至二更乃起紛牌二局客
已睡矣仍寢
廿日己巳立春節大晴作餅設五辛盤夕前李道士來言詞支展還銀卅
兩不足大約求保護雷壇之意留宿外齋
廿一日昨夜有雨今晨已見日復陰風寒鄧縣丞辦裝道士飯後去將午



雨至鄧去六耶專人來似不知有江西行者正欲專人往衡因求六使
帶去楊孫自來求書遇雨留宿內齋始作劉康侯碑
廿二日陰楊孫早去趙四謹綖專足來求書此等皆適相値知債不可避
也唯偸閒摸牌以遣俗煩牧豬奴甚閒陶荆州甚忙正宜以摴蒱藥之
廿三日晴風日甚佳方欲有作張星二又來曹姓亦來訴官司又不如催
租事干己也與書程生鷹趙季質看廣記作劉碑幹將軍來送臘鴨卽
去致許生書並寄淡園答問夜送竈喫年餻
廿四日大晴登樓迎春命兒女拚掃客房出門眺賞張子持船弟來船已
賣矣送筍衣而去楊使又來皆揮令去內外傭工喫年飯方僮出縣借
錢周傭往省城均未預也
廿五日陰看窗前梅花甚瘦尙不及盆中綠萼宋代重萏梅疑卽綠萼也
沈山人攜子來張之道兄弟亦來爲客劉相公來相訪與山人談世事

云必行井田乃可爲治十三耶故妻來求助告以吾但恤王氏妻不能
恤他家子女若無食可來依我以食否則不過問也作劉碑成五相公
扶病來
廿六日陰十三妻去鄉人紛紛來言官事一無所問然亦足擾人飽食終
日不受訴卽摸牌餘事作文詩正業荒矣此爲消日過年王升復來告
以不宜汝我
廿七日晴方僮求金不已作書取鹽金請長沙太守致之並爲房嫗索債
書寄朱純卿筠仙兒爲大庾令求調劑託其兄書干我專足來取信告
以今年不能俟吏治澄淸日可議也公義私情久不分矣三層婦以子
死其長子來告喪諸女甚訝之余因告以鄉俗如此周浩人來言周桂
生官事遣韓團總未及往桶爛矣胡太和迎周嫗去散事乃與幹將軍
同寮尤可笑也凡此匪夷所思之事皆閒中之至樂迂儒何足知之故



天荆地棘耳
廿八日大晴晨行傍山所種樹無一存可訝也張瑞亭來排難解紛以曹
婆花邊賫之幹將軍來訴閏保遣王傭往挈之還今年年下殊多事殆
天不欲吾家居姑率女婦一游前山聊以療俗
廿九日晴煊作劉伯岡墓志一揮而成似勝其弟許氏從女來言官事亦
以賫張星二張頗以諳訟自許亦得其趣者夜轉風風衝房戶呼房嫗
起扃閉夜欲闌矣祿孫還家辭年一嫗攜來同住
除日陰仍煊作書復劉蘧圃郎還文債方僮還得朱長沙復書並三百金開
銷窰工輒活矣朱云日本舟師戰勝俄人蓋謠言也未聞約戰何遽與
師豈我不作紅十字耶晡後雨夜頗瀟瀟辭歲男女數十人未遑辨其
誰某劉丁周傭王升俱來自省得陳毓華宋毓仁書文詞均雅夜久待
爨淸至丙夜乃祭詩齒痛不能嚼嚥空陳脯矣

# 湘綺樓日記

光緒三十年甲辰

甲辰正月庚辰朔丑正醒呼房媪未起頃之質明喚僮僕不應乃云久已
將起似譏余晏朝也待久之梳盥畢乃至輿猶未朝兩女已出入面行
禮還寢受賀啓門待客鄉中例唯子孫及佃戶始賀朔餘皆不至又失
考據乃更衣擲骰三師來賀元正夜倦早眠再起開門仍寢
二日晴將軍來遂接見鄰里村翁十許人晡始還內陳佩秋兒來倦未見
也夜亦早眠聞雨乃起
三日陰復晴起見陳生因見諸客飯後去又一陳生來市儈也一女客攜
女來來歷不明之人皆吾族親始知民庶有族之害堯所不及料
四日陰晴永孫來出見陳生因見楊都司纏擾無已之人不如留之聽差
衡山送府信來得兩陳郎書譚道臺程岏樵書譚告妾喪程告丁喪永



孫告易鼐條程及夏子新喪一彈指頃死亡相踵可駭也
五日晨陰朝食後轉風遂雨屋前後均嫁娶擇日未精也永孫去登樓看
新婦遂過兩市儈作書復譚陳程午食餅甚佳遂飽不復夜餐擲骰至
三更寢星有爛矣今日甲申雨水
六日大晴遣人送劉信及碑志稿去出西岡看種杉見一肩舁停而復起
徑來入門迎視不識其人詢之則君豫長兄元渙字心培者云有筆墨
事相屬出示其父詩及己所撰古詩苑詩苑正與全古文作一配有用
之書搜輯甚勤暢談至夜半留宿中齋曾岳松遣使來求文
七日大晴曾使送錦段袍褂表裏及百金約回頭時取回信晨卽告去寶
老耶來言官事云龐姓亦被告矣地方訟獄繁興承平象也亂又萌矣
與心培暢談漸多鄉語中見雜客族孫輩數班劉力堂來送雞酒
八日晴南風甚煊楊婦毋生日房媪請往正合孤意心培欲去不去過午

乃行許虹橋來言其母病因與弟爭論受氣不意輔廷乃至於此
九日陰杉塘三子來振南來六鐵再滿來族中菁華盡此矣劉家信回無
復書蓋其慎也作李子墓志
十日晴三子去劉蘭生來將起義學擇於絨劉未知當用誰尺五女來求
薦宇濤爲之也德牙亦有力焉元婦送子迕逆欲其讀書盜舉人鄭三
兒來見辭不敢見盛訴喬耶占田又異聞也彭十被火留之傭工又去
不來蓋均志江西夜出見劉生詢郭五嫂年紀云七十八居姪孫家不
復入城寄銀果禮之
十一日陰筆墨粗畢摸牌擲骰以應年景尺五女請去劉生亦去張星二
來回事劉丁擕妻去張嫗復擕女來移栽樹秧櫻桃唐棣並開山茶亦
放大花春意正穠張生兒偕趙士鵬來呈薦卷正在前山聞爆竹甚鬧
知是劉家報喜還得劉壻書及瑤女書云初五日得一子毛衣抱稱今猶未



辦倉猝坼壽障紅紬與之杜子美所謂天吳顛倒者也房嫗撻婦不守
家裁性拗難馴且置不問與諸女看月徘徊久之
十二日晴煊劉使去方僮舅父來瑣瑣姻亞真須吾家大耶整家規矣德
牙來則家規應有之義又須吾無規者乃始欲整也得功莪書純孫書
頗大膽似非庸庸夜月
十三日晴煊寫字半日失紙無數以譚佃送紙充許生原紙書之二胡來
憔悴可憐猶說官話國安來言瑞師叱錢可笑可恨令細送來問之鄉
龍來
十四日陰純孫來覲以戴醇士臨青谿圖求鑒戴師石谷而無其繁密惠
菱舫乃直題爲石師本可訝也張生仲兄來云已入郭營劉傭不還船
斥之使去並斥王傭一時俱去鄰園龍來廖丁回
十五日陰晨大雨聞雷二胡徒步去遣追還已通身溼矣摸牌擲骰竟日
夜有朧月
十六日陰晴二胡德牙俱去以一元寶交二胡辦貨並辦滿月衣物允食
者遂無一人留周嫗兒充數至夜又得楊振清與代元兒閏保共四人
聊應黃篾筷子之占與書樾樵薦蔡兒學當鋪夜月
十七日昨夜大月晨乃聞雷動地大雨驟至春溼漸蒸桃柳均見碧黃登
樓玩賞作書答莪
十八日陰城中人還云市無好貨銀至九錢餘一千錢猶濫惡穀價愈賤
將軍及陳女來夜大風許女來坐半日去
十九日雨有稷雪復寒滋家專人來迎女教習有吳堅山者荷汀子婦不
知誰家女也自言爲岳松女聘作監督岳松使回領書信令見之不識
也先遣曾使齎志去犒以八元周生來
廿日己亥驚蟄晨有雪風止王黃周丁俱告去陳女亦先去每日霧露吶



必來今日暫霽清午間四老少芒芒來言母病欲支三月薪水純孫作
保與十姑借銀二定並贈杏仁橘皮悤悤去取諸宮中亦一樂也
廿一日陰雨廣記點畢甚精緻可喜陳國猷來言欲從游初不相識而責
望甚深匹夫不獲則曰時予之辜任學家事也楊使復來督催皆人情
中幻相可樂之事吾從來不遇今富貴過萬鍾所識窮乏固怨我不識
窮乏亦怨我當如何三自反哉陳佩秋兒專足來取回信亦報之以溫
語須臾俱去
廿二日陰細雨微陽春寒猶重桃花竟勒不開振湘來亦欲江西則爲怫
然以彼求無厭也爲許生題答問
廿三日雨欲刷譜求版未得再足劉坤問之桃李均葉柳楊並綠已食筍
矣猶未作銃菜廚人不識時也令剪韭作餅以詒純孫
廿四日大晴滋看羅敷復放紙鳶諸孫均游南塘周生告去遣送莪書陳

生書來幾諫江行夜雨

廿五日雨欲晴已命榜人治行因令諸孫先發並攜賚孫同入省午後發周嫗攜婦以從至姜畬遣純孫看懿婦百錢顧轎還往夜泊以待張兄田生許孫許臭劉立堂趙士鵬均來船相看

廿六日陰朝食後發午初到城攜三孫至賓興堂正值電報送南昌信言已派人來迎又得半月前衡信仍請期遣迎蓋非誠也而辭甚懇切余兩可之請蕭文星換銀與朱倬夫閒談怡怡兩孫來楊孫來與同至楊家乘舁還堂取銀錢卽行幹許來船夜雨泊通濟門馬頭

廿七日晨雨待買菜朝食將午乃行大雨僅至鵜匡看花鼓至夜

廿八日仍雨有風晨發午停靳溪買米到城未夕諸孫先上余借靪鞋步上繞從壽星街還家遇郭炎生亦張傘雨行到家功婦出領兩孫女出見功云發疥疾不良行詢無新事率兩孫樓居



廿九日晴見日朱生稺泉晨見午送餂心每來必具禮意甚厚也次青仲子積琁來廖孫暌來卽告李兒求館之意陳家球不知有小題正鵠乃欲以名父子充寫票差可笑也胡壻已辭學堂方謀首稽竝女來留夕食夜去

晦節陰王廖兩令來皆在洋務局云近來一道員張鶴齡主局務兼學務胡氏孫女來更有姻愚姪曹姓來見詢知卽尺五女壻從古稱也得衡書云已來迎廝七郎來言俞少耶癡驕之狀鄧壻來見飭以早歸

二月庚戌朔陰晴午始朝食出看湘孫便詣首府朱前蜀督陳新提調廖湘孫道乏餘俱久談欲詣但糧道舁夫不欲遂還湘孫已來拜見云孫壻入學堂矣詩曰日光光夜光光洗衣白白淨哥哥進學堂日本學堂之識也六笙來回拜久談竝女送餅留共對啖客食倍主俱爲致飽云將詣葵園公集要往爲客余請爲主際夜舁往觀虞語山譚公子汪孔兩翰林均在二更散湘孫已去竝女尙留摸牌不覺三更催令早去登樓卽寢買牡丹二株

二日雨龔季蕃知縣來病猶未愈顏生鐘來夏午詒自桂陽來留居客房陳孝廉國祥來孫壻兒也其父舊識先孀忘其字人亦開展將定祭禮刻入家譜前稿已失稍損益之呼船人令還假以卅元

三日陰晴晨見日楊樹穀來竟日無客慧孫生日設湯餅竝女回摸牌見熊嫗與午詒略談便至雞鳴

四日陰晴周郢生來路滑可行出看心田答訪黃士艾少海兒海翁孫也云已有啜飯處還朝食出看但少翁因過劉葉唐薦王升去刷譜紙貴且緩之一梧來云佳日可游將與桂撫買屋遣黃孫看吳堅山乃至楊姬處而還復令賚孫出游亦怱怱還

五日大晴甲寅春分劉葉唐但少翁鄔師席沅生洋和尙來將午始得朝



食午詒告去送至撫署殷默存來午詒仍還云輪撥已去無便船也蜀四生招飲步至種福源陳祠園道遇王生云當詣府龔顏二生爲主人廖子材後至徐次鶴語山繼至戌散竝女尙未歸留更摸牌夜飯後與午詒談京華舊事三更寢

六日晴晨起送午詒已去胡子夷來談曉滄兒來求書與梁海盜前得黃芷薌信亦求提變因竝及之竝送禮記黃海孫來胡獨留飯出城上冢賚孫與兩孫竝從將釆水莧不得余遂先歸鄧生國華坐待垂垂老矣恩桂陽事爲一惘然喫麪去陳爲夔來笠雲來云陳杏生已歸同往看之遂定開福齋會還要陳但兩公竝與書雨恬約之片與沅生告以不聞又告王莘田莘田來談夜薦姪女壻夜答鄧萬林

七日晴雨恬送鳴酒楂餻且告不聞齋戒謝客凡來者皆不見房嫗來則不能不見竝女亦還助祭夜要胡壻肄儀外孫亦能入班可喜也

八日丁巳祠祭　禰廟晨起待事趙次公闖入延至客坐久談尙未奠定頫上樓休愒將午乃行事洋繙譯中畑榮來訪令胡增陪之且令觀禮事畢已晡未朝食卽往開福待客濛濛細雨蓬蓬遠春至則客尙未至與六休久談竝看倭人册葉書法殊勝宋明人有六朝筆勢蓀咳來乃至舫齋劉希陶孫亦至但少翁陳鹿翁杏生繼至設二席並邀洋和尙西初始散還城已夕竟日未稻食夜始飯朱子元鄧伯讌夜來王莘田來均劉監究衡船來迎得譚程書

九日陰煊兩綿猶熱答訪次青兒次山公見其子七郎字介卿云報捐試令方學公事談及張小浦鴿林云正在府卽往後堂暢談葉撥初亦在脫褉乃不汗便過鹽道朱督銷席張藩顏府王祭酒孫知州孫未見亦不知何許入也云山東人到家已夕馮星槎來王芍棠來陳增來告當往山東丁果臣孫恆相來鏡芙兩兒來得電報云江西船已到縣相候王莘田交長沙銀



票屈負劉銀余再請託乃得直

十日陰楊棠來陳耒之兒來云江華典史迴避開缺光景萬難且言花樓家事黃文彤求調優差王佩初又往會試張楚秋爲會總宜可會元矣張小浦來看余論兵篇題陳鹿笙圖册者陳欲得雷壇碑記搨本余所未見二鄧郎來王鏡芙道香僧來爲洋和尙作序竟未能成乃下樓摸牌少村來催步往新楂周菱生劉定夫陳六笙繼至鴿羹甚佳縱談亦樂夜微雨舁還

十一日陰陳爲鑾戴王生來戴言訟事鄧南驤來言往江西事周生示王撫條呈方欲有言余不暇顧入內齋摸牌周菱生來朱喬生請酒劉定夫來屬刪四六且約朱家酉集正欲小愒忽憶倭人約幾乎失信舁至里仁巷倭公社大屋寂無人中田榮字含澤儼然在焉言有友欲從余學方言有教無類又疑忘饑饑者無時可通婉詞謝之欲得余書則諾與之復過廣盈廳訪馮星槎不遇仍還夕赴乾升棧已無知其門者可歎也庶翁譚兒先在劉定夫陳杏生後至二更散

十二日陰蕭希魯來兼約朱稗泉來談方朝食余未飯客去後方欲作字乃無可錄示倭人者彼求教益不可以槃帨示之也遂下樓召盆女還飯二盌晡後出門正遇徐甥未邉下舁令其夜來便至松生家其嗣子設齋招笠道兩僧及余小集杏生爲主未夕散步至自新所答小亭不遇還雨徐甥送臘菜余云不求館則可送求館爲貧貧者不以肉魚爲禮且令持去三更雷電余方甘寢

十三日晨雨治裝將行先令移花已而雨止大晴令兩孫從嫗先上船衡州遣迎紅船也劉定夫約飲過午不催余不能待遂舁下船雲開見日過門問訊客畢集矣陳但兩叟外有一白須後輩廣東官話以意測之必賴子佩永裕也待席郎酒半乃至散未夕卽登船和伯先至功兒來



迎令去攜一嫗二僕二傭以行夜泊南門夜月

十四日晴無風纜篙上水夜至縣城入賓興堂唯見蕭某小坐上船馮甲來未上

十五日晴朝食後移船入漣口已過午矣到姜畬答訪張兄適已下磴遂不上岸投魚報雞夜至湖口登岸步還月色昏暗兩孫從行家人俱未寢云周傭昨先報也較牌兩莊宣孫睡起來見遂寢

十六日陰有雨遣迎和翁以家忌未同食胡年姪譚教官兒從縣追至求提愛和伯急欲看地冒雨同往舁夫未集更呼零工未數里卽告飢困過雲湖橋至張莊看一處形勢遠秀穴場太小更進至魯家壩日欲暮雨勢更濃還至麻園衣履盡溼到家索食不異轎夫一夜風雨殊未成寢遣僮下縣辦祭振湘來看周梅生

十七日陰雨檢日記尋丁挽聯未得寫册葉六紙並書禮籤送倭學生與

書夏撫告未能行片致曾介石退李銀票夜大雨國孫來請通山穀十三石半

十八日晨雨未止待飯後發行李上衡幹將軍來帶厭楊振清亦帶厭遣令回城江使欲從令隨船上請和伯先登舟余待至午舁夫不還乃步攜兩孫宜孫請送輿兒與張子持步從至山徑逢舁來乃免泥行上船即發乘流迅疾到涓口乃暮留和伯住一宿月霜甚盛

十九日晴寒食龍忌在冬至後百五非爲介子也并俗禁煙自是三月後皆混爲一事晨送和伯至君豫兄家遣力挑擔俄頃已還云有人送擔即刻開船南風送暖午後夾衣課讀稍認真賚孫已全荒矣夜宿小米港滩口下十里

廿日己巳清明節牡丹猶未花芥荃已遲水苊未發雉鄰躅遍山昭洽灘上最盛南風行遲日僅卅里賚孫讀孟子畢授以爾雅令鈔殊不知眉目知爾雅非螟蛔學堂所有也夜泊四竹站



廿一日陰有雨得望風快行卌里未夕泊油麻田晚晴

廿二日大晴南風動地蝎蹶上磯停六七刻風勢愈盛又行二里泊黃田熱不可衣舟終夜蕩漾三更大風驟雨飛雹濃雲一船俱起余亦戒其容止正襟危坐俄頃乃定

廿三日陰有北風行過雷石風息天晴仍轉南風夜泊寒林站

廿四日晴微得順風至夕至衡州府城衣冠舁至程家道署皆不遇遇張李兩幕客略坐還船兩程生並至適有小雨即促令去得陳六翁請託書

廿五日陰晨出訪蓬守以爲未起乃竟延入暢談還船峴樵復來即留共飯同至安記寫對聯賀傳臚母生日因往看戲十四人公祝設三席看李三已肥壯矣裝猶似女看三曲纏頭不知數三更乃散午著單衫猶汗夜著兩綿尙寒大風怯渡徑下浮橋復遇橋散呼橋夫舁跳乃渡循湘復上到船

廿六日晨陰午雨入城看兩孫便留朝食步過峴樵談數語出訪子年不遇還船王慧堂之杰彭公孫兄緯二厤蕭生來得劉禹岑求館書夕赴府飲程朱均辭新得胡翔卿爲客與賀屈同坐戌散還船細雨

廿七日陰雨清泉學王生來見同縣人居省城向未相見云曾藏余照膽鏡賦稿疑瑤林兒也彭向青彭錦榮來張師來翔卿來兩馬生來致小馬先生書子年遣增來告病蓮耶送鼓子仍令兩孫率僮僕還船

廿八日陰雨晨起出拜客先過清泉耒陽令皆未起過浮橋弔丁不受賻兒亦長大似非敗子過馮彭蔣皆未起至楊家拜生云瑞女昨已至彼楊六嫂小病未妝小坐辭出過府學唯見香階至慧堂家未遇還船王季棠來應酬殊勝兩兒衆皆輕之何也晡後過道署會戲二王都司尙弁三縣令朱德臣坐兩席二更散已關城矣



廿九日雨得夏生書似有大怨文人不廣所謂自煎者作復論之欲令黃孫鈔稿乃不知體例信乎下筆便難也出答訪衡令王訓導果瑤林兒忘其父字詢是穀堂至彭家陪道臺壽酒四席二更散瑞來船居

晦日陰夏使去朱嘉送海菜答訪夏師始憶約飲又諾彭家幸一往乃不謬誤老年健忘殊以自歎

三月庚辰朔雨連日爲賚孫理書坐銷長日應酬簡少時得請託書皆投之湘流黃孫讀孟子兩篇苦不能成誦令改讀周官行篋無書且鈔爾雅移居彭家紅船仍苦人滿

二日雨寫字四幅甚不成章午過湘至彭公孫家陪二王一蕭一王百錄兒飲王季棠後至散猶未夜渡湘至張師寓客猶未集李師朱絲先在其從子亦與坐頃之芝昀來小飲至戌散城門下鑰矣

三日陰嘉節無游賞道臺送卷來看廿卷下湘至東洲踏青院屋陰森樹陰藹碧枇杷梅杏櫻桃均多實頗思留待裵回頃之乃還瑫女來

四日陰看卷六十餘本定等第送去便治歸裝寫小屏四幅與謝裕光張師毛根也昨來誤以爲謝皇帝久未見之過唐衡州辭行不遇至賀孫處小坐

五日甲申穀雨晴譚道臺來言船山必須坐鎮否則廢矣區區欲存此學田未知何意以其難悟唯唯否否彼出便告首士云已留矣午渡湘見楊六嫂岏樵先在言須留三日開課乃去彭給事亦云然午詒與其三弟子復來並攜文武妾來見云送下湘仍還桂陽瑫往真家遣迎來作主張尉來言設船捐局

六日晴真女出棄催飯往迎唐太尊來久坐午約向青摸牌岏樵來約往則魏紫陳紅殊失所望雖八圈無一牌也夕向青來余還船看女蕭生



在船飯余亦欲飯索冷茶未得而罷復至程家飯初更聶老總來滿口湘話似曾相見余讓坐與之還正二皷稍倦早眠

七日晴兩女渡湘去一日無客午詒問伐木稱乾餱之義因思乾餱爲贈行之禮亦以迎客民不行禮惟此不可闕也

八日晴煊瑫真又來真忽去瑫留船住說未卜禘禘嘗不卜二禘不同當考卜禘之禮

九日陰看覆試卷欲就本日起學飯後送去譚兵備以迎毋不能到遂作罷論岏樵請看新戲班未午而往以太早欲回船細雨已至遂留至夜陳魏彭楊均會唐守彭都繼至亥散

十日陰晴首事必欲趕學改十二日楊仲角來譚道臺差帖來謝又親來謝

十一日陰晴書院送常例來此行亦將費百千已亦費百千可惜也蕭孝廉來欲領一隊余不以爲可豈以蕭爲不若黃忠浩哉不合余例耳夜大雨

十二日陰晴廖拔貢來云子復要往桂陽昨步行暗進十里至書院未相見余待飯欲上東洲殊無心於對客又索書經版不得午後乃行上水甚遲纔行乃進彭蕭譚兩縣皆先到余與岏樵相遇舍車而徒久之道臺來云行遲磕睡日欲斜矣怱怱對拜而還回拜副將周金玉（一送官河南人）（同知周字振聲）樸山舊部也到船已夕送者十餘人一揖而別子復還桂陽午詒移妾過船送我下湘到樟寺初夜矣程彭船並未至倦而假寐醒則已檥月亦昏暗風潮徵漾時過三更

十三日晴晨發寒林站朝食過雷丰未問旋過石彎亦未問榷局愈苛愈縱筠仙經濟可惜無存也夜泊昭靈灘

十四日晴得斜風挂帆行未午至漣口泝流甚平午至湖口與午詒步上



兩孫從到家輿往杉塘議開龍未還迎夏嬰來暫分內外爲客夜煊

十五日轉風稍寒幹將軍來遂雨時作時止看莪女書命諸女治裝滋辟不去夜雨看新筍

十六日雨午後晴摘櫻桃盈筐楊孫來守候同行余將赴縣勾當公事亦命巾車房嫗請留一日未知其意勉從所請夜月聽夏侍彈琴

十七日大晴與書岏樵論書院事遣廖丁送省城本欲入縣因此爲房嫗所留一日未事

十八日晴午正昇行出譚前總來鄉者訟獄者相隨至姜畬田藥店一茶急欲趁賓興午飯（道過鄧塌）至則已過與朱蕭略談朱出拜客俄而雨至楊梅叟來永孫來請從行允備百人之數

十九日雨鄧南驤又來新衣甚華問其掣驕云唯有驕悵係三世兄之意夜度償則無之癡坐待飯甚厭之而無如何陳佩兒亦待飯乃去皆周

世轔之流也王心培昨來言程觀察已至收支不敢忘也夕往看三婦乃已移在東鄰余三年未至其家甚爲疏簡新姨九嫂兩孫婦均出見還與徐甥晚飯亦欲備百人之數

廿日雨當避鄧癡冒雨下鄉適家人遣船來迎故不朝食取銀錢下船卽發永孫從行至杉彎上岸取間道約於袁河待船問香鋪巷右循石道直至漣岸睡一時許轎夫告寒乃命陸行又避泥反從鴨蛋鋪循正路彳亍田塍可二里許乃馳而還黃丁告飢令飯姜畚余小坐張店久之乃行到家正夕矣

廿一日庚子立夏晴昨定行期行李半發去將軍要沈三耶來送留喫立夏羹而去轎行回遲與午詒同步至炭塘登舟復女與夏姜旋至各上已船余具六舟從者復率兩嫗一女余率戈什都司張方兩僮廖王兩傭黃吏劉三夫王秋江將軍楊孫永孫黃賓兩孫楊僕共二十一人並



船夫十二人發自湖口周嫗被槳擊號嘅七船皆驚疑午詒云能哭必不妨須臾痛定行至袁河俱泊留書與縣令論訟獄事

廿二日晴湘漲平岸遡風行難一日乃至馬頰河行廿五里耳甚煊

廿三日晴稍涼夏船行遲迎其侍人過女船泊鑿石浦待久之不至移泊雷打石欲渡漉口會夜遂宿

廿四日晴至漉口已將日午午詒未來遣戈什親丁還迎之久之乃至獻詩一首余亦作四韻記事促令早發余船先行已日夕泊胡琴灘石亭上五里夜大雨

廿五日晴熱行四十五里泊卷步口夜坐看星俄頃雲起驟雨船漏頃之止

廿六日陰晴時雨午飯醴陵移船看火車雨霽乃行泊丁家坊行廿五里

廿七日晴朝食甚晏五里過一市前所未見云是峴頭洲卅里泊金魚石萍醴分界處鵝雛渡水杜詩所云引頸嗔船逼者

廿八日陰晨喚人起作飯船人皆起過一壩甚斗水高五尺許行卅五里至湘東甚早船人唯務喫飯改計由陸以省米炭遂令顧車朱照磨司榷來迎謝未見送鼓子受之

廿九日昨夜有雨方恐礙行曉乃陰霽運行李十六車兩擔四舁加客車三共五十人上道所謂百兩成之者也辰正始行舁夫一愚一刁皆不能擡亦姑任之易家傭代舁乃甚輕便未夕便至蘆溪中飯萍鄉十里鋪夕食舟中沈巡檢封船至袁官價二千八百不爲廉也來寓一談來船謝未見從者雖未絕粮飢困多未飯者卽泊蘆溪

四月己酉朔大晴時有雨巳初發水淺礙壩宿土壩上云廿里夜熱始得安眠而不能安船中皆露臥

二日陰煊晨卽單衣午日蒸雨遂似伏日將夕乃涼頓加兩衣行過仙峯



澗泊馬家潭廿五里蒸蓤五分飲之不盡夜反加渴

三日雨晨至張家坊水始稍盛別有一水來合亦長數十里蓋牽水（出宜春）左源也或亦至此換船下里許西村晡至袁州船小價昂楊韓別附舟去猶存十七人換一楊葉二更移船房嫗病嘔吐困臥三更乃寢

四日晴晨買桌凳煤米朝食已午楊焜（少鈺）另補令來見云已委榷局比初見時較老成已不識之退而送紙翰林羅文類也倦惕遂寐開船竟不知覺已行十餘里夜泊石欒彎

五日晴熱午至冰港遇礮船來迎哨官不在云往袁州矣至分宜乃來（吳牧濟）云中丞十九日得信廿日派來儀節疎簡蓋客軍慣驕不似在湘純謹也夜泊粟潭分宜地

六日晴熱行百五里泊楓江市新喻地浮橋邊見劉少田云江西巡丁無弊洗手奉公而已

七日晴熱朝食後過札屋洲有呼問者云撫臺復遣迎廖丁云李少耶至則砥卿子黃來見云初二出省遇南風不得上昨夜駐此談頃之令永孫過船去遂不相聞夜月呼移船近略談倭事船人或欲泊或欲行仍還船夜行至臨江

八日晴雨不定朝食後至樟樹曾廷玨來見將發順孫壻黃鐘來迎旋去未午忽停云當避風乃無迅風雨唯得快雷旋霽復行北風起仍還泊拖船步李楊船皆前去矣

九日晨見日行未十里狂風驟起幾不得泊礮船冒雨來助乃得膠沙地名芳金未得正字頃之霽復行未十里又泊俄又帆行纔行擾擾竟日夜泊市槎亦行六七十里

十日陰晴大風帆檣趲行劉丁來迎沿途探問者相繼李生船亦在前相候恐煩公迎欲從生未上岸云當過渡乃止從德勝門將入城迎者云司道均在滕王閣出折小徑至章門四司道郭統領莊傳府縣三營皆在小坐云撫臺來見後告辭縣備舁轎送至館便謁五大牙門皆云在公館相候急往客滿堂寶生叔玫譚李皆先在復女率婦媳來已將夕矣行李皆至任提調來陽宅大傑皆去茗生獨留具饌帖飱學堂四員來見王劍門周輝堃來沙年姪來汪婚家來黃生炳湘亦來沈子培來談送全席以傳饌款賓以府席待坐家客寶生告去余陪譚李黃王沙汪叔玫於外坐遣永孫陪幹周於內廳馬仰人翻陳復心陳伯嚴又來遂無坐處叔玫讓席陪二陳余乃得食飯後入室要二陳密談叢楚枏亦與譚李楊作陪孫伯瀛夜來三更散房嫗布席雞鳴乃寢

十一日晴涼可夾衣晨有李詩意候見遂出外廳見江湘嵐解錫珊唐世孫廷韶鵬孫瑱魏碩輔亦農見向燚樂毅弟諸人逃入朝食已過八點鐘出縱橫街巷中拜客六十餘家郭寶生王瘳湘陳伯嚴同事黃大雲林宝劉景點峰如處俱入談餘皆見其門僕入撫署已過中伯嚴叔文復心譚李同坐散猶未夜汪壽民來告兄喪

十二日晴李叔和來周鏡芙梅子皆來言梓雜安在城外明欲公請我余始悟當修禮士大夫郎託開單過午謝客文芝五陳芝初光裕知府來撫臺踵至余尚未朝食也飯後撫去幕來傳茗生來兼有山東王少耶咸昌澤銘見訪魏碩甫送揚州全席三辭不得命遂留復心叔文子黃同食未坐教習齋長七人來雨至客去乃得飲食湯多菜少白費廿千可惜也

十三日雨黃雲岑兒來見孫伯璵彭丙炎來談云彭鍔楚漢弟也家世雜併譜學頗難夏芝岑兒與皮經師兒同來飯後出詣陶李梅曹文鄧魏皆江西出面人唯李未見弔唐甝道妻喪馳還未夕電報次山撤任學堂衰歇矣



十四日陰見劉縣丞隆鎮玉丞鄧知府在琨任二尹謙佩卿許知縣德芬復初出答拜先施諸客亦縱橫城中而人家寥寥頗為勞倦見二觀察而還皆潤屋富家到館少愒往江南館公宴進士家畢集黃劉陶曹梅文程雒菴為客握手道故感著不飲不及去年豪耳

十五日陰家忌謝客李郭楊三熟客闖入云復心當來既而不至看畫評帖陳進昌太尊云來三次未見必欲便見向燚亦欲闖入告以資輕望淺不可依例看京報文卿兒得會元補湘人二百年缺憾榜眼流蜚也叔平家亦得進士又熊希齡王銅𦪸之流

十六日晴管學請入堂會晨見郭兆鶚唐本棟兩同縣李洛才兒凌剛縣丞黃新建到堂見九教習二管學一提調兩監督一收支百四生設二席酒三行而散還寓暫解帶復往撫署送復心設酒未飲至譚李齋中看報出拜藩𡸁俗劣少減於初見時派辦催客往則江贛南已到沈銘縣莊光銘翁樹棠為主人設席洋廳傳茗生魏業鈞同集陸孟孚後至

酒半大風雨雷小待雨止乘電光而還寓書端午橋

十七日國忌可避客譚兒珠桂來蔣涂踵至汪壽民來留飯向嶷與焉楊(昌燡龍生)曾(傳澍南舟)章孫伯範左春芽鄭(周冕蕭)任雨恬王廖湘先後來孟湘談頗久曾見黃壻亦姻親也王少梅(衔曾)來報孫伯璵暴病將不起

十八日晴蕭分宜(先熊林紓)賀少耶(元麟)馮師耶(用霖寄雲)鄧經訓(竹孫)魏館長(璽臣)王少梅便衣來見之遣邀張四耶看孫先生爲此不能出門坐待公請恩恩大會主人尚有不識者江郭同爲客未夕散舁夫未至借力馳至伯璵寓已半死矣寮友有四五人坐護之皆有交誼者叔文亦至或云小有轉機余遂先還

十九日晴黃(冠仙朝乾)來欲得清賦差吹灰力耳請翁觀察謀之復弼饒州書李餘(弼瘤饒剣駐書)黃翰臣兒(勳陞)曾(關舟)周(敦門)黃外孫黃子餘弟(經餘)吳(鵠獻)沙年姪均來一日未食與書端撫臺(陶齋尚書使公節下別後未再通書摠扶風銅器文久未



報命恐慈僨帥長江旣有淨人盤踞兩次出游皆行內地無由上謁鈴下比至南昌裝聞新命願隨鄉鹿重到長洲一上藍暫底歸新政而抱冰抱柱交替無期若夏氣已深有妨游客瞻望樅榮企想徒勞蓮因陳復心寄上拙著尙書箋春秋各一部聊塵插架近狀亦令代陳專稿請安蛆賀運書)將夕郭營催客水陸將官公請周將軍到已一日譚李梁楊均在永孫從來喫番菜殊不清潔還家喫湯餅

廿日晴鉛山令朱來言鹽務鹽價趙(景貽)鄧(在岷)曾(南舟)向魏郭(頌欽入作)均來見出謝客七八家梟糧惲蕭均入談道買時魚遺先送還已亦暫還旋赴楊小樓警察處會飲江贛南陳芝生李嘉德江傅同集甚熱得雨夜還

廿一日陰晨晏起撫臺來言張天師將入京祝嘏先來省張羅撫去譚兒來乃辭以飯飯後又點書乃出接見錢昌瀾(優貢知縣)云與功兒至熟不求提愛(洪琴西姪挾題九文書以來正如蕭挾詩王曾家書令卞頌臣眼中出火耳)頃之周道臺來催云江贛南郎日當發午飯改早細雨稍涼東湖看綠致有佳賞江湘嵐繆芷汀先在江訒吾旋至周朱楊傅繼至沈仲盤後至未夕散還蕭生鶴祥自衡來留住前軒

廿二日晴晨起見同鄉隆周唐顏向李韓陳章孫李叔和言李家焯事蔡姪孫丁憂來南昌言功兒復發瘍疥周輝堃來謀居停與蕭陳蔡並入房陳年姪(光裕知府若霖從子)來欲同往周道臺處辭以尙早欲愒不得待催客卽往石頭街周敦門爲主人請同鄉作陪楊小篆傅茗生賀雲兒郭寶生李伯康陳光裕王廖湘俱集菜頗精潔

廿三日辛未芒種晴洪子先(葆欽)來見云四川舊識不記憶矣文芝五董惠藩(廣東會同令名汝昌解李犯官)向龍山(冠軍)袁海弟左心子陳仁齋(元耽雨初兒)魏均來避客出拜客七八家欲赴任雨田飲日色甚早徘徊東湖訪湖心亭已改作矣與住持僧茗話詢卅五年前事均云不識僧雛亦死無可留連出至席祠愒樹下向嶷邀入看夜談錄乃似未見書亦可異也



任家催客往則陳翰仙(運昌)先在翁樹棠楊小篆傅茗生周敦門余澤如(長春溪口人)王廖湘同集戌散

廿四日晴陰復女出游東湖楊叔文來早飯兒客一日魏(舜臣)皮(吉生逆判)黃(冠仙洁賦)二洪(留謹蓉頭)文(廷楷式弟)李(岳年洛父)翁(樹軍)梟(陸二)何(如璟師呂)惲(福成)張(獻于)鹽(欽陽霖)楊(士京學生)三劉(隆麟贊湘謝)彭(芸卿程初旗)傅(光甫已卯新城令)曾(傳澍)廿一人又四教習(余建侯李鉅亭程術生謝子良)一幼童鄒(邦玉)共廿六人曾言買缺事王少菴夜來亦言買缺事

廿五日晴李生來早飯高蔭吾監督何如璟李幹青來譚兒來辭任水師來謁(紹黎出洋人)陳年姪翰仙來約一集濮維通判來診脈廖湘招飲卽答謝何傅濮三家還至百花洲諸客畢集李翁(洛父小涌)曹(价人樹落)李(伯良)鄧(紹)(鵠)沙年姪錢昌瀾同會初更散

廿六日陰惲福成李伯俊周晉階(植謙)來未飯孫宅來報伯璵喪往則已

下榻矣以五十金賚之買棺叔文先在一貴州人一江南人(駢大事之孫)均來問姓字斂具未辦反勞招呼乃先還涪州周巡檢來燈捐委員也云亦致數萬金周敬湖來看蕭生沈魯青自臨江來周戟門來江蓉舫兒(忠賚)來云尙有庶兄弟六人沈子培來言孫事不以賚缺爲不可乃屬余言之頗難辭允且往送斂文芝五催客往則叔文江詡吾陳芝孫周光棨周敬湖郭保生同集戌散

廿七日晴解鳴珂趙景祜惲福成均來談藩臺來俱去正爲孫事作難適有此會因與言之藩云可行便成說矣濮維兒瓜農來云曾應四川經課鍾雨濤成鍔會試還來過午出拜客數家便至撫署言孫事亦不甚拒幕府想不謂然也便訪陸洪黎梁成出過沈南昌過梅子馨久談赴夏芰舲招與皮兒均作主人陶補孫熊解元張潯州向𩦃楊郎均先在知余尙有一處故先饌具上席甚早比出點心已初更矣張亦先去余



從而出至席祠傳已再催江周楊翁郭梅沈均集看保生飲酒至夜分乃散便送江行

廿八日晴鄧少鵠來盧教習(攘章文明)來呈藝任福黎來回信李(宗洛仲伊)來見周氏父子來半日未出申正赴席祠會飲翁文陳芝初金郭(筠兒子秩)李(伯俊)先在郭保生後至陳翰仙爲主人待客甚久飲酒不多先坐樓上後移水閣二更散

廿九日晴惲福成欲得官報主稿頻來三朔和文雖工無取也王駢湘來示時彥詩册且報陳年姪之喪人命迅速真如屈申臂頃爲之駭愕李叔和陳仲昫(祖煊)來尹邢避面云李氏妾義兒也寫唐祭軸題四字曰琅玕悵遠專切桂林又爲孫伯璵題銘旌料理畢乃至陳家臨喪畢姪譚兒相識云有一妻三妾而無子暴疾半時不起曾(傳烟)李(光錄)旋至翁樹堂王駢湘亦來後有哭聲差愈於孫出過余澤如兼詢沈翁而還

二胡子來亦主於我到此始得此半日閒二更便寢

晦日晴蕭芑莼兒來云竹軒年伯許爲謀生在此已大半年矣楊樹榮女壻也路路相通六親同邏有不期而然者乃悟方以類聚之理周戟門來楊孫告假赴瓜洲傳茗生來留談吳幼農來相訪開缺另補苦不可言云昨乃知我來正欲出答客譚李來與陳偕久對不得睡門人肯出留之避日魏家催客舁往甚倦至則盧綬珊朱禮齋陳景夷翁樹覃四道先在賀雲兒明日生辰告席先去沈仲盤後至二更散熱悶不可過三更後大雨

五月己卯朔未明聞鑼聲知司道從巡撫視學當往爲主盥冠而往藩范已先在傅總辦亦來令余謁先師頃之署撫來學官教習率諸生立東方司道羣官立西方延入率諸生拜撫拜司道拜府縣入少坐撫率羣官出城閱兵復率婢嫗自公館出城余至講堂講禮記十葉還寓待復



還乃飯曾傳泗代德輿令來謝未見午後出答九江鎮已出城矣過倉二府而還少坪司使小兒人甚端拙至幼農寓甚幽敞云不在宅

二日晴熱晨至學堂講禮記□□來候巳初還雜客來不記午後譚李與成南皋步過留其避日令哺食乃去甚倦以生客未可失陪强坐待之將夕乃告辭赴鹽局江士彭羅輿國令歐陽候補道陳景夷陳仲昫俱先在陳芝孫茗生後至二更散

三日晴稍涼辰至學堂講禮記凡三日皆有疑一安安而能遷(補云徙義以崇德)冠衣不純素(冠無純素之飾)行媒知名(知名何義)諸生無能問者還寓攸賀令珠服來國忌吉服宜其撤參周味西來言德輿事

四日陰彭蓮村來楚漢弟也鄭恭(菊仙)來訴屈撫臺來言蕭生事且告出省學臺來未見出弔唐鹽道陳翰仙便拜客數家(見黃宅安)還傳茗生來亦言蕭生輿兒偕陳仲馴來自蘇杭黃新建來言團拜夜雨

五日節辰至書院受賀藩糧並自來賀謝不敢見李譚郭翁張四耶黃孫
壻均入見周生來就食傳周道臺入談
六日晴寅初起出送撫臺冠蓋已盈門入談數語馳還雨初晃作齋早在
客坐相待云頻來不得見今早來亦不得見留談頃之去至學堂傳觀
察已到云覆試停講蕭生移入件食余卽還少愒出答藩糧便拜數客
繞湖行至百花洲鄧紹鵠爲主人何端臣周魏兩道李伯俊先在廖湘
旋至同泛湖過二橋訪茗生孟孚不遇仍還李叟來會飲戌正散夜雨
七日雨至學堂講書諸生已集馴輿並隨往王生言蕭云曾事不諧余知
其詐已而曾南周來請王王復出矣當看課卷刺刺不休求館甚難忍
耐接之任雨田來訴彭孫索債告以不必鬬氣得劉壻書蜺贊臣詞
八日雨遣人送王生謁曾旋至學堂講書還看課卷張先生來方云冬壽
方疑訝忽悟其登壽令入密談竟日乃去對客寫二扇作一小詞



九日雨丁亥夏至講書還郭英生王廖湘沈子培來入談歐陽小道笠儔
趙小洲李壽史藝淵見均於外坐相見
十日雨晨欲出黃發半見要於門謝委還陳金章劉柏友趙張壻黃饒李三
鄉人周執門劉笏雲增道臺雨農接連來洪子還見於內坐頭暈欲睡
不得余知縣陳少道芝孫來

# 湘綺樓日記

光緒三十一年乙巳

乙巳正月甲戌朔立春陰待諸女來起居乃興盥頮出受賀三婦進圓棗
蓮湯年餻擲投奪狀元科舉將停宜改爲畢業等第須二張議之耳鄉
人元日不賀年惟佃戶自居厮養例來者三人皆親出禮之竟日撩零
不計勝負夜寒早眠
二日陰午初四婦攜孫男女還張生亦來楊巡檢繼至云欲過班告以不
宜振湘來方誠告假省親楊去張留瑺移牀滋室黃孫來從余睡
三日陰夜熸晨雪未能積素食稻不甘改作湯餅亦不能多今年食少頗
飢似有老境與張生談出處張云聖人不能爲人用亦不能舍用舍行
藏入世之語其實當云隱見見者一露神迹非作而物覩也說現字甚
趣



四日雪盤查穀帳交代公事令振湘管家張生告去夜擲覽勝圖因念子
培請題滕閣聯作六句題之勝地已千年每臨江想謫才人不比勞亭偏送客高朋常滿坐到客館仍陪都督
更聞料槁喜留賓
五日陰料理衣被豫備陝行看滋女作篆兼率女婦作餅鬬草城中僕從
來求安插皆令先去馮甲來送方僮辭去
六日陰欲晴喚船出漣瑺輿請從並攜晴孫盛從九王提孫來見不識之矣閏
保出陪客真乃沐猴而冠作湯圓登樓看發行李自辰至申乃成行夜
泊姜畬張生兄弟來辭兄留弟入舟談頃之乃去周婦船來停舟暫問
人日陰舟發甚晏飯於袁河有肉無菜過縣小泊遣輿看三婦永雲孫竝
來喜其母病可愈各令謀食未正開行泊鴣厓晡餐復行宿暮雲司
八日陰欲雪午初到長沙泊朝宗門待轎兩時許始至瑺已先上矣房嫗
下鄉行李並不上岸因午詒有電報云當還桂陽可待晴熸也然女及

壻均來家人賀年具食夜大雪葆生來

九日早起看雪已及尺矣將出未果朱稺泉胡子靜來便餉一日震孫來旋去王鏡芙廖世英來湘孫昨還未去

十日陰晴出看客分東西路因欲送顏小夏先往西過但少村王莘田王石卿徐壽鶴撫臺萅覲虞陳家逑孔揩階楊三報王之春朱紳卿小夏已行追送出小西門云在大西門比至已發望見行舟還已暮過湘孫家而還倖見但端皆約一集張先生亦追來寓客棧

十一日國忌端撫素服來談湘孫壻弟亦來見余芳臣孫裕璨來瑤兒子來云接張先生端撫催客遂往裕蓉屏先在杜雲秋金倬雲踵至金甸臣黃佐臣其幕寮也云曾陪摸牌不憶之矣談讌逾時留居署中辤出瑤林兒陳六郎均來談

十二日陰晨出東路訪文卿王益吾張雨珊蓉屏笠雲張鶴齡小圃蘇兆奎唯見和尚(蓉屏笠僧)云其徒煙寄已坐化今日送入塔故恖恖也過少翁門云廚子方來且歸小愒鄔小亭來已派撫署文案云幕僚歲支二萬金數倍主人恐非長策少村催客復往客仍未至久之席沅生蘇虞來胡京卿薛鐵路張雨珊來皆甚遲待王益吾尤久上席已申初矣猶名早飯未終先還內逼如廁頗登廁後少睡醒已昏黑舁至落星田顏通判仲齊寓四蜀生設酒公請龔廖尚有錢局燒豬釀翅從吾約也戌散遣人告沅生取銀代謁還未二更遣方周往清泉

十三日陰房嫗來迎云須晏發先送樸被去留與嫁女略話家事胡壻朱生張生來送席還五百金以百金還瑠留二百金往陝換二百金給壓歲錢張與工錢(正月止)火食銀一定(不計數)餘擕以行女孫接龍左大嫂來求事紛紜至晡擕黃孫登舟又待頃之乃發舁夫助槳三更始泊包廟有月



十四日陰睡半日檥縣城十二總久之移杉彎又久之已暮矣槳行取漣口雪水暴漲泝流甚遲到袁河已夜欲宿姜畬黃孫欲歸乃令更進以爲三更可到王傭云至姜畬雞已鳴余猶未信比入雲湖舟人方寐已天明遣方僮起

十五日雨晨待舁令黃孫先歸凡三往反余始舁歸已巳初女婦迎候頃之設食振孫已來云虧空公穀甚夥當嚴追繳食後覺倦大睡一時許羅小敷來夕食飲半杯微醉檢日記上元有月夜甚罕

十六日己丑雨水中陰始理學業除外齋先於內室題韓滉小忽雷拓本孔氏舊藏後歸漢陽葉氏有鈔存方廷鋤長歌及桂馥跋端午橋得拓本屬題云好詩題余以爲詞題耳因作琵琶仙一闋悲壯空靈詞中上乘也(馬上胡笳更安史亂後琵琶淒切誰道經匿江淮繁華未銷歇春院靜檀槽手製數回看柳花如雪(用混詩意)元相徵歌李謩擫笛長自嗚咽想秦蜀流落千年又新染桃花瓣邊血多少玉顏漂泊歎匯檀宮闕只一曲塗遲沙歷把古今積恨彈徹說甚葉氏韓家那時噏)



點書(點)畢入講周官四葉喫餠夜作粥單衣起看月乃後房鐙影耳

十七日陰振湘假歸增一守山人助廚不給張四鐵來講周官杜注博選及旅下士爲無員數皆以意說較不說者差勝耳檢日記錄小詞以備觀覽

十八日陰幹將軍乘舁來楊梅生妻專信來求墓志可謂不知高厚以莊子視下義亦宜許之夜月

十九日陰走筆書楊志付來足去劉壻書來並送年禮鈔詞稾三葉夜雨蕭周來攙

廿日陰劉傭去遣人視瑠女因書與端撫沈府廖蓀畡唯沈無求因天寒令方僮代嫗午間譚教子來云午詒已過省矣未飯而去

廿一日陰冷上壩留生張生弟來皆欲提愛喬子來留共劉飯其姻戚也亦不宿去

廿二日風寒陰晦岳大耶來求信索價百金乃欲賒幰奇聞也遣書弔楊

梅子遣王傭去鑑養假未還令諸嫗代之夜雨

廿三日陰看日記字多不可識詞亦難曉事少而話煩也王傭還無新聞

廿四日陰看白虎論亦普通學也慶大耶復來避入內摸牌

廿五日陰有雨瑞與各率兒女還外內僕從又三人正起行李偶出前堂遇二客愕不識之拜起乃知爲余琛字瑞生其一則佐卿第三子劉小姐長子也字叔廉留坐外齋致笠僧書瑞送端撫書頃之又見一昇云王大少耶入內則二少耶也云省墓至此王鳳喈役來小坐便去瑞家復遣四力來迎人客總集廚房如市吾所見鑿人欲潸無不敗者非佳事也與致功書云魏夏內召陝可不去矣蟄孫致樊雲門書極力恭維令人有戴高帽喫米湯之意又寫示五詩則閻王升玉皇亦不爲過分也今日食不依時亦不欲多食茲蕨局官附楡樊盧良心又做了湖南權道父南岐見鞭審耶墻回首是當



年天子門生陵觀寮雅正

廿六日陰客轎並去欲和樊詩韻以羈字開首遂嵲嶒不成句俄而得焉立成打油腔五首長安廿載騁令羈覩爲君王林盤殿久陟登司參八坐專逢燈檢慶三時文章聲價儲鳥直張李淵源友共師獨月夜吟誰與和祇應衛雪訪戴之中與狗督仰去文皇光輔論功配德替聲饒定知胸有竹墜衛寧道日遇鞭驕驪歸穹茅屋難風嗜鳴入丁堂武途文道誰鄰一齊弦北時絕非常館閣從來雅頌音聲希味淡妙雖尋怨從餘淑開文温如聽靜門與古琴韻向梓適山伊曲吟成取扯水雲深愧怪白告長相惜順貴骨格險凡心蓮擬仙勞千且形爲待春來陌草蕪没擬剗爲無孔鞭凡嚴回驚勒韻文深山閉戶千帷野逐傲書五朵雲閒尹定知賢主意禪山一席恐人分少陵乖師指千肯拔王耶欣須讓不侑把詩能過日自嫌歪老是虛生康成行酒曹公似廣武登臨豎子名獨坐看山且西笑誰知盤戟喚香清得女率兒來請安夜早眠二相公去

廿七日陰七相公來拜年送饆饠云欲見喬哥叢蝌送兒柩也亦云知禮告以不必去留住中齋

廿八日風陰七子晨去房嫗讀周官經奇聞也張僮來寓書樊雲門郵去講周官始悟魚醢重用蓋有錯誤看白虎通

廿九日陰陳佩秋兒來佘佐卿妻遣人來送食物兼買木器復片令去佩兒甚愁送以二元余家亦送十元並寄十六元收木器曹嫗兒來堂屋拜年分賓主成禮談官事

晦節陰一日清靜難得之候輿兒內熱且令姨游余亦率婦女校牌至亥寢

二月甲辰朔晨見日旋陰朝食時復見日連陰四旬矣今日驚蟄乃驚出也諸女出游突有客至出轎稱老伯則熙臣次子從襄陽來小坐而去周滿長率王八來叱絕之

二日晴遣方僮至袁州取桌凳與書周靜皆黃三元兒二胡妻同來田汝春來寫字二張

三日陰有微風黃兒殊不欲去索寫一聯至暮乃行劉丁來夜呼人不應



振湘來周裕苓來行善言王八未可非闡總未必是田雷子來所論乂巽云陳裕三孫包庇賭囊潭令何張皆爲所顛倒王良伯樂卽一人

四日陰陳秋生羅蘭生楊都司均來叱楊令去以劉爲上客因並陳同留宿書齋夜雨

五日陰雨客不能去再留一日石珊外婦來王傭迎房嫗陪媒夜雨甚快大風可駭

六日寒雨二客不能再留因聽之去石婦支離其詞意在索錢不知我無措也金聖歎言寒士見諸葛丞相彼此不相知余以爲諸葛必知寒士告幫寒士不知諸葛淡泊耳若八百株桑一樹得十千又何惜一枝借之今人惟朱雨田稍能通轉亦未聞斷炊也孔子欲爲顏回帳房耆陋巷人不能舍財唯不吝善勞耳書此以廣笑林佐卿兒及張生均來留宿夜談

七日陰田婦張生均去看霞仙集語始議鈔詩集分與兒女各課二紙余亦分程

八日陰裁紙濡筆將欲寫書聞呼門聲自出視之叔止闖然入愕不憶及俄而悟焉幸未問姓名耳兩年之別如十年也延入內坐子女婦孫皆出見夜共摸牌又聞呼門聲云劉壻來夕食時祠堂二人來自陪同飯令別設款六弟倉卒無牀俱宿帳房夜雷雨得兩陳郎及程父子書

九日晨風已晴午後見日早起候客幸猶未盥叔止告去留之一日多陪摸牌夜雨六婦去宿之內房

十日寒雨必不可行叔止必欲行遂聽其去計必露溼矣蔣樹勳來管鹽秤告辭請升俱不相干小坐去祠中二人來亦夜去

十一日陰與書王莘田說田事打發劉丁召匠開門爵一來索酒告弟子荒唐事



十二日雨寒令復女看唐五言詩稍改少作删其客氣者日鈔二葉

十三日雨寒四老少齊衰來云前月十三喪母竟不遣赴又麻衣須六千錢無力備服白袍而已許以廿元賻之恩恩去

十四日雨更寒唐樹林自鄂來詢省事不知也看杜苦雨詩正與今同

十五日戊午社日蔵既不拜節吏不謝朱櫻下又不可行散學一日以應節景寒甚無薪炭劈書夾板代薪計二三百錢一斤柴石崇未能過此夜雨

十六日陰衡州專足來迎因復三書謝之家忌不事客來皆不見今日已未春分一家滿坐頓覺日長夜月

十七日晨起見衡力及王明望鄉人來訴鎮湘十二弟子來卜葬許爲一看衡力午去

十八日陰劉邦直來從學文王明望言夏撫被劾開缺矣劉留王去劉卽八弟孫孟塤兒也

十九日晴劉生去振湘不能理家且多無賴舉動勸令休致內院闌入小偷取綺轎去告團保嚴禁夜雨劉禹岑遣使來告急

廿日雨貲用不足遣人下省取錢三兒逋負甚多亦借此逃去周養息亦藏匿當追索事殊紛然夜書寄朱竹石端午橋並送書

廿一日晴遣王傭送省信周嫗往四婦家宜孫宜豐並同去劉壻亦去家中頓清靜蘇丁來送省信並致莪書

廿二日復雨振湘去方僮還得周晉習書略知洪州消息

廿三日雨移牀起煤盤團總來問王楚村何許人告以吾家但有王楚材吾六房第二房也有族兄二人俱未相見今已絕矣

廿四日陰楊梅舅妻來謝墓志求提愛留居女房已移出外齋夜摸牌至亥子交乃散婦女又來定省小坐令去



廿五日雨楊妻去爵一又來云索地價衆議退還其子孫並懲油賴以其篤老不能誨之

廿六日雨寒王傭還令辦族食饌具取銀二百來應用得莪去冬書遣船至湘鄉采買木器

廿七日陰雨移牀上房以正房居紈女改帳房於門旁方僮蘇丁劉丁並下省公幹來往絡繹殊非山隱所宜然無如何也寓書王石卿

廿八日陰盛團總撥銀了爵一訛頭盛農遂破家矣鄉間如此等事不少周由地否亦實鄉愚自取無足惜也爲之批契批佃約

廿九日晴始有春色猶寒宜裘王傭奔走靡皇待船不至遂往劉衡辦差

卅日晴午往劉衡攜兩孫從添一舁二夫並不能擡換一人加一挑黃孫仍步行小憩史家坳與張蕭二姓閒談過瓦下塘老樹猶存門面似改心田坤亦不似前景渡炭坵尙彷彿耳至祠族衆除煙客無長衣可爲

概然

三月甲戌朔清明晴晨興待祀無人料理乃不待饌具與宗兄行禮設五俎而行事亦不顧衆蠻人所謂子路知禮者飯罷復至成家看開煤還至杉塘弔絨子送三元借九元諸婦並出見皆老矣唯寶老耶母反少官民之分也小坐馳還兩孫猶在史均相遇余乃先到頗倦早眠

二日晴朱通公約來張船戶先待坐半日始去陳佩子殷竹孫宗兄李舅孫俱昏暮叩門應接不暇引李郎內室見之餘俱在外齋無牀被款客不能設法也

三日晴午後微陰有雨令節放學舁至橋上看寫碑鄉老咸集小坐卽還魁孫弟玉孫持隻雞來求從游問其能雜貨擔販也實無所用亦姑諾之殷李並去陳宗尙留

四日晴瑫求喜對送叔舅買得浙紙七言聯八言紙不能容畫格買紙



寫字人皆荒唐粗疏然無如何唯有照和珅辦法撕去另寫諸女作牟丸甚佳

五日晴始得游賞沈山人來亦得佳客檢廿六歲詩無數佳題並無一字可謂嚴謹然不足爲詩史爲補一二首不能佳耳

六日陰晨雨瑫攜女去爲設湯餅餞於湘綺樓方僮回得程督銷書純乎官話劉少靑書來薦一劉生蓋意在督銷亦可笑也

七日雨劉生去本約至張家雨不能行遣足報之午後忽發疾昏睡半日三更乃起解衣

八日陰仍睡半日竟日不食夜令作飽摸牌倦早睡一夜未寐

九日雨早起遣人于請三要津六耶專足來送三書正罵其總辦鈔稾示之六耶功兒一流人功畏瞿鴻機而欲我制其稾六畏程和祥而欲我乞其恩斯所謂執鞭之士與周丁無求故薦於巡撫以奬之鈔詩百紙聊息數日夜見月照東牆與婦女登樓看夜山田林院宇致爲幽秀

十日雨朝食後晴遣周方下縣周便上省方辦木器與書陳復心回趙信作小詩不能入格

十一日雨盛團來馮甲午後來方僮還云無木器黃孫畢夏官李長生來催信與書誨之

十二日大雨午後晴檢田契田約無一存者無子之窮如此文王不能仁也

十三日晴門前小池種荷稍疏理之已不成池大蹏涔耳劉壻黃孫出游衆皆有外事余亦閒游眺王生來取對送扇啟書人來

十四日晴霧啟書清版片已殘落豈被盜作薪耶且就所有啟之校鈔詩亦有譌落方知不立文字之省事書扇二柄說湯大濩卽大鑊也鑊以煮湯故取於鑊史東茂來如見故人得裕蓉屏莪女書六耶來言公事



如見讎人不忘其親而忘他人謂之悖德以悖爲順也

十五日戊子晴大煊頓著單衣早起戲作余佐卿墓志遂成一王氏體六耶去宗兄來言買穀事天陰陰將大雨頃之風雹雷雨交至風吹草樹怒號牆壁悉震新樓門窗盡破大樹皆拔雹復雜下雷如礮震余恐懼思愆未知何祥論語莊子啟本並壞萬紙盡飛墮泥一時許乃定啟書事遽散矣夜風猶吼

十六日陰風與書兒女報災兼料理修補新樓牡丹三花一開二繫俱爲樓窗壓折

十七日庚寅穀雨斜風細雨仍有春寒遣船運瓦乃云無瓦價亦頓漲云壞屋無數盛團來云姜畬災尤重瓦買盡矣秧田亦傷穀當頓貴子泌兒來云干程商不遇欲我加函告以不可留居客房夜復雪非雹矣雷隱隱竟夜寄莪京書

十八日陰雨作牢丸寄湘孫欲遣人去無齎勇者雨亦不止遂召匠修樓看詞律極可笑四老少來乞糴

十九日陰王史兩傭方僮並去午後大雨陳秋松送木器來朽而貴湘潭之陋如此夜雨霧霧

廿日陰躑躅始開節候較差半月牡丹既折猶花乃勝於在枝者復女講唐詩畢夜閒無事擬令看水經注又欲自鈔論語

廿一日陰前鈔唐詩未二葉聊補成之斡將軍來小坐去夜講水經注大雷雹雨

廿二日晨雨旋止竟日陰冷許孫來看鈔詩一葉字體甚工惜不欲與人爲他日陶齋一種耳子規始鯀蛙鳴稍息驟復雷雨

廿三日晴煊方僮回云尙無新茶易詩人坐轎來云欲留兩日無詞距之聽其闌入夜雨純孫上書文理尙通



廿四日陰工課甚忙未得陪客午後與諸女後山閒看馮甲還周嫗率方婦還家方僮復去

廿五日晴王團總來請寫芳名至雲湖市壽丹朱通公作陪午出申還張生攜兒子來留宿

廿六日晴詩人去張生亦去午往寫碑雲門子孫來功兒書來言鐵路爲瞿所誤未知何也

廿七日晴寫碑還沈師兒陳秋兒來沈復送鱘魚從父好也蒸以來便與同食留宿外齋聞文卿喪

廿八日陰大風沈陳冒微雨步去王明望來艸蛋坐轎去寫碑畢朱通公不至譚鴻才來刻工不能用刀召黃孫刻三字爲式余先還唐秀才來

廿九日陰補昨日程課未畢朱倬夫專信來云撫委何令踏勘雹災指宿我家新令張海樓亦來並要朱同行正遣轎送三婦看楊家方僮未還方深支絀且復書允接告六女治具魚翅罄矣以燕窩代之夕方僮還指麾掃前房及樓以備款客作餅送春

四月癸卯朔陰晴晨起排當小有陳設別設煙室待客禮不可少近於佞也東風甚壯待客不來日旰君勤俄而報到何莘耕字又伊奉撫委來致書送茶酒張湘潭超南字海樓陪委員勘雹災朱太史卓夫爲介俱至設酒樓上二更始散小坐卽睡張何分房朱入內齋喫煙至子正未睡余先解衣旋復更衣已雞鳴矣作書復午帥

二日晴晨起送客客猶未起朱乃先起坐待送兩令又將經時許乃飯午初去唐秀才亦告歸未申間大雨平地水幾尺許俄頃而霽書譚文卿挽聯湘中諸帥獨文通五十、載從學劍並依然督師聯總憲洣上巍科承雅步二百年天荒缺憾親見郎君奪錦回

三日乙巳立夏雨竟日作飽迎夏說雍氏引棨誓考甲戌日不得何月因憶周公死時聞子規至初秋葬三月至七月正合五月葬期淮夷之興當在卒哭內故令斆臒必非當戲時也惜無長歷不知當在何月又鄭注小子言平必非俗讀孔亦未知所出夏官有小子而無平字



四日晴熱瓶花經月不萎反勝於在枝者此理前此未悟課讀如額鈔詩加一葉猶有餘閒夕陰俄雨遂傾盆竟夜黃孫朝驚以蛇我未之見

五日陰復寒文卿吝而厚我一聯太薄更送一障近大呢不可用因用江綢紈女以爲可惜又改用湖縐書壽高彭李茶陵達人也

六日晴功課早畢午後少愒許女報其姑歸攜子同至宜孫甚喜云久不見長生也正欲遣人從劉壻入城卽改派焉

七日陰晴劉女壻欲閱卷蓋謀齎火貲爲薦湘潭今日當往張周同去兼換錢還糧與書功兒及蕭某午初去申初縣令書來迎宗兒率其姪壻崔生來與談小學輿地留宿外舍幹薛阿來沈山人來言樹藝殊無辦法亦宋學也

八日晴宗崔並去偶淸書版令方僮試刷初言不能後乃成業刷匠不能勝也余兩刷譜均以價貴而止昨霅云起劉坤殆以警余今得方僮竟可印行王升自武岡來爲之摺紙半日得數百葉云刷匠亦不能更快也

九日晴煊復有雨意吳劭之專信來歸命於我我亦自任然茫茫無所謀但鞠躬盡瘁而已復書諾之

十日陰朝食時雨復寒淒淒竟日讀周官壺涿氏始制水雷而有十字架禁淵神之法今未知有效否聖不語怪何以著此夕睡甚久

十一日晴日光未朗氣候猶寒繙嚴集漢文崔寔四民月令引寒食謂之冷節不注出何書小時不知冷節謬人告我今五六十年乃見徵引尙不知所從來亦可笑也博聞何可易言又講盧鴻詩樾館樾字說文無廣韻云樹陰盧乃以爲柘亦所未詳夕間佐卿兒與一僧來云笠僧亦



出洋矣

十二日晴蘇三昨來功兒報四婦出洋三兒護送以爲我必怒殊不然也此皆不齒之人何必問其所往復書告之張生來言其詳張子持又來見言雷丰事午後皆去

十三日晴譜有闕失遣問有譜家乃皆無之馮甲尤畏步行乃設法規避可憫可歎王傭亦無足而至

十四日紈生日晨有雨張生來告出洋湘綺黨零落矣胡羅始得快意且留喫粥放學一日登樓看稼三女一婦並從便留摸牌至夕倦乃散飯後昏睡三更乃起又睡瑞師陳兒來皆未見竟日燠熱

十五日晨更熱換單衣旋雨俄止祖母忌日不出食飯後見瑞陳遣人往借譜本補缺失並借唐詩

十六日晴鈔補譜傳隨筆改定

十七日陰雨鈔譜畢始可輯覽新修成尙未暇看殊可笑也櫻桃已熟多爲雀啄

十八日大晴不熱溪畊水渾不可瀹茗數日未潤喉吻亦殊不適四老少來卯金刀同入俱飯而去

十九日辛酉小滿陰雨又鈔宮詞一葉王建花蕊合裝一本昨檢失之如此類散失不少夜雨

廿日雨竟日鈔詩共三葉登樓看水作書復胡吉士因便寓書莪女雨水煎茶稍有淸味

廿一日雨水退贛孫小疾迎醫診之余未招呼非老輩規矩刷譜釘成復校一過復女亦小疾放學

廿二日晴馮甲率文柄買瓦有酒煙之利故去一日鈔宮詞畢諸生徒亦各畢一本經木匠來



廿三日晴瓦炭俱至議請零工余持不可令僮傭合作文柄借事逃去劉增閱卷還永孫來求書門庭喧鬧一飯斗米極熱鬧時也

廿四日晴永孫午去揚勝士仁來韓將軍來求字云可得廿金磨墨來爲書五聯夕小睡遂至半夜鈔書亦不踊躍遣看張生云已從倭矣

廿五日晴熱鈔書如額沈山人來言樹秇事亦宋學也又將以十萬錢試之才女慢書來且以匈奴待之

廿六日陰遣人下縣鈔詩稾畢游仙亦將畢工欲補作除夕還山詩竟不若塡詞有趣乃知文各有宜鼉鼓催年缺船燈夜送我愁愁喚渡自笑閒忙把佳期過餞問何事只剩殘冬一日兀自片帆雙櫓卸裹且〻向斜風吹雨算年來更沒閑心處游賞管任上流光度去住不管良時似山陰來去剛明朝到守梅花樹隊蘇娘醉把歸程數道此行恰似飛仙在春來前路〻拜星月慢夢有人持畫求題初不知畫者名功兒云纖蓮畦筆記中有之檢得康熙題記云柴萬榮好用大斧劈皴因謂之柴大劈乃取畫題畫心皴裂惟旁有新綾邊將題其上復不知柴字號

視其印章云浚宇題時又似姓萬云萬浚宇好用斧劈皴初不爲時所
重因其姓號爲柴大劈瘳甚分明末畢題而瘠瘳中又看繼筆記甚緐
富分上下二卷臚列多門文字隨心所念無不歷歷
廿七日晴鈔書畢工爲三婦作湯餅而去恰無新殺乃具齋麪設鋪墊長
兒學縫工不能縫椅披經營逾日尚不熨貼
廿八日晴熱晨起三婦來叩諸女未能早集麪亦甚晏午前始浴湯如泥
漿方散髮得意（內外起二場）外場已散云有女客來四姑女孫適涂氏者來
不見十餘年矣停久與相見令遣夫力去留過節乃去喫麪甚餓而不
能飽遂不夕食食二牢丸夜請膳卻之已又索食老人無常如此
廿九日晴放節學閒坐樓上忽來二客一岫孫一趙郎疲於接對馮知客
已不知去向矣入內食包子䴵餻小睡夕起飯後又睡遂至曙
晦日陰晨往橋市寫碑還乃朝食甚熱而雨遂至竟日昨張生送譜版來



今補啟成
五月癸酉朔大雨竟日劉壻冒雨行余亦將還城礿祭放學嬉游
二日陰晴朝食後命舁入城取道月印塘看張生質廡其兄設食適喫野
雞甚飽不能舉箸小坐而行至城將夕矣衣箱未至待久之停賓興堂
周晚香工部來作主人蕭某已歸去矣朱菊泉與雲孫先在倬夫亦在
初以爲夕及坐談又兩時許劉詩人楊孫秋少均來周設夜饌甚旨晏
徒往報縣令夜承先施二更乃得衣裝往答拜即留設酒亦不能再進
食辭還早眠
三日晴未起聞蔡四耶聲不敢應也周主政復來菊泉亦至遣招吳劭之
久之不至先往弔楊姈還率兩孫看三婦病已能起坐小話病狀還寓
劭之已來紫谷道人再至陪客竟日甚倦對客竟臥久之乃輿夕食後
倬夫從市還初更俱至縣棠余捕廳作陪二鼓散還亦早眠

四日晴丙子芒種晨出看船大水循岸無艤岸者上下傍流皆言當用撻
子乃還堂朝食遣覓得一炭船午初發未初至南湖港步行十里入城
至詹有乾油市云當用全州者辰酉價貴遣信與程生李文石相聞程
生已來未夕雨至岱女亦還觀三更乃散
五日節燠暑蒸熱王鏡芙蘇兆奎余德珍胡壻鄧劉壻均來程孫來見午
初
廟中行禮岱女又來李文石來訪湘孫亦歸招朱四老耶摸牌未能用心
時作時輟午食後乃入少息倦臥遂久左婦來不知也點鐙後起與女
孫坐談喫包子又覺渴睡真老矣夜雨
六日大雨齋居謝客裕蓉屏闖入以有條子特出見之夜初陳馴復來陳
饌器後遂寢
七日仍雨巳正行事唯有胡陳兩內宗女壻外孫無至者禮亦生疏午正



餕出謁撫臺王商務石卿釐總裕營務何莘耕又伊雨甚還家夕過撫
署看戲久坐李文石書房見陳善餘黃左臣裕蓉屏同出看戲鄧少菴
後來子初散
八日晴晨出弔文卿諸子訪鄔師張兄還朝食本約陶文往鹽局看覺孫
女出看大水舁夫久不至因步往遇王爵帥久待撫臺至酉乃至看手
卷十餘無佳者設食亦草草舁還
九日晴小亭來午出城展　墓入城訪文石傳帖人未來因自通名談頃
之出便過王撫朱純卿還小愒晚飯後出弔陳仲英兒云不在喪次乃
還
十日晴比日本家子孫來者六七人陳生毓華亦頻來外客皆不見惟陳
余以世交得入憶其父來往時已廿餘年今又相遇遂不相知聞矣何
又伊請飯辭已還山屬胡壻買筆尋幬急欲還山

十一日晴讀碧理兒以詩來勢惜不得袁枚摘句褒之午過王莘田飯程生王賀（退黔國昌）同集熊禽辟腹疾不至仲英兒送禮辭之

十二日晴步訪但少村云無屋住欲移湘潭委以安置還朝食譚兒復來云欲提愛奇想也送去二元亦可惜矣唐樹林來致復心書王爵帥召客一人不到急往赴之楊翚曾鶴林張仲𣄃符子琴兒同集惟符爲紅人初更散與書問夏叔軒及端撫鱗陳家祥

十三日晴家忌素食謝客唯銑華得入程生送𨯛金一百朱送卷金家人來迎（宜黃闌孫同來）更顧一船攜女同上湘孫先回

十四日晴晨起登舟胡子靖追來求提愛諾諾連聲且待機緣爲程題張之萬書册寫對三副午後眘芳來緣細兩孫同轎湘孫亦至宜孫從登舟黃孫及純盈兩孫從輪先去功兒四老少亦附船同發余攜諸女坐顧船功坐自船北風忽起遂挂帆行夜泊茵蔴灘

十五日陰晴有雨甚熱船發甚晏帆行亦遲午至縣城不遑他事劉詩人陳國𤞤均來求救悤悤來去夕發至漣口已昏暗行十里泊袁河

十六日晨陰晏日日光甚烈𥻨姜畬早飯午至湖口待舁久不至兩孫女從其父步歸余亦從湘孫後步至家盈𡟰來迎夕食後大睡二更起看月喫杏酪余已飽矣

十七日晴得陳鶴翁手書振湘來令方僮具饌送沈山人五十元作樹藕資本

十八日晴熱遣人入城令方僮治饌以款眘湘送劉蘭生乾館暮雨遂至曉

十九日大雨竟日水驟漲斷道城人未還且烹羊網魚爲功兒作五十生日小睡午詒來劉堉亦還並冒雨泥行亦賞雨一樂也夜喫餅三屠樹森均來唐樹林送銑華書又來



廿日雨功兒來行禮諸女婦孫均拜堂上客有夏劉賀鄰有張周宗有岫孫振湘張生率兒子亦來早麪午飯竟日摸牌

廿一日陰午詒欲去急題金紡圖遺唐丁去再補寄孟浩然書並送墨子堯兒來求墨子亦與一部午與午詒講堯聽公尸首章祭太祖次祫祭次祔祭次四親祭次繹祭始爲妥確有起予之益夜爲復女設湯餅未夕食

廿二日晴夏賀晨發跣而送之實已晏矣復女生日留兒女更住一日廚中無辦勉設湯餅午煮餅乃有風味遂不夕食遣看余兒留省未歸

廿三日晴歸舟以赤口不發更延一日氣候熱蒸市中無肉新塱地皆出水僅寫大字諸課盡停譚鴻才晚來

廿四日晴晨遣王傭至船鋪陳飯後復令房嫗往料理湘慧先上壽春從眘芳午正乃發兩孫從其父步去張子芝兄弟來求救云大頭小尾事發委員查辦矣事發於革丁非上察知也幹將軍來言譚拔萃有屋出售與書但少村追送船上不及而返暑浴粉後房土壁祠田退佃

廿五日晴昨日有和尚來言湘鄉田姓謀寺產至夕又有一貞女從縣舁來訴兄妾自云年五十三未嫁談次數攬衣探乳辭令出宿

廿六日晴宜孫生日喚周兒買肉乃云昨夜未還張僮璜孫均外宿家規太不整乃悉撤之因及王傭一朝尸三又益一个所謂老莊流爲申韓自然之勢也然傭僕頗已振作軒書還分與諸女婦自校詩集

廿七日晴熱周嫗護兒不肯令去此家規則不能整姑稔其惡譎令出差沈山人來看山田澤霖來言保釋陳國𤞤夕風大雨頓涼早眠一卷詩未校畢羅小敷來言訟事

廿八日晴晨涼甚可夾衣與書兩女及程屺樵欲遣周兒行云已晏定明日行劉小姐送禮來將附復書問之又已行矣女子小人反復如此信

難養也幹將軍來久坐留飯去夜涼早眠

廿九日晴省船還宜孫讀詩八句不能上口坐臥一日以新法未嘗督之或成國民耳校詩二卷涼氣欲寒早晚衣夾枕簟猶冰也

晦日晴涼校詩卷畢譚屠婦來爲煙店婦保產利之所在無縫不鑽余不能爲無縫卵是余過也

六月癸卯朔晴午後雨代元嫦求代退佃遇雨不能去張育鳳復來求書贗館無因而至亦不能拒之人事可厭其實可喜也

二日晴涼欲雨未成盛圑總來取銀去揚休夕來令投醴陵

三日晴涼看船山講義村塾師可憐吾知免矣王顧並稱湖南定不及江南也夕見一遠人來而狗不吠疑之乃方僮自長沙來送莪信物周嫗二子亦來求事適馮甲告去因留據其榻

四日晴名言來求提愛欲棄香業而爲親兵岫生來探其子蓋兼爲四老少游說將去雨已至頃之傾盆飛溜漂搖我室乃知詩頌攸除誠有見也



五日晴華一來求提愛兼爲和尚游說爭訟求勝無孔不鑽避入於內作書寄莪

六日戊申小暑晴頗有暑氣黃兆蓮亦爲煙店事來留宿客房

七日晴黃兒去欲呈契不敢出乃令屠嫦來私與房嫗大約欲挾以吡索寡嫦也愚懦自入網羅吾不能剔開紅餤徒爲三歎夕食畢臥藤牀納涼聞有人行聲則李生自桂陽至云真女生女已滿月久不夜談令始與坐月下談至亥初乃寢

八日陰晴北風晨坐樓上與李生談官事已而大雨新屋盡溼不可坐立僮僕皆出獨呼黃生周嫗上樓閉窗室墉迸水牀下流泉坐門外避雨至昏暮李生急去遣送下船舁轎均不能還待至二更乃有人還

九日雨通宵達旦移至上房滋小疾問之云弟嫦有閒言牽及才女余云吾女不比人女曾經教訓人女且不如吾婢嫗不可計校也還房語嫗嫗乃大鬧教訓之效如此耶復徐喻之至夜始靜六女亦來遂不復言是非矣

十日仍雨召匠蔽雨劉堉告去六耶書來求留差告以辦公不可言私程生事足來求文告以無此例並復書令去

十一日有雨真女還陳堉亦來門庭喧鬧看陳堉用庾韻哀夏賦亦復斐然但未配搭勻稱耳年小於我兩歲可云美材王元渙來求留差實不暇應接矣

十二日晴衡信還得瑺書不報妾喪猶拘俗諱程父子送油來名言又來送雞愚不可喻如此至夕聞有轎來則戴表姪闖然而至懷挾三書一無以應留宿夜談



十三日晴戴姪晨去六鐵拉楊勝來玉蓮來辭工國安來求事王氏人物更有樹生如此添丁不如釘盧也爲程生作鹿壽序成馮甲又來求書立等送去鄉人不知世事不及劉縫人能驅使劉二妹子使其妹立起沈疴也陳堉講周官陳殷置輔欲以殷爲殷覜殷見之殷官府會外朝亦可云殷見輔則以王官持節往似勝舊說然陳置二字未確

十四日晴紅日朗然始行炎意禾有螟賊鄉俗例儺夜坐門前熱氣上身乃入還寢

十五日晴傭工均失曉自起呼之黃孫讀周官畢馮甲欲販田取錢乃知前佃目需索而去鄉人不顧後患使從其言生無限枝節此亦自不理事之咎

十六日晴晨寫對款作書與功兒送譜與兩嫁女召王傭問祠田遺史傭下省方僮書報端撫陞見湖南復少寧矣微風不動始有暑意几席猶

涼夜月周傭復來投靠

十七日晴宜孫議詩乾餱以愆鄭說甚陋方恐客不來而言其好喫無此理也乾餱行糧唯一見春秋傳致糗是過禮也弗顧則不來有咎則不來失德則以愆蓋愆期不至言不能要人耳以我失德雖行路時約人相見彼亦愆期是兄弟相遠始聞蟬家人云前半月已有蟬蓋誤聽也

十八日庚申初伏晴餘將軍偕李邦藩來輔廷遣人來說佃事往復紛糾塗不可喻所謂未達人心事之過也黃孫讀儀禮家人多傷暑

十九日晴遣方僮了佃田事晨去史傭擔瓜還周丁同來云端係撤任頼署首府大少耶方請客未暇作書也方僮夜還戴表姪復專人來

廿日晴熱遣戴信去滿嫂子來送禮馮甲去一嫂子來求退田食瓜陳秋子來自持藕餅長衣觸熱可謂襛矣陳增問周官王后后之異令自考之云內官則尊稱之又有言后者承上而省餘皆但言后唯太宰攝



則亦言王后也周丁云余肇康方在省待鄂藩豈李翰林當罷耶得朱卓夫書

廿一日晴有風熱稍解陳問司寇獨言禋祀者何未得其例夜無風甚熱起與女婦兩孫食瓜今日癸亥大暑陳子芒芒然歸

廿二日晴熱檢史贊將重錄濟本視之仍當檢本書未易寫也又熱不可事且置之

廿三日閉風益熱上下屋均如烘爐殆近年未有之暑遣僮買瓦竟日未歸劉邦直送文來忽又四閱月矣夜入室有熱氣仍出門臥久之乃入宜孫昨夜從我寢今乃獨宿

廿四日晨陰朝食時雨北風涼室不可坐立未知所由階簷亦均在雨中如無瓦也鄉中匠拙如此楊江沐忽專人來請託殊出意外復片訓之

廿五日晴蒸暑常寧陳商來云雲土四十石爲人截買欲得一關說以去年燒烤之惠許爲謀之盛閱總復爲戴表姪說船事則更支離起入食瓜張彬所獻也無往非苞苴猶云樂飢亦强顏矣湘撫狀何陋

廿六日晨雨旋止遣買瓦煙炯去兩人又顧工洗黃閣俄而雨至至夕止涼

廿七日晨雨遂至竟日夜雨中張興來貢瓜得廖孫陔書功書言親友悲歡而無着落紙云湘姪報王婁女同日死蓋指此也看五代史贊十不省一宜受譯

廿八日庚午中伏得雨又防漏伏幸雲起無雨諸女食瓜姻剖六枚有二佳者周嫗少子引黃徒來求事云其主人也復廖朱書

廿九日晴南風始正夏令晨起作書與程岏樵言雅片煙船事遣陳商去張方二僮俱去周兒願留一日韓佃來求田

七月壬申朔沈山人率土工四人來令墾後山早飯已午沈去餘來言夏



族爭山欲假我名息訟鄉中依託名字者不少真無可如何也馮甲夜去看史贊一過

二日晴晨起呼僮不起仍還自睡史傭亦病湯嫗請假內外遂無人力午熱夕涼

三日晴風涼遂秋宜孫腳瘍放學二日入內摸牌夕熱遂散三婦小疾周嫗領宜孫睡

四日晴晨作幹圖說涂孫陳兒均來久不長衣著衫見之大禮也涂鋪後告去

五日晴晨爲二陳改詩文一雅一俗不同年而語者竟同刻而改劉丁來送瓜沈山人夜來食瓜

六日黎明聞閽門聲起看山人已去外舍七八人皆寐未醒真老大帝國也作書薦劉丁於和尚亦京派今日閉風晨已紵衣又爲今夏第一熱

候然昨夜頗涼日出後亦不熱池荷二花朱色頓鮮方僮回得朱竹石書

七日熱張生來飯畢喻生程孫來喻呈史篇程致父命言廾沙均留宿夜飯甚熱夕月看諸女乞巧應故事陳瓜果無心拜織女也

八日晴己卯立秋喻程晨去張生午去看喻生史篇與書功兒言接腳大姐事

九日庚辰三伏看史篇將軍來言官事易了已了二訟矣看史篇

十日陰晨爲蕭女驅彪未畢劉生來早飯後去見理安詩序文亦雅飭劉孟坻亦作詩甚識曾侯前未聞也

十一日晴午雨遂涼看喻生史篇畢義例未一不能批示略駁數處

十二日雨齊七作周官表爲看祭祀十篇以祊烝皆爲祭太祖不如以爲祭禰世室則父廟爲祊義亦新安周祭最多悉由義起明堂禘則行事



姜嫄蓋以大嘗前行事記曰魯人有事於上帝必先有事於頖宮頖或爲郊即姜嫄之兆也郊前行事周則有廟故於祭太祖廟前行事奏夷則是七月也奏無射九月也八月祭親廟爲嘗九月故爲大嘗

十三日晴諸女設薦卜云哉來知其欲提愛告以不能首府忽去不知何意卜云趙特薦也趙用人真獨具眼似有心疾嘗稻無新登亦應故事設饌而已

十四日晴雨無準溼悶不爽檢周官乃知先祖爲祧尋章摘句典禮存焉但周月夏時不合夷則律在申於周九月鄭說低一調爲妥取經文悉表四時月用周時用夏民用夏國用周或可調停依春秋則時月皆改而周官全不相應

十五日晴有雨卜午去將遣僮同去遲疑不肯雨後尺一女來仍申前請余已忘之矣且得啖梨陳孫女請醫適相遇親自陪話此等禮今人久不知矣夜月極佳人但困瀨譚園總送魚

十六日晴朝食過午矣曹氏女不待飯去周傭逃去王鳳喈夏弼臣田澤霖來議刻碑作喻詩

十七日晴周兒來送信得程孫書寄樊集鄆桂莪書言壻無改官之志功書言立憲余初未聞何者爲憲作何立也

十八日晴出伏食瓜瓜盡成水矣看樊詩田生來云和官事者皆受辱實爲快事使家家若此應無魯仲連矣

十九日晴熱催工刈稌才得五斗農家亦有穫者看樊批判午後大風飛雨暑蒸愈甚

廿日稍涼炭船失期遣人買煤夕雨至看樊集畢復程孫書寄墨子與之兼訊毓弟

廿一日雨涼遂秋矣一日無事



廿二日雨晨起寫對子數幅猶熱遂罷周生世麟攜兒來云往長沙小試赤腳踏雨尙無習氣留飯又喫餅即去

廿三日雨將軍晨來前約以廿日至共考禹貢又忘之矣

廿四日甲午處暑雨三婦攜小孫上省未知何事遣方僮送之與幹薛鄂共商定地圖

廿五日雨移牀入內晨起考定龔沅水道州界前分界未甚確亦可不改

廿六日雨晨聞犬吠出看文柄正與狗鬭彼從未早起狗訝之也考青徐揚荊水道仍以六澤爲轇葛當別圖之薛鄂說弱水屯田甚好依改前牋

廿七日雨校水經河沛故道糾紛迷罔殆不能了講書點讀聊應日課未能兼理也

廿八日雨鄉中無米新穀不可穫余亦到處乞糴未得陳米黴氣甚重猶

未易得民間蓋藏空乏如此亦士之辱當謀救之幸已放晴人心稍慰
夕虹甚麗方僮還
廿九日晴仍欲作雨考禹貢水道粗畢惟夏邑一水未知何名又地圖未
畫南陽湖檢日記尋之彼時微山湖無水知圖無益也圖有微山無南
旺
八月辛丑朔晴復熱欲檢水經幷禹貢爲一圖以幹圖分州難於檢校且
侯重繪時再增補
二日晴始穫夕佐卿妻遣人來取轎遣家僮迎之上鐙乃至令復女讓牀
宿之
三日晴佐妻言有書值六千金將以與堯衢欲余作中告以堯衢方諱富
不可云我知此事又官人反復意勸賤價恐亦不必償也余家負累三
千金售田僅可了債耳夕去滋以養女與之亦負而去余頗惻然



四日大晴畫九河故道一片雜水殊無著手處祇可載今州縣名意作河
道耳全無用處然說禹貢不能少此圖也河泲淇漳恆衛交會當時實
止一片水
五日晴幹薛去自檢水經看完夫詩頗有進境齊七治周官亦有眉目爲
分表曆次示之
六日晴看水經刪除破荷看園葵已萎胡盧垂實菜土全荒無人力作故
也
七日晴得鄧壻繼室書求乾館復書喻之以但能衣食不能立家之義云
淦郎復往江西矣真黃氏之患也疑鄧七丈亦有不合
八日晴遣僮下縣備半山冥壽之奠並以十元與鄧婦夕在樓上見兩信
足問路喚入云益陽來送竹器則趙質菴求信東吳也且令留止
九日晴有微雨令齊七黏帖地圖以周官講畢將出游也李生送羊肉蓋
秋祭分胙
十日庚戌白露節猶熱趙信去冬女來云尙是未嫁曾一見留之不住移
硯入內作黎墉碑待船不來諸女辦具甚忙夜半乃云方僮不歸得女
送菜來且請轎迎傭工並困惟餘史傭一人家人傭嫗亦倦臥不能興
余獨秉燭以待自子正至寅初爲時不久而如一日之長
十一日陰涼半山若在遂滿六十例有歲薦爲加鐙彩晨作湯餅齊七入
行禮將夕始薦先辭賓以便早退設薦畢遂不待獻
十二日陰方僮還已不及事致果樹六盆仁裕合所購也檢帖包黎兒行
狀已將腐敗乃爲作墓碑夜雨田生來訟煙初未知之答云不見已乃
幸也
十三日陰雨作黎碑未成直學漢碑不須結構亦不放筆也爲陳郎看詩
夜陰



十四日晴看近作誄墓文居然得十餘篇是非未顚倒但人言不一恐有
過譽者夜月未甚皎鏡
十五日晴晨督工鋪設黃孫未能照料責之仍泄泄近書擬矣諸女婦來
大耍求干訟避之與幹同舟訪沈山人女壻外孫從並攜疇孫步過橋
溯雲湖見龍港幽深移泊步上里許至麻塘彎山人方鉏土久之乃出
略談開壟事方僮發沙亟還更至龍塔看退圃石記大有徵引宜其自
負至通湖橋下船還橋市回看劉六翁步月還甚汗張生候久坐召與
談令無言禮節久之乃入單衫受賀男女亦數十人皆草草應接夜月
十分不能久看困臥甚酣醒已明發張生去
十六日大晴復熱竟日閒坐夜作酪食鴨甚甘而飽月明人定賞翫久之
將箏去陳佩兒來
十七日晴熱陳佩兒復去云美國絕互市美人皆去矣得女亦去午後風

涼夜遂狂風

十八日陰風涼夾衣紗黎碑與朱生還陳幄文復淵一本皆訣墓得金者也看陳蘭浦水地圖純乎宋學在胡齊腳下盤旋者不及汪梅村甚遠取世說授黃孫欲醫其俗

十九日風晴陰寫字數幅無墨而止黃孫讀儀禮畢五篇午後看船甥孫並從至山塘尾有一處可築亭館

廿日晴將送女上衡已亦出游家兩女未便在山莊勸令暫入城宅船工未畢且待數日

廿一日晴連日大風寫字磨墨不給或作或輟摸牌時多黃孫亦輟講矣朽人又來

廿二日晴寫字半日庸松來商出處告以止可江西崔甥來已不省記未飯去佃戶送租



廿三日晨起忽欲入城幹將軍已先知阜待於路大似白石大王因與同上船鋪派可坐遂發行李坐船上半日令女來看船乃迎真來真未言船小不待再看徒勞往返耳劉南生來送雞殊不能作主人夜秉燭寫字

廿四日晴料理粗畢殊暇無事昨夥與皞臣同行圍中已而皞臣短衣劫剛夾衣自一路行余同何人一路行云得邊報北方節鎮兵潰有人改易奏章余亦爲點易之往一節署鞾幞府間報到否云已知矣因問補救方余言不遑言戰且須自理遂散去念皞臣久不見何緣從劫剛行欲尋之遂迷失道而醒午登舟齊七宜孫先至四女後來發已將夕泊姜畬田生送寒具新船漏浸復添小船滋獨移行李黃孫已與劉蘭生從陸到縣去矣

廿五日晴熱午初到杉灣移行李上周船齊七亦同舟黃孫未至正開行見之余欲招呼周嫗云坐船在彼自能識也及欐縣城乃芒芒從陳生來立樹下熱甚余不能出遣招令上云未朝食三船一飯斗米至夕僕嫗多飢皆慍反脣長沙人尤甚滋亦長沙人也過昭山數桂新晉余舟獨進

廿六日乙丑秋分晴熱晨至省城後船未至遂先步入齊七從行至玉皇殿余誤轉右行遂繞通泰街長城隍祠而至家門令宜孫識友字乃疑不入家人均未起朱稺泉來談兒孫出見欲遣迎女未知其遲速頃之黃孫來云已上矣四轎夫力三倍近日馬頭已有洋派竟女旋至已過午初胡壻亦來新聞紙無新聞斗室頓增十餘人諠譁擁擠陳壻乃從李生同旅客寓亦一新聞也計此行親戚九人男傭三人女傭五人瓜葛兩人俱令留城外遣約笠僧造湖亭夜來送東游記

廿七日晴熱劉小姐余氏二子朽人涂孫曹郎來皆有求於王華田者青蓮僧請齋因辭不往唯見王華田問涂消息家丁求薦者紛集皆摽門外程太守書來求壽序



廿八日陰稍涼倭僧來言中土僧徒庸陋此來甚悔又云倭民與執政爲難余云倭執政更劣於中政府以爲民役必不才之甚者中土今求通文理者甚少蓋不如昔時聲華竭矣頃之李生來亦言外夷皆欲效專制而端方乃方議立憲今之愚也胡子靖來引夏入袁云羅楊革命思想其沮授之流乎黃海孫來爲余子謀甚力姑爲一謀

廿九日晴晨至鄔張蔡處皆不遇反遇劉小姐亟還小姐已來避登舟召周嫗來料理南北船附得一南船乃入城發行李船人云明日乃可行諸女照相作書與裕慶皆爲提要夜雨

晦日雨張僮覓船未得昨船已去輪船價貴行李又不便移載改覓漢口煤船坐船滲漏亦改撥船且留一日二譚來謝嫌求文招朱生喫燒肉

劉蘭生來張李生來

九月辛未朔雨下船促發坐待紉真未至旁有官舫寂靜唯兩三人莘田扶上旋卽過余後吏有一人則桐軒也茶話久之兩女來移行李上小船齊七黃孫來在王船小坐功兒兩孫並來李生亦至將夕去移舟南上撥行李從者四人余留坐船獨宿

二日雨昨試船帆風甚穩仍令兩女移上强而後可猶僅得紉母子撥船促開女傭未得過船乃改令周兒護送仍還西湖橋已再往反矣恐真船不待旋促隨發余過煤船船主未來遣王傭尋文柄健孫來相看因令同游黃孫亦入城約明晨共上仍宿昨岸

三日雨胡子夷送揀字詩補箋僅得一本在城未敢開看今始看之覺驚五尸猶未改正北風挂戗行半日僅泊漖口

四日雨北風仍壯酉至靖港遂泊齊七講詩余校詩黃孫讀燕篇唯健孫無業

五日陰行六十里泊湘陰時有飄雨夜亦有雨

六日晴檥蘆林潭看貨新興米鰲也潭市不便泊泊吳公廟久之移泊營田方晡耳以待風故止頗合吉行之程

七日晴夜半開行云有順風晨起已至磊石齊問夫圭田箋云夫田農田何以無征初忘其注不詳蓋据孟子書餘夫而說孟子不可說經然可說王制司勛言唯加田無國征餘夫田亦加田也又五嶽下皆有諸侯湯沐邑田則每方應餘二百餘里之田未知多少大要百畝以上須三萬畝矣晡泊南津上港無店亦無港云去城較近三子入城因留宿復心寓

八日晴孺人生停一日將邀復心游君山移泊洞庭廟城西北岸也將上岸復心兄弟攜兩孫來託借紅船飯畢卽發兩孫不從舟行甚久前游



甚快此乃極遲幾三時乃至洞庭廟湘妃廟皆破積矣循左手入山尋崇勝寺製茶公所也旁有救生公所後有湘靈宮左有九江樓昔年直至其地今則荆榛塞徑二吳久亡無人過問岳士之荒陋亦可歎也前賦君山但詠水中山今乃細翫山景別爲一詩同二陳游君山神山引余舟遺湖渌天白良長期清秋擯朋造雅宅棱響帶平波沙徑散芳若池林狀崇深一丘自成壑始入如可窮轉幽更迷適三陟蓉西樓突明瓊超靜雲構偶一與貢仙游登朝夕春茗憫新芽月桂香晚石澀勝期再來無爲謝勞劇夕還飯船上復心去仍返行十里泊昨宿處

九日晴晨行仍過昨泊處未檥北門看鼇票頃刻便至螺山距湘四塔向螺山百里江程頌刻問名士久紙王漆室擁官新改陸頭闕神鵝亂後誰抛肉戲鴨洲前尚有闕且喜江村近繁齋酒家眉月似眉彎神鴉久不至矣今來集檣上復有承平之喜食肉三條去夜泊老灣

十日晴移舟寶塔洲看倉舟人求與擁員相聞遣告李正則太守頃之自來勉林從子也初未相見與程生至交小坐去又送廣罐蜀麪及帥抑齋集朝食後開行泊牌洲下港漢陽地

十一日辛巳寒露晴昨夜月佳泊窮港今晨早發行百餘里泊鮎套正欲檥江夏適如我意三子上岸秋陽甚烈遣僮看岳將軍頃之岳來忘其有弟喪竟未弔之聞有客乃促令去仲馴及從兄伯尊來久談留飯齊七未還月出去兩孫亦還馴子又來遂宿舟中言恆子觀察來迎瀛眷楊度女爲女界特色云云

十二日大晴晨無露遣純孫弔岳堯仙題一聯挽之萬李允家風官游未能促一桂證碧如昨日客游及寅生劉潘李如槐來云馬先生已往湖南相尋矣此次避恩有效令人身輕氣爽船不能抵岸遣人附船乃從行戶覓之既已寫票事不得已令炭船入漢就撥收集徒衆遂及晡時岳生復來促之去到南岸觜已夕遂泊

十三日晴黃孫生日昨令看戲未去以岳生送菜餔之朝食後將雨換船

欲抵岸云仍不可旣不知其故亦不必强也黃孫登岸余仍在船請髮人云每人價六十又不知其故此皆示我周行中所應考察者不必出洋也聞岑弟開府未詳所以亦當考察

十四日陰晴大熱仍泊朱家巷昨夜漢陽火岳生復遣人來陳馴書報李姪開缺岑起代李豈袁欲結暄耶何忽忘本末夕陰雨船仍不發又檥一夜

十五日晨大雨朝食時發過朝關驗放戧風行始濯足翼際山北一丘甚秀麗六十里過蔡店釐局看船雨至遂泊對岸夜大風久不寐三張同姓復同鄉不及岑家樣幕強五滿三歐舉一謙東評同幕斷可憐湘

十六日晴始繇新溝買菜漢川地緣隄多柳昔人言漢陽柳色有以也戧風船側不能作字夕泊漢川百卄里夜聞呼聲不能應再呼强應一聲則岸上人呼也

十七日晴朝食後過雞毛口船人云寄馬口作樊雲門壽敘成比吳文爲自在比鹿文則不可同年語矣樊頗知六朝文故也夕陰過分水嘴云已行百里未宿更纜行十里泊羊樓溝漢川地登岸行市循水還微雨旋止

十八日陰朝食得飽大睡午起微雨沙岸崩房屋頗多亦無向密林平沙雨後復見日行八十里泊仙桃鎮自新隄過沔陽東今到沔陽西矣正十日行百里也亦勝不行乃知動必有功也晡後兩孫入市可一時許乃夕過仙桃鎮感懷周蕭山鳥衣勝覽數紳宣歸向荊南歎轉蓬下漢田荒雞學隱上司讐過只知雙峴投闕鞍從宦虎空託師門敵李減縣騎定應慚第五更無災難作實翁

十九日陰晴晨發甚早夕至岳口微雨沿岸無可觀唯甎岸頗整工亦甚費行百五里北風吹漢急流漳水歸生疏猿思傾幕雨孤帆收岳口平隄秋樹隱天門蓄游春夢知無迹新曲爽歌只自喧孤詠漢陵移柳句不辨擾首向黃昏夜雨

廿日陰晴船人託云逆風休息一日發程太守書夜雨



廿一日雨再停一日夜出掁指裂爪孔子生日

廿二日晴纜行六十里泊澤口潛江地寒日荒堤渴漲流不成清漢不成秋崩沙□壺婺淘漲古戍無人獨饗舟估客漸稀村大壞稻田頗歎浩涵愁游人歲月須問十日行衣換葛議

廿三日晴南風戧行九十里泊新擡荆門地晨有霜可重縣

廿四日晴復煊十里檥沙陽有荆門州同換錢買菜盤隄有路記沙陽曾笑當年舉子忙英傑戰人曾入殺朝廷無事可更張已聞論古推秦弊誰復昌言辨壘楊寄語宜春傳先覺鹿鳴篇復奏室貧沙陽盤隄大道今無行人袁州傅太尊約余重宴鹿鳴故有此寄午後開行五十里宿黑廊塘

廿五日晴曉寒辰煊安陸江中作點浮雲逕過秒愁予弔古重經故楚遺三疊嶂樹風點露一聲秋鬢不勝懷隄沙漱沔黃流壯郢樹迎霜綠意疏津吏莫勞頻借問幾時劃改算緡書(新設船關甚遠定制未知所由始也)過馬良始見山唐潤買柴陸道去城卅里夕宿師子口未問遠近約行六七十里

廿六日晴煊朝食後至安陸府城對岸檥樊城廟渡漢至城云七八里未能往也登岸看稅船者直以船名分錢多少少者猶千餘余所坐船索五六千與一片減至三千云隄捐也起自某巡撫十餘年矣疑譚敬甫所爲交錢卽發南風帆行夕泊龔洲云六十里

廿七日晴煊漢水流急常若有灘遠山平望秋色可翫夕宿流溝戴家集有二礮船一丁自云衡人來相聞言夏撫婘自此路去蓋未至而開缺矣今日行七十里未能五十里也夜煊多瘳

廿八日晴書與余堯衢岳生意也行五十里早泊茅草洲未能日課一詩且復首又一首沔水東流激衡驚頓令趙客動歸情抽帆早戰南風信報道劉閭北風擊青草藉沙漁坐穩烏篷傳鼓戍鼓明今日無風可單衣宜城桑落且應猶早節過霜降尚衣共愛晴秋逗夕白墜如膠且試傾郵巨石橫煙不須樹崩沙破漲谿成磯眼中郢路盤三戶指下牙琴歎七徽此去南山登自慰自顧頓出未全非兩孫上岸還云帽子洲非茅草也五更風

廿九日陰守風未開四面皆秦聲作野戲詩未錄稾久過重陽不見花秋光猶在野人家且宜對酒陪莎詠直登臨詩感傷華漢女雙球元自解陶分三徑更無加御篋未抵霜潭盛莫怨疏籬暮雨斜

十月庚子朔因黃孫讀春秋傳講十月庚子孔子生傳作十一月一魯曆一周曆故不同周十一月今九月是月朔日食前月亦食蒙氣見二日聖人在下不得位之象欲發明其義因作一詩子同生日比生緣左穀何須紀聖年誰辨四時周夏曾爲分三世見聞傳聞續餘知天意尼隋占陽記日隨其把庚寅比庚子陣誣未若拜經賢午初始發宿宜城西岸窯灣去城三里兩孫入城云縣令學署並興記功得意夜雨

二日晴陰東風帆行旋轉北風泊洲上上岸散步柿椰雜樹平野可住傍水沙石陷墊未能暢游耳云地名巴洲去縣十五里東風吹雨葉舟輕散步前村看晚晴湖女共尋姚馬舊酒家空設古烏程青林赤柿遙相映業偉金沙達更明隨處安家便堪隱故應羅孟肯躬耕

三日陰昨夜大風徹雨今以得發爲快又得小順風尤爲幸也巨浪掀舟睡不能起看帆影映晴嵐秋風楊柳綠毿毿溪水澄波漸漸藍風送更尋邸澨北游心先到鹿門南老來無事能消日小別銅官月又三行五十餘里宿劉家集去鹿門數里云山有佳泉到城始知之悔不往游

四日晴順風帆行六十里至樊城初以爲先至襄陽樊城乃在城南也漢



西岸渡漢入東門至道署似行鄉間乃無一人家郭蘭生已先至船矣船鄰來一冒失人云從新疆還姓呂蔡與循年姪也先云游幕後云就親云係疆撫潘女壻兩孫上岸齊七守船道署見三郭又戴師耶字金城自來陪久之主人乃還固要三子入署又告提督來陪提督夏南溪毓秀前在蜀似識之及來乃云甚熟情意甚親留一飯因許留兼游習池鹿門戴師爲之料理初更後三子來發送呼船乃得移城下二更乃得食酒後還船又誤投大北門還至小北門船宿看報湘撫移浙矣但少村病故當已九十而官年八十二

五日晴晨起看德政碑至漢皋樓門扃未入接官亭也郭炳生巡檢來正晨正可云有信待船上飯後乃同舁入北門直出南門可三里許中有昭明樓云梁太子讀書處南門壕水深廣沙路雜石循漢可十里取山徑至習家池云水自地涌成池入漢徑至鹿門山㳂一泉水色不亂康熙乾隆道光初凡王脩始有花木亭臺毛會建爲許養性作記中則北平王奉曾立祠後則吳凱建四賢祠祀三習一山云皆應祀典習郁習珍余未之聞也又有王庭禎則同治間人王文韶梁上題名蓋又重修正欲往鹿門郭觀察已至云鹿門須自劉家集往習池對岸則觀音閣至城卅里遂不復往約游峴山檀溪而還土人無知峴山者乃引余至張東之祠看梅花石復引余至亂山中云是峴首乃是一破寺題峴石寺云上有石洞刻字余不能往以蘭山不能步也告以此非峴山乃云在路傍名羊杜祠山川能說與多識草名正同土名隨時變也客游問路難矣下山還城日已將夕提臺催客乃還入南門轉東衣冠至夏琅溪處答拜無陪客臨時要汪師劉中軍水金出談戴郭亦來夏妻作飯請客强余加餐爲嘗一甌初更散夏郭又送路菜還船即睡號房又來索錢命吹鐙閉倉乃去



六日晴船人殊不嫌逗留日出未開自起看過城西門大隄工甚完固沙明重見仲山城曾是朝天第一程四路車輪已生角大隄歌管不聞聲曾苦戰無荒壘羊杜交期歎九京物役徒勞人事改茫茫落日壯心驚襄陽古來重鎮今無居人蓋流賊所毀今未復也作詩弔之詩不能妥以虛實難恰好也習池作則差可魚竹倚家習有池鹿門四岸峴南垂靈泉入漢通仙洞雜樹成陰覆古碑地主習留同試茗山公曾醉莫空卮粗沙碎石歸來路猶惜當年馬上兒行卅五里早泊牛首夜大風數發數止

七日晴風稍寒可緜說大東純乎官話一洗告哀之陋纜行卅里戧風行十餘里夜泊穀城云去縣數里襄陽形勝說南荊九代繁華有變更落頹樓高秋易冷大隄人去月空明臥龍何處尋茅屋放虎無端毀城今古英雄多少事臥聞流漢夜濤聲

八日晨發至仙人渡兩孫登岸張僮從復下取郭扇幾落水促船急行夕至老河口遣尋兩孫不得行侶頻來問信應尋船者反不來可怪也夜冷無被夜宿誰家待至月落乃睡

九日晴再遣尋人岸上聲喚兩孫來云船已顧定令船泊岸登市欲尋麪館黃孫不能從三人行市可二三里更無一酒肆至茶樓啜茗船邊徙倚市有新城庚寅所修也街店盛於樊城云釐稅至歲四十萬過午乃換船喫麪夕發過釐局未看夜飯兩孫不飯卽泊局上光化地作李碑成

十日晴船戸登岸去朝食時乃開行余尙未起及余朝食已向午矣有陳梅勤勤相約欲同行待至晏猶不至未能遣問爲歉彼陝人也云其兄代晴生響成寧作李碑銘亦係本色無古法所謂宋版康熙字典其價宜在宋版上也張僮踊破筆管亦是罕事洲邊聚欑待移巢且步旗亭認碧諳市愉喜知羊肉賤豎多常備犬牙交兩三人艇還丹

十一日晴入淅水始見紅葉南風帆行過高港有釐局十餘里泊李官橋淅百萬南征算斗胥秋點寂寥清不睡起看弦月下林梢行五十餘里泊沙陀營

行六十餘里夜聞狼嘷入河南淅川地

十二日辛亥立冬看史記百曲清川泛小舠弘農南界去涸涸定幡兜戰渚禹勞析水屯軍晉鼠闘亂



山初夕聽漢陳無眠盡夜看秋月獨爲宜王詠楚騷考秦楚戰地未知析十五城所連跨蓋並均房數之其漢中別爲鎭也秦封商君以制楚實爲得計行五十餘里泊韓川

十三日陰晴五旗雙桂直數三二樣寘家風寵軍東浙閩黔聊備數江南假節將湖南行五十餘里得順風泊析川云將改爲州

十四日陰煊看史記宋襄作頌尙闕徵引舟人假歸三人三假遂消一日順風坐過猶行卅里宿大石橋

十五日陰煊索水不得取罏自煎僮傭皆慍黃孫作詩一篇亦有可取爲改一句便成佳作矣夕微雨舟人不來篙工懶行遂勾留一日宿黃鶴街對岸行卅餘里過一石山山寺猶存殘柱云娘娘廟

十六日陰北風行廿餘里泊沙灘夜雨不寐時有小漏至三更乃睡凡五寤猶未曙得句云如有永夜術五覺猶未明析水至冬不成川片水片沙故爲析也

十七日大晴清川片片啟厤頹滌雄華玄瀛一關雨後晴光霜信到風前馮宇錦番還煙乍起横斜鵲臥石成堆誤赤斑從古中原訖楽楚南河閒道往來閒行廿許里午後至荆子關登岸散步有一營及分縣縣已改廳猶云縣丞謬也

十八日陰齊七講載芟婦士未能通如鄭說是一齣村戲如我說又不合情理依違久之已夕矣今日將午乃行泊襄河街云卌里沿岸皆石山體秀而形亂

十九日陰連日陰霜始有寒意可小毛改詩箋始知王有見藉田農婦之禮蓋亦以教天子有家其婦女充後宮無嫌也王者亦當小饒娛之故蜡作羅襦致鹿女夜泊草場灘入陝西境商南地行七十里

廿日晴晨過戴家河有市店站口也偶憶庚寅此月一聯小雪衣夾彈指十六年事過境遷逝者爲陳人余猶多所貪求誠爲癡矣夜宿皮家灣



行六十里山柿一錢一蔕因改爲椑彎有月

廿一日晴陰晨有重露成霜不甚冷似深秋耳夜行不止至二更乃泊行八十里宿竹林關商南地

廿二日大晴復煊朝食後過瘦狗灘蓋瀨溝也亂石成溝僅容一舠行六十里泊湘子巖

廿三日大晴村人云陝不雨三月矣山糧歉收行六十里泊淚窩夜不能進先十五里三子從陸行尋程太守以爲必來迎待至夜分不至終夜未安眠

廿四日大晴行一里許便望見龍駒砦船人停舟早飯巳初乃至三子仍來迎云太守入省代者未至唯吳飢耶耳頃之遣舁來迎湘陰吳阜安菊年禮部從子也請代顧轎馱作箱夾板借盤纏夕見廢信封發家信宿釐局喫鼓子甚佳夏姻龔生同席來迎輜重者

廿五日晴朝食後發四轎三騾約共銀卅兩借五十金而行無正路唯越
山渡水出砦可十餘里有山坤甚佳旁田皆種胡桃中路如隄多雜樹
又有白皮樹似桐孤直舁夫云白樣蓋椅也五十里宿夜村前有一客
長沙口音山陽號袿初不知商州有山陽已而來見乃知竹汀兒實缺
也似勝其父云曾相見年卅八矣竹汀謚壯恪有五子夜喧
廿六日晴稍冷行六十里至商州州牧遣迎云胡啓虞華陽進士長安令
得電報樊司使遣訝帥者已將交卸代者勞牧云甚明白未來見卽不
明白也
廿七日晴四更卽起坐待舁夫至曙初以其再三請早發不知其恐我晏
也駄夫催發則恐無店亦不必早此事不明言竟亦不知人情信難測
哉從州城至黑龍峪但行水中俗云七十二渡腳不乾今皆支署行路
則平夷所謂高下入商州者出商州也潺湲盡日者盡日行水中也詞



不達意亦實寫景州牧遣送辭之但留一差行八十里至倘未夕兩得
飽食
廿八日陰過秦嶺疑不在此嶺亦不高亦頻渡水尖牧護村宿藍橋橋支
獨木從石上渡程生遣人來迎云到已二日梁詠諧郭丙生俱差帖大
具供帳遠勝傳食迎者一丁四勇皆鄉人也藍關卽嶢關
廿九日晨發甚晏遣商差還州上七盤山地圖無其名山路紆折逶迤甚
得制度唐李西華所開也西華未知其功閥當更考之七十里宿洩湖
土人讀洩爲葉上山皆石路不可步下山土路可行余步下六七里遂
得平地藍田令公出未遣迎萊山家兒宜不知事
晦日晴廿里飯於野店行十里咸寧令易遣迎云藩臺自出郊令取冠轉
遣僮先探又廿里將分路時見東南數騎來叔公以詩來迎午詒弟兄
自出至東關撫藩督員易令均相待入見少坐入城至夏宅與樊談至

二更
十一月庚午朔晴晨起欲出叔公已至云當往賀樊生告以尙早堅欲卽
往不得已同去樊果未興徑入客坐久之乃便服出談要至書案邊看
字畫又久之乃喫麪而出詣常少瑜裕鹽道光西安昭顯堂錫閏生臬
使曹竹銘撫部咸寧易岱松長安李少耶經江問岷小泉少子毓贊臣道臺使
王沔縣聲揚郭丙生縣丞見四人餘皆過拜日已夕矣急欲歸休因至
程館戟傳不在見太守妻留喫麪雲門催客聞叔公已坐一日不能再
挨馳往已初更又暢談二更散
二日晴約午詒兄弟游曲江坐車出南門至小鴈塔復至鴈塔登兩級鴿
糞滿塔唐僧不埽小坐慈恩客堂還寓鄭邠州候見三婦族叔也子復
得二鴿一鳩黃孫得一鴿送程家充庖早飯畢已夕詠諧送活魚燒鴨
丙生送燒豚燒鴨皆以充饌饔飧甚侈步與詠諧午詒及齊七同看皮



衣求貂爪銀鼠皆不得還夏館戟傳又來同夜飯三更又喫牢丸看西
安嚴志吳明鈸道甫不佳
三日陰晨起要龔師同訪鍾雨濤小坐卽出過詠諧云已至我處急還叔
公出談雲門俄來久坐喫兩餂乃飯去時過午矣談翁師失君得君之
狀令人齒冷錫臬送菜
四日晴朝食時毓贊臣來見老實人也亦談李雨蒼午過戟傳早飯贊臣
尹鳳翔昌齡庶常故令仲錫吳敬之同集未散還寓與午詒齊七純孫步看高
翰林旗竿因至行宮舊督府也還過雲門留晚飯更招午詒來談三更
還漢宮唐殿夕照外荒蕪禾黍五載秋風依稀誰記前度雕闌綺署反挂珊鈎旁人見也破笑悤悤來去看彩鳳帷空盤蝸金暗嗟啼鵑語
牲延佇翠綬鳴玉朝班鴛鷺想待漏已稀退朝雲散看壺紗南薰燻古今來前因後果留得許多閒句但一角荒樓無人共倚朱顏如故
二郎神
五日晴雲門送詩未遑屬和戟傳送銀買皮衣百餘金夕復過雲門飯周

道臺誌游鹽臣劉樹南曉滇尹仲錫吳敬之程四太守同集二更散復談至子初

看石谷西陂六景每幅百金不値十金

六日晴將行雲門更留一日約來談復不至又送詩並要午餞同至藩署

晚飯至子正散寄卄金與莪

七日忌日素食破例爲程太守書扇雲門來送叔公父子皆親送至華淸樊程鍾易送至八仙菴欽賜道士宗陽出迎推窗看興慶池東院看黃楊樹右樹大可蔭畝高可七丈枝榦盤曲奇觀也左樹小減亦天下所希晡樊仍前送至霸橋易咸寧設餞以忌日更具蔬食程亦在坐離情頓起霸橋長不至百丈自古爲名何也見坐車折軸余坐夏轎先行以爲必早至及到驪山夜矣衣裝皆在後送者夏公三喬梓郭丙生粱詠誥夏賡虞及陳堉皆先在黃孫從余轎行卄里純孫後至皆先浴余欲浴第一湯微風吹單衣似寒乃浴腹以下水不甚熱夜與叔公談至三



更

八日晴晨不寒而地水冰未知其理昨車軸又折再換裝車及辰正乃辭別送者午詒同游騎從余舁至零口未尖到渭南未夕劉大令供張行館在縣署東南已睡劉來拜便衣徒步余不能再衣袴請午詒見之午詒不願因勉以世故人情之說乃肯作陪詢之云自七十里外趕回人甚明白

九日晨起促行轎夫不來欲答訪劉恐驚早寢日出乃發行卄五里飯於赤水鋪具食者不知尖宿有定地亦余疏忽也十五里過華州看少華雲陰不了欲宿華廟轎夫云尙有七十里不能至乃遣去轎夫與陳夏共車十里昏暮月行五十里華陰明府遣鐙來迎十里到祠館已二更後（跋華期仲九千里赴忱要誤觀悅春和有月匯初宵清夜篇修途超闘騁聯僊星騁合靈屬寂靜容松寮仙掌倚層樓寥天未能高懸闘曾虎誠作佩歌柴霄岡宮值完修周道眷西郊金德盡重晛謎能飢游斂）

十日晴晨謁嶽祠登萬壽閣制甚宏壯道士以未修角樓爲恨唐碑燒裂僅存四字朝食後步出催車久待不來兩孫皆不從比至玉泉院正午矣崔大令備兜子六乘兜夫卄四名用三兜五背小坐卽登山沿澗東西十餘旋折回張超谷看魚石巨石十丈水漂行三里光緒十年六月事也山寺院皆爲水毀度五里關爲第一關又數里希夷峽西爲第二關關南莎羅坪得小憩所謂大小上方在東數里十八盤阪路盤曲又里許毛女洞石林鳳游記云名玉姜洞中時聞琴聲又里許至青柯坪皆谷內也坪北見一峰奇麗午詒名之玉女峰蓋小玉女耳飯後聞午詒語聲出尋乃在院左云得一石洞洞頂石文黑白謂之梅花洞余視之正似蒲桃又一洞亦有梅花余未往也夫力皆仰食道士理泰而取償於我唯攜四千不足酬之

十一日陰霧朝食後上北峰過回心石兜夫云當步上遂上千尺幢石云



卽酈注天井旁施鐵纜西折上百尺峽度車箱谷南上磴道甚斗林云端人崖俗稱老君犂溝又南爲胡孫愁祀一猴遂至雲臺峰卽北峰也上南峰由上天梯至三元洞大風入督龍祠少避欲還風稍止過蒼龍脊酈注謂之搦嶺兩山間通一石旁山斗絕深谷若池爲登山最險處其實可舁過非吳猛所渡石梁之比石云韓退之投書處有石刻未暇看也東上斗下名鷂子翻身復上至五雲峰出金瑣關石云卽箭筈通天門時有斗磴皆不甚遠舁夫必欲余步余必欲舁亦時下步上二里許便得土路且多下坡再上卽南峰積雪未銷入金天宮投宿五雲道士來爲主人飯後上絕頂齊午已再上矣觀對山絕壁上出三峰道士云賽華山實華山一體也從無人上夜月甚明遲久不寐風已息矣

十二日辛巳大雪節晴欲上東峰午詒云玉女在中峰東峰唯有秦昭博局因踏雪先至蓮花峰卽從下望若叢筍者及上無甚可觀旋至中峰

皆昇行尋至玉女醴泉未得望西峰背石花瓣如生秀麗非凡下峰回
望仍如簇筍也時初過午可以還館因促下數里卽金瑣關步下單人
橋入龍口昇過蒼龍脊步下天梯不入雲臺宮直步下犂溝三百卅五
級長揖猴王報其息風之助遂下百尺峽通天門也千尺幢天井也初
以爲尙有險處見刻記知已過幢遂無勞步因令昇夫直還玉泉院各
賞百錢其行如飛至院不暇與道士語與齊五並騎而還至館未昏黃
孫捕雀相待飯糲不可食索麪喫大半盌道士來催捐與以十金兜背
力錢十四千摒擋未竟崔華陰來拜字湘奇戊戌庶常桂半人云從其
父上華頂又從升督部再上本欲從我三上會已行不果二更後雲門
專馬來送啓並詞限一日到果依期至復書寫成已三更遂寢
十三日晨與午詒騎訪崔令謝以未起卽還治裝午詒更送至潼關假館
行臺到卽登關祠眺望霧無所見還館甚熱關廳劉蓉弟來拜字季
云在南學知我言潼函皆非險要已成通道兩車換軸關外轍狹故也
夜醒室中已辨色喚人不應起視月始斜吹鐙復寢
十四日晴午詒不忍別促車先行不復顧之過文家店未飯卅里尖盤豆
驛卄里宿閿鄉午後大風夜月
十五日四更卽發月初西斜行卄里天始明又卄里尖稠桑驛卄里出函
谷盡下坡路也靈寶城在關北卄里宿曲沃街卽安仁所謂升曲沃而
惆悵者曲沃不在此不知何以名水經注云以晉有司守塞故
十六日五更發晴過陝州北尖池中鎭宿張毛行九十五里剃工云萬曆
六娘娘幼禿被選至此生髮故名長毛至觀音堂换形商州女也
十七日五更三點行晴冷水盡冰五十里尖觀音堂下坡路又卅五里宿
澠池渡一水
十八日晴行五里天明又五十五里尖鐵門未飯渡一水新安地稍煊卅



里宿新安城大店少
十九日晴行五里天明又六十五里至洛陽周公所營已無餘迹卽元魏
李唐京制亦皆蕩然聖哲徒勞可爲三歎劉丁必欲進路日夕行至夜
卅里宿一井鋪
廿日陰行時天已欲明沿雒西行過偃師又西渡雒共六十五里尖黑石
關有新修行宮卅里宿鞏西峯最明麗雲日爽嶮峨入谷光已炫回匡秀相招踐雲登其巔纖雲拂層霄花英如石腐玉映芬翠苗其外千竹蔚解擇澗春花似聞河藍鬭未敢攬山腰郎此悅耳目又無登陟勞古來多悲才誰能狀亭苔至今靈外人但見三峯高攀山西峯
卄一日天明行過虎牢成皋皆下坡路車行七巷非阻險也兩旁平原自
可橫行萬人午後陰尖汜水東關夜始至滎陽宿華山詩一首瘦涼表天斷維石發琦英嵯峨涌厚地嶢削起重城三陟五千仞始見崩崖平技駕不能躋跬步在積賊蒼龍伏其胸自作天梯橫亂綫五色石虛閒萬松擊仙嶽非觀聽天池瀑金晶卓留既有立昭茲瞻仰情臆奠方伯青年塞英杰結交共屯醵攝亂未反正軍公智已揮徒遣洞察民征精豈能寬閒有逸政者高才在卑官聽訟實知本政平民氣安朱鈇既就加百吏皆改觀瞻纖今賢倒不與治亂極近欲崇節制苟黐兵食完無信誰與立奇昧空萬嵑覽賢非晉識但念得見難談暮情有餘感慨回征鞍上瀟賦別樊山征鴻久南飛仲冬猶未霜游心喜煊時蹈轉舍未遑良友情輕別三宵進題臨再送復遙餞不飲清瀟旁居人有行色徒御盡仿僮余生困無糧萬里驅車航見此不忍去新知樂無央生離昔所悲寒樹遙昔蒼探手竟超然瀟晦亦歸忘暮色起悽寂脊然然路如
廿二日陰竟欲雪矣喜不風寒天明卽行七十里至鄭州猶不得食入一
店送者請入棧不能拒之破例移往幸飯菜有南味攔腰一扁擔料理
行裝衆言不必亦皆聽之夜作書寄夏郭梁程並寄詩雲門
廿三日晴大風午出店上火車送者辤去未正開輪過鄭城長葛見縣令
送差問知陶齋弟錦字叔絅往問訊留談見程雒安兒端程旋來辤去
夜至駐馬店起行李至天保棧乃得茶飯飯後卽寢
廿四日陰晴黎明卽起上車辰初開車上倡優隸卒坐立擁擠非人境也
戌初至漢口大智門仍入天保棧取其近便

廿五日陰晴晨率僮傭看船三子亦出出卽相失張僮誤引至龍王渡口自下尋煤船余待久之知其誤上至街口遇王傭旋引至打釦巷前待雪處又久之張僮未來復令王傭往尋須臾俱來云船在對岸擕子撥上便令作飯張先王後俱往大智門發行李過午乃來久之兩孫過江來云齊七未至遣看小輪未得坐待至夜齊七主僕來云半日未食又往來尋船不得時已初更不復具食且俱宿船中夜雪

廿六日乙未冬至起看得雪五寸不先不後知時應節可喜也小輪未至定坐小撥午後岳顧兩生來看余正鈔詩與談近事並要至一品齋小飲喫燒鴨野雞又送上船而去各爲書扇一柄

廿七日陰有稷雪淅淅竟日兀坐舟中看小說不復作生日矣

廿八日陰移泊鮎套半日不得到停半日遂泊套口

廿九日晏起船已開行朝食後至大軍山晡時方過金口欲宿東瓜腦不



得泊蠔子口七十五里有雨

十二月己亥朔陰見日旋復欲雨已而小雪行七十八里檥簰洲上欲作黃楊歌未有詩思

二日雪船人早戒因尋狗反遲至辰正始發行九十里檥寶塔洲看船送勉林碑狀還李正則復行十五里泊陸磯口連日便閟少食夜大風

三日陰風有雪晨發船不得出套久之乃活順風帆行百餘里過陽邏磯船甚皷蕩卅里闔關過城陵磯泊岳州城下輪撥馬頭齊七主僕上岸尋復心寓

四日晨起待發久待齊七巳初乃與復心同來送螃蟹朝食後乃行順風甚駛泊琴岐望有雪

五日早行陰見日竟日帆風二更後乃至水蘆洲欲趁城不及皆睡

六日陰晴遣王傭入城待久之不至三子先上余亦換船先上岸坐待舁夫亦至巳正從大西門入見女歡迎道遇觀察問其出居之意一言不發張生來余責其亂人家事欲撥亂反正難矣本欲卽回鄉待周嫗乃停一日寂女還楊振清來稟見

七日晴齊七李生來三婦擕贛孫自鄉還城譚會元來問學子瑞來定率兩女還山就鄉船還便俟喫粥而去朱生來尹和伯來夜寒

八日晴鄉船索價二千麾之去周佃被火來謀興復程生來見尹和伯王理兒來未見客去食粥胡氏外孫女來留喫湯丸夜寒稍減

九日晴船去不成行廖蓀畡來暢談李生來論礦卝兩人各持一說不相合並拂衣而去蔣少穆亦來訴卝事皆以余爲干與其實未過問也爭利有何曲直亦非余所當問且入摸牌夜飯甚晏倦小寐旋起解衣

十日晴房嫗未明卽興余亦早起舁出城附輪撥至縣正午時凡行卅刻大霧人擠先遣覓小船未到划子送至杉彎呼得一船抽篙卽行到落



筆渡已昏黑乘月至姜畬猶未朝食王傭尋至喚周兒上船作飯房嫗昏睡不能起竟日未沾水米唯喫蟹餃數枚二更到湖口王傭來迎舁還方僮夜出云不能守舍且游且賭余之不善用人如此史傭甚誠篤又無幹用文柄復來竟不出見三更房嫗乃飯悤悤就寢到家卽雨與到漢口遇雪見轉移節氣之幸福也

十一日晴陰許女來訴方僮及土工廠砌工檢屋大理衣裝分爲二箱看水經注作華山記

十二日庚戌小寒晴代元婦擕兒來縫工來裁衣遣史傭送衣料與諸女無事唯書游記方僮入城買煙

十三日大晴倪叟來言退佃許退百金方僮還作游記畢夜月得曹東寅書送杏仁

十四日大晴幹將軍來召工泥壁鈔漢碑夜月開窗賞之四更月隱有風

屠肆來求免學費文吃送魚粉

十五日陰風有雨家門二人爲屠所使出示黎承禮稟羣兒妄作實可閔歎笑遣之去譚屠婦又來送豚蹏

十六日雨寒盛團總來求起學堂籌煙捐云鐵路得二千金已撤局矣鈔張祠華嶽銘酈道元盛稱其文殊無可觀

十七日陰有雪滋來書言鄉中事耳目甚長史傭擔豚來午寒向火夜熒微雪

十八日陰午晴打掉一日寫一聯送韓古農（慶雲）幹將軍來鈔游記

十九日晴檢衣箱張僮來接縫人加工盛團總來作告白禁賭罰三子方僮以警盜賭

廿日晴張生來言學堂王街總來言禁賭張僮先去令文柄從之寄食王恆止皆無父國人也



廿一日晴侵晨戒行午正始發房嫗悶船便令由陸以看視婦女爲名晡時舟至湘潭城外待僮嫗將一時許僮從至縣見任三老耶說官事畢卽登舟待嫗至初更乃來盛生張屠楊孫俱來相看避囂亟行一夜泛泛五更二點到水蘆洲

廿二日晴晨移草潮門步入城以轎迎嫗到家家人俱未起待飯甚晏滋女來觀書與程生索銀退佃李張生來兩兒來見如韓湘子還家世情盡矣宜孫仍留未去朽人堯牙張四哥同來

廿三日晴晨出無所往閒游荷花池還胡氏外孫女來朽人又來汪學堂來見譚會元亦來程生尹和伯夜來王莘田來鄧壻來夜送竈尙無年景三婦來

廿四日晴朝食後笠雲來請明年出行飯因與同訪鄔師胡子儀朱純卿王芍棠孔搢階鄔孔未遇還純卿來談張生告歸暮訪金嫗不得

廿五日晴作文卿碑將成文思不壯姑止不作會元及龍芝生親子來吳嫗來求金三孫散蕩無聊且令鈔書借輟耕錄看典故步訪莘田遇張立之兒彼不知六十年前周旋事矣然可與撫臺來往故是跨竈

廿六日甲子大寒朝食後訪一吾會元並不遇還看日報夜雨爲汪孫書小橫幅

廿七日雨程生來會元李正釗胡元達來正釗眼子吾誤以爲瘳顯譚出李東陽像請題上有覃谿時帆翁師傅題蓋以其出旗籍而喜之一吾暮來

廿八日雨欲雪程生遣迎一飯未晡而往遇呂八牙子不憶之矣又有李萃軒尹和伯曠鳳岡功兒亦在坐半日席散看三王畫

廿九日雨寒作譚碑成卽日送去今年無債矣黃妾來迎滋母子欲令勸和往迎云須住數日二更後又還云黃壻有病甚瘠亦可云長命



除日大晴人心甚快家中起甚晏二譚來謝未見朱程生來亦未出湘孫滋女均還辭歲三婦亦還自立門戶仍云人衆熱鬧未知其獨往之意倭奴則已勘破紅塵視骨肉如土苴矣三孫亦無團意蓋世運所趨人不聊生故也午飯甚早待祀竈稍遲亥初行禮祭詩畢已子正遂睡寢戶未扃時聞人往來最後呼問功兒則已寅正

# 湘綺樓日記

光緒三十二年丙午

丙午正月己巳朔晴功兒昨睡晚不能早起朱生來拜年尙無接待自出見之程生來黃聊縣丞過班來皆與接談李生來則未能出胡有子女均來夜擲投奪狀元半夜雨

二日陰有雨命功兒出應酬轎錢須千數百用傭工自舁席沅生來笠雲接出行請合家三代三子皆不往命純宜侍行覓轎夫不得乃步往泥行頗竭蹶將至而雨倭僧先在明果道香宗鏡青蓮及兩孫同喫年餻便入坐言碧湖起亭梅曉願包工以五百金與之聽其所爲梅曉復欲於旁造寺亦假予名佛本外夷無中外殊也借轎往趙坪王家叒吾請陪爵帥客皆未到看仁壽班頌之報子沅生諸嫫（可升）程生皆至夜演鐙戲久無此升平風景人以爲侈吾喜其存古也二更後散程生送譚道臺關書來



三日陰爲譚會元寫字題李西涯像廖孫畡遣人來迎約俟見日湘孫還李生顔孫來程生送銀半千卽令純孫送開福金嫗來

四日晴黃花農小兒蘭蓀來見以道員分湖南但旭旦流輩也初與其家相通隨往答拜並及亦峰長子亦初相聞王芍棠約看戲城中士老多在諸嫫亦與二更還

五日晴路滑可行出城展　墓由老龍潭至西湖橋銅元局訪裕砮屏便留喫餑餑晡還曹壻陳兒自湘來李生來報程生被代代者匏孫諸人又皇皇於乾館矣夜擲投摸牌

六日陰閉門謝客陳顧工徐元興同來未見見譚會元談收心法以寫字爲日課六耶來送年禮又當辦公殊無了日夜瘟

人日晴小疾畏寒少食多臥作春饈應節景得莪京書看晉石刻鈔本夜風正困臥聞健孫詈語起問乃與外孫鬬氣喚黃孫問之殊不愧怍孫輩膽大心拙殊爲可哀兒女亦俱不樂得孫畡書約至其家天氣未爲佳旣約不便辭改且扶病去夜檢衣被便還山也

八日陰頗寒幸無雨待廖迎力未至以爲改期晏起聞夫力已來便舁至永興街又換一力出城渡水麓洲二渡已將午矣小憩龍王市從柏葉鋪過楊厚菴墓前宿黃泥鋪徑路幽靜亦時有舁擔但無年景店亦可住

九日朝晴見日風起俄陰出善化境五里油草鋪入寧鄉欲尋智亭逗留之地無可問矣卅里至龍鳳山周尙書祠在山北童家屋稍在其南山更在山非高山蓋葬家名之耳又五里廖遣人來迎舁至南田亭又遣鐙迎時尙未昏行十里至橫田廖家孫畡迎於門又見一客云王章永字杖雲王學士之族曾孫新化敎諭廖（二四五六）子皆在家出見婦女



饌具絜清舊家風也然有更夫則又官派

十日陰晨起孫畡已興議游潙山杖雲告歸早飯後去游廖園樓旁一室甚佳樓不可住房室在古今之間小坐仍還廖書房圍鑪雜談書門楄一額五郎請書聯一幅設正酒客去無陪賓孫外孫梅童子（十歲云知四歷史）及（二五六）郎同坐良農不出似熊師家蓋不接俗客耳

十一日晴本約晨發朝食後已巳初矣孫畡爲我顧舁夫挑子共四名自用八名並隨丁二人計十六人上道從田礱出停鐘橋云斷丰礱舊有寺寺僧廖老翁云明日上升請無鳴鐘鼓相驚次日大雨雷電白氣瀰空僧訝其異鳴鐘鼓助之倏大震龍墮水涌沒寺僧亦漂死今有和尙橋及沈鼓潭皆其故迹未記其時孫畡云采鐵地陷所裂今湘潭下彎常寧水口皆有其比小憩佃戶家喫茶五十里渡潙水飯於雙鳧鋪通安化鋪路湘鄂軍援邵自此進廿里宿橫鋪市劉克菴次子有錢店在

爲近因捕盜防饑欲建堡城去市二里許有雲山書院今改學堂

十二日庚辰立春朝霜大晴至午陰雲廿里飯黃柴云黃木江溈山志云唐勅建密印寺材木自此入山故名大中年賜額也初曰應禪後建同慶今曰大溈山皆循溈左行平沙坦途林壑幽勝余評之曰蕭寒孫畯云清深十里至鄢鬱李湘洲稱其杉竹十里渡溈西大約往來頻渡東西其大略耳至同慶寺過門未入急欲見溈山過二阜皆不峻絕然頗盤亙初入山五色飛蔚甚似廬山五老峯第二重少遜亦自幽靜到溈山寺門乃不知何者爲溈山村人送龍鐙不入寺門余亦未便舁入與孫畯步入知客寮二僧知客（湘鄉、照晉湘陰、佛髻）留宿設食孫畯云齋僧一堂不取飯錢未入方丈宿僧值寮昨日偶成一律補書於此（舉嶽歸來又看山喜逢良友共追攀春風隔日先舒柳晴絪開暖烟乍登雙地有林泉雙映睿路臨臉塔九回環知君新識尋詩思祇在丹崖翠靄同）又（平沙修竹溫潤四行近靈山路轉迷疊翠飛霞色盤蛇一道引丹梯飛橋仿彿過靈巖結社相將到虎溪更向南崖尋瀑布淨瓶公案爽新提）



十三日住持僧寄雲來接客同飯客寮同游溈源觀瀑流傳云石泉入石池散爲蓮花其說甚誕有三流皆不成瀑祇因激散也在寺南可六里亦非溈源陶記似在一山尤誕矣溈出益陽今屬安化此泉入溈以寺名溈因移山水耳還寺午齋遂行放參一堂用錢三千過同慶寺看唐碑已折商於孫畯立之僧訴江姓占僧塔欲謀掛搧皆癡也循來路至皇木江孫畯急欲歸促行夜進至橫鋪宿夜雨

十四日晨發欲一日還家路滑不得駛至東鷺山孫畯已偕黃少春武廟宿客強余夜談且息夫力遂止不前飯後看灰湯不成池甚垢穢也至柴龍寺買鴨云此處鴨骨獨有髓余因悟東鷺冬鷺也野鳧家鶩亦或通名此有湯泉鳧多宿止或有異種流傳爲灰湯鴨孫畯贈余二雙聊賦一律爲溈鴨故實（東鷺山前冬鷺肥湯泉溫煖養毛衣久聞下箸勝鵝炙莫惜隨能別製饌舊例並珍煩即致新河餘粟損武橫老來稍首須眞盤憐恐廉屉見火飛）又至蔣安陽祠並祀劉將軍孫云是劉敏夜宿關祠

十五日元夕佳節早與孫畯分袂各歸孫五十里余百里自以爲不至天氣晴煊節景甚鬧時時逢鄉儺魚龍漫延行五里冷水井過坳稍高四十里飯郭家亭前下四鋪偶見告示詢知即湘潭七都地喜知地近遂從銀田寺馳還到寺已暮急行十里至靈官廟見月月中行廿里到家備矣野月不及家月明山家又不及城中明此理無人說過鄉人聞余歸歡喜送鐙月西乃至自出接之龍去乃睡睡醒猶未曙也與書謝孫畯

十六日晨晴大風巳正微雨以五俎饗廖傭謝遣令還各酬四百錢男婦來者絡繹移硯外齋對之夜早眠大風雨將軍來午飯去作鴨詩

十七日雨寒欲雪竟日在內室間看雜書盛庚園來檢縣圖尋昨路微有方向但失載郭亭一



十八日晨起開門茅屋雪積寸餘坐內室不出田園來頃之又來二村人聞名求申冤者皆老太耶亦非得已余直告以要錢乃斷葛藤作小詞二闋元夕詞尚入格夜早眠不寐頗寒

十九日細雨淒淒寂靜可喜晏起遣人買煤并遣方誠去張德輝來得意洋洋訟棍情狀畢露麾之使去大概居鄉唯有訟事無他正業也柰何柰何

廿日陰晴包塘族長來言屠帖竟每日有常課看四此堂文集模友而僭稱堂殊不自量然可見范承謨是好官不得好死實無天道喚工補瓦換銀起煤聞報船來以爲煤炭船到俄見黃孫云傭婦皆還兩女在縣阻雨自出迎候久之乃至發行李直到晚吉娘傾去頭油大鬧半日有族曾孫不先不後被罵而去亦一奇也事皆前定理不誣矣夜聞方僮撞騙屠行彼以撣去亦不復問仍早寢人來自爨亦若有使之然凡氣

機相感有不可理測者若無意若有意至瑣至細豈不神哉

廿一日昨夜雨晨雷似擂鼓前罕聞此聲雷殊不同何以云雷同若云同聽又何以處聾者看曙色到枕後又再睡兩覺房嫗溫書黃孫設坐掃除庭軒遣迎兩女文柄自來蕭園來言成贊君改論語訓以不慍人爲不慍君子貴貴之義伺候阿哥不可慍也此與西法教習有合程生送油鹽筍脯云衡道自往省邀聘矣義不再辱然不能不一往

廿二日陰雨甚寒園甲人來族孫族子橥至將暮二女乃還蓮耶亦來少頃已夜摸牌無人取諸私臣四圈後寢猶不得曙玉蓮來上工

廿三日陰往視牡丹泥不可步登樓小坐外齋看樊山豔詩大要爲小旦作故無情致褒思亦有品限夜有舁來投宿未見云是錢店兒也

廿四日陰雨戴表姪率其段表弟來學訟告以理路彼不領解大約欲得我油禍而已遣送去偶考勾踐百里地當今四百里則山陰嘉興皆非



故地又朱室炭瀆相去又太近蓋封以長狹合成百里

廿五日陰雨作游記隨筆寫去謂之游帳則可看諸道人作石門記不覺自失

廿六日甲午雨水雨摸牌竟日聊補消寒玉岑女壻來學訟謝未能見居鄉居官司外無他相關無地避事矣喬子來求部置切責飭之

廿七日雨鎮湘來留住一日鈔游記畢不葷不飄不成文也然愈於陶密菴

廿八日雨王鳳喈遣兒來問訊鉚沺去將軍帥夏估來言王理安妻欲來見蓋將訴其兄公亦官司也因感風乃復摸龍鳳兩圈夜雷大雨俄止

廿九日雨蓮耶去看玉溪詩手寒向火登樓避許女然不能避嫁狗隨狗無可柰何也有大力自能振之唯可自慚玉蓮又去

二月戊戌朔陰後山始可步看新種樹秧北枝梅花雨意殊濃無可興作摸牌二圈出登樓霽雨飄瓦地已全溼盛丁來言洋事云程生虧五萬金周福嚴追尙不及夏生善作弊亦可怪也夜大風

二日苦雨淒風饒有春意宜飲酒作伎不宜他事鄉中岑寂以閒寫代冶游耳且作一詞 瀟瀟半月雨做盡春愁低處訴簾外溜寒處處只擲眼 蠻煙春[illegible][illegible][illegible]報曙[illegible]戲擊蕭瑟如許誰知我酒 遶詩裏別有詠花句芳樹豔[illegible]滑度早引起玉鈎金縷花枝一是小 雪堂放[illegible]來填數天[illegible]眼前驪馬踏怕餘日天涯又去還分付煙香暖 晚好在[illegible][illegible][illegible] 夜雪周裕苓來送菜

三日起看雪但冰耳竹樹皆凍垂地所謂樹介達官怕六朝讀嫁以叶怕吳音也今蘇語猶然今無達官五大臣亦足當之否有天地然後有萬物此卽混沌時也爲一憮然且凍豆花以佐湯點夜食餅看復作寄姊書

四日冰凍看周官籤手冷方向火紫谷道士來殊不欲見久之乃出詢係來作經紀者云蕭子求文字非爲學堂也



五日晴史傭送祭用往省王傭將往運煤來請製篙帆道士先去煤船並送觀察木器去將寫壽對憶張蒼侯封不得篋中乃無史記可檢甚可笑也搜得三兒三史且移入備查並書蕭子三聯字不能佳張翁百歲號雲臺就名號頌之 系出文侯跪賜彌永 號同阮傳纍壽追高 蕭子閒官又不讀書因題二句云 琴書陶令館丞物 詩酒揚州幕意官 此亦充日課閒懶極矣

六日陰雲卿第四兒來字慶生名名壽在醴陵學買稍勝其兄能具衣裝留宿外齋與之一飯夜雨

七日晨雨朝食後陰雪師兩孫來長舜臣云頗通文理其小弟亦乾淨似官家兒頃之小敷又攜女來俱不飯去夜有月

八日晴猶寒岫孫來與張稽察談官事張被押得釋興高聲壯余避入內鄭福隆率其孤孫來見不肖子死舐犢愛存亦可悲也十二耶兒來卽去

九日晴岫孫去周生世麟來値沈山人許甥孫與將軍同談喚門乃入留沈飯久不具田雷孫及王姓來同喫餉沈飯噎竟不能飽怱怱去已夕矣周亦辭去

十日晴周生居客店未知何意閉門待之久不至乃閉門入聞撾呼聲云王心培來出接之崔甥孫與庸松來劉蘭生亦來皆意在歐陽述談喧竟日喫杏酪崔庸去王待飯去劉宿外齋遣人運租夕得廿車

十一日晴風陳秋生來周生亦來談不飯余與兩女看運租入倉因思往年南竹作銀桶時未料無尺土及六百錢買大櫃時又未料今日有租收未知更六十年復作何狀大概化水無形以語兩女使知倚伏之理

劉丁來言銅元局將改槍礮廠得郭八完夫書

十二日己酉啓黌黃孫不能讀自願入營學因遣入城盛丁已將入武備堂又自願歸農亦暫往辭退遣船送去劉蘭生王僕均去廖生不帶紙而送書價銀幷令功兒買紙長婦歸胙二俎賜以蓮餅滋檢得殘本廣記未加點者補點四卷春晴五日猶有寒氣夜月朧朧桃李未繁

十三日晴屠僧因族長來求關說甲總因馮甲來訴竇穀黃圍總來乞糴均侵早來候見玉蓮報祠漏當修遣滋往估工展去來請訓適余睡未醒比起已去矣見三訴者各諭令去看廣記半本胡蔭南兒炳生來亦爲歐陽述小坐便去滋未夕還云未須大修苫補可矣擇於十八日遣匠興工

十四日晴陰出看桃李遇余家僃云余子來從船至出見與談生事至夕又報程觀察遣人來以爲送潤筆令問已飯否答云未飯適夕食輟盤飧食之出見云常寧詹炳光字辨樓久仰老師欲往陝西求信與樊藩臺告以一函百金之例皇遽欲去會暮微雨自請一宿許之未幾又一人來云從船至此亦無所止則蔣生也此生相求四年無厭已甚旣爲李生金戕所關切强又出見兩人共被夜雨瀟瀟余高臥不出矣



十五日雨竟日詹生晨出王僃還云煤不可運蕭實惲往令轉船送蔣生看廣記尋輿亂書見梁啓超論說且讀一過

十六日晴蔣周俱去張僮來忌日齋居召匠問修祠屋事遣文柄往寫字數紙

十七日晴德成來言修祠意欲包工以匠估廿元此又減價卽令包修以十元付之滋出游南塘劉詩人來不飯去云張冶秋已降官江西教民殺南昌令至夜朽人來云水泄不通矣亟欲問消息無從問也廣記點畢

十八日晴寫字數紙無佳作然一送銀來得湘孫書云洋人尙無著落鬼蔥亦入學堂矣未死已見披昌所謂永絕書香者耶抑船山王敔之類耶芝蘭生於階庭荆棘叢於臥榻有何欣戚不獨韓湘子看破紅塵韓文公亦了悟矣詹生又來限一月取信遣蔣將軍刷書夜雨

十九日雨陰出門看李花野棠已然開見一人亍亍來則周生從縣還云誠勸改將軍恩銘代之繼代恩莊心安代繼矣莊直入省城甚爲可嘉方與兩女看花見一轎來云左輪青恩賢弟子挾笠倂書笠亦疲於泮梁左乃欲往陝西以六破果合求韓車之穫告以世事廢然自失

廿日晴左副榜去留條子欲得分銷與張冶姪同有大志約將軍來幾刷書至夜乃至狗吠人講一時韻閙挂墳三力來無宿處先去

廿一日陰晴似欲雨櫻桃半開梅花未落猶可重裘行人早脫衣衫矣將軍嫌牀板硬一夜未睡見其欠申神色不足問乃知之非將軍實巾幗流也將夕仍去以十元請買紙

廿二日雨煊遣船下縣尋廣記得五代時八仙以館西安八仙非湘子等輩也蓋宋初改興慶池爲之李八百忘其時代長壽萬永瑣幷未知其

事迹

廿三日晴復寒有風吳少芝專人來復書卽去沈山人遣兒來種樹

廿四日大晴煊始綵作黃楊詞見二童子紅衣來詢知煙店兒求住屋不充公遣周生往詢原委亦令得分訟費省愚婦人亂用銀錢也看牡丹初苞李花始綠雜花已香春事漸繁

廿五日晴煊紙船昨夜到將軍呼門入內竟未聞知晨起相見陳生已去將軍飯後亦去看雜樹新綠桃杏始萌煖氣催春無復寒色四老少扶杖來頃之舁去夜可不被

廿六日晴煊甚換夾衣代元婦來助作小綿襖不復需此矣刷書人來先刷大傳三部爲之次第更刷論語樓上已熱不可坐至夜大風稍解溫熱校陳刻楚詞一本子初大風暴雨電光如月起坐待風止乃寢

廿七日甲子春分晴李花全開出門眺賞清論語刷六部內少六葉未知



遺何所當補刻看漢人擬騷文甚愚陋所以勝後人者博弈用心之類更刷李嚴詩周生學訟還云官事不可了丁郎已下省去檢嚴詩未刻錦雞賦前已求得後又未刻未解其由今不知可再覓否沈山人宗兄並來方與問答忽報油胡籃夕至兼有世愚姪徐全瀚不知何許人車殆馬煩人喊馬嘶真無處避秦祇得延見大要不離提要者近是夜分派宿處亦費安排沈誣我涉訟呼夏估使面質

廿八日晴午初客去幹將軍來清書版山人已去宗兄亦翩然矣將夕將軍亦去遣人下縣買紙墨衡船來迎陳八及其二子來遂定南上程生刻易說來

廿九日晴料理經手事送信與聖旨留書與將軍自往催佃戶出莊唯餘一疏未作耳定明正行至夕微雨遂大風雨雷達旦胡貞女復來訴冤

卅日大風竟日不能成行張生冒寒來言宮中事且告出洋校易說兩卷夜雷雨

三月戊辰朔社日雨寒仍裘可向火煙店婦來訴苦入門已凍僵薑湯活之大風動地仍不能行

二日雨看牡丹已坼晨見賈妻諭令無訟朝食後徑上船待房嫗來已正午卽令船發行五十里泊向家潭校易說一卷

三日雷雨連日夜湘水大漲行卅里泊沱心寺所謂泥纜風帆一舍程者文柄附船去舵尾猶有六人雨漏頗與余亦寢不安而食甚甘遂覺過飽

四日雨時至唯雷稍遠水急不能上行十五里入漉口泊校易說畢得蔌菜根復采杞苗作山家清供

五日霽漉口守水往來數十年始知空靈稱峽之由與瞿唐同有封峽時也過午得東風甫出口風息纜無牽路滑掘半日泊杜崖對面行八里



六日晴水夜長午退春色頗壯帆過空泠峽船平岸行無復石險尤險於行石角也見估輪上駛有日闢百里之慼欲檥花石戍風息泊湘浦行卅餘里

七日大晴水退五尺無風纜行過朱亭對岸不得泊晡檥油麻田買肉菜不得行二里阻磯頭退下遂宿沙觜行卅餘里

八日大晴晨檥三叉樹覓筍蕨俱無唯有乾菜泊近一時許乃行檥研經書院午飯昔古今東皆爲科舉作對無得失也夜微雨旋止泊烏石灘

九日晴晨上雷石纜挂水中石船側桅折流下里許篙構並用僅過鼈卡喚匠截桅復纜而上已日昃矣行廿里泊寒林站下折桅凶事也舟中人皆言幸桅折不然已覆舟矣其善諛如此此與瑞雷何異午有雨不成滴夜月

十日晨起雨意甚濃已而得晴纜行七十五里泊樟寺對岸

十一日晴亦似將雨蓋春氣動地絪絪緼緼在城中但以爲春陰耳午至衡府城登岸至程家見岏樵父子陳郎兄弟二廖喻蕭謝生均至聞道臺已擬學章往謁未遇旋約相待晡後來談云江西事已和廿萬許了京中平安將夕乃去復招陳郎廖謝來談夜弔張子年妻喪遇雨昇還船明果好心來請齋

十二日晨待客無至者唯馬太耶步上船小坐去朝食後上岸至女家真女昨夜已上船來相見今早想未起有喻廖生在亦不便喚出昨覓張小錄意喻生家必有果得之持交程九令補入嚴集諸生仍集談稍倦至安記小愒成就來求募化李華卿張子年譚老師來留坐頗久岏樵亦在坐喫餑餑客散小睡道臺催客以爲必專請往則會親酒王季堂爲客紳商皆在陳郎亦與合演崑亂三更始散聞彭四孝廉病故當往傷之先在一聯公孫歿小得同憐鳳許先賡一慣桂枝懸月缺鄉客無雙知孤步人憐又瑕玠一塔棠棣正春榮



十三日陰雨午晴大煊移船上東洲匠人滿屋無駐足處竹樹多伐庭柯愈醫但無茂艸之歎耳小睡東廂聞足音跫然廖謝陸三生來周麟兒來頗欲繼武略誨戒之令去猶不忍去乃臥對之此則庭訓之傳夕食後令內外不得點鐙關門便睡南風動地月影移花春景雖佳無能共賞

十四日晴煊子年岏樵石鼓教習等來時晴時雨幸未大注聞城中大風且雹客去恐風阻留之不住又見高才生六人暢論學務夜雨

十五日陰李向二新生來更有曾陳皆熙黨也皆輿服照耀頗有官氣入城答譚涂兩教清泉朱捷臣因及衡令胡玉山便詣潘署府請假未見馬太耶催客以爲摸雀往則淸坐半日坐客朱程張師耶初更散乘月還猶有春寒喬耶來覓活隨至書院

十六日晴遣周奶孫往鹽局馬太耶先來程生來論修造兩縣來相訪常寧唐生來見二陳郎廖喻兩生常鮲子俱來唐生遂同坐不去亦周世麟之流也紛紜一日至夕乃靜

十七日陰寒朝食後出弔二彭始知向青亦當受弔至宮保第滿堂吉服云初成主太守仍似童兒孝廉唯存一妾客多不識往退省菴看花牡丹千葉桃盛開恐添應酬遂從間道出門以來時道遇真轎遂還陪女未至前有官轎欲避不得問知衡尉王生年七十三上磴捷疾便坐略談而去入與真談常增又來杇人踵至道府來拜潘濤太守云於陳又銘處會同席來迎李撫留坐不肯乃至船獨坐將夜始去岏樵送牡丹一本二花聊助春色真夕乘船還城

十八日陰入城答訪李華卿因過張師張妻病狂李留餂心出詣安記又至程家小坐還安記子年來要同往福建館看花云當上府坐待其還與至道側程生亦從遇羅馬程羅爲主人牡丹芍藥皆七花紫荊落盡



矣出與張分道程從還金銀巷余至陳家會飲岏樵先在謝常陳廖皆其親暱程辭先去將夕乃食雨至夜黑昇上船幾不得還暗行久之乃到

十九日竟日雨作二律校四牌退省菴看牡丹還得岏樵送數二花明日看花閣館夜閑有作湘綺樓閑不在家
卻來掩淚審閒花一萼知富貴非常主託根篁歐送行酒馳馬當春雙蝶蝶流蜜喫酒一錦棚今夜滿蒲開直恐寒從驟帶紗夕看
桂撫船過口占一律虎節新從桂府開春風笳鼓喚胡僧鐵年泛草綠遙夢三月汀花照酒杯夜雨瀟湘新領略江湖魏
國難徘徊驛柱臨水容而坐記見樓船十柱來

廿日雨細如塵張尉及劉子重喻生來量地留夕食去陳甥自辰來求書其無知可恥不足責數大約尋錢喫煙與王文柄無殊令還客寓

廿一日陰念二妹早逝推恩孤兒與書爲謀即召之來訓飭之令尋新臬臺莊心安大水

廿二日陰祁陽周生來欲令辦齋務陳教諭召之也攜其從子天球來亦

附生可應考與談一日
廿三日陰欲晴當答曾䣓船往東林寺隔一港果林頗茂監督不在館卽
還上水鉤船極難到院已過午賀生來誨敗之令去夜雨雷
廿四日陰雨竟日夕大風看廣韻凡上聲字十九讀去聲矣因以筆識之
周生世麟來上任尙無章程無可施爲馮生來見爲梁奶娘關說
廿五日陰雨甚寒當至東林赴曾監督之招迫夜難還令就船眠食移具
以往兼訪楊八蹣不到門便泊羅漢寺對岸至晡見道臺來乃舁而往
曾泗源爲主人向譚執事又有兩生出見自稱弟子吾未習其名未敢
當也唐牧六自家來見周生從來觀學及酒罷還船夜暗無風遂泊中
家門前周從余眠俱不解衣
廿六日晨移舟到城周生自丁馬頭步還書院余在寵妝臺朝食移欃鐵
鑪門得胡生書二陳鄧廖喻登舟相訪官錢船諠鬧不休避至安記岏



樵設燕窩點心太冷不可食亦不啻食領其意耳特設款余陪客張碩
士章襄亭朱張二尉及二陳郞酒半𦊆生到城延來同坐略談學政鮭
菜鮮新酒有藥味未夜散乘風還大雨霑衣幾不得登岸
廿七日陰雨欲弔張尉房嫗云可明日去亦自怯雨未往因遣人告𦊆生
改期明日看考卷百餘本周生從子爲有理路淵源不可誣也
廿八日午前雨船山出學諸生卅餘人仿京派請余幽拜復請道臺爲客
岏樵極言其非禮泗源引證以爲合禮余則有請必到以爲禮不遑論
雅俗也先至張尉處弔後往看戲則非禮耳今日衡人士公請道臺不
請我則爲合禮以不便坐也周生晨來言程生已還今日當來午至略
談云胡張與王孔作對不准存古令人驚歎黨禍將成文明極矣程當
還江南恩愈便去夜復大雨
廿九日晨雨看考卷不及前三年遠甚周生渙舟云以喻謙爲教習故好
手望望去之午初到城水復大漲泊新城門下舁弔張子年劉子重支
賓衡陽令先在不識之矣以意得之卜三毛自省城來出見小坐至陳
郞家訪𦊆生人客甚多避往程家亦遇生客王翁岏樵親家也二陳郞
旋來云亦漁兒成主不得宴會𦊆生來會同至彭祠看戲中正譚兵備
來更調石美珍唱正生深加賞歎余亦附和賞銀錢八元三更散宿安
記本約摸牌夜深且雨乃睡
卅日晨起待且久無人至自出關門大霧舁至新城絕江渡對岸鼓棹出
勔已流下里許到院午飯看卷百本薄暮倦臥起作兩詩和芝耘絕似
曹雪芹亦自得意
四月戊戌朔昨晴又雨遣船迎監督敎員並令辦飯岏樵早來力爭山長
火食不可裁頃之周謝喻陳俱至𦊆生亦來九長從至唐牧六來送新
茶閱卷封記如觀世音幸得第一又有宜章李兆璿大有詩腔但似詠



白牡丹亦賞拔之岏樵先去餘俱留飯將散張智修來議買垣外民房
昏暮皆去陳郞獨宿內齋
二日大雨遣船迎女以家事託沈山人令蓮弟率周兒送銀去出同二陳
兩周飯論書法不可二兩取省文耳飯後陳周入城余看雨避漏一無
所事和譚兵備雨中牡丹二律用原韻化氣陰微脚濕餘曉看芳士潤甘粱春紅點重滿眼疊繁枝垂舉奉陰緣鮮風乾依餞循鴝做煙聚島複沈從來並本似色對影研朱試一臨仲不知中玉不溫沈香亭畔駐春魂共憐國色初醋酒似山礬泉早發風曉膠燕闌點御架啼妝雜傷坦撚痕紅樓其閒戲藥瑣待看茶蘼落瑞尊
程孫來辭收支其文甚哭
三日大雨晨看廣韻校刻樣本詹炳光復來索信與程太守書告之水
將平岸𦊆生來喻教習領徒來庶長開火余亦出飯𦊆生宿內齋
四日雨岏樵遣船人來云船山改師範道臺甚惱頃之芝耘書告學案已
發定初五日接見來勔去渡錢六百云水已斷道方令房嫗作春餽水
遂入室倉皇移出僮嫗踏地成阬水隨而湧移被上船飯後余亦上船

霖生喬子竝笑其早計至夜水漫俱避上樓周生作歌矣

五日雨移舟近城遣迎霖生齋長庶長教習朽人周生周辭不至遂泊百搭橋余入城至安記見學生三班霖生同步至新街前待舁會於安記二陳郎程父子均來鄧喻廖生亦來看待張太耶久不至將夕乃來余飯罷還船宿

六日雨朝食後庶長同舁來迎入城見學生三班水已入城程陳家俱將避水或云安記牆不穩程八郎（懷五）自來迎云祖母迎至其家余不欲移不卻其意飯畢而往霖生亦來並要陳廖摸牌夜宿程家已十年未來客矣二郎（蕙召）四郎（伯厚）十郎（劍秋）均相問訊

七日雨水遂穿城不止穿洲諸生來見者稀已滿三日未便久待僅見數人重定名次以李兆蓉爲首昨送詩來有饑寒既竭之歎因思遠來者亦必同困當仿鴻博例供其火食張太耶來摸牌廖胖來



八日雨送卷道臺後復見三人陳教諭孫年十八自稱監生似未畢五經者西禪請客甚堅遣僧引導周生爲余卜宅周彤侯新屋與霖生往看佃租頗昂似不宜住至西禪與霖生議且借程學堂及彭祠暫居好心明果設齋引看經樓別有定慧堂居十三禪誦僧仿潙山法也大要叢林勤苦必有安逸處以待高材出卽國學上舍之意事有必至理不可通張尉後來同散余遂還船周生來訴庶長無狀

九日晴始有生色渡夫畏水已甚自率上洲看水從山邊上繞道三五里云尙較直上爲迅書院全沒水中後牆已倒乘舟直至樓闌木器顚倒漂流大似左季高奏報湘潭勝仗語繞後院一周從窗取帳簾出更鉤得雲母窗三扇其一扇依然未動十年故迹滌蕩無遺不勞發誓自不能再入矣有起有滅卽有始有卒不足傷也還舟飢甚得張太耶餂心頓食之盡庶長來請入城與俱步上將至東華門雨又至頃之止霖生

陳壻鄧廖唐謝喻生俱來喻言仇彭其詞甚厲余云春秋大九世之讎不可入彭祠也寓所正欲帖門牌因以經義治事名之以周生明日將來尋周與周仇先動者誅之亦經義也張師耶率徒弟來將暮去與霖生摸牌因屼樵殤一外孫往唁之恐昏黑踏水未坐而出屼與余同至寓宅亦催令去陳郎作募振疏爲改易成章夜得庶長燒餅充飢以程家送飯未飽也二更後散獨眠孤館

十日晨雷雨移寓多所繁費不如卽開公火食令庶長召廚夫辦飯朝飢可忍至午船上送飯子年送菜竝請竿牘百金之例改爲千金之酬與書實卿兼爲沈士登書一聯常陳均來房嫗亦至零陵生訴被攘令周生緝之

十一日大雨平地三尺官紳會議設粥廠余不以爲然不能止也周生移入城送家書來訴役田之擾令子年與書委員解之子年復送菜餌真



來卽去

十二日雨一事不可作子年來爲周生作書致曾委員斟酌半日唐牧六來訴唐太曾丁祭忌辰皆不停刑嫗從真往看程節婦夫死欲殉以遺腹暫活今子又殤六日絕食屼樵女陳亦漁子婦也真夫兄子之妻故時時勸論之迎霖生喫鴨乃無鴨喫子年送餅與諸生同啖真亦來飯夜去程孫送書版卽付傭送家

十三日庚戌立夏晴出至彭祠看屋云不借人住復至常祠門前積水未退乃還將往道署紉家人來云女還乃不果出紉攜申孫來真亦留夜飯諸生騰房讓女均移門房溼暗不可居余亦感溼熱發疾

十四日又雨紉生日真攜兒來余一日未飯喫麪半盌不知其味與書道臺敔遣諸生昨屼樵來言道臺不明白今道臺又來言屼樵不明白吾無以正之大概皆不明白我亦不明白也救荒無上策總以親歷察看

爲正辦明果來辭行與書功兒令送詩經來
十五日陰霖生來報瑠已到城遣問乃在羅家治事人朝食後皆散瑠攜
一婢至治事齋移常祠廖教習告假鄒監督來見二程家竝送餂心適
逢忌日亦未敢明辭也
十六日晴將令女出詣姻家瑠疾未能往真亦咽痛徒惱人耳議移船山
書院於鄉云申莊可居庶長往看還遇暴風
十七日晴瑠張起忽厥勢甚危急召醫不至自出訪之過道署張李師耶
云正親訊騙子少坐與戴弁同見兵備談未半刻心動輒還霖生來看
姪婦笛漁孫亦來半姑子俱到醫生來開一方未服
十八日晴瑠疾退可不藥其夫族兄來診開方亦未服唯少飲葠汁余送
三日未事
十九日晴陰午後雨瑠生日以疾免行禮余避坐常祠衡俗重滿瑠正卌
一其族親皆來彭陳魏羅女婦與其兩女弟凡十人常祠亦設湯餅待
其叔舅姪甥內外妹壻寅臣兒癡坐不去猶有儀仲闓派余不預坐客
有喻周留霖生摸牌又遣招譚老師陳教諭夜至請𨻶說遇雨真遣舁
迎乃得還
廿日雨令周生見道臺云客多不見黃船芝來寫扇五柄出門遇傳儀所
不欲見者皆見矣
廿一日晨雨寫扇四柄朝食後晴雅南來送風腿真來夜飯未去張子年
來寓中無一人又無鐙火殊可笑陳送鼓子
廿二日晨晴楊慕李來劉親家兄弟來至午陰晦正摸牌恐懼天變出堂
外待雨俄而稍定還戲霹靂一聲電光灼窗知雷氣下擊頃之晴喻生
來問雷擊何處答云不知至夕張僮言道署柳樹被劈遣問信然涂年
姪送鼓子文柄欲死連喫三頓粥



廿三日晨雨不止至午船夫催出冒雨渡湘弔彭向青二營官三士老支
賓坐久之無貴客日出甚烈乃渡湘西往陳鴻甲教諭待客見清泉學
舍爲水衝圮步往一看范訓導衣冠待見揖謝不入坐仍至衡學坐談
二周兩陳涂教授後至催飯菜未終席大雨將至趁夕光入城沿路民
房倒塌創夷滿目誠大災也夜風雨至曉
廿四日大雨竟日晨書條幅摺扇改陳郎文二篇陳郎送魚以餉霖生昨
送魚鰕不達特交庶長馳送陳氏外孫女周倅諸姨俱送食物卅和來
廿五日晴雨意仍濃兩女始出詣戚姻余亦步出頫至常祠說遷怒係爲
人求人或訴人而人不直我遂成嫌隙世法恩怨多從此起范訓導來
與陳子猷俱至范云壬子年其父爲常撫臺將兵守金口未箝軍志有
范姓其人否道臺復書言陳耀甲事須查究一涉官事遂必破家吾輩
真幸福也幸者罔之生直道不行久矣上下古今且笑且歎周生營營
爲陳作囮亦非知命之人各私其鄉宋學尤甚一黨同之見使之兩嫗
攜劉孫出游遂無守屋人欲出不得段培元孫字玉成來以賀年姪訴
其姊爭屋故遣庶長問之彼云門已上事已了矣同出至衡捕訪劉親
家小坐卽還至衡捕答詣王尉云翁曾桂大表兄也有舊家風格昏不
辨人乃還瑠至二更始歸粥廠更展五日霖生又去
廿六日晴真來摸牌藍山廖生送禮令兒庶長告以不受已亦自至常祠
見之諸生多未歸旅此殊未宜陳郎急欲起學亦有所見岏樵來言湘
潭阻境請書與任弟馬太耶來言大水浸城市民房沿湘盡圮
廿七日晴熱周陳來識徙學事鄒（士林）廖（雯）羅三教習來王翁來言和訟
陳家女客來避出詣岏樵又遇王從子俱因緊援得爲城紳者
廿八日大雨頓涼今日乙丑小滿農占宜雨覔雜花不得常生媳婦來看
叔姑爲陳郎批唐絕句真還摸牌輿寧考生來以晚不見

廿九日晴晨至治事齋見顏曹生云道遠不歸且發四千火食霖生施粥了事還城陳教諭長子來見鹽知事分淮意在提愛劉親家來告歸云訟事已了教民不敵教長無須尊孔也

閏月丁卯朔令房嫗作餅云待明日小姐必來霖生亦當詣道府余勉自振厰至夕攜錢詣道署猶辭以沐至李師齋看學道單移星換斗未詳其意子培得皖司朽人司鄂連梟補東湘人僅汪編得之

二日晴子年來與霖生同至因留摸牌並邀岏樵喫餅臛未夕六十兩女船到真亦先還書房遂成女子國紛紜喧鬧得笙陔二月書功兒寄古微詩前記游詩甚佳今看殊未成格姑錄三首金秋巖巔氣嶷然不可容一石一草木尚歷千萬峯豈肯放平易招引人世蹤樹皆斜仄生雲皆斜仄通略無寸步直但有兩壁窮近之太難親遠謔俱最崇正如古碑聳千載共朝宗不視巖巉染但瀑決決風安知眞觀面不與躋攀同鶩訪雲中君來存天上石千洞萬洞熱温泡靈開園人行入山中山巳天外立再上更不能有石皆倒拔巍殿背雲峨勢欲壓山側森然一橋下獻此萬丈碧遣勝啓天荒入深闃地曠遺衆竚晉額瞬覺此身易出山愈巳移靈境渺天



北百轉百丘壑一步一階級奇怪非一遂性命幾萬鄉山窮水盡處羣能天上來泉泉與所化石石天所胎萬丈英替間中有銀河洞發此千仞水懺爲萬古苦怨窟開闔劫叠夜吹響隨一潭一變化一濕一滌淮至今秋兩天石破驚蛩媧出坎入坎龍九天九地雷戰來但登碧光影油三才顯借玉女盆酌此玉井杯更借巨霆掌劈破片瑕瑰攜歸傲嵩岱何獨小影答魏源詩注云華以險名由取道者舍谷而趨青柯坪不知谷水之源即援蒼龍阤但從水簾洞對崖橫穿斜棧開鑿不過數里即可避千尺幢峷溝之奇險而兼收西谷松雲水石三勝

三日晴岏樵來請書撫督采辦官米余不欲多事以來詞甚正無以拒之令再思一日瑞真俱出赴席鍒生夕來言東安考生事

四日雨昇至公所還朝食周生引陳子來拜門不避嫌疑妄求結納與庶長引子辦公同謬界限難明俗敝已甚殊難誨也滋出訪親友瑞亦往姪婦家至夜俱還復問王少伯詩本古體余選入律遂未檢得卅和還鄉與以三元

五日晴晨起與書孝達請羅近多事也蓮耶請歸鄉許以資助大要不能田仍虛語耳午至公所即同霖生詣程陳因要子年詢開學地云舊館已成泥阬數月內不可居霖以和訟先去周祁陽送鼓子設湯餅完夫亦具飴心喫畢各散還夕食後大睡

六日晴與書撫臺告羅事女客來唯見鶴春妻餘俱謝不見避往常祠又至安記小惕看聊齋志異兩本又還常祠喚飯待夜乃還寓岏妻猶未去看作牢丸未喫寫扇三柄

七日晴陰涼與書孫晐寫字十餘幅子年復送菜以不可常辭不受滋復渡湘看楊女得湘潭令書言易俗場阻米請兵奉撫諭不必往逕此有三奇鄉民欲餓死城人一奇也請兵起逕二奇也撫臺避强民三奇也吾但欲以洋鬼治之三奇皆不敢支吾矣此等新學正是野蠻

八日晴城居一月餘一事無成無不窒礙余與之爲無町畦屈子所謂覩



南人之變態者彭向青夕來謝弔言外部必不移南昌獄交軍機以罷必推勵勵兼二官也大要誣服無疑耳王亘吾夕來則已昏暮正夕食辭不見陳郎示午詒書知我思在桂林蓋將軍云云

九日晴晨往常祠見王生云事來見我今日即行誠耶僞耶可欺以方感其意也彼與衞青互訐則未可決馬太耶來亦似送行與書衡山令鷴張僮去

十日晴熱諸女皆往陳魏家霖生子年來因遣要手談陳郎他適其弟來共戲夜熱甚遂罷尉人與游婦市鬬從而鬧者數十人俱至常祠尋主理論治事人無一在者得免口角兵備許位置朽人反添一心事

十一日晴晨至常祠過漢筠通守還朝食復往張生鳳薹來見亦云特爲我來何其專誠與霖年陳郎往看書院門牆故敝遂似破廟地已滌淨可步正在補葺後院更收地十丈方百丈每丈一元銀摘青梅而還過

向青留麪渡湘各散余還鮎心至治事處薙髮踏月與霖生過岏樵方議發振余遂先還摸牌校牌未散先寢與常生孫談商州路復有漢舟之興真來未去

十二日晴夜睡沈沈天明始醒竟夜不須覆被奇熱也起盥見門隙扇影開門見庶長入言事久之朝飢惄如入食蒸餅玉帶餅卽豬油餅也乾之爲雞蒸之始可食朝食後舁至北門答訪馬少雲日烈卽還張子年來相尋言一事以不相干旋卽忘之本約來寫地契陳兒反覆遂不復議告張宜急築牆張已去矣周漁舟附得永州船約明日同游

十三日晴晨作書告道臺請撤浮橋與書沈山人令收文炳至安記取銀作游資還朝食舟趁北風當發遂至常祠告行霖生庶長已出送同過陳門完夫亦出從柴步門上船送者皆反周兒朽人在船相待辭令卽去喻生復上船相送皆不當言送行也豈欲我遂去耶過午乃發至夜



不休余已昏睡云行七十五里泊雲石洪

十四日晴帆風行辰過一水口云桂陽水所謂平陽成也多睡無事唯看水經注薄暮雷電大雨船漏如篩唯一席地可臥已而雨止露臥竟夜宿柏坊

十五日辛巳芒種暑熱似三伏行六十里泊河洲周生云祁陽地出魚水夜月亦露臥

十六日陰有風不涼當過長灘舟人云九節灘余以爲竹箭灘灘夫牽卅里六十錢一頓飯岸上多求貸者送至老官廟天陰欲雨舟人冒進周僮急呼乃泊大風驟至巨浪擊船破船將散幸風止雨過乃免破敗泊錢公灘行五十五里夜涼

十七日陰晴晨發頗早五里至歸陽市小而整水口橋亦新好所謂餘溪水也周生上岸得家書知役田事大發兵差其弟亦逃出投我我爲役田逋主矣庸人生事亂不可弭寵撫批稟尚明云已委員也卅餘里過相思峽有高峯曰相思降水急波高難於錢灘但不甚遠故不添灘夫夜泊峽上

十八日晴南風纜行及上望轉北風亦纜行屢過白水午上觀音灘過羊角風幸未覆舟帆行三十里望見祁陽城風息久之始至對岸泊驛馬門周生入城夜還云祁民欲變樹旗討賊知縣荒謬將成大獄余云民鬨易散總非祁福當至縣一看情形夜半大雷雨船漏無容席處

十九日晨雨借轎至祁令處請換船因留早飯桐軒言役田鏖由道委非己所能與告省狀者係其舊吏子故重責又派人訪拏道言人已拏獲旗幟矣余言宜釋吏子以安人心因招其刑幕出見鄒姓北人未嘗學訟方食間有柏姓來告衛委員曾闖入來見飯畢還船前船已去換一小船僅可容身方偃息曾委員來謝未見送皮蛋而去日昃寵撫內姪



自桂林新昏汪詒書女還吳祁令爲設馬頭送殯半余移船避之復入縣晚飯曾從九又來訴王語安生事已皆不與且欲辭差云云豁閒撫批委卸俱欲脫身也委員王岡生亦非能了事人夜訪蔡竹臺彤軒室共飯方說曾鬼話曾已短衣徑入王頗錯愕

廿日陰晴頗涼日出尚未解纜辰過浯谿未上元次山摩厓頌中興殊非其職且工費甚巨亦非凋郡廉吏所辦而此地遂名其水石亦不稱未若滴水巖巖去縣卅里游陟未便耳祁零分界地又四十里過湘水曾南流黃石司泊大花灘夜雨船人均還其家自浯溪還過湘水岩以廉爲勝零陵水石多奇勝而起嶽鹽在

湘右摩厓深剗頌唐文從此山川生錦鑄後來古有蹤育木鹽元顏妙迹存闕宜譏人傷偉建題名像士書彰鬼貞光司馬訶多石耶職伋

耶山水餘嫩卜宅近城隅來晉丹崖深官客鐵山巖遊澗水崖天然嵴揖洗着書嶠嶁辭碑九疑頌唯待窟串封疆麻

廿一日雨至巳初船人晨來未發也朝食後乃行卅里至高溪司作詩一篇風涼多臥湘水始北流卅里泊冷水灘大市也廿五年前曾一游在

半雨大南風

廿二日陰有雨船人欲販米岸人阻糶不果延至午初始行未初泊木瓜鋪祁零水程甚近不比清寧也晡過十馬潭油布落水停舟將撈之未得泗者船人云瀟湘二水流十馬對九牛九牛卽九疑聲轉營水與湘並從南下營大湘小不得云營入湘正合流耳往年過此殊未審夜泊白蘋洲正對城塔

廿三日晴晨移舟浮橋橋小於衡而不輕開周生覓船未得朝食後余自登岸有醉榜人來相問云空船祇覓二千錢遂登其舟遣移行李午後令周生導游朝陽巖率房嫗從步可二里許汗溼衣袴至則亭閣增修洞被水浸不可步泉流汩汩洞石雜列亦不似當年秋景幽期之地不可覓矣還船甚熱夜飯後欲便船仄遂落水三舟子下水抱上已再浮



沈矣老不穩重幾爲話柄夜睡後右手跌痛船人誤記落銀旋又得之從者皆以爲詐索錢重於命信哉

廿四日晴移泊太平門正對朝陽巖篙擔船行五里泊毛家橋繫舟柳樹正見香零山周生以不得游新巖爲恨云息柯題爲賽朝巖與零山相對也已而移泊山下夕宿黃市去城十餘里水程可卅里船人云前明府治在此今猶稱府門縣門余案形勢今城必非漢縣此處亦不似郡城

廿五日朝涼有小雨旋晴船板炙熱不能久榜頻息頻食夕泊淡巖遣兩僮上岸皆不踴躍余乃自往洞門已塞繞從皇覺寺入未及往游之幽巽也寺僧出迎設鋪墊茗果余短衣不能禮念前詩殊不佳更題一首勝地臨官道塵中一洗心向來還議路空墓隱淪深過客勞川陸題名換古今張楊不重到倚檻獨沈吟巖前有小市遂泊

廿六日晴涼午泊楊家馬頭經一時許三日行卅里云水路將百里熱甚欲舍舟念當看營陽峽且宜耐暑夜泊麻子灘甚涼飽睡

廿七日晴午泊楊村夕至雙排峽有釐局周生云私設也雙排峽卽觀陽峽酈水經所謂沿泝極艱之路

廿八日晴晨涼夾衣過灘泊兩時許無行意云須待後船乃能過灘凡船例然一日僅能渡二灘故酈云極艱也若輕舟急進一日可行五日程殊不艱耳登岸看纜船至單江亭遇一生稱余公祖亦能物色風塵者十里觀陽峽飛流濺雪來旗排青茜茗鼓碎碧玫瑰縴力催篙力灘雷似瀑雷輕舟獨沿泝不覺路遭回夜泊麻灘

廿九日晴行十五里過三灘宿大江鋪夜涼峽小星光甚朗午熱如伏夕遂如秋矣

卅日晴晨涼過兩灘遂泊詢知上步澗至九疑與清口同遠近而水程少三日遂舍舟陸行顧夫至寧遠索五百錢一日依而與之晡行廿里宿蕭家山傭保牛馬雜坐臥聞蟬

五月丁酉朔夏至陰涼步上苦竹壘見一山背絕似蒼龍脊但澗水截前



爲異道州有三澗毛謝麻分晝山界竹木之利歲數十萬金作詩示周生九疑西北千萬峯峯峯點作青芙蓉盤陀鳥道滑如砥平步直到蒼蒼中莫能種山師伯益劉不作耕煙作瀟漁被黏青青似稻錢為頃迷天挂零碧我來五月正南薰獨攜老友去入翠君自攜鑿我卽緒世入疑是弦中君七盤九折青霞棧曲曲修蛇飲深澗老翁叢叢縱生壯心起思快馬下峻坂青陀岱嶂備中原滄海橫蕩黃河澤野人不識戰爭事但怪四蹄招舜跡致今老去肉生髀五十年來丘壑裏昏嫁未畢歸不休安能徑作五嶽游看醒程松且遠瀟其陵太清觀九州自苦竹壘步下大星壘峻岅修曲令人有馳騁心舁夫不復能勝寸步停頓僅得至中和墟曠朗平東稻田彌望然已龜坼亟望雨也周僮驚進强行八里舁夫遂困躓余亦不能更步頻舁頻下宿斷石橋夜熱

二日晨從者不能興真暮氣矣余不能更睡遂起悶坐久之步至前岡遇三挑夫訴無食許以舁工待轎不至而去轎夫强舁過一岡換一生力行廿餘里至城城外街市頗盛城內亦止一街未見冷道治而訪縣學尋彭畯五自至學門則非彭姓蓋誤記耳立遣兩夫力去令周生顧夫

未得有一僧父持帖來邀云樊潤蘇（云其子領鹽巡是營弁也）初不省記往則似曾相識談久之猶未知來歷留坐待轎俄而雨至飯罷即行平原黃土山嶂重掩風景劇佳小雨略避夕宿百艸坪至夜大雨達旦

三日晨雨正樊姓顧夫甚貴乃至六百錢一工十倍常例尚能疾走耳下里太平營誤循右行入魯觀洞璞山俊臣當年戰地也道逢鄉民指向東行以爲周生必不迷惑未半里聞周反踵至亦其迷也樊欲使周尋七人余不可遂至舜廟轎投僧寺余立廟外待周生至乃入拜墀下庭無拜石即就草間再拜稽首入瞻陵碑初無丘封即立碑山下殿外唯存古樹心盡空矣香杉已無一存廟是光緒初所修乾隆初因配天禮成　詔令通建出尋住處誤入一書院館師禮接辤當尋轎乃得旁一佛寺僧得清爲主人居室無多乃至書館館師彭仁安（士彬）陶學使取入近卅年矣學政紛更仍聚徒誦讀可與適道者僧殺雞款余夜又送



粥即宿彭榻

四日晴彭僧導游近巖云紫霞洞須一日欣然步往洞口流泉解韈而入衣袴盡溼以爲必有佳境愈行愈泥不可游也復匍匐而出至玉琯巖亦無可觀至無爲洞有永福寺未入又至飛龍巖壅土掘斷山道又不可入道中有魯生留飯亦未欲去蹣跚而還仁安許同游三分石留過節乃去九疑巡檢樊利賓來幼銘故人子

五日晴午後雨黃子玉次子來邀不往仁安大具羊豕雞鳧並設雄黃酒米團應節亦有小枝紅燭無蒲艾耳酬僧一元不受轉以遺我受之看新書數種楊紫卿詩言無爲洞有李嶠篆字題碧虛洞玉琯巖有明刻九疑山宋補蔡邕銘土人云舊舜祠陵均在焉不知何故移今地以水經注證之營水逕巖前則舜廟在此不疑今舜廟則泠水源也至亘川何以至此則不可考夕得清設饌黃子又來

六日陰晴雨無定晨從黃家顧夫往三分石得清亦喜同行三人步余獨舁過二嶺至龐洞舁夫午飯店家爲設點心酬直禮辭信過化之教遠也渡泠水上一大山總名爛泥坳余以爲藍寧坳聲轉也直上十里鄜道元以爲百里大言之耳皆循泠水行以水定九疑舜廟理無疑矣澗虹忽起仁安云舊有大蟆吐氣爲之僧言爲妖冷風飄至小雨旋大熱山窮將下磴至坳間衝風吹人望三分石尚須從西轉東乃能上計須兩日辛苦伏日已近懼船熱未便遂議還轎過澗又起長虹風雨追送皆以爲蟆之爲黃生已吾新入學居龐洞與彭姻友先來相留因投宿其家月正中矣得句云澗斗虹難起山深月早明夜設四榻幸有學僮騰讓

七日晨諸人俱臥不起自往喚轎轎夫亦未起習氣日惰至此還食於黃寧遠皆生肉大切不可擇噬昨賴供僧一菜羹今早索得粉條湯飯畢



即行將還彭館念當至黃家報魯生因直詣黃宅約三人俱往諸而不至周生舉動必出人意外疑其言行矯誣有類將軍余之不知人可驗矣待一時許遣要乃至魯生不來清公後至行時日已西矣宿大界本名馬鞍岨夜坐韓溏祠納涼

八日晴步行二里坐大樹下待從者一時許乃至十里紅洞十里田家有小溪旁有龍潭書院門閉不入十里飯嶺腳始有瓜菜然飯爛不能飽日烈風燥舁行頻息過回龍書院規制甚壯道州地也十里青隄十五里清口遇水手呼之不至知已辤工矣云船在馬頭人俱往道州城且就船休息一事俱無周生夜至云迷道故後船戶登舟始有主人夜睡船頭

九日晴有風補游記可詩者渡泠上坳山水幽秀有方廣靈隱之勝而無其塵俗彼有寺莊此唯徑路故也舜葬在大紫金山有金竹掃墓徭人

獨知之云見靈異解纜探幽洞瀰洑怯晴灘乘龍眠自古仙鳧見靡雄石氣晴天開雷風五月寒陰匪付神鬼題字待誰署泠水經虞廟徐碑復褒銘至今蒼玉瑲猶得訪仙履金竹時時播福歌處處聽聖人安遊俗何用比湘靈甫颻開南嶽明堂奉瓦棺仲篋鄰弟國湘瑟瓏妃彈蕤嗣無傳子安民在舊官後來耕稼者慨望紫金譜治水源千曲疑山徑九回兩邊蒼翠合一線絲天開靈隱多舊氣龍潭門滌雷自然幽勝地唯待訪仙來天外分三石雲中不可行香茅久無貫芝草爲誰生澗斗虹避起山深月早明東峰今夜掩翦燭話昇平窈窕無鶯守前朝隱士居風塵曾不到水石自蕭疏更欲招綿棄相隨訪碧虛暫來時久住何用狎樵漁亭午正眠名松呼我頃之房嫗還自道州帶有瓜菜周僮亦趁虛覓得茄子十日未飽乃得一麪一飯夜宿船頭沐浴晞風如游仙矣船人半夜來解纜遂入中倉

十日晴味爽開行午至上步澗初過鐮刀彎卽知營陽峽也作一詩鼓壁橫波秀鳴灘掩汝便無風舟自湧曬石據疑前四水初回洑千山暗接連向來還客少空使峽灘傳下水過灘甚快夕泊袁石望行百卅里

十一日晴早發朝食時泊淡巖寺僧來送石搨求名云全搨紙本三元譚



震青曾搨一分再與一元取其半分看山谷詩雖亂道他手尙不及也行數里泊船樹陰周生登岸去遣王蓮從之將看船起撥欲及早到船行甚勞蓋遠四十里薄暮方至周生已來迎矣不能攏岸困頓乃至云無船可附又不能辦飯余遂竟日不飯買麪取飽夜睡船頭犬風吹帳起入倉

十二日晴晨遣兩僮看船云有草鰍每人六百錢嫌太小遣往零陵索官舫還云擄得一隻陳升來言胡令勘災出何又伊在鹽局移船過載便上岸入城至何館規制甚壯云何到船訪我適去未久入待其還坐待船信歷三時不至玉蓮來云船已逃去又捉得兩船前船戶已押責大擾川陸又將爲周生所惡然已無可奈何又伊留午飯炮鼈爛鱘又異寧遠並送土儀到船復來一宗再姪未知淵源亦送茶米見面不甚識小坐而去夜行泊木瓜鋪距冷水灘十五里燈口秀孤石行舟還究然分明似江島獻星少詩篇

灩預風波裏瀛洲想像淺香聞生得地不與世人傳

十三日家忌素食晴午泊黃石司對岸舟人還家半日忘發夕行四十餘里泊紅石山遂盡一日

十四日晴朝食時至浯溪從者往游余畏日未上自冷水灘順風夜行花快對郎陽守還風戲作周生急欲上岸又言再來余云再來則不必去周生甚窘余好以理窮人亦宋學也一詩昨日逸運路今來滑藹行徵風散初暑夕月有餘清湘亦元多曲汀彎復纖程聞游趁無恐順逆不須爭送被人與以五十文皆不可用之錢則又一廖平矣泊對岸守風久之始行夜泊盤江湖去歸陽卅里

十五日陰過午晴熱歸陽買菜至午乃朝食玉孫獻瓜云道永早薦新矣不可食也取得見之過此又一大彎永衡迂迴不利舟行夜泊柏坊

十六日晴行一日僅至東陽渡欲乘月陸行恐諸女已到東洲夜難喚渡遂令泊船



十七日癸丑小暑晴晨發一時許乃到東洲遣看無人卽順風到城步入寓館見滋云十妹大病初愈恐不能再受暑因至常祠見霖生及諸生議卽入東洲避暑還寓朝食未食也程生來本不欲見之適相遇遂同至其家霖生亦來言岏樵管粥廠卅年乾沒無算遣招岏來問之云不相干得龐撫樊藩程太守及莪京書還寓少坐步訪芝耘言唐守被彈役田成訟矣夜待月出攜復入書院張尉廖生相送庶長先到相待

十八日晨遣船迎女本期會朝食復云三姊約飯後來乃先飯大風吹船將午乃至云未朝食也霖生約夜來亦未至房嫗館我側室余意甚慍

十九日晴陰雲屢風竟不能雨譚陳兩教官來候迎霖生亦以午至監學合似熱暫請居內齋過暑假

廿日晴亢暘已甚不能見客院中人亦俱出摸牌亦熱遣覓離騷議請女客

廿一日陰朝食時微雨成滴瀝枯苗得潤馬太耶來至午大雨與書莪女鈔詩復滿一卷

廿二日陰晴晨遣船迎真女常壻陳壻兄弟及常曾孫來與霖生俱爲復女生日來喫湯餅因留摸牌請張尉辦具過午方至女客陳氏姑嫂四人俱來楊程不至外坐八人壻廖卓夫周庶長不入坐未夕散已疲矣常壻留宿餘俱入城

廿三日陰常壻在公廚飯教以必飯於我已飯又强飯焉與書朱八郎爲左幹青又爲常壻關說官事常壻乃去眞女亦歸

廿四日庚申初伏晴自到書院未親几席固由畏熱亦懶使然陳嫗告歸與一元遣之令隨劉丁卽去王保澄來送犀玉意在歐述告以不能歐述波猶未已蓋今年談柄也大風驟起須臾微雨遂過日復皎然悶熱殊甚令人不適殺羊食餅



廿五日陰晴暑熱張尉來求書亦似方四屢薦不售心殊未饜又依而與之作漿煨蓮款之北風聚熢室中不能久坐夕有一點雨

廿六日晴陰霖生前日去晨始還館云廬陵官民互鬭各有殺傷常壻亦來早飯二陳常子均來午飯寫詩刻淡厓夜坐渡口吹風北風大作曾不入室唯樓角有風耳枕席尙涼可睡早眠夜雨

廿七日陰涼瑞往姑家看官報皆言外事無內政矣內政止要錢怕鬼二事張尉來索書與沈士登又作書與何又伊岏樵送羊麪真送豚蹏一月未肉食頓享少牢喫餅打涼粉

廿八日陰微雨旋晴程孫送易經印本陳壻常郎程孫皆來入學並送衡種三白瓜晚涼未宜食日夜昏睡不能自振

廿九日晨雨旋晴連日北風書扇二柄說門內之治恩掩義見恩不見義也如保赤子行事無所謂是非非者補救之則無所愛憎而恩意藹然恩卽義也舜盡事親之道而瞽叟厎豫完廩浚井臨時權宜不知爲親所爲何至計其弟母乎又說顏子不改其樂只是譬喻若顏子事親不可簞瓢爲樂也啜菽飲水盡其歡又非回之樂此贊其能事親非贊其能樂

六月丙寅朔雨暑校易經不能久坐時起時臥夜出渡口納涼瑞還

二日晴亦有雨意校易經敦竹來作牢丸食瓜納涼看霖生等夜歸鹿門石五嫂息婦來

三日晴夜雨校易經甚竭蹶老將知而耄及之心孔日開則筋力漸退唯可坐論耳

四日己巳大暑雨達旦出看霖生已去矣鄉人能早起殆然鐙治裝耳庶長自言已起想未起也程生不認買文而來送菜得湘孫書欲急得信似是女壻已回而不明言可怪也敦竹告去石婦亦去



五日庚午中伏真女送瓜與書王逸吾說陳子乾館因復孫女一片劉孫臂瘍遣送城中診之乃云無醫岏樵送瓜兼送木瓜

六日晴看鄉飲禮不外獻酬一事未及祭禮之秩秩其精意在賓賢耳殊難得人孔子獨稱之蓋非太平不能行

七日晴易經校畢大謬祇三處尙無煩換版欲入城憚暑不去唯遣人來往亦非恕道卜三毛來云子年有事遣來相聞蔣樹勛從湘潭來云諸生逐去王張更舉袁余頗得用人之法庶長俱留之飯

八日晴復女初不知世說因求官本亦無令買充官書又求金石萃編亦無藏本改定論語說一條以不愠不知因其人乃君子不可加喜愠者故有三移不舉之典此真新義所謂開生面者

九日晴連日晨陰風涼已有秋意敦竹早來出堂會食岏樵來言唐守之冤係譚道所構得何又伊毛杏生書杏生云送鐵杉予縱不得大葬未

宜葬毛生之木以問功兒必又詭詞門內恩掩不可發覆也功遣送瓜人來午至酉始尋得主人公更遣船往迎待至二更後

十日晴歇伏一日惟議飲食滋復作包子至三更看滬報橫議半年不能救法人一語團體之效可覩亦可喜也喜我順夷真如驕子喜夷懼我不敢橫行使我爲法人直曰江召棠該死使教民殺之敢稱冤者立斬若屬彼豈能支吾哉不用中行說故展轉敷衍氣殺青年國民

十一日陰晴有雨遣復入城答謝陳家令瑠同往作書復毛生致沈山人論閏保包窩又與書功輿略加訓飭諸子不肖賢者早夭生見技昌不甘聾癡早同螣緹死不至見此也然其根全由妻家笛仙所謂稟母性者作僞徑情皆成夷獸但能援堯朱以自解

十二日晴檢王昶萃編所錄淡山題石誤以嘉祐詩入淳祐全不尋文理乃知著錄家鹵莽如此爲鈔出正之新搨有宋仁時一詩詩中一字但



書御名不記何字乃更取宋史檢之頗足消日

十三日晴陰陳魏來謝諸女留一日余但坐樓上唯看石拓本滋請汎月與瑠俱送魏女方欲禁婦女出入院堂旋已自壞其例

十四日晴鈔題名日十紙殊不成字日可寫五千文耳校少時已減半也程生來學優

十五日庚辰三伏院生宜有讀本經書亦是大費遣周兒取三禮來啟給之又與書沈山人譚兵備送瓜三擔分與教員得莊心安書欲令作張壽序投我千金恐敗名不敢得也復書薦皮葉自代夜月食既

十六日晴莊令長沙專差昨來遂去託衡守待復書復與衡守驛遞官事展轉如此題名已錄者有八十段餘當待搨本來已無可鈔矣

十七日晴涼看唐宋碑文得湘孫書言莪女思歸宜往迎之王氏女學雖倡女氣亦强方知薛女所云無才是德者亦有所見洲人犯夜告清泉令笞之譏立保正統洲事

十八日晴常堉復來云在彭家摸雀彭不多事而但賭牌雖亦小過殊非家法程生坐三日已告假矣有恆產者無恆心唯士爲能

十九日甲申立秋晨雨晴觀音生日亦設湯餅滋往妹家議迎八妹喻教員亦作生日秀才之侈也申有大風

廿日晴申大風遂雨諸女作餅未豫備有餅無餡招兩堉兼及三姻但對空盤大似魏南匡喫莧菜也夜飯果有莧菜鮮翠可愛余已飽矣諸女方食侍嫗寒厥猝死大驚擾余亦旁皇如兒女疾之憂爲待醫藥至半夜賴房嫗伴之陳生問王飲酒當以何事有明文者唯在泮養老可推視學亦其一也從古無人道及湘水又長平岸常堉告去

廿二日晴消夏無事且看蘭泉碑錄考石鼓文定爲西晉僞作因以簿記所疑聊代日課正摸牌前傭婦滿來求提愛老不可愛矣



廿三日晴看碑錄未午避暑酣臥霖生來夜飯寺中余未同往得莪京書十七日至

廿四日晴張子年來看碑錄諸女入城滋未去余獨臥樓上竟日連日熱風可云秋虎改陳堉王飲酒考知族讌亦用飲禮常棣云飲酒之飫是也

廿五日晴得沈善化書作書唁朱竹石云當被劾勸其待罪不可求去也霖生入城夜歸往看之乃遇其兄子云自平江還

廿六日晴三伏已過秋虎猶猛唯樓上有熱氣可坐試到外齋小坐汗如漿矣真偕姒來姒去真留

廿七日晴山中船來得沈山人書送南瓜看碑錄申報夜大北風旋霽

廿八日晴仍熱看碑錄寫對子雋丞次子已五十矣記爲作五十壽序猶昨日事留人守屋其費不貲此非算細不知詩曰如賈三倍君子是識

然則不當知也艅船亦如是矣

廿九日晴佃傭晨去陳氏外孫來嬉夏生欽來髮種種而非剪須影影而似吳(吳剛閎也)云新授速成師範遊朝議也閉風卽熱吹風又燒偃臥竹牀一事不關左弼來言官事夜暑

晦日晨雨暑解譚兵備來張尉及張奎生來云已調永州不能去爲道員所推排也竟日止陪得二客遂昏暮矣

七月丙申朔晴常劉二女家來迎婦轎夫喧鬧天復炎燥至夜納涼大風聲吼坐處不動塵入內登樓牀帳書紙並飛上屋院內不可張鐙籠燭往來家人皆請余下樓不知風雨易過旋斂神功也兩女明日當去稍留坐談

二日復晴熱遣房嫗送兩女各與卅元折皮衣以示鳲鳩平均之義家人盡行顏拔及周玉標之弟玉柄來字斗卿舉人同知奏調黑龍者均以



放振義務自備資斧到衡永一帶銀米充斥委員宣驕振濟之無益驗矣故爲政在人有人又患無財泛談久之示以與埜秋函留飯樓上送船將夕乃還已疲於接對矣夜勉坐至二更還寢

三日晨入城與真同舟下答周顏顏云明日上永州悤悤無可爲聽小坐而別欲至程家早飯道過衡陽便出城答訪鄭訓導辭不敢當而還程家已飯後設鮓醬索麪午至安記小愒看平山冷燕一本道臺來請昇往小坐門遇傳臚共坐喫水餑將雨乃散遣告真令陸還余船還將至遇雨入門真已先到岏妻亦來看滋復留飯乃去

四日晴寫對屏校改禮記注說下大夫妻襢衣及再命展衣令廖生就改之以公襲卷𧜵改袞與不改字例不合也易經補改數處亦送本來

五日晴寫對子考釋奠釋菜爲一生一死似較妥洽擬定視學禮尙爲易行令陳郞商定知會城中送女人未還云須到兩家

六日晴與復女清換易本審定譌誤寫字校多飯至乃罷午後悶熱朽人來相看紈寄瓜來

七日晴周顏生尙未行復來相看設瓜不能佳作牟丸客已去夕看諸女乞巧飲瓜汁仍有暑氣院中樹密不見天河亦無流螢銀燭光亦未冷聞竹軒病故云五月廿四赴何遲也竹軒略似胡文忠胡能行志夏齋志耳吾負胡而未負夏張孝達乃以爲政出多門誤矣蔣幼吾部郞亦死則金聖歎所謂一有心計人然吾亦不快也心計得行故無所快

八日晴與書樊山令轉唁夏旋得夏赴而云作墓志似陵節矣寫字數幅

九日晴岏樵來言夏喪在此月初三非廿四也張尉陶佔來約十七日會館一集當挽向生父因作一聯(屢薦記滕能六大三陽城企寇諸郞並英發八龍五鳳定驚詫)寫字數幅

十日陰大風不入屋唯聞木葉脩脩寫字數幅程生來言龐撫周督遷除



未確滿婦率兒來求事問其須銅匠否亦含胡無答異於曾震伯懲曾輕諾故也然余以曾爲知禮蓋問餘必曰有亦輕諾也真女暫歸遂覺寥寂

十一日風仍壯急天氣遂涼單衣不能出戶真去已夾衣矣隨丁房嫗鬭很且逐二僕以正學規若在家尙亦不判斷也去則無歸而敢犯法吾服其膽几案可親夜欲作詩聞樹上雨落芭蕉上響異常雨欲寫其聲竟不成句霖生小疾旋愈云受露也

十二日雨涼作詩六韻湘水復長七八尺諸生皆歸孟蘭霖生送蒸盆夜改定一獻禮以待視學

十三日晴復熱常年薦新有宴今在外亦設二席請同院教員俱不至唯霖生夜來周生後至設饌不精余先在內飯一盂後陪霖生復飯一甌

十四日晴程生請早飯巳初下湘霖周同船至鐵爐門分道余往安記取

錢遂至程家馬生先在似識不識霖及二陳旋至程弟乃來兄弟分家昔讎今和猶路人也申初散真女已先到

十五日晴熱龔文生來忘其名未相見後乃知之院中正經營學務未暇往問也因令會館約十七日一會

十六日陰卯初起日已高照辰正釋奠便釋菜方悟釋菜爲弟子見師之蓺與釋奠先師當分人鬼禮成早飯彭給事潘太尊已到湪譚兩教官亦來遂留便飯唯潘稍後不飯兩縣最後已入內齋余無出路從後門昇至前門府縣同次已乃悟其當次西方適道臺來遂移西齋乃無坐處幸有教員室容膝六人皆棲一室天又微雨踏水上堂行一獻禮雖不閑習頗爲不俗禮成喫餅賓主均飢餅又不軟充腹而已譚兵備連飲數杯小坐而散余亦熱甚汗溼衣冠夜雨

十七日雨出堂講學辰正退兩女往程家因同船下湘將答謝府縣至道



署知是忌日小坐出至張尉處問船云尚未辦但欲留喫餅辭以會館公請便過考棚龔文生已往會館三學三幕均在忌辰演戲云城外無妨余亦入坐兩時許乃得餂心上席戌初矣雨大作三更散到船呼人盡寐

十八日雨竟日待飯至巳正乃得飽食又徵米也周生來請以子爲卿告以不可乾沒不已必大困也從城外入瀟湘門至潘太尊處一談潘懦人也至清泉未入至衡陽聞龐撫已移黔岑五來湘又結一案岑羞潘之類也喜不似兄亦恨不似兄湘中須岑猛一亂之必勝端趙得捸咳書廿案又發午至岏樵處兄亦後來午食甚早還院已夜霖生二陳俱留城宿

十九日雨早飯甚晏飯後入城至釐丰前逢來舟周儻云鄧姑少耶來矣呼令返又有劉邦直專足來索薦書初不知爲何人令投清流與周生

邀鄧壻俱至安記曠鳳岡來訪霖生與陳壻同來久談兩縣請早飯未正始催客往則朱程先在客無一至者令招霖鳳同喫申初早飯散後仍還安記鄧壻早去矣看雙鳳傳至無聊霖陳來同至道署彭傳臚先在戌初入坐亥初還船仍摸牌兩圈昏倦乃睡

廿日乙卯白露晴熱似小暑寫字數幅檢行李上船半日始了院中俱集門外待送女從洲西余從洲東並發但留撥船載書版泊江西館旁岸至潘衡州署會飲有彭給事餘皆船山人夜還船兩女未上

廿一日晴監學教員公請聽戲外有彭理安朱德㞹叔姪羅心泉張尉主辦設三席別請三女女先往樓房余待申正始往道臺爲客酉正乃來子正散

廿二日晴會館首事來送行潘送程儀道臺約監學同來送薪水將午始去客來俱謝未見鄧壻來令率妻子同去至夜始來兩女未還即宿內



倉頡周來請書扇九疑彭黃來相看並送山物晨往小坐周生父子來謀事鄧復發風夜深三來三去余睡美懶問也

廿三日陰晴時雨發書版退斕替至岏樵家小坐鶴妻設戲酒餞兩女因往一看坐榴陰下雨大遂還街石已泥踏溼上船令湓婦移住坐船

廿四日晴兩女還船真從六嫂俱來送有離別之淚促發而船人逃去復上岸至陳嫂家岏妻設餞又留一日演戲余獨坐船上譚香階李華庭畢念劬來送催飯已夕復至陳家聽戲了無精彩遣召張尉云已去矣黎兒專人送潤筆正欲得銀令明日送船上三更還船旋有人來云兩女亦當還船待來乃睡商霖孜子病故戲猶未散也宿顧船

廿五日大晴復熱送丁促發跣而過船獨留待黎使送蜀物湘銀復片令去遂亦解纜此行三船共廿二人日費雙金已五日稽留矣庶長與湓郎同坐書版船至樟寺相會朝食滋飯後大睡余亦午睡瘳與人評畫

人云有楓浦豊否余言不但無楓浦豊且不知楓浦何人其人匿笑苦問之但笑不答余云男耶女耶答言是女又問何代人彷彿似是國朝人而終恥余之不知方欲窮問俄然而醒夜泊老牛倉周嫗未午食玉蓮又與口角

廿六日晴晨檥雷石買菜遣二船先至衡山相待鄧挾潘書于衡山令張超南呼余見張余不欲檥遂先去午乃相會呼周嫗過船摸牌夜宿朱亭有雨甚熱起納涼

廿七日細雨如霧仍熱看日記今年督撫大更變又作一詩不言地但舉人亦一變也端升對超敵張袁岑五隨兄比二恩五調二升能擇地錫丁會坐看洪新夜泊下灣聽雨

廿八日晴朝食時入漣口晡時到雲湖口後船踰時不到乃舁至家見沈山人六繼妻略談入內飯後已夕鄧壻來砜砜相隨登樓少坐聞其已附船下省促令早去與山人談官事夜大風



廿九日陰風庶長晨來令自往省與鄧壻同船去馮甲三屠卅和相爭俱來訴余一不問但令催租至午頓寒著綿襖登樓清書版

八月乙丑朔陰滋女下湘余亦上省同船行留房嫗伴女朝食後上船待滋未即發僅能至縣已夜矣余感寒昏臥半日未食

二日晴復熱到省城時大熱脫綿著紗滋先到家詢無新事遣迎岱女湘孫三婦率宜孫翰孫楊仲子率祿孫穀孫均至仲子長談自昏至二更乃去輿兒又往南昌岑調滇督丁補閩督

三日晴熱汗出如漿昨往謁米湯不遇遣告張尉張早來朱黎亦來同喫菜包子云茶室今無舊製新者加肉皮每枚四錢不可口羊肉麪尚如舊唯長四錢百物昂貴乃及扁食耶卜云哉又同張尉來葵生亦來交條午過胡壻問疾小坐還喫餅將電詢八女行止遣問李文石云尚在差未暇詣南門至王石卿處交二張名條恩恩欲出城長婦二女固留再停一宿

四日晴大熱晨未盥須即舁出城上船頌閣無風行一日僅宿斷妖洲蓋昭潭三妖所窟或以爲斷腰則夏水斷之也未能六十里

五日陰風涼午過縣城以爲不能至家及申初已望見姜畬又以爲必早到家篙纜久之到湖口暮矣如待舁必夜乃步入門直袁(旗)江端(旗)閩岑丁(旗)湖張(直)滇岑(桂)川錫廣周(皖)甘升(旗)東楊(皖)豫張(直)晉恩蘇陳(黔)皖恩四吳(徐)湘岑桂林(閩)黔龐(蘇)陝曹(東)杭張(直)新七旗三直分三漢兩漢雙漢擠二岑默晉黔龐作罰焉曾林龐莫倚閩林輿書遣清泉送役回

六日陰有微雨尚不成霧掃除堂房桂花香釀卅和送魚芰檢舊書得子虞父曲本看之終日遂失去嚴道甫華山詩本徧檢不得夜遣人守船因專丁下省買果菜

七日辛未秋分晴熱房嫗告假娶婦賞卅元令去頓去五人不足使令濟坐無事數十年來家居第一閒日也寫册葉五六葉以與李生夜月有



雷沈山人云四日已有雷余未聞也

八日陰方自喜閒陳順已晨至送禮真無奈何頃之周生又來田園及曾姓宋地師均來過午皆去寫册葉六葉考張超未得彭大來又去

九日陰昨夜史傭還云電報未報不知出京否王僕在後未來且事鋪張又爲余佐卿看詩且作敍大有老氣似唐蓬洲午後涼可薄綿王僕坐周船還得陳國祥敬臣書

十日陰燠晨起鋪設已畢桂香亦歇偶憶杜若之作再賦一詩兩株仙桂纔金銀欲采瓊花召玉凰娥鼎不隨塵世老鳳樓長見月華新從來幻影分明現魯劉秋期恨寵難莫恨鄰梁香歇織好來芝館話良因功兒當來待至夜分未到明燈照階花影依稀復憶蜀院舊情又一世也三更後睡夢曾滌公談笑甚懽言今賊平無事可以宴談余云不如且戰且學仙別有風趣滌公咨賞甚以爲然又告我周鳳山守礮臺在此余言鳳山僨軍乃復用耶曾云肅清和含甚得其力余聽行往見之不甚似

亦不甚識我在坐六七八皆偃蹇不理余欲以中堂驕之放言高論頃
之辭去周送曾迎與余對食席於泥地未上菜而醒
十一日晨醒未起功至乃興待復上祭已巳正乃喫麪石五嫂率白辮兒
來云承重叔祖俱留喫麪慶生來致六耶書黃油胡夜來未見云娶陳
氏鳳衢外孫也表兄章伯笵聞之頭痛辭令宿旅店夜摋牌竟日霧雨
喜不溼地石婦去
十二日陰晨起見油胡與以宋芸子信令作進身階朝食甚晏待功兒去
久未成行小睡起已去曾竹林長子廣武來字經伯云從京師尋表叔
作隨員還亦欲謀事余云女父謀事一世究何所益不如烤老穰火彼
執迷不悟亦甚壯往留宿西房
十三日陰檢日記補作七夕年表詩甚費拉扯祠鄰二人來言命案已用
去數百千任太耶甚畏苦主倉皇求救唯令和錢而已



十四日陰風不雨七日矣下有謀上者未知何應曾廣武去出游前岡左
往右還岫生來告母喪將暮功還飯罷已夜
十五日陰有雨族子女來者十餘人餘客未見設三席大宴王氏余至夜
乃食樹子送大魚重十六斤蒸魚頭未遑他膳亥初月出至丑大明
十六日晴盛從九來言銀穀樹生後子十二歲矣猶須其父來領乃去又
一相公也冬女言家計求濟而無以應之夜月似去年登樓翫賞看桃
花扇本
十七日晴陰佃戶送租家丁並集看斛掃倉可容十人亦鄉中最大政沈
山人來告歸並帶二傭工去六老官名褒來求老糧留宿北房
十八日晴論慶子宜去必欲混飯者可攜被裝來已虛費八日工矣余亦
鈔七夕詩作年譜
先祖妣生朝作湯餅慶褒皆去冬女暴疾

十九日晴功兒坐租船下省摒擋一日夕大風復留一宿冬女去得鄧龍
頭書
廿日晴朝食後功去盛賡唐來還銀馮甲來言退佃組雲從許團來言訟
事斥未見夕至茶亭看修路棚工從田塍還甚困雙桂復花香不出門
所謂馨一山者
廿一日晴輔廷來盤查祠穀且議營造余初欲省費積穀以眈眈者多亦
欲散之留飯去正治門前道恰來一族中富壽人祥徵也
廿二日丙戌寒露氣乃更煖四老少來言願以九滿分屋爲宗祠本故居
也作祠甚善令告經管定之賢於別建旋去復請講爾雅日點三葉
廿三日晴檢類書試校一本亦有可樂書華山游記畢四紙記未盡也因
繙唐詩詠華山者錄之以爲日課
廿四日晴晨得胡氏女壻書求于米湯卽書與之王名述來請油禍鄰農



隨語訓之餔時宗兄及岫生來留宿西房校課如額夜中醒正亥子也
缺月初升脊衣起坐至月中天復出看光倍上弦已下弦一日矣
廿五日晴煊校課未畢宗兄父子去余少耶借王賚臣來王云往上海久
欲一見頗談堪輿云從石潭步至此余送松花茶餻留麪去夕往湖口
甫至而夜戴叔倫有長沙東湖詩蓋今便河或云唐城在鼇山則水陸洲亦可稱東湖也
廿六日晴煊校類聚明本任意删削已非唐舊不足觀也以已校姑看之
又檢唐詩亦無華山正篇午正船回遣迎房嫗未正還內旋已步上並
攜其子婦來二年未見全改變容態矣得莪七月書又得八月書及功
寄妹書滋女送蟹八枚費錢三千浪用不節宜其坐困
廿七日晴熱換夾衣校課半日類聚以譌傳譌字皆失正余亦嬾繙書隨
意改之唐詩則又閱一過二胡子寡妻來攜後子
廿八日晴稍涼校課聊應日程未鈔詩文揚勝鎮湘許孫先後來言油火

事遣石兜看其繼父
廿九日晴煊復女小疾仍點爾雅余亦校類聚一本仍金根改金銀之類
也然我能作之卽可改之夜復疾甚困爲之不寐
晦日晴風復疾小愈校類聚講爾雅張四哥來送豚蹏
九月乙未朔晴涼校講如程族鄰婦女紛來點貣山樹皆爲草沒樹藝亦
費千緡矣曾無成效不專之敝也與書沈山人論之以爲皆計利之過
蓋主人不專客作計利故五年無成
二日晴煊校講畢日初晡始知山中景長方夕王心培來雜言久之廚中
無辦至初更後乃得食半寢似有物從枕畔下地如半堵牆移起視無
有房嫗亦聞之怪案也空暗中定自有物可入閱微記
三日晴心培去寫對兩幅校講畢看秋光作詩一篇
四日晴王僕病假一日校講如程類聚時代與嚴鈔不合或先或後嚴鈔



尤爲陵躐殊費尋檢晡後劉蘭生來宿西房睡甚早
五日晴校講如課周兒又來張嫗亦留待芋船庸松來請書帥心去劉生
留一日
六日晴五更醒便不寐天明稍養靜便起朝食甚早劉生步去琍婦亦攜
子船去晡後福同來送京書知滋已到十日矣輿兒亦入京是可喜也
三婦寄北梨江蟹夕爲加餐初月涼朗拒霜新花桂香猶馥校類聚至
夜始畢
七日晴辛丑霜降講校早畢振湘來旋去
八日晴講校畢作牢丸七四兩子來已夕矣孺人生日亦設湯餅兩子來
遲夜飯便睡省城來顧男女兩傭今日始去
九日晴兩子晨去遂不還沈山人來訴苦云天人不助故無成也朱通公
馮甲來換佃約國安來爲掌妹子求情田雷孫及許李王生登高來歇
脚人客總集山人不得盡詞余亦不能畢業退佃卌金加租四石八斗
至夕乃散攜女看月還卽大睡
十日晴煊校書半本謝帝來令其獨坐入學一本乃出亦無可談偶論徐
福誤作梅福云江西人檢之乃壽州人史云九江故誤因檢梅墳嚴光
乃餘姚人徽浙開親不知何緣也豈吳市卒以女嫁嚴州漁子耶徐福
齊人故願至日本夜月極佳
十一日晴朝食後謝去校書未半馮甲與王僧谷兒來譚心蘭子來留喫
伊麪去已日夕朱通公來求書告以不能陳順來
十二日晴有霧寫對子六聯無墨而止校書半本計日不能畢工當俟城
舟中了之夜月
十三日晴煊校講如額戴明來譚子送菊纔半開耳已過霜降何其開晚
收茨菇半斗知葉爛在秋末



十四日陰仍未涼校書寫字未半崔外孫來云在貴州八年人頗明白與
岫孫同至瑞孫婦子亦來梅宇所使也使其謝氏女送詣欲食於我年
始廿九正合旌例俱留宿而崔岫暮去
十五日陰兩婦攜二子飯後去令發行李夜大風校書一本停講治裝寫
字
十六日風未息小雨仍講校如程行李畢發惟人未上
十七日風止陰有雨朝食後催上船至午未行乃先發久之復女上船已
晡矣停姜畬午飯夜泊杉彎細雨無聲
十八日晨雨船夫不起乃先盥早飯至巳未熟檥落筆渡待洪夜泊袁河
舟不欲行遂宿
十九日晴午至漣口風大不得出夕乃强行復被吹還到杉彎已夜遣覓
盛一問兩女行程

廿日晴
先孺人生日求湯餅市中無辦至縣令署與任三老耶談官事乃不知根交爲開花蓋佯愚耳留早飯見其八弟楊云軒黃伯周畀至船待買醬油陳順送柑午後乃發泊鵠厓待月始復汎舟至巴焦灘米船閣淺遣迎久之雞旣鳴矣
廿一日晴晨至平塘起盥時正在南湖港比泊朝宗門步至家家中猶未早妝迎復轎來已向午行李畢上日晡矣滋莪相見丁氏兩外孫女隨來小坐無事步至宬家唯見孟嫂還家壻女旋來夕過翁樹堂三孫及孫女均來見夜摸牌至二更乃寢
廿二日晴兒女以毋忌日均素食余送周嫗至三婦處告以養疾不必來奠還始朝食見夏楊兩生端點二姪鄧女壻夫婦雲孫尹和伯夕奠時欲自獻酒家人已先行禮立待畢拜而退



廿三日晴朝食後將出有一朽人名朱壬林自稱鄉愚晚來見云小舟從子也送去同出訪莘田孫畡心盦(莊盧過涂孫)相見久談過席沅生譚會元張雨珊王一梧不遇至與循處見端柢兩姪便約便飯還家尙未昏夕食後小睡
廿四日戊午立冬晴煊換夾衣一梧孫畡來午至撫轅看接印新撫不入署唯見龐去遇三四人來問訊久立意倦遂還宬女生日爲設兩席招壻女俱來會食請與循朱稺泉陪子瑞摸牌八圈二更散
廿五日晴船米滯消覓孫畡受廿六石自留四石出訪余堯衢談江召棠實係自刎案已可了爲外部所誤云云夜堯衢又來言改官名
廿六日晴王石卿翁述唐來王族來者四五人皆鷹令暫去馬先生來告土捐且送羊蟹云柯郎復放貴撫林入軍機所謂歇後鄭五蓋岑將敵袁也袁私人暗被出矣

廿七日晴雨珊來云其弟改郵傳部蓋重任也此次更動蓋有退袁之意朝廷不靖馬傷園葵恐亦非外間之福夕步至黎坡廿局遣僕至仁美園問陳家近事獨立樊西巷西頭久之乃至黎坡見紅牆忽迷下上問道人不答後乃尋得引上南樓涂楙儒先在雨珊一梧沅生余少闓聶特科繼至金銀氣盛余爲財主至夜馳還畀夫勇不可當
廿八日晴晨訪朱叔彝遇馬生其婚家也壻已死矣出詩見示新學好舊詩誠不知其何心又不如衣冠禽獸矣道遇鄖師云已出撫署還摸牌大負文石夕來約喫燒鴨因思地主之義宜有一集請廖孫畡謀之兼約心盦一談寧鄉周生以書爲贄來見談天下事
廿九日晴晨辦招客事往來卅里乃定心盦來徑入快談兼見功兒爲之謀館酉初步至青石橋徐長興主人未至頃之乃來云客無一到更約黃翀及潘李兩司事後又來一人云在開福寺曾相見同喫子鵝炸肫



蟹白魚湯不飯而散
十月甲子朔晴晨起換錢送手卷與尹和伯託交李雨農以了三償値其移家女轎來遂還朝食恖恖畀至廿局文石早到矣涂霽庭亦先到發德風催心安頃之亦至堯衢兩次告假云不能早未初亦來縱談甚歡孫畡聾不多談已束載秣馬明日去矣散猶未夕而飽倦畫與乃馳而還四兒送婦回國見之甚喜舐犢之愛未能忘也宬女亦歸作餞夜設三餂飽飫甚適
二日晴晨訪鄖師其家似已早飯城中無此作家還見雜客不記名姓唯張子衡孫所當郵者廖五郎來亦能步行道香來
三日晴胡子靖歡迎袁京兆步往觀之期午正已往已後期矣余郎同行過稺泉往來陋巷猥穢不可耐乃還唯見樅葉門耳宮室之美不可見也夜大風有雨房嫗還家期二日一日來

四日陰始寒黃小農觀察來訪梁劉劉周四潭人來鄖師夜來爲劉謀食
聞張督直言譚道不容唐守事理實不然也今制道不敵守焉能去之
然存此說亦足奪譚之氣孝達議論往往似是而非純乎儒者
五日晴復煊正講爾雅余郎引李宗道來談岑王事並送交桂才女來求
人薩舊有存功兒處乃云無之當問其婦羅伯勛來見黃翀鵠舉來李
兆馨來
六日晴朝食後舁出送黃小農値會議路政謝客還至文正祠笠雲徒孫
主麓山法席玉泉施主董金來慶兼請三客幷三僧同集夕散步還
七日晴庚午小雪作易芴山挽聯代道香余以無計又晚年意氣愈不投
故無哀誄也夕過堯衢飲與閻季蓉嚴秬香同集譚會元郭監督後至
葉麻最後胡子靖亦會二更散黃海孫送書紙來
八日晴寫對三聯余兒來同至貢院街乃誤從東道轉西訪李宗道照鄰



久談時局還大風湘孫回
九日陰寒大風黃孫請登天心閣久未至矣舁往上梯風寒似欲雪閣中
閉牕設火劉彥臣先在閻季蓉後至又有湖北馮生女園教習也笠僧
亦與設淨饌昏散
十日陰有雨三老表晨來定夫最早彥臣黃柏繼之客去朝食楊宗岱已
催客矣舁出北門轎擔脫釘下舁步往過鐵佛寺後便連紫微入門而
右倭僧方與常靜法裕圜鑪楊生來乃同上樓示我亭圖及倭書楊生
見其二子皆倭生也更有祁陽陳生亦從倭還盛論興學之無益凡游
倭還者有材無不被擯也夕舁還又一眞老表來尹和伯來
十一日雪重裘向火猶有餘寒然身中尙不宜裘手足仍不敵凍頗難調
適也袁京兆夕來云卽當去夜月
十二日晴霜今日健孫納徵晴爽可喜未午會元來久談甫去朱穉泉來
未見與循旋來乃冠桂出看書庚帖見媒人女媒李華樓云在鏡初處
曾相見不憶之矣涂觀察招飲催客待轎夫送聘轉回乃去過拜京兆
旋至廿局韓古農先在聶兒劉道鄖師同坐乘月還頗有富貴蕭寒之
賢家客已散
十三日劉定夫諄諄屬早飯晨起出西門謝媒謁韓均不入還城尙早過
心盦閒談午初謁定夫主人尙未還家頃之乃至久待王祭酒祭酒甚
怪客早賴子佩沈士登劉乙唐又嫌茶遲稀請客者爲客揶揄如此申
散出復至東南拜客還夕食
十四日晴瑲女遣人來送禮物丁家請改期彭畯五來因睡未知門人不
知例故慢客畯五亦不能立雪兩俱失也
十五日晴畯五早來言學官頗樂無歸田意送婚禮者紛紛或辭或受一
皆不管請彭孫主之馮甲三屠來會元送菜因約李余便飯余竟不至



李暮乃來不多食亦無可食
十六日晴沈士登來云十年前曾同席了不復憶唐老守署岳常道頡頏
譚翰林亦一怪事
十七日陰涼易鼐來合種人也不識之矣適當拜
府君生日未交語而起薦畢設湯餅飽悶不能食余郎來約飯遷延不欲
往家人爭欲進食乃避而出步至府後李兆鄰借屋款余嫌太寂寞更
招尹和伯久待不來方食尹至已上鐙矣李有營派翅子鴨炙甚爲之
費步還俄雨
十八日陰有雨舁出弔王灼棠城中金剛皆在爭贊余挽聯（橫海擬東漢奇對未成雄）
（略在餘氛靖南溟無勛更比蜀功多）王季棠亦相招呼小坐而出過叔鴻久談便飛片
孔席而還周庶長自衡來彭向青夕來
十九日陰周庶長早來不飯去寫字數幅摸牌賭帬負廿四元顧仲齊來

交條子

廿日陰晴房嫗半夜梳妝攪我不眠枕上成詩二首和笠雲僧天心閣之作媒人來送發轎午初遣健孫迎婦未初至秩臣孫女也攀附清門殊以爲幸婦兄性泉來女客男客不記誰某陪媒竟日頗苦先飯一盌待菜甚遲甫上二俎主客皆飯畢矣夜散甚早然已子正與周梅生對談

廿一日陰倦息謝客臥後房與循來亦不知也請客無人來僅一高親以癡壻作陪盈孫滿廿生日

廿二日晴晨起出謝客雷飛鵬來一見周回城中望門投帖入者向子振李華菴與循笠雲曾震伯梁璧元看笠雲挽笏山詩頗能切題薄暮馳還廖子佩劉乙唐來催客竟日未食喫麪欲往舁夫已疲喚一人來甚有難色改乘東洋車馳往已上鐙矣客僅彭給事一人王張黃三翰林王商總繼至方談話間突一人闖席直入踞坐祭酒低頭余喻令去胡



言亂語卽癡壻也余起避之乃乞錢而去以後半談鄧事攪散蟠桃會矣坐中人不能制一狂徒宜夷奴之昌狂也

廿三日晴解散鋪張彭給事衡潭客去復講爾疋夜風

廿四日陰滋率周嫗還山紛紜竟日晨起發行李至夕乃行補請賀客

廿五日晴始聞寇警云瀏醴騷然官軍被圍步訪王鏡芙途遇朱剛齋爲掩目之會者新婦生日廿三歲矣以待客饌具醴之更治一席作雉羹將飯震伯來遂出泛談錫質用云湖南有千餘山卄卄之最不費本者

廿六日晴譚組安楊昭樸來言土匪哥會事云前遣軍已被圍後去者皆涕泣或云皆妄也然無用則可勞矣講爾雅沈士登送菜黎伯蕚來見卽以款之更招三數客作陪夕步至枡木廳向子振新宅會飲有楊三老耶余與雨珊皆不識有李德齋胡子靖更一美學生李姓能帶洋眼鏡主人亦甚自矜二更始散

廿七日大晴李光磬來獻詩與以四元沈士登送菜頗精正欲約彭給事一飯便招黎伯蕚翁逃唐曾譚同話給事飯忙辭酒撫轅會議練團至夕乃集重伯後至苦說會元開卄蓋闢空之難也二更散得衡電

廿八日晴瀏警愈囂聊以行國至張伯漁處一談庶長偕武德來告以衡電皇皇不安其詞支離乃知非脫屣百二者寫字數紙作蔣筠軒挽聯宦蹟似旋蓬晚晉崇階才未展名場同捧袂昔游京輦夢全非

廿九日晴伯漁稺泉來毛孝子來求墓廬一聯月白風清依然昔日鳴機地夫忠子孝縱默寒泉罔極心午後步訪黎寓見新撫解散告示作碧浪新亭記翰仙兒來見

晦日晴鏡初親子來見名彤炯字詠春詢其父墨子云有鈔本作書復謝譚兵備功兒招彭汪周朱會飲始見學臺

十一月甲午朔晴譚會元來久談庶長繼至遣健孫送文開福僧將夕風寒叔鴻欲來止令勿出宜孫來報生妹長婦往視之名曰芸孫撫臺解



嚴

二日晴煊易夾衣鏡初兒送墨子本來初覽浩如煙海乃取家本日對十葉便有眉目九疑生楊彭來議畫圖時祭禮節家中孫子已不能曉甫一載不親事耳乃如古事余死後欲存彷彿難矣更寫一通與之翁觀察招飲黎伯蕚宋俊卿羅芳圃楊黃花及其提調皆同縣人

三日晴齋居謝客亦罷諸事夕視濯肆儀女嫻於男

四日陰丁酉烝祭辰正行事餕已午初男女十七人分兩席夕至叔鴻處便酌唯招孔措階云作報子卽所謂清流耳也其兒壽鶴及其二子六五皆同坐散已二更鄉船來

五日陰雨陸獻無介而來云浙人曾令藍山意頗自負大要是進士勸墨子畢題鏡初本還之寫字數幅無墨而罷

六日陰雨始裘答訪馮星垞陸明府因過堯衢雨田沅生王石卿唯見馮

席遇孔令至賈祠待客梁璧元尙未至華田在局頃之梁來蔣少穆席
沅生歐陽子明繼至初見子明眇小丈夫耳云已辭差薦秦子和其親
家極多盡富貴也
七日陰忌日謝客九疑彭生來辭行傳話不明招入見之午後歐陽生之
子來見辭不得又見之門無應童故有此事
八日辛丑冬至晴寫字五六紙偶憶暹字韻詩一句不能全記乃作一首
並前後共四至日詩矣廿歲江西道中一詩亦不能記年久自然典故
多亦足調查也夕過彭少湘不遇遂飲鹽局蔣少穆梁煥奎王心田馮
心垞翁樹堂葉麻同坐二更散
九日晴寫字數幅滋女來言賊旗已植城邊城中人殊不驚遷似非佳事
今日求羅駱塞徐亦不可得矣余唯有避去耳與書譚芝昀
十日陰晴會元早來孫晐午來遂銷一日孫晐云平江亦有匪蹤爲什夫



擊退矣明季沙賊今有沙兵非有道之隆其孰臻此胡監督夜來款語
彭傳臚來告歸
十一日晴兩女生日忌日不得侍食招兩外孫女亦不肯來因思外王父
母宜亦有忌日侍母禮也不在母側則不忌與諱同房嫗假歸步訪蔣
少穆
十二日晴寫字五紙午出送傳臚見臬臺言三事一釋劉楚英二薦張童
三說卜云吉久談近事至孫晐處已申初矣馳還送莪往看湘孫得陳
郎書云真女當來夜訪郇師
十三日晴徐壽鶴來歐陽孫來請客遣問徐幼穆午間幼穆來適余堯衢
亦來云趙芷生出京便約一集歐局飯畢舁往則向翁王趙秦子剛均
在堯衢後來二更散乘月還街霧朦朧頗有佳景
十四日晴尹和伯曾榮楚顏仲齊趙芷生先後來昨孫晐心田並言俞協
統已凱旋甚訝之遣問未也城中巨紳乃造謠言可知政亂夕小睡起
登樓看月
十五日晴晨出城訪幼穆云當移入城多此一出也便詣孫晐留早飯舁
夫皆飯焉還答壽鶴不遇到家尙未朝食滋女還
十六日晴煊鏡初親子來言刻公羊墨子題歐臨李帖頗析湘纂之原歐
孫旋來留行庸松步來悤悤去夜有風
十七日晴煊戮無辜狂人猶再三研訊乃刑之幼穆來寫對子十副遣三
孫女視湘孫以廿元與養疾
十八日晴閉門謝客胡楊梁周二蔡來蔡挾與循書欲求竿牘干龔文生
亦奇想也婦家無人亦宜爲謀今日細三生日周梅生送水仙螃蟹便
以賞之且燒肉作餅並爲客設湯餅反成盛集矣
十九日晴張四鐵來說官事刺刺不休孫晐送信札來云欲學自治官書



誤也官書私書不能分何其鹵莽功兒被札管學堂云無常款
廿日晴煊六女早還新婦滿月例有茶點乃不知這套其姑爲代設之至
夜分乃具諸姑爲客
廿一日晴假託回鄉孰僞可久留女船送縣且欲干涉訟事清晨當發房
嫗留喫早飯遂至過午南風逆水僅泊包佃半日臥又竟夜眠
廿二日晴煊再臥半日過午始食晡到縣舁入署欲尋楊師叩民隱乃不
相値續臣陪坐無可語者逡巡退出楊師已回任復陪往監之乃出尋
朱陽均云不在惘惘而還陳順送飴心館菜香鋪族子來言訟事煊甚
將風定計復還長沙
廿三日晴北風顧役加班徑由陸行詩云嚮橫已過九華與樟樹青葱到誕登大坨淺淺漣累石新開盌陰入南城誕登尋桃花人面不得閒步沙間店婦相呼遙指妾家未能往也
入城尙未夕食詢真女尙未到竹軒已到漢口矣得朱竹石書

廿四日晴城中求雪漸有陰意遣玉蓮還鄉聞樊山撤任近今所罕有也升亦可人惜兩賢不宜相厄使竹軒在不至此得與循書言其族孫應孫欲干龔文生恐不足恃吏與書署道曾理初謀之真及壻同來只攜一子

廿五日陰居然有雪意與書王莘田言生日恐不能宴集莘田旋來仲英兒琦章來間刻墓志樹碑遠近淦郎酒顛頻來意甚傷之然無可爲計

廿六日陰陳壻來無住處夜坐復去復真往南門看姪女至夜始還

廿七日陰三日閉門竟無所作尹和伯來談地

廿八日晴歐陽孫來言岑弟代已湘奪江利年百卌萬恐不能保也蔣生來告移醴陵兼送食物夕至卝局訪蓀畡遇鄔師略談還已上鐙

廿九日晴蓀畡來諸女必欲傳班演戲指揮作臺功兒報北洋軍譁慶生來致六耶書常壻自衡來無屋設榻聽其寓客棧夜兒女餞祝唱戲至三更乃散



晦日陰晴晨晏起三婦出窩孫女甚瘦小巳初家人賀生日設湯餅四席滋女忌日未來午至樓上摸牌四圈申正出詣湯稺安龍艮三今日公祝作主人尙未相見故先禮之尙有黃汪則熟識者不必先去也戌正還聞程孫來住船上未見見四老少

十二月癸巳朔日食未見午後又唱戲四女設席相慶龍八譚三來譚碧理兒送詩來陳伯弢亦送詩爲譚兒看一過請題敗語不能諛嘲亦難題也程叔揆來致其父及張子年書留三壻同看戲

二日晴遣問文石北信乃無所聞方約明年西游殊暇豫也程孫及常陳均來留看戲摸牌長婦設席演夜戲乃爲游人所擠至破額流血欲成油禍總查彈壓始去方矜德感遽見凶威亦得意中小失意也

三日晴程常陳仍來步過和伯夜仍唱戲至三更

四日晴轉風似欲陰雨俄仍晴朗與書莘田爲王兒押櫃事無情理之請託乃有至情至理四老少三謁督銷不見乃真無情理也湘孫病亟遣房嫗往視便留伴夜

五日陰房嫗早回云尙不至革家中男女均往省候會元來言陳伯弢幷約一飯辭之滋女又往看姪滋留伴之夜煊

六日雨朝食後滋還言姪少愈午後出辭余歐夕至乾升棧會食心安已先到客有汪蔣其從孫迎客雨田衣冠坐陪歐余後來

七日陰與程孫約借船上湘遣發行李湘孫病夜令房嫗伴之兼自往視魂游虛墓矣問欲見我何事乃索百金歸檢得九十金盡以與之

八日陰作粥恖恖竟不能成所謂虞不臘矣近年第一懊惱久留不去之過別換船欲往銅官迎夏柩行李僕從顧一船諸女俱坐程船已去午正出城禍息追來立談至晡登舟夕移坐船傍房嫗始從湘孫家還已夜矣



九日雨女船晨發余復還朝宗門欲往三叉磯舟人謬云當有大雨繫久之功兒遣舁來迎本不欲上舁夫空返恝然乃復至家婦孫俱言宜暫住城中少待散遣船夫復居左房與信蓀畡借錢

十日雨蓀畡來送六十金且言已留此無利余勸其決去廖云余但能爲李東陽不能傷人也余云李亦卒不自保然人各有性不能相强

十一日雨夏僕往迎船寶老耶來求聽用翁覲察不許皆奇事也簋村兒作江南通判來求援繫不知其字呼孫婦問之乃亦不知久之云是贊侯依而與書李文石未知李何時行但追與書耳

十二日雨專丁迎夏至三叉磯乃云來船無知者城中既悶坐擬先還山覓船不得喬耶來乃令尋之

十三日雨旋陰夏僕來報船至待舁久之始出城登舟作弔與午詒絮談

秦事便留支賓唯一弔客係余前臬共看樊藩許督疏殊爲孟涙家人
竝往看湘孫無舁可還泥行三橇立岸上久待到家云湘孫申初死矣
竄女往未歸待至二更乃還云猶無棺未歛
十四日雨喬兒來告舟具便樸被將行紛紜間龔生來致樊書送二百金
夏還千金頓富矣竄女來送午後上船卽發夜到縣城已三更
十五日陰晨遣覔船兩時許不至移船杉彎乃云先尋我未得午初開行
大風潑涙仍還故處張四鐵來求救令具舁馳入城過仁裕合及不忍
堂皆無遇從贍嶽門出後街有人追來云水師管帶馮學楷爲馬頭事
停舁與語便同至杉彎畫界讓丈地與株洲雲湖船紛紛不肯賣數數
語乃定夜寒有月
十六日晨雨起看有雪北風愈壯又停一日感升樊互許事爲賦一律可怪封匱第一人臨覽無窮厄賢眞也知白孝隨參懸爭奈紅單又反哥表秦鈞訌似浮龍親交凶險惜張陳臣爭直悲卑公室四逼家變獨怜斜



十七日晴公船爲我具舟辦飯送餂心從容開船渡湘涙激更險於前日
兩舫相竝然後得渡至松彎已過午初更後檥湖口家中迎候蔡表姪
執炬前導未五十步炬滅闇行而還諸女方明鐙校牌告以姪喪各泣
而散催飯畢又小坐乃睡
十八日晴遣迎紈女作衡書五函送押歲卅元移牀中棟滋小疾一日未
食命四女分校四詩
十九日陰有雪有雨皆如露珠遣呼匠補牆匠來輒去改夏行狀
廿日陰小疾臥一日房嫗強進粥飲殊不欲食
廿一日陰強進粥改夏行狀畢與書午詒完夫雲門夜月
廿二日陰復有雨雪宗兄來言再七横蠻當鈐治之晨遣人入城待夜當
迎春至二更不還復女又疾無人行禮莪真公議遣房嫗恭代獨居無
親當并此家人緜禮去之然未能也半夜催起月色甚佳迎春畢始寅
初耳余亦未寐
廿三日又陰史傭還得紈書云明秋始能歸夜委真送竈作小詞一首
廿四日雨傭工過年設三席宗兄去夜初二奶奶來不知何奶奶也逡巡
已入彷彿似蕨姨娘方摸牌令坐別室頃之召見房中致戴表姪書求
借十八元祖母家祇此一家當依恤之然怪其遣女人油賴乃應其半
鄧壻來求助則不耳矣
廿五日雨二奶奶去復疾未減遣出問醫滋已愈三日矣作但碑
廿六日雨晨遣石兒送夏行狀往衡遣迎醫待之朝食至午不至喫油索
餂心將夕乃來診脈已遂夜藥亦平穩醫號許竹齋年七十矣居象鼻
山習於譚羅至夜又有叩門者云山東陳令遣使陳名毓崧卽墨令求
詩序云在歷山相見了不憶之檢日記有其人曾送余百金夫價還了
未謝召見來使云亦姓陳談數語令宿客房周嫗爲玉蓮疹子經護半



夜
廿七日大雨陳使伴欲夜去至午尚無行意甫送去又來一人饋歲云譚
象堃昨醫識之令相見遂令同行大雨不住泥行相逐亦一樂也校類
聚一本
廿八日大晴遣候衡人至午俱空還云鄉人畏泥不來得劉月卿親家書
及瑫紈書玉蓮疹重送回其家欲辦年事未能展日僅使至湘鄉一看
木器校類聚訖
廿九日大晴復過七日尚未立起更尋醫議之待一日不至山居此等事
真不便獨坐納悶瑫婦攜兒來
除日陰欲雨家人早起此不待教者也以此例之則申警亦爲多事待至
午張四鐵始來看掃除下棟遂忘洗腳僅剃髮梳辮夕食至亥不具自
來無此晏也祭竈封門已過丑矣寒雨

# 湘綺樓日記

光緒三十三年丁未

丁未正月癸亥朔雨元旦在山幸免往還至巳乃起莪女送茶出堂受賀旋入房擲骰

二日雨族子佃戶來賀年師子來復病畏金鼓議於下棟接待余心煩未理年事作陳卽墨詩序不能贊一字

三日陰雨三女移戲中棟校牌擲骰竟日夜雪

四日雪深三寸冰凍不開行人踏雪來張四寶耶均來許紅橋來卽去留看雪

五日陰朝食後姜女來送雞寶耶昇去張亦步去留姜喫飯不肯亦去擲骰陪客聊應年景

六日晨興看樹上有雪始知夜雨鄉人來賀年小有應付



人日陰晴令作餅應節未得食譚心蘭兒來云朱太史兩子並夭有財無丁譚欲干張雨珊告以無稅留宿客房瑞婦去

八日晴庚午山中無曆云昨日雨水因遣人下省張攜其甥來朽人來雲孫來云得鹽局便道上任客房甚爲熱鬧夜月極佳

九日晴二客並去雲孫早行實過辰矣午後許醫又來說訟事不了許爲問之復陳毓崧書夜夢作詩十二韻韻用真先似是紀行

十日晴陰劉詩人鎮湘來代元婦率新婦來鄰舍大娘來者三四田團總來朱倬夫專人來趙梅卿之孫來認年誼自出見之王心培周庶長德姑耶繼至人夫喧鬨一飯斗米留宿者四人皆上客也問趙何以見知云出李亞元之教許其代心培一席

十一日雨雪午後陰四客皆去谷三率賀姓來訴許竹齋各云柔懦被欺非任三耶不能定之鄭福隆遣孫來拜年鄉中又有此一門親幹將軍之賜也今日陳氏外孫生日爲設湯餅遂及鄭孫謙不多食徒步告去獎以餅餌將夕聞呼門無人應自往開門王鳳喈田雷子來拜年不飯而去夜月

十二日雨午雪白地旋消慶生來衣履盡濡令烘燥同飯夜雨甚暢

十三日雨竟日積雪全消張四哥來龍燈來出行慶子告去尙能卹其煙兄亦可取也方僮黃五來拜年致黃柏尉書

十四日晴陰復始起牀周梅生來廖丁自城還陳順亦來拜年

十五日陰晴初月甚明子後昏滋女出走月丁氏弟二女孫從去昨論黃孫苦無安插當令其自過活龍師竟日不絕爆竹聲喧病女甚困余諱疾未止靜也子夜始寧

十六日雨大風遣昇送張醫與陳順俱去鄭福隆田雷孫來蔡姪孫印生來云鄂信未得仍從漢川空還召入內室見之



十七日晴風蔡孫去吹壺嵩一哥之孫也令還待嶲攜丁孫女欲看郭廿嫂房嫗不肯因行後山遇一人芒芒來口稱老伯未知誰氏子遣問之云朽人之兄大朽人也初不憶識後乃知之曾宿於我我誤以朽人當之朽人昨來欲干陳伯屏亦欲奪其席也六耶又來遂出坐至初夜乃散月明如晝衆已睡去

十八日大晴今年好日子六朽均去入看復女始能起坐攜兩女女孫出行從石井至雲峰乘至茶亭看地基欲築一別墅還遇庸松令即往省夕登樓遲変乃無來者每日必有朽人今傾心待之又閔其無人吾知所以待人矣避客則苦其囂好客乃嫌其少非客能擾人吾自擾也擾而後寧所以消搖晴二日又欲雨至夜果瀟瀟有聲

十九日雨一日清靜周庶長又來云已移寓不提郭廿嫂矣留令支賓

廿日晴與循來攜桐子（循字叔）衣冠拜年余倉忙便服出迎蓮弟亦攜子來

別室款之羅運生來
廿一日晴權姪告去劉南生來又一陳生來謝未見與與循摸牌移內齋喚匠築碓屋
廿二日陰晴摸牌竟日張四先生來蓮弟繼子又來致陳郎書並詞本
廿三日晴乙酉驚蟄何鏡海孫專足來復片告以世情與循小疾牌局早散盛傭來致端書王狀
廿四日晴放風鳶送與循見沈山人食餅左幹青來未見宗兄岫生來蓮弟去移木器用數人舁之其不諳世情如此夕與左宗岫泛談
廿五日晴左生欲干楚寶與一片令得進身岫生去未告辭風日頗佳櫻桃野棠始花偶出行春至王鳳喈家日炙似夏因令從雲峯還以爲必有客來乃無足音唯真女迎船已到其姪孫女在船相待令迎入蓮



廿六日晴輔庭來言祠事留餂心去滋言昨夜小雹家人無知者周生獨證之蓋春熯致災雹後復暖則不可解看逸周書鈔本婁生光曜自縣舁來惡其無因干謁辭未見揩子代遞詩本詩不減劉詩人乃令明日來見甫發一標幾失一士宜周公之吐哺也
廿七日晴晨起盥於客廳召見婁生慰以入秦飯後去真船到告去遣船送下縣自往對山送之並作酪發包子辦路菜曹生夜來僮嫗辭不納聞其徒步更遣招之入宿客房
廿八日陰晨出陪客出門看柳條一夜綠矣春風迅速可喜曹生云昨暗行跌折二齒子粹徒也看二張學科精神周洽疑有藍本聞歐孫新屋又當出賣丁孫專人來干李文石云先自來未見問之乃誤以雪師爲我專人又往始得知之荒乎其唐茫乎其昧其果臣精明之報乎戴明來言省城近事
廿九日晦節大風不甚寒報丁孫書與循專信來亦復一書張四先生來

診復女許以起牀卽爲謀館夜令兩女讀本草校牌
二月壬辰朔大風復裘趙年孫又來劉晚學亦跪求說官事俱不可理令庶長諭之
二日雪風愈寒築匠停工史傭昨夜還云真船已發盤費未領交銀錢百六十枚
三日寒有雪而風息分花換泥春蘭抽箭王僕不知進退偶諭房嫗遽發潑不認君無戲言余之過矣但戲不言乃可養威
四日晴陰仍寒王勝養子婦來訴官事蓋五相公所使也拒不與見六房中唯二房鄧家聲令已絕矣劉少青自桂陽來云將考優又應明德之聘留住樓房運木船到
五日陰晴遣工下縣運屋材並送劉行忘未開瑣自起闢門少青考優喻生考雜職廖生考保送均先後奔赴周生亦上省午去頃之復與廖倬



夫同來廖云奔馳苦矣又不識道得遇周如空谷足音也留宿一房談船山事云搜集隨筆名曰王志以擬鄭志也
六日陰遣船送廖生亦忙終朝未朝食而去又去二力但有坐食者矣午聞足音跫然呵問之云自侯塘來子廢兒也與房嫗爲兩世故人亦爲惘然
七日戊戌社日蔡孫去微雨湛童報馬太耶來以爲馬泰出看乃馬先生特來拜年頃之劉增亦來云自倭還度歲復往倭學鐵路也夜與摸牌
八日陰雨劉增去留馬待客未幾陳郎完夫來云未定入都但料理弟官費耳似仍有教員之意正欲留之乃不再問送王志及仲景序文
九日陰晴庚子春分正佳景物晨起家人猶眠唯陳僕已候門云舁夫未至又還少寐太晏乃起招陳馬入室談陳去乃鈔張文入嚴集嚴大搜古文而遺此篇可怪也仲景建安初守長沙幾十年皆劉表時必表所

置守也韓玄蓋在其後張津在其先且疑是津族人與華佗同時馬生亦去張四先生又來周教員送春餽早飯去張借鞋去午後稍閒夕聞叩門聲喧船還客來蔣樹勳送鹽云已晚飯小坐卽還寢

十日陰雨朝食後遣舁送蔣看校王志亦成一種文字校詩四卷遣史傭送廖書

十一日陰雨程孫自衡來考優云可望得留居一日夜大雷雨

十二日雨陰丁孫女爲花朝遍繫紅彩枝頭云以爲慶程孫朝食後去夜有月影校詩四卷

十三日陰莪女生日爲設湯餅午後始飯外報兩婦來省覲云是三四及至乃長四耳蓋來看妹史傭還得孫晐書

十四日陰校詩箋二卷傳箋多誤字阮校勘未爲善本今但可意改亦不足記矣午看女婦摸牌小睡夜復一局二更散聞雨



十五日陰雨與書秦臬使看女婦摸牌看才女詩得孫姪壻書告保送幷求寫字

十六日陰雨晨寫字張四哥來診病周生還議往衡

十七日雨昨忘豫飭厨中未辦素食今補忌日雖無禮猶勝不補者思愆竟日

十八日陰晴校詩一卷看牌放鷂復程孫書言不可關節改周生詩

十九日晴家僮鳥嘑猶眠自起喚之校詩經畢喻生來廖使送鴨孫晐書云溫泉坤亦有一種今致八頭並草菰火骽寶老耶又來喻生夜宿逆旅復孫晐書

廿日大晴早起召見廖使賫官告去七都黃地師攜子來博涉古今云特來見子則蠢然但知喫飯耳亦令庶長陪之夕去看何貞翁雜文感昔知賞亦始知此公有學識不易及也夜月

廿一日朝暉夕陰竟日無客夜雨看何文一過作粔無水芘復女病起始能出房

廿二日晨雨未歇朽人來方朝食令知賓陪之辦飯云已食矣風寒淒淒相對無言看黃選試賦看似穌麗豪無氣韻墨卷體也華一來張四先生來診脈

廿三日陰張華入談並華二子名佑來見年十六尙樸穩朝食後並去陳星生自味子塘來云考優便道足跛甚前此似未跛也家作牢丸贈以三枚督工掃除前房以待佳客

廿四日乙卯清明晴清明當作菁萌草初生萌也洪秀全本作菁是也今日族食以煙客多未往叫化子乘舁往會焉俄頃還云族人打架譚兒來告以雨珊中風不必往見乃云已九見矣懿婦晨去長婦午後乃去

廿五日晴夕雨譚不能去廖孫晐又來倉卒主人殊不能辦方僮始還房嫗暴疾正紛紜間李長生又來未遑出接知賓早去矣聽其與譚子周旋孫晐便宿余牀余移橫室夜談至子



廿六日晨雨未歇朝食後齋出見李姪還其祠册未午譚李並去與孫晐周歷三齋方出便旋見三人步來則謝陸喻三生陸幾忘其姓矣頃之戴表姪復來賓客頓有十六人應接不暇乃用平等法堯峻對坐管華共席夕飲樓上者七人飯客舍者十餘人

廿七日未明聞開門孫晐已明鐙坐待余亦著衣起出送登舁辨色矣大霧往石井鋪看三生亦已先去還朝食王鳳喈來請禁公宰

廿八日晴程九長專足來云廖胖造假信干學司得保送已不敢僞欲得真書批答云亦照樣作假信可也我則不可張四哥來言官事全輸余言幸中方令僕從往衡作轎門簾房嫗屢說不明責之乃涕泣哀痛賴莪母女成之王升又延不軒余坐轎中督工而遇張四幾同阮孚蠟展

矣夜散遣傭工沈山人亦來辭工
廿九日晴牡丹始開一花過午遂全發十二花廖春漁自鄂來問假信事
云周梅生送去責數之乃甚慙怖不知世事而自謂巧便可哀也已史
傭還得俞樾辭行片臨終詩撰述五百卷值一死也方王湛先發至衡
余定陸行大風恐有甚雨且停一日督工作花棚
晦日晴熱可不衣晨剪一花與復女夕滋女復剪二花供母流連賞翫竟
日廖生午去岫孫又來薄暮雷電而未解熱燭下爲王鳳喈寫對子輿
兒攜子來云遇大雨
三月壬戌朔晴晨起待發轎夫不來巳初乃得行張岫輿宜俱步送上轎
令暫居鄉息靜周生從往衡夫力千八百不合例余亦爲所牽率共發
四名並兩轎夫八人上道小愒石潭改裝過岳坤問易家壠周鳳池家
看花鳳喈親家也牡丹將百本無高二尺者紫花正開餘花皆未整理



留飯設酒殷勤甚至日斜而別急行欲宿花石至回龍橋已昏暮遂宿
二日晴稍涼晨行五里從延化寺渡涓寺爲先賢裔孫所奪云載縣志忘
其顛末宋儒害人兩朝重道之弊也飯花石午飯福田鋪夕宿嶽市小
雨掘筍茅棚攜來五十里矣作俞蔭甫挽聯
三日晴涼晨飯曠壠石門未至九觀橋天陰微雨已而淅瀝冒雨行至九
渡鋪雨益驟濡到樟寺則澍雨如注爲三日佳節所罕聞遣庶長覓船
散放轎夫待至初更乃發兀兀竟夜
四日陰雨止篙行自來鴈塔邊到北門幾一時許乃達至岏樵家主人方
起頃之霖生來飯罷同至真家呼門出見云三姐亦痛甚如張雨珊兄
弟同戚也小坐雨行舁至安記庶長來云先稟道臺去久之天沈沈欲
大雨到道臺處小坐而還話不投機情則甚摯令庶長辦坐墊未得道
臺已來矣將父云霖生岏樵夜來二更散

五日陰雨霖生飯後來庶長兒來久坐看報紙九十張賀伯笏來成就向
燊夏揚張風臺馮燊五教員好心超海胡玉山朱捷臣馬太耶卜三毛
沈阿鴻彭給事程季砍陶湘翰黃蟬秋譚仲明接連來霖生岏樵後至
同往道署夜飲看牡丹睢州湯通判弟同席二更散
六日陰雨答訪霖生廖淦富來見云剛武弟也告以算學教習未能定且
須暫還朝食後舁至程家接對子至陳家寫俞聯文苑罕齊名愧我不堪仙籍注黨華同
報羅輸君自有組熾傳發樊信仍舁還從岏樵借棺材附船送鄉價卅元想係半
買半送李如松來拜訴冤擬藥方胡子陽送廣西土產旋來久談張衡
陽亦來相訪張奎生王之楨程郎霖生俱在內久候遺田二解棺先發
余將還山一行岏樵必留一飯寄三九女二十元薦王湛俱不肯去
七日陰雨待飯未來且詣陳家遇霖生同過程家小坐周生父子來向鄒
謝來久談王達魯保出考優亦奇聞也真女家管莊人與訟嚴斥之請



常程查辦劉袞來見未遑坐談步至岏樵家會飲彭給事馬明府李崇
明先到霖生子陽繼至章師後來多談南洲水地及衡陽倉穀席散甚
早舁夫未至客俱待送我乃與霖生步至陳家九郎村儒俱未去舁登
煤船初月微明已而細雨宿石鼓山下
八日上巳北風細雨崖樹綠嫩湘岸清濛學舍作洋裝亦有可觀待榜人
不至舟客雜坐殆無臥處遣廖傭送長物還城換王僕來已而四傭俱
集催船卽發時正午矣小睡夢到家復已斂矣痛哭而醒六十後不能
哭夢中猶能哭哀樂未全忘也因爲輟食竟日惘惘雨亦不止重三上已逐朝
雨愔愔輕寒拂拂風蕊水黃添新綠雛巖花紅映遺脊濃春帆夜度寒林站歛市煙館紫蓋宮乞去不須終覲事近來脇脉有誰同夜泊
寒林站
九日雨逆風吹湏行廿里檥老牛倉詔訪塡篋出五臣肉香文冠軍倫結繩解辮摩旺字東帶爭趨上國賓
饑有奇香散救世靈無應貨自誇賢嗟予久廢冷風御不逐飄車飄海塵端午橋索詩一首必嫌少再添一

首調之五洲隨後領三江海內同推宮庶邦今日撒敷對哀屬更聞噴噴吠軍尨升堂縱有千珠屐壑步離嚮百尺檀且欲待公新拄定白蘋風裹詠闕莊雷石看船又檥久之北風大作强行過石灣已無識矣回思
前此爭鬧啞然一笑夜泊黃田上樟皮河
十日朝陰午晴泊漉口遂不行云避北風未知其意雲湖船不能出口則
非託詞也行或使之卽亦不問陶肅甫書館下長沙舍去先覺不謀屑涉颿波亦既勞止兩江自公家物驗不及湖廣之熱輕徒令故民失所馮藉正深快望偶奉惠存不隔音容長得昭礎慰間周至途及豚犬其爲欣感豈比兩麻命贊詩歌爾成二律罰紙銖上珠愧寵蕪孟浩然以淺率去官秦中逢無生趣升公封還弟一乃不能容一狂生竊計兩司並無其比要當關略小節仍與周旋解鈴繫鈴在乎反手且歸之不武人才實難問運妄欲上書勸以弘恕因未嘗覿面其測可否公旣皆相交好當與僩停寮野人芹獻之非私知附賢相匙之無謂十部從事豈有意乎三見荒害敢闕舉屆公不依賴華之例而令從文石以游未知能否體愼以副培植闓運初無殿毅但懂詒盤訓之祖之則深感企今年復有奉車將復上衡弟十小女年已過彝尙無所適公門三千餘履有可乎寧否前託樊山心食皆久未報詩五嶽生出泡留時無人材亦其也春來晴兩相間花事頗佳湘川人雖暈塵地瀹清絕流連甚巢忙公愈去前命作天心閣詩去冬亦有二律並呈求鑒十日內由湘至衡復由衡返湘湘又至衡道中作書簪頌福安不具闓運再拜十月九日天心閣寓樓當年飛徵醴



陵樓高閣峙蝶倚棠秋月到天心四邊靜雪吹喚角一生愁洞陽開府招闕客湘上吟閣鐘聯游五十年來燕巢暮不勞王粲賦銷憂城下文昌齋院榕曾跡風買祀朱張卽今游學雄東漆謂遣悲噫遠未央落木無邊塔送遺黃花有約再傳觴想君莫作新亭例且學淵明望八荒
是夜三更卽發又何太早
十一日大晴晨至一處聞岸上爆竹舟人云馬家河卽起束裝乃上彎也
又久之始過洛口坐船頭看船遇雲湖撥子呼令移載云亦從淥口來
乃更早於我坐至落筆渡又換倒爬飯於姜畬到湖口晡矣坐周屋與
村婦久談待轎云復已愈喜可知也到家尙未夕食余遂不飯摸牌甚
倦早眠棺船未到至夜始至
十二日晴張四先生來看還靑藥方似不以爲可張又服熟地余亦不以
爲可云輿兒方迎醫省城尤不謂然平江多樂大新垣平之流亦土產
也
十三日雨張四哥飯後去道發廿元壓壽不受復病大愈余可出矣竟日摸牌

十四日晴方摸牌功兒來云王醫已至兄弟陪客余亦出見
十五日晴船人未集先附小撥出漉下行李余留明發張四又來二醫共
談又論桐墓且及兵法雜家學也款以堆翅穀酒酒後張去
十六日陰朝食後送王醫去馬錢十元往魚山看地已而密雨
十七日晨雨船人方言行不得天已開朗遂攜周氏弟子婦僕以行余亦
攜嚋孫文柄轎夫共九人午發飯於姜畬暮至漉口換坐衡船谷三來
辦差顧工二人未至
十八日晨移周母子過船照料宜孫兼司雍饎七人食於我二人食於小
撥待補帆至午大風起兮久待彌狂不能出口遂泊夜吼如潮行卅里
十九日風止天晴纜行一日撥船從涓口先去余船辦索又延半日夜泊
朱洲行五十里
廿日雨僅至淥口又泊半日南風愈壯遂宿焉行卅里



廿一日晴南風纜行至空泠峽遇雨早泊淦田行卌五里
廿二日晴南風吹船幾覆急令斷纜乃得順流退至花石成撥船遣人來
迎泊朱亭
廿三日雨撥船先行船漏不可坐令泊久之王升躁急冒雨行泊黃田
廿四日陰行數里撥船反在後云同泊黃田對岸不相知也同至雷石帆
行泊萱洲
廿五日丙戌立夏晴帆行一日以爲必至至夕無風泊何家套夜黑遂不
上岸夜雨
廿六日雨晨發朝食後乃至送宜孫至陳家周庶長常監學均來留周食
菌迎嚋孫上船遣嫗看女卽還船入院余至程陳兩家小坐卽從陸先
到從者五陸三水須臾均到庶長亦到鳥語花香居然似家未夜卽寢
廿七日晴送卷四百本來以瓘約紈同還山莊留船待之先遣水手去卽

附洲笴廿斤寺僧不受值水手逗留不去約待明日霖生來留飯署衡
守曾倬儒清泉令朱絜臣來雜人來甚多令瓚門謝客
廿八日晴看卷甚忙張卜太耶周松橋來久坐喫饃餃府縣昨來未備也
廿九日晴三日畢閱諸卷多不加墨卽送道臺王升往零陵湛□跟班至
真女家借轎詣道府兩縣至譚訓導處叩門無人知必遷移詢之乃往
衡山過程家待轎陰熱似將反風馳還
四月辛卯朔晴安記人來言二百金不可兌令留票還夏道臺來久談去
遂夕矣嚀孫重理童業令許女伴讀王升去定視學禮
二日晴午大風遂陰夜雨霖生來衡令張海樓來問朝事告以所見聞馬
太耶來陪客兩點心遂飽李華庭涂教授來不能食矣客亦不食而去
三日陰雨考優兩生來言取優生草率王達魯復欲教習以屢致人言喻
之呈所著徵積新理

四日陰雨晨起夏已石來久不見出見之改定視學禮仍以道臺爲主人
學子皆爲賓近於制禮惜無人能議之留夏子作學生且居新齋霖生
送詩經四部
五日晴將開公飯以隨人太多別令開火亦依官價給之先發萬錢試辦
夜遣湛僮入城
六日晴石五嫂兒酒醉遇醉尉被捶四千僮嫗皆請保釋亦如小安被拘
物傷其類法不勝情也夕遣房嫗迎三女唯瑢夜至
七日晴道臺送學衡陽最先至涂鄭常繼之向馮張生來作僎彭程不至
朝食後道臺來府曾清朱已先至學生僅八人禮成汗浹衣解帶飴心
官去生留須臾均散余坐船入城糿真於行禮時亦來矣未遑家敍便
與小庶及馮楊張生俱下檥太史馬頭步至府學唱戲不得入從瀟湘
門出至漕倉與馬太耶略談日尚未夕至府門詢知向生已到入赴曾
太尊席待朱德臣馮鳌員李華庭同飲菜少而飽蓋天熱也夜舁至鐵
鑪門復步至太史馬頭煙店婦見余暗行遣兒再送鐙慨思陳八復令
召之乘月還與三女略談卽寢
八日晴熱晨起定講課日三出堂講禮記文史鄧生國璋問春秋例世子
殺君例日蔡般變例也箋誤從何說而誤夜摸牌極熱
九日晴發文石書多所關說齋長不到鐘點無專司招夏生代辦程十一
亦來致心盦書今日己亥小滿
十日晴熱瑢糿還湘遣船送之余過午亦下湘催兩女登行舟卽發檥石
鼓余上岸待久之尙須入城取路菜乃遇轎夫同至鹽局馬少雲請客
程彭羅已先在其女壻汪獻庭管帳亦出陪客乃成牌局熱汗如漿久
之朱德臣來牌散無勝負已夕殽食有蟠豚夜還至瀟湘門路泥乃知
大雨南門外又無雨入城遣迎宜孫登舟同還聞趙芷生槪職以劾慶

王父子
十一日晴熱霖生送詩經卌部紙價廿八元折錢八百文一部作讀本猶
嫌太貴如論書價則極廉矣九長來致程生書未及丞參之說振子撤
差則程亦必撤枇杷紅熟摘得五六百枚不及往年甘酸將專送諸女
賀子泌兒來言父書盡付洪水夜雨
十二日陰涼極熱後得風加衣少遲遂已受寒困臥半日醒時見房嫗乃
以爲已過一夜悟而自笑
十三日雨晴早起出堂聲雌不能多說道臺請看開學勉往考棚欲送霖
生已先到矣城中文武皆至紳有給事商有朱嘉衡令告病未會未正
起學登臺演說聞楊八㳫家失火先出渡湘唁之便過少鶴家尙未往
弔曾與匡廬作主人憶官閩談心照訓勉爲清白吏宜到湘東訪書舊看繐帷留影世交三弔北平家問彭邵武疾云已
外出從耕雲家渡上船已過晡食獵人得鳩雉分獻以與諸生本欲捕

雀乃反傷生非本旨也看法政新書言理可厭

十四日晴晨摘枇杷得千枚分六百送諸女講曲禮畢亦補數處罅漏遺彭傭還山

十五日晴家忌素食雲齋兒自江游鄂齎宋芸子書來李選青彭邵武來周生留邱甥堂食告以不可更設食待之坐半日去涂穎廉年姪送詩

十六日晴晨講未畢邱甥已來送禮留同下湘余至涂教授處少坐問王樹文案原委以昨得怪鳥書言朱令持正屬作墓志云云朱家催客程汪馬張尉章湘亭先在給事旋至飲於店後未夜散還有飛雨曾太尊送詩

十七日晴復宋生書兼致復心書昨龔師耶來檢上高案不全聊一問之發文案謄稾乃誤送城中馬太耶送鹽來始詢知之大雨責奴往追還云齊七已歸矣曾兵來送禮已初更秉燭出答書



十八日晴邱甥來謀出處告以投陳伯嚴王化森來見斥其不衣冠又槍替不許入學

十九日晴陰午初與教員攜嚋孫往看洋房龔夏程從登岸與清泉令同入門工料毛草人徒散漫延客上樓曾太守衡令兩學官同談久之道臺無來信乃至中學先有二客在未便問姓惟識彭給事又談久之從南學津梁還湘東岸過弔楊少鶴少琴八弟均在位孤子十許歲甚韶秀渡湘買米未得先還已夕食時夕陽在地頗生悽感

廿日陰涼邱甥求薦府館蓋不知世事艱難以江西例湖南也復書諭之得曹東寅書送杏仁

廿一日雨竟日午講畢下湘看陳增程孫遇齋長還職云考職不得喻生得第六矣釐員馮同知公宴請陪初未通拜禮當先詣昇往一談出城答鄭親家云衡守已至新學徒也一見便知知不可僞新修衡陽城隍

祠可公會往則諸紳皆集半不相識嚋孫先在樾樵承辦小房四人摸牌給諫在焉頃之客至設三席曾衡釐各四人陪之兩班合唱殊無新曲至十鐘乃散嚋孫先睡令送船上乃云在城並送轎人俱令城宿三人榜船到已三更庶長迎門喬耶籠燈索食不得小坐便睡

廿二日陰城人過午乃還嚋孫逃學二日作譚道臺荒政序復曹禮參書謝齋長到任

廿三日晴周協鎮來長郡首士來言小票府禁求弛禁生財並云兩縣有陋規曾府不收以阿督意頃之新衡守汪鳳池來字葯房由筆帖式送御史自云曾劾袁督其弟昵於張督署首府猶供巡捕之事託父疾辭免將留餂心未設而去房嫗入城彭傭還

廿四日大雨竟日下湘送曾守已夜去矣新守尚未入署於旁館見之答拜協戎辭以放餉至岏樵家小坐還舟送餂心者已在舟矣還已夕食



廿五日晴湘船還得諸女書俱言早熱寄蜜櫻桃比店市殊異惜不多耳

廿六日晴作糉賜諸女復曹東寅書擬題補考並送桌凳并寄節物

廿七日丁亥芒種晴放竺來言克臣長郎求見不相聞者卅年今復聞名如隔世也彭氏常女亦六十矣人生倏忽又復久長爲惘惘久之湘漲平隄

廿八日晴午後下湘至安記小睡遣約岏樵步入道署門遇彭給事俱至張師耶處朱德臣旋至李師亦來待道臺同會飲燒豬盛設芝昀謙不爲客談新除拜及花藥寺僧產秀枝被押朗月熬刑云云亥散還船嚋孫先同來待於姑家齊七入院真亦出門無主人也到舟已睡矣與夏周同還子正始至小坐卽寢水退二丈

廿九日晴看卷得黃小魯書言雨珊病後事久欲通問悤悤未暇觀此終

不能免也湘人乘危擠人又無能爲情狀可哂得完夫書

晦日晴熱看卷畢三常從壻來彭理安來楊少臣來真女亦來省覲留飯

去恩恩定去取遺送道臺

五月辛卯朔晴廖蓀畡長子送禮並致其父書一日三堂殊無暇作答又

當復書處尙多且須看報知新學之害事也夜至三更乃寢

二日晴熱石五嫂新婦來攪局不許入門以絕之與書小魯笙畡

三日晴晨起書唁雨珊欲入城迎監學監學先來留飯去

四日晴午後入城兩縣約早飯過程家略坐至笛漁孫處答霖生遇陳壻

程孫常壻均在頃之彭理安衣冠來久不去詢之笛孫生日餂心兩次

遂留打牌久之不催客未正乃往彭祠馬少雲先在峞樵旋至霖生亦

來張朱公請酉初散

五日節避客閉門霖生父子及兩女壻程兩孫均入談留摸牌四圈而去



今日晴熱有雷無雨

六日晴出講禮運文筆殊繁蔓非翼經之作諸生來者稍多

七日晴熱譚香階來言孔憲教逆子得優貢科舉掃地矣始作夏蕙志體

微不適

八日晴兩課後入城答香階卽同至子年家會飲涂穎濂鄭六峯李華卿

及譚爲主人張碩士爲客子年主辦余疾不能多食應景而已邀章襄

亭及譚張摸牌二圈酒罷上燈又摸二圈乃還周嫗乾兒求學執子年

允薦洋貨店令同來見之二更還電雲欲雨

九日雨程常兩生來聽講諸生續至者盈卌人矣何無業之多

十日大雨講時尤甚兩堂兩陣幾不聞人聲雨後汎舟至城借轎至西禪

寺好心必欲一齋程朱馬太先在張師後至論役田本末云道臺頗簪

夕過衡陽又至真女家一轉

十一日湘漲夏子昨歸龔師亦去譚心蘭兒復來相投客舍已滿不能不

留且令樓居

十二日晴寅正卽興往泉溪看田周生代中齊季從往余從山道赴鄺湖

三生從正道來會泥行頗困平路來快同至楊家當鋪早飯耽延一時

許至古城寺山坡中一坤田其家小康夫有外室不顧妻子妻守屋啼

泣不可奪也廢然而還到尙未夕費去五六千可笑也向生來言役田

事發欲余解之今日壬寅㚖至

十三日陰涼家忌素食不廢講亦見一客有三數人來閙嬲則謝不見

十四日陰與書衡令言廚姻爭產事和尙做媒被押許周兒廿元保出周

兒已去索謝者衆滿兒尤皇皇遂不與之鄭六峯來程通判自蜀送回

來言蜀事曾四元來廖子送煤搜篋得卅元借學費十五元給之

十五日陰午後雨得省報瞿兒開缺七年宰相一朝屏斥並有屢被參劾



之詞知巧人亦徒巧也又不如叔平恬權一時恣肆

十六日晴出學生公請有卅二人內有女壻教員尙有二人不記識實廿

六人耳並及疇孫午講畢下湘並遣方彭送炭陳八送船同泊鐵罏門

至安記程陳家先至彭祠問向生干求意以便酌復過常家犬臥堂上

不敢入至安記少睡申已往彭祠李爲門生長常曾作陪道臺亦來小

班雜戲聊演故事亥正散子正到院乘月頗涼疇孫睡著周生亦磕睡

與余同還作夏墓志成

十七日晴晨書與蓀畡言三事廖傭母病告去令送譚生干廖遣船迎監

學至午乃到

十八日晴陳壻甥皇皇求事急欲余書不能守百金之例又不肯破例與

書午橋轉致道臺夕來與端午橋書請庶長錄爲單行留齋宮保使公節下軒然大波

林無靜何頗思東游又長炸炳閒文石上爲讀廳定歡抱冰時遠瓶此高雅遙留聯戲但有續依浩然特匯軍門前面求公平章儲得門齋戚

因茲一會也又往年與公實曾遊局當臨去夏程之流以佃安插私人大彰公道一文石之來實獲我心未及晤談爲公招去今有復心甥彭生前在散縣況飯曾館處易來興關敢不敢愈可敢後徵撤天理何在物論大肆茲令貼生親至金陵情文石另委闘運不致再敢求公轉咨以後闔運請託並求醇畧不准敢回以符前議如是則大庶寄上廣作爲田楊度孫文皆淆散矣附呈新刻二種聊伴荒函盛暑南征期以中月還衡之後再得奉讀專頌道安不具闓運叩頭叩頭敢曾之奉和竺如大公祖見贈原韻即以送別　鄴縣千城還吏才贊貴人館信漆雖閒激涌正報循良旗聽馬歡迎召杜來鄉笠私行周際謾簫歡擱振氣載民興經正從來易春酒庠門得坐陪　早年相見各朱顏游宦總怨豈暫開老我歸雲仍出岫輪君挂笏自看山歸賦頌聽來暮鳩語僧耕且未還東館留題記棠帶漢南移柳正堪攀　歌來翩湘江訪舊圖即用寄詩來韻曾共陳撈臥攀山久從學派辦王願卸今道路多虎猶自煙波送鷺　閣江漢悲思青玉案姬姜憔悴自畢管圖成只許傷心著世上浮雲了不關此答黃小鄧詩

十九日晴諸生廿二人來照相庶長設饌待之午初始來申初乃散便與向生同至給事家會飲余更約道臺來闔席夜分還猶熱

廿日晴鴈峯僧設齋約二彭摸雀期午正去未初乃往頃之客至有陳潤甫朱德臣待屺樵至酉乃來未一圈道臺來便散暗行下山兩人引導



而反迷路繞行里許乃得上船

廿一日晴楊八跰片來託薦人於汪衡州石兒亦求薦皆必不收宜如其意張衡陽來夜雨

廿二日晴爲李華卿作字並題一聯贈之午入城與霖生同舟從江西館上岸分道余至安記小睡醒無一人起出門小步遂入道署至李齋小坐芝畇來請看畫蘭花數百枝全無〻香出示李營丘大幅趙仲穆長卷易元吉花卉宋院畫蘇米書與慶小龍忘畫人名以趙卷爲佳無款唯有中吳山人印翁覃谿云是仲穆山石上有山谷名云石門精舍工細非近代所及丘壑層次倉卒不能辨霖生給事曾向旋至會食大雨舁出城庶長先在城門下鑰云清泉逃犯故早閉也到已三更

廿三日晴檢圖書集成尋石門精舍不得爲鄭六峯作字送時魚與真女諸生入城甫登船大風可覆舟遣看已不見船向生亦在船恐又下水也

廿四日晴臥圖書八本鄒韻深來相看韓元吉送紡綢意在端書可謂豚蹄求篝車也拒未之見改代上醇王書

廿五日晴遣岣屺樵桂陽之行云遣子代往已代顧夫矣講禮記至少儀未終篇令諸生日點十葉作日課

廿六日晴晨起欲召轎夫云不由南路當出西門攜疇孫同行至程家聞屺妻疾云痛悍游風醫不知證故留審方待飯至巳初與程生陳增疇孫仍由書院對岸取車江道投松楊舁行甚疾未暮渡湘到廿局遂昏黑不辨門徑呼門排闥司事梅陳爲主人待飯巳子初宿紫宸宮寮

廿七日晴晨起舁上水口山過豹子嶺所謂久聞大名者里許便至廿所木城圍之見廖璧耘設魚翅席巳初乃行北風甚熱舁夫亦嬾數里一息五十里至秧田虛不能再進飯店不可入强至鹽局宿焉委員洪信



臣名濬思賢商學舉人以附和開關劾免文石首拔用之周庶長曾爲關說余忘之矣自行投到又收一冤單其隨丁王姓甚警余夜起彼已起候獎以一元

廿八日戊午小暑晏起飴心後乃行十五里至衡頭問陳家行館得陳生設食覓人引路取十里洞傍鍾水行過大坳山水頗幽到廟前地勢開敞南行入山二里許便見夏慕廬葬在山頂三陟乃登藉草少坐論虞祭不可在墓將夕下宿饗堂西樓東樓有客未往看

廿九日晴夏生瓌青送喪禮來猶是張蒿菴本可謂桂陽藏書家頗熱避東矖坐樓下將午乃朝食爲定題主反哭儀令陳增鈔虞祭儀未甚簡妥夜爲改删

六月庚申朔晨起上山送葬卯正往辰初窆仍下待迎本無迎禮說再三不了祇得從主乘舁上山舁者生疏傾仄幸未傾耳巳正主人反哭客

飯畢或從或歸余與陳堉曦孫昇至夏生家（在廟前西湖唐廟祀李瑒天子有賽會迎送在此）

（月大嬰補王也）見其五子及其姊夫楊生頊之㿻新來陪客看湯壽潛危言皆施行矣亦策士千載之遇夜分程生呼門來余宿書室夏兀驚起開門客入竟不再出主人亦不出可怪也

二日晴晨起陳㿻新來送云早尖半邊街更無他飯店及出昇人云正路較近有飯店不知何故遠遶十五里始至飯後行卌里至常寧城投宿北門土稅局馬先生三兄弟查偸漏云昨日打局縣令不理李端甫把持也夜設八盌三更乃得食宿西房丁生來會同行

三日晴熱常寧兩生（郭王）兩棍（張李）來見辰正得食卽行昇夫甚困六十里到柏坊船未至自往湘岸覓船㿻新云已看兩隻午飯後可行陳丁程從陸余從船俱會松柏酉正到換大船遣迎陸昇昏黑亦俱至船內熱不可坐坐船頭至四更摸雀八圈雞再鳴矣今年始聽雞鳴㿻新宿舟中



其族人送魚

四日晴晨陰促㿻新去去而復來丁生驚醒遂病稼生屢喚不醒客去余亦睡微聞鱂聲未知何時發也帆行有風背風卽熱皆睡過午唯曦孫不睡申正過東洲水涸不能檥岸遣呼小船來迎到院酉初猶未飯浴畢與霖生謝周生談聞安徽警兵擊死巡撫端斬一道員又聞譚兵備送部如武陵漁人出山爲之悵惋

五日晴考驗日課看諸生所點書分兩堂乃畢歇伏減去午課改俎內祭一條鄭注屢以柄尺分坐立祭未知其義夜風涼

六日陰曦孫告病假考驗點書論通經之用入城問譚得省信未

七日晴有微雨甚涼禾宜炎火北風傷花恐成歉歲求報甚急乃不能得程生借來一看云皖撫爲匪黨所戕與皖報不符皖云道員此乃匪黨豈亦奕遺兵褻之類耶寫瞿軍機甚妙

八日晴涼復講禮記爲鄭親家作字真女送瓜

九日晴涼看報因朝政變動作報者亦皇惑矣獨醒政難可爲一笑喻謝請書像對坐一日甚困

十日晴涼蔡人龍問大夫會例前後說異爲通檢定之初從日後從時以時會多也箋又誤書莒爲鄭劉舍人廖胖皆未校不及蔡矣曦孫問周王世系書院中乃無世表霖生出季鴻都尉書見示書亦可刻惜無資本衛武公作抑二三章少押兩韻蓋老去詩篇漫與耳告則必不可通酒誥可通而亦疏闊

十一日庚午初伏食瓜羊鼈並令廚辦官羊以餉諸生夜小不適陰涼水小漲

十二日陰涼腹泄未食講說氣不足趙年孫自衡山來求薦張監院兒亦求道臺調留皆與片關說霖生持墨索書張卜廠三尉來李華卿及涂



譚兩教官繼至設杏酪待之譚張兩生夜來俱承我敝力疾對之疾乃小愈遂寫兩聯

十三日晴始有炎景張師姪來問信且言當面謁巡撫告以任師故事且宜辭館說棄杖未知何時余以爲祔而棄之喻生以爲待練康成注禮云練杖不入門似祥猶可杖閭逆以爲誤也祔既吉祭又蚤剪禮不可杖當於脫經帶時棄之夜雨旋見星月得廖笙畡書

十四日晴校常讀史錄脫北魏一帝爲補之南北紀元亦殊難鈔竝

十五日甲戌大暑晴熱廖世兄送墨曦孫問墨何者爲佳取集成墨典示之又不能讀因撮錄輟耕錄墨工名者首唐祖敏奚鼐子超（南唐賜姓李）超子廷珪宋張遇潘衡蒲大韶朱知常元潘雲谷長沙胡文忠朱萬初霖生暫歸齋長亦去

十六日晴熱衡山汪生來見母喪未踰月剃髮出城涉訟詐上控批府

提來求救付之不理已而喻生來言願和令庶長入府問之廖世兄鈔夢中室銘末云天禧四年謙叟作延室銘云保此令名以全其德惟彼汶汶不受汙蠛不豐不儉此爲先生之宅噫微斯人孰居此室余以爲延寇平仲之詞也寇謫道州遡湘水故於松柏作室要之幾神解也鈔常表紀元成

十七日晴熊嫗兒來大要求薦衡守馬太耶來訴滷水兩年遂開銷萬七十元所謂壯哉雀鼠復書廖生唐乾一來見稱萬歲萬歲

十八日晴道署來報秦子質得提督趙御史開復縣人復爲也作詩慶焉執戟張旗一掃空聞君開府稱雄九頭事楚光韻典五指巡邊應凱風流書早看金風留柳營還憶舊鄉功無文餘擅休相笑靈布稅旺出嶺東陳郎自桂陽還言子久劾慶有據殊不似其爲人豈良心發現以大臣自命耶恐其自陷思以書喻之夜起屬稿亦自笑也鈔墨故事皆宋以後事



十九日晴觀音生日宜度苦難欲與瞿書又復輟筆夜枕席如焚起開門納涼

廿日陰劉優貢來留早飯楊生來索書游仙詞余云此已上古事矣花木長新日有可樂魚躍鳶飛活潑潑地槍傷皖撫疏劾慶王皆吾詩料也因作寄瞿外部一律書於扇頭溫樹無言過七年鵷聞鳴鳳萬人傳已知牛驥甘同阜還與籠魚共樂天羿殼廣游眞得舍楚弓未失莫驚弦從來山甫誇明哲獨詠盤阿一莞然寫條幅數副

廿一日庚辰中伏涼鈔三國紀元五易紙未能合款道臺送瓜廿八枚夕風雨

廿二日晴雲孫專使來言永孫寫票作弊被逮求救復書喻之分瓜諸生作詩謝道臺寫對子

廿三日晴道臺和詩來寄樊山書並告程太守霖生送葡萄

廿四日晴寫字半日無佳者夕家中專信來送瓜云工人多病瓜太熟已將爛矣校新刻詩

廿五日晴校詩畢欲再和道臺詩以夷字難押而止張子年卜云哉來一窩蜂來欲接無房均集梅樹與書程太守換銀票信未去當催之

廿六日晴寫字墨盡汪藥階來辭行調補長沙代者彭小香故潭令也真還攜子同來張喻來將說媒未言但探意余答詞針鋒陳壻乃又有所說遣真問之

廿七日晴昨涼可出今當送汪長沙正午下湘頗覺炎蒸步至程家借轎先詣章師略談送舊迎新皆不相見便至府經歷署云哉已具饌矣章師羅板峴樵子年馬太均在又令姨姪譚延準陪坐云若愚甥也曾兩見我茫不憶矣蓋未提親戚故付不論摸牌半日夕過道署看張師李華庭籠燈借報還

廿八日晴稍熱彭太尊來久談頗頌岑撫食瓜不美又和前韻二首待廖



壁耘書

廿九日晴午講畢至楊八踊家會食八坐兩局角勝正酣余戲代東輸出八元還不肯受甚歡然也給事云鳳岡妻生日當往慶壽熱食燒豬遂散

晦日晴諸生瓜詩紛紛美不勝收然無純粹者霖生來將遺往迎俄云已至夜入談

七月庚寅朔立秋晨講大學喫緊處在不聚財知古今人心不相遠也曾署守以爭錢記過復書慰之醬云虎竹再分詩定讀鵷相續減慨愁空

二日晴昨夕大風雨今晨頗涼午食瓜章師來談夕復風雨

三日晴講禮記畢且休息還山羅正鈞得提學王子餘補天津排湘稍息矣午講梁習孫王姻子字澡真同來相看客去復大風恐人霖生來交帳云當辭館庶長亦索八十元以去

四日晴寫字半日作常寄鴻史編序久不搭天橋矣復一搭之午後與霖生同至岏樵處看報云九長墜馬至請法師往真家一問訊上鐙後與常程步至道署飲餞道臺和詩益佳亥散舁上船與霖生同還

五日晴發行李午初上船霖生率諸生送至厓余步至安記算帳便往岏樵城外菜園消夏熱炙殊甚打牌八圈還楊四元夕散登舟便發泊樟寺

六日晴涼行百卌五里泊石彎

七日晴熱行百六十里泊大魚垙水盡黃泥風作稻蒸夜甚不適不遑看織女也有天棓見於東南維夜候已滅

八日晴熱晨至下灄司舟行甚遲入漣口已日斜至沿湘遂暮方僮友孫附小船先去泊杉彎宿

九日晴熱晨待撥船方擬辦飯俄而舁船並至先渡西岸將行舁人云小路不便上下令待姜畬余仍從小船俱上來船亦去矣至姜畬上岸小愒二妹子店送茶未喫午初到家諸女相待朝食卯金女子來尋斥令郎去狗孫三滿子均來將夕微雨

十日晴蝨擾日炙不能一事摸牌猶患熱燕王鳳子來言訟事瑢女亦自省來云瞿張俱入京功兒存古去矣

十一日晴熱稍檢書室鼠蠹盈篋令方僮掃除張四先生來言已頂得一布店尙須覓館留宿西齋

十二日晴遣方僮入城辦新果蔬張生午去熱甚得小雨更暑已而大雨階上成渠踏水上堂諸女衣履盡濡奇景也俄復見月

十三日晴晨不得飯乃遂朝歌四圈畢始得食因候市買久不回也戴彎渋魚文喫送日本信臨水讀被風吹去大索不得月出始薦新單衫猶汗洽方僮回移席階上飲半杯喫一盂飯熱甚遽起藩司內用廖子不



來縣令又易杜公與任伯仲矣左季高云湘潭例無好官此語不虛也

十四日晴仍熱寫屏對六紙命舟入城農祀並忙無人應命方僮自任能槳家人皆憂危險余以波平可汎待月而行三更至湘水漫不流到馬頭已四更矣遂泊沙彎谷周俱起相迎

十五日晴晨起不知方僮所在昨夜乃獨守空船可笑也谷三渋餻周三送水盥沫畢令移至趸船傍遂上翔鷗午後到長沙坐車到家陳鴻甥架牀門堂婦孫並來問訊三婦初立家計卽居西宮余遂食於其家長婦兒女皆各有房室位置頗合云功兒存古尙未有定张督入京大議裹回不敢去胡子夷瞿起郎雲孫胡女壻均來尹和伯夜來云撫屋被炸慮驚已甚藩授正卿乃進賢非退不肖也

十六日處暑晴熱晨出謁撫藩學臬首府叔鴻在撫門候帖太久日色頗街遂卽馳還唯見汪徐耳徐又取婦過禮云斐泉女也還家朝食長婦進醬鯽甚佳久公送和詩夕往看之便候余參還喫飯健孫生日也廿四矣庶長來瞿余來談

十七日晴與書首府縣安插方戴廖道州來窅芳每日來摸牌暑甚輒不終局會元來久談還其行狀房嫗告病夕往看之便登舟開行兩子兩孫一甥二僮送至岸邊夜泊昭山

十八日晴午至縣入城看誒婦辛夷先出誒婦强出磕頭謝教子不豫云學界中唯胡澹明相關切余意可保出約至船謀之下船便移杉彎遣迎書版與書諸女問瑢行否仲叔季弟幼子童孫相繼來婁陳兩生來谷三親族均來求事

十九日晴熱朝食後移漣口風炎日炙殆不可安無可奈何岸上童男女環繞觀訊半日始散皆漁戶也夜臥船頭遂寐聞人言睡著矣問之陳鴻子小船追來報李督銷改鄂岸所識窮乏者皆失望鴻仍求書允爲

作一函舟中無坐處仍令卽去又寐頃之聞呼放柁鄉船來瑠應聲至
已四更矣遣送船下縣約明晨來作柁工
廿日晴晨越甚晏陳甥已專人來取信留飯乃去便移洛口買米三元一
石又買豆腐作餂心待作豆乳久之槳行望馬頰不得到如神山也夜
至白石港橫泊港口大爲估客所笑夜月復行蝎蹶篙撐瑠女房嫗俱
不得眠余冷而諸人言熱遂獨掩夾被
廿一日陰涼計十五日受熱四天今酷吏去故人來喜可知矣午至晚洲
逆風拉彎卅里宿油麻田
廿二日陰過雷卡纜帆並濟夜泊七里站
廿三日陰晴稍熱蝎蹶一日僅行卅五里夕至城下遣送瑠行李寄陳家
齊七來報彭邵武之喪迎瑠上岸余遂還院本欲唱戲請客因求雨不
可



廿四日陰趙年孫追逐來見告以無事且歸向楊兩生來送道臺詩片周
生父子來真女攜兒來
廿五日陰晨閱課文批答亦費一朝之力道臺來談云樞廷主筆無人學
部推廣保舉小大臣工皆得薦士
廿六日陰夕小雨開講論語亦頗有凡近語尙宜精選
廿七日陰晴譚生來示張孝達立學奏議全無精神不及學部駁議也乘
危進言冀其不駁批云學部知道是不駁矣何以對王孔諸人午講詩
三篇入城看女先至程家設兩牌局未久坐至陳家兩女均出又去至
道署李師齋張去梁來主人亦出設杏酪月餅夕還乃得食
廿八日晴看學部奏舉者儒摺子未令人舉而道臺欲通飭通舉誤矣房
嫗入城余少睡客來家僮不報遂至慢客
廿九日微雨陰桂陽夏昭字南舫率其子同來竹軒從子也爲蜀令與煙

販陳姓俱來欲謀煉沙告以廖姓私產未必公諸同好且待見時問之
晦日晨遣視瑠女殊無還期講論語未知徵生乞醯何以見論顏季言志
語亦惝恍諸生莫有答者寫字數幅李師譚教張尉來適午講放堂陪
客
八月庚申朔大晴講論語雍使南面爲謀鄉飲賓可也簡爲不用子桑孔
子射矍相是五物詢衆庶其所選鄉賓未知爲誰耳遣送瑠女使還云
不須送
二日晴先祖父生日具湯餅羹未飪常霖生來更作杏漿待之午食於外
齋
三日晨餂未朝食寫字一日程生送詩稿來校一日譌謬不勝數尤奇者
重刻兩首而刷百部害人終害己可謂猛鬼
四日晴校詩畢更作五首補空程通判來言蜀事頗稱許潘而云馮煦道



學未之聞也馮駮復擢浙撫吳引不至湖南誰其嗣之夕至城答常不
遇過譚香陔小坐邀涂來談自詣藥店店人不識也猶可以隱
五日大晴講論語上篇畢上篇卽內篇也以雌雉終卽獲麟之義子路不
能色斯翔集故及於難丁未八月督撫歌陞吏戴三更增四(東三省奉吉黑)八旗，藍日(江端閩松甘升滇錫蜀趙督
恩洪瑞新聯)直仍三(湖張粵張東徐蘇張)二東(秦曹桂張)蘇(黔龐皖馮)皖(東吳)排湘畫蜀(黑程)粵(奉唐)滇(吉朱)閩(豫林)桂(湘岑)豫(浙馮)婺
六日大晴更熱午至文廟看舞樂純用絳衣似非定制陪彭太尊立階上
前日後人衣冠蒸炙不能久立旋卽退出解衣舁至程家看報岏樵亦
還家云常九耶卽來久之不至余假寐客坐寂無人至將夕乃往道署
亦陪太尊朱蕭曾彭同坐蕭云富商曾委員也省報袁張內召楊陳作
督新拔馮吳改趙於鄂昨日歌訣又成陳方矣紅羊劫到換張袁岐撫陳楊比趙嵋三直二蘇
閩桂粵曹張松錫瑞恩聯還已子正二長一陳同船
七日陰午雨熊兒來求食且令庶長食之內堂兩頭飄雨不可暫坐後窗

復閉無容膝處且喜夜齋不妨官祭

八日晴靜待燔肉僅譚訓導一處肉貴錢賤門斗不至非季桓之列也看小五義有伯寅題語前七俠蔭甫題籤其時猶以翰林爲重方僮來送

瞥鯽

九日晴涼夕雨常壻來代其叔父收租寫對子二副

十日晴陰講論語多不可通小不忍則亂大謀似商臣孟德口氣非垂訓之道又仁甚水火亦自難謂避仁甚避水火不至如此之甚謂用仁甚用水火民初不用仁又不應蹈死蹈仁而死是殺身成仁則避仁作何避法諸生默然打一圈下堂彭公孫今日成服遣問道臺歸晚來去

十一日陰家中爲半山設薦余亦作湯餅不出堂餐午出尋便處不得還至門口遇霖生父子陳壻同入談時事云已立儲矣設飣心送客去無船欲自往驗之又云有船裴回遂暮



十二日陰有雨午講春秋記王葬有過時不及時我往三例他葬亦有慢渴之分則卒葬當先見一時例三月五月經不自注非例不顯豈公葬有明例耶向未致思正當考之魯既託王則公葬卽葬王也公皆五月王有過不及列國亦不限五月夫人猶不限皆無識文明不治他人葬期也公羊傳頻發例傳師說耳非經意若如所傳則小國無君臣父子耶午後真來與同下湘至柴步見廖道州寔來與談小雨真遣舁迎至家送常九先生便過月樵言敦竹事責其反復堅不肯承陪霖生摸牌四圈舁上太史馬頭還正初更

十三日陰蔡生問春秋例表歧誤處未遑修改雩有時有月亦未思其由不得於言弗求諸心七十以後養身之方也促庶長收支結帳方僮來投宿

十四日晴陰本約廖道州一飯遲久乃至已飯後矣爲設午饌談時事余云安史之亂元次山尙作三吾道州何患朝政送廖去午講畢放假一日夜月極明看延安地圖未知所謂北山者何指圖中全無山也在漢爲上郡

十五日晴晏起謝喻陳常周夏並入賀節告以居喪不宜干涉吉事今儒者未知也廖保貢自京還悤悤卽去夕邀二長及附學兩生兩女壻聽雨乃得大晴次谷亦來賀節旋去廖尙在外齋往問京事梁戊生王澡滇兩師來談留飯不住申正設食乃有八坐菜少客多猶用三庖人可笑也夜下船看月午詒適來便要同行東上西下過白沙入木卡答訪黃鐵禪大令秉燭夜談親扶我下船與午詒未相見還月甚明又與午詒共飯小坐至子倦臥至月斜乃寢揚休來乞食

十六日晴開講詩經作汎月詩記中秋月也辛丑聯句至今又七年舊恨新愁故成此篇中秋汎月適夏午詒來訪同舟泝湘繞洲還院對燭作明月猶未升佳客來我舟閒對清光擁棹泝湘流涼期不易邀圓景忽已收浮雲散長帷來星環四周眞明固不虧冰鏡朗清秋昔我與子期楚路阻修寥軫千里歎數此一夕游驚沙復瀰漲碧樹常圍洲自我見此月歎·愆亮有由還舟感余心對燭憶百憂



十七日丙申秋分晴熱復紵衫午詒昨去夜月仍佳揚姓自衡山來學訟挾有倬夫書蓋與彭交涉有年故遙莊也亦允詢之而不得其門涂頹郎來正上午堂遣庶長陪客夜半雨桂花作湘綺樓記

十八日雨陰得莪女書言山中桂花未發自有桂樹來恆早於湘今乃遲於衡何也亦作一詩訊之將專信去念廖孫畯處當有弔唁遣覓白綢

十九日陰覓白綢者竟日未得寫字數十幅濡筆待之至夜乃得洋白紗寫珠泉寒惻四字又作書致孫畯待明發而行

廿日陰遣揚休送信朝食得蘆菔菹始復常膳一月未加餐矣屼樵夜來回看敦竹也寫字下款半日盡了墨亦罄矣

廿一日陰諸生論春秋例者言籤表差互各擬表稿呈正一望茫然阿利

子的耶不如自作一表檢經條列之廖生領憑回籍將欲徼憑遺問道署例案復云不可涂頴廉再請飯欲催墓廬記也爲作百餘字令陳夏看古文送入選定又增日課矣庶幾不素餐

廿二日陰晴教員咄咄逼人令代兩講唯自出晨講午後下湘見磡船接客中不飭厨傳省無數冗食不勞唐子明也譚芝昀請賞桂陪百川號差作彭邵武挽聯驍馬禮家娶殮有棠陰留邵武鷁洲非旅殯得歸船廠溯前勛陳王來投薦陳留王客涂教授聞而早設未正齊集梁孫羅閬章師李師譚導張尉同坐席未散道臺已催客矣與李師步往屺樵亦在給事後至試新庖甚不佳還始二更

廿三日晴涼遣送杏仁至四同館幷發四帖請印官鈔春秋表看古文

廿四日陰晴看通志欲求息機園主人姓名不知查何處諸公無著書條理尙不及舊志門目可尋姑取雜志繙之乃得衡州灰土巷字作蠶圖



又可怪也夕至府署會飲彭小香請彭朱程三紳吳卜李三官飲於螺園教士戒嚴召防營來戒飭學堂鬬氣爲監督作調停皆新政也戌散還舟始及二更

廿五日微雨看通志多采時人著述全無去取裴樾岑殊不省覽任卞寶第爲之又不如王賡虞小有寒熱多臥少事

廿六日陰晴晨講畢卽料理下湘以今日請客託張尉代辦須自往待事因令兩壻同往過給事門遣約上船乃云已渡湘矣往泥灣長郡館卜允哉張奎生李斐章黃蟬秋均爲子年所拉衆摯易舉戲臺已鋪設矣客猶未早飯頃之梁戌生譚香皆李華庭章湘亭涂頴廉皆不待催請程月樵彭向青羅心田別作牌局亦不待催朱得臣二揚四官以客禮待之申初催請午正開戲又開賭余陪摸二圈令齊七自代酉初客齊酉正入坐牌局乃散戲無新曲然甚精神設三筵中五東七西六亥初散到院子初矣小雨

廿七日晨大雨程孫送趙氏男庚來文恪曾孫伯臧之弟仁和令庶子也兩姊不嫁撫養成立年未弱冠亦無官位似是佳壻復女擇對已久雖非楊華已過桃實時矣得此甚喜卽回女庚送去請程二嫂作媒

廿八日晴朝講畢退食作書報諸女午下湘至花藥寺齋集光孝寺也以叢林作私菴搆訟十餘年始斷歸公階下囚請堂上人約余作陪請帖多遲發客皆不至唯有雲兒先在余步上遇雨小睡片時道臺來已將夕培元孫翽羽程催客未能往也朱二大人薦厨菜久不上頭道餂心已換二回燭草草興辭至段家賓客滿堂漏九下矣冒雨還客彭給事王郎中苻鐵年陳潤甫皆先到後散庶長尤早至步從同還

廿九日陰議船山生日祭當令其族孫典祀余不主之遣齋長代行禮每歲支十二千今費不足以豚代豕夜看肆儀祭器服皆假辦宜自備也



九月己丑朔大雨早起催辦喻生贊儀齋長初獻收支亞獻齊七爲賓長余於入門時亦先行香在室爲贊未徧旅而先退向譚兩生午來示我道臺舉耆儒文書於道臺有光於我名有損屬其婉辭焉

二日晨當入城再輟講一日看時報至程家賀生辰兩世再逢八十矣特設西房款我朱郭相陪子年後至兩盌粫興辭至陳家遣人還鄉報喜兼與內外孫女做媒三書並發陳八來昇登舟湘漲一丈溯流還始巳正耳夕食蒸豚與書于晦若諫其出洋

三日陰有雨曾泗源請飯未去又遣送肴餂以新刷詩集報之屺樵來謝壽

四日雨晴寫字二張對二聯看趙文恪省志傳與楊彭曾皆武陵一品官大約羅李之流云第宅壯麗埒於清泉楊健武陵亦有楊健則不如也嘉道時吏治如此庶長告去夜月

五日晴講詩畢一本王克家來問演說告以不去

六日雨彭公孫柩入家門往會其奠午初往待久之始至給事越綿來招同入旁門靈設正廳岏樵先在魏爾虔來談挽聯兼及祠聯知賓一日有識有不識待至日夕道府兩縣乃至談時政督撫又遷移湘人復持節矣蓋張袁所以示大公怱怱散還已夜

七日陰湘上二陳來求干官事善遣之與張先生書願捐百金免爲館

八日陰孺人生日設湯餅太晏兩壻已飯矣正寫字真來

九日晴放假一日朝食後攜常壻周兒下湘至西禪寺齋集爲化盋米岏樵早來待向青摸牌向青以非賭局不願也勉邀馬少雲入局未久清泉衡令繼至彭府亦來清話久之諸僧圍繞言事者紛紛道臺來又起局摸兩牌給事復推牌而起酉初上食散已月上籠燈甚盛紛然各還登高有春景失本義矣



十日晴朝食後入城遇雨久泊瀟湘門步至清泉署章師及梁孫招飲譚老師已先到鄭六峰涂頴廉羅心田李華庭同集鄭往府署陪袁管帶行炙時乃再來夜雨舁還劉三陽來見真女送菌

十一日陰衡民以百錢殺三人兄弟也五從相與鬭二喫三遂併命焉學堂畢業縣令下鄉遂不能行禮袁管帶來見王升辭以午睡奇聞也申飭家丁猶敢如此故知積習難悟洲民送筍

十二日陰劉升來送功兒書有意郴牧知我僅識譚承元不知譚承元不識我也小人無聊如此改余肇康母壽文夜雨雷

十三日大雨竟日雷電如春船夫獻菌待油煎至夕乃得李傭還得兒女壻書衡陽湯童呈其父璞詩沈山人之亞以正途故不及沈九日遊衡府諸公陪譚兵備齋集西禪寺秋謐寥慄茲辰更喧妍既無遂遊悲佳賞寄林泉南中菊晚花猶有貞桂惠環林磬成帷遮岸歷晴煙郊游屏車騎方外謝拘牽明發月中行餘興共闢嗣顧矣陶彭澤束縕無往還

十四日雨譚兵備送曬肉瑫女送菌油已黴煎未得法也敦竹入城不還

十五日雨夏郎告歸作陰生兩縣小學畢業請證明教員俱去寫字數幅

十六日雨韓元瑞以百金求書干江督告以無益而不肯止招牌挂六年始有上門生意即以寄家託月樵致之夏陳常俱擬劉峙衡碑未成章爲改作復不似古且成篇再看未半才盡矣姑已之夜月

十七日晴深水復漲買菊甚劣云今年無佳者改劉碑成不入格本朝文也支那人還赴瑞生喪念其以康梁破家與書諷之得廖孫陔書看報紙

十八日晴鈔文稿竟日與書端宮保薦韓生寫屏對作瑞生挽聯庭誥重儒修破座延師給有租湘營無暮氣縣軍待餉最勞心瑞生家租三百石以百石延師姻友中所稀有也今日丙午霜降

十九日陰午舁至防營及劉六大處答拜均未遇兒李崇明新宅與六大



相形貧富殊矣入城問岏樵湘信言及舌痛贈我洋蔘從來不知此味非蔘類也近年價極昂以出洋故

廿日陰復書李伯強送劉碑去又寫屏對數幅設湯餅招兩壻使知先孺人生日真亦還家

廿一日陰發端午橋李伯強余堯衢書皆還帳楊漢樞來執贄名不從五行而兼水木亦非禮也上世既相生子孫便當避之漢樞曾祖江祖木父火已當土德作廖妻挽詩不成

廿二日雨送紙人駱驛余亦隨到隨寫不能奈何我矣看課本點晉宋文者皆不能鈎考文理余亦無本可讎徒費日力耳

廿三日昨夜雨竟夜至明未止講斯干舊以干爲澗王室不得有澗蓋新制也故頌其秩秩聞衡府縣皆當交替遣問西禪盋米蓀畯索和悼亡詩韻太難押勉作二首庶長代教員往晉緻憑便附之去並令送余序

劉硨鄉信歸老殊泉樂唱酬邁閒涼吹勸槐楸早知高節同萊婦更有諸耶侍太丘應外隱密無病苦花前看饑鑑仙游年年節日
中元近定有孤鴻過小樓不勞庭踏苦廚鍋佳婦佳兒滿膝前借隱未荒三徑菊獨游遲汎上湘船不尋知此恨憐同病各有哀腸慰九泉每
過西州倍惆悵益供客祀當年內門人求書者駱驛送墨卽書亦同蕉葉
廿四日仍雨未歇天極沈陰朝食時甚似晝晦俄而開霽教員皆往陳家
贊禮余亦下船至柴步舁往錦元會飲彭給事章師馬令卜照磨張尉
屹樵同集摸牌夜飯魚翅甚佳二更還兒星
廿五日晴晨出講書教員多未還午未均輟講作段培元碑
廿六日晴陸巡檢來聽講生員作卑官意自得也作一聯贈之一命有心能濟物廿
年勤業許通經楊生楷法尚佳令鈔段碑看其小字
廿七日晴煊馬太耶來譚道臺送五言詩斐然成章殊不易得可與懷庭
抗行尚在王子常樊雲門之上初不意其能如此也夜雨
廿八日雨竟日趙年孫又來相投未能揮斥令移來暫居待闕看通鑑尋



十六國本末
廿九日晴白菊盛開亦有可觀趙孫來舍之外室兒一船以爲夏生來往
看非也久約不來殊爲可訝
晦日晴朝食後出看世界至道署尚未早飯便約晚飯因至程家小坐無
留客意便至清泉尋牌局至章師齋適已陳列譚卜在焉卽摸五圈與
朱絜卿彭小香話別已日落矣借轎至道署小酌名爲便飯賓主皆不
飯不知主人遂不飯耶抑尚有夜飯也梁李同坐說撫臺不安其位之
意二礮還楊生告歸
十月己未朔晴楊仲閣劉煌然少湖來寫字半日常狄谷告去得僧竺如
書託其爲四兒干桂撫藩曾不相識告譚道臺轉託
二日晴霧得洋僧書告續價五百金復書允之並薦陳順往芷江求字者
紛紛僮豎嫗懀非奸卽盜吾爲傀儡俯仰其間亦一樂也然不能不貲
斥之又一臺戲矣
三日晴寫字一日教員曠館余又攝之清泉廩生棨說狄邪勝余遠甚獎
以二元行動三分財此之謂矣依其說改正舊箋程生致李梅癡書求
爾疋公羊端午橋寄二圖來求題摹片精絕鶴春妻送黃甘復悟得一
字僕婦或稱乾子六朝所謂尼姍也
四日晴問春秋例者紛紛頗難立應又繙經核對不作他事廖子來得其
父書
五日晴午講畢入城看程生因至布政街公會餞彭守朱令主人尚未集
唯王朱楊彭程羅陳盧分內外局戲袁戴尚亦與戴病先去日夕尚未
催客上燈未送酒甚遲慢矣余與二楊袁同坐陪太尊子初散還半夜
矣
六日晴程生來言江事甚詆荊光典而右程儀洛午講前去



七日晴煊入城說官事不行外言道臺受賄道臺官言者索賄祁民以訟
地涉訟費巨萬金不得直京控復不得直余亦疑道臺受賄不敢問
也至梁李齋小坐遇教師來激華卿同過學署小坐投暮還
八日晴仍煊看報一日真還彭小香來辭行夕去遂無所事劉騎兵兒專人來送
禮欲求調優缺麾而謝之周兒自鄉來云功又往鄂
九日晨未饑報夏生來攜弟及從甥帳房館之內齋
十日晴夏郎借古韻來議作一韻書令喻陳楊揪稿優貢兩令來劉得廣
西何得貴州各送冠鞾云張打鐵不還國矣房嫗云績小也晦若仁兄侍郎節下
別後兩寄詩啓俱置不報益有難爲言者伏承提學嶺南入辟綱式方之梁心海則爲超遷比於陳小石已爲沈滄山中人無可言諸壯知心
必照之也比乃特蒙詔還再涉館波事以參踪爲名將爲立廢之計斯則心知其不可而正職之所可言久托推崇宜有戲督往者叔平少荃
皆不虞鄙言自詒悔吝君既親聞見之矣呂曰伯總辟避不可於絲人生名位自是傾來不疚於心無汎自異居[illegible]傑之來爲腹背之毛縷默
不皆陽其所也若名有專屬資有攸歸位不加崇祿不加厚而僕僕爲無頌之舉以來勞觀之請亦何取形密法佩於本朝何害求之澤外請

議近在鑾轂但恐不合聖心五大臣虎頭於前三欽使何必蛇足於且立憲救亡之說滿漢分黨之疑平地生波漫天作撑張學遠旋恐其後
議廷有僞早燭其奸吾兄近荷特恩必當面對一言悟主回天不難既破積疑亟求內治郭筠仙所謂四方上書一切報罷者王子明之所以
報國亦即郎人之所以報君也靜念三十年周旋恩紀不禁爲強聒之談唯留神省察不具馬先生苦求神對作一
函與總督賀仕大山先生使公節下前歲高遷尚阻趨賀東鎮企望鴻謨勞勤萬端跂踦書三讀鴛永惟臣昏之徵不灰任事
之心重撫荊州復蒙宏覆幸甚幸甚聞運綠女嫁未畢其遠道游登舉而還閉門枯坐明歲料量蔵事即當放浪瀟湘茲因萬遂檢赴鏡颿附
一督馬生名父之子世守其貫時好變遷無從覓食公繼學造恢閎之後想能臨蒞軍力倖效鉛刀也近臨立憲乃欲民等指制明公事必不
行亦禮所不許滿城無故生分想都中或有一二滿員言之士民殆無知者不但當究心民瘼整飭官方務外之言願一聽勿聽此則十年
仰託區區芹獻耳夜雨
十一日陰晨起送劉何去看春秋表當增補分別者甚多還當作之此時
未暇也
十二日陰午後雨朝食畢即船送彭守至未正乃來揖別還院水師船官
送茶遇下游一舟舟中多人呼我移近乃見一人素衣素冠以爲苻兒



竟是楊子略與問訊周防已甚但知胡子靖成學魁矣有志竟成應運
而興又一曾文正也雨竟夜瀟瀟
十三日陰始寒始裘晨講雲漢靡愛斯牲屢說不安後以無羊證之知爲
告病之詞蓋牲人盡空索以供事故煩王言也即滌滌山川之意午講
後下船遇向觀察交二條云當回縣九長送家信菌油舁至朱家八蹕
先在給事後至岏樵亦來道臺上燈時來云岑不病矣夜還正亥正與
午詒談至子
十四日雨寒午詒舉呂生言欲分樂府古詩爲二看曹陸詩樂府即詩體
也恐不可分夜寒早眠遂覺甚困強起殊不適僕嫗皆睡求火不得頗
有寶相之感
十五日陰寒王庚明送橙周王壽送麪皆違例苞苴未能峻絕王澧道臺
來相看

十六日雨寒婆生出講看課本汲汲終日猶懼不給作碓久不能舂公事
廢弛如此又作門簾亦不能成
十七日雨講在彼無惡在此無斁惡謂惡殷叛斁度繼絕之典出望外也
振鷺自西來則微子先在鎬後有客則在雒也
十八日雨檢邾婁會盟疑會盟亦有書例以聘知之也春秋信難通浩如
煙海無以測之楊仲闇來辭行
十九日陰魯清泉來江西進士也未問其字名藩字達生廝璋來云新守
將至頃之祿荷榮太守來云起於章京自理藩郎外放小坐而去遂夕
矣看課本猶甚竭蹶夜冷腳凍矣
廿日雨講魯頌駉專頌馬不合頌體亦不合風體孔子專爲思無餘一言
錄之未達其旨或者刪詩所存舊篇初無去取耶此義尚未致思午詒
生日以喪不提及其妻祖母爲設粉道臺來訪不值夜冷然火自煖



廿一日雨竟日講詩經畢門人來問者尙如無所聞見悔其無益設法改
章仍用昭潭舊法派四分教先於廿五日普試文理午將入城先循東
岸回看楊王兩家王家遇蔣養吾孫未往來也陳增程孫同來先渡湘
舟還余適從王家覓渡相遇至瀟湘門答訪府縣過章師遇鄭親家楊
少臣來催客又過東岸至楊家客未至久之程彭朱均來候道臺看花
園至清白堂設酒火盆煖杯均備矣夜還常增云早衆皆言晏
廿二日陰廖壁耘送羊筍鴨餳告以喪不遺人廖復書來引咎又告以受
諫當令諫者怡悅不可令惶恐此皆老年閱歷所得
廿三日晴昨雨意甚濃不料竟霽又寫對子數幅頻出臨流看霜晴野色
題端寄兩卷夏巳石有稿
廿四日晴改段碑增入鏗營叛事自錄稿催午詒看客廖教習還午詒注
史贊問余爽遙何人乃知誤以王凌賈逵爲一事亟改之已行世四十

年矣可笑也
廿五日晴晨未起聞呼門聲知午詒娶人來出門果然早飯獨晏至巳正
始出堂監試諸生申初退尙有未交卷者三十餘人教員亦半散唯廖
謝監之此次校試宗旨是欲勸學辦法似爲收費省城有僧來云新亭
被風吹倒得廖家父子書與書李瑞清
廿六日陰與教員四人共看試卷分四科一教育成材一激厲學人一優
游不能一來者不拒凡五十餘人不列等者十餘人
廿七日晴兊食宜急散求書宜早完料理一日夜作夏祠聯不成
廿八日晴晨起忽成一聯沫訖疾書（鍋胙自玄珪門剩雙旌更有五雲扶丹桂　棟宇發祥依白阜枝分百世定縈馨香　輓）自此不濡筆矣要午詒入城赴魯譚給事來送余先至程家問
錢已欲晚矣至清泉先送舊令旋赴新令初宴客多不至唯有黃孝廉
云其鄉親朱德臣卜允戩燒方後已初更辤出至道署先約午詒同步

去夜不可行停舁街口湛童堅云已去余知必妄自往問之果待余未
行亦令舁往給事通守王伯約李崇明同會喫蟹二更還三更至
廿九日雨發行李散遣客工五人攜僮嫗廚人同行舊弟子廿四人爲余
豫祝程家占其五商霖選青岏樵倬夫招道臺爲賓坐中席餘四席蕭
鶴祥來見馬帶鼆荰老大精神自云袁慰帥楊皙子徒黨席散回船因
在長館集郎泊長館岸夜雨尤甚
十有一月戊子朔陰渡人云迎藏經故得晴遣嫗入城買布坐待至夕乃
來舁至羅漢廠陪文武賀賛官已不辨色矣與道府楊朱同席成就作
主僧夜還舟宿
二日陰張尉卜照磨羅心田陶湘翰黃蟬秋彭給事鄭親家監院兒復爲
豫祝爲留一日家中遣人來得滋莪書報生曾孫而無日子適遇盛會
必有福也午至會館打牌上船送行送禮不記袁管帶（圖成）章師耶同
坐給事心田同摸牌程孫來送奬銀便留打牌初更入坐章師先去余
與袁弁留至子初乃行摸雀猶未散也丁壻書來迎婦
三日大霧張卜來送並求書與秦提送酒二甖黃張來言彩票喻生來言
飯錢常彭來交帳退票銀五百與之兼爲清理田稅齊七來送午初開
行乃去晴煖無風行七十五里泊杜公浦午詒女傭附舟同下
四日辛卯大雪節晴陰行四十五里檥石彎取薑向生送薑筍橙夜泊黃
田大風
五日陰行七十五里泊漉口
六日晴大風行十五里避風沱心寺至夕乃行又廿餘里泊白石港黃昏
激浪頗有戒心
七日晴早醒晏起已過易俗場
先孺人忌日素食例到家飯因於姜畬買豆乳兩片飯畢入湖口夜月昏

黃牽羊擔鴨先上擬留船宿久之家舁來迎乘月還諸女及外孫等均
候前廳
八日晴丁家迎僕杜升來見告以十二日準行派男女僕及黃孫送之三
屠來求路差告以凡王氏族戚無業者皆可安置許女亦如之午與莪
母女步至周山小坐籐陰遇村婦來攀談因從小道還膍側幾不能步
莪乃能飛行劉孫踏泥污袴傭嫗不能抱呼救抱還將夕房嫗攜王嫗
來被囊俱未上
九日大晴文大來見言狗孫被押蕭榮猖獗之狀任三老爺之力也蓮弟
父子來見
十日晴寫對子兩幅贈莪夫婦狗孫來見閏保保出新衣快韡還鄉送蓮
弟百元其子先去
十一日晴諸女生母忌日設奠余先上船料理輔廷父子來訴月生等尋

闓令曙生料理算帳張四哥來送禮云未得見洋人田雨春來夕步還家諸女已薦頫孫攜房嫗守船莪女攜淑孫上船余仍舁登舟夜月開行三更後到縣泊沙彎人無知者

十二日陰行廿五里阻風泊鵜厓夜月

十三日陰晴行五里泊易家彎守風夜月大風

十四日陰大風有飛雪一二小片旋止仍泊易彎校牌二更風止開行

十五日黎明到城檥朝宗門大霧舟中人皆早起余臥待莪女先上至辰正未能行乃起促之頫孫先上家中更遣舁來莪母女去頃之舁復來衣冠將上乃誤攜白風毛褂更令在家取之過午乃得入西門訪蓀畡便答吳子修謁吳福茨訪莊心安余堯衢日已暮矣到家少坐箴女亦來觀飯後出城宿船中

十六日晏起余堯衢來兩嫗夾牀梳頭不能延客約會瞿家舁入城訪子



玖坐新堂便留便飯出訪王心田誤至汪頌年家未入還家少惕張楊李生均坐待相見胡壻先來懿夫婦子女均來見久談國會欲余冠冕羣英總以憂國爲主非野人所願聞也出訪心田譚會元王祭酒唐蓬洲王防中風不肯出矣而貪居議長不以讓余令人怏怏日落城將下鑰遂直還船看報全無新事賴有爭路得敷衍耳

十七日飯後入城譚會元來頃之楊生兄弟龍驗郞周楚輝俱來談國會至申乃散三日未摸牌甫入局唐蓬洲王心田來臬臺催客往則吳學司孔孝廉廖笙畡先在朱益齋鹽巡黃觀察榜眼後至設饌有鴉兒梨新會橙沙田柚橙非真品也感寒咳嗽未能醉飽從小西門出城宿船中

十八日晴早起朝食後入城遇笠雲亍亍市行下舁攜手同步至家鄧壻先在客次胡子夷來唁其兄喪何緯來汪頌年來客去已過午摸牌未兩圈三孫女生日設饎酪小食李生旋來遂留夕食早入早出小睡未著起寫日記代莪女作二詩檢之未得汪頌年神似郭意城

十九日丙午冬至晴王心田約早飯朝食後入城至席祠桐軒云昨日開會到者五六百人仍如無一人也公舉會長卽令兩學監督廖笙階劉智泉先在劉入紳會余固不識頗有武元衡何來之歎賴恭暘度來尋余先出到家摸牌未得一局度復來尋云須先生領袖羣英請開國會作呈詞一味取鬧余爲改定

廿日晴蓀畡必欲一集先諾堯衢乃令改早余復來請午刻乃更早詣廿局見沈道臺心田旋至登樓看山惟見敗菊未初散至余家協揆會元先在鏡清亦與亦登樓看夕照坐散還家摸牌問莪行日云在明晨遂通夜不寐懿夫婦俱來送度不以開會爲然但欲取鬧至此乃知新生之用心矣不値劉峴莊一笑也



廿一日晴晨起剃髮登舟發莪行李旋舁還家莪母女亦還拜壽辭行三婦舟送余遂不出李生來言開會事告以不須勸阻此輩但欲博橫議名耳尙不若張正暘之巧趙孫謝子來嬲余起而出至曾祠約笠僧早設乃云夕食方外聾老但恨已誤復步而還又遇余兒同談到門船人來云輪船已行矣又誤傳余旨召女婦還城一謬百謬真不可詰也復遣胥出城吳提學瞿協揆譚會元余參議均送食用物笠僧來催再往則四查幷集(馬胡楊夏)胡卽衡府委員也馬新得巡差代某委員以記過償燭二事服毒自盡城中皆云巡撫罵死四查則云臬臺札致其上手亦係吞煙必有妖也袁守愚兄樹堂後至已將散矣笠雲請局紳明果請局員假余爲名余爲苟敬夜散出城曾竺如送伏苓以壽堯母郭炎生所謂太許者船移小西門夜黑往來覓舟久乃得之從起鳳甕船上宵芳猶未去令我舁人送之莪母女已上輪船

廿二日晴昨夜風雨移泊水蘆洲至曉風息又移輪等莪率兩女來舟早飯已辰末矣久之未行余不能待滮兒買山藥至午未至周嫗懼風先下余亦解維道逢黃孫云避母逃出或云奉母命出未能呼問也但聞少山怪腔啾啾耳夕風息泊朝霞鋪對岸斷峽洲云有天子氣故鑿斷地脈

廿三日晴和吳子修贈詩不隨縣朋騰軍壘但恐叢之有俗姿一見眞數擬鬱霧九流同喜得宗師清門海內公稱長官讀湘中巧謂還今日人心息邪說寓旗塵是恐何恩未敢憂時且論文虛懺猶懷過中人詩贊凰集光龍風書隨鄉邦啟隱津已見崇香能纔美不妨花傑更翻新小山桂樹孤芳遠徑欲來扶大雅輪但取押韻試帖派也竟日篙行僅六十里至沿湘已暮泊粉樓下憶與廖緹宿此忽忽隔世看丁氏書目記庚子年在杭曾爲題跋當檢日記查之

廿四日晴月出促行至湖口已欲午小步上蓮花山待轎還家遣散衡人與書程夏並寄蟹眞女校牌至亥正睡西房夜聞門響起看殘月有風不寒

廿五日陰晴午後欲雨張金榮來姜女來俱言訟事摸牌校牌爲功課夜檢己亥日記所題乃武林叢書未存稿又得靈隱一詩亦尚可存滮王僮僕俱還黃孫從省夜歸歸後微雪

廿六日晴宗兄七子來言祠事張一哥兒來云自應山還欲謀朱家黑茶坐莊夜雨七子先去張宗留宿田團總來求了官事未見官搶土匪三層劫去面詣不承加錢賞成團保欲爲搶彈壓此强也鄉間乃以吾族人概不可捕爲公理俗論難悟至此

廿七日風雨竟日士仁來訴雅南管莊事以其外家莊屋賣與其伯父五十年矣昨賣地得百餘金遂來詰問云是假契鄉農非能造假者然不能自明族人皆以爲假吾獨知其眞也且俟六爺來問之健孫夜來冒風暗行亦尚可取夜釀雪未成



廿八日陰風稍息瑠女攜所生四女來並知三婦胡孫女亦將至遣人迎候族子孫又來餽祝應接不暇夜偶出堂乃見譚叟拜賀老年夜行留之徑去

廿九日晴房嫗早至諸女亦早起至晨出堂乃見馬太耶尤爲稀客鄉城來者初不能辨誰某唯見人答拜而已胡外孫女及三婦子女午來鄧壻永孫陳秋生蘇三楊都司龍號房張先生兄弟周庶長韓元瑞陸續來內外百餘人乞兒二百餘人喧鬧一日

卅日晴族人算帳諸客皆去滋女忽病不能興又一憂也

十二月戊午朔晴外孫女出游余亦閒行壕邊舁訪譚叟還韓元瑞廿元與書吳學司藕松先生宗師函丈得覲清儀猥蒙延納還舟思促未展私忱復承賜詩獎許踰分捧持歡喜荷悚交幷先集恭讀知湘源有自洪鐘春容嗣響難矣未獻束脩鑿頌看核含咀知德鄉里跨槳於舟中和作兩章聊志欽仰丁氏武林叢書前在杭曾爲題跋見宗書目中多珍本既身自怡悅知百城不必一世封也收藏家各有所樂未、公以何爲娛闓運但求眼福他日相從一燒燭耳蓄書儉方桂相隨十餘年粗知名義因母病求留長沙可否收錄侍几特令投見上新刻詩集及所注墨子儀禮鑒正庶有所悟專此申謝即頌道安敬賀闓福闓運再拜端制臺陶齋先生尚書使公節下得長箋洋洋千言雖逃一斯字然於前所啓孟浩然一事不置可否蓋不爲轉達也閱已入長安不詠主塞故疏之句可勝慨惘賢之貴不在一處士明矣公振百萬饑民不若拔一幹吏此殷殊可惜也闓運百金資一西士七年無過問者昨乃有韓元瑞以衆債之餘求者干公察其志願不審以爲一本萬利者乃蒙明公賞而擢之衡鑑之明實深欽服韓生又雖去來閱者笑其袪勢今又有左幹實不名一錢求爲介紹思榮文忠曾家之說借此畏廉明公吐哺白扇龍目圖看如何又有船山庶務長周世麟甚左全事之風來猶餘下閩運不勝其援但立一界限萬館不爲官而天下寒士皆不願封萬戶侯矣此實鄉居一樂賢於日上講堂朝對百客也撿之王介甫非膺人不是生員多事年近錢舉公黃千萬之價我紙綠喬之獻隨因個人上新刻詩經一函審雖新刻其詩維審不識又賞題一新字否五大洲只此一本則無愧耳年和起居萬福爲頌民闓運拜繼方伯蘧溪先生大公祖節下日傳公來撫湘使王一栝對疑問運歎喜則公之去思比過文正可知矣久典大藩靜以鎮物因非軍道所測也午帥帳閱正少持擇較專闓所濟尤多幸甚佩甚姻家子清泉楊孫試令分事無才無財求公振拂又有門生周世麟來干煩公閒運恐其流落特令詣見伏乞進而閔之一招撫問濟一寒士不違嶠公愛傳不專害人不少顧鑒區區專此敬頌冬祺無任欽企闓運再拜散遣求福人去

二日陰滋女頭痛憂疑竟日老年唯此累心夜不解衣防其變證也留張

四先生及周庶長宿外齋宗兄去不知所往
三日陰雨旋止滋疾不妨但外感耳仍復常戲輔庭來訴月生借貸事近
無恥也聞祠公有餘因欲通有無又是常理由我處撥廿金借之杉塘
子孫來者五人曙月實孫仍還並張四先生九人而已已爲多客不及
待食去者二留食者七借被待之今晨遣周生去周請領薪水令自往
道臺謀之既去念一恩再恩之義又喚回與書譚道臺頗有德色
四日辛酉小寒晴大風晨起將移祠屋領匠估工先看杉塘老屋行半里
吹落轎頂至七都義倉求草索綯之渡史坳看瓦下塘古樹依然屋又
易主矣過炭圫便至杉塘不能廿里也庸松崔甥出迎四老少徐出二
女五婦均過六十亦出問訊正屋三棟無齋宿所亦未甚便匠估八十
千恐尙不敷且令紱子估之此去祠尙十二里便可不往喫粉餈三枚
而還泛橋市停舁飛步到家川原甚敞



五日晴嫛孫三婦兒女均還城房嫗送之與書陳海鵬託劉田事無以爲
由送書二冊陳順妻子來投
六日晴霧晨起看鵝鴨日暖水昏山徑微溼朝食後四老少攜泥匠來估
祠工以前木匠包工未便換人仍令木匠包做然未妥也人地生疏又
拂四老少之意必生口舌矣夕得陳小南書云去年送信者陳時才也
又送百元未知何意蓋人財真有因緣無因而至必夙因也又問角山
詩日記未載已忘之矣黃孫去又來
七日晴夜有雨滋病夾雜以意投藥探之亦無增損陳妻告去
八日晴晨起召匠往杉塘修飾門庭片與四老少使具酒脯告廟午初杏
林族父弟四女來前要我於城宅者正同高祖而全不相聞以其瀆來
怪之徐言其理乃亦可恕彼依女壻生活急而求我固勝於涂儒庭之
女爲片告鄖師謀之自言知醫令診滋女亦能開方

九日晴陰時雨南風蒸煖地溼如春陳妹告去補作角山開元寺詩古寺敞松
閒晴煙一角山背游曾未到長夏且憎閒客話林中靜壓心物外刪登臨不辭險苦磴印弓彎層沿宜三洞泉聲似玉琴鶴響飛鳥色鮭外栄罷
鄉心我馬勞如昨蜂塵感自今浮留變閱險誰聽五噫吟一田生來周庶長又來言官事戀戀不去
將以我爲搖錢樹也與其蚍蜉撼不若胡孫散唯自悔爲羊肉耳田生
求作鳳喈挽聯思未得閒
十日陰煊晨醒忽得一聯爲田弔鳳每隨杖履坐春風鄉人皆好之公論選賢推祭酒莫更錙銖計生塵爲
仁不富矣令名貽子勝贏金恰如題分真合作也甚望周生搜文稿來乃只搜官事
亦爲可笑鈔華山記未畢紙盡又爲卽墨令書坐右銘夕陽蕃送銀來
十一日陰復歐陽片卻其金匏叟又當起卻金亭矣張四先生方欲借錢
此銀不可受也陳秋嵩更不足以知之午間並去宗兄亦去喻教員蔣
督銷夜來
十二日雨喻蔣來言官事與張金榮意同又有玄狐耳茸袿索四百元亦



守舊價錢維新後無此値也因不果取冒雨去夜乃大月光明清寒步
廊賞之
十三日陰黃孫尙不能寫片子讀書與治事分途由此也檢王對已失去
蓋宗兄盜以易鴉片也千奇百怪事皆出我家特賞進士宜哉四老少
書來言舊門不可用且促木工滋女欲看醫書家乃無有借得景岳書
言漢學者所攻也狗婦來訟父冤
十四日大晴遣人船迎房嫗居然有客太太聲勢倭僧來訪迎入留談照
相看山拔榛而還得莪書
十五日晴遣船送梅曉師迎船追不上另派號房具食宿具送之待賓旅
之禮也族妹又攜女來得鄖師復書云撫臺發押未能請釋包塘叔攜
代順來云六耶已告狀狀上有我名避去又遇一狂人跪遞冤單意殊
不懌反痳久之召見族女

十六日晴大煊回潮如二三月起著小毛衣求貂褂已爲僮藏去遂春服客言官事糾纏不休至午乃去王達魯又來請作算書敘我安排過年人皆不過年無奈何也晴冬三夜月如銀桃樹紅尖已報春地澀似霑梅雨潤衣輕重換杏彩新怨惱但恐招風雹殘戲仍驚走電輪歸老不知休告事步檐扶杖賞松筠夜大風

十七日晴風未止看春秋一本郭七女來不識之矣云卅餘年未相見劉南生之母也其母今年八十一近聞病篤故往郭春元家看之武岡萬生來見芳琛從子云保之甥則未詳當云彌之甥而專言保之何耶㚫來而云步行亦誕

十八日乙亥大寒晴仍有風余兒周生同來以王潘狀交之飯後步去云船在文灘相待午初萬德玠亦去郭女旋來真喧鬧可畏王升自衡來得午詒書屺樵叔從書陝信尚是八月發可怪也

十九日陰雨郭女晨去時有稷雪一日無客猶有送僧船還得僧書校春秋



廿日陰有風步至三塘校春秋說取根牟爲賀濟珍所惑以爲齊取遲回久之忘檢其例所謂老至而耄及也田傭送郭還得郭淦儀之書久未與春原家通問矣

廿一日陰校春秋郭遂平來近鄉門徒皆食於學堂矣留宿辭去四老少來與木匠言粉飾事云與兒又歸庸松索帳去矣又强我寫信與朱太史求保崔五云李石貞誣之又云石貞已大有所得富至巨萬謾言也然㨮咳此事頗與人口實

廿二日雨省船未還作餻當買餹遣人下縣卽問婁詩人家當小賙之貧生亦有分潤人時大得志也檢舊箋已明言外取邑不書大祛所惑迷人方寸賀之妄也明德學生以鄙語斥學務長監督反斥學長適有此四字可引用亦行文之樂事

廿三日陰省船還出門迎候四五返未見人來乃入朝食又久之方摸牌房嫗入致余瞿健孫書並有陳小石回信云毓華僞造我信薦之入蜀恐事發因自首也荒唐膽大不知其無益愚而已矣功兒送粤柚余送荆段夜作餻送竈雨瀟瀟似常年送竈時

廿四日遣送錢與岫孫吾家唯有此童種故當恤之內外均賜酒肉送信人不還待之至夜竟日小雨

廿五日仍雨與書與循送乾薪與內姪還得與循書甚惡其長子云已分家矣多財之害乃有此窮窘如我三兒不勞分也郭小庭專人來竟欲與我認親亦奇

廿六日陰晴庸松來言三叔未歸省城無事其父子覬覦祠穀欲取給於我以十金助修墳園夜見星旋風

廿七日雨陰校春秋畢亦今年一亘功也鄧壻專人來告貸方涘婁詩人錢亦宜應之夜令諸女議俱不可否復令房嫗議亦不敢置詞增廣曰錢財如糞土何獨躊躇於一溷子乃斂錢與之



廿八日雨送錢人還借錢人去庶可安息岫孫又來續價正告以不可乃云四伯已私得五十元矣諭以汝家前輩八弟兄皆友睦今則互相攻擊先澤斬矣靡之令去

廿九日小盡陰雨正朝食功兒率良孫來訝其衝寒云須侍奉乃除對房居之長子不居城中便以高廟爲禰夜率行禮團年飯菜甚美祭詩殺酒亦精畢事云已子初余亦甚倦遂睡

# 湘綺樓日記

光緒三十四年戊申

戊申正月丁亥朔晏起功倘未醒滋往呼之謁高廟畢受賀戴鸞子孫皆來擲骰奪狀元常四孫女得全五諸人皆無下手處故摸牌至子

二日陰雨欲雪竟日未見客率兒女外孫撩箸摸雀

三日風寒蔡表姪來云學鋸匠在廠度歲拜年始放假

四日庚寅立春晴房嫗云辰時先聞是午時卯初遣問云午時也至巳尙未朝食乃先迎春兒孫賀喜張正暘田雨春馮甲搢子七子均來喫餅餅多菜少未得盡飽然未午食至夜乃飯大霜

五日大晴杉塘子孫均來許孫亦至不似早年親昵未知其因蓋以甥舅參差竝疏外家也幹將軍自陝歸云以錢少故辭館朽人來劉孟塤兒



江生來悤悤去諸人皆散陳秋嵩來

六日陰戴鸞諸婦來陳劉俱去朽人亦不朽矣

七日陰作春餽客來俱未出張四先生來特出見之竝分春盤款之張一哥兒肇齡來留宿客房

八日晴旋陰張起英去譚心南兒來已有緞馬褂矣小坐去卯金之子突入云狗孫引進昔聞狗仗人勢今見人仗狗勢呼狗已去

九日陰兒孫將回城宅令呼船云無下水自往水邊看之卽得一船云尙在橋邊雨已濛濛乃還頃之風起雨來不可行矣王心培妻星瑞宇清均來王妻留宿宇清自去六耶來宿內房

十日雨兩客冒雨去衡人來赴峴樵之喪爲之輟食悶睡久之自到衡倚爲主人家事悉咨焉今驟失此如失左右手與兒率宜孫來

十一日雨從女郭氏來仍言官事也岑撫無故繫人使三元不得寧家不知於官事何益蓋亂世妄謬不可理解如此順孫女壻來許篤哉來均宿客房與兒宿內房

十二日雨男女客均去夜雨雪如雹雷殷殷

十三日陰雲峯雲湖龍燈來正在摸牌吳少芝專人來送詩告以方奪狀元未暇論文也夜聞陳孫來久不見通報乃云已飯矣家政無綱至此通飭申警谷三送花爆來得何孫書

十四日陰見日鼇石銀田靈官三市約以燈來慶拒之則陋接之則汰斟酌鄉情寧濫無隘大具酒食待之爲二百人之饌道光中約三百錢一席今約千錢一席比之乾嘉時已爲縮矣（諺以不出錢爲縮讀送平聲今用此字）喧鬧竟日鼇石人未來懿婦率女來看燈夜月

十五日有雨旋霽鄧壻來云周庶長亦至待至暮未到鼇石送燈來至夜月明好上元也獨步閒階兩甥不能自存使我不歡內外喧闐繁華富



貴而親昵等於乞兒非我致之使我見之所謂卿等與亦易敗賴戲場時有此夜至丑始寢家人猶未散也

十六日晴有風兒孫四人均去鄧壻先去矣陳甥戀戀求薦目營四海實無以位之周庶長來致衡道信物云將往江南仍令知賓許鈞團總來言其家五世同堂六十年中門內無哭泣聲求書一聯頌之（五世繁昌承麟趾 一家安樂住桃源）尋篇韻初無麗字不知自何時始也夏弼廷來未見懿婦亦率女去黃孫久閒在家令其出居月以十千給之明日定行

十七日晴朝食後遣丁送陳黃周俱去楊生來看樓便留設宴張四哥來作陪至暮不去又言官事頗厭苦之房嫗云醫活一人但言官事何報之薄而望之不奢也余乃莞然夜月逾佳詩思鬱而不發

十八日晴張四早去方潑墨作書蔡權姪及國安孫來國安娶回欲言逡巡遂去權姪亦辭去看姊李氏婦也嫁而夫死明日生日故以茶葉荔

枝餉之寫對楄十餘紙墨盡而罷劉南生來夜對坐不覺酣睡似張香
濤見袁世凱劉詩人亦來小坐而去六爺專人來七子來辨恥檢日記
看之非我言乃輔庭言也作詞一首贈陳甥鄧墳殘曈月靜好元宵景色綵棒香透玉鏡銀階千萬影簾笘曲長儘酒夜已三更花迷五色換燭添香又記曾吞句六街春景如繡恰是月轉同廊照星星華髮年光非舊舊日兒童今老大憔悴青衫短袖斫地休歌惱人無寐此夜眞孤負忘情一笑依然傍花隨柳
十九日晴乙巳雨水劉南生留一日余仍作字時至前山看種樹蓮耶來
廿日晴劉去周生煇堃來放言高論頗有學派有狂人來言喫齋誦經正
言喻之使去
廿一日晴晨起往石塘送楊瑞生窀穸巳初到皆從姜畬正路迂回甚遠
巳正下窆卽還送者寥寥仍從舊路至七里鋪飯於劉家當壚婦殷殷
相接過客屬目不顧也請題一聯留連甚久出街西行至王家彎弔鳳



喈見其次子未坐卽行至家未夕食夜聞呼閒黃孫又還
廿二日晴作程挽聯與書其子問訊程嫂又書與真女送花爆鄉人禁戌
而傭工種樹亦無阻止者農工不飭故也文柄還與慶生俱來向生來
旋去
廿三日晴史傭告假省親與廖力同發蓮黃亦從俱去李長生夜來幹將
軍來文吃來夜雨
廿四日雨李長生衡泥去慶生爲其店主言訟事鄉豪欺懦貪吏昧良吏
治之壞可危也
廿五日晴純一來房嫗誤以爲六鐵與談知非也蓋爲包塘探事而佯云
未聞留飯去
廿六日大晴慶生去與諸女至雲峯探春夾衣猶汗巳往未還已消一日
廿七日陰書屏幅四與岱女三女皆欲得之吾書至多且易得亦見貴如
此夜雨

廿八日雨得莪女到羊桃局書知丁壻已補龍安世臣猶有餘蔭雖美事
亦爲諸從宦者歎沈滯也與書訓之六休來索銀當卽付去丁子孚來
求館俟到省謀之戴文潤又來告急亦當應付黃孫從其季父滋不欲
也
廿九日風寒而雪滋女一子不可教訓余故逐之而滋頗憂慮其實與以
薄產使之取婦亦可混數年以畢我生不必令去也當再謀之
晦日濛雨出看新柳寒不可步周佃求薦書與朱翰林依而與之房嫗甚
喜謝我以酒蓋求之甚力不知其易得也宦寺之擅威福大抵如此
二月丁巳朔雷雨寒雪櫻桃已花山櫻盛開唐人詩云欲然者蓋別一種
山櫻皆淡紅不欲然者將校地圖手冷未宜遂終日閒戲
二日陰房嫗上學史傭與張佃結婚亦彭女意也檢唐詩劉牛贈答三日
拂塵本作三入且有自注與小說引故事不合若依原稿卽無深意豈



劉後諱改之耶凡此等正難與考據家言
三日陰寒檢塵篋得歐陽述詩率和一首題其漫樓不到君家六十春舊時門第有朱輪揚州久客應留戀湘上閒居暫避人心似漫郎然仕隱句從庾信關沽新萬樓臨月圖今在指點房櫳隔世塵
四日陰庚申驚蟄方令拍爆竹忽來四人直欲上堂揮使下階引至中堂
問其來歷云爲團總所使用費無著來求計也諭以事不干已聽後來
團總自了張四哥來
五日晴庸松與崔甥來葛遂平來云銅元局已開由京派員朱其姓三年
專利俟鐵路成停止劉少田來得省信袁樹勛已侍郎矣陳完夫來信
云立憲已作罷論遣三使罷之也恐非事實欲蓋彌彰欲取姑與亦何
苦乃爾功兒歸胙永孫與其姨戴先後來涂女又來已昏暮矣云求遣
人往十七都平其墓訟令史傭往九弟碧琳妻胡病故先邺十金其女
又來告貸益以三金既於譜作生傳旌之復以公穀邺之哀哉節也因

此又搜得公祖著落蓋爲諸兒隱沒廿年矣
六日陰櫻桃半開柳絲已綫春寒未減也三裁兒二裁來拜年言墓地事
留一日
七日晴二裁去庸松來請寫字爲岱女書屏幅
八日晴七子慶生同來言琳妻欲葬後山因與諸女往看壟土朝食後小
步還已日斜所謂玉女來看玉蕊花亦春景也
九日陰晴衡足還得陳甥書云梁芳欲移相件復書許之寫對子四副十
七都團總來言羅秀才季南無賴之狀及涂女游禍無聊
十日晴具舟出山女孫俱送至莊屋上船時正午矣槳行甚遲將夕始至
九總遣喚七子告以節婦必合葬乃云琳本借地今已易主不能往也
陳秋嵩來見云仁裕往鄂請在局中小住卽移往宿弁丁紛紛來見不
勝其擾



十一日晴六耶來告以游禍無理且可少取遂舁而出謁縣令杜蓉湖似
曾相識過六十年不到之家主人留飯掃榻登其曼樓出訪倬夫少芝
至賓與堂訪舊居改換門庭有三五少年不分賓主亦不通名姓但覺
洋氣逼人耳至蘋子處看辛夷蕻婦出見弱不勝衣杜明府約晚飯朱
吳歐同坐五厭與焉夜還歐家云伯元明日生乃憶百花生日夜談至
丑聞王中丞出身及揚州諸商前倨後恭之狀王還以施之歐歐因陳
姓識王振其困乏王後更不見陳如讀儒林外史
十二日小雨旋晴衣冠賀花生喫麪水師營弁請飯不知來因往則自言
曾執鞭侍於鳳臺忽忽卅餘年今猶相念亦請留寓勸學員又來請可
比羅順生矣李雨人來見劉詩人再來談步過翁道臺今日再集洪處
陪縣令朱歐匡同坐歐處生日飯朱匡劉吳翁馬孫（梅翁孫也）同坐伯元暢
談聽者多倦各散余猶願闌席已散矣

十三日陰晴述堂堅留一飯午改辰刻至未猶未催客萬大娘子來見云
其父至交告以至交自有人歐家生日戲改至今日爲我正酒自與我
步往翁家朱匡繼至又一客云唐黃階之子茫然不知淵源也散還歐
家寢門閉矣遂往看戲朱匡沈同坐沈訴胡月生零陵虧空馱害其子
冤死不得申其狀甚確歐亦言枉俟到省問之救生局具船相送二更
酒闌而往登舟舁夫俱睡不可久勞船丁亦令早睡行卅餘里耳看官
報大有遷移無小關係
十四日陰雨晨至採塘過煤運拖輪亦係其後到城過午因雨未出片告
笠雲令梅曉來取錢宵芳兆仙均來觀笠雲來楊仲馬太來
十五日雨晨出城看陳程初二小兒登其肩乃知羅什語驗至開福寺後
廳門閉矣繞至園中園洲已無湖水從陸至新亭工料固不足觀地形
亦無可取倭僧外出有錢亦無人領怏怏而還飯後子瑞來小坐去出



詣莊吳廖馬席朱廖處遇蔣少穆席處遇芍棠兒還過徐唐雨溼舁人
衣乃還叔鴻甚怪擬旨章京義自詡其興擬之能也又訪余參議問鐵
路會元來鄧堉夜來
十六日雨忌日素食謝客寄禪明果來例可見僧故得入談
十七日雨寒沙趙年孫均來鄧枏子竹來求書蓀咳招飲午後舁往云賀
弼紹亮羅小蘇孫交農（副貢生）藉此一見賀以過交被劾今分陝西曹狀
元門生也羅不多言黃覲虞同坐見沈翼孫而歸尹和伯來鄧郎率羅
東暘夜來東暘談一等生今日亦無矣由學使無憑故也庶長自江南
回夜月
十八日晴余參議早來留飯子玖來久談殷邦懋龍八郎黃燕生楊舜民
龍八周林生會元相續來舌戰羣儒甚爲得意笙咳來約赴上林寺未
往申散寫字十餘紙王席約飲蓀咳促去至則主人未至唯伯約先在

德律風催之星田朱八旋至少穆亦來散已戌初甯芳猶未去摸牌未
終局已雞鳴矣遂不能睡
十九日乙未春分晴晨作書與藩臬鄒元卞薦鄧琅端制臺薦黃鍾朱菊
生薦殷戴子玖招飲已再來催辭家徑去余參議先在飯罷登舟是日
在家客皆不見上船者有慶生旋去沙孫黃孫庶長追來皆趁船同行
功兒健孫來送不及舁夫酣睡如故舟人行亦嬾泊誕登渡上買食物
廿日晴晨行午至城令船先去余步至歐家伯元外出見其子略談旋出
遇朽人同行腰痛不能步喜舁來迎至八總坐至九總救生局陳嵩出
迎庶長沙黃皆至矣廖丁未來添換一夫未正行令周生率黃沙從船
舁至姜畬已夕夜投七里鋪劉婦留飯未飯燭行至郭婦店又盡儥買
一枝到家房嫗出迎相喚上堂始午食小坐還寢
廿一日陰頻偕諸女出門望船來竟日不至入夜乃來程孫專使來
廿二日戊戌社日晴桃花四開滿目春色然煊氣太盛非好春也改程行
狀並復程生書夜微雨
廿三日晨有雨稍寒往杉塘驗工五女五婦及寶婦均出見三四老少庸
松崔甥雜談頃之還至天鵝觜晚飯田二寡婦得彩其子殷殷爲兒求
事鄉人驚其暴富烹一老鴨相款或云做酒當六十桌賀者至數百家
亦奇聞也張孝達未料至此
廿四日晴庶長告去還衡云旬日仍來慶孫來求救疑有賄託未必盡心
舊主如此姑留待命
廿五日大晴甚暖看葉麻叢書亦有可觀晚過譚洪齋春酌以醴爲菜又
一奇也曾滌生以挂麪當湯點想湮漣間風俗朴簡與調羹充饌同
廿六日晴庸松來寫字二副皆其妻家壽聯也看南嶽總勝集宋人所撰
云閬中陳田夫蓄避地寓衡者慶生持信千杜令去

廿七日晴幹將軍張四哥來永孫送春餽來求信皆以我爲公僕所謂王
也春煊頗烈僅可夾衣
廿八日晴牡丹始開岫孫來旋去馮甲來言涂女訟事遣湛童往案之黃
叫雞兒來云九少耶蓋鄉間已漸改稱矣暮雨
廿九日陰晴衡船來迎尚不能去得夏謝喻書廖胖獨無陳增附書常增
又無寫字半日
三月丙戌朔晴煊看午詒詩無秀發之致與廖胖同耳豈天分有定申彼
必絀此耶王朱才調不高又無師故然有師有才而又不能則不知其
由牡丹全開夕率諸女往看出門遇劉南生不減催租人安置客房乃
後賞花
二日陰煊人人以爲有雨葛遂平來小坐去正夕食戴表姪突來呵罵識
者與子直入留飯云已食際夜張四哥來戴示譜序有沈歸愚趙抃趙

鼎文天祥諸手筆傳模猶有形似但不可讀矣其文拙率非僞作也夜
雨
三日陰風昨夜聞猛雨今早不能戀重衾方知詩人取屬對非事實也春
有猛雨必不能寒春寒重衾雨必不猛二句相隔數十日午出踏青諸
女亦游山戴表姪來
四日晴與諸女看花方立門前有舁來兩客則庶長與周鳳枝同來周約
看牡丹戴姪亦識之留夕食周去戴周留宿夜大風寒可重衾矣亦有
猛雨華一率子姪來
五日庚寅陰清明節華一往祠會食余不能去文柄乘舁往戴姪亦去
六日晴兩女留船上衡余步看船卽率外孫女先上在山徑待久之劉店
婦與其母女俱來便送兩女上船未初船發余舁還六耶率卯金兒友
德來七子寶官庸松來

七日大風遣人移花至午大雨遂至夜劉婦六耶俱冒雨去昇花人昏黑
乃還得紫牡丹二盆
八日陰寒風息七寶均去山徑可步矣檢日記鈔詩
九日雨作書復郭丙生鈔牡丹詩已如前事
十日雨輔廷及端姪均來端姪求信與書錫晟臣即日辭去
十一日雨兩兒在書房一無所事令檢左傳讀之觔昇夫巾車將出家人
羣諫以爲不宜冒雨遲回久之猶未能定
十二日晨雨早起遣人報張周不能出游朝食後偶見門開往後山看春
下階雨滑仰跌磴上不能起遂勉入南廂臥病至第六日始通大便雖
視聽如常行步須人六女報信長婦四婦二女三四兒並來看病兼邀
黎少谷來瀏陽末覆公也連日數狗頭三七至
廿日穀雨始得少愈得余參議書並寄復黃蕃周方舟仁兄禪席乙午一晤未展情愫參商遂貽



知蒙瑤卷新詩重寄一笑相知老不藏名更承擂當此五洲一話柄也所幸近已偏枯不能捷足浮雲富貴隱几曲肱諸君勉放光明照我蓬廬藍猶堪坐成歌咏臥看文書時得佳音以娛晚節是所望也小兒荒唐紙成又不耐坐近承推教冀相數括爲叩惠此奉復即頌近安堯衢仁兄道席宗人來知有偏跛之感郎擬奉問眷會臥病旋奉手書猶濃殷殷唯有滋感弟自丙戌客輿潘伯寅彩樓結夢暫不宜入倚門已丑密邇京城不爲輔染雖不敢如蘇之晉墓亦遂同哌鴻變名同學館君鬱鬱蟄數不知欲居我何地用我何爲豈小叫天汪大頭之外尙有名角耶天亦憐才於本月十二日因失足傷腰不能移步中丞奏保求附言樂已中風見至如吳摯甫驅一京衙爲世口實則愛我者之賜多矣專此奉復即慰愁悶不具周庶長來言得兩差使有筌蹄之意陳秋嵩四老少亦俱
來於客座見之
廿一日晴三兒昨送醫去大風恐不能出口今乃可行耳李劉傭俱送女
回銷差
廿二日晴李砥卿妻星瑞俱來看本不見妻因見李並召之入縣船還載
芍藥來看維摩經
廿三日晴李妻俱去劉丁請假迎婦與以五元不受與書莪女兩女俱有

寄書至夜大風
廿四日雨竟日寫字一紙寶官來看戲不能還遂留宿客房
廿五日雨看京報陝藩仍還許度未知升能容否董福祥家貲八千萬槍
礮無數仲穎太師以後又一富家翁也袁柯繼出兩湖遂有三節直楊(皖)東
寶(湘)晉寶(旗)甘升(旗)陝恩(旗)蜀趙(旗)滇錫(旗)黔龐(蘇)鄂陳(黔)湘岑(桂)廣張(直)桂張(東)江端(旗)蘇陳(湘)馮(豫)皖馮(蘇)新(旗)閩松(旗)浙阿(鄂)豫
林(閩)八旗依舊職春風湘鄂新升鼎足維閩豫皖黔東直桂二蘇文酒話甌馮姑媽又來作鬧
廿六日晴風雨無憑命子婦及女各還其職懿兒先去未十里遇雨送者
歸言已昇去矣四老少來蕭氏從女來求郵其子榮生少瑚姊也寔詩
人送詩
廿七日雨少止遣船送宗女及長四婦回省上船後小雨想不妨船行也
廿八日雨腰背漸可轉側想不中風瘓痹也沙孫寒疾移之上房
廿九日雨得王鏡芙書許虹橋來言官事云杜調瀏陽方桂云無此事



四月乙卯朔雨已見荷錢春寒愈重午臥覆衾避冷亦一奇也無事唯摸
牌遣日夜雨
二日雨覆王鏡芙書作端督電訊問疾專使索錢八百例不能覆與書一
聽其寄否今又得武昌陳復心電報又去八百可謂極無謂也以平等
故亦復一紙張正暘來
三日晴爆竹聲喧戴明來叩喜縣令得電報授我檢討從來不喜此名今
蒙惡謚矣得吳補松余參議書笠雲書即復令去
四日晴與兩女步行看郭廿嫂滸童追來送陳完夫宋芸子書云陸崑自
京來並送京物循雲峯還家與陸略談富貴又來致紈女常增書常訴
喻謙又一周梅生也梅曉來言公議防亂昨笠僧來書乃先發制人也
與書唁杜令失位又得孫咳書送燕窩火腿夜復兩紙又與撫臺書言
起亭原委饒莊使公節下前宿鈴轅未得瞻對伏居鄉曲恒仰仁風頃日本僧棲曉來晉閩運於碧浪湖小渚上建一亭有陳文達

劉綱泰向其詢問此亭建議卅餘年尙在未通日本之日與工三年有餘辦爲通國所知始末在亭記中議揚原本呈鑒閱遲向不與與人爭執
梅僧出家人亦以悅衆爲先旣有異論想徹約聽伏乞飭厰可沓如應停工卽傳停止其工貲若干皆係閻運及梅曉私財無濫費俱梅曉來
湘原委撫軼有案閻運初不與聞亦不與祖界及領事相涉實係一僧一俗私事誼此呈明永孫夕至令陪梅師
五日陰晴梅曉早起余亦早起永孫尙酣寢也飯後俱去送客還周鳳枝
送芍藥來頓得十餘窠而香不甚發未及石門一朶也憶此卅餘年矣
櫻桃亦熟味勝往歲得八九女書均作復寄去縣令又送學報來李傭
還得余參議書將軍來
六日晴摘櫻桃作詩一首紅果甘香熟最先摘香猶帶露珠圓蒲桃太俗雖相比芍藥初開許並季曲宴已無唐故事輸蓬曾咏蜀詩篇年來內熱冰消久不換金盤薦玉筵頃之叔止及鄒臺石同來鄒已十餘年不見
矣得館後積累千金盡化於卄故來請辦卄務告以無事留飯而去寶
老耶陪客滮童送櫻桃與城中諸婦女並餉廖笙畡
七日辛酉卯時立夏依時起盥晴日入窗爆竹熱鬧兼有九礮云陳秋生



來賀喜頃之入拜牀下問其何意不能言也幸有此門壻不然孤負天
恩矣不飯而去滮童家遣覓新郎云十四日合巹五日爲期恐六日不
詹耳鼠竊穴佃家亦窺山戶蓋以儆予
八日晴煊題芍藥作一詩玉盤珍似卅作香一朶靈英壓衆芳晨露乍收燕未醒微風幾駭蝶先忙三春冷淚留蹤跡小閬輕盈伴曉妝謝朓只吟紅藥句幾曾月下賞清光得歐子明書小卯金又得薦矣頃之戴表姪
來言三兒純孫黃孫均到兼有一彭姓疑是夾婦家人及至乃陳甥甥
耳得會元書三兒云真又生女午詒當來蓮洲先生大公祖道席山居臥病恕聞榮委吏謀職同局
不勝欣喜卄局窺礙頗多得賢者主持孫爵可以大展其才某亦樂觀其效不僅湘省財政之旺也然有一利必有一弊其弊維何則某藉以
安置閒人是也從前孫爵專持用人之權盤據台不能過問其後據台稍稍龐人而司道仍不能過問某碩以顧復效據台所爲而患有攙辦
可推茲有先祖母姪曾孫戴立本以停止世傳失欒觀覷局稽久矣香銷一年一換薦局不用武人幸逢明公新臨官局儀面無私及當據台
戢人之時必定殘通探騎亦甄所藉口伏乞破格姪用予供祖使所謂未及下車而辟術慈明者某卽慈明也其必爽身受等專情道安不具
九日晴戴表姪爲黃孫作媒去與一薦書夜雨

十日晨小雨洪營官來尙未盥卽延入室見之小坐去去而大雨雨中歐
陽伯元來陳彭占客房不讓宿之對房自午談至子
十一日陰伯元正酒兼召彭陳純黃兩孫同坐樓上午後客去
十二日晴記瞿魯翁像册並爲書之幹將軍戴表姪周鳳池同來周留飯
去將軍未見以其率熊姓同來也召誨陳甥朱太史來將夕劉端亮來
伯固叔子也頗似其父人敦篤不滑云亦往干督銷夜入內小坐出則
客已睡去月明夜佳睡醒已曙
十三日大晴晨起尋人戴陳純孫均不見端正裴回其從人未醒遣人覓
得朱起甚晏早不喫煙已初已得食款客於樓尙有王謝未見謝上紅
稟點句鈎股名粱滌清泉人也午初客去輿亦告歸未去頃王心培來
夕食乃相見輿遂去出看插秧得順孫壻書
十四日晴心培朝食去馬太耶又來云純孫騙其四十金自取之也吾有



此孫可云顯報但可懼不可恨也癡坐半日留住客房夜雨復冷
十五日雨馬太耶晨去寫字半日應酬粗了作書復吳學司送瞿序歐扇
對譚聯匡厭親家對子爲丁耶看詩一日之勤行九灘也
十六日陰晴本欲朝發房嫗尼之飯後乃附舟上衡攜黃孫同往午至姜
畬夕出漣口遣劉丁送信便上洛口夜泊向家塘
十七日陰雨午過株洲得北風將訪七女不果帆宿晚洲行百卄五里船
人云一百六里
十八日晴風未息過黃石望見一小舟來尋云夏翰林來似曾相識乃午
詒舊傭也陳岙新同過船相見訝其何以在後乃云真女已到家去陳
耶同訪路人皆云至當鋪點主因回舟耳留談竟日爲加一飯夜泊羊
角原
十九日晴南風纜行過雷丰津吏索錢令船戶與之余爲之償昨豬捐去

吾一片再去一片則豬價如人故不可也吏役亦滿臉正氣不可干以
私爲法自敝一至於此雷郭爭功遂成往事未知後人又何如耳夜宿
萱洲
廿日晴晨過午詒船仍要至我早飯以爲今日必不到行久之竟過大步
遺行至夜遂泊烝口遣呼渡船恐其不相値又過午詒船上湘我船亦
隨來闇無可投試檥空當則岏樵坐船也與午詒過船小坐萬舵工報
信程家遣昇來迎往臨岏樵殯唁其妻子商霖亦來相見小坐還舟陳
八未至月出乃到移船云三更矣
廿一日晴熱拜道臺喻謙來謝不敏以教員無挂牌權力也並告敦竹取
娶姐荒唐可恨午詒及陳益新廖謝周梅生均來沈鴻來見至程家少
坐岏婦送供給辭之程生來久談催飯乃去午送湯餅以其母命受之
常壻來詰責數語請入書院告以不可以午節送束脩義不可受又不



可辭故避之也諸生來者有見有不見故不備記
廿二日晴張尉來言女逝並告病狀二百四十金不便問也此來無錢乃
取去年存銀用之鄉爲身死而不受令爲所識窮乏而用之此亦失其
本心午詒來云船熱請移陳家中丞弟方請族人居之亦字亦新自來
相請昇往則陳芝生蔣霞舫先在與午詒兄弟同摸牌頃之譚老師譚
德峻同來譚訓導入局共戲余往程家看弔客還已散局程生供食不
可下箸還船夕食今日丙子戌時小滿甚熱
廿三日晴熱陳家既煩供張改至安記設榻縱橫亦無坐處稍喜清靜耳
張監院子長館首事均來廝年姪張尉午詒李還青來還青久談余倦
聽而睡起過程家定成主儀以未葬姑用朝廟之節夜還船陳芝生復
來酌問
廿四日晴移船近岸周生來送油鹽胡春生送食物諸家送食物者概謝

不受午初程家迎寫主背光又爲冠影所遮不分筆畫揮汗如雨僅而
成事爲設豚魚之奠又留陪道臺乃出解衣張尉李令同至安記午詒
亦來留喫點心坐至夕益新來報夏子鼎至又請選青爲鄧國璋治累
歷余邀午詒至道署便酌至則主人衣冠將出云學生打官並毀長沙
館神像張師父子破額女眷被圍文武官皆往彈壓初更始散未敢擊
人與朱段同席二更還船向槃送臭菜來無從退還矣
廿五日晴因循待飯比上岸程家已發引矣至正街江南館待柩行出南
門乃還船選青午詒周少一同船至大石渡柩船亦來余先昇行五里
至葬所尚未開壙擬葬斜坡無此穴情也俟柩至而還夏李亦至周庶
長來算帳又少算一元亦未補足然已費廿千不爲儉也分手各行如
脫樊籠夕宿七里站
廿六日陰晨發不早午過雷丰至衡山遇風遂泊微雨小漏



廿七日晴寒疾少食多眠夕泊三門行百廿五里
廿八日晴行卅里欲泊鑿石遣訪七女家女壻鄧達夫云是生員陳八不
識鑿石余曾三宿乃竟迷上下至株洲乃云在沱心寺上乃令劉丁陸
行舟便直下夕抵杉灣泊一夜
廿九日晴晨上岸詣仁裕合救生局洪營官均來盥頮至城訪歐陽伯元
父子均出小坐云有公局相賀官紳十人剋期明日余至救生局遣取
飯菜來早飯復出過杜縣翁吳朱鸞局官錢局而還歐价人來族戚來
見者不備記惟四女爲異引見其後子云須覓生理夜飯土局大召土
倡吳少芝伯元同坐熱不可耐更召道士同坐二更散船移局岸下宿
船中
晦日晴熱洪營官來辦差除二坐船以容賓從余設硯船上寫舟園記紫
谷道人來同喫水果朽人來未正上岸赴趣園公宴杜洪文二歐沈吳

朱爲主人翁趙列名未到二更後散還船黃孫已上矣
五月乙酉朔晴北風甚壯晨發泊文昌閣黃孫上岸去夜雨枕席盡溼
二日晨雨未發朝食後風息開行過昭山得小順風夕泊朝宗門昇至家
家人云明日礿祭未改期已齋宿矣乃亦致齋長孫在家黃孫亦至
三日晴丁亥礿祭禮單已失更草其儀未能整齊也黃孫讀祝不能句讀
午正餕至碧浪湖一看日僧未歸孫女從往後至余愒樹陰待之同還
楊卿弟來
四日晴晨至卄局從蓀畡借號房拜客見學臯撫長沙辭席余而還還馬太耶廿元
余云葉德輝痛詆朱八朱已匿迹矣譚三龍大來撫臺日僧王鏡芙秦
文珂李砥卿來至夜尹和伯張正暘來
五日節晨陰吳學莊藩來鄔小亭補服來午正拜節岱女來外孫男女均
來孫婦弟兄來未正大雨至申不止昇至卄局唐廖爲主人更招蔣少



穆王藎廷同集月出乃還房嫗來城
六日晴子玖子夷沅生來同坐談子玖約余飯余家女孫鬬牌余倦臥房
嫗呼余見堯衢堯衢乃言其招權納賄聲名狼籍信爲害之無報也懿
婦欲爲張生別立一學堂云有益王學蓋未知王學者日本領事來與
蓀畡同坐
七日晴回拜新臯陸鍾琦申甫談朱竹石過心盦答訪日本兩領事惟見
太助午過余家子玖堯衢同款余無他客飯罷出城至日僧樓房脫屨
襪行設齋飯月上乃歸楊見求書其友羅冬暢以過交送銀百兩三接而去循城上船可五六里
黃孫先在因無臥處遣之還城
八日晴壬辰芒種在船早飯將午入城鄧壻同來求乾館許其從我讀書
滿卄日與以十二元叩謝而去摸牌未一圈李將軍張先生俱來楊親
家母送爑餃席沅生莘田曾熙譚會元請飯催客過拜唐老守至小瀛

洲廖蓀畡余堯衢劉國泰先在曾熙不見代以胡子靖水榭甚涼客云
日烈可畏早晚不同也縱談不及新亭彼此心照學臺催客坐上有四
人得夾差已過飽矣往則主人便衣尙有京派見雲南昭通新出漢碑
及紅厓碑有鄒劉二家釋文又贈其子絅齋所作補晉經籍志經籍藝
文古今名異此補宜名藝文以多散篇不成籍也二更散城門已閉呼
啓關上船已移泊大西門
九日晴料理米菜送信藩臺言磺礦片與莘田鷹號房房嫗登岸至午乃
發行半日尙在平塘一夜構帆竟泊觀湘門余頻起頻坐竟不成寐
十日晴晨起昇入城至歐陽伯元家報明鐵路瓦解伯元請看定詩集並
欲爲价三作中送謝金旋至救生局待之杜明府來言明日進省洪瑩
官引楊瑩官來見二歐陽來送四百金比去年又加百金矣直受之不
辤了此一案也亦過午乃行行半日尙未入漣口蓋湘路如此阻艱與



衡耒口同爲延滯也日斜上漣將夜已入雲湖昇登岸鄧壻黃孫均到
矣黃孫知記其母生辰尙爲不癡璫真均歸方摸牌未散入局小戲因
倦早罷濯足甘寢不知曙
十一日大雨云五更至曉余起時已辰正猶聞簷瀑少止仍澍遂連半日
作莊心盦壽聯孫竹管調延齡樂紅藥香似過庭時唐穉雲挽聯材行曾褒列郡先看治譜流傳江右尙歌賢父
德　服食無慚三世長憶烏衣游宴城中今餅故家風
十二日晴晨起料理遣信下省已派李心和滋云當調劑劉丁臨時易使
小事亦有前定也奬李不磕睡賞以一元朝食後報七女來云女壻亦
同至初回門也遣轎迎之壻名鄧達夫白衣女壻也字應龍人尙明穩
陪坐自午至亥猶時冷坐始起功課並鈔書一葉
十三日晴夕有雨忌日素食內外俱有客不可素菜陳益新自桂陽來留
居樓上客房已滿矣女壻正酒午乃得具令嶹孫深衣作主人出看客

皆衫服遂未出爲禮日課如額疇孫點唐詩欲沙孫黃孫並鈔讀日一
首屢說不得明白可笑也
十四日晴鄧壻夫婦及小女並告去大有所費猶嫌未稱也鈔書加功蓋
余有此癖不覺疲耳
十五日晴彭生又來云復心已到長沙不來相見何也且留待之
十六日晴吳福茨赴岑已久了不憶喑心多事多殊爲可笑聞喪即行近
今罕見宜特獎之畢車就道愴星奔此義鸞人知棠掃三年由母教兩子夾河榮妹鬟食貰啓日事金爲五鼎報親恩
十七日晴趙年孫復來見小坐去劉丁還云城中無事夜聞前庭人喧欲
起問之旋睡着遂不復省
十八日午雨至夜復心及其兩甥來云到城已七日見貴人矣求解抱冰
與書滋軒因及雲門樊山仁兄先生道席渭城之餞歲至今未見聞自宋入京又隨使節往返友朋之樂可補勤勞但空復
故宦雖跨歸財乘時當擲誠不可遇隱紙賣値須千進不足復言盤潤也公才自是救時之藥私欲使至吾湘一振壁積抱冰乃同午搢儆



不可使又爲當代一笑耳新詩又增趣許陜事不堪回首始知七日之梁盛極必衰山澤儔徉又是一番事業公亦不能由博反約則才名
餽之也我則異於是無可無不可只是輕於鴻毛乃得盡於泰山知此者鮮矣不作泛語且須歸學君倘擲於斯二者午飴即當出山暫時但
令代館如坐針氈然倘肯坐亦雖得也因便輒同起居千萬珍重
夜雨登樓風狂鐙小大似江船聽雨
也成詩一首雨急風狂夜似秋寒君甥舅共登樓船鴻燭豐青雲路黟鳩當年黃祖洲直恐倚柯棋局換且看搖燭酒光浮山中
長日清談倦又枕謨清夢遨游
十九日晴與書吳福茨戴表姪胡姻子來胡與從弟姻連向未相聞知亦
未通名字云功兒習之余則茫然留宿款之至夕甚熱復心告去三甥
同行遣船送之令開四鋪劉李丁皆云不能自往料理復心等亦從來
本欲待月上乃以夕發
廿日晴戴表姪做媒去胡亦不辭而行蔡印生又來人客絡繹但恨牀少
李傭送客還云大水不能出口至夜未出見蔡
廿一日晴延見蔡姪孫杇人又來云姜畬已穿水至山塘矣爲杇人卜一

課云蠅營狗苟牙牌亦能罵人也其來不知所爲夜雨不宿去
廿二日晴復女生朝蔣生昨來今晨方見之劉丁附耳告將聘鄧遽起煨
竹聲喧矣放學一日
廿三日晴瑫女家遣轎來迎留之一日蔣云怯水亦留一日鈔稿入集得
廿許葉周鳳枝送茉莉
廿四日戊申夏至滋遣訪事人還瑫午前便去鈔稿畢作程月樵墓志兩
女出看水遣房嫗迎之還即氣痛請張四先生診之疇孫飽飯腹痛作
歐內外呻吟殊惱人也得莪四月書
廿五日晴戴表姪來作程志未暇出見晚乃立談兩三語
廿六日疇孫生日正十歲矣日月如流殊令人驚晴有風曝衣
廿七日晴午睡得端午橋電再問疾感其惹手書報之適復陳丁二壻書
並遣劉丁送去谷三要求包工張四先生亦欲爲引薦於蕭怡豐鄉人



不可喻亦他人所不受之侮也
廿八日晴熱連日並閒看小說稍欲整理書籍便覺煩熱作張愷陶印譜
序讀盧浩然嵩山十詩聊以消夜
廿九日晴鄧壻往滿廿日領一月乾館去劉丁還復得莪書並鍾氏外孫
女書已生二女矣
晦日晴周裕荅來拜求行善欲每租十石留五以作積穀亦奇想也告以
不可復拜而去
六月乙卯朔獎土工酒肉作劉克菴碑細看自記亦奇人也前以無能絀
之不知其能戰在席研香之上雖不知戰狀要非子虛愚人自異才人
未可以聲名取士
二日晴佐卿兒來云笠雲病死周旋卅餘年矣近以逐日本僧知其無理
遂至與絕如瞿軍大一語失旨慈眷頓衰由前本未結主知也恩不甚

者輕絕又增一閱歷作劉碑全不法古亦不自知其可否
三日晴飯後報長沙彭姓來以畯五未能來姑引入見之乃畯五也相見
甚喜泛談竟日無事不登三寶殿亦是麫糊百金者又爽然矣
四日晴彭婦之恩宜有一報作書與劉體乾爲彭三關說派人送畯五去
作劉碑粗成似亦可觀
五日晴頗涼將往祠堂轎夫未還抵暮乃至鄧墒同來送月餅十二元又
去一元不知其何意也
六日陰飯後舁出忘著綿布衣又不識道行田壠山阪涼風颯然再雨則
不支矣問程驚進俄已望見管祠人外出佃戶初會倏忽旋歸至杉塘
半道遇雨避於李家卽買祠穀者雨似不住冒雨至同懷堂問四老少
辦法云六百金可收穀四十石無此辦法卽不再問借衣無有贊老耶
取畾衰代蓑行至五下塘史傭來迎如劉牧遇法孝直飛轎還家往返



七十里飢甚索食飯罷小睡遂酣至子夜不覺
七日陰昨夜夏張待見皆荒唐無聊人今早問之夏去張存云薦木匠可
得二百元以其妄想姑妄與之作書抵蕭怡豐夜大雨
八日陰涼讀嵩山十志十日不成誦看任炳枝注感應篇以俗文譯古書
亦新學之類
九日陰夏生又來見之問其來意仍渺茫也與書廖笙畡交卷璽畡仁兄先生道席
山中滑夏近伏乃涼未識杖巾偃游何處殊泉銀局心遠自清熱客夏哇城鄉同病亦不以歸去爲高也凈命獨對詩蛙示大遠道卽序夫蛙
本店自遺之文弗漢非唐似傳似諂後世有關運其人者毀春正未可料願公無遁滔米過耳卽求轉發劉世兄爲幸　今日癸亥
小暑有雨
十日陰岫孫來乾館已挪用姑與二元十志不熟取紙寫一通百花公主
詩久在案頭每日爲看十葉得衡書知學案已結
十一日晴張四先生來云木匠薦妥已得票銀二百但未免耳又欲黃孫
爲索豬力斥之請劉丁往辦公南風一朝
十二日晴南風二朝一日未事十志寫畢跋三段另鈔
十三日晴南風三朝遣傭至城發蜀書月夜率三女出看荷花采新菱蓮
子昨朱太史書介楊敘熙來求薦學堂云科舉猶有暗摸學堂無不條
子當與書吳公言之不知此乃斫頭罪也如此維新無殊革命矣與書
沈長沙
十四日陰南風而非一朝以無烈日故也午睡頗久
十五日晴無風四婦專人送瓜彭生送時魚不能鮮矣行五十里尚未敗
不鮮因過時也得劉體乾復書彭事不行
十六日庚午初伏陰涼省城人回看報食瓜社出禾燈並非草龍照例混
鬧而已至未微雨亦非佳兆似是節氣差一月喜得逃暑耳璧池菡萏初成的月
甚紅香雲羅羅新菱帖鏡散鬟珠摘出穀房木仙惜井刀剖玉膚脂凝嫩碧清香寒簟冰媚歌御惱若耶浦采紓牽嬛攜翻綾采菱月夜饒清



課涼衣拂露流螢過誰家寸女機杼忙夜色凝凝背燈坐
十七日晴陰頗蒸熱無風將至石潭求田問舍適於雲湖橋遇文吃以水
程與之遂議定團規而還向夕頗涼亦有好月遣人入城送詩兼問盈
孫久病
十八日未明大雨雷風天作赤昏色照牆壁皆纁黃經一時許眠不得安
房中婦孺皆寐無覺似王介甫也再作馮氏百歲對孫又生孫共向萱闔曉堂疑壽而
盆壽重周花甲正莽年佃戶來請領車水費告以從衆得此雨想不必再動車也
水以三百六尺爲一線謂從下至高也近則不計線但計工水到車頭
一轉率七錢一線工費有加至十餘錢者功兒夕來云雨時已上船矣
十九日涼有雨宜孫留辮剃去一圍髮便改觀習慣致然如見孺子入井
非性善也
廿日晴陳益新聞雲門潘寧欣然願往與書迎之便薦供收發文案鄧墒

黃孫欣然俱去周天球來求關節亦謝令去湛僮省還

廿一日熱晴空過七朝凱風不應午後程九來周梅兒旋至俱留宿客房

廿二日晴詹徒周梅生來飯於內齋飯後俱去黃孫行坐不安已朝去矣包塘老母來訴

廿三日晴無事偶作向碑順筆成之七子復來訴云訛局已成爲我所敗請設法救轉余云不足慮也又言七都爭水衆假我名亦請別白之皆如其意以去

廿四日晴劉丁來訴喬耶喚來叩其脛房嫗縱之去欲封煙館劉丁又自容留亦聽衆議喬耶最馴善今乃桀驁滋云本不馴也人不易知吾族固多厚貌深情之人沙孫暴病求去又云不能上道

廿五日晴頗熱陳秋嵩來求題陽聯言光化令擲其父所奉妖像幾釀市變湯文正不易爲也但怪其遲功兒率沙孫夜去



廿六日庚辰中伏晴南風一朝夕涼見紈女書余到衡尙未知深山別有天地遣人看之幹將軍送瓜

廿七日晴寫對子看史記齊湣破燕孟子誤爲宣王蓋其去齊復來門人誤合之也或亦悔其事湣而故爲此改二宣字便合矣夕坐門前黃孫與蔣生同來黃云蔣賫其船錢蔣云黃賴其護致皆帶厭也

廿八日晴蔣厭無已且與書譚兵備試之此人遂如惡匄周人徹田非井制也井制唯有助法講家云三代皆井誤矣徹有易田井無易法芸子仁弟文席前得手書兩心相照不以遠隔而睽也師友中幾人有此千愁萬恨皆可消矣賢者究爲名誤若使終老空山與劉光謨方守道比肩不至與范玉賓鄒元辨並論豈不獨弦哀歎消搖自得耶倘何金幣饑路之足擾神明哉人生要自有根源苦者恆苦樂者恆樂要知苦樂皆假唯靈明耿耿數衍過百年傾皆了矣佛家所謂報身非眞身也近狀問二陳盡知所喜一無牽絓三子皆非我有亦時與周旋如陸賈也否賢是京是外宦須一定能否湖南一行以圖相見因食瓜相憶乘早涼輒書二紙奉問起居珍重毋相忘幸甚幸甚徹只爲屯田墾荒設也又與書二陳

廿九日涼包塘老嫗來言官事全輸官不準開口油禍成矣令其長子出料理曙孫來言穀事

七月甲申朔晴竹林阿公來令與陳家來投訴曾竹林之子來送瓜問實信意以爲丈人一函如湯沃雪天下貴人皆雪也告以如石投石彼似不信得王生電報

二日晴熱曾孫晨去陳信來告以息訟和錢陳云徐硯耕爲之也與書徐令保出押人

三日晴熱戴表姪來言其先從湖南往廣西到卽發財俱娶名族生子登第今又消歇矣進士尙有子姓爲廣西人梁璧垣則反自桂投湘亦中舉發財唯余家守舊也坐至二更不欲去遣燈送之熱氣未退又小坐乃寢

四日昨南風一朝今晨無風起送戴姪午間灸熱作書爲王生說虧空小



睡七子又來言訟事爲十餘金奔忙烈日中甚可閔也夜坐田邊甚涼入門便有熱氣上堂食豆粥便睡爲淩李氏作八十壽聯八十竟無佳典可用

五日晴遣人入城涂女訛詐不遂又遣其小女來訴云亦長舌六女房嫗皆惑之羅正鉞又來送瓜摺子來請討上手告以此事至醜但可行不可言也無錢攏供自可就我借貸留住不肯至夕竟去遣人勘災

六日晴熱庚辰三伏方朝食張生來云已移居漸近城矣嫂喪無服全無戚容亦似不合宜後世之加期也岫生來取乾脩王周二教員來對客一日加以涂女事令房嫗往看夜還云鄉愚震恐可和矣余佐卿兒使來求藥

七日晴熱盛閏總來盛稱馮撫方欲託之已聞開缺矣此亦怪案豈孔方兄作怪耶繼藩被指參並及升督而繼反護撫則或李蓮英爲之也作

詩寄沈子培數別幾回又五年離心來往皖江邊絕鴻得侶霄分路烏鵲橫橋月正弦瓜果空庭山悄悄醮張千里思緜緜遙知莊舄清吟罷悵望銀河定不眠王周來又去寄三聯付救生局夕辦公人還得廖書看
報諸女乞巧
八日晴熱未朝食四老少來劉江生又至應接不暇俱同朝食去衡使還
得織女書
九日晴鈔譚碑改定數十字得莊心安書縣差飛送頗爲駭人爲王生解
款也
十日晴三伏加熱做包者揮汗如雨檢蘗梩兒功兒點說文未完爲補點
每日課四葉從明日起
十一日晴點說文講孟子枉尺直尋卽二八回當枉尋直尺則倒二八與
以鈎距爲鈎股同一新確
十二日乙未立秋愈熱晨避外齋有蜀人楊光塏自稱小門生徑擸網籃



來投真沒奈何實佳話也而磨我甚矣告以不必講本領但求喫飯可
矣彭孫奔馳爲人求書例送百金與書陳伯平伯平仁兄大中丞節下前聞榮授又讀甄賢之疏知襟期宏遠不同列頌時有門人李金鏞材堪一將節欲遠之采聽爲備指麾適遇夢華亦頌函求人又以皖急於蘇欲令助之因循時擱遂復經年山中日長世事多變忽忽又忘之矣頃有郴州何生遠來求書正欲奉候起居道達相念立秋早涼東望欣然蘇甯分割地小人繁徐揚輾邊自爲風氣軍興以後無能治者公思自樹立未知從何下手子異新到想能相輔牧令張斂吏治難澄非一日矣何令得差皆以擾惜致之昨聞陳揆石爲干櫝下朱竹石頗有徵嘗竹石精能想不甚墮但江蘇知縣人人有宦游觀之心調劑一二亦未爲過幸轉告竹石加以訓譴或暇時一召見館其所能幸甚幸甚近狀何能面陳故不多及專頌道安無任馳系
十三日晴嘗日也晨入外齋遣楊生尋功兒使令送譚碑示會元王周復
來云提學不見復欲求中學監督皆熱心人也以瓜啖之楊去雨來熱
得小解登新穀舂二斗本欲送城供祭迫日不及乃自享之常年饑時
多飽今乃甘食恨汗出如漿不能醉飽飯後急浴以解雨再至仍不涼
夜月

十四日晴早起傭工殊未興唯中門爲陳家傭所閂閘我起復闢之神帳
爲風吹落疑有肸蠁周王早來彭孫去矣張生振湘相繼來振欲求事
不敢飯余云不飯亦索債飯亦不過索債乃飯而去寫對子三副
十五日小陰猶熱點說文宜孫小疾放學一日朽人寶老均來
十六日晴午後雨涂女詭詐上手王家必不肯和出差押退爲我傭奴所
阻改出一票云帶訊無以阻之其實押退耳余不諳官事或押退票皆
如此耶或新意耶要之甚巧非經史所能辨故是名法家獨擅之技包
塘辰白來正遇縣差足光蓬華楊度兒來陳豬仔亦來訴訟令尋和事
人料理
十七日庚子晨涼欲秋以爲出伏矣令辦出伏酒設湯餅熱歡涂女攜女
來投留之不令隨差看說文甚勤已畢百葉振湘來送注藥羊生一羔
文炳如得一女



十八日晴看說文日數十葉亦偶有董督連日甚熱不復能消一局更無
事也羅孫女去
十九日晴說文點畢看桂疏證亦未子細由學不及段嚴功不及苗但徵
典耳要之本朝只是字書世界亦足雄視百代青於藍也
廿日晴正熱唐鴻甫孫從來兩秀才也孫字從子伯良與都團蕭父子同到言
樹藝學堂事留飴去
廿一日晴熱王心培來延入對之更不著衫頃之雨至周孫來下屋風雨
飄搖五間盡溼張四先生來已夕矣樓上坐下不再出心培頗惡無禮
周孫入內寫字余亦不起昏昏遂睡
廿二日晨雨早起陪客俄烈日杲杲周孫告去張四談官事飯後俱去晴
雨無準天氣稍涼摸牌四圈早睡夜大雨
廿三日陰偶檢叢紙作谷譜序谷姓爲湘州舊族九眞太守碑敘其先世曾祖爲豫章而不引衛司馬父子則弗子

鑿一族可知今諸以爲子璧亦來自來璧於傷膜附分譜例然也湘潭之谷興余家代有往還余舊宅設湖猶往歸於谷族弟家又與設湖谷弟比屋歸里時時見之及卜築山據二谷皆資痒還去留碩公船者亦谷姓初未知即毅湖一家也今春以其新修族譜示余且請題爲譜成已六年不待贊頌閩孔其序有龍吉曾王子佩皆六十年前故人今名若存若亡矣佩綿風子縱時過從吉曾余鄉舉同榜其家久不相聞矣頓此一見其遺墨而余之老大家門之盛衰治起感也余族譜亦新脩然又卅年家門之可紀者又積則谷氏譜之例錄者亦必不少載繫之士舊因余晉而岑得籍先之三世楨允賢書舊之牖更因以求司農之苗裔不愈爲湘州氏族之光乎送涂女對簿與書縣

刑席未知是賀孫否

廿四日晴東風內齋日照不可坐上樓吹風作並蒂蘭蓮詩還內看文丁詩卷丁晥雜流詩有豪氣名健字羽林不虛也余兒來告母病似欲取辦於我

廿五日晴縣中人還得莪書送鼓夕坐門外見一舁飛行到橋視之則母本僧延坐班荆旋與登樓坐談至戌還寢

廿六日未明求衣出看倭僧未起鄉人亦無行田者久之乃有樵汲僧行



已日晏矣還寄莪書天陰氣蒸汗後入浴頗覺費力慶孫夜來

廿七日陰庚戌處暑宗兄宗孫均來張四耶來兩揖告去陳八來得譚道臺書昨夜風涼芝公長備先生節下前麵求館宣意旋術事使得手教殷學甚感甚感矣謝監督私賑書學事致諸問提學云奉論監五相推薦故不敢攜非貴始方官不足數忻公因以世交代之受退衡守則無妄矣行人矣牛塞耕得馬今日事不論情理也呼若外采鄙言內操熱意與歪云懷勸爲散有政聞社一癸反坐礙職國會嘗然此事途作僞論情其不言情反汗也弟子一斷一否皆倚賤名爲童適成騎惟賴合時派是以隋游玉堂世守致我正願公一特獎之黔黔六旬生平學館新演難息當恢節後始能承教提收學堂自是正辦啟蘇小學殺價當復日昂但私喙少敢十斜啟論林果竊官也適有精誠粗者來會審來一笑七子又來言慶孫亦爲包塘索錢事來探但四次偵探殊無益處大概不欲到我處了結亦何必察見淵魚

廿八日陰晨寄訊繼蓮溪作一詞名翠樓吟吟與端午橋爭論事也方拍案請參乃特令署撫一快意事一角壇山制制往筠官情不如歸與君風雷颿拍且饒與皐蘭貂乘公才須稱更大施紅停皖公常映菊開府畢秋衛鼓旗翠遣塵還認油務著人問故人別後舒風雅贈白類江上旬料應共吳興爭勝棧門香經有得意詩指貸心劉輕君知否楚伊樓閒有人聞凭余兒又來云求得四十元並棺衣約值又數十千加我廿元百金立致真金銀世界也堯衢舟求一聯先已思及枕上成之晚遙極榮華須知挽康丸熊飄苦自然多紹許湘州親禮法更有齊驅馥曲弦歌對處頌懸胤

廿九日陰有雨看舊作碑志已茫然不記信文章身外物也一日清靜至夕六耶來

晦日陰四老少竹林翁兄弟皆來約陳姓面言墓訟以百五十金還墓廬費至夜始來夕食不飽精神疲倦飯後即睡甚矣憊矣張興戴明均來

八月甲寅朔陰早起遣諸客各去唯留六耶待轎過午盡散送紱子二元憐其老貧以舁送之又屬令無飯所謂一寒至此也

二日陰復熱晨尋逸周書復勘一過乃知爲周公專集也爲作序目黃穉雲孫紹甲來字頌芬云穉雲五子今存三耳共一孫年荒無食故來投與張翁皆姻連也留住客房



三日晴疏釋世俘篇滅國五十得十三不知陳之駁何處得四十九也世俘云憝九十九國並商而百尤不可知矣得楊敍熙書文意揫闔頗勝楊度芳晚五弟大人近好自二月兄名片云欲取鐵散日達話消息五月再打聽云住南門外得事湖門並見船泊草湖門日日往來未見尊面以爲怪我不來往矣私計不來往可見借錢小好事也考官枚煙皆非弟所能辦誠如來信見亦日日盛之令云託勸難道可憐非我所能也郎小事先生閣能顧照兄所識多人除小事先生外無人不罵陳芳晚名叔弟啟不知皆我外有此知己也可持我信往來之久未爲足來借錢何可不打獎勸令年雖失館閒居特將體出新穀所得分出十元以供煙酒之費賦衣低早俟兄得差後再打主意可也令年三月我乎中風少陪矣頹弟綿然得爲大雖想亦不知也前信未見來者不知何日俟涼冷後再看適得陳芳晚書因仿其體復之黃孫去陳甥送牛羊肉

四日晴熱韓石泉來云程太守避恩入都矣滋書樓記棣成張之素壁大可賞翫娥芳早逝遂令獨步也

五日晴疇孫問亡無之異向未致思因考諸言亡者大約本有而亡凡無則直無耳故文從𠃊亡言多亡也先有亡後有無經典已分二用寶官

來自長沙易有无亡書禮有無無亡詩論語有無亡因此得尋諸經一過

六日晴寶官去和官事寫壽聯一陳一常都總來請作樹藝捐啓夕浴夜熱王達魯來

七日晴早作捐局啓得城中書請舉孝子尹任似知其人又似不知大概朽人也名既請開國會自不能不舉孝子

八日晴熱幹將軍來三屆來言寶地基告以先尋放錢處方可得錢適有餘資尋幹求田余亦當自往問之夜大雨

九日晴仍無秋意徐蚡來湛童云石蚡乃疑石閣生也可笑極矣云繼蓮畦化去羣疑衆謗自此消矣挽聯云公才擧竟擕高牙回思禁近還翔翰惜祖官巖吟嘯御史不須尋揣料且向皖公憑弔定知高致在江湖戴表姪復來言官事吾門頗似有司衙門原告訴昰均有薄暮黃孫還得莪女泰提功兒書看報又爲浩然耽心以貽譏



人亦可惜也吾大哥已外用矣子賢遠送百金詞意肫摯

十日晴午臥將軍來云丙生到門誤以爲學詒者久乃悟焉衣衫出見之則不甚相識矣坐至日斜爲鏞五箴送之出門夜明鐙慶祝復女云前年有詩又作一首庭桂仙花總是閏二分明月向翔峰發留數錢封壺饑每擧蕉尺縣鮎芝沥餅定勢巾拭釣夜盤長照發如緣年年此會成古更無人間有別離

十一日晴熱看諸女上祭奠餂心未飯酣睡過午放學摸牌未一局戴表姪來云立談卽去出則周鳳枝在坐至夕方去甚費周旋因其送夜香花來未能謝絕留麪復留飯余亦未食夜啜粥

十二日晴尋寄端詩看去年日記亦似畏暑午熱困臥周生來言樹藝召入內齋告曉之餂心後去唐氏諸子復來言樹藝大要借招牌弄錢之意亦唯唯應之

十三日雨始涼陰岫孫來默坐無言取二元以去從此算有指望猶愈於四老少與兒夕至得陳伯平鄧翼之書

十四日陰房嫗病已六日不食扯紙無人令與兒服事案上初了復將出游矣復綦提書子賢世仁兄節下勤勞抱鼓經歲平安李甚多福昨鄉人來言見家書云當請對覲計日可晤又聞官禍言與安公不甚相合故浩然有歸志方今萬方一概安公素乞賢壁鄰論爾賢然後相忍然愈於賢不肯雖君子方以類聚若不能隱卽宜相忍圖成哲人料豈去就必不悻悻旋得來戕欣慰無似軍中這念復賁狀金手香股孝蒜知鄂略遠望懷慨不能館飛雖非老驥豈甘伏櫪閒雞起鄉辭爲一旺今年恭熱三時惟白假臥兒子雖能自食喚年頗牝有餘勉傳無多抓甚爲愧幸不繼富以重吾歎藻生才氣可愛聞不能康巢曾巨費賦無食奐或以尋意誘勸是所留也過有龍涎沈香爲留少許爲山中裝修之用專此奉復卽請勤安不具(勤字冊年不用矣期君中興也)中秋日

十五日陰朝食後欲往石潭看田云在柘木舖遂自橋還遣人知會將軍打撳摸雀竟日至夜拜月時月正圓明前後俱隱雲中然不得言無月

十六日陰有雨庶長來將軍繼至言田事六耶來云月生反間和息不成陳兒來交銀不能收矣且令亟去留六東房



十七日晴六去便令喚船余亦將出游曙生來令急放甎經始祠事夜微雨

十八日陰

祖母生日設湯餅十兒招周生爲客房嫗受賕事發令退銀自明已而牽連多人事不可究乃知清官真難清也洪管帶送船來

十九日晴遣發行李攜滋女兩孫下省輿兒周生坐船尾過午乃行二更到縣

廿日晨起入城謁縣令至歐家小坐遇雨留飯招翁吳匡同話飯罷出訪馮錫之簫小泉洪慶溯至九總救生局兩歐吳先在設酒留飲城中言官事者皆到並見禽畜幾不識矣又戴明和油禍許以十元夕還船早發

廿一日晴熱鶴匡遇零陵船知是徐幼穆過船相見夕至省城入城到家

滋女嶹孫亦上黃孫先與周輿由小輪入城周生父子夜來余方與房
嫗閉窗不能見之隔門相語而已
廿二日晴本欲早入城拜客湛童睡不醒來已晏矣功兒亦來待余飯罷
乃同入城訪宇恬久談神采更勝遣問蓀畡乃不相値便令舁夫投帖
亦京派也過莘田純卿心盦弔堯衢訪一梧而還看婏孫病已有起色
略坐便出到家已夕復心畯五李生均相待同飯而散
廿三日晴　國忌司道均素服來訪唯見心盦殷默存張正暘楊卿弟均
來莘田夕來滋女夜覲純卿來送畫
廿四日晴晨過子玖賓解元易合種胡子夷張五鐵並來申過潘署賞桂
客有陸臬兩新道任師耶論水警蔡陳芳畹夜還寫梁壽對
廿五日晴晨得叔鴻書並送珠補子玖來約與同集徐處接腳女來雲孫
來申集叔鴻家觀虞子玖孔憲教同坐主人陪客已不支矣小我十年
似長我數歲可閔也蓀畡夜約相待
廿六日晴晨待蓀畡不至乃上船將發房廚均未辦嚴請待片良孫李孫
來送蓀畡亦來將午乃發唯嶹孫從行夜至湘潭
廿七日晨移杉灣始由陸入城因水營接差不便久泊也伯元便留便飯
復邀吳翁相見論照會自治事黃家倭兒來見求釋其父爲託价三關
說五厭亦來洪營官緝凶上三門過朱倬夫夕至救生局方議米行事
設二席以余爲客見唐春海及客團各總唐夜送席
廿八日晴値年來言馬頭水分釐生來求釐差羅正鉞亦囑之不已片與
洪錫之安插午至伯元處會飲朱劉歐吳同坐劉生更約一集朱亦招
飲約於明日向夕微雨還船宿竇官來陳家姍子自鄉來附舟
廿九日小盡晴遣人往鄉取油衣晨起寫日記已半遺忘六耶來言月生
仍往歐家會食過仁裕合言保黃事更引一人居間遂亦同集餘皆舊



人也酒罷各散余還船局洪營官還來見小惕買演義七字唱便往容
園吳歐已到蕭三後來喫羊肉過飽夜還嶹孫尙送局中遣迎之還船
九月癸未朔晴習樂所請飯不知何事似專爲我設也午往見三首事胡
趙劉及徐甥初無所論朱倬夫李雨人吳劭芝傅蘭生同坐夕散還船
便發田二自省來李新和自匡返均令還山夜宿洛口
二日晴纜帆並進行七十五里泊淥口看說部
三日晴無風屢停泊空泠峽下僅行卅里
四日陰雨無風纜行行七十五里泊黃石望
五日偶有順風陰雨輒息行卅里泊衡山縣下
六日晴買麪餠石朝設湯餅作和譚芝昀詩兩相看來蓬萊光使君佳咏艤回腸瀛洲有客能鉄海覽瑣仃人匠傍門早淚泥金淨衣缽敢期丹箭買荆揭如今吉士師徐編世不相從誤客桑卿岀差似餘方干報紙傳看矣計歎辦淚久枯知已詳姓名數郡納羅寬阿濃定許紅綫乞封大纛偽聚袖索認故玄客餘故事傷舊致屯折隊題行九十里至七里灘風
息早泊
七日晴四十五里帆行到東洲監院教員皆不在館諸生猶有廿人常甥
彭治靑入爲料理公丁似甚得力聞趙伯臧有書來言十月成婚喜事
忙矣此來不虛也
八日晴始戴㹸帽尙衣紗袍待嶹孫寫字畢乃攜入城房嫗領之余自太
史馬頭上過丙學張尉道臺二程家太守下鄉唯見覲察道中遇程十
一郎云其母禱嶽神故未往彼唯見涂景濂李華卿譚兵備從鐵爐渡
湘還
九日晴晨晏起史生執經詹徒求薦常生言田事湊集一時握髪吐哺眞
不給也午下湘道遇子年同船遇彭理安楊慕李船徑西渡余從陸渡
瀟湘門謁府縣便至石鼓登高主客均未至獨坐浩然臺頃之三學兩
師均至道臺來作主人游合江亭看秋光設食臺下翅鰒均佳鴨亦肥

釀夕散至柴步下船宜孫已還兩嫗相待戊乃還院晚桂飄香而未見花

十日晴仍熱程生張尉及其壻姪衡清令三學李師二向生卜經歷楊慕李常南泉孫道臺相繼來得程芳晥借錢程叔揆報喜書

十一日晴程太守來新從浩然頗有闊派留飯去鄭親家兩向生來專信還山

十二日晴彭芳馮粲來見彭已老矣梁戊生來得宋陳京書宋以顧問爲有職可笑也真書來言將入京復書不以爲然向送潤筆一禮全收便宜發賣也董傭還山又附一信

十三日陰晴孫問百里奚本末據史記虞亡奚年七十殺之戰猶哭師過百歲矣孟子言去虞史記言爲媵則不相合而扊扅之歌其妻計亦六十餘又可笑也向森來謀開復常次谷自京其從孫自鄉均來相看祿



荷榮太守來言女殯

十四日陰彭理安來鄭譚來言學界奪田請書求撫藩主持爲移書岑撫龍莊侍郎使公節下八月至城未敢上謁旋因衙學經費不足譚兵備促令赴館晴仰給閣智達盤對伏維政和民信縣吏歸仁散蘇穆穀衙蒙全保縣關貪德無量奔但一時之澤也感謝感謝衙城學生稟提印卷公穀關廣蒙學此項久費敦宜貼補爲數無多前曾經學司本道詳存有案不准移用今復有此案不過與數官爲疑不知大府不裁數官卽必不令其移撥印卷宜有公費張香濤相國前爲學使時諄諄官之縣苦而成今復派用弊弊大君子統籌全局惟吏與學之心伏祈遵飭全書興積穀並存不得藉撥別用則宏覆之惠當與路中丞謹啟州縣考錄生員之確同爲盛意美談方今學務雖無起色搜括殆已不堪已興各處均有不可終日之勢學部亦依違數圻　廷議又欲改章矣明公權衡至當可驗屬吏誠告多士毋庸仍持前日之廣議以爲漸戢則遺糧尤大也衡稟列有曾士元監曾衡名想被稟時未便駁斥特布私見諭爲鹽縣但令州縣留存印卷公穀明示意指俾無借名擾衆則寒士得庇矣專肅謹叩鈞安闓運再拜敬言之不費百金反求百石親家之力也

十五日陰昨夜有雨山色溟濛殊無秋意舊學劉袞王船裔何中瑩蕭侯鵠來訪作戊申九月督撫歌排滿翻成風九旗（江端滇錫川趙閩松甘升五督晉寶浙增陝恩新聯四撫）楚（東寶藩陳）齊（袁吳桂張）猶得領髮歷直（岑張）徽（直楊）黔（龍）蘇（洪馮）滇（徽朱）黔（鄂東）桂（湘岑）分占東南一角棋沈詹來探鹽差

十六日陰看課本亦可溫經然荒疏甚矣因講李詩緒永王璘傳璘受肅宗撫育而狂昏自死李反責帝未爲公允

十七日陰雨看舊唐書鄧傭兒姪來請入學堂真怪事也

十八日陰遣問祿女疾因遣京果寫對子數幅夜夢攜家江行而余忽從陸車先打尖相去數步從之已不見俄入牆缺甚窄知非車道退乃入人家庭院中四圍高門殊無出路因入主人坐室一短衣人自云姓賀有兩母柳氏妻凌子女四人告以迷誤云當從內室出而其女未起請少待喚醒之余欲暗過云女未嫁不可少頃引過出一房又一房有一中年婦坐繡不相關既出云可至大道矣及尋出路又在一院中重門周扃不可啓心茫悃悶俄而寤覺其人姓名歷歷可異也

十九日陰雨看報寫對子尋春秋公子殺君不去公子公子卽氏也遣史



生說之又爲改定皆未確

廿日陰晨見日

先孺人生辰小程觀察來早飯寫扇對屏幅鄧新林歐陽屬說齊仲孫以魯後有仲孫書之則是孔子作經徑改史文非通義也齊仲孫自是當時有此人但不可直言仲孫疑是左氏所云仲孫湫與慶父俱來而去其名又諱其納慶父乃云齊仲孫耳

廿一日陰陳八告假適欲往白沙令谷丁攝事而出大風不得下泊梳妝臺下昇訪鄭親家入城至兩程家云觀察已上船遇老相公丁次山還船上湘又不得上始知水勇不如募丁昇夫懼溺乃渡東岸從陸還顧視船丁方在洲背

廿二日陰廖陳自耒來陸堃弟自藍山來陸來取信爲作一函以周嫗特請之故不索百金也七都聾叟來見蔣振文大聲亦不聞子貫世仁兄節下冥同寄

復一函諒達期驗畢事未巳弊策爲勞朝局因仍徒有罟爽之歎罷惕後起各取高官新學無裨人心益陷明者當亦盱衡耳數門生險鹽以高才作卑官又分一段坑人之處特令迫於鈴下獎得揭眉沈子封初到學務或須委員幸一提攜俾不與冗閒爲伍或單門須草露布可免覲匪亦所謂也若瀋陽聽鼓地老天荒又不假此且夫皆猶之流奕爲此奉託即須台安清秋沈陰南望增恩唯珍重幸甚

廿三日晨有雨，夕晴。令前庶長移入備顧問。妓女來投，云被驅逐。

廿四日晴，復煊。張伯範率其子來，云往新田，已飯，龍復爲具食，乃去。向生來子年、張鳳蓋、廖焚兩生繼至，過午乃散。與庶長疇孫同船上白沙，答訪黃芙初，還。秋嵩來，云价三求救，留居前房，遣湛童慰問兩妓。

廿五日晨起甚早。潭令專差送書，言碧浪亭必須歸公。與書洋和尚：六休師兄方丈八月到省杖錫四游前遊經營正擬專差頃得方伯手書云云中丞必欲收作公地前此修造之費皆歸守出弟處六百金業已領回尊處所墓化亦欲供還若執意不收似有占地之意空勢譯畫不得久長又一所孫寥幻也尊師既無人接待可即收回用項別作商量愿住何處仍請中丞分付以符撫轅前案長沙人均小贖又多我望當示以隨緣無令丞堅地下僧恐弟前書曆拆即拆僧不放心必欲出錢落得發財想公定笑納也專此奉告即頌法喜惟照不宣閩運和南九月廿四日



心貪世先生使君節下庭桂晚花正惆清宴賀惕此長渡欣奉手書碧瀘正平風潮未定臨即遵驗致祀僕僧倬遲公議但此僧率撫示開學今無經費恐如何留遺之處實與鄙人無干新寧歸公之後請中丞查案歸酌安插梅暇必有善處之法則紳界學界之所主持矣閩運因嚮經費暫到衙似冬月嫁女仍還城宅之藉得復離雅之館以谿鄙忱前官敝縣水暫察至今未換想賴公祖又忘之矣乞代促之爲幸又分衡從九躐松筠五十年下吏江南世家頗有操守不肯求缺欲得錢局一差敢以附呈即頌台安不盡民閩運頓首九月二十五日

復莊方伯

致朱鹽道潭令益齋先生大公祖節下八月入城因恐賚紅館未敢上陽昨得方伯來函云碧浪新亭定收作公地足城北又一游貲處矣已函與僧僧令其遞公分示從諸煩官也敝縣親友來增言鄉太史家激星遞手摺言湘潭鹽行上訴核門及督飭局云中路舖子店將鹽餉三項經費加入牌價私收想已委員查明並無是事子店較驗行增多運費未便再鹽行一律加價若可無子店即不必增耕枝倘督館飭今謹卑子店必將款幾於館數有礙民食不便尚求斟酌調劑庶得公私兩便劉觀察既未在局附以上陳清稟多媿無任企頌閩運頓

校春秋箋，遣秋嵩潭差並去。午後頗倦，假寐片刻。

廿六日晴，寫屏幅。王豫六、廖俊三、黃蓉洲來。湛嫂率其子婦來，見寄書紙女，初不知其居處及親家名字，可笑也。程生送墨，自磨試之，鈔唐詩評語。廖生來校春秋半卷。復聞蟬聲。疇孫疾未愈，令入城散行。

廿七日晴熱。校春秋，改衆殺大夫爲國殺大夫。傅賢曹鵷爲李鴻章設法，一奇案也。春秋救亂，用權不依正禮，與國滅君死竝行不悖，乃能兼該後世之事。唐酌吾孫傅薪來字鹿樵，捐兵部主事，年廿餘，似是唐家發品，爲魏少環女壻，俗厚極矣。陳復心來坐半日。

廿八日晴，南風蒸兮，復有暑氣。夾衣入城，揮汗如雨。過廖令、張尉、復心、戌生答拜，卿管帶不遇，遇諸塗，未與言。復心爲其七兄求壽對。

廿九日晴，風息，熱未解。作陳澍甘五十生日一聯：五馬一聽弟兄衣錦師鯨靖鱷民物同春澍甘好殺而不能殺洋人，故令其師鯨以靖鱷，不可殺也。梅曉夜來留宿也。六休上人以光緒甲辰來游長沙挂錫紫微山佛寺後故有回浩尚建流杯亭不知何時傾圮余久欲復之估工索費甚巨偶於南瓜和尚坐上談及上人欣然願承修經歷三年工費俯組皆將親其役勤亦至矣亭成余爲之記癬親王賦其倡江湖二費皆縣助貲上人以余爲主修不取他人財唯其國中名人助則以充工料之費既而大爲湘人所猶聯名告巡撫謀奪歸公官士掏若懼不勝而謀所以碰南者嗟夫燈閣抵制之學議國久矣乃今及於僧家乎余既告上人亟去之恐五洲問者以湘人爲笑也因外去亭之由以附上人並告賭檀越非敢



起滅白由也佛家以悅衆爲先亦使世人知天下尚有舍己從人之人建亭之始余既有記刻石矣夢幻泡影歸思亦有可嘆形而五洲人何癸平戊申十月癸丑朔王闓運書於東洲勝舍又與書藩使論事心盦任君世先生台席昨奉復升悔偷一函計已達鑒唯事理未盡俗人難喻惟明公可與盡言福再陳之雖與事無干而一者舉動中外具瞻不可不愼也議者云還償已爲厚幸不知修遣經費退還乃其本錢非公家所賜閩運六百金退還不過收回原費由長得公家分毫即梅曉數千金或敷爲金亦係梅曉募化已得之財公款亦未添分毫即令開花帳報盡動公家總係照帳退錢不能云云助多少此理至明而出錢者未肯以爲然也本可不問之事而必收入充公果何理乎至晚公之來乃係朱叔彝逼死和尚登露保寺產符爲之設施延價梅曉好遊暗爲所用其到長沙時課此稿未完釋

晦日壬子，霜降，陰晴。早起陪僧齋，遣船送至城，湛童恩恩先去，蓋爲二妓營謀也。李華卿、譚香階父子、譚仲明、張尉、梁戌生、沈孫先後來，設水餑，談半日，客去。僧還，廖生講經無隙矣。

十月癸丑朔，晨起露重溼衣，熱猶未解。續前稿趙次公問閩運彼來何意對云抵制次公大閩干涉不能驅逐反欲牢籠途令學務處出示特開僧學堂然而已不敢再奪寺產突然見寺產已獲即不再顧梅曉此六年中僧學堂經費皆曉公自僧由湘僧資助供給者每年不過數十百千以故學堂無成就無從著手閩運恥爲亦撫台之恥也何也示閱僧學而不過問名實不符故也

今年八月到省本欲向吳學盦商量數衍門面因考未見一至於今新學化私爲公不準開運容留樓曉則樓曉必向趣趣求一挂鐵之地恐推不出門也示開當學又必示罷當學豈可日趙次山事費不管乎凡此皆有關大局願明公熱籌之無日放已領顧得大佩宜可無須再來也若不收作公即日新事有極工作迷即拆毀反覺光明孤棒必不至成交涉彼時棒曉來問聞運只能自認晦氣而不能問公家何以要拆豈不難然事外乎辨界學界之議不可用也知可用則不至紛紛多事矣世人無可與言公素明體故書所見以告並頌道安不具闓運頓皆九月晦日

陶齋尚書節下前聞伯太夫人之喪因諸候絕朔未敢奉唁伏承追愛增哀行路歸仁慰問之疏自知淺矣舊遡告信扛介先容遙想與居仰惟珍重悟終闢至不疏故人相得益彰無任企羨闓運留帶譖旋返山莊冬仲遺嫁第十女向平願畢傾當重覓赤腳扁舟湘阮以副公天足之望篇我科舉之丞明年鄉書無廣孝寄臨江運客成有音問不能學曲園辭行但當和聞齋告存也事此奉問歡頌鈞祺惟鑒運慢幸甚李蓋民闓運再拜僧去令庶長送之又遣丁入城羅心田來李進士來言妓捐

二日陰頗冷寫字數紙講春秋定課卷次第與書端督唁其世母喪夜雨

如鐘頗快清聽

三日雨常笛漁孫來見霖生長子世琛儀伯午來言瑫女時有疾病寫字



數紙講滅不言弃爲君死之正何以至見世始發傳未得其解

四日陰雨寫字數幅講春秋廖傭還得六八女書趙年孫來

五日陰雨寫字校春秋如頷桂東鄧生來見純乎徭人但未知其肚才耳

張佩仁送浙骰

六日陰見日朝食後見官船停中流三版上岸未知何官也待久之云廖璧耘來致其父書並劉部郎潤筆克菴子名本彝少菴孫畯添裝頃之廖燗富來自涼州正談物產廖俊三送挂麪陳日新又來送花邊寄十二太太日進斗金可喜也房嫗不領孫仍還前房

七日陰黃三元次孫持其父書來與一鄉人同至分府通判吳姓來胡植榮亦來見因寫字未延入久之乃與相問鄉人姓張教書匠也黃孫所言不可聽而年輕遠來留待同還王芎帥兒來適作餅便以啖之

八日陰又作一聯題松柏樓午出至城訪張尉謀請客遇夏生云夷恂已到家矣沈生亦適相遇至道署適將出轅云曾監督開學至李師齋看報昇還船水陸迎接陸軍統制張懷芝從兩廣來云余潘臺亦將到矣與書丁壻

九日陰見日晨晏起瞻孫言夏大伯來急出看之乃尙疏衰非禮也禫宜漸吉今人省費不備五服廖生來言郊禮未中於是劉子重來乃去夜談稍久僮僕皆睡去

十日大雨將入城竟不可行唐生示我筠仙遺囑未述生平得意事而猶恨去官熱心人也冒雨入城答吳通判劉縣丞至子年處久坐遣看復心云已還城頃之亦來又待羅心田不至往閩館看之又已先往與復心同往已有菊山亦應霜景戌生俊三繼至摸牌待道臺頃之亦來入局上燈入坐未二更散冒雨還

十一日仍雨復與廖生箋郊禮卜郊禮必欲以四月爲正終屬牽强樊非



之來說辨無所貶用我舊說以駁新說下語糾纏未能定之

十二日大雨改春秋表復心來早飯已過更飯之廖璧耘送炭遣叫雞兒押船予以十元並炭價四十元一歲炭費亦及百千生員十館之費甚可懼也

十三日雨改春秋表入城至閩館會飲羅處三學梁張俱集又一生客云壬寅曾見蓋黎薇生也徐與談潭事更招陳琪來會云昭潭門生亦一詩人黎赴曾監督招先去

十四日陰午詒午還云當還桂留令同赴道署一集城中頓有兩進士涂李四翰林陳黎夏阮一時之盛也涂廖爲苟敬夜散大雨

十五日丁卯立冬大雨改寫春秋表午詒午去有不得之色孤身困窮志氣先衰非偉人也楊生父子來夏門壻也放犍來衡余將求大木故令相聞訪之諸生多來談春秋周武德放債欲學楊性農告以不可

十六日陰諸生今日公請午課畢而往主人猶未齊集陳復心徑去矣鶴笑可怪薄暮道臺來看戲極無聊李進士老年伯作陪李語太多似乎尋事覓縫二更得浩然電報似又得意亦非知幾者湘水暴漲還舟頗遲楊都司得意擔僮相送無恥人終有得力時宜忘八之多

十七日雨黎薇生來梁鎮中間禮大有發明作春秋表動筆輒誤夜看報

十八日雨寫字數幅余管帶來作春秋表看墨子夜作詩送涂年姪未終篇房嫗促睡燈亦將暗乃寢

十九日晴寫詩稿亦頗有章法黃鸞員鏡澄來辭行聞王兒欲請看菊當先答禮從東岸循湘下至中丞第未相値渡湘繞魏家垣尋黎薇生云已歸矣乃至天后宮主人猶未集唯李華庭余管帶譚香階待客客則陳羅先到涂梁後至張尉三請不來摸牌二圈入坐上鐙初更還始有霜氣今日乃知王通判爲王老虎之子吳委員云貴公子謬矣



廿日晴寫字數幅卅和來作表數誤且停半日看課本

廿一日晴卿秦管帶來周給逸新婦來謁得媒人書云有明年成婚之說趙家不怕女老遂廿矣夜鈔表二葉

廿二日晴鈔表始悟樊生移改遂亂其例輟不復看卅和去午至湘東答訪秦凱三晤楊少臣皆不入至王家看菊秦朱蔣丁繼至入容園待道臺旋來出園看水入看花絢爛無秋容隱士花成富貴花矣

廿三日晴寫字數幅無合作道臺卅生日衡山令來祝壽近今無此馴吏也方誠自道州解餉來陳琪來見

廿四日晴沈士登來留食餅約明日會於衡陽署且將薦王豫臚於祿太尊鈔詩一首

廿五日晴晨得道臺信報國喪云太后未命以醇王爲攝政王急往城中送沈士登至道署見梁李云電報到日舉哀不俟詔到城中又閉市不還門鼇登時怱怱無太平景象矣還院猶未晡

廿六日晴得程信云趙姊將來衡定於衡娶禮部文猶未到不知停嫁娶何日期滿記是一年或云百日當俟文到方可擇定

廿七日晴至花藥寺適寺僧爲

大行薦福請書神牌不覺悽感五十年威神一旦如幻邀李華庭來會便至營房訪余棣華小坐還寺宜孫房嫗俱留夕齋還船已暮李砥卿來云廖蓀晐亦來矣便留李住夏齋待之

廿八日晴看課本又得程信云即日當到夕得蓀晐詩函欲往迎之大風涌波還作讚佛詩

廿九日晨未起報蓀晐已來屣履迎之早飯後去至城求醫李選青告以單方診脈而還周生還看報始至十日便似古史矣作書告兩女遣廖丁還鄉



晦日晴壬午小雪看課本飯後程向兩道來日昃始去道臺送蟹柚左類作痛耳根腫起似欲作惡塗如意油而愈

十一月癸未朔晴看課本欲覓宅城中安頓諸女常周云彭向青家可借請理安借之已定矣顏晴村云彭妻重託不可遂作罷論

二日晴與書廖郎遣船去砥卿謀鍊沙不成轉而謀鹽與書劉健之想難諧也贈以卅金卽去

三日晴程景送雉周敵送鱖殘菊作湯夕食得飽見京報不依攝政禮仍用軍機皇太后猶吾大夫也喻生送刷書十二函

四日晴看墨子陳典袁騶來糿女專使來送薯粉報以二蟹

五日晴煤炭船還得廖父子書仍遣船下省便候來船

六日晴譚張兩生來看報無新政云秋操馬隊反端督留皖未去御史亦諫秋操漸有異議矣練兵興學七年始有敢言者所謂鳳鳴朝陽羣鵶

亦不誤也和廖孫畡詩次韻一首佳客遠來勞久遲公暨色滿疑衡實潤沙煙秋瘦在畫闌朝寒錦孤生若話經增家國恨葉飛疑雜雨風聲莫嫌濁酒枯魚儉百一詩成待證明

七日晴講孟子既入其苙墨子二步積苙十步積槫苙大一圍長丈苙卽令杉條也以爲豚柵故趙注云欄寫屏一幅古寺松風捲蕙幃只懸清唄駐愁暉百年家國勞旋念一夕煙香委玉衣文武道消天柱折山河影缺月輪飛淒涼回鳳峯前路一曾證仙輿上帝鑒先皇曾識女英名再奠難福靖海鯨四紀尊榮天下養深宮昕夕藕聖人生孫池邊返三清萬嵩谷猶聞萬歲聲而地繁霜儘落木空山野哭喜從驚楊云凡來報改元宣統復心送蟹

八日晴看墨子寫屏對送蟹道臺柏丞繼子來送遺稿

九日晴作周譜序看墨子一過未能子細學生來問雩例尚不畫一令與同學考定

十日晴寫屏對淸泉魯令來至城赴朱德臣家疇孫請從今往程家坐待余獨至朱處郭連襟程生廖畡俱在向道後至初更散疇已在船云未



詣程也

十一日晴煊寫字數幅卜云齋顏通判仲齊道臺先後來疇孫刺船往呼之乃從他道遯還溺水事小作僞事大痛答之與書劉映藜牌禁薙髮

十二日大霧晴刷書將取版價喻生專取於廖令每部得十册夜雨淒清

卄和又來

十三日晨雨午後晴作賚氏譜敍與柏丞後子酉生名國政並贈四元嘉賚氏之能念名也柏丞不合於其族而文特謹厚所謂行不顧言狂之徒與今有此報亦可以勸聞真女將北去心甚懸懸

十四日丙申大雪節晴寫字如掃葉掃去復積字亦無長進春秋箋又多舛誤甚不自得廖畡三來辭行

十五日陰鄭親家麓峯來留飯去作書五厭戴剃工薦任和去彭洪川長子敢昆來求救已忘其字矣姑以星伯稱之

十六日陰與書陳少石夔麟索墨子版並爲彭令道地題王生算書幹將軍來送糯米潭柑慷他慨也引一團總來求信

十七日陰幹宿船中遣邀朝食云已天亮飯矣鄧翼之送蘋果螃蟹求書干張端與書告以宜干桂撫得與兒書云卽當來與書黃令言加酒稅事交幹楊兩團總卽令還縣魯令送菜

十八日早起八嬖來言贖田事卽與書鄭麓峯親家問之送雲塘柑與道臺卽條陳甄別事頃之信來言不可寄題蓋不肯破例也鄧壻又來衡抽豐曾泗源率子壻來木卡委員鍾芙生亦率司事來並集黃昏應接不暇楊振清來送壽禮

十九日陰改之例表無可發揮亦不能不備一例富貴來云三女未來當候喜信道臺又送關書且留備用鄧壻來責而去之衆皆以我爲傖俗人難悟如此



廿日陰廖孫畡來少子從行陶字幼船不能攏令迎候久之不至自出岸邊迎之云已朝食坐看余飯罷乃入室久談定明日早飯仍從船去未幾程生來告以廖到因約一飯均於明日

廿一日晨起下湘至長館攜孫同往孫畡寓見其二子客中無設贈以四蝌飯罷出過卜綷歷遂至屹樵家陳芝生出陪兩子旋出送周植謙書已忘其字矣季碩送余至商霖家丁生張尉先在頃之孫畡來周生復來混飯正與張尉同席爲之匿笑食頗飽已不能飯矣還未夕食上鐙後乃湌

廿二日陰有雨張尉來作出入表猶未明朗詹利尚來

廿三日晴與寧訓導戴晳心葵千里贈詩韻笨意庸不能屬和乃知巴人下里難於白雪陽春也

廿四日陰聞湘船到將自往候之大風不得下至夜半宜孫起見燭云廖

丁還矣
廿五日陰晨啜粥攜湘沉舟至耒口檥候來船須臾均到先上兒船旋上女船還泊柴步遣女婦入城問趙家婚期定於二月滋女欲留衡度歲乃復回船兩兒三女及長婦外孫俱歸院舍移行李時大雨役夫憊矣
蘇三來史傭亦來
廿六日陰晴婦女入城夕偕真女兒女同來余移精舍房嫗閉門其甥闖入未遑詰問也程季碩來報日講媒
廿七日晴閣擬　廟號德宗謚景　慈禧孝聖上同純母恐非也午至木卡訪宗濬蓉生未詳其家世或云裕時卿孫詢問非是入城至道署專設餞我看蘇竹王册冷圖從陸還至白鷺橋上船
廿八日陰晴作書寄莪女端樊報景韓次子佩和書並及楊兒生日冬至兒女孫甥來者慶祝諸生來見者卅餘人賁者程曾梁李譚師



晚來自出陪麪未半曾至連喫數盌猶未覺飽席散已憊矣女攜外孫晚來陳鶴郎妻魏昨夜留此餪祝今午始去今日辛亥小盡得成賚君書
十二月壬子朔晴命婦女懿兒先還余畏寒疾房嫗不肯同行嘻孫不告而去程曾送棻還黃孫往江南
二日陰遣李新和下鄉復成顧問書程旭送雙雉以一送譚兵備滕以核桃張尉來與書朱嘉瑞託薦秦春孫昨日撤廚今猶未散
三日陰團總專書來請攔河劫商告以不可與書張生謀之
四日陰房嫗買炭利少害多喻之不悟也鄭龐峯來程丞堂攜通判來問疾得瑞女及其叔琛書霖生送酒餅夜雨又遣人下鄉迎陳女
五日雨常滿爹來測脈（字少庚名渭）開一方去喻生又請李生開一方來鄉醫官醫皆有派其不除疾一也姑服一甌夜雨恆兒入城不還

六日雨作包子侍媒人午正來送復女庚書廖喻兩生書帖無訂盟人家姓名蓋衡派也作詩四律寄樊雲門索和周嫗還鄉輜重纍纍似有深謀而祕不言陰人固難測也遣輿兒就船去媒去天舞仍摸牌四圈移宿內齋
七日大霧聞恆子聲乃知昨夜未上船誨以世情彼昏不知也慧父有此癡兒亦是罕事安排作粥忽王元渙投刺請見左季高所謂冤魂不散也周生空作知賓賓來了不知自出見之問以所欲則為方瑾事方瑾秋瑾類也皆在湘潭釐局亟與書馮同知救方作一行蔣謝陳程來言事俱喫包子而去夜遂不出矣初月照窗念湘人舟行冬景甚佳亦作一首假寐遂著起已無詩情矣
八日晴大霧晨食粥午食餅晚晴欲出夫力不足而止五相公來
九日陰晴有風真女還城率兒女均去道臺送詩來夜和二首寄樊雲門



索和五相公去
十日晴作出入表粗有眉目餘表未看怕費神也夕坐內堂二黃孫闖入姻族以衡州為大路往來如織五十年前無此事也
十一日晴陰入城謝客五家至道署久坐遣接真女云尚未飯由陸還李新和接衣來詢薌事皆云不知幹將軍又來言酒稅蠶業學生亦有普通專科可笑也鈔李詩三行
十二日陰晨未盥幹將軍來告以不應來楊懷德又費去萬金矣與書陳秋嵩問之並問二黃生飯後皆去遣李新和還鄉驅逐劉南亭
十三日陰顧雙表來挈其繼母姪袁頤豈云往廣西調查新政各省皆奏請翰林主之云是憲政分局蓋學政之變態也問其父猶在道口著有政書留宿內齋夜作一詩贈之打油腔也
十四日陰顏留一日泛談京事問蜀故人晚飯後送至船又送程叔撄至

岸與喻常周返棹而還已上鐙矣

十五日陰看王先謙續錄不完不備未知所以補鈔之意攝政王欲居開平亦未知其意蓋不慣城市也當時仍稱朝旨行事則今亦宜之今日

丙寅小寒

十六日陰寫字數紙張鳳蓋來言曾侯園

十七日陰遣迎陳氏外孫女來劉家遣迎紈女令以昇來歲暮團聚各有家庭不欲令女隨我此家教也

十八日陰寫字數紙無墨而止看乾隆朝報未能詳悉

十九日陰有雨彭守謙來見之便有鑽營干求之懼胡禮部來稍爲安定馬先生又來無地自容矣

廿日雨常堉告辭還家喻教習昨來買書令點數依價與之夜出巡門周生兒闇中游行其父不愛護令彼獨居無此教育法也此兒大膽可取



廿一日雨得廖孫畡書報袁世凱回籍黎薇生專人來送譚郎詩篇並索刻書以四經箋與之張尉向道來王生自省夜還復廖黎書

廿二日雨中見雪譚朱饋歲已辦過年矣

廿三日雨作餹送竈無復中饋泣之廚人行事客中景也料理甫畢張正暘來不免又作飯煮菜此則官派

廿四日雨劉家來迎婦約明日去張鳳蓋引劉兒來送禮以義卻之譚兵備來周生與其同事互訐勸其隱忍

廿五日陰晨起見雪張告去自送下湘周兒自省來送酥餹飯後同舟至城欲發差船未果張往程家余仍還院四女作餅團送道臺夕作對雪詩試瓦無聲玉屑凝鑪炙撥擁喚寒增總明喜見松枝碧檜響輕敲竹葉枝半夜犬驚同越吠他年鯨罷記堯爛地雖獨去塵偶恨凍合開河更踏冰上湘時見桂藩余壽平誠格還徽船連檣甚盛

廿六日晨未起報余藩臺來披衣出迎已入坐矣倪豹岑之甥也甚似其舅云受業雲門言其交代尚餘五百萬他省無此富也不留度歲明日卽行紈女將去遇雨遂止摸牌喫飯不覺已晚投袂而起棹舟瀟湘門謁余封翁辭不見還船欲爲喻生稅契乃無契紙以爲不合式遂昇至道署壽平已先在更有王季棠可謂善於搜客

廿七日雨道臺送詩來請停戰又疊韻調之其笑殺之遇俗妄空數楚客賦江離屠蘇綠酒人皆醉書味青燈我獨知幾樹官梅依畫閣五更殘雪灑緗帷知君不讓樊山子術戲擊中和九詩

廿八日雨雪階砌已積素報省船還自往迎之房嫗在船叫喚不聽下仍還內堂頃之來見云三少耶未來舟行甚險送雲門書叔虎書

廿九日雨晨作兩書送詩考荔挺卽今水仙余所謂山蒜鄭注以爲馬薤者也積年蓄疑一旦豁然

除日陰遣覓彘雉還云無有年飯無異味唯作非合包子喻周生來喫包子去至初更乃得飯三更祭詩遂倦寢矣

# 湘綺樓日記



宣統元年正月壬午朔陰國喪不賀年晏起滋女送蓮元云女代婦職房嫗送酒賚氏兩子入賀年勞以年餻諸女擲骰奪狀元余倦早寢始亥初耳程喻周生入見夕見日

二日陰晨起頗早傭工未與房嫗未盥櫛惟周生披衣來問訊譚道臺來送詩

三日雨潭令專差來送莊藩臺書竝炭金百兩寫對子誤七爲八又無墨今年字不利市夜擲投復莊書竝復黃令一片

四日陰晨作兩詩譚以壓崇錢爲壓歲隨而正之 祿酒紅燈夜向閣華堂兒女有餘歡一盤舊識 升平製百錢同增福壽完喜洪撤盤閙吉語巧翻花樣異鋼官世間歷力塵無比紙爲錢錢得最難招要衡俗重年更里巷安和遂物情康 假劉公勞手逕貸如鐵壺已盜傾實絲百萬誰嬪嫁仄類頌且罷征莫道腰纏傷鶴背鋼圖漸比五銖輕 亦攜女孫房嫗坐



小船下湘途遇秦管帶譚老師招呼令還譚船同泊鐵爐門梁李兩師在焉俱過船談同至道署謁居停約人日之飲出詣二程張尉鄭教官蔣鼇員遺間真女不來還船迎嫗纜行到院正上鐙矣

五日陰劉孫生日來拜乃悟焉例給一元催整內齋裹間地版亦發四元周生兒來張尉率其女壻來方僮誤以石爲十乃云廝十顧典史來

六日陰擲投不問餘事頗亦費日將和譚詩苦官韻難押魯太耶來便索其和因以詩便交送城長郡館首士三人來

七日陰晁日答謝秦丞因詣楊彭洪楊從瀟湘渡湘詣府縣羅朱陶黃吳譚便同譚至道署正晡時耳主人旋出邀看新園欣然得句 疊石玲瓏過曲闌搖 花開復主賓歎新園拓地池亭好文障交綏壁壘完人日尋梅春有信新詩屬草賦愁官盧耶思發吟情勝應爲頁展得四雖(謂張味塵)枕 鼓回船欲二更經波微月漾春情若擽隊約須晴折宋離還應待客傾首鹺開元題北斗羽書傳捷報南征不妨共向江城老已覺東風拂柳聽 譚復遣送京果

八日雨昨月隱雲復成陰霧至夜遂瀟瀟矣朱蔣彭楊來答拜夜雲中有月地上無影

九日雨詩思甚躍譚兵備復送詩來鄭廣文父子來見子名家彝文筆着菲草字甚似郭筠仙詩亦尙氣未能入格

十日雨看東華錄鈔日感諸臣貪庸似今日猶勝蓋天氣上騰自然成否聖王莫如何也十室忠信何其寥落念此惄如

十一日雨連日尋查紀昀遺戍之由閱報十餘萬字始於乾隆卅一年戊子歲檢得係查鈔盧見曾時漏泄寄頓以讀學革職發烏魯木齊昀於嘉慶十年年八十此時年四十矣同時有王昶徐步雲趙文哲等俱得罪俱劉統勳查辦周庶長下省辯冤去陳琪秀才來

十二日雨滋女入城梁師奶來陳倬女也稱我世叔不知夫家親派以曾見我與其父叔往還故然自至廚中招呼夕滋還始飯



十三日陰朝食後下湘逢來船相呼云岏樵妻攜中子來商議喜事請其上岸余至程家客尙未到程生邀鄭譚廣文蔣鼇員朱張相陪本欲早散客來不早還已上鐙聞譚言道署新軒牆倒客散明日事也幸不壓死涂中作一詩 傳花飲散發光凝詩膽慢松酒膽增瓦未打人先破碑楊曾延客共樸樓敢言知命能狂立爲兆封侯已岸崩 步向鼇峯尋故址桂宮前殿月如冰

十四日雨寒喻教員來作伴方奪狀元未暇與談夏午詒甥楊生來見祿衡州來

十五日寒雨沈冥惟花爆可散陰氣衡州殊無新製令人思日本史湘雲夜亦放數百箭飛火甚盛

十六日陰真女家去將辦嫁事昨夜從側室寢不安今夜早眠時聞開門聲女嫗均覺云是夜風怯寒嬾起俄而天曙道臺又送詩來未暇和之

十七日陰有雪黃琴翁曾孫來載彤次子也與論盛時京官交情告以舊

家風範午下湘過道使又送詩檢前稾不得歸補錄之蹊路樓林近可探更貽珍品自宜南果宗竟欲將梨比花譜從數讓杜甘餘製餘揚遜歡美種分棠森賓詳參祇憐燕市移根盤不及推關伴阿舍(山意)秋宴薇垣詠點酥也同苞頁致遙途蘋婆一種分甘醉杏嫁他年啟有無帖仿來禽幕碩紙簇窺新燕隔簾珠昌州香國曾親到只惜鄞簡酒未沾至真
女家看屋旋入府署會飲申提王道先在周牧朱商後至初更散還摸
牌
十八日雨立春元夕未有詩補作二首疊前韻歲歲江梅信可探春光先已到湘南料無火鳳喉簫鼓只聽流鶯辦酒甘白戰騷吟還待雪宵陰臨候早橫塗輸君宦閣饒詩與薄辭拈毫未肯含小雨連宵潤似酥迎春爽從慈泥塗臨知地爆春牛喜炷訝天街火樹無佳節良宵珍尺璧新詩好語串珍珠回思二紀京華夢愁傍夷船泊大沽
十九日晴庭梅始開滋女入城辦嫁裝得黃孫書
廿日晴滋女移入城宅遣僕嫗往侍余亦往看
廿一日晴甚煊登樓看梅真如雪海乃知梅以緐密爲勝枝橫花繞體物
甚精



廿二日陰有雨倡女來訴庶長詭詐有據令急退贓自了疊梅字韻記事三九嫌遲六九梅三旬空向雨中開一年好月新晴色萬朵繁花密雪堆縞袂定須才女詠黃曾讎共美人來獨憐何遜勞搜索卻對橫枝自臺梳
廿三日晴遣迎兩女看梅滋辤不至治具請道臺作六九之會張昧盧黃
義甫梁戊生鄭親家譚老師同集倡女來呼冤令以琵琶侑酒國喪聽
曲不顧憲章三女攜兩外孫來紛紜竟日二更散
廿四日晴晨未起報道臺小姐來其兩子先到送詩頌之女客至適將移
城內外怱怱余竟不能待客朝食後亟上船客猶在家也面城一宅故
姚家屋今歸孫氏一宅分三院余賃其中棟有房四間
廿五日陰趙家納徵陪媒人不到余便衣出見竟未得送簡略至矣遣召
庶長來
廿六日陰始立帳房號簿仍令周生知賓午過張黃張猶未起黃處見陳

三元一聯不及吳瀹齋遠矣官亦不及不知何以倣成三元也還家午
飡旋至朱嘉瑞會飲程生張尉王少蔣鳌同席還寓功兒亦到云長婦
患疥不能來
廿七日雨鄧師禹龍永明令過衡來見云一見卽去何爲恭也卽往回看
已解纜矣渡湘答訪申軍臺至丁家馬頭看道臺過渡久待不至乃入
王季堂家待之丁次山朱得臣先在上鐙道臺乃來酒食俱不醉飽二
更始散
廿八日陰送裝廿四合雜器皿甚多徒費鋪飾無實用也道臺來送詩卽
帖書箱以張之十三經壓箱今不爲異矣風氣不同自趨於文亦與洋
貨無殊也
廿九日雨與張子年論請客事入內摸牌將夕云鳌局來請昇往張朱先
在秦孫與坐廖春漁送柏栽



二月辛亥朔復女加笄請鄭梁執禮譚恭人加笄設席三桌余避至船臥
病客散乃還定醴女禮鄭注在房余改在堂考之醴子亦在房鄭注精
也父在阼母在房外婦人執其禮因命真女禮之
二日壬子復女昏日賀客先至有見有不見程生主之余時至客坐一周
旋申時壻趙謹瑗來親迎道臺來觀禮四女送親初更俱還是日有微
雨
三日陰出謝客從北門至南門唯入道署遂至壻家看女三茶禮成而還
四日陰有雨命功兒謝門生余在寓看送三朝茶分針線滋女小暈幸未
臥牀作答謝譚張疊韻詩蓀穎華十四枝春來嫁杏不嫌遇尋家喜得仙源近採借先教弄玉知雛鳳九成勞鄴異向禽五嶽塗心期論林佳句仙郎和定勝妝臺彩筆持小鬟酒醒求箏停孤女壻堅且共瞻愧我無才遲仙隱敢言不嫁惜嫦娥山居久已門無詮海鯨長恋尸未屬企幫中興宏漢業黨客傳士再傳經
五日陰回門會親內外設五席俱用燕窩十三婚娶所無也客來者十餘

人亦有女客程生來知賓李向二道均來道臺不至唯一捕廳耳在鄉間已爲榮寵得戴表姪書二更客散看雲麾碑

六日陰渡湘謝客王道臺論分家事出祝嘏圖屬題聞道臺兄喪往唁之已摘纓矣云昨午病故武昌子幼無妻夜召倡女還訛詐百元遂大合唱子初散常九耶來

七日陰題三王祝嘏圖頗𡩋於下筆幾母康強過七旬每逢慶節倍憂勤卽看周甲稱觴日同話由庚擲海春兄弟道陪百人會閱庭行列兩朱輪如今一臥滄江畔猶羨郞煙捧玉辰

八日陰昨夜諸女約程趙姊妹看煙火各處差勇均未照護初更俱還今晨乃聞擠踏死七人由彈壓吆喝故愈忙亂不如聽其擁擠必不死人也余在此經卅年竟未一往亦爲闕事

九日陰晴衡陽令必約一飯三辭不得往赴之王季堂常霖生同集鄭譚兩學朱德臣作陪夕散



十日晴梁戌生鄭譚張弟同載酒補消寒會張尉陳生琪及余父子同飲亥散諸女連日宴集大要迭爲賓主

十一日陰城中賽會功兒還湘自辰至午往來金銀江南之間館中幾無人守前後門均呼不應至夜陳鶴春妻來諸女未歸立談而去常增來訴廖胖遺問之

十二日晨雨旋晴紈女將還鄉值雨改期余往書院查辦是非紛紜見晛聿消令彭常查點器皿道臺又考甄別謝生納妾急欲開火故令齋夫考生俱先入館一念之私生無窮口舌亦可笑也凡事未有不誤於私因而掩之亦無誤矣夜月甚明好良宵也

十三日晴紈女午發作詩送之纖綠初黃杏蕚丹花朝猶自怯春寒來食下九同嬉戲歸去重安路遣浸龢力只應愁汲壇有親撿及薦辛盤田家迎女須秋穫好辦新衣待菊釜詩未成三字轎夫催去矣遣兩丁護送爲發七力亦費萬錢喻生妻來燕諸女

十四日有雨旋晴甄別船山書院諸生未集僅六十餘人送卷來便令謝喻生分閱廖生亦來袁張來言賀楊債事道臺追令繳照又恐塗銷欲余居間余云非吾職也房嫗私發多人往鬧倡初不知之已睡乃聞呼出以爲女暴病也自出詢之乃知怪事發已不能約束矣趙高望夷積威之漸不意網漏吞舟亦復有此女小難養敝在養之

十五日晨閱教員分卷爲改定評語取錄十五人外新拔兩人附課因并舊人亦附入焉又得十卷趙增來省張尉來訴昨事云知府大中飭余陷之也卜經歷昨來言周生荒謬大爲我累人焉能累我我累人耳萬方有罪罪在朕躬此語親切有味送卷道臺因卽告行樹倒胡孫散一妙法也房嫗洶洶勢不可止余默坐而已瑨女出拜年頓覺寥寂譚生再來言考拔事牌示書院諸生船山書例監生得正課不領膏火前取程鵬棨已照扣今聞報名時房吏不收童卷以致童生皆冒注監生人數甚多若照例扣似非本意之過已核文道臺飭勝改例科舉既停童生雖得不必冒監爲榮也所有今年正



課監生均卽改塡童生以符彭剛直自念孤寒誘掖貧生之意寒畯饋火讀史研經想見太平風景焉

十六日忌日素食晨興甚早宗鳌員來送及出坐客已滿則常喻彭廖皆在楊江沐馮桀旋至坐至三時之久憊矣忌日本不見客客乃愈多彊尉亦來俱喫餅去而張獨不待滋出留常孫女獨居夜待至初更清寂可憐乃令房嫗與共撩零滋還始散

十七日有雨喻謙來訴廖昺文知殷安清槍替爲之容隱宜究治胡繼祖安清何人乃能取正課往道署取卷覈之因知引檀弓爲我特拔不知墮廖術也然廖喻實未取不能任咎牌令覆試常霖生程生來夜談客去卽睡滋留船宿瑨女夜還房嫗不起迎余久之乃出問夜已深矣

十八日有雨本約至船朝食因瑨母女俱在宅常增又來令同飯乃發過別霖生送文柄寄程生處待闕午後上船瑨滋坐顧船余坐己船復真均來譚芝耘約同行泊柴步宿夜雷雨

十九日晴泊柴步岸上客來相續黃漂臬司藉口奪田程生引梁姓來訴遣問衡令乃爲所紿詭云道府禁其投稅信公門之難入也行同市儈而打官話將何以待之

廿日陰晴諸女游石鼓趙家姊妹同往余爲辦差竟日舍船從陸還誤入許姓船婢嫗歡迎竟莫測其由急還登岸乃得己船

廿一日雨侵晨道臺來報巳初登舟得鑄奶書又報道臺改未正乃來以爲必待昏暮竟依期至秦管帶來送請宿河套行未五里竟泊焉過船談見其次男

廿二日陰早發有北風頻檥頻泛僅至寒林站飯於道船夜雨

廿三日晴午至衡山沈士登來送菜夜泊朱亭仍飯道船芝公父子均過小船相看夜雨

廿四日雨寒睡半日滋女欲檥鑿石看七女因雨不去夜泊向家塘



廿五日雨北風吹船欲行不得芝耘泊易俗場對岸余過女船泊在上小船已先行在譚船下更還相迎竟不能下真已歐逆臥矣俟夕稍移船下又移小船稍上竟不能就譚船也

廿六日仍風雨船俱移入涓口內過船少談還欲稍愒譚船忽發見其被風吹轉知不能行仍泊原處王心培來相訪

廿七日小雨風稍止呼撥船來遣房嫗廚傭均隨六女下鄉行李盡去送至漣口芝耘遣礮船相待到縣未檥洪管帶救生局員上船來見至誕登已暮矣護船趕道臺護團先去小船載乳嫗孩幼亦前行夜遂相失船人詭云小船未至泊平塘下待一夜六船遂分四處燎火取溫燭盡始眠

廿八日陰巳初到城見小船已泊牛頭洲會合同行問芝耘已入城別其幼子乘人車到家功兒鄂館已撤輿兒純孫先去宜昌餘俱出覲宵芳亦來蔡六弟亦來相尋略問與循後事云因田訟投訴留其同宿摸牌四圈真來夜上船宿

廿九日晴寶耶張四先生胡壻李生洋和尙楊仲子來陳八來叔止去真女出辭行還已夕余先上船看房倉芝耘父子正食輟箸相迎外孫女及婢嫗均擠一倉令移官倉待真問知汪頌年妻亦上京甚喜有伴更得芝公相照料可無慮矣坐待至二更竟喫燒鴨餑餑紹酒而還引真見譚遂作別上轎

晦日陰鄉船人來輿兒亦還岫孫正暘趙芷孫龍研仙鄧壻胡壻劉江生瞿芑孫李砥卿廖蓀咳何鏡孫來夜摸牌四圈女婦均來省覲

閏月辛巳初一日早起將出待飯遂至巳初從西至南繞東半城見子玖岑撫朱鹽劉體乾健之蓀咳吳學沅生叔鴻陸臬堯衢日云暮矣雨又將至乃還鄧翼之來聾老龍鍾家業蕩盡欲求乾館難矣



二日陰出監已見組安留飯云已食矣堯衢不待通報徑入臥室子玖亦來約爲一集郞師亦徑入高談吳補松來組安亦出同坐問考拔云捐貢不能考矣叔鴻送菜并遣其四郎來見名博立字達成云有兄弟四人分居兩處沅生旋來要組安去約其來晚飯兼招龍郎久待不至乃與譚席同食飯龍來又久坐而去組安遂坐及五時

三日陰莊心盦來胡子夷來譚五郎澤闓與呂撫壻同至小謝亦來督鏡子來見申前約索鼇館心盦早來談財政內設正副二監亦古制也一梧來劉紱榮來不似江西時形貌幾不識之矣黃澤生來小隊傳喚攔駕湛童遮而攔焉蓋兩失之賓主殊不知也夜看吳仲昀輯詩畫卷

四日晴仍寒蓀咳來飯後訪唐蓬洲王逸梧陸臬申甫招飲久待余不到遣馬來追至則大人滿坐有湯穉安黃澤生曾霖生龍順孫彭文明太守唯彭初見不知曉杭家何人也未正散仍還家將愒龍郎來催客復

從東長街上過消防所未知字義訪譚璞吾正値其孫女開容文曲到宮必有佳兒詢知嫁尹榜眼兒姪從姑也璞吾執子姪禮甚恭殊爲存古驗郎會元亦固其所楊仲子胡郎均先到澤生二梁後來張先生不至云因陸四罵人恨終不釋二更散還欲塡詞已雞鳴矣房嫗遣甥來續假夜微雨

五日晴路濘可行欲步訪呂生誤從大門出値尹和伯移家見一熟人心以爲和伯談久之乃悟爲王心培心能造像真在牝牡驪黃外也還見紅傘乃勸業道入門迓之璞吾亦來同坐久不去乃再請茶無效力將午始得送客從後門出潮音里轎來舁至荷池東橋隱園呂副貢恕子清官知州出談與循同榜客也不能煙視媚行猶能存古連姻巨族正同弟弟談久之出至祭酒家沅生覲虞搢階同爲主人覲手痛不來蓀畡爲客未正散方欲歸惕瞿家催客堯衢已久待頃之一梧組安俱至看櫻



花縱談樞事廙仙倉差未知林肇延下落以破題爲酒令俱不能分截上截下也然入直則止盦喜撫豫則項城危作文自有著眼處初更散

六日晴題吳花宜輯詩圖步至鄓小亭家陳芳畹來云煙已戒矣黎呂郎舅譚三來呂翁亦至徐甥匡厭同來鹽局催客乃出藩學先到淸談甚快未夕散夜雨

七日陰未朝食舁出城自小吳門外問梁礦局住處頗有知者顧一舁夫前進三里許至青郊墅璧園出迎已不似前貌其弟更不似西湖相見時楊報蓀畡莘田先在朱菊生後來學臺遣馬來追未畢業而還周兒舁行甚竭蹶又顧一夫至學署覲虞已去矣孔搢階葉麻沅生金殿臣先在到卽入坐席散未夜

八日陰德化王咫蓀子庚來相訪殿臣來執贄好名人也辭不可當談久之出示潛書及詩本詩勝於文三報來題神懺碑還卷劉健之張子持

周翼雲來

九日晴休息一日譚四郎來談詩盈孫晨往祭祠余擁被酣眠殊未覺其來告出否及醒呼之不應乃知去久矣周梅生來辰谿蕭知縣春昌來執贄謝卻之

十日晴晨興將出舁人未飯至巳始出答翼之咫蓀殿臣俱未見見賴巡警楊三報楊處遇姚念慈太守桂撫調員也詣卄局剃髮唐蓬守來言爲政無過殺人人來訟者問汝敢反否對曰敢遂殺之生平以此得意但未知用何刀也與此等人交亦余之過久之乃去登樓看風帆上下湘水清淺會元三報莘田繼至莘田亦爲主人至酉散夜還有月翼雲來謝未見與書撫臺薦乾館

十一日晴張生來劉永濱通判來王心培來朱家來催客往則蓀畡已先至頗怪余晚三豹覲虞繼至入與宇恬略談設坐橫廳未散過心盦不



遇還與兩孫女過宵芳家摸牌夜還

十二日陰有雨女婦孫女借船看新開船步留待一日呂遴孫張師耶來薦二弁於黃總兵託李童於王心田童還更索薦余肇康張先生一流人也兩孫女託交名條亦致之朗廷之孫交條之風自穀皇始醇妃珍嬪至於赫德請託徧五洲矣柰何柰何余則因以爲利又薦張子年與書端午橋岑撫臺薦四撫後裔及鄧三弟

十三日晴湯穉安來辭以上船岱女來送行黎錫鑾來見云已三至矣忘其何人見乃知爲奉節黎衡山兒也飯後出城上冢墟圃紅桃饒有春感從小吳門出過枚場已無馬埒墓上有人埽草因令刈棘城中子孫尙未挂青荒郊無香燭叩拜而還至西湖橋遇璧五避入一門牆刻卄廠楊生弟出來邀梁四和甫亦至留晚飯因招客前約沙廠一飯因茲踐諾飲啄真前定也自午坐至酉蓀畡朱八均來莘田來爲主人黃鎮

諾而不至待至戌乃散余還船王梁楊送上不坐而去遂泊廿廠前又
約明日看新開湘渠
十四日陰擁衾未起游船已來至巳楊三上船譚三繼至心田和甫蓀畡
均集泛舟入瀏口過碧浪亭菊尊爲主人亦登舟從湘入瀏上新馬頭
遇廖德生知美人居不遠未遑問津同上新亭唯存兩鐵蕉雜花木盡
爲泥沙掩矣聶撫臺斫大樹種花草余比之舍曾胡用聶沈夜雨
十五日乙未淸明陰雨晨發帆風過昭山船夫見覆舟有戒心請停船遂
泊鴿厓大風鏇盪竟夜甘寢吟詩一首良會偶成遊回舟泛春瀾湘瀏激新漲船步喜和安英審癡願經良牧發工官遂弘百年謀成此四利嶋醫余昧遠圖所樂在遊觀亭彼流杯池觀欽賞風瀟寧知芳春節別有臨眺歡既欣山川美未覺成功難晤言得所適暢逕令心寬
十六日晴仍風晨發朝食後到湘潭遣招陳秋嵩託以二摺六耶來見遽
令開船入漣口十里費兩時工力遣陳八還衡令兩傭拖縴纔凡再斷



夜始泊杉塘船夫目眊不能乘月
十七日晴晨起問房嫗云未過姜畬出望正到南柏塘矣兩時行十五里
一何遲也已正到家昇已久候滋猶未飯遂同朝食史生自永興來已
數日德裁縫來言官事七相公來言穀事海棠始花燕子已巢
十八日晴南風動地昨宿正室未便接客掃除西房坐起作京書報眞代
元婦來狗妻亦至乂有一胖女云卌和女也韓石泉來譚兒楊火同至
夕食堂餐復女書來告過縣遣船迎之
十九日晴戴道生弟婦爲其女翁求差說不明白姑且應之並託寄書吳
少芝蔣繼燊亦來求官亦不明白則漫應之向夕往湖口看船云坐船
已到待轎久之以己昇讓羅嫗徐步還腳痛不良行仍待昇還十女與
壻俱先到門小坐卽睡
廿日晴戴婦去與書陳伯弢謝炭敬岫孫及其女壻許姓來海會否僧來

求書解於藩臺告以不能送黃精桂圓而去僱復早去遣昇夫同到省
廿一日晴朝食時忽小雨午睡頗久五相公來求書與梁楊依而與之日
長無事仍當立功課
廿二日晴有雨羅濂生團總來言訟事蕭葛學生來言抽捐辦學蔡六弟
來言訟田未了允爲代表經此三接遂竟一日
廿三日晴陰未朝食周庶長來得黃孫書頃之四老少來午正皆去寄錢
陳芳畹聞李梅癡得江西鹽差又增一窟矣庶長去而復還爲王豫六
請命與片功兒令薦趙芷生
廿四日晨與將往石潭再値雷雨乃輟行報將軍蘇三來得景韓兒女書
求干張樞謀開復依而與之並代滋女與書劉女將軍送菜
廿五日陰晴朝食後昇至石潭待渡未至有過船輟縴渡我將軍言酒店
已備飯約以還途晩飯遂行至嶽坤周家看花遇一劉姓言詞恍惚又



一周姓舉止偃蹇然皆欣於見我旣在矮簷不能不與周旋幹楊後到
同看牡丹千花萬葉紫者斗大設席留飯茶有怪味不可啜也劉上舍
堅約過家便許一往劉名敍昆字鏡心其兄敍欽字勁松云有畫名其
妻李氏蘭士族女也求書扇邀幹周作陪夜宿其帳房
廿六日晨有大雨旋見烈日朝食後陰約至周滿家應昆叔也邀鳳枝至
劉家飯後同去幹亦同行劉徑先去余等看地別由山道周氏發冢金
盆養鯉此亦金盆養鯉頗有堂局看畢同至滿別業見黃冊安字甚似
陳蘢翁款署澍恩名 詒周嶽生季父行輩頗長屋亦新建飯罷還石
潭將軍乘昇鳳枝騎贏瞬息而至楊酒店設食不能再進趁日未落各
還幹楊呼船相送船遲遣還從古城上岸投湖口昏黑矣明鐙還家坐
上客滿丁壻從兄體文字子彬捐知縣得萍鄉煤差特來相訪王元渙
來求寫字館俱與一見卽還內

廿七日晴寫字十餘紙心培告去崔子先行卯金刀來李傭還云黃孫已歸午具饌請丁陪客皆去飯罷甚倦酣寢六時至半夜聞雨乃醒
廿八日陰晨張四先生昨來未去晨聞丁子彬已附船欲發乃起送之張與俱去方僮偕王升來得京書
廿九日雨竟日安靜一日看筠青館消夏記庚子辛丑似是一書然相去百廿年矣寫字數幅竹林叔來送雞叔止復來旋去
三月庚戌朔雨寒寫字十餘幅鄉人來言訟事大要爭墓地一切不聽冬女挛率其嫂與其表嫂同來若遣人命喻而遣之寶老耶來
二日辛亥穀雨晴江西拔貢朱琳柟字曉菴來云曾於衡州往還日記所未載竟忘之矣劉少田又來戴表姪婿專人來爲其親家求官人上託人瓜棚搭柳此之謂矣我倉既盈做米糞飯待之寫字數幅
三日晴黃穉雲孫來黃三元孫亦來岫孫又來言訟墓佳節俗緣宜於水



濱祓之至夜黃孫回
四日陰三和婦來言周嫗受賕方僮告去王升亦去斫芥菜二千斤傭工手腳忙亂廖傭夜還得樊雲門書
五日晴未朝食劉武愼孫來言名傜未交遭劉少田還城附片湯穉安託之客去乃飯寫字數幅
六日陰鄧壻專人來求書告以不可薦衡州事足來送卷卷不可閱問事隨答之
七日晨雷雨復諭廖喻等陳鄧足俱去
八日陰庶長復來鄧新林負笈來以無住處辭之陳翊鈞復來受業偕李生爲介仿佛識之留飯而去世事日新誠不知當作何應付至夜大風
九日陰風爲劉女書扇問鄧生貧富云家貧讀書何益且留住齋宗兄來云佃地被佔人已收押亦令暫去當爲訪之午後雨

十日晴庶長告去宗兄已先去矣長沙學堂專徇情面亦欲爲黃孫謀一席託周生轉告羅生試遣之已去復呼還黃亦同去鄭福隆來相看陳滿妹亦來云須久住蓋詭詞也至夕果出牒求幫訟前已來干辦公人因索門包太多又改計也亦笑謝之相度空地置廁坑亦勞指畫猶未盡妥
十一日大晴看南岳總勝集殊無可采陳妹去辦公人去以李傭升補火頭軍許虹橋來留麪去
十二日陰有雨蔡六弟來與書樊雲門並作余壽平諫垣集序交其轉寄寫對數幅几案蕭清黃孫發寒熱似瘧非瘧房嫗勸令薦王升與書王莘田兼寄龍安書
十三日陰所寫屏聯悉清理分別存寄七相公來求薦巡士可謂奇想也登樓賞薔薇玫瑰亦開櫻桃半熟夜出看月蟲蛙聒耳殊非靜境



十四日晴陰看雜書始知李尙不及王阮亭又增一識見七相公去鄉人來訴訟謝不敢問吾門無日無訟者擬之古人則獄訟來歸虞芮質成所當問也巢父洗耳伐國問仁又當去也其誰與正之
十五日陰晴昨夜大雨睡不甚酣晨乃晏起過辰正矣不止三竿也將軍昨來周鳳枝送芍藥報以櫻桃菌値斤百錢遣工尋之賞以百錢不使鄉民得高價又示不惜錢也周亦送菌夜得廖孫晐書廖六子基植璧耘基棫次岑基樾季游基楙稺虬基杰叔恰基棟幼陶其四子獨取父字蓋愛子也長者能詩少者能書夜有雨有月
十六日晴陰繙日記得唐詩鈔本唯絕句一本未見乃在黃孫處取來成完本矣舊作序已不記亦補錄之一日無客摘櫻桃無可貽者與書莊心安賞之卽夜發使
十七日丙寅立夏上湖南六生來受業俱前年及門人留住外齋令其領

費自鬻且以三日客飯待之輔廷來送銀帳冒雨而去贈以杏仁橘餅
未夜早眠
十八日陰雨王升來送報得朱八少耶書文詞頗工未知何人捉刀聞席
沅生喪席豐承藉不腴奢江楚共推能京國驛騎閒道路公獻私門多禮數歎遊未踰月春風臨穗愴離憂廖蓀畡父子
作新樓於松柏余以金鑛在彼名曰仙雲樓並題兩詩昔年曾宿紫宸宮暮色疑盤遥
杳靄百尺高樓對峩峨歸帆遠浦落飛鴻排雲夜織金縷氣吹笛長招松柏風津吏應知幾耶過平陽橈唱月明中石鼓蟠溪鼎足三登臨
勝覽冠湘南已無遥客窺花恨透見詩人金碧潭五代銀鍋勞榴槐三層丹閣倚檐遥瞰闌更醉陳公酒後樂先丟且漫歎薄暮出
看薔薇劉丁暗入內室尋妻其姊撻而出之不能不整家規矣劉傭自
城還來往迅速得功兒書見伯屏勊伯浩居然一升樊也然升奏是樊
曲陳奏是蔡直事正相反孝達令端查辦與勊馮更教陳查辦同是一
舞文弄法得江南電報
十九日晴遣劉丁夫妻並出附經箋五種與馮撫兄並還字僨將軍來



廿日晴晨起得蜀書初以為龍安信發視乃帽頂兒鴻學字百川亦以道
員留蜀頗知文字寄年譜叢書求作碑志嘉其志識當為表之鳳嗜兒
偕岫孫來留飯遽去頃之二周來昇馬盈門並送萱草夕食為之加餐
寄聯幛與席家交史傭去
廿一日晴寅初聞人語黃孫襆被將往鹽局坐以待且余亦起花香鳥語
俄而已曙復眠遂寐黃孫已去紅日照窗不復成寐矣昨日又得江南
電告以人去不收省譯費信力銀一兩猶窮外公家風也
廿二日晴晨起聞書院兩生來出見之乃李池蓮歐陽屬李生前有物議
午詒為之宛轉想尚留正課也余叔廉崔丁生來一女引一婦人來亦
云族女問其父母名姓查無此人譬遣而去崔去余留夕寐遂酣醒已
夜闌矣聞雨得莪閒月書因病無書已兩月矣又得電局函以不收電
報為患始復看之大要以公錢為兒戲耳金殿臣書來呈近作貫通經

論深入佛海近今無此學業
廿三日晴寫字半日馬先獒來意在陳小帥以前書示之默然無言又費
去茶葉橙餅矣留住對房又得縣報夜雨
廿四日雨竟日馬劉卯金俱於雨縫去作書復唐兒得叔止書
廿五日陰有雨余生午去復還內食以堂餐諸生多拘謹故
廿六日晴陰檢水經首卷大索不得補點河水十葉電報又來已踰兩日
未為捷也衡陽呂生持喻教習書來留受業虛中棟東房居之許生來
請作五世壽頌留飯去朽人又來
廿七日陰有雨學生來者已十二人晨出堂餐午未出矣作許生母挽聯
點水經注看後聊齋聊齋蒲氏齋名以異姓後之法曹代劉也與姑蘇
志無異
廿八日大晴新綠濃翠顏色奇麗分秧功畢正須熇日點水經注閒坐無



事案頭有鶡冠子試鈔一葉久無字課矣寄許家挽聯
廿九日陰劉丁逃去其姊遣兒踵之鈔鶡冠一葉蔡叔止率昇夫來請出
縣即從往城過戚里紅粉列坐皆聞劉二嫂之風者劉則朱楣白壁宛
然華好矣相呼未下到縣已夕徑至九總局改警察關入雜居甘委員
及鄭倩士陳巡官並來見秋少耶為主人价三亦來徐甥兒聲大而宏
初甚訝之蓋與其祖父語慣忘我不聾也
四月己卯朔隨丁未隨且住一日歐僧宴我於局請吳少芝匡五厭作陪
吳匡皆早來黃孫自長沙來水營陳千總陸營葉教員來見葉卽趙調
留湘未去者青田人服膺孫琴西頗喜稱道其事久談密室客來無記
密切者雲孫留陪夕宴黃孫亦與沈國仁談寅誼甚親述唐舜不至
更有甘委員徐財政酉集戌散
二日晨雨待昇夫不至朝食後乃出又誤帶伏冠不能對客已衣復解便

服出門弔許過歐訪翁謁令看朱視婦小坐姨家王潤卿叔止慈妹均
留飴心不甚認親至歐陳門不入與葉亭珠密談夕飲舟圜杜鵑盛開
乞一盆還曾孫來求警員夜爲關說云須用學生婁尹二生求館六耶
宇清慶孫均談辦公黃雲孫來報搶案懿兒欲入翰林無名婦人來奉
親諸求說官事者不記李雨人來言節孝田已忘之矣
三日晨起束裝廖傭徘徊不欲去乃自先行陳門生來請飯已不記識久
乃悟爲揮袂出門舁夫不識路置我泥淖船戶相識乃得呼救谷周均
來助舁上船廖傭乃來黃孫繼至久待將雨姑令開船辦公人責飯廖
傭遂不相聞一時許始入漣過袁河雨甚至泊久之冒雨行風寒無衣
引被偃眠至戌初到山塘僅能辨路家人已來迎明鐙上堂索食不甘
黃孫早睡余亦上牀
四日大晴令日壬午小滿懿兒來得楊兒任學江書並送土宜蓋謀差缺



也鈔書點書如程復楊六書
五日晴始煊鈔點書至午懿去附衣與酒家胡並書城中三聯改陳生文
一篇遣辦公人送去日夕石珊白辮來云劉嶽生已斷絕子得警察以
債務來相訴姑漫聽之早眠帳開聚蚤百數皆飽吾血曾不覺也
六日大晴白辮去幹楊來與論都總事當和平了結聞卓夫喪即於相見
次日永訣 稱心科第早登瀛佚然世較田園共惜大才無小用 滿眼兒孫俱是如喜見閨房嬉戲雲時厥後便讚養 嘉女來
羅女亦來見夕得程孫書即門限上作片復之約與午詒同下程言午
詒久待則謬也本欲遣人看復女因此同去兼寄接禮水經點畢檢少
二本未知何往兒子書殘篇斷簡不壽之徵與
七日晴涼寫對字多出一格出聯十六對十七可笑也得黎傚書降一級
爲友林世姪在彼已降而又降矣鰻亭曾孫自笑閱世之久隨而復之
八日晴風涼卯金父子來已失魂矣少時偷牛精神安在又增一感慨念

王耕虞交情挽聯頗難著筆偶得兩句用藤黃寫之 五游界設不能僞 八十懸車無死府
餘孿劍恨四紀甄陶無一面 相公厚我他生願作掃門人
九日晴正寫對子與兒擔贛孫來王心培來未欲出且看洪文卿傳夕食
乃會略問來意大要告窮耳
十日晴令輿兒還王十金欣然而去成姓來議挑塘黃姓來謝保護送匾
餌白辮又來呈契
十一日晴庶長來云所謀皆虛令檢消寒詩亦不全備且鈔數首宗兒偕
崔甥來許外孫之甥又來穿房尋人狀似風魔召見諭遣之
十二日晴正在摸牌一少年直入內室蒲秀呼端弟與循少子也余不甚
相識叔止專人來言匡厭荒唐未云有人來此來蓋聞余欲送葬自來
赴告葬日耳可云知禮夜得將軍書云譚都總將甘心於我鄉曲殊不
易武斷朱老前輩能壓伏衆邪我不及遠矣夜報運木沈舟又費人力



十三日晴谷三來附朱挽聯去學生覓課本已包置客牀大索不得庶長
不安於室移出外榻
十四日晴輿兒將往投票令其同船去嫌失官體不願也詭云須趁明日
會期乃聽其行要滋女往舅家請嘉女守舍亦云不可用人之難如此
唯有自用耳贛孫夕從父去
十五日陰有雨將遣船送郭女便同往姜畬方戒行而雨至待之已而又
雨已過午矣女客不可船宿遂定從陸赴蔡家會葬黃孫又欲往城余
許船送又欲同行久之不發乃先舁出過戚里姜畬均小住至楊家問
途篤吾出問訊許還途過之遂行從石門塘渡一陂似是蔡陂見山道
左迤乃知非也石門塘可半頃盡種芙蕖吾縣罕得此景夕至蔡家與
循柩早出矣堂已設主六弟及諸內姪迎於門哀子亦雜其班入臨弔
甚熱小坐出見棣生妻內姪女婦姪孫男女均來問訊大半不相識十

七年未來耳已多半未曾見者客房亦分與三房夜宿西四層房之第
二層云與循諸子之公屋也今日忌日不當出門以弔喪日迫不能不
來蔡家特爲具菜食反非所安矣
十六日昨夜有雨睡著未知也聞礮聲知已發引即起乃知路泥不可行
舁到壙前曉色未分不能辨山勢送喪者唯三子一弟兩從子亦太簡
矣待其下壙乃還屋待早飯至午雨猶未止主人無意相留己亦不欲
留遂舁而行至楊家待飯過申雨亦未止又冒雨行至劉店姑嫂强留
晚飯飽不能食麻纏久之已暮矣雨竟不止急行到家始飯劉婦云外
孫已去船人亦陸行甚訝之詢知乃公船夫非坐船夫也
十七日陰竟不雨天之呢我也常寧楊生安仁段生從書院生事來訴教
員教員固無禮楊段闖入鬧之尤出理外竟來投我可謂懵懂姑容之
再與理論鈔書二葉幹楊來爲團總顧面子留麪而去鄭福隆送豚蹏



未昏便息至寅始覺償昨日之睡也鎭湘來
十八日大晴鎭湘徧診諸生皆是弱證歐陽生無病而呻正宜針之遣夫
送郭女還城便添桌子鈔書二葉移居書房正午睡戴道生來久之不
出已乃責其不守職遂巡而去周生送之俱去夜出巡門知大門不能
譏禁收鑰從之
十九日丁酉芒種晴熱楊段去代元婦率冬女來亦好言訟事鎭湘去寫
對子七聯崔丁生來李生問本草定本即留寫字向夕段培元孫及蔣
生來敺書人亦來得兩兒書看報馬仰人翻門庭輻輳幾無住處
廿日雨陰段蔣告去遣人往衡取書版鈔書二葉周生亦還衡水陸並發
鄉中鬧熱如此
廿一日大晴南風寫對子十餘幅汗出蒸衣院生唐樊來呂生去張四先
生來與黃孫同船夜至

廿二日陰煊午飯譚團總家還見彭福不識之矣棣生妻送菜檢對子交
帶去並答以杏仁蘑姑
廿三日涼雨劉生下省周蔡均從蓋探考拔消息也鈔鷃冠又畢業張四
先生舁去王升下省復奐學書
廿四日晴得廖教習書訴楊段語不中肯齗齗與辨小矣寫字三紙鄧生
告去夜出看水
廿五日晴熱南風粱生來問天子父在母喪子尊不加父母蓋亦期也又
問高祖以上服想亦無貴賤之分然則天子絕期之說不確夜張愷陶
遣送印章七方蓋用意之作嫌太混茫云來相訪夜宿張佃家其族人
也乃知細滿本爲名族
廿六日晴招愷陶來早飯未至正飯時來云已飯矣鎭湘岫孫均來竟日
陪坐正夕食突一老翁入拜自稱周九蓋寧田鄉人也頗通文理亦鄉



中難得者谷三送桌子來人客擁擠兩族孫去送愷陶看橋俄而大雨
客還分宿對房多談廿局事
廿七日陰有雨朝食後客去正欲休息聞滋問船已云書版全來周生解
送書院出船錢未宜也亦帶桌子來作帽項碑成
廿八日大雨半日作西寧張氏傳略張氏所行殊有孺人之風奇女子也
訴訟講學人來皆守半日未見夕食不能食啜蔘羹半盌
廿九日[illegible]熱周蔡游還云麓山大風潮學使將換教員周生欣然有開復
庶長之望孜起入城矣遣韓滿換紙敺書鄧堉事人來
晦日陰煥劉生亦還王升自城來寫字五紙夜雨
五月己酉朔雨寫扇面五幅尋得題彭梅詞跋其故事韓傭換紙回夜鐙
擔運頗爲煩擾得莪書劉提督孫來遣耒陽粱生接待
二日陰晴復莪書遣人送去將軍來言鹽店又言賽會並云團總羞忿欲

自盡斷事之難也本扶貧獨而結怨豪强反以爲豪强欺貧獨也莊生
所謂彼亦一是非知言哉知言哉
三日晴宗兄來丁生先到余不知其昨夜已到可謂糊塗矣得復書新拔淑朱
配黃龍翔獻顯歸傲湘東九旗千總聯分別岑桂題聯對專洪（已酉春督撫聯）得復書
四日陰午初三兒並來云與庶長並舁行帶有通典列女傳列女分七門
母儀賢明仁智貞順節義辯通孽嬖余誤記以爲八門故特查考張氏女歸夫友
柩宜在仁智篇也衡山成生來
五日癸丑夏至昨夜睡較晚醒時已卯正矣入書房將軍已在因諸生早
來賀滋女起又特晏先喫角黍鹽卵黃孫問鹽卵起□□□□□□□
相見伊已退院具麪留客余適在飯堂與諸僧同坐糲飯一盌白菜豆
腐一盌尚有一盤食兩口亦可飽見坐位帖人名恐妨來者遂起心念
僧食亦不惡而寺中云和尙退院不住寮房臥一木櫃中稱其勤儉待



麪未來而醒
九日陰作恩澤午山集敍發明排滿之說竊笑爭滿漢者去年鬨而今已
忘猶不及纏足之常惺惺也送轎人還端姪來言墓誌亦忘之矣
十日晴熱作與循墓志曾省吾兒來字杏仁侯伯族弟也舉動有侯家氣
派對客揮豪未嘗輟筆寫屏聯數幅華一領一童子來云姓蕭軍官子
有三母爲族人欺陵欲來以從學爲名爲護符也留宿一夜俱去丁小
四專人來送對蔡家專人來取志彭十復還致廖搽咳復書云陳伯屛
氣死瑞澂得蘇撫夜早眠
十一日寅初起步庭除作墓銘尙未辨色仍還少睡聞礮聲起開門天暗
風起又睡少時大雨至矣復兩書遣兩使去皆不能行朝食已至巳曾
子告去
十二日陰與循墓志端姪專人來領以忘其何司未能書成以稾付之寫

字覺手顫勉書數幅
十三日家忌當素食忘告廚人遂亦忘之至夜乃悟焉周天球送行作詩
爲改定數句居然名篇也旣作讎人志不可不作友人志又爲皞臣擬
稾霖生遣兒來
十四日晴朝食後又得電報端移北洋約往送行作書告莪叔止來送人
萇端姪來看寫墓志蜀故將李姓兒來見初以爲和合兒也見乃知非
亦漫與焉日暮客散復作龍志成
十五日晴滋女朝還云張人駿移江督樊護印袁移粵孫得東撫又慶親
家也即日戒行將軍黃子來均不暇接又作劉景韓墓志未及作銘即
坐滋船下湘雲孫謀黎教員亦不暇復矣湘水外漲漣爲讓流行一夜
乃至縣泊九總邀張愷陶同行葛遂平崔丁生從行將附輪船不得
十六日晴晨見陳秋嵩云昨候一夜怪其不見候船已後期矣乃坐已船



下省未初至先遣黃許孫往定湘潭船到岸有人言三老耶即來誤以
爲三兒也及來乃楊三始遣人告家中三兒兩孫陸續來㤗女兩婦亦
來船省觀坐至昏暮乃去令黃孫常崔葛先移輪船余待楊子約飯至
初更不至乃還輪船遇楊使云待久矣功兒因孫女疾還城懿兒周生
隨往煉局王心田張愷陶早到龍郎約來未赴草草杯盤二更後散城
門已閉恆子不來令懿兒宿湘船余與功兒上輪船張四先生請從與
常崔葛共四客並黃孫從人廖許周嫗合九人東行未攜一錢唯取史
東茂廿元借陳秋嵩四元已用罄矣戌初發夜熱
十七日有雨行半夜到漢口夜涼今日乙丑小暑
十八日陰晨有雨午後霽云武昌方求晴已廿日雨矣功兒請少待攜廖
過江常健伯來訴被催且移楚船黃孫又言楚船亦不可久且移輪船
高升棧夥乃得售其願爲移數丈地去挑錢八百房倉去十二元半日

不得食未初廖傭還云督轅派小輪來迎一會陳八大人卽至矣頃之功兒偕復心來卽同乘輪過江入文昌門至督署入花廳見一紅頂官未相問訊迎入籤押房小石便衣迎候入則易實甫在焉顏色均敷腴遣呼功兒來見洋人又來余與易對食主人還坐便辭去仍乘前船上鄱陽船下江南八點鐘開

十九日陰晨至九江檥半日朝飢正甚遇曾岳松金鶴生久談過午始食晚飯差早酣臥兩時許至夜又早眠

廿日陰金教員贈書二種待飯不來已見鍾山午初檥岸同來客行李頗多余不暇顧自上移下復自船移躉得東洋車率廖傭往投藩署自下關入城均行平隰十餘里不見人又撥他車乃漸見熟食小店至藩署絝韈均溼幸雲未出門入談久之陳益新楊少龍均出見樊招二陳來陪仲恂先至伯嚴後來坐待功兒來信渺無下落遣兩探往尋之雨又



大至坐池邊飛溜濺衣沈淇泉來郭葆生雖家也人亦浙派黃孫來因有客未入詢其住處云已入城樊將館我袁居袁辭不可伯嚴館我俞園遂定移居早飯藩署樊亦未朝食實過午矣夕與伯嚴過訪廳湘爲晚飯計遣喚功兒來同喫洋菜伯嚴仲恂仍送余至寓俞壽臣道臺爲主人胡子靖來尋言借錢事亥正客去

廿一日陰仲恂來云端公卽來已往萬福樓先歡迎矣曾靜怡出見云天津一別至今十年似誤記也晨見書房一客審知子靖早來卽留早飯俞泰興都甕士族弟以昇假我先往督署趙伯藏來見李紹生兒陳伯嚴易實甫均來烏煙張氣半日湖南公錢招我陪客往督署辭公會約密談三數語卽出孟湘來適睡未晤淇泉來瞿海虞來藩遣車來迎與陳易陳同往李夏先在王沈後至午橋失約送樵李十二枚坐客分九餘三亥正散還寓衆皆睡去小坐卽寢

廿二日晴午初尙未得食益新翟蕙侯何詩孫李菽淵夏彝恂楊少龍父子鄭叉惺輿兒周生劉申甫稷初左全孝王克家俱來見張子持亦同來申初趙家遣船來迎率兩兒周嫗同泛淸溪下秦淮步從福辰橋上至昇平園登舟張庚三王鏐湘叉惺海漁岳松俱在趙伯臧爲主人詩孫程稚蕃陳子元後至設嫖賭二局報藩臺來衆皆倉皇乃李梅癡也云藩臺未便上船一呼兩喚始來留李送樊熱不可解費六十元二更散中間仲馴率黃孫來留之不可旋去招伯嚴實甫不至

廿三日陰始得自爨一人之食辰正得飽足敷一日學司陳伯陶來蘭浦私淑人也談往事稷初兒來吳廣霈金永森來俱嘅名者吳字劍華出洋老輩曾岳松招飲列仲馴名坐車往忠襄祠岳松云甲午曾到不憶之矣菽淵伯嚴實甫靜詒壽臣俱熟人一少年姓劉余誤以爲幼丹兒詢實甫乃瑞芬兒云大名士也字蘧六申正散欲雨乘岳松馬車至督



署實甫同行先至仲馴室少坐左夏兩生來見主人速客昇行廊廡甚窄至一樓人聲囂雜儼然舉場亦不能辨誰某室中甚熱長廊初漆午橋邀至一涼處設十坐令余擇客用筆點左子翼余壽平程稚安何詩孫王孟湘易實甫趙伯臧李文石八人來坐任秉枝徘徊偃蹇自在他處蔡伯浩聞言陳伯屛逡巡逃去張次山補其闕月卿子也子初散大雨驟至兩僕不預備乃至無車與實甫同坐送我還寓車夫迷道遣人呼昇實甫獨坐以待生平未經此孤悽也乃雨爲之

廿四日晴 微盤清流還諫艸更精諫垣甄別此生親見三度楊花榆莢邨 禁得宮樹流鶯有百般巧語晴喚鷴鳩不如早去一任寄巢硯 血 江湖未須回首向故山隱處自尋薇蕨流陽鼓擊入破遏塵宮閉 問東風那時幔飲空悵望斜陽柳隙一掬離恨都付與彈琵鐵笛 寥 芙蓉題王太守戴笠圖 看雖持玉杖是匡廬舊日主人無恙峽泉三 疊琴調破盡酒浩歌壁自放天風吹做濺遍不盡吟情有吳煙幾點插 曳白波上 戴笠尋詩有憐獲損何妨呼吸通天響牯牛平寬語亂 橋唱流空山水揮飛流瀑濕千丈更莫聞遊詆猶闌把酒一醉吐空寥 題張笠臣類圖修禊圖 春遊宜園林良氣外形骸癡役備仰情圖 出風日佳余非濠上人物論理無乖魚鳥樂仁智琴尊寄所懷 此卷

余未題跋以別紙錄小詩因病飲時未預也並匿隱盛時廣致賓客所不能致者唯李蓴仙耳蓴仙非儕流而獨婿婿其故隔人自知之余但笑不贊詞也及今未四十年前局盛衰書人皆死獨尚世兄爲張門壻得而厠之中有漢姦館英豪及韓吏書至爲隱得餘皆一時之彥余大女婿芳爲甥之兒婿代筆簽書一詩未題已名簽不能佳亦學筆也唯無我親筆因補記於後彭稷初來意欲安頓一家爲盡吾職夏彝恂瞿海漁鄭幼惺設宴鐙船熱不可坐樊雲門先約一聚午帥作陪更有李文石陳子礪程雒安王易楊江寧余壽平打詩鐘無佳聯戌散始赴秦淮更有李蒓淵趙張易王鄭幼惺子初還寓

廿五日晴縣人劉執東昨以文干請來一見志在教員題不稱文也匡冊吾鄭又惺來云左蔡均往上海樓上俞曾亦去胡子靖從匡亦去矣向聞車載斗量今乃見之斗則雲霄金斗創弟子三花者也會館來傳議鐵路衆皆不往余爲議長看投票聞拍掌而還彭稷初來今日謝客不宴會端送楊梅

廿六日晴江南文士開歡迎會設宴胡園發起人李世由臣典子爵之孫



劉世瑗芝田巡撫之子代表爲繆小山昨於雲門處見不識之矣照片攝影初定茶會今乃翅席會散赴鐙船李蒓淵翟弟侯嵩巖爲主人秦子和王漢鵬張庚三何詩孫易陳陳子元先在陳伯弢自蘇來闖席相見甚歡各挾一妓惟我獨無有鶊寶卿於瀟湘者伯巖以爲秦淮第一余未與語而來挑余故爲慧黠惜無以酬之傳茗生來

廿七日晴彭稷初必欲宴客攜酒過我沈小南陶榘林爲客趙伯臧張庚三再設照相午初昇往王易陳陳均在待傅不至將散乃來還寓少愒夕至藩署餞端王仲孺兒在坐福建陳子礪伯陶安徽余壽平王易均集出署云昇夫被打賓主皆驚坐客俱立待余去喚轎竟不至樊命己車送歸已子正矣今日府縣公餞督帥請余爲客至火車站久待不至將夕乃還夜又無轎殊可笑也易云退車之報

廿八日晴俞廚早具以爲我必去乃不能發晨寫字謝客李梅菴李蒓淵均直入久坐沈子培遣石生來迎並致懷人詩令覓小船待輪先發行李楊兒送衣料六卷門包十元稷初久坐不去待車甚久江西公餞制臺以我爲客設帳下關三宿厓云虞允文采石戰處也期二點鐘未初馳往過師範學堂車馬擁擠車夫呼讓余告以少待諸車感而開我乃得徑過見程雒安陳伯嚴李梅菴梅世兄主人承辦者張春發革將流寓者餘皆未遑問訊斜日入樓逃席先行至學堂監督未還功兒先在庶長張通模處伯嚴雲門踵至過六朝松院小飲設坐露庭遣招伯弢仲馴來坐三兒亦與談端樊餽贐辭受之宜由甫兒弟並在夜涼人爽宴會第一學臺當謝恩須六十金余云可不必李猶疑畏樊則贊成老嬾之分也

廿九日晴寫扇幅數十分初不擡頭亦已悉了梅蒓來送朱喬孫設餞掃葉樓在旱西門旁卽隨園南角小車馳往久待蒓淵本約摸牌已無日



矣瞿海漁先至後散余又東馳赴半山寺之餞道過伯臧云樊山已至伯嚴遣昇迎於山徑易陳王李先在子靖功兒亦與將夕乃散又至三元巷袁海觀新屋秦子和唐子中陳子元爲主人子元不至二陳易王功兒皆在添請張庚三九鐘關城至時馳往又出旱西門城何未掩已奔馳三十餘里得船而息熱不可坐令開行不肯及三兒來欲往下關又云郎開船戶之狡也子正出江黎明檥艤船邊

六月戊寅朔李蒓淵陶榘林傅茗生來送楊仲閣昨來坐拚今早又來云李仲仙亦在酒樓待發卯正江裕到船人擁擠石郎爲寫房艙云已人滿茗生亦無坐處俱坐會客倉旋得官倉可偃息矣買辦特別招待不到此船已廿一年日月如流時事萬變頗增感觸滇督到蕪湖便去不欲見我繞從旁上未知其用意也

二日卯初至安慶未別茗生而行子培遣昇夫來迎上岸小雨迎僕識我

傍轎攀談同行諸人張四鐵崔丁生留寧張愷陶常健伯葛遂平交石
郎料理仲馴黃孫及兩兒均入藩署早備點心午食均去黃蕃周同舟
來此與王子棠同來相看夜宴東樓自覺氣力不支始知老矣宿藩署
西園
三日庚辰初伏晴熱不能支臥廊下半日猶覺恍惚洪晴舫周郢生郭穀
詒來談與藩臺皆似至熟小省亦自有聯屬之誼强出訪子棠看卜女
將訪王懷寧帖包在後遂入藩署夜宴法政學堂熱不可坐□□畢事
早眠
四日晴定移出城同鄉公請辭謝以照相代之子培送贐卻之引樊爲例
仍送來不能辭也此行遂破費踰千亦浪用三四百矣寫禮嶽樓扁題
仇十洲桃源圖陳摶像寫二條幅照相二片欲待晚飯無消息乃出至
南門驛亭閒首縣供張藩設兩席於此若不出城真蔽誤也子培自出



餞王新城亦至尹杏農兒昨來見今又來送鄭法政德謙同鄉張貢五
李文階蔣漢農郭穀詒周郢生馮翼升均來送亥散
五日晴王懷寧來請題阮亭文詩游稾自還取畫又誤持陸治畫軸來竟
不知欲題何畫也李仲仙本不來而電報朱撫云今日到城官出迎子
培亦至余移至等船申初江孚船到子培復遣石生送竄庚唐亦同還
湘周梅生先在船先同船顧翁攜少妻外孫復同舟令妻見禮夜半開
行
六日晴過九江少泊卽行夜至漢口正四更矣遂不睡
七日晨起步上岸待從者不至乃誤下行久之詭上卽遇仲馴云石生已
看吉安船倉呼小車送余上船車夫又誤前行余知其誤自還尋得遂
坐官倉頃之兩兒張常黃孫均至男女從者共十二人買飯而食午後
喜仲荃道臺源借二陳來子聲老矣攜子同來陳督部遣船來迎以詩

代面與書謝樊沈遣兩送吏去頃之大謝來言其舅欲遣子毓英從學
誼無可辭卽令從去並周生共十五人竟日無所得食喜仲荃送瓜顧
翁同舟旋去西曬如烘湘陰游匄左右相覷欲避無所至子正船開乃
靜
八日晴南風甚壯但睡不事湘鄉王生及潭王生來見倉中摸牌亦摸二
圈夜眠風吹衣聽在家引被扇風扇止不聽醒乃自笑入倉少睡因熱
屢起已過岳州停輪片刻又開行矣
九日晴晨至磊石未初泊西門未上張愷陶及兩兒均發行李去懿來食
瓜三婦兩孫女來兩孫旋來懿姊與女長婦同來楊仲子來將夕幷去
梁煥均和甫來夜熱稍減
十日晴彭孫譚生參周生父子王蔣胡壻庸牧六常壻王明望兩孫三兒
均來早飯或喫或去家中送菜又送粥麋午初開行申初至縣已先具



舟相待便移杉彎黃陳請由陸行常郎獨坐一船待房嫗來乃飯日落
始發四更到姜畬稍愒
十一日晴熱未明便發到湖口卯正矣步上斷道待舁到家滋女已起黃
陳未醒令移榻南房大睡一日
十二日晴熱作書寄莪遣名靜去彭笛孫來
十三日庚寅二伏龔望有雨至午後大風暑氣雖解涼雨未潤方僮夕來
岫生來旋去
十四日作東游宴集詩格律不高頗云從心杜所云熟精選理疑同此境
界未正得雨夜涼
十五日晴滋女忽發黃沙疑是南海斑證既無醫藥只得聽之韓楊來言
劉訟振湘來雨後去
十六日晴滋疾未愈遣尋振湘云已下縣東游詩成十首與余樊沈寄去

未正亦雨方僮告去
十七日晴作景韓志銘前月已當成因熱遂遲一月可笑也遣人往城尋
醫並尋名靜出門遇靜
十八日晴懿與周王蔣三生來黃稺孫復來云得雙生兒適摸牌有錢便
以一元賀之蔣好行醫令擬一方治滋鄉中無藥亦不知效否
十九日晴鈔詩藁成頗熱大睡半日黃孫昨來旋去彭孫約昨去不去周
生爲陳孫所窘亦不得意維口啓羞不可不戒三生方安居樂業又可
怪也滋姊弟看田田主初無脫業之說冒昧上門中謬人也劉佃還借
銀讓半歲息以勸之
廿日晴熱晨起看彭蔣去未門尙未啓闢閽由下門還內作構李詩李備
還得功兒書并留詩藁別錄來還陳芳畹書來取銀以十元與之快便
可喜作陳伯屏挽聯抗疏動三公晚儁量千鈞寄治生付諸弟歸剩鷄羊二頃田



廿一日熱周生欲干黎薇生勸之不止觸熱而去佃戶來報旱遣懿往勸
蔡表姪昨來留三日去
廿二日晴晨起家人猶未興頃之懿乃往祠夕待其還始飯懿已三飯矣
至夜又飯可謂善飯者至丑正將去又飯蓋六飯矣
廿三日庚子三伏立秋晴熱作豆粥未食盛暑不宜勞人無可應節周生
夜還得見薇生達其目的矣
廿四日晴張生來問易筮法已忘之矣自言欲出求官有志上進未夕食
去周生亦告去午後有雨熱殊未減
廿五日陰昨雨之效也亦未甚涼岫孫引其表兄宋姓來見云住等子橋
似是生意人厤叔來送豆郭五女來借錢
廿六日陰炎威衰矣但有蒸暑竹林叔來黃元孫引子趣兒來見字黃生
不甚憶之云坐船來遇雨又坐船去常墹自省來云已得釐差以官錢

還之附書廖璧耘託買煤夜雨學生醵飲
廿七日晨雨未止至午始歇常墹去爲蔡生看唐詩隨筆批示陳生來取
夏小正檢已失矣劉江生來
廿八日晴已秋光矣鈔詩寄李雨農兼問名醫消息鎭湘來診疾遣人買
藥下縣便發郵信
廿九日晴晨得莪復書卽作書復午後爲鄉愚作疏禱大王羅嫗婦患
蝨瘤昔聞今見奇疾卽常疾也
卅日晴得鄧翼之專信指索樊書依而與之更不與論百金一函之例五
婦率姪女來正逢大雨久之始去家中送蒲桃來常家人來未聞消息
七月戊申朔陰爲陳生解春秋閱王生文至午畢有雨叔止遣使來探
二日雨看庾信集五相公來換佃今年紙錢價倍祠例中元用七千僅能
買百斤紙意欲省之



三日庚戌出伏晴諸生請照像朝食後登舟照二片熱甚還臥將浴嬾未
及具看庾文
四日晴房嫗與女嫗大鬧皆不可禁止者竟不能整家規坐聽其喧寶孫
來鄧孫榴生名良材來見意在優拔亦所當致力者陳孫不告而去亦
宜任之王生告而後去不能止也何獨止陳
五日晴晨起甚早鄧輴六喚起又不卽去飯後乃行寶孫去看庾詩廖德
生來議弟婚
六日晴廖傭還得兩女書卽日請媒納采不獨四川多女湘潭亦多女吾
傭工取五女去矣陳孫自還許篤齋來謝弔兩馮來議買廢地基
七日晴諸女皆嫁無人乞巧亦不曝衣考七夕典故起自安公蓋秦人舊
俗至成武丁乃有牛女之說後遂成故事也熱甚避內室看彈詞楊振
清卯金刀均來相攪

八日晴照相人復來重照前照遂成花臉光不定也看舊作詩思周荇農
前後交情頗有感歎贈周詩敍述甚超逸亦興到合作
九日丙辰處暑晴照相未畢忽雨遂至夕常子告去與書復心
十日晴王兆涵專方桂來借錢與書鄔師謀之卽去將軍酒保引劉生來
學訟遂纏一日常子唐曾梁生幷去看畫錄
十一日晴昨夜溎童從後園門入値雨不知也正呼廖丁乃同聾聵豈真
老耶華一引蕭生來上學年十五矣尙須點讀留住上房冀與黃孫切
磋已睡輿兒來復起入內小坐
十二日晴風涼華一去求信與幹將軍和官事料理嘗新分五席用肉十
斤他物稱是楊篤子來旋去云京師召才女教女學亦召京卿妻則非
取才取名耳
十三日晴熱未長衣不與薦看人奔走猶以爲熱燒包時月出矣晨寫條



幅二紙
十四日晴鄧增晨來午後接腳女亦至問其來意茫然也卽遣令還留鄧
暫住看報夜熱
十五日晴陳蕭二生上學陳講論語蕭點左傳無終子篇靡乃后羿臣也
滅澆豷而有窮亡又似非羿臣而何以羿殺卽奔敍次殊不明析夏訓
有窮后羿亦無下文未知張之洞何以說之說巧言令色爲今外部頗
足砭專心外交者講論語三葉便須上下五千年縱橫六萬里殊非易
事
十六日晴熱方逃暑已受涼矣點講書傳馬先生又來王心培來
十七日晴王心培去鄒元辨薦敞同鄉來李姓名培先太守也未能長衣
謝未相見滋疾我亦疾困臥竟日
十八日晴晨見李姓扶山從子也云是營混欲求書往蜀今日小疾得復
武陵書
十九日晴晨得楊篤吾書求信因及馬生幷干李藩輿兒將往考拔周生
又來慫之夜出納涼遇幹楊從省城來小坐去
廿日晴熱唐春湖之子來見云作教官久未歸欲整頓賓興田繼其先志
輿兒復還城未行間正摸牌吳蚣皷房嫗頭飛行桌上甚似丘蚓遂駭
散輿亦舁去蕭兒復腹痛告病
廿一日晴鄧增晨行馬李繼去張芝又來周生得省信急去暮往茶亭看
地基宗兒曙生及組雲兒來言退蓮花塘田事楊瑞生兒來從譯學畢
業得舉人出身者問湘孫增云可得最優有直牧主事之望
廿二日晴看諸生詩論無甚成章者獨劉生鈔唐詩頗有師法爲評閱二
卷
廿三日晴熱團總岫孫來宗兒引其族外孫唐姓來見言舉報節孝名鎦



外孫也鬨議遏糶又議存穀皆各有私心吾無可否夜轉北風始欲去
暑
廿四日辛未白露節陰始涼寫扇一柄考拔四生告去周應昆送曹梅舫
書來幷寄鹿筋
廿五日陰涼看陳生所校春秋於內伐及執君皆改爲時例似無區別嬾
於再考姑仍其舊餘多改時例以省緐碎
廿六日晴歐陽伯元來訪鄉中好客留住正房朝食後劉蘭生宇清曹姪
增將軍相繼來唯劉得陪貴客餘皆自去
廿七日晴客起甚早飯亦較早闕伯元約同至縣前後爭一日俟日斜乃
行店婦劫留小坐黃孫隨行至立馬已夜借鐙到街伯元先發余至警
局正二更矣
廿八日陰有雨旋晴晨至伯元家早飯飯後至習樂所繳帖見徐甥至賓

興堂訪舊見肥劉瘦郭問算帳事云不知也還至救生局价人設酒舟
園先往綠竹街答訪張元縉伯蔭曼生兒也訪舊絮談到園已暮劭芝
伯元王純甫翁樹堂俱先在小觀察二知縣同坐夕散還局
廿九日晴唐屏臣來言學務以憲政京卿在省未可專斷與書告之鄉人
來者相繼皆爲請託避至城中待飯乃行已將午初入書院待顧問習
樂諸公無至者惟徐甥來立談至歐家尙早入客房稍睡聞价人樹堂
均至出坐則有劉薑生云歐姻家也言周翼九中書氣死訟事未已余
欲爲魯仲連二家皆不欲价人早去劭芝不能來均老矣留宿歐齋石
曼卿讀書處云星臺摩厓未知何人書
八月丁丑朔晴李雨人唐屏臣來寓相邀朝食後至賓興堂前二人已不
見黃雲生爲主人學界外人均至嘖有煩言黃亦口衆我寡出簿請看
廿二史從何處說起余乃議領簿清算遂起先出至局料理賣地事亦



無頭緒吳唐仍留我一日復還伯元家宿
二日晴大風留待楊度不來招張愷陶劉薑生與小觀察同摸牌未七圈
唐屏臣來示學用卽留同出商量辭東而行張劉送至城門外余告唐
侯定議後爲告學司唐欲告縣小哉無益也大要在縣言縣人見耳
遂換車至杉彎大風夕發到袁河風益壯乃停有雨不濡衣
三日晴午至南北塘驟雨旋止昇還家黃孫廖傭俱不從來至夜乃至午
出會食去五人矣仍有兩生告歸唯留七人夜雨
四日陰涼看陳樂光詩未悉其人亦好弄筆者卜女結納周嫗爲作復書
講於余與未知詞意陳芳畹來索錢以四元應之
五日晴晨患氣墜遂頻如廁頃刻四五遍楊晳子來云前得片合種人妄
言請假卽行實未見信也潭人無用如此欲爲謀主難矣哉正密談諸
子姓來言賣地基事令待明日繼而思之不如速了遂令書契交價三

百千本買四百千大相應也闔至日夕始去又三遺矢矣夜早眠復三
起
六日晴熱朝食堂餐飯後客去李梅癡專信來送鴨梨文稾書云乘便使
云專信未之詳也章巡捕家來言訟事訟棍強刁反怨我干預拖累文
筆頗曲與書首縣訊之楊生送洋藥丸未服
七日雨陳八送春秋表來蔡廚亦至留李使一日遣八下省復書李致書
王鏡芙言章訟事楊休來乞食未能留之
八日晴下血五日未愈絕粒亦五日昨夜喫油焗飯半甌反覺小愈食忌
不可信也衡足去黃紹甲來求信
九日晴滋又發黃唯疾之憂紹甲欲借信騙錢與書秦子偍問傳道臺畢
子版連日下利未能他事將軍來
十日陰周庶長復來云學務不委余參議云是服勤弟子二字甚雅營求



無成必是命矣留喫祭麪而後去至夜丁子彬來純孫夜至
十一日丁亥秋分晴諸女當祭半山唯滋獨當其事晨麪至午午飯改申
客來頗盛設二席女客則無至者荒客亦不至周丁俱暮去
十二日晨有微雨午後懿婦率穀孫來云輿婦從船將至自往山邊候之
竟不見昇還家踵至俱安置書房其住室改學堂矣
十三日晴大愈周生武德來訪寫扇三柄對二副橫幅一張
十四日晴得陳完夫復女書周鳳枝來議分花再砌一臺種芍藥送節禮
者紛紛何鄉間有此縟文或受或否皆足相擾韓楊夜來
十五日陰侵晨午詒來屣履出迎乃與其仲弟俱具衣冠程十一亦來住
節佳客又鄉中所少也雜人來者不記摸牌半日至夜無月有雨蕭生
夜來
十六日陰張生晨來頗欲留午詒辦學亦鹿鳴之義也留談半日遂同船

去余病未能行純孫亦還城補點史記一本始放磚起公屋
十七日陰鄭婦來訴佃租須臾卽去作彭仁齋墓志得銀錢二百枚以助
工作周生送牡丹
十八日陰
先祖母生辰設湯餅講聞韶肉味二事相妨不食肉則不可聽樂豈有感
而後用喪禮乎君亡在外非從臣不必用喪禮此乃傷感致然非正禮
也故不圖至斯
十九日陰遣人喚船下省復遣匠估祠工木料與書三九兩女寫對子六
聯
廿日陰待船不至韓將軍來訴劉壻馮甲等來訴淩沈墳山陳孫告去
廿一日陰衡州炭船到坐船猶未至檢點行李六耶率女壻來見胡姓字
石甫鄉人也留宿內齋



廿二日陰晴設席款新親請蕭孫作陪飯後客去陳育才又來又銘從孫
也久在水口卅廠云廖公七十廠員公送壽序欲余爲之留宿內齋
廿三日晴煤船回定留一下湘坐船以與兒婦余與陳生同船先下初更
到城卽宿船中
廿四日陰晨送陳上小輪移船救生局馬頭招陳甥料理木料事上岸寫
對子送歐陽森適値三朝遣舁來迎便往看戲兒新婦衆客皆贊頌無
潭派將夕婦船到未請示欲坐輪船聽其自便是夕凡設五筵以縣令
爲首至亥散余留宿舊榻
廿五日陰待飯至午乃登舟逆風嬾行泊東嶽港黃孫亦先去獨與嫗
居外隨兩傭耳
廿六日壬寅寒露晴未明開行到省已午初矣步入朝宗門訪瞿相不遇
遂至家黃孫周生已先待兩兒亦來候問陳生領其從兄枬來見午詒

及其四弟廖胖周生書院四生來見尹和伯王心培來余參議夕來聞
孝達之喪王廣廙長孫鈺生字細伯來求作碑云卽日東下黃孫亦附
船去
廿七日陰周菱生來看病楊京卿二夏譚會元瞿協辦馬太耶陳芳畹殷
默存書院諸生丁性泉鄭從筠翰林丁五蔗泉來周梅生不復支賓仍
來直日夜雨陳育才來送禮
廿八日雨廖孩畡來久談楊重子曾重伯六耶率超八兒子來求幫訟子
瑞來相看聞朱京卿往蜀寫信莪女並回復女書鄧壻來報其叔父喪
夜數起甚不快
廿九日雨看曾紱菴詩淺淫六朝格調甚雅湘中又一家也胡子靖王心
田呂譚兩生來兩兒延柳姓來診疾服黃耆子玖送蟹翅以貽四夏午
詒來晚飯未得嘗也周嫗來



晦日陰雨懿昨坐守斷客因留侍疾今日小愈乃去劉婦告歸求錢學織
許爲備辦龍郎來送於尤因言孝達死狀因婢推傷脅遂患咯血疑誣
之也人死不可不愼故聖必寢疾
九月丁未朔晴陰朱八少耶及其弟來弟字枚勳有似放勳亦僻字可配
劼剛也呂蓬孫譚祖同來求書作求闕日記序未成與兒考畢不送場
稾自唐以來所未有訶索之仍不送來未正舁往堯衢家會飲朱枚僧
及從子同主劉健之來高談大不以張文襄爲然而欲以我受三拳爲
武襄則失實矣張乃競爭我則和平何文武之相反又言宜作一詞則
益證我之文也菊尊午詒繼至今日城中開諮議局會元投票獨後談
笑甚歡服二朱藥一帖（家人以改服生地未服仍進前方亦趙高子之類也）病已大愈夜食餅二
枚聞雨
二日雨晨起寫劉定夫挽聯（二品服畢年官一第只盧柴甘讓賴唐先坐餘駢散文古今體遺編獨披討正逢風雨）

夏日秋作曾日記題跋將出無昇夫朱純卿來言攝政事云不宜還府爲
張相所誤六耶將軍馮屠俱來依然鄉景待桂岱來摸牌
三日陰出拜客馬太早來未飯午出訪子玖震伯蓀畯午詒兄弟朱慶威
來嶽舲孫也云紅湖綃帳中人尚在七十四矣金嫗來亦老醜怕人爲
之悵然
四日雨
曾祖忌日兩兒四婦來玄孫不皆至以俱幼也合家素食則仍向例梟臺
來謝未見
五日雨出東路訪一梧四譚心田叔鴻還過唐蓬洲朱純卿
六日雨莊心安來久談將訪劉健之鹽道催客遂往健之張編修啓後朱
純卿孫仲璋先在戌散
七日雨衣冠出答周鏡漁因過健之見其三弟字迒之新改湖南道員周



云南北洋改湖南人棄我取之意也至蓀畯處會飲午詒震伯先在殿
香昨來求文今亦在坐又有梁和甫至戌散黎六郎薇生來
八日雨蓀人生日午詒梅生均來留麪譚五郎鄔小亭呂蓬孫來本欲招
客因夏子鼎已去暫緩辦具
九日陰蓬洲蓀畯來問何處登高俱云高人宅卽登高矣午出城渡湘礮
船相候嫌三版不穩派六勇丁爲駕渡船從大西門渡水麓洲再渡湘
水俱洶湧循山徑至茶店小愒雲開見日買橘又數里過屈祠今改景
賢堂矣書院亦離奇光怪但工作頗壯云油餅者蒐也入東齋至監督
室運房五六於中坐客曾四元彭肅齋譚組安先在何璞元後至循廚
徑上山何不能步乃呼舁還唯至愛晚亭一坐周兒來見令留勇飯二
馬招明午便飯則不能留一馬云在胡文忠家曾相見求之書也將夕何先告去余與曾
譚皆留宿張生亦至和陶韻爲一詩秋霖忽諭旬風起湘波高經舫渡麓洲綠徑斷煙響楓林有餘青芳

桂猶未開禮殿啓宏規改作亦已勞弦歌非昔年文宴復今朝淵明愛九日時菊契賓交余値在潤阿游觀儀金焦晤言且永夕誰能空對陶
皆促余早睡遂踞黎牀
十日陰晴見日晨起會元已先去飯後寫字一張通身汗下如何蟻叟也
令從南門渡勇丁引從西門余亦惘惘從之見渡亭乃悟無可柰何仍
令還家小坐見客數班俄忘其人矣昇至華昌心恬梁楊爲主人廖蓀
畯夏午詒曾重伯蔣少穆同集談笑甚歡久待組安不至夕入西門復
覲昇平景氣垂垂六十年矣夜月
十一日丁巳霜降陰晴午詒晨來云昨夜宿城外王心培來候事無以應
之李培先亦然梁璧園來陳程初繼至均久坐桂陽鄧生候見尤久幸
不帶鋪蓋耳子瑞夜來云拔案已發輿兒取錄尋人不得乃與午詒兄
弟同宴樊西更招其弟不避親嫌又與程孫俱奪情可怪也宜丞參之
惡之周生夜來胡氏兩外孫亦來相看



十二日陰振湘來得莪蜀書蔣少穆黎薇生來黃秉湘兒廿五歲來作知
縣尹和伯來言王心培事
十三日陰答訪吳道臺文虎未見又答孫傳械至藩署徑入尋鄔師更衣
主人俄出邀行內堂規制甚壯至樓上小坐健卿兄弟來胡藎道出談
不憶之矣曾議員後至鄔師陪客初更散
十四日雨石巡捕來催信依而與之便催子培和詩李馥先生來
十五日陰李知府來賀望爲房嫗所訶午詒程生馬太耶來
十六日陰楊季子來云已充教員月得百元矣出城答訪陳提督還過三
婦家攜贛孫來晡後至唐蓬洲勸業署會飲水軒甚明朗蓀畯少穆先
在鄔師趙御史旋至趙字竹園名炳麟名御史也請假省祖母趙柳溪
大令之子得功兒京書言京事卽有趙所不知者鄔云拔貢案發遣問
未發至夜乃出案爆竹聲喧三郎得嶲門人得者五人

十七日陰賀客盈門入者均接談遣房嫗迎女送螃蟹四更起五更去獨
宿久之四壁蕭然盈孫亦去矣
十八日陰曾竺如晨來趙御史李夾兒黎監督羅伯宜孫英卓字欽來易
興生揚錕清漣之子均來談易困於家與書朱雨田謀之今無知清漣
者矣晚忽胸肋不適久之乃愈
十九日晴晨與劉婦私語陳孫突入云八叔有信就牀坼視乃遣顏子送
銀票云喜安求諛墓文即片復陳例不收現錢當仍還之安子庚芳又
送鼴鼠䄆材飯後出南城掃墓滋女已從鄉來未遑語也朽人亦不遑
語還過碧湘宮見親家母及其二子子婦未出不便傳見紅香也三吉
齋作房佃錢卅千亦不爲貴入城過蓀畯云奉差往鄂明日卽行答訪
趙御史未入馳還
廿日晴



曾祖及
先妣生日設湯餅未飯改黎九郎論文午詒來告以暫不東行惘惘而
去至夜風雨
廿一日雨吳學使書來送王禮千金暫存未復爲四婦織局求官費附呈
呈之周生求關說告以不能周大烈來論自治局
廿二日陰孺人忌日楊生來亦論自治許爲調和訟者叔鴻送賀儀廿元
廿三日雨周大烈復來問還縣期期以天晴
廿四日陰步至荷花池訪呂副貢鼻出久談還余佐卿三兒來岫孫宗兄
均來
廿五日陰雨寫對子條幅周子來送黎詩并促寫詩隨草與之連日看王
文浩蘇詩注以其似文韶兄弟而初未聞有此人知世間書癡不少又
非科舉學堂所可盡

廿六日壬申立冬晴鈔孫子失軒一葉取通典補之譚呂來談詩
廿七日陰拔貢生瀘溪王安仁侯均來見周嫗下鄉約必相待未知何所
顧也丁性泉爲兄先達求書干尙藩託彭向青轉致與書向青致之得
曾岳松書
廿八日陰鈔孫子十三篇畢黎薇生送詩來程九郎來得復女書見客無
數不能悉記金嫗來上工
廿九日陰晴瞿中堂來久談向生來送字帖求題簽二周生來求譜序作
廖蓀畯壽文了丁家壽禮周嫗還城午至王心田家會飲陪周印昆印
昆已赴潭會招二梁二楊同集桐軒亦從鄂還言曾常事夜散
晦日晴滋女欲還山莊自往船步看船便至北局還煤錢送廖序交高荷
生轉致船人未起復還朝食懿及其婦來送岱女亦來飯後與三大娘
坐東洋車出城胡楊先在滋女纔至坐湘潭輪船上湘潭遇譚提子從



富又呈新詩午正開行到縣日斜矣人船來接陳任備轎令晢子乘去
自至湘岸看滋過船乃昇至救生局喫午飯見甘思禽小坐與張愷陶
雲孫父子步至賓興堂已改洋裝宿朱太史轎夫房黃雲生爲主人印
昆先在不到此堂忽六年矣兩歐陽來
十月丁丑朔晴自治局開議到者數十人知名者李雨人秦子和不入新
黨者唐信臣兄弟齮齕勸學者議論俱未暢達晨已正酒午留便飯伯
元招夜飲要胡楊同往夏子乘間來見廿一年不面不識之矣愷陶亦
與小道不入坐亥初始還夜談湘軍起事時五十年前舊史也諸子弟
俱來見
二日晴熱始換絲衣已束裝矣晢子言宜留一日余亦恐來和事而吏生
事遂令解裝與印昆諸人步至麗澤堂新開教育門立教育會到者百
餘人坐久之始發包子又久之乃搖鈴開會講說理由多新名詞坐至

兩時許印昆易鼐皆欲聞余演說余見會員無異議遂言自治治人之理不可有人之見存以二會作截搭題又入考棚過縣試一回正六十年謂之重游泮水入夜將睡李雨人唐屏臣李子修寶老耶張雨宜尹應鑾陳朽兄芳聯相繼來

三日晴樸被將行又被秦子剛留待決議凡再留已過午矣子剛來仍是用錢之說非籌款也周楊遂欲通算公費以報各堂余意皆不謂然且歸厫書同族孫劉江生步從瞻嶽門過煙柳隄還至九總僕傭已先到遂乘車到杉彎上船飯後汎入漣口至沿湘已暮篙槳不停子正到家小坐便寢

四日晴感寒不能飯午閒周胡來未料其兩中書也令諸生款接徐步出房則大人物來矣云欲索兩書與藩學借張正暘依而與之廖生引刻工來刻唐詩庸松又來七五相公同至頃之皆去昏昏睡久之似已稍



愈

五日晴晨已思食待飯乃起改冬祭待新屋成未知能如期否周生引周武德來意在教員謝以不能夕去新月依星光影娟麗

六日晴作安副統墓志銘以了鼴鼠兼金之請作樊陳二書寄安志去交歐陽生帶至漢江程孫來書謀事喻以不能

七日晴煊寫字四幅休息半日劉婦遣女來看劉丁發狂鄉人來訴步至茶亭看築牆基

八日晴作恩尺平碑文將軍乘舁來與張生皆紳士矣許女求屋召匠與二萬錢作三間兼築後園二間沈山人志也題曰樊榭遣人收租

九日晴煊寫字六幅墨盡而止作恩仁山墓碑前作詩序無稾不甚憶其事矣

十日晴劉丁發風衆議送官余以爲不可更約法令住土工廠令其妻侍之妻僞號泣藏匿乃夜相見窮日之力辦此一事耳

十一日丁亥小雪晴午後大風寫字一日盡了俗債夜風愈狂排門衝戶

十二日晴風仍未息周生天球考優還云無知名者夜月甚明滋云宜夜行舟余欲出而又諫霜寒頃之黃孫及劉壻來張嫗亦還王廖俱至至子乃寢有霜

十三日晴晨起催師亭急還云當留一日蔡可亭孫鐸來見云孺人姪孫也問蔡家事皆不知留住一夜月明

十四日晴二客治裝余亦早起至午乃得行遣人送劉寫字三幅遣文柄至祠議修建事

十五日晴周王二生來求書與顏拔郎日便去常孫書來告喻謙鄭福隆來

十六日晴作王文韶碑亦頗有聲色三層議加佃規修祠告以不可修樊



榭復不成且令停工

十七日晴作王碑成

先府君生日未嘗稱祝與先妣有踰前之感寫字半日

十八日晴將遣嫗往常德料理行裝夜聞寶老來吾亦從此去矣

十九日晴朝食後寶哥及譚生來求書求字爲破半日工了之並了諸字債黃三元兒來求閻書天下奇想也郭齋安子婦求詩序覓船下湘日午得行以爲必早到及至已初更矣從人從陸俱未到遂泊杉彎

廿日晴晨醒命開船乃云借船昨夜已到陳生亦曾來殊未覺也卽移九總任七來迎云甘州同又下省局中可去陳生又迎我去矣坐久之乃回竹孫求書船上書三聯午初開行周生附船兩丁未來半日乃過昭山五里行兩時許鈔文一篇遂暮泊朝霞司

廿一日晴未明開行將曉小停待曙復發到城已將午矣飯後乃上周生

先去報果菴久之乃來四婦亦至云二楊均上縣矣遣問常德船云須待數日周嫗亦上岸宿前房船山諸生來見

廿二日晴休息一日懿兒同事諸員均來見茫不知其所以酬對喻生晨來云欠款已繳且呈收支收條筠仙所云譸張爲幻者也王鏡芙來言川路開工與書李參議薦純孫學習因薦李培先賫以十金令去殊無行意

廿三日晴往瞿相家閒談見其新樓平臨湘川頗勝曾樓因約爲劉健之作生日還送房嫗上船至馬頭打兩架其一不許車碾籍索似乎有理其一打醮不許貓過則聞所未聞八十老翁新增識見也眼看行李上船還家晚餐又俱回矣云船不能容並未上也

廿四日霧陰城中開戲官收八音稅堯後又一奇也會元來鄧壻先去出從東路答兵備二員兼訪楊報曾竺如馮星槎過懿家看女工廠還午食未久已夕



廿五日晴周大烈來瞿相殷判易子譚五同來皆世交也新生則未令見招心田晳吾樂谷來久待湯餅不至今日輿及孫婦生日故爲特設午麪

廿六日晴拔貢膽紅云須三日未記前己酉有此否小輪擱淺改議由陸赴朗請陳芳畹顧夫因拜東路客

廿七日陰寒風甚厲潘臺來遇沈國仁談五十年前事梁和甫來常德轎定行夜寒不寐

廿八日雨寒房嫗晨興未得起送劉生世鬻來言舊事云靖州冷官十七年矣吾回憶似昨日耳曾竺如來瞿家約會欲去未能孫畡又至不能不見因約同至瞿弋廖復不肯與片子久更請之馳往客已集矣莊馮劉先在登樓廖至看慶壽圖云張文敏所獻也內庭受賜又命諱之未集酉散

廿九日寒雨有雪意劉健之來求文譚呂楊重來閒談尹和伯夜至爲周生包石灰亦可笑也

卅日雨陰仍寒明日烝祭齋宿不見客朽人卯女闖入鄭親家母子亦闖入則更奇也瞿相來代送千金坐談頗久得吳學司書言孫氏闕節詞雅意深才子才子

十一月丁未朔晴昨夜視滌濯寒不可立今乃得晴頗有吉祥止止之象本烝祭而改爲袷兼及祔食共十位躬執獻事尚能成禮惟跪起似稍難矣蓋厚底鞾不便起立也巳初行事午正始竣便賀拔貢招親族楊鄭均到鄧黃壻亦至惟胡家以女忌不至女亦有忌前所未載又補禮弓一條李生自郴回喻生亦來謝來旋去周則固坐家也十人共五俎未飽而食已罄亦可謂不盡歡六鐵新得經管與文柄借來孫畡來送



京物自云針抵眉鑷並送蓬老往唐處問之未有見蔣龍安而還遣迎滋女盈孫意也

二日晴朝食後訪尹和伯周庶長從卽至又一村眺望同訪常漢筠見其子坐人車至卝局訪廖孫畡設點心日已斜矣步訪夏已石未遇欲作午詒書未暇也寄恩碑與復心還遇漢筠下車同至家呂家送潤筆酒饌雜物議約客未敢家人云可喫遂約明日周鷹三客皆不用唯鷹給諫補約之夜微雨旋止

三日陰看搵叔叢書其說繆未知何意黎薇生來云咭呂家約其來飲未至更聞譚芝畡來遣約亦未至午孫畡心田梁和甫馮星槎譚會元陸續來方食晳子亦來遂成大會差亦可喫未暮卽散卯金三屠均來各有以遺之

四日陰陳妹陳女均來相見諸生來及新拔來皆不備記午至鹽局會飲

蓀畡又先在曾馮繼至健之已將代矣與其弟俱作主人戌散
五日陰劉去當錢之鄉中適送果菜來與諸婦謀辦具鄭先薪妻率其長子來見送參桂請題像夜方摸牌外報鄰火乃楊厚菴家樓火相去雖近甎牆封火不能及也促孫女早歸立門外看水龍頃之彭受可夏已石楊生鄧壻均來
六日陰譚祖同鄔師來看瞿相送狐羔二褻朱雨恬送易郎四萬錢寫字三幅永孫來作送劉詩一篇湯稺安來薦木匠
七日陰忌日深居寫字十餘紙
八日晴朝食後往鹽道未遇即還將待午飯便出拜客轎夫久不來莘田來催公壽蓀畡七十即過藩署未入至瀛洲客已並集夜乘月還復過藩署寂靜無人到家心盦欲改一日勢不能矣
九日晴聞譚芝公來遺要一敍頃之來談又與蓀畡言殊官紳之異如此



四婦來執爨襆被留宿勤於事也
十日丙辰冬至不朝賀客仍素服似亦非典以郊日不可素也芝畇早到朱益齋劉健之旋至未初集申正散僅歷三時便似一日朽人又來相嬲
十一日陰曾倬如廖蓀畡并約午飯朝食後便出唁呂子清孝帷無人入與杖期生相慰庶壻譚生陪客出過一梧索觀墓志則曾太守已在坐待賓云準午刻無須先往廖處久待兩時許芝畇袁幼安乃來湯稺安不至尋五六次已過晡矣喫小喫三品不辭而出主人覺送出已欲暮本約未正甚以爲負轎夫又故遲青石橋又斷道到卄局諸客畢集然皆初到有劉健之王心田梁馮楊譚入坐均次第引去唯餘我及梁耳菜亦糊塗乘月還聞岳常道放人電線忽斷不得其名
十二日陰一日清靜諸生來談者相繼袁道臺送其妻集曾彥女兄也有作糟蛋法似是假真手然福過其妹有子登科矣
十三日晴張生來余猶未起彼已飯後又行數里矣譚道臺送賀禮京物朝食後出詣譚送劉過梁楊均不遇答訪張師入城過學臺試一詣之先有客在門請入復有客出似是撫臺先客則朱九少耶也未審何以與翰林通來往午後亦來詣我夜遣送譚菜把聞其已調省道無須路菜矣會食王家三更散
十四日晴昨約醵賀芝畇生日晨作一詩詩人見說月長圓猶喜餘香御寒煙看繡臣移臥傍恒鶴琴初返洞庭船寄陪仙侶談瀛島特懷消寒驟彩燈焚饌朱顏兩朋府知非論學不遊作山莊諸生散學來拜生亦且聽之獨行至撫署坐人車出城舍車而徒至張師處同步至靈官渡問九皋公祠胡姓廣東人也在樓居遣其妻出避客詢知與廖蓀畡相識並邀蓀畡來作客頃之王朱胡徒皆至芝公來公賀設湯餅並設摸雀開絃之會作一日歡羣妓生硬芝殊不滿意又但能唱二黃初更各散



昇至城逢迎者改坐車還
十五日晴休息一日崔丁生送傅書墨版江少耶來刺刺不休周自治來乃覓廖生送百千刻詩常壻百千包木器云滋今日當發得復女書吳學稾來
十六日晴遣候滋云未附小輪至午乃至云坐船構被蓬卡劫去靳口卡殊生事與書復女謝蘭陔送詩隨手和韻才子也作周氏譜序寫對四聯唐蓬守來
十七日晴周生下鄉處分錢財得雲門書黃孫來晡食後乘人車至懿寓將請客便轎入門故也李兆蕡出見莊外兄也周翼雲本在館略談招周嫗弟婦來侍三辮扭揑有似商人婦夜雨
十八日陰蒓孫生日自家來拜滋亦移來命燒鴨慶之且包廂看戲揮霍之間費萬錢矣輿夫婦均來遣召功婦慧孫窳女均往同春園蕭文昭

太守送茶香火骰喻生來問郭先本四相公來訴三屠曾太尊來夜談
與獻燒鴨劉婦索壽錢初未提議及此當問拔貢（偽虫長謂拜餞門故山秋鍾恕王孫彈來）
（栗里琴三疊門卻贈圖酒一尊料得治安詢賈誼也應冷樣學劉坤白穎江上風波定唯有飛鴻爪印存 青溪東畔謝墩前數別金陵又十）
（年紫氣銷殘神識石紅塵老地行仙松閒鶴影清炎暑竹裏蟬聲咽暮天莫笑嗚咽過枕徑稚王能賦小山鶴 文人自古容相輕忘盼忘）
（年折腰行肯向紅氈論故事每遺縞紵見交情官彩北面曾相笑瞪數南皮且莫爭手版一時金路帥知君到處有逢迎）
十九日晴發江寧詩筒得茷十月書健孫宜昌書亦尚有文理開菜單壽
孫來喫麪織女散工湘潭二杇來求汲引江少耶又來早飯永孫來託
求張彩道待慧孫不來夜喫餅甚佳聞雨膠不成臥看天明不覺夜長
廿日陰雨大風竟日無客至夜有人來云蔡六老耶之妹余意六弟無妹
姑令延入則攜一子同來滋云四姨也先見其子年十五矣云一日未
飯具饌不肉食飯畢入見四姨乃云間關千里盤費百千來求周生鹽
館允爲極力留令久住不可毋子均暫住一夜



廿一日晴未明遣送鄒姪往求福棧久之不去朝食時乃起送姨輿婦功
婦窊女均來辦具滋莊已忙半夜矣未午吳補松來云恐遲到未早飯
卽來也遣速心安亦云待久頃之周鏡如亦至看機房乃過廚房見女
婦盈廚甚爲贊歎談飲一日乃聞學界繩轎聲甚訝其來俄見房嫗云
十小姐已生一子三小姐亦來矣喜不自勝忽忽送客乃云不育入見
瑠女敎竹亦來見婦女陸續回忽已二更喫湯圓小坐卽寢
廿二日雨與書復女瑠攜小女來見慧孫亦來方留摸牌報云鄧壻在外
出看乃有多客一一應酬逾時俱散夜半乃寢
廿三日雨吳道臺躔金字文甫來見懿同事頗以知兵自負周講君爽
廿四日陰往功家看瑠女窅芳亦還壽孫出示皮襖初不知爲新製問羙
材乃知之本欲以獎房嫗漫言留用孫女乃分製也所令嫗自看衣價
值五萬嫌不稱當予以銀錢耳與常壻摸牌四圈還大雷雨

廿五日辛未小雪陰得雲門十日書寄示詩詞瑠來留飯摸牌慧孫亦來
遣廖傭還北宅滋出訪曾彥姊及瞿九嫂晡還云未遇廖二暮還乃云
見大少耶因留瑠摸牌待兄初更後功來言道路險屯小輪船幾沈沒
又遇南風數日故遲至七日始到昇夫久待竝催令去
廿六日晴益吾招飲玉樓云有馮星王心至則一人獨坐云馮疾王弔呂
去未來忽悟失忘還急送二元交輿代往喫八菜頗飽常孫女生日設
麪還京寓功兒亦至
廿七日晴移住內房飯後出答吳文甫賀心安得曾孫均未入至北宅看
鋪陳周生來見小坐昇至報子家潭人醵賀生日莘田蓀畡均與龍郭
列名星垞亦附更有劉國泰則生客也曾泗源率李馥先生亦來同縣
三楊二梁一張二周（大烈大椿）一黎到者五人外縣廖劉譚龍郭王（佩初）曾到
者四人譚曾馮三議長馮疾未至增入一李外省莘田辦酒報子爲地



主設三筵召十妓子初始散
廿八日晴歐陽伯元來作會辦絜談張督中堂來乃已同坐久之子玖先
去送禮者兩宅紛紜小生大做亦可笑也翁樹堂特來尤爲可怪族弟
子孫來者十餘人夜餞祝不辨誰某大風至曉
廿九日風寒不雪晨起待房嫗妝竟始出子女婦孫已畢妝矣拜賀畢昇
至北宅功衣冠待事婦猶未妝也砥帥議長商總均入喫麪餘人絡繹
唯記周朱耳內設一席未坐昇夫待麪已久仍至南宅麪客未散翁來
當款之並約蔡六弟歐陽子徐孫二周同宴翁云已去窊女來云姑生
日故來晏也夜大雨功兒去時余已睡矣
十二月丙子朔陰雨李道士來送蟠桃壽石諸生公宴我於陳園共廿二
人秀才好勝動費十萬錢殊爲多事
二日雨答拜胡道臺德立還經貢院遇小雹數點旋止過臯轅尙早卽至

歐陽寓居停余介卿出談秦子剛旋至設菌麪說鹽事三司催客即至
臬署爲程生關節廖曾作容飽食而還夜雪
三日犢陰見雪出答瞿協辦因答道士劉伯卿劉家遇謝詩人託送名條
兼爲劉增探鐵路差余參議甚詆學生事不諧也過北宅王女尙在余
家摸牌二圈而還告常增以書院經費支發事不必再管復與女婦摸
牌四圈
四日晴袁照藜仲卿道臺來初以爲袁幼安出見乃知誤也周自治來謀
鹽款云易合種之計新學家非錢不行殊使日本減色張子年來謀差
步過曾竺如
五日晴夏已石昨夜來致陳復心書爲陳小石送別敬小石謹嗇乃於我
大費詩亦似樊雲門即以十金送夏爲飲紅之資王心培韓元瑞李砥
卿皆皇皇有志於鹽局譚聘臣與寶老耶告行又爲劉江生請一函如



此則百函不足了請託且皆置之李生乾館被裁則宜道地訓以不可
再取妻自銷英氣
六日晴李生來更與小石書令帶去謝別敬無他事夕赴楊家飲湯穉安
同爲主人更招胡同人漢道孔揩階劉穉泉馮辛垞夜還微雨甚寒
七日陰女婦皆赴黛新宅獨坐淒清寫扇一柄胡子清來誤以爲胡道未
見夜檢全唐詩尋花燭詞
八日陰寫金屏二幅純孫自宜昌還云路差已派巫小路並致橘柚滿姑
娘六老耶均來相攪懿婦作臘粥功婦亦送粥來張生來訂行期胡子
陽來送名條唐詩花燭詞僅五首自作五首足之（桱香春旂旋梅影月橫斜已有金閨彥覯）
（迎玉鎖車盧眉傳彩筆緊臂解宮紗五日東風早先開並蒂花畫戟名門賁鵲環習禮來韓車金作巵溫鏡玉爲簽回雪迎春早仙蠶待曉）
（閑共持椒頌句同獻碧娥梧又七絕三首春氣先回第一宮衛池冰鏡月明中新居正近湘春館檐外星河有路通何須問卜塵鳴鳳）
（蓉旗嶺戲挂字香齊子王姬同自出一時唐棣有輝光錦障羊車雙玉人香風滿路識新春三朝廚下饋花蓋錢撒偶香酒鷄慶）

九日陰欲雪周生夾子又服毒專人來追異事也其兄死未數年又及其
弟似祟似冤非狂非逼不能斷斯獄矣六鐵來言祠事大擾用人不當
至此
十日陰晨起瑁女已來頃之小雪任弁放船來迎云大風不可行遂留一
日兩孫來言湘軍志寫刻緣起全非事實張生失約不至日本領事又
約明日來見告以當行令明日相候過午忽晴遂見青天與書臬臺言
二奇案曾竺如過談夜月
十一日丙戌大寒晴與書復譚芝耘謝生告以不可再至船山之理午至
黎坡攜穀孫女見倭領事並見倭醫至卝局孫晐已歸矣何其太早出
城過楊家送穀孫省外婆余不更入外間皆言楊梁入京運動何鬼祟
如此上船即發初更到九總陳生來見歐迎未去夜月
十二日晨起見雪乃以爲霜昨夜和衣睡四更起解衣猶有月光忽見積



雪可三寸奇景也兩舁來迎上岸坐歐舁答述堂乃至伯元家見其族
弟及少大人言鹽事踊躍移場大有陶守之意朝食乃出云今午有集
价三承辦往問無之遇价於途同至鹽局甘判未起與价三同坐待送
燕窩乃上船即發夜泊姜畬
十三日陰晨待兩桂至辰乃發朝食時至南北塘入口待轎到家已將午
廖生迎門金嫗鋪房已畢云盼望正切以劉丁將死不知辦法余告以
此皆守屋人責任專足上省作二書寄莪真
十四日晴長日如年午睡甚久許女斋子均來見振湘來云鄉人聞當借
錢爭求放利一呼可數千金乃知穀貴之利責其加佃令速已之需用
須錢向廖生假得一萬亦多錢之證
十五日晴張生來與同至新祠驗工亦尙堅壯崔孫來與書傅茗生送書
十五種晡食後去寄真莪書

十六日晴春風扇和大有生意發錢廿萬與三屠得莪蜀書看逸周書鈔本書廖五郎册葉八幅論交友之道岫孫來夜聞獐鳴鄉人云啞獐不鳴鳴則山神乘之

十七日晴韓將軍劉江生來留麪去燾姪來云到省卽還特來求事方作劉碑未成輟筆待之二更劉丁死於下室夜夢李家請客舁往欲入大門正廳方有衣冠之會稗琴迎於便門引入別室內一客云朱姓甚似俞鶴皋余三代同在坐功兒及宜孫也室中牆上嵌一聯分四段三字一段高下不相接上云芙蓉蘂曾共瞻旁稍下云芝蘭室有餘馨心以爲梧笙聯吟處已而傳帖來云魏允恭衣冠在外坐出見甚瘦非魏狀也向我展拜倉卒還禮未上席而醒思此對皆魚事但不知朱魏何來稗琴又云外宴客者聽泉亦不知何許人燾宿右廂房

十八日陰有雨燾去作劉秉璋碑成繙書倒篋叢不可理



十九日陰寫扇一柄宇清夜來扯皮氣盛則言短聲高不可喻止曙生則輕言細語勞叨不休大風吹窗二更始去

廿日陰史傭來請上船振湘來看地址宇清來欲亟去止之不可無所用勸矣三屠來交代帳目令廖生發揮往取余遂步上訴冤人相隨云人負七十金語以立摺歲於我取十年而畢彼之受累甚矣而我初不累猶非申冤者也周嫗步來遂同登舟夜至九總呼秋嵩來問錢怪怪奇奇總付一笑夜雉

廿一日陰時有霧雨拗霜不轉風亦無定午初始發夕至朝宗門登岸入城乃知瑞疾鄭婦亦病又悶人也且至荷池看胡孫新婦子正妻出見老矣子靖妻又太少小坐輿還功輿始相見懿婦亦來早眠

廿二日陰鈔劉碑送瞿轉寄懿輿均來省問送嫗問鄭氏婦至唐蓬守門外問譚芝畇午後子玖來胡家送席滋來相侑芝畇暮來飯後卽寢

廿三日陰作餻送竈作詩贈瞿周生馬泰來夜待爆竹聲乃寢

廿四日陰晨起甚晏朝食後攜嫗步行至文運街送金信至京腔流看滋女昨發血疾今又愈矣遣問歐陽生云已上湘待舁至往學院遇會元亦便衣言國會事已荷　諭旨王聘三擢京尹余壽平移陝藩喫醬糉而還至心安署已暮矣借鐙至落星田訪芝畇値其宴客便入坐喫菜二更還

廿五日晴晨至瞿家約廿七日之集還便發知單齊大聖兒送藏香朱炭接腳女來言女壻落井攜三孫往看便至胡家更攜慈孫岱女同步還摸牌夜待迎春至亥正

廿六日辛丑立春晴陰廖生專人送六雉卽分三婦更以一遺芝畇媵以燕窩榛子熊掌仿樊山體賦一詩何用山梁詠色斯德暉翔集及春時會魚從欲眞良貴客燕浮家還一枝七子平均能正國三元晴旭喜薰旗去年梅蘂今猶盛塵託東洲共酒巵又與書蕭叔衡謝香茶滋回摸牌



二更仍去龍璋送潤筆宗兄來夕去以無宿處令至京腔宅也

廿七日晴房嫗昨歸今遂早起閒坐無事吟詩一首芝畇前輩約續消寒之詠和詩未至疊前韻催之十載勞君說項斯今來重値詠梅時青油幕下香人面良夜村邊借我枝擊缽定須煩顯鼓勤懸何處爲春旗閒忙那用生分別且向平泉調玉巵袁仲卿來談督銷子店壽喜兩酒尙未掃數召滋謀之更辦一席請城中土老宗兄來言昨投京腔不容仍旅宿也賢人遂至爲盜可勝慨然夜微雨

廿八日陰譚楊饋歲滋往京腔余亦舁往兒婦皆出遂遺滋鋪排衾吾稗安均辭不暇更約曾守馬令張從九爲明夕之集詩與仲方索酒京闈暮寒鬱早暖城中爆竹又同聽定知屋角梅花老且醉泥頭竹葉青餞歲來如銀燭短引杯常恐玳筵停餘杭舊是君家地試酌流霞乞藥瓶又記瞿樓之集晴光淑氣喜相催遙晚湘波約探梅天上玉堂容我到城中芝蓋共春來南宮遊衍論鄉味北極魁杓益斗魁更乞餘杭酒千斛屢叢殘後飲不辭杯子玖送禊心安送銀懿婦還言臬訟二事有邊遺召房嫗具保僕嫗悤悤宗兄復來京卿又來送賀禮夜宿南宅

廿九日晴胡子威兒來借錢與書長沙令保鵠婦出監過年書到即出一快事也鵠家無籍沒之條沈令未免偏斷疑有嫌也馬少雲送餻圝未晡自來嫌太早請子年來摸牌晢子來辭年留飯不喫而去報子稺泉相繼來遣邀竺如中正入席李聯麟兩局先去竺如健飲啖酒散猶能喫大肉三塊亦人瑞也未二更客去滋欲還北宅余亦率嫗車還料理年事心奩夜來索詩罷相詩來交華卿帶示譚兵備矣

除日晴陰晨作謝銀詩送潘臺擊鼓不須催有客孤山伴老梅自喜身無多口累居然春自兩頭來從來僕歡成佳話共設冰花占百艷只偉分仙餽賓勸君留取馬蹄杯沈士登來訴冤送陳鄧各五金胡威兒廿金譚道臺送詩待窯家無人至申正團年懿兒未到共十九人瑞出亦未入坐與婦小愈能出行矣夜分壓祟錢廿二千傭工內外將及十千大場面也正辭年時小雨二更後祭詩復喫麪旋睡



# 湘綺樓日記

宣統二年庚戌

庚戌正月丙午朔微雨晏起三婦各送蓮茶孫婦亦送又喫年餻以二甑賞兩女辰正出受賀作詩調芝耘除夕詩成不待催巧將佳句賦春蔣星槎遠颺假去細酹花飲盃會府免朝閒櫻罵文昌新入險杓魁七年鄧渌客局醉更酹吳沙勸一杯並鈔六詩送學臺索和傍晚吳詩來云先遣送後到也又和吳韻送去拜斧般門要摔斫不妨隔歲和新詩輪林驚依衛先盟除夕鴆唱未後時險韻疑工同讀帖偏師易近早事旗知公不似芝田客太史篇中問曾厄贛孫從嫗眠二更先寢常女回門諸親均集

二日陰晴楊卿鄔師均入久談芝畇夕來詩戰宜停且空一日

三日陰晴鄧堉晨來賓朝食後也其子亦來相見李師來衣冠步行猶有古風吳莊譚又送詩來且有諸以仁吳道晉之作諸拔貢吳舉人押魁字均穩不可示弱又和二首莊譚俱送詩來打油甚盛亦消年好景也當尋曾重伯和之夜飲借詠露斯新年剛是燕閒時臺晚見林鶴歡剩燭春題火風詩章彥略同丞相府酬亭預題酒來旗郎君挾近承恩還應捲幾曝辛勝厄（和吳）莫歡卑居但齋斯惜花人起對花時一年自共飛蓬轉三日新題報柳詩智向東城鼸鼓角好從南浦謳船旗寄響騰上觀魚者可笑吾曹日出厄龍郎夕來胡子正兒亦來拜年窯還回龍

四日雨本欲出行房嫗請假遂留守房功兒亦步出但未衣冠不及李耳黃孫引陳師曾孫來見定生孫也

五日陰雨令房嫗作餅孫婦助之家中亦具饌慶節芝耘又送詩來倚馬和之南山歸息又遂斯正是衡人臥轍時公望儘容分一席侯封元不抵千詩桃根渡口春四月薇香垣邊雨灑旗更與文翁修石室定看時窅獻闕厄震伯送文正日記及和韻詩來

六日陰未正出行依元旦喜方向正南行唯見莘田李師聞廣東兵變攻省城新學之效也看曾日記華山碑三本長垣本歸劉燕庭四明本歸阮雲臺華陰本歸梁茝林劉孟瞻又得揚州市肆本李約農得南昌本李山農本轄椟歸張樵野此爲後三本余皆未見

人日陰看曾日記竟日夜喫伊麪肉勝食既不能飽也黃濬甫來子壽第五兒
八日陰出拜客自西路出城至楊家適值親家母生日長子衣冠迎客設湯餅終席梁和甫來余乃先出入南門馳十餘里不見一人而還將夕陳老張次子來言其父十月病故與余所聞不合今柩還當入城治喪正年節未便料理將騰旁屋與居又有機匠且姑徐徐
九日陰見電報言廣州事其詞支吾蓋非實也譚芝昀片言無吟興及晚又送詩來再和一首嘲之直願將身作錦鞋閒情賦就句尤佳樓臺彈指金爲屋鐙火龍春月上階那自焚香空悵詔不妨況飲就瞑僊南癡蜂候非吾事且免値人騎馬排
十日陰滋還黃家功出門滋女亦出行無人摸牌靜坐一日雅南女壻來求書寫二聯健孫往湖北去
十一日陰良孫治拐帶事送三人至警局梁璧元來吳學臺送詩陳仲甫來言衡州事



十二日雪藩臺來召功兒出見作和二吳詩尋春已辦踏春鞋卻喜吟春句更佳雅共金荃論格調欣看玉樹出庭階閒惜肯讓南彭澤好士還同晉鶴儕且欲從君歌白雪晨遊新詠馬蹄排倉皇從來笑李斯醞蟲何技可匡時寧知刺虀無塵句竟得賽歡白壽詩盛業一門家有集高科兩浙晉張旗應言未面盧微久待播蓬門奉酒卮
十三日雪晴出訪譚莊過懿寓一看彭壽可借二陳來言贖屋事子玖來談夜摸牌鄧壻闖入驅之去
十四日晴會元來胡壻父子均來窊夜來摸牌瑺發病遂散
十五日陰芝昀早來常孫女來省親以瑺病反復焦心遂無歡情夜復無月僅真人一龍來應景而已陳孫女懿婦子女均來
十六日雨陰請客多不至胡子清兩來不能待飯趙公去矣胡壻早來張尉闓至王迪菴來頹然老矣申集戌散已疲於接對夜摸牌壽孫大負至七底早散遂無繼者蓋皆倦矣看苗王說文淺學謾罵非端士也
十七日陰看錢塘梁履繩左通張孝達所師也凡不通可笑之說皆引爲典據矣尤異者不祧朱子信乎中堂家法也
十八日陰有雪晨出答訪甘思翕便過瀛洲司道均集席祠紳士無顯達者入相問訊頃之皆散不知此集本何爲也還家少休又至王迪菴處楊芸軒春山兒何樸園鄔師周麟生朱穉泉皆舊識摸牌未一圈入坐雜談戌散還霜風頗厲
十九日陰晨不欲食至午乃飯聞有催客者忘其先約矣昇出西門至靈官渡九皋公司胡南翁家吳少板借屋請客三張兩廣二倭一　同集召妓五人各唱一曲其聲聒耳不知何所取也三更先還門半掩矣女婦聽戲亦先還
廿日陰劉世藩來云推升知縣指湖北即將入京戴姪婦來爲親家求差責其拋頭露面無此辦法即與書歐陽浦告之楊价人已死得我書云丁憤五亦逝矣財主避國債知幾之士也



廿一日陰張尉來未見鄧臺石來亦不能見矣參議來乃見之楊三闓入段沅在外坐待余楊去乃見之送客還又見顏通判李華卿唐蓬洲顏謀科員唐言關聘即與唐書令薦顏乃受聘世之以紅書定人去就者多矣此印花稅所由興也夕待催客催乃無轎甚窘立門外待之兩轎俱至急往葵園蘇靈均亦在芝昀待久矣張朱爲主人入坐與廣老言商務昨日聞戴鴻慈死今日聞吳彧生進又聞唐守言岑撫以我比葵皆異事也鏡初兒來未見以其求館甚急無門達之
廿二日晴黃生來誤以爲均隆見之則荒唐人也甫送去曾孫來見亦荒唐人遂未之接寫冊葉數開才女攜去唐蓬守送關來
廿三日晴子玖來談張生直入同坐言排飯事寫字兩張傍晚張又來未及出談顏仲齊來謀科員
廿四日晴蔡六弟及虔生來字仲來便留一飯仲婦忌辰兒嫂爲設薦雲孫

來旋去云欲求科員令先見譚公午食夕散已倦矣
廿五日庚午驚蟄晴晨出送蓬洲言書院事朝食後出城上
冢從南出從東還少息瞿夫人來避出卽往其家與子玖談久之視周家
客到乃至蓤生自治局憲方與京卿摸牌余待心田來亦摸半圈入席
飲散便還
廿六日晴鄒台石昨見督鎗未見今又往謁云得周世麟遺缺矣獅孫引
一周姓來求土工棚頭張生來言學務李譚師來言雲孫科員子玖問
祭禮檢家儀已刻版者未知誰失之將重寫付刊甫作二葉㝩還摸牌
遂罷陳岙新來言午詒已去雲門不樂江南頗蕭淸矣
廿七日陰嚴受菴孫來見名湛年卅矣云被舉多稅來省首府不見爲書
識長問之黎薇生來午出城至五里牌梁家看梅重伯周印昆已先到
矣莘田楊生旋至會元亦來趨城入猶早



廿八日晴寫定家祭禮節和伯來求書梁戌生來談衡事村山正隆來談
倭事張生亦來竹林翁來請寫祠楄留宿前房
廿九日晴家禮寫畢倭僧引一倭生來受業名鶴雄不通漢語亦不甚似
學子年卅八矣云欲授尙書取箋本示之何鏡海孫來受菴孫亦來重
伯來送其母詩本請序房嫗暫來復去殊勞往返
二月乙亥朔陰蜀客來見純平鼠派令人匿笑宗兄與宗叔宗女俱去彭
鼎珊來瑫女來坐鄭短辮字興伯闖入叩見云宜孫表兄也請與字一張
爲書二趙詩黎薇生薦門生有大欲存魚熊可兼得耶亦妄而已矣因
此又提起丁治棠戴子和云子和居京師有商業
二日陰祠祭齋戒不見客看菽芳詩一過初以爲其子僞爲今知非也才
女來問禮單乃知滋未讀儀禮夜視滌濯俎豆未陳陳几筵而已
三日丁丑雨晨起待事輿懿及三孫均朝食時乃來所謂夔定也亦大晏

矣巳正行事宗兄復來譚五楊三來胡買來求印慧孫生日來拜楊晳
子來辭行入京夕訪蓀畡殊失所望還夕食已二更
四日陰欲晴將出拜客聞房嫗當還留待之作栗諴妻詩序潭伯編修苦成宣時始白
京師歸長沙左季丈郭筠兄爽翔皆賢爲天才佳然不知所謂答一時堅名滿湘中數數過余每讀輒移晷或至夜分必有一老儒問之不一物
難余心知其母夫人之督教之殷也既入書塾見其兩弟則衣服樸陋恂恂如村童益歎母教之賢又聞其女子皆能書畫工詩文益心歎之甘
氏白文正公以儒臣立大功兄弟子姪然起龍興並有風才而雅伯倡秀逸有名士之風余嘗論之一姓之與自其積累若其脫離鄉俗者發
祖茂超然羣萃之外必婚姻之助也求伯母夫人顓水名家幼侍宦遊以文儒之訓漸奉英傑之宏規夫君既以算學冠中四館子復以材彥
懋勛閒乃其家法無異寒素能陶成美材使就範圍其用心尤難於旋不材既慶文正之有佳婿又慕儒雅耶中之以諸孤累未亡而不及見其終
也今大人已逾六旬今諸子奉諱幸許令名惡使當世傳其徽音乃啟塡所作詩贈自癸酉迄今卅八年竹紀亦書慨之仲既不求工而自然見
其性眞非有學識莫能爲也用以所欽欽者迷於精嫺二月戊寅敍余午出詣撫署鄧炬梁戌生處唯梁
得見便過莘田遇票道略談婦女宴女賓譚袁瞿坐樓上竟日初更乃
飯焌甚解衣甘寢



五日晴晨起甚早和陳小石四詩天津橋上槍師干曾掛元戎盧變端一白北門開飲餞護人四臂新樓閣老謀
平遠曾深許見戲謁偶莫例看燕雀堂前紙喚起知行元不倚寶官餘城風月早相知紛署從容接燕私一畝宵雲眞白致五句華衣倘嫌
迥知今科第須高閣莫道張王有去思鼠霞身賴驗報存正扶寂病外驅鮑參軍容刀佩玉琯遠從湘漢望星紹僧臣部統高耕笑御史彈
卒李定臟曾坐鎗樓看駿汲不妨畏市奔潮當年李非先豈尙妾楊是嫩紹朝廷新數中興年那許西評處杜韻當道韓羅雖孫料
淸晨陪鼠莫同眠從來名節如林木定有紆在簡編苛語海防非戰事塵知修政謂修船謨陳龍昌五次來謁勉兒
之乃知爲笠唐胞弟借差回籍也今日更熱夜得大風
六日陰公請學臺兩湘潭人作陪午至瀛洲教員四十人均到云設茶點
實洋菜派耳未夕散
七日陰有雨楊生來復寒常增來書言廖肸被捶甚苦爲爭公費也寫對
子數幅
八日陰仍寒周大烈曾廣鈞公請名士實則礦痞耳照像二次未夕散與
蓀畡約公請學臺錢葆青來

九日晴錢仲仙約會徐氏酒樓有吳蘇　三客長沙人約纖減耀先往一
看余劉孔鄭諸人詆訾張朱侵挪公款余未贊一詞而出至青石街諸
客並集更有葉麻看熹平鏡午後散至廿局尚早與孫畯各睡一覺看
袁爽秋詩茶花女遺事將夕子修芝昀來宴樓上菜殊不旨費十金矣
夜還女婦亦宴還四婦候一日為題詩文本詞旨甚超夜作詩房嫗促
睡強坐一刻詩未成而寢
十日陰晴櫻桃盛開矣子玖約倭客賞之四倭四湘喫燕窩熊掌俗廚熊
掌如豬肉全無香味亦吾觀虞堯衢均後至酒罷待昇不至濮丞相車
菌出城霧露神藂集皆有求於平原君平原君又轉求趙王可笑也芝
昀親送千元與瑞女命退衡人待滋來即發盈孫送開船送子修一詩
並寄書午橋良朋樂嘉游吉行亦偶顯娟茲婚晤懷眠度久依依述職違急路換紛及春期昔來紫龍節今往旃驚旗國典初改
官湘州叢所司斯民未勸功與學同弃時道勝息軍補盛衰理勢誅方陳遺郗讀不使民聽疑佞遷原隰吳四牡饑周咨難無情風贈臨歧詠



遣歸從者六人並陳孫女分兩船夕發乘風三更到九總泊
十一日乙酉春分陰滋女先發令王羅二傭從去晨召陳甥備轎飯後往
舟園弔歐陽二子徐孫支賓略坐還舟閉倉謝客來者皆不見歐陽述
再遣來迎俱謝不往得莪蜀書夜雨溼裘張愷陶來
十二日雨伯元再來迎知其生日不可不往未飯去翁吳諸人皆至三道
點心乃得湯餅清湯無油亦盡一椀留看戲正無如何家中送鄒生信
來復昇登舟為千袁督銷尋周印昆名紙許為敍記約十四日專足來
接也寫歐陽挽聯並寫對子十餘幅還看戲過歐陽浦沈士登余介卿
張德瀛張旋從登舟相謁愷陶送橙梨蘋果
十三日晴尹生贈詩劉生贈畫又送玉佩六耶亦來相看宇清來一言不
發待至未正歐家始遣來迎未備綠轎依本品大裝題主禮尚簡易禮
畢設酒翁吳小歐徐甥相陪韓守備來見廣東人能說京話燒豬後散

還船與書龍安夜寫郭園宴集照相記王羅仍自鄉來迎
十四日戊子社陰有雨申命早行陳嵩相欺欲邀我作招牌疑其授意船
人故意不發嚴飭令開船房嫗被欺反為關說豈其度量不如村嫗乃
命移至十三總再停一日筠仙所云譸張為幻幻亦甚矣夕赴十三總
天生福慶牌抱財十元俱進內外二席防營魏陳煙膏文鐵路徐救生
任俱為客官局蕭沈不到鹽局秦先在船相看至是又來留談二更散
梁哨官亦在坐冒雨還船有人呼舟子云九姑太太送書版來版在十
一總人在湘河口兩頭不能相顧余令姑去
十五日船仍不發遣王大看漣口船周嫗唯恐過船令其先發余令待我
至夕不聞消息僅行卅里泊姜畲自行船來未之有也
十六日陰晨復不發因忌日未便促之十里到家遂行半日行李料檢便
日夕矣船丁惰蠢如此乃索米一斗而去劉二嫂蕭兒均來趁火打劫



亦自可樂施五嫂攜男女息婦五人來喫飯卯金刀亦還鄉紈夫婦已
先到居正室余仍西軒安牀劉孫一年未見稍覺老成夕聞詬誶房嫗
竟敢與小主反唇無綱極矣不早用六耶之言至於如此立遣之
十七日陰喚船詭云未有改喚轎夫又云有船羅三十亦倂張耶紛紜人
來皆謝不理作岑春暄尚書壽序一篇下筆付紈謄清寫者猶遲於作
者文殊有歐王之勝付周嫗寄去並贈以釧梨以志別念劉壻明日下
湘蕭兒來上學
十八日陰祠工遣人來迎昇往夕至穀倉已定無可商辦宿西房與鎮湘
對眠
十九日陰早飯後仍還家午後至見男女行行知為觀音生日鞦劉來訪
周武德亦來求信聽其寄居夜與兩女打牌
廿日陰風甚寒六休鶴熊來求作雲鶴記藏經記久諾遂忘夜分走筆成

之

廿一日雷雹並作寒逾臘冬留僧住一日寫字數幅夜仍大風

廿二日陰僧去周留誨以本業令還應課周不以爲然遂去尋梅生夕尋

學徒均出滋又感冒劉敬池來尋

廿三日陰寒寫字十餘幅落款加印遂至半日講左傳叔孫氏使盡爲臣

不然不舍是舍爲舍臣也季以役邑俱入己叔以私人俱入公季倍征

勒令入私叔不舍勒令入官

廿四日雨劉敍昆引其老姊來求芘護云吳鶴年之妻夫妻反目一索聘

物一索匳資兒童語也橫來相干無計避之亦令款接各宿客房盈孫

來叔止來說鹽事

廿五日陰雨朝食後劉家姊妹去納賄十金當與其夫家人不直向之說

禮也寫字數紙

廿六日陰上冢人今日當止鄉人云寒食不上冢嫌不及事也蔡姪女修

㓜今日十歲來拜生小名杏兒劉孫移就我讀野不可禁

廿七日辛丑淸明雨金嫗告假看戲亦一奇也再覓轎夫俱不在家各往

祠堂喫酒矣今日宜作杏酪芼餹已豫設故不再設寫字數紙周武德

來又去盈孫上冢夜歸天黑如磐

廿八日晴王鳳兒來未見誤以爲雪師孫也寫字數幅作書與復女壻告

以將游五湖

廿九日晴滋弔論婦午初去未正雷雨恐其困滯竟無人可迎視鄉人艱

貴如此理安妻蔡攜孫來名鎭藩學南貨求鹽局差小坐去

晦日雷雨漣水大漲往來斷道懿送周嫗來似不留六姐餘地岑三亡兒

不做壽矣

三月乙巳朔晴兩女放紙鳶羅小敫來看在後山頗久夜復摸牌至夜睡



不安展轉百起幾不支矣天不肯明無柰何也

二日晴臥疾不出周梅生崖船來王心培來上客幾成冤魂矣至夜請入

房一見並招周生廖蕭亦入

三日晴出見崖船告以先生無引進弟子之道心培癡坐不去振湘岫孫

國安俱來

四日晴始出堂餐霧露神俱去新晴不得一游又爲悵悵攜妓登樓聊爲

應景

五日晴課劉孫畢攜女看公祠行數步覺倦乃命舁迎步至茶亭看碑云

本王碑嶺舊苦道險泉涸先人乃開徑施茶雲湖更捐田十畝成公卽

今六房公也殊與第六房無與滋云宜爲一碑

六日晴晨出外齋夏十兒來見昨遣送禮今又自送銀還半山金釵也受

以與六女充公談一日去亦無甚長進周兒來報省城大亂已焚撫署

打巡局常備軍入城矣盈孫送老圃來

七日晴牡丹盡開杜鵑亦花山中春色已盛嘉女來求書以撫子涂賡臣

可勝管帳之任許爲問之蔡六弟書報民變並送米十五石欲就來船

下縣便令辦行

八日晴煊遣發行李至午濃雲如伏日須臾大風郭女欲從行已先上船

余纔往船人云不能下又舁還作一詩

九日雨風不可行看牡丹已盡斂避雨物性之靈如此獨坐高堂歛歌自

得思城中人真如隔仙源也至夜劉壻書來告難

十日陰晨起登舟往觀世變舟行甚遲午後始至呼舁送郭女到家移檥

九總改坐己船田二來告變送功書並得純孫宜昌信召陳秋嵩來換

銀夜早眠醒聞吹號乃始初更已如過一夜也又數起數溲始得酣眠

醒仍止三更耳情非屈生夜同若歲又詩中一景也歡娛夜短語亦不

確眞歡夜反長耳亦有老少之異唐業準來送禮
十一日雨寒仍是慺慺單衣之景鹽船又來求放與片秦剛請之正在擾亂乃有此黑天之事亦可笑也待船篷當留半日入城至史傭家晚飯陪歐沈張愷陶周代令惟蓉遣信相聞夜與歐同往一見還船街有月光春景周旋來答拜涂孫蕭詠恩來周翼雲來云衣被已被掠矣
十二日丙辰穀雨晴辰發未到長沙入城熙熙如未亂功兒出議團婦女出訴亂狀劉壻尚居東牀舁出看芝畇心安莊處遇參議小坐還家芝畇生孫逢生吉祥窊女還留宿舊榻與功略談防後之方參議夜來
十三日晴兩孫女游桑局四婦留船未去談其兄被圍之事頗怨會元午後雨孫女幾不得回船北風作浪因泊新河呼舁來迎三人兩轎因留審孫在船
十四日晨雨旋霽移至朝宗門耆泊處朝食時功來省覲作說帖送撫藩



引咎自責陳芳畹來求金周生廖蕭均來問訊入城看瞿軍大旋至家摸牌至撫轅一弔故牙還船
十五日晴北風甚壯入城宅樊史兩生來皆欲求館陳堯翁所謂顛倒奇想也周廖復至船索說帖看本欲留稾因令取還新撫午至湘陰期以申到接兩孫女來看兵輪酉初入城良孫來送潭電云七都已亂妄言也告劉壻宜往護妻子
十六日陰劉壻告去家人無來者入城視之周大烈來迎窊女來摸牌懿婦亦至在家夕食往看新撫動靜寂然無所見云帶餉百萬隨員甚多衛隊亦從蓋新募也夜雨
十七日雨陰晨雷送人往還參議遣看日本領事及廖蓀畡入城摸牌窊莊均來夕食後仍上船
十八日雨從者俱無行意已亦不欲渡湖因功婦設餅入城與窊議且暫留城添燒一鴨窊又送湯圓未夕食留城宿夜雷電
十九日晴悉召僕從入城遣船還湘已費百千矣作爲避兵耗費可也張生呂蓬孫會元彭孫李孫均來夜星忽雨中宵照閃不安
廿日雨得夏午詒京書蓬洲衡書戴炳孫來見酒保外孫也乘亂求差欲代狗兒楊三來
廿一日陰陳八去復唐衡書約枇杷熟時當往復夏書略言鹿事梁和甫來譚五來
廿二日陰看王涉蘇詩殊爲可笑書局多得翰林吳子修亦與其列則可怪也遣使往武陵
廿三日未起藩臺來大雨如注坐良久去言我宜往唁岑余堯衢譚大武來張生來言送洋人事遣送書與日竹添劉沘之自江寧來歐陽伯元自湘潭來秦子剛亦來言鹽船



廿四日陰陳芳畹來求金朱鹽撤任芝畇署理與書陳秋生言船戶脫逃事
廿五日陰午出詣鹽署唁朱云譚已受印遂往譚處遇吳關道肇邦河南知府來鄂者出城訪岑入南門答劉沘之其寓宅唐畫郊舊宅也小時熟游今尚記識欲尋篔仙書房無門可入矣道過余家便看歐道至岑撫寓送行辭以頭痛諺云見則頭痛非佳語也亦是實情過參議祭酒均談亂事官紳齟齬亦不知所由總歸數定而已還家夕食屬周生送劉書劉又申言竹石墓志許爲作之
廿六日陰王心田來言電報事兩兒往看伯弢午後雨至遣人迎之宵芳來輿兒來言眞女已到湖北子玖來談
廿七日辛未立夏晨晴午雨旋霽張李生來久坐秦子剛來岑撫辭行有送至岳州者亦尚非市道交而一舁出小吳門甚爲倉皇則太無學識

可憐笑也

廿八日晨雨旋晴梁戌生來午過懿家步至東長街車至小瀛洲看莘田旋至懿處婦莊講周南一什日猶未晡昇還北宅待昏復至蘇家巷余太華設酒相邀客有蕭湫雲夏子振莘田伯元戌集亥散夏已石來

廿九日晴昨聞湘藩開缺晨步至鄖師家訪之遇賴家祥江南令也言其父被辱事昨見紀亂詩乃鄖所作令送一張聞魏督朱道俱在城未來相看何也鄖師夜來

四月甲戌朔晴錢清泉來見新撫半月乃得見門包太少之故船山童生來見告以存古不貴童經矣殷默存譚象坤楊子杏余堯衢均來久談得復女書云當還家期此月初留羅傭不遣蓋留作廝養也余欲還山而房嫗不欲行借此爲辭亦姑待之劉壻黃孫均來城亦當令還山莊以百金與輿兒入都以十金與孫婦入蜀盈孫送之今日上船婦孫出入流涕被面初別小姑離情甚摯

二日晴盈孫早歸船尚未達懿婦送黃詩來窊女亦還

三日晴午後雲雷小雨黃伯雨署學使來訪未相面謝不敢見將往答拜轎僕俱無又無衣袍李師曾守朱喬孫來劉壻來夏已石來客去已晡矣坐手車出行出街口雨至又還

四日陰晨至學院黃伯雨尚居公所入談久之言湖北並不虧空爲聞所未聞將往藩署且還喫飯黃送至儀門外亦新樣也晡後復至心安處薦劉壻遇薛叔莘車入昇出省費二倍爲陳伯弢書扇對組安來久坐帶去芝畇夜來言紳事甚亟意畏瑞澂不知其行尸走肉不日將攺也芝畇於世故殊淺

五日雨寫張孝達挽聯與百金與兒令入京朝考將往魏督處無昇無從又因雨阻而止



六日陰晨過魏午莊聞名卅年始相見乃昔從曾沅浦攻吉安亦老營務也樸厚有湘將之風但無可談滋女送櫻桃來分一盤送曾懿又至輿兒家一看云尚無船張生來請書扇因並箴楊度諸生朱喬生來曾甥兒來

七日陰魏督又來蓋謙謹殊甚歐陽子亦來申約陪客看四六叢話阮雲臺之師孫姓所作初不知名許心臺重刻之其中誤以笏記爲記可笑也輿夕食後上船功往送之待其還乃寢

八日陰補寫日記誤重一日亦殷紂之流也昨日是前日事昨往李朝斌祠陪魏客有袁仲青朱喬生余介卿魏不能談茶不可喫徒有罷官之感龍郎來未遇今日閒展覽曾又爲謠言作亂之日閉門深居靜以待之得蔡天民訃二月死矣年八十七

九日雨劉壻廖生張生均來久坐方僮來言叔鴻昨日未刻病故其家未報喪自往看之並過孔朱未遇至瞿相處遇余參議

十日陰雨孔歐來談向道臺來丁性泉來言農民頗有逃亡洪僮送衣來滋不入城狗姑來求事

十一日陰爲向生寫扇送陸鳳石云其父爲校官以庠庭有石如鳳因取名字其後汪又繼之子皆取鳳爲名卽藥階兄弟是也蓋丹徒學舍矣夜念叔鴻爲作一聯四愁曾向桂林吟又十載江南的看山色憶昔瑣 大夢早隨仙蝶化待重陪鄉飲無復文携照白蓮

十二日晴飯後昇至徐家陪客與陳撫兒孔黃同知賓兒李提兒從廣東還又一李大人則不知誰氏子坐一時許還家休息道過鹽署聞軍機家俱小坐夜摸牌

十三日晴陶渠林徐定生子玖來傳姓因黃孫來拜門年四十矣欲做官先求信也寫字半日

十四日晴晨未起羅兒來叩門云十女已到與壻偕來遣迎未久余又還

寢已聞復問訊頃之趙壻亦入見程孫適來遂同朝食懿兒輿婦均相遇余出答陶徐均未遇過心安芝畇芝尙未飯留餂心談閒事還家詢知紈女今日生爲設湯餅招劉壻夜飲無酒曾重伯亦約來談生日有客矣二更散俺坐遂眠未下帳帷

十五日晴忌日謝客未飯儺喫豆腐拖麪一日無事

十六日晴作余妾墓銘鴻甥荒率索藁來已費兩日又不可用故自作之

馬楊袁生來劉逑之來

十七日晴晨報船來筆墨纏未得去乃令女壻先發遣男女三傭從去送余志與瞿相託具預辭發棠曾重伯以母命送滋百金未知何意亦代受之劉胡兩壻均來劉逑之送朱竹石行狀並以千金求文

十八日晴朝食後答訪鄧師禹便過伯元印昆不遇至李佛翼米局小坐而還堯衢來夜看彗星劉壻云近女宿功言出太微垣指揺提夜月傳



梅根來

十九日晴張伯圓孫依仁來見云年四十歷當新差求干吳文甫又云胡道臺當往辰沅午閒曾竺如來問之則衡永非辰沅也云瑞督有坐省委員隨時稟撤道府故老蓬以聾廢並及潘淸矣夜二更駱狀元叩門來見自桂林路過唯見瞿相及余申師弟之義

廿日晴遣湙嵾沺與狀元答其來意印昆送照相片來遺房嫗問訊親家母蔡六弟來言訟事頻頻干官殊非其姊之意寫字落款費半日功輿婦及其從母來請看戲云諸少耶演紅樓夢於左文襄祠余以爲未滿三年不宜於官祠演戲辭不往看易世兄來

廿一日晴竟日無客唯聞鄧壻來未見書債粗了更題周韓臣像廖蓀畡夕來久坐

廿二日晴周翼雲來張生葛遂平來葛云郭殺詒被撤已亦撤矣尙有一人未暇審之恩恩便出坐車至鹽署大輿工作見梁師設君山茶周少一從入又從至蓀畡處亦設君山茶並餂心坐車至四婦處周乃未從問曾太尊云不在家步訪心田始知關道已放吳生芝畇蓋爲人作嫁衣矣復步至藩署探信云不甚佳見朱月汀甚諱岑事昇還房嫗往棚梨看屋宼來摸牌熱甚早散

廿三日晴黃岐農孫來見云出洋得進士用中書欲干學司求館地徐幼穆來暢談鴻甥來房嫗還船亦到蓀畡來久談

廿四日晴晨起訪徐幼穆不遇所居新宅云是李提兒屋還家早飯京報到莊藩闕缺王孔葉楊革降皆不用吾言至此會元則尤不可解耳午弔湯稺安妻喪陪客皆不相識今日題主熱甚早回房嫗又假歸蔡六弟來

廿五日晴熱呂譚來黃岐農孫來亦新學之徒說舊腐之語云岑撫委至



調查局局憲甚妒之不安其位而去欲干提學云云周達武兒來請題蘇小妹圖又爲周韓孫題韓翁像得王梁書

廿六日晴熱書扇一柄即寫新詩（良縉千家有律詩蘇家小妹又新聞粺官元是不刊與畫手餂生絕代要其把史館勤考校好敎學士得一傾宜讀看屈眷沈吟盧黃四識家花猪枝（石潞畫餂小妹）莊撒半樓一瞬間方洲閨錢又藏船篋家仁與王家莪供入岺年敎編（感事））翼子玖來莘田來言錢莊本約領銜礙於王孔乃欲與蓀畡同餞又礙官派子玖約在超覽樓致爲妥當梁和甫來衡州專人來迎事已變矣

廿七日晴熱晨見數客甚倦解衣謝客又報梁李兩師來延入設茶微言芝畇不可署藩兩婦來覲子瑞亦來取銀九百兩以一百與輿婦八百踐官錢局之約

廿八日昨夜大雨晨止登舟王明望來叩送解纜帆風申初到縣泊九總喚陳秋嵩來料理諸事兩歐陽來訪小桂送菜梁任俱送菜得莪三日

書與書廖世兄薦蔡生
廿九日壬寅芒種陰風息舟遲辰正開行戌初僅至趙壻廖生已候於南
北塘小雨濛濛邀之上船趁未昏先去已而舁擔來迎恩恩上岸三女
候門三外孫問訊尙未夕食遂喫枇杷待嫗來已亥正行李半溼矣子
初移南軒宿
五月癸卯朔晨呼傭人上船送菜遂不成寐朝食後復莪女書陳佩秋妻
來求救盛生云教書與東家涉訟其辭閃爍必醜事也追尋半月與書
王莘田問之善化令送書九部與莊心安兼問行期振湘來索錢蕭子
來訴訟
二日雨竟日無事掃除前軒登樓看雨川溪竝漲綠陰蒙茸不知積雨之
苦也鄉農亦正望澤蕭子去
三日雨午後舜寫字數幅歐陽浦專足來訴訟笑而置之



四日晴桂兒晨來言省船已到唯懿婦一人來云四孫點豆慧孫等並留
過節也至夜搥門甚急滿屋驚醒乃是蕭子夜來其童駭如此
五日節晨日甚朗待午分粽上下廿許人晡時悶熱至夜遂雨劉女來拜
節年半長將爲替人矣廿和送苦瓜夕食殊不旨未飯
六日陰夜雨飯量始復常二百七十日矣爲趙壻書冊錄女事詩作一律
殿之辛年賦句夢京都十載雷驚一閧呼各有綵絲長命縷不勞丹藥辟兵符桃源久住陶元亮艾戶空餘楚大夫莫向粽中求益智世人皆醉且陽狂筆墨債稍淸
七日陰晴斡將軍來方校八代詩及後漢書未暇陪客頃之蔡六弟亦至
又送紙數束頗倦於書宗兄女雲來訴父苦令依我以終敺書人又來
內外輻湊奶娘涕泣求去更不知何因也皆與之爲無町畦待夕食甚
久飯後韓去蔡留
八日雨未止蔡雲均去講書校史一日頗覺勞神至夜早寢雨瀟瀟終夜

九日陰講湘軍志畢於營制已不甚了了矣鄉人請我平糶無穀應之滋
女明日卅歲夜饌飽未多食
十日晴晨起待滋行禮王婦來見留飯去朝喫麪一盌午飯未終席先散
十一日陰周鳳枝來言官事廖孝廉告假和官事眞方正也校八代詩一
本
十二日晴遣湛僮還衡與書錢仲仙佃戶來訴再七七相公來求片與匡
五依而與之得陳小石書
十三日晴忌日忘戒遂未素食飯後乃悟焉吾衰甚矣午飯又忘之知神
明之不照
十四日晴許妻來求書薦其子一日再來便寄健孫一函遣文柄借穀廖
傭送時魚已忘節物又提起嘗新心事
十五日晴祠中來議平糶已無存穀得署衡道書



十六日晴食蒸餅不適遂成疾今日戊午夏至以爲應節氣也夕遂不食
十七日晴熱鎮岫兩孫來蓋俱謀食者以余未食不得盡其詞岫有輿援
竟得二千以去
十八日晴熱晨疾甚困至夕忽愈但尙未食耳客來俱不見而一熊姓來
冏請受業於門無詞拒之
十九日晴熱遣人入城取電合覓米縣城豫備減糶
廿日晴熱疾發甚困二日不食矣殊不能言其苦但不能坐立實爲狼狽
夏夜苦長一夕數起陳秋生送米來夜轉風
廿一日頓涼如深秋可袷衣病小愈猶未能食廖榮去附書攸局
廿二日晴補芳生日爲設湯餅王小敷適來因留作客至午乃喫麪又非
滷汁同坐皆已飯唯余獨盡一盌摸牌亦未認眞
廿三日晴晨起寫京書三封作張叔平詩鈔跋云得自畅女以詒曾重伯

妻唐氏者滋云二人初未相見曾僞言也要之來歷新奇無妨附會卽
以曾毋贈滋銀百兩作石印資莊取電合來已不傳電張生暑假來省
覲劉江生送茉莉戴明來言送莊藩爆竹甚盛與書蓀畡問訊遣船送
四婦還城
廿四日陰午初莊行旋雨召振湘來發減糶至夜大雨至曙
廿五日雨頗寒仍夾衣蕭兒復來重點周官
廿六日晴城中專人來言公事告以制臺恨我不可出名未幾秦子和來
見言兒都事又云楊已補實王聘三得其遺缺丁乃揚尹京矣留宿不
可堅辭去出門見虹暮雨瀟瀟無由問其去向
廿七日晴許孫來云子和留劉二嫂家過午未起也爲寫樓記遂停諸事
祠堂發米去減糶
廿八日晴鄒姨姪來欲換一差紈女家來接送稷因以款之令去衡州送



穀來三兒京信來得喻謙書又得聾信懿婦今日始行蓋留城五日
廿九日晴發減糶了無頭緒皆飽囤甲而已寫字數幅鎭湘皇皇求去留
京無益縱令遠去
晦日晴南風已應尙不甚熱鄰婦聞穀到爭來求糶各有以應之瑺女信
還榜眼送杏仁
六月癸酉朔晴木匠來領工價爲卯金所阻亦姑聽之梅宇攜兒婦來訴
偷樹事蕭子亦訴人命事代理將替尋事覓縫正差役得意時也劉堉
書來訴不得志廖子書來言不及廿想無翻覆耳爲趙堉圈點賦本
二日晨雨小暑當晴乃可收鹽雨非所宜也午後蒸熱
三日晴六耶來言唐龔云已電巡撫復書詬罵之又與書周銘三代令言
再七訟詐事兼爲蕭子道地夜忽患痛如痔甚困
四日晴陰暑熱得廖蓀畡書卽復一函作竹石碑成幷託轉致

五日陰欲雨不雨悶熱不適支祠未完工往看裝修唯後房與佃戶居不
能潔清別作屋三間與之再二妻來旋去午浴
六日陰有風周生來値雨坐廊下見之遣人下縣劄羊方誠自邵陽來見
振湘妻來作說客
七日陰有雨晨作書告子玖當正紳綱毋令鬼怪蜚壞事周生留一日不
去
八日庚辰初伏史傭送羊先來遣人竟不及事晨晴日烈過午乃涼如秋
看明史一本
九日陰唐業準書來求干說正言謝之振湘子復來引砌工索債顏姓來
訴王族橫强遣湛童視之反引卯金同去索錢眞可駭也
十日陰涼以廿元遣砌工暫去湛童還自云不要錢岫孫得十元矣更怪
事也功兒來進瓜長婦獻魚餅謝嫗得孫送紅卵鼇石歐陽家來訴冤



十一日晴仍涼看明史數本寫字數幅積壓始淸遣湛童下縣
十二日陰涼硃楊來送瓜鄉人出龍禳蟲嘗瓜數片戴婦又來請託親家
斥之甚苦看明史卯金婦子來宿令去代元婦與夫弟口角叢索詐未
遂也
十三日陰涼殊無夏氣設素筵四席饗鄉人卅六人皆飽而去匄者踵至
則未滿其望也看明史無可訾議大要皆可不載之人事改看書目三
種
十四日陰晴有雨看明史已點三卷有功兒批語未知所自來夜偶題石
泥塘詩取出於月下看之筆頗跳脫
十五日晴南風遣車至劉坤運石灰常傭病甚遣人代之湛童還得匿名
書數帖皆不與我干者
十六日晴始有伏日光景猶可緜衫書詩冊一葉看書經

十七日晴有風才女來送電合紗幮安幮半日亦爲廢事未寫字楊鈞請題張東之墓志未知其字檢唐詩乃得之張志四石其父玄弼字神匡內𡊮字不可識（云誠實聽文樊臺前記）妻丘氏葬安養縣相城里李行廉銘之景之二字仲陽慶之三字仲遠敬之五字叔𧶘晦之當是四尙有弟或晦之第六耳東字孟將必庶出而文中不見蓋不知伯孟之分耶

十八日庚寅大暑中伏遣送茉莉三枝與三孫女并各與書周梅生來識看陶齋喻生復來送瓜油留住北房

十九日晨起與書端午橋應秦子和請以二百金寄之輿兒要錢且俟案發寫字二幅與日本領事𦥷嫗燒香求籤而還喻周同船去午橋五十索贈寄一聯頌之（強仕十年名位極平泉三月管弦清）兩婦各遣使進瓜廖傭求蘋果不得蘋果須初秋始熟也

廿日晴朝食時彭壽可來求書不憚觸暑亦不惜貲本云汪九叔之意也



竹添井井書來言經濟云與曹東寅論時政復書贊之城中兩人告去

廿一日晴晨作書與譚芝畇論胡子清卽交彭孫帶去許外孫鬧倡成獄并令關說廖傭同往午初蔡六弟來留摸牌四圈言陳佩秋妻姪錢債事未午食去頗熱

廿二日晴蕭兒來在此兩年未讀半部論語可謂化老耶也

廿三日晴與書莪女顏通判來求書復一片去

廿四日晴看漢文漢書多可不存者知當時亦以名取無鑒別也做人門生告去已銷去四千矣

廿五日晴馬先棨來送羊羊正所須送者所需則未能副也未申間大雨雷雹激烈壯人神志亦頗擾人也劉佃吹折一樹傳云雷擊往看則非南瓜棚亦俱傾倒瓜蔓盡折不復可理

廿六日晨仍陰雨日色甚微馬先生仿皇兩湖無地容身吾亦莫能振之爲不夕食

廿七日晴朝食後馬去崔丁生又來云在煤局寫票未飯而去精神困憊似是感寒服肉桂稍和

廿八日三伏涼今年幸不漏伏然秋氣太早亦反常也

廿九日欲雨未成暑針退至八十度矣初未料此月小盡方欲逃暑又少一日也

七月壬寅朔方改月便成秋遣人姜翁買菜便求蘆菔陳秋嵩來言官事告以不能喻味皆來云道臺嚴拏則離奇矣末世真不可涉世陳去喻留且令避差

二日陰涼膠乘舟渡江問名流萬（鳴啾滄波外天容水色清悠悠千滅後僩僩片帆輕寥寥眞舟人喜鷗遙夕照橫）（微風元氣轉心賞寄行程）昨夜風涼起令閉窗今夜仍開窗納風

三日涼與書胡滋圃說船山分校交喻專人去因雨未去



四日乙巳立秋得樊山及陳仲恂寄詩荷花盛開恰合詩景新秋涼早又嫌太早也秋光已到野人家而小京官尙未報又甚遲遲

五日涼晨復樊詩（老懶還山百不如轉因過暑得閒居芰荷早已傳秋信魚鳥眞疑長舊書直恐西塵勢庾扇敢閑三徑引陶車侯門近日存仁義且覓蘧廬作寓廬）楊季子黃穉雲兩孫宗兄均來宗兄留我處已著健不得死矣

六日涼岫孫來嚴飭之令往取票包塘叔來送豆團總來請示送盜目

七日陰涼與余明府並遣人下省探拔貢朝考信剖瓜二枚夜設露盤作一詩

八日雨瓜皆敗矣不可復食續遣廖傭送蘋果往長沙求新米未得大雨竟夜

九日庚戌出伏服藥二劑亦果子方也雨勢未已

十日晴四老少來岫孫送票來宋姓來受業問大意云鐵路虧折欲翻本

也送門敬十三千其朽可知
十一日晴久未寫字試作數幅比日昏睡而已殊無精神
十二日晴思禮記文甚縱橫取讀一過長日如年半睡半坐猶覺悠曼
十三日晴諸女自治具薦新刀砧盈耳過午尚未炊熟自往催之將夕始
食已不欲食矣邀喻生宗兄一飯飯罷久之始燒包廖生譚教習來談
至子初夜猶再起
十四日晴周嫗正欲受用適得橫財大喜如意作書撥二百元刻詩示諸
生升降課徒譚仲銘云芝畇已交卸潘篆鄉居勸業矣檢九經鈔本交
廖生示大學諸生午初兩生俱去余亦欲行憚秋炎未敢也省信還知
輿兒未取夏子得一等卷摺猶有效也四老少竹林叔來旋去得午詒
廿九日書並功兒兩信女傭均告假去
十五日晴有雨晨至湘綺樓乃似荒園廢屋自居樓上督理之今年初不



聞蟬登樓乃聞之坐至午初遂飯樓上王理安嗣子來以意與語幸而
不誤無產爲後賺其家聲又吾累也蕭兒來云失去一皮箱夜早眠
十六日陰仍飯於樓午看何貞翁文集乃甚自信其詩亦如曾侯自信其
書不足爲外人道也
十七日晴未出飯晚飯已夜洋和尚來云軍機又換人不知何因由留宿
東房錢店馬夥來訴史傭
十八日晨起洋僧未起也令湛童送之便覓偷兒買節物至午乃去譚象
坤來言譚仍北局喻生云月領四百津貼有萬金矣劉江生來言十七
都盜案我遣人查問告以毫無影響留喫拌麪而去夜月甚清裵回不
寐
十九日晴宇清來求作科員意甚怏怏似有痰氣纏繞一日始去夕出門
納涼慶孫來言鐵路

廿日辛酉處暑復熱至八十六度久未作督撫歌聊次第之直陳(黔)江張(直)鄂瑞(旂)粵閩增(旂)越袁(湘)甘長(旂)蜀趙(旂)東錫(旂)滇李(徽)東孫(浙)晉寶(旂)蘇程(川)徽朱(滇)洪馮(豫)湘楊(滇)桂張(東)黔龐(蘇)浙恩(旗)陝恩(旂)已不能
舉其籍矣初更已關門忽聞人來云劉姑耶至便起見之云來候疾
廿一日晴熱始開扮桶慶孫去得端午橋金殿臣書金詆良知殊爲多事
云我不知佛則信然
廿二日晴唐生瀛自安仁來云印詩經作課本作書復金殿臣六耶永生
專信來夜出納涼
廿三日晴晨聞呼門起看門已闢矣著宗兄所爲也劉增早去滋與癡兒
鬬氣更癡於兒也秋光照爍令人不安蟬移入內庭蓋所謂蜓蚞螇螰
非蜩也看唐詩午熱夕涼夜眠甚早
廿四日陰趙增將往九江邀唐生同去將夕乃行唐生請題父像援彭剛
直爲例似非倫也此等又須有勢利之見



廿五日陰涼想不再熱矣看唐詩得陳完夫書知周生已到京尚無來信
唐養吾從子來言減釐事蔡二嫂遣來問訊
廿六日晴查檢敝書事先付卄元印六部備用看譜亦有脫葉敝人生復
來云學堂可入矣
廿七日晴樹生婦來訴加佃令告新佃不認秋炎頗爍納涼隴畔縣遺捕
快來查蕭子失衣僉僮亦請乩明心兩學徒不告而去無學規故也
廿八日晴病在不欲食頗可憂而未知其由喻生亦還未得一錢亦將去
矣王氏諸子多來相攪
廿九日晴涼多陰耒陽賚生來請業謝未能見紈女小疾未能摸牌余亦
沈頓無好興閒眠而已喻生去
晦日陰寫字三紙使筆尚健紈小愈都人來訴訟未見作梅傳竟成從譚
芝畇索宜威骰仍用斯字韻有酒年年吟兔斯今來寂寞到秋時知君已飫滇鄉味招壓仍饞盤桂枝但乞宜威

分賜个絕勝普洱擲茶旗最東舊製香能記取伴枯魚佩瓦卮

八月壬申朔晴晨不出食作書與廖笙陔僉三十家來求情令責不合閉門甘結許不問窺事王心培來燒香未見便留乞寥亦姑聽之取其能送鴨也寫秦壽對

二日晴偶思熊掌滋烹二日已熟日久毛䰅精華既竭不能芳鮮矣三女均不下箸余亦未飽啖掌皮未肥腴也遣人下縣取藥

三日晴正在閉門聞外諠譁乃是張二哥闖入相爭開戶延之與鳳喈子同來訴訟爲片致局團勸和留飯而去遂消一日又算八字作媒喻生又來

四日晴陳秋生又偕任七來訴訟告以不理亦留半日乃去送牛羊肉

五日丙子白露作胡麻酪偕諸女出門采菱又登樓久坐李太守來未見鈔書一葉補禮記版整理兩版紫藤滿花臨闌賞之



六日晴復熱紵衣滋令金嫗看親飯後便去長工作舁人周童又出守夜遂無一男工夕出門裹回亦無人問還唐生來岐農孫來均未飯令羣嫗辦具款之極怱怱矣看儀禮二本

七日晴熱晨登樓見唐黃詢知吳學已還任鹿軍大病故仍用斯字韻寄吳一詩頓欲依依柳斯歸來城郭異前時不驚寒食分桃火得向明湖聽竹枝節署已看匣蟻蟻船閒仍恐插洋旗祇應樂棗重相慰東閣門閒捧玉卮黃送字去

八日晴熱一日未食敎生局三員來問病陳送肉桂殷殷勸服爲進二杯湛童還得芝畇書言項城再起

九日晴湛童重還迎船物唯恐天熱肉不可宿也

十日陰驟涼滋女暴疾不能興紉復辦具余未過問夜寐不穩作詩一首夜近秋分覺漏長猶眠人守合歡床涼風入戶疑花影珪月窺庭減桂香也料鏡中生白髮偶吟詩句想覺裴陳王情應才難應不道吟成髮已霜

十一日陰涼諸女辦祭喫麪兩盤內外兩席兼有男女雜客晚亦兩席余未食

十二日陰滋小愈向燊自京來不可不見延見之並見唐瀛未宿去

十三日晴看黃小魯淵源錄畢夜正摸牌功兒來便宿碧紗櫥

十四日晴熱鄉中全無節物月餠亦不似前製不可喫也四婦來夜小發瘧廖笙陔來送禮

十五日晴張伯圓孫依仁專信來送禮忘問其字遣功兒復之夜登堂受賀諸生復入室月色極明不能坐賞

十六日陰頓涼病未能眠食一夜屢起甚困夜雨

十七日雨病臥無所事唯憶李伯元詩劉二嫂來看病

十八日陰

祖妣生日未設湯餠臥病故也比日殊不欲食懿來到房猶未知



十九日陰張生來看言學堂改發官費數十萬

廿日陰周生來送牛肉甚美數日未食未能食也

廿一日晴涼可綠喻生告去又自省來一回可謂不憚煩病困殊甚自不覺耳小愈乃知之作詩二首今日壬辰秋分大風

廿二日陰始能食粥並作糜試之恃牛粉敷演二日矣心中無事覺釋家言攪擾殊甚出看掃除客坐以待委員

廿三日陰晴仍食粥本疾大愈痢亦稍止校唐七律一本

廿四日陰晴晏起懿出城迎委員黃孫從往湖北云鹽員更換矣

廿五日得城中信送吳子修詩函並慧孫信始食芠瓜爲之加餐得莪賀節信此次稍遲看報

廿六日晴精神稍振一日未臥牀夜作書復莪將送懿婦還城

廿七日晴懿婦往財女處未遣人送懿送蔬果來譚兵備專人來看病

廿八日陰晴作書謝芝畇送蕿苓便服半枝不甚適功催不去祇得任之
公藎夜歸
廿九日小盡陰晴功飯後去與書吳學使敎喻謙
九月辛丑朔晴昨困臥一日今稍愈蒸羊殊不鮮未可食也
二日晴稍熱楊江沐自都來特來見又致完夫書送僾小坐便去云去仍
往長沙不歸也今日一日夜未上牀至子始寢看蒲志七八本
三日晴得新縉紳全非舊式復陳完夫一函又看蒲志王子婦來留飯去
花匠來令理諸花樹東(旂)吉(蘇)黑(鄂)直(黔)蘇(直)川(滇)四(豫)粵(湘)桂(東)福(旂)浙(旂)鄂(旂)湘(滇)川(旂)陝(旂)甘(旂)豫(旂)晉(蘇)東(斷)
滇(徽)黔(蘇)新(蘇)入旂無蜀滇越鄂蘇一雖容叅一蘇直黔館閩河東斷不比湘徽宮有餘
四日晨有雨得一菌偶憶樂記全無條理取溫尋之復完夫一書
五日晴出看山桂已過花矣鄉中備味爲難頗思入城就養
六日晴祠佃送租來未能自往請四老少代料理九弟女蔡氏來省覲留



住上房
七日丁未寒露陰晴兩兒送食物始得冬筍病亦大愈頗能進食空靈岸
求書扁聯尙未能也
八日孺人生辰設湯餅頓食兩盌六女又進蒸鷄食而旨之四女去遣送
之并賜三婦芋子四老少來留食午後有海參鯈魚牛羊肉竟日回龍
九日晴光甚朗重陽不悽愴但不宜游四老少去振湘來偶與造族人黑
籍得男女二十二人計族人不滿百三分之一也王氏敗如灰矣喫桂
花餻
十日晴趙增告去云將看船還武陵召子女淸書看船送女
十一日晴船人晨至午猶未發步出促之乃行復頗惜別送租人擁至頓
形忙宂僕從盡行幾不能辨飯蔡姪仲萊岫孫又來以牛肉麪餉之客
去摸牌至亥正散黃穉孫來未見

十二日晴陰定冬祭禮節公祠扁額四老少來黃紹中亦入癡坐懿婦送
燒鴨新蟹爲之加餐書鹿滋軒挽聯入輔挂眼危滿紬論部空瀛老臣丞國淚披讀見肝膽例取友
料無同調稱心人(鹿重然諾故云)
十三日陰寫字數幅尙未類唐代元婦引劉江生來說官事賕銀斥駮令
去四老少來偸鏞去可謂猶有童心卯金之流也作新祠記檢茶亭十
畝租不知所自來退圃碑云曲尺塘五房所捐則非四房所得擅也余
自童時已見四房兩家分錢數百則必無十畝而今有之
十四日晴陰作祠記未畢急須考据遣宗兒詣茶亭鈔碑已亦率兩女外
孫步往出門見昇云將軍來人之無恥乃至如此至茶亭遣招之則又
去矣還令作餅僕嫗無能作者仍待兩女還自作自食作記粗成敍述
明白而已不足言文也夜小雨余聾不聞矣
十五日陰有雨歐陽桂秋偕徐甥來送節略並送食物留喫麪去淸童自



縣還茶亭莊屋完工工費緐鉅且暫停之史東茂來訴馬火計告徐甥
轉告陳秋嵩羅卅還云黃孫已還報陳亦漁之喪陳氏頓喪二人蓋衰
氣也余皆未弔問亦爲疏闊夜雨達旦寫字三幅
十六日偶作陽三志文遂成二行
十七日雨竟日喜無客至遣人下縣略辦食物
十八日雨有客叩門以爲吳道臺來出迎則黃道臺之孫前曾在四川一
見年卅矣考職乃選潮州尉蓋有別徑非喻謙所知留住內齋兵備處
員弁陸續來四兒先報胡宛生陳覺先濬先至延坐外齋吳文甫旋至
云已飯矣其姪增宋康恆鉞卿從子也又彭器之族子鍾吾余聯輝績
來余係正印餘皆佐雜設食中堂高朋滿坐飯不能飽初更後散胡陳
黃留宿懿寢紗幮夜蚤眠
十九日雨晨起將送吳道因雨不往欲留胡陳朝食亦不能辦久無茶至

默傷中饋之虛也辰正客去作書交黃孫帶度嶺託秦子質兼爲紹甲
誦芬先容皆黃兆白孫行也黃亦昇去玉豐館又送羊不知何意紹甲
夜來未見
廿日雨先孺人生日設湯餅將午頗有晴意夜半不寐作書與余鐵路薦
四工人路工需人甚多余專其事以示惠我覬其權以市恩皆可恥也
元婦攜銀來
廿一日雨晨得蟹不知其味起作歐陽墓志成寫余書遣送元婦並遣桂
兒同去令兩女作羊肉餡兒餅居然京味爲之一飽登樓看水前庭積
潦不消督工涌溝甚熱減衣還乃摸牌黃孫夜還
廿二日壬戌孺降孺人忌日兩女素食作譚四少耶挽聯蕭歷習長征獨侍餘車行萬里
錦箋多秀句忽令慈母錄遺篇報添箱故意也搢紳刻巡撫十八缺殊爲荒謬吉黑蘇徽
東西豫陝新浙江湘桂黔直寧甘閩鄂川廣滇東督九則不謬撫祇十四耳



廿三日晴陰遣滌童下縣送信看唐詩誦月食詩多錯誤王大自省來送
蒸羊報紙
廿四日雨遣看下屋不似有人居者當自掃除苦無使令七相公來鎮湘
所使也夜誦月蝕詩頗能闇記惟脫一兩處欲呼鐙檢本房嫗沈睡未
便呼之忽見鐙光則宗兒尙未睡時夜分矣啓戶點鐙乃得弧矢二句
接上起下此詩一氣揮灑而成奇才也何以有馬異劣笨之作房嫗退
穀以十二元抵之
廿五日晴朝始有霜氣七子午去校唐詩三本四老少薦人來
廿六日晨霧大晴馬僧來求金面斥之滌童還始食雙柑佃戶殊無出莊
意滋又催移高主余遂決遷明日掃除
廿七日大晴將軍指官擋騙得三百金代元妻發其事追回原贓其夫弟
欲得之橫出索金元婦來訴楊懷德亦來訴各諭以正令去鄉間離奇

萬怪迴異城邑非情理所有也遣人掃舍宇猶未能清理移木器兩三
件而已
廿八日晴始得食菌得余堯衢書茂家書余再送倭牽一之妹來問病留
令過冬祭五服內兄妹也四老少來
廿九日晴陳秋嵩來意欲混帳喋喋不休喻止之於內室摸牌殊不清心
留陳且住夜雨
晦日雨馬先生來常吉人孫子耕來見過五十矣云久在齊晉就館今爲
撫員所招而無枝棲陳生又引任兒來見與書李勉林從子正則爲馬
任覓鼇差李管小泠峽局鄂中大差也得劉增書求繫援與書于晦若
轉致盛康兒又與書功兒送陳芳畹五金陳生夕去令馬從去不肯強
留一宿寫對子六聯雨悶不能行事移主當改俟晴明乃合禮意
十月辛未朔晨雨未止朝食後似霽客去本定今日移



主因雨待晴雖見微日已晏矣校唐詩畢分六冊與兩女照改長婦送牛
羹至
二日陰午見日衣冠奉
高主入新廟令滋送之本滋等地主也余先以配饗七叔父主往恭待旋
還家清理無後諸主及當埋者皆焚之虔姪來旋去
表禮以供冬祭省城又送酒來
三日陰晴晨赴祠揀諸主多無字辨識分四代藏之夾室劉江生送豬羊
四日晴昇至新祠料理祭事設榻齋宿四老少攜孫來代玫又來六耶及
雲孫昇來齋房不容多人仍還家讓牀夕視滌濯未視殺而還
五日晴陰晨仍至祠看挂扁陳玉豐楊都司送扁來直八橫四堂前已滿
兩女亦來看祭午正奠飪自爲主人雲孫新貢亞獻六耶三獻宗兒爲
祝岫孫佐食亦勉強成禮乞食婦孺過三百避譁先還城人餕畢自去

唯四老少來宿夜雨
六日雨識修劉坤祖廟前棟發銀廿兩起手卯金營營云鎮湘油餅同至
木廠質之周生自京還得京物京書茯苓餅亦改良兩女均不賞鑒唯
余猶有餘味也
七日丁丑立冬霜晴卯金來言振湘偏手往質得情振湘又自來訴斥不
與言且邀曙生來嘻其愚也
八日晴黃孫定蕭女約明日納吉媒人今日來倉卒鋪陳令周生知賓余
避未出
九日晴滋女晨起來請書庚衣冠上堂與蕭孫對寫並見媒人周生及華
一設食款媒將午乃得送喜果寫王聘三信遣湛童下縣看船檢衣箱
帶去
十日晴張子持兄弟來求鐵路癡坐不去飪心款之振湘秀孫均來留周



生待媒七相公來謀錢店華一來送庚
十一日晴晨發行李七周同船下縣華一求書因寫祠記一幅午初下船
留紈陸行攜申孫先去分二船夕至河口無船遂泊九總歐陽桂秋婁
詩人陳秋嵩皆來見張愷陶來已睡未見懿來卽去
十二日晴陰歐陽伯元來周昌岐來呈詩曾省吾來求館朝食後獨坐小
舟還杉彎待紈女自巳至申裁卅二刻已似小年周七來言史脩意甚
不愜因令同往新酒樓喫羊肉麪周生因請招秦子和因並約伯元來
談已而舟園使至云移尊就教主客皆來黃孫亦來闔席合坐十人飽
啖而散昇還船紈女亦移船來同泊九總子和愷陶朽人黃稺孫均來
十三日陰朝食前開船夕食時到城昇至家長婦已除正房居我房嫗未
上樓窊來觀
十四日晴胡壻來懿及三四兩婦穀孫均來見楊重子來午出謝余譚飩
藥兼訪心田遇蔣少穆及桐軒云蓀畡狂喜因還家待之湛童先至彼
處待我遂相左矣堯衢夜來
十五日晴譚祖同蓀畡來談半日彭受可周教員周生均來夕詣子玖陳
鴻子送其叔詩亦自成章
十六日晴寒瞿軍大來約游麓山馬繼援來訴冤值頌年欲談不得開口
而去卜云齋繼之可謂虞芮質成矣李經詒寶淦來武進詩人也陳芳
畹陳叔疇黎壽臣周少一梁和甫王心田均來應對竟日
十七日晴
先考生辰憶小時初未拜慶蓋在家日甚少卽年節亦罕歸也正設薦時
會元來卽留湯餅蔣少穆來乃去蔣云唐蓬老弟四兒病故方往唁之
孫男女均來行禮黃李二通家來均辭未見周生見撫藩來云相公厚
我已入馬廄中矣房嫗攜孫來因未出游婦孫均往聽戲三孫女未去



作芝麻酪待過二更乃寢
十八日陰晴廖蓀畡約游麓山巳初朝食畢卽昇出南門至靈官渡廿局
船磯迎蓀畡羅提學蔣龍安李經詒先在重伯心田後至午後開船繞
牛頭洲檥岸至書院訪黎監督少穆同入諸生旋至巳日斜矣昇上愛
晚亭誤循左徑荒山中至山頂乃知已至雲麓宮余先入茶坐李廖諸
客繼至又從左下過萬壽寺亦未見愛晚亭山徑陰幽頃之豁朗遂至
湘岸歸舟設飲酒肴雜陳夜初更乃昇還祿穀兩孫窊女均在家相待
去已二更殺步尋楓林回捨入四喩昔陟喜攀躋今來見靈掩登峯蠹氣藍倚檻晴先激寄林疑春煙平沙朗晴醮竹樹密冥翠亭
館紛飛閃循徑靈臨陂入舟霧組黯良願歡合坐嘉餐獄夜數宣游備靡事山騷寂拘檢且取一日閒無爲世情染
十九日晴朝食張生來尹和伯繼至王理安孫來求路工卽與片令去寫
詩畢出答頌年李經詒廖蓀畡李出廖在留喫飪心待至一時三刻之
久李還蔣來已過晡矣至吳學臺處一談至四婦家祿孫候門入見其

師陳副勝字萊仙朽人也喫羊肉麪過吳文甫道臺言遣散防營事出
已日夕卽還夕食
廿日陰晨似有雨起盥沐見日光矣譚象鶡來未見彼倚廖老師衣食數
年廖今將退而反求進可歎也周生又罵張生與罵周秉璋同貴賤而
敢咄嗟吾見亦罕王理安妻來送條子張伯圓孫叔平兒均來李經畦
送詩來卽和一首湘川水闊浸樓船御幾重洲破霧鵝鷗圍霞低落潮白楓林霜淺有餘青閒談世事如殘夢返棹寒江欲
約星杜沈前游詩壁壞好題新句問蒼冥李華卿楊江沐常子耕周生父子來廖榮樹生陳
鴻子均守候相見卜云齋來送陳叔疇詩函譚祖同楊重子來譚芝昀
來乃散作書與樊雲門索詩集譚五郎云樊全集又重刻矣夜咽乾似
感寒將作寒熱老病久未發今又萌芽也宜孫病瘧始愈來見
廿一日晴黃年孫來留同朝食午舁出訪一梧弔蘧洲還廖孫曒來吳文
甫梁璧園來
廿二日晴女婦並游麓山去周生永雲兩生來同夕食程生從淮上專人
送禮復書以物退銀告以常文節壽業師不過錢八千寫字數幅今日
壬辰小雪蔡虔姪來
廿三日晴瑲次女今日廿歲遣人來看女因送我食物梁戊生丁國蘭國
楨譚祖同呂蘧孫來寫馮錫仁挽聯譚云有劉姓收袁枚墨迹書我元
宵詞並跋真佳話也宋板康熙字典同此前後才識冠同儕方期直上青雲遠頓諫官隨幕府
歡游續京國正盛重聞白社起驚四路失耆英又爲周生壽袁仲青六十一聯三台公望周三壽九府
壹歌歷九秋歷九秋篇有稱壽語令盈孫檢之乃茫然無處覓金銀車不乏
人也胡道臺夜來秉燭見之歷九秋篇有進爵獻壽語
廿四日陰晨起辦轎出城梁家約飯尚未來催乃朝食李知府來見坐轎
中對之亦太褻名器矣從小吳門出至五里牌休於逆旅搽睩轎過呼
令少停不應乃隨至青郊墅見菜擔在路知爲客設也璧園出談和甫



旋到心田亦來云兩學臺不至謂汪羅也譚會元入議場不能來久待
震伯已日斜矣云開戲園與警察絆觔楚何失之齊亦未得戲園豈文
正之心哉薄暮急還曾王尙留入城已上鐙矣功兒方上課還亦戲園
類也可勝慨然
廿五日雨晨看飛雨頗有詩思已而經畦催客至浩園從鄭家門入已換
陳家門矣云展堂兒居此枕邊金條已用盡耶屋溼防跌入北軒吳王
廖已先在經畦爲主人劉蔣後至劉亦廿員初未聞也重伯繼至未夕
散舁夫未來主人當入幕借游長廊坐曾轎回
廿六日雨梁戊生來未見亦未知其住處得彭仲遠書子茂兒也鶴其外
甥李桂林周生夕來爲接腳女贖當
廿七日雨晨起作字待周生不來已朝食遣人探之云不知處已而來遂
連書聯幅至晡乃息重伯夜來譚祖同來言督銷更替葉東卿之曾孫
潤臣之孫以華碑得差者
廿八日雨梅英杰來嘉姑子來出弔呂子清之喪尙未斂已幎面矣大雨
忽至令舁人暫還七相公黎薇生來晡仍出答訪梁師及劉道臺啓翰
劉處遇一胖後生云曾相見陳伯嚴黨類也不便問姓名略談而出至
小瀛洲吳文甫處心田已在坐梁和甫汪頌年劉紱榮沈子登纘來待
會元至初更乃入坐散已三更馬滑霜濃殊有冬景四老少昨來言祠
工取五十元而去蔡姪虔晉來辭行
廿九日陰雨梁璧園來言請宴是藥詞太繇多似保摺也彭子茂次子仲
遠來言湘潭水警冤屈事刺刺不休梁去獨留幾及一時許甚倦對之
寫聯幅數紙
晦日陰寒始生火馬太耶來寫詩二篇入少愒周生來回話久坐不去復
入少愒出喫飯梁和甫又來遂同晡食張仲暘來周生避去張云有鶴

周之功學臺不肯周云爲張所擠此讎必報未知誰是也上鐙後堯衢
來議消寒會湊九人未滿國廖二王吳譚余曾譚李黎未定廖不能終局尙須豫備替
人也自申至戌鏖戰三時之久亦甚憊矣吳錫侯道晉來

十一月辛丑朔陰晴甚寒至夜小雪未盈寸芸孫生日設餅餻

二日晴張生來鄖師來四婦來講書其弟亦來久坐夕至長沙縣會飲仍
前廿八日諸客但以譚易蔣耳二更散夜雨

三日晴午舁至廿局尋李廖閒談還已晡矣短景悤悤在城市乃知不暇
舁行擁擠又訝人多夜星甚明忽然而雨

四日陰房嫗送孫還家余亦出城至開福寺陪陳程初至則諸僧法衣候
門問知迎藏經方丈能悟已出明果代東法會甚盛客有楊歐陳王梅
曉歐尙無須幾不相識程初亦聾甚云猶能步上麓山我不如也設食
甚晏散已傍晚與梅曉同至雲鶴軒少坐上勝湖亭乘夕亟還



五日陰朝食時曹子譚生朱穉泉來至外齋寫字廖生周生鄭麓生來看
字李經畦來談鄂事夕至鄖師家平姑子出見已生孫矣設果酒登樓
小坐還

六日陰日本領事大藏來見談中國不能學外國以民智故盛稱瞿中堂
廖蓀畡來久坐嵩女懿婦均來寄龍安書

七日晴丁未大雪當烝祭以先孺人忌日改用己酉本日謝客素食無事
爲陳芳畹父女贈皮衣

八日陰晴因祭餕議請客當請袁仲青尙未往晤宜先候之遂及金甸丞
答曾竺如至心田宅會飲粟谷青爲主人吳文甫暴疾不至沈長沙劉
監督頌年會元心田同集各飲廿杯散已三更矣懿家遇親家母言買
屋事有屋有花木但無田租余頗欲置之夜雨與莊心盦書通候

九日雨陰晨起待事已初婦女諸孫幷集午初行事烝祭三獻亦尙成禮
猶未閑習也以至簡之儀行之廿年滿百回矣猶覺生疏何其難習留
餕未餕廖蓀畡來言子婦病將歸請五客而三辭改約楊子譚祖同以
充五數得劉曉滄兒襄陽來書送銀耳

十日陰懿來視夏管帶書來言錢債事爲復一函七相公來與盈孫俱至
旋去二周生能悟僧金甸丞周昌岐黃年孫均來以譚楊爲客不能避
客竝延接之吳文甫心田蓀畡李經畦續至促坐話言餘客竝先去待
甸丞不至飲啖甚飽譚王猶有一集殆猶未飽也未二更遂睡婁生送
詩馬先生送鴨蟹

十一日雪勢甚濃向崔來適朝食留向共飯半山忌日清坐竟日孫女皆
知不可摸牌亦難得也遣視蓀畡去未因作一詩亦在禮法之外初二日長
沙縣集喜雪霜陰五日凍雲遮散作飛英片片斜洛社偶同良夜飲河陽應訝滿園花紅泥火煖新醅熱絳蠟煙輕玉漏賒明日快晴詩興
好更看留月映窗紗十日小集客散看雪仍用遮字韻風緊雖烈饒幕遠夜深仍訝月光斜起看密雪迷鴛瓦更嘶餘香剪蠟花二白已



知田父笑滿紅塵社酒船除行人不怨關河凍且免飛塵撲面紗
至夜仍局戲周生岫孫來竟日雪

十二日晴未朝食沈士登來船山弟子七人來皆自鄂赴考還者云朱二
爹爲代表請衡道回任安徽人乃干預憲政亦可怪也得李昌洵正則
書

十三日晴昨夜冰今晨大霜盛烈縣丞來午出訪葉交地云已移寓過蔣
南廿亦未相値遇於廿局李經畦已去廖猶在局設湯餅餚子答訪吉
原鶴水有二倭人辦公不能通詞小坐便還

十四日晴題空靈杜祠一聯舟檝聊然懷古共國難米舞經過偶爾夢魚如對雞花居爲倭領事書橫
幅趙敬初知府偕周生來功兒昨往麓山未回欲出無舁夫向生及戴
文韻來

十五日晴晨未朝食袁督銷來言購書及開舍事出城至毛橋僧樓見列
轎數乘入見梅曉脫履登梯則皆倭人也一三井一日清二領事席地

坐瞿相不到王黃繼至久之不得食云借陶廚未正入坐申正散擶南
寧柚子還汪頌年催客本約半園又改棗園以曾皙嗜羊棗名之武城
祠園也汪譚爲主人王心田沈長沙劉紱榮梁和甫吳文甫譚弟同集
二更散談廖猱畯不解酒猶存先正典型也得莪書
十六日晴甫起滋女已入云昨夜乘月來也不欲居兄嫂處將自賃宅劉
紱榮來胡壻女均來午訪三革紳僅見楊犟過楊親家母小坐言賢母
不可爲徒令兒女睽離子散而已喫卯而還倭僧偕三倭人來其一小
平總治欲治元史余茫然於蒙古言告以宜訪沈子培曾重伯坐次又
一湘潭李生來詩人也文筆尚暢夜摸牌殊未得一翻
十七日陰早起待飯頤晏譚祖同來飯後率女婦步從貢院牆後至廣場
看女會道遇周生旋自去李生又來送詩坐門房候見延入與史生二
周生同坐久之段沅亦來相看馬小先生自鄂還詰其送鴨適史生送



鷄可謂鷄鶩爭食爲束脩之恥也滋移窊家宜孫來猶見之四婦觳孫
來則已去矣令往窊處看之
十八日陰雨寫字半幅壽孫生日往姑家家人遂忘其生辰晚乃悟焉例
支一元作餅
十九日陰欲雪不雪顏雙表自桂林來王鏡芙亦來蜀士相見幾不相識
曾太尊來房嫗假歸獨坐外齋久之請女客喫野鷄湯餅未夕食兩婦
兩女均來得純孫書
廿日陰周生來送朝珠未爲珍品顏侍講來請書王鐵珊莊思緘皆知名
未相見汪泉孫兒彭四少耶孫則久無消息者寫字五六幅出訪粟㧑
孝廉夫知其住處至流水溝則在牢巷非意中流水溝也劉紱榮招飲
譚會元又弟先在王心田汪頌年梁和甫繼至待沈士登云不來乃入
席食兩菜沅來滿廿杯乃散已三更矣路石欲冰還小坐卽寢

廿一日晨晴旋陰寫字六紙廖生來言懷璧之罪欲余直之謝不能也亂
世富人唯深藏可免梁詠諧來已忘之矣延入乃悟云丁憂還里新從
家中來夕詣瞿家已張鐙結彩將辦喜事其弟三子文筆雅暢年始十
七忘問其字作喜聯送之（一品門楣侯相外孫樞相子交柯玉樹雲中初月曙中梅）又（詠鳳早傳丹陞華作賦）
（新得相門甥）長沙約喫鐵火鍋舁往於門外登廁轎夫與否棍大鬧縣丁役
來救乃入客已畢集仍昨舊人也三更散
廿二日冬至晴昨傷食患泄三遺矢矣與書健孫戒之黃孫忽欲竄欽州
求書于郭葆生奇想也既不足教因而與之曹子亦求館則無怪矣鏡
初交誼不可拒之夕至心田處會飲賓主皆病坐客亦不高興終席而
已
廿三日陰晴晨興尚腹泄未朝食滋女亦久未來疑其發疾遣視之永孫
送紙一捆請書方欲肅淸頌年已到一聯未畢而罷紱榮繼至和甫詠



諧雙表續至本約未刻已過申矣入席食燕翅鵝羊四品會元乃至飲
啖又健已忘腹疾上野鷄鍋時稍倦告退遣功兒終席客皆旋去
廿四日晴朝食時齊木匠王顏兩生二周生來久坐余起入皆去滋女來
令慰問曾懿昨棟折幾壓死才女也吾家才女亦來功談家事皆不似
子弟語蓋其自大久矣其母驕之至此吾亦不屑與言梁詠諧來言官
事
廿五日晴寫永孫求書數十紙張海濤顏雙表來送壽聯撫轅來問團總
廿六日晴晨悟呂家弔期將散食畢而往黎壽臣陪客又有一相識云新
從鄉中來未憶姓字也還卽居內不見客得周昌岐問能所書及盧象
賢求救書
廿七日晴顏通判周崖船周生謝譚彭常自衡來云左全孝方留胡道無
求還譚道事也子久來言鹿滋軒事云榮祿妻卽靈桂女師門交情也

爲鹿求官不關妻妹房嫗還
廿八日晴家人張設爲余餞祝張先生來留居外齋夜出受賀來者數十人但答拜不辨誰某也房嫗送花爆外廳甚窄恐遺火星止令一試而已
廿九日晴晨起至外齋筆墨全易位日記簿亦被匿不復能照常辦事也賀生者亦不記多少唯偶出遇龍梁一出見楊親家母皆未及談
晦日晴兩兒謝客余未親出見族子孫數人亦未多談以五十金交四老少建祠歐陽徐生乂特來送四百金留飯辭去午召衡生六人便飯倉卒主人竟亦立辦譚五來
十二月辛未朔晴與張生步訪齊木匠至汪學臺家旋至貢院訪舊游見劉紱榮及許算學遇梁詠諧同至教樓有二婦人在門疑臺基也未上樓而出房嫗醵金起屋不以及我自請輸五十金猶不敢受欲取故與



甚得捭闔之術張生議陝屯田云須二千金亦好大喜功非得寸則寸之義余將親往觀之兩女明日皆有交親之請
二日晴曾元來殷獸存來數十年不成一館殊爲負之周生欲以脩金與吾子父所不受子若受之是教人不孝也告常壻力斥其非常周猶不悟所謂晦盲否塞者與午出賀瞿子婚到門已進親坐客有張少溪瞿鏡磬余參議媒人曾霖生朱喬生主人衣帶朦貂三十八肚與所見帶朦不同留陪媒人遂至夕散陳海鵬龍研仙孔揩階後至不得送拜見而去余亦未入新房
三日晴朝食時客來至未乃散已倦矣不復記其名姓功兒與張生出南門訪朱菊泉晡時與周坤偕來
四日陰朝食時仍有客來有楊壽春湘陰人欲求緊援李培先馬先棨皆無從安頓人也午出特訪劉國泰答訪葉督鉗皆不遇謁撫藩還過浩園問公局人到否云已有主人遂入十二人公請補作生日二譚梁楊曾王劉穉泉余堯衢龍汪先後到沈士登黎壽臣以事不會點鐙時散得王聘三書
五日陰改才女詩寫周女添裝條幅檢陶集未得從賦彙覓得閒情賦以其十願有傷大雅不止微瑕發明文詞有體之義錄充四幅歐伯元來約夜集余家夕往則汪王劉先在吳文甫後至二更散
六日陰朝食時常壻王生鏡芙二周譚黎尹來詠諧旋至論常寧財戶被押湘潭廖榮已苦求不允乃令房嫗請之欲令人知女謁之盛屬王生書問余令
七日陰朝食時客來仍不得退亦不記誰某矣有丁國楨遜卿孫也訴貧甚切劉琯丞兒亦告苦皆當有以恤之湘潭四張來送食物求飯處告以無錢不可送禮殊不省悟得完夫賀壽書即復訊之



八日陰雨例作果粥滋女先送家中過午乃熟又不融洽不及往年也胡家不作粥唯煮豆耳同鄉異俗不能畫一所謂自爲風氣亦勢所必然
九日起看階墀已溼殊未聞夜雨聲朝食時例見來客過午未食曾重伯約與余參議聽戲前日未見客單以爲改日乃又來催昇至東長街南頭燕雲臺戲館即巡警樞氣處也客皆不至唯梁劉先在又一湘鄉楊教員入門已然鐙竟不知時未食一菜已費萬錢二更散
十日陰熊秉三來余叔廉譚仲銘周翼雲梅生俱散去約夜集瀛洲肥白穲重知非祭酒所能殺也寫字一幅將夕乃出至心田家云未還至吳文甫公館王李二道臺先在李葆初與完夫同司王議償洋費與譚芝昀反對一減一增乃見吏情譚殊不了事也歐陽伯元熊秉三心田余价卿繼至散已三更熊明日即乘輪還沅矣
十一日陰梁詠諧來待周梅生不至寫字數幅尹和伯來言傳梅龔取保

事李華卿楊雲舫來言譚道臺事夜月清寒頗思山野之游
十二日大晴李佛翼屈樵孫唐蓬老來任七來送炭遣盈孫往湘潭料理
錢店二周生來夜談
十三日陰晨出外齋遇張伯輿胡少卿郭門孫王鏡芙來沈幼蘄桂撫來
諸客皆散桂撫顏色敷腴似勝王聶尹和伯來
十四日陰沈居甚近既勞先訪宜有以答之晨往不晤余叔廉來不肯去
梁和甫來乃去言鶯館事寢食俱廢余云孔子猶皇皇求館宜也楊重
來喚功兒湊成牌局李佛翼來乃得三人四圈未畢已暮頌年心田旋
來會飲喫熊掌勝衡不如蜀已費經營矣沈士登送雪花無甚味亦湖
南新品耳客去又與孫女鬬牌三更睡歐陽沚送酒沈云乞之彼歐又
以爲余乞諸財政局袁幼安因談袁十子俱有幹才尹和伯復來
十五日

曾祖妣忌日不見客午後設奠
十六日晴唐蓬洲來答李佛翼李起榮道臺過廿局答胡少卿學臺封門
不得入訪黃伯雨於又一村便過袁幼安余堯帥而還
十七日晴晨寫劉道臺挽聯（丹桂園庭夯海內共知循吏子青驄信是駕浪民歡送使君車）朱雨田送酒
肉彭石如自潯送松珠柚實
十八日晴乾兒求書干寧藩遣羅某致百金與書雲門並信寄去寫字數
幅無墨而罷趙氏女來報喜
十九日晴晨答訪唐蓬洲曾竹如李華卿來夕過㷀女
廿日晴寫字數紙文擅湖來辭行余堯衢來夕談佐卿兒來求館
廿一日晴晨出弔劉道臺遇況頤山左卝辦還劉江生來出城從北門至
司馬坤朱家陪葉督銷楊彥圭王心田同集九少耶爲主人雨田更肥
白胦嫩亦一奇也聾則更甚不能談還已向暮宗兄來



廿二日晴喚常孫女來地礮未一兩椿子玖來談及兩時周生出見俄亦
告去夕至容園江家答訪袁仲青便留會飲孔揞階長善兩令鄭傳之
展某先在周生亦與二更散
廿三日晴作饈送巃本宜今日長婦於昨已作成正欲嘗粉葉孟紀來吐
哺延之甫去袁又安來遂不朝食會元馬生來乃設巃巴入內飯半盌
又未午飯夕至黎坡倭領事堺與三請客王黃先至登樓設酒四種菜
肉十餘楪先湯後果主意頗殷勤副領事對坐又有三倭人梅鶴及三
井也電報張燮鈞卒昨又得黃小魯訃聞彭稷初喪何歲暮之逼人也
挽小魯云（經世即名儒百卷書成明道統乘軒非素志一麾歸臥樂餘年）稷初云（孤直未伸眉一睨蘆泉風怨了文章價）
（逸命荒園哀帥鶴鳩寒）前後家亦各死一人
廿四日晴會元馬質來久坐喫饈養工傭過小年設兩席滋來拜客遂獨
看戲還鬬牌得莪書
廿五日陰寫字落款遂費半日送年禮者十餘家答禮者三家
廿六日雨李經畦來言傅梅㽦事尹和伯奔走六七轉矣傅能爲人尹亦
爲人皆今之學者王心田來云明德學堂有求於桂撫往居問也
廿七日雨瞿相來送壽聯以太早辭之周生來訴其子寫鄭家絹幅蔡六
弟退米票專人旋去
廿八日陰有雨出答善化何令應雲遂過子修言開復祭酒事巡撫不敢
改建存古學堂則可奏也還過廿局瞿家已過晡矣未夕食
除日陰長雷周庭甚駭聽嵩送接腳女陳鴻子陳芳畹各八元余佐卿兒
四元彭受可來作記異詩一首（己歲冬雷天應高紅鐙過處盛如毛十年危苦支殘局三月烽煙落節晚除日）
（辛條憲遊儀長、雷驚似鼓鳴皋天心人事俱難測、且斷居遊學館糟）己亥冬臘日衡州震雷其日湯叔文
電達　慈禧諫立阿哥丙子冬雷西洋游人不許登岸今皆成盛時事
矣朱雨田送梅花寫字全完子婦女孫均來辭年設二席共十六人有

外孫女二人與焉夜與兩孫言祭詩來由滋女留樓未去祿宜伴我宿
子正皆寢



# 湘綺樓日記

宣統三年辛亥

辛亥正月庚子朔晴比昨日有泰來之喜晨出行禮蕭子猶未去因設兩席三婦早來四婦亦至行禮畢朝食曾芳亦歸擲骰奪狀元得五紅出見楊仲子適胡壻亦來言昨雷聲電話桂又正當臬接印時此鼓妖也周生二次來亦出見之餘俱謝未出夜巡撫送京報來

二日陰撫藩臬學以鄉舉周甲加侍講銜俱來賀喜均謝未見仍與兒女孫輩擲骰奪狀元與書彭石如謝朝珠交郭生幼農便帶幼農來辭行余出送沈幼嵐亦不相值而還

三日陰沈撫來辭行入談頗久寫字一張

四日陰朝食未畢子玖來衣冠致賀吐哺迎之吳文甫來言將有公局相賀因憶左季高換頂時醜態賴我一洗之午出謝撫藩臬均未見唯見



吳鹽道談陳小石可謂大臣又訪瞿湯不入還將夕矣子玖送頂珠繡補云其自用經廿三年不遷以祝我久用也

五日大晴會元來研仙亦來云當往攸作詩謝子玖喜聞元日降恩給書衜重開拜賜新攻石育於瑤園玉鏤花紅染御香壓頂銜遷踰三年學頂帶樂加百歲人敢道傳衣得仙訣煉丹應許廿三春夜擲狀元遂無所得滋女約來二更後乃至不成局矣

六日晴與書廖璧耘謝煤炭與陳完夫問請封與楊晳子笑新學馬先生李太守鄧學界趙太守楊仲子汪提學長善兩令吳提學來女婦來覲者久不得見逡巡已暮乃入擲骰吳清卿族弟大澂來言保摺出其手書並朱雨田摺皆應重謝子玖送詩來並以送吳子修功兒報卯初立春

人日丙午立春晴楊敍熙來訴事云沅江人打湘潭人當爲報讎又龍郎生波也以送議長決之參議夜來客去喫餅張生來

八日晴女婦出拜年因未出門吳提學送詩來又和三首縣人來拜年唯見樹生老歸湘浦暑蛩翁不道年來寵命新許向闌師稱後輩久從文苑挹清塵冰鑑近染藍靈色琴酒容陪綠野人輸與金魚佩三品莫賓鉛槧經春　每笑桐城吳汝綸老年渡海學維新如今待講多前輩還與京卿接後塵羊愛禮存天復且臨歸花發日逢人消寒待續尋椽脉已是青陽六九春　傳聞急檄召譚綸衛鼓鼙中識又新官拙自尋滑岳賦樓高雖寵庾公　塵縱敵玉案吟如昨未免青油面向人南簷寶傑應慨憶臨江還客似曲春夜雨

九日陰丁子彬來言差事冬姪女來僕嫗均出獨留守屋子婦亦皆出拜年瞿公子來見

十日陰將出値客至遂盡一日崔孫余兒均未暇談尹藍翎亦無一語李佛翼譚祖同得久談周張兩生七相公則盡一日晚飯設酒待之陳秋嵩幸先去不然狹路相逢矣夜擲骰復大負

十一日陰號簿不記客余亦忘之因國忌不便衣冠晚過余參議賀其妻左生日佐卿子欲余薦館參議令余薦往桂林余子實不堪吏往徒冗



食亦與片稱安言之又訪榜眼不遇至小瀛會飲主客均集矣吳王胡沈爲主人二譚汪劉楊爲客余送熊掌心田加豆花共十二品賭酒過量幸未儆儆二更還

十二日陰陳鴻子來言醬局午出答袁朱汪曾劉逵之李鍾睦胡楊彥規劉國泰李容齋曾余便至工廠兒婦均出唯見兩孫諸家亦惟李道臺處得入坐客有張道未通字號也又過臬署復不遇還已向夕

十三日陰寒汪又安馮永桂廷輔年李起榮道臺來出賀沈長沙兒昏賓客甚盛至新房一看不於堂上拜客免拜見禮物也遇鄔小亭同出亦向夕矣匆匆駒隙影滾滾馬頭塵甚催人也

十四日雨湯穉安李次琴來久談不見李數年矣婦女游西園余爲作一詩令姪女來留宿

十五日寒雨竟日滋疾未起以爲不能來過午乃俱至唯少輿兒耳孫男女繞庭二更乃賀元宵三更月出今日以爲必無客乃有兩客來以爲必無月乃又見月瞿朱俱送湯丸湯丸謂牢丸著湯者始見隨園詩話最近典也

十六日晴將出拜客李佛翼催客僅過鄔師甘判便到洪井曾侯故第心田姚壽慈已先在覲虞旋至待堯衢至夕乃來散尚未上鐙滋女來云有事乃武陵電報復病欲相見當往看之

十七日晴窋滋均來言且待再報懿婦亦來余意必再有報乃得趙家報喜蛋以爲或有轉機至酉竟報喪矣便可不去欲遣其姪及姨姪赴之功兒自請行乃摒當弔奠儀

十八日陰大功喪實期降也當三不食未能依禮但不食肉減飯以哀之看船一日申正功行謝客九日亦欲還山

十九日雨懿婦來相慰子瑞亦來獨居無憀春寒彌盛



廿日雪張生來言錢店事同坐一日周庶長襆被來得彭稷初赴書

廿一日雨水雨周生來與張周同坐一日庸松來窋滋來宜孫講詩參議夜來

廿二日陰寫祭軸挽聯黃對作譚文卿像贊得李萩淵賀信夜雪

廿三日雪兩婦兩女並來省視終日圍鑪

廿四日雨會元來曾彥姊來因有男客未見三層父子楊季子來作詩答謝萩淵張生告去懿來旋去

廿五日陰周生滑跌街砌幾至折肱勸其休息亦襆被去此可爲奔走之戒黃生乘舁而亦傷跌又爲好輿輦之戒也

廿六日晴陰梁和甫周季子來黃孫請圈漢詩未數葉復攜之去餘朱筆無用因作彭稷初祭文援筆而成詞不加點

廿七日大晴譚祖同送宋稗來出詣聶家弔仲芳云不能成服病未起也

俊威已還人客已散瞿銳之出陪小坐還看懿疾已能起坐至楊家親
家母亦病小坐卽出張生復來竹林兄弟周生雜談兩女亦來作雨田
百歲詩
廿八日晴盈孫往彭家張生亦出徐甥瞿相余子來甘直判來久談丁國
楨來果臣孫也云兄弟三人僅收穀數石方作朱雨田壽詩未遑他及
廿九日晴常子耕來與張周同坐半日朱詩竟成楊仲子欲爲書之請梅
生畫格房嫗假歸羅兒夜歸云功已在熊秉三船上明日可至已而功
還二更矣
晦節大晴晨聞客待甚久問知爲戴道生出見之則劉少青子送書來並
炭敬百元戴率兒來張生領周何學界來孫婦弟姪來周生送紙來余
兒來應接不暇已朝食矣往昔衡衣戲陪游又一新房臨十年長詩歌兩家春君以文中伯方一爲席上珍學登周數
聯論服李詩人未角名揚蔣驚逢診氣錄千錢穀四擔一月兩三旬隨貲嗟渦瓶官食劇特錫自然生事厥始患宮窮貧羅顯精一鄉算贏餘致



嚴擺作誓雲棲起慶報土城圖從出俱投筆傳烽盡鼓甄闕河經翼闕邳壘又鳴峭氣解束南郡丸僅日月鍋千金傾轉餉四海盜揭塵我亦
桑軍宣路來皇甸畸瀰州棠寶殖江介闔荊藤國計資鳳癸淮南久困遺改弦先用儉爲富痲依仁賙酢金剛四招要玉綢綢牡丹從客貧雌
白守晉眞已見錢流地運閏栗指困南陵鹽蕪獻東作貿耕椁時爆關中策初通絕城質灌萊香媼火沙破幣增鐵航馱龍全利程陶提要律
盛名肆詠餘儒服只遨遠室本笙傾觀星恆稟八荷過庭詩禮教軌業子孫韜蘊篤蘊生鬮駐歌來木濱王今稱晉梓詆登須豐榕定協鏗墨
瑣同歡庭食瓊閱頤看遜錢璺硯話豚辛松樹年俱老乘田變有因勞首重亂政耶歐敦鼬民陳趙餓持節策張送梁鈞公如不闊見世豈竟
勞混十戴槃床坐千鐵衡醫醇傳滕遇作儔薄水早垂綸伊古長沙志皆將四利餉溯攪速碧洄船步楷朱勸估客賦安霑汀鷗性猛馴雁乾
工廢報行旅到俱擊盧牝金徒歸豪婚氣不申幸遂來舶解再得靜隨論百萬私家贄濤渤二水襟奏功如甄子旌養逆楓旋正値脊舉茂
將陣六豆華彩雲扇月將貴靜上鐵鄰歸聖今存饑平生逵最親引年切共賜比德赤塔倫寄見直顏少知由內養純未須鍾孔嚴寧覺玉
府較聆理研岐伯圃林樂郤跣仙源雖同晉谷酒共吹幽憶昨詒黎粟居人惺毀許瘠舟浮粹邑鄉里拜黃巾博辨威三耳重達玄六肩佚然
歸野鶴休更駿山麓除夕椽花贈清襟竹葉巡雅宜詩答謝何假序鋪陳令子皆賢捷庠門列介價帷譏紹貽宵斯羽慶盛既標迴心仍遠口
盛舞共增東風日和美燕壽及良辰
二月庚午朔大晴熊庶常早來昨與功兒同發武陵將赴遼東𫈇使任也

衡生莫劉來言試館經費鄭孫來言學館懿來就醫得莪輿書出城上
冢瞬息而還王元渙來求書與葉督銷並達卜劉陳甥於葉聽湯陸
仙來周兒與劉楚英之子同坐宜昌僕嫗還云行半月始達
二日大晴寫朱叔彝挽聯並賻九元馬生率歐陽泠來見鄭優貢用縣丞
分本省來見名業琨云去年八月已回今乃到省耳周生委管煙票來
謝委撰一聯贈桂學李守一曾被得士知朱邸桂管看山想舊衡常子耕李姻姪來
三日晴煊寫朱詩軸蘇靖州來以爲許篤齋弟子也見乃大人忘其所自
今日孫女三十歲兩姑兩嬸均來吃麪打牌
四日晴煊始繇書復劉少青並寄李歐二聯鄭竹嵩來程商霖自淮告歸
周生後來夜改瞿郎文大雨雷
五日陰雨國安岫生來曾光曦進士署安福來見譚祖同二周張生來談
因雨未出至夜見星蕭生表兄來



六日晴後煊晨出答十八破因過姚家已度嶺矣過芋園有華屋之感與
稺琴久談還朝食周兒來求書名片送名條劉二嫂夫妻來言官事過
瞿家久談臬臺來瞿四公子旋來與陳甥坐甚久房嫗假還滋來言當
往鄂送姨姪昨程生言陳復心中風程子大云不知其病蓋今日不知
明日事眞有如時事也吳秀才妻劉來求作女以敵其夫云箠辱不可
堪當覓縣人一問之俱宿外房夜雷雨子初驚蟄
七日雨寒女客俱去齋居靜坐盆梅已有落瓣猶盛開也寓書譚芝昀夜
視滌濯功夫妻均辦遂寢
八日丁丑祠祭本疑功服欲不祭嫌今不講已久仍舊行事但常服不珠
似乎進退失據老當傳室不爲主耳晨起衣冠待事遇朱稺泉來送媒
帖羅伯宜孫女年廿四矣長於其姑夫何家與良孫相當既納采此當
問名之節也巳正行事兩婦兩孫女懿兒祿孫翰孫均會午餕畢三婦

均往胡家贊酒周生來講書經朱菊生楊芸舫來久談遂至晡時日昬頗長

九日陰王鏡芙當朝食時來曾竺如旋至言王令瀏陽殺無辜數十人必不善終不可令湘潭也張生兄來訴余令告以不必管閒事易年姪來言龍令已還遣問畫像因昨饌約陳華甫鄔王胡吳五師會飲仰賉先到陳胡鄔繼至待迪安頗久申初入坐散未夕

十日陰雨將往山莊恐樓璸未往改遣湛童持書去周生來袁仲清來辭行赴江云張督當同趙督往北洋同入覲久無此特召矣吳光耀送書文唐鄂生子堅送年譜求作碑

十一日晴又雨看唐自作年譜殊不詳䟽寫屏一幅無墨而止得胡御史書

十二日花朝晴兩僧一殷來均未見黃年孫來自看寫屏而去字黼馨蓋以對藍縷也朱送女庚功以路人一言而云不合既不可以正訓姑令再問於盲夕過十髮齋遇粟谷青見子大兄弟父子云震伯卽來可留談遂待至三更又見其姊子不便問姓詩畫均可觀

十三日晨晴午雨方起盥賴尹和伯田靜楊都司均在庭房候見已頭暈矣朝食後譚祖同齊灝生來李華卿楊芸舫李砥卿繼至段玉成周崖樵來常遣一嫗迎女爲車夫拉去不知下落後得警兵送來知新政之有益

十四日陰晨至天然臺赴益吾招陪戴展弟陳毅兒蕭湫雲程石巢鄧十甡飲還過袁仲青值姜喪未入

十五日陰程氏二士來午至小瀛洲王心田家會飲楊鈞汪劉梁譚五主人二王吳沈胡五客設酒甚佳

十六日大雨家忌素食謝客譚呂黎皆徑入夏生時濟臨鷹時來皤然者



矣云當往鄔家夕食天下儉亦有請客時未知何意也堯衢夜來

十七日陰晨小雪周生來與書潘臺論房捐事並薦達趙敬初周生意也鄧氏外孫來忘之矣當令夏生爲之位置蕭生鶴祥自京來往桂過湘居關道處云已入憲政非楊度之力楊度乃拜袁門之力又聞所不聞也卜陳來探消息二丁孫來李生張周來

十八日晴瞿子玖來王心培在內齋坐待甚久歐陽述瞿四郎來

十九日晴陰戊子春社治具招客程子大龍研仙夏彝恂歐陽伯元王鏡芙朱菊生均早來粟谷青後至談笑竟日頗有聚會之樂坐散未夜才女來講左傳

廿日陰湘潭余許曾來皇皇求而弗得易宗夔之對也廖春如來彭鼎珊來言鄉居費不能節一喪動須千金因念鄧孫與書夏生委之

廿一日陰王心培來嗒然若喪余亦不能爲謀也飯後出答梁李探芝昀消息過卄局訪李廖云皆在局入談久之出誤循城根至乾升棧看雨恬九郎出陪同入小坐看摺稟還陳甥來亦與心培同病此則余能療之而不療也心田來周生來言周武德

廿二日陰辛卯春分晨起寫字張叔平兒來求哨官金嫗姨姪求司事與書足廿李生來丁子彬來廖蓀畡來楊重子來

廿三日陰將出未果客來亦未記大要混日而已遣周生覓船遂無回信

廿四日陰晨往朱棧看客喬生已能拜跪與朱吳同喫麪小坐卽還曾岳松廖蓀畡來

廿五日晴卜女自懷寧來陳甥婦亦攜女來見王心培來出訪祭酒鄔師過子玖談慶邸趙武陵函薦一買辦盛姓云當來見羅順循來

廿六日晴始出盥賴內外賓客已滿坐未朝食齊灝生來求文盛錢塘來官買沙李米捐催客往則甚早云欲久談資州人也與佛翼同事又善

子大張庶常燕昌旋至又一委員龍姓百川通閻姓程最後來坐散已
夕轎夫未至步還
廿七日晴曹殷早來心培又至寫字數紙梁璧垣張正暘來與鄧子秩謀
築室才女來問左傳張生請評點湘軍志桂窊來摸牌二更散聞嫣嫣
還不知何人也啓門乃黃孫滋女夜歸楊生頊來報譚還已知武昌消
息矣滋又云瑞必移去不知何所取也與書陶齋夜雨
廿八日晴陰桃花盛開才女生日卜女往賀三孫女同去滋亦從其嵩去
劉二嫂攜女來旋亦同去段孫來言家事倭領事來告行送照片寫字
數幅譚黎齊同步來尙泥溼不可行甘思禽來告去明亦當送之劉婦
母女仍還寄宿
廿九日晴晨出荅堺東溪並送土儀過孫晐處坐待余催請値其朝食因
留點心胡蕃周湘鄉馮來十二鐘至堯衢家遇朱荷生不識之矣孫晐



旋來待黃瞿至半日黃近瞿親乃似貴客瞿一不舉箸尤可異也天氣
驟煊南風大作換絲衣猶熱未夕散過芝昀少坐還猶未夜夜雨
三月己亥朔又寒二周坐待已久乃起出豐講徵子午睡起至小瀛洲卞
家借地唱戲設廿一席所不能致者仁義二家耳與廖劉曾同坐頭湯
出席已微雨矣邸鈔芝昀送部
二日陰譚幕友李楊來張李生來江南來報莊姓掘湘軍墳至千餘實業
學堂又請解散此皆從來未有之事
三日陰寒晨客來三四曹子求科員又送黃山谷全集入內緇閣瞿已兩
催未知也方遣滿童送族食費往湘金嫗又假去內外無人以舁夫作
儀從往則衆賓皆集黃余龍曾程瞿廖譚汪唯朱非科甲家耳看櫻桃
花一種卽棠梨一種櫻桃海棠之間梨花盛開
四日雨出城至二學園雷雨稍至至梁家孫晐已到矣又有王佩初與璧
垣談工廠甚憤憤和甫後來
五日雨譚教員來齊山人王心培俱來鄧壻自江鄂還唯見長頭少坐而
去
六日陰劉氏母女來求衣書爲寫對一副周嫗藏去遂至猜妒余一不敢
問也作萬變圖先生一笑亦正有樂趣看湘軍志一篇晡至乾升棧特
設請我入與雨恬談觀虞心田李幼梅兒會元同集荷生亦在主坐門
前擁擠乞婦無數頗有不裝潔淨者至夜未散余從人叢中出還家少
坐門外失火家人紛擾余酣眠矣謝生自衡致道臺書
七日陰晨出城荅金殿臣云尙未起扁舟將還浙不登岸也還朝食李猶
龍來遣知賓謝之謝生王心培張周俱來孫晐來久坐去後謝周猶在
內齋更耐久矣留周謝廖榮食張周王未食云已飯過當唁芝昀忽忽
七日遂舍客而往至則已夕又忽忽還



八日丙午清明節遣羅傭上冢因尋水范大雨竟日劉婦因周匿其堂聯
糾纏不休令覓紙還之
九日陰當招齊木匠一飯因令陪軍大兼約金譚吳皆開缺人也吳辭不
至更約余汪皆已下鄉爲程子大看詩日本四人來一偕周大椿來問
詩
十日晴午初過子玖同請金譚齊看櫻花海棠子玖作櫻花歌波瀾壯闊
頗有湘綺筆仗余不敢和以四律了之坐客皆和猶未盡見談宴一日
始散又雨
十一日陰瀕生祖同周生來爲張生看湘軍志又看程詩限日一本便不
勝其勞夜過芝昀値摸雀真所謂門可羅雀也高壽農自鄂來上冢袁
仲青戚耀山蔣生頻青同集蔣楊幕客未問其字
十二日晴始檢行李還山看軍志程詩作魁按察守寶鎵敍子玖堯衢來

談堯衢亦和長歌余必不能免乃夜作之援筆而成辭不加點高壽農送詩來依韻和之落拓黃州守重逢發已星君山亂緒春樹雨中青未勸飛光酒方携極浦螢江湘一家地不用歎飄萍爲才女改詩

十三日晴鄭李來已辦嚴矣朝食後上船金甸丞譚芝畇高壽農來久談瞿四郎來送砥卿復至兩婦孫女俱來留飯而去甸丞夜又來談泊朝宗門

十四日大晴始換夾衣櫻桃海棠花睍殊兩美並見傾城姝東瀛別種花不實被海土矜誇天下無水野輝子持贈我插伴五花御溝明麗亦知平泉喜異植絕覽櫻討餞兩株城中土肥早作花已見蓓蕾含丹珠一株疑素數棠蕊一株紅豔黏蜂須春靄烘香夜始發朝雨歷葉風飄扶其時牆角雙海棠云自早鐵來京都百年還共簪木簪一春得免縞塵汚自然新擲闞桃李不用著色施紛朱世人好新多異心知重箬箬輕笠箏事知蘅雅棣移棠乃別赤白分唐夫昔年漢宮已堂植草木多識稱纽儒櫻花無實名未改含桃非棣先當區此如食瓜古所重霧說張騫四入湖又如嬰草眞芸香又如茵芝號摸璇方言未辨南朔異譬被周朴先鄭瑜固知瓊花非玉蘂莫將貫橘疑柰盧曾聞牡丹移杜鵑傾似櫻石榴海桴懸附一笑且浮白主賓正可傾千觚但令歲歲得吟賞陸曦鷂鶴事非迂我遂大敵不得遜自慚儉腹非書廚



還山櫻桃定未落一枝寄贈看何如考櫻桃卽栘櫻花卽棣栘名常棣又名夫棣棠柎皆以萼名唐者空也空花不實故以花名棠卽杜也杜今海棠有無數種棠卽白海棠今蘋果花紅沙果花皆白而香亦有無數種含桃以薦麥今夏至桃櫻桃四月熟實小似桃而名之三代不以爲桃也連日南風大水滋怨欲行停一日待之芝畇約摸牌云晨遣相迎過午不至自上岸欲入城待轎不至稍近城坐官廳與陳芳畹略談見回空車坐以入城迎轎已來令從行至譚寓高壽農出城未還芝畇出陪對坐一時朱菊生來又談一刻許去壽農未回更招蔣頻青待高同入局一圈未畢金甸臣來代主人乃設飲余勝半底金勝底半猶欲再接已三更矣乘月從驛步門出滋已上船黃孫未從

十五日晴煖天衣可單朝食滋猶未起令移船傍岸船人云可行適有小北風帆纜並進午發酉泊昭山對岸板石

十六日晴得北風午至觀湘門遣問長沙客伯元遣舁來迎往則有戲局設三席余价藩爲主人請余首坐以不侶客故自請爲主請劉穉泉心田頌年祖安菊生余价卿歐伯元父子翁樹堂匡省吾蕭小泉王警綵夏管帶午集戌散夜雨

十七日雨泊九總蔡氏姪女來張愷陶陳秋嵩昨到陽家相見上岸弔歐桂秋遇之於門還船歐送菜來徐甥來見請飯未去檥一日無事

十八日昨夜雨通宵晨未發六爺來午發甚寒入漣竟晴夕至湖口

十九日晴昨復感寒甚困强起舁至山莊櫻花盛開海棠已落矣牡丹唯留一蘂燕子已來困臥半日未飯

廿日晴陰過午始起寫倭綾二幅並作書寄孫畇三屠來

廿一日晴發省信寫條幅將軍通公張船子劉南生來文吃送雞

廿二日晴文柄六十生日求錢四百發衡信三封位置陳伯魁唁程生寫



墓志往公屋一看湫穢不潔當掃除之周史送牡丹皮卵遣人下縣

廿三日辛酉穀雨得劉健之書不忘祭酒自致澤公來謀開淮岸也寫字數幅

廿四日晴清去年所刷書始知軐工鹵莽爲改裝墨子二册夏十子來送錢坐半日去云有沈香珠可備用

廿五日晴當唁蔡六弟羅傭告假改呼王佃舁去谷二復晝眠常傭願往卽午便行劉婿攔舁轎夫留飯夕至司馬塘叔止父子皆出見李氏六嫂云王姬生日因至浮塘頗有賀客夕宿蓉室

廿六日晴熱蘩姪晨饌端姪夕宴往壩子塘李家一看長生已不能舉火堂中男婦雜坐不可駐立卽還浮塘與王姨姪子庚兒二嫂摸牌晚更與相孫女叔彝妾同局誤以彝妾爲寡居幸未明問耳初更叔止自省城還便留宿不去

廿七日晴熱棣生妻請飯與叔止燾砥端彝七十同往東矖不能久坐未飯遽散仍摸牌四圈稍睡彝姪夕具三房四宴矣夜昇往叔止家棣妻三姪亦往夜令作粥大風

廿八日風霾稍解溫昨家中遣人來云吳與三妻坐待余歸有事面稟晨飯後戒行因風少留午發添一夫從棋頭彎小道過岡合西道不過七里鋪矣晡至家吳妻愬家事元婦卅和卯金許女率新婦均來見看夏珠輿新蠶豆早眠

廿九日晴涼五十來交祠帳二王來言退佃萍鄉首事來言勸捐告令尋蔡師爺寫字數幅又管訟事二件矣湛童下省保倡亦一訟事也滋摘蠶豆寄姊大好詞料爲作一闋玉漏遲好春蠶事早竹邊籬外豆花香了自擘筠籠摘得綠珠圓小城裏新聞燦市燃不比家園風調櫻筍較甘芳略勝點鹽剛好曾問峽口蓬仙眾姊妹相攜世塵難到近日相親怕被豆根詩惱寄與舊新一笑想念我晨妝眉擋風驚曉園中芥菜將老



晦日晴吳劉招其兄來昨夜已到未知也晨乃見之飯後田雨春來寫字數紙得瞿協辦詩函長婦送滷肉莪報起程

四月己巳朔劉生兄妹均去朽人來未見之爲百花生作趣園記寫字數紙和瞿郎櫻花詩春氣溟濛島嶼空好花開日趁東風平泉得伴玲瓏石覊玉曾吟綵鷂峯唐棣擷華分赤白海棠微雨妒香紅牡丹無子添妖豔不用纖盤出上宮胡僧親爲剝苦分得靈根兩處栽玉蕊開時仙女至碧桃看罷有郎同芳菲近欲移蘭杜枝叢誰能認杏梅野外棠梨應自笑不曾東渡海波來

二日昨夜風寒今日寒雨遂重緜矣玫瑰盛開親摘插瓶宗兄昇還蓋包官事人送之來也寫字數紙

三日仍寒陰出見朽人因與同飯寫字數幅作詩酬子玖平平無奇

四日晨見日催朽人去飯後乃行午後又雨吳婦來作齊木匠祖母墓志看唐詩

五日雨繙日記鈔挽聯未暇餘事六耶繼妻來代元妻請女客家中主僕均往

六日雨寒鈔挽聯作齊志移茉莉檢爾疋箋以髮柔英爲枇杷因思果中似枇杷核者無有蓋所見不廣也前得汪德溥書屬夏子問其爵里云廣西監財官實缺朔平府因復二紙汪字澤仁自云年姪曾索書由拔兒寄去夜雨

七日陰雨仍寒遣羅僮迎候莪女摘櫻桃僅得四斤作齊志成

八日雨湘中今夜立夏歷在明日也輿立夏糕鈔挽聯兼溫日記集外詩亦有可鈔者

九日晴見日出看秧長日無作欲鈔書無宋本閒散已甚值雨至又借以銷日亦自笑也

十日昨夜有月今又見日以爲必晴乃午後有雨夜遂通宵寫字一幅

十一日陰晴看喪服稾似勝刻本周官箋則似無可增王夫之史論似甚



可厭不知近人何以賞之寫字三幅夜月

十二日午前晴旋雨又晴湛童還始知臬學皆易人黃伯雨又至矣得廖瞿書看報

十三日晨雷大雨往將送吳子修復不果行矣看唐詩五妹女朱張來

十四日陰雨朱張來言官事與書其表妹夫料理郎攜女去

十五日陰忌日素食田生來言官事應每日一事之例看唐詩畢得鄭婦弟書求作碑志完夫書欲干余潘看報夜風

十六日陰大風張正暘來尙欲開錢鋪留談一日待三兒不至夕去

十七日陰晴始作唐拚命墓碑殊不簡質寫字數紙

十八日陰晴有雨作唐碑周庶長來言莪女已至並致陶齋書

十九日晴晨起甚早宗兄已摸捌矣出坐門外看新秧淺綠盈望一佳景也看道統錄見江漢先生不知何人檢書乃是趙復生平未識也遣僮

入城辦菜待客
廿日晨晴午後雨朝食後莪還至門前候之已而棣生嫂及與循子婦侍其皇姑來人客盈門急催辦飯客冒雨去至夜雨益甚
廿一日早起輿從天津來省朝食後雨起行李并溼矣端午橋送新刻蘇集石記
廿二日廖生昨夜來晨始見之看蘇集竟日雨意未止
廿三日晴譚心兒來云十一日已還鄉不知省城近事也叫鷄來求疏讓狐云已見腳迹此亦鄉人正事
廿四日壬辰小滿晨起將作唐銘見黃紙悟求疏甚急因遂未伏案已將朝食矣廖生飯後去丁子彬專信來云端督主鐵路牘活矣因作唐銘成摸牌八圈以慶路政至夜熱甚反風而涼
廿五日雨竟日閒游晨見楊芷生第三兒以詩爲贄書法勝其父詩則出



韻未講究也楊重子介之來求書干樊雲門不知樊已將去也摸牌時忽然睡去從來所無大似郭意城閒添票歎氣時
廿六日陰晨輿寄楊兒書便加一片爲昭儁進身又見兩朽人求差委者寫扇二柄將還叔止米石尋水禮送兩舅嫂並寄三婦生日食物
廿七日晴輿起不盥遽去蓮日正鬧鬼以爲鬼呼去也黃孫云三舅自來如此四老少來云措生已去頃之與田王同來講官事意在省錢始知鄉愚之狡老少意在索債許以往祠算帳夕率兩女出游後山
廿八日晴始食黃瓜寫扇一柄前七十爲莪書摺扇許以八十更書竟踐前言亦可喜也黃孫來問孜字檢爾疋無之僅於哉下旁注孳字其義訓始治當補孖孜二字於下說文引周書孳孳不怠又孳云汲汲生也詩佛時仔肩劉向引作孜孟子書孳孳爲善詩傳仔肩克也說文仔克也用毛傳未諦子無克意孜肩當爲始肩

廿九日晴熱蕭總來論田薦生竊盜余昔以彼已訴證良矣大要皆爭閒氣亦殊可樂蔡六弟與端姪率其本家姪孫來訴黎劉爭妓事云黎子自願退人不要錢薇生尙爲能教其弟亦能率取皆有可取惜我不爲縣令不能重懲劉也美人遺我茉莉花何以報之一馬搥手無斧柯柰龜何爲之一笑莪賦發　夜早眠鋪前右房以避潮溼
五月戊戌朔昨夕雷雨旋霽夜又蕭蕭晨乃沈陰起還宇債發廿金了祠帳令値年算數午後雨止遣羅兒去晡時乃晴
二日晴晨起日朗旋又雲陰看古文誤字甚多未能意校劉生率其子來李長生又夜至接腳女專人來無如此黃筬怏子何且藏內室
三日晴晨發五金交接腳女爲李姪寫字換羊龐姓果送羊來滋來問凱字初未留心檢之乃悟無部可入而詩疋並未說及疏忽難辭咎也八十之年不知字書無凱字實爲可笑既而思之凱卽體也俗省幾爲几



故遂成凱此羞隸書改之夜摸牌至亥盈孫來云二叔卽至
四日陰晴晨起喚人輿兒趙至云行李尙在後得樊雲門書將遣人送四老少並無人力家中辦節事亦無閒工遂留過節問摸牌云不諳卅和送魚楊都司又來送禮摽之門外
五日節晴將軍來羞饑尙未午也正午拜賀者外來女多於男穢不能住向來中饋不至此亦八十年所無劉女來訴官事因遣迎郭婦乃遇周生大似黎滿少爺所爲兒孫均自皇皇至夜與周生談倦遂寢
六日陰得院生送枇杷多枝頭乾想無人料理也聞龐蓮開缺作五月督撫歌訣九旗東趙蜀趙甘長閩辟湖瑞新騤張實陝恩浙增十省徽李湲直張江東張廣黔陳直蘇丁晉豫馮洪粵陳吉錫程蘇鄂周黑閩沈黔湘沈桂各分疆二趙還應勝二張二沈雙濱徽朱湘楊差足慰不如三女嫁親王得常壻書送煤炭九十石鄉挑長價七倍遂不起坡自送省城約周生同去遺尋盈孫云往蕭家做媒去至午半道還云途遇女

媒無須去也

七日晴晨起家人無覺者自出呼舁上船乃係小撥非紅船也已上亦遂入船兒孫踵至八鐘遂發午正到縣辦飯申正到小西門問懿兒處無轎坐人車到家功兒亦出女婦夜來小坐旋各還其家

八日晴熱李生楊三子梁四哥胡壻周生父子均來云堯帥遣呼周生信升沈之反覆可樂也夕莇芝昀云已賣廿沙可無官矣小坐急還戌亥時大風頓涼思睡遂寢

九日陰復唐真書交胡壻寄去又復康侯一書告以太守之尊不可干求船人來報昨風沈船使我悔來不得已郵賞萬錢與書常壻令去彭蕭六譚大五來言組安留京不還以避爭路風潮鄧壻來晡後過子玖談驗郎送鈔本來俱已裝貯當以鵾冠酬之譚生夜送梨汁參苗

十日陰龐厲唐二生從法政學來告以執鞭無忝之義因作送吳子修詩招龐[illegible]長詩並合作也陳澍甘兒從錢業學堂來見子玖芝昀來久談驗仙堯衢繼至鄧壻父子來接腳女來未見待功還夕食永孫來夜涼早眠

十一日戊申芒種陰雨甚涼上樓掃除初祭齋戒未見客唯寫扇二柄參議云力辭路政政府堅留

十二日己酉礿祭　祖廟晨起待事縠孫已從母來懿輿亦至三孫均會宵芳亦回巳初行事午餕鄧壻來行禮功兒答之不以風狂廢正禮禮也周生父子來譚呂楊俱入內談甚涼者夾緜

十三日家忌子玖送時魚卽以薦饗張李二生遂坐竟日書六峰夫人挽韓春甫夫人挽聯[illegible]

十四日雨陰尹和伯唐會孫李太守周庶長唐鳳樓楊仲子偕方表師耶相繼來楊方坐半日頗疲於對寫孫女兩扇劉生一聯欲出已疲矣少寐以休出答參議不遇過吳文甫問心田亦不得値便至芝昀處會飲子大先在看明清人字卷汪由敦孝經白摺頗工喬孫堯衢心田繼至朱兒最後周生雛家也設酒甚佳饌亦精潔唯燕菜未得法耳明日無船開心田又約十六一集云陪程朱生辰之宴遂改歸期



十五日陰昨託胡子陽放出周嫗姪壻胡約今日來見晨起待之踰時不至乃有劉癡父子史傭來干非分極可怪也無故糾纏不殊橫逆不待三自反無如禽獸何佛說此因緣風生所招而已然亦奇也鄧壻亦來湊數說乞匄狀眉飛色舞正色責之乃去譚周呂唐瀛來蔡端毛二姪來陳甥宇清來周云歐陽森來紛紛皆爲端公心田請客改期正迫欲限因此定辭芝昀又來請明日難於反覆不能挽回矣因三遣人往探沙市云明午定行寫扇二柄

十六日晴晨起懿婦攜女已來頗能早起幸我亦起不然是笑柄也輿婦窳女旋至俱未朝食周生及輿懿均來候行飯後卽發已來催矣午正發申初至舟送者兩兒一孫及周庶長均謝令去到縣攤十三總坐人車至杉灣喚船卽發到袁河夜矣至姜畬遇雨遂泊

十七日晨大雨冒進遣羅兒陸行先還船人亦不復避雨單衣盡溼辰初到家莪已移我房矣仍居西室吳妻已去未夕便睡聞雨竟夜

十八日雨竟日無事微覺受涼至夜便發熱陳生送鰣魚來

十九日陰一日減食小欬微汗不至大困

廿日晴衡州二程來留住內齋作謝鰣魚二律

廿一日大雨有雷楊孫冒雨來未能接對午飯而去大約干求無理不知世故耳夜臥甚困

廿二日晴兩程去羅小敷來自云欲嫁撫臺不擇人才貌而但問食不知撫臺中有極不可嫁者留飯而去余不待夕已睡矣蔡表姪來索錢

廿三日晴看唐詩猶未奮然卯金兒來大約有飯喫則須招惹此等無聊人亦不同他閩氣華一亦於昨夜來今始知之聞楊兒又同周生來亦未見

廿四日晴晨起待周生不來久之乃至云二程生俱未見留住一日復隔紗幮坐至夜乃去

廿五日陰周生復歆楊孫來求信告以不能衡僧行賄求田宗兄爲之介紹恆耶以四百元買一信由劉佃引進宗恆不足責佃戶有身家人乃爲此無聊所宜整頓也遣金嫗往詰責乃始知非游學生伏育英獻詩求館問其所欲乃干端路俟端來時謀之感寒久不瘳眠食頗困

廿六日癸亥夏至陰臥讀月令論螢燭之分螢春分卽有之燭伏暑乃生不能飛也

廿七日晴臥病已久殊不能食劉生送茄茳又值斷屠廚中全無料理偶



作熯麪餃又不欲食

廿八日大晴楊梅生妻直入兩女迎之殊不願延入臥對之告以不可爲孫子作馬牛與我姻親不能普及其姻親怱怱便去年七十三矣憶其十年前似老於我

廿九日陰岫生崔英孫來懿專人來送玉臺詩無眉不可鈔也趙渭卿竟爲楊撫擠去令人不測趙楊本無優劣去留乃分等級也班孟堅人表以被弒者下一等余以弒君者終下一等蓋不畏之卽不弒之操獻是也夜雨竟夜

六月丁卯朔喇水蓋田平橋滿塘莊前頓浩渺矣陳甥來晡前略談飯後梗睡至亥乃起

二日雨下四都傳生來謝未見黎拔貢書薦陳龍光來學詒昨問陳甥不安分人也晨起坐外齋待之至午乃來又不欲去亦因鄭鳳岡與爲敵

假大理院反其獄又更謬矣

三日陰水仍未退金嫗請觀漲病嬾未應也滋乃舁去舟回率王氏婦女五六人同來一飯問保姑媽專人來求救當干涉鄰縣令其到省謀之程季碩專人來求信告以不能生員事多鏡疲於照

四日晴入季夏尙無夏意久病連月不愈亦一奇也蔡二嫂送蒸豚已敗不可食

五日陰端姪來看云豫藩已放粵臬聘三留鄭州未行鴻甥求書與楊撫亦病急亂投醫之意困臥正酣尙未理之

六日陰雨鴻甥草稾不可用自作之並書啎趙藩唐鳳樓來求書莪女臥病一日郭五姪女來

七日陰陳唐去郭留欵久未愈竝不能坐

八日陰蔡六弟來相看作餑餑待之摸牌四圈去夜月



九日晴岫孫來云已斷炊數日矣鄉居無錢不能振之張生來相看因留講學常堉亦來借千錢與岫孫令去得小石仲馴詩

十日晴始紵衣戲作一詩寄端與張常談未遑餘事

十一日晴常堉告去云至省有事晨起送之張亦午去

十二日晴朝食後云客到門遣看已從廚門入江南生及其表弟楊仲子也云特來銷夏留談一日說晉撫已放陳伯潛二閩人作撫矣新寶(徽)大化峯鑑吉(粵)陳夔(鄂)周直(黔)陳東(浙)孫西陳豫寶鄂瑞川趙滇(徵)李甘長陝鳳黔沈桂(湘)沈專(東)張闓鮮浙增洪(豫)馮蘇(川)程徵朱湘楊江張聲名二建勝雙滇徵二五督三巡八滿聯學鄂川湘黔浙豫兼圻難比直東黔

十三日己卯小暑晨晴旋雨周生來言劉健之並促作記似無記不能見端者初甚哂之晚乃皤然卽命筆爲一篇

十四日晴亦有雨作陶齋記成呼周生領去又爲朗貝勒囑王作字更有不知姓字三人想亦要人也字行於京所謂自北而南亦天津聞杜鵑

之兆欬嗽一月今始稍振又得多金甚喜
十五日晴風涼盈孫來送錢田兩春母生日送羊作牢丸夜雨
十六日遣盈孫往田家答送銀卅四兩還叔止穀價夜僮傭均出看花鼓
蕭子來責其荒唐亦不敢留宿止於公屋兩孫皆夜半始回
十七日雨涼蔡二嫂又遣人來送雌雄片復叔止與論臺石人人意中有
一端午帥可歎可笑歐陽屬來求書令書所願文理可笑經生不必通
也游又值雨境亦不通
十八日雨周兒來亦以我爲逋逃主云譚教員與其父皆先來矣與歐生
論世事彼皆憒然譚周果至令設榻款之彼來送脩金乃我客也爲李
生作書鈔稾示周
十九日晴爲周生作書辭差亦以教劉健之作示告船山諸生申明生監
之分譚郎日去送三百元未便攜帶郎令留鄉



廿日晴晨書歸來菴記不足六幅別作詩配之又盡了筆債交盈孫帶去
蔡六弟復來爲土客求情告以不能留麪而去羊肉過五日猶鮮亦一
奇也歐生去詹生又來求薦不食我粟但求餬口亦一奇也令周生諭
之去又留連不去
廿一日晴始有暑意而無南風遣盈孫送嘉女還城周生同去送嘉四元
附漢口買布十二元入城買羊肉四元盈孫路用一元發還宧女處百
六十九兩票銀仍令盈孫送去張子年衣冠來不能接對令便服短衣
出見之近於野矣亦精神不充之故送野鷄葛求調差書與沈士登云
沈有首府之望李茂齋後一人也留飯去已夕矣於是霧露神稍散劉
七嫂又來報病重求郵典信生員之事多
廿二日晴晨起求茶不得遂不復睡蝨子　飛補寫六日日記六日內未
讀書但看尙書軍志亦非荒怠周兒告去竟不肯步行也

廿三日晴得真女書譚五郎書寄詩來盛女柩來與劉丁合葬亦業緣也
其主家乃費百金又足愧我看湘軍志先復江南必須備載封賞詔旨
前殊草草失此一段
廿四日庚寅初伏晨晴俄雨遂成滂沱久望伏熱乃更滌冷避暑反思避
寒亦可怪矣終日困臥不知何以多渴睡
廿五日晴爲譚郎看詩得周生郵片云衡道又另調林姓午後雷雨
廿六日晴張生來談文又言開錢店事坐半日去至夜無雨鄉人禾鐙設
四桌待之亦費半萬錢
廿七日晴始有夏意人亦始銷夏摸牌睡覺竟日不事始聞稻香
廿八日晴熱至八十六度得陳芳畹四月書才女專人送碧紗幮並仿宋
玉臺詩頗似元本但字體似小又新詞四首亦尙入格
廿九日晴晨起較早飯後張生引陳其計來言錢店定開留半日去以宵



芳小菜待之至夕與兩女坐幮中健孫來褁衣汗溼云步至也云午詒
果至漢咄咄怪事又云輿兒流落不能還昨與俱歸今日晴熱加二度
晦日晴看玉臺詩校補數處摸牌八圈
閏月丁酉一日晴有風夕涼坐階前閒談覺倦乃睡寫對子一幅揮汗成
之摸牌不熱亦可異也我視寫字摸牌無異而實有異此開境不開心
宋儒言誠正者未體帖到此
二日晴健孫去　與孫婦路用十元未行時大雨雨止乃行作食瓜詩序蝨
擾而罷
三日晴風頗涼至夕將雨雷殷殷似晝晦出門外看雨雨不來矣馬先生
送羊肉自炒海參未若陸申甫得周生郵片旋覆一片
四日庚子中伏黃三元兒昨來未見戴孫女又來求信加二紙並寄食瓜
詩與陶齋昨夜聞狗吠甚急傭人悉起乃有三人來訴盜竊麏令且去

晨起遣人問原委鄉人不知事如此

五日晴熱食瓜周嫗客來不知招待爲攜櫟子款之團總甲總又來訴事正摸牌輟戲見之常壻又來求信亦無以應暑度不及卄八而上牀甚熱知度表不與人應也譚祖同來書已云極熱矣

六日晴始有溫風常壻冒暑去摸牌未滿八圈夜於外紗廚足之還內卽寢

七日晨陰午晴試鈔書筆墨均不合式遂輟不寫城中送瓜來

八日晴熱日正照灼聞朱穉泉同周生來短衣出談菱生弟也託千廖笙陔正欲遣使便留食瓜而去周生自省城來問其何故觸熱云張生家作媒留宿紗廚

九日晴熱至八十九度周生飯後去復與二田來言訟事昨陳佃妻亦來訴訟一拐一盜皆不可理謝之去伏游學生來坐一日未見



十日晴張周兩生來伏游復來求見告以游學正業不可求館坐中堂久之自云不食三日矣與食不食頃之東風雨來兼有雷電三人俱待舞而去唯留蔡生鈔書

十一日晴涼熱度縮至八二看史記文多未檢爲批出示學子前遣書與笙咳夕得還書又得陳壻書真生一子

十二日晴段孫來亦欲干端告以待時旋去看史記未終卷雨至風涼夜無暑氣

十三日晴寫扇對看小說夜看月

十四日庚戌中伏滋女入城攜蜀婢同去黃孫亦隨去夜雨

十五日辛亥立秋涼陳甥及朱甥來爲官事宗兄女來亦爲官事皆不可應俱謝令去

十六日陰涼周生自武昌來致端書及瓜幷云陳壻將到任矣又言鄭蘇龕復召入都官場汶亂未有如今日者鄭福隆來求退佃余非保正乃請余隨丁去

十七日晴周生又還省去檢端信送瓜意在索詩仍和遲詩二詩韻報之前五疊亦久忘矣又溫一過臨江避暑客來遲多謝甘瓜自遠貽三日色香詩菡子雙輸誰送橘辛夷冰圓荐詩霞如錦玉井新泉露上融正對北窗吟短句思歸似在京師青門休更故侯誇已是鳴鵑敲鼓箱夜坐早安留客簟秋光同劉野人家抱冰瓷冷趙香竹瑣滌兵甲不亂塵憶否前年吟橘李舒來瓊桂臨賦萊夜坐外廚

十八日晴晨起發二郵片寄詩端譚譚原和詩人故必及之園丁查夜仍有鼠竊去條約警飭之寄端片時本擬寄陳壻百金臨發忽忘之

十九日晴湯丁來致歐陽浦信湘潭人可賤厭者以類聚矣尙有楊振清一流非殺不可治也寄詩歐陽述稍勝一籌亦其流與宜陳恪勤之恨湘潭而喜尹老耶余與尹縣人交而知常寧之更劣於吾縣也又兼怕尹老耶矣寫字五紙出看遲荷放兩雉後山皆入草去



卄日晴卜允齋來求張信依而與之張還五十元一片價也故片致沈士登又書李道士扁額一紙留宿內房亥正黃孫還

卄一日晴晨起候送允齋朝食後小睡午後雨聞壽平來撫楊移陝撫

卄二日晴作放鷴雉詩前無此題也雉耿介不籠畜今乃馴擾較鬪雞爲雅晨坐紗廚點史記一本

卄三日晴城信還寄蘆菔菹與從姆一瓜周生來報事仍居局巷無來意也午後雨涼看史記一本

卄四日陰涼末伏寫字一紙盈孫求婚蔡氏六弟遣人來而未言成媒不便問之午雨遂至夜未看史記玉簪盛開未知爾疋何種

卄五日陰涼遂秋矣看史記寫字七幅瑫女遣人下省道過此因屬令還來

卄六日陰每至過午雨自然潺潺殊令𢈔愁晨看史記晝摸牌夜地礮定

爲工課閒看爾疋
廿七日晴晚雨看史如頟黃孫頗來問文義亦閒應之
廿八日陰晚雨夜晴星光甚豔朽人來云絕糧留令且住
廿九日大晴晨看史頗有所疑疑說難之不必全載穰苴孫武事皆無稽
白公之不足爲報讎而子長書之爲無史法向夕王心培來周生來
七月丙寅朔晴始穫朝食後王培去歐陽小道來送夜來香紫黴花各二
本旋去衡足來寄食物與執鄧增來報子喪求賻補以廿元與之今日
處暑稍熱
二日陰樊非之寄梧來昨看史記太遲今晨復常課胡增寄學鈔來有假
我名電攷孝廉者與書令查究之電報淆亂爲害不小廣東亂黨已炸
死水提督矣得瞿相寄書賢兒寄信言楊兒已改委善地矣將與書雲
門索和瓜詩



三日晴蔡六弟送女庚來卽郵寄功兒周佃歸言滋女未到明日當至省
城迎候矣
四日晴周武德來送油蓋欲合十五元之價也方困臥未能接之適張生
來言其兄被打欲告樊藩因幷於上房見之書致胡滋圃送樊非之去
幷豫屬周生明年補課又復張金紫一片言打由自取至夜未出
五日晴晨晏起一本史記未畢欲作悼復女詩未能援筆至夜聞外有人
聲周嫗云六小姐還頃之果來呼門莪女亦起坐談頃之余還寢睡去
俄寤兩女均去矣
六日晴補足昨點史記樊周去丁子彬來凡來者皆欲求信不待問也疋
欲與陳增問說因與書午橋丁宿陳榻余夜未出
七日晴無人乞巧瓜果遂罷子彬去周生又欲干樊斯爲躁矣蔡生鈔玉
臺十卷畢

八日晴看史記作哀詩成依韻鋪敍竟有不能增損之妙與書雲門索其
次韻
九日劉家惠自衡來遣人入城送新米甫去遇雨
十日陰大風周生來言開錢鋪和葛朱得省信回草庚頃之功兒自來羅
步青自耒陽來送羅含祠碑
十一日陰風遣送祠堂錢紙舊例錢數百今十倍矣夜雨
十二日陰看史記畢遣人至蔡家送庚帖李長生來領錢以兩月付之滋
大以養煙爲不然然則當聽其餓死乃明好惡恐亦非法也
十三日滋晨起辦具至晡未了張生偕程石工來求書薛道留共喫新並
劉蔡朽而五余久待未見饌具出見張程日斜乃設薦增復一坐奠酒
而退燒包已月出矣余困未出也張程劉飯畢去
十四日晴日本二人來以爲來宿未出見之乃云當去亦未出也



十五日晨起出見二倭客不飯而出云往照橋還請照像坐樓上照一片
令設飯午後去童丁二生來又久坐還內已晡矣
十六日晴陳小蕨來故卽墨令也云告假兩月公款未了已解四千矣衡
州專陳八來送唐詩樣本陳未宿去
十七日壬午白露校唐詩幷鈔補畢一卷端姪來議盈孫昏事追論其姑
來時全未辦裝亦不知道光時何儉斁如彼今乃隆隆矣金嫗亦往蕭
家請期媒人華一同來八女一日未出端姪飯後去
十八日晴校唐詩補七葉令朽人鈔之余亦自寫兩葉夜大雷雨
十九日晴校唐詩敖傭發風求去且姑許之令莪更顧一傭
廿日晴校唐詩畢更閱五十前年鈔本尙有兩卷未圈亦爲畢之寫冊葉
二紙與書教習論船山經費既石船山卽當歸王氏亦如曲阜錢糧也
王鏡芙長子來未見

廿一日雨見王少芙問其所欲當遣陳八留之般倉至午雨止
廿二日晴王生留一日長生來拜孃生竝偕一王姓未飯去寓書嚴鴈峰
永孫來送餅餚
廿三日晴王長黃幷去蔡六弟來回草庚姻議成矣不意又成重媾亦足
慰孺人意
廿四日晴寒疾始愈天又寒矣出外登樓便似數月未理家事
廿五日晴涼得張生急難書告以周梅生去矣張金紫總記得樊方伯而
不自訴可憐亦可厭大概樊方伯端午帥陳小帥爲我害不少
廿六日晴夜有雨寫字數張看痰氣集語言不倫似真痰也
廿七日陰功兒回城寫字將附去未暇檢交也看漢碑因欲知前後鈔元
年及改元年數鴻甥哀求五書皆不可行仍爲與書黃道謀之
廿八日晴城中人回云蜀已焚督署殺議員將因路生亂　庸人不解事

至此寄玉臺新詠交四兒還譚家始食茭筍
廿九日晴寫字數幅遣工重築祠牆發銀錢廿枚又助佃戶五枚卯金來
乞食任其坐拚
八月乙未朔晴偶思三川形勢取地圖校韓地知晉蠶食之廣卒以有鄭
楚不能爭也將夜云女客來呼轎往接明鐙待之四姪女攜其女彩霞
同來爲邀會事也甫飯又有女客步行來誤陷田泥易衣乃入云是姪
女問之乃戴姓李女尺五嫂之姪也言語支離亦留住宿
二日晴戴婦攜其子來分內外二席客飯彩霞能摸牌六女小疾代之成
局唐圍總遣卯金來致書
三日丁酉秋分竹林阿公來言未能出祠前言謬也叔虞姪來言羅正謨
澤渠兄弟成訟許爲解之設伊麪款之而去
四日戊戌秋社熱過八十度四婦來送果筍桶鷄戴婦母子去四姪女亦
將告去看水經注野桂已芳庭桂未花蓋爲蟲傷也遣放米船
五日晴四女攜女去遣周兒下省換錢備祭節饌品佃戶送租內外俱忙
六日晴五十孫送租十七石用七車來訴再七凶橫其父亦訴之余令沈
塘又不肯無可奈何也夜熱不得睡爲今年第一暑而表止八十六不
足憑也米船送餅脯來謝
七日晴作馬悔初詩序看桂注說文遣僕傭往劉衙收租公屋又請小工
頗有人少之患夜早眠
八日晴城中人還逃荒人又來乞食送錢不可令郭飯店食之一頓費二
千錢作徐子筠墓志成夜雨
九日陰風涼田鬮總引一狂人來云有鬼祟欲求禳之坐次殊躁動急遣
之已發狂打人臥地矣云係薄其前妻死又悔之致成疾也賓連波亦
不易爲許爲作文告山神土地乃去

十日陰涼晨起作文書姪女婦五聯看說文已不識弜字矣弜從廾勺訓
爲持弩弜必非古字亦未見用處
十一日莫姬生日兩女辦祭並設湯餅午正始得已事喫麪四盤明孫爲
客姪女婦皆來夜摸牌岫孫華子均來岫旋去大風
十二日晴華子請寫對子又補題款乃去寫四嶽詩一卷幷跋云獅子搏
象用全力必異於搏兔子力凡登嶽望海詩必氣足蓋之以不用力爲
力也杜子美語必驚人卽其不及古人處余廿時與鄧彌之游祝融鄧
詩語雄奇余心愧之懷之卅年乃得登岱詩壓倒白香亭矣古今華山
詩推魏默深余詩較從容亦稍勝也本朝湘中兩詩雄皆出邵陽亦一
奇云至夜亡羊僮僕皆出追之
十三日晴午時羊還云在彭姓家且免訶責巡丁又白日獲盜襲令送團
總衡州遣人來得胡道臺及教員書唐生又欲謀分一席俟問齋長可、

否

十四日晴王紹先來船山後裔從我廿年入學老矣恥事謝譚亦求教員

與書齋長論之并唐事均閣起矣昨夜與兒來今晨始知之歐陽宇祥

來訴粿六耶拒虎進狼鄉人可閔

十五日晴辰谿蕭地師來呈書求序不遠千里孔子所謂可樂今日則可

笑也笑亦樂也或孔子亦笑之乎兒女摸牌戌初拜月諺云男不拜月

余爲子時母命拜月乙卯歲正拜伏後有來拊背者則彭雪琴也彼時

兩少年今回憶猶如昨日月亦如昨日也久不拜月矣受賀正堂來者

族鄰佃傭數十人亦甚盛也登樓看月旋下摸牌莪猶高興余覺倦先

寢已亥正矣

十六日晴張生來言天生福又將無福因包路無效故也城中遣船來張

乃先去



十七日風涼蔡陳均去發行李摸牌竟日

十八日雨壬子寒露莪攜一蜀婦甚費蜀語以湘氣爲費令隨入城文柄亦費亦

令入城遣房嫗督之先去余待雨止雨竟日不止又鋪新被孱留宿一

夜

十九日晨起船人已來乃乘輜車以行到南北塘馬頭下船便開大風寒

噤水手凍顫又逆風淺水至夕乃泊九總雨密江昏閉倉不出岸上四

家來問訊兼迎上岸並謝不去

廿日雨歐小道又來迎約其上船朝食時來云其父爲朱八約去改鹽政

一梧已蒙瑞督開復余參議亦蒙王心田開復劉健之被劾繚看岑猛

舊疾復發定不去矣馬孫來謝序歐三老來謁並送菜程天生來言馮

東陽戴蔡女並未來王心培早來未見昨夜夢朱倬夫來心知已死甚

驚懼問負命耶答云求賞飯喫因問何罪被譴云以壞衣騙錢未畢詞

而瘖今夜又夢一少婦避姑逃依我攜一古瓦瓶云其從嫁物也紈女

甚懼余許芘之令往上房其姑已跡至余攜此女同上拊其背著單紗

衫女手卷然甚細軟後又來一小女可十二三云其妹也云外人猶兒

憐姊妹宜相顧故來耳彷彿而醒連夜夢陰彪事甚支離故記之直陳黔歐

朱滇江張直東趙經豫寶晉陸直蜀岑桂新歐涖李歐湘余歐陝楊

滇甘長閩祥浙增鄂瑞洪馮孫蘇程川京孫浙廖張東桂沈

黔沈閩

廿一日晴陰逆風櫓行小泊雞厓任開甲來見飯後復行向夕始至朝宗

門入城徑至輿寓小坐步還家婦孫均見頃之輿來言湖北兵亂遣招

功懿來問云非虛也夜宿輿家行李未至

廿二日晴晨起避喧出游門悲行李至數十挑房嫗之侈也黎錫鑾蔡人

龍桀訊諧胡子瑞江南生卜張二尉鹽谷溫來贈古七首云五百年前

鑄也張松本戎服來陳鴻子鄧幼彌均來大四兒均來見報鄂革命黨



亦楊卿弟來

廿三日晴朝食後看子玖蓀晐遣相問遂至黎坡馳還午炊子婦均來觀

子玖夕來久坐看喫飯乃去余鄭已坐內房待久矣懿來報鄂亂已截

黃輿先斷河橋頗有布置勝吾耶也陳芳晚周少一蔡杇均來發信寄

銀交張奇衡

廿四日大晴晨出訪參議心田馳車來往甚快還朝食三婦已出交燈矣

廖村恐李華卿陳詩人珙楊年姪毓衡尭衢戴表姪均來晚飯頗早昇

訪祭酒遇葉麻亂談夕還程子大來懿失婦均至莊間閩長復讎引九

世猶可爲證余云易代時常殺戮非不受誅也此不過匪徒託名耳非

君子所道得青山古文書

廿五日晴爲楊盜子題美不老室引莊子以證荀子發明無欲速之義搭

天橋駡倭學頗有發揮劉滄子來蜀女已老死矣王開文來見託爲揄

揚呂蘧孫梁戌生來復青山書葉麻梁和尙心田均來言鄂事兩孫女
來摸牌接腳女來

廿六日晴王兆涵晨來會元來約同往撫署因時尙早又先去劉昌彝大
令來午至又一村官紳數十人殊無秩序大致言鄂變已全安堵無驚
耳喫蓮子而散還東宅搽咳袁守愚踵至張先生周少一亦來同喫餅
而出仍還北宅遇張楊二厭閉門少息迎岱女慧孫來摸牌兩孫亦至
懿又來喫蟹麪頗有酒肉滂沛之概功來已半散矣周嫗酣臥不起自
往喚之亦不醒如慈禧遇李蓮英無可如何也

廿七日晴朝食後還東宅步往道遇功兒余仍攜輿至家看兩孫女房北
宅遣昇來令還不可必欲送余遂乘至雲泉里看楊親家母少子方疾
亦强起相見晳子婦亦出見留飴心因其困頓未久坐令送其女處至
懿處小坐果送湯餃又見孫師張生還北宅幸無人嬲甘嫗來求寄居



以舊傭許之

廿八日晴將買燒鴨錢已用盡官票不行使凡姑待之檢舊書得翠樓吟
詞久失其藁因錄存之纖蓮畦爲江藩與端督齟齬朝命移甘肅於道
令權皖撫故爲此詞一角鍾山朝朝拄笏官情不如歸興君恩容臥治且餞與皋陶紹樂公才鈍稱喜六旆紅停皖山青映新闕府早秋衙鼓幡聲遙應還認油幕香人間故人別後好風誰館白蘋江上旬料雜共吳興爭勝截門香凝有得意詩篇賞心圖畫君知否楚雲樓閣有人閒凭
令端督又蹈死地矣令人惘惘彭畯五梁韻諧鄧壻均來
久坐四婦來言和尙傳洋話明日有變其毋將去來間行止告以不可
下鄉令歸止之遣昇迎祿穀兩孫來喫蟖鴨長婦岱女亦來功懿及兩
孫亦來會甚盛集也鄉中遣傭來召縫工作新蟒

廿九日晴訛言今日有亂晨往本宅探之因過岱家叔鴻子婦已戒嚴往
鄉避兵矣轎夫塞門小坐而出過卜云哉循城復至北宅又步至東宅
尹和伯闖入久坐彭畯五又來求薦農務未能應也胡壻來送撫臺假

電報殊爲可笑岱來摸牌初更昇還

晦日晴街市清靜步出北門訪鹽谷子云外國人已半走矣薛副統到未
降未走未戰俱保青山也校經堂派巡警四人守門蓋恐效去年焚校
故事不知彼讎學生此是學生讎滿人大不同也康梁保皇以革命其
計甚狡惜乎不自量也狐媚可取天下鼠竊豈可取耶

九月乙丑朔陰日食不見午後見月晨見鄧壻楊都司朽人皆背時人此
月必不利朝食後立門前武夫傳呵云已圍撫署未猛攻唾手而得須
臾滿城白旗商民案堵頗有市不易肆之概余亦爲俘矣功兒往來蹀
躞請余移居文襄祠已屯馬兵乃昇至本宅尹和伯來陳鴻子來求金
無以應之假周嫗七千應焉初更卽寢

二日陰輿兒早來云兩縣已被害橫尸諮議局誠不料大輿土木發此利
市也在城終爲陷賊乃命治行至西門不得出至南門已閉循城看楊



親家婦孫均在方早飯小坐還復步至北宅屯兵已去仍還本宅子大
夜遣相閩來談頗久懿亦來宿雲門孫寶珩字楚材來求寄寓

三日雨晨起樊孫來見云隨余撫來甫數日主人遯去一無所依許爲料
理令依輿兒以居胡壻來告以雨不能行當待晴也李砥卿來梁韻諧
亦至兩將軍均在而無斧柯張生來欲還辦闈又欲經商皆可行也功
訪心田云江寧亦不守又聞京中有變怪周生自縣來云前日易俗倉
已被封矣顧夫不得呼僮又不至頗困躓也懿兒游移不肯下鄉余甚
危之岱女又來觀促其早歸

四日陰雨郭炎生來看勸以出城郭云譚樸語發狂猶有人心餘則不狂
而真狂也　曾祖忌日未出拜薦

五日陰晏起李砥卿馬太爺樊楚材來傭童出城均無還者但聞鄧壻已
爲科員酬其平生之志陳甥則不知下落也報尙未斷送來前月廿五

六王人文撤去侍郎銜矣彭暖五彭受可周生來至暮方去遣探雨田
與書陳完夫樊雲門樊山仁兄道席前者方晉道遇之隨未一月而生變矣歸途縱橫無可究詰舂平僵綫絕少風聞有一亂增而不能用自謀以謀其歸鎭曰天意實人事也遙想晴園未知經一重朝服徵服均未所安賢孫飄背未能留隱致已附舟東下暫令還鄉縣災當可圖窺□□到城之日卽聞鄂事曾未十日已作紙筆且復歸門山以待其定欲附一□詩相貫自嫌太迂唯得一聯云陵谷變文試邪隆滿東南當議城風雨之時作敦輿而止之如猶可笑也事此敬問起居無悉愛篤幸
六日陰鄉間人來迎我還山遂定出城舁至朝宗馬頭久之王傭必欲顧船得白沙倒扒索錢二千因欲攜孫女入鄉遣問須待十日又入城宿本宅
七日晴晨步至胡家又循城至北宅敎婦已與鑑養大鬧令待船來仍回鄉居又步還早飯催發行李又步出城今日蹀躞街巷不止三四里王傭云城中消息不佳早去爲是長婦宜孫兩孫女均來欵女懿婦在城相送未夕卽發至猴石夜矣泊平塘



八日朝晴午雨孺人生日無湯餅云孫婦在城設薦也纜行一日僅至杉灣泊焉聞昨縣中土棍巷戰傷我一哨官旋被斃斃市中大擾
九日朝晴午後雨至夜竭蹶一日僅得達湖口待舁上岸一行十一衆俱拖泥帶水到家歡迎明燈撲牌居然太平景象
十日陰以元寶換滋洋元遣船力迎周嫗二嫗便接輿婦欵女或云欵不願出城吾未聞也攜來名健國策鈔評語多謅爲點一過衡州信來瑫已來復留待信紈則未得增音甚懸懸也丁子彬來問去就
十一日陰有飛雨衡足還與書常增鹽煤均竭遣人下縣辦當看國策半本崔孫岫孫均來問訊小坐去未茶也此時尙修聘禮亦云整暇所以待之者轂矣
十二日晴晨未起金報周來云三婦孫男女均至矣起候之至午乃至與兩孫女步前山迎之三婦攜子女及婢嫗來許孫舁來未余見也還夕食而周至甚怨余棄之拳拳之意不能見諒信未孚也夜月
十三日陰杉塘二子來攜族曾孫曰仲辛皆云消息不佳長沙殺賊首矣黃孫生日設湯餅又爲作酪喧傳有兵過境房嫗憂懼
十四日雨賊軍朝過有聞無聲賢於官軍也得紈女翁劉書及紈書華一昨夜來朝食後去看國策四卷
十五日晴四老少舁迎去宗兄徒步不能從午後去小孫亦步去衡使亦去宇淸月慶三子來云將避兵告以省費不能從也與宗兄俱往杉塘相宅去看國策
十六日晴晨未起聞二小姐來宵芳攜少子婢僕坐我坐船來並無輜重云箱擔不能出城夫力極貴且來避喧也房嫗正欲下省便令坐來船去迎三子
十七日晴周嫗攜子去四婦來觀振漢族孫被劫來問報官余云今無官



不可報賊也功來探報亦似余撫探報盡違吉耳國策點畢得尹澍書不解其詞意以其從翁道臺處未知爲縣人
十八日壬午立冬晴大霧周梅生還自江南得雲門書及詩言江漢事又致現銀錢三百元方患無錢得此如魚得水以百元賞之辭而不受留飯而去乃料理敝書事洮童亦空手還
十九日晴周佃下省與書與兒索禮單備冬祭待庶長不至振湘來頃之周生劉凝人同來發卅元換銅元留劉晚飯去
廿日晴　先孺人生日未設湯餅宜孫爭錢而泣年十三矣猶似三歲孩也甘思禽自権局逃還、余與書館會元告以不與賊通猶未悟也科名中人如此殊可太息出獨立表示之夜大風雨
廿一日雨陰午衡船到瑫女率其三女來唯長女留侍其姑云衡城亦空矣船無下水皆畏避也開前房居之親爲摒擋但未糊窗

廿二日陰有雨將摸牌聞岱女言是母忌日而止蔡六弟遣人來問報書告之羅嫗還未問復女死狀不忍問也馬先生來勉出一談

廿三日晴窅芳明日五十生辰命作包子薄餅餕之宜孫始點禮記贛孫讀書聲尙似能讀者差勝其四兒也夜食餅頗佳

廿四日風雨頓寒遂著鼲裘岱女拜生設湯餅馬先生阻雨不能去亦作客也夜周佃還見賊電報云攝王已遯四婦來云無京信未知外事如何但聞周嫗仍來想安靜也

廿五日雨仍風寒黃孫納徵請媒將夕乃至云鄉俗凡昏禮必待昏也余未出陪請馬生胡外孫送茶安席夜看裝檯合

廿六日雨遣望來船久之不至人還旋到周嫗仍率其子來四婦仍去朝命已更鄂督使魏代袁袁代慶兩兒猶未知也鄉中傳去魏不敢去



廿七日雨周兒來呼門自起開門云將迎婦仍還所居令留周孫在鄉與書任七令備船

廿八日陰欲晴未霽寒可向火看國策校本講禮記補注數條皆不可略者十三舞勺未知其義勺亦不知是酌否勺象俱如武舞何以分其難易

廿九日陰又欲雨看報始知攝王槍法亂矣起魏自是轉機然魏懼均非其人又不可用我孔子所以歎斧柯也

晦日陰雨校國策摸牌許女來求書寫倭牖并送鹽谷溫一序

十月乙未朔陰寒長婦來問船始知窅芳欲還城初以爲須初六七故令稍待及詢其由均云無此說豈余誤聽耶

二日陰船來云亂未已也然可游行乃令窅芳先去定明日行看國策

三日丁酉小雪晴送岱姑婦往城與書紈女補禮記箋二條校國策畢

四日晴晨起料理烝祭待舁夫至夕乃來往子碑嶺宗祠齋宿城鄉人無一至者惟戴絝諸子孫及宜孫侍祠以亂未特殺不視濯

五日晴晨起濯概爇定行事觴酒陳以次展拜未餕卽還

六日晴谷二來報軍情云懿兒已到縣覓宅奇想也實亦無安居之處自來亂未若此不亂之亂乃大亂也玉石俱焚牟讓同皁可怪也已鄧南湘夜來致聲魏督

七日晨起送黃孫入贅至巳乃行功輿俱來長婦三女送親婢僕二人從伴婆昨已去矣

八日晴懿亦來覲三子均集烝雞餉之蕭家送席來夜宴飲百年酒微醉摸牌至亥正

九日晴送親人還又議取孫婦功往蔡家請之

十日雨功行已定冒雨去約卽日還留船待之至暮不至懿亦阻雨不能去皆未事與書朱雨田問訊八郎



十一日陰懿去功還與書譚芝昀問訊蹤迹

十二日雨功夫婦率兩女還城輿亦同去料理船夫送至大門待舁往還送船遂至晡矣謝教習自衡來送千金一勺廉泉化爲知時好雨不可辭也芝昀信來相迎云月初已到湘東探聽不確竟不知也又送茶油沙橙亦副所須

十三日雨謝生冒雨去云往長沙賣海菜亦可怪也作包子未發起食之太多遂不夕食復書復譚

十四日陰欲晴蜀書來知龍安尙未亂見丁太守竹枝詞大要咎趙督也

十五日雨常漢筠子來已剃髮未見瑺問其來意云欲往湖北投效世職從逆知郵賞全無報也旋去

十六日雨刪工刪禮記脫二葉檢數本皆然知去年所刪書全無用幸家本無多耳然誤人甚矣

十七日雨輿兒及謝生乘船來　先府君生日未設麪滋女議迎婦以雨
不能遠行令改俟晴日
十八日壬子大雪雨遣迎穀孫房嫗請便往謝四婦附昇以往至夜大雨
冒雨籠燈還云孫女不能來蜀使專信來八月杪自龍安附船至湘云
尙平安
十九日寒陰船來已久留輿在山莊過生日劉生謀產來自首未見也劉
壻兄晴嵐來勉出見之云下省探信留令同船下湘將行被留
廿日陰寒晨發行李飯後摸牌四圈乃行攜文柄周孫黃海琴與劉晴嵐
同下湘登舟卽發酉正至九總先送劉兄上岸柳樹精不知神仙到也
岸上反冷於舟行知旅行未爲勞苦
廿一日陰晏起朝食後尙無人到午初陳生來遣問秦宅兼告伯元俄遣
轎來迎入城張海陶先在留午飯更招謝羅吳翁喫湯圓漢令來云鄂



匪已敗退余問君將何計乃云爲一縣生靈被汙僞官今將高遷也須
與羅學臺來言不可少此令余問究竟天遂封於此觀其言論不復有
理路遂喫羊肉火鍋而散還至船已三更大風
廿二日陰有晴色周生晨來云省城萬不可去留共早飯三族瘩均來伯
元謝滌泉順孫繼至
廿三日寒雨遣書與秦子和借屋張海濤來夜卽還秦宅不借懿自城來
辮髮重翦甚有愧色
廿四日仍寒作雪不成懿船先發今日從陵去余令往拜兄生日未知能
去否敖步雲自省來辮亦被翦得功書云盈孫病不能婚改明年矣今
日陳周張經營一日借得蕭宅方擬大辦旋作罷論與書吳文甫唁之
廿五日陰夕晴始欲還鄉張海濤來賀姓來送魚謝不能烹則以送船人
看樊山集念其文才而逢阨運與書慰之張正暘夜來

廿六日雨辦菜果還鄉留待一日芑堂月生來看芑堂流落爲句令衣履
完具居然紳士欲爲卯金遊說未得盡詞而去
廿七日晴泛舟意行頗有樂趣乘風張帆午至姜畬取張兄所送兩石桌
夕入湖口便昇還家黃孫新婦已來紈亦還矣
廿八日晴滋女治具請我兼及房嫗遣羅嫗代守船召周嫗來悤悤復去
廿九日晴風頗寒堯衢專使送禮並餉百金召見來使詢其蹤迹不告云
王祭酒亦至上海未被劫也三婦回省檢點遣周嫗同去
十一月甲子朔晨起至船上旋雨遣告婦子可無行已而四婦來云俱辦
裝不改期乃還山莊道遇轎夫云輿兒又還到家則三婦亦去夕俱發
矣小倦睡上燈乃起飯
二日雨復余書廿五日院署大燬未接清壓至九月朔見一寇入旋卽拔
靡城中摑立白旗幸未及門旋亦遣逃入鄉一時才彥皆



無所措手放家子弟半昭逆黨去歲之亂自鎖不能隨敘今則翼紙能
矣恨愧慚沮無所避逃尙敢覩顏稱壽乎因次孫香期前定欲涇來聞
患難恐鄉人猖往昔常例實我酒肉故往縣城借屋遄之非做酒也昨
得家信孫病改期遂復運山閒門待雪風來遄日叔承事使服以吉路
贈以賄附賭以百金萬譽之堅何其暇也豈桃源人慣於桑秦喪晉時
殺雖延客耶雖欲禮辭餽由逸濫舊卽拜受以作亂與但百金之置當
以周實撫殺薦小泉之急□□樓遇衝淞無所用之畢使替糧添餉實
爲累封留會質俟便檢還承示近狀豐勞無所致發餉樂天自然康饒
擴王矜斥想亦民叱朝政已補無從補直我等以事謝受累値以共和
被困其不內由由不能自立也種相王閣皆依租界又足告矣獨立不
懷乃眞獨立立則離言不懷其底識平午樓來爲我
徼生今無治息又不及公適矣手此申謝卽頌冬福至夕船人又來云
仍還入湖口甚可怪也頃之三婦來云才女道陸還母家輿從陸至縣
餘皆還也夜雪
三日風寒踏雪成泥昇行甚困勉至船問還意云從人多懼費也亦可笑
矣問可不去否又云不能乃還看樊詩無新作始課兩孫書
四日大風劉孫讀書甚艱竭蹶竟日今日卜卯冬至武岡萬生來
五日雪雷大雨傾盆八十年所未見也駭怪久之湛童屢戒不悛令其離
鄉

六日晴三婦攜一子去留一子一女未從婢媼均從去至午乃發
七日陰　先孺人忌日素食無事夜雨
八日又雨課讀畢已夕猶未晡食晏起故也
九日雨召匠漆桌子令龔木匠必退光其愚頑不可用如此廿和生子求飯以倉穀振之
十日陰看樊山批判求高搏九事不得
十一日晴未起周生來云功已翦髮矣近報在長子此多行無禮之咎頃之張生亦來言開錢店事又貨悖而入之報耶半山忌日三女素食聞劉增幾死炸彈又爲一驚
十二日陰煊課讀畢遂夕不能他事也與送蟹四十螯今年稀物也大理叢書分其部分
十三日陰城人來言與亦翦髮矣看陶子珍詞以清空質實爲極未爲善



論詞也衡生專信來云革黨欲提書院經費問所以應復書告以不可與賊盜論理黃孫與閏保大鬧遂至搥壁叫呼自出責之
十四日晴又逢四日又不久晴也夜開門見月以爲積雪惜不得樊山賦之
十五日大晴欲訪孫旼兼畢　祠工試命呼舁轎工踊躍本欲少待竟不能矣飯後卽行晡時至劉家坤開民畢集紛紜半日夜月出乃散五十曾孫爲主人不煩佃戶
十六日陰晨起以四十千買穀二十石卽用推糠泥壁餘米供食命向三仙坳往孫旼家初以爲甚近及行殊漫過袋子山雨望見垣牆廖家雨大至矣幸不透溼然已失容入門其五子叔怡相迎四子穉孫旋出孫旼出見甚歡登樓看田翦燭具食入煖密然榾柮談至子初乃睡
十七日昨雨未散晨氣浩瀰留一日待晴欲遣舁夫還意又不願且姑任之寫字十幅夕往廖太翁新端墓上一看鬱鬱佳城也旋還。坐孫旼書室談至亥正
十八日大晴加夫二名星馳還莊改從長田坳渡嶺至朱石橋合路昨飯處也至三仙坳未晡始朝食寧鄉店頓飯潭店件兒飯寧廉於潭人頓七十小惕史家坳未夜到家聞船到自往看之飯後籠燈而往旋還地礮
十九日陰壬午小寒復陰晨起落聯款蓋圖章附書孫旼示以小詩亂後戲相見爆燈許作說仙家樂難犬見聲失冠巾老去好奇計問中情此身拚托猶在手誰識兩憔人並饋江蟹潭油夜雨
廿日雨晏起苔芳率兩女昨日上船勢不可止船人促發不飯而行至卽開汎雨竟日不歇申初到城苔芳先上已又來迎遂至十一總後借蕭怡豐大宅以居爆竹歡迎三兒夫婦及弟與純孫俱在宅矣周生亦居於此徑入相見張燈夜飯更召庶長來問歐唐詩事至亥乃寢



廿一日晴足凍難行勉巡宅垣一周苔芳得黃梅山茶紅梅移至客坐廳前劉江生亦來助辦四七兩子陳秋生均來相看函丁助起行李賞以一元純孫誤以與聽差人乃更以一元補之
廿二日晴足更尰不出房伯元來正朝食卽就坐久談遣船迎女
廿三日陰歐小道來談保安翦辮無異明劫六耶永雲孫來杞堂來欲件食以義不可以情宜許之
廿四日陰又欲雨矣坐房摸牌至夜有雪
廿五日雨雪汪朔平澤仁來自桂林云起石如已交兵還湘已亦小住此間不能還南昌至夕船還三女俱來並攜新婦兄妹衡州三生昨來未留
廿六日陰有雪伯元來廖春如來遣人下鄉午見日旋陰得郭逃皐書
廿七日陰省城船還箴女功兒兩孫女孫婦曾孫女皆至盈孫病甚不能

來懿婦亦率女來
廿八日陰餽客紛至不但不勝書亦不能徧觀盡識足痛坐房中夜勉一
出受拜謝客常劉二壻均入
廿九日陰晨起伯元入房坐待心田子大至午未食棗麪餂心余价藩及
謝統帶均入談羅學臺來正設湯餅蕭小泉來入談匆匆去會散竟不
得食至夕留王程彭畯五胡子靖蔡六弟楊仲子飯於內堂陳鴻子適
來遂令隅坐一飯再起以徐松甫功兒迭陪客更召八妓女侑觴至酉
即散鄧壻始來
晦日陰令功還城看盈孫輿出謝客午出看畯五正逢陳輿初大令之子
元祥來冶秋女壻今寓電局久談不得起呼輿來陪乃入更衣鄧壻送
詩聯畯五送壽文方桂來子年卜允齋均為風阻今日始至船山來送
聘周武德送涵書



十二月甲午朔大晴飭具宴客來者寥寥唯張卜二尉水師陳開雲管帶
翁守謙水警廖淑怡來見略談朱雨田手書來送壽禮金酒蠟燭燈下
作書復之並託其退余百金孫婦男女均回省夜有雨
二日陰再宴酬客多辭不來張周兩生劉蘭生均來飲余陪坐半席揖退
筲芳還省借船送之諸女復召妓聽歌余睡未聞及醒均散今日寫對
子九聯與諸女及孫女
三日大晴入城謝客循雨湖隄至雙湖頭蓮耶嫁女本欲往看恐勞酬對
遣送四元四女各一元至匡家見崔丁生云夏十郎已還攸留師課子
於匡小坐即還城至歐家喫湯圓而還
四日陰雨伯元片告請唐子中依而請之子靖來仍言教育可謂不知時
也才女自瑞生家來言其家難
五日陰唐詩選刻版未全再從家中覓得之周生又不屑校對改委三兒
經理
六日晴治具要客本約未刻方午歐唐已到縣令謝滌泉旋至匡省吾未
坐先去翁述唐最後來程子大來闔席合坐甚歡散未上燈已倦稍睡
仍起地礮
七日復陰甚寒復四十度出弔張愷陶答唐子中已去與伯元父子周旋
復遇省吾出城過蕭小泉將夕亟還輿兒取銀濫用其婦甚焦急遣人
覓之還乃發狂妄言不欲正其罪且姑置之懿兒夫婦往楊家理財產
遂留不還
八日雪作粥應服黃孫搵婿還山莊常壻喻生均來食粥遂留摸牌陳甥
與焉輿亦自還懿莊並來紈女齒痛呻吟以為急證令覓洋醫視之一
夜未至痛亦旋止申孫守毋不出頗有成人之性
九日晴常喻未朝食去何傭來發行李紈疾已起云服蒺藜而愈苓芳攜



女上船即發齊灝生來
十日陰倭醫來診云牙痛有蟲未必然也恰去馬錢一元矣懿婦女並去
十一日陰出訪灝生並過翁楊羅汪年姪謝還已將夕
十二日陰李和生偕戴漁父來訪順循亦來得蜀書言亂事又云孫帝已
欲遜位矣許生率其子來
十三日陰紫谷道士來為楊延闓求書即書一聯應之看歐陽度遺集與
湯衣谷戴子高往還亦短命人也其兄述旋來齊灝生與陳甥同來喫
湯丸歐陽翥陳雲鵠來鵠梅生子也退唐百金
十四日晴將出未果作歐陽仲槃集序亦未成紋女生孫女送紅卵
十五日晴朝食後將出汪澤仁來久談客去出訪陳歐不遇至仁裕合與
吳少芝略談頹然老矣入城答訪李和生攜駕而還夜續成歐序與書
齊灝生約其來飯

十六日陰遣人請唐春海及瀕生云瀕生已還鄉矣許生復來言刻校唐詩選今年不能開㪰劉壻夜來

十七日陰程十一郎來云仲子已至避風潮也寫字十餘幅仲子來云奉都督命避地入鄉請題秦刻石發明圓長之誼以二李初體正圓後乃漸長爲不及前耆蓋圓體爲難也得鄂西書今年無人迎春

十八日辛亥午初立春陰紈女告歸留其壻飯乃去朝食後汪澤仁偕小道來太早且與摸牌過三圈唐春海亦至請五客來三客申初入坐酉初散劉壻亦下船夜月

十九日大晴李雨人來寫字一幅復真女書訓以大義爲胡子靖題楄亦訓以大義與曾滌公家書相類矣

廿日晴婦女出游余亦舁往四面佛一看迥異前游初無彷彿當日推額似是墨字橫楄今乃金字直額也有無數人入菴不見何存又有三四少婦繼至未便伺之卽登轎而還

廿一日晴遣人下省楊季子來郭葆生遣宋孫來相看與張周兩生同來翁樹棠來云又停戰與書招葆生還

廿二日晴雪師孫來陳任來言救生局搜牀下櫃得經書史詩登之几席亦褻瀆甚矣

廿三日晴作年餻張周兩生蔡端姪齊瀕生陳蘭徵來俱在客坐余入房寫字王心培闖入驚人亟率與出朽人又至余無地自容矣卽入閉門不問其去留也

廿四日大晴急欲出游適伯元來索錢令房嫗持票往錢店試隨之去市中泥滑不可行乃乘車還將至湖陸遇危石車翻身落糞坑如唐伯虎

廿五日晨雨旋晴朝食時外報陳五太耶家人來乃乾女也斷來往卅年矣不知何以惠然省城人還報盈孫喪年廿五猶未授室可傷也宜如



何成服且從減省但換一衣遣輿兒赴之並議葬事王心培復送唐銀來欲余受之而分潤彼無此理有此情也因交伯元廿金以償其願而余適得八十金又從胡壻取百金以備年用夜雷

廿六日陰輿待懿至午不至先去午後懿來旋去伯元來報和局袁定送清停戰又聞易仙童仍在嶺南求效用不談忠孝矣

廿七日陰晴寫對二聯看樊詩過日夜雨黃定堅來求見云雨農兒也

廿八日雨陰刻書人來索錢未見一葉而云欠帳令㪰釘一本來再說斟酌菜單今年求遠物不可得亦無土物陳梅生兒來字繼莊言漳州事云彭傳臚已死得陳完夫宋芸子書竝鄂西賀生日電

廿九日雨才女攜兒女冒雨來頃之兩兒歸衣履盡溼云從火車來也歐吳送詩不免和韻一首

除日陰仙丹來見出訪歐陽生云請年飯約以三點鐘如期而往述唐先在殊無飯意事務仙丹旋來謝羅繼至以舁迎吳少芝來初更後猶未半余乃起還家人相待圍年飯罷領孫摸牌亥初祭詩畢飲屠蘇兩小孫已睡去子正乃寢

# 湘綺樓日記



壬子正月甲子朔不受賀仍送蓮子喫年饈歐陽伯元送詩又取還改定知亦費推敲也衡船還得劉壻書廿六到家矣

二日晴見電報清帝遜位袁世凱爲總統不肯來南定爲共和民國以免立憲無程度也清廷遂以兒戲自亡殊爲可駭又補廿四史所未及防之事變以天下爲神器者可以爽然蕭鴆祥來極頌袁公亦船山史論外別有見解者雜客數人來俱未見

三日雨又晴領孫揆牌一日擲骰得幺全色夜雨今月丙寅雨水中

四日雨北望鄖塵千里晉杜陵憂國但聲吞蟲無豎子能成事坐見羣兒妄自尊元耙沐猴妖甿伏楼遠黃鶴奮基存請君莫詆新亭淚且復清春指杏村家家守歲歲仍還然對清樽畫燭然大盤殘舟寓半夜六龍回日更何年恩期縮短離如願游宦思鄉且未旋若補帝京除夕記料鄰到書詠朝天歐小道來談袁世凱云得之羅正鈞皆崇皇之詞真所謂時



無英雄也改前詩云豎子無成更堪歎羣兒自貴有誰尊領孫揆牌宜孫大勝穀孫大負殊不相下陳秋嵩繼妻來見

五日晴欲下船適懿婦欲還母家因令送去懿與兒女均去

六日晴無所事偶見嘯雲所刻部首爲董正之自曾滌公挑我董字今始得董也許生來言刻唐詩黃雨農兒來見戴家女婦來見留其午飯真真殊不惡黃婦嫌貧其命又不寡故破此婚與羅女同無業緣也許玉甥周桂兒盜魚翅婢嫗大鬧不能訶止又思功兒家規

人日晴時作微雨似春天矣此間羊豪絕似當年白湖紅湖價高二十倍亦詩料也趣園又送詩來兼遣浦公來言勸捐可謂多事也鄧壻來索錢聽贛孫讀論語貧與賤不去爲不以其道言無道則終貧賤不能去所惡也舊解云不以道則終貧賤是貧賤終身豈聖人而終貧賤乎可謂大謬而相承不悟可笑也伯元夕來

八日雨伯元又送詩來詩自忠節行自叛逆詩言涕淚而方慶賀新國乃知讀書人之偽由文與行分二事也子以四教亦專取文殆爲此乎桂秋來以此語之

九日雨船還始有去意六耶來廖叟來言錢店事張海陶來謝弔滋女將還鄉久留不發促之使去夜堂遂空不知何人開門莪女房燈滅家人大索空屋余遂未解衣寢至丑正乃睡

十日晨大雨俄又見日卯金刀來求事譚乙舟孫來見亦意在都督劉人熙可哀也令其同年生見之夜早眠有月

十一日大晴船回始定行日劉南生來對搖半時許卯金幼子名回來留送行李夜月

十二日晴晨起將登舟轎夫在船因令莪先行促發行李坐前廳兩時許飯後莪去余仍閉戶偶出過宇清陳秋嵩令棣地圖取端對嚀孫索棣



價余亦大索嚀孫不得野心不馴也送房租還木器至夜張愷陶來退佃約押金云蕭家不取房租仍退還二十四元小坐而去偶坐取筆題二詩哀陶齋請伯元寄去遂看近十年詩至戌初就寢小雨

十三日陰雨有叛軍將來看屋而仍用手本求見可憐也整軍興學遂令人不知順逆何邪教之迷人如此惜不令孟子拒之余方溺於周婆亦未暇喻之周生來云張生已下省昨遇我舟在姜畬宿也夜雷

十四日雨新柳微綠春意濛濛船還言山中牡丹櫻桃並開應二月節也異於常年元夕宜水仙之早萎

上元節雨發行李徐甥蔡姪及子庚兒並來周生亦率廖叟來未知訴何事也不分春來柳條無勅驀地報人春信新年幾幾日便打探花期遺近窗梅遙閒料青苔點點落英盈寸誰知道碧桃開了劉郎未嘗風恨花事思不思怕紅無三日綠陰成陣綠粱孏小慣且先趁東風賭後好春無盡總不似今年暗偏離怨沙泉畔踏青行處夜雷驚筍翠樓吟春信三婦請鬭牌爲攜孫賭八圈

十六日雨未能上船且留朝食過午竟無大雨明轎登舟坐候僕嫗至夕乃齊卽泊廣東馬頭聽更鼓未酣睡新梈始芽斤四百六十高力士所謂論秤買者又思唐蔭雲元旦有椿芽亦非烘出今不過遲十日耳

十七日雨晨整家規戒飭從人冒雨開行任開甲送椿芽至漣口纜行卅里過姜畬無風仍纜行投暮入湖口遂宿船中雷雨竟夜

十八日陰辛巳驚蟄待轎過辰乃上岸入家門兩女迎候黃孫已往婦家祠中族人來接廿二日公賀八十並接諂女約以無雨必到朽人來見三層亦來金嫗上岸來照料夜宿正室

十九日雨竟日尋日記已如往事殊不憶元年在何處

廿日陰晨起戒行舁至祠屋族人公設卅餘席男女至者百餘人有似郭令公頷之而已催飯先歸二席穿長衣者入宴更添一夫舁還幸不遇雨到家甚早飯後上船卽還夜雨獨眠寫詩一幅



廿一日陰有雨朝食後登舟八女來看旋去戴彎三子來言還糧告以不可預聞任僕周姓來求薦亦告以不可預聞夜雨忽至彼無宿處遂留船上此外從人俱先往衡矣

廿二日雨晨遣人迎行李因便至家滋猶未盥船已朝食矣小坐攜周孫來先去余亦登舟卽行頃刻過姜畬遂泊易俗場久不至此矣

廿三日陰纜行六十里至株洲泊哨官歐陽富庭來見云昨日衡州銀船被刦二萬元已獲盜正往蹤跡一夜聽更鼓未甚安眠

廿四日雨風舟帆欲傾强泊瀌口譚生仲銘自衡來迎從山莊蹤至此入舟久談云譚芝昀往鄂矣約同行遂去

廿五日風雪譚生一日不相聞遣探已去攜僕嫗犯寒皆有慢容仍泊瀌口

廿六日雪未甚風仍壯始定回船夜作詩二篇欲題七哀無可哀題爲感遇又不甚似改題爲悲憤

廿七日有晴色北風仍壯回舟汎湘行百里泊衰河遣足上衡船戶居奇而止作書寄諸生附詩尾告之並處分前置五人

廿八日晴纜行上瀌姜畬早飯午正到家幸得平安杏花盡開矣半日移行李已畢夜摸牌四圈

廿九日晴發谷二上衡看易說治門外泥路挂通山人來未出款接

晦節晴埽除前房鋪陳桌椅看易說兩女俱感寒未朝食得龍安書云無行資仍寓江泊也

二月甲午朔晴昨夜偶思廚人語夜闌之句未得其意取杜詩看之以語夜對吹燈知夜闌字不相連乃語夜已闌夜深意也蓋州縣亦爲幕府辦差故有廚人而懈於供應故不寐而已聞語闌遂促其去矣結以世亂爲解知不安也念此可爲一笑得三兒書報李生死從我將廿年望



其大成而竟以女惑早夭亦可惜也夏午詒又尋妾去矣方撩零因遂罷戲將軍來

二日晴色甚佳桃李杏梅俱花牡丹則無消息與書丁壻又得衡信云陳壻亦去官矣懿兒來尚不知余出游又回也未飯旋去

三日丙申春分陰占書言不宜晴亦未出游但換小毛猶有寒氣夜大風

四日陰復寒仍羊裘看荔枝譜因昨夢與閩廣人言荔枝非佳果其閩人似是黃伯雨因憶蔡君謨推陳紫吳荷屋誇挂綠也夜雷雨

五日戊午社日雨起甚早看桃花與兩女言家事始知嫌隙甚多非意所料也聊與書功兒戒飭之

六日陰戎遣護兵夫婦去滋遣周佃送之午後謝生來迎聶丁蔡廚均至周兒亦還云蕭鶴祥被撤

七日陰朽人閏保均來劉蔭渠孫永清同叔來桂林守也云並未爲匪傳

者誤也又云湯稺安已還長沙鄧良材爲求綬頫不知漢賊不兩立也

寫條幅五紙夜雨

八日陰看杜詩詩題暮雨黃孫問周穆王子竟忘其名諡可笑也因檢周紀考世系傳世三十二立王卅七（武成康昭穆共懿孝夷厲宣幽平桓莊釐惠襄頃匡定簡靈景（悼）敬元）貞定（哀思孝）安（烈顯）赧）朽人妻來晚飯去

九日雨檢衣箱亦費半日看杜詩蹤跡可尋唯僕射委員不書姓而以梁僕射官係劉則罕見耳買馬委員何用才略買馬長沙想是收黔桂小馬也

十日陰雨修櫃得殘破書係復女所閱廣記蜀中舊收殘本紙腐不可上手令滋重訂以存遺籍看李花全落負此玉樹也夜大風

十一日陰遣僮上縣乂與片祠堂值年料理春祭元婦送蒸雞

十二日陰昨夜周佃還得兩兒書無異事金嫗姨姪來云業儒未成求升



斗養毋且令鈔書唐詩刻未成取原本來黃孫問陳錫哉周向未釋陳字義陳錫蓋陳九錫之儀言爲西伯始造周故孫子皆爲君也王季受秬鬯而文王賜弓矢是九錫之典必陳之者盛其禮以示西戎

十三日晴棣芳生日檢日記失此年五月前一本已忘當時情事矣因其歸家破家爲設湯餅所謂不幸之幸也王族婦女來者九人外客亦有三人早麪午飯歡會一日

十四日陰雨發行李岫生來取錢一枚作水莀圈送祭費往祠堂

十五日陰晴有雨午初登舟留金羅於家攜周家三代以行謝生列坐一船夕泊洛口夜看月食不見

十六日陰見日家忌素食纜行七十里泊大石圩鑿石浦上小套也有礮船夜雨

十七日雨帆上山門起看灘細雨空濛春色暖然行七十里泊晚洲

十八日陰晴帆纜兼行二更始泊寒林站百卅五里

十九日觀音生日行七十五里過樟寺三里泊紅港鋪雨意甚濃密雲未澍港有明山東布政趙公神道不知何許人

廿日雨竟日晨發甚早朝食已過巳正至耒口稍前見書院船云報已被寇毀謝生皇遽上岸復還船又上岸或云專與我爲難故祕之也周兒叱馭而進至則寓人我室知足齋已坼壁開窗云爲實業分校所占開農業蠶業林業三科教員見我卽移避彭治清桂陽生來程通判完夫旋至談上海避地事云易魂亦游租界矣留程陳午飯乃去

廿一日晴朝食後出看已改門題南路農業矣見四農人皆土人叔文完夫二程生均來農監督來云彝恂族子也書告兩女夜雷雨

廿二日陰客來者張尉石金（卜女前子）廖俊三段翻周宗潢（衡陽人貴州實廣四判）諸生喻謙賀錫蔡人龍張鳳馮燊廖元翱蓋清來四生去年三課生至夕乃



散看禮箋喪服蓋周公定訂禮所本刊所生也不必有其服示其義耳

廿三日陰戟傳來云復心已到頃之完夫來復心不能來也喻生亦來程談陝亂事云未攜婘乞食有小撥船拯其家屬在宜城巧相值可作一齣舟會也陳伯葵送鼓子程家送銑菜

廿四日陰農人坐門不去諸生焚其招牌講堂大鬨程七來往城中告急團局派卅人來農人破門入室道署亦派人來至夜完夫及其從子偕伯琇次子程十一均來看鬧甫去程九又偕蔡家兒來看紛擾至半夜乃寢

廿五日大霧已猶未散已而大晴余鳳笙署永府俞卓吾署衡府均聞鬧來看曾卓如亦來久談黃國蕃又來排難驅去農人卜女攜從子告去余送之入城便看朱德臣云中風未起便至峴樵家七郎招飲同過復心云已至完夫家乃還程家須臾二陳亦來張尉廖俊三彭理安戟傳

繼至入坐將散叔文乃來已將散矣今日自午坐至戌昇還船到院已
二更農人聲言將攻東洲團局增派卅人來防堵極可笑也然鄂湘若
能如此竟可弭變
廿六日晴熱換春衣夾衫胡滋圃報於相見拉完夫同來完夫先攜其從
子來梁鎮國武舉來見團防管帶也滋圃來話舊問外事不知但云官
不可爲程七通判來看將夕乃散湛僮母婦來
廿七日晴晡後陰風更熱楊叔文廖梓材來廖言龍驗仙殺忠臣無愧色
睥臣假道學之報也廖榮來見彭靜卿來
廿八日昨夜微雨晨晴廖倬夫陳芝生二賀來見楊鼎新來見云曾在長
沙相訪今忘之矣程生自鄉來喻生言楊六嫂生日遣帖往賀
廿九日晴看玉海知科舉用功不易頗有鈔書意劉生來方倦未見廖生
來談京中學堂



三月癸亥朔晴朝食後出弔彭傳臚便從楊家循湘下至王家訪芝昀見
八髯譚子王兒渡湘至故府縣署又從衡陽仍還清泉過羅心田馮星
兒至故道署見胡巡使至朱嘉瑞遇曾太尊德臣抱出相見張尉居其
壻家從清泉縣署又還協署後訪之城中遠倦矣過賀髯門不能入又
將大風亟還周孫暴病甚憊余亦早睡
二日晴牡丹已殘竟未一見昨日一弁來尋云知盈孫葬地特來告知今
日又來蓋欲騙錢也廖生來程生父子均來昨蕭生來言農人欲焚屋
相脅余將散遣戍兵程請留之八髯馮孫均來答拜姜維亦來
三日晴陰曾太尊來真壻自鄖西歸與其十一兄及喻生同來王慧堂來
遂不得去過午始散楊生來已閉門遣房嫗看女去獨坐鈔急就篇舊
以奇觚爲寫書簡文句不通奇觚卽奇零也單字集合故曰奇觚昨夜
熱不可被今乃轉風有雨殷雷

四日丙寅穀雨大風仍熱真來覩得莪書及午詒書陸生來談廣東事張
督殊不能廉陳藩亦不能貞也真又起用溜子奶娘云三嫂亦用張賊
婆矣晡食後去夜聞礮聲以爲農兵來頃之寂然
五日晴晨起見彭生知昨礮乃魚子牌慶賀幾炸廟矣羅心田來廖村漁
來云屯營已到正値大元帥出師巧相値也與書王莘田爲曾太尊撥
爛帳復莪一書并去
六日晴熱未朝食譚世兄來云芝公十日內外可還張尉及會館首士盛
黃胡劉壻弟煥寅鼇局馮荃張蟹廬陳琪來對客竟日夜雨
七日晴朝食後至城答訪曾太尊王京卿俱不遇至陳壻家遇廖村如同
至復心處不能坐談出看目連變復昇至張尉處不遇至張蟹廬處談
段祺瑞電報有似唱戲買充蕭袁氏之恥也同至錦源陳仲甫張尉先
在廖後三完夫叔文程七旋至同入麻雀兼議請客未夜散



八日雨偶憶甲申春歸連日國忌不可以忌日宴客與片張尉告之使人
知有禮義然已大請羣賢幾爲葆芝岑所笑矣竟日無客早眠
九日雨朱德臣送參翅王生豫六自廣西歸送荔枝半擔自來未見此槃
槃也
十日雨看玉海廖生來議農業改占公屋余云完夫主調停故又別生枝
節又欲別起學堂拒之亦書生經濟也招撫使水師營皆來訪水師林
姓云林果臣之從子
十一日陰晴看詩箋劉家惠自江南還議昌明正學方知處士橫議無義
不搜百家簧鼓同歸於亂午後渡湘答訪林生因問芝公未還便至楊
家晚飯見郴陳生及三陳設食仍精潔云其從子復能講究也喫櫻桃
頗憶去年宴游平地起風波共歎湘東文武盛停歌償擕觴回傷哀郢酒棋歡夜從魚子牌攀纜還
十二日朝食後雨胡紙店來送棗午初攜房嫗出城過柴步迎震孫四娃

同至會館看戲會館請我我復請首事梁武舉請我我亦請梁賓主糾紛共設七席客亦以我爲主我又招諸生廿人及會館請來曹委員林張管帶曾火計譚師子唱戲自午至亥羅心田未去余已先歸泛月行三更始至

十三日陰晴諸生來議主權程生送鴨湯丸即分與四教員嘗之周生自祁陽來三月不見矣午後入城將答訪衡山唐維藩至南門外遇雨乃入賀家賀主事模及廖俊三爲主人招同馮藥階周鏡湖楊叔文二陳兄弟程七同集更有一人似曾相識終席不發一言無以測之云春生錢號黃生也完夫云由四哥來揣知爲文育遺看之令夜同舟還至舟未見遺昇迎之待至初更乃上到院喻彭諸生復來看余倦先眠

十四日陰朝食後懿去一日無事鄒僧送筍晚晴

十五日晨霧晴書院起學無人作主派程戟傳彭理安爲主人我自爲師



團練二總廖俊三楊叔文賀主事模李主事煦東程通判景周庶長世麟胡道臺德立皆至派陳琭爲庶長首事釋奠余帥教員謁先　聖亦無禮之禮也退坐內堂胡道臺見王生論法政倉皇走出遂去不反午出堂餐唯二程在餘皆去矣

十六日晴昨發家信送筍兩女并與書六耶問祠田令足力速去乃延至今日始去出無轎夫借練丁昇焉答訪安撫使遂看電報局收支王生至懿室相見又聞書聲衡城而有三百元房租所未聞也酉初至道署與二陳廖楊俞余會飲設饌亦精緻初未料也

十七日晨陰雲重昏似將大雨已而開散至申遂霽昇至閩館會飲安撫使爲主人卽萬歲唐生兄也胡俞余均至廖楊二陳同集亥初散乘月山行至百搭橋渡湘還

十八日陰雨俞卓吾約照像以商霖八兒爲大人期未初至依期而往乃又外出過余鳳笙不遇至陳家真女出見云七哥柩至復心父子亦來待催客而往仍昨會飲人增二程耳本欲從陸還雨至水深仍從南門還

十九日晴周歷卯初立夏民歷明日立夏竟未知何日之卯賀子泌長子來頹然老矣云與功兒同歲趙壻來無感情周云已歷誤也正廿日卯

廿日壬午立夏作蘡團懿來午飯陳氏外孫來就外傅寫字數幅忽發痔未知是否百疾將徧嘗矣

廿一日晴朝食後蕭鄒夏生均來午後陳壻偕兩從子來仲馴久不見亦令人喜與震伯皆雋才也郭葆生差近之非易魂所能及易多假正經不及真荒唐也譚芝公新從上海還亦欲求洋人保護何息惡木陰者之多五陳皆余客爲設一席於內齋

廿二日晴午泛湘訪譚芝昀遇彭理安久談待點心同出看繩技日烈不



可待渡湘答曾子槐過曹尉便至馬趾口段宅會飲諸客畢集僅識八胼吏有一晉齋兒不知其姓云曾知府子也後詢得唐小宋段家謙云王船山嘗至其家又有儀仲兒因八胼知之

廿三日晴常壻來正談次聞呼門聲真女還留同午食未出堂餐嫌太早也酉初真去得我書

廿四日晴熱朝食後率僕嫗入城余過曾笠如因看法政科員至舊船山書院張閏慳所剏建者地頗幽靜鄰福音堂怡園對仁濟院樓窗繡娘識余相呼云嫁女伴娘也睡久之至柴步門尙未過午復至程家看趙壻又至陳壻家復心諸子甥均在外廳真女出見申初過王慧堂陪芝昀朱羅均在散猶未昏到門雨至

廿五日晴午初出訪王季棠未起卽至容園待客王梁方搭戲臺芝昀出見頃之季棠來欲摸牌無賭友唯有八胼遣招羅心田久不至朱三來

作主人曹法官來起戲起牌已過申矣伯約殊不能辦初更尚未上席兩知事兩團練一水營均來會錢譚道臺余俟出菜即與曹同出至院巳子初

廿六日晴得新寧親仁巷劉永濱書求奉祀生叔文云不由司委盡各縣異章亦當詢之寫字數幅

廿七日陰常備四率羅兒六十兒同來得兩女書一云平安一云危疑所見不同如此劉兒云卅和多事請書解之馮伯潘

廿八日陰有雨有日晨飯特早云試驗須辦事也學堂旣立游惰者妄稱立學索膳學費人數十金至數金學徒亦利畢業可索公獎私贈至百倍之利此風南路最盛一招考動千數百人今日已有二百五十千金一日集矣所謂發洋財者此亦其一余則利其包子他無利也

廿九日陰曾生榮楚自黔甕安回云船初到此當往白沙送茶葉如意昨



日富貴去今日如意來吉兆也曾昭吉來開鹽井亦來相見

卅日晴夏子鼎兄弟懿偕戟傳來留夏對房未展被帳即俱入城去

四月癸巳朔大風霧雨隄桑枝舞如松常增來欲求曾銅匠可笑也鄧譏員來鳴不平云譚譏長欲專制故授意兵弁有此橫暴馮條華何廖一行政員來

二日大晴摘枇杷得百餘顆不足分嘗見意而已二夏還完夫同來夕坐院中納涼

三日晴熱晨遣人摘鄰寺枇杷實小不及院中者寫家書寄四詩去諸生公宴我於江南館又有廖羅二賀二夏復心亦至並召懿兒趙增汗出如雨更延我別室諸客亦入不復成戲酒矣云弟兄門來故避之也初更散風涼

四日陰涼晨起料理遣人還鄉昨日曾竺如來送詩亦自苦心耽吟老病煢煢步行下磴殊可憫也爲細閱一過

五日晴寫字數幅買冷布茶油油價倍昔云去年無茶子尙當長價看報如游異國聞怪論世人恬不知恥故忽然而亡也今日多睡少事

六日晴鄧在書仲子來名克全兩年曾相見謝龍伯弟端人來蓋辛年曾數見已不識矣

七日陰涼樊生送所鈔陶詩來看云陶澍本也所謂愍侯竟未數見聯句云思絕慶未看徒使生迷惑亦不能改其誤字二師書記官來似識其名入見乃勉林從子長談時事云是京曹外調廣西員頗拳拳有故意

八日雨晨起費晦竟未辨色竟日瀟瀟看昭槤雜錄

九日陰戟傳來喫餅二夏已去猶嫌餅少

十日晴王豫六請開科舉以不往但求包子耳凡上學必有包樓取包中之義科舉雖廢此不可廢也寫字無罷因停一日行齋院晝長人靜頗



有林黛玉之感

十一日晴寫字四幅墨盡而止思金壺汁不得因思老聃之流沙又云老聃死豈從流沙還耶常增來請陪二縣而以余爲首亦顚倒之至同於郎拜年矣法政送包子七枚

十二日晴熱漁人送鰣蓋知縣不送上司而以屬我賞錢一千周嫗以爲少亦行家也無加重之理故未增甾蒸分四桌同之未得飽啖見常寧生一人向來畏見常寧人遂下湘至八聯處午飯客久不集邀彭理安摸牌常增蔣孫同局散已上鐙二王叔姪二蔣兄弟皆相親敬到院大熱三更電雨

十三日雨未止不甚涼見宜章生二人蔡人龍擬學報序文亦放膽告以立言之體令其更作寫鰣魚詩示諸生江網頭魚直百金空洲對案獨沉吟官廚已罷芳新供時物徒傷鹽月嚴多刺未輸銀膾美隨波何用釣鉤沉一年鵝味休嫌短稀國鮮來報好音諺云來時去蘇蕭即鮮字說

文出駱國申初至錢鋪陪客常增與其表兄李生作主人邀龔官錢余
鳳笙彭二公子戟傳同宴本以余爲客以翁增故爲主也未昏散乘月
還甚涼亦設燒豬未知其意
十四日陰晨起見帳頂落下竟未知其由呼房嫗挂起辭以不能欲開門
則太早乃起不睡看梁啓超謊語
十五日晴湘川暴漲出看水廖生招中學生得百餘人來院請試以古今
學說試之唐訓程俞孫吾及三程生來今日忌日遂被衝破至晡始散
寫字數幅
十六日晴熱羅傭還得兩女及日本人書黃孫來問孔學寫字數幅
十七日頗得楊八牓覓乾館書期以七月未知何處打洞也戟傳大請親
友及官場待至午後入城答訪李竹筠不遇遂至程家張尉先在三陳
丁唐楊王繼至胡道臺來俞余兩知事俱至未上鐙散至南門乃知有



雨泝湘還電雲陰明幸未澍雨得上岸
十八日陰晴寫字竟日看洋書消閒
十九日陰燠有雨李馥先生來戟傳亦至久坐入內乃知真還無可密談
飯後催令去早眠
廿日陰寫對扇條幅看玉山詩集鄧沅來求書云去年書爲吉林大火所
焚吉林灰乃有湘潭字亦奇緣也
廿一日晴癸丑芒種寫字數幅陳完夫來言誥軸已請得交周漢生帶回
周亦潭人尚未知其行蹤發電問夏午詒生平第一次電費也十字去
銀元一元二角
廿二日晴寫字數幅昨夜作餅欲要陳程皆不辭而去改要二廖餅甚不
佳李子政移入院齋法政科起風潮余以開學四日兩起風潮辦理甚
爲得法傳語嘉獎張尉來

廿三日晴曾太守來取詩去爲陳程批詩看喻生詩尚無章法常少門來
彷彿識之不發一言而去發家書言節後方歸
廿四日晴廿四元開張羣賢畢至日中出堂告以無鐘點不上堂勉自勤
學喫包子而散八牓來片告辭云將往衡山夏南舫長子來覓二夏留
令同住
廿五日晴寫字數幅段馮二孫來馮急謀食當須暑報之子泌兒來引一
老生云欲入院
廿六日晴喻生開校大請官師余以總理當往午正入城過九角巷至梓
潼廟陪客趙統制胡道臺余知事來設食時已夕熱甚各散還正亥夜
三兒來言劉佃
廿七日晴有風陳仲馴程戟傳季石趙增同來寫字三紙得午詒覆電云
有詳函想難達也



廿八日晴房嫗入城買衣僮僕同去余遂獨坐子鼎亦告歸以廿元寄午
詒家人
廿九日晴燠有雨寫字十餘紙胡宛生偕懿兒同來舊同事也前年冬一
見今年未訪之慈圃胞弟貌殊不似訴鄂圍之苦又言久在靈寶留飯
夕去
五月壬戌朔未辨色卽起看字不明微雨頃之澍雨如注歷三時始止未
昏便息一夜三起
二日晴看舊批唐詩寫字數幅午後雨
三日晴午雨寫字數幅陳芝生送鰻看報頗帶厭矣
四日[illegible]入城答胡宛生不遇至懿處取銀錢十枚開銷節帳所少至徽乃
甚窘也得我朔日書頗爲迅速又得紙增書
五日晴晨未起聞爆竹聲卽出盥漱牌示不拜節甫出會食張尉及曾竺

如孫來遂不朝食陪客喫糉已而外學諸生皆來數十人王法政送百千以還前借兩程孫及懿兒陳壻楊叔文楊七孫壻陸續來去李竹筠最後來留午飯去遂夕漁船競渡爆竹時發攷五日始自衰周至唐遂爲佳節早於中秋也夜坐與廖胖閒談

六日晴煥復心晨來同早飯完夫云當開會待一日不來諸生議一日唯約廖胖不得用公款耳復心先去桂陽五生夕來余已睡矣

七日昨夕轉風雷雨始涼今日仍陰顧婆晨上樓高唱翻牆復下余起看門未關也船亦未來得滋書與茙各有一佳句爲賀錫麟主事論剛兼駮裝行儉器識之說李馥先生去已七日今始懷之買帳與夏伯辰爲房嫗易去夏遂退還所謂抹相也午後船到始發行李劉傳新來訪十年不見矣

八日己巳夏至晨起待發至午始登舟諸生旣送於岸又追送於城坡余



獨乘渡舟至珠琳巷赴曾竺如之招有廖隱士朱三板張劉二尉曾家三代酉初散三陳蔣廖生來餞真亦舟送夜泊福記公司

九日晴水長周嫗不欲行又聞衡山刼掠懿亦請停諸生皆欲留行余亦將還舟矣忽卜女欲從行告以船小不由分說徑與三毛婦上船乃命更覓一船喻生又爲借三版護送林生亦自來送遂連三舟午正開行日落始泊油麻田行百八十里矣

十日晴熱晨發午停株洲避暑至申正始行到漣口昏暮矣解維遣兩船去獨泊沙洲以十元贈小元

十一日陰有雨時行時止午正始入湖口循小澗入便至我牆邊望屋門對面耳猶泥行里許方至兩女出迎黃孫夫婦亦出見久之午飯發行李雨中來去憊矣便居下棟夏蕙盛開無香似廣東雪蘭夜雨

十二日雨竟日溪澗水溢頓漲三四尺船人過午不來遣促之去云尚須到縣許孫送魚膺之去卅和又送魚已睡乃受之茙意欲吾居上頭令設一榻夕仍早眠下牀

十三日忌日素食獨居飯於外寢復雨水又漲二尺再三尺便入門矣三婦居南北塘避水來居余還內寢

十四日晴陰昨雨一日未止水反退落黃孫請泛船令往石潭姜畬皆不能去遶屋一周而還滅童自衡來致王撫州一聯

十五日陰晴滋女出游南塘周兒自長沙送卜女還云已附漢口船去看民立報夜雨金嫗臥疾

十六日雨竟日蜀書來丁壻尚留江油摸牌一日報已再看矣

十七日雨滿屋溼漏晨往樓上小坐墨斗乾膗自添水調之便致夢湘書

十八日雨滅童求書去與曾克仁轉薦因附王書與程家交趙伯藏未暇留稿馮傭母喪夜求燭去



十九日朝雨旋晴還山後全無暑氣但嫌溼耳若在城中殆不可過三子來言佃民及糧票事

廿日晴晨起苦日照餘處又溼不可坐遂坐日光中殊不熱

廿一日晴羅兒送宜孫來兼敺唐詩樣本謬誤百出宜孫暴疾甚憊不能飯夜又數起

廿二日晴蕭子昨來欲求父傳留住一日鄉俗以此爲親密也校唐詩三卷召匠開溝

廿三日晴蕭子去得卜女書云其壻已死尚有官虧校唐詩三卷小暑無官歷或以爲廿二或以爲廿四天主教以爲廿三吾從天主今日甲申也

廿四日晴校唐詩三卷頗有暑氣浴後稍涼將遣僮上縣夕雨而止

廿五日晴周僮晨去瓜菜無人灌鉏欲覓工人遂無可用校唐詩四卷畢

當改補者千計
廿六日晴晨登樓不涼旋下盥靧夕報三婦來覲明燈迎之
廿七日晴羅僮還又送唐詩來不可開看但就許校改本對改
廿八日晴有風校唐詩夕行後山甚熱滋女垂釣余先還
廿九日庚寅初伏有風校唐詩强宧孫讀書一日實一時耳爲晳弟書扇
覔花果稾竟未載日記作稷代羊與女婦孫過節爲鄭親家作家傳與
遣送瓜
六月辛卯朔校唐詩又一過檢類聚竟不載任詹鈞事所未解也卌年沓
書亟看一過今日晴涼
二日晴涼遣船送三婦母子去待夕乃發乘夜汎舟也並送詩校本去欲
作書問訊避地諸子似甚多而又嫌其少且姑列之樊雲門金殿臣李
梅安沈子培陳小石瞿子玖俞廙仙余壽平左子異趙渭卿秦子質陳



伯嚴易石甫曹東瀛李仲仙岑堯階袁海觀沈幼嵐
三日晴羅僮還得紈女書云其家公生日改期已將遣人去仍書一聯送
之（海外鴻文新成壽頌 漢宗鐘武長樂仙鄉）壽聯忌仙改爲家園切姓劉也
四日晴欲雨不成三婦送羊羹伏羊不能美聊應節耳
五日晴亦時作雨不成夕未食夜方欲飯云湖北客來遣看乃郴桂來三
令過縣來看耳劉曾皆曾至何乃幾初至適移紗幮因令同宿夜爲送
被自起寫字八幅劉生等送瓜
六日晴陰晨起送三生早去作餅應節四婦遣人送瓜
七日晴雷傭晨去將軍肩舁來餂心去
八日晴輿又送瓜窊女送蓮花白檸檬糖云省城頗不安靜夜月
九日晨起寫册葉一張懿婦求教作文詩法所謂輪扁不能喻子者姑就
可言者論之

十日庚子中伏大暑頗欲風熱夜坐墓門看月
十一日晴晨遣羅童上衡三女各與一紙又得丁氏外孫書與一書康侯
令早去蜀夜頗欲雨至四更乃聞雨聲漸喧達曉
十二日雨陰熱減六度陳鴻蜴來似有起色且留過夏
十三日晴夕風有雨未成點華一領一傭工周姓來云湘鄉人其先女壻
也曾請余助葬地送鷩雞爲贄且留種菜夕熱早睡
十四日晴夕亦風雷無雨看爾雅蟬蜩類殊未分晰夜夢請女客無辦甚
窘
十五日大晴南風薰兮熱人衣暑度未八六也
十六日晴連日爲懿婦寫册葉晨限一開彼來問學就可言者不過數百
言可盡而散關尹必欲五千言又無金壺汁大類應課文
十七日晴功兒晨來蹟然老矣得丁子彬書欲謀湘差方桂亦來夜地礮



頗熱蔡二嫂送瓜以茶葉報之
十八日大晴晨起甚早暑度午至八八衣已如烘功兒云省城至九十餘
度與書丁子彬得曾竺如書亦復一紙衡州送月課卷來
十九日晴暮有雨意看爾雅夜作葉子戲頗熱
廿日庚戌三伏欲作餅無肉餡以油餅代之剖瓜皆不能佳聊應伏節耳
夕風頗大雨勢亦猛俄而寂然
廿一日晴鄧壻專人來索錢五十九矣全不知事與書訓飭之
廿二日陰晴昨一日風遂有秋意七相公張先生來留餂心去大雨七箋
五十同來欲擾代耘喻之不可鄉人眼淺有民不聊生之歎不待苛政
也此後世言政者之所不知而實自堯啓之
廿三日晴蔡六弟遣人來看張生正欲和官事卽復片告之遣鄧信去余
逸士來要我作賊謝未見

廿四日晴寶老耶來似較沈靜民變後荒唐人皆有長進以有袁黎諸荒唐絕倫者故下材皆成中駟也
廿五日晴羅僮還得衡州五書聞常九弟之喪作一聯弔之垂暮泣桑田應憐孩提離虎口獨留對瓜使鶴膂毁食萬靈鹽本往收帳常埍虧空反以我血本充還甚無賴也
廿六日丙辰立秋王名濟來訴斫樹紐雲次子也其弟名渭盜樹今年廿六矣令功兒見之夕欲雨未雨功去得賢子書卽復一紙
廿七日晴晨起聞輿兒語聲乃昨夜來弟兄相左卽在一水間異矣午浴夕小雨旋止鄉人來求一飯設五席待之
廿八日晴㸚懿婦遣送甘旨寫冊已畢珍重不寄蕭子來
廿九日晴張生偕廖叟來訴馬東陽令輿兒屬郭葆生了之留廖不肯住冒烈日而去夕送輿往張家家中闕工人周儲病指閱船山月課卷卄三本



晦日晴三伏已過夕雨報秋夜始可被夾竹桃盛開
七月辛酉朔晴偶思世間閒事宜有記錄試書一紙將成一小說名曰所見錄自道光始
二日晴王友年來言各處不靖瓜已罷市代元婦教子心切亦賢母也爲照料之師勞功倍日不暇息甚可笑也
三日晴王升來求食大叫化矣令居飯店而爲償飯錢尙優於朽人之妻朽妻又將生子亦吾憂也
四日頓涼岫孫來求食亦取一元而去其應如響其效如神一兜草一兜露言不虛也未生岫先生我天之待岫必優於我有雨
五日晴晨起作書與郭葆生令其慈惠王升檢日記失一日有似商紂
六日陰爲代元兒理書亦能識千餘字矣
七日晴稍熱黃孫來問中山初不知所以封檢史記但記中山武公之立於六國表趙事中徐廣云定王孫西周桓公子紀言東西周在赧王時而絕無東西周君名謚據表屬趙又不知趙何以封西周公子也
八日晴有雨灑淚舊例也房媼告歸殊不灑淚
九日晴復熱至八十度曾泳舟來談誤云姜畬來後悟乃出見之問何以出云勸重伯歸鄉其聰明如此留談半日谷大娘來訴叫雞
十日陰有雨聞近處有刼案遣人視之三子來論谷黃事作所見錄成五千言金壺墨未竭也
十一日陰昨感寒夜昏睡辰正始起得楊賢子及功兒書云城中流血殺刼賊也一戮數十人懼非定亂之法叫雞來言喫谷甚夾箸因來議和張先生來說錢店事告以可罷論又言作知事告以可去𢡟唐詩來得卜女書今日辛未處暑
十二日陰晴校唐詩得典獄官岳障東贈詩四首和韻四首押韻穩妥之



至但不切題耳岳詩亦妥
十三日晴復熱至八十度得蜀書及房山丁陳埍衡書中初喫新校唐詩
十四日晴熱與書丁子彬託致小石書遣人送常例紙錢往祠云已焚化矣貓兒弄蛇蛇死貓傷又出一蛇與鬭乃爲解之
十五日有雨旋晴復陰與書瞿子玖校唐詩粗畢交輿兒遣周兒去
十六日晴風余蓋南復來並攜一冤民胡光七來訴余吳云得賄騙帳未可信也且令俱去
十七日晴周兒晨還云天下太平矣輿往求財采蘭將嫁求被面遺彭十帶去並寄譚冊三婦寄小菜夜大風吹開房門熱氣未滅
十八日陰風看金殿臣詩亦自感人作詩寄之不古不唐不清適成爲自由詩耳皇綱將弛維興人仇其流生世不見用聊可比柏舟委官苦來去吳金見機由矧余無斧柯坐看浮雲浮一朝廣厦傾燕雀不嗷啾焦朋翔宴寥下視亦煩憂乃有秦中客羈孝君楚囚自誓不採手甘死蒙國蓋知竊國人徵害到滄洲猶於半李外推賢先見優三聘

那能數郵與仙童遊余憶夜耿耿夜夜東海頭朝讀漕歷詩題幾長安秋時有小朝廷疊連黯齊柳如今一簇蒿茫如萬蜉蝣百年會有終一日安可偷渡闊升吉甫臘上把鈕緩懷蒙慶王郭不報嶋方譬舍此無可語豈爽張勳謀因書咄咄詞臨風吐伊幽隋唐演義以

不成反王者爲煙塵其名甚當作煙塵表

十九日昨夜雨至曉未止不涼晨校唐詩一本四川馬開泰來云丁家親戚也見則不識目勤言肆云從衡尋至此送飯店款之

廿日晴熱朽人晨來蜀人又至皆辭而去得丁子彬書致小石問卽作一詩復之校唐詩二本

廿一日晴熱才女送詞並致果菜三婦亦送菜云三兒將飲盜泉矣蓮日詩與大發皆油腔也

廿二日晴爲楊三子書扇典獄官岳障東來快談而去云字蔗坡已丑舉人也四婦送果人去

廿三日晴熱胡氏外孫偕輿兒來初以爲必往衡州問云來省視也陳甥



家亦專人來李長生亦來應接不暇金鳳來無雨而雷

廿四日晴熱有船下縣將往一看待至夕不來又留一日聞王鐵珊來作督恐有變當令外孫早還

廿五日晴梁詠諧來云已朝食出前堂臥談王心培來索詩本余無能爲力令尋廖榮云理安女已死矣夕船來王先去梁與輿兒胡孫同舟去余未能從也校湘軍志一過

廿六日晴熱檢諸葛與關書言孟起一世之傑猶未若髯其忌之甚矣然則關乃不世之材耶與書丁子彬寄陳詩函

廿七日丁亥民曆白露周武德云是明日未能審也暑度至九十露不從今夜白明矣摸牌一局未能終夜尙能睡

廿八日大風晴熱過午陰涼蓋應節改候疑今日是白露日至夕遂夾衣可被發衡州信

廿九日陰頓涼落廿度可緜未緜也杜詩繡衣黃白郎注引北魏懷黃綰白太曲蓋白面之誤

八月庚寅朔午正日食晨起已晴看唐詩柳子厚敍韋道安苦無章法不知輕重故也當以不從逆在先後敍救女則精采矣至午雲陰不散然日光未減想未食也向夜方周送周嫗來

二日晴朱通公及許生麒與副校來得丁堉書云節後當東

三日晴方周去劉堉來又校唐詩佃戶送租少收十餘石未覺也

四日晴復熱可單衣校唐詩

五日晴劉堉去請做壽序校唐詩未諦怱怱交去

六日晴檢匧見端午橋所錄石文爲校正兩處因取而點勘之校書人有羅振司龔錫齡余皆未識也

七日晴風夜愈怒遂雨遣王傭上省



八日雨頓寒校石文一本又看南子庭桂一夜盡花

九日雨風校石文待省人未至風寒愈甚

十日雨王傭還得柯赴文懿婦亦來得黃小魯詩集譚仲明自衡來云爲譚芝昀所招譚已丁憂卒哭矣夜陳設祭器

十一日陰半山生日歲有一祭當設湯餅竟未辦也許女元婦來與祭譚飯後去校石文未一本

十二日晴陰才女講莊子得懿書云已止省谷二送報來

十三日陰晴壬寅秋分講莊子夜講唐詩寫字數幅

十四日晴懿來輿書來索賑價既屢不交書亦未便緜帳且與十元周庶長昨來未飯炒麪待之令且先去

十五日秋節送扁人俱來賀節廚中無辦草草款之族婦孫女皆來遂有六席蕭劉均留宿

十六日晴欲下縣以月食日未去令懿舟行與陳甥同去乃竟郎橋蓋避
之也周生云亥初月食未戌已食甚微稍見黑影而已劉某求書爲作
五聯乃去蕭早飯後去矣
十七日大晴祠佃來催納租庭桂左樹續開香較清遠但太瘦生管船人
來問行期令方僮先去
十八日晴五十來送租　先祖妣生日未設湯餅與送詩版來庸松父死
來求賻與以十元三日未校石文今看一本
十九日晴未起聞窗外有人語詢云無人講莊子粗畢未能貫弗暇當條
理之清書版
廿日晴看石記半本端午橋不知東武戴侯乃言考據可怪也寫字數幅
筆已敗矣計此管已寫二萬餘字誠爲佳製
廿一日晴看石記半本已將畢業因輿婦在城留待喚船出漣攜食客俱



行稍省女食怯日未發仍摸牌四圈日落汎舟三更到杉彎月出已久
將中天矣不克登岸
廿二日晴復熱晨發岳晏辰正始檥觀湘門入城看伯元父子遇少大人
方短衣洗滌至闔兒胡地仙馬某與伯元略談即至龔宅輿兒已往衡
州宜孫從去三婦云當入鄉勸其往衡鈺豐館主來陳甥黃孫卅和闓
保兩桂生姪孫女壻陳甥帳主俱有寬閒寂寞區以可飽飯遣告岳典
獄須臾岳來馬開泰踵至留飴心去湘上漁人來言黃誠齋周生從省
來問溫樹不言庭桂送香兼有鴈來紅之憶居停主人父子來非真主
族主也字幼安廣東通判與妾逃回云妾幾被掠薄暮伯元海陶胡馬
來大經老班偕閒生來周生送魚自攜以來歐云子賢未避岑三猛來
招往閩已辭卻矣近似心風與平姑同病
廿三日晴晨訪岳蔗坡先至龔家一談步往補廳還坐人車譚象坤陳兆
鑾已坐待飯後余价藩來言馬象乾交保節事馬子又來意在借錢張
狃五謝滌泉楊桂秋來誤以楊爲葆生說夢話數百句尹幫審來乃散
月生道生來伯元與策吾同來正在暢談周生送蘇席滬報來催飯客
去
廿四日晴熱永孫來問雅南生日辦法云送錢爲敬蓮弟來相看言平銀
四百不可往取周生來同至愷陶處略談旋至文廟新開文明女子學
與邑子九人同宴見郭葆生至午始朝食紫谷來云吳後學病甚篤小
泉亦刻苦戒煙真真來未發一言而去遣轎送之女學飯罷過行政廳
又見邑子數人皆不識也還家稍愒歐家催客往則張狃五翁樹棠先
在余价藩匡策吾謝滌泉繼至父子兩道作主人云策安學臺吐血不
來席散已暮留晤李雨人即同匡謝摸牌四圈而散將二更矣舁還未
飽芸孫暴疾



廿五日晴陰晨起至雅南家賀其八十生辰子姓尙無至者其妻女出見
親家亦來香鋪宇清旋至設麪內堂亦有數十人之饌余久坐徒贅昇
人已去步訪匡四舉人還猶未朝食午刻翁樹棠吳次侯朱菊泉來吳
乃梓湖從曾孫也令人有緩亭之感馬開泰復來直言絕之申至趣園
會飲匡爲主人小道父子翁謝愷雨王心培同坐云心培已七十六矣
亦可駭也還有小雨
廿六日雨陰頗寒唐春明長子任陳同來唐亦欲謀事可許可歎徐僉事
郭都督龔吉生來六耶道士送菜鈺豐館設醴感事和百花韻把酒逢九日
翁親朋情話各欣然說詩正喜來匡鼎修史應難覓馬遷無鬢路愁新賬艋催租船似昔豔年指揮刀佩知無益細雨還如放榜天烈女空隨
東逝波四湖改威儀云何曾聞葛舉能傾浙近說孫黃共館鄉秋影練江猶去舸寒霜金拆送明駝知君談笑成詩史文武衣冠感慨多會
元恭送秋瑾尸棺還浙故專詠之
廿七日雨不妨步晨起看報秋生月生來未追與言戴明來催租云徐幼

穆在此亟往尋之去久矣午過吉生談旋過楊畝便至趣園翁謝張爲
主人招同匡歐岳典獄郭都督同集匡已先至主人未來云有公事將
夕乃入席郭來半酣矣郭又與徐僉事同設花酒仍約坐客皆往翁獨
不去余等至武壯祠登新樓招四技唱五曲彈四絃未三更俱散得柯
巽菴赴復唁其子
廿八日丁巳寒露雨微寒晨寫字十餘幅紙墨俱盡乃飯王心培來芸孫
小愈似傷寒也腳腫壯熱服熱藥竟日唯一客頗爲寂靜
廿九日陰正朝食小道來心培繼至譚乙孫伯元攜外孫何子來云趙侍
御家被刼朽人來索錢與書廖榮索王鈔古詩午晴滋昇來看會正欲
還山留夫便去
九月己未朔晴寫字五紙洋墨不可用如不書耳懿婦來船亦來龍海清
來求薦徐甥余與之賭以洋傘爲質遂乘路欘而行至學坪遇葆生至



慼里遇楊女至姜畬遇許香張鐵皆相慰問到家未夕食地璥至初更
房嫗睡去余獨坐少時卽寢起不暇衣
二日晴出看木器殊無端倪便看作壩地璥三局猶未盡日桂娃來
三日晴看石記十二本皆已點訖得小石郎舅書滋言夕還待至子夜
四日大晴滋還言省城復有刼亂又停國慶矣衡使陳八來
五日晴趙氏來詰劉佃事夜大風
六日雨大風午後止將寄真女唐詩爲校一本滋又小疾
七日晴輿婦攜子女來校唐詩房嫗訴委曲余待之自謂極優乃曾未少
如意乃知近不孫遠怨猶未足形容女德也此後當務飾於外蓋此輩
不足以德感求虛禮而已又與劉霞仙所謂積誠者正相背也
八日晴孺人生日令作湯餅三婦已作炊餅甚佳未飽食已不須飯矣遣
陳八去寄常幃對去贛孫作字尙未及榮孫殊可怪歎

九日晴無力登高且賞初月自來詠九日者殊不及夜亦詩家一別徑也
得功兒書未言亂事
十日晴爲代元婦寫挽聯此女殊欲驅使我亦無詞拒之劉二嫂來朽人
妻先至訴將分娩無容身地昔有借門樓與丐婦生子者聊復效之令
寄我廡下竝攜子來夜月
十一日晴校唐詩一本柴門犬吠未問誰某房嫗已閉戶睡去
十二日晴蘇金自衡來周兒致岳書云珠泉當攜文銀來求黃墓碑瑫女
送窩絲糖
十三日陰昨夜有雨黃孫生日起來甚早庶長來還錢遂留喫麪送蟹十
枚皆甤才女又送蟹餅菜荔來夜雨
十四日雨庶長來晚飯蟹羹殊不鮮美夜雨再起
十五日癸酉霜降庶長告去便寄人參酒與朱德成報其頻年魚翅之惠



寫對屏八紙夜月船人來問行期
十六日晴庶長仍未去再遺令還作半丸又甚似市製殊未得其所以岫
孫五十均來旋去夜與兩女出門看月
十七日陰晴岳蔗坡來本言菾眩當至鄉間不靖彼乃代之來爲黃芍巖
求作傳送千元爲摯及行述功狀數萬言並自作詩八首長歌一篇留
宿東齋
十八日晨懶晏起客已早去留詩一首卽和韻謝之看黃戰績殊無偉功
十九日晴晨起見持香燭入內乃知莪女亦禮觀音也蜀書來丁壻尙無
行意
廿日晴朽妻寄娩亥正得一女正值　先孺人生日設蟹餅夜未安寢
廿一日有雨才女專信來告將北行得小石和詩及民國赴文楊劭欽參
將子傳孔來卽龍璋所殺忠臣之子也一年猶能哭泣亦孝子也奉狀

求傳巫嘉許之不飯而去滿童亦告去夜坐腳冷甚不適真老矣

廿二日晨復大風有雨作楊傳將摸牀我云母忌日也清坐夜長

廿三日晴初見日以爲太早乃竟大晴作楊傳成昨加縣轄乃得通暢

廿四日晴讀周官司兵分授兵用兵爲二授兵謂出軍用兵蓋守城注云

守衛是也以不吉渾言耳

廿五日晴熱煖氣薰窗頗似夏景岫孫來議嫁女以八元賫之鄉俗所謂

圓蚕大善事有百功者也得涂胖赴文亦七十矣

廿六日晴陰熱黃清蕙求詩甚窘於思姑取詩箋題句乃竟成章不喚我

作才子不得也仙媛清芬蕙不如偶來塵世駐靈車兩家甲第榮霜戟一夜庾郎賠索書箭纔執笄猶俟見瓜年參鬢未容梳

節今女史無彤管劉傳重披倍感余

廿七日晴黃少春求傳亦無頭緒偶得項羽傳記初起年廿四因倣之乃

得下筆其記戰事無地名令人無從下手則無如何也

廿八日晴熱衡電來書日爲靜無此馬蓋徑誤也附二詩與典獄

廿九日陰有雨作黃傳徧查地圖亦尋得巖寺戰地地圖已無用矣夜大

風蔡徒弟來接周嫗送新橙甚佳

卅日立冬頓寒戊子重裘不溫乃命生火亦奇寒也夜不成眠

十月己丑朔大風寒邱雲齋小兒來投設榻居之許爲謀生計蓋以李石

梧例待之視之比黼堂尤親也

二日陰有雪遣夫力往杉塘岫孫女許配金嫗姨姪亦傳庚下聘起媒備

禮至暮族曾女二人隨其父來人夫闐溢亦張燈待之夜宿後房寂靜

無聲

三日晴雨無定房嫗送親告去至朝食時紛然散去至夜更無人聲酣寢

至曉

四日陰齋戒當祠　高廟以老不宿齋室在家致齋朝食後卽往視滌濯



尙無人來乃還夜半見窗色以爲將明展轉不能寐乃起盥櫛久之益

暗假寐至卯初稍覺欲寐知黎明矣

五日曉色蒙溟知有霧當晴昇至宗廟戴彎子孫華一叔從閏保輸孫才

八人耳以名佑爲亞獻名茂三獻名章爲祝晏朝而退家猶未餾頃之

飯熟陪丘甥一飯丘遂告去華一叔從來宿

六日大晴華一去步至早禾塘僅可一繇還夕惕已暮

七日晴國安來與書三兒告戒用人荒唐因以荒唐周桂生與之周之荒

唐在不知世事不能誤人事也盛傳黃興來有督撫巡邊氣派

八日晴作黃傳殊無興致劉生夜來送錢拒不受黃孫旁攫而去辭送者

皆一場空亦可樂也然於世法不得不詰責

九日陰煊劉生又來未見劉縫人來訴許孫搶豬遣人往詰問已遯

十日欲雨復晴輿兒夜來未入見云宜孫亦同來矣宗兒復來

十一日晴劉堉遣人來取壽序竝送菘蟹船山收支來送錢正需用又留

百元留陳周兩生不肯送橙筍而去

十二日晴三子來訴催租將軍來請保哥匪皆爲關說送親人還送燒豬

陳去周留令鈔黃傳

十三日晴看報作黃傳成輿兒上省夜作傳贊

十四日晴孟子言仕乃獵較則以獵禽多少相較爲助祭之差等若孔子

不獻禽似違制也與純冕代廡更與時忤

十五日壬寅小雪晴清鄉員陳盛來不飯而去送牢丸橙子款之慶生來

夜月

十六日晴周鈔黃傳來正需現錢得消現貨乃自入城謀之令周喚船同

去

十七日晴晨點書寫對屏飯後上船到縣未夕黃宜兩孫侍行庶長辦差

泊十三總舊船旁諸人皆上岸去獨宿船中夜月
十八日早飯甚晏遣厂　王尋岳典獄還便告霧露神須臾俱至與岳蔗坡
登岸招郭葆生欲有所商云方歡迎總司令未暇也招伯元余价藩陪
蔗坡因留七相公陳秋嵩同喫蟹翅午集戌散費萬錢求轎不得步還
船甚不欲然無如何夜月
十九日晴定計求財岳生亦計求財兩計相對財斯貴矣蕭徐月秋皆來
見百花生百花生甚詆葆生余未知其來由大約不同道耳夕泊杉轡
廿日晨發頗早到處輒止早飯漣口午飯姜畬夕泊湖口至家家猶未飯
也岳已遣妾坐待三日矣女云疑是小叫天异夫云小姐爲太太也不
相迴避余以門生婦禮見之岳信云千元由其運動爲己謀也
廿一日雨岳妾辭去復岳書杇妻出窩升磩禮之兩女各賀百錢城宅送
蒸羊得譚芝畇訃書



廿二日雨寒周生來取票去以九元與之乃失二元詢之金毛不誤周嫗
亦還詠今日大風寒之句又可樂也譚芝畇赴毋喪作一聯唁之因母著勞
望來往板輿尊誰養事宗欽自出贈佚萱背感春譚輿兒自省城還
廿三日陰晴連得邱甥兩信迫欲謀事不知其何所見也周三云朱雨田
病終亦當弔之作一聯同保百年身再閱滄桑歷世獨成三徒業誰知蠟木是書僊
廿四日晴金毛入城去杇妻子女皆同行寄岔女廿元以備陳糧夜分周
生送銀來須臾便去
廿五日陰晴晨起分金指揮而蠱蔡惟寶留此三日未遇此盛信有命也
廿六日晴陰岳典獄求分潤與以二百元並贈狐裘遣周僮去看管子
廿七日大晴宗兄去有假余名擅騙者受害人來訴冤派二周生往詢之
周煇適自臨湘還送銀魚故以此委之
廿八日晴晨集人夫分投异出二周往文洲滋女往烏石飯後俱發至夜

文洲人還云文吃作孽甚矣楊傳孔來取父傳送四十金三辭固請以
還蔡木器
廿九日晴慶生來看史記丁子彬復來求薦今日丁巳大雪夜風與書叔
止並送新橙
晦日陰寒表至四十五度黃孫自烏石還問作祭文
十一月己未朔陰輿率婦子上衡得蜀書邱專使書紙書復遣使入城買
挽紬未正三婦及孫兒女均去黃孫引閑人來宿衆皆疑爲賭友惡居
下流不虛也截髮者何人非賭友之類與二周告去夜風
二日陰有雪彭生苦求從學告以非時與以詩經一部而去蕭有葬期贈
以一聯櫃木須綏成委保庭前冬日煦萬軍動說灌擕衣砧畔晚霜寒周一日不還卅和遂懷書馳示
石家眞泄機密其愚而膽大非意料所及子玖專書來送百金卽復書
謝之



三日陰寫挽聯小屏先寄譚芝畇後寄一書唁之瞿使不宿去送以二元
四日陰黃孫游蕩不家以爲我必管束不知我正欲其流落也陰謀三世
道家所忌鄧墒則不知其何報耳滋夕還
口
五日陰遣周兒弔朱家不記喬生存沒故未便作唁便探鹽船將附至漢
六日早雨辰晴寒光靜豔後山裏回久之作字二紙
七日　先孺人忌日素食改服靜居屏事
八日陰看程允升幼學珠璣今改曰故事瓊林當日天下通行今不甚讀
矣音鐵作淺未得所由
九日陰寫對三副夜睡後聞小兒聲周孫來正遇雨黃孫亦作中未歸遂
展轉不寐聞雨聲淅瀝子夜始睡去
十日陰雨韶子年八十壽終往還最親作一聯挽之千金致小康愧寒耕中稱巨富百年學劍

上春竹林游歲晦寒風 黃孫問喪哭乃知其無七情真渾沌也
十一日陰雨兩女生母忌日俱素食設奠余亦清坐橘松叔退銀來云其
兒不肯借蓋欲送耳余許送十金彭萬和來云庶長已至縣至夜聞犬
吠云周兒來以爲劉母有故詢之乃求扛幫告以不可仍爲寫信託岳
典獄官關說並遣人去
十二日陰雨周官仇讎異字同意凡讎敵爲讎仇匹爲仇君父之仇皆作
讎而又有仇讎蓋敵者乃相讎君父仇不得爲讎後乃通名故必云仇
讎以關上下而讎恨只可云讎也說文則專以仇爲讎恨字而讎字用
售無恨敵義矣近以關睢好仇爲匹以讎爲敵以售爲應又與說文正
反秋官司民孟冬祭司民之日注未言何日疏引天祭祈年月令亦未
言日蓋亦卜日
十三日陰周長生引尹姓來求幫訟此真扛幫也事不干己任如何冤枉
不能直之姑與一書與岳法官以是其[illegible]事又已受我賄宜干豫也慶
生來
十四日壬申冬至作杏酪春餅以應節景得學場社歡迎電信云拒一不
知何字誤也
十五日陰金嫗來問省城事猶無消息慶生昨鈔報云已派祕書官來迎
亦未至也至夜周少一來云借船即至
十六日陰見日鄧沅來云將作議員例不當差故先來見作蔡氏譜序至
夜祕書官黎承福來送其都督公文云袁世凱遣迎正欲送女往北怯
於盤纏即欣然應之俟周庶長至而行設榻東軒留四客宿
十七日陰寫字數幅應黎鄧周請也殺鷄爲餞款之至午乃去周生來已
無及矣吳司法索和詩走筆次韻 空言執法惡文冠前迹還應遂宋桓處士雖橫公論少屈禽道直去邦離
即令薛峻廷尉未必皋陶在理官且喜量移得鄰郡明年重聽宓琴彈祥湖佳處起漁歌孤塢川原自錦芘孔李通家趯厲世滄桑人事



問如何鳧飛百里行蹤近厲叫清霜別恨多莫怪陸放無錢送清洲攜酒更經過 聞譚樸吾之喪
十八日陰雨小船來始檢行裝因雨未發周兒來得朱紀卿赴其母二月
喪十月後始達亦奇事也作一聯挽之 三子同時作孝官盛事罕儔林棣鄂光榮憐桂籍一杜南天
如斂國教忠承母訓板輿安穩到蓬花 夜不成眠又作譚樸吾一聯 京驚懷聯鑣女貴兒佳輪曉驅亢門承
執響破楽存縉愧奇謀 夜風雪
十九日大雪坐明轎出看至石井鋪風雪撲面不可行見郭廿嫂而還朝
食已過午周紹一又來宿
廿日大晴有冰早起發行李午正登舟出門遇將軍同至船上小坐分二
船女坐自船余坐紅船攜一婢一嫗一僮兩丁一養及周生並僱工同
行亦一把黃篋帙矣下水迅速未夜泊袁河
廿一日陰見日午至十三總歐陽百元上船迎至其家先訪桂秋迷道不
得門乃入城秋嵩訊問小道先在余价藩旋至更招匡翁來喫羊肉麪
移船觀湘門二更上船
廿二日陰晨起伯元來約同看晏學弟雅南攜雲孫步行來王心培來桂
秋特設邀翁匡余歐周張同集飯後暗行飯伯元家摸牌四圈二更散
還船
廿三日陰歐迎喫麪往則無設仍早飯例菜云包火食廚饌也好客正自
不易孟嘗持飯終是寒儉午初開戲還船鮎心值周孫燒指嬌啼仍還
歐宅主人十人以李雨人爲客菜不可喫二更散還舟朽人來
廿四日晴歐百元父子桂秋曹福生王心培匡策吾余价藩來送午初開
行小輪拖帶甚穩申初到大西門庶長上岸問消息遣報功兒須臾來
云有人欲尼我行新有炸彈事城中甚懼不敢迎我也不如黃興遠矣
豈非弟子之恥乎庶長三更上船不及面敘
廿五日晴劉少青何煇庭鄧子赤來言我執芮屈大有伐檀之意周庶長

黎祕書則云無懼已求仇鑒保護矣入城宅婦女均詣船矣唯見兩孫
女久之甯芳來子瑞亦至
廿六日晴將欲長行而爲生日逗留須四五日留船無謂乃移行李入城
迎候官不理事仍自發挑夫也辦差人本領可知矣惜不得常九罵之
客來相續出臨譚樸吾喪遇匡小厭夜作唁朱純卿書房嫗入城宅宿
後房殊不得相聞我女亦至夕乃得見也可謂忙矣我固有忙時乎夜
復摸牌以示暇
廿七日晴出城臨朱雨田喪飛轎往來未飲一杯水三孝子均略問訊承
重孫已病歸矣入城已將夕祖同取詩文本去應來候者皆至
廿八日晴鋪陳候壽客來相繼不復記也自潭來者有劉敍昆及江生雲
孫七相公自衡來者多已發復返唯陳甥及收支廖村悬送壽屏來
廿九日晴晨起家人賀生日設湯餅親友五十餘人爲余置酒孫都督空



宅會元復自來賀生約九點鐘集以太早改午初又稍愒片時未初往
設十席輪流來談凡接對談話無虛晷亥初乃還宋教仁復來談似講
史學家沈子培之流也豈亦聞松筠十友之風者與夜籌行止南北未
決
十二月戊子朔晴晨起定行計陳壻陳廖胡壻父子瞿郎均來談送席無
客請夜要劉壻二胡外孫同飲陳壻廖生均至遂成一集
二日陰得丁子彬書又將改計且姑待之劉生言受委護送恐又成望梅
也寫字一張云劉雨人所託衡桂許生載酒喫教門一席夜有華筵未
出坐
三日陰黎祕官送電稿來要求優待未知何等優也有人投詩以莽大夫
相規誠爲愛我陳芳晚來看云大病初起
四日陰有雨閉門謝客寫字評文閒坐則雜客滿堂大要欲謀枝棲邱甥
每日必來請以卅千捐免交條渠尙躊躇遂入避之鄧甥侍酒發風亦
嚴飭之劉甥告歸
五日陰晴晨告我女不可逗留至午丁子彬來遂定東行舟入告水淺膠
舟又當改計譚五瞿四郎夜來久談今日筆墨應酬粗畢功兒暴咯血
蓋吾子女皆有此根未知誰遺種也吾實無此病豈墓祟與
六日晴陰將下船子彬復來云當借淺水輪拖再告劉從九請之衡生復
來論去留事及雜客數班頗煩避入摸牌
七日陰有雨陳主事士芑翼謀來訪云新從京城回東鄰劉彝招飲前曾
與汪頌年吳鳳舟約會今復來集摸牌午往戌散頌年先去更有袁守
愚胡棣華朱穉泉設饌頗精窊女尙在房未去又留摸牌今日共十圈
矣衡電來不能譯
八日陰臨桂張子武來郎用知縣分湖南今爲軍官聶仲芳女壻與僚壻



瞿兌之同來亦譚祖同酒友也叔平兒松本亦來見求保險衡電來與
陳壻譌不能譯午熬粥待窊女未歸
九日雨旋止我女登舟黎祕書復送千元來以北行改東義不可收姑留
之祖同復來陳壻定同行收支村漁均還衡窊女及外孫來送寫字數
紙爲瞿郎看詩譚象坤來附書廖蓀畡馬太耶送堯雞各一雙
十日陰晨起樸被將登舟待飯而行會元來送二客便乘舁瞿郎來未及
下出大西門登官舫純孫已先在陳秩嵩劉鏡池周少一七相公均先
在小輪護送劉周早相候矣我女及子彬則先在坐船待房嫗來即發
陳壻亦來外董厚齋長女鼈卡委員之母工傭金羅二周兒卅和並丁
婢來喜一行十九人合嚢錐之數並我廿人又彞功數也有婦人焉至
青泥望停輪
十一日晴晨起不甚晏才辰初耳已過湘陰申過岳州董女自去晚泊城

陵磯輪船藏逃女喧鬧並送警察周屏侯來請留一日遊君山
十二日晴晨聞水聲及問船行乃云已發復回接周生午過寶塔洲附客登岸竟不知何人也夜月汎江頗有月明星稀之感但無樹可繞矣夜泊蝦蟆腦云下有灘在金口上卅里
十三日晴巳正至漢口申初換坐瑞和輪船夜譚芝畇來久談至亥去聞有呼王先生者似是惡客徘徊往來三四未知其由以其言放曰攜知爲江南人
十四日晴晨起欲飯房嫗云丁譚必能料理待至過午遂不食午後開行酉初乃得食煤燈終夜不息睡不得安比醒已大明矣云至九江今日小寒
十五日雨泊九江半日不得出望午後乃發看小說終日夜寢頗晏猶覺夜長泊蕪湖乃起



十六日晴至下關未幾旋至金山舟行未停而程甚遙猋馳終夜猶未出海
十七日陰巳正至上海甏船有船未開泊傍木橋云一刻即開至江中故未上岸後竟泊半日及移浦東撥貨竟夜喧擾天明未止又聞船行聲起看來往馬頭旁不知何所作也樊山坐小艇上船庶長導之談至夜半云已丑初乃寢實未丑也同船金邦平伯平來談
十八日陰樊山早去約我一飯因商令知會諸親友酒樓話別丁宅遣人來云無住處請住客店余謂不可遂欲仍還頃之佩瑜來云其母已至其三兒亦來乃送莪女率婢登岸周嫗孫病不能送遂留船上樊山及碩甫伯嚴來溯根及一少年來以爲丁氏子也貌甚相似從人云陳少耶乃知小石子均請登岸余固辭之與樊易陳同登岸訪亭社褱回往來行數里未得後乃得之小食粥酪同至酌雅樓請子玖子培子修小石小石不至更約重伯李梅癡九人同集皆言宜留此度歲遂定起行李碩甫往來奔馳竟未遑食余與子玖同車宿其寓傳夫人　馬亦在此小石送詩
十九日晴旋陰有微雪劉健之來便約同至愚園訪小石車夫不識道問數處乃得之壽蘇子培來同丞相車至靜安寺子修易陳李樊同集仙童急欲聯句竟無人附和章一山張讓三來訪留坐不肯上燈便散仍還瞿寓夜復有雪北風頗厲
廿日陰雪竟不成劉健之聶雲臺來仲芳三子聶同早飯丁溯根子彬夏生父子程海年楊賢子樊易李來久談袁海觀來乃去遣問楊少六少六來云未還長沙仍留金陵卽日仍還省也周嫗抱孫來大有怨言云棄之不顧余云便可先歸劉叙昆亦將同還庶長已至新寓料理矣齊七及少逸同來同晚飯僕從俱來投宿發家信



廿一日陰許少卿袁海觀陳小石丁子彬來正寫和韻詩未能畢業王繩生來不意於此得見真可謂不忘師譜也夏伏雛來言洋人歡迎丁子彬甚懼海觀亦勸勿應不知外交者也寫和韻詩畢仙童送水復送小說始知南皮入相乃其所薦與余分謗國罪也至夜岳鳳梧來久談云宋芸子窮甚余欲招來一見張讓三送詩又和一首
廿二日陰早露報雨僅有飛點飴心後與子玖同車至辛園始有歸意周生兢兢自明不經手銀錢不知何意南昌近事足嗟吁幕府於今改融書獨有冥鴻在雲廓不同歸鶴甲煮蘆菔根早飯便訪雲門正在秖墟遺民感慨兵戈後經國文章憂患餘閒道鄉中能遊世欲從聞寓禮堂疏對門時午正方起小坐卽還遣迎莪女來寶子申來改名李孺云招遠人初不知以爲其子自稱世姪子申初稱再姪故未倒屣姑令齊七見之及午飯畢上樓乃知之邀入客坐雲門碩甫來同坐談袁海觀復來美人李州珀因小湘綺來見邀入會子彬夜來勸其早還戌正莪去卽

寢
廿三日大晴辰正早飯與陳堉周生同步訪袁海觀許少卿見袁六子及幼子坐袁車至瞿宅大睡子培來乃出談健之詩孫碩甫伯嚴重伯子修梅菴繼至雲門最後酉正入坐亥散坐車還夜脅痛不能睡甚憊送竈爆竹惟一家
廿四日晴茙移來余疾甚未食適得桂浩亭兒詩昨來未見又和樊山茗字韻出自寫之村山節南來不能不見金殿臣自嘉興隻身來真我客也曹東寅來碩甫又來東寅見我病率客俱去夜睡稍安
廿五日晴猶未能食桂南屏早來起即見客云甲午翰林截即浙守八年詢湘人數家詩孫來亦與相識茙亦感寒未朝食松崎柔甫來問訊碩甫與劉五廠陳笑三同來李瑤琴亦來真奇緣也岳鳳吾與二川人來一王秉愨一徐道恭徐與我言似是胡櫰兄弟而自書徐姓則所未審



健之遣車來迎往則諸客未至看蜀石經四冊並爲題字瞿吳何陳李樊易繼至子培不來此來正爲問金寓殊失所望席散還正亥劉弟慧之來入坐
廿六日陰猶不能食但催早飯亦不能早出寫和詩無墨片告子玖并借光洋頃之子玖自來交銀坐談久之去丁溯根來請東寅來視疾海觀復來吳炯齋來訪殿臣碩甫皆相識同坐甚久會客幾三時尚不思食夜倦早眠聶仲芳兒送菜
廿七日陰晴猶未能食借袁車來拜客因晨起甚早久之未至午以爲將夕矣與庶長同車訪樊山眠未起待久之小坐出過子培坐客已滿云皆赴思賢會者又不能談過子修父子均出至丁家見佩瑜入與通判妻相見溯根子彬皆在以爲將申正馳往尙賢堂會人已集講時猶早來者一一相見不勝其應接亦不能記也李佳白意極殷殷延上坐演說略說數句即請英人代講又一江南教員續講金殿臣亦講立告辭而出反能喫飯半甌夜似稍愈
廿八日朝陰巳晴李少笙兒莘蘭來自云在江南曾相見彷彿憶之云尙在杭州其家均還衡山矣聞余來特自杭來看即乘火車還留其早飯亦勝蕪蔞豆粥也鵠雄與其國二士來一爲領事諄諄以聯美爲懼久坐不欲去亦好談者小石來袁車待客乃同出馳至馬場海觀一人獨坐密談一時瞿李同來易何陳樊繼至戌散車還重伯坐待云明日歸省母
廿九日丙辰立春晴道士蔣國榜來年始廿云江寧大富人也欲買我經注書海觀王采臣人文來王送詩李偉黎炳南何親義三人來謀錢在子培處見之以爲佳客乃流氓也起而避之雲門來留喫餅石甫伯嚴繼至談至日夕乃去寶子申李瑤琴來不能出矣子培與余撫臺同來



亦未出也四人自談久之而去二丁來晚飯夜和小石詩修蛇赴壑歲將盡乾鵲報晴春又生緞明正當溢玉學柳條先已映青旗貽官便似雕龍寓求友仍呼在谷鶯預說明年共強健江南花事共量評星光甚燦
除日晨霧許生及其弟子袁六來子玖王芝圃吳子修岳鳳吾尹仲材丁溯根及其從父子彬來留丁摸牌四圈又與茙地嗷二局年飯後二丁去租界惡爆竹無及萬響者然亦終夜有聲夜仍祭詩詩本不在家已祭六十一年當如郊祀停止矣

# 湘綺樓日記

民國二年癸丑

癸丑正月戊午朔晴辰初起寶子申丁佩瑜來未去李瑤琴桂南屏攜子袁海觀攜子孫易石甫夏生父子李世由王知府樊雲門許少卿來遂終日晡食客去又來三人仁和王晉孫益陽湯善化何告以客滿未入睡後又來一人陳國權江蘇人

二日晴晨食甚飽飯後梁風子來久談李曉暾問其截辮梁不欲答子玖來申過四馬路醉漚齋蜀生九人設宴請我內有藍先策未到寶子申蜀官子而冒蜀人岳李二王徐王蔣雨霖後至食饌過多

三日晴遂不思食題枕雷圖十餘次皆遇客來午乃成詞一闋並題冬心梅花㵾一乘來請客臥看仙童詩四本

四日晴臥一日曹東寅來診脈岳鳳梧復來議方大耍皆果子藥也



五日晴袁海觀來問疾樊山招飲分題客有一生人是林天霖之子亥散坐子培車還疾尚未愈報館歡迎於愛儷園並乃從來玉人照相

六日晴未食赴小石請與三丁午飯早散而主人云夜款賓有詩和之老去偷閒乞病身暫將閒處作閒人客無可研忘酬酢老幸相逢得主賓斗室偶爲親戚話天涯同看歲華新隱游定勝饑鬱赦雖識津橋去國臣李傳臚回漢口去

七日晴未食欲去訪客莪女止之遂費我二元往樊園一集申正往戌正還伯嚴爲主人客皆前人也中坐吳騶闖席雲門徑入乃失意而去善哉善哉袁大帥來久坐

八日晴起較早喫飯半盌見二丁三曹少虎老矣作七日探梅詩十三韻樊山來談宋生適移來並邀齊七夜談自戌初至亥正兩時耳客興未已余入偈乃去殊負其意文小坡來坐半日而去

九日陰頗欲食食而不健啖勉寫條幅數紙李恩生兄來不識之也梁孔教來送啓欲吾廢君臣似不可書諸子玖來看喫晚飯而去小石來點鐙去岳生來告去云當入京夜撩零小負欲和樊芹韻檢稾未得

十日未起外報有紅項朝珠客來卽梁風子也云昨自焦山歸因聞前年我項珠待客客皆無項珠者故特來補一客急起賓之留麪不食而去飯後晴寫字數幅林開蕃學臺來送詩認真大做亦殊可敬芸子來陪坐夏紹笙來得孔孟會證書推我品行告以不端又欲要樊瞿告以無用遣周生往謝之小石送七十二册請題皆一一看過又看交翠軒筆記乾子來爲寫四紙松崎來約飯爲村山送坐孽

十一日晴賢子有谷朗碑書體與今碑絕異爲釋數字唯如冊冊字難釋又題小石宦蹟圖成一篇亦無格律午往京教會應點與宋生同車往宋生講過萬句甚倦於聽一僧嗣講更多則未聽一句也設麪與梅广同喫一盌借車還甚倦暫惕雲門伯嚴來小坐去



十二日晴借袁車徧答客凡入九家唯子修處猶有年景至曹東寅處小雨馳還暫偈往雲門處赴吳招亥散

十三日雨作看寫經詩飯後出見周生弟王芝圃旋入臥偈遣伺梁客來否凡再往還道水溼不可行比鄰借車往云王子展家其父與左孟辛熟識余不憶也寶子申樊陳易一汪蟹未接談並梁父子周庶長十人照一相片酉坐戌散坐王車還卽睡

十四日陰余壽平來乾子送茄寫字數幅作詩三首海觀來陳國權來言林文忠安徽人爲東裝坐久之乃去王芝圃來今日寫字題圖竟日無招尋最爲閒靜猶有雜賓也

十五日陰以午有二處應酬改於早飯過節令爛海參徧覓不得蓋已化矣撩零一局子玖彝恂俱送湯丸曹東瀛父子來彝恂父子雲門石甫俱來寫對子不記數宋生送羅葡餅鰒魚設以款客坐待車迎竟無一

至巳到申正僱車馳往展虹園日本客六人（村嶋長尾宗方小太鑫崎都香佐平岡小太）設
席專請子玖陪我又有一博士（佐原篤介）爲客燕菜燒烤不知何所取
也戌初散借子玖車同至戈登路劉家子玖未入蔥石爲主人客則樊
易李陳吳（絅齋）沈（愛蒼）傅（苕生）七人苕生邀趙伯藏亦來相見正待伯
藏喜其已至亥初散仍坐翟車還寓許生坐待致袁送三百元受之卽
去月明燈光夜景甚清
十六日晴竇子申袁海觀子玖六休柔甫子修沈愛蒼丁滿劉伯遠少六
來酬答竟日欲罷不能申正袁遣車來迎便飯詩孫李幼梅先在子玖
後至頗能多食但嫌菜鹹戌散朧月不光知當作雨仙童送程儀
十七日雨寫字還筆債六休來始朝食題倭藏漢甎（漢皇海上求仙閒邪知自有蒼龍碣銅盤
不肯出宮門酒城路冷千年月神魚御渡滄溟波巍宮唐殿空嵯峨土燒作瓦甎作硯鴛鴦化作雙蒼鵑此磚無翼來天上徐福成文勞想像
萬里蓬萊海氣青排鑿直入青棱障苦文歐劉花文古且向紙鑑遊風雨若值神蛟破壁來還君一片長安土）子彬劉述之來



海觀雲門李佳白來石甫繼至遂與芸子齊七同午飯雲門子培送二
百元訝其無因又自送來留受其半且宜詰問子培至酉客去少愒
十八日陰賢子子柔節南來云已定岳陽船廿一日子時開明日買票海
觀子培來坐一時許有一不相識人亦陪坐一時又一騙子自云長沙
都督來辦案問我借錢（上元夜歸和樊山步月一首蟒燈遠近光虞場夜道空鑒非九衢游嬉此清境同良宴盛文
娛歸途騁峰聽平遠散馬蹄鼓擊迅飛鴻列樹永垂陰交枝月明中流豊影儼鳳引望春臟曬幽人喜青步地寂意獨沖迎門兒女嬉始悟佳
節遘）夏彝恂父子李世由趙伯藏父子李梅盦偕二陳生傅苕生陳伯嚴
雲門竇甫子申小石子玖均來定錢局子申竝送印章梅广送牛肉丁
子彬晚來苕生偕鄉人同來節广送詩扇
十九日陰章一山傅竹湘來章請題圖極無聊詩册也莪女去徐婦來周
侍八小姐出游多臥少客方喜休息劉生竟病死名三日不汗之說遺
喚其族人未來忽聞暴驚云死人歎氣幸徐婦知不妨玉男兒不及一

婦人可歎也乾子來又送禮趙伯藏請花酒未去
廿日陰昨夜未睡飯後劉姓舁棺來以四十元資之令舁至會館治喪莪
還與同車上船松崎爲我選一倉云公司送票直廿元六休亦來徐敏
丞李恩生兄來李世由夏生父子樊易陳（伯嚴）袁趙吳劍華郭意孫乾子
楊賢子來六休爲余辦飯李佳白長尾日本副領事村山節南來同飯
雲門遣車來迎云辭遍餞不可罷馳往王元常竇子申易陳袁趙皆在
李梅广兪恪士亦預待傅苕生戌正入坐尋齊七不得以周紹逸代之
亥散上船二丁小石子宋芸子六休松崎均坐待梅广亦上船送子初
乃散關門安睡
廿一日晴寅初開行從來者猶十七人子彬亦來船主大戶買辦均來見
夜過鎭江
廿二日晴爲船人作字數幅檥下關頗久暮至蕪湖夜船膠沙



廿三日晴作字數幅衡山王香倬字蘭馨來談云昨來爲從者所阻因四
川會理州逃至雲南由越南繞香港至上海回漢口旅費亦不過千金
夜至黃州
廿四日晴巳初至漢口泊躉船云湘輪已通湘江丸於明日開卽令移行
李仍飯於岳陽船松崎有信與岡幸七岡遣人來問夏午詒亦遣人來
問各令招呼頃之午詒至岡亦引公司數人至爲我寫船約午詒回湖
南不可欲說我北行我亦不可復書袁慰庭夏必欲我遣人報聘乃問
齊七去否云願往卽令同夏去譚芝公來訪約晚飯待周生同去夕不
見來乃獨往上岸周來余仍獨往至鼇頭尖丁子彬先在程子大亦相
待周生旋至坐散已三更程譚丁均送余上船夏午詒亦在船相待小
坐各散學生喧譁半夜坐客倉滿掩門自睡
廿五日晴天燠借芝昀綈袍船主大戶買辦均來學生曹張來談卯正開

行酉至寶塔洲未泊寫字數幅
廿六日晴過岳州至靖港已夜舟行甚遲半夜始至長沙學生入城去
廿七日晴遣人入城招呼兒女功兒來胡氏外孫來云其母小疾劉曉子來大五來胡壻來與以百元未初開行申正到縣待紅船一時許云上水難行秉燭移行李霧露神散去惟周少一求書告以不可伯元夜來迎未去
廿八日大霧伯元又遣昇來船飯甚晏乃往早飯王心培張海陶同飯因成戲局更招余价藩周銘三陳培心翁樹堂王心培曹某郭葆生周某匡冊吾歐陽桂秋起戲甚晚二更猶未入席乃召外班男女三人唱二齣已三更矣河街柵閉停昇久之燭盡雨至意興頗窘到船正子初
廿九日驚蟄節停船不發細雨溼衣張愷甸來言昨夜葆生遇炸彈正我到船時也李道士歐潤生桂秋余价藩六耶徐甥岫孫崔孫周生谷三



夏子復甥舅伯元葆生來自朝至夕應接終日葆生云刺客已獲共和黨主使已僇之矣又言獲盜狀頗爲迅密
晦節風雨不已冒風張帆甚不穩快乃命檥舟楊梅夾中爲陳玉豐關說

二丁事

二月戊子朔昨夜大冰雪檥船不發傭工皆由陸去幸免雪行
二日雨敲冰帆風未初乃發葆生遣人來迎送沉香不佳夜檥袁河
三日陰纜行朝食後至姜畬買麪泊一時許至南北塘雨至入湖泊炭塘待昇到家雨大至溼衣便臥不問事
四日雨作書寄茂女便訊子玖周嫗來摸牌劉七老耶孝子來幼弱不能迎喪令去專人尋蕭兒取王詩並請蕭兒問劉族取錢又爲歐兒作書致劉部長周去金來許女來借穀
五日雨朝食後陰至船發箱擔遣散從人令由陸去水漲周嫗怯行復停一日
六日雨船人怯漲再停一日昨滋至船送令歸視之則疾發不能與欲作書無紙筆淸坐一日理禮記版將擔至衡印廿部船不能容命再顧一船夕仍上船
七日陰晴晨發俄頃至姜畬午出漣口過易俗場上水行遲一時許乃至下攝渡船甚多舊驛步也夜宿馬家河聞雷
八日雨纜行頗檥僅卅里宿鑿石浦杜宿處也杜蓋自湘潭至此一日之程明日便宿琴洲不能卅里矣
九日陰帆行午過空舲峽晚宿花石行百餘里水程最多得風力也
十日雨旋陰纜上黃石望泊黃田備矣夜雷電不甚炫燿
十一日戊戌社日晴行四十五里泊雷石南風上水纜行甚艱晚泊杜公浦亦子美所宿也自此發病不甚有詩矣或云即寒林站誤以爲在萱



洲上船人不熟衡路衡人今亦多知寒林少言杜浦也
十二日晨霧晏發行四十五里
十三日陰得順風早發至大步風息纜行亦時可帆至來鴈塔逆流極遲欲檥柴步恐夜便至東洲輿兒已去矣收支亦不在院王傅諸人相迎小坐已夜求飴心不得陳謝蔣彭來見云金嫗亦至方往迎之將二更乃來又陪周嫗久坐
十四日辛丑春分微雨晨起遣人入城發上海六信（與松隱羅袞楊）並告兒女飯後城中人來王豫六先至真女程三子趙壻常次谷懿兒丁味如李選青繼至常壻二妾率外孫同來留飯摸牌至夕並去得功兒書言楊氏婚期夏陳京書言袁事喻生夜來言書院分錢宜定章程
十五日陰雨見老生三人周庶長來猶不知我到亦反常也楊伯琇余鳳笙來久談

十六日家忌陳復心來少坐便去廖拔貢開學堂欲求利反生害爲撤散之諸生頗因復心招惹蓋欲領教員薪水也郭筠仙所謂儳張者矣

十七日陰養靜看報王校長來請開學三學獨王獲利云今年必無利矣

十八日陰晴始出拜客聞胡滋圃病甚不敢去從伯琇彭理安林管帶王容園渡湘送余鳳笙答廖俊三俱不遇至程家過真女答復心過懿局遣問朱德臣便至老書院與蕭少玉理安蔣蔣山王弟謝生同席酉初散過新安館訪張子年而還已窮日力矣諸生來論存古狗孫自雲湖逃來並挈帶屬兒言因賭被名捕故逃至此暮過南郊桃花盛開路已無泥

十九日陰晴觀音生日雲峰有麪余亦作水芼棬綁生賀瞬王伯約來留食青粑

廿日晴三層亦逃來周佃還鄉發家信寄牽牛花子商霖夏松霖周燿奎來坐半日清劉叢書

廿一日晴煊麻十子璋來段孫亦來楊八踝書來詰責云有門生湯姓求薦告以無此門人牌示學生自由來去真來與鶴春妻同來省問作棬款之不待而去與真同至楊家喫熊掌復心商霖公蘧先在蔣三水後至將夕時徽雨席散雨更大須臾止

廿二日晴張子年來玉豐館來求幫訟周嫗受其事作書與余知事干之

廿三日雨朝食前陰雲甚暗意欲輟食以小兒泣急欲飯飯後乃開朗看叢書

廿四日雨桃花半落梅葉已將成陰院生紛紛攻訐亦有春深之感未遑理事且齩菜根惜不香耳

廿五日陰常堉來今日戲局幸得趕上悤悤去午出訪王季棠楊慕李渡湘訪羅心田朱德臣便至江南館看戲諸生公請又有紳士餞夥復心亦到便去女倡登場大干理法昨屬勿招令不行也亦無淸議矣戌還



廿六日陰王季棠來夏生大兒來王伯約馮絜孫綁生周庶長同來

廿七日晴喻陳各言經費殊無長策信得人之難也楊慕李來言門生求籤局云門生管籤局也郡館團拜攜周孫同往借花邊十元以備戲賞數十人有三四識者曹卓如杏莊之孫來爲法官云法服金邊法深衣無人肯衣蓋猶有恥戌初告歸亥初始到瑫女攜女來候門相見少話卽寢居之對房

廿八日陰晴頗煊裁可單衣瑫出拜楊六嫂七十生辰懿兒來云賀客甚多陳子聲亦還未見完夫須臾完夫來言宋教仁被槍死湘教育開會云袁世凱所爲並得教育部徵詩啓戴子和勸進牋莪上海書午飯後去胡觀祭病故後移文來

廿九日丙辰淸明晴煊待瑫還乃有轎午間真先來瑫攜妾女旋至姨姐好牌令設一局余下湘弔胡弟遇周馮二教員旋至浮橋下看周生新祠見其弟及王伯約二蔣懿兒完夫理安纔至飯罷日未落昇至丁馬頭上船還已昏夜摸牌四圈乃寢夜凡三起

卅日晴煊答莪書摸牌消日史冬茂亦來應兩把殘筷之數

三月戊午朔晴煊絺衣猶汗今日起學彭公孫作主人廖俊三來會外無至者王慧棠胡紅紙來午初彭陳釋奠衣冠出堂諸生列拜主人不拜所謂王父有禮道臺無禮者矣喻謝論院事俱有意見牌示以劉袞管收支不用學堂規則將夕天陰須臾暴風雨

二日寒雨重裘向火寒煊未有若是之異者閉門摸牌夜有竊盜脩脯者曾莫之覺

三日陰寒懸賞格緝盜乃富家子所爲云其人好喫尙攜脩脯盈篋惜不以問師耳羅心田還存銀六百本利不欠毫分果如吾所料賢於程七

多矣午至王季棠處摸牌夏生大兒陳復心及主人起一局待伯瑀來
水師管帶林生早到觀局陳出局去共摸八圈楊陳各得三翻余輸一
底看牡丹爲雹傷無精采夜還復摸牌至亥寢
四日晴收支劉生舜職改令蔣霞初彭二公孫招飲催客甚早余知其尙
未方擬少待乃又來催因攜松孫入舟溫周官未十葉船已到門令從
陸還余至彭家程七楊八髯先在待兩時許廖後三乃來二陳有從子
喪不至楊伯瑀亦不來云子病甚又生日前一夕也席散因往餞之坐
有兩醫生少坐卽還瑠家來迎云其娣死迎歸治喪也
五日晴片與道幕論浮橋捐原委常增攜子來云亦將歸午前瑠行送外
孫女添箱七十元並令往楊家送酒雉寄火骰南鴨與親家母及宜萱
家果合包子陳四郎偕趙增來陳云六姑到省城分家夕陰雷雨
六日雨唐仲銘自省來言書院宜加膏火空爲前住院生常額仍分縣每



收一人似不可行也爲水野僧寫詩一幅唐又云鹽務已歸淮運司矣
算火食帳此月内宄食者五十三人
七日雨七相公專人來言開煤卝事復書令往杉塘關之來足卽王隊官
又不肯去亦欲坐食也
八日雨寒復向火何煇庭管耒丰聞其耒者人人有挐錢子之想留宿外
齋
九日雨招何生同早飯飯後去洪落陳生來兒談舊鄰居
十日雨李子政懿兒來懿將北行並率子往青島依楊度大有桓禽之意
喻味皆來請飯許以陪審判諸生以碎牌事紛紛來議大約指目謝生
皆廖胖春秋之禍也
十一日陰出看湘漲遇陳完夫及其五兒同來並率外孫子聲耒六十居
然老矣與收支同入坐子聲頰疸炸蕨粉飴之甚芳甘致飽乃散馮小

華亦來胡道臺之弟來訴姨姐留飯而去謝教員來告假
十二日晴本欲入城因曬菜未去乃無鍋煮空閒一日周庶長偕王伯約
及賀生來爲王送禮未解其意以桂陽糉款之夕巡兩齋東齋塞門未
去云居者皆出游矣夜雨半夜雷
十三日雨爲諸生作字看上海報作貂褂因思胡雪巖貂女袴四十亦足
傳也
十四日陰倉庚來巢蠶已長矣桑猶未可把采蘇時也與諸生閒談
十五日晴攜周孫入城先過新安館子年云恆子摧稅益陽得同年之力
已亦將往許遣人同去答訪子聲云在完夫處入則復心亦在又見霖
生女增過湯叔昆不遇至梓潼祠喻生令學生出見審判曹孟衡昭韓
知事先後來設二席將夜散還到院大風雨今日壬申穀雨宜雨月出
赤如日



十六日有雨實晴戲園請客榮孫請往令倍書乃去後又不去余待人還
探城中人去否過午不來王道臺催請乃泛舟往花園中設一牌局二
傖人在初不相識云衡山李淸泉楊也楊是伯瑀兒舉止頗似季棠周
生皆先在午集戌散月仍黃赤
十七日晴煊女學監督康生偕夏生來訪衡山人名和聲云自省派來撥
經費五千金設此南路其中西又各五千金譚會元新政也鄒生來尋
紙未得而去爲程生書金絹一幅夜雨
十八日雨午前大注待歇下湘至楊家問客來未則已集待分二席一爲
陳昆弟請我一爲我請客陳請者更有楊何王余請子聲更有羅朱林
摸牌八人何生不與王季棠大勝亦無錢也設坐餘滋山房看梧桐戌
初散夜大雷雨
十九日雨女學校長康和聲鳳琴請客未午來催問何太早云水漲改午

刻往則無客至夏生出陪借容園設席遂消一日客則王季堂復心賓
視學郴教員坐散未夜水已平隄
廿日丁丑雨寫字數幅喚船備水時出看漲院生皆出無問事者唯譚生
往來數四其所居亦將浸矣
廿一日水遂至前門不可步呼船檥後門移行李欲借此大去以學生坐
食宂人亦坐食將散之也仍舁出前門坐小舫至百塔橋渡夫前年踊
躍今年畏避蓋已有身家不可用矣強行檥僻處待過船諸生多來看
請入城辭以不便外孫亦來請亦令還城子聲復來迎皆固辭以爲定
不去矣旋見船敝漏恐雨至無遊處陳家又遣舁來乃入城居其客房
俄報船漏請喚船或登岸皆隔水不便乃令暫待至夜聞雨爲之不安
廿二日雨不止水不退早起欲自看船轎夫不來乃令移行李初欲往電
報局云無空房又欲移城外船山書院亦多牽絆乃悉至完夫家



廿三日雨與陳兄弟及夏子鼎摸牌消日諸生紛紛來皆指目謝生然無
以難之得莪滋書卽復莪一紙程頌旭請一飯
廿四日晴完夫生日子聲具饌請余午飯肉勝食既遂未夕飡張蟹廬陳
仲甫來談
廿五日雨午過蟹廬未入遂至李還青家與楊金城前尹及復心兄弟摸
牌一局喫餅並燒豚未上鐙歸未久卽睡
廿六日雨院生數人來又增一爭競爲發文憑也昨令閉門清宮猶未能
淨楊金城來午至舊院段生爲收支王生請客余往作陪無一至者以
省城新有文書不許起法政學甚張皇也小坐仍還送席來與真及外
孫同消夜
廿七日雨邀復心子鼎摸牌卜女來留飯並摸牌一局羅心田請法官追
帳檢察官又來問文憑告以取消不必深問

廿八日雨胡宛生來訴家事並送新印道咸後大官手書信牋大半故人
亦可消日看十餘本至夜分
廿九日晴寫字數幅瑨女來告羅其夫及從弟亦來又有鄒王兩生同入
以爲一黨問乃不識云從小學堂來也馮小華來絜翁孫亦來坐久之
聞趙增廝疹往視之戒以勿藥率兩女地礮半日胡宛生送燒鴨荷葉
餅
四月丁亥朔立夏晴房嫗晏起自出開門寫對子數聯墨盡而止程丞參
來旋去喻生來請不衣冠又阻止往胡道處題主因發危言告以當告
胡家胡乃不信遂成空話檢察劉爽夫審判曹卓夫同來云已到書院
王周二生適去未得對審也夜復撩零
二日晴路滑可行書胡挽聯（湖海託知心禮殿重開仍講肆 桂零歌拔猪使君三歲只清貧）盡署對款張
尉羅心田來留與摸牌遂廢正事伯琇亦來子鼎讓位復心又代楊位



四圖罷王慧堂催客出答劉檢察不値遂至王家主人病不能與此集
殊可不必其弟子三人陪客客卽伯琇完夫周生更有衡山李子未夕
散初夜卽睡
三日晨晴初起復心已來賀幼鄰亦坐待欲爲其子謀食不然不來也飯
後瑨已渡湘還胡備小隊來迎衣冠乘舁無綠轎矣往則鳴礮相迎復
心後三完夫少至頌旭還青皆在衣單衣猶熱午初寫主奉至几前內
陷鬆脫仆於坐上殆不祥也設三席款賓余與林水弁完夫少至還青
伯琇同坐中廳未夕散
四日晴朝食後院生來迎出答曹孫攜駕遂上船還東洲留宂食七人與
老船山倉丁李二嫗三孫兩工還院食畢已夕在齋住者猶有譚謝蔣
王入內相看發滋書爲復心書扇
五日晴有雨完夫商霖來坐久乃去作亭秋詩序陳八來報真又生一子

老年聞生子則喜與少年迴異不知其所以然君子三戒隨年而異有
旨也
六日陰晴殷邦懋自常寧來又欲謀館不知亡國恨之商女也坐待飯不
去幸譚生有飯乃與同食遣房嫗看女周固不肯乃遣金行禮記陵亂
自檢不清書儻云少數卷寄詩序與小石欲作一紙與莪未暇也唐生
鳳庭來周生云當來居菴
七日晴爲真女書扇李馥先生來周入城看洗兒段懷堂子婦來其夫髯
也毛娃云此大娘要得狗老耶來辨冤秦檜婦翁王仲山知饒州屈郡
金人其孫熺之孫鉅曾孫浚濬並死節蘄州
八日晴朝食後送芸孫入城附船還鄉遣周兒送之檥鼇牛邊待船一時
許乃得去便舁至陳家送會銀與瑞邀子鼎子聲常增撲牌四圈乃與
子聲完夫步至江南館看戲楊朱爲主人大會機關熱汗不止乃還午



飯夜看報與莪女書
九日晴諸生固請甄別乃定於十五日扃試李子馥問李密王世充兵機
不能記憶取唐書看之密以失食而潰非兵弱也世充仗順討逆理宜
克捷欲以比今袁譚殊非其倫陳蘭徵來寫扇四柄
十日晴稍涼殷婦又來周生姨也云事急求救爲設法復不用
十一日晴楊四子來瑞來卜女亦來令同小住
十二日晴完夫敦竹俱來
十三日晴看報遣日看唐書官志
十四日雨考課報名諸人皆冒充監生有百餘人之卷實爲多士
十五日陰晨起衣冠點名久不見此矣出數題兼考試帖八股
十六日晴敦竹迎瑞去卜女亦請還自送之到城仍坐船還
十七日癸卯小滿陰晴瑞來午飯云明日當歸仍入城住真家遣問楊四

子云已還湘顛婆夜鬧
十八日陰看甄別卷一望黃茅白葦殊不必考夜雨
十九日陰閱卷舉新取廿五卷附課想無可造者蓋文教將晦非人力可
挽也
廿日陰寫條幅未畢人來而罷人去看唐律一卷
廿一日晴湘水復漲攜周童坐渡船往來亦有渺茫之興看報尋周生云
已去矣
廿二日晴陰小涼不思食看唐律二本摘枇杷不及昨摘甘冷
廿三日陰陳完夫攜其弟子來寫蘋姑摺扇遂費半日工力並唐詩一部
與完夫帶去
廿四日陰得純孫書喬木匠來周仲元來言孔教事云府學宮被佔去與
書革紳言之仲元特來留宿外齋夜雨



廿五日陰周兒還得莪滋兩女書並節物寫對三副作胡國瑞投井記以
表忠節紈還
廿六日晴趙增來告去留居樓上寫胡井記與周神童且爲作銘文跌
宕頗爲得意
廿七日晴湘水復漲送紈入城看妹並遣周嫗尋醫得例包封而還趙周
皆去紈夕還
廿八日晴昨蒸熱今涼復莪書賀子泌大兒來云已移居臺源寺鄉夜復
燠
廿九日晴周逸復來云無輪船故還又云來往划船已去數百錢新學濫
費如此夜雨
晦日晴與紈女葉戲滿婦來送節禮云郭郎又下省其子亦追郭至省矣
五月丁巳朔晴今日復齋夫舊規外客來者十日周生演說孔教諸生列

席者數十人附課來者甚少寫字數紙

二日晴熱寫對三付看報程生送節禮卽復一片夜紵衣猶汗

三日雨看陳小石近詩其七律亦自使筆如古叢所謂險韻能穩難對能易者與樊山同開和韻一派也因爲作序

四日雨辦節事欲助喻生百千竟不可得搜集餘卅元以與之王檢餘送節禮與胡紙店皆出望外

五日晴男女來拜節者數十人已疲於接對矣真擋八子來遂充閭滿堂各噉枇杷而去摸牌四圈午飯後散傳云三猛來鎮撫湖南並有兵衛

六日晴鄰僧報喪當送一聯結芳鄰廿四年蔬筍同嘗每聽鐘聲發深省後生年十八世枇杷先折空餘石路獨行人遣覓禩聯書之竟日清睡見一童生

七日晴熱見一老生得滋莪書及胡墉告行書云京師方大集名流文致太平可謂奇想也寫字數紙汗滴紙上乃罷滋得抱孫又不知似父祖



無小石書來力辨與慶邱無往來市虎相傳竟不知何因此語流聞卅年矣乃有此辨益成疑案也紈歸遺金嫗送之僧送席

八日陰風仍熱諸生多留行者告以且歸再來真來留亦不留也叢自由之流弊程孫云都督已易小生更當還看之

九日晴料量行計得滋莪沓寄蔡陳書卽復小石一函寄序去水流雲在竟不知所題爲何老年健忘亦可云健矣金送紈還夕甚熱

十日陰陳生遣船去收支又呼船來乃留周擋金及清孫暫歸入城答王檢察并見曹劉過王慧堂告行法官俱來送完夫擋外孫來陳四少蔣彭二程譚生均來陳仲甫程功八於津步相値午發夜行未犧

十一日陰晴晨待查船甚久至黃石又守風望上半日日仄始行一夜未息至上灣已明發矣

十二日晴東南風甚壯午正至湖口羅僮來迎宜孫亦來舁還家婦女出迎見滋孫賀以十元與婦云二姐思歸遣船往迎之宿中齋

十三日晴忌日元婦送蒸雞未以侑食午作餂心遣金嫗送婦迎女日晡始發

十四日晴熱舟中偶憶東坡常州除夜詩取蘇七集檢之未得臥看禮記

十五日晴熱將軍來戴彎子孫均歸將軍送生雉留餂心而去檢蘇集

十六日陰晴夜雨涼昨作外舅家傳遣送叔止卽日還今待婦女船回未到想爲胡增北行耽閣余亦不能行也王羅紨來云其女已嫁江西邱議員衡錢商光耀之子女增早入中央矣

十七日大雨朝食時止尋蘇詩得之於坡集五卷行歌野哭兩堪悲遠火低星漸向微病眼不眠非守歲鄉音無伴苦思歸重衾腳冷知霜重新沐頭輕感髮稀多謝殘燈不嫌客孤舟一夜許相依南來三見歲云徂直恐終身走道途老去怕看新曆日退歸擬學舊桃符煙花已作青春意霜雪偏尋病客鬚但把窮愁博長健不辭最後飲屠蘇此二詩丁果臣喜頌之不聞土音已六十年矣端午橋繙刻成化本七集於坡集得之



在癸丑年後是甲寅年作也坡年卅九耳而自云老其時自杭州還密州坡年六十六賴後能老不然此詩真笑話也

十八日甲戌夏至省船歸云宜增病不能來木器先來又云功新歸功婦亦不能來題陳小石水流雲在圖劉小石仁兄以幼時至五十外所歷山川盤爲水流雲在圖凡七十二幅以紫綃精美情事宛然洵可玩也自題別至今卅餘年凡三見每見必論不及時事亂後相勸退上情話自發說出圖索題跋凡歎好老成格律不從不能工臣者知君詩逃而我詩退卽君得意卒矣人生功積不自見潮論亂後史傳看君每歲盤作亂卽事非真亦非幻人從處里數國光年華聽歸同隱草中間關游歷清壯雙飛始得排天閶此時老臣盛鶴樹朝廷曙杳忘風雅二役講學引康梁六部分曹招詬罵六役三臣無罪尸始聞飛火射梁羅君時者佐留守鳴浮搖尹觀察危酬斷開府持節南北十年隨宦轍歸衣一品被松楸故鄉春有兒時月北洋移節江沅兵符手握莽無何空張三百六十釣寧知四十九年過井盜滑移鵲運息布衣甘作成陰客猶從礌石望冶溟湖門日射金鼇亦反龍陶接步江門中有沅湘芳草魂不知共入秦人洞盤作神仙長子孫此詩枯不能故從報紙鈔存周仲元馬太耶張少齡歐陽伯元同來陳秋生以船來迎因夜未上

十九日大雨半日不止客不能去殺鴨款之午飯後乃行到船夕矣卽發

甚快未二更至縣純孫來迎宜孫欲看歡迎亦令同來乘歐轎宿歐室
至子乃得食
廿日晴人客來者紛紛以翁吳馬余爲最熟居停開飯五六次傳胡龔三
堂首士別送席移尊設兩席朱知事亦來
廿一日晴周仲元及同來人公請開會借大娘兒工會招客來者亦十許
人殊無效果惟屈朱知事旁聽而已郭印生後至頗以行走自任夜上
紅船蟲擾不得睡四更移輪船小睡已天明
廿二日晴辰初到省待轎一時許乃與周仲元及宜孫上望岳樓喫茶並
包子轎至始入府學宮尋舊居已無爪迹周居我桂軒並見同社諸君
及瀏陽邱君送穀　書曰律音彙攷小時曾熟覽之聆其音未知其和
美也今久不聞矣夕往胡家看病小坐還宅遂留宿
廿三日晴朝食後仍至府學客來多不識亦未遑問訊隨宜答之程十一



自衡來云看開會乃去請李佛翼問府學田屋陳梅生彭鼎珊來訪二
楊亦來
廿四日將出城小雨遂止又云彭理安當來待之衡搶江西卅餘家以廖
俊三爲首程達康李選青爲從生員得先進士亦幸福也議訪內容請
首士小集李德齋周偉齋到陳八太耶不到
廿五日陰雨出城上冢至醴陵坡迷路不知已過矣復還遇周偉齋邀入
未敢尋得墳園陳梅生彭石如均來久談湯稺安亦來均亂後相見不
知從何處說起吳鴈洲來
廿六日朝雨巳正昇至貢院聽差遣來者約百人曾慕陶龍研郎吳湯蕭
文昭郭印生馬劉兩太耶最熟習者午初開講未正搖鈴還家小坐滋
又入城云鄉中缺米復至府學會飲以我爲客李德齋爲主人二陳任
曾蕭袁同集夕客去遣人還鄉送米

廿七日晴晨起送長生去蕭兒又來云今日不行欲更遣人往告已走空
矣楊賢子常子耕尹和伯日本阿田秀太郎字雲谷來求書爲書四幅
夜還家周梅生附二書還衡
廿八日晴朝食時譚五督來留飯午睡未醒鄔師來談黔事催三婦行滋
看姊疾送八元夕還摸牌余佐子來見鄧子竹亦來往東園看子異乘
同至和伯房小坐夜留家宿
廿九日晴朝食後往府學因周仲元已來兩次答其意也昇夫每人索三
百錢大似蘇杭派實則不能從鄉傭整頓不能成風氣也晚飯甚晏猶
不能食夜聞雨
六月丙戌朔聞吉祥客寓炸傷一人遣訪之曾姪孫女壻自云親見言殊
不確與書棣芳廖蓀畡五兒朱樸鄧三弟兒璡子祥來唐先生與楊仲
子來張生夜來余堯衢連送三書並餽食物功兒來宿譚新事今午浴



周兒反命云已減糶矣非我意也減糶不能濟貧徒利猾儈復堯衢書
二日陰午晴頗有熱意十七都楊生偕譚子來見小坐卽去未知來意寫
扇兩柄陳撫臺族孫張門生兒來楊仲子請題蛺叟家書歐陽屬欲干
司法皆久坐得請乃去王達魯則未言所事也爲組同書扇二柄雖游泮水
後四年再宿桂軒感事二首　昔共勞公子龍墀踐郡羅文章楚不覿
宇宙道猶光兩鬢宦無名絡成梁自亡於今文武墜誰問兩書房再上
熊湘閣替然楚望樓犂金四壁靜拋火北城愁孔
歎眞何益揭玄已自蓋重來弦誦地揚觶愧公孫
三日晴晨還家約譚祖同來遣招王心田同往朱家王辭不至飯後少坐
陳芳畹來略談遂與譚同出城馳五七里至朱家東軒幼梅兒旋至心
田亦來菊尊及弟設席相款更有龍八郎申散還宿家中
四日晴己丑小暑聞蟬留家中看小說酉初軍裝局火遣看窯女竟無人
敢往
五日晴窯女來言火狀云子瑞不肯避强之乃往子靖家旋又還火宅也

收支蔣生來行李不來云欲迎我仍去告以不能乃出朽人張少齡皆來夜熱再起林次煌來談

六日陰涼朝食後將出遇汪頌年復還小坐同步至劉淑琴家待客子異瀶洲傅梅根龍巽齋同集未夕散還大睡夜起地礮子正寢

七日陰晨入府學厤年姪黎門生譚偉人來見又一革官自稱門生云劉陽王艾高談雄辯一長沙譚生云人鳳本家來談議院又兩劉人來請作文送白沆堯衢初十日生日寄詩二首（早折東堂桂一枝青雲直上未蹉遲重開白鹿明先德似遇紅羊換劫棋執法翻逢時盼法岳欄還似早知南陔歸養同時少更喜庭闈映綵衣豈知莊利勝金錢百萬金錢擇節存手握智珠能照燭諦閒論鐵早遲棱歸尋松菊青山在病御蕎蒂絲酒溫莫卹千金久無穀田家魚離可重論）寫字十餘幅

八日晴歐陽輔之因鄧伯騰送文且欲來談前已承送詩正欲一見卽約來談又黃元吉同賢子亦來談輿兒從鄉來作意園詩序長沙彭眉仙壽緩作讖同年也張海陶來欲更知事將夕去

九日晴作字數幅鄧五郎來談家事勸其且寄居我家彭理安來天華公司請客有譚人鳳正欲見之往則不至饒石頑爲主人客有戴鳳翔陳振鵬余兆龍仲元楊世昌世傑郭瑞麟劉松衡聽留音京二黃夕散過遐齡菴未入仍還學宮

十日晴周云當開講待至未無坐處遂罷客有二彭（少湘羣齋）劉錦裳曾任蕭俱未見黎壽承來久談還家便過林次煌見浙館方興工少坐而出夕浴

十一日陰有雨城中大索三日摸牌見客四五人夜斷行人

十二日陰朝食還家喫蒸羊未幾黎祕書催客過訪譚人鳳便至明德學堂頗似兩湖書院胡子靖不減張香濤也呂黎譚劉（潤猷）爲主人更請林次煌徐劍室胡子靖宋上棻龍八自鄉來設席樓上申散還學舍功兒純孫均來夜涼

十三日晴黄如山增生送詩並來談忠憤之氣溢於詞色蕭昌世字松喬亦送詩文得莪書並寄詩龔純孫來云獨立已餓字亦古今新文也

十四日晴寫字數紙見客數人看黃詩百首

十五日初伏庚子還家喫羊肉朝食後報衡船來自至城門候之未到須臾箱擔纍纍有十餘挑之多擔夫索現錢家中無有令至城外換錢開發午令治饌款僕嫗酒館云無雞買亦一奇也

十六日晴留家守行李寫扇兩柄摸牌

十七日晴仍留家中尋檢字迹陳小道來談故事如嚼蠟遣人送㝛女上湘

十八日晴摸牌尋賭友不得

十九日晴觀音成道日村嫗均出燒香余亦還府學

廿日乙巳大暑城中洶洶欲動封二報館走去都督家屬金價又貴矣還



家宿金嫗仍未還鄧子溪來送京書

廿一日晴純孫還云昨夜甚熱昇夫來迎遂還學舍留周三擡轎以備移家將夕得雷電小雨頗涼發莪復書

廿二日晴城中挂旗都督稱萬歲云將討袁也袁未稱兵不知何用討此與何進討十常侍不同進尚見十常侍此並未見袁也冒昧可知矣夕雷還家觀虞來夜起聞金鼓聲云救火

廿三日晴丁孫持泉來朝食後至府學議同泰贖身事並議撤會云須四百金將於都督取之留宿學舍

廿四日晨寫字數幅因約至左家作荷花生日還待至夜無消息想因獨立罷宴矣遂不復出夕雨雷

廿五日陰庚戌中伏晨訪鄔師還朝食周少一來强迫寫字十幅又寫扇面食瓜看報夕雨

廿六日遣桂生上湘喚船乃請南謙拖來並擕廿七號午初即到周仲元來取銀四百以光洋三百六十元與之了會長義務聞郭葆少鈔家我亦嫌疑可以行矣

廿七日晴周少一來請署款未遑應之遂挾書而去又遣尋之鄧子竹來請作墓志午發行李須關會門卒乃能免查夕上船會友送者四人乘北風行泊包殿

廿八日陰巳初到縣檥觀湘門入城訪百花生始聞袁海觀吐血俄招衆賓翁余張均至朱陳先在先去余亦還船伯元及匡策吾張愷陶步上船邀上岸鬭牌更邀龔又孫來入局榜眼兒也至夜畢四圈乃喫粉蒸肉而散六耶來

廿九日戠婦丑時下船葬長塘坤晨起往送舁至觀湘馬頭登舟視柩余上船先行細雨時至到姜畬過午矣柩船尚在後遂不待而歸冒雨還



家子瑞又病痢不能坐起一見而出與宧瑨兩女黃胡外孫宜贛兩孫黃孫婦同飯夜摸牌四圈

七月乙卯朔晴起蜈學看吳光耀華峰宦學錄大致譏切朱注四子書

二日晴看吳書寫朱方成屏對

三日晴午雨雷羅園總來問孔會告以不可放飄復吳華峰書並與書譚會元次慶夫婦來以書房居之

四日晴書與譚會元郭推事丁龍安袁粵督夕有雨

五日晴狗老耶兩姑來並滿太太小姐五六人留飴心而去狗姑適鄭又三婦族兄妻也云嫁卅年未還書屏四幅

六日庚申三伏晴明孫盜佃戶夏布召問不服令卅和治之張正暘來賀寅午稻生蕭任兆梅來云教育會懼湖南受兵公議請我為魯仲連即日請至省以避暑辭之

七夕辛巳立秋烈日可畏陪張賀蕭坐談允為作書致黎袁解之並與書荀文若食瓜乃去已過午矣未皇問學課夜滋設瓜果令芸孫兩外孫婦乞巧

八日晴過午陰頗熱城中人還明孫盜布

九日晴熱許孫亦盜二盜鬧事主衆議當隱忍不校云王大人之孫行盜不可執也王大人亦遂不能問

十日晴周兒急欲下省城中人還得朱狀丁書丁四寄書即當復之

十一日晴遣羅童買瓜發宋芸子書又為與書譚會元譚人鳳專人來迎蓋欲倚我更易軍事廳會元得力人也復書約以節後夕大雨十三外婦來攜一女

十二日陰晴周兒來告假蕭長沙有謠驚夕雨甚涼十三有版築勞撥穀養其外婦以續絕房



十三日晴年例喫新燒包設四席未能食略坐而已

十四日晴七夕立秋作金井梧初落銀河漢正微仍看涼月照知共早秋歸猶簟消殘暑暮池映夕暉良宵偕塔惜烏鵲莫驚飛偶憶國策取看數卷錯舛不堪讀

十五日晴日烈無風炎炎可畏張生來云譚欲委鼎於譚故未去也且已講矣當為之乞命許與書解之留飯畢待賀蕭猶未到將行而至 周船亦到梅少耶來矣送客後凲邊看月久之乃寢夜起月明乃知重門不扃可笑人也

十六日庚午出伏張生復來晨起坐門外待周嫗乃得男客云步行來已飯矣商量袁書而去周生復來云從黃生未知誰何人自言居下四都又似稱雲孫也四所推我充首士此非常曠典不求而得之乃知僧口之霸許為董之陪客至日昃乃入客俱去矣遣邏人鳳云昨日已過去朝食後船還周羅俱至又添一長生

十七日晴買瓜極劣十枚無一可食者夜坐荷池邊納涼三更後輿兒及
胡茹侯來竟未聞知
十八日晴輿胡來見乃知國民黨已瓦解矣彥國欲去又不果行
十九日晴看吾永詩亦有雋句其人則皆不識帽頂兒所刻也從破紙堆
搜得之張姪來未見而去將軍來求書與歐陽
廿日晴秋炎甚烈與書會元論秋丁事交彥孫帶去子瑞病愈來談
廿一日晴將軍還云城中遣船來迎畏日不能去船又小亦非我坐船也
子瑞又談今日云暑度至百夜坐門外待月
廿二日陰秋炎不復能烈看小說竟日夜至子乃寢
廿三日晴金嫗爲周作生日殺雞煮肉余忘之矣或云非金所爲亦不復
問
廿四日晴孔教會尹生來未憶其名出則有二客一爲黃生自云欲通中



文後乃歸耕今尙教蒙童也尹則言論風生告以丁祭未宜干預孔會
但爭產耳坐久之去黃待飯後日落乃去
廿五日晴遣僮上衡城人來得小石楊子會元及八女書卽復寄郵局去
寄莪食物不能達卽以與真
廿六日晴胡譽侯告去覓轎未得改從夜船與輿兒同行二更乃發
廿七日晴熱過九十度几席皆溫避暑未事
廿八日晴熱陳秋嵩來云縣人不欲我去遣來探候又得周庶長書云當
來迎留陳小坐未食去告以八月朔必到點詩至哆兮侈兮釋文云說
文引侈哆檢之未得哆爲譂音向亦未理會夜風振林暑氣全消
廿九日晴涼北風吹雨雨去猶燥元也周翼雲晚來正在後山還始知之
言城中遣船來迎告以已辦
晦日晨起移牀上船天陰可行因令檢點兩孫淘氣皆令隨行卅和亦自

隨來戴明二周並從待周嫗去已夕矣申初開酉正到猶爲迅速移入
九總船局料理晚飯已子初矣
八月乙酉朔晨起拜客多未起道遇策吾約同飯伯元家諸客並集惟樹
棠小病未來曾伯在歐家辦公司旋來飯便從此上小輪還長沙雜談
至未散還局
二日晴昨日復烈今猶未減欲出被絆不得出遣周往弔三婦慰問新嫛
子姓聞者均來看蔡四子劉南生端姪皆徑入餘不暇記唯周仲元亦
來飯去
三日丁亥正祭孔廟未得往衆以不拜爲非余云九叩首二百年孔亦饗
之三鞠躬三百年未足怪也然道之墜地久矣豈聖之無靈與
四日晴開成立大會上下十三席來者四十三人自巳至申始散無所發
明



五日陰晴楊季子請飯已辭復改日午後往翁黃不至匡亦腹疾唯百花
生孫彬蘭菊江海同集未上燈散
六日晴得上海長沙兒女書云輿兒運動去矣莪以鳳爲朽人幸王昌國
之未嫁頗爲莞爾江西銀行張石琴招飲百花傅蘭曹穀胡壺山同集
登樓設坐第二層未夕散梁和尙欲殺拐票人商會請我保之陳培心
意也
七日陰暑頓盡矣庶長昨夜來衡人來言復心病甚其子方謀道窰往北
殆不諧矣衡錢又空囊無一文
八日壬辰白露復熱爲宜孫書九章省城人來言城中兵變攻都督遣人
往看動須路用乃請庶長往看期搭早班船去
九日晴仍熱鈔九章有宜釋字義者借說文注之唯齋鹽菹終說不瞭宜
釋爲淹菜方合然懲羹吹齏終心知而不能說也聞散勇上竄又議防

埄胡外孫蔡內姪均來相看得翟樊和詩並詞

十日晴和樊山七夕拜岳月慢綺思年年離情不厭虞慣別渾成閒事海上風波驚新亭悲淚料今歲不似唐宮露盤花水只是爆聲傳喜那用乞靈香畢兒自費歎山中正有悲秋意被詞人拉入愁城應一曲新吟在啼螿聲裏如今好久住神仙地豈不肯挽盡銀河水且付與織剩綠織人間錦字

待周生不來將自至省城一看

十一日晴公所相留過節郭葆少久不來亦殊懸懸還山看月又月食恐不須賞仍定下省卅和來送昨夜月

十二日缺

十三日晴連日北風船不能下周生昨來功兒報省兵亂由云尚未靖夕上船邀二周蔡生同行兩孫不可留亦令隨行任弁爲致兩船余與周嫗遂占一船夜行至曉泊牛頭洲

十四日陰有小雨晨檥西湖橋待後舟乃反在前遣看並呼之來客已登岸矣兩孫上坐船送周嫗還家巳初發午正還周坐草地待迎余遂不顧小睡未初到城見朝宗門新修馬頭甚壯闊遣呼昇迎不名一錢城中無可謀者夜宿城宅鄧沅來

十五日陰昨遣問鄧生將索債問陳騙子已去矣與書楊紳謀之並發文書告寧鄉棄從祀神牌事周仲元來言山東孔廟大祭徵湘教徒會議將遣功往會無禮冠未敢往也重子送五十金來云其姊寄來適濟所用真孝感也當以詩獎之月食亥初生光陰雨不見戌初明燈拜節至亥乃令祀月馬太耶送乘禽

十六日陰晨告會友作文論寧鄉棄從祀神牌事又論學堂孔廟之分山東來徵會復電無處寄會友楊友三及馬少雲久坐不去恆子觀祭自北還云張先生亦來矣鄧沅送卅金作往曲阜盤纏無法消受從姆論嫁女甚切遣問伯琇當與商定地點尋照帖得三種張生來

十七日陰伯琇楊重子均來久坐鄧子西來論往曲阜會誕祭送盤纏已不及事又懶於行因退銀還之重子送百元云懿所寄也遣覓朝鞾乃買尖靴來

十八日陰龍生送四品冠來云曾霖生處轉借得之以奉祀　祖妣生辰百四十九年矣辰正始行禮玄孫來已得數人玄孫婦髮亦斑白唯雲孫是一女王心田來言譚芝畇亦在城黎尚雯自宛平來議員與易鼐齊名者云北兵駐新隄大有駐防之制羅僮還周生亦來夜雨

十九日陰雨北風涼欲上船云已去迎周嫗靜坐看報百餘紙又買照帖數種始得見華山碑三本長垣本郎商邱本有題名華陰本爲郭宗昌妾所褾謂之點本尤可愛玩郎山史本亂伯何人乃有多人訣之唯王鐸自居前輩耳譚兵備來

廿日風涼迎船還午正出城答訪芝公不遇即上船夜禮和買辦來請飯由芝公介紹明日當往一敘



廿一日晴周嫗入城獨坐守船移泊洋馬頭申初禮和盛買辦來催客席設城中昇往諸客已集芝畇心田二郭呂黎兩祕書汪頌年華昌買辦並盛幼文與余九人召三妓唱新曲未夕散還船純宜兩孫來已將闕城贛孫同入城去鄰船飛翰哨官來見

廿二日晴芝畇屬待來談袁北山藥待之至巳不至三孫亦無來者遂令開行無風無浪夜泊鵠崖

廿三日晴任弁留家晏發無風纜行湘水暴漲午至城遣報伯元並遣羅僮送鴨還鄉移船至九總局中已相待並遣昇迎步至局中朱知事何哨官傅朱首事伯元吳少芝陳培心曾霖生均來雲卿子芭堂及其弟婦許氏來見喬木匠滿老耶均來與書余价藩言蕭磨婢事

廿四日陰歐陽小道來其父必欲招郭葆生請電熊黎未知何意亦如其意出名電之乃不肯出錢以屬當鋪當鋪人來問余告以已電矣今日

戊申秋分卽社日

廿五日陰羅學臺來歐道言有出山意以每月可得冤枉薪水也寫字半日

廿六日晴寫字半日鈔九章兩葉石潭張生來送星盤書四本云踵門七次矣楊梅生子婦羅氏來言家事云有田百畝擬撫子與冢婦不和求作主并邀周嫗至龔家訴苦遣周生往省城謀之午出拜客朱余余未見至賓興堂重宴於堂議長朱菊泉爲主請順循余與孫蔚林張貢吾匡策吾等同集戌散鄧子石長子接腳外孫來致接腳女書求六百元許之程景還銀票駡絶之

廿七日晴張愷陶小道來爲愷陶又書扇面午後摸牌四人忘其一可謂健忘矣又遣周嫗往蕭家席研香庶弟來又一呼大哥人也戴萬姪婦來求事萬見其子並送鷄



廿八日雨陰請客飲萬金未設席余邀翁匡張石琴摸牌飯獨後備見裏手情狀以晏十爲最厭寫字半日

廿九日雨寫字一日孫蔚林來與同至謝滌泉家謝招飲未能待卽往朱行政陪鹽丰丰員未至盡以科員充之未能問姓名作唐子明母挽聯(五世協昌符數恩榮百歲光華不比圜葵傷漆室 安貞稱富媼看兒女兩家勤儉豈徒寸草報春暉)

卅日陰寫字數紙朝食後下船開已巳正矣行兩時乃入漣口到姜畬上已昏黑不見水命泊岸邊遣傭工從陸還家

九月乙卯朔質明乃行未數里已至南北塘從陸還家乃見昨傭未能行云大雨故舟宿又無燭買也問知警兵已去賊係過路賊未必熟路者

丹桂盛花作孔靜皆挽聯(孫枝正論作時賢遊俗山居孤見侏儒登禮殿 幸有佳兒繼科舉傳家聖教肯持彝器)見陳王曾慕陶一聯(世臨不聽審依然儒業還鄉井 高官歷盡書遺恨衣冠毀昔時)夜雨

二日雨晨遣尋張顛斗數乃得孫鱧旁鳴集看一過俱爲題識還之摸牌四圈胡壻入燕攜子俱去候送半日申初始發

三日陰華一耶來討鹽問鹽二包俱已分去復至縣取之遣周僮去摸牌消日譚兒來欲干莘田已在數人後恐不及事矣廖孫晐送詩

四日晴看後漢書周紆築塹今日放磚溼泥入埴當築之也劉攽不知乃改爲築塹又陳元毋詛覽言元卽訟元也而以爲多一元字楊升菴則知築塹矣以此知看書不可易言

五日晴摸牌兩圈已過午舁往石潭候衡人來云瑞昨從陸還湘計程當到故往迎之至則尙早過幹將軍家少坐見其妻子又同至商會議所聽議皆言自治局之橫蠻鄉人之馴懦將夕乃還急行到家道逢周生持竹來迎至家晚飯周來略談乘夜色而去又終兩圈倦矣遂睡

六日陰周生告去周僮乘輿往縣乃云乘輿買鹽又爲市井添一典故巡丁發大急信來亦一典故也摸牌竟日黃鐵來



七日晨晏起已報瑞還行卌里矣始令買羊蟹備明日湯餅卽令在山莊設奠不往城宅爲便已備船又遣之但留一船上衡夜亦饌具而不奠示意而已

八日孺人八十生日也逝十四年矣日月如流獨余仍隨流也晨三女一子并婦三孫兩外孫分班行禮設兩種湯餅內外二席有蕭姓客黃氏十餘年無人上門昨始來一人又去陳水師遣二護勇來云衡湘水路時有劫掠

九日晴無風可登高然無所往摸牌一日亦可謂負此佳節矣買菊蟹均未回

十日晴長沙得蟹卄螯剝三蟹猶未盈一豆頗似北方彭蜞十七都鄉人來訴自治局

十一日陰晴乙丑寒露晨下船周生同行夜泊洛口周生上岸去

十二日晨衣冠至唐于明家弔喪見其二子許周生出陪客于明亦出談老胖矣留飯畢辭出唐家來船謝弔許生亦來楊懷生兒送禮已初開行泊株洲

十三日晴帆東風行至朱亭夜月晚宿

十四日晴帆纜兼行九十里至衡山泊

十五日晴熱單衣行百廿里宿樟寺大風舟蕩不甚安每日多睡偶看石印帖收藏家可笑題跋家亦多可笑石印則甚便比椎搨吏工也

十六日晴晨發久之望新塔一時許始過比至城望北門又不識矣方以在何家套乃已至六馬頭可笑也入書院見數人皆不識唯識譚廖王云且可住月餘意亦欣然待梁芳來一訊未夕遣去郎宿內齋今日一飯一粥便了日課

十七日起行李與書子壻遣羅傭取錢與鄧壻因令功兒主之完夫還靑



程仲旭來看報半日常子庚王豫六來

十八日陰晴看報半日計字亦將數十萬言然不止一日十行也唯龍□妹爲所未聞張子年來

十九日陰寫挽聯交庶長寄省得歐書言語奇離不慧鹽務有如此見識陳推事來談一日未遑他事王慧堂廖俊三均來久談

廿日陰晴　先孺人生辰設湯餅棗糕欲出忽泄十許次遂不能去一日未食亦食餻數片羊粥一盌兩臥遂愈移住前房

廿一日晴眞女卜女均來完夫欬血當往看之令眞早還卜女亦隨去

廿二日晴午出詣城看皇會無皇有會尙專制制度也至陳家女未出見便至程岏樵家喻謙母喪往弔之過考棚看會趙弁留飲招舒何廖及會員三人並集出訪張子年又至皇殿看戲提鐙擁擠已近二更遂辭出還院已子初矣

廿三日晴涼已有霜意秋日甚佳尙無菊花往湘東謀之便看夏生病云七日不食非傷寒也言袁世凱八字甚佳尙有好運江寧尙未血洗不爲多傷又訪彭王未遇還過王季棠覓花匠道遇羅心田陳仲甫未通語甫還院林水統及知事舒癸甲來慈姑祖翁何教夫來衡人喜事枚夫初見郎言官事余心甚惱未夕食以消之

廿四日晴寒遣人看紈女馬先生來昨夜房媼驚蛇並匿前房云有盌粗在阜莢上蟠(陳復心)節鉞啓閫臣武達文通光列戟　壇山閒世族鳴勳兄訓勝入龍

廿五日晴賀年姪率其長子同來請寫自己壽對爲作一聯寫字數紙周老生來求事今日已卯霜降

廿六日晴何親家請飯梓潼學堂亦請飯朝食後往城看完夫病少坐郎至梓潼廟王慧堂爲主人並請知事陪視學員待至夕不到乃入坐三教員同坐余與何並辭出赴何云夏蘇恂來恐其病不能久坐及往



則未來何令其孫來見外孫女壻也年始成童坐散還恐閉城取火牌以行出城猶未閉

廿七日何孫約來以詩帖洋錢酬之並作湯餅夜微雨

廿八日陰何生請客午後往舒知事何鎭守均在未夕還云譚生已得脫身

廿九日陰舒知事請飯待午而往昨視學員楊生復在紫卿先生孫也六名士之一曾見其子久忘之矣言之恍惚憶之銲余與其大父同輩實誤也紫翁余前輩猶在曾左之前但未見面不及何貞翁有交情也詩孫乃以余爲貞翁子姓行則又誤矣何趙廖亦來更有科員未夕散

十月癸未朔晴陳甥來求書卜女亦來爲父求信皆王莘田之害爲與書王汪汪爲陳生求館以關道可容人也人來言有北書徵程生廖易大要四隻腳所爲然不倫類寫字數紙舒何楊王夕來

二日陰晴入城答訪楊少雲不遇何生要入小坐謝夏生出談還過銀行答訪楊姓已入省矣卽先舟還留童送段碑

三日晴借北海碑補闕字王祁文反闕於我百許字爲之補入真女送菊始見新花王慧堂因女壻喫煙求情與書舒仙舟爲緩之

四日晴張子年黃蟬秋來意在莘田不知其人衆也看唐碑看報

五日陰刮垢磨碑囂然終日遣訪螃蠏不得卯金之子來求差有雨

六日晴王慧堂及其女壻二人來言搜煙人同强盜此亦會元之害也暮夜忽傳客來云湘潭遣迎會長者未能出見草具待之

七日晴晨出見來客王鑫言不能卽去之意與書周生回復之鑫字周南拚人也早飯後去

八日晴聞齊七還朝食後來得兩兒一女書云取銀未得言查辦已換人郭與譚同撤譚卽時出省矣未知欲何爲也留飯去



九日大晴煊久負文債勢當一了適印格紙來卽作朱雨田碑數行看未顭華山碑照本未能辨其題字夜風

十日雨作朱碑半葉程生來請飯以爲有客乃似爲余特設何生張尉作陪更有彭冶青常少民及陳氏兄弟二更始還又坐至子初乃寢竟日夜雨

十一日雨癸巳巳刻立冬雨竟日不止冒雨入城至完夫家飯楊八辟黃校長陳郴州同集廷程通判同集陳生無師弟之敬以余不識之矣齊七明日行未夕散黃孫專人來

十二日雨遣黃足去與書莘田竝論楊賢子甚寒夜燎薪團坐儼然一消寒會

十三日陰作朱碑預備請客

十四日晴晨起鋪陳坐客廳程生自鄉來久坐夏生來乃去留飯不肯來

羞恥爲晉平公也張尉同一人來已不識之久乃悟爲左副貢云自省城來見易宗夔已槍斃方捕黨人也既久不去當請客已七人遂成十全大會也張曾識周生趁食今乃自趁益知不可妄識人程生言劉生非好人今問之則云投神像湘流故受沈湘之報亦一因果已而諸客次弟來舒何楊陳何王最後至飯畢未昏客陸續去唯左生獨留宿云將謀食所命院生分鈔朱碑書字佳者當補正課

十五日晴看鈔文二人字無中選者遣人還鄉與書問滋病夜乃大雨已而狂風

十六日風雨未已悔遣羅童當令不去左生求書與四腳牽書與之詞旨甚得殊有陸宣公之風羅童果還周生夜來

十七日左生送壽禮添裝以孫女未到辭之午後告去亦索名片護身與以十片示不惜也紈女遲申孫同來遣報真



十八日晴陰真來看姊午飯後去夜地嬓金嫗忽發怒以其無狀係自啓侮未能訓之默爾而已左生亦無狀遣申孫看姨兄

十九日晴遣覓盆菊得五十餘盆紈入城攜四工人同去何生來約預祝彭後兒闖入冒冒失失頗有學生風潮常吉兒夕來寫字數幅

廿日晴未午王慧堂催客其弟方有子喪而出赴宴同集者二程孫兩王壻及銀行楊摸牌未終局入席爲王孫女開齋譚芝公孫女也外公方被押女已生女矣未夕散

廿一日晴朝食後功兒來云女船已到瑠亦同來矣至馬頭望見來帆須臾長婦同三女率孫婦兩女曾孫女三丫頭俱到便居樓房楊備公館未往在此爲便也送到岸席

廿二日晴得任福黎書到任通致紳士有曾侯吳撫之風卽復一函告以正名真女還旋去

廿三日晴周生鶴一寫字人鬼畫桃符不可用也得周逸書倡狂恣肆不可致詰謝婆子來避之外齋午飯

廿四日晴何知事馮師耶來何約會飲預祝本設女戲以觀瞻不雅辭之卜大毛來求書與書王莘田並薦陳甥兼寄報任書與看又請轉送朱碑文

廿五日晴孫婦丁卅歲爲設湯餅迎常慈孫來見母竝請看戲樊蔣送關聘

廿六日晴戊申小雪彭祠亂民逃去重理香燈宴我於舊坐處會者七十餘人婦女又十餘人午正舁往本戒女戲程景固欲爲之諭不能止所費甚鉅然不爲豪舉也二更散還院已子初矣

廿七日晴王季棠送菊頗有佳者寫字數紙真來擱被居樓上

廿八日晴寫字數紙憶歷倒元白詩選本未錄尋全唐詩補錄之此等皆



一代故事不可闕者

廿九日陰林水師送鳴蝌菜脯午出私訪唐璆一無所遇仍去船還送瑺女到湘

晦日雨寒魏生持楊敞書來求見求薦并有馬太耶書大要注意王莘田而託名求劉任告以皆不可爲干廖俊三

十一月癸丑朔陰鄒桂生避捕來求住齋云警兵偵探欲執之倉皇求芘也未待命已來住宿

二日陰弟三孫女將嫁姻家來請期午後媒人陳完夫常敦竺來請廖澤生陪媒旋延入內坐自醴之未夕媒去天氣頗寒然火圍坐

三日陰王慧棠來訝其犯寒云訪功兒也楊少雲亦來談謝譚來言唐璆將去國民黨宜公留何輝廷請與書任福黎許之卽令滮童求薦於唐璆

四日陰功兒告當訪商霖卽乘舁去省城人還健兒書言孔教已用周古人言分移縣學矣作小石奏議序成由丘三寄滬

五日陰微雨得何送任電請卽上省前已有信正名不以爲迂而猶待爲政是其迂也許爲一行教育長李杰二彭來院中器具多散失始令檢點摸牌賭束爲真女湯餅費

六日陰寫字數幅摸牌竟日負九千恰敷一食萬錢之用待功兒不歸亥正乃歸已睡著矣

忌日晴得省教言變款事卽復書曉之

八日晴摸牌至夜爲真女卅歲僎慶作餅甚不佳衡廚人不識薄餅故令閉嫗桿餅雜入不復能分皆不可用矣於此悟用人之方

九日設湯餅致陳外孫男女來兼爲款女客院生亦有送賀者設湯餅款之忙鬧至夜



十日陰壽孫女納徵請期設麪待媒並請伴娘來山西女有江南風亦闊人也收發禮物甚忙至夜乃先睡有雨

十一日陰見日半山忌日其所生兩女在我處爲設素食今日癸亥大雪中

十二日陰晴壽春加笄本選寅時因太早改於午時何輝廷許警察來馮小香亦至客尙未去夏家催客欲出無轎船借得收支一破舫令真女乘我舁我率功坐蔣舫往則二王二陳已在久待乃入坐始昏便還燈行湘岸甚危到又摸牌至亥寢

十三日壽孫昏期來客頗多百兩迎者皆是乞兒殊多花費也自送孫女上轎已未初矣婦女送親外孫男女亦往

十四日雨未正渡浮橋至楊家會親設二席待我父子陪客二王陳夏生二更散舟還與瑺女同船余露坐亦不覺寒

十五日晴孫女回門設二席請常笛漁孫及外孫壻何陪女壻何辭不到
余亦未坐程七八郎均來夕散
十六日陰觀察使唐璆來梁啓超門人也久坐聽余縱談未多答
十七日陰林水領來云任福黎爲顧問官實奪其權都督曹錕之說不確
十八日陰子婦往楊家孔教分會紛紛訴訟周生王段爭錢糾葛皆不能
理張子年黃蟬秋胡春生來
十九日太陽生日陰北風頗壯因攜功兒坐船入城答訪唐觀察林次山
先在唐更請科員出陪未識其意縱談而還渡湘陸行已暮矣道過何
知事與楊視學云從書院來未知何事立談數語還已上鐙得黃孫稟
毋書知滋已來計程必到二更滋果來云患頭風尚未愈攜婦孫同行
廿日陰有雨欲雪張黃來約會館一集定廿四計日不能還家躲生日當
安設對房



在衡不去矣得京書及孔會書周兒闖禍請避仇先歸
廿一日陰湯銀董來卜乾來求薦趙統制湯云銅元換銀可占便宜卜云
鴻甥得耒陽徵比
廿二日陰周兩兒去七相子名柷來見王氏漸換世矣作鄧志成令庶長
錄兩分
廿三日陰摸牌不問事每至亥時啜粥乃罷金嫗作伴　還
廿四日舉家均往會館看戲滋病不去留周伴之金仍伴往泥灣林水營
遣三版來迎拖坐船同下北風甚壯長郡旅人設三席主人一圓桌余
父子爲客竝攜周蕭同往內娼別一席演扮頗有精神觀之不倦從來
所未有也戌散亥還仍增一舟
廿五日丁丑冬至有雨午後議作生日開菜單定在城中設客院內設麪
廿六日雨陰慈外孫生辰爲放喜爆設午食其祖舅亦送蒸盆點心設兩

牌局聚戲竟日寫字十餘紙
廿七日雪竟日到地即消檐滴未斷也爲蕭兒寫墓志就便改定近日作
文殊不費思所謂耳順手順者耶王慧堂來送舍利桂以近人無服此
留之令功兒診其病云服茸過多良醫也於六疾外增一門矣當云藥
淫脾疾藥淫亦食淫也
廿八日晴鋪設庭堂張挂燈彩至五十里借電燈十里借戲臺亦奇聞也
我不能止二三子也非我也夫卜女來占前房夜放煙火設酒
廿九日晴生日受賀設十餘席唱戲請客城中有名人均至出坐竟日不
飯幸未倦困
十二月壬午朔晴晨起視院中已悉收卷亦人多事辦之效遣功兒出謝
客自作黃新死事傳發謄
二日晴治歸裝寫字數幅得黎秦書均退還證書不辦孔教王鑫先生又



來
三日晴摸牌至夜作冤單自表不拉人入會
四日晴陽曆卅日而非除夕明日乃除夕也外間不行唯王莽行之袁世
凱不知爲此乃倭生所教袁不敢違耳不值記載記之草紙簿所謂孔
子先簿也夜月甚麗熟客來閒談
五日晴寫字竟日依常年除夕例也周生求書甚迫亦意外之橫逆遣人
看船
六日晴與書趙鎭守薦周生定船下湘竝己船同行以陳八父子主之
七日晴蕭兒不知何處去諸生來者紛紛王慧堂欲爲分校游說辭未敢
見縣牌辭館喻生抱分校牌來繳銷庶長求援甚迫亦未有以應也
八日晴朝食後下行李自坐船上料理午初開至城岸兌銀錢買菜果觀
察使來送陳程孫俱來兩女先在真家相待亦來船送作粥舖之完夫

家亦送粥林水師來送諸生來送未正功船先發余留送三女上岸將夕乃行至初更未見前船但有陳家傭追來云史傭受賕未爲請託事蓮周嫗爲致書完夫了之卌和大喜上岸索謝去遂不還昏夜乃泊樟寺胡春生代買油二石不取錢許以鹽酬之林競西必欲派船護送余亦欲借以壯行色遂聽隨行卽前看戲船不受賞之王弁也字鎮南更鼓敝破無聲

九日晴晨至七里站乃見功船云昨夜未得食上船喫早飯晝夜趲行云畏風暴遂行至曉

十日晴辰初到湘潭留一日至慈善局次長邀飲見翁匡杜知事留船一日泊局岸

十一日晴待明而起猶未辨色功船已於昧旦發矣余過大船命己船送周逸昇訪陳開雲未起便訪桂猛延入話不投機次長已遣昇夫來會



抑齋來再請留一日移尊就教蕭小泉來其子婦死矣案猶未了朝食後寫字數幅曾抑齋面請早飯杜雲湖請晚飯今日未便去蕭約一飯則辤以明年歐意殷殷而饌草草好客其天性也閒一日還宿局中桂猛來與論勢利吳少芝於坐上發疾有危險象遣問之道遇警兵有似寇至

十二日晴晨上船遂開滋坐紅船余坐撥子至杉彎水淺再撥余則由陸歸至家已夕以爲船不能早到未幾亦來紛紛起行李遂夜分矣

十三日晴看報竟日摸牌四圈寫日記誤記一日遂至參差其實十二日尚留城中喫兩家飯十三日乃還船開行也記此因明白矣

十四日晴滋買田未交價賣主母子攜一童子來將軍率王姓來云欲隨同修史送驢肉爲賄以湯餅報之

十五日陰盡頭十五無牙祭憶醴陵舟中事猶昨日也夜遂夢與慈禧論國事與韋孟同爲之愉快云有雨未之覺也

十六日陰餘子入學以畢歲事作書與行政廳論孔教

十七日晴卜允齋來檢日記鈔集小詞適有長卷求書者因錄於上歐陽述來卽去

十八日陰呼船下湘適值起風留卜不及遣人遂停已而風息又已約爲滋兌田價遂仍發遣人去竝令輿監之卜大毛來問見父否乃云未見甚怪之實則卜先到蕭家宜不相值也

十九日陰周逸來言孔教請款監財官問何性質余告以個人主義爲餬口計也示以冤單殊不耐看鈔詞半日

廿日陰鈔詞畢復檢日記七律鈔集以備閒看並挽聯鈔集之

廿一日陰湘船還鈔日記竟日

廿二日晴將軍來託官事云警局押人當爲保釋



廿三日作餻送竈得莪女蜀書報平安顏仲齊爲經略比之龍璋巡按尤奇也乃其聘書頗有文理夜送竈未作詞

廿四日晴傭工男婦過小年以二千錢與之

廿五日陰羅童下省寄壓祟錢去幷買年貨大風忽起恐船不可去復莪書

廿六日鈔七律畢無多字未能成集也又檢得二詞夜雨風與王莘田索鹽

廿七日雨止風停天仍陰濛和瞿樊詩各一首晡後輿來云廿五日船未到周已來矣遣迎未至

廿八日陰晨閬周來飯後紛紜已不相認終日未與談也許孫亦至

廿九日陰羅僮還功言無蟹無魚蓋年債甚窘

除日陰夜有星得莪三次書卽復一紙又得胡壻書以饒孫列名士蓋時

論如此亦復一紙並郵去寫對一副了年債墨浸不可書發減耀一日
假充財主費十二千夜祭詩後欲避人擾先睡正子初矣家人至寅初
乃靜



# 湘綺樓日記

民國三年甲寅

甲寅正月壬子朔晴起巳巳正光景甚麗憶丙辰在明岡時得晴游風景
不殊彈指六十年矣喫蓮子雞卵年餻朝食時正午擲狀元籌宜孫得
雙狀元又摸牌未終局夜又地礮亦未久即散今日爆竹甚佳客來殊
未接待

二日晴曾抑齋自縣來喫年餻去許虹橋來言煤竈揩子及鎮南來姜甥
及鄰人來新佃來未見半夜有撬門入者黃孫持燈來訴周兒

三日陰治賭錢事告周兒宜退萬錢方可見我

四日雨周去卜留拜年客來多謝未見

五日晨大雨無所事宗兄宗子均來言挖煤事邵陽地生楊旦來求序

六日陰竹林之弟及組榮兒來五姪婦來常次谷及砥卿長子來李奉湯



鑄新奉書來迎幷送參燕

人日陰晴陳秋嵩張凱陶來留食餅去復湯書常李先去

八日晴女僕出游獨坐看屋蔡六弟來留飯去

九日陰五嫂子又來言官事招搖撞騙斥之不去卜大毛求信與林水管
與之卽去夜俟迎春至子周孫從羅嫗去

十日壬戌子初立春雨憶杜詩好雨知時節檢杜集再過不得亦依韻作
一篇云時雨知春節前溪夜漲生樓中一燈影窗外五更聲倚枕寒常在披衣夜向明深山獨半寢無夢到邊城

十一日雨摸牌一日作李地生地書序卽寄新化去石潭李姓來謝保釋

十二日寒雨夕歐陽生與嚴毅來坐船夜到明鐙迎之卽入內談飯至夜
分乃寢得戴表姪書

十三日雨客早去不飯今日出龍方擬接待遣人下縣辦菜至夜始到黃
朽人來求信蕭黃所組織讜云峯猴子者云各得數十金爲與書楊度

鎗之卽去
十四日兩龍來本境留飯八桌亦費萬錢花爆頗可觀至亥方散
十五日陰二龍來收水至夜無月賀節行禮已將至亥黃鎚不能佳旋寢
十六日晴夜大月惜遲一夜也彭李工來言有船來迎蕭黃昨去未還
十七日晴滋告往新屋李姓來訴冤幹將軍來爲吼師所窘甚慍而無如
何坐久之去庶可以懲招搖耶幹蕭真不顧門面
十八日晴船來迎令待明日寫字數幅劉少靑來拜年留同船不肯
十九日客去未送欲上船吼師不可乃止摸牌竟日李黑狗兒來言孔教
未見
廿日雨李不肯去我乃徑登舟至午開行少泊九總登岸乃飯卽宿所長
室
廿一日百花生請早麪先往陳水師曾鹽員蕭怡豐桂老耶匡翁亦耶處



拜年六耶云將死答以於我殯旋至趣園陪客踵至麪實未嘗飯亦不
飽還船暫愒復遇雜客閉倉小睡與曾抑齋同上岸復至趣園喫揚州
菜菜實不佳至夜乃散
廿二日朝食後開行得南風午後入城城內回潮頗似丙戌過天津時又
一朝矣春寒惻惻又似挐辦沈鵬翰林時景物鄧劉兩生來請喫燒鴨
夜宿城宅
廿三日陰鄖師來將出拜客李孫來云須約日重伯兄弟亦來吳鳳舟來
言今日投票須明日去朱九郎來許用庚警察送全席龍驗郎繼妻來
楊仲子來送莊寄茶壺幷書
廿四日陰張卜歐父子來湯頗公來迎入又一村見槍督置人自防設衛
頗嚴小坐出至徐長生待主客李孫旋至鄧劉功輿並攜贛孫同來先
入席待重伯來又燒一鴨乃散

廿五日陰雨晨起余佐卿兒在客坐待見欲求一館劉少田女接腳女均
來見接腳女壻已得館矣劉女不知亡國恨猶以我爲有聲氣也午間
汪頌年譚芝畇兩前輩來始知湯請客不能徑入又不再請今日請我
恐亦不得入胡少卿來約同往其房師也胡又師我則湯爲廖登廷矣
金年姪來求差許與劉稅廳言之至又一村重伯已至與府寮同食夜
散賓主未一語唯胡醉話不休甚無謂也又屬我爲羅芝士作傳料峭春寒
夜色蒼煙昏雨雜如冰廿年前向閣門窗還憶東朝遇沈鵰
廿六日龍驗郎繼妻來請領家具許爲告之主者曾重伯從子均叔來唐
屏臣來
廿七日晴莘田林次皇來
廿八日晴鄧竹郎來許警官送菜歐陽述父子來欲求保舉奇想也松崎
鶴雄送熊掌論語古本



廿九日陰出訪劉稅廳重入藩署便訪歐陽父子遇曾霖生又一人未甚
憶識至賀尙書故宅訪譚芝畇劉申甫來請題其祖父像余堯衢送鵝
鴨便復一片夜飲心田局中
卅日雨馮若皋請釐委與劉少靑同癖姑許之不能姑與之黎九郎來歐
陽請客無至者余爲客僅致一劉艾唐
二月壬午朔陰梁璧垣來未見和尙來云廖蓀畡有子喪汪頌年郭子秩
龍少舒公請設席龍宅芝生得此屋余竟廿年未至亦可詫也入門頗
似上海夷館
二日雨將出城竟未得轎遂終日未出卜張久居無差惘惘而去
三日陰出南門上冢兼省陳母墓便過周偉齋與論劉子從我無益黎九
郎爲黃瑛請釋衆論大譁不知其曲直也至碧湘街看梁新屋可爲香
晼先生吐氣因與璧垣兄弟借靑郊別墅以居芝畇余亦欲往看花厲

舟由甫同集待重伯來已晚李孫請喫狗肉以非食犬未敢嘗督府諸人同坐戌散

四日陰朱家兄弟來謝先送潤筆又來看脈爲六女遙擬一方

五日晴祠祭齋戒張芝岑請飯因屢改日未可辭夕往一坐洪小帆子羅壽孫同坐功亦隨往戌散還設牌局則辭之矣

六日丁亥晴祠祭　禰廟換中毛衣尙不覺熱巳正行事

七日陰寫字數幅招芝昀松崎由甫趙壻餞飲約楊鈞爲通事并招村山正農未來熊掌不甚香蓋鼎汁太多故祕書參謀等大設浩園以余爲客子大由甫亦與三人同往則來客寥寥行徑暗曲未及待坐輿辭而出

八日陰周復廬招飲約客甚殷朝食後往淩善子先在黃麓泉汪壽民同集登樓待林次煌更有彭煌云笛仙從子迷其族里未便問之任小棠來云今日公祭蓬洲周逸來催云都督待我喫翅鴨而往道遇心田都督不來劉劍侯代表程初先在鴈洲亦至與董事論地點不投機草草而散甚熱

九日陰東南風暖湘船來迎未能行也劉南生來正少一人得之甚喜彼則甚愁矣庶長官事大輸亦足爲戒竹林妻來押租告以須至湘潭易寡婦求書與梁啓超因而與之卓如仁兄先生道席一別廿年風雲萬變榮辱譽毀固不足累高懷而歲月駸未得商量舊學故人星散益餘熊掌呼可懸矣踐國不得還山神州陸沈海水羣飛又嘗時所不料也承掌明削懸司法獨立之說而各處法員毫無程度恐高遠未明覆盆致多怨讟□□子然一身幸不遠訟而以所聞見顛倒實多獄者天下之大命未敢遠譏者何以救之茲有湘鄉婁婦入都訴枉因感鄙心特附一函求逸休察庶通幽隱而人干涉法官例有聽得之昔想非官論自由所可解免惟多年睽隔聊志勿設以示潤阿尙念念願人贊夕至心遠樓與黃龍王會飲

十日晴汪頌年約同船上湘書來又不去陳完夫及唐樊生來請至衡甄別未能往也故定還山並踐百花生約



十一日晴熱可夾衣乘舁出城上船卽開巳正矣得北風未夜已到縣泊觀湘門登岸至趣園唱戲做生甚爲熱鬧卽宿後房

十二日陰北風頗壯與淩雷邱同席喫堆翅桂老耶特來訪昨夜一見今致殷勤徐甥兒亦來殷殷致禮談京事巳正登舟乘風入漣逆風不能行縴私船弁蕭仁貴鳴礮迎送寒擁被眠酣巳上蹬云泊湖口矣頃之舁至到家門閉不得入立待久之

十三日陰看杏花色淡不能鬧春木瓜又太紅李花乃成淡黃映新葉故也牡丹猶有一欒可謂長命至船云風不能出又還兩女始起飯後摸牌夜分甫眠雷周我庭頃之炸礮一聲雨如篩乃寐

十四日涷雨初歇起視門階有雷迹門木碎落門故未損云昨電入房似火毬外孫婦及小婢皆驚小兒女不知也安眠無事蓋未鑿渾沌耳駭詫者不如孩童知聰明之爲累登舟遂發申正至城入局小坐卽往歐家遇伯元於城外同入聽戲正約團拜杜鼎元得家信告警遂還船宿欲明日早發上船乃遇蔡兒信背時也夜雨雷

十五日船人不行待巳乃發逆風順水申正至城下遣看城門未閉舁入朝宗門被搜檢放入家人云故無事摸牌四圈而散夜雷雨

十六日陰忌日素食晨出客坐周生已坐待午間杜礬湖來松崎送報完夫樊唐來請書與唐璆言甄別事夜雨又有月

十七日陰左幹青兩書求信干李經羲因而與之並復左長料理請客

十八日陰傅梅根來請飯夏子復來並招嚴受菴孫楣桑及峻五許紹獬易大同完夫會食余未出坐易少坐卽去

十九日陰觀音生日完夫請會酒兼約伯琇鄧劉生同會余往稻田傳寓登樓會食芝昀錢校長由甫尹昌齡吳鴈舟重伯同集子大後至戌散舁還家客已散便答譽廳張竹橋宗兄來

廿日雨寒寫字數幅劉周來並有雜客耒陽門下生來訴艱難常寧譚生則不記識矣託鄧議長關說官事胡外孫夜來

廿一日晴陳完夫來謀校長爲與書湯頤公其言辦學如不辦又與狄梁公反周爲唐同意非我所許也

廿二日陰尹主事來送曾伯隅詩文集伯隅畸人乃溺於文詞楊晳子應愧之也夕至學署會飲頤公不在劍侯病去重伯爲主人以我爲客同集者易陳熟人南陳生人二更還霧散滿街

廿三日晴李孫來致電報覆以卽行因令告劉陳定行期完夫叔姪夜來

廿四日晨起甚早訪劉漱琴黃觀虞鄔師皆不遇還與張芝岑談已知電報矣歐陽屬來請從行劉少青請喫燒鴨費錢過萬

廿五日陰丙申春分周嫗告歸金來替之湯生大宴文士爲我餞行設五席集四十人不識者皆祕書參謀之士唯屏客從不聽入余從者亦無



樊噲則缺典耳申散還重伯來

廿六日晴周嫗還邸歐夜來談至亥始去

廿七日晴戊戌社日寫字數幅張貢五來帥生取像片寄美國欲余題字前云美總統生辰綱者謬傳也桂娃惹事巡警欲囚之幸警長在坐得解夜雷雨

廿八日陰尹巴黎招飲曾祠坐客初不甚相識大要梅山人也戌散至鹽局莘田招飲頌年伯元諸君同集亥散

廿九日雨詩鐘會友約集挹爽樓去余居一街隔亦舁而往三房竝占集者十餘人取劉劍侯爲狀元尙有二三不記名字者戌散

晦日大雨伯元招飲先往客多不至來者左繩生賀少元余太華少老板劉穉泉亦來作主人淩盛熺後來亥散

三月壬子朔雨寫對數幅午後至日清公司考室與松崎鶴雄先約定者公司栗井爲主門戶新油誤汚我衣設每人每燕菜席甚爲侈費楊生亦在亥散

二日雨鐘寄樵來力阻北行因送之出便赴孔教會餞席有照片記主客

三日晴開佛住持海印招諸名士修禊常靜話卌年事兼及寄禪云在京示寂海印親斂還柩天童殊令人不樂程初子大由六均在會未及作詩張筱廳約游麓山午前已去芒芒然往從百搭橋泝湘岸上至書院北叢山平田並無幽景至萬壽寺未及入虎岑堂已將夕矣急上雲麓宮喫鱘鮓白鱔子大由甫亦至悤悤下山隔岸燈明湘上霧起主客各不相顧入城已及二更瑫女自衡來彭石如坐待一日

四日晴石如昨力阻我行欲罷不能且復一往譚芝昀專信來干晳子不知非我類也亦姑與一函言之客來送者不計數

五日陰解差來約四點鐘上船並云都督遣軍樂候送宼女船到擶子婦



同來孫女病往子靖家就醫俄云疾發宼自往視長婦孫女兩兒宜孫並從行送轎發行李紛紜一日余上船已夕矣行李船猶未到客舟送者紛紛以百花生爲招待員余但送至艙門已罷於行又熱可單衣至二更後稍靜宂食從行甚可厭無法拒之

六日卯正發風雨雷並作不礙於行但稍遲耳夕至新隄浪涌船簸頗似黑水洋停輪久之夜黑如磬了無春景寫對二幅送者荆門陳白皆崇陽劉劍侯長沙王啓湘陳完夫李伯仁涇縣朱銘敬船政局長曾重伯劉養田周梅生令婦女邀曾妾來飯以房倉甚暗不可坐也余飯於房倉中以避之

七日雨風乘濤急進猶不能駛過午始至漢口一行五十餘人均至大旅館新開店市也云地皮大王劉祥本家所開名之貴狗兼充稽查起造三萬金卌年歸地主無地稅五層樓居第三層復降一等程鄭所謂降

階者與李伯仁專供應不費我經理譚芝公來談
八日陰葆生送茶方表葉麻桂老耶俱來縣人欒至矣日本中久喜岡辛
七郎來常寧有何錫蕃領全省水警得伯爵任中將殷殷來見約歸途
細談吳文甫昨來船上今復居此照料肥白勝前云爲段芝貴祕書無
權有錢方怏怏也談及莘田不能自保亦惜其多此一番運動云報館
李振王彀蕃歡迎設宴復至商會應點邀譚郭同看漢倡醜陋不堪
九日晴三日風止本欲過江段中丞云午來相訪留待之寫字數幅未正
段芝貴香岩呂調元燮甫時象晉月皆杜錫鈞均來所謂機關上者小
坐去段送二席合宴同來護送人兼請譚吳召妓七八人唱漢調未三
曲俱樂部彀菴王運江招飲即席賦詩招完夫父子曾重伯同作均能
急就勝諸女也
十日壬戌清明節晴顔伯琴弟二子栩字憲和自北來云伴尹昌衡看管



今往湘陰上冢致蜀錦二端發湯蜀二書湯爲黎桂生關說蜀則報莪
行蹤欲憑顔寄湘物悤悤未暇也蔡四兒苦纏告葆生邀四人各出十
元遣歸戀戀不肯去戴三老耶則請安去矣昨葆生言王金玉能燒魚
翅今特設請我果無館派殷殷自勸酒飯爲飲一杯飯一甌以答其意
並寫兩聯又自寫一扇與之字債猶未畢已半夜矣
十一日晨辦裝見窯女行李纍纍大斥其謬爲悉發上火車幸不過磅余
亦與葆生宜孫同坐馬車至大智門登臥車容四十人云費千金電請
總統飭交通部發來者可謂勞動大神也王慧堂譚芝昀均來同行
十二日晴昨夜過河橋亦未見繁盛云特爲我發電見河水粼粼碧淨無
波大異往時晨至彰德自此至琉璃河前五日程今一日至矣但未見
往日車道及行車耳酉初至前門停車見重伯下車云當急下迎者未
來發電話尋人余出閘看皙子來又尋我同車至武功衛見門條署王

館長宅入則有守屋二人院落四處分住同行人不够僅可安頓親子
及劉陳周三私人公人皆居客店去皙子代東葆生設食午詒戟傳父
子廖倬夫均來四川張生衡唐生俱未面連設四席並楊生辦送亦太
費也子正即寢
十三日晴方表電請救葉麻旣告段又告湯猶恐無效也午詒來言明日
有來迎者約申初往劉胡二壻來見蜀生張石卿來言李瑤琴岳鳳梧
均在此唐乾一來同早飯飯罷已過午金嫗云有七八人未飯將從夷
齊游矣蕭兒來未交言去劉惠農名異舊名家惠工商主事曾齊甥三
人夜來
十四日譚芝公仲兄啓緒號滌菴宋芸子兒繼彝李瑤琴曾岳松丁佩瑜
來午睡甚酣岳鳳吾來未見也未正乃起申初楊生來迎同至西苑入
新華門坐船至長房小坐午詒出陪更有三祕書出見用名片謁袁世



兄在客房外迎入洋坐坐客位談久之無要話換茶乃出坐小車行隄
邊出新華門新闢便門也坐袁送車還寓熊秉三來張仲卣來見已不
識之矣
十五日晴梁卓如率其子女來面貌全改亦不識矣贈以公羊箋一部皙
子夜來取詩經一部鳳吾來云率印伯兒同來余睡未見顧也寫對一
幅送梁夜與楊談云南北禪代已有其功蓋與黃興密約夜有微雨婦
女今日出游公園兩嫗均從余獨守屋
十六日陰徐花農饒石頑來其餘熟客不計撲牌四圈今日欲往午橋家
作弔逡巡未果坐待至夕與楊生同車至虎坊橋湖廣館卓如爲父祝
壽賓客甚盛機關上皆至矣見楊杏城周自齊羅惇曧袁三少耶倜五
耶至即草草設飯八人一席餘皆照辦不同時亦新樣也帖稱承慶子
想係越俗坐待倜厚齋出臺又見惲薇生串戲至子初散

十七日陰晴寫扇一柄惠師偕來卅年不見頽然老矣被岑勠陸孟孚來
亦老矣均談往事洪翼昇自稱門生請游工場字晴舫未省記也又見
其妻請婦女游覽亦俱登暢觀樓云孝欽嘗居之夜晳子請喫燒鴨
十八日晴江瀚來見又欲做藩臺耶然已老矣廖程夏唐坤一王梅生請
游法源寺五十七年前所居已閉門不可得見矣並徑路亦不似前尋
雲麾碑石不見其僧房則當年來一到知爾日無他營也並柳柔谿住
處迷失遼東鶴去城郭是何耶叔平兒被拘其妻嘑哭求救招令入居
爲告熊秉三及葆生葆生云易易卽令往救果卽釋出並招其妻去此
行第一快也晳子又請至廣和居並攜周嫗同往又招程廖來喫南菜
十九日晴熱大風欲步出怯塵而返朝食後至石虎衕衕答訪議長湯化
龍聚五午正至崇效寺芝畇大設招集同來諸人其兒滌广亦在又不
識之矣幸億中也外延楊夏郭皆吾黨也看紅杏青松長卷國初諸人



及近年故人均有題記翁覃谿八十四歲題字余八十三欣然繼之字
更小於覃谿亦雅於覃谿也未入坐譚僕傳來一條云申初期見總統
促令亟去完夫從之午詒爲介亦亟去可笑也六十元不虛花耳滌广
爲主人更有大膽陳生凡十六人同會申散急還未晡食已夜陳元祥
催客與葆生同車復出城至陝西菴中華飯店夜飯八十老人跋涉登
樓彼費錢而我費日足爲戒也貝允昕張仲㠯王小宋璇芳沈冕士陳
葵生王上席卽去劉幼丹張子武不到又一劉驤逵則不知何人夜二
更還摸牌三圈
廿日晴朱啓鈐桂莘來駱公驌狀元來言爲蜀使爲議員又改選官不揚
例陋矣曾岳松設席觀音寺街慶華春楊夏諸人同集自來迎送往大
柵闌尋舊迹及皮小李店皆迷方向矣劉次源來講大學中庸
廿一日晴今日有二處宴集初亦未知何處午間電話來喚云孔社博覽

頃誤以爲劉次源所約攜功同往誤北行入西安門至國務院乃知其
誤回車出宣武門至北半截見張設棚新入一矮屋而內甚曲邃云有
酉間徐饒爲主任設流水席見宋伯魯趙惟熙推我主祭博覽而釋奠
所未聞也免冠常服賓爲夷禮旣至當從主人凡三跪九叩半時許奏
軍中洋操樂乃得免出仍入宣武門過寓街令功還寓復至國務院前
內閣熊寓主人出見云攝政醇王府也府未成而王失政猶欠五十萬
金頃之梁陳楊郭來云陳伯潛不至鄭叔進後來散已將夕遠寓潰失
舍車而舁至湯聚五議長處會飲仍熊處諸人多一劉幼丹散已二更
復摸牌至子
廿二日晴始換夾衣劉仲魯來曾郭借畿輔先賢祠請客欲觀藏帖故請
劉同集待晳子同車俱往門館修整字畫精雅看兩池二旁棠杜丁香
亦復有春景設三席多同來人客唯熊鄭譚耳席散復坐楊車至朱寓



熊曾亦來散猶未夕夜請洪陳女客便招宵來
廿三日晴煊曾傳泗來云自江西來投我我衡無錙銖亦有人投可喜也
瑤林子來湘孫夫婦來題楊忠愍疏稾
廿四日晴至下斜街畿輔祠照像劉仲魯鄭叔進劉家惠江叔海常怡賓
玉瓚爲主人又有一曹經沅不知何因想係報館人曾夏陳同集早散
廿五日晴楊親家母到天津懿婦從來晳子往迎云須住兩日不知何意
饒石女來見曾妻趙氏同來飲冰設飲羅掞東先到云介我見梅小旦
又召老小旦唐生彈琵琶熊夏曾同集至亥乃散見其三女四子
廿六日晴熱一日無宴集寫字數幅朱德裳來送筆夏糧儲子敬觀芝生
兩兒宋鉞卿子字敦甫篆書齡叔平子婦均來見張君立再來令兩兒均
出見之袁玨生侍講來幼安長子也年四十餘道南齋屬題焦山圖焦山
閒臥海天寬近被輪船擾欲歸唯有[illegible]舊[illegible]空歸鶴定知還[illegible]梁爭欲結茅居若比華陽恐不如何似南齋老供奉閒來收作臥遊[illegible]

廿七日晴一日無宴集寫字數十紙客來不備記午至十刹海舊西涯也訪香濤新居旋集會賢酒樓李岳公請

廿八日晴柯鳳笙來給其不代遞諫興學疏以至革命渠猶不悟也出其祖畫像屬題畫一像於鏡中吳摯甫女壻也有吳女詩余亦作一律從來循吏與儒林總是塵埃不染心聞道至人有將迎唯將方寸自搜尋卽今聯島多風浪忍見神州盡陸沈大隱金門太平事爲君展卷一沈吟

廿九日晴法源寺餞春集者百廿人未見者有嚴復姜穎生姜善畫好罵余午初卽往酉正始照像而散易仙童亦從太山還介陳思來論詩未論也芝畇兄弟亦早來餘詳圖記

四月辛巳朔晴劉生再公請廿六人爲主有岳李駱羅卽西涯前集人傳增湘有舊書云當相示席設南下窪東頭張冶秋祠名岳雲別墅未散又聞夜有一集亦是請我欲留待從僕云無此說乃還寓未久電話來催乃知是張仲甶又出順承門至原處已上鐙矣坐客陳卓齋章曼仙



鄭蕉農羅掞東先在晳子後至又一人云黃秋岳未之前聞也坐晳子車還葆生先在

二日晴章曼仙袁幼安柯鳳笙來鄭叔進送其父書來請看皆考證碑版者午又至嶽雲處叔進曼仙等公請又一陳士廉不甚熟未夕還

三日晴午詒設酒其家招同譚郭同集看鈔本史記晳子兩弟昨到云煥彬亦來遣覓未得午詒暫出余留其家待與同入禁城黎副統元洪設宴瀛臺舒湯饒劉心源幼安同坐楊惺吾新從鄂來老矣夜上船頗不便於行余尙能扶之還寓已夜晳子爲我包一馬車

四日晴譚芝畇昨面約再集崇效寺看牡丹便至廣和居補午詒前赴總統之歎其兄亦來客卽昨集諸人遣車迎女孫看花待車還乃往

五日無宴集見客六人有煥彬

六日晴祿荀卿來言衡州逃兵事王熾昌來云其妻女亦當來令儲針線花粉待之護送四員請看花三至崇效寺譚郭程曾同集生客有王弢广兄弟新自漢口來作書薦劉壽琳於鄂段呂

七日晴徐花農請看花唐生衡九請早去便訪柯袁俱小坐便去主人皆至矣唐無客而徐客未集先至北屋小睡唐便先設旣飽至西房客有畢斗山李直繩宋伯魯趙芝生又喫終席照相乃還寓壽琳已去細太太亦去矣

八日晴縣人公請主客共廿三人皆尋話講者周張楊梁俱不至三照相

九日晴王文豹鄭章公請至湖南會館集者卅餘人寫對子無聯語甚窘程議員乃集一聯葆生一聯則犯二大快不便用也

十日晴任壽國貝允昕同請至畿輔祠熊蔡等同集葉煥彬亦於此設宴先催客往則俱無主人獨坐頃之任貝先至半飲葉乃至已飽矣又至葉坐終席任等已去乃還葆生夜來云酒醉未醒至子去



十一日晴詩鐘會請入會面約五點鐘午初已催客蕭仙童所爲余不能早去恐違五鐘約也午詒來談未正同往羣賢吟哦大似文場風景知科舉不易廢也上燈入席亥正還

十二日壬辰立夏辛耀文袁抱存與實甫公請辛富袁貴齊人所乞餘者也朝食後至西華門外西安旅館送劉陳還湘不遇與曾陳小坐而出便至盆兒胡同赴楊時白招章鄭俱在更有劉家惠李堯琴同李鄭同至崇效寺再看綠牡丹猶未放已不綠矣設五席大會名人與陳雨人李仲仙同坐未夕散

十三日一日無招要朝食後特訪譚滌广兄弟出前門而還作楊容城琴記非椒山物也而云容城修豈不知楊尙未成童耶夜朱姓來募捐

十四日晴完夫得評事戟傳得肅政使來議史館王慧堂來向隅約戟傳作東道以慰之夜往韓塘設二席皆衡桂人也以余爲客譚芝畇爲賓

十五日晴趙撝叔兒及劉仲魯來更有金葆損索字而失其紙明日翰林公宴預作一詩師吏臨秦敝文治監周衰自無貽緯化登見饋散荷聖清備制作鳴風咏疵嗜翰苑儲聚英流風洽堅孩敷失勝步門懷流莫能爲軍首又已嗟民吡途成哭禮佚逝未墜闕孫在茁萊日余後升堂讌回悵無階翅翅從耶彥坐歌笳金甕西亭衛城隅伊昔宴所階雖謂鳳泉□擧蔑遇可儗各勉金玉音空谷貸能來趙芝山惟熙來江西翰林請題其妻遺像今日忌日未能謝客幸未赴席耳

十六日晴午至陶然亭公宴見前輩四十五人設七席後照像陳伯潛太保來已將散又留別設一席散又將夕

十七日晴直隸京官公請宴於積水潭設席高廟云李西涯故宅也王鐵珊劉仲魯李張二公子王僎源藝孫樹枏餘五人未記共十一主人七照像

十八日晴會客半日午詒來與仲馴同至鐵路局看詩鐘子初散

十九日晴趙芝山請飯午初往王鐵珊徐固卿二齊縉珊繡琳徐花農饒石頑同坐賭酒固卿云昨飮十斤與葆生同量也同徐珊出還寓云袁公子



催客往入禁門已通籍矣坐車至流水音仙童寓處二袁爲主人客盡湘人也梁卓如不到粵人惟羅掞東未夕散今日瑞生日早設湯餅喫三盤而飽後又二餐猶未飽還復喫餅

廿日晴寫字數幅客來不記惟寧鄉周家琳似是震麟本家神似雅南譚聘臣來告窮題流水音修禊圖流水音如天上琴閣亭猶有昔弦心祕應內史多塵事不及五雲深處深爽邵南來言恆鎭如從子欲覓食於我許以主事明日來見

廿一日晴比日風涼芍藥未大開云自來水不宜澆灌也竇子武兄弟來見適熟客纔入未得暢談問雨蒼裕庭子均云不知寫字數幅作包子甚佳法源寺問春會宴集序法源寺者故唐閔忠寺也余以己未賞廬過夏居及兩年其時夷患初興朝議和戰尹杏農主戰郭筠仙主和而俱爲清流龔裕庭依違和戰之間被善尹郭而號爲僞臣余爲裕庭知賞亦被譏尹郭而被爲龔黨然清議猶以皆必有名則多以法源爲歸長夏宴游猥狀游醉雖不同荊卿之飮燕市要不同魏其之睨兩宮甚其時湘軍方盛曾胡掎角天子憂勤大臣補苴猶奮金甌之無缺也餞而大沽失機蘇杭並陷余同郭還湘靡從西寧京師被寇龍驚莫攀髯余入臣俱從誅貶自此東南漸定蘇爲中興余則息影山阿不問

治亂中間聯兩至擧下率無久留狂墓之乎忽有游興越以甲寅三月重踴金森京國同人旣皆失職其有事者又異昔時懷剃不知所投題啓不知所問乃訪舊迹緇識寺門途詩導師代通鄙志約以春蕊之日會於寺寥丁香盛閒淨盛斯啓軍英窟至寡不週遠感往欣今變然有作列其佳什庶蹤剛爭亦述所懷以和友壁云留詩日京國多良會春游及盛時寮知垂老日重作五嘘斟尊酒人心醉紫花烏訴憩且留殘麗影同照發毛長古寺稱實稿唐宗爲閔忠於今丞國少汎世綠空天地鬢歐裏興亡大夢中杜鵑知寄恨不青怨春風松

廿二日晴葉煥彬送詩來卽和一首岳雲別業爲張楚秋祠因以爲其故宅頻宴於此其後爲南橫街張孝達所居也張侯昔宮南橫街戢時布衣徙步來風塵頹祠四十戢又見新張門館開兩公儒官恥儒術府游先生想歸辟改更祖法師呂王謨道疏善先讀律六臣謝首九夷來李相乘時紇死次儀人和鑑盡興學明留始微天下才先從楷善立模楷不比燕昭廷郭隗二張地命定學制料來才空貲財改院爲堂一反手獨彷船山可仍遝不知新舊何異同似怪殷梁效奔走我時作奏欲主事晴首僕利非吾們趙公笑我同獎圖題過封章不鄙遜二張同時得發舒學賢流汎取餘飫舟車槍林無不有壓然煩良如軍畜學子翮然恩革余一時鼎沸皆鼎猊廿二名城枯朽摧繫組無由依晉浙兩臣先死不從亡翻得嚚名鑄遠宴共欽齒今思范蠡居然鳴玉步文昌前時昔樹背依舊今我重來酹杯酒因召感慨一長吟北江南游空回首南鹽庭秋似前時飛絮遊天容莎稱沈吟對此不能醉舉凡山丘多是非



廿三日晴尋碩甫至果子巷便訪辛生不遇還懿婦來又去

廿四日小雨始有涼意至西華門訪楊生母弟均出留麪而出至秉三處誤至徐相國政事堂見衛兵多人乃知其誤出過閒壁秉三招陪房師沈子豐劉仲魯竇瑞臣志琦端仲綱同集未夕散懿自青島來

廿五日晴寫字數幅扇三柄爲四婦寫條幅四紙夏午詒夜來

廿六日晴周子廙自齊嫁妹往看新人至金魚胡同四姑娘舊居也那桐宅最有名故欲一看往則如戲場主人不見客客入坐乃出一見羅掞東招呼周到送登車而後別未見熟人

廿七日晴一日無事女婦往天壇看技擊

廿八日晴陳副榜送茉莉高麗人金雀來訪往法源寺尋故居已迷其處見兩院略似亦未審也孫女同往看芍藥還大睡

廿九日晴寫字數幅常熟孫同康送書詩人也有同光詩史之選詩人無

我名亦足異矣
晦日晴龍蛇連横皆來名字詭異至此宜春秋譏之又有福州李經文頗
送食物意在修史亦心照不見
五月辛亥朔國務院送印無人祇領只得代馬敍倫出四元受用即薦任
譚芝公爲祕書譚欲爲長改派重伯亦翰林有文材者請譚纂修譚辭
言去遂不能留之
二日晴遣招寶子覩作主事又一員則以鄭蕉農充之陳完夫留與其弟
亦依而與之欲作辦事員者無數皆不能用袁玨生來言趙次山將來
欲我薦人余以修史當悉用翰林方能截斷衆流使廖經師蓊雷公無
處安身也
三日晴出送芝公云尚未起亦未擬行也定期五日約熟人過節本請譚
公亦改重伯



四日晴出訪楊惺吾於甎塔巷襲宅小坐而還以老人不宜多談而自忘
其老也寫字數幅
五日晴出訪葉煥彬於劈柴巷主人蔡斗南出談設鮎心還待客喫糉子
鹽卵則不能佳又無蒲艾客來者王慧程戟曾重夏已陳完易碩陳仲
王豫胡玉陳熊胡劉二女壻子孫四人及楊弟仲子凡十七人號十八
學士以胡彥國外孫在內坐者充之亦客中大會也酒罷又摸牌我均
在內三更散財政局送開館費五千元親家母接腳孫女皆來不飯去
六日晴寫字會客竟日懿率婦去還島居附書組安得湯督電言何生事
可了何電亦云將赴史館宋芸子來信爭聘委將悉以委用窮之此家
變公心法也尤而效之豈無罪耶夜雨
七日雨左壐生來言其父有寓宅在京今將棄之曾左皆無故宅喬木亦
迅速也章曼仙請功兒因與同至瑞記未開市即至醒春居小酌而散

八日晴出弔張國淦初不相識以來赴不可不往三點頭而成禮小坐即
還完夫來與同訪芝畇遇慧堂看女戲停演要同過寓復還車告芝畇
遂與俱還寓重伯亦在摸牌四圈燒鴨煮魚差勝酒樓
九日雨功兒貰宅云已定汪大燮伯唐來訪達縣吳御史之子來忘其父
名矣四門親家兒也小坐去又引一李姓來云送莪入川者正欲入蜀
而吳意難之有老不入川之意余云不足疑也女知護女余豈不護女
於此用得著一癡字又借以爲題可舍去矣本約明日上火車因欲開
館而留夜思不妥又空行耳夕再至瑞記完夫犧牲四元招午詒劉胡
壻並及來客朱生子佩
十日晴晨兒報實甫補參事作詩賀之幷眼鏡送去寫字一日賢子來
十一日晴寫字半日筆單悉售矣昨夜思貰館修史必爲債主與書袁統
論之衆意似不以爲然未能洞照也夕至灰廠陪朱張川客飲午詒有



酬恩舊意皙子亦至乘月還
十二日晴趙次珊來頹然老矣論補齒可衛生又論修史人材告以有馬
布衣午至城隍廟一看意可比南北之游及至乃無所謂香車寶馬者
逡巡而返夜熱
十三日癸亥芒種晴忌日素食不見客夏御史同程生來破例延之
十四日晴晨至秦老巷訪次珊遇一袁姓趙云東三省第一流也小坐暢
談還已午時乃飯
十五日晴晨訪左壐生於龍宅周仲元病甚有憂生之嗟還令陳孫診之
周不信醫改服譚進士方旋至程生處同喫大梁春而還
十六日晴譚芝公來言道尹事易年姪穉清揚鑄來令館於我曾程湯陳
紛紛訴史館人
十七日晴一日未出熟客來坐不去頗疲於接對易姪移來

十八日陰左龍來言周病請移潭館遣昇往料理如法胡杏江子求委辦事依而與之完夫爲廖生求一委咨而不與與蕭兒同妄作不可令如意也

十九日晴寫扇三柄看小說一日湯議長率王鼎臣兒來亦欲食於史館曾祕書已喫餅辦飯矣

廿日晴功兒生日設湯餅客有曾陳食畢摸牌至夜散

廿一日晴燠財政會請講大學與劉次源完夫同往講後至觀音寺酒樓小飲未半席孔教會來請驅車入城至衍聖公府見李佳白又引見一洋教習未講搖鈴散會復入城至酒樓高麗崔書葩請客客猶未至已申正矣江叔海招飲福興居來催客馳往南半截胡同已散去又馳還大柵闌客猶未至頃之二夏來功兒亦到散猶未夜馳入城憊矣仍摸牌宋生午來已去



廿二日晴午睡身如火所謂全體熱也宋生云任命不可輒離當改爲聘請迂哉天下豈有掌印師耶耶

廿三日晴袁大公子請入談令董生來迎同至新華門坐船至內齋飯罷乃出問鴻範檢書將贈之自看一篇

廿四日晴史館來迎往後王恭廠看新寓云尚可喜裔孫其亨字惠臣新宅也宋生不至闔禮侍許鄧編纂景閣學均先到曾重伯爲主人設三席女婦亦有庶羞未夕還

廿五日晴歐陽闔來云從道香假貲始得至此同寓法源寺責食於我蓋索還前火食也告以廖經師未去乃云已行幸有脫殼計不然殆矣

廿六日晴蔣胖來云自衡四日至此可云迅速得莪端午書反言蜀人畏兵真姜維膽也

廿七日晴赴象坊橋入參議院聽讀頌荅詞到者不及半惟蔭午樓紅綠纏身頗爲標致兒馬良或云眉叔或云眉叔已死此其兒也無童年者亦是一缺典申散照像飛雨洒面露坐聽載（俗以露雨爲濱雨讀如在雨今改作載爲將來一故實）未上席與卓如同出馳往十汊海會賢樓李巡江燮和招飲葉廝先在晳子後至柯鳳孫不來散猶未夕

廿八日晴當邀趙次珊一飯因約劉仲魯趙芝珊熊秉三楊晳子楊云不來忽又自至劉來最早余出城至館自謂太早幸已先來不然慢矣餘亦早降不待催散猶未晡也魯詹婦自湘來昨至館令請客婦女女孫俱來飯飯畢猶未夕余先還宋教復來夜談去已將亥初又摸牌涼倦乃寢

廿九日己卯夏至晨書四詩題憶焦山二詩見前又二詩新作補空者（曾借）

（兵船繫寺門被入看作故將軍烏碕當日輸紅玉擂鼓台邊枉乞恩從來仕隱不相關闌處如何願乞閒可笑金焦雙島寺不如湮沒一堆塼）

閏月庚辰朔晨起甚早看家人發行李兩時猶未發陳㚁俱來乃與同至



史館早飯兒女婦孫俱上火車未往送也易年姪亦同來陳兒油餅挨打傷不能起云何金拖打唖之欲究治而新例須質對遂無以罪輿兒仍還侍宜孫亦未去夜雨

二日雨未止院中成池譚許曾岳陳宋並來云到館點卯設酒款之當定三日一小宴看謗詩有義袍字未知出典曾宋亦不知爲金何大生訴訟

三日陰晨起甚早與書莪女曾左夜來言辦鐵路尋劉堉已出游去始浴

四日晴高麗人送詩文集繙閱一過有金世鐸自薦贍錄告以無事老大章夜來

五日陰熱發家書出訪江翰叔海迷道而還欲過楊生怯日不往胡堉來遣看窊女郎從之去至夜不來寅初雷雨已明日矣夜宜系日當亦以寅正爲合蓋子丑渾沌時也看湯頤公小說易年姪貧病贈以廿元報

枝江驢也

六日晨雨書案漂濕不可坐移於東窗完夫借車命駕往復云不要嫌反復欺御者乃自出訪二楊皆外出因見晳子喫餠復過仲魯略談而別

七日雨涼館員見總統俱洋裝往非雅服未能止之見巧言舜禹事惜未同往乃令張元奇帶領云內史俱侍班朝儀甚盛駱狀元來

八日陰涼參政開議未知會故未往夕至十剎海黃巡江請看荷花無所見折二白荷還芸子移入館

九日陰晴甚涼門安甫景譚均到館夕至東廠漆育文設宴榮相故第請講經未及往而實甫叔進俱來惠堂亦至方談話世珙來見無一語亦不知何意來又未曾識悤悤去與劉增同往見程生季碩在庭中略談而出夜散聞陳甥來在梅生兒處梅生得奉祀官月支五萬可不來矣明鐙行禁城旁頗爲悽愴



十日陰楊叔文來談熱河風景鴻甥來見派辦事員不再求信矣作榮文忠故宅詩榮居一品五十年眞貴人也晚好士能薦達不及曾侯者士之咎耳有一孟浩然而不能用曰文忠未爲忠乎丞相新居近御垣當年櫃馬夜常喧宮衣一品三朝貴門客長留四海尊謀國繇稱狄仁傑逸亭今但率賦圍獻歷遣恨持節使重對茶瓜感夢痕岳駱來談出訪蔡松坡羅掞東俱不遇

十一日晴宋吉撫小濂鐵梅龔藏足鏡清來訪均通材也言東三省事尙可爲欲早整頓之陳夏楊均來相看言郭葆生事云李寶琴來十餘年同患難一旦棄之非義李昨來余許擕之歸湘而意不欲是有外心不必管他但亦不必極其所往窊女來胡增亦至留夏陳曾擯牌四圈僅成一牌而反大勝二更散

十二日晴功兒來書云陳芳畹病重昨夜又得張子年書二尉均當以百金了之

十三日雨王慧堂來以路摺押錢適無錢借廿元應之還其摺楊郭二家妾來見云郭妾欲來相依作護符寫冊葉半本

十四日陰涼送參政月費辭不受來人云須告院長片與黎宋卿言之黃漢湘來本擬往訪而完夫借車去故未出游將還湘聞路阻不果賢子來云雲門有行日彼已辭聶館矣寫字數幅筆硬不如意乃看新評紅樓夢兩本大要學悟眞評西游記者葆生妾求去託芘於我令移來暫居

十五日晴涼窊女來令爲李主楊家又迎李去看紅樓夢賢子來送詩周梅生夜來令居茅屋電召譚都督協撰伯嚴不來電云刻不能來誤作萬不能來一字出入甚大

十六日乙未小暑雨將夕張正暘來旋去取行李李女客遊不還余誤以爲張生不還遂早眠



十七日晴窊女偕胡增暫還黎宋卿又送薪水來受之遣還楊生租馬錢百六十元楊生不受仍留公用租馬稱病令去不再來程愧生往湘參謀來問情形

十八日陰譚進士來託程參謀以湘潭鹽局待之寶老耶亦可撞騙也曹典彝來

十九日晴至象坊橋聽未聞其說隨衆舉手而已欲條陳周婆尼之而止楊賢子移來同住周梅生昨來云潭人將麇至幸有脫殼計待之

廿日晴燠寫字十餘紙窊女復來留與李女同居余治裝且還以散胡孫

廿一日庚子初伏晨起上車至車站初令周庶務備駕衆阻不令預備乃自顧定一敞車一人車一馬車館員均送至站陳夏楊叔文岳生鄧炬猶爲西山之說賴周婆堅持而定辰正開行至順德已夕夜渡河橋竟未覺也終夜行

廿二日晴朝食後過信陽感舊游口號一絕馬頭又見汝南山春早還應時夏殘雖道朱憑竺富貴不如陳蔡及門班酉初至大智門易年姪從行請除館余未欲住詢得武陵丸明日往湘即上行李夜作書與呂燮甫託易[illegible]別夜頗熱然尚能酣睡

廿三日卯初開行申初得雨已至新隄矣湖水淺不得夜行泊艑山湖口

廿四日陰過銅官大雨申正泊小西門遣告家中純韓兩孫來功兒繼至云二婦欲歸待之不至云又改計

廿五日雨日本人請大餐寫字午初上席船亦開行寫字兩時許正過昭山申正泊十三總上王升已備船迎周陳任俱來迎云歐陳在局相候移船至九總歐病足未至往看之兼爲周梅生復命遂留石曼卿處晚飯已過陳培心又設酒

廿六日晴羅敬則設酒伯元亦設酒分早晚消一日識振災事又云有狂



人縋於火官殿屋頂火珠上人迹難到處不知何群也東南紛紛報水云共出六蛟

廿七日晴匡澤吾翁樹堂設酒郭養原晚宴又留一日多爲張海濤寫字

廿八日晴稍熱三堂公請早飯徐孫又請午飯再留一日日必寫字至夜席未散而客皆起余還船早眠

廿九日晴紅日映船幸有涼風纜上東岸還船入漣口已將午矣纜行卅里小睡覺熱至湖口羅僮上岸舁未來黃孫來迎待舁同還設紗櫥而寢

晦日晴張金華幹石泉來坐半日羅小專亦來夕俱去

六月庚戌朔中伏頗熱魚鼈烹羊以應節景看滬上小說聊消長日

二日晴澂子晨來爲禁烟人求援鄉人清算積穀將訟叫鷄告以中立

三日晴頗有薰氣但覺日長林婦來見蓋烟人之外室不似正妻也爲片告六一遣之胡畫師來忘之矣令坐書房待飯黃家兩婦來滋嫁廿年今始有妯娌來看未能長衣見之

四日晴日烈可畏曾抑齋陳繼莊陳秋生張啓英均來南北五千里總集一堂得劉宋功輿書至夜周兒偕仲則來乾女專使報芳畹喪云二日死矣卽復書唁之又爲黃彤階作書與湯將軍說情陪陳周夜飯作粥極劣宗兄來曾陳舜去

五日晴熱寫字半日李長生來言蔡姪去二人聞我到家又回矣唐鳳庭夜來葛獲農來午飯去譚進士及寶官來不飯去

六日晴寫手卷二軸扇三柄對四幅屏四幅均頃刻而畢唐李不辭而去方桂弟兄來欲遣船迎周南風上水爲難而止陳周告去桂兒迎毌去夜風涼還上房

七日晴方起外報歐陽小道來短衣延入云欲修史可謂奇想也不能與



論蓋求財耳看報言周媽事殊有意味王特生亦求周媽則無影響矣然亦褒回與親戚同知疲民心想之奇何事不可爲他日定當以圜土殺之此等人不殺無可位置也不知佛出何以度此又非立達所可及

八日晴與書會計收留小道瑞專人來說積穀其想與歐王同此則有法制之而非我所及張韓來求書放劉盜以二百錢牛肉欲抵卅千用費亦奇想矣然其事殊不必牛肉牛肉猶過費也但非吾職耳寫對子五幅

九日晴稍得涼風大要熱數日必紓一日張弛之道劉佃竟死未能治之

十日陰涼竟似秋矣頗欲治行而無資斧蓺渠曾孫來欲干劉督銷告以不必且可從我宗兄不辭而去郭七女來云嘉姐病甚夭遣我還料理也亟與二萬錢了之身心泰然然已費三千二百轎錢矣可致八客今僅致二人也郭女夕來談頗憶舊事余所不憶者

十一日庚申三伏晴風涼看律鈔未錄游仙詩試抽日記竟得之將軍復
來相擾郭女亦不辭而去霧露神稍散矣且得靜坐一刻午剖一瓜尙
佳又喫包子五枚早睡
十二日晴作彭祖勝傳稿端虔兩姪來欲干巡按卜云齋亦來書求繫援
劉少青爲彭楷求關說王升求知事皆隨而闢之但諸兩蔡故劍恩也
王升亦有新劍逡巡不去
十三日晴看五燈會元未知其意淸理箱籠將復北行
十四日陰涼羅正威來正煒弟也又有兄正聲作知事逃出被拘與書俞
壽璋言之幷問來令贖命之罪撫臺少耶披昌至此可歎也夜將出城
而船未至樊生船開因坐之出漣
十五日陰晨樊生與常子庚去樊送脩金正須用費又臘活矣昨夜宿救
生局今早歐陽父子均來早飯後坐紅船下湘南風順水行殊不迅申



初始泊朝宗門三孫女自衡來省功兒先來夕去問周媽已上湘矣甚
爲失望
十六日陰與書湯鑄新問有事否彼此均畏炸彈不能通拜湯遣祕書來
迎仲馴亦至云已保張授館並遣舁來入城居然入撫轅與湯劇談伯
仁亦在夜送至浩園宿雨珊前房偉人已造成兩房楚壽朋爲主人
十七日丙寅酉正立秋晨出待舁出小吳門循馬路行不識方向試上左
旁山望正在　先塋旁便舁上展視遣看陳母墓芳畹已附葬矣還家
一看伯琇葆生子聲均來心念上船未能留談胡子笏請飯以我爲知
己也往貢院看道尹又見魏翰林仲馴伯仁三科員出城船宿周少一
來纏不休小道亦然
十八日雨冬茂還云周媽已到移船往迎大雨正濡頃之止岳訴曾大少
周訴大少皆不須詰問也下水輪船皆開去便依泊一日唐藝曾接腳
女皆來
甲寅六月觀音出家日戊辰晴昨夜雨似露瀏水暴長移船送周還家入
瀏口泊至午出泊朝宗門待輪船周姊夫尹姓有千金產鄰人張姓恨
之謀奪其祖塋成則使其族交訟之不成則纏訟不休觀音不能救非
觀音更無能救也亦苛政之尤者矣因便又爲鍾寡婦一訴司法皆以
知己情請之夜宿紅船
廿日晴李陳周黃來送黃眼鏡搖扇猶有議員排調慧孫來見已移沙市
輪船湯頤公與將軍庶務送千金來不當收受者云三世兄所交張卜
胡馬來胡不畏死欲求知事告以不宜而彼欲邀幸也卜張亦然卜云
將從陳梅生來北尋曲友差爲雅矣黃家二子來見謀開釋擁憲也胡
道回信告權限不能尹鍾沈冤不雪矣夜宿輪船
廿一日卯正開行至廿二日寅初已到漢口可云迅速船中頗熱與知事



考官坐樓旁雜談夜再起再眠醒已泊漢口江外
廿二日卯初起待明上岸尋神州館待快車入門主人白眼有愧楊子僕
人饋槳安硯樓房郭葆生兄弟來候長沙館潭鄉兩縣生陳欲余解之
謝不與也與葆生坐小輪過江自六馬頭至內棧去銀五元至將軍府
借馬車訪巡案呂燮甫小坐旋至段香巖處暢談半日食瓜餂夜飯亥
初始出仍坐小輪並車賞又七元皆葆生所備在段處又招吳文甫來
談同飯段遣吳送余車費過百元堅辭不得呂亦送席已敗矣天熱蒸
爲今年第一日暑也
廿三日晴待快車須停一日文甫過江來陳特齋兩初子來訪贈詩待文甫
葆生同訪三分里王大金玉因彼請飯便往摸牌意甚殷殷不覺已夜
急坐馬車至大智門則火車未到吳郭張易均在張妻亦來戌正車來
坐頭等倉熱氣未散香牛牀皮甚溫電燈照灼出倉取空氣猶未適也

亥正開行過洞時已酣眠不覺
廿四日晴至午買飯一盤須百錢然已度日過河橋甚穩快亦不甚熱
廿五日晴辰正到京入城余猶未覺見牆堞乃知至矣及前門車站見有候者始知已來候三次館中人盡至輿兒宜孫完夫均來欣然相見卽坐馬車入館
廿六日晴檢詩禮送袁少耶昏禮並送唐詩與袁公告以復來譚芝公王慧翁午詒晳子均來夏子復來
廿七日晴至參政院聽宣無所聞唯一舉手重伯夫婦與鄉人鬪氣幾成訟獄請張周往解之云當開會
廿八日晴葆生送馬車來出試之因訪熊內閣汪祕書陳評事因熱卽還懿自青島來
廿九日晴未出坐看西洋小說竟日吳小穀來



七月己卯朔陰王熾昌蔡鍔來蔡欲徙民亦一善計較宋參政銀行條程爲高可簽字也往議院聽差出訪章曼仙宋芝田鄭叔進章留麪鄭未遇倦還獨坐隱几偶題一詩廣場百人靜秋雨四溟清昌言萬邦乂燕室道謀成如蜩昔螗沸湊蟬今愧擊橡夏信無補吹竽徒自驚時賦信倔促政散乃賭盜奇計實所好橫流亘未寧聊從庶人議知余日暮情
二日晴許鄧仲祁招飲南河泡最所未至者約完夫同車出彰儀門東行里許便至有小莊三所兩可設席先坐南軒後移北屋主人及宋陳先到夏陳旋至闓安甫亦來夕馳還甚快
三日晴袁慰庭娶婦先滿請客後又罷之云莊總憲所尼也正無燕尾衣遂定不賀先約王晉卿同往晉卿來已罷行矣芝畇安甫仲祁均來得函信數件皆不必復者柯鳳笙駮鐵魏元史歐陽輔極不平此猶承平人習氣陳楊夜來陳伯皆議調史科案卷完夫云不能余無所可否亦書生所斷斷者

四日陰壬午處暑參政院復傳人往則已散猶在退休室黎宋卿方在主席就與相問坐久之唯聞言公債余昨已捐二千元心無怍也欲問公債集後用盡又當何如而無人詢及此乃輿出卽還
五日晴涼秋虎過十七想不再熱矣約黃俠仙一集謝其贈馬周嫗請視四少奶約明日晚行歐陽小道來
六日晴吳小谷請史席實無席也不能告之使疑推脫乃聘爲顧問祕書以爲不可余云聘人非他人所關不用其諫又增派姚常熟爲辦事員又派歐陽生爲主事自此有三祕書三主事又聞周生言胡仁舫以史館賮差有類李仲仙三可怪之一辭差而去廉恥人也當破格奬之
七日晴佳節閒居視已未年又一情景本約黃張陳一飯在夕俠仙來早遂成晚飯局黃鐵臣收熊鹿失之又往帳房取錢買以備荒唐那荒唐那完夫子復戟傳叔文均集濟菴植東程兒不請自來程未入坐石甫



不至以爲待夕夕亦不至瓜果別請宋駱張楊餘俱出游子孫亦乞巧去矣
八日晴周嫗呻吟爲蟲鳥音入主人心請周生買藥遇慢郎中至午乃還窅芳又接去重伯夫妻移來夜飲陝西街戌正還當復書者心安楊兒當致謝者湯段二將參議院又開會去太早坐休息室未正入議場不聞何語實當辭差爲五斗米舉手耳
九日晴作書謝湯復楊得丁郎忠州書寫對子六副
十日晴微熱館中十六人公請我家四人游三貝園午出西直門未幾入坐席散已陰雲涼飆且將夕矣照像兩片馳還將至時雨至雷鳴到門大雨幾不得入頃之雨止已夜張生告去令往訪段芝貴杳岩與夜談
十一日晴晨起送張生聞其用錢欠帳詰問輿兒乃惹起重梅口角梅生大膽乃與金德生同亦勇將也易由甫午至來訪卽留補張缺劉宓來

無及矣駱狀元正苦作門生幸有門生來足申其氣
十二日晴董生率二袁來云四五公子也無所談聞黃俠仙被捕欲往問訊殊不得暇
十三日晴熱嘗新日無新米唯治具召親友以應佳節總廿八人女客四五家設九席上五下四作包子扯餈程生來借馬宜孫不肯正國史館故事也陪客至亥復摸牌四圈夜熱
十四日晴寫扇四柄張門生女來云其夫饒優貢被捕去與昨黃俠仙弟來求救意同然無可著力與夏午詒訊之又與蔡鍔都督書託之皆無回信梅生來意氣猶豪卜允哉亦來云曲會無吹笛者曾陳俱攜姬去
十五日晴懿往天津去宵出看陳列獨居守屋夜月食八分可兩時始復圓攝政不救月食遂以亡國亦五行志一故事
十六日晴晨夕皆雨辦事員公請余以梅生初至因增一席參政院傳至



總府期以申初因改酉初至申入新華門先坐門房旋同五六人坐船至宸堂待集秉三晳子次山聚談頃之同入居仁堂云即儀鸞殿賽金花舊寓也列三排前二桌兩總統對談後侍坐十人談不可聞凡數百句乃退分水陸各出即至下斜街畿輔會館會飲
十七日晴易由甫去三日今來告辭云送從子南還拔來報往不節之咎也夏陳來
十八日丙申秋分遣約卜允齋來辭以異日宵芳亦去羅傭又疾發非醫門而多疾惱人也
十九日晴劉仲魯王慧堂寧鄉人來饒氏來求救急甚云埋炸彈毒飲水皆與知之奇想奇談真亂說也
廿日晴梅生芝畇均來約夜飲韓塘看櫻花如期而往則粗人三兩雜花四五陳譚對飲甚歡亥初始散

廿一日晴黃俠仙弟來求書與袁宮保解其事又饒妻求書與順天知事釋其桎梏均依而與之
廿二日晴午詒來言黃事已交法院訊辦饒案甚大已脫梏矣晳子借名電湘巡請禁銀出口亦依與之完夫來言黃姓保買得共值千金余信又長價矣櫻花送栞
廿三日晴與書夏午詒問納賄賣信事復云無影響遣劉增質問重伯顧頑而已得尹巳螺告急書電復不能干涉令求郭葆生曾泳舟來不見十餘年有須矣夜雨
廿四日晴涼外國小說一箱看完無所取處尚不及黃淳耀看殘唐也過秋分猶有時行雨雷其來無端未測其理氣小道來
廿五日晴連日研究謠言我受賄事未知其用意泳舟來寓看其誄銘文句摹湘綺樓甚似



廿六日晴昨夜雨電有不覺者因泳舟晏起余起甚晏蓋居家以早起爲本作客宜以晏起爲本早飯則仍宜早今日乃極晏學江南也王霞軒王初田兩家孫曾均欲干粵李巡按李亦紈袴然高自位置未必知二王也
廿七日晴晨起詣總府拜生擋駕未下車旋往塔僧孫處答拜未起又至西河沿答拜李彬士穆篁仙族孫也昨來訪先又與黃陳通問言乾脩事又請序篁仙詩回拜不遇還即作序
廿八日晴劉健之來運動得川東道將之任也陳完夫夕來
廿九日晴涼寫對子橫幅歐陽伯元父子來談都轉也議院開會往聽差坐休息室久之乃入會悤悤散
晦日晴清史館送凡例來請教修史而先起例宜汗青之無日矣派兩協修往參之

八月己酉朔晴蔡內姪來名遂南更有女壻彭姓未曾相見亦未同來見
午後出答劉歐兩道便至東華門內清史館聽講史館而設講堂所謂
善學外國者嚴乂陵言修史要精神蓋外國有無精神之事精神與機
器相對他日文明當有機器史也講堂亦精神之所存矣酉初散與泳
舟同車過完夫尋舊寓籬邊有新花七八人方摸牌入坐摸一牌而還
二日晴芝昀來報饒生楡甃林次煌來請寫扇爲寫三把並寫對子七相
公來云雲孫亦將至矣族人無業閧風馳鶩可閔
三日晴李瑤琴來黎壽承無錢出京令輿兒以卅元假之
四日壬子秋分晴饒生果楡甃鹽案之報也云家有十四女口以百元贖
之並遣陳熊叔爲治喪盼女來旋去看唐乾一紀亂書不及其姊爲闕
典也唐璆來周生云非好人
五日晴治具約健之伯元一飯兼請黎壽承曾泳舟適劉艾唐來便留之

更約碩甫同集瑤琴遲來唐璆不至客散後余待李唐至亥乃飯
六日晴芝昀招飲酒樓云羅景湘作東又有櫻花真被迷矣因約瑤琴至
戌始至亥散
七日晴參政七十人公弔祕書林長民約午集往則僅二三人至三鞠躬
禮成而還便訪劉艾唐戴遂菴任壽國皆不遇宋敦甫夜來
八日陰芝昀需錢甚急爲破例發文書索月費仍不可得黎宋卿薦左紹
第協修昨屬宋告以遵依宋乃不肯祕書之懷密如此自書復之完夫
劉次源袁伯揆叔進來袁云其父甚病欲與書勸歸未皇作札也
九日丁巳晴秋丁祭孔今年始正式行禮冕服十二章又一景象也蓋自
漢明以來第二次服章所謂謬種流傳者仙童約不脫冕來旋有信至
云明日往上海矣
十日晴曾重伯生日館中俱往聽戲余往議院聽差還守屋未出龔冰如
道臺來
十一日娥芳六雲生日例有一詩百花生假坐請施買辦施來相訪辭不
赴席去請曾陳龔駱夏余父子同飯又不專坐時起圍棋寫字蓋會食
未有如此草草者以無真主人也本曾送余余轉送歐以至無主客又
不到乃罷席摸牌又爲客擾以劉何生自湘來借完夫夜至賭局亦不
成也初更俱散新月甚明乃作一詩補之故園叢桂定嶽山新月依然繡戶同白髮朱顏仍玩世紅
闌綺語久從刪早知夢影終成幻雖道悲歡總不關寬牀長簟在廿年清淚玭
十二日晴昨出答訪長尾領事侗王孫還早飯昨牌局草草再留王惠堂
梅生重伯成一局梅曾逃去請卜陳代之程簫政禁賭不如我之開賭
爲禁也
十三日晴百花生又來拉訪施買辦坐待半日參政開會不往至酉同出
靺至張勛門幸未投刺卽還尋隨海路施出不遇同伯元至東單牌樓

日本俱樂部長尾甲招飲姜穎生車先入余步入伯元車去至則蔡金
台硯生先來忠文寶熙旋至更有辜康生早崎稉吉同坐戌散還途夜
景甚麗
十四日陰午後雨史館分金芝公甚皇皇未能如願余已傾囊矣會計處
甚熱鬧寶子觀亦來百日僅四見也作書辭館祕書云當俟袁生日後
蓋猶萬壽不遞遺摺之例也新賞二等嘉禾章泳舟云卽輕車都尉之
例章亦有等勳則有位惜未讚民官耳頗公送席卽約百花來過節哈
王送花
十五日雨中秋不便出游殊令人悶寫對幅三紙午設三席而內外須四
桌湯頗公毋壽昨公送一席不受卽分大小盤爲二席並自備爲四集
同館廿五人於正廳意欲轟飲客殊恖恖未醉而散外來者龔如冰歐
陽父子程夏楊不坐而去余亦未飯聞東安場有煙火往看乃果市耳

廢然而返還又飯二盂無月乃寢兒孫均不拜節尤可笑也
十六日陰晨出答訪袁印長知其未起也卽還周仲元來言墾田事又云孫姓飢餓報館責我馬通伯來未得坐談以余將食悤悤去程康穆菴送顧印愚相片求題顧乃後輩中最小者衆皆翁之蓋又小於顧此亦革命也爲作二詩（五尺童今化老翁嗟予涼倒未途窮詩人不盡滄桑感先死翻知是善終少年萬里輕行旅來往津門似里門當日摩訶同看雪正如鵝大在桃源）夜大雨雷電
十七日陰晨起題馬通伯所藏文徵明八十九歲詩册　西苑卽在禁城內非離宮也朝臣皆得遊覽衡山十詩敍述宸遊實紀自遊余自己未從內臣得入一覽至甲寅重入遂五十年矣懷昔煙波釣徒之句何啻麥秀之感旣得頻入乃不欲留賞視衡山夢玉堂於天上感何如乎然余年尚不及之六歲或至八十九時重覩威儀未可知也輒題楷字記之甲寅中秋節後二日夜集陳白皆宅



十八日晴　祖母生日設湯餅胡壻來迎啻芳去得莪女書尙未出蜀看劉幼丹摹片頗能貫通金刻字畫成一家言吳光耀許以識字則未也
十九日晴看劉金文歐陽父子來酉初同伯元集晳子宅午詒邃菴夔堂同集待梅生至亥始來還已子夜
廿日戊辰寒露晴惪堂來云求黎副總統薦鄂巡爲作一書干之惪堂最難安插此計甚妙伯元來守看題顧生遺墨詞不知其趣也亦待酉與同至東安門隴海路施省之處晚飯請二張一朱俱不至張會辦出陪客戌初入坐周子廙沈雨人尙書同席鄂巡按段書雲後至杏農女壻也
廿一日晴伺候周嫗出遊至東安市場見內操兵散歸人不甚多停場門可半時復至廊房胡同李蓮英故宅打金釵余步穿勸業場至西河沿訪王惪堂不遇過丁三四郞同升寓小坐待車卽還已過午矣惪堂在座梅生旋來前託宋卿遞名條無回信欲面問之卽至參政院聽差至卽三點頭而散未見黎也還館惪堂已去啻芳來打牌夜復擂金嫗看燈余假寐守門忽忽睡去醒已子正人還未覺起呼問乃來見促令還寢電燈已息
廿二日晴晏起郭（春榆）生日已送對不去黃叔容亦送對不去（癸科瑣院憶同門相見何遇淪落粗官非得意甲族玉堂推盛事流光易駭奮英高會恨無緣）段翠喜妻喪亦姓王其克琴姊耶送一聯其翁日陞受弔古禮也（郢踏佐南陔對入鋼魚鑰遣送迎甖中鎮朝成功數東伐想親逢犀甲三軍猶感內堂凱）
廿三日晴守屋一日二王來皆困苦不能去因亟見之遂見客半日許鄧林駱皆願往曲阜辦文送去並遣疇孫同往覩孔陵或得登岱也主計局僉事來



廿四日晴周嫗言俠仙母思子發狂與書袁公再請之重伯云已將結案今日又逢袁生日不便擾之乃持信去又可得千元矣宜令完夫知之
廿五日晴岳生來爲丹子請粟告以廩竭云可代借也許發百金請許仲作二跋皆有典故另鈔葉
廿六日微雨寒女暫還寧家宋生還祁湯頗公駱狀元去并令宜孫同往觀祭約以夜寅初去
廿七日晴徹涼棚考孔子生日前作一詩已忘之矣史記記襄廿二年孔子生與春秋傳差一年史記不容誤傳亦不能誤蓋所据各異也記生爲張三世孔廣森知之公羊用殷歷則說者不知其差一年則斷不可合蓋史記用左傳故與二傳異耳十一月無庚子則不容誤孔詁遂删去十有一月四字云從釋文本蓋說經者見穀梁在十月因加十有一月四字故當定孔子爲夏正十月廿一日生爲合經史曾文正所謂臆說家也蘇書霖來

廿八日陰晴顏小夏從子來黃俠禪來云前書曾重伯未出相示又可怪也王惠堂請書與段芝桂張百禨請書與劉幼丹皆依而與之王初田曾孫求派調查差午詒來言夫馬費當移與朱生以報救命之恩

廿九日晴完夫戟傳來公請保送劉何四人皆可笑午後訪徐花農於米市云到孔社去矣即還小坐泳舟欲看詩鐘會周生從行駟乘而往會者畢集待郭春榆爲客酉正郭至後無來者三唱罷會設三席大雨忽至夜風甚涼曾伯厚郭春榆關穎人俱送我於門還已子初

九月戊寅朔晴牧村兒書來薦其弟爲辦事員庭樹爲藤纏呼童去之明日想無藤矣夜書論詩法七葉與楊潛厂往車棧夜游

二日晴丁巡卿今日開弔今日分赴欲不去嫌同寅同章二誼有妨作一聯挽之（拖葉箏寒蟬愧我仍居參政院　嘉禾綴文虎輪君曾上大觀樓）此本擬俞蔭甫而作以其近戲改書一聯（回鷹音傳船共說方州恢遠略　弘羊弃計利要懸徐騣挽頹綱）書成即出未逾一巷馬驚敗續而還衆奔慰問亦不知何因致傾覆也平地翻車奇之奇矣袁珏生分赴亦書一聯（旌旂滿眼更相迯取別患患方期同署瓊花官閣閒曝　鐵騎盡湘饒驅恩留遺德樓流浩浩縱有一林牙笏）（服與還第　恰居盧）幼安妻乃曾彥姊本其內親故語必及其妻而訃云其母爲左氏則未之聞矣王同龢坐候一日得移文去懿云周兒得賄誤之甚也流言往往無根不及報館有影響

三日晴寫字崇朝安坐一日許仲祁湯頤公自曲阜還云衍聖公並不與祭無主人也乃以康聖人之弟主祭宜孫留天津未歸已登泰山

四日晴問王初田曾孫領札事云衆不肯發可謂至怪天下奇事多指鹿爲馬猶有指也參政院開會議森林亦勞口舌語久不能辨問李湛陽先生乃知之會散又論日本事外交二長來謝過初不問計亦坐至一時許亦奇事也滋女移去爲避修造與書三婦交佃戶自修外孫彥華廿歲設湯餅



五日晴鄂生孫積誠字少明取蕭小虞女來請客書一聯送之自往答其父禮林次煌知賓云徐壽蘅故宅分花園出租新人未至不欲久待便至十刹海主人未至訪張君立不遇褒同汶陧日落時仍至會賢堂塔雲樵處燒羊宴同僚來者僅孫顧孫似相識顧云蜀人今爲局長縱談時事萬公雨今早來亦論時事皆空談也實則待盡而已宜孫從天津夜還

六日晴顏栩來看帖誤以爲顧栩疑印伯兒也問虧空事乃云不知又言在鄂曾相見心知認誤顏也復詢其父叔云皆在蜀宋生又引張勛幕府來見姓萬字公雨江西省城倜儻可談陳蜩庶弟夜來未見云梅生家媼來

七日晴朝食後至長椿寺弔袁珏生其兄弟十人似未盡來亦未遑問之陳卓齋知賓將設席辭出東行至長郡館毿至上湖南館唐賀生延入云何劉均在此未得相見便至對門訪長郡館已迷向矣賀少亮弼見談今晨暴下不欲久坐乃還孝達長子權來答昨往訪禮也殊爲客氣問蓮生伯熙後人云蓮生兒在江南憶曾一見收藏多散唯午橋家皆存耳張家亦無多藏故不得言散失將夕去胡氏外孫來京夜見初月甚麗欲爲一詩未成而罷

八日晴孺人生日爲設湯餅年正八十一矣逝已廿二年可謂迅速趙小摀求字甚急黃俠仙妻適來探問對客寫字數紙常氏外孫女攜女來云其母急欲售田妥債許爲助之蓋其父欲騙其母不肯致參差也

九日雨午詒約同鄉京機十七人大議濬湖戴遂菴先生所發起爲築圩者反對亦周仲元之反對也昨問周云皆金錢主義倭人以財爲經濟中國則以經濟爲金錢此之謂通東西洋之學未午客來來三四人參政院急追乃去至則靜坐頃之熊楊踵至亦會客也被追而來來則坐

待半時無一言及宣布又不知何事嚴又陵繼上臺演說精神四鐘會散與晳子同車還客已去矣餓甚食麪飯各一盌完夫猶未去與楊同去周嫗姪女來并一李姓送來欲修史

十日晴祕書議送徐相國壽對請泳舟撰二聯嫌不切題自作之不可移一字奇作也（參士師爲百僚長 廿年相及杖朝時）但不對耳徐乃不受此非我瞎巴結亦袁世兄駡張鳳翽之過得莊米湯書卽復一函

十一日晴昨日不能登高今乃得佳日所謂殘花爛漫開何益也北中菊乃能應重陽南中必不能戲作一詩（長安菊有應時花 蕊入王侯將相家 紫豔黃英好顏色 不甘冷淡過生涯）

十二日晴參政院又傳往坐二時而出不知議何事頗有裏手非余所能也融觀索書爲書一葉

十三日晴王采臣與李勁風參政同來李卽天順祥火計也王示三詩大



有志於吟咏

十四日陰午出答訪吳綗齋便出前門至天順祥入陋巷不見店面云已至矣還作一詩以賞秋景微雨溼地頗似冷露

十五日雨晨起送詩采丞午爲塔雲樵書徐壽聯便消一日

十六日雨連夜至午未止不出戶庭坐房中看菊花亦無歸思矣董冰谷夜來言館事卜女送菌油

十七日箴女去兩祕書均來云董生問館事意見何如余云但令人理發錢事以省煩擾蓋本意欲調劑翰林今乃以爲當然應得故思裁去又未便狐埋狐搰故反爲難也孔子以女子小人爲難養何今女小之多

十八日晴風已一日成氷衆議生火又當大費姑緩之仙童來言上海事因邀往章曼仙家聽曲宋伯魯亦在對本宣科共吹四套飯罷又吹一套夜還已亥正月明寒輕尙不似冬

十九日晴黎宋卿生日晨往門賀而還道中作一聯又作二詩記曲會

廿日晴晨陰云有雪片未見也　先孺人生日未設湯餅思南中兩家亦有離散之象矣余則方欲尊周攘夷亦可謂妄想

廿一日戊戌立冬夜臥甚煖外有大風曼仙來誦所作甚有格韻黃侯禪與其嫂同來求救無以應之宵芳夕來

廿二日晴外云青島已破又誇張德國火器云英夷欲遷都避之又言俄軍能戰孺人忌日子女素食余則出應翰林公招亦未合禮大集江西館有卅餘人楊惺吾亦在焉酉往亥散夜聞外喧語未知何事

廿三日晴晨聞方僮言劉壻昨發疾甚危夜擾擾者爲疾也今日懿兒生日卅九歲矣殊不覺久

廿四日晴箴女生日昨夜其子迎去今遣嫗往作湯餅客以餺飥與之製尙未熟僅飴以棗餻耳蕭少玉來午前龔協修俱來林先璧立逼寫對



子五副去

廿五日晴懿回天津去未面辭也本未留之與張孝達回任不同亦爲朱士煥索書一幅而去楊兒頻寄食物求信薦前復一書似未達再書諭之日本使來生事又是一折

廿六日晴作章价人墓銘欲簡之而不得及作韶語仍宛轉如意是吾生平長技也劢字憶在洽韻尋之不得又一奇也重伯兄弟幷有新詩詞藻均麗令作鍋渣再進渾不似誤以南廚爲北廚後乃悟焉

廿七日晴大風遣魯瞻兒送文稿與章示聯姻世誼也未至參政院人來甚多今年第一會所論只强姦事殊不稱此大會待散而出胡壻來和詩亦自妥善黃丙焜道臺來子壽從弟也

廿八日晴風息反覺寒酉初出城至椿樹巷答訪黃道前熟游尋李燮處也今迷門巷矣又至鐵門安慶館大會翰林亦以余爲首實乃最後輩

也無晚於我者亥散宋生猶未還云衆人指目爲保皇黨又有肅政使建議保皇不知爲分謗分功也

廿九日晴送書袁世兄請交印章已三詣光苑門矣寫對子數幅日光已匿而罷

晦日晴欲出待命未去劉君曼來頗達莊栩來云其祖母遺候尹昌衡自備資斧可謂有姻誼也尹於婦家雖厚性情不足稱之蓋近日偉人均無人理矣於此知風俗之薄所謂夷狄之行浸淫中國甚於洪水猛獸也

十月戊申朔晴黃芸軒來曾在蜀逢亂定亂云卌年未還鄉父號子琳子壽從子也夜聞外擾擾不知何事

二日晴宋芸子一夜未還云已被捕皆官前半月已有風聲云係宗社黨社稷臣而爲黨黨名所未有也孫少侯請飯岳生云不可去夜間督察



兵來搜宋行李譚芝公皇皇如臨大敵四婦又從天津來當遣車迎故未赴席

三日晴夏午詒來言外論方喧不可卽去當待數日陳子聲自湘來得曾嶽松書

四日晴參政院發會以復辟爲邪說亦駭聞也乃係我署名未能駁之坐一時許而還

五日晴飯後出答來客便過禮士胡同答孫道仁入海岱門久未至矣又過錫拉胡同王蓮孫舊居未能往看巫過子聲處亦未暇談因饑而還鴻甥辭往浙

六日晴寫册葉錄高麗人文因論儒術請泳舟作詩未得如意今日癸丑小雪

七日晴作王欣甫詩應陳孫壻請卽遣四婦往看接腳孫女彼處太少往來殊嫌疏簡

八日晴陳瑜無故送禮卻之又因芝昀送來未知何意殆所謂未同而言者也或云係小石文案與兒有舊曾爲寶缺道員劉艮生來改號蔚廬

九日晴寫字半日莊問韻書因尤韻最雜欲爲分出草稿未就又思寫一全韻學吳彩鸞復取東韻鈔之亦無頭緒淑官自天津來見

十日晴纂協修諸先輩來夏陳兄弟楊生父女均來看竟日談話至晚覺倦初更卽睡

十一日晴章曼仙昨送潤筆久思請客以芸子在禁未可芸子謀專館事致此披昌亦可惜也纂協修又來生事云譚芝昀所倡芝昀責我不當把持不知當屬誰主此又在芸子之下皆我所用人我又在其下曹孟德當復笑人諸葛孔明得以自解皆從孔子言宰予起



十二日晴飯後答訪艮生因訪王鐵珊又詣夏子復趙春廷還發知單議湖南存款宜作公用

十三日晴買照帖數種晚赴羊肉館會飲趙爲主人劉王爲客王先來已去又一軍官不知其姓似是周家樹宋芸子兒來檢行李云明日當遞解

十四日晴欲送芸子月費帳房無錢而止遣輿兒往車站送之又私送卄元遣周嫗送去

十五日晴作張雨珊詞序正式公文辭職書招岳生來示之岳云與譚有礙譚自在外宣言也豈有是耶理當辭別亦不能顧譚實非爲譚辭亦無爲譚留之理也

十六日晴寫字數幅廉萬卿示其妻書畫不惜資本皆付石印或云弄錢一法也夜赴趙春廷酒樓小集

十七日晴　先府君生日適湖南開會議事因招艮生劉君曼一飯幷及趙春廷會者十餘人茶罷自去留飯者七人劉亦辭去君曼往天津未還惟黃丙昆謝滌泉陳子申兄弟顏栩同集肅政使自來趙至夜來辭云總府有召歸已晚矣

十八日晴昨公議請存公款推仙童主葉今送來稿不對馬背爲另作一葉送熊總理定之熊又不取卽推熊作之觀察招飲東城張君立招飲西涯飛車來往便答訪廉泉因爲題姚廣孝畫以示君立宋芝山沈子封姜穎之均在皆云照片也君立又出姚書石磵詩卷相示設饌皆蔬筍甚精

十九日晴廉取畫卷去午送呈稿請熊另作便留夜飲袁伯葵亦來爲主客皆同鄉艮生夏楊陳程均至高麗人金醉堂爲客此集爲盛矣

廿日晴史館人索錢作公文與財政部請停發薪水以抵制之寫字一日



張仲囟來言公款當分析存之是一計也馮公度來履初親家也訪段香岩不遇

廿一日戊辰大雪晴今日當附車南旋因無錢不果看楞嚴一日殊不知其用意但文思不窮耳若此何名爲經

廿二日晴爲陳白沓題十八景因及隱而達者又爲馮題北學圖張仲友來請寫詞序因及公款掌管事

廿三日晴看楞嚴又買韻書價貴不要段香岩夕來楊桂秋及方李建築員同來

廿四日晴欲出送桂秋云已去矣車正修輪亦不能出丁星五來看脤輿兒病已數日

廿五日晴與兒生日親友俱入賀設湯餅三席或云九月小盡今廿六日也

廿六日陰集協修送席卽邀一集譚芝昀觀兒來始知史館爲我專政彼亦自謂衙門中人不外調也門生不聞不問又欲索廌窴女還視壻病懿婦歸迎母車站夜攜孫女來已長成半大人二年未見也

廿七日晴曾觀察送一品鍋意在二品官無風吹上青天但學王鳳姐落得喫喝而已張蝌廬肅政使來求父銘志先送水禮夏午詒來寫遺囑託之孫女夜來

廿八日陰作張墓志完夫來王正雅按察來

廿九日晴張志成出答訪張王陳寶書至參政院辭職繳還徽章黎院長不收乃自取回

晦日晴鄭探花請作墓志並代陳蘭浦孫請寫序守齋云陳有兄弟與同年故來往

十一月戊寅朔晴懿婦往母家未回孫女亦同去作鄭墓志曾泳舟移去



饒宓生來代黎殷勤

二日晴董冰谷來請書宮絹窅芳來

三日晴看小說寫圓明詞作二幅周肇祥請題圖已作一詩交袁公子又來相尋許再錄與之幸周生有鈔葉不然全忘之矣曾泳舟又來辭行

四日晴晨起寫絹條畢又鈔鄭志葉與之召程季約問擅錢來由程云不知羅廿竟荒唐耶

五日晴得電報看事員丁毋憂賻以廿元衡城無東道主矣夜起見庭中似月光訝其落遲陵晨視之乃積雪耳袁四公子來學詩

六日晨起看雪猶有搓緜喜冬至郊得瑞雪天亦三年不食矣豈喜於得禮耶作詩志之夜來銀霰和時雪曙絣霑飛辰接至日晏晨共齋明郊壇賓高海偏樂傳佇升殊奏浹繞陛鑪殿精誠肅候豈無感時彼沛先澤九霄既平直四海慶豐盈參苗信有歲艇佇徵聊余昔賦龍衣徂年復自驚幸無緣塵汚歸與閒棨荆以示袁四公子爲發蒙學詩也梅生來留行

忌日甲申冬至素食左笏卿給事來梅生又來卽請作陪楊程陳夏俱來
便坐半日忌節俱沖破矣得瑞報起程日欲往迎之夜寒
八日晴稍煊始有日氣完夫招飲酒樓便答左給事夕往杏花村韓塘舊
不雅會今歌臺遊妓均散矣楊夏楊陳程俱在亥散
九日晴寒寫字半日夜赴西華門楊家餞席午詒亦爲主人客增一丁亥
散還作一詩聞雲門來遣探未得
十日晴寫字了筆債梅生來言印不出衙門乃以尙家爲公署也可詡甚
地爲獄矣亦宜從之昨聞楊母病遣其女往視乃云宜孫乘車出命僱
一車索價二元長沙避兵夫價也未及僱定楊車來迎乃命懿婦去探
雲門實未來云今夜可到
十一日晴纂協修公餞設席隆福寺先往打磨廠看雲門寓居門外以示
不久留也勞問來意云就乾館尙未朝食乃辭出到寓小坐仍至東城



尋隆福餞乃在飯館共十一人重伯不至未夕散
十二日晴料理歸裝作詩一篇衆云宜夜上車免早起霜寒乃定夜發戌
初至車站送者數十人亥初車來乃上行李亥正開車洋人必欲用公
被余必不肯亦可笑也
十三日晴車中苦熱過河橋出山洞皆睡未覺醒時已過矣宋敦甫來談
十四日晴過武勝關又寐未覺辰刻到漢口尋神州館暫住待周嫗已改
牌天心不知何意作書與袁慰庭前上啓事未承約驗緣設立史館本意敢集館員以備咨訪乃承賜以月俸遂成利途按時支領又不時得紛紛問衆遂至以印領抵借券不勝其辱是以陳情辭職非畏寒避事也到館後日食加於家食身體日健方頌過旅放欲停止兩月經費得萬餘金買廣廈一區率諸員共聽教令方爲陳雅若飴市道開自飲生曾叔孫通之不如豈不爲天下笑乎前驟將頒印留存夏內史處又嫌以外干內因留送存舷門入楊度家務候餉問恐能代陳委曲□□□於小寒前由漢口還湘待終歸下奉啓申謝無任傀悚敬頌福安□□謹啓附啓者見禮服夏飴冬寒衣皆不便宜飭改用中制觀隆福寺餞席東門假飲地知足在明時茲來値文壁適館嘉雅聯畢公宴替壺翻風復成儀雖慚覽歸德庶無巢蓀驥朔風送南陵碧啓告將辯親知惜歡會論別姑傷離無田

亦何歸旅汎信非宜本無行藏計會合安所知春舉有時榮崇德或可師□□易張兩年世姪來易仍留飯未
夕後車已至饒家二人卜云齋國安同來夜看報又寫對子二幅
十五日雨易張照料未去云有淺水輪船往湘潭可附以行省拖船費亦
足相當乃定附載計一行十七人均坐官倉所費亦不過百元皆大歡
喜旅店送晚飯大風上船飯菜俱冷
十六日午正開行辰見日已而陰寒至夜泊蘆林潭云水淺不便夜行有
雨
十七日午至長沙正欲上岸湯鑄心遣轎來迎徑舁至又一村晤談便坐
轎還家晚飯仲馴及陳白皆子均來照料夕至貢院看劉幼丹前輩已
上燈矣從行者各還其所
十八日陰來客甚多幼丹談最久言作五千字文囊括世事無重字甚得
意也卜云哉來



十九日陰昨寒今稍暖來客仍衆彭石如幸相見並率其從子芝承來程
子大易由甫來
廿日晴湯鑄新來將軍久不出今騎馬市行蓋以巡按不深居也梁和甫
來寫挽聯便交之帶上程初王啓湘均來鄧壻時來窺闞多言無忌禁
之不可殊羞惱人
廿一日晴晨大霧三九女自衡來先遣申孫來報羅儒亦還云恐無住處
婦女未敢來城中機關陶子泉潘子臣雷以動來雷松滋人云丁憂不
從政行心所安不從夷俗也此皆陳仲恂所招致包塘叔來訴雅南佃
田事云戴明德知之卽遣戴往一看
廿二日晴問城中人云是廿三日紂不知日今無徵子矣姑依而推班故
不書事
廿四日雨昨待桂娃出城乃一日不還云看公館紳而作官亦可笑也遂

不果出

廿五日大風昇出保周女壻特至張竹樵處云已定罪須回巡按儔張爲幻乃至此耶遂出城看先塋神道石已復立尙少內闌耳八十四年忽被盜侵思不得其理往問蕭佃云費力辦賊有楊嫗爲子求事云斯文人也亦當諾之唁胡道答陶廳葉家催客往則已集一謝家鈺同縣詩人一陳姓未問其名字葉子出見周印昆亦在葆生後至寫壽字兩個單條一張初更還似釀雪

廿六日晴周門生來云史館派楊度護理又見長沙報已放副長譚芝昀得所馮依矣張竹樵來云豫備枏木廳故相府亦史館長居也喜而謝之馬先生書來告病看謝詩爲作一敘未成有客遂輟

廿七日晴三婦外孫婦小孫男女均自鄉來云六女不能來亦可傷也王氏三代來家中鋪張四燈裝須錢三十萬亦從來所未聞



廿八日陰衡州門生來三人常壻亦同來將巡爲我開會設坐作生日今日餞祝當往應酬家中留喫麪去酉正往招妓女四十二人皆屠沽無一個賢人而蔡虔姪周小門心醉焉殊不知其所樂真有一見甘心之癖諸人推葆生提調將巡各派一人辦理公事而有女樂此孔子所謂獿雜者乃悟學室作戲場卽斬侏儒之報也欣然坐視不發一語至宵分問四十二人到齊乃敢辭歸夜雪

廿九日雪衆以爲瑞余亦欣然晨拜　廟受賀乃往會場對客幼公自來鑄心在城外不至客無新異人惟交通銀行一粵人入談頗久擕周嫗徧至空房皆如闠市出坐聽戲至亥乃辭還周桂娃婪索周紹一命送警察懲責乃云不受小事民國縱容正人乩怪若自責警兵又來干涉是縱奸也

十二月丁未朔雪設戲席酬客武學報館送序文對聯皆酬以饌具凡十六筵午往聽事至亥乃還厲責周子殊無悛容蔡姪亦不知愧教育之不講亦時會爲之無如何也袁海觀弟二子亦來幫忙忘問其字大要爲女戲來或亦葆生所招

二日晴朝甚冷收拾借館頃刻而畢兒女均出游房嫗亦去留余一人守舍堯衢書來送土儀卽作答謝之

三日晴待飯不來云米多釜不能勝也趙壻卜女來留之均云有事去湘船衡生均去留人待行功兒又留我在城云省往還周亦有怏怏之色因此又不往衡矣

四日陰常壻來告窮告以今無所謂才不才皆未知命盡何日蓋亂世本爲挫抑賢知示造物之權也不肖者宜皆得意正公等揚眉時矣

五日晴寫對子三幅理安妻來不識之矣云欲干何壽林告以何夫人今在此執役不足求也得二楊書儁丞小女魏潄娟來見留飯而去



六日晴蔡廚亦欲資助令周嫗借廿元與之惜羅儻還鄉未能大助之也一夫不獲時予之辜若己推之我亦任公耳

七日晴靜坐觀世亦有可樂昨晨鄔師張尉林統俱來談笑方諱內容各別於誠有之巧亦徒勞於此乃知佛言善哉誠有意味純孫自瀏卡還蕭文昭張起英均來夏子鼎亦來求爲護官今日癸丑大寒節

八日晴作粥不成殊爲可笑劉督銷生日遣孫往送禮周翼雲來言厰晋事

九日晴煊得京書言凍死三百餘人陳子聲來以誤傳未見夜往尋之並過鄔師看詩

十日晴寫字數幅染辟園來寧鄉周翁來交條及去失之二彭來談

十一日晴門生不聞不問求詩稿不得言能作語錄者妄也周翼雲復來已至湘潭一往返矣

十二日陰陳仲馴每日必來一二次常壻亦日必晨至鄧壻則日求一千
而去皆日課也常事不書故或略之湯劉幷有書問則皆報人干請蕭
文昭求數十元云可得之張松本燕烤請客不知其意客半不來惟葉
煥彬暢談往事云曾奉詔逮初未聞也程子大晚至已出頭菜矣
十三日陰有雨兩女看船將還其家幼丹請客未去客已半集矣有白須
翁不相識云是黃宅安乃老至此又肥短不似前見時魏賀吳胡皆府
寮吳則新山長也未夕散還問女仍未去
十四日陰真妹壻生日往賀攜女同去出答督銷頗有驕色爲言譚進士
云是風子余云風子不妨當鹽差出至臬署張竹樵招飲更有謝陳二
武員及龍郎葆生頌年
十五日陰紈真率子女俱去瑞留度歲助以千元使還各姻家會本以其
壻將驕帳瑞義不可猶有信用也潘學海請明日集飲陳毓華列名亦



當一往今日曾祖忌日素食
十六日陰彭石如爲從子求銀行轉託陳仲馴交銀行總理未知效否夕
至船山校飲卽浩園門房所改又割水閣之半設便坐同集者皆不相
識盡科員也有次青定安兩家公子是曾相見者
十七日陰湯鑄心送信來爲張尉求差財政廳又送庸松扎委來告以庸
松荒唐不可經理銀錢送張信往湘潭將以卜代張故交卜去
十八日夢雨如塵宗兄昨來蓋將從我過年七相公子來則索債也接腳
女亦索債卜女告去先以十元賚之計零碎開銷尚當二萬錢牛郎債
也尚須弄活
十九日有雪霏見白大風報館誣周媽受賄遣問根由轎夫均出遂不得
出城亦藉以避風也周媽屢致人言理亦宜如王賡虞之請去惜無御
史彈之朝廷則無以飛語去人之禮故遂不問

廿日雪仍未成風又稍息蕭叔衡求信與蔡松坡進士失路乃求學生斯
爲下矣令作一藁甚妥及手寫乃盡易之
廿一日陰欲待仲馴查辦周媽事彼日日來今日乃不來預備迎春作燃
餅至夜功兒父子遂不睡待雞鳴四屋爆竹聲余亦欲起逡巡不果
廿二日戊辰立春節陰寒尹和白徐蜺來看楊哲生詩王惠堂告歸鄂勸
以當壻妻喪不聽乃求書與段上將依而與之信中論不要錢以箴北
短
廿三日陰有雨甚寒雨結樹葉成冰勝於刻楮所謂樹介也嚴生屬余專
人來送書行五十日始至周潤民子求作志至夜待送鑑乃凝
廿四日陰傭工過小年卜女又來求片與朱兒論李氏捐田事云周嘏麟
能逼人交契令朱鐵夫便卡不還皆情理外事可廣異聞
廿五日陰胡師耶來談楊玉科家已赤貧其次子恃典屋過年其三婦欲



分典價皆來請託爲告財廳又與書幼丹令釋散繫並告鑄心請之七
相公妻來攜小女啼聲甚壯
廿六日陰七婦去與以十二元未厭其望接腳女來索錢則與以廿元長
婦則助以廿元分三等以示義揚休以爲當分潤滿老耶來索錢則一
無所應於做主體制不合於土財主例亦不合斟酌古今庶幾溫公書
儀之義
廿七日陰有風試作周生墓志未滿一紙雜事相擾而能看嚴刻戴震集
段玉藏乃非外孫豈王伯申之誤耶
廿八日陰陳生來邀出城云鑄心待我朝食畢而往至校場前已作大屋
小坐便設食飽未能食亦終席而出同坐者五人除陳生外皆不相識
云是參謀類也入城又喫團子二枚旋晚飯一盌夜又喫包子二枚
廿九日晴晨訪和白殷殷相留恐擾之未久談還已巳初尚不得飯復帥

功詣劉澂琴黃瑾瑜皆未起仍還待飯作粳團送幼丹滕一絕句料餅清水
欽清官近市傳鑿尚有盤好與東坡祝長健今年鐵錢有吳圖
除日晴光甚麗俄而陰沈攜周孫步出看李道士祠已改學堂門外徘回不能入看還行數步功率曾孫女來迎至本街兩孫及孫女亦來迎同至王園探梅皮鞋累重一步一拖急返愒息申正年飯亥初辭年行禮畢受拜遂至客堂祭詩徹饌飲屠蘇已交子正稍倦遂睡



# 湘綺樓日記

民國四年乙卯

乙卯正月丁丑朔陰將辰正始起盥畢拜　三廟受賀科舉既停戢元鬚亦未隨來坐房中摸雀酒從鄰女來相攪甚不靜便出坐前廳黎生卜云齋馬太來黎馬久坐遣迎陳子聲不至又入打拖打地礮至子乃散
二日陰朝食時子聲鄔師黎壽承入談葆生胡師易郎旋來至未初乃散
三日晴今日忌辰例不拜年凡來者皆新人也一概不見作周頌洽志名成命宜孫膽寫且喜幼孫亦能書矣
四日雨寫近詩寄嚴生又作書復之幷命功與妹書
五日陰蜀使由陸行未能提挈僅答空函耳云輪船上水須廿四元為航路至貴之處五中日號為佳節未知所由云工商結帳日故有肴饌吾家向無辦孺人始令犒顧工今遂有八盌之設紅船來拜年任陳代表



六日晴請任陳一飯子聲適來因並留午餐
人日晴攜房媪過市看省城隍祠頭門已起牆矣左伯侯威靈不及定湘王亦可知神鬼猶有資望作酪煎餅檢閱舊詩劉南生來
八日晴余子和母妻來求情遣桂童往問警廳蔡虔姪來云已取消卌元矣大快人意林次煌書來求救云譚已逐出彼更冤也
九日陰夜雨雷電雨水在驚蟄後古歷是也看舊作竟日又看儀禮箋二篇周門生來譚進士與寶臣同來滋送茶餌生五相公致之相公又卒一人來未住宿而去
十日陰有晴色寫對數副與書楊生薦譚拔貢入史館一姑孃來不甚識之矣
十一日晴煊早飯後出城過葆生小坐循火車路上冢過碧湘梁家未遇劉南生云有乾館待人薦故欲我薦彼也入城過臬署視門牌已改警

剞劂矣入問余子和云已定案還摸牌午飯復廬周偉齋請新親家二
舒任師李七陳八程初陳可亭江西萬生同集八十以上人遂有三人
真朋壽也
十二日陰片薦劉生去和甫旋來問乾館云全無影響夜飭房嫗不聽話
甚怒叱之不意老年猶有此怒心頭火未滅也夜雨雷雹
十三日陰風胡瑞霖昨送席正欲留徐甥一飯因并約允齋和伯黃仲容
楊仲子徐甥易味愚同集東洋人來和伯入見之遂巡告去云午後再
來午後客陸續來未夕散
十四日陰卜女胡師張介暘來值風子闖入語無倫次乃避入內彭鼎珊
石如來約其明日來過節劉生必欲去不能留也龍燈頗盛猶似太平
時日本二人來談云不取中國矣真太平也惜王賡虞不待耳滋攜婦
孫來



上元節日晴作兩書一與大同干趙將軍一為胡師求劉幼丹日本野田
昨送臥單以臘肉湯圓報之還云已去矣夜受賀看花爆
十六日陰湘潭船來請發書版以省城不便刷印令載還索錢未與適局
船來迎遂得移裝錢仲青居在宅後易鼐請飯步過錢門未入旋至易
飯余父子徐翁孫又有報學兩界三人寫字數紙入席散復寫字則手
戰不成畫矣未醉而如醉可怪也
十七日陰三女三婦均去余為錢所留程子大又約廿一日一集故留船
待五日後乃行仲仙送冊圖請題舒湜生來談適仲馴在坐因約明日
赴幼丹公會
十八日陰舒議員來云巡按會係舒與何生發起當往一議遂與仲馴同
去要人皆不至唯老朽數人與新學數人機關數人舒言甚詳而意在
影射與巡按同均無著之款有著之用余略言其早計遂起而出并無

蓮子又一大會也至郭園錢與行主唐設席郭炎生周印昆郭印生米
捐局同坐二更散
十九日陰梁和甫得陳滄洲像上有何蝯叟詩極其恭維余為題記證其
前題人皆滄洲師友不可去取滄洲惡湘潭人然湘潭人不能惡之亦
人傑也
廿日陰料理行裝謝客不見摸牌亦無人
廿一日丙申驚蟄程子大約曾傳吳黃闕名報館公請約午刻未午來催
云在郭家往則諸客畢集皆機關上人不見一主人疑其錯誤郭云不
誤乃改早也因留同集酉初至議局後街程宅會飲二更散大風
廿二日陰本約今日行因余欲酬客定今日客請改明日不能不從因留
二日遣房嫗押行裝上船
廿三日陰舒湜生設宴烈士祠即曾文正祠俱樂部因大風不便游覽客



又怕炸彈飯罷即散諸客又約還席再留二日亦不能不從也寫字數
十紙而散
廿四日陰徐甥自湘來見陶思澄求差云無好事又不敢相煩徒勞請託
廿五日陰上船看景慧孫從來曾孫女亦來小坐仍入城至養雲山房諸
廳設宴還席舒議員不至矣夜仍還家宿
廿六日陰未飯上船已將午時行久之乃至靳口北風將起懼暴發命艤
枯石望風號舟簸竟夜未解衣僅一食亦不覺飢
廿七日北風仍壯然不甚順半帆行至申乃泊九如馬頭岸上來迎辭未
上傳陳戴徐諸人來
廿八日陰寫字無桌案因上岸至局寫半日局中送榮保安局育嬰堂又
公請萬娘子為代表可怪也晚席甚晏待久之甚餓上船見女轎云板
石楊家以為瑞生兒婦也已而還局見羅知事後又一女人則梅生次

婦羅氏請我居其家辭以異日乃去至夜乃得食八人爲主人皆不記誰某夜還船置辦米鹽已了

廿九日陰待買菜雨已至巳初陳開雲派船護送辭不可卻又送去兩千並紅船過萬錢矣午後乃入漣口覺身心俱泰將作一詩未暇酉初到湖口入門則杏花木瓜花櫻花均開春色爛然夜摸牌

晦節陰寒雨雜作夜有雷劉增弟自省追來林競西亦自省城來皆求信薦與書羅知事郭葆生

二月丙午朔金周大鬧不減王三姐鄒姨姪來

二日晴雜客來竟日相繼遠者樊生致余聯書又周生一書云程生不可爲首士不知其意蓋已欲得之也今日丁未社日

三日晴女婦出踏青獨留守屋樹森新婦來見看木瓜花深紅欲奪海棠之豔昔少稱之者黃生來竟日

四日晴許外孫來三婦誤以爲小敫兒余遣尋王兒乃知之題木瓜花一首唐宮嚴禮深紅色十賦傾家實牡丹雖識珊瑚高一丈詩人解道報瓊瑰書復余琢如遣樊生去小門生劉人倬來所謂寃魂不散趕上餤麞者也

五日陰堂壁粉落召匠補圬房嫗云石灃灰不可用不如雷打石灰此又聞所未聞也桃花欲開李杏已殘

六日晴看報作書謝報館謝其依期郵寄不取錢也國安來余召之來坐讀以其有坐性卯金來則飭絕之而蠻不去張四先生來看病

七日壬子春分晴風吹花未落知風姨妒花之說非也宇清來自歎無財如有所失程子大專人來送百金請爲陳老十作生壙銘胡翔卿送其祖母墓志來余爲作文已忘之矣求信干財廳并復書遣去

八日陰夕有雨劉二嫂攜子女來請堂屋拜年無以酬之留飯而去小雨旋止



九日晴看華山碑因看龍藏寺碑錯落不可理檢上古文校之

十日晴看報摸牌省送食物云滋日服藥

十一日晴千葉桃開甚遲紅桃已零落矣十三族孫女及宗兄來云其壻自福建還不能自存欲吾謀之黃孫來周生來

十二日晴召周生來食粟外堂可成一席矣粘貼龍藏碑竟日楊參將子來看龍璋已流落矣楊固無恙也

十三日晴省城送京書來有雷姓不相識其詞汙蠛似以我爲詐贓者此不止橫逆不須自返要亦禽獸所應有之理想與書楊生查辦之宜孫乃欲干豫又疑宜孫知情也四張來言訟事始作梁朱氏墓志

十四日晴千葉桃開夜夢有無數紅花滿院似芍藥而疏粗非貴種也頻夢見此種花今問其名有薛字不知何因想也

十五日晴作梁朱志成啟工來啟書因理架篋又得殘閱數十部

十六日陰忌日廢事又得十髮書催陳壙志尋事略久之乃得手續雜亂甚矣夜雷電

十七日雨摸牌作陳志一筆滔滔不古不今亦消得百金也

十八日晴陰作陳志看桃花摸牌毛桃逃學去夜夢食點心兆有口舌又夢丁穉公將兵將仍撫山東余頗涉朝政也韋孟所云夢爭王室者矣亦得爲忠臣乎

十九日雨觀音生日房嫗大鬧洶洶似有拚命意急出避之不知整家規之法也宜孫云宜遣一人往雲峰燒香自不爭矣余謂不如唐六少耶跪庭中之法惜順天報館不知此趣史聊書於此以詒好事

廿日晴躑躅盛開牡丹亦放湘鄉曾卜師來字毓賢相余能化凶爲吉頗有所驗云自彭楚漢來彭弟蓮生曾識余南昌今已還家且欲干巡撫留住外齋五十族曾孫來

廿一日晴煊曾師將去周生願從至彭家瞻仰彭子亦徒步去夜雷雨華一來旋去

廿二日雨大風寒今日丁卯清明　祠祭吾不欲觀王族已無一人有同帝族也聽其囂陵而已誠意料所不及作五橘堂記又書墓志記亦就紙起草至夜風止

廿三日晴曾周回請寫對子又書與湯鑄心薦相師庶長欲改所長亦爲請之張門生兒來請干歐陽逃云已得督銷用六千金得之王心培送紅卵以五兩賀之相師夕去周逸自京來

廿四日晴族孫壻楊來又一陳姓（國培堯庚）云與恆子來往皆欲干歐陽周生亦怦怦欲動令從其子買之大要一百乾館不能了惜不從李少荃之言自擬之也

廿五日晴周生去曾泳舟來言史館得張皆我辦理不善不如楊生也留



住半日祠內值年經管均來訴枉云寶老耶再七難纏竹林亦無恥要求有同日本周嫗親家又求信亦橫蠻無理皆可一笑

廿六日晴芍藥忽萎自出看灌水遇二農人來云族人也毋死不能葬求賻穀寶老耶不發欲我給之昨適發曉單婦女不發既聞其言又不知是族人否令子姓識之賻以一千曾泳舟去亦犒隨人一千還內假寐兒辛夷葉颭風似有雨者俄而雷雹大雨睡起已夕

廿七日晴看吳華甫筆記痛恨於李張知天下有心人固不如我之涼血也但不知其真恨否毋亦能知不能行耶

廿八日晴張雨珊兒家穗自陳舫仙家來致壽嵩片曾泳舟書求干歐陽生不知已成仇也說不明白故與書令去留鮎心久不辦已行乃來知飲啄有前定不虛耳凡來求歐陽者皆必求我皆不知爲讐家殊爲可趣所謂趣園亦驗矣金嫗留其姪周嫗亦欲留其姪壻亦趣之一爲作

書與幼丹善遣之懿兒寄館金千元而自云財利分明與書誨之此項宜充公令國安作中買杉塘餘租

廿九日晴大風牡丹芍藥均搖搖欲折蓋風姨能虐名花又前此所未知彭石如遣其從子來徵宿諾始憶荒唐留住補書與錢寶青託之黎竹雲兒信來亦欲干心歐陽與書告之彭留居客房

三月乙亥朔晨雨醃菜爭缸宜孫與周嫗相持各有其理以宜孫不宜管家事其理爲曲自有生以來未受此梗也推原其由咎在黃孫凡事必有因故不可生事遣傭買缸因送彭去

二日雨雷杜鵑盛開因登樓小坐偶憶伯元詩尋看一過與書完夫求鹿肉

三日去上巳二日陰雨易年姪來心知其求鹽館也幸已不在位而求者空勞矣



四日陰與書周生爲易謀生計並誨以事無不可言之說凡求富貴皆不可言者與外姪同孟子以鑽穴踰牆爲仕不由道蓋知此矣此義亦久不明可慨也遣人送之去

五日己卯上巳節日陰周生及其妻姪田篤生來曾祝林子來求父詩序卽作一紙與之均未飯去又召兒廖門生問其來歷春寒殊甚

六日雨余子和出獄來見乃見之油滑人也不可充佃戶罵而去之羅敬則來求信留陳培心與書幼丹

七日雨周兒冒雨去羅使亦去黃孫去而復還

八日壬午穀雨春盡雨聲中筍多折損作杏酪送春夜雷颳書人去以一千酬之

九日雨連日并看修書限點十葉功多於課也宋版錯落顚倒甚多非善本

十日雨農人有求作文禳病者云見一大蛛來飲供酒蓋蛇感酒香而來
十一日雨看修書畢因檢宜陽地尋水經注及地圖開書箱並徵溼矣兩年未理文籍似多年荒廢者因題記以塞施注蘇詩亦值千金也
十二日陰晨睡頗疲未知其由蓋春困也午臥外齋看邊貢詩一本睡半時許更無人來乃入摸牌黃孫迎母與片遣船去四姪女攜子來求財留居待時
十三日晴復雨看爾雅水經注并攷祁州木爲今核桃蓋日有所獵學無窮也惟聞紡車頗令人思睡不可拉讀書聲鄧八嫂厭讀書聲鬼我正同蓋彼必喜聞紡車耳
十四日雨蔡外孫去云在督兵隊不可久失伍看爾疋又得兩閒鼠亦所忽略也比日頗有溫故知新之益
十五日晴德孫來已不識記金鳳大娘來南風送溼木器俱流水北屋波



離流水南則牆壁流水蓋地氣使然
十六日陰北風稍寒看報孫慕韓復出京去蓋避五洋也日俄英德法大鬧中華中華殊不鬧惟報館鬧耳檢書詩集已失去亦奇事也
十七日陰看明七子詩殊不成語大似驢鳴犬吠膽大如此比淸人尤可笑也
十八日陰有雨自作豆乳無大利不知貧叟何以度日姜家送豚蹄隻雞見蛛者病得小愈亦有謝禮文吃病重遣送人參沈香少許以報其父頻饋食物之意
十九日晴紅藥開三朶晨看亦佳史儁送鹽卵乃勝家製想係王寶川手製也
廿日晴郭七女張子年來均留居遣轎夫去女牀無多與四姪同住子年不能上牀以睡椅置內廂待之黃生來取修書去坐竟日留午飯看報袁兒開缺恐海觀逝矣
廿一日晴爲子年寫對額十餘紙貞節牌坊恐傷神矣頃之譚家棟來不識其名出見乃芝公子也貴人之子降臨蓬戶詢芝公蹤迹云已自山西還京貧過去年又有女客戴氏云是親戚攜子來所謂富在深山有遠親於傳有之留居內房子年去譚郎來正相遇也
廿二日晴紅藥盛開亦有風香得周生書卽復爲譚公子運動飯後送之去復有朱姓來云王惠堂有信以爲還錢也出見乃一聾人云送午橋被炸震聾欲干百花公主領入書房看告白嗒然若喪讓我入惕適倦假寐外報船到滋母子還云大水盛漲係拖來者七女告去云有人來接近年所罕見猶有古風也
廿三日丁酉立夏晴女客均去家製熊掌不能香常家送椿留待神仙
廿四日晴寫字數幅看報又開方略館記述聖武云須招到十餘人朱聾



告去取衣裝
廿五日陰周嫗親家母之妹來蔡人龍來所謂深山遠親亦有可樂俱留客房蔡先在外亦令移來夜雨神仙假還亦來投到
廿六日大雨神仙冒雨去與書兩兒寄十萬錢與乾女以志陳母之託
廿七日陰晴議往衡州憶沙窩船忽忘其名蔡生宜孫均欲分兩船不知山長到館不能如此熱鬧也輿請寫詩提筆卽誤
廿八日晴寫屏四幅蔡生告去看隸釋三本
廿九日晴鄧外孫及翼之子子祥來大要爲歐陽述無暇與言留居外齋周生來訴歐陽求事陶澄文㬇死三日其父子於我殷勤卅年宜有以酬之夜大雨張生來訴賀雲與書羅令
卅日晨雨旋止二鄧告去衡州專船來迎欲尋周生已不知方向羅小敷來要其同游東洲悤悤辭去梁莘畬兒來求書干巡按復書問訊

四月乙巳朔晴始換絲鞋月生七相公兒來貿貿入見竟忘之矣云欲從我喫飯自歸檢裝

二日晴寫對子盈生來賀子雲來云張已發冢置塋外云受我指宜如我處置余不能教其自遷云聽官斷而已初說不信事已無可轉圜只有吾末如何而已

三日陰張金榮來云劉姓已釋出來謝未之見也有如許官事便有如許探官事人可爲三歎息

四日陰與兒來鄉中有主可以暫出紅船因雨不來雨止乃發其夜亦至余已睡矣

五日雨待齋乃發行李初欲盡室行三兒旣來乃留其妻女與黃孫夫婦同居余率兩女一孫同行得宋育仁書及段香巖書

六日晴飯後上船留金攜周與女各一船夜泊洛口內



七日晴晨買米米已長價僅帶石米價八千矣又有焚撫署之勢已初開行夜熱宿株洲

八日陰涼電雷小雨帆行四十五里泊山門

九日癸丑小滿陰雨行百五里泊黃石望

十日晴涼看詩補箋行百五里夜泊霞林站過雷石摧稅已易鄂人一朝天子一朝臣易仙童言不虛也夜行與紅船相失殊爲勞望

十一日晴行一日至何家套船人俱不肯行周嫗又畏大水卽泊楊泗廟望城不至所未有也有二人先行至書院恐諸生夜待亦遣二人陸行報之昨夜爲蚊所齧今年已慣不覺擾矣

十二日曉行晴從東岸上到時已將巳初入門乃飯首士監學並來遣報城中眞女及三孫女旋來賀彝仲孫派庶務爲主人諸生在者皆入見楊任蕭伯康坐最久三孫壻從之將夕乃去託程仲旭請醫

十三日晴因待醫生未出李遜青及屈生程九來方令李看病俞琢吾來江瀚亦至陪客甚憊未夜卽酣睡喻味皆周崖船均呈所業皆巨製也周歷學多襲西書耳瑨女及三孫同入城去

十四日晴入城拜客鄒智深來請說官事周兒索小費而忘其冤單無由關說謁鎭守使衛兵令坐官廳遂不稟見從瀟湘門渡澄陸還洲在楊家摘杏兩枚大於北產彭家喫饅頭三枚還已夕食程家送菜

十五日晴忌辰昨屬素食廚人忘之乃獨食又具多品告以素食不可致飽客來皆謝未見

十六日晴今日始開學約巳正俞琢吾早來江瀚亦至首事反後監院最後到釋奠以庶務行禮余後出堂見諸生楊伯琇來旋去余江待飯至申乃設日照灼極熱乃移內齋酒罷憊矣

十七日晴熱眞女率子女均來云毓霞將入京完夫意也因作書問完夫



病兼謝袁世兄

十八日晴熱似伏日汗出如漿所謂病於夏畦者與下湘問伯琇母病兼訪夏彝恂不遇周嫗迎宜豈至夜始至已喫過點心矣眞子女均來瑨庶子親女亦來四人敦竹晏至院生送禮楊常女客亦來賀瑨夜放煙合火爆甚盛僕從幷出無人使令

十九日晴熱設十席爲瑨夫婦作五十生日今日瑨生日也城內外世交均來午設三席已無坐處

廿日仍晴熱午至衡永道署俞琢吾設席請商緜伯琇兒弟廖蕭蕭笛塢同坐笛塢蓋其同年酒半登亭坐納涼未夕散岳孫往京輪船已發宜孫送之還城同渡湘見城中火起欲還難渡遂還東洲

廿一日晴稍涼欲尋庶務商量云已還城午間首事均來云我隨丁罵庶務想未有此而持之甚堅理當查辦眞仍來洲宿

廿二日晴尹和伯來云為尹伯純帳務求信與書葆生謀之問其何以僕
僕云常與通財故報之也財之能驅遣人如此庶務既坐實我僕無禮
當幷其母子遣之令即日去
廿三日陰周船已來院生又留之云不可去是仍為社鼠瓮證難養之說
周生少子來求書則無可與程通判母喪不以其兄主喪而云師說不
稱繼妣繼則三子無母其謬如此幸吾不生嘉靖時否則必為璁蕚所
誣矣滋女疾似可醫請李進士來說病仍主一方
廿四日雨看隸釋滋女請作程二嫂輓聯為作一聯云淑愼早傳歌憶佩環來自仙源湘東共識名家叔嬪繁能率禮惜儉宮初絃婦職堂北俄傾寸艸暉
廿五日己巳芒種湘潭張起英少林來云掘墳已葬當服徒刑求書與陳
培心謀警務館與書卽去送敵書二篋來
廿六日雨李復先生請看論語訓釋多推之於朝政又一家也滋女服李



方畏寒作嘔未知是瞑眩抑是反覆李云彼有抑鬱則其命也鄧壻來
言帶債主同來尋僧泗源去
廿七日晴出城訪選青問病見其碁子還船待周嫗遇梁篤親云自桂陽
還安化來求寫字
廿八日晴作程趙墓銘李蘇青薦程九照料製藥云就便約束不可不許
因令來居外齋與書莪女問其行止
廿九日晴接腳女求金留待鄧壻問之乃可復信揚休亦來喫飯冗食者
不可查究只得聽之永姪來為梁家送潤筆旋去不知所往
卅日晴學堂教員因夏飲來見凡五人皆未接談亦不能識面猶未見也
彼蓋已識我矣俞琢吾昨來請出題久不措意頗窘於應
五月乙亥朔晴陳仲騆奉將軍命來求壽序送禮六色云有差官同來留
居外齋周鼇員來

二日晴熱下湘尋醫還船待周嫗及選青日炙頗熱到院已困又陪李程
飴心客去便睡魏允濟來以其名似世交因出見果槃仲子也
三日陰夜雨飯後為梁篤親作書因寫對子數幅諸生入者滿房乃罷不
書出知單召收支算帳絺衣猶汗設榻樓橋
四日大雨頓涼易夾衣三重作湯壽序殊不及吳峹師序人不對也並復
鑄心書謝其拳拳陳仲騆得文價去云往楊家出看已卷單矣程亦瑣
門宜孫昨夜未回想與周桂兒同遁也
五日雨涼午出堂諸生賀節分班拜殊困於答設稷卵宜孫以划船競渡
五六人邊槳不能遡流聊存其意而已洲舊有三競渡船今年亦不賽
蓋年歉使然王季堂遣兒來
六日晴諸生醵請設坐彭祠未午出答王父子并驗契員蔣均不遇見鼇
卄周魏小坐便至彭祠官紳不會惟有師生會飲亦嫌其侈邀魏克威



作客初更還行幾一時許乃到
七日晴看課卷寫對子李馥先生告去
八日晴周妹專人來求書與審判說官事余佐卿兒來求書與巡按要飯
喫均立應之
九日晴余使方去余姪又來求書與將軍曾劼剛真害人也書院是非叢
生未知其理余繩武字卓生學堂人也告以我最恨學堂渠若有失似
知其無望因許作書令其早去
十日滋生日甲申夏至設三席女客二席有完夫妻妹兄妾真子女與瑞
母女便滿十六人外則李程在裏早麪午飯余皆未飽以有女客亦未
入內夜見書房有燈詢知國安來問其來意亦欲覓食
十一日陰熱寫字數紙墨不可用而罷諸生公請力不能供本當還公送
火食乃以五萬錢助之閣道納涼偶題八韻

十二日陰有風甚炎偶思曾侯夜飯時檢舊詩看之至今六十年如眼前
也
十三日忌日素食常壻來得湯鑄心陳完夫薦曹生書輿兒告困書云欲
入京不知何所投也八女來書云有一信未到丁壻又求得盜泉不可
喻矣今日稍涼夜雨
十四日雨陰看報無新聞王季棠招飲陪磕卄局交通行朱德臣兒頗有
舊藝水閣不涼未昏散
十五日晴瑨出省楊嫂何教夫來云已逝頃之昇夫還云今早事也瑨真
皆其乾女攜真往唁伯壽從水去陸還已歛矣
十六日晴熱有風暗誦西征賦半忘之復檢一看并看北征賦周嫗出游
十七日晴紈兄公來言訟事告以今非訟時又錢債不可訟乃云廖六爹
已關說矣意欲勝廖以爲豪非爲錢也鄉人之愚如此所謂夸者死權



者耶余亦願爲烈士矣遣陳八助之伯康來云楊家請題名旌憶儒林
外史荀姓事不覺啞然
十八日陰晨聞功語乃恍然於遣船迎已忘之矣光陰迅速不覺差一日
也因起見之則慧孫亦來矣飯後攜功同至楊家坐客廳待事廖崖樵
知賓神似仲柟陳卜臣伯康均在題旌後殺八棵相款功自去詣親友
余獨昇還
十九日陰鄧沅復來云爲功餞祝具倡戲必欲吾夜宴告以八十不留餐
彼殊堅持蓋以用錢爲快亦新派也許爲一往程生與廖蕭來清齋正
無如傅頤何且看其手段比日事看日本報又聞財政與大獄而湘巡
賣十萬元不知誰撞木鐘也要亦可驚可喜令人有彈冠之想夜設魚
粉不得嘗諸生送功花爆緣火可觀戌正乃坐船攜功赴鄧宴廖謝陳
夏諸生皆在客有王蕭及贛商數人至子乃還殊餓思食不可得淪雞

子一甌猶未得飽常壻來已睡矣夜深亦寢在船遇大雨衣衫皆溼戲
子張傘往來亦一奇景檐溜如瀑數十百人皆雨世界猶可觀也今夜
有二奇觀
廿日雨昨夜寢殊不遲但未聞雨起乃見積水雨已過矣今日功六十生
日爲設湯餅親友多來者早麪後留來客便飯遂巡來者十人坐只容
八人乃令功陪二常於內余陪俞琢吾彭夏廖程蕭何教夫宜萱外孫女之壻
設八俎殊不爛然已饜矣
廿一日晴諸女入城功出謝客並詣楊家余留守屋揚休夜來云黃孫明
日可到
廿二日晴劉家請幫訟爲告廖雋三居間俾紈得復命因令歸家滋欲送
之而道甚遠乃俱至真家話別因留一宿
廿三日晴熱午後起風始得解愠計紈行必困也待黃孫久不來過午乃



與滋真攜婦子同至余率功坐船至魏克威局中一飯程生本約同集
至日乃知爲忌日余亦閒有此事然荒唐甚矣俞廖彭夏蕭同集夜明
鐙牽纜還
廿四日晴涼寫屏對爲劉親家家索債與片廖議和未知和否鄉間　干
至與訟兩家均須費百千一不肯讓一不肯還人心真不可測亦不能
以禮窮之反足窮禮也
廿五日晴晨坐階前見一人取眼鏡已而入揖甚似陳熊叔訝其何自來
乃黃壻也告以其家人俱在此殊無感情乃送壽對鄧壻筆也學聊齋
細柳聯而不知大嫂姓可謂兩奇廖蕭公請席設蕭宅有道尹知事魏
令
廿六日庚子小暑陰雨宜孫生日十七年矣未嘗同堂今乃隨侍爲設湯
餅放爆竹長郡館屢約集會三辭三改期今云陳祿康欲來謝師昨正

來信送羅因許一往與功俱去功復邀黃壻永姪未設酒時忽報朱菊尊來已至書院矣因其居喪不便召之甫上菜便辭還到院云已去湘水暴漲夜雨作書寄唁心盦幷賻卌元

廿七日晴晨未起云菊尊來出見之張少林踵至求幫訟告以旣掘人墓當靜待罪不可再言理矣賀云我主使卽請照律定案爲是午赴衡陽乃至衡府入五馬門已改題矣朱魏幷上輪船欲往送云船窄不便乃止程生作客與我對坐憶與其父游宴今乃成輩紀也周屏侯已不相識蕭廖呂同坐未上鐙散還至太史馬頭卄局船復來迎仍牽纜還幾不得攏岸

廿八日晴湘漲平隄勢復成浸令覓船下湘云俱畏水具二舫備移行李復因惜墨作書未畢二聯水入院牆亟收拾器具寫字亦未三行倉皇登舫水果大至兒女登樓余在舟相距無一丈地下已不可行滋瑞擋



婦女均從樓檻下船遂已昏黑船樓燈相映各自酣寢至曉

廿九日晴水勢仍激真遣人來問頃之自來迎余答不去乃迎滋去婦孫均從黃壻告歸亦從樓上話別廖程均言宜入城余意欲遂去未從也

六月甲辰朔晴船人不敢下乃從百塔橋登岸移城外舊院新改學堂來院中水已浮案矣欲和余堯衢詩甫得三韻遽失其稿

方覲觀余來乃移去學生二人廖程謝彭樊均來照料早飯城館江俞均來慰問諸生來者多不識一一接談憊矣兒女俱不來宜孫來一轉卽去常壻獨留相伴夜有貓跳窗窗紙盡破

二日晴真女來看將夕功瑞乃來將遣人迎滋姑婦會暮恐隔城乃止

三日有雨書院人來云水已退盡地皆漧可行矣告船丁當往看之報紙言有清季野史多載軼事遣程七覓之未得得舊小說十餘本聊以消日外孫女宜萱還何家

四日晴到東洲一看將尋余堯衢詩稿已不可覓矣周孫云不如城中去此處無可留也乃惘然而還問功何以勾留云將往水口山看卝

五日晴黃唐來約功行備兜子三項去每日看小說亦足消日

六日晴庚戌初伏慧孫誤看歷日云已伏真送瓜三枚未足除渴聊同兔茈耳殊可笑也黃孫仍獨還東洲

七日初伏日也晴無暑氣功還未得抵岸蓋水退行遲也家中數人待其處分殊爲淹滯

八日晴始浴功還甚早晨起乃知之有王姓婦來通謁辭以書院不宜見女客七相公兒告去期申正行未至午正船已開去遂止

九日晴熱生徒數人來談看小說言朝事者漫言詆毀全非事理可爲一笑

十日晴閒住無聊將移還洲館中後階尙涼每日摸牌消夏孔子取博弈



用心今則取不用心又一義也

十一日晴晨起見完夫所書舊扇已而滋女來云完夫逝矣爲之憮然余兒女夭逝未嘗如此惘惘者傷其多一官不便寫銘旌也旣不能教而反助之誠余無操持之過乃遣兒孫往視之瑞女亦往唁則自以妹壻之誼還云縣生妻亦病篤矣功還家去

十二日晴爲李生姜書扇復爲彭理安書扇程羆庵書扇

十三日晴鄧子溪送瓜幷求書與王靜軒關說官事俞琢吾來言攷課事

十四日晴聞吳仰煦曾來正欲見之至道署訪吳因過俞小坐云鄉民求雨復禁屠矣至夜遂驟雨但不多耳

十五日陰寫陳郎挽聯又以銀摺與真令辦成服事夜復得雨

十六日晨起往陳家卓胖已先在還靑亦至大雨頗暢陳客女多男少坐半時未陪一客乃還甫至館仰煦來夕蕭伯康來云魏克威未至上海

而還亦當來談坐久之魏來云請電孫慕韓盛杏生依而與之又云歐陽沚隨人以百金竊關防辭職已換人矣歐家起滅均出意外疑周畝莊所爲也

十七日陰涼看宋小說有未見者陳九郎遣妾至弟婦家爭繼其妾亦偉人也遣迎真來避亂完夫妻不肯來且留觀變爲臣子乃至此可爲傷心午後大雨今日庚申中伏

十八日晴吳仰煦久不見約來便飯因請魏蕭廖李同會未午程九與李先來欲並留程俄已去矣尙早因邀吳李魏摸牌四圈未戌散今日無雨頗有暑氣功寄書來甚似程生口氣斷斷於劣姪亦可怪也

十九日晴得莪書並寄花椒卽欲復書以熱未作字午後大雨北兵捉金德生去

廿日晴仰煦還席卽擶饌來客皆昨人魏廖李蕭外增入程九半酒劉增



自京還便邀同坐未夕散

廿一日晨復莪書遣尋劉增已去看課卷殊無佳者

廿二日晴李薛青送酒請瑺真作客李被盜不能來真來旋去

廿三日晴寫程趙墓志看課卷畢夏生來久談云早見歐西戰事與完夫豫言之又云周嫗當有貴子亦幻境所見也而未知歐陽沚之顯達

廿四日晴熱寫女扇一柄送卷去張子年無依將特設一差位置之鄧生來求書與湯

廿五日晴魏克威招飲過午來催客因將遣房嫗看孫女並送精忠柏詩去遂渡湘而嫗忽不去余渡則兪琢如已辭帷夏道先至吳廖蕭繼至江知事最後到散已上鐙乘風歸頗涼警兵巡津口云已來亂黨五十餘名正稽查水陸也

廿六日晴誤以爲伏日遣求羊肉不得魏郎送瓜二擔今年足消暑矣細三歸觀真亦來看

廿七日晴庚午三伏宜孫始講春秋茫茫非有根柢之人聊讀未見書耳夜熱猛雨

廿八日雨飯後將出未果午後乃至西禪寺轉彎似換方向至則魏程先到廖雋三爲主人并招張尉蔣令今日辛未立秋

廿九日晴張尉來意似不樂喫空飯無事可位置又無飯喫知首陽不易居也正使餓死亦不能勝齊景公不知聖人又何以誨之

晦日晴熱得功兒書正欲喚船陳四毓章來言已派船來接姑待一日書院後牆外棚被焚燒及梅竹內外孫女往看夜雷徹雨

七月甲戌朔陰晨出寫字賀朔客來六七人一湯姓初未相見云叔昆弟兄欲求榷局告以非錢不行非我所及也令人思歐陽沚夏時濟盡墨一椀而罷紙猶未半看王曾氏經子淺疏



二日大雨頓涼程七郎送棻遣迎真女不至瑺亦往彭家去未歸棻俱敗矣滋病又發殊爲惱人蕭子夕來云魏已去

三日涼有雨酉至道署會飮夏生先在王伯約後至未與款詒仰煦言消夏往事有薇字韻詩不憶之矣將夕陰雲甚欲澍雨已而雨散坐待甚久還已將亥庶長早來

四日陰寫字數十幅猶未全畢夏生求字來云欲下省

五日有雨覓船下湘云須送租滋先顧一永州紙船令泊馬頭瑺亦覓一吹火篙往洪落廟留行者紛紛裝已辦矣申至衡陽會飮程生自鄉來送便約同飯夏生周屛侯廖典均在散猶未夜蕭約未至二更來留行請飯不能應也

六日晴靜待上船殊無行意余乃先上兪道尹來留蕭程並來諸生亦皆來送竟日對客不論開船事至夜滋船先發瑺上岸去

七日晴晨移柴步迎瑠來上小船同發滋船人在岸未待云新來恐無歸當往尋之又檥塔下遣二人往則已顧船來追矣行至萱洲見雲色有異恐有大風又檥一時許夜泊老油倉今日出伏

八日晴頗有秋意晨行至夜未檥

九日晨醒已入漣口纜帆并進人亦踴躍晡泊三塘稍上至谷家小坐待昪還家滋姑婦均來慧孫亦來三婦及孫男女出迎待飯已夕

十日晴晨起至前堂見三兒始知昨夜已至方辦新穀專人至城未遑他事

十一日昨夜雨今晨遣聶傭往城宅周童及喬耶均來周姑耶又來求幫訟

十二日晴水復暴漲至城路斷待省力不來書梁墓銘畢又當送袁挽聯無紙可書但磨墨以俟劉胡來求退差夕去

十三日晴周生率王兒來亦爲差事也黃生持功書來并送果餅告以初歸未遑他事也作朱八少母墓志敍述頗有聲色

十四日晴朱余特屬記事檢已失之遣羅兒下省問之并送梁志去卜太耶來云郭葆生已免官奪權牽及汪頌年可怪矣湘紳劣必三亦故事也當作詩張之今日丁亥處暑楊篇吾來

十五日晴日光甚烈而秋氣已涼鄉人燒包不及往時認眞當潛爲耶穌所移也夜月極佳惜無人共賞

十六日己丑晴看董鴻勳四書一過與朱晦庵戳上秤過者無異不如博弈之有新意也國安來乃誤以爲鎭南恍忽可笑

十七日陰羅童空還惟得白綾寫字便寫三大幅及挽聯向晚甚倦陳堯根及王愒堂來均不欲見大睡至戌方起客俱去矣

十八日晴晨作 書復堯衢應卜尉之請知其無益而爲之喚船遣輿弔袁



喪并送卜去王兒復來衛兵佃戶簇擁似皇帝也

十九日晴炎喚船入涓遣輿弔袁海觀并送卜去蕭兒夕來云大考書院欲求薦書余云特薦女一人耶云可薦四人且云羅知事先試乃送如縣考也令探聽明白乃來求信王兒已去矣

廿日晴炎蕭去客始暫斷拂拭牀席以待後來作書與神州報館謝其送報不取錢看報記楊度事頗有風潮不愧爲學生羅金夜游晚歸已過子矣輿亦昪還均睡未聞也

廿一日晴炎想又如甲午年十日炙毛髮也輿云袁二子已北歸家中猶有三子又一子已往江南未喫席也

廿二日晴疇孫眼痛未講 書爲鄉人作求神疏與書吳䑸舟薦蕭生得衡州轉電

廿三日晴周童辦麪四十斤作母生日其豪氣可想宜乎與陳漳州抗行劉二嫂陳二哥均來並拜生客亦有矣與書報館投稿

廿四日陰涼陳生亦請書意見爲作八條周庶長來意欲我飛書百函爲謀一事謀事之難求信之易皆可駭也而周若固有之人情僞之難知

廿五日涼待周蕭接信一日未至所謂相需殷相遇疏

廿六日陰晴周來擬信稿遂至一日自云被撤尤爲虛誣得衡寄蜀書三千里展轉至四千里半月而至計日行三百里排單八百里不過如此

廿七日袁世兄生日祇得遙祝萬壽紀文達不知紀述否昨日懿同周去蕭亦偕周先去爲薦入高等學堂復莪書

廿八日晴周再晚來云禮房人物也欲爭墓地請幫訟告以是翼雲專政而去純乎鄉人

廿九日晴張起英來亦求幫訟告以已掘人墳但當領罪無可幫之理偶

理殘書取直齋書目看之長沙侯延慶王以寧鍾將之並不知名以寧曾爲作傳似是湘潭人長沙又刻百家詞今皆未見

八月癸卯朔晴張成自粵來書求關說田張周又爲庶關說坐談未問來人姓字至夕又來一女人攜子同來疑爲四女之女詢知戴李氏李蕁子也來往五年未爲一援手已費去水禮將萬錢矣其不知節用如此比之一豚蹄求篝車者歎爲工拙乎

二日　祖考生辰未設麪作半丸見意晴涼

三日晴尋小塘封羊詩未得因欲刻近詩試寫册葉二葉

四日晴涼夾衣晨起寫册葉四葉

五日晴寫册葉得省信方桂送來云將隨純孫往辰州

六日晴方童早去余亦早起作朱陳墓銘成遣人下省買辦鋌豐館送焚衜韓石泉來云初病起已愈矣附書功兒寫册葉已得十八闋



七日晴謝滌泉專馬來爲朱進士求書云浙江參政寫浙江詞應之寫朱志成將附便去因行者急未能附也

八日陰羅童還功書來言勸進事陳秋生來云有事恐不能應十一日祭期故先來殊爲多禮留飯不喫而去

九日陰奴童頗多來者蓋亦知半山有祭來混飯者勸進又作罷論矣楊生徒挨一頓罵

十日晴得真書告不能來而推九姐可謂謬也母生日祭本可不來而言來不來則不可揩生來輿行兩日不至殊不可解

十一日晴昨夜待燒金銀甚憊常陳堉來設湯餅款之夜竟不辦今早設麪又未飽葆耶來午飯亦未飽夜乃飯又喫粥

十二日陰有微雨日本三學生自衡山來各長談無甚相關夕乃酣睡比醒客已眠矣常堉求信說官事與之即去

十三日晴復熱楊賢子自北歸來看致李梅庵書送火骰八匣及茶點云告假還留住一夜

十四日晴劉二女來賢子午飯後乃去晨已爲題畫寫橫條宗兄來過節寶耶亦來

十五日秋節晴夕忽陰雷至夜遂無月晨起爲黃生看所鈔史贊午前黃來

十六日陰得滋莪二女書宗兄言祠租事余不能問今日戊午秋分社日劉女去

十七日陰寫李幅論作文法功書來報陳程初死當弔賻之城中無老於我者矣非佳問也

十八日晴　祖母生日依例設麪宗兄喫三大椀猶能食肉

十九日晴氣寒寫李幅論文法外孫婦生母來留居女客房夜蟲擾人仍張紗𢃇



廿日晴寫李幅詞窮尙餘一紙不能滿也黃孫求書歸宗依而與之復胡堉書

廿一日晴復莪書衡州遣船來迎輿往祠堂問租未還蕭媼告去女從往攜巽種豆黃孫下船遇淺復還周生夜來

廿二日晴輿率兩子俱去頓去七人周請寫壽對召之不來余亦將去矣

廿三日晨約周早上船繼又改早飯後行復遣覓周遂誤以爲招之飯辭不肯至乃不攜僕嫗獨身上船已發酉至九總移宿局中輿贛均在宜孫又回鄉尋我去矣

廿四日羅知事劉明欽來訪陳歐不至滋覓洋蟲云可明日李蕁來字韻仙爲姊請飯

廿五日晴熱晨寫壽對遣周生送去飯後出答羅尋戴女有數江西商相

陪同飯徐孫亦在飯罷還局蕭小泉來訪傅蘭生請秦子和匡策吾曹福生陪我午飯萬菘圃云亦主人羅又來請則不能去請秦匡代辭至夕下船周生約來不來想爲將軍門客矣

廿六日晴熱復紵衣辰發看已詩過日夜泊白石港

廿七日晴愈熱挂餞行亦時纜行夜至晚洲余已睡矣

廿八日陰北風頓寒小疾不欲食心頗不樂頻起頻睡才一食夜泊萱洲風搖枕甚壯

廿九日陰無風送舟多恃纜行詢杜浦正在霞林之下余覆舟霞林杜中風杜浦此路不利詩人也夕至東洲到院卽睡

晦日晴庶務首士二程還靑僉道尹並來真在房未得細談孫壻更未一談已日斜矣寫册葉數開楊拔貢周歷生同來常壻亦自省城來

九月癸酉朔院中昨夜辦祭今早早起待客坐外齋未久廖生來二楊馮



生旋至云首士已來賀生父亦至久之始行事余未出蒞但在內坐至朝食後魏克威來示功兒書已欲干世事矣因約與魏同下湘設酒內堂魏楊馮廖同坐謝賀在外未與也飯罷客去卜女與兒同來幷攜孤子遣船送去大睡起已日夕飯半盌上鐙矣又睡久之看周生歷書得劉生京書中夾長沙一書不知何自入也楊宗稷時伯求題其父畫册爲書一紙交任公寄去今日寒露

二日陰朝食後往湘東看蕭伯康遇江知事夏進士暢談因真女在院久候從陸還程通判亦相待俱坐內齋將夕留真晚飯去

三日晴彭理安來久談云胡定臣京卿尙未去已亦將往長沙劉親家來昌濬忘其名矣真女又攜完夫繼子來見甚似其姊其長姊亦同來楊孫壻又來留飯去蕭伯康專船接周媽余不與書真與書遣陳八去又動天下之兵也

四日晴劉陳兩壻均來子年兩程李進士來余方看報未暇接談

五日陰昨夜有雨錳卝局長來訪周兒辭以睡慢客之至因出答拜坐蕭轎便入城答僉廖李魏惟僉得見又見仰煦還見卜子幷送其父書云欲徑干王國鐸奇想有如此者無怪欲世襲總統也伯康來送炒栗

六日晨起大雨不雨二日矣陳壻與常次谷來留飯去伯康日日送菜殊不敢當

七日雨勢未止周庶長來云後一日發後四日到得將軍請帖可以辟邪夜便夢衣冠往撫轅覓轎未得卽欲步去又家中似有喜事人甚喧鬧余戴氈邊冬冠是新製者仍未出門而醒

八日雨孺人生日無麪作詩一首

九日雨西禪請六鐘辭以太早及晨起正六鐘時因出登高泛湘入城大雨正見一村翁呼我未聞舁人云程商霖也將上湘見我可謂更有早



行人矣街燈猶未息至西禪寺早齋已過坐待客來幷招程生來至午俱集共九人僉琢吾復招客八人遂盡一日午晴夜到院已亥初有月聞常霖生妻喪

十日晴當往常寓唁霖生子因於午前下湘至其寓處在一狹巷喩生訛索所築也一小兒當門稱余外公疑是陳女未便問入臨殯哭聲大作未便久留遂問所費而出然常氏已設燕窩點心似有餘矣一人知賓未便問姓便至陳家則陳壻二楊已先到更有周屛侯廖雋三陳四少耶伯康亦到菜畢已上鐙還亦亥刻

十一日晴陳八還云婦女不能卽來正合機宜作書與黎宋卿爲齊七干說又作完夫序言悔不當爲干說此所謂失其本心非我也二三子也夏彝恂來言熊放卝長令分三考取士有俊選上三等斟酌古今其最善乎劉壻來同飯去黃孫送蟹廿螯僅得二活蟹與八月所食無異非

但不知味亦不聞氣也喚陳八來問家事去月半後有船來迎令陳壻催其早來北風驟起真明日恐不能發

十二日晨起頗寒午後密雨不能出遣送常九嫂奠金寫黎宋卿壽對上樓閒看頗覺寂寞與書四婦勸其還鄉詩卷破爛裝褙完好自看一過

十三日雨寒始衣襦昨買壽對未至陳壻送一副已送黎宋卿周生又送一副書與郭葆生稱觴喜畫理盆盎花木教子能增光將相門楣郭父爲母壽作屋城中未幾焚典敗壞幾不能保去年借我名驅占兵出乃費萬金重修故爲喜事郭先在江南娶于氏及還父母已爲聘楊氏乃以于氏爲次妻生葆生有文武才除說謊外皆可取亦可傳也惜不得何貞翁記之待積墨不灕强卷而去亦何書所無也

十四日雨昨飲北極寺蕭云其母必欲接周嫗來又遣人去告以不必不得我信亦必空往乃與書告以真所言又變令紅船不必來紅人必須



來又正應送郭壽對因遣名靜去就鷈與郭廿廠作工二程來作北極殿詩與蕭伯康待周生不來此人荒唐無心想不可用矣未下湘至楊家三孫未出俞吳蕭張程生同集魏克威不來招夏生來同集

十五日陰晴張味鱸來訪其兄弟皆取水族爲字亦可異也示我所作燈謎竟成巨册余爲序之程通判周生前後均來馮絜翁孫來訴窮云已斷炊以四元贈之絜翁所必不料也周買梡一席未問其價買氈一牀則不合用令換羊燭所謂以羊易牛又一好謎料也買鉛茶船令換錫茶船價貴一倍看報無新聞

十六日戊子霜降雨劉壻來亦將北上未能止之竟日看張謎書幾十萬言亦奇書也待廿日出當度日如年方知山中甲子之長三湖町王生來言訟事

十七日陰陳四郎來送螃蟹水果樊非之零陵來寫條幅四張道署送卷云二楊廖蕭均去矣

十八日陰日本醫來談國事作楊志成謄稿殊不成行且姑置之寫息焚之者三數矣繙課卷殊無佳者尤奇在不知鴈峰多高

十九日陰寫對幅看湘軍志

廿日陰　先孺人生日昨烹羊肉太清不能作湯餅作餃應節而已

廿一日晴看課卷出城答張味鱸陳仲叔

廿二日晴孺人忌日不出游看卷畢送去辦館看報已備辦登極可謂荒唐

廿三日晴昨出城答山本味鱸送還字條今日又送來楄紙三處何求書之多味鱸送鼓子詩櫜諸生夕入者四人周生亦來曹永興來求館夜欲作書燈下不能成字遂睡

廿四日雨晨起頗早寫詩與張又與俞寫大字亦不成章羅姓入再拜似



有癡疾亦云移入周生亦移入終日悶睡大有林黛玉意思

廿五日晨起復雨山中無歷日竟不知何日霜降或云昨日或云前日此二日已漸寒蓋氣至也詢之王生云十六日已十日矣看唐詩蛾眉鶴髮云云不覺有感女寵而論年是不知寵嬖者也唐玄之於楊妃庶幾非好少者武氏之控鶴亦庶幾自忘其年者余有句云安得長見垂髫如君百歲不祧亦庶幾知論老少者欲作一詩發明其意嫌於太褻要之此千古之大惑也登徒子其賢於宋玉乎爲之一笑已而看昨日日記八十老翁自比林黛玉殆亦善言情者長爪生云天若有情天亦老彼不知情老不相干也情自是血氣中生發無血氣自無情無情何處見性宋人意以爲性善情惡彼不知善惡皆是情道亦是情血氣乃是性食色是情故魚見嬙施而深潛嬙施見魚而欲網鉤各用其情也嬙窺不許與疥痔七子皆與情無關正是事理當然文人戲言叉足論乎

武氏控鶴與登徒差似但控鶴非其配耳此則武氏之不幸彼直任性不用情也說來說去乃知荀子性惡賢於孟子性善孟子只說得習

廿六日晴前占金周當於今日來留待十許日不至將治裝還山寫字數幅並書楊韻選青九長來夜夢看課卷一賦一詩詩題爲困獸猶鬭援筆爲改作一首得起三聯了了可記比醒忽然忘之未知何祥也

廿七日雨遣送書日本人因留書一箱與書院有多尙書送青山古文家也子年及西禪僧來云彌勒已裝金矣檢四十元先與之尙須五十元寫滋女名年施裝並索我生年而去不知何用卜女及兒來爲父索信與書云哉責之爲周生看詩夜與喻周閒話乃聞楊渠兒榮棍責事甚可書爲作二詩此事可與大獄暗消甚好小獄大賊意何深禮教先須辨獄貪亦棒無情問地痞烏臺有例貴街心休買錯踪揚繡宅且莫輕挑卓氏琴多謝汪倫相送意桃源今作放牛林天台訪豔叩仙岩立地看風聲鬢髮盡金使君消瘦肉那容緞倡顧街三更擊鼓震鹽客一席厭屑未解饞近日山城傳穎事女閭新設大牌監凡職官在妓寮被獲言姓名



即奏革受笞則釋此識小錄所宜載者

廿八日陰雨楊八邵來七郎來一日午飯後去兪琢吾來留行山本秋水及妻來

廿九日雨子年又來請弛萬人緣之禁蓋團保有利來說者皆有利唯說者無利耳廚人亦有辯工意知包火食無利

十月壬寅朔料理字債將歸琢吾留行甚摯未知於彼何利已諾其一飯因往城便尋魏克威云亦詣兪往則四客已集兪爲金谿秉恂子拔貢能詩應先訪之亦於兪坐次同坐更有程八九夜還甚暗

二日癸卯立冬雨船尙未來梳當先去定遣人送銀信長生不敢攜銀改派文柄又不去乃復遣陳八告以遇船即還午初果還船亦至矣親人來者宜孫并不落屋紛紜至夜

三日陰霽仍遣來船送銀盌去卜陽之來求書與王銀行云可救命依而與之亦如周恩之救命也

四日晴令周生檢卷將作書院記卷殘破不可理猶未毀耳

五日晴作記未畢當清學產尋賀庶務不得張味鱸頻以詩來未暇答也楊宗稷送琴譜亦自可觀

六日晴看琴譜宜孫講春秋畢想未能知其卓爾幹石泉來言煙酒事告以不管而去

七日陰馬先生來飽飯人云馬太耶誤以爲馬太生見之乃求包煙稅云云可歲獲三百金湯姓又來求信令送錢三千乃不能得又居客寓不去可怪也

八日晴午課畢下湘看邢侯檥舟申門半日云衡令請早午飯亟移舟往乃云號房誤一日仍返東岸檥聯合甲種工業學門待周婆來即還飢甚喫油炒飯周孫惡其名辭不食夜雨和八耶姪子來送餅餌亦言王



文錦

九日雨叢菊餘花可觀移入內堂飯後又入城至府署江知事請飯有陳伯屏姪李价人后太耶王某視學某李云卌八年不見陳王皆言曾見不憶之矣歸猶未上鐙得莪女九日書宋佃來訴墳地被奪

十日大風復莪書入城渡湘幾不能抵岸湯余來求書不避風雨何其勇也午至西禪看彌勒已移韋馱來矣上海鎮守使被戕此間鎮守使不敢出縣道均來已設水陸道場陳設頗整飭宜孫代上香淨饌亦頗旨

十一日陰作書院記查田產無確數問修建費亦與所聞不符余所聞六萬金喻生云三萬緡程生云一萬餘

十二日陰周嫗出看陳家余留守屋攜周孫看渡見張尉與李道士同來又一人則何鏡湖也道士亦爭祠地與宋佃同

十三日陰與書與兒令問審判蕭伯康寄蟹二對今年始得一嘗可笑也

三寄蟹費萬錢猶無下箸物況持螯乎
十四日雨寫對數幅作記成只欲敘述本末不遑發議論
十五日雨夜臥甚冷李道士送禮
十六日陰出城答張尉並遇二李送禮者告以官事今無曲直可以不訟
何教夫送鼓子
十七日戊午小雪教夫及程九長來亦言王文映告以官意與民意正反
不知誰爲是也總非我所宜問留鮎而去氣寒可火有炭無盆
十八日晴遣人覓徑尺五鐵盆乃得一舊銅盆正似此架上者秤之得十
一斤正百七十六兩疑是盜去而復買回者究架所由來必自程家然
無以證也姑不深問去錢八千八百亦太侈矣
十九日晴周嫗看程四婦還云甚困窘與馮氏頗同亦宜拯之霖生妻將
葬後日開弔已送廿元再以一聯挽之



廿日晴畨耶來卜女來道尹來言將往省城謁巡按託爲張覔涑卡令卜
女告張面求之
廿一日晴得黎宋卿書功兒書卽復一紙寫挽聯並與書湯薌銘
廿二日晴王生請作譜序爲書亡紙言船山學派劉王之謬楊七耶來言
瀧山蟒蛇復見
廿三日晴吳仰煦來云蟒事無聞段孫來遣送馮孫乾脩四元看報惜鄭
汝成以生命覔封侯而袁慰庭報之亦甚厚又見楊生繼踵而往亦可
危也喻生欲占文昌祠陳姓不讓來訴於我
廿四日晴遣周嫗看孫女以其新有從姑之喪又惜楊生不取常女而再
剋妻似有因也
廿五日晴往常家寫主欲爲陪客乃無客至便出答仰煦遇江知事小坐
江去約科員二人共摸雀于拔貢後來入局四川畢負一底午飯設四

盤一鍋洋手甚佳爲飯半盌席散還
廿六日晴課畢小愒景副將妻率子來求賣屋云衡人欺孤其夫曾爲長
沙協身後僅一屋契又被騙去令周生往訪事事牽彭姓添派冶青查
之喻生武世家自應出力亦請同往夕去遂不還不知何故
廿七日陰舁入鐵爐門至火神巷常寓寫主午出至道署一科尋仰煦遇
江知事小坐江去遂邀吳友摸牌四圈設食有蟹魚散未夕
廿八日晴舊友母親來賀伯笏送其父書來看一過亦平安楊祕書云欲
刻之
廿九日陰橘叔來言雅南盜賣地又生枝節今有路人欲叱之請寫信與
甲團依而與之夜雨
晦日陰橘叔去看課卷夜燠
十一月壬申朔陰看課卷畢得財政廳書云我屬託王姓未知何人也夜



風
二日癸酉大雪節有風似欲釀雪寫屏對作尋古齋集序常寧李抱雄所
作也文詩俱雅潔無土氣雍正時人七試不第以縣令終其玄孫李果
來求序電燈公司三人來云將開電燈江知事索賄尼之
三日陰昨夢雨不成雪矣不聞不問人去數日不見走失無限機緣
四日晴將出看大醮聞庶務預備而止曹祁陽來求書完夫遺屬所託也
無以應之方十四來從學告以今冬將散學非鼓篋之時其兄送之來
蓋其母意也
五日晴楊孫壻來取李集序去云其叔校中人也
六日晴出城看萬人緣果有萬人舁不便行子年賀年姪俱在九長亦來
迎小立從西門入亦從來未到之地入城亦彷彿矣九長特設不知何
意云已居喪請薛青爲主人更有楊吳許張夕散歸已亥初

七日晴晨霧生火禦寒廚孃往看花鼓宜孫亦往云院生多往學規不立
如此余老矣不能問也
晳子仁弟鑒席諭議發生知賢者不慣然不必也無故自疑寄無叠處欲改專制而仍循民意此何理發嘗論弑字字書所無宋人避居而改
之不知不可試也將而試焉試則敗矣既不便民國何民意之足貫協叔文訾引梁卓如之書云民可則使由之不可亦使知之自謂圖對適
成一專制而已自古未聞以民主國者一君二民小人之道否泰也俞何辭安之有今日將錯就錯不問安危且申己意乃爲陰陽怕嚮儘節
位以後各頸官皆有質袁國史館由弟以我領銜可也如須親身過職名我保奉命遙領者應由本籍請代奏不必列名也若先勸進則不可
也何也誰統係民立公僕不可使僕爲帝也弟足疾未發否可以功成身退奉母南歸使五妹亦一免北棺之苦乎抑仍游羿轂耶相見有緣
先此致復
大捷統鈞座前上一艮知嘗變疑傳安參議禮宜躬與緣天氣向寒當俟春煖三殿揚飾事已通知外間得云四國忠告殊出情理之外想渴
讀專斷不爲所慮也但有其實不必其名四海樂推嘗何加於毒未前已過慮後不宜循既任天下之重亦不必廣詢民意轉生異論也若必
欲傳安自在揩旌之宜不在國體且國亦無體譯征同換唐宋羞弑未嘗不治軍官褚亂何足問乎□□在進未知近體所由發生及明濾之
所左右然閱軍隱當議一得概因湘派與議員陳紱華審函上閱試華桂陽名家文學可觀於例派員中加以賞同井以附陳
八日陰晴朝食後李進士催客往則程九已在仰煦楊貞臣旋來看電燈
公司步往昇還公司數人未遑通問夕散還聞陳仲馴來云楊晳子遣
通問故作二書報之又聞四婦吐血不能還與書慰之
九日陰仲馴與其四弟閏餘同入城去余獨在家籌安一日綠牡丹來歿
息機園來歴
十日陰仲馴齎奏去云尚須一往寫息園篇鼇局趙芝年來劍秋族弟也
衡知事朱奏棠來竹石從子也均勝江兪人
十一日晴午聞喜爆聲知三孫家報生子出詢果然賞來使四元卽遣房
嫗往視
十二日晴入城看琢如仰煦遇朱知事便約陪錢江之局旋至金銀巷李
楊先在仰煦後來皆主人也與九長及余而五江朱爲客戌散亥還發
電報告兒婦留衡俟生



十三日晴楊家送喜蛋得袁電報書名一導字豈天子更名耶程生來書
諫止北行復書謝其厚意得肅政送書未遑細讀
十四日晴燉肺送細三乃僅半肺令再覓之并作包子同送又待一日
十五日晴作書與胡壻并送題與道尹寫字數幅
十六日晴遣金嫗看細三因同船下湘答訪鼇局趙芝年便入城送江知
事答訪朱知事坐朱房負曝甚熱還已夕矣
十七日戊子冬至平姑子送菜餌感其應節菜則鄉派欲作一詩未得
十八日晴羅漢廠開期大會城官招余往陪未午攜周孫往鎭守使已至
齊散已夕
十九日晴李价人來云卅年前相見於李竹屋處並言坐上客今惟存兩
人矣
廿日晴周庶長欲以戴醇士畫質錢令張之知不足齋以滋篆屏並長其
價因與書功兒帶來信發後計日功已上船想不及也
廿一日晴忽感寒疾想係夜睡太暖和余詩押戈字韻竟無良法此月課
賦限環字韻亦無法生新也
廿二日晴李世楷价人招飲瑞遠錢店二知事保管局馬丁亥山後來一
陳姓云其父乃余門生未知誰也又不便問其父名亦不敢問其姓但
從坐席知爲陳老耶而已戌散夜望湘川似甚寬闊散燈遠映亦助感
情
廿三日晴李馥先生極辨此號之誣未知何意云治具酬同年李薛青請
余爲客設坐船山書院何鏡湖程九長均早到未初下湘酉正始還
廿四日晴在家無事
廿五日陰廖翰林學堂試驗招集外客午往道尹已去小坐吃便飯還從
陸還到院已昏遣陳八待瑺乃先我還功兒暮到正我在石鼓對岸時

到不相遇云謝蔣收支已相見矣
廿六日晴功出看女便入城訪客聞滇事萌芽云蔡松坡尋安歇矣又遣
孫壻探刪電云陳仲馴爲我作符命證成莽大夫也幸不遇朱紫陽不
至爭稻桶耳然妖詩已驗矣（無名白頭帖云此去滇成莽大夫四年前讖也）
廿七日晴院中預備作生日勞民傷財粗有頭緒程李必欲看女班力言
不可非我不可定公不可也然不能止亦如定公浩歎而已蘚青又挾
何教夫勢要十二人唱戲一人
廿八日晴道尹知事權局紳商及諸大弟子唱戲兩天今日起頭報十六
席局面大於去年而用費反省一半以無陳仲馴中飽也周嫗三子均
來瑺紈亦到又有陳家外孫卜女李妾湛嫂金婦諸女客亦於子初先
寢不問客事
廿九日正生朝也陰稍寒昨午未飯覺餓吃海參麪一盤頗佳借雀摸四
川唱戲至子散
十二月辛丑朔撥拾鋪陳當出謝客天忽風寒怯出因遲一日黃壻夜來
云自湘來故遲
二日陰小寒官歷已過年去歲止於廿五不記此節淵明甲子亦無從問
功出謝客劉壻昨入城未歸紈轎夫畏擄不敢至城云城中行人多被
牽去
三日陰聞軍書甚急出城探之入道署小坐云無緊要但民吡耳蕭送木
瓜時蔬
四日陰紈去送至鐵爐門入城云已晏不可行居真家瑺臨叔姑喪亦自
去留飯余不能待乃還并約客一飯
五日陰周生以戴醇士山水屏八幅求售價二百元張之木壁殊無可取
楊孫壻請題文信國手卷書唐詩二律有誤字余題云狀元誤書不足



怪也
六日陰寒梅已花登樓翫賞但有花無香尙未若袁州道上時有暗香也
七日陰請客九人兩壻皆去招孫壻補之未午陸續來未正入坐俞程二
李夏賀廖雋三楊錦生客多談雜不及正話未夕散坐外齋更說書院
事乃入寢
八日晴作粥甚晏食時已過午矣粥又未糜聊應節物午後至道署赴餞
席吳程李程張同集散亦尙早
九日晴將發因待孫女出窩未便喚船船價甚貴云兵差擄船夫水陸俱
避不行瑺還鄉幸已過兵尙得逸去
十日晴蔣生自京還送館員公分壽屛曾文陳書似新天子開端則不止
聖相可訶也幸文不登選孫何必不見耳張之後當以耀出窠黼政使
來言立分教留功任之
十一日晴孫女來不擋月毛從來未有也亦賚鷄待之留半日
十二日晴功兒往岣嶁看定公晨去余亦喚船治歸裝書院送船費辭之
云功兒代收矣遣周嫗先上船取銀來贖過午取得十三元喻生云馬
質安求棺材令庶務以詒之將行不見宜孫乃云不去其舉動自專不
可教誨真不才子也新天子欲去四凶此其一矣至暮遂行泊鐵鑪門
十三日晨遣周嫗看外孫並送壓祟錢外孫男女來者四人卜女亦辭去
與之八元馮鎬則無以其往攸得小費助也分二船一往長沙一還山
塘至夜移泊章寺時正三更遣尋功云已睡
十四日晴功及唐仲銘晏來買油送魚朝食後發小門生劉仁倬倀倀相
隨亦令同行乘月夜泊斗米洲
十五日晨過雷石遂行一夜過空靈灘
十六日晴買米漉口米甚精潔欲多帶云無貯處遂行夜至河口亦三更

矣
十七日晴朝食後分船各行功待送我乃開南風甚煖夕至南北塘昏不辨道船人甚恐告以不遠猶謂奮言既開岸上來迎乃知入港乘月夜還臨湘婆與輿婦候門未見滋出甚懸懸也已出見則容色更腴小坐各睡未寐黃孫云三舅還頃之翰孫來見詢輿近事云尙安靜
十八日大風起行李周不能待先還輿擔均不穩便至夕乃畢夜風愈壯遂雪
十九日起視竹樹皆如帽絮風尙未止宜孫午歸云陳八船送亦費萬錢
廿日晴昨夜甚寒想尙有雪乃竟見日但未冰耳國安避捉來依忽然又去
廿一日陰書復笙畡本欲自去因寒故止召榮兒溫年書元婦來告貸故借此爲犒遣人入城辦年貨



廿二日晴將軍來老矣無復壯情不飯去反送去餻二封
廿三日陰作餻祀竈欲作一詞未得舊譜夜深猶未聞爆竹亦未遑問
廿四日陰朱八少耶送潤筆受水禮辭千金作書復之工人過小年亦爲上設五椀余未午飯夜乃飴心
廿五日陰作劉幼丹挽聯（一見泣深交知吏家鈎考羣書七十金文通古勝寄 編再起綬南服更散字包羅萬有五千編類編）遣人覓紬云當到縣正欲買花因熊佃婦家漏稅事求解與書秋生問之
廿六日陰熊婦夜來云送書人已被拘押矣正欲謝絕請託難遇此閽羅包老也又遣聶傭往縣羅傭去已四日亦無消息
廿七日陰晨起乃見羅傭云昨夜還得笙畡復書又得上海日本學生書即復謝之
廿八日陰方桂自省城來未知何意以舊友亦留之過年欲封羊嫌費與文吃家分一邊
廿九日小盡即除日也計內外宂食共卅餘人設五席待之夜祭詩已閱易卦全數意倦未親肴饌不備欲罷又不可亦如民國厭倦共和猶存議院立憲之名而已夜待埽洒衆亦欲睡乃還寢猶再起

# 湘綺樓日記

民國五年丙辰

丙辰正月庚午朔元旦大雨遂雨一日晏起猶有兩婦送蓮子湯待茲出已將巳初受賀延賓皆不如故事蓋三婦初當家尚是生手又無姑教也

二日雨小止寶老耶來言庸松欲賣田公家價在四五十兩一畝自來無如此貴田然已成例矣未飯旋去

三日陰宗兄來龍燈二百餘人欲來相擾出告白辭之今日壬申立春已不迎春憶州縣差役紫羔馬褂持鞭馬前大縣數百人今皆不可見矣岳林宗云窮凶極惡不欲觀者今亦願見而不可得爲作一詩

四日陰完夫門生曹生來訝其能早到云到湘潭過年今從潭陸行來轎夫錢每名千餘可傷也留住而已作春䊷待之看報半日



五日陰稍寒龍燈必欲來於公所待之

六日雨似欲雪乃旋開霽國庵許虹橋來旋去

七日作包子應人節摸牌無人先打四川中伐北而已

八日陰檢書看所遺忘亦勞於檢閱不如終年書堆反不勞也

九日陰見日不得蜀信書往問之吾八壻兩在北兩在蜀兩在鄉一死一流流者差勝

十日晴將軍通公均來黃生來坐半日去團總來言訟事秋生任子來致沈子書言酒稅卽復一片言不與聞陳任旋去設二席犒水手兼及來客

十一日晴得功兒書言袁蔡事不甚的實

十二日陰張金榮來診長生云甚危險令還家養病並爲求神昨夜遺溺蓋亦老衰

十三日陰有雨兵丁過境龍燈避不敢出得廖蓀畡書幷送灰湯鴨回思辛亥飛轎還家猶是太平景象也卽作書復之周二子皆去

十四日陰龍燈來劉二嫂來拜年得林文瓚書

十五日陰雨龍燈來有一龍阻雨不至夜倦免賀未出堂餐

十六日陰劉女去杉塘族孫女來二人其一寶哥女一則秀生女久無家食寄養無所寶爲收恤故令其來看因留養之

十七日陰蟆學發聲金嫗告假請支六十元無以應之許而不與曹祁陽請信

十八日風寒船不能去告假者均留不發得楊賢子京書寄鹿肉未到

十九日陰猶寒看唐詩遣日有一赤電

廿日陰風稍止金嫗去始自關門夜雷殷殷電光甚微大雨

廿一日陰曹生不辭而去蓋欲辦裝



廿二日陰張金榮攜子來見年廿七已非少年矣云曾從在江寧夜大雨

廿三日陰比日閒居一無所事惟夜夢行役且爲遠游過揚州感賦一首未及作成而醒（萬里閒游憶往年重來惟見舊山川餘不甚記似無結句亦未遑補成之也）

廿四日晴今年第二次見日出書房收字畫

廿五日大雨至兩日風寒陰晦門無來客北軍過境者亦無輿淫掠矣惟坐房中並摸牌亦無人可謂至閑

廿六日寒

廿七日晴有日暈水仙一花大似蠟梅蔡姓來未悉其人令輿見之云似工人也周兒病來迎母殆將死矣宗兄去

廿八日晴偶憶唐詩合解內選一詩有辛夷花盡杏花飛之句忘其人及起句翻唐詩未得

廿九日陰周嫗告歸朝食後去未能送也去頃之張金榮來云其弟署沁

縣欲去依之求一護照與書羅知事并及酒販事頃之俱去

晦節晴作和宋韻詩一首寄史館饋陳秋生問鹿肉

二月庚子朔陰周儻來云省城驚疑功婦將遷來居並云孫婦歸未入城已還母家矣

二日雨看受菴詩賦有感美才惜未與晨夕今無其人矣

三日雨信局送鹿肉來作一詩夜書之周孫旁侍不去遂至三更

四日癸卯驚蟄雨寫詩寄京謝鹿肉及煮鹿乃全無香味又當嘲之矣

五日晴看禮記

六日陰看少作文賦亦自有感欲更作賦一篇懶未能也少時急自見故文思甚勇

七日陰周嫗夜歸自出迎之未至還內乃見月其夜盜驅三豬去

八日陰傭人皆出追放豚得之七里外旋皆入笠矣云許外孫主謀盜魚翅者也



九日雨卯金子婦來求申冤卽搶穀坐拚之故智也敵强故不得逞喻以非廢人無理可言當自安分夜大風寒

十日陰看董鴻勛孟子說杜意一絲不亂然文不足取寫數語喻卯金遺其媳婦去

十一日陰風寒寂坐無悰看華山碑題跋殊無可取但喜珂羅印足傳古跡耳

十二日雨杉塘諸孫來寫契杉塘田半歸公矣張二哥來已艱於行猶望其弟寄錢告以非佳事乃云其四弟已去矣黃孫云母病重遣人入城問醫

十三日陰與書黃壻問醫因及功兒寫對聯堂條

十四日陰王名靜來言開煤廿王名兆作假票並爲團總所嚇均來求解所謂彼此是非樊然淆亂皆不置可否

十五日雨櫻桃盛開芍藥牡丹並芽雨不能妨春也蓮弟父子來求金三年未見矣留住數日

十六日雨乘雪子似雹忌日素食團總來求免捕許玉生張家出費開差真可歎也得梅生詩函未及半月京信已復從來無此快便此亦萬里庭戶之盛治情於亂世得之

十七日雨仍似雹有雷始開窗將夕城使還接到張季衡先生卽爲學產犧牲者卜四毛復從吉林還送大鴨方以爲頭鵝又一異味未遑見之比開餂心容已睡矣夜雷微動

十八日陰似欲晴周武德來云已朝食矣今日丁巳春分猶寒似臘月水仙五花亦甚精神

十九日觀音生日晴得莪書云中壩已放火其寓未燒仍還舊館余前書尚未到



廿日晴復蜀書得京書並寄到磨姑杏仁周印昆附書來報湯將丁內艱夜復小雨

廿一日陰周生云日月皆地球影子其說甚新亦甚可取蓋西人欲天地日月皆成實質中人欲天地日月皆是虛空其理一也欲省事莫如從周知天了無質則日月無質不足怪矣惟留一地球自旋轉變幻其說近理水仙已衰剪作瓶供碧桃盡槃不日開矣夕食後忽發風疙其勢甚猛作周曆草序

廿二日晴季衡告去恆子送之並攜兩孫同去周兒病發來告遣周嫗歸樊非之金綉娘來

廿三日晴周金俱告去得京省家書云廣西起兵袁世凱甚皇懼恐日本乘之亦將辭職矣

廿四日晴陰周金去午後兩孫還云湘潭將爲戰場廣西兵乘水直下想虛聲也取消猴元則成笑柄將軍闖入延之外坐

廿五日晴杏花盛開櫻桃葉盡黃惟碧桃花似不欲開黃生來問字樊生告歸

廿六日晴夜雷雨復風寒春已過矣五日姸華殊爲太少

廿七日陰風與書楊生論館事杏花落盡尙不及桃之禁雨也外孫婦還所居頗欲留之以船發未便遲延又其拜年太遲故聽其去已而雨至遂不果行夜雷雨

廿八日雨早起風寒復加一衣石潭船猶未得去省信來廣西兵起物情甚皇遽此報紙之故從來無此民吪也狗婦來避兵

廿九日欲晴桃花猶未開杏已半落周佃從城來報康湯書時衰鬼弄乃有大文暢所欲言亦自可聽



卅日陰黃孫往莊屋去看禮經春秋寫字數幅與書甘思禽論煤廿

三月庚午朔陰將往橫坤意由仙女山取徑不遠久不至浮塘因往一看午後昇行廿餘里過楊家遣問瑞生妻行安穩否云已到京申至司馬塘叔止家轎夫飯余未飯卽至浮塘拜年內姪男婦子女已增多數十人前七日長孫娶婦客已散矣又聞叔夷病甚端姪小女亦病甚皆恐不起此來未樂也其房室亦大改作余居上房旁小房亦新闢者王氏姨亦出相見

二日陰諸姪孫女環請作字遂如應考又出前外姑曾夫人畫四幅請題各書四句端固留飯云已殺雞鴨乃待午餐後始出探問橫坤路云仍須過潭坳則不如從家中去因令還轎已過申初急行至酉正始至計每刻行一里實廿五里也但去似遠還似近則人心使然

三日壬申清明陳八自衡來迎正當出游且留之令候省信遣龍青去買雜物

四日晴午後至祠算帳人猶未散一切不問自無煩惱借宿一夜狗孫相伴

五日晨行至三星坳一飯人百卅錢恰用四百錢又廿五里至豬石橋越一高山便到橫田廖氏父子庭迎遣知會梅氏童氏均欲邀我至縣城辭不欲往故來會也

六日晴待梅童童午後來云在陝西曾望見永壽令與程生俱囚者梅妻病甚不能來

七日陰笙畯要至對山莊屋早飯已而又改飯後去昇行可三里許過珠泉已淤壅小有珠涌耳至梅墅樓在山凹傍有莊屋須臾大風起飛雨橫吹浩如驚濤幾不得還欲去仍留雨小乃行已泥深一尺轎屢傾危幸不吹倒至乃大宴飯後告假稍息遂睡至戌方起每夜待子乃散幾



成例也

八日陰風小可行乃告辭廖遣一夫送我踏泥亦豬步可五里許始得飛行飯於豬橋路人有相識者留坐飯店主人設茶飴問戰事昇夫飯畢催去過炭屯小憩見移家具者云王桂生移家桂生來見云設屠案於此問淑媛始知郎被妻棄者也先瘦後肥全不憶識矣未夕到家碧桃海棠杜鵑均盛開

九日晴留廖力一日作書先遣陳蔡去周庶長來有二要求皆不可行愠愠而去爲廖郎看詩三卷寫對子四付作書致蔡畯

十日晴周生告去無以慰之且遣廖力去看舊日記消日

十一日晴看日記亦似異書頗足遣日胡子靖來爲錢店求壽文余云吾文有價胡言已得彼萬金可作十文也笑而許焉不知比方望溪如何

蔡六弟專人來送菜未遑見使已悤悤去使乎使乎

十二日陰夕大風雨長婦率孫女船到僅得迎來已昏黑矣得諸兒女書
祿孫出洋以爲不貽羞不知恥人不可教化如此
十三日陰周嫗書告子喪甚有文理鄉人亦大有通者
十四日晴周鳳枝來請看牡丹約以十六往已而忘之又遣問將軍乃得
約日正對客時蔡六弟片來未遑作答
十五日晴斫菜得千斤今年始畝得菜根神仙已爲訟累不事圃工矣看
日記銷日
十六日晴昇至鴨家溜因過石潭要將軍同往又約二周及一軍官相陪
軍官與懿兒同事甚習忘其姓名矣花不及前而粉紅者一幹百朵頗
似朱家繁盛飯後急行至石潭已昏更呼船下頃刻而至湖口還始上
燈耳一日未食
十七日晴得京電宬女於十六日病故其病信前已經外孫詳報昨胡子



靖來又云可望復元今竟不起年已五十五又見孫亦可無恨余昨忽
悶飽不思食蓋感兆也卽作書復胡并報莪知
十八日晴丁丑穀雨鄉園繁花殆過千朵聞欲作李明惠傳日書三四行
猶患不了爲宬女停三日欲爲位成服嫌無故事
十九日晴清坐持喪無所事
廿日晴亦持喪
廿一日晴遣聶四入城買藥因弔周嫗
廿二日陰作李傳夜雨
廿三日雨王升來報兵警宋佃亦來求薦郭葆生眞又用葆生矣恐譚人
鳳不喜也湖南招兵亦甚怪蕭葆生不得於賭而爲此耳
廿四日陰作李傳看地圖少一羅坊便使兵勢不明
廿五日陰曹祁陽昇來亦欲干葆生辭謝去亦不復住此女子大鴰突夜
雨有雷
廿六日雨晴看素問僞書中最劣者乃有似劉伯溫與洪武問答
廿七日雨陰出門望周因送羅童往洞坤取雜物滋使也作李傳已及千
字夜雨
廿八日晨雨便薺金姪又來云兵警甚慌聶四還云周船已到
廿九日陰大風自出迎周頃之已至亦不甚有戚容未甚慰問今日春盡
日與書莪女誤書晦日
四月己亥朔雨作李家傳
二日雨風頗寒看魚元機詩不似能殺人者但以其被人殺而衆憐之耳
不如李易安
三日陰看報作李傳可畢矣殊無可敍故反難著筆喫飯人告假可省飯
二日



四日陰鄉人言寶慶已亂恐卽有戰事卽敗兵聲言耳遷移者紛紛
五日癸卯立夏陰晨作李傳成并成黃氏壽文一篇周鳳池送芍藥作詩
二首謝之記向雕台防雨春如今萎墮見芳辰君家自有留春檻不逐揚州十斛塵數朵紅雲似烟淶料知蜂蝶不相親遙憐鄰女
能爲謝故背東風獨自開
六日晴看報袁總統退位者詞嚴義正非武力不可解決但爲國史增譏
篇佳文耳湘鄉稱兵遣人送防軍北還又戰局所無喜多新樓遣羅童
入城送傳字并詢純孫歸否
七日陰連得衡信三孫女欲來避兵云家人半去矣又云萬雲亭舉兵永
州鎭遏軍也亦所未聞
八日昨夜有雨今乃得晴看舊日記聊當溫書
九日晴羅童還云城中不靖但無定見
十日陰李長生來言欲得二百金取一妾告以不可自累意似不以爲然

十一日陰李去衎楊賢子書幷忘賢人名字矣由日記專以賢人曰楊也
十二日晴始看分秧檢唐詩小詞
十三日陰看唐詩設紗廚門拗不可閉姑聽之
十四日陰周孫讀書未自聽便不能成誦
十五日陰　祖妣忌日素食淸居未作他事
十六日陰端姪來求書寫詩二首與之岫生兒病無死處令移來借公屋
與之
十七日陰作廖蓀畡妻墓銘尋庚戌日記未得
十八日晴疇孫擾及種菜人園丁辭工輿婦來愬詰責之便匿不相見不
意此兒蠢强如此殆民國人耶且宜聽之
十九日陰揚休病亟家人均往塋護適遣羅童送廖志去便令迎宗兄來
診之至夜不能待遂死矣此等人何必生亦令人不測
廿日晴宗兄來與蘇書霖姨姐同來張金華來正擾攘閒疇孫忽告去云
當往山西亦未詰之頃之功兒忽入言湯郭械鬭楊篤吾書來報幷發
議論有籌安說之風其兄弟幷下筆千言倚馬可待奇才也卽復書論
之廖蓀畡復書奬使十元似乎太厚
廿一日晴看報所謂諸侯放恣處士橫議亦可樂也洞坤送枇杷酸不可
嘗衡山已屯護國軍衡州響應永州當不虛矣令人思譚芝公
廿二日晴庸松來顏色皺腴不似背時人看鈔漢碑今日庚申小滿
廿三日陰玉蘭開一朶殷雷作雨揚休妹許告去得胡陳壻書卽復各二
紙
廿四日雷雨俱徽至夜雨不止寫字數紙看漢碑夢爲塾師所窘方欲走
出俄而忽醒
廿五日晴尋貢禹傳求當時錢價未得大約歲用萬錢如今百千至月得



萬錢卽爲富家則太觳矣
廿六日晴淑止弟來留不肯住午飯而去
廿七日晴家人供張爲三婦生日因及四婦四十生日當有賞賚轉及三
婦四十無辦又增兩事矣家政荒疏無婦故也
廿八日晴三婦生辰設湯餠發魚翅以異於吳香雲卽十六叔母之意也
衡州遣船來迎爲退軍擄去至夜乃還
廿九日晴看報得南北兩京書
五月戊辰朔陰還軍於道殺劫遣召團總禁戢之團總來請示告以集團
丁
二日晴寫字數紙
三日晴遣人往城辦節貨云一人不敢去乃遣二人往
四日晴李長生復來爲蔡家取對屛去且請書扇
五日陰端午仍常預備男客來者將軍女客來者劉二嫂均留飯而去常
例無魚翅因煮魚皮代之但無昌歜爲鬬午似欲雨而雲忽散
六日甲戌芒種陰功夫婦攜女去從者十餘人
七日晴涼看舊作狀志頗能動人吾文定在起衰公之上以其不敢起衰
故反不衰
八日晴涼神仙來報總統喪周兒亦來拜節
九日晴得功書言省城依然無恙岳州已失守矣文明時代固應匕鬯不
驚乃知前此之徒勞也
十日晴與書史館屬其自行解散
十一日晴城中人來云黎元洪已代總統尙無亂信岫生來但言卝局多
停
十二日晴看舊作文未午飯

十三日晴熱忌日素食看報云國史館併入清史館恐非事實昨已有信去當可行矣今日頗熱寫字二紙得神仙求敕書

十四日晴熱悶坐思出又因來者紛紛出乃絕之因令覓船云夕發待至夜不來乃寢有風無雨

十五日陰午後船來即發夕至袁河云南北軍開槍不能出漣口舟人請示余云至彼再回及至無事遂至九總入局一日不欲食恐辦飯紛紜遂早睡

十六日陰晨聞歐陽述已去遣問之乃云即來傅蘭生亦來周所員來陪同飯譚進士寶老耶均來約明日移尊今日龍璋兵奄至欲取餉湘潭遣遏之

十七日晴譚尊過午未至諸客先集甚疲於接對因時魚不易得故至午時始早飯胡龔公請晚飯亦有陳培心云龍軍無軍火已退散矣欲請



陸榮廷爲都督以桂軍入境亦須供餉也許生少弟來

十八日晴歐陽生請飯求信云知事已逃將委代者代者亦上省城中無官守故須與書湯鑄心問計爲書與湯論練兵即用本縣錢糧衆皆以爲不可但議派畝捐可笑也不足與言遂不復言謝主事請書扇云其弟扇也翁述唐亦來會舟園請午飯與百花同至保安局見會議諸人有會無議一鬨而散遂至舟園有徐松圃陳恭吉陳昨來訪云銀行司事秋嵩云陳汶園弟也未夕散還局

十九日陰今日翁約飯未去不能再赴人會彭錢店來請留一日蕭小泉約午飯與百花同往翁亦在坐夜至趣園余羅張先後三知事均在

廿日陰百花來早飯與陳開雲同舁過盤局看貴署知事云印已送來將迎都督去矣湯鄉銘學劉璋陸榮廷不勞而得皆天意也小坐至彭自昌榮午飯云地名韓家倉今無倉矣鹽局即其宅所分小廳新起尙精敞住宅不及也有雨即就近至杉彎上船

廿一日雨竟日亦臥竟日水米不沾聽舟人行止夕至湖口從南北塘樹森覓轎樹森更遣子送到家黃孫言子夔已葬矣了非福葬之太厚

廿二日陰安臥一日腰腹漲腫殊不適

廿三日陰得莪書看報無新事

廿四日晴寫字數紙歐陽述求書與總統約今日來而昨日至又還取履歷晨始得去

廿五日晴曹元弼來皇皇欲有求所謂不知世事余亦樂得輿洞庭枇杷山來杏子耳忽忽去

廿六日陰土匪移營對門且聽所爲

廿七日雨

廿八日陰輿兒來言遇清鄉員云已解散書計司事亦已至姜畬矣



廿九日雨作包子待張司事未來

六月丁酉朔蕭家被刦遣黃孫往視轎夫不願往督之乃行

二日陰純孫來午後功兒與張季衡來云因我疾故來視診

三日晴外孫婦蕭自家來言被劫事云湘鄉不靖前令訴潭知事云攔銀遣散人與二金可謂謬舉也蜀王生亦來視疾輿所招也

四日晴三醫診脈皆未得其病源但分遣人索肉桂於秦朱亦殊不得佳者

五日晴偶思蘄簟詩選本未錄用取韓詩看亦欲作一篇鄧幼彌來云來省觀非求銅角

六日陰有雨天涼殊甚不似夏時服肉桂似相合使人被劫錢去蕭子求書勉作應之

七日晴仍不熱腹漲用藥暈亦不覺功云恐其上行宜先防之然亦無法

服藥甚苦以應酬侍疾者實生平未有之苦矣

八日晴純孫送王生去得省報湯薌銘已逃去龍璋將復作使矣嗥臣有此子殊爲可怪鄧子亦去未入辭也

九日乙亥小暑晴輿婦作餅無羊肉鄉中不便學官派也

十日晴連日殊苦於藥醫亦苦於方欲已之而不得遂苦於病

十一日晴涼陰殊甚幸有南風

十二日晴純孫還看報黎宋卿處分頗合法湯往廣東矣丁五郎來孫婦弟也

十三日晴看曆日干支不相合亦無從辨之姑以日記爲正明日初伏也院曆是今日庚戌

十四日庚辰初伏仍遣純孫送醫還丁郎同去定明日行午小餞之自病不能出



十五日晴陰將夕客去自至中堂候送欲開中門納涼候久不能開

十六日晴看報懿兒已出京寄信先來而人未至晡懿夫婦率女來乍見甚喜

十七日陰得郭葆生書並送食物又得楊夏書皆送人倭卽各復之

十八日晴自此後十日皆因腰腹腫不能坐諸事盡廢周生瑺女長婦均來省視送終人皆至矣宇清亦來看然未能死但痛困耳黎宋卿遣荷未至因思杜子美宮衣有名詩忘其結句取視之奴隸性質云終身荷聖情有此事耶瞿子玖必不言此

廿九日陰田禾待雨昨始得透雨不憂旱矣前得還居會府街書卽復一函卻寄成都想發第二才信時尙未到也我自五月廿日到街舉辦鄉團縣人均不贊成遂卽還山忽患腰腹腫病一無痛苦但兩月不消然是大厲三哥大嫂四嫂凡逸終者皆到城中亦多有害來晉醫生來者亦四亂人天天吃粥爲生平未有之苦余廿歲卽有詩云思欲眞要子僵臥松柏鄭以爲一人痛死其樂無極今八十五歲受此苦境恨亦宿業所招無可逃也女聞又可耽心散日亦愈器家信不知凶信到得最快不到卽是好事也杜詩云反長消息來是眞能耽心人也長沙日日可破亦不知何日到信此時三姊巳來眞妹將至閏九妹亦將來矣女則留於兵中亦聽葉陳周擺布亦可樂也今年伏天極涼四瓜不佳已近七夕尙無暑氣實足來所未有我遲食如常一無病狀但怕進補想過至女處女亦必遊鄭帷恨不得到北一游垂聽楊夏定歸議員吃花酒也廉候可從陳二安到湘到處横流官興想更高湘安於蜀道尹可謂也此鬧黨上以下均好七月二日書

七月丙辰朔臥病消閒遂及七夕遣覓瓜兩使均空返云健孫自送及來亦空手城中方亂瓜不能上市也七夕喜遇彭嘆五山中伏日無炎氣天上佳期有別離滿地干戈起剃鋭故人交誼契闊芝來逢銀漢無波候坐到針樓月落時從此消耿懷良會霽君長詠碧雲詩

湘潭王壬秋先生爲一代儒宗所著詩文書牘行世已久湘鄉彭君次英藏有先生湘綺樓日記遺稿都數十鉅册先生生道光初年登咸豐癸丑賢書此稿起同治八年己巳迄民國五年丙辰凡所記載有關學術掌故者甚多先生刻苦勵學寒暑無間經史百家靡不誦習箋注抄校日有定課遇有心得隨筆記述闡明奧義中多前賢未發之覆講學湘蜀得士稱盛自課子女並能通經傳其家學其學而不厭誨人不倦之勤劬日記中皆纖悉靡遺同光之世數參大幕洎乎民國總領史館負朝野重望數十年如一日其間人物消長政治得失先生身經目擊事實議論釐然咸在多



有世人未知者他若集外詞章雜俎散見日記中者尤不勝僂指敝館商諸彭君今將全稿付印以餉當世讀是書者作日記觀可作野史觀可作講學記觀亦無不可原稿少有間斷別敘存目於卷端中華民國十六年十月上海商務印書館識

國家圖書館出版品預行編目資料

湘綺樓日記

(清)王闓運著. – 再版. – 臺北市：臺灣學生，1985.02
冊；公分(中國史學叢書)

ISBN 978-957-15-1837-4 (全套：精裝)

1. (清)王闓運 2. 傳記

782.882 109014666

# 中國史學叢書

吳相湘主編

# 湘綺樓日記 全二冊

著者：清．王闓運
出版者：臺灣學生書局有限公司
發行人：楊雲龍
發行所：臺灣學生書局有限公司
臺北市和平東路一段七十五巷十一號
郵政劃撥戶：〇〇〇二四六六八號
電話：（〇二）二三九二八一八五
傳真：（〇二）二三九二八一〇五
E-mail:student.book@msa.hinet.net
http://www.studentbook.com.tw

本書局登記證字號：行政院新聞局局版北市業字第玖捌壹號

定價：新臺幣二〇〇〇元

一九八五年二月再版
二〇二二年四月再版二刷

6580104 